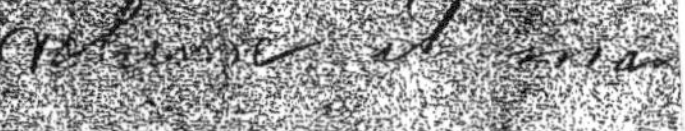

BIBLIOTHÈQUE DES EMPLOYÉS

DES

CONTRIBUTIONS INDIRECTES,

DES TABACS ET DES OCTROIS,

Publiée sous la direction de

M. AIMÉ TRESCAZE.

TOME

VI.

NOUVEAU
RECUEIL CHRONOLOGIQUE

SUPPLÉMENT GÉNÉRAL

Notre *Recueil* contient un *choix* souvent exprimé, en oubliant un bon marché, remontant à la création de la Régie.
Aussi avons-nous dû des textes *abrogés* ne coûtent point d'arriéré.
À partir, il cependant d'en élargir le cadre par un **Supplément général**, dans lequel nous insérons :
1° Les *arrêts et jugements* nés du droit commun ou obtenus par d'autres administrations, qui trouvent leur application dans les contributions indirectes ;
2° Les *lois, décisions et lettres communes* d'un intérêt secondaire, dont le *Dictionnaire* seul devait présenter un extrait.
Ceux d'employés en effet ont la faculté de recourir aux grands *Recueils de jurisprudence* et au **Bulletin des Lois** ; il n'est plus possible de se procurer le **Mémorial du contentieux**, et ce *Supplément*, qui nous permet de combler en même temps quelques lacunes, révélées par une sérieuse révision, complète ainsi le **Nouveau Recueil**, sous tous les rapports.
Des *astérisques* indiquent au **Dictionnaire** et à la **Table** codifiée les documents à consulter au **Supplément général**.

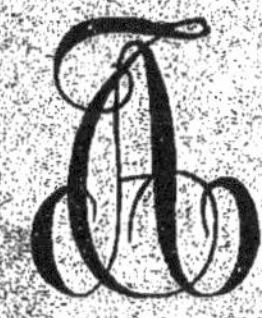

LONS-LE-SAUNIER,
IMPRIMERIE ET LITHOGRAPHIE DE VICTOR DAMELET

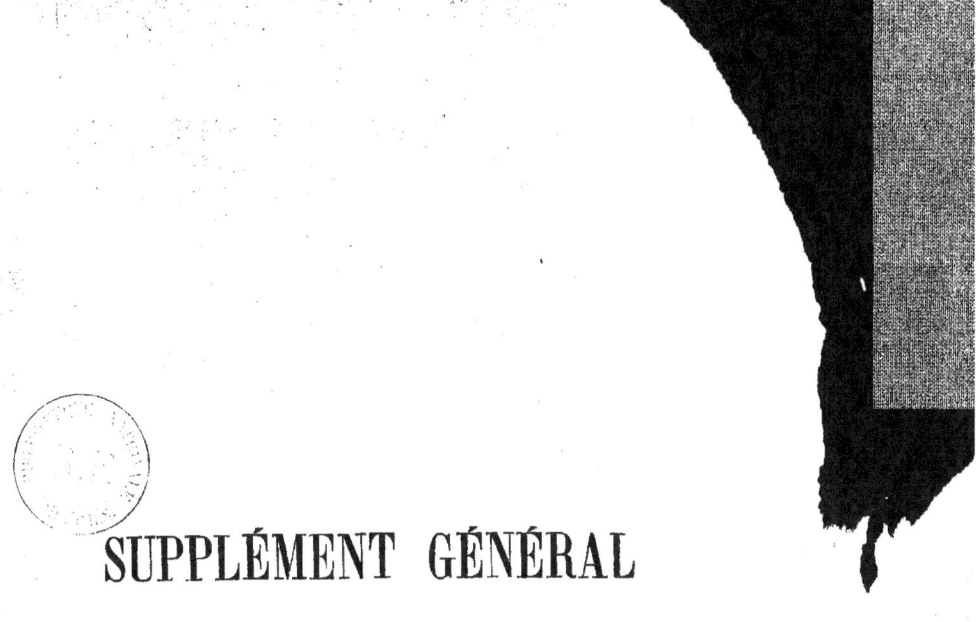

SUPPLÉMENT GÉNÉRAL

DU

NOUVEAU

RECUEIL CHRONOLOGIQUE.

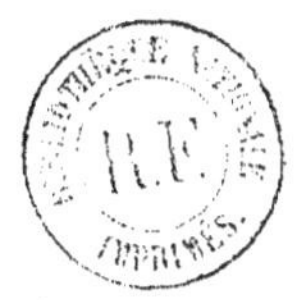

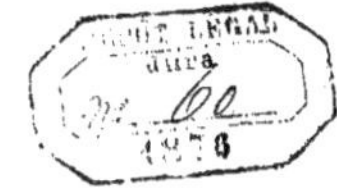

TOME VI.

SUPPLÉMENT GÉNÉRAL

DU

NOUVEAU

RECUEIL CHRONOLOGIQUE

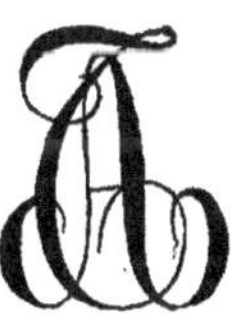

LONS-LE-SAUNIER,
IMPRIMERIE ET LITHOGRAPHIE DE HENRI DAMELET.

INDEX CHRONOLOGIQUE DU SUPPLÉMENT GÉNÉRAL

Nous engageons les souscripteurs à relater ces indications, à leur rang chronologique du Nouveau Recueil, en les faisant précéder des lettres S. g.

Ainsi on mettrait à la main :

à la colonne 1837 du 1er Tome. . . . . S. g. Lett. comm. 12 janvier 1829.
—   S. g. A. C. 12 janvier 1829.
à la colonne 1877 . . . . S. g. Arrêt cons. d'Et. 10 février. 1829.

Il suffit de quelques heures pour ces annotations et elles rendent les recherches beaucoup plus rapides.

Règlement	28 juin 1738.
Loi	21 fruct. an III. (7 sept. 1795.)
A. C.	26 brum. an VII. (16 nov. 1798.)
Loi	22 frim. an VII. (12 déc. 1798.)
A. C.	5 vent. an VII. (24 fév. 1799.)
—	11 mess. an VII. (29 juin 1799.)
—	17 mess. an VII. (5 juill. 1799.)
—	5 brum. an VIII. (27 oct. 1799.)
Constitution	22 frim. an VIII. (13 déc. 1799.)
A. C.	28 therm. an VIII. (16 août 1800.)
—	6 fruct. an VIII. (24 août 1800.)
—	9 vent. an IX. (1er oct. 1800.)
—	15 niv. an IX. (5 janv. 1801.)
—	16 vent. an IX. (7 mars 1801.)
—	16 vent. an IX. (7 mars 1801.)
—	9 prair. an IX. (29 mai 1801.)
—	16 prair. an IX. (5 juin 1801.)
—	3 mess. an IX. (22 juin 1801.)
—	18 fruct. an IX. (5 sept. 1801.)
Arrêté	13 brum. an X. (4 nov. 1801.)
A. C.	6 niv. an X. (27 déc. 1801).
Arrêté	27 niv. an X. (17 janv. 1802.)
A. C.	17 germ. an X. (7 avr. 1802.)
Loi	18 germ. an X. (8 avr. 1802.)
Arrêté	7 flor. an X. (27 avr. 1802.)
A C.	25 flor. an X. (15 mai 1802.)
—	29 therm. an X. (17 août 1802.)
Loi	13 flor. an XI. (3 mai 1803.)
Arrêté	8 prair. an XI. (28 mai 1803.)
A. C.	28 prair. an XI. (17 juin 1803.)
—	17 mess. an XI. (6 juill. 1803.)
Loi	5 vent. an XII. (25 fév. 1804.)
A. C.	15 flor. an XII. (5 mai 1804.)
—	12 therm. an XII. (31 juill. 1804.)
Inst. n° 16.	23 fruct. an XII. (10 sept. 1804.)
A. C.	22 brum. an XIII. (13 nov. 1804.)
—	10 frim. an XIII. (1er déc. 1804.)
—	15 frim. an XIII. (6 déc. 1804.)
C. n° 52.	26 frim. an XIII. (17 déc. 1804.)
A. C.	7 niv. an XIII. (28 déc. 1804.)
C. n° 28.	15 pluv. an XIII. (4 fév. 1805.)
A. C.	17 vent. an XIII. (8 mars 1805.)
—	17 vent. an XIII. (8 mars 1805.)
—	2 flor. an XIII. (22 avr. 1805.)
Inst. n° 28	10 mess. an XIII. (29 juin 1805.)
C. n° 36.	5 therm. an XIII. (24 juill. 1805.)
A. C.	3 fruct. an XIII. (21 août 1805.)
Décret	18 fruct. an XIII. (5 sept. 1805.)
C. n° 15.	10 vent. an XIV. (2 oct. 1805.)
A. C.	14 frim. an XIV. (5 déc. 1805.)
—	15 frim. an XIV. (6 déc. 1805.)
C. n° 52.	26 frim. an XIV. (17 déc. 1805.)
A. C.	2 janv. 1806.
—	21 janv. 1806.
—	7 fév. 1806.
—	21 fév. 1806.
—	10 avr. 1806.
—	1er mai 1806.
Lett. M. J.	17 mai 1806.
Inst. n° 32.	29 mai 1806. (1)
Décret.	22 juill. 1806.
C. n° 28.	26 juill. 1806.
C. n° 29.	28 juill. 1806.
C. n° 33.	30 août 1806.
A. C.	26 nov. 1806.
—	8 janv. 1807.
—	13 janv. 1807.
—	15 janv. 1807.
C. n° 47.	25 janv. 1807.
C. n° 99.	7 fév. 1807.
Décret.	16 fév. 1807. (2)
A. C.	5 mars 1807.
—	11 mars 1807.
—	21 mars 1807.
—	10 avr. 1807
—	10 avr. 1807. (3)
C. n° 107.	6 mai 1807.
A. C.	29 mai 1807.
—	23 juill. 1807.
C. n° 117.	17 août 1807.
A. C.	27 août 1807.
—	28 août 1807
C. n° 120.	1er sept. 1807.
Loi	26 sept. 1807.
Décret	28 sept. 1807.
A. C.	1er oct. 1807.
—	19 nov 1807.
—	18 déc. 1807.
—	28 déc. 1807.
—	12 fév. 1808.
—	19 fév. 1808.
C. n° 145.	22 fév. 1808. (4)
A. C.	15 avr. 1808.
Arr. cons. d'Et.	7 mai 1808.
C. n° 149.	21 juill. 1808.
A. C.	11 août 1808.
—	3 sept. 1808.
—	4 nov. 1808.
C. n° 144.	16 déc. 1808.
Arr. cons. d'Et.	21 déc. 1808.
A. C.	12 janv. 1809.
—	26 janv. 1809
—	24 fév. 1809.
—	3 mars 1809.
—	3 mars 1809.
—	10 mars 1809.
—	17 mars 1809.
—	24 mars 1809.
—	30 mars 1809.
—	7 avr. 1809. (5)
—	6 juill. 1809.
—	30 août 1809.
—	1er déc. 1809.
—	5 janv. 1810.
—	27 avr. 1810.
C. n° 165.	30 avr. 1810.
A. C.	11 mai 1810.
—	5 juin 1810.
—	6 juin 1810.
—	2 août 1810.
Décret.	23 sept. 1810.
Arr. cons. d'Et.	29 sept. 1810.
Décision.	23 oct. 1810.
A. C.	9 nov. 1810.
—	16 nov. 1810.
—	21 nov. 1810.
—	13 déc. 1810.
—	1er fév. 1811.
C. n° 186.	19 mars 1811.
A. C.	29 mars 1811.
—	26 avr. 1811.
—	24 mai 1811.
—	29 mai 1811.
—	6 juin 1811.
—	6 juin 1811.
—	18 juill. 1811.
Décret.	18 sept. 1811.
C. n° 125.	18 sept. 1811. (1)
A. C.	20 sept. 1811.
—	17 oct. 1811.
Arrêt Bourges	12 nov. 1811.
Avis du cons. d'Et.	12 nov. 1811.
A. C.	13 déc. 1811.
—	27 déc. 1811.
—	4 janv. 1812.
—	21 fév. 1812.
—	20 mars 1812.
—	25 mars 1812.
—	6 mai 1812.
—	22 mai 1812.
—	29 mai 1812.
—	13 juin 1812.
—	18 juin 1812.
—	4 juill. 1812.
—	5 sept. 1812.
Règlement.	21 oct. 1812.
A. C.	15 avr. 1813.
—	20 mai 1813.
C. n° 25.	25 mai 1813.
C. n° 3.	11 juin 1813.
A. C.	2 juill. 1813.
Arrêt Colmar.	30 juill. 1813.
A. C.	5 août 1813.
—	14 août 1813.
C. n° 140.	24 août 1813.
A. C.	3 sept. 1813.
—	4 sept. 1813.
C. n° 216.	29 oct. 1813.
A. C.	29 oct. 1813.
—	8 nov. 1813.
—	25 nov. 1813.
—	17 mars 1814.
—	20 avr. 1814.
—	14 juill. 1814.
—	16 août 1814.
Loi.	18 nov. 1814.
C. n° 6.	16 fév. 1815 (1)
A. C.	14 avr. 1815.
—	18 mai 1815.
—	18 mai 1815.
—	10 nov. 1815.
—	14 déc. 1815.
C. n° 12.	25 janv. 1816.
A. C.	26 janv. 1816.
—	2 fév. 1816.
—	26 fév. 1816.
—	12 mars 1816.
—	20 mars 1816.
—	30 mars 1816.
C. n° 15.	20 avr. 1816.
A. C.	23 avr. 1816.
Ord.	19 juin 1816.
Arrêt Pau.	25 juin 1816.
Lett. M. F.	1er juill. 1816.
Décision.	10 juill. 1816.
Arr. cons. d'Et.	17 juill. 1816.
Lett. M. J.	10 oct. 1816.
A. C.	2 janv. 1817.
—	11 janv. 1817.
—	22 janv. 1817.
C. n° 21.	27 mars 1817. (1).
C. du S. d'Et. de l'Int	16 avr. 1817.
A. C.	14 mai 1817.
C. n° 14.	16 mai 1817. (1).
Avis du c. des fin.	3 juin 1817.
C. n° 22.	6 juin 1817.
A. C.	23 juin 1817.
—	23 juin 1817.
—	18 juill. 1817.
—	3 oct. 1817.
D. M. F.	17 nov. 1817.
C. n° 19.	11 déc. 1817.
Décision n° 487.	12 janv. 1818.
A. C.	5 mars 1818.
—	26 mars 1818.
—	27 mars 1818.
—	29 mai 1818.
—	11 sept. 1818.
—	27 nov. 1818.
C. n° 24.	26 déc. 1818. (1)
Suite de la c. n° 24	8 fév. 1819.
A. C.	12 fév. 1819.
Arr. cons. d'Et.	4 mars 1819.
C. n° 38.	14 juin 1819.
A. C.	8 oct. 1819.
—	3 déc. 1819.
C. n° 44.	18 déc. 1819. (1)
Décision.	15 fév. 1820.
A. C.	18 fév. 1820.
D. M. F.	21 mars 1820.
A. C.	6 avr. 1820.
—	13 avr. 1820.
C. Adm. des M.	10 juin 1820.
C. n° 49.	8 juill. 1820.
Décision.	26 juill. 1820.
A. C.	28 juill. 1820.
—	16 sept. 1820.
Avis c. jud. Régie.	11 nov. 1820.
Lett. comm.	23 déc. 1820.
A. C.	12 janv. 1821.
—	1er mars 1821.
—	15 mars 1821.
C. n° 9.	16 avr. 1821.
A. C.	21 avr. 1821.
—	18 mai 1821.
—	2 juin 1821.
—	7 juin 1821.
—	5 juill. 1821.
—	17 août 1821.
—	30 août 1821.
Décision.	17 oct. 1821.
A. C.	19 oct. 1821.
—	20 oct. 1821.
—	23 nov. 1821.
—	23 nov. 1821.
Lett. comm.	25 nov. 1821.
C. n° 69.	30 nov. 1821. (1)
Ord.	12 déc. 1821.
A. C.	26 déc. 1821.
—	1er mars 1822.
—	15 mars 1822.
Lett. comm.	6 juill. 1822.
Loi.	17 août 1822.
Lett. M. F.	21 sept. 1822.
C. n° 82.	18 oct. 1822.
C. n° 83.	22 oct. 1822.
—	18 déc. 1822.
C. n° 84.	20 déc. 1822. (1)
C. n° 86.	31 janv. 1823.
Avis comité des F.	13 sept. 1823.
C. n° 95.	20 nov. 1822.
C. n° 96 (suite).	16 déc. 1823. (1)
C. n° 9.	31 déc. 1823.
C. n° 98.	14 janv. 1824.
Ord.	3 mars 1824.
Arrêt Dijon.	12 mai 1824.
A. C.	28 août 1824.
Inst. M. de l'Int.	2 sept. 1824.
A. C.	2 oct. 1824.
—	25 oct. 1824.

(1) V. au Nouveau Recueil les §§ 34, 40, 41, 70 et 85 de la même instruction.
(2) V. au Nouveau Recueil les art. 1 à 8 du même décret.
(3) Le Mémorial du contentieux donne par erreur à cet arrêt la date du 9 avril.
(4) Voir au Nouveau Recueil un autre extrait de cette circulaire.
(5) Cet arrêt figure au Nouveau Recueil; mais la première partie avait été omise.

(1) Voir au Nouveau Recueil un autre extrait de cette circulaire.

(1) V. au Nouveau Recueil un autre extrait de cette circulaire.

A. C.	29 oct. 1824.
—	11 nov. 1824.
C. n° 102.	22 nov. 1824. (1)
A. C.	25 mars 1825.
Arrêt Paris	27 juin 1825.
Arr. cons. d'Et.	28 déc. 1825.
Lett. comm. n° 3.	29 déc. 1825. (1)
Lett. comm. n° 3.	12 janv. 1826.
Arr. cons. d'Et.	18 janv. 1826.
—	22 fév. 1826.
—	29 juill. 1826.
—	2 août 1826.
—	2 août 1826.
—	2 août 1826.
—	6 sept. 1826.
—	15 nov. 1826.
—	15 nov. 1826.
Lett. comm.	5 janv. 1827.
Arr. cons. d'Et.	31 janv. 1827.
—	8 mars 1827.
Lett. comm.	21 mars 1827.
Lett. comm.	31 mars 1827.
Arr. cons. d'Et.	16 mai 1827.
C. n° 5.	15 juin 1827.
Arr. cons. d'Et.	4 juill. 1827.
—	28 août 1827.
A. C.	11 oct. 1827.
C. n° 12-4.	31 déc. 1827. (1)
Arr. cons. d'Et.	9 janv. 1828.
—	9 janv. 1828.
—	16 janv. 1828.
—	16 janv. 1828.
—	30 janv. 1828.
A. C.	11 fév. 1828.
Arr. cons. d'Et.	28 fév. 1828.
A. C.	28 fév. 1828.
Arr. cons. d'Et.	20 mars 1828.
—	20 mars 1828.
—	13 avr. 1828.
—	15 avr. 1828.
—	25 avr. 1828.
—	25 avr. 1828.
A. C.	26 avr. 1828.
Arr. cons. d'Et.	30 avr. 1828.
—	7 mai 1828.
—	14 mai 1828.
—	14 mai 1828.
A. C.	30 mai 1828.
—	30 mai 1828.
Arr. cons. d'Et.	1er juin 1828.
—	1er juin 1828.
Ord.	1er juin 1828.
A. C.	12 juin 1828.
Arr. cons. d'Et.	16 juin 1828.
—	19 juin 1828.
A. C.	23 juin 1828.
—	3 juill. 1828.
—	5 juill. 1828.
Arr. cons. d'Et.	10 août 1828.
—	10 août 1828.
—	27 août 1828.
—	31 août 1828.
A. C.	5 sept. 1828.
Arr. cons. d'Et.	5 nov. 1828.
—	5 nov. 1828.
A. C.	25 nov. 1828.
Arr. cons. d'Et	26 nov. 1828.
A. C.	28 nov. 1828.
C. n° 17-6.	10 déc. 1828. (1)
A. C.	20 déc. 1828.
Arr. cons. d'Et.	24 déc. 1828.
C. n° 19-4.	23 déc. 1828. (1)
A. C.	30 déc. 1828.
Lett. comm.	12 janv. 1829.
A. C.	12 janv. 1829.
Arr. cons. d'Et.	10 fév. 1829.
—	18 fév. 1829.
—	25 fév. 1829.
A. C.	20 mars 1829.
Arr. cons. d'Et.	8 avr. 1829.
A. C.	12 avr. 1829.
A. C.	23 avr. 1829.
Arr. cons. d'Et.	28 mai 1829.
—	10 juin 1829.
A. C	12 juin 1829.
—	26 juin 1829.
—	3 juill. 1829.
Arr. cons. d'Et.	5 août 1829.
—	12 août 1829.
—	12 août 1829.
A. C.	14 août 1829.
Arr. cons. d'Et.	19 août 1829.
—	2 sept. 1829.
A. C.	18 sept. 1829.
Arr. cons. d'Et.	28 oct. 1829.
—	28 oct. 1829.
A. C.	5 nov. 1829.
Arr. cons. d'Et.	8 nov. 1829.
A. C.	12 nov. 1829.
Arrêt cons. d'Et.	22 nov. 1829.
A.C.	14 janv. 1830.
—	14 janv. 1830.
—	20 janv. 1830.
—	27 janv. 1830.
Arr. cons. d'Et.	3 fév. 1830.
A. C.	4 fév. 1830.
Arr. cons. d'Rt	10 fév. 1830.
A. C.	25 mars 1830.
—	31 mars 1830.
—	1er avr. 1830.
—	3 avr. 1830.
—	14 avr. 1830.

A. C.	19 avr. 1830.
—	19 avr. 1830.
Arr. cons. d'Et.	21 avr. 1830.
—	5 mai 1830.
A. C.	6 mai 1830.
—	6 mai 1830.
—	4 juin 1830.
Arr. cons. d'Et.	6 juin 1830.
A. C.	28 juin 1830.
—	13 juill. 1830.
Arr. cons. d'Et.	14 juill. 1830.
—	14 juill. 1830.
A. C.	22 juill. 1830.
—	31 juill. 1830.
—	14 août 1830.
—	19 août 1830.
Arr. cons. d'Et.	31 août 1830.
—	25 sept. 1830.
—	30 sept. 1830.
—	30 sept. 1830.
A. C.	15 oct. 1830.
—	15 nov. 1830.
Arrêt Bourges.	17 nov. 1830.
A. C.	16 déc. 1830.
—	21 déc. 1830.
—	21 déc. 1830.
—	24 déc. 1830.
—	31 déc. 1830.
Arr. cons. d'Et.	8 janv. 1831.
—	17 janv. 1831.
—	18 janv. 1831.
A. C.	22 janv. 1831.
Arr. cons. d'Et.	25 janv. 1831.
Ord.	16 fév. 1831.
Arr. cons. d'Et.	28 fév. 1831.
—	28 fév. 1831.
—	9 mars 1831.
A. C.	22 mars 1831.
—	25 mars 1831.
Arr. cons. d'Et.	29 mars 1831.
A. C.	30 mars 1831.
—	2 avr. 1831.
Arr. cons. d'Et.	8 avr. 1831.
A. C.	8 avr. 1831.
—	11 avr. 1831.
—	29 avr. 1831.
Arr. cons. d'Et.	5 mai 1831.
A. C.	11 mai 1831.
—	16 mai 1831.
—	17 mai 1831.
Lett. M. Just.	25 mai 1831.
A. C.	28 mai 1831.
Arr. cons. d'Et.	8 juin 1831.
—	16 juin 1831.
A. C.	18 juill. 1831.
—	19 juill. 1831.
—	4 août 1831.
—	5 août 1831.
Arr. cons. d'Et.	12 août 1831.
A. C.	19 août 1831.
—	24 août 1831.
—	2 sept. 1831.
—	2 sept. 1831.
—	3 sept. 1831.
—	3 sept. 1831.
—	10 sept. 1831.
Arr. cons. d'Et.	15 sept. 1831.
—	15 sept. 1831.
A. C.	20 oct. 1831.
—	5 nov. 1831.
—	25 nov. 1831.
—	2 déc. 1831.
Arr. cons. d'Et.	3 déc. 1831.
A. C.	17 déc. 1831.
—	22 déc. 1831.
—	24 déc. 1831.
Arr. cons. d'Et.	24 déc. 1831.
—	9 janv. 1832.
—	16 fév. 1832.
Lett. comm.	21 fév. 1832.
A. C.	1er mars 1832.
—	9 mars 1832.
Arr. cons. d'Et.	9 mars 1832.
A. C.	24 mars 1832.
—	14 avr. 1832.
C. Comm. monn.	21 avr. 1832.
Arr. cons. d'Et.	3 mai 1832.
A. C.	23 mai 1832.
Arr. cons. d'Et.	2 juin 1832.
—	2 juin 1832.
A. C.	9 juin 1832.
Arr. cons. d'Et.	10 juill. 1832.
—	15 juill. 1832.
Lett.	17 juill. 1832.
A. C.	20 juill. 1832.
Arr. cons. d'Et.	20 juill. 1832.
—	20 juill. 1832.
—	20 juill. 1832.
—	6 août 1832.
A. C.	24 août 1832.
—	16 oct. 1832.
Arr. cons. d'Et.	15 oct. 1832.
—	28 oct. 1832.
A. C.	20 oct. 1832.
Arr. cons. d'Et.	24 oct. 1832.
A. C.	12 nov. 1832.
—	14 nov. 1832.
Lett.	28 nov. 1832.
C. Comm. monn.	29 nov. 1832.
A. C.	7 déc. 1832.
—	14 déc. 1832.
Arr. cons. d'Et.	15 mars 1833.
A. C.	19 avr. 1833.
—	25 avr. 1833.
Arr. cons. d'Et.	10 mai 1833.
A. C.	1er juin 1833.
Arr. cons. d'Et.	10 juill. 1833.
C. n° 23.	15 juill. 1833.
Arr. cons. d'Et.	19 juill. 1833.
A. C.	1er août 1833.

A. C.	14 août 1833.
Arr. cons. d'Et.	16 août 1833.
—	18 août 1833.
A. C.	31 août 1833.
C. Douanes.	6 sept. 1833.
Arr. cons. d'Et.	18 sept. 1833.
A. C.	20 sept. 1833.
—	21 sept. 1833.
—	15 nov. 1833.
Arr. cons. d'Et.	13 déc. 1833.
A. C.	21 déc. 1833.
—	7 janv. 1834.
Arr. cons. d'Et.	31 janv. 1834.
A. C.	7 fév. 1834.
—	28 fév. 1834.
—	7 mars 1834.
—	3 avr. 1834.
—	15 avr. 1834.
A. C.	2 mai 1834.
—	3 mai 1834.
—	31 mai 1834.
—	10 juin 1834.
—	24 juin 1834.
Arr. cons. d'Et.	4 juill. 1834.
—	25 juill. 1834.
A. C.	4 août 1834.
—	8 août 1834.
Arr. cons. d'Et.	15 août 1834.
—	15 août 1834.
—	22 août 1834.
—	22 août 1834.
—	22 août 1834.
A. C. 2	28 août 1834.
Arr. Rouen.	30 août 1834.
A. C.	25 sept. 1834.
Arr. cons. d'Et.	25 sept. 1834.
A. C.	8 nov. 1834.
—	13 nov. 1834.
—	5 déc. 1834.
Arr. cons. d'Et.	5 déc. 1834.
—	11 déc. 1834.
—	12 déc. 1834.
—	19 déc. 1834.
A. C.	19 déc. 1834.
—	11 janvier 1835.
Arr. cons. d'Et.	28 janv. 1835.
A. C.	28 janv. 1835.
—	30 janv. 1835.
Arr. cons. d'Et.	3 fév. 1835.
—	27 fév. 1835.
A. C.	7 mars 1835.
—	9 mars 1835.
—	11 mars 1835.
Jugt. c. Seine.	13 mars 1835.
Arr. cons. d'Et.	25 mars 1835.
—	25 mars 1835.
—	31 mars 1835.
—	7 avr. 1835.
—	7 avr. 1835.
A. C.	15 avr. 1835.
Arr. cons. d'Et.	20 avr. 1835.
A. C.	29 avr. 1835.
—	22 mai 1835.
—	13 juin 1835.
—	17 juin 1835.
—	20 juin 1835.
Arr. cons. d'Et.	26 juin 1835.
A. C.	7 juill. 1835.
Arr. cons. d'Et.	15 juill. 1835.
A. C.	3 août 1835.
—	8 août 1835.
—	12 août 1835.
—	24 août 1835.
—	24 sept. 1835.
—	15 oct. 1835.
—	19 nov. 1835.
—	19 nov. 1835.
—	27 nov. 1835.
A. C.	5 déc. 1835.
Arr. cons. d'Et.	15 déc. 1835.
—	16 déc. 1835.
A. C.	21 déc. 1835.
—	28 déc. 1835.
—	14 janv. 1836.
—	16 janv. 1836.
Arr. cons. d'Et.	19 janv. 1836.
—	11 fév. 1836.
—	17 fév. 1836.
A. C.	25 mars 1836.
Arr. cons. d'Et.	25 mars 1836.
Lett. Adm. monn.	5 avr. 1836.
Arr. —	23 avr. 1836.
—	28 avr. 1836.
—	6 mai 1836.
A. C.	26 mai 1836.
—	4 juin 1836.
Arr. cons. d'Et.	7 juin 1836.
A. C.	10 juin 1836.
—	11 juin 1836.
Arr. cons. d'Et.	22 juin 1836.
A. C.	9 août 1836.
—	10 août 1836.
Lett. M. F.	18 août 1836.
A. C.	23 août 1836.
Arr. cons. d'Et.	23 août 1836.
A. C.	24 août 1836.
Avis cons. d'Et.	24 août 1836.
A. C.	29 août 1836.
Arrêt Paris.	29 août 1836.
C. M. Int.	7 sept. 1836.
A. C.	28 sept. 1836.
—	7 oct. 1836.
Lett. M. Guerre.	14 oct. 1836.
A. C.	5 nov. 1836.
—	10 nov. 1836.
Arr. cons. d'Et.	22 nov. 1836.
A. C.	28 nov. 1836.
—	29 nov. 1836.
Arr. cons. d'Et.	30 nov. 1836.

Arr. cons. d'Et.	14 déc. 1836.
A. C.	13 janv. 1837.
—	13 janv. 1837.
Arr. cons. d'Et.	23 janv. 1837.
A. C.	17 fév. 1837.
—	23 fév. 1837.
Arr. cons. d'Et.	24 fév. 1837.
—	3 mars. 1837.
A. C.	11 mars 1837.
Loi.	1er avr. 1837.
A. C.	7 avr. 1837.
—	11 avr. 1837.
—	13 mai 1837.
Arr. cons. d'Et.	18 mai 1837.
Arrêt Paris.	20 mai 1837.
A. C.	15 juin 1837.
—	16 juin 1837.
Arr. cons. d'Et.	20 juin 1837.
—	28 juin 1837.
—	4 juill. 1837.
—	4 juill. 1837.
A. C.	8 juill. 1837.
Arr. cons. d'Et.	19 juill. 1837.
—	14 août 1837.
—	28 août 1837.
A. C.	8 sept. 1837.
—	15 sept. 1837.
Arr. cons. d'Et.	6 nov. 1837.
Lett. M. int.	24 nov. 1837.
Arr. cons. d'Et.	5 déc. 1837.
—	5 déc. 1837.
A. C.	7 déc. 1837.
—	8 déc. 1837.
Arr. cons. d'Et.	21 déc. 1837.
A. C.	6 janv. 1838.
Arr. cons. d'Et.	11 janv. 1838.
—	31 janv. 1838.
A. C.	28 fév. 1838.
—	27 mars 1838.
—	28 mars 1838.
—	28 mars 1838.
Arr. cons. d'Et.	30 mars 1838.
A. C.	30 mars 1838.
Loi	11 avr. 1838.
Arr. cons. d'Et.	11 avr. 1838.
C. Comm. monn.	28 avr. 1838.
C. Comm. monn.	3 mai 1838.
Arr. cons. d'Et.	28 mai 1838.
—	28 mai 1838.
A. C.	30 mai 1838.
Ord.	31 mai 1838.
A. C.	21 juin 1838.
—	7 juill. 1838.
Arr. cons. d'Et.	18 juill. 1838.
—	28 juill. 1838.
A. C.	3 août 1838.
Arr. cons. d'Et.	8 août 1838.
A. C.	17 août 1838.
Arr. cons. d'Et.	23 août 1838.
A. C.	29 août 1838.
Arr. cons. d'Et.	5 sept. 1838.
—	17 sept. 1838.
A. C.	12 oct. 1838.
—	18 oct. 1838.
—	19 oct. 1838.
Arr. cons. d'Et.	18 nov. 1838.
A. C.	8 déc. 1838.
—	14 déc. 1838.
Arr. Paris.	27 déc. 1838.
Lett. comm.	4 janv. 1839.
A. C.	5 janv. 1839.
Arr. cons. d'Et.	14 janv. 1839.
Arrêt Paris.	17 janv. 1839.
Arr. cons. d'Et.	25 janv. 1839.
A. C.	11 fév. 1839.
Arr. cons. d'Et.	14 fév. 1839.
—	18 fév. 1839.
A. C.	28 fév. 1839.
—	16 mars 1839.
Arr. cons. d'Et.	20 mars 1839.
A. C.	22 mars 1839.
—	12 avr. 1839.
—	16 avr. 1839.
Arr. Paris.	3 mai 1839.
A. C.	10 mai 1839.
—	23 mai 1839.
—	1er juin 1839.
—	15 juin 1839.
Arr. cons. d'Et.	20 juin 1839.
—	1er juill. 1839.
—	15 août 1839.
A. C.	23 août 1839.
Arr. cons. d'Et.	8 sept. 1839.
A. C.	17 oct. 1839.
—	12 nov. 1839.
Arr. cons. d'Et.	26 nov. 1839.
—	28 nov. 1839.
—	18 déc. 1839.
A. C.	26 déc. 1839.
—	10 janv. 1840.
—	21 janv. 1840.
—	31 janv. 1840.
—	21 mars 1840.
Lett. comm.	11 mai 1840.
A. C.	22 juin 1840.
—	10 juill. 1840.
—	14 juill. 1840.
Arr. cons. d'Et.	16 juill. 1840.
—	16 juill. 1840.
—	30 juill. 1840.
—	8 août 1840.
A. C.	14 août 1840.
—	14 août 1840.
Arr. cons. d'Et.	20 août 1840.
A. C.	21 août 1840.
—	2 oct. 1840.
—	9 nov. 1840.
Arr. cons. d'Et.	20 nov. 1840.
—	5 fév. 1841.
—	23 fév. 1841.

A. C.	20 mars 1841.
Arr. cons. d'Et.	22 mars 1841.
A. C.	31 mars 1841.
Arr. cons. d'Et.	7 avr. 1841.
A. C.	14 avr. 1841.
—	19 mai 1841.
—	26 juin 1841.
—	16 juill. 1841.
—	19 août 1841.
—	20 août 1841.
C. Douanes.	25 août 1841.
A. C.	23 sept. 1841.
—	30 sept. 1841.
—	30 sept. 1841.
—	16 oct. 1841.
—	16 nov. 1841.
—	19 nov. 1841.
Arr. cons. d'Et.	26 nov. 1841.
A. C.	31 déc. 1841.
—	14 janv. 1842.
Arr. cons. d'Et.	24 fév. 1842.
A. C.	18 mars 1842.
—	21 mars 1842.
Arrêt Paris.	22 mars 1842.
A. C.	11 avr. 1842.
Arr. cons. d'Et.	25 avr. 1842.
A. C.	14 mai 1842.
—	21 mai 1842.
—	11 juin 1842.
—	15 juin 1842.
Arr. cons. d'Et.	15 juill. 1842.
—	16 juill. 1842.
A. C.	18 juill. 1842.
Arr. cons. d'Et.	27 juill. 1842.
A. C.	6 oct. 1842.
Arr. cons. d'Et.	16 déc. 1842.
—	9 janv. 1843.
—	9 janv. 1843.
—	9 janv. 1843.
A. C.	11 fév. 1843.
Arr. cons. d'Et.	10 mars 1843.
A. C.	18 mars 1843.
Arrêt Orléans.	27 mars 1843.
A. C.	1er avr. 1843.
—	12 mai 1843.
—	18 mai 1843.
—	21 mai 1843.
—	3 juin 1843.
—	21 juin 1843.
Arr. cons. d'Et.	6 juill. 1843.
—	17 juill. 1843.
A. C.	4 nov. 1843.
—	9 déc. 1843.
—	20 déc. 1843.
C. M. Just.	1er janv. 1844.
Arr. cons. d'Et.	12 janv. 1844.
A. C.	8 mars 1844.
—	13 mars 1844.
—	15 mars 1844.
Arr. cons d'Et.	26 avr. 1844.
A. C.	6 mai 1844.
—	31 mai 1844.
—	6 juin 1844.
—	14 juin 1844.
—	21 juin 1844.
—	22 juin 1844.
—	22 juin 1844.
—	15 juill. 1844.
—	10 août 1844.
Arr. cons. d'Et.	28 août 1844.
A. C.	20 sept. 1844.
—	7 nov. 1844.
—	27 nov. 1844.
Arr. cons. d'Et.	6 déc. 1844.
A. C.	9 déc. 1844.
Arrêt Amiens.	12 déc. 1844.
A. C.	18 déc. 1844.
Arrêt Colmar.	27 déc. 1844.
A. C.	2 janv. 1845.
Arr. cons. d'Et.	31 janv. 1845.
A. C.	8 fév. 1845.
—	15 fév. 1845.
Arr. cons. d'Et.	23 mars 1845.
A. C.	15 avr. 1845.
Arr. cons. d'Et.	25 avr. 1845.
A. C.	9 mai 1845.
—	9 mai 1845.
—	26 mai 1845.
A. C.	4 juill. 1845.
Arr. cons. d'Et.	10 juill. 1845.
—	11 juill. 1845.
—	24 juill. 1845.
A. C.	4 août 1845.
C. n° 323.	
Arr. cons. d'Et.	16 août 1845.
Arrêt Caen.	21 août 1845.
A. C.	21 août 1845.
Arrêt Orléans.	22 août 1845.
Arr. cons. d'Et.	27 août 1845.
—	30 août 1845.
—	30 août 1845.
A. C.	3 oct. 1845.
Décision.	17 oct. 1845.
A. C.	8 nov. 1845.
—	20 nov. 1845.
Arr. cons. d'Et.	28 nov. 1845.
A. C.	29 nov. 1845.
—	3 janv. 1846.
—	30 janv. 1846.
—	11 fév. 1846.
Arrêt Paris.	17 fév. 1846.
Arr. cons. d'Et.	7 avr. 1846.
A. C.	28 avr. 1846.
Arr. cons. d'Et.	1er mai 1846.
Lett. comm.	12 mai 1846.
A. C.	20 mai 1846.
—	30 juin 1846.
—	6 juill. 1846.
—	25 juill. 1846.
Arr. cons. d'Et.	29 juill. 1846.

A. C.	14 août 1846.
—	26 août 1846.
—	28 août 1846.
—	11 sept. 1846.
—	11 déc. 1846.
Arr. cons. d'Et.	15 déc. 1846.
A. C.	2 janv. 1847.
Arr. cons. d'Et.	21 janv. 1847.
A. C.	2 fév. 1847.
Arr. cons. d'Et.	9 fév. 1847.
A. C.	24 fév. 1847.
Arr. cons. d'Et.	27 fév. 1847.
—	16 mars 1847.
Lett. comm.	7 mai 1847.
A. C.	10 août 1847.
Arr. cons. d'Et.	30 août 1847.
A. C.	19 nov. 1847.
Lett. comm.	23 nov. 1847.
Arrêt Paris.	27 nov. 1847.
Arrêt Bordeaux.	1er déc. 1847.
A. C.	21 avr. 1848.
Arr. cons. d'Et.	6 mai 1848.
—	15 mai 1848.
—	20 mai 1848.
—	27 mai 1848.
—	27 mai 1848.
—	31 mai 1848.
—	5 juin 1848.
—	5 juin 1848.
—	17 juin 1848.
—	23 juin 1848.
—	22 juill. 1848.
—	24 juill. 1848.
—	28 août 1848.
—	18 déc. 1848.
Lett. comm.	23 déc. 1848.
Arr. cons. d'Et.	9 janv. 1849.
—	17 janv. 1849.
—	21 janv. 1849.
—	1er juin 1849.
—	9 juin 1849.
—	29 juin 1849.
—	29 juin 1849.
—	25 août 1849.
Arrêt Toulouse.	16 nov. 1849.
Arr. cons. d'Et.	19 janv. 1850.
—	26 janv. 1850.
A. C.	31 janv. 1850.
Arr. cons. d'Et.	2 fév. 1850.
A. C.	8 fév. 1850.
Arr. cons. d'Et.	9 fév. 1850.
A. C.	9 fév. 1850.
Arr. cons. d'Et.	9 fév. 1850.
A. C.	12 fév. 1850.
—	14 fév. 1850.
Arr. cons. d'Et.	23 fév. 1850.
—	7 mars 1850.
—	7 mars 1850.
A. C.	8 mars 1850.
Arr. cons. d'Et.	9 mars 1850.
—	14 mars 1850.
—	16 mars 1850.
A. C.	23 mars 1850.
Arr. cons. d'Et.	26 mars 1850.
—	26 mars 1850.
A. C.	2 avril 1850.
Arr. cons. d'Et.	13 avr. 1850.
—	20 avr. 1850.
A. C.	3 mai 1850.
—	3 mai 1850.
—	8 mai 1850.
—	11 mai 1850.
—	11 mai 1850.
—	15 mai 1850.
Arr. cons. d'Et.	17 mai 1850.
—	30 mai 1850.
A. C.	30 mai 1850.
Arr. gén. d'Et.	13 juin 1850.
—	15 juin 1850.
—	20 juin 1850.
—	22 juin 1850.
A. C.	6 juin 1850.
—	10 juill. 1850.
—	12 juill. 1850.
Arr. cons. d'Et.	20 juill. 1850.
A. C.	31 juill. 1850.
Arr. cons. d'Et.	7 sept. 1850.
A. C.	7 nov. 1850.
Arr. cons. d'Et.	23 nov. 1850.
—	30 nov. 1850.
Arr. cons. d'Et.	4 janv. 1851.
A. C.	8 fév. 1851.
—	10 mars 1851.
Arr. cons. d'Et.	21 mars 1851.
—	5 avr. 1851.
Lett. comm.	6 avr. 1851.
Arr. cons. d'Et.	28 avr. 1851.
—	3 mai 1851.
—	9 mai 1851.
—	24 mai 1851.
Arr. cons. d'Et.	24 mai 1851.
—	23 juin 1851.
—	28 juin 1851.
—	26 juill. 1851.
Arr. cons. d'Et.	3 oct. 1851.
—	20 nov. 1851.
—	27 déc. 1851.
—	4 fév. 1852.
—	9 fév. 1852.
—	26 fév. 1852.
—	12 mars 1852.
—	12 mars 1852.
—	12 mars 1852.
—	3 avr. 1852.
Lett. lith.	5 avr. 1852.
A. C.	10 avr. 1852.

A. C.	28 avr. 1852.
C. lith. s. g. M. F.	n° 458, 4 mai 1852.
Arr. cons. d'Et.	7 mai 1852.
A. C.	12 mai 1852.
Inst. S. g. M. F.	15 mai 1852.
C. lith.	8 juin 1852.
—	25 juin 1852.
A. C.	25 juin 1852.
—	8 juill. 1852.
—	22 juill. 1852.
—	27 juill. 1852.
Lett. lith.	11 août 1852.
A. C.	12 août 1852.
—	20 août 1852.
Décret.	17 nov. 1852.
A. C.	1er déc. 1852.
Arr. cons. d'Et.	1er déc. 1852.
A. C.	4 déc. 1852.
Lett. comm.	8 déc. 1852.
C. lith.	11 déc. 1852.
A. C.	6 janv. 1853.
—	8 janv. 1853.
Lettre.	13 janv. 1853.
A. C.	28 janv. 1853.
—	3 fév. 1853.
Lettre comm.	5 fév. 1853.
A. C.	15 fév. 1853.
Arr. cons. d'Et.	17 fév. 1853.
A. C.	28 fév. 1853.
—	3 mars 1853.
—	12 mars 1853.
Arr. cons. d'Et.	29 mars 1853.
D. M. F.	14 mai 1853.
Lettre.	23 mai 1853.
Arr. cons. d'Et.	26 mai 1853.
A. C.	1er juill. 1853.
—	14 juill. 1853.
Arr. cons. d'Et.	27 juill. 1853.
Lett. comm.	1er août 1853.
—	3 août 1853.
Arrêt Bordeaux.	4 août 1853.
Lettre.	16 août 1853.
A. C.	18 août 1853.
Arr. cons. d'Et.	22 août 1853.
C. lith.	10 nov. 1853.
Note.	13 déc. 1853.
A. C.	24 déc. 1853.
C. n° 170.	29 déc. 1853.
Lettre.	11 fév. 1854.
A. C.	14 fév. 1854.
Arr. cons. d'Et.	16 fév. 1854.
Lett.	16 fév. 1854.
Note.	16 fév. 1854.
Lett. comm.	24 fév. 1854.
Arrêt. Rouen.	9 mars 1854.
D. M. F.	17 mars 1854.
A. C.	28 mars 1854.
Arr. cons. d'Et.	6 avril 1854.
A. C.	13 avr. 1854.
—	25 avr. 1854.
—	29 avr. 1854.
Arr. cons. d'Et.	11 mai 1854.
—	18 mai 1854.
A. C.	18 mai 1854.
D. M. F.	19 mai 1854.
Lett. comm.	2 juin 1854.
Arr. cons. d'Et.	6 juill. 1854.
Lettre.	12 juill. 1854.
Arr. cons. d'Et.	26 juill. 1854.
Lett. comm.	31 juill. 1854.
Lettre.	30 août 1854.
A. C.	14 sept. 1854.
Arrêt Orléans.	13 nov. 1854.
A. C.	27 nov. 1854.
—	29 nov. 1854.
—	2 déc. 1854.
Arr. cons. d'Et.	28 déc. 1854.
C. S. g. M. F.	31 janv. 1855.
A. C.	2 mars 1855.
—	24 mars 1855.
—	5 avr. 1855.
—	14 avr. 1855.
Arr. cons. d'Et.	25 avr. 1855.
—	17 mai 1855.
A. C.	8 juin 1855.
Arr. cons. d'Et.	21 juin 1855.
A. C.	10 juill. 1855.
Jug. t. corr. Paris	25 juill. 1855.
A. C.	22 nov. 1855.
Lett. comm.	24 nov. 1855.
A. C.	30 nov. 1855.
—	1er déc. 1855.
—	1er déc. 1855.
—	20 déc. 1855.
—	21 déc. 1855.
—	5 janv. 1856.
Arr. cons. d'Et.	10 janv. 1856.
A. C.	4 fév. 1856.
Arr. cons. d'Et.	7 fév. 1856.
A. C.	12 fév. 1856.
Arr. cons. d'Et.	13 fév. 1856.
A. C.	21 fév. 1856.
Arr. cons. d'Et.	21 fév. 1856.
A. C.	22 fév. 1856.
—	27 fév. 1856.
C. S. g. M. F.	7 mars 1856.
Arr. cons. d'Et.	27 mars 1856.
A. C.	28 mars 1856.
—	29 mars 1856.
—	4 avr. 1856.
—	16 avr. 1856.
—	26 avr. 1856.
—	21 mai 1856.
—	22 mai 1856.
—	22 mai 1856.
Arr. cons. d'Et.	28 mai 1856.
A. C.	12 juin 1856.
—	18 juin 1856.
C. M. Int.	24 juin 1856.
Lettre	8 juill. 1856.

A. C.	2 août 1856.
—	8 août 1856.
—	13 août 1856.
Lettre.	3 sept. 1856.
Arr. cons. d'Et.	10 sept. 1856.
A. C.	13 sept. 1856.
—	26 sept. 1856.
—	14 oct. 1856.
—	10 nov. 1856.
Arr. cons. d'Et.	20 nov. 1856.
Lett. comm.	29 nov. 1856.
A. C.	3 déc. 1856.
Lettre.	9 déc. 1856.
Arr. cons. d'Et.	11 déc. 1856.
—	12 déc. 1856.
Arrêt Paris.	9 janv. 1857.
Note S. g. M. F.	4 fév. 1857.
C. lith.	10 fév. 1857.
Note S. g. M. F.	12 fév. 1857.
Arr. cons. d'Et.	26 fév. 1857.
A. C.	17 avr. 1857.
Lettre.	27 avr. 1857.
Lett. comm.	1er mai 1857.
Arr. cons. d'Et.	6 mai 1857.
—	7 mai 1857.
A. C.	26 mai 1857.
—	3 juin 1857.
—	12 juin 1857.
—	13 juin 1857.
—	18 juin 1857.
—	18 juill. 1857.
Arr. cons. d'Et.	22 juill. 1857.
Lett. comm.	29 août 1857.
A. C.	18 déc. 1857.
—	26 déc. 1857.
—	2 janv. 1858.
Arr. cons. d'Et.	6 janv. 1858.
—	28 janv. 1858.
Lettre.	11 fév. 1858.
Arr. cons. d'Et.	25 mars 1858.
—	22 avr. 1858.
A. C.	24 avr. 1858.
Lett. comm.	24 avr. 1858.
Arr. cons. d'Et.	6 mai 1858.
A. C.	11 mai 1858.
Lettre.	1er juill. 1858.
Arr. cons. d'Et.	14 juill. 1858.
Arrêt Amiens.	30 juill. 1858.
Arrêt cons. d'Et.	26 août 1858.
Lettre.	30 nov. 1858.
Arr. cons. d'Et.	30 déc. 1858.
A. C.	5 fév. 1859.
Arr. cons. d-Et.	10 mars 1859.
Note.	24 mars 1859.
Arr. cons. d'Et.	12 mai 1859.
A. C.	14 mai 1859.
Lettre.	15 juin 1859.
C. lith.	24 nov. 1859.
A. C.	22 déc. 1859.
Lett. comm.	27 déc. 1859.
Lett. comm.	2 avr. 1860.
Arr. cons. d'Et.	4 juill. 1860.
Lett. comm.	7 juill. 1860.
Arrêt Rouen.	15 nov. 1860.
Lett. comm.	12 déc. 1860.
Arr. cons. d'Et.	17 janv. 1861.
Avis cons. d'Et.	24 janv. 1861.
Lett. comm.	4 mars 1861.
C. M. Fin.	7 mars 1861.
Arr. cour d'Aix.	20 mars 1861.
Lett. comm.	21 mars 1861.
A. C.	10 avr. 1861.
Arrêt Grenoble.	18 juill. 1861.
Lettre.	23 sept. 1861.
Lettre comm.	12 oct. 1861.
Lettre.	13 nov. 1861.
Arr. cons. d'Et.	28 nov. 1861.
Lett. comm.	10 déc. 1861.
Jug. t. cor. Belfort	13 déc. 1861.
Arrêt Bordeaux.	19 déc. 1861.
Arrêt Rennes.	2 janv. 1862.
Lettre.	3 janv. 1862.
Arr. Bordeaux.	15 janv. 1862.
Arr. cons. d'Et.	16 janv. 1862.
—	20 mars 1862.
—	13 juin 1862.
Lett. comm.	12 juill. 1862.
Arr. cons. d'Et.	17 juill. 1862.
—	31 juill. 1862.
J. t. com Strasbourg	8 déc. 1862.
Arrêt Paris.	3 déc. 1862.
Arrêt Montpellier.	29 déc. 1862.
Décret.	30 déc. 1862.
Arrêt Aix.	7 janv. 1863.
Lett. comm.	18 janv. 1863.
Arrêt Paris.	25 janv. 1863.
Jug. t. corr. Tours	14 fév. 1863.
Arr. cons. d'Et.	14 mars 1863.
Arr. cour d'as. Ain	28 avr. 1863.
A. C.	16 mai 1863.
Lett. comm.	20 mai 1863.
Arr. cons. d'Et.	30 juill. 1863.
Note.	12 août 1863.
Lett. comm.	26 sept. 1863.
Lett. comm.	23 oct. 1863.
Arrêt Grenoble.	18 nov. 1863.
A. C.	4 déc. 1863.
Arr. cons. d'Et.	16 déc. 1863.
Lettre.	11 janv. 1864.
Loi.	25 mai 1864.
Lett. comm.	2 juin 1864.
Lettre.	14 juill. 1864.
Lettre comm.	18 juill. 1864.
A. C.	23 juill. 1864.
Lett. comm.	10 oct. 1864.
Lettre.	11 oct. 1864.
Décret.	2 nov. 1864.

SUPPLÉMENT GÉNÉRAL

DU

NOUVEAU RECUEIL CHRONOLOGIQUE

DES LOIS & INSTRUCTIONS

DES

CONTRIBUTIONS INDIRECTES,

DES TABACS & DES OCTROIS.

Aucune collection des lois et instructions ne contient autant de lois, d'arrêts et de décisions que le Nouveau Recueil chronologique.

Pour donner à la Table codifiée une plus grande utilité, il nous a paru nécessaire cependant, d'ajouter à l'analyse des documents publiés dans le Recueil :

1° l'indication des arrêts et jugements nés du droit commun ou obtenus par d'autres administrations, qui trouvent leur application dans les contributions indirectes ;

2° celle des lois, décisions et lettres communes, dont il ne devait être inséré extrait qu'au Dictionnaire.

Les souscripteurs ont exprimé le vœu de voir compléter l'œuvre par un Supplément Général, présentant ces documents, *qui sont marqués d'un astérisque à la Table codifiée et au Dictionnaire.*

Peu d'employés en effet ont la facilité de recourir aux grands Recueils de jurisprudence et au Bulletin des lois ; il n'est plus possible de se procurer le Mémorial du Contentieux, et ce Supplément, qui nous permet de combler en même temps quelques lacunes, révélées par une sérieuse révision, complète ainsi le Nouveau Recueil, sous tous les rapports.

RÉGLEMENT DU 28 JUIN 1788 (1).

Pourvoi en cassation.

1re partie.

Titre IV. *Des demandes en cassation d'arrêts ou de jugements rendus en dernier ressort.*

Art. 1er. Les demandes en cassation d'arrêts ou de jugements rendus en dernier ressort, seront formées par une requête en forme de vu d'arrêt, qui contiendra les moyens de cassation.

Art. 2. Ladite requête sera signée de l'avocat du demandeur.

Art. 4. Le demandeur en cassation sera tenu de joindre à sa requête la copie qui lui aura été signifiée de l'arrêt ou jugement en dernier ressort, ou une expédition en forme dudit arrêt ou jugement, s'ils ne lui ont pas été signifiés, sinon la requête ne pourra être reçue (2).

Art. 5. Le demandeur en cassation sera tenu de consigner la somme de cent cinquante livres pour l'amende envers Sa Majesté, lorsqu'il s'agira d'un arrêt ou jugement contradictoire, et celle de soixante-quinze livres, s'il ne s'agit que d'un arrêt ou jugement par défaut ou par forclusion; desquelles sommes le receveur des amendes se chargera, sans droits ni frais: et sera la quittance de consignation jointe à la requête en cassation, sinon ladite requête ne pourra être reçue.

Art. 11. Le délai d'un an aura lieu en outre, à l'égard de ceux qui seront absents du royaume pour cause publique, à compter du jour de la signification de l'arrêt ou du jugement à leur dernier domicile.

Art. 12. À l'égard des parties qui seront domiciliées dans les colonies françaises, le délai pour se pourvoir en cassation contre les arrêts ou jugements qui auront été signifiés à leur domicile dans lesdites colonies, sera d'un an pour celles qui demeureront dans l'étendue des ressorts des conseils supérieurs des îles de Saint-Domingue, de la Martinique, de la Guadeloupe, de Canada et de l'île Royale; et de deux ans pour celles qui seront domiciliées dans l'étendue des ressorts des conseils supérieurs de Pondichéry et des îles de Bourbon et de France; sauf, en cas d'insuffisance desdits délais, eu égard aux circonstances particulières, à être lesdites parties relevées du laps de temps, ainsi qu'il appartiendra.

Art. 13. Et à l'égard de toutes autres personnes, même des ecclésiastiques, lorsqu'il ne s'agira point des droits de leurs bénéfices ou dignités, ou de leurs fonctions ecclésiastiques, le délai sera seulement de six mois; à compter, pour les majeurs, du jour de la signification de l'arrêt ou du jugement à leur personne ou domicile; et, à l'égard des mineurs, du jour de la signification qui sera pareillement faite à leur personne ou domicile, depuis qu'ils auront atteint la majorité.

Art. 14. Les héritiers, successeurs, ou ayant cause de ceux qui seront décédés dans les six mois mentionnés dans l'article précédent, auront encore six mois, à compter, pour ceux qui seront majeurs, du jour de la signification de l'arrêt ou du jugement, qui en sera faite à leur personne ou domicile, et, s'ils sont mineurs, du jour de la signification faite à leur personne ou domicile, depuis qu'ils auront atteint la majorité (1).

Art. 28. Lorsque le conseil, soit en ordonnant l'envoi des motifs, ou après les avoir vus, jugera que la demande en cassation mérite d'être instruite contradictoirement avec toutes les parties intéressées, l'arrêt qui interviendra, ordonnera seulement que la requête en cassation leur sera communiquée, pour y répondre dans les délais du règlement; faute de quoi il y sera fait droit, ainsi qu'il appartiendra.

Art. 29. Les demandes en cassation ni même les arrêts qui interviendront pour demander les motifs, ou pour ordonner que la requête sera communiquée à la partie, ne pourront empêcher l'exécution des arrêts ou jugements en dernier ressort dont la cassation sera demandée; et ne seront données aucunes défenses ni surséance en aucun cas, si ce n'est par ordre exprès de Sa Majesté (2).

Art. 30. Dans le cas porté par l'article 28 ci-dessus, l'arrêt du conseil par lequel il aura été ordonné que la requête en cassation sera communiquée à la partie qui a obtenu l'arrêt ou jugement en dernier ressort, sera signifié à sa personne ou domicile, et ce, dans trois mois au plus tard, à compter du jour dudit arrêt; ou, en cas que ladite partie soit domiciliée dans les colonies françaises, dans les délais portés par l'article 12 ci-dessus; et faute par le demandeur en cassation, de l'avoir fait signifier dans ledit temps, il demeurera déchu de sa demande en cassation, sans qu'on puisse y avoir égard dans la suite, sous quelque prétexte que ce soit.

Art. 35. Le demandeur en cassation qui succombera en sa demande, après un arrêt de soit communiqué, sera condamné en trois cents livres d'amende envers Sa Majesté, et en cent cinquante livres envers la partie, si l'arrêt ou le jugement dont la cassation était demandée, a été rendu contradictoirement; et en la moitié seulement desdites sommes, si l'arrêt ou le jugement a été rendu par défaut ou par forclusion, dans lesquelles sommes sera comprise celle qui aura été consignée par le demandeur en cassation, suivant l'article 5 ci-dessus.

2e partie.

Titre Ier. *De la forme et des délais des assignations et autres actes ou exploits introductifs d'instance, et des présentations.*

Art. 1er. Toutes assignations seront données, et tous actes introductifs d'instance seront signifiés au domicile des parties, à l'exception des cas portés par les articles 53, 59 et 69 de l'ordonnance du mois d'août 1737, au titre des évocations; comme aussi par les articles 4 et 6 du titre II, et par l'article 4 du titre X de la première partie du présent règlement.

---

(1) À l'exception des points, auxquels il a été expressément dérogé, ce règlement a été maintenu en vigueur par l'article 28 de la loi du 1er décembre 1790.
(2) L'article 16 de la loi du 2 brumaire an IV a confirmé ces dispositions.

(1) Le délai ordinaire est actuellement de trois mois (art. 11 de la loi du 1er déc. 1790). Il n'y a exception que pour les gens de mer et les habitants des colonies.
(2) V. l'art. 16 de la loi du 1er déc. 1790.

Art. 2. Tous exploits d'assignation, ou actes introductifs d'instance, de quelque qualité qu'ils soient, même les significations des requêtes d'opposition à des arrêts du conseil, contiendront le nom de l'avocat dont la partie entend se servir, à peine de nullité desdits exploits ou actes, et de vingt livres d'amende contre les huissiers ou sergents qui les auraient signifiés.

Art. 3. Les délais des assignations au conseil seront de deux mois pour les ressorts des parlements et autres cours de Languedoc, Guyenne, Grenoble, Aix, Pau, Besançon et Bretagne, et des conseils supérieurs d'Alsace et de Roussillon, et d'un mois pour les ressorts des parlements et autres cours de Paris, Rouen, Dijon, Metz et Flandre, et du conseil d'Artois, en ce qui concerne la juridiction criminelle en dernier ressort, à la réserve toutefois des assignations qui seront données dans l'étendue de la ville de Paris, et de dix lieues à la ronde, lesquelles ne seront que de quinzaine.

Art. 4. Lesdits délais seront d'un pour les ressorts des conseils supérieurs des îles de Saint-Domingue, de la Martinique et de la Guadeloupe; et à l'égard des ressorts des conseils supérieurs de Canada, de l'Ile-Royale, de l'Ile-de-Bourbon, de l'Ile-de-France et de Pondichéry, le délai de l'assignation sera réglé, ainsi qu'il appartiendra, par les lettres ou par les arrêts portant permission d'assigner.

Art. 5. Dans tous les délais ci-dessus marqués, les jours de l'assignation ou de la signification, et celui de l'échéance, ne seront point comptés; ce qui sera pareillement observé dans tous les délais marqués par le présent règlement.

Art. 6. Lorsque les instances auront été introduites par arrêt de soit communiqué, la signification desdits arrêts emportera, de droit, sommation d'y satisfaire et de se présenter au conseil dans les délais ci-dessus prescrits, sans qu'il puisse être donné aucune assignation, ni être fait aucune sommation ni autre signification, à peine de nullité desdites assignations, sommations ou significations.

Art. 7. Dans les lettres portant permission d'assigner au conseil, seront nommés et désignés distinctement tous ceux qui doivent y être assignés, sans qu'on puisse user des termes *et autres qu'il appartiendra*: et toutes assignations données à autres qu'à ceux qui seront nommés ou désignés dans lesdites lettres, seront réputées nulles; sauf, en cas qu'il y ait d'autres parties dont la présence paraisse nécessaire dans la suite, à y être pourvu par un arrêt portant permission de les mettre en cause; auquel cas, il pourra être ordonné, s'il y échet, que l'instance sera instruite avec lesdites nouvelles parties, aux frais et dépens de celle qui aura négligé de les faire comprendre dans lesdites lettres, et qu'elle ne pourra répéter lesdits frais, quand même, par l'arrêt définitif, elle obtiendrait une condamnation de dépens contre toutes les parties.

Art. 8. L'avocat constitué par lesdites lettres, sera tenu, à la première sommation qui lui sera faite par l'avocat qui se sera constitué pour une desdites parties, de justifier des assignations qui auront été données aux autres parties dénommées dans les lettres, sinon il demeurera responsable en son nom de tous les dépens, dommages et intérêts de la partie.

Art. 9. En cas qu'il se trouve qu'une ou plusieurs des parties comprises dans lesdites lettres, n'ait pas été assignée avant ladite sommation, la partie assignée, en conséquence desdites lettres, pourra obtenir un arrêt pour lui permettre de faire assigner les parties qui ne l'auraient pas été, et ce, dans le délai qui sera prescrit par ledit arrêt; le tout aux frais de celui qui aura obtenu lesdites lettres, et sans qu'il puisse le répéter, quand même, par l'arrêt définitif, il obtiendrait une condamnation de dépens.

Art. 10. Les dispositions des trois articles précédents seront observées à l'égard des arrêts de soit communiqué, et des significations desdits arrêts.

Titre II. *Des défauts, des arrêts sur lesdits défauts, et de la restitution contre lesdits arrêts.*

Art. 1er. En cas que le défendeur ou l'intimé qui aura été assigné au conseil ne se soit pas présenté dans les délais marqués au titre précédent, ou qu'il n'ait pas fait signifier son acte de présentation conformément à ce qui est porté par l'article 14 dudit titre (1), le demandeur pourra, huitaine après l'échéance de l'assignation, lever un défaut au greffe contre ledit défendeur.

Art. 2. Lorsqu'il y aura eu plusieurs parties assignées, en vertu des mêmes lettres, à pareils ou différents délais, l'avocat du demandeur ou de l'appelant ne pourra prendre un défaut contre aucune desdites parties, qu'après l'échéance de toutes les assignations et l'expiration du temps prescrit pour lever le défaut.

Art. 3. L'avocat du demandeur qui voudra lever un défaut sera tenu d'y comprendre toutes les parties assignées qui n'auront pas comparu, faute de quoi, celles desdites parties qui se seront présentées pourront obtenir un arrêt portant permission de lever ledit défaut; le tout aux frais dudit demandeur, et sauf à être prononcé contre lui ou contre son avocat, s'il y échet, telle condamnation de dommages et intérêts qu'il appartiendra.

Art. 4. En cas que le demandeur ait laissé passer une année entière depuis l'assignation donnée, sans faire aucune poursuite, il ne pourra lever un défaut sur ladite assignation, à peine de nullité, si ce n'est toutefois que l'un des défendeurs se fût présenté; auquel cas, il pourra être pris, même après l'année de l'assignation, un défaut contre les autres défendeurs défaillants: et ne pourra la surannation être opposée au défendeur pour le demandeur, en aucun cas.

Art. 5. Lorsque le défaut aura été levé, il sera remis à l'un des sieurs maîtres des requêtes, avec une requête pour en demander le profit, à laquelle seront jointes les pièces justificatives de la demande; et ne pourra ladite requête excéder quatre rôles.

Art. 6. Ledit défaut sera jugé sans autre procédure ni formalité, après qu'il en aura été communiqué aux sieurs maîtres des requêtes étant en quartier au conseil, en leur assemblée, sans néanmoins que l'arrêt puisse être rendu que trois jours après la date dudit défaut.

Art. 7. Le défaut sur une assignation en reprise d'instance ou en constitution de nouvel avocat, comme aussi tout défaut levé contre des parties défaillantes, lorsque d'autres parties auront comparu, demeurera joint de droit au principal, sans qu'il soit rendu aucun arrêt à cet effet, et sera jugé avec l'instance par un seul et même arrêt.

Art. 8. Dans les instances introduites par arrêt de soit communiqué, faute par la partie de constituer avocat à l'échéance du délai porté par ledit arrêt, l'avocat du demandeur pourra, huitaine après l'expiration dudit délai, remettre ledit arrêt dûment signifié, avec les pièces qui y auront été visées, au sieur maître des requêtes au rapport duquel l'arrêt de soit communiqué sera intervenu, ou, en son absence ou légitime empêchement, à celui des sieurs maîtres des requêtes qui aura été commis à sa place en la forme ordinaire, pour être statué, ainsi qu'il appartiendra, au premier conseil, la requête insérée audit arrêt, sans sommation, et sans autres procédures ni formalités, après néanmoins qu'il en aura été communiqué aux sieurs maîtres des requêtes, ainsi qu'il est porté par l'article 6 ci-dessus.

Art. 9. Les parties défaillantes ne pourront être restituées contre les arrêts par défaut, que par lettres du grand sceau, ou par arrêt du conseil.

Art. 10. La partie qui voudra se pourvoir par cette voie, sera tenue, avant toutes choses, d'offrir à l'avocat qui aura obtenu l'arrêt par défaut, la somme de cent livres pour la refusion des frais, jusqu'au jour des offres; et faute par ledit avocat de recevoir ladite somme, les deniers demeureront consignés entre les mains de l'huissier qui en aura fait l'offre, aux risques, périls et fortune de l'avocat qui l'aura refusée, sans que, pour raison de ce, ledit huissier puisse prétendre aucun droit de consignation.

Art. 11. En rapportant la quittance de l'avocat, ou l'acte d'offre portant consignation, ladite partie sera restituée par lettres ou par arrêt, qu'elle sera tenue d'obtenir, et même de faire signifier à l'avocat de l'autre partie, dans les délais suivants, à compter du jour de la signification de l'arrêt par défaut, faite à la personne ou domicile du défaillant; savoir, de trois mois quand l'assignation aura été donnée à deux mois; de deux mois, quand elle aura été donnée à un mois, et d'un mois, quand elle aura été donnée à quinzaine: le tout, suivant la distinction portée par l'article 3 du titre des assignations: et, à l'égard des *parties* domiciliées dans les ressorts des conseils supérieurs, mentionnés en l'article 4 dudit titre, outre les délais des assignations dont il y est fait mention, il sera accordé six mois de plus pour obtenir et faire signifier ledit arrêt de restitution.

Art. 12. Après les délais marqués par l'article précédent, ledit défaillant ne sera plus reçu à se pourvoir contre ledit arrêt, par aucune autre voie que celle de la demande en cassation; et l'avocat de la partie qui aura obtenu l'arrêt par défaut, pourra rendre les pièces qu'elle lui avait remises, dont il demeurera bien et valablement déchargé.

Art. 13. En matière d'évocation et de règlement de juges, la voie de restitution contre les arrêts rendus par défaut ne pourra être admise ou avoir son effet, si, après la signification desdits arrêts, et avant celle des *lettres ou arrêts de restitution*, il est intervenu sentence ou arrêt définitif sur la contestation principale dans le tribunal où l'affaire aura été renvoyée; et les lettres ou arrêts de restitution, si aucuns avaient été obtenus dans ledit cas, seront réputés nuls et de nul effet, sans qu'il soit besoin de le faire déclarer; à l'effet de quoi, il en sera inséré une clause expresse dans lesdites lettres ou arrêts, le tout à peine de nullité.

Art. 14. Il ne sera pareillement accordé aucune restitution contre les arrêts donnés par défaut contre quelques-unes des parties de l'instance, lorsqu'ils auront été rendus contradictoirement avec d'autres parties qui avaient le même intérêt que les parties défaillantes, à l'égard desquelles ils seront réputés contradictoires, et ne pourront être attaqués que par la voie de la demande en cassation.

Art. 15. Les sommes payées pour la refusion des frais ci-dessus marqués, même pour ceux qui auront été faits à l'occasion de la restitution demandée, ne pourront être répétés par le demandeur en restitution, quand même il lui aurait été adjugé des dépens par l'arrêt définitif, si ce n'est seulement lorsque la procédure sur laquelle le défaut aurait été obtenu sera déclarée nulle; auquel cas, ladite somme sera rendue au demandeur en restitution; et si elle était demeurée entre les mains de l'huissier, suivant ce qui a été dit ci-dessus, il sera tenu de la remettre au demandeur ou à son avocat; à quoi faire il sera contraint par toutes voies de droit, même par corps.

Art. 16. Les dispositions des articles précédents, à l'égard des restitutions contre les arrêts par défaut, seront pareillement observées à l'égard des arrêts rendus faute d'avoir répondu aux requêtes insérées dans les arrêts de soit communiqué, dûment signifiés.

Titre V. *Des forclusions.*

Art. 1er. La partie qui n'aura pas remis sa production au greffe dans deux mois, à compter du jour de la signification de l'acte de produit de l'autre partie, contenant sommation de produire, demeurera de plein droit forclose de produire, en vertu de ladite sommation seulement, et sans qu'il puisse être fait aucune autre sommation ni procédure, à peine de nullité (1).

Art. 2. La partie qui aura acquis ladite forclusion remettra au sieur rapporteur un certificat du greffier, portant qu'il n'a été remis au greffe, pendant lesdits deux mois, aucune production de la part de l'autre partie; et huitaine après l'expiration dudit délai, elle pourra obtenir un arrêt par forclusion, qui sera rendu sur le vu de sa seule production, et dudit certificat, sans qu'il puisse être fait aucune autre écriture ou procédure, le tout à peine de nullité.

Art. 3. Les instances qui seront jugées par forclusion seront rapportées au conseil, et ce, après avoir été préalablement communiquées à l'assemblée des sieurs maîtres des requêtes étant en quartier audit conseil (1).

Art. 4. Lorsque de plusieurs parties contre lesquelles le jugement d'une instance sera poursuivi, les unes auront produit, sans que les autres l'aient fait, l'instance ne pourra être jugée contre celles qui n'auront pas produit, que par l'arrêt qui sera rendu contradictoirement avec la partie qui aura produit.

Art. 5. Les arrêts rendus par forclusion auront le même effet que s'ils avaient été rendus contradictoirement; et les parties forcloses ne pourront être reçues à se pourvoir contre leurs dispositions par voie de restitution ou d'opposition, ni autrement que par la voie de la demande en cassation.

Titre XVI. *De la liquidation ou de la taxe des dépens, et de la manière de se pourvoir contre ladite taxe.*

Art. 1er. La partie qui succombera dans sa demande sera condamnée aux dépens, et, s'il y échet, aux dommages et intérêts des parties qui en auront demandé, même en cas de contestation téméraire, en telle amende qu'il appartiendra, envers Sa Majesté et envers la partie; laquelle amende pourra être prononcée d'office, quand les parties n'y auraient pas conclu.

Art. 2. Les dépens qui seront adjugés par les arrêts rendus par défaut ou par forclusion, et les frais et coûts des arrêts sur requête, lorsque la condamnation en aura été prononcée, seront liquidés par lesdits arrêts; et ce, sur un simple mémoire des frais faits par la partie qui obtiendra lesdits arrêts, lequel sera signé de son avocat, et remis au sieur rapporteur avant son rapport.

Art. 3. Lorsque l'instance aura été jugée contradictoirement, et qu'une des parties aura été condamnée aux dépens, ils seront taxés en la forme ci-après réglée, si ce n'est que le conseil eût jugé à propos de les liquider, en statuant sur ladite instance.

Art. 4. L'avocat qui voudra faire procéder à ladite taxe, sera tenu de dresser une déclaration ou mémoire, qui contiendra, par articles séparés, tous les frais et dépens faits par sa partie, pour l'instruction et le jugement de l'instance, y compris ceux de la taxe desdits dépens.

LOI DU 21 FRUCT. AN III (7 SEPT. 1795).

Conflits.

Art. 27. En cas de conflit d'attributions entre les autorités judiciaires et administratives, il sera sursis jusqu'à décision du ministre, confirmée par le directoire exécutif, qui en référera, s'il est besoin, au Corps législatif.

---

(1) Actuellement ce délai est de trois mois. (Art. 11 de la loi du 1er déc. 1790.)

(1) Les art. 11, 22 et 23 du règlement du 15 janv. 1826 ont complété ces dispositions.

Le directoire exécutif est tenu, en ce cas, de prononcer dans le mois.

Art. 28. Les corps administratifs pourront s'adresser directement au Corps législatif pour l'obtention d'une loi.

En matière d'exécution, ils suivront l'ordre prescrit par la constitution.

A. C. DU 26 BRUM. AN VII (16 NOV. 1798), AFF. COCHET.

De simples omissions dans un procès-verbal ne sont pas des nullités lorsque la loi ne les caractérise pas telles (Douanes). B. crim. 283.

... Attendu que de simples omissions dans un procès-verbal ne sont pas des nullités lorsque la loi ne les caractérise pas telles; que Cochet, n'étant point établi et dénommé dans le procès-verbal, ne devait pas être requis de le signer...
Le trib. casse. — Ch. crim.

LOI DU 22 FRIM. AN VII (12 DÉC. 1798).

Des droits (1).

Art. 59. Aucune autorité publique, ni la régie, ni ses préposés, ne peuvent accorder la remise ou modération des droits établis par la présente, ni en suspendre ou faire suspendre le recouvrement, sans en devenir personnellement responsables (2).

Des poursuites et instances (3).

Art. 63. La solution des difficultés qui pourront s'élever relativement à la perception des droits d'enregistrement avant l'introduction des instances appartient à la régie.

Art. 64. Le premier acte de poursuite pour le recouvrement des droits d'enregistrement et le paiement des peines et amendes prononcées par la présente, sera une contrainte: elle sera décernée par le receveur ou préposé de la régie; elle sera visée et déclarée exécutoire par le juge de paix du canton où le bureau est établi, et elle sera signifiée.

L'exécution de la contrainte ne pourra être interrompue que par une opposition formée par le redevable, et motivée, avec assignation, à jour fixe, devant le tribunal civil du département. Dans ce cas, l'opposant sera tenu d'élire domicile dans la commune où siège le tribunal.

Art. 65. L'introduction et l'instruction des instances auront lieu devant les tribunaux civils de département. La connaissance et la décision en sont interdites à toutes autres autorités constituées ou administratives.

L'instruction se fera par simples mémoires respectivement signifiés.

Il n'y aura d'autres frais à supporter, pour la partie qui succombera, que ceux du papier timbré, des significations, et du droit d'enregistrement des jugements.

Les tribunaux accorderont, soit aux parties, soit aux préposés de la régie qui suivront les instances, le délai qu'ils leur demanderont pour produire leurs défenses. Il ne pourra néanmoins être de plus de trois *décades*.

Les jugements seront rendus dans les trois mois au plus tard, à compter de l'introduction des instances, sur le rapport d'un juge, fait en audience publique, et sur les conclusions *du commissaire du directoire exécutif*; ils seront sans appel, et ne pourront être attaqués que par voie de cassation.

Art. 66. Les frais de poursuite payés par les préposés de l'enregistrement, pour des articles tombés en non-valeur pour cause d'insolvabilité, reconnue des parties condamnées, leur seront remboursés sur l'état qu'ils en rapporteront à l'appui de leur compte. L'état sera taxé sans frais par le tribunal civil du département, et appuyé des pièces justificatives.

A. C. DU 5 VENT. AN VII (24 FÉV. 1799), AFF. ROY.

Une citation est nulle si elle n'a été donnée ni à la personne du prévenu ni à son domicile bien connu (Forêts.) J. P. 1.338.

Vu les articles 180, 181, 182 du code des délits et peines;
Et attendu que la signification donnée le 28 brumaire à la requête de l'agent forestier, ne l'a été ni à la personne du citoyen Roy ni à son domicile, quoiqu'il fût bien connu; d'où il résulte que le tribunal correctionnel a rendu un jugement contre un citoyen envers lequel on n'avait pas observé les formalités prescrites par les trois articles ci-dessus;
Vu aussi l'article 456 du code des délits et peines;
Et attendu que comme le citoyen Roy avait, sur l'appel interjeté par lui du jugement du tribunal correctionnel au tribunal criminel du département de l'Eure, protesté de nullité contre l'assignation qui ne lui avait pas été signifiée, ni à son domicile, ni à sa personne, et contre le jugement qui s'en était suivi, le tribunal criminel, n'ayant pas statué sur cette demande, s'est approprié les vices du jugement du tribunal de police correctionnelle, et, par conséquent, est contrevenu aux articles 180, 181, 182...,
Le trib. casse. — Ch. crim.

A. C. DU 11 MESS. AN VII (29 JUIN 1799), AFF. COUDER ET MARTIN.

Est nul le jugement d'appel de police correctionnelle auquel ont concouru deux juges qui n'ont pas assisté à une précédente audience, où le rapport de l'affaire a été fait. B. crim. 30.

Vu l'article 199 du code des délits et peines;
Et attendu que le jugement attaqué, rendu à l'audience du 8 floréal dernier par le tribunal criminel du département du Gard, n'a pas été précédé d'un rapport à ladite audience; qu'à la vérité, à l'audience du 8 germinal précédent, l'affaire fut rapportée par le citoyen Serviez, l'un des juges qui assistèrent à cette première audience, où l'affaire fut renvoyée à une audience plus éloignée, pour entendre de nouveau les témoins; mais qu'à l'audience définitive du 8 floréal, le tribunal n'était pas composé des mêmes juges qui avaient assisté à celle du 8 germinal; que les citoyens Balthazard et Pierre qui ont concouru comme juges audit jugement définitif, n'avaient pas entendu le rapport qui fut fait alors: que, pour remplir le vœu de la loi, il aurait fallu un nouveau rapport, qui n'a pas été fait; ce qui présente une contravention à l'article 199 de la loi citée;
Le trib. casse. — Ch. crim.

A. C. DU 17 MESS. AN VII (5 JUILL. 1799), AFF. DONZEL.

Lorsqu'il est établi que le greffier d'un tribunal de police n'a jamais tenu de

---

(1) V. au Nouveau Recueil les art. 20, 25, 26, 28, 29, 34 et 41 de la même loi.
(2) Il s'agit des droits d'enregistrement; mais ce principe, qui avait déjà été établi par l'article 50 de la loi du 27 mars 1791, relatif aux contributions indirectes, est d'une application générale.
(3) V. l'art. 17 de la loi du 27 ventôse an IX et l'art. 88 de la loi du 5 ventôse an XII.

registre destiné à recevoir les déclarations de pourvoi en cassation, cette négligence ne peut pas porter préjudice aux tiers. B. crim. 64.

Vu les articles 440, 447 et 462 du code des délits et peines;
Attendu que les demandeurs ont signifié, deux jours après le jugement attaqué, leur déclaration de pourvoi en cassation à la partie adverse, au commissaire du pouvoir exécutif et au greffier du tribunal de police du canton de Rive-de-Gier; que cet acte de pourvoi est dûment enregistré au bureau de l'enregistrement, le 24 messidor an V, c'est-à-dire dans les trois jours francs après celui de la prononciation du jugement;
Que s'ils n'ont pas passé leur déclaration de recours en cassation au greffe dudit tribunal de police dans la forme prescrite par les articles 440 et 447 du code du 3 brumaire an IV, et si, conséquemment, elle n'est pas transcrite sur le registre de ce greffe, c'est qu'il est justifié au procès en suite d'une vérification faite, en conséquence d'ordres supérieurs, par le commissaire du pouvoir exécutif près l'administration municipale dudit canton de Rive-de-Gier, que le greffier du tribunal de police du même canton n'a jamais tenu de registre destiné à recevoir les déclarations de recours en cassation, en conformité de l'article 449 du code des délits et peines, et que jusqu'à ce jour il ne s'est pas encore conformé aux prescriptions du même article; que, conséquemment, les demandeurs ont épuisé tous les moyens de forme et fait tout ce qui était humainement possible pour donner à leur déclaration de recours en cassation toute la solennité et l'authenticité convenables; que d'ailleurs la négligence du greffier du tribunal de police ne peut et ne doit porter préjudice aux intérêts des tiers qui s'étaient adressés à lui pour faire revêtir leur dite déclaration de la forme légale;
Le trib. casse. — Ch. crim.

A. C. DU 5 BRUM. AN VIII (27 OCT. 1799), AFF. LANGEL-CARRÉ.

En matière correctionnelle, les jugements préparatoires n'étant susceptibles d'être attaqués ni par appel ni en cassation, leur exécution, même volontaire, ne peut pas, en définitive, être opposée comme fin de non-recevoir.

En conséquence, l'appel interjeté par la régie d'un jugement qui déclare nulle une saisie, ne peut pas être écarté sous le prétexte qu'elle s'y est rendue non-recevable en concourant à une vérification des marchandises saisies ordonnée par un jugement préparatoire (Douanes). B. crim. 153.

Vu les articles 6, de la loi du 3 brumaire an II; 14, titre 3, de la loi du 2 brumaire an IV, et 255 de l'acte constitutionnel;
Et attendu que les lois des 3 brumaire an II, et 2 brumaire an IV, articles 6 et 14, ci-dessus cités, disposent en termes formels que l'exécution, même volontaire, des jugements préparatoires, ne peut en définitive être opposée comme fin de non-recevoir; et que, sous ce rapport, on ne peut se pourvoir, ni par appel ni en cassation, contre les jugements de cette nature;
Que cependant la fin de *non-recevoir* prononcée par le jugement du tribunal criminel du département du Nord, du 1er fructidor dernier, se fonde uniquement sur le consentement que le jugement décide en fait avoir été donné par la régie des douanes nationales au jugement du tribunal correctionnel de l'arrondissement de Lille, qui avait ordonné que les velours saisis seraient reconnus par experts, puisqu'il a déclaré ladite régie non-recevable à quereller l'expertise faite en conséquence dudit préparatoire;
Qu'en déduisant ainsi de cet acquiescement à un jugement préparatoire, contre lequel la loi ne permettait ni appel ni pourvoi en cassation mais qu'elle déclare ne pouvoir préjudicier, en définitive, une fin de non-recevoir sur l'appel, le tribunal criminel du département du Nord est manifestement contrevenu aux articles 6 et 14 ci-dessus cités et a donné ouverture à la cassation de son dit jugement, aux termes de l'article 255 de l'acte constitutionnel;
Le trib. casse. — Ch. crim.

CONSTITUTION DU 22 FRIM. AN VIII (13 DÉC. 1799).

Cour de cassation.

Art. 65. Il y a, pour toute la république, un tribunal de cassation, qui prononce sur les demandes en cassation contre les jugements en dernier ressort rendus par les tribunaux; sur les demandes en renvoi d'un tribunal à un autre pour cause de suspicion légitime ou de sûreté publique; sur les prises à partie contre un tribunal entier.

Art. 66. Le tribunal de cassation ne connaît point du fond des affaires; mais il casse les jugements rendus sur des procédures dans lesquelles les formes ont été violées, ou qui contiennent quelque contravention expresse à la loi; et il renvoie le fond du procès au tribunal qui doit en connaître.

Art. 75. Les agents du gouvernement, autres que les ministres, ne peuvent être poursuivis pour des faits relatifs à leurs fonctions, qu'en vertu d'une décision du conseil d'Etat: en ce cas, la poursuite a lieu devant les tribunaux ordinaires (1).

A. C. DU 28 THERM. AN VIII (16 AOUT 1800), AFF. BONNAFAND.

La disposition qui exige que le procès-verbal de saisie, en matière de douanes, soit rédigé de suite, doit être entendue en ce sens qu'il suffit de le rédiger de suite après le transport des marchandises au bureau le plus prochain. B. crim. 331.

... 2° Que le procès-verbal de saisie, du 23 thermidor an VI, a été dressé conformément à la loi du 14 fructidor an III, qui était alors en vigueur; que le tribunal de police correctionnelle de Ceret a fait une fausse application de l'article 2 de cette loi en le déclarant nul; que les dispositions de cet article ne doivent pas être entendues dans ce sens rigoureux que le rapport ou le procès-verbal devait être rédigé le jour même de la saisie, à peine de nullité; qu'il suffit, pour remplir strictement le vœu de cet article, que le rapport ou le procès-verbal ait été rédigé de suite après le transport des marchandises au bureau des douanes, puisque, d'une part, ces mots *de suite* énoncés dans la loi ne se rapportent pas à la saisie, mais au transport des marchandises dans le bureau des douanes: et que, d'autre part, le procès-verbal est bien censé rédigé de suite après ce transport, dès qu'entre ce transport et la rédaction du procès-verbal de saisie il n'y a point eu d'autre intervalle que celui qui a été nécessité par la fin du jour et l'impossibilité légale de vaquer la nuit à la vérification et description des marchandises; que cette distinction, que suggère le véritable esprit de la loi, reçoit son application à l'espèce, puisque le procès-verbal constate que le retard qu'ont éprouvé les saisissants, provient du fait même du citoyen Bonnafand qui avait requis les préposés aux douanes de lui donner, sous caution, main-levée provisoire de la saisie de son bâtiment, ce dont nous avons (est-il dit dans le procès-verbal) dû nous occuper avant toutes choses...;
Le trib. casse. — Ch. crim.

---

(1) Modifié en ce qui concerne les contributions indirectes par l'art. 144 de la loi du 8 déc. 1814 et par l'art. 244 de la loi du 28 avr. 1816.

A. C. DU 6 FRUCT. AN VIII (24 AOUT 1800), AFF. DACBE.

En matière correctionnelle ou de police, un pourvoi en cassation ne peut pas être déclaré non-recevable, faute par le demandeur d'avoir joint à sa requête une quittance de consignation d'amende. Il suffit que cette quittance soit produite avant le jugement du pourvoi. J. P. 1.729.

Considérant que l'article 1er de la loi du 14 brumaire an V ordonne seulement que l'article 5, titre 4, 1re partie du règlement de 1738, qui assujétit les demandeurs en cassation à consigner l'amende, sera observé tant en matière civile qu'en matière de police correctionnelle et municipale;

Considérant qu'aux termes des articles 440 et 449 du code des délits et des peines, communs, suivant l'article 205, aux jugements des tribunaux correctionnels, le pourvoi en cassation doit être déclaré au greffe dans les trois jours, et que la requête du demandeur doit être remise dans les dix jours au plus tard; mais qu'il n'en résulte pas que la quittance d'amende doive être jointe à cette requête, à peine de déchéance, ou qu'elle doive, sous la même peine, être rapportée dans le délai de dix jours, mais qu'il suffit que cette quittance se trouve jointe aux pièces avant le jugement de la demande en cassation; d'où il suit que, dans l'espèce, la quittance d'amende présentée par le demandeur a satisfait à la loi du 14 brumaire an V;

Sans s'arrêter à la fin de non-recevoir proposée contre la demande en cassation…;

Le trib. rejette. — Ch. crim.

A. C. DU 9 VEND. AN IX (1er OCT. 1800), AFF. GÉERTS.

Les préposés des douanes ne sont plus astreints à énoncer dans les procès-verbaux le tribunal devant lequel ils ont prêté serment. B. Crim. 7.

Considérant que le tribunal correctionnel de Louvain, en annulant la saisie sous le prétexte que les saisissants n'avaient pas énoncé dans leur procès-verbal les tribunaux devant lesquels ils ont prêté serment a contrevenu à l'article 2 de la loi du 14 fructidor an III, et que le tribunal criminel aurait dû annuler cette disposition de son jugement;…

Le trib. casse. — Ch. crim.

A. C. DU 15 NIV. AN IX (5 JANV. 1801), AFF. LAPORTE.

Le tribunal saisi par un renvoi après cassation ne peut, sans excéder ses pouvoirs et sans violer la chose jugée, prononcer sur des dispositions autres que celles qui ont fait l'objet du jugement de cassation. B. Crim. 159.

Vu les articles 5 et 15 de la loi du 10 brumaire an V;

… Considérant que la disposition du jugement du tribunal criminel du département de la Dyle du 22 thermidor an VII, qui avait prononcé la confiscation des quatre boucauts de sucre en pain, faisant partie de la saisie du 29 vendémiaire an VII, et condamné Jean Laporte, partie saisie, à une amende triple et à un emprisonnement, avait acquis l'autorité de la chose jugée, soit par l'effet du rejet prononcé le 7 frimaire an VIII du pourvoi dudit Laporte contre le jugement, soit par l'effet du pourvoi de la régie sur lequel le jugement du tribunal criminel du département de la Dyle n'avait été cassé le même jour, 7 frimaire, qu'au chef seulement qui avait ordonné la levée de la saisie des cent quatre-vingt-dix-neuf caisses de sucre candi, et condamné la régie à une indemnité; qu'ainsi le tribunal criminel du département de Jemmapes, devant qui l'affaire fut renvoyée, n'étant saisi que de ce dernier point, n'a pas dû statuer sur la première disposition, qui restait jugée irrévocablement; que, quoique en y statuant ce dernier tribunal ait jugé sur le fond, conformément à la loi, il n'en a pas moins passé les bornes de sa commission et excédé ses pouvoirs en mettant ainsi en jugement un point de la cause qui était définitivement jugé; d'où il suit que cette première partie du jugement du tribunal criminel du département de Jemmapes doit être cassée;

Le trib. casse. — Ch. réun.

A. C. DU 16 VENT. AN IX (7 MARS 1801), AFF. BELLARD.

Quelle que soit la baisse survenue dans la valeur des marchandises indûment saisies, il n'est dû, en matière de douanes, qu'une indemnité d'un pour cent. B. Crim. 232.

…Considérant que par le jugement du tribunal criminel du département de la Somme, du 11 nivôse dernier, il a été décidé qu'outre l'intérêt d'indemnité d'un pour cent, il était dû aux saisis une autre indemnité pour raison de baisse survenue sur la valeur des marchandises;

Le trib. casse. — Ch. Crim.

A. C. DU 16 VENT. AN IX (7 MARS. 1801), AFF. VACQUES FILS.

Avant le code forestier, lorsque tous les faits contenus dans un procès-verbal avaient été littéralement copiés dans la citation; lorsque ce procès-verbal et son affirmation y avaient été énoncés, et, enfin, lorsque lecture en avait été faite à l'audience au prévenu, la procédure ne pouvait pas être annulée sous prétexte du défaut de notification du procès-verbal au prévenu. B. Crim. 233.

Attendu qu'il est constant au procès que le rapport dressé par le garde forestier, le 6 brumaire an VII, a été parfaitement connu par le prévenu, puisque tous les faits que contient cet acte lui ont été littéralement copiés, et qu'il a été énoncé, ainsi que l'affirmation, dans l'acte de citation du 26 frimaire suivant; qu'à l'audience du 4 nivôse an IX a été donné lecture de ce rapport au prévenu, qui, d'ailleurs, ne s'est pas plaint qu'il ne lui avait pas été signifié; qu'ainsi, le tribunal criminel du département des Pyrénées-Orientales n'a pas pu dire que ce rapport n'avait pas été connu par le prévenu, et encore moins s'étayer des dispositions de l'ordonnance de 1667, étrangère à l'espèce, pour prononcer une nullité que n'autorise point la loi du 29 septembre 1791, seule applicable à l'objet;

Attendu, d'ailleurs, que la procédure a été faite, conformément au code des délits et des peines; conséquemment qu'elle ne pouvait être annulée;

Le trib. casse. — Ch. crim.

A. C. DU 9 PRAIR. AN IX (29 MAI 1801), AFF. BEAUSSAERT.

La confiscation pour contravention à une loi prohibitive est particulièrement relative à la chose même et ne peut pas être rangée dans la classe des peines qui, étant uniquement applicables à la personne, cessent d'avoir leur effet quand le prévenu est décédé. En conséquence, la confiscation peut être poursuivie contre les héritiers du contrevenant après son décès (Douanes). B. Crim. 365.

Vu l'article 2 de la loi du 26 ventôse an V;

Attendu que la confiscation prononcée par l'article précité étant une disposition

particulièrement relative à la chose même, ne saurait être rangée dans la classe des dispositions pénales, qui étant uniquement applicables à la personne, cessent d'avoir leur effet quand le prévenu est décédé: d'où il suit que la confiscation de l'objet saisi pour contravention à une loi prohibitive peut être demandée et poursuivie contre les héritiers même des contrevenants, après le décès de celui-ci;

Le trib. casse. — Ch. crim.

A. C. DU 16 PRAIR. AN IX (5 JUIN 1801), AFF. SEQUINOTTE.

Les tribunaux ordinaires ne peuvent s'immiscer dans la connaissance d'une plainte en injures verbales, portée par un contrôleur des postes, contre un employé supérieur de cette administration, à raison des recherches et vérifications qu'il aurait été chargé de faire sur la disparition de paquets confiés à la poste. B. crim. 371.

Vu les articles 13, titre 2 de la loi du 24 août 1790;

Considérant que, d'après le principe établi dans la loi ci-dessus rapportée, dans celle des 16 et 24 fructidor an III, et dans les arrêtés du gouvernement, les tribunaux de justice ne peuvent s'immiscer dans la connaissance des discussions et des altercations qui peuvent s'élever entre les employés des administrations, relativement à leurs fonctions;

Considérant que la plainte présentée par Sequinotte, ci-devant contrôleur des postes au bureau de Pau, en pluviôse de l'an II, contre Jacques d'Abadie, pour lors inspecteur des postes, et aujourd'hui chef de la comptabilité de cette administration à Paris, est relative aux recherches et vérifications que ce dernier avait été chargé de faire au sujet de la disparition de quatre paquets chargés à la poste;

Considérant que cet employé ne pouvait se dispenser de se conformer, dans ces recherches et vérifications, au mode pour lors établi à la fin de 1793 (vieux style), en traitant et discutant publiquement cet objet avec les nombreuses autorités alors existantes à Pau; que de ce mode il ne pouvait s'ensuivre des soupçons et des plaintes en propos injurieux qui, dans l'affaire dont il s'agit, sont la base de l'action de Séquinotte contre l'employé supérieur, sans qu'on puisse en inférer que celui-ci soit sorti des limites de ses fonctions;

Le trib. casse. — Ch. crim.

A. C. DU 3 MESS. AN IX (22 JUIN 1801), AFF. DAEMS.

Le délai de trois jours fixé pour l'assignation sur l'appel d'un jugement de justice de paix en matière de douanes, doit s'entendre de trois jours francs. J. P. 2. 223.

Vu l'article 6, titre 3, de l'ordonnance de 1667, et l'article 6 de la loi du 14 fructidor an III;

Attendu qu'il résulte évidemment de la disposition de l'article 6, titre 3, de l'ordonnance de 1667, que les trois jours mentionnés dans l'article 6 de la loi du 14 fructidor an III, sont trois jours francs, d'autant plus incontestablement que l'article 3, titre 2, de la loi du 22 août 1791, veut que, dans les procédures de saisies, on se conforme à ce qui est prescrit par les lois générales de la république; d'où il suit que le jugement attaqué a expressément contrevenu à l'article 6, titre 3, de l'ordonnance de 1667, et faussement interprété l'article 6 de la loi du 14 fructidor an III.

Le trib. casse. — Ch. civ.

A. C. DU 18 FRUCT. AN IX (5 SEPT. 1801), AFF. MOLLARD.

De ce que l'article 12, titre 4 de la loi du 9 floréal an VII, accorde trois jours au prévenu à compter de celui où échoit l'assignation, pour donner ses moyens de faux, il ne s'en suit aucunement que dans le cas où le prévenu ne comparaît pas sur l'assignation même, il doive être sursis pendant trois jours au jugement. B. crim. 585.

… Attendu 2° que si, après le jugement du tribunal de police correctionnelle, rendu le lendemain de l'assignation, le prévenu était privé des trois jours que lui donnait l'article 12, titre 4 de la loi du 9 floréal an VII, on ne peut accuser le jugement de précipitation et que le prévenu doit s'imputer de ne s'être pas conformé aux dispositions de la loi; que si, aux termes de cet article 12, il eût fait, au plus tard à l'audience indiquée par la sommation, la déclaration qu'il voulait s'inscrire en faux, il eût eu, à partir de ce moment, trois jours pour faire au greffe du tribunal le dépôt des moyens de faux et des noms et qualités des témoins qu'il aurait voulu faire entendre: mais que, faute d'avoir comparu, il a dû être donné défaut contre lui et statué au fond; que faute d'avoir fait sa déclaration au jour indiqué, il est, aux termes de ce même article 15, demeuré déchu de l'inscription de faux, ou de la faculté de la faire; qu'il faut bien distinguer deux termes indiqués par cet article, l'un pour déclarer que l'on veut s'inscrire en faux, et qui se termine à l'audience indiquée par la sommation, passé le temps de laquelle la déclaration ne peut plus être reçue; l'autre terme partant du moment où cette déclaration a été faite et ne finissant qu'à l'expiration des trois jours suivants pendant lesquels doit être fait au greffe le dépôt dont parle la loi, d'où il suit qu'il a été fait une fausse application de l'article 12, titre 4, de la loi du 9 floréal an VII;

Le trib. casse. — Ch. crim.

ARRÊTÉ DU 13 BRUM. AN X (4 NOV. 1801).

Conflits d'attribution.

Art. 1er. Aussitôt que les commissaires du gouvernement seront informés qu'une question attribuée par la loi à l'autorité administrative a été portée devant le tribunal où ils exercent leurs fonctions, ils seront tenus d'en requérir le renvoi devant l'autorité compétente et de faire insérer leurs réquisitions dans le jugement qui interviendra.

Art. 2. Si le tribunal refuse le renvoi, ils en instruiront sur le champ le préfet du département, auquel ils enverront en même temps copie desdites réquisitions, ainsi que des motifs sur lesquels elles sont fondées.

Art. 3. Le préfet, dans les vingt-quatre heures, élèvera le conflit, et transmettra, sans aucun retard, copie de son arrêté au commissaire du gouvernement, par lequel il sera notifié au tribunal, avec déclaration qu'aux termes de l'article 27 de la loi du 21 fructidor an III, il doit être sursis à toutes procédures judiciaires, jusqu'à ce que le conseil d'Etat ait prononcé sur le conflit.

Art. 4. Indépendamment de toute dénonciation des commissaires du gouvernement près les tribunaux, les préfets élèveront le conflit entre les deux autorités, toutes les fois qu'ils seront informés d'ailleurs qu'un tribunal est saisi d'une affaire qui, par sa nature, est de la compétence de l'administration; et, dans ce cas, le commissaire du gouvernement sera également tenu de faire la notification prescrite par l'article précédent, quelle que puisse être son opinion sur la compétence.

Art. 5. Les commissaires du gouvernement près les tribunaux donneront connaissance au ministre de la justice de toutes les contestations qui peuvent intéresser la république, dans les vingt-quatre heures, pour toute préfixation de délai, qui suivront leur introduction devant lesdits tribunaux; ils l'instruiront aussi de la marche de la procédure, ainsi que des jugements qui interviendront.

A. C. DU 6 NIV. AN X (27 DÉC. 1801), AFF. WINTER.

Celui qui fait signifier un jugement sans énoncer aucune réserve et qui en demande l'exécution pure et simple, est censé y acquiescer. M. 3. 54.

Vu l'article 5 du titre 27 de l'ordonnance de 1667;
Attendu qu'il est de maxime que lorsqu'un jugement a statué sur plusieurs chefs de demande, indépendants les uns des autres, la disposition qui frappe sur chacun des chefs du procès, est regardée comme un *jugement séparé*, duquel il est permis à chaque partie d'appeler, sans se priver du droit d'acquiescer aux autres dispositions, et même d'en poursuivre l'exécution provisoire, lorsque la matière en est susceptible; que cette règle a toujours été regardée comme constante, et que l'ordonnance de 1539 ne s'était pas bornée à laisser à l'appelant d'un jugement qui contient plusieurs chefs, la faculté de limiter son appel à ceux qui lui portent griefs, et d'exécuter les autres dispositions; mais qu'elle lui en avait fait une obligation expresse par son article 14, et l'avait soumis à déclarer le chef sur lequel portait son appel, et à souffrir l'exécution du surplus du jugement.
Attendu que la sentence rendue par le tribunal de commerce du Mont-Tonnerre avait statué sur plusieurs articles d'un compte de société entre les parties, et que de trois articles litigieux entre elles, cette sentence en avait adjugé deux aux héritiers Winter et les avait déboutés de la demande du troisième, ce qui formait deux dispositions distinctes, séparées et indépendantes l'une de l'autre;
Attendu que la signification faite de ce jugement à la requête des héritiers Winter, par exploit du 9 prairial an VIII, avec sommation de l'exécuter, Meister avait appelé de ce jugement par acte du 6 fructidor an VIII, ce qui avait relevé les héritiers Winter de l'acquiescement qu'ils avaient donné à ce jugement, et les avait autorisé à déclarer appel par exploit du 8 du même mois, du chef de ce même jugement qui les avait déboutés d'un article de leur demande;
Attendu que les héritiers Winter, en limitant leur appel à ce seul chef du jugement du tribunal de commerce, ont pu acquiescer aux autres dispositions de ce même jugement et même en poursuivre l'exécution provisoire; qu'ils n'ont fait en cela que se servir d'une faculté laissée à toutes les parties, et dont Meister, leur partie adverse, avait usé, puisque celui-ci avait également borné son appel au chef du jugement qui lui inférait grief, et avait soutenu la confirmation du chef qui lui était favorable; et que le tribunal civil du département du Mont-Tonnerre ne devait voir en cela que des appels respectifs, sur lesquels il était également tenu de prononcer;
D'où il suit que les héritiers Winter n'ayant jamais acquiescé au chef de la sentence qui les avait déboutés d'un article de leurs demandes, et dont ils ont appelé, le tribunal civil du département du Mont-Tonnerre, qui les a déclarés non-recevables dans cet appel limité à ce seul chef, a refusé de recevoir l'appel d'un jugement de première instance non acquiescé, qui aux termes de la loi ci-dessus citée, n'avait pas acquis l'autorité de la chose jugée; qu'il a fait une fausse application de la loi et des principes relatifs à l'autorité de la chose jugée, et qu'il a commis un excès de pouvoir et fait une espèce de déni de justice en créant une fin de non-recevoir qui n'était autorisée par aucune loi;
Le trib. casse. — Ch. crim.

ARRÊTÉ DU 27 NIV. AN X (17 JANV. 1802).

Consignation d'amende sur appel.

Art. 1er. Tout appelant sera tenu de consigner l'amende d'avance en faisant enregistrer son acte d'appel, sauf à ordonner la restitution si l'appel est jugé bien fondé.
Art. 2. Si le tribunal ordonne la restitution de l'amende, ou si les parties transigent sur l'appel avant le jugement, le receveur restituera le montant de l'amende à qui de droit, soit sur le vu du jugement, soit sur le vu de la transaction des parties.

A. C. DU 17 GERM. AN X (7 AVR. 1802), AFF. N...

L'article 3, titre 4 de la loi du 9 floréal an VII, qui exige que les procès-verbaux de saisie, en matière de douanes, énoncent par leur poids les marchandises saisies, ne concerne que celles qui sont de nature à être pesées, et non des pièces d'étoffe, dont il suffit d'énoncer le nombre, l'espèce et la mesure. B. crim. 287.

Vu la première disposition de l'article 456 du Code des délits et peines, et l'article 3, titre 4, de la loi du 9 floréal an VII:
Attendu qu'il résulte du procès-verbal de saisie dressé par les préposés, que l'espèce, le nombre et l'aunage des pièces d'étoffes en question s'y trouvent énoncés; que dès lors, le vœu de l'article 3, titre 4 de la loi du 9 floréal an VII, a été rempli; que dire que les pièces d'étoffes ont dû être pesées, parce que ledit article parle de poids, c'est en faire une fausse application, par la raison que le poids ne peut concerner que des matières susceptibles d'être pesées, et non des pièces d'étoffes, dont il suffit d'énoncer le nombre, l'espèce et l'aunage; que d'ailleurs l'article 3 de la loi précitée donne l'alternative par la disjonctive *ou*; d'où il suit que le tribunal criminel du département du Haut-Rhin est contrevenu à la 1re disposition de l'article 456 du Code des délits et peines, par cette fausse application, et même au § 1er de la loi du 10 brumaire an V, dont il a également fait fausse application;
Le trib. casse. — Ch. crim.

LOI DU 18 GERM. AN X (8 AVR. 1802).

Jours fériés.

... Le repos des fonctionnaires publics sera fixé au dimanche. Art. 57 du concordat du 26 mess. an IX promulgué par cette loi.

ARRÊTÉ DU 7 FLOR. AN X (27 AVR. 1802).

Vol de deniers en caisse.

C'est par erreur que quelques auteurs donnent à cet arrêté la date du 7. Il est du 8 floréal an X, date sous laquelle il figure au Nouveau Recueil.

A. C. DU 25 FLOR. AN X (15 MAI 1802), AFF. N...

Aucune loi n'autorise les tribunaux à condamner le ministère public aux dépens. J. P. 2.582.

Vu l'article 456 du Code des délits et peines dont les dispositions sont déclarées communes aux tribunaux de police par l'article 163 du même code;

Attendu qu'aucune loi n'autorise les tribunaux à condamner les commissaires du gouvernement aux dépens; que cependant cette condamnation est prononcée par le jugement dont il s'agit;
Le trib. casse. — Ch. crim.

A. C. DU 29 THERM. AN X (17 AOUT 1802).

La régie n'est pas obligée de constituer avoué dans les affaires qui la concernent. M. 2.493.

Vu .... l'article 94 de la loi du 27 ventôse an VIII, l'article 2 de la loi du 19 ventôse an IV, l'arrêté du Directoire exécutif du 10 thermidor suivant, l'arrêté des Consuls du 7 messidor an IX;
Considérant .... que la loi du 27 ventôse (article 94), relative aux avoués, n'est applicable qu'aux affaires *entre particuliers*; qu'à l'égard de celles qui concernent la république, les autres lois ci-dessus citées constituent les commissaires du gouvernement seuls dépositaires de l'intérêt national, et les autorisent à faire ce que les avoués font dans les affaires qui ne regardent pas la république:
Le tribunal annule, pour contravention aux lois, le jugement du 23 ventôse an IX.

LOI DU 13 FLOR. AN XI (3 MAI 1803).

Prévarication (1).

Art. 6. Tous préposés des douanes et toutes personnes chargées de leur prêter main-forte, qui seraient convaincus d'avoir favorisé les importations ou exportations d'objets de contrebande, même sans attroupement et port d'armes, seront punis de la peine des fers, qui ne pourra être prononcée pour moins de cinq ans ni pour plus de quinze. Ils seront punis de la peine portée au paragraphe 1er de l'article 4 ci-dessus, si la contrebande qu'ils auront favorisée a été faite avec attroupement et port d'armes (2).
La connaissance des délits des préposés des douanes et autres personnes chargées de leur prêter main-forte, est, dans tous les cas, attribuée aux tribunaux spéciaux, conformément à l'article 1er de la présente loi.

ARRÊTÉ DU 8 PRAIR. AN XI (28 MAI 1803).

Navigation intérieure (3).

Art. 24. En cas d'insultes ou de violences, l'amende sera de 100 francs (4), indépendamment des dommages et intérêts, et de peines plus graves si le cas y échet; et ce, conformément aux dispositions du titre 2 de la loi du 3 nivôse an VI, sur la taxe d'entretien des routes.

A. C. DU 28 PRAIR. AN XI (17 JUIN 1803), AFF. CRESPIN.

Un tribunal criminel ne peut, sur l'appel fait par l'administration des douanes sans le concours du ministère public, prononcer contre le prévenu, acquitté en première instance, une peine d'emprisonnement, qui n'a pour objet que la vindicte publique. B. Crim. 278.

Vu l'article 5 et les 1re et 6e dispositions de l'article 456 du Code des délits et peines:
Attendu que, dans l'espèce, le tribunal criminel du Calvados n'a pu, sur l'appel des préposés, prononcer que la confiscation et la condamnation pécuniaire auxquelles ces préposés avaient intérêt; mais qu'aux termes de l'article 5 ci-dessus cité, ce tribunal n'a pu prononcer la peine d'emprisonnement, puisque cette peine, ayant pour unique objet la vindicte publique, n'aurait pu être prononcée qu'autant que le commissaire près le tribunal criminel spécialement chargé d'exercer l'action publique, aurait été appelant, ce qui n'est pas, d'où il suit que, sous ce rapport, le jugement attaqué présente une usurpation de pouvoirs;
Le trib. casse. — Ch. crim.

A. C. DU 17 MESS. AN XI (6 JUILL. 1803), AFF. MANCEAU.

Un receveur d'enregistrement, forcé en recette par suite d'une perception insuffisante, a son recours, tant que la prescription n'est pas acquise, contre le redevable auquel il n'a fait payer, par erreur, qu'une partie du droit réellement dû. J. P. 3.354.

... Considérant qu'aucune loi ne privant les receveurs de l'enregistrement, forcés en recette par suite d'une perception insuffisante, du recours que, tant que la prescription n'est pas acquise, ils ont naturellement contre le redevable auquel ils n'ont, par erreur, fait payer qu'une partie du droit réellement dû, le tribunal qui a rendu le jugement attaqué n'a pu, sans une disposition législative et commettre ainsi un excès de pouvoir, juger le cit. Manceau, quitte envers le receveur, sous prétexte qu'en se présentant à son bureau il a payé toute la somme que celui-ci lui a demandée;
Donne défaut contre le citoyen Manceau; et pour le profit;
Le trib. casse. — Ch. civ.

LOI DU 5 VENT. AN XII (25 FÉVR. 1804).

Des employés (5).

Art. 82. Les employés ne pourront entrer que dans les caves, celliers et magasins des citoyens sujets à l'inventaire des boissons, et seulement pendant le temps accordé à cet effet par les articles 49 et 51, et entre le lever et le coucher du soleil (6).
Art. 83. En cas de suspicion de fraude, ils pourront faire des visites, mais en se faisant assister d'un officier de police, qui sera tenu, sous peine de destitution et de dommages-intérêts, de déférer à la réquisition par écrit qu'ils lui en auront faite et qui sera transcrite en tête du procès-verbal (7).

---

(1) V. au Nouveau Recueil les articles 2 et 3.
(2) V. l'art. 87 de la loi du 5 vent. an XII.
(3) V. au Nouveau Recueil les autres articles de l'arrêté.
(4) V. l'art. 20 de la loi du 9 juill. 1838.
(5) V. au Nouveau Recueil les articles 75 à 81 et 84 à 90 de la même loi.
(6) V. les art. 235 et 236 de la loi du 28 avr. 1816.
(7) V. l'art. 237 de la loi du 28 avr. 1816. C'est toujours en vertu de l'art. 83 de la loi du 5 vent. an XII que des dommages-intérêts sont réclamés en cas de refus fait par des officiers de police.

A. C. DU 15 FLOR. AN XII (5 MAI 1804), AFF. SCHALS.

Un bâton à massue doit être considéré comme une arme.

Sous la loi du 13 floréal an XI, il n'était pas nécessaire, pour constituer la contrebande avec attroupement et port d'armes, que tous les individus faisant partie de l'attroupement fussent chargés d'objets de contrebande; il suffisait que l'un d'eux en fût porteur (Douanes). B. Crim. 181.

Vu les articles 1er et 3 de la loi du 13 floréal an XI :

Et attendu qu'il résulte du procès-verbal des préposés aux douanes, et même du jugement attaqué, que le prévenu, lorsqu'il a été arrêté, était porteur de marchandises de contrebande, et qu'il était en compagnie de plus de trois personnes, et que la loi n'exige pas que tous ceux qui accompagnent l'individu qui fait la contrebande en soient chargés;

Attendu qu'un bâton à massue n'est pas une canne ordinaire, qui fait seule exception dans la loi à la prohibition générale de tous instruments contondants ; que Schals, d'ailleurs, en a fait usage contre les préposés comme d'une véritable massue, dont il présente en effet le caractère principal ;

Le trib. casse. — Ch. crim.

A. C. DU 12 THERM. AN XII (31 JUILL. 1804), AFF. LENOBLE.

Le permis d'assigner devant la cour de cassation, obtenu contre la partie qui est décédée depuis, peut être signifié à ses héritiers, sans qu'il soit besoin d'un nouvel arrêt qui permette de les citer. M. 5.230.

Attendu que Lenoble étant mort depuis l'arrêt d'admission, la signification de cet arrêt a été légitimement faite, à sa veuve et à ses enfants, qui le représentent naturellement, sans qu'il fût besoin d'un nouvel arrêt qui permît de les citer;

La cour rejette la fin de non recevoir.

INST. N° 16 DU 23 FRUCT. AN XII (10 SEPT. 1804).

Comptabilité (1).

Restitution de droits.

Les receveurs principaux et particuliers ne feront la restitution des droits perçus sur le tabac fabriqué, et sur les matières d'or et d'argent, que dans les cas prévus et sous les conditions prescrites par l'article 30 de la loi du 5 ventôse an XII et par les articles 25 et 26 de la loi du 19 brumaire an VI.

Lorsque les fabricants de tabac ou orfèvres se présenteront aux receveurs principaux et particuliers, pour en obtenir des remboursements des droits dont il s'agit, en vertu d'acquits-à-caution dûment déchargés, les receveurs vérifieront, sur leurs registres, si les acquits qui leur sont représentés sont bien ceux énoncés dans ces registres, et s'ils n'ont été altérés en aucune manière ; ils donneront le certificat de cette vérification sur les acquits-à-caution mêmes, et feront connaître aux fabricants qu'il est nécessaire qu'ils envoient ces acquits-à-caution au directeur du département, pour qu'il les fasse passer au conseiller d'État directeur général, et qu'il obtienne de lui l'ordre du remboursement.

En conséquence, les receveurs retiendront les acquits-à-caution des fabricants, après toutefois leur en avoir fourni leur reconnaissance provisoire, s'ils la demandent, et après avoir exigé qu'ils les paraphent, *ne varietur.*

Le directeur prendra tous les moyens qui seront en son pouvoir pour s'assurer que les acquits-à-caution sont déchargés valablement et sans fraude. Il les visera, pour attester qu'il a pris toutes les informations nécessaires, et les adressera au conseiller d'État directeur général, sous le timbre particulier de la division de la comptabilité, en le priant de lui faire repasser accompagnés d'un mandat de remboursement fourni sur le receveur général de la régie.

Après examen, le conseiller d'État renverra au directeur les acquits-à-caution, avec l'ordre de remboursement demandé.

Au moyen de cet ordre, les receveurs principaux ou particuliers qui avaient fait la perception des droits en effectueront le remboursement; ils se feront fournir quittance de ce remboursement et comprendront cette quittance comme deniers clairs, dans leur plus prochain versement de fonds, en y joignant l'acquit-à-caution dûment déchargé et visé, ainsi que l'ordre de remboursement du conseiller d'État directeur général.

Les droits payés d'avance à l'entrée des villes closes, en remplacement des inventaires des vins, cidres et poirés, seront remboursés par les receveurs principaux, en se conformant à ce qui est prescrit à cet égard par l'instruction n° 11.

Ils observeront de plus de dresser, à la fin de chaque trimestre, un état de remboursement de ces droits ; ils joindront à cet état les quittances justificatives des remboursements, et verseront le tout, pour comptant, au directeur receveur général, après, toutefois, que l'état dont il s'agit aura été visé par l'inspecteur, pour attester qu'il a fait toutes les vérifications nécessaires relativement aux remboursements.

Le directeur receveur général versera ensuite lui-même, comme deniers clairs, au receveur général de la régie, cet état, appuyé des pièces justificatives des remboursements.

Lorsqu'il pourra y avoir lieu à des droits perçus par erreur, les directeurs devront demander, par une lettre *ad hoc*, un ordre de remboursement de ces droits. Ils accompagneront leur lettre d'un état fait double des droits à restituer. Leur lettre et les deux états qui y seront joints seront adressés au conseiller d'État directeur général, sous le timbre de la division dans les attributions de laquelle seront les droits perçus.

D'après le rapport qui sera fait au conseiller d'État par l'administrateur de la division, il renverra au directeur l'un de leurs deux états revêtus d'un ordre de remboursement.

D'après cet ordre qui sera envoyé par les directeurs aux receveurs qui auront reçu les droits à restituer, ceux-ci effectueront le remboursement; ils en exigeront quittance au dos de celles des droits restitués, et comprendront, comme deniers clairs, dans leur plus prochain versement, l'ordre du remboursement du directeur général, et y joindront comme pièces justificatives, la quittance de la restitution et celles des droits restitués.

A. C. DU 22 BRUM. AN XIII (13 NOV. 1804), AFF. CHAMPIGNY.

Lorsqu'un jugement contient plusieurs dispositions distinctes, on peut se pourvoir en cassation successivement et séparément contre chacune d'elles, si l'on a fait des réserves à cet égard dans le premier pourvoi. J. P. 4.235.

... Considérant qu'il n'existe aucune disposition dans les lois ou règlements émanés sur la procédure à suivre en matière de cassation, qui, dans les circonstances susdites, s'opposent à ce que les mineurs Tesiu puissent aujourd'hui de-

---

(1) V. au Nouveau Recueil un autre extrait de cette instruction.

---

mander valablement la cassation de la première disposition dudit jugement arbitral, si, d'ailleurs, comme dans l'espèce actuelle, ils sont encore dans le délai utile pour former leur dite demande ;

La cour rejette. — Ch. civ.

A. C. DU 10 FRIM. AN XIII (1er DÉC. 1804), AFF. IMBERT.

Le recours en cassation n'est pas admissible contre un jugement par défaut rendu par un tribunal de simple police, tant que la voie de l'opposition est encore ouverte. J. P. 4.268.

Attendu que le recours en cassation n'est admissible que contre les jugements définitifs qui ne peuvent plus être attaqués par les voies de droit, et que, dans l'espèce, le jugement du deuxième jour complémentaire, rendu par défaut contre la veuve Imbert, pouvait être attaqué de sa part par la voie de l'opposition ;

Déclare ladite veuve Imbert non recevable dans son pourvoi. — Ch. crim.

A. C. DU 15 FRIM. AN XIII (6 DÉC. 1804), AFF. CHESNAU-BLANCHET.

Sous le code du 3 brumaire an IV, le dépôt d'une requête-d'appel en matière correctionnelle rendait l'instance contradictoire avec l'appelant, qui, par suite, était non-recevable à former opposition à l'arrêt rendu par défaut contre lui sur le vu de cette requête. J. P. 4.271.

Attendu que la requête d'appel, que l'article 195 du code du 3 brumaire an IV oblige les appelants des jugements correctionnels, à peine de déchéance de leur appel, de remettre au greffe correctionnel, rend l'instance contradictoire avec l'appelant; qu'ainsi, à son égard, il ne peut être rendu d'arrêt par défaut, par la cour de justice criminelle, à moins qu'il n'y ait lieu à la déchéance prononcée par l'article 195 du Code du du 3 brumaire an IV :

Qu'en rejetant l'opposition de Pierre-François Chesnau-Blanchet envers l'arrêt rendu contre lui, le 24 floréal dernier, par la cour de justice criminelle du département de la Loire-Inférieure, cette cour a donc prononcé conformément à la loi :

La cour rejette. — Ch. crim.

C. N° 52 DU 26 FRIM. AN XIII (17 DÉC. 1804).

Vol de deniers, etc.

C'est par erreur que l'ancien Recueil général indique la date de l'an XIII.V. cette circulaire plus loin à la date du 26 frimaire an XIV.

A. C. DU 7 NIV. AN XIII (28 DÉC. 1804), AFF. VANCANEGHEM.

Il n'est pas indispensable que le procès-verbal énonce le poids des objets saisis, s'il en énonce le nombre (Douanes). B. crim. 89.

Vu l'article 456 du code des délits et des peines ;

Et attendu que, dans la saisie faite chez Vancaneghem, toutes les formalités prescrites par les articles 3, 6 et 7 du titre 4 de la loi du 9 floréal an VII avaient été observées ; que si le rapport n'énonçait pas le poids des objets saisis, il en énonçait le nombre, ce qui est suffisant, ce qui est seul nécessaire, lorsque, comme au cas présent, il s'agit d'étoffes, l'article ci-dessus cité laissant l'alternative entre le poids ou le nombre des objets saisis, et le choix de l'un ou de l'autre mode devant naturellement être déterminé par la nature des marchandises; que le procès-verbal de saisie a été terminé dans la maison du saisi, lequel en a eu copie avec déclaration du nom du gardien qui serait établi, et sommation de se trouver au bureau pour être témoin du dépôt ; que par là tout était terminé à son égard ;

Que si au bureau on a procédé à la pesée des ballots, c'est que ces ballots faits dans la maison du saisi, étant ficelés et scellés, la nature des marchandises ne pouvait pas là être reconnue par le receveur de la douane, qui se chargeait du dépôt; que le poids des ballots constatait entre lui et les saisissants, ce dont ces derniers se déchargeaient entre ses mains; que s'il est arrivé que la pesée des marchandises au bureau ait fait, dans quelques circonstances, partie du procès-verbal de saisie, c'est lorsque la nature des marchandises exigeait que le poids en fût constaté, et qu'il n'avait pu l'être dans la maison du saisi;

La cour casse. — Ch. crim.

C. N° 28 DU 15 PLUV. AN XIII (4 FÉV. 1805).

Restitution sur les objets exportés.

... Ces restitutions sont autorisées à l'égard des matières d'or et d'argent ouvragées, par les articles 25 et 26 de la loi du 19 brumaire an VI ; à l'égard des tabacs fabriqués, par l'article 30 de la loi du 5 ventôse an XII ; et enfin à l'égard des eaux-de-vie de grains, par le décret du 7 vendémiaire an XIII. Cependant ces autorisations générales ne suffiront point pour que les receveurs puissent faire la restitution des droits. Dans les cas prévus par les lois et arrêtés précités, il faudra de plus que les acquits-à-caution qui auront accompagné les marchandises jusqu'à leur sortie de l'empire, soient déchargés par deux visiteurs des douanes ou deux préposés à l'embarquement, dont les signatures devront être légalisées par le receveur principal ou le directeur de la même administration; il faudra encore que ces acquits soient visés par les directeurs des droits réunis et soient adressés au conseiller d'État directeur général, savoir : ceux pour les ouvrages d'or et d'argent, sous le timbre de la première division; ceux pour les tabacs fabriqués, sous le timbre de la cinquième, et ceux enfin pour les eaux-de-vie de grains, sous celui de la quatrième division.

Le conseiller d'État, sur les rapports qui lui seront faits par les administrateurs de ces divisions, donnera, lorsqu'il y aura lieu, ses autorisations pour les remboursements, et, se servant de l'intermédiaire de la deuxième division, fera repasser aux directeurs les acquits-à-caution accompagnés de ces autorisations de remboursement.

Les acquits-à-caution revêtus de toutes les formalités qui viennent d'être indiquées, seront reçus pour comptant dans la caisse générale pour le montant des restitutions, pourvu qu'ils soient accompagnés des autorisations de paiement du conseiller d'État, et des quittances de ceux qui auront droit à ces restitutions...

A. C. DU 17 VENT. AN XIII (8 MARS 1805), AFF. AUGÉ.

Depuis la loi du 5 ventôse an XII, les employés de la régie des droits réunis ont qualité pour rechercher les contraventions aux lois sur la garantie des matières d'or et d'argent, faire les visites et dresser procès-verbal.

La nullité d'un procès-verbal de contravention aux lois sur la garantie des matières d'or et d'argent n'empêche pas que le tribunal ne doive prononcer la confiscation des objets non revêtus de la marque. B. Crim. 185.

Vu les articles 101 et 105 de la loi du 19 brumaire an VI ;

Vu aussi les articles 81 et 84 de la loi du 5 ventôse an XII ;

Considérant qu'aux termes de la loi du 19 brumaire an VI tous les procès-verbaux relatifs au droit de garantie sur les matières d'or et d'argent devaient être dressés par le receveur et le contrôleur des bureaux de garantie ; mais que cette disposition se trouve abrogée par les articles ci-dessus cités de la loi du 5 ventôse an XII, qui autorisent expressément les employés de la régie des droits réunis à faire les visites dont étaient auparavant chargés les seuls receveurs et contrôleurs des bureaux de garantie, et qui veulent que foi soit donnée en justice à leurs procès-verbaux jusqu'à inscription de faux ;

Qu'ainsi, avoir déclaré nul, par défaut de qualité du commis aux exercices de la régie des droits réunis, le procès-verbal rapporté chez Jean-Ambroise-René Augé, le 19 vendémiaire dernier, c'est avoir contrevenu aux dispositions citées de ladite loi du 5 ventôse an XII ;

Considérant, d'ailleurs, que, dans le cas même où le procès-verbal dont il s'agit aurait été nul, la cour de justice criminelle aurait encore dû prononcer la confiscation, la contravention n'étant pas contestée par Augé et étant matériellement prouvée par le défaut de marque sur les objets saisis ;

La cour casse. — Ch. crim.

A. C. DU 17 VENT. AN XIII (8 MARS 1805), AFF. BERGER.

Lorsque, sur la poursuite de la régie, un prévenu soutient être dispensé par la loi d'accomplir la formalité qui donne lieu aux droits réclamés, cette défense constitue une exception préjudicielle sur le fond des droits, dont le tribunal de police correctionnelle ne peut connaître et qui doit être portée au tribunal civil. B. Crim. 184.

Vu l'article 88 de la loi du 5 ventôse an XII, portant établissement de la régie des droits réunis, ainsi conçu : « Les contestations qui pourront s'élever sur le fond des droits établis ou maintenus par la présente loi seront portées devant les tribunaux de première instance » ;

Vu également l'article 90 de ladite loi, ainsi conçu : « Les contraventions qui, en vertu des dispositions de la présente loi entraînent la confiscation ou l'amende, seront poursuivies par devant les tribunaux de police correctionnelle qui prononceront les condamnations » ;

Et attendu que de la demande de la régie et de la défense du prévenu, il résulte qu'il s'est élevé entre eux sur le fond du droit une contestation qu'il fallait juger avant de pouvoir prononcer les condamnations requises par la régie, et que cette contestation préjudicielle devait, aux termes de l'article 88 ci-dessus cité, être portée devant les tribunaux civils ;

Qu'ainsi, en statuant sur cette contestation, le tribunal de police correctionnelle de Perpignan et la cour de justice criminelle du département des Pyrénées-Orientales ont l'un et l'autre excédé les bornes de leur compétence et commis une contravention expresse aux articles 88 et 90 de la loi du 5 ventôse an XII ;

La cour casse. — Ch. crim.

A. C. DU 2 FLOR. AN XIII (22 AVR. 1805), AFF. NOGARÈDE.

L'administration de l'enregistrement ne peut être condamnée à payer les intérêts moratoires des sommes qu'elle doit restituer pour droits indûment perçus. J. P. 4.498.

Considérant qu'aucun impôt direct ou indirect ne peut éprouver aucune extension ni retranchement qu'en vertu d'une loi expresse ; qu'aucune loi de la matière n'autorise les percepteurs, en aucun cas, à exiger des intérêts moratoires, et que dans l'usage, la régie n'a jamais demandé ni exigé aucun intérêt ; que la loi qui autorise le pourvoi en restitution des droits indûment perçus, n'alloue, dans aucun cas, les intérêts des sommes à restituer ; qu'en adjugeant ces intérêts, le tribunal de Montpellier a commis un excès de pouvoir et usurpé le pouvoir législatif ;

La cour casse. — Ch. civ.

INST. N° 28, DU 10 MESS. AN XIII (29 JUIN 1805).

Situation des reprises.

... Il est nécessaire de remarquer que les autorisations de reprises pour cause de non-valeurs, en permettant aux comptables de faire de ces non-valeurs un article de reprise pour balancer d'autant le montant des droits constatés formant la recette de leurs comptes, n'auront d'autre effet que celui de les dispenser de répondre personnellement du montant des droits tombés en non-valeurs : de là il suivra que si les redevables ou les comptables débiteurs étaient par la suite en état de s'acquitter, ils ne seraient point considérés comme déchargés de l'action du trésor public contre eux ; mais qu'au contraire ils devraient être contraints au paiement des sommes admises comme non-valeurs dans la reprise des comptes.

Par une conséquence de ce principe, les comptables tiendront un registre destiné à présenter les sommes dont il aura été fait reprise dans les comptes pour cause de non-valeurs ; ce registre sommier devra offrir, outre les noms et domiciles des débiteurs, le montant des droits dus ou des débets constatés et un précis des poursuites exercées.

Si, par suite de cette mesure, il y avait des recouvrements effectués, la recette des comptes de l'année pendant laquelle ils auraient eu lieu, en serait chargée sous le titre de *Rentrées imprévues.*

C. N° 36, DU 5 THERM. AN XIII (24 JUILL. 1805).

Les receveurs ne peuvent, sous aucun prétexte, accorder pour le paiement des obligations des contribuables, des délais plus longs que ceux autorisés par la loi.

J'ai eu lieu de remarquer, par les états d'échéances qui m'ont été fournis, que tous les receveurs particuliers n'étaient pas également exacts à exiger que les contribuables s'acquittassent en obligations payables dans les délais prescrits par la loi. Les uns accordent à ces redevables la faculté de diviser leurs obligations représentatives des droits sur le tabac, en sommes inégales, dont les plus fortes sont celles payables aux époques les plus reculées ; d'autres consentent à ne faire faire que deux obligations payables à six mois et à un an ; d'autres enfin consentent à ne recevoir que trois obligations. Rien n'est plus irrégulier que ces sortes d'opérations qui lèsent les intérêts du trésor public, qui peuvent d'ailleurs être considérées comme des transactions entre les comptables et les redevables, et dès lors exposent les premiers à l'application des peines prononcées contre les préposés infidèles.

Il n'existe que deux sortes de droits qui puissent être acquittés en obligations des redevables ; ce sont les bières et les tabacs. Les obligations versées en paiement du premier de ces droits devant échoir à trois mois, tandis que celles fournies en

paiement du tabac doivent échoir à 3, 6, 9 et 12 mois, il en résulte que chacune de ces obligations, excepté celles qui représentent les droits sur les bières, doit être répétée quatre fois, et que dès lors les états d'échéances de chaque comptable doivent présenter aussi quatre fois les mêmes sommes d'obligations ou d'engagements représentatifs.

Vous voudrez bien rappeler ces principes à tous les receveurs principaux et particuliers de votre direction, en les prévenant que dans le cas où leurs états d'échéances ne présenteraient pas quatre fois les mêmes sommes d'obligations ou d'engagements, vous en ferez rechercher les motifs ; et que s'il résulte des vérifications que les obligations des contribuables n'ont pas été fournies payables dans les délais autorisés par la loi, ils en seront rendus responsables, et contraints à fournir leurs engagements pour les époques auxquelles ils auraient dû l'être, sans préjudice des mesures plus sévères qui pourraient, suivant les circonstances, être prises contre eux.

Lorsque les obligations des redevables ne seront pas répétées quatre fois, les receveurs en feront connaître les motifs dans la colonne d'observations de leurs états d'échéances. Pour être admissibles, ces motifs ne peuvent avoir que deux causes, l'une provenant de ce que les obligations dont il s'agit représentent des droits sur la bière, auquel cas leur montant total par échéances communes ne sera répété qu'une fois ; l'autre provenant de ce que quelqu'un des contribuables, au lieu d'user de la totalité des délais accordés par la loi, n'en aurait pris qu'une portion, et aurait anticipé, soit en numéraire, soit en obligations à plus courtes échéances, le paiement du surplus.

A. C. DU 3 FRUCT. AN XIII (21 AOUT 1805), AFF. EINELIN.

On ne peut se pourvoir en cassation d'un jugement rendu en dernier ressort, après avoir payé, avant sa signification et sans aucune contrainte, une des condamnations qu'il contient. J. P. 4.719.

Considérant qu'aux termes de l'article 5, titre 27, de l'ordonnance de 1667, on ne peut attaquer des jugements auxquels on a formellement acquiescé ;

Considérant que Cante a formellement acquiescé à l'arrêt de la cour de Riom ; que cet acquiescement résulte de ce que, sans avoir essuyé aucune contrainte, et longtemps avant la signification de l'arrêt, Cante a payé à Einelin la plus forte partie des sommes qu'il était condamné à lui délivrer ; qu'il est prouvé d'ailleurs que Cante n'entendait se réserver aucun recours en cassation, car, peu de temps après qu'il eut payé Einelin, il soutint contre celui-ci un nouveau procès devant la même cour de Riom, et, dans ce procès, il signifia un acte intitulé : *Causes et moyens d'appel*, dans lequel il rendit compte du paiement fait à Einelin, en exécution de l'arrêt dont il s'agit maintenant, et déclara en propres termes que tout était terminé entre eux ;

La cour casse. — Ch. civ.

DÉCRET DU 18 FRUCT. AN XIII (5 SEPT. 1805).

Ponts.

Art. 1er. À compter du 1er prairial an XIII, le département des finances exercera la recette du droit de péage sur le pont de bateaux du Rhin à Strasbourg.

C. N° 15, DU 10 VEND. AN XIV (2 OCT. 1805).

Contrôle des recettes.

Indépendamment des moyens de contrôle prescrits par la comptabilité, les inspecteurs, contrôleurs et employés de la régie prendront dans leurs tournées, aux bureaux de passage, et toutes les fois qu'ils pourront le faire sans gêner la circulation, une note des sommes et quantités en hectolitres portées sur les laissez-passer qui accompagneront les boissons ; ils compareront ces notes avec les registres de recette, et s'assureront, par cette vérification, de la régularité des enregistrements.

Il existera encore, d'après le récolement de l'inventaire de l'an XIV, un autre mode de contrôle : il consistera à rapprocher des registres les quittances qui, par l'apurement du compte de chaque article d'inventaire, rentreront dans les mains des receveurs principaux...

A. C. DU 14 FRIM. AN XIV (5 DÉC. 1805), AFF. CADET.

Un procès-verbal de saisie est nul, en matière de contributions indirectes, lorsqu'il ne constate pas qu'une copie en a été délivrée aux délinquants. B. Crim. 468.

... Considérant que dès qu'il n'était pas établi par le procès-verbal de saisie qu'il eût été donné copie de ce procès-verbal au saisi, la cour, dont l'arrêt est attaqué, était bien fondée à prononcer la nullité du procès-verbal ;...

La cour casse. — Ch. crim.

A. C. DU 15 FRIM. AN XIV (6 DÉC. 1805), AFF. CHEMIDT.

Les mouvements des montres une fois réunis aux boîtes doivent être compris dans la confiscation, qui est prononcée, pour défaut de marque et de contrôle, comme ne formant qu'un seul tout. B. Crim. 470.

Vu l'article 107 de la loi du 19 brumaire an VI ;

Et attendu que les ouvrages d'or et d'argent non marqués, chez les fabricants et marchands, sont assujétis à la confiscation par cet article ;

Que les expressions *ouvrages* et *objets*, employées par le législateur embrassent généralement, et sans aucune distinction, ce qui fait un tout avec la matière en contravention ;

Que le tout doit donc être confisqué au préjudice du marchand ou fabricant chez qui il est trouvé non revêtu de la marque prescrite par la loi ;

Que la confiscation est une peine qui doit être infligée au marchand ou fabricant auquel l'injonction de la loi est adressée, et qui est le propriétaire de la maison en délit ;

Attendu que lesdits mouvements et les montres, une fois réunis, forment, dans la main de l'horloger auquel ils appartiennent, un tout qui a soumis les mouvements à la confiscation encourue par les boîtes, à défaut de marque lors de la saisie ; d'où il suit que la distinction faite, dans l'espèce, entre les mouvements et les boîtes, qui étaient réunis et ne formaient qu'un tout lors de la saisie, pour ne soumettre à la confiscation que les boîtes, comme seules susceptibles, à raison de leur matière, de la marque exigée par la loi, est contraire au vœu de l'article ci-dessus cité ;

La cour casse. — Ch. crim.

C. N° 52, DU 26 FRIM. AN XIV (1) (17 DÉC. 1805).

Vols de deniers. Dispositions de fonds par des autorités incompétentes. Prévarications.

J'ai déterminé, par mon instruction n° 16, sur la comptabilité, la conduite que les divers comptables de la régie, ainsi que les inspecteurs et contrôleurs, avaient à tenir pour préserver les deniers publics des atteintes tant extérieures qu'intérieures qui pourraient être portées à leur sûreté; mais j'ai lieu de craindre que cette partie de mon instruction n'ait point assez fixé l'attention des divers employés qu'elle concernait; et mon but en ce moment est de présenter ici dans un même cadre toutes les lois qui régissent les comptables, ainsi que les peines encourues par eux ou leurs surveillants, lorsqu'ils ne prennent pas toutes les précautions nécessaires à la conservation des fonds dont les premiers sont dépositaires.

Vol de deniers en caisse.

Le premier devoir d'un comptable est de donner tous ses soins à la sûreté des deniers dont il est dépositaire; et l'arrêté des consuls, en date du 7 floréal an X, trace sa règle de conduite à cet égard. Cet arrêté porte :

« Tout receveur-caissier, dépositaire, percepteur ou préposé quelconque, chargé de deniers publics, ne pourra obtenir décharge d'aucun vol, s'il n'est justifié qu'il est l'effet d'une force majeure, et que le dépositaire, outre les précautions ordinaires, avait eu celle de coucher ou de faire coucher un homme sûr dans le lieu où il tenait ses fonds, et en outre, si c'est un rez-de-chaussée, de le tenir solidement grillé.

Tout vol de deniers doit être constaté à la réquisition du comptable volé, à l'instant même où celui-ci s'en aperçoit et au plus tard dans les vingt-quatre heures.

Le procès-verbal doit être dressé par le juge de paix, ou l'officier de police le plus voisin du lieu où le vol a été commis, et contenir 1° déclaration si la pièce où le vol a eu lieu était ou non occupée; 2° une description exacte de la pièce, ainsi que de toutes les effractions faites aux portes, fenêtres, coffres, etc., et celle des moyens employés par les voleurs pour s'introduire: 3° toutes les dépositions, tant à charge qu'à décharge, qui pourraient être reçues par le juge de paix, au moment où il constate le délit; 4° une déclaration faite par le comptable volé, énonçant la quotité des sommes volées, et appuyée d'un bordereau de sa situation, dressé d'après le relevé de ses registres qu'il fera arrêter et viser par le juge de paix et un employé de l'administration ou le contrôleur s'il est sur les lieux: 5° enfin toutes les indications pouvant servir à faire ressortir l'innocence du comptable, et les dispositions qu'il avait faites pour prévenir l'évènement.

La loi du 10 vendémiaire an IV, rendant en certains cas les communes responsables des vols commis avec attroupement, ou à main armée, sur leur territoire, tout comptable avec lequel il serait commis un délit de cette nature, doit, indépendamment des formalités ci-dessus prescrites, s'assurer que le maire ou les officiers municipaux ont satisfait aux dispositions de l'article 2 du titre 5 de ladite loi, lequel porte :

« Lorsqu'un délit de la nature de ceux exprimés aux articles précédents aura été commis sur une commune, les officiers municipaux ou l'agent municipal seront tenus de le faire constater sommairement dans les vingt-quatre heures, et d'en adresser procès-verbal, sous trois jours au plus tard, au commissaire du pouvoir exécutif près le tribunal civil du département. »

Dans le cas où le comptable volé n'aurait pas la certitude que le maire ou les agents municipaux se sont conformés aux dispositions ci-dessus, il devrait envoyer directement (si le comptable volé est un receveur particulier, le receveur principal agira pour lui), au commissaire impérial près le tribunal civil, dans les délais ci-dessus, le procès-verbal qui aurait été dressé par les juges de paix, maires ou agents municipaux, ou par lui-même, assisté de témoins, en cas de refus de la part desdits officiers.

Disposition de fonds par des autorités incompétentes.

L'article 9 de l'arrêté des consuls, en date du 15 nivôse an VIII, porte :

« Il est de nouveau expressément défendu à toute autorité civile et militaire, à peine d'en répondre personnellement, de disposer d'aucune somme versée dans les caisses publiques, autrement qu'en vertu d'ordonnances des ministres compétents, et revêtue des formalités constitutionnelles. »

L'article 5 de l'arrêté des consuls, en date du 18 fructidor an VIII, rappelle les mêmes dispositions et ajoute : « Les payeurs et receveurs seront également responsables de tout ce qu'ils auront payé sans une ordonnance régulière. »

Enfin, l'arrêté des consuls en date du 7 frimaire an IX porte : « Les préfets sont chargés de surveiller l'emploi des deniers publics, sans pouvoir néanmoins changer ni la destination ni le mode des paiements prescrits par les instructions des ministres des finances et du trésor public. »

D'après les dispositions de ces arrêtés, aucun comptable ne doit disposer des fonds en caisse, que d'après le mode établi par les instructions qui leur ont été ou leur seront transmises par moi, ou par mes ordres. Il ne doit, en conséquence, obtempérer à aucune demande ou réquisition qui pourrait lui être faite par les autorités civiles ou militaires, ni acquitter aucune ordonnance ou rescription qui pourrait lui être présentée, à moins que je ne lui en aie donné ou fait donner l'ordre.

Dans le cas où la force serait employée pour contraindre un comptable à enfreindre les dispositions ci-dessus, il devrait en faire dresser ou dresser sur-le-champ procès-verbal dans les formes indiquées plus haut, et en rendre compte au receveur immédiatement supérieur.

Vol de deniers publics pendant le transport.

Tout transport de deniers doit être fait par le comptable dépositaire en personne, ou par un homme à lui, duquel il répond, ou par un employé de la régie, lorsqu'il sera autorisé à prendre les fonds chez ce comptable, ou enfin par les voitures publiques.

Tout vol de deniers publics transportés par les comptables, leurs agents ou les employés de la régie, doit être constaté par procès-verbal dressé par le juge de paix, ou un officier public du lieu le plus voisin de celui où le délit a été commis. Le procès-verbal doit rapporter toutes les circonstances connues du vol, et toutes les dépositions, tant à charge qu'à décharge, qui pourraient être faites sur les lieux, et tendant à faire connaître si celui qui était porteur des deniers était exempt de tout blâme. Il doit, en outre, être accompagné d'un bordereau détaillé de la quotité et de la nature des espèces volées : à cet effet, le porteur de deniers doit toujours être nanti de ce bordereau, qui doit être séparé du sac, coffre ou baril dans lequel sont renfermées les espèces.

Tout envoi de fonds fait par les voitures publiques doit être fait à découvert, c'est-à-dire que les espèces envoyées doivent être comptées en présence des entrepreneurs desdites voitures. Il doit en être dressé un bordereau triple, portant reconnaissance de l'envoi, signé des entrepreneurs ou de leur commis, ainsi que

(1) L'ancien Recueil donne par erreur le millésime de l'an XIII à cette circulaire.

du comptable qui fait l'envoi, et visé par le principal officier public du lieu, et par le préfet ou son délégué, lorsque l'envoi est fait par un directeur. Un de ces bordereaux doit être joint aux fonds expédiés; un second doit être adressé au receveur à qui ils sont envoyés; et le troisième doit rester au comptable pour servir au besoin de titre justificatif et de pièce de recours contre les entrepreneurs. Dans le cas où ceux-ci se refuseraient à recevoir les fonds à découvert, ils doivent faire mention de leur refus sur le bordereau, ainsi que de la déclaration qui leur a été faite du montant de la somme envoyée, et s'obliger à répondre de la somme déclarée.

Aussitôt qu'un directeur aura connaissance d'un vol, il devra m'en rendre compte; 1° sous le timbre du bureau du contentieux, en ce qui concerne les circonstances du vol et les poursuites judiciaires commencées ou à faire; 2° sous le timbre de la deuxième division, en ce qui concerne les précautions prises pour prévenir le vol, le montant des sommes volées, et celles qu'on pourra recouvrer, soit de suite, soit ultérieurement; 3° sous le timbre du bureau du personnel, en ce qui concerne le personnel.

Telles sont les obligations imposées aux comptables, pour la sûreté des fonds dont ils sont dépositaires. La plus légère omission de quelqu'une des formalités ci-dessus indiquées tournerait nécessairement à leur préjudice; et chacun d'eux doit se tenir averti que le gouvernement ne lui accordera jamais décharge des fonds, qui lui seraient volés, qu'autant qu'il prouverait, de la manière la plus évidente, qu'il a pris toutes les précautions voulues par la loi pour prévenir le vol.

Prévarication et divertissement des deniers publics.

Si la loi punit la négligence des comptables, en laissant à leur charge les pertes qui pourraient résulter de l'inobservation de quelqu'une des dispositions ci-dessus prescrites, elle a dû traiter avec plus de rigueur ceux qui pourraient se rendre coupables de malversation ou de divertissement de deniers publics; et, quelque pénible qu'il soit pour moi d'avoir à prévoir la possibilité de semblables évènements, je dois vous signaler les principales infidélités dont la loi suppose qu'un comptable peut se rendre coupable, et les peines qu'elle prononce.

L'article 1er de l'édit de juin 1716 veut que tous les comptables « soient tenus d'avoir un registre journal, dans lequel ils inscriront, jour par jour, de suite, et sans aucun blanc ni transposition, toutes les parties, tant de recette que de dépense qu'ils feront dans l'exercice de leurs charges, emplois et commissions. »

L'article 7 du même édit contient la disposition suivante : « Voulons pareillement qu'en cas d'omission de recette, ou de fausse dépense employée dans les registres, ils soient condamnés à la restitution du quadruple de la somme omise en recette, ou faussement employée en dépense; le tout sans que lesdites peines puissent être réputées comminatoires, ni modérées, et sans préjudice de la procédure extraordinaire qui pourrait être intentée contre eux, s'il y échoit, pour raison de concussion ou divertissement. »

L'article 2 de la loi du 25 nivôse an V porte, « que les receveurs qui laisseraient écouler un mois sans faire les envois mentionnés en l'article précédent (de leurs bordereaux), seront destitués. »

L'article 10 de la loi du 17 brumaire an V ordonne à tous les comptables de verser le produit de leur recette chez les receveurs supérieurs, au moins une fois par décade, à peine d'y être contraints.

L'article 4 de l'arrêté des consuls, en date du 27 prairial an X, est ainsi conçu :

« Tout receveur général et particulier, et généralement tout comptable convaincu d'avoir omis ou retardé de se charger en recette sur les journaux et bordereaux de situation, des sommes qui lui auront été versées pour le service public, sera destitué et poursuivi comme coupable du détournement des deniers publics, conformément à l'article 11 de la section 5 du titre 1er du code pénal. »

L'article 1er du 3e chapitre de la loi du 28 pluviôse an III ordonne que, « faute par les comptables, leurs héritiers ou représentants, de présenter leurs comptes dans les délais fixés, leurs biens seront séquestrés. »

Enfin, les articles 11 et 15 de la 5e section du titre 1er de la 2e partie du code pénal, portent :

Art. 11 : « Tout fonctionnaire public qui sera convaincu d'avoir détourné les deniers publics dont il était comptable, sera puni de la peine de quinze années de fers.

Art. 15 : « Tout fonctionnaire ou officier public qui sera convaincu de s'être rendu coupable du crime de faux dans l'exercice de ses fonctions, sera puni de la peine des fers pendant vingt ans. »

Il résulte des dispositions des édits, arrêtés et lois ci-dessus cités :

1° Qu'un comptable qui aurait négligé d'inscrire une recette sur son journal, serait condamné au paiement d'une somme quadruple de celle omise, sans préjudice des peines portées par l'article 11 du code des délits et des peines;

2° Que tout comptable qui inscrirait sur son journal une fausse dépense, serait condamné à la restitution du quadruple de la somme faussement employée en dépense, sans préjudice de la peine portée par l'article 15 du code des délits et des peines;

3° Que tout comptable qui négligerait de faire ses versements aux époques auxquelles ils doivent avoir lieu, devrait y être contraint;

4° Que tout comptable en retard de fournir ses bordereaux de mois, encourrait sa destitution;

5° Que tout comptable qui aurait retardé de se charger en recette des sommes versées à sa caisse par ses sous-receveurs, encourrait également sa destitution, sans préjudice des peines portées par l'article 11 du code des délits, pour cause de détournement de deniers;

6° Que tout comptable qui aurait détourné les deniers dont il est dépositaire, encourrait la peine de quinze années de fers;

7° Enfin, que tout comptable qui aurait fourni de faux bordereaux ou de faux états de situation, dans le dessein de s'approprier une portion des deniers dont il est dépositaire, encourrait la peine de vingt années de fers, portée par l'article 11 de la 5e section du titre 1er de la 2e partie du code pénal.

Il existe, sans doute, d'autres espèces d'infidélités dont un comptable peut se rendre coupable; mais elles tiennent toutes, directement ou indirectement, de celles que je viens de détailler, et par conséquent exposent les comptables aux mêmes peines. Je crois en conséquence superflu de les indiquer ici, et je me bornerai à tracer la conduite que les préposés chargés de la surveillance doivent tenir, non seulement quand un comptable s'est rendu coupable de quelqu'un de ces délits, ou qu'il y a lieu de le supposer, mais même pour le prévenir.

Surveillance des comptables par les inspecteurs, contrôleurs ou comptables supérieurs.

L'instruction n° 10, sur le personnel, a prescrit aux inspecteurs et contrôleurs de vérifier fréquemment les comptables sous leur surveillance immédiate, et particulièrement ceux contre la fidélité desquels il s'élèverait quelques soupçons. Ces préposés, ainsi que les commis appelés à la vérification des caisses des receveurs particuliers, sont administrativement responsables des débets qui seraient la suite de leur négligence; et leur garantie, à cet égard, ne pourra être mise à couvert, qu'autant qu'ils justifieraient : 1° avoir régulièrement surveillé le comptable en débet, et avoir fait chez lui des visites fréquentes, qui ne pourront être attestées que par leur *visa* ; 2° que jusqu'à l'époque du débet ils l'ont obligé à faire le versement régulier de toutes ses recettes ; 3° qu'ils lui ont fermé les mains dès le moment qu'ils se sont aperçus de son inexactitude ; 4° qu'ils ont été dans l'impossibilité d'empêcher le débet ;

La responsabilité ci-dessus sera d'autant plus de rigueur que, pour s'en mettre à l'abri, tout inspecteur, contrôleur ou commis chargé de la vérification, aura la faculté de forcer un receveur vérifié à faire des versements extraordinaires à la caisse immédiatement supérieure, toutes les fois que le numéraire trouvé en caisse s'élèvera au-delà de trois cents francs chez un receveur particulier, et au-delà des deux tiers du cautionnement chez un receveur principal.

Tout inspecteur, contrôleur ou commis appelé à la vérification, qui donnera l'ordre d'un versement extraordinaire, en fera mention dans le *visa* qu'il apposera sur les registres du receveur vérifié, et aura soin, en outre, de donner avis de cet ordre au receveur immédiatement supérieur qui, dès ce moment, deviendra responsable du débet qui pourrait survenir.

La responsabilité de ce receveur immédiatement supérieur ne pourra être mise à couvert, en cas d'inexécution de l'ordre ci-dessus, qu'autant que le comptable chez lequel aurait dû se faire le versement décerné de suite, contre le receveur en retard, une contrainte qu'il fera viser par le juge de paix, lequel, en cas de refus de sa part, devrait être rendu responsable.

Le premier devoir d'un inspecteur, d'un contrôleur ou d'un commis qui, dans une vérification, reconnaît une infidélité, ou qui a des motifs de la supposer, est de fermer les mains du comptable infidèle ou suspecté. Il doit ensuite rendre compte au directeur du résultat de sa vérification, pour le mettre à même de prononcer, s'il y a lieu, la suspension provisoire du comptable, si c'est un receveur principal, ou sa destitution, si c'est un receveur particulier. Il doit en outre attendre sa décision chez le comptable, et faire directement la recette des sommes qui seraient versées à celui-ci à quelque titre que ce soit. Afin de diriger, au surplus, chaque préposé dans la marche qu'il devra suivre lorsqu'il procédera à une vérification de caisse, j'ai joint à la suite de cette circulaire une notice indicative des opérations auxquelles chaque vérification donne lieu.

S'il résulte de la vérification ci-dessus un débet que le comptable ne puisse pas solder, ou qui ne soit pas suffisamment couvert par son cautionnement, le directeur ou le receveur principal devra décerner contre lui une contrainte qu'il fera viser ; il devra provoquer, en exécution de la loi du 28 pluviôse an III, la mise du séquestre sur ses biens, et même, suivant l'exigence des cas, solliciter un mandat d'arrêt contre lui, en dénonçant à l'autorité judiciaire le délit dont il s'est rendu coupable.

Formes à suivre en cas d'absence non motivée ou de décès d'un comptable.

La déclaration du 5 mai 1690 porte : « Lorsqu'un receveur se sera absenté, le scellé sera mis sur ses effets et papiers, et levé dans la huitaine au plus tard par le juge auquel la connaissance en appartiendra, et, à son défaut, par le plus prochain juge des lieux : l'inventaire fait, les comptes dressés sur les acquits et registres qui se trouveront sous le scellé, les états finaux posés, et les débets formés, sur lesquels interviendra le jugement desdits comptes, le tout en la présence et sur les conclusions de notre procureur ou de son substitut. Faisons pareillement défenses à tous juges de recevoir et arrêter les comptes desdits commis, sur les assignations qu'ils en feraient donner à nos fermiers, desquels nous les déchargeons de plein droit. *Voulons que lesdits comptes soient présentés à nosdits fermiers, et arrêtés par eux ou leurs procureurs,* sauf auxdits commis de se pourvoir par-devant qui en doivent connaître, pour raison des griefs qu'ils articuleront, et qu'ils *ne pourront proposer qu'après avoir payé par provision, entre les mains de nos fermiers, et à leurs cautions, les débets clairs portés par les arrêtés de leurs comptes.* »

Il résulte des dispositions de cette déclaration, qu'en cas de faillite ou d'une absence qui ne serait ni motivée ni autorisée, les directeurs, inspecteurs ou contrôleurs, suivant les circonstances qui exigeront le concours des uns ou des autres, en informeront, sans délai, les premiers, le conseiller d'Etat directeur général, et les derniers leurs directeurs ; les uns et les autres seront tenus, à peine de répondre, en leur propre et privé nom, de tous dommages et intérêts, de requérir de suite, au plus tard dans les vingt-quatre heures, le juge de paix du domicile du comptable failli ou absent, d'apposer les scellés sur ses titres et papiers, ainsi que sur ses effets mobiliers. En requérant cette apposition des scellés, et lorsqu'elle aura lieu, ils auront soin d'en faire distraire et de se faire remettre sur leur reconnaissance au procès-verbal, toutes les valeurs actives, ainsi que les registres servant aux perceptions, après toutefois qu'ils auront été additionnés jusqu'au jour où le comptable aura cessé ses fonctions, et que les additions auront été paraphées par le juge de paix.

Lors de la levée des scellés qui devra être requise par les directeurs ou inspecteurs, et avoir lieu au plus tard dans la huitaine, soit en absence qu'en présence du comptable dûment appelé, ou des créanciers opposants, si aucuns l'étaient, il sera fait un inventaire des effets, titres et papiers du comptable. Il sera ensuite procédé, sans appel des créanciers, à l'établissement de la situation du comptable. Cette situation sera établie, tant d'après les relevés des recettes et dépenses portées à ses divers registres, que d'après ceux des valeurs actives retirées lors de l'apposition des scellés ou des valeurs passives trouvées sous les scellés, et d'après les documents ultérieurs qu'on pourra se procurer.

Dans le cas où le comptable failli ou absent serait un receveur principal, et où l'éloignement de l'inspecteur devrait retarder l'exécution des dispositions ci-dessus, elles devraient être de suite remplies par le contrôleur d'arrondissement (ou de ville) qui rendrait compte, dans le plus bref délai, de ses opérations, 1° à l'inspecteur, en l'invitant à se rendre sur-le-champ sur les lieux : 2° au directeur.

Par la même raison, un commis aux exercices pourrait suppléer le contrôleur, dans le cas où il s'agirait d'un receveur particulier, mais alors il devrait immédiatement prévenir le contrôleur et le receveur principal.

Indépendamment des formalités ci-dessus qui devront être observées dans le cas de décès d'un comptable, le directeur devra sur-le-champ en donner avis aux héritiers, et attendre, pour provoquer la levée des scellés, l'expiration des délais qui leur sont accordés par la loi pour faire inventaire et prendre qualité.

Si, à l'expiration de ces délais, les héritiers ont pris qualité, les scellés seront levés en leur présence, et ils devront rendre un compte de *clerc-à-maître* au successeur, comme l'aurait fait le comptable ; mais, pour abréger cette opération, les directeurs devront faire dresser le compte qui sera désigné par les héritiers. Dans le cas, au contraire, où ceux-ci, à l'expiration des délais, n'auraient point pris qualité, il sera procédé à la levée des scellés, comme dans le cas de faillite ou d'absence, en ayant soin de faire constater que lesdits héritiers ont été dûment appelés.

Dans le cas enfin où le comptable absent, failli ou décédé, serait un directeur, l'inspecteur, jusqu'à ce qu'il ait été pourvu au remplacement, devra agir en son propre et privé nom pour l'exécution des dispositions qui précèdent, se faire remettre toutes les valeurs passives trouvées sous le scellé, desquelles il fournira sa reconnaissance. Il devra également sur-le-champ me rendre compte des faits, tant sous le timbre de la 2e division que sous celui du personnel et du bureau du contentieux, s'il y avait lieu.

SUP. GÉN.

Vous voudrez bien, Monsieur, veiller à ce que la présente soit ponctuellement remise à tous ceux à qui elle est destinée par la note marginale : je ne pourrais imputer qu'à une grande négligence de votre bureau, le défaut de transmission de mes ordres à vos subordonnés. J'ai reçu d'eux, à ce sujet, des plaintes que cette observation a pour but de faire cesser.

Vous m'accuserez réception de la présente, avec votre soumission et celle des employés qu'elle concerne.

Notice sur la manière de procéder aux vérifications ordinaires et extraordinaires des caisses.

Vérification de la caisse d'un receveur particulier.

Le premier soin d'un préposé appelé à faire la vérification de la caisse d'un receveur particulier, doit être de se faire représenter et de mettre sous clef : 1° toutes les espèces qui se trouvent dans la caisse du comptable ; 2° toutes les obligations échues ou non échues qui ont pu lui être fournies par les contribuables ; 3° les quittances non encore versées des dépenses que le receveur aurait pu être autorisé à faire, et à l'appui desquelles il devrait représenter les autorisations ; 4° les récépissés qu'il a dû retirer des divers versements par lui faits sur les exercices dont les comptes ne sont pas rendus tant en valeurs actives que passives ; 5° les contrôles qu'il a dû recevoir de la direction, en échange des duplicata qu'il a dû y adresser des récépissés qu'il représente.

Après s'être assuré que les dépenses représentées par des quittances ont été réellement autorisées, et que les récépissés fournis par le receveur principal sont appuyés du contrôle de la direction, excepté pour ceux qui n'y auraient été envoyés que depuis peu, le préposé à la vérification dressera un bordereau de toutes ces valeurs actives et passives, et le fera signer par le comptable.

Ce préliminaire rempli, ce préposé doit procéder à la vérification des registres, tant de perception, que journaux et sommiers, afin de s'assurer 1° s'ils sont dûment cotés et paraphés, et s'il n'y a été fait aucune suppression de feuillets ; 2° s'ils sont régulièrement tenus sans surcharge, rature, interligne, etc. ; 3° si les numéros d'enregistrement et les dates se suivent régulièrement ; 4° si les droits sont bien établis ; 5° si les sommes portées en chiffres aux colonnes d'émargement sont celles énoncées en toutes lettres dans les libellés ; 6° si les additions au bas des pages sont justes et régulièrement reportées aux pages suivantes ; 7° si les registres de perception et les journaux ont été régulièrement arrêtés à la fin de chaque mois aux époques prescrites par les instructions, et si le montant de ces arrêtés a été exactement rapporté sur le registre de récapitulation n° 24, dont la tenue est prescrite par l'instruction générale n° 16, sur la comptabilité : 8° si le registre d'échéances est régulièrement tenu, et si le montant des obligations des contribuables est balancé mois par mois par les engagements personnels versés en représentation ; 9° si les obligations représentées ont été réellement souscrites par les contribuables, en paiement des droits dont ils étaient débiteurs, ou si, au contraire, ces droits ayant été acquittés en numéraire, le receveur n'a pas cherché à l'utiliser à son profit, en supposant avoir fait une recette en obligations, tandis qu'au contraire on lui aurait réellement versé du numéraire ; 10° si le montant total de la recette depuis le commencement de chaque exercice présenté par le registre de récapitulation, est exactement balancé, tant par les espèces et obligations représentées, que par les récépissés du receveur principal, les valeurs actives ou passives versées, pour lesquelles le comptable n'aurait pu encore recevoir de récépissé, et les retenues sur les taxations, lesquelles ne doivent s'élever qu'à la somme à laquelle le receveur a réellement droit.

Il est bien entendu que les obligations des contribuables, représentées par le receveur, ne peuvent venir en déduction de sa recette, que jusqu'à concurrence de celles qui n'ont point encore été représentées par des engagements personnels, et dont, par conséquent, il n'a pu être fourni récépissé ; il est bien évident que les autres obligations ne peuvent venir en déduction de cette recette, puisqu'elles sont déjà représentées dans la caisse du receveur particulier, par le récépissé du receveur principal.

Dans le cas où le préposé à la vérification aurait quelques doutes sur la validité des obligations représentées, il doit faire appeler ceux des contribuables du nom desquels elles seront souscrites ou cautionnées, à l'effet de s'assurer qu'effectivement elles viennent d'eux, et qu'ils les ont fournies en paiement.

Si, par suite de la vérification, il y a lieu de suspecter les enregistrements d'un receveur, le préposé qui aura fait la vérification doit, avec des extraits des sommiers, se transporter chez les divers contribuables, et leur demander la représentation de leurs quittances pour les rapprocher de leur compte ouvert. Si, parmi ces quittances, il s'en trouvait qui ne fussent pas inscrites sur le sommier, ou qui le seraient pour des sommes inférieures, il faudrait les retirer, en en donnant une reconnaissance bien détaillée et figurée au contribuable. Ces quittances seraient la matière d'un forcement en recette à la charge du percepteur vérifié ; mais il n'aurait lieu que d'après un procès-verbal qui serait dressé par le vérificateur, de concert avec un autre employé de l'administration, dans lequel chaque quittance serait détaillée, en énonçant que, d'après la vérification faite sur les registres, aux numéros et dates énoncés sur les quittances, on ne les y a point trouvées portées.

Ce premier forcement en recette serait fait afin de ne pas exposer les contribuables à se voir demander une seconde fois le paiement de ce qu'ils devaient ; mais il ne nuirait en rien aux peines portées contre le receveur, par l'article 4 de l'arrêté des consuls du 27 prairial an X.

Il n'est pas douteux que le vérificateur qui se sente combien la démarche que l'on vient d'indiquer est importante, mais ils observeront en même temps qu'elle doit être faite avec prudence et circonspection.

La vérification des registres terminée, il doit être procédé à celle des bordereaux et des états du trimestre.

La première a pour but de s'assurer si les recettes reportées chaque mois sur le registre de récapitulation, par suite des arrêtés des divers registres de perception ou journaux, ont été exactement et intégralement présentées sur les bordereaux de chacun desdits mois, dont le comptable a dû conserver la minute.

La vérification des états de trimestre consiste à reconnaître si le receveur a présenté exactement sur ses états de trimestre la totalité des sommes dues sur chaque nature de droits par l'universalité des contribuables qui se trouvent dans l'arrondissement.

Si, d'une vérification ordinaire, il résulte que la recette du receveur est exactement balancée par sa dépense, et que tout est en règle chez lui, le préposé chargé de vérifier sa situation lui remettra toutes les valeurs qu'il aura provisoirement mises sous clef, visera tous les registres jusqu'au jour de la vérification, en ayant soin de rappeler en toutes lettres le montant des additions.

Si, au contraire, le receveur est en débet, ou que les écritures soient dans un désordre tel qu'on ne pût, sans danger pour les intérêts de la régie, le continuer dans l'exercice de ses fonctions, le préposé chargé de le surveiller ou de le vérifier, exercera provisoirement lui-même les fonctions de receveur, après avoir fourni à celui-ci sa reconnaissance de toutes les valeurs qui lui auront été remises, conformément au bordereau dressé en commençant l'opération, et s'être fait remettre, aussi sous sa reconnaissance, tous les registres servant à la perception.

2

Il aura soin également de faire sur-le-champ son rapport à l'inspecteur et au receveur principal qui, dans le même jour, en rendront compte au directeur, pour qu'il avise au parti définitif à prendre.

Toute vérification ordinaire ou extraordinaire de la part des contrôleurs ou de l'inspecteur pourra être *sans exhibition d'ordre*, et par conséquent *sans que le receveur vérifié en sache l'objet*; mais celui-ci ne pourra être tenu de faire la remise à un commis des valeurs qu'il aura en caisse, qu'en vertu d'un ordre spécial du directeur, de l'inspecteur ou du receveur principal, lequel ordre devra être laissé au receveur pour sa décharge.

La régularité des opérations et de la situation d'un comptable reconnue par le résultat d'une vérification extraordinaire, n'empêchera point l'exécution de l'ordre qui aurait pu être donné de lui fermer les mains, *mais cet ordre ne devra jamais être notifié qu'à la fin de la vérification.*

Vérification de la caisse d'un receveur principal.

Les receveurs principaux réunissant à cette qualité celle de receveurs particuliers, sont assujétis, de la part des contrôleurs ou de l'inspecteur, aux vérifications dont il vient d'être parlé.

L'inspecteur seul peut généralement faire les vérifications ordinaires ou extraordinaires auxquelles ces comptables sont assujétis en leur qualité de receveurs principaux; mais un contrôleur peut être spécialement autorisé par le directeur, soit à suppléer pour un temps l'inspecteur, soit à faire des vérifications extraordinaires.

La première opération de l'inspecteur procédant à une vérification, doit être, comme chez les receveurs particuliers, de se faire représenter et de mettre sous clef les espèces, les obligations des contribuables, les engagements personnels des receveurs particuliers, les pièces de dépenses autorisées, mais non régularisées, les récépissés de la direction et les contrôles que le receveur principal a dû recevoir de l'administrateur de la 2e division.

Ce préliminaire rempli, l'inspecteur doit procéder à la vérification de la recette particulière, comme il a été dit plus haut, en observant seulement que les arrêtés des registres de perception ou journaux ont dû être portés non au registre de récapitulation n° 24, mais à celui des recettes n° 25.

Après s'être assuré de la situation du receveur principal, en sa qualité de receveur particulier, l'inspecteur doit procéder à la vérification des registres-journaux n° 25 et 25 *bis* des recettes et dépenses, et à celle du registre des échéances n°32. Il doit à cet effet s'assurer,

1° Si les uns et les autres présentent les caractères de régularité ci-dessus indiqués pour les registres des receveurs particuliers;

2° Si les enregistrements des recettes provenant des versements faits par des receveurs particuliers sont d'accord, soit avec les récépissés délivrés aux uns et aux autres, et dont l'inspecteur aurait pris le relevé à la direction sur le registre de contrôle, soit à la dépense présentée par ces mêmes receveurs particuliers dans leurs bordereaux, dont l'inspecteur doit demander la représentation.

3° Si les obligations des contribuables et les engagements des receveurs particuliers sont exactement balancés au registre d'échéances, par des engagements personnels du receveur principal;

4° Si le montant total de la recette est exactement balancé par les espèces trouvées en caisse, par les pièces de dépenses autorisées mais non versées, par les récépissés du directeur, par les valeurs actives ou passives versées, pour lesquelles le comptable n'aurait encore pu recevoir de récépissés, et par les retenues sur les taxations, lesquelles ne doivent s'élever qu'à la somme à laquelle le receveur a réellement droit.

Il est bien entendu que les obligations des contribuables ou engagements personnels des receveurs particuliers, qui auraient été représentées par les engagements du receveur principal, et dont il lui aurait été fourni récépissé par le directeur, ne peuvent venir en déduction de sa recette, attendu que le montant en est déjà représenté en caisse par ces mêmes récépissés.

L'inspecteur doit, en cas de soupçon sur la validité des obligations représentées ou sur les enregistrements, suivre la marche qui a été prescrite ci-dessus pour la vérification des caisses des receveurs particuliers.

L'inspecteur doit procéder ensuite à la vérification du registre-sommier des comptes ouverts avec chaque receveur particulier, à l'effet de s'assurer que le receveur principal a eu soin d'inscrire au compte de chacun de ces receveurs, et pour chaque mois, la totalité des recettes présentées par les bordereaux de ces mêmes receveurs particuliers.

Cette vérification étant terminée, il doit être procédé à celle des registres de consignations et des procès-verbaux, afin de s'assurer,

1° Si ces registres présentent les caractères de régularité ci-dessus prescrits;

2° Si toutes les sommes consignées par suite de ces procès-verbaux ont été portées en recette au registre des consignations;

3° Si la dépense de ces mêmes registres est exactement conforme, tant aux inscriptions au journal des recettes générales n° 25, qu'au prononcé des jugements ou actes en vertu desquels auraient eu lieu les restitutions;

4° Si les objets saisis, confisqués ou séquestrés, sont en la possession du receveur principal, ou, en cas de vente, si le montant en a été exactement porté en recette au journal des consignations.

Ces opérations terminées, on procède à la vérification des bordereaux et états de trimestre, de la même manière qu'il a été indiqué pour les receveurs particuliers, en ayant soin seulement d'observer que ces bordereaux et états doivent présenter,

1° À la colonne du bureau de la recette principale, le relevé exact des registres de perception, journaux et sommiers tenus par le receveur principal, en sa qualité de receveur particulier;

2° Aux colonnes de chaque bureau particulier, le montant des recettes présentées chaque mois par les bordereaux de ce même receveur;

La vérification terminée, l'inspecteur chargé de la faire procède à l'égard du receveur principal, de la même manière qu'il a été indiqué ci-dessus à l'égard des receveurs particuliers, et ferme les mains au comptable, ou le maintient dans l'exercice de ses fonctions, suivant le résultat de la vérification ou la nature des ordres qu'il a reçus.

A. C. DU 2 JANV. 1806, AFF. MARQUET ET AUTRES.

Le code du 3 brumaire an IV, qui a fixé par ses articles 9 et 10 la durée de la prescription, pour les délits en général, à trois années, n'a pas dérogé à la prescription particulière de trois mois, fixée par la loi du 15 septembre 1791, en matière forestière. B. Crim. 5.

Vu les articles 456 du code des délits et peines, et 8, titre 9, de la loi du 29 septembre 1791;

Attendu qu'il est constant que le délit forestier imputé aux réclamants a été reconnu par le sous-inspecteur, et que les délinquants ont été désignés par son procès-verbal du 19 floréal an XI; qu'il n'a été exercé aucune poursuite contre ces délinquants, dans les trois mois qui ont suivi cette reconnaissance du délit;

que ce n'est que sur un nouveau procès-verbal dressé des mêmes faits que le directeur du jury a commencé ses poursuites;

Qu'en opposant les articles 9 et 10 du code des délits et peines, à l'exception de prescription exercée par les prévenus, la cour de justice criminelle du département de Seine-et-Marne en a fait une fausse application, et a violé l'article 8, titre 9, de la loi du 20 septembre 1791;

La cour casse. — Ch. crim.

A. C. DU 21 JANV. 1806, AFF. JACOB.

Perception de nouveaux droits.

Voir cet arrêt au Nouveau Recueil, sous la date du 26 janvier 1806.

A. C. DU 25 JANV. 1806. AFF. N...

Le décret du 1er germinal an XIII, en réglant les formes et les délais qui doivent être observés relativement aux appels des jugements correctionnels, en matière de contributions indirectes, a dérogé à cet égard aux articles 194 et 195 du code du 3 brumaire an IV. Ainsi, un appel interjeté par la régie, le jour même de la signification du jugement, ne doit pas être déclaré non-recevable comme tardif. B. crim. 28.

Arrêt conforme. — Ch. crim.

A. C. DU 7 FÉV. 1806, AFF. FROEHLICH.

Les préposés de la régie ne sont pas obligés de se faire accompagner par un officier de police pour se livrer à une perquisition chez un débitant de tabac. Cette obligation ne leur est imposée que pour les visites qu'ils font chez les particuliers. B. crim. 37.

Vu les articles 81 et 83 de la loi du 5 ventôse an XII;

Considérant qu'il résulte formellement de l'article 81 que les préposés de la régie sont autorisés à visiter, lorsqu'ils le trouvent à propos, les maisons des particuliers sujets à des droits, à raison d'un débit public;

Considérant que les préposés ne sont nullement assujétis à se faire accompagner par un officier de police lorsqu'ils font de pareilles visites;

Considérant que l'article 83 n'est relatif qu'aux particuliers non sujets à des droits à raison d'un débit public, chez lesquels on soupçonne néanmoins des objets de fraude entreposés;

Considérant qu'il est reconnu que Chrétien Froëhlich était, à l'époque de la saisie, débitant de tabac en vertu de la licence;

Que dès lors les préposés de la régie n'étaient pas tenus de se faire accompagner d'un officier de police; que, par conséquent, la cour dont l'arrêt est attaqué, en annulant le procès-verbal de saisie du 20 thermidor an XIII, par l'unique motif que les préposés ne s'étaient pas fait accompagner d'un officier de police, a formellement violé l'article 81 et faussement appliqué l'article 83 de la loi du 5 ventôse an XII;

La cour casse. — Ch. crim.

A. C. DU 21 FÉV. 1806, AFF. DELEYRE.

Le défaut de transcription en tête du procès-verbal de la réquisition faite à l'officier de police, qui accompagne les employés dans les visites domiciliaires, n'entraîne pas la nullité du procès-verbal. M. 1.112.

Attendu, sur le premier moyen de la régie, que le défaut de transcription en tête du procès-verbal de la réquisition à l'officier de police, ne peut influer sur la validité du procès-verbal lorsque la visite est faite en présence de cet officier;

Attendu, sur le deuxième moyen, que l'importation des tabacs fabriqués, ou seulement préparés dans l'étranger, est prohibée par l'article 2 de la loi du 22 brumaire an VII; que la nationalité des tabacs ne peut être reconnue que par l'observation des formes établies, tant par le 17e article de cette loi que par le 38e de celle du 5 ventôse an XII; laquelle n'a point dérogé à la première dans cette disposition; que l'inobservation de ces formalités sur les tabacs en carottes, saisis sur le sieur Deleyre (et qu'avait contestée le procès-verbal), n'ayant été d'ailleurs ni constatée ni méconnue lors des débats, donnait lieu, dans l'hypothèse même de la nullité du procès-verbal, à la confiscation sans amende; enfin que, conformément à l'article 23 du titre 10 de la loi du 22 août 1791, et à l'article 4 de la loi du 15 août 1793, les marchandises prohibées sont saisissables partout où elles se trouvent, en dedans comme en deçà des deux myriamètres frontières;

La cour casse. — Ch. crim.

A. C. DU 10 AVR. 1806, AFF. N...

Les marchands en gros ne peuvent pas déposer, ne fût-ce que momentanément, dans leurs propres magasins, les boissons qu'ils ont transportées pour le compte d'individus au nom desquels les congés ont été délivrés. Code des M. en gr. (Ann.)

Ces dispositions résultent de l'arrêt du 10 avril 1806, dont le Cod. des M. en gr. ne reproduit pas le texte, parce qu'il s'appuie sur une législation abrogée.

A. C. DU 1er MAI 1806, AFF. AUGÉ.

Les préposés de la régie ne sont pas tenus de prêter un nouveau serment à chaque changement de résidence. B. crim. 109.

Vu l'article 456 du code du 3 brumaire an IV;

Attendu que la loi du 16 thermidor an IV, et le décret du 1er germinal an XIII, en ordonnant que les contrôleurs des bureaux de garantie, préposés à la régie des droits réunis, seront tenus, avant d'entrer en fonctions, de prêter serment devant le juge de paix ou le tribunal civil de l'arrondissement dans lequel ils exercent, et de faire enregistrer ledit serment au greffe et transcrire sur leur commission, n'ont eu pour but que de constater et faire connaître officiellement le caractère public de ces employés; d'où il suit que lorsque ce caractère n'est au fond ni équivoque ni contesté, la disposition et l'objet de la loi sont remplis;

Attendu que, dans l'espèce actuelle, il est constaté par l'arrêt attaqué, que le contrôleur de la marque d'or et d'argent du bureau de garantie établi à Bar-sur-Ornain avait précédemment exercé dans l'arrondissement d'Epinal, département des Vosges, où il avait prêté le serment, et qu'à son entrée dans le département de la Meuse, il avait fait enregistrer sa commission à la préfecture de ce département, et à la mairie de Bar-sur-Ornain;

Qu'il est également constant que ces faits avaient été établis, et la commission représentée devant le tribunal de première instance de Bar-sur-Ornain, et devant la cour de justice criminelle du département de la Meuse ;

Attendu qu'un procès-verbal dressé par un employé assermenté, assisté d'un officier de police, n'est point dans la classe de ceux qui, d'après l'article 25, du décret du 1er germinal an XIII, doivent être affirmés par deux saisissants ; d'où il suit que la cour de justice criminelle du département de la Meuse, en confirmant, par son arrêt du 14 février dernier, le jugement de police correctionnelle du tribunal de l'arrondissement de Bar-sur-Ornain, qui, le 27 frimaire an XIV, avait déclaré nul le procès-verbal de saisie faite sur le sieur Augé, le 23 fructidor an XIII, a donné une extension arbitraire aux dispositions de la loi du 16 thermidor an IV, ainsi qu'au décret impérial du 1er germinal an XIII, et a commis sous ce rapport un excès de pouvoir ;

La cour casse. — Ch. crim.

LETT. M. J. DU 17 MAI 1806.

Dépôt du procès-verbal au greffe.

... Tout procès-verbal de délit ou contravention susceptible de donner lieu à une action publique, doit être déposé au greffe, comme pièce fondamentale de la procédure. Il n'y a aucune exception à cette règle générale. La faculté attribuée aux préposés de la régie des contributions indirectes de donner les assignations, a seulement pour objet d'assurer la célérité et l'exactitude des poursuites ; mais cela ne dispense pas d'effectuer la remise du procès-verbal de saisie. Le procès-verbal tient ici lieu de plainte, et a, de plus, un caractère authentique, d'après lequel il doit faire foi en justice, jusqu'à inscription de faux ; un acte de cette nature ne doit pas, dès lors, rester entre les mains de la partie plaignante.

INST. N° 32, DU 29 MAI 1806 (1).

Vente en détail par des sous-détaillants.

§ 102. L'article 26 du règlement réclame une exception relative à certains *détaillants* d'eaux-de-vie, qui ont coutume de s'en approvisionner journellement et en petite quantité près de débitants qui eux-mêmes acquittent le droit de vente en détail. Les premiers pourront revendre sans être obligés de payer ce droit, lorsqu'il sera constant que l'eau-de-vie qu'ils débitent y sera soumise chez celui de qui ils la tiendront.

A cet effet, le *sous-détaillant* qui achètera d'un particulier exercé comme débitant de boissons, une quantité d'eau-de-vie au-dessous d'un hectolitre, en fera la déclaration au buraliste, et recevra un *passavant*. Les commis, de leur côté, auront soin de prendre note exactement des ventes de cette espèce, tant pour s'assurer si le *sous-détaillant* n'a pas à sa disposition des quantités de boisson plus considérables que celles déclarées, que pour constater sans délai ces ventes chez le débitant, et en faire acte au portatif.

La faculté laissée aux *sous-détaillants* sera retirée à ceux qui seraient convaincus d'en avoir abusé.

DÉCRET DU 22 JUILL. 1806.

Règlement sur les affaires contentieuses portées au conseil d'État.

TITRE Ier. *De l'introduction et de l'instruction des instances.*

SECT. 1. Des instances introduites au conseil d'État à la requête des parties.

Art. 1er. Le recours des parties au conseil d'État en matière contentieuse sera formé par requête signée d'un avocat au conseil ; elle contiendra l'exposé sommaire des faits et des moyens, les conclusions, les noms et demeures des parties, l'énonciation des pièces dont on entend se servir et qui y seront jointes.

Art. 2. Les requêtes et en général toutes les productions des parties seront déposées au secrétariat du conseil d'État ; elles y seront inscrites sur un registre suivant leur ordre de dates, ainsi que la remise qui en sera faite à l'auditeur nommé par le grand-juge pour préparer l'instruction.

Art. 3. Le recours au conseil d'État n'aura point d'effet suspensif, s'il n'en est autrement ordonné.

Lorsque l'avis de la commission établie par notre décret du 11 juin dernier sera d'accorder le sursis, il en sera fait rapport au conseil d'État, qui prononcera.

Art. 4. Lorsque la communication aux parties intéressées aura été ordonnée par le grand-juge, elles seront tenues de répondre et de fournir leurs défenses dans les délais suivants :

Dans quinze jours, si leur demeure est à Paris, ou n'en est pas éloignée de plus de cinq myriamètres ;

Dans le mois, si elles demeurent à une distance plus éloignée dans le ressort de la cour d'appel de Paris, ou dans l'un des ressorts des cours d'appel d'Orléans, Rouen, Amiens, Douai, Nancy, Metz, Dijon et Bourges ;

Dans deux mois, pour les ressorts des autres cours d'appel en France ;

Et à l'égard des colonies et des pays étrangers, les délais seront réglés ainsi qu'il appartiendra par l'ordonnance de *soit communiqué*.

Ces délais commenceront à courir du jour de la signification de la requête à personne ou domicile par le ministère d'un huissier.

Dans les matières provisoires ou urgentes, les délais pourront être abrégés par le grand-juge.

Art. 5. La signature de l'avocat au pied de la requête, soit en demande, soit en défense, vaudra constitution et élection de domicile chez lui.

Art. 6. Le demandeur pourra, dans la quinzaine après les défenses fournies, donner une seconde requête, et le défendeur répondre dans la quinzaine suivante.

Il ne pourra y avoir plus de deux requêtes de la part de chaque partie, y compris la requête introductive.

Art. 7. Lorsque le jugement sera poursuivi contre plusieurs parties, dont les unes auraient fourni leurs défenses, et les autres seraient en défaut de les fournir, il sera statué à l'égard de toutes par la même décision.

Art. 8. Les avocats des parties pourront prendre communication des productions de l'instance au secrétariat, sans frais.

Les pièces ne pourront en être déplacées, si ce n'est qu'il y en ait minute, ou que la partie y consente.

Art. 9. Lorsqu'il y aura déplacement de pièces, le récépissé, signé de l'avocat, portera son obligation de les rendre dans un délai qui ne pourra excéder huit jours ; et après ce délai expiré, le grand-juge pourra condamner personnellement l'avocat en dix francs au moins de dommages et intérêts par chaque jour de retard, et même ordonner qu'il sera contraint par corps.

____

(1) V. au Nouveau Recueil les §§ 34, 40, 41, 70 et 85 de la même instruction.

Art. 10. Dans aucun cas, les délais pour fournir ou signifier requête ne seront prolongés par l'effet des communications.

Art. 11. Le recours au conseil contre la décision d'une autorité qui y ressortit, ne sera pas recevable après trois mois du jour où cette décision aura été notifiée.

Art. 12. Lorsque, sur un semblable pourvoi fait dans le délai ci-dessus prescrit, il aura été rendu une ordonnance de *soit communiqué*, cette ordonnance devra être signifiée dans le délai de trois mois, sous peine de déchéance.

Art. 13. Ceux qui demeureront hors de la France continentale auront, outre le délai de trois mois énoncé dans les deux articles ci-dessus, celui qui est réglé par l'article 73 du code de procédure civile.

Art. 14. Si, d'après l'examen d'une affaire, il y a lieu d'ordonner que des faits ou des écritures soient vérifiés, ou qu'une partie soit interrogée, le grand-juge désignera un maître des requêtes, ou commettra sur les lieux : il réglera la forme dans laquelle il sera procédé à ces actes d'instruction.

Art. 15. Dans tous les cas où les délais ne seront pas fixés par le présent décret, ils seront déterminés par ordonnance du grand-juge.

SECT. II. Dispositions particulières aux affaires contentieuses introduites sur le rapport d'un ministre.

Art. 16. Dans les affaires contentieuses introduites au conseil sur le rapport d'un ministre, il sera donné, dans la forme administrative ordinaire, avis à la partie intéressée de la remise faite au grand-juge des mémoires et pièces fournis par les agents du gouvernement, afin qu'elle puisse prendre communication dans la forme prescrite aux articles 8 et 9, et fournir ses réponses dans le délai du règlement. Le rapport du ministre ne sera pas communiqué.

Art. 17. Lorsque, dans les affaires où le gouvernement a des intérêts opposés à ceux d'une partie, l'instance est introduite à la requête de cette partie, le dépôt qui sera fait au secrétariat du conseil, de la requête et des pièces, vaudra notification aux agents du gouvernement : il en sera de même pour la suite de l'instruction.

TITRE II. *Des incidents qui peuvent survenir pendant l'instruction d'une affaire.*

§ I. Des demandes incidentes.

Art. 18. Les demandes incidentes seront formées par une requête sommaire déposée au secrétariat du conseil : le grand-juge en ordonnera, s'il y a lieu, la communication à la partie intéressée, pour y répondre dans les trois jours de la signification, ou autre bref délai qui sera déterminé.

Art. 19. Les demandes incidentes seront jointes au principal, pour y être statué par la même décision.

S'il y avait lieu néanmoins à quelque disposition provisoire et urgente, le rapport en sera fait par l'auditeur à la prochaine séance de la commission, pour y être pourvu par le conseil ainsi qu'il appartiendra.

§ II. De l'inscription de faux.

Art. 20. Dans le cas de demande en inscription de faux contre une pièce produite, le grand-juge fixera le délai dans lequel la partie qui l'a produite sera tenue de déclarer si elle entend s'en servir.

Si la partie ne satisfait pas à cette ordonnance, ou si elle déclare qu'elle n'entend pas se servir de la pièce, cette pièce sera rejetée.

Si la partie fait la déclaration qu'elle entend se servir de la pièce, le conseil d'état statuera sur l'avis de la commission, soit en ordonnant qu'il sera sursis à la décision de l'instance principale jusqu'après le jugement du faux par le tribunal compétent, soit en prononçant la décision définitive, si elle ne dépend pas de la pièce arguée de faux.

§ III. De l'intervention.

Art. 21. L'intervention sera formée par requête ; le grand-juge ordonnera, s'il y a lieu, que cette requête soit communiquée aux parties, pour y répondre dans le délai qui sera fixé par l'ordonnance : néanmoins la décision de l'affaire principale qui sera instruite, ne pourra être retardée par une intervention.

§ IV. Des reprises d'instance, et constitution de nouvel avocat.

Art. 22. Dans les affaires qui ne seront point en état d'être jugées, la procédure sera suspendue par la notification du décès de l'une des parties, ou par le seul fait du décès, de la démission, de l'interdiction ou de la destitution de son avocat.

Cette suspension durera jusqu'à la mise en demeure pour reprendre l'instance ou constituer avocat.

Art. 23. Dans aucun des cas énoncés en l'article précédent, la décision d'une affaire en état ne sera différée.

Art. 24. L'acte de révocation d'un avocat par sa partie est sans effet pour la partie adverse, s'il ne contient pas la constitution d'un autre avocat.

§ V. Du désaveu.

Art. 25. Si une partie veut former un désaveu relativement à des actes ou procédures faits en son nom ailleurs qu'au conseil d'État, et qui peuvent influer sur la décision de la cause qui y est portée, sa demande devra être communiquée aux autres parties. Si le grand-juge estime que le désaveu mérite d'être instruit, il renverra l'instruction et le jugement devant les juges compétents, pour y être statué dans le délai qui sera réglé ;

A l'expiration de ce délai, il sera passé outre au rapport de l'affaire principale, sur le vu du jugement du désaveu, ou faute de le rapporter.

Art. 26. Si le désaveu est relatif à des actes ou procédures faits au conseil d'État, il sera procédé contre l'avocat sommairement, et dans les délais fixés par le grand-juge.

TITRE III.

§ I. Des décisions du conseil d'État.

Art. 27. Les décisions du conseil contiendront les noms et qualités des parties, leurs conclusions et le vu des pièces principales.

Art. 28. Elles ne seront mises à exécution contre une partie, qu'après avoir été préalablement signifiées à l'avocat au conseil qui aura occupé pour elle.

§ II. De l'opposition aux décisions rendues par défaut.

Art. 29. Les décisions du conseil d'État rendues par défaut sont susceptibles d'opposition. Cette opposition ne sera point suspensive, à moins qu'il n'en soit autrement ordonné.

Elle devra être formée dans le délai de trois mois, à compter du jour où la décision par défaut aura été notifiée : après ce délai, l'opposition ne sera plus recevable.

Art. 30. Si la commission est d'avis que l'opposition doive être reçue, elle fera son rapport au conseil), qui remettra, s'il y a lieu, les parties dans le même état où elles étaient auparavant.

La décision qui aura admis l'opposition, sera *signifiée dans la huitaine*, à compter du jour de cette décision, à l'avocat de l'autre partie.

Art. 31. L'opposition d'une partie défaillante à une décision rendue contradictoirement avec une autre partie ayant le même intérêt, ne sera pas recevable.

§ III. Du recours contre les décisions contradictoires.

Art. 32. Défenses sont faites, sous peine d'amende, et même, en cas de récidive, *sous peine de suspension ou de destitution*, aux avocats en notre conseil d'État, de présenter requête *en recours contre une décision contradictoire*, si ce n'est en deux cas :

Si elle a été rendue sur pièces fausses;

Si la partie a été condamnée *faute de représenter une pièce décisive qui était* retenue par son adversaire.

Art. 33. Ce recours devra être formé dans le même délai, et admis de la même manière que l'opposition à une décision par défaut.

Art. 34. Lorsque le recours contre une décision contradictoire aura été admis dans le cours de l'année où elle avait été rendue, la communication sera faite soit au défendeur, soit au domicile de l'avocat qui a occupé pour lui, et qui *sera tenu d'occuper sur ce recours, sans qu'il soit besoin d'un nouveau pouvoir.*

Art. 35. Si le recours n'a été admis qu'après l'année depuis la décision, la communication sera faite aux parties à personne ou domicile, pour y fournir réponse dans le délai du règlement.

Art. 36. Lorsqu'il aura été statué sur un premier recours contre une décision contradictoire, un second recours contre la même décision ne sera pas recevable. L'avocat qui aurait présenté la requête sera puni de l'une des peines énoncées en l'article 32.

§ IV. De la tierce-opposition.

Art. 37. Ceux qui voudront s'opposer à des décisions du conseil d'État rendues en matière contentieuse, et lors desquelles ni eux ni ceux qu'ils représentent n'ont été appelés, ne pourront former leur opposition que par requête en la forme ordinaire ; et, sur le dépôt qui en sera fait au secrétariat du conseil, il sera procédé conformément aux dispositions du titre Ier.

Art. 38. *La partie qui succombera dans sa tierce-opposition sera condamnée en cent cinquante francs d'amende, sans préjudice des dommages-intérêts de la partie,* s'il y a lieu.

Art. 39. Les articles 34 et 35 ci-dessus, concernant les recours contre les décisions contradictoires, sont communs à la tierce-opposition.

Art. 40. Lorsqu'une partie se croira lésée dans ses droits ou sa propriété, par l'effet d'une décision de notre conseil d'État rendue en matière non contentieuse, elle pourra mais présenter une requête, pour, sur le rapport qui nous en sera fait, être l'affaire renvoyée, s'il y a lieu, soit à une section du conseil d'État, soit à une commission.

§ V. Des dépens.

Art. 41. En attendant qu'il soit fait un nouveau tarif des dépens, et statué sur la manière dont il sera procédé à leur liquidation, on suivra provisoirement les *règlements antérieurs relatifs aux avocats au conseil, et qui sont applicables aux procédures ci-dessus.*

Art. 42. Il ne sera employé, dans la liquidation des dépens, aucun frais de voyage, séjour ou retour des parties, ni aucun frais de voyage d'huissier au-delà d'une journée.

Art. 43. La liquidation et la taxe des dépens seront faites à la commission du contentieux par un maître des requêtes, sauf révision par le grand-juge.

TITRE IV.

§ I. Des avocats au conseil.

Art. 44. Les avocats en notre conseil d'État auront, *conformément à notre décret du 11 juin dernier, le droit exclusif de faire tous actes d'instruction et de procédure devant la commission du contentieux.*

Art. 45. L'impression d'aucun mémoire ne passera en taxe.

Les écritures seront réduites au nombre de rôles qui sera réputé suffisant pour l'instruction de l'instance.

Art. 46. Les requêtes et mémoires seront écrits correctement et lisiblement en demi-grosse seulement ; chaque rôle contiendra au moins cinquante lignes, et chaque ligne douze syllabes au moins : sinon, chaque rôle où il se trouvera moins de lignes et de syllabes sera rayé en entier ; et l'avocat sera tenu de restituer ce qui lui aurait été payé à raison de ces rôles.

Art. 47. Les copies signifiées des requêtes et mémoires ou autres actes seront écrites lisiblement *et correctement* ; elles seront conformes aux originaux, et l'avocat en sera responsable.

Art. 48. Les écritures des parties, signées par les avocats au conseil, seront sur papier timbré.

Les pièces par elles produites ne seront point sujettes au droit d'enregistrement, à l'exception des exploits d'huissier, pour chacun desquels il sera perçu un droit x e d'un franc.

N'entendons néanmoins dispenser les pièces produites devant notre conseil d'État des droits d'enregistrement auxquels l'usage qui en serait fait ailleurs pourrait donner ouverture.

N'entendons pareillement dispenser du droit d'enregistrement les pièces produites devant notre conseil d'État, *qui, par leur nature, sont soumises à l'enregistrement dans un délai fixe.*

Art. 49. Les avocats au conseil seront, suivant les circonstances, punis de l'une des peines ci-dessus, dans le cas de contravention aux règlements, et notamment s'ils présentent comme contentieuses des affaires qui ne le seraient pas, ou s'ils portent en notre conseil d'État des affaires qui seraient de la compétence d'une autre autorité.

Art. 50. Les avocats au conseil prêteront serment *entre les mains de notre grand-juge ministre de la justice.*

§ II. Des huissiers au conseil.

Art. 51. Les significations d'avocat à avocat, et celles aux parties ayant leur demeure à Paris, seront faites par des huissiers au conseil.

C. N° 28, DU 26 JUILL. 1806.

Mode suivant lequel sont envoyés et vérifiés les extraits des expéditions de circulation des boissons.

Je suis instruit que l'on a enlevé avec des passavants ou des acquits-à-caution, des boissons sujettes au droit de vente en gros ; que d'autres sont vendues en route sans déclaration ; que des acquits-à-caution sont déchargés, quoiqu'ils

offrent des irrégularités qui devraient en déterminer le rejet. J'appelle toute votre attention sur de tels abus ; et pour vous mettre à même d'y remédier promptement, j'ai résolu d'établir d'une manière suivie et régulière, le contrôle dont l'emploi vous a été indiqué par mon instruction n° 32, § 40 et 41. Vous recevrez en conséquence, avec la présente circulaire, les feuilles d'extrait dont je vous ai annoncé l'envoi, et dont l'usage se conçoit à la seule inspection.

Vous répartirez entre les receveurs ambulants celles de ces feuilles marquées du n° 11. Ces employés sont chargés d'y porter les déclarations inscrites aux différents registres des buralistes, et de les faire passer régulièrement au contrôleur principal, de quinze en quinze jours. Ils s'arrangeront de manière à les leur remettre eux-mêmes une fois par mois, lorsqu'ils se rendront à la recette principale ; pour l'autre envoi, ils auront recours aux messagers, ou à quelque autre voie de ce genre. Ces feuilles seront certifiées par le buraliste et par le receveur ambulant.

Les feuilles marquées du n° 12 seront distribuées aux contrôleurs principaux, pour être remplies par eux. Ils y porteront le dépouillement de celles qu'ils auront reçues des receveurs ambulants, en observant de comprendre dans une *même feuille toutes les boissons destinées pour un même arrondissement,* quel que soit le lieu de départ, et ils enverront ces extraits, par la poste, aux contrôleurs principaux des arrondissements respectifs. Cet envoi aura lieu du 1er au 5, et du 15 au 20 de chaque mois, sans que rien puisse le retarder. Les contrôleurs principaux n'attendront pas pour le faire, qu'ils aient réuni *les feuilles de tous leurs bureaux.* Ils renverront à la quinzaine suivante celles que l'on n'aurait pas fournies à temps, en recommandant toutefois plus d'exactitude aux receveurs. Si quelques-uns d'entr'eux négligeaient cette importante obligation, vous auriez soin de me les signaler.

Dès qu'un extrait sera parvenu dans un arrondissement, le contrôleur principal fera passer à chacun des receveurs ambulants, sur une feuille n° 12, la copie des articles de cet extrait qui porteront pour destination un lieu situé dans l'étendue de leur recette. Le receveur fera toutes les vérifications et les recherches convenables ; il en indiquera le résultat pour chaque article, par des observations en marge de la feuille qu'il aura reçue, et il la renverra ainsi émargée à son contrôleur principal. Lorsque *celui-ci jugera qu'il est utile de transmettre ce résultat* au contrôleur principal qui aura dressé l'extrait vérifié, il le lui fera passer, en employant également pour cette communication une feuille n° 12.

Vous apercevrez au premier coup-d'œil tous les avantages qui doivent résulter d'une semblable mesure, si les employés s'attachent, comme j'aime à le penser, à en tirer le parti dont elle est susceptible. En considérant d'abord les boissons à l'enlèvement, elle aura pour premier effet de mettre sous les yeux de chaque contrôleur principal ce qui se passera dans les divers bureaux de son arrondissement. Il devra donc examiner attentivement, d'après les feuilles que lui fourniront les receveurs ambulants, si les déclarations sont faites avec bonne foi et recueillies avec intelligence et exactitude. Il s'attachera surtout aux transports effectués pour *le compte de propriétaires ou de marchands,* moyennant des passavants ou des acquits-à-caution, et s'assurera si les buralistes n'ont délivré d'expéditions de ce genre que dans les cas déterminés par les instructions qu'ils ont reçues. Il s'empressera d'éclairer ceux qui auraient pu tomber dans quelque erreur, et saisira tous les moyens de la réparer s'il en est encore temps.

Cet examen fait, le contrôleur principal s'occupera de dresser les extraits à envoyer dans les divers arrondissements, et il y joindra tous les renseignements propres à guider les employés qui auront à s'occuper des recherches ultérieures.

L'on vient de voir que l'utilité de la mesure prescrite commençait à l'enlèvement des boissons ; mais elle a pour objet principal de provoquer, au lieu de l'arrivée, des vérifications qui éclairent sur la destination réelle des envois, et sur toutes les fraudes qui pourraient résulter des fausses déclarations. Pour atteindre ce but, lorsque les extraits de la circulation parviendront dans les arrondissements, chaque article en sera examiné avec soin, et notamment ceux qui feront mention d'acquits-à-caution délivrés. Si le contrôleur principal remarquait qu'ils l'eussent été mal à propos, et que les boissons fussent réellement adressées à des acheteurs, il ordonnerait sur-le-champ de ne pas décharger ces acquits lorsqu'ils seraient présentés, et il informerait de ce refus le contrôleur principal de l'arrondissement où l'enlèvement aurait eu lieu. Il l'instruirait également de l'abus qui aurait été commis, lors même que les acquits-à-caution auraient été déjà présentés, et que les employés les auraient revêtus de leur certificat ; car il *pourrait arriver que l'on fût encore à temps de réparer le tort qui aurait été fait à la régie,* et dans tous les cas un semblable avis préviendrait de nouvelles fautes.

Toutes les fois que des acquits-à-caution mentionnés dans des extraits n'auront pas été présentés au lieu de la destination, *les contrôleurs principaux ne manqueront pas d'en avertir ceux par qui ces extraits leur auront été adressés.* Cette précaution est essentielle pour éviter que l'on n'admette des certificats de décharge revêtus de fausses signatures, et pour mettre à portée de poursuivre les personnes qui en auraient rapporté de semblables.

Les envois de boissons faits sur de simples passavants seront soumis à un examen non moins exact. Il aura pour objet de connaître si les déclarants n'ont pas abusé de la faculté accordée par l'article 27 de la loi du 24 avril, en faisant parvenir frauduleusement à des acheteurs, des boissons enlevées pour le propre compte d'eux-mêmes déclarants. Il servira encore aux contrôleurs principaux à établir avec exactitude les exercices prescrits par l'article 10 du règlement impérial du 5 mai, *et qui sont essentiels pour éviter à la régie la perte du droit de vente en gros sur une grande partie des boissons déplacées au moyen de passavants.*

Les employés apporteront enfin les mêmes soins à s'assurer si les boissons transportées avec des congés arrivent à la destination déclarée. Lorsqu'elles n'y seront point parvenues, les contrôleurs principaux tâcheront, en se concertant avec ceux qui leur auront adressé les extraits, de savoir où les boissons auront été déposées : rarement cette recherche sera sans fruit ; elle conduira presque toujours à la découverte de quelque fraude commise le plus souvent par des débitants exercés, ou par des particuliers tenant un débit clandestin. Le même motif doit engager les employés à noter et à surveiller toute personne qui recevra une quantité de boissons *plus considérable que sa consommation présumée ne le comportera.*

Toutes les fois que des boissons conduites à une destination autre que celle déclarée seront surprises par les employés, ils les saisiront et en dresseront procès-verbal comme de fausse déclaration.

Il est aisé de concevoir que les extraits auront d'autant plus d'utilité qu'ils parviendront plus promptement dans les arrondissements où les envois de boissons seront adressés. Le but même de la mesure indique, en outre, que dans tous les cas où un préposé quelconque de la régie soupçonnera un abus, il devra, sans attendre l'envoi périodique des extraits, prendre note de l'expédition à vérifier, et en prévenir sans délai l'employé que cette vérification concernera.

Les contrôleurs principaux conserveront les extraits qu'ils recevront des arrondissements différents, et les produiront à l'appui du compte de frais de port qu'ils auront à dresser.

La nécessité de donner toute la rapidité possible à la correspondance relative aux extraits et aux recherches qu'elle entraînera, m'a décidé à la rendre directe entre les contrôleurs principaux; mais je vous charge et vous recommande particulièrement, Monsieur, de veiller à ce que la mesure que je viens de tracer ait sa pleine exécution. Les envois que vous aurez à recevoir des divers arrondissements de votre département, vous aideront à juger du plus ou du moins d'exactitude des contrôleurs principaux et des receveurs ambulants. Vous leur prescrirez de vous faire connaître les irrégularités de tout genre qu'ils découvriront, et vous m'en rendrez compte tous les mois régulièrement. Vous me désignerez en même temps les employés qui seront coupables des fautes que l'on aura relevées.

C. N° 29, DU 28 JUILL. 1806.

Restitutions et remboursements de droits.

Je vous invite à vous conformer aux *dispositions suivantes* lorsque vous m'adresserez des demandes en restitution de droits perçus par erreur, ou payés pour des vins ou des eaux-de-vie exportés à l'étranger.

Ces demandes doivent être établies dans un mémoire signé par le réclamant. A l'appui de ce mémoire, seront toujours produits en originaux les congés et les acquits-à-caution qui auront été délivrés. Vous y joindrez en double expédition un état détaillé des droits dont le remboursement sera réclamé. Ces différentes pièces seront vérifiées et certifiées par les contrôleurs principaux et par les inspecteurs en faisant les fonctions, et visées par vous.

Pour procéder à la vérification des congés, les contrôleurs principaux et inspecteurs se feront remettre la copie des articles inscrits sous les mêmes numéros aux registres des buralistes; ils s'assureront si les sommes portées à l'un et à l'autre sont bien les mêmes.

Votre lettre d'envoi énoncera toujours l'avis formel, soit d'accueillir, soit de rejeter la demande transmise.

Lorsqu'il s'agira d'un remboursement de droits perçus par erreur, vous joindrez aux pièces originales ci-dessus relatées les *lettres de voiture, connaissements, lettres d'avis*, et en général tout ce que vous jugerez propre à faire apprécier la demande des réclamants. Lorsqu'ils ne pourront se dessaisir des pièces de ce genre, vous m'en adresserez seulement des copies. Ces copies ou les originaux seront certifiés par vous, ainsi que la demande du réclamant.

Lorsqu'une demande de cette espèce vous sera renvoyée par l'administration, vous vous conformerez, en me la faisant repasser, à ce qui vient d'être prescrit, et vous y joindrez notamment l'état double des sommes répétées, dans le cas même où votre avis serait pour le rejet de la réclamation.

Vous aurez soin de ne jamais réunir deux demandes dans une même lettre ou dans un même état, et vous accompagnerez chacune de la note exacte des pièces dont vous ferez l'envoi.

C. N° 33, DU 30 AOUT 1806.

Dispositions concernant les inventaires.

Vendanges.

... Les commis devront s'attacher, surtout dès le moment que l'ouverture de la vendange constaté comme de coutume, leur donnera la faculté de faire des visites préliminaires, à connaître et à distinguer les vins et les personnes qui auront déclaré au bureau conduire leurs vendanges dans des pressoirs étrangers, pour y être façonnés. Ils s'assureront des quantités en nature de vins résultant de ces fabrications, et tiendront la main à ce qu'elles ne soient point enlevées sans assavant, à moins qu'elles *ne le soient en seaux ou en tinettes à porte-col*, au fur et à mesure du tirage aux cuves ou aux pressoirs; cas auquel il conviendra d'observer encore de plus près ces sortes de mouvements, toujours plus faciles à servir les entreprises de la fraude, et pour lesquels cependant il serait presque impossible de rompre les habitudes qui ont consacré ces usages dans certains pays vignobles. Il faudra donc se borner à faire surveiller les versements qu'on pourrait faire de ces vins à fausses destinations, soit chez des acheteurs inconnus, soit dans les entrepôts des cabaretiers...

A. C. DU 20 NOV. 1806, AFF. N...

Marche à suivre lorsqu'il y a conflit négatif, c'est-à-dire contestation entre les tribunaux ou les cours et l'autorité administrative, et que chacune de ces autorités se déclare incompétente et renvoie à l'autre la connaissance d'une affaire portée devant elle. M. 5.231.

Il peut arriver qu'un tribunal pense qu'il est fondé à connaître d'une contestation, et qu'un conseil de préfecture croie que cette contestation est de sa compétence.

Il peut arriver aussi tout le contraire, c'est-à-dire que la contestation soit portée devant un tribunal qui se déclare incompétent, et renvoie l'affaire au conseil de préfecture, lequel se déclare aussi incompétent, et renvoie la cause au tribunal.

Au premier cas, il y a conflit positif; et au second conflit négatif.

La loi du 21 fructidor an III porte, article 27:

« En cas de conflit d'attributions entre les autorités judiciaires et administratives, il sera sursis jusqu'à décision du ministre, confirmée par le directeur exécutif, qui en référera, s'il en est besoin, au Corps législatif. »

L'arrêté du gouvernement, sur l'organisation du conseil d'État, s'exprime ainsi :

Art. 11. « Le conseil d'État développe le sens des lois, sur le renvoi qui lui est fait par les consuls, des questions qui leur ont été présentées. Il prononce, d'après un semblable renvoi: 1° *Sur les conflits qui peuvent s'élever entre l'administration et les tribunaux.* »

On n'a jamais douté que des dispositions ne s'appliquassent au *conflit positif;* mais on a pensé, qu'au cas de *conflit négatif*, il y avait lieu de se pourvoir en règlement de juges devant la cour de cassation.

Trois arrêts de cette cour, des 4 messidor an X, 22 vendémiaire an XIV et 26 novembre 1806, décident que c'est au conseil d'État à statuer, en cas de *conflit négatif*, comme en cas de *conflit positif*.

NOTA. — Cet article, extrait du *Mémorial du contentieux*, t. V, p. 231, se rapporte à trois arrêts. Nous les insérons sous la date du dernier.

A. C. DU 8 JANV. 1807, AFF. FOUGARNAUD.

Le procès-verbal portant qu'il a été commencé à environ une heure de relevée et affirmé le lendemain à une heure de relevée environ est réputé avoir été affirmé dans les vingt-quatre heures (Forêts). B. crim. 6.

Vu l'article 7 de la loi du 29 septembre 1791;

Et attendu que le procès-verbal du garde commence par ces mots : « Aujourd'hui, 9 janvier 1806, environ une heure de relevée, etc. ; »

Que le procès-verbal d'affirmation devant le juge de paix porte la date du 10 janvier, environ une heure de relevée; que l'identité d'expressions dans l'un et l'autre acte détermine un espace de temps de vingt-quatre heures, et que ce n'est qu'en donnant à ces mots une interprétation arbitraire, que l'on peut dire comme l'a fait la cour de justice criminelle de l'Allier, qu'il y a incertitude si l'affirmation a été faite dans les vingt-quatre heures, par l'énonciation vague du mot environ :

Mais que si l'on voulait encore trouver de l'incertitude résultant des expressions, elle devrait entièrement disparaître, en considérant que, d'après le procès-verbal, c'est à une heure de relevée que le garde, faisant sa tournée dans le bois de Maignaud, est instruit de différents vols de bois merrain; qu'il se transporte chez l'adjoint, à la mairie de Lenas, qu'ils vont tous deux au lieu appelé le Bois-Dieu, en la même commune; qu'il s'y fait une visite chez Fougarnaud, et que chez ce particulier on trouve du bois merrain sous du bois et de la paille ;

Que ces différentes opérations ont dû prendre un temps quelconque, plus ou moins long, suivant la distance des lieux et le temps employé à faire les perquisitions chez Fougarnaud; d'où il suit que, lors de la clôture du procès-verbal, on ne pouvait plus dire qu'il fût environ une heure de relevée;

Que ce n'est qu'à la clôture du procès-verbal que commence à courir le délai pour l'affirmation;

Qu'ainsi c'est contre tout ce qui est contenu au procès-verbal que la cour de justice criminelle du département de l'Allier a dit qu'il y avait incertitude si l'affirmation avait été faite dans les vingt-quatre heures, et sur ce fondement a écarté le procès-verbal;

La cour casse. — Ch. crim.

A. C. DU 15 JANV. 1807, AFF. RAIMBAULT.

En matière d'enregistrement, un jugement est nul lorsqu'il constate que le défenseur du redevable a été entendu à l'audience dans ses observations. J. P. 5.645.

Vu l'article 65 de la loi du 22 frimaire an VII, portant : « L'instruction se fera par simples mémoires respectivement signifiés; » et l'article 17 de la loi du 27 ventôse an IX, portant la même disposition et ajoutant, *sans plaidoiries;*

Et attendu que le jugement attaqué constate que le défenseur de la veuve Raimbault a été entendu en l'audience dans ses observations, ce qui n'a pu être permis sans contravention aux lois citées;

La cour casse. — Ch. civ.

A. C. DU 15 JANV. 1807, AFF. COQUART.

Sous la loi du 19 pluviôse an XIII, les délits de violences exercés avec armes envers la gendarmerie, agissant légalement dans l'exercice de ses fonctions, étaient de la compétence exclusive des cours spéciales. B. crim. 19.

Arrêt conforme. — Ch. crim.

C. N° 47, DU 25 JANV. 1807.

Arrêtés de clôture.

... Les receveurs particuliers, sédentaires ou ambulants, s'apercevront que l'exactitude, dans les résultats de leur travail, dépend essentiellement de celle qu'ils mettront à reporter aux relevés du bas de pages les totaux de chaque page, après les avoir soigneusement vérifiés, et à totaliser ces relevés chaque fois que les registres de perception seront arrêtés. Ils ne pourraient s'écarter de cette marche sans s'exposer à des doubles emplois, et à des erreurs de toute espèce, qu'il serait alors très-embarrassant de rectifier, et dont mon intention est de les rendre garants : ils les préviendront, au contraire, et ils faciliteront toutes les vérifications qui pourraient être ordonnées, en maintenant avec la dernière exactitude la concordance qui doit exister entre chaque arrêté fait au registre et au relevé de bas de pages, et le compte ouvert des receveurs avec le buraliste, ainsi que la feuille n° 22, qui n'offrira que la répétition des articles dont se composera le débit de ce compte.

J'appelle toute la surveillance des contrôleurs ambulants sur ces différentes opérations. Ils vérifieront, le plus souvent possible, les arrêtés des receveurs ambulants et autres employés, et les viseront chaque fois, afin que l'inspecteur puisse reconnaître, dans ses tournées, s'ils ont porté leurs regards sur un objet qui doit commander toute leur attention...

C. N° 99, DU 7 FÉV. 1807.

Désignation des cas où les employés supérieurs demeureront responsables des débets qui pourraient avoir lieu, et moyens de surveillance qu'ils doivent employer pour les prévenir.

Je remarque que parmi les débets qui ont été constatés depuis l'établissement des recettes ambulantes, il en est plusieurs qui auraient pu être prévenus, si les directeurs et contrôleurs principaux avaient eu soin de se conformer aux dispositions des instructions n° 16 et 19, ainsi qu'à celles de la circulaire n° 52, du 26 frimaire au XIV, qui toutes exigent que la 2e division et le bureau du personnel soient informés à la fois, non-seulement du désordre reconnu dans les caisses des comptables, mais encore de celui qui pourrait exister dans la tenue de leurs écritures. Plusieurs directeurs et contrôleurs principaux, pénétrés de l'importance de la surveillance qui leur est confiée, ont, par leur exactitude à signaler les comptables incapables ou inexacts, mis l'administration à même de donner des ordres qui ont prévenu des débets prêts à se former; mais il en est d'autres qui, attendu que l'événement n'ont pensé que leur responsabilité serait suffisamment à couvert, s'ils étaient exacts à rendre compte des débets lorsqu'ils auraient été constatés: ils se sont trompés, et je suis tout ou moins en droit de les accuser de négligence; mais pour éviter une pareille insouciance à l'avenir, je vous préviens qu'à dater de ce moment, je rendrai responsable des débets qui pourraient survenir, tout directeur, inspecteur, contrôleur principal ou contrôleur ambulant qui négligerait de me rendre ou faire rendre compte, soit du désordre, soit du défaut des écritures des différents comptables, soit de l'inexactitude que ceux-ci pourraient apporter à enregistrer le montant de leurs recettes, soit faire leurs versements, soit enfin de tous les motifs de plainte ou de suspicion qui pourraient s'élever contre leurs opérations ou leur conduite. A cet effet, vous prescrirez l'exécution des dispositions suivantes, auxquelles vous vous conformerez personnellement. Tout inspecteur ou contrôleur ambulant qui, sans avoir des motifs assez graves pour fermer les mains d'un comptable, reconnaîtra un désordre d'écritures ou des irrégularités quelconques, devra de suite en donner connaissance au contrôleur principal, qui, à son tour, devra vous en informer et m'en rendre compte, tant sous le timbre de la 2e *division*, que sous celui du *personnel* vous devrez, aussitôt que l'avis vous en sera parvenu, et s'il y a urgence, prendre les mesures provisoires que l'intérêt de la régie vous paraîtra exiger, c'est-à-dire ordonner les vérifications de toute espèce qui vous sembleront devoir être faites, et même, s'il y a lieu, en vous conformant à l'instruction n° 16, prononcer la suspension provisoire des comptables; mais s'il n'y a point d'urgence, vous attendrez les ordres de la 2e division, qui vous tracera la marche provisoire à suivre jusqu'au moment où je vous aurai fait connaître, sous le timbre du *bureau du personnel*, le parti définitif que j'aurai adopté.

DÉCRET DU 16 FÉV. 1807 (1).

Huissiers. Frais.

Art. 66. (Code pr. civ., art. 62.) Il ne sera rien alloué aux huissiers pour transport jusqu'à un demi-myriamètre.

Il leur sera alloué au-delà d'un demi-myriamètre, pour frais de voyage qui ne pourra excéder une journée de cinq myriamètres (dix lieues anciennes); savoir, au-delà d'un demi-myriamètre et jusqu'à un myriamètre, pour aller et retour;

A Paris, 4 francs;

Dans les villes et cantons ruraux, 4 francs.

Au-delà d'un myriamètre, il sera alloué par chaque demi-myriamètre, sans distinction, 2 francs.

Il sera taxé pour *visa* de chacun des actes qui y sont assujétis,

A Paris, 1 franc;

Dans les villes où il y a tribunal de première instance, 75 centimes;

Dans les autres villes et cantons ruraux, 75 centimes.

En cas de refus de la part du fonctionnaire public qui doit donner le *visa*, et dans le cas où l'huissier sera obligé, à raison de ce refus, de requérir le *visa* du procureur impérial, le droit sera double.

Les huissiers qui seront commis pour donner des ajournements, faire des significations de jugements, et tous autres actes, ou procéder à des opérations, ne pourront prendre de plus forts droits que ceux énoncés au présent tarif, à peine de restitution et d'interdiction, quels que soient la cour et le tribunal auxquels ils sont attachés.

Les huissiers qui auront omis de mettre au bas de l'original et de chaque copie des actes de leur ministère la mention du coût d'icelui, pourront, indépendamment de l'amende portée par l'article 67 du code de procédure, être interdits de leurs fonctions sur la réquisition d'office des procureurs généraux et impériaux.

A. C. DU 5 MARS 1807, AFF. LEMAITRE.

Le défaut de signature de l'officier municipal qui a assisté un agent forestier dans une visite domiciliaire ne peut vicier le procès-verbal ni en atténuer les résultats. C'est violer la foi qui est due à ce procès-verbal, jusqu'à inscription de faux, que d'admettre des déclarations de témoins contre son contenu (Forêts). B. crim. 93.

Vu l'article 13, titre 9, de la loi du 29 septembre 1791;

Attendu que le délit à raison duquel les sieurs Lemaître étaient poursuivis, était constaté par un procès-verbal régulier, qui, d'après la loi ci-dessus rappelée, faisait preuve suffisante puisqu'il n'avait été attaqué par aucune des lois autorisées pour en détruire l'effet;

Qu'en cet état, foi était due au procès-verbal et que les juges n'ont pu se permettre d'admettre contre la preuve qui en résultait, des déclarations de témoins, sans violer formellement la disposition de la loi citée;

Que la circonstance que l'officier municipal qui avait assisté aux opérations des gardes, n'avait pas signé leur procès-verbal, ne pouvait ni le vicier ou en atténuer les résultats, ni fournir une cause de récusation dans le sens qu'il faut attacher à ce moyen d'attaquer les procès-verbaux, parce que l'assistance des officiers municipaux, dans les cas prévus par la loi forestière, n'est qu'une simple mesure de police pour la sûreté individuelle et domiciliaire, et qu'elle n'influe en rien sur la vérification et la constatation que les gardes ont le droit de faire;

La cour casse. — Ch. crim.

A. C. DU 11 MARS 1807, AFF. LABBE.

La nullité de l'appel n'en emporte pas la déchéance et ne donne pas à la cour le droit de confirmer purement et simplement le jugement dont est appel.

En matière de contributions indirectes, la voie de l'appel est toujours ouverte tant que le jugement n'a pas été signifié. M. 3.303.

Vu l'article 32 du décret impérial du 1er germinal an XIII, portant:

« L'appel devra être notifié dans la huitaine de la signification du jugement, sans citation préalable au bureau de paix et de conciliation. Après ce délai il ne sera point recevable, et le jugement sera exécuté purement et simplement. La déclaration d'appel contiendra assignation à trois jours devant le tribunal criminel du ressort de celui qui aura rendu le jugement. Le délai de trois jours sera prorogé d'un jour par chaque deux myriamètres de distance du domicile du défenseur au chef-lieu du tribunal. »

L'article 456, § 6 du code des délits et des peines, du 3 brumaire an IV, portant:

« Le tribunal de cassation ne peut annuler les jugements des tribunaux criminels, que dans les cas suivants...... 6° lorsqu'il y a eu contravention aux règles de......, établies par la loi pour la connaissance du délit, ou pour l'exercice des différentes fonctions relatives à la procédure criminelle, ou qu'il y a eu de quelque manière que ce soit usurpation de pouvoirs; »

Considérant que d'après les dispositions de l'article 32 précité, la voie de l'appel contre un jugement de police correctionnelle, rendu en matière de droits réunis, est toujours ouverte tant que ce jugement n'a point été signifié; que l'appel émis avant cette signification peut bien, pour défaut de forme, être déclaré nul, et l'appelant, *dans l'état*, être renvoyé de l'instance; mais que cette nullité de l'appel n'en emporte point la déchéance, et par conséquent ne donne point à la cour criminelle qui en est saisie, le droit de confirmer purement et simplement le jugement dont est appel;

Considérant, dans l'espèce, que le jugement correctionnel dont était appel n'avait point été signifié, et que néanmoins la cour de justice criminelle du département de Jemmapes, en déclarant l'appel de la régie nul dans la forme, et sur ce seul motif, et sans examiner les moyens du fond, a confirmé ledit jugement correctionnel; qu'ainsi cette cour a excédé ses pouvoirs, et violé l'article 32 ci-dessus cité;

La cour casse. — Ch. crim.

A. C. DU 21 MARS 1807, AFF. VIAUD.

L'indivisibilité du délit doit nécessairement entraîner l'indivisibilité de l'instruction; en conséquence, tous les auteurs ou complices d'un même délit doivent être jugés par le même tribunal. B. crim. 110.

... Considérant que si, dans certains cas, la peine applicable aux auteurs d'un délit peut ne pas être la même que celle applicable aux complices, cependant, s'agissant d'un même délit, la compétence doit être la même pour juger tous ceux qui y ont plus ou moins participé;

Que, dans l'espèce, Jacques Viaud était prévenu d'être le complice des susnommés préposés aux douanes, pour avoir reçu l'objet de contrebande, et s'être chargé de le vendre à profit commun; que, par conséquent, la cour spéciale ayant reconnu la compétence pour juger lesdits préposés, ne pouvait plus méconnaître sa compétence pour juger ledit Viaud; d'où il suit qu'en se déclarant incompétente à l'égard de ce dernier, elle a ouvertement violé les règles de compétence établies pour la connaissance des délits;

La cour casse. — Ch. crim.

A. C. DU 10 AVR. 1807, AFF. SEBEÇOURT.

Le prévenu ne peut être admis à prouver l'alibi des saisissants que lorsqu'il s'est inscrit en faux contre le procès-verbal. B. crim. 141.

Vu l'article 13 du titre 9 du décret du 29 septembre 1791;

Considérant qu'il était légalement établi par un procès-verbal des gardes forestiers, du 28 février 1816, qu'il avait été coupé et enlevé dix pieds de bouleau de 17 à 32 centimètres de grosseur, et une grande quantité de branches, dans le canton de la forêt impériale de Conches située sur le territoire de Sebecourt;

Qu'il résultait du même procès-verbal, que lors de la visite faite chez les prévenus, il avait été trouvé une quantité plus ou moins considérable de bois provenant du délit;

Que néanmoins la cour de justice criminelle du département de l'Eure a autorisé la preuve testimoniale demandée par les prévenus, à l'effet de justifier l'*alibi* des gardes forestiers, quoiqu'il n'eût pas été formé d'inscription en faux contre le procès-verbal;

Que ladite cour, en admettant dans ces circonstances cette preuve illégale, et en se fondant sur ses résultats pour acquitter les prévenus, a violé les dispositions de l'article cité, qui veut que foi soit ajoutée aux procès-verbaux des gardes forestiers jusqu'à inscription de faux;

La cour casse. — Ch. crim.

A. C. DU 10 AVR. 1807, AFF. MUSCHE (1).

Les affirmations de procès-verbaux, en matière de droits, doivent énoncer qu'il en a été donné lecture aux affirmants, à peine de nullité; mais il n'est pas indispensable d'énoncer par qui la lecture a été faite: il y a présomption légale que la lecture a été faite par le magistrat qui a reçu l'affirmation. M. 2.475.

Vu l'article 25 du décret impérial du 1er germinal an XIII, qui est ainsi conçu:

« Les procès-verbaux seront affirmés au moins par deux des saisissante, dans les trois jours, devant le juge de paix, ou l'un de ses suppléants; l'affirmation énoncera qu'il en a été donné lecture aux affirmants; »

Considérant que le procès-verbal de saisie, dressé par trois préposés de la régie des droits réunis le 19 juillet 1806, a été affirmé le lendemain par deux de ces préposés, devant le juge de paix du canton d'Ostende;

Considérant que l'acte d'affirmation dressé par ce juge de paix, énonce expressément qu'il a été donné lecture à ces deux préposés du procès-verbal de saisie, et qu'ils l'ont affirmé;

Que l'article cité veut uniquement que le procès-verbal de saisie soit affirmé devant le juge de paix, et qu'il soit énoncé qu'il en a été donné lecture aux affirmants;

Que lorsque ces formalités sont remplies, la présomption légale est évidemment que le juge de paix qui a présidé à l'acte d'affirmation, a donné aussi lui-même la lecture qu'il énonce avoir été donnée;

Que néanmoins la cour de justice criminelle du département de la Lys a annulé le procès-verbal de saisie, sous prétexte que la rédaction de l'acte d'affirmation ne faisait pas connaître par qui la lecture du procès-verbal avait été faite aux affirmants;

Qu'en prononçant cette affiliation, cette cour a commis un excès de pouvoir évident;

Qu'elle a fait, en outre, une fausse application dudit article 25, et violé les dispositions de l'article 26, qui défend aux tribunaux d'admettre d'autres nullités que celles qui résultent de l'omission des formalités prescrites par les articles précédents;

La cour casse. — Ch. crim.

C. N° 107, DU 6 MAI 1807.

Reprise à la charge de transport au compte suivant.

... On portera en reprise dans les comptes des receveurs particuliers,

1° Les sommes pour lesquelles j'aurai accordé des autorisations de reprise, à la charge d'en compter si les débiteurs insolvables se trouvaient ultérieurement dans une position à les acquitter: cette espèce de reprise est désignée dans le modèle des comptes des recettes particulières, sous la dénomination de *reprise indéfinie*, parce que mes ordonnances n'indiquent aucune époque précise pour en compter;

2° Toutes les sommes qui étaient dues au 31 mars dernier sur tous les droits qui ne se paient pas comptant, et pour lesquelles je n'aurais pas donné des autorisations de *reprise indéfinie*, conformément à la circulaire n° 104, 2e division.

Cette reprise sera établie aux comptes sans autorisation spéciale émanée de moi; mais elle n'y sera admise qu'autant qu'elle sera justifiée par des états nominatifs, et distincts pour chaque espèce de droit, de tous les redevables débiteurs, et des sommes dues par chacun d'eux.

Ces états, qui devront être joints aux comptes lors de leur envoi à la 2e division, seront formés en dépouillant les registres de comptes ouverts que les receveurs particuliers doivent tenir pour les droits dus par chaque classe de redevables. Ils seront faits séparément pour chaque droit, avec distinction des sommes dues pour chaque trimestre; et accompagnés d'une récapitulation destinée à présenter en total la somme de la reprise à porter à la colonne qui lui est destinée dans le modèle des comptes des recettes particulières. Vous remarquerez que la désignation des trimestres sur lesquels porteront les reprises, est nécessaire dans les états qui en seront dressés, parce que ces reprises ne pourront être allouées qu'après qu'on se sera assuré qu'elles sont conformes, ou au moins ne sont point excédantes, aux sommes pour lesquelles chaque redevable aura été compris aux états particuliers de produit des trimestres.

Cette espèce de reprise ne sera admise dans le compte de l'exercice an XIV et 1806, comme dans les comptes des exercices ultérieurs, qu'à la charge d'en compter dans l'exercice qui suivra immédiatement, et à cet effet d'en former le premier chapitre de la recette du compte de cet exercice.

Cette condition est ce qui distingue cette seconde espèce de reprise de la première : en effet, les comptes sont indéfiniment déchargés par la première espèce de reprise allouée en vertu de mes autorisations, tandis que par la seconde les comptes ne sont déchargés que momentanément, et sous la condition d'une charge pareille au compte suivant : c'est par ce motif, qu'aux modèles cette seconde espèce de reprise est qualifiée *reprise à la charge de transport au compte suivant*.

3° On portera en reprise dans les comptes des receveurs particuliers, les débets des buralistes.

Cette espèce de reprise, comme celle sur les droits, sera divisée en deux parties, c'est-à-dire, *en reprise indéfinie* en vertu de mes autorisations, et en *reprise à la charge de transport*.

Vous remarquerez que si le modèle des comptes présente un cadre pour la reprise en débet de buralistes, c'est pour qu'il puisse s'appliquer à tous les cas, même à ceux les moins prévoyables.

En effet, si cette espèce de comptables est convenablement surveillée, et si les directeurs ont soin de ne faire choix que d'hommes solvables pour tenir les bureaux, la partie des modèles qui est relative à leurs débets sera constamment sans utilité.

Il ne vous échappera sûrement point que les comptes ne pouvant être définitivement déchargés que par mes autorisations de reprise indéfinie, il y aurait un très grand inconvénient à ne point les solliciter avec autant d'exactitude que si on n'avait pas, pour la reddition des comptes de chaque service, la facilité de les décharger momentanément au moyen des reprises admises sans autorisation préalable, à la charge de transport aux comptes suivants : en effet, les transports successifs des reprises de chaque exercice accumuleraient nécessairement des sommes considérables de reprises, et donneraient une opinion très défavorable sur le compte des préposés chargés d'opérer ou de surveiller les recouvrements.

C'est essentiellement aux contrôleurs principaux à veiller à ce que les reprises ne s'accumulent pas inutilement dans les comptes, et à me demander, sous le timbre de la 2° division, des autorisations de reprise indéfinie chaque fois qu'il y aura lieu.

A. C. DU 29 MAI 1807, AFF. LOEB.

En matière de douanes, la ville dans laquelle est établi un bureau de seconde ligne fait, dans toute son étendue, quelle que soit sa distance de l'extrême frontière, partie de la ligne qui circonscrit le territoire prohibé. B. Crim. 226.

Vu l'arrêté du directoire exécutif du 17 thermidor an IV;

Et attendu qu'il y a un bureau de seconde ligne dans la ville de Simmern ; que, par conséquent, cette ville, dans toute son étendue, quelle que soit sa distance de l'extrême frontière, fait partie de la ligne qui circonscrit le territoire prohibé ; que la grande rue de cette ville, dite rue de *Kirchberg*, fait partie de la ville ; que le château en fait également partie;

Que le procès-verbal constate que la saisie de deux ballots, faite sur un cheval, l'a été dans la grande rue *Kirchberg*, par conséquent dans la ville de Simmern ; que les quatre ballots abandonnés à la vue des gendarmes, par les porte-faix près le château de Simmern, venaient de la ville ; que les gendarmes ont vu ceux qui les portaient se dirigeant de la ville vers l'intérieur ; que ces ballots abandonnés composaient, avec ceux qui ont été saisis sur un cheval dans la ville, une seule et même partie de marchandises, ce qui résulte particulièrement de la réclamation que Loëb Jacob a faite de la totalité;

D'où il suit que la cour de justice criminelle du département de Rhin-et-Moselle, en ordonnant le toisé, par son arrêt du 19 mai 1806, pour connaître si la saisie avait été faite dans le rayon prohibé, a méconnu le principe établi par l'arrêté du directoire exécutif du 17 thermidor an IV, et en ne prononçant pas les peines portées par la loi du 10 brumaire an V, est contrevenue à cette même loi ;

La cour casse. — Ch. crim.

A. C. DU 23 JUILL. 1807, AFF. MARTHE.

La contestation que présente la question de savoir si le prévenu est acquéreur du vin saisi ou de la récolte qui l'a produit est relative au fond du droit, et doit être renvoyée devant le tribunal civil.

Les jugements rendus en matière de contributions indirectes, sur des contestations relatives au fond du droit, doivent être rendus en la chambre du conseil, et non à l'audience, sous peine de nullité. B. crim. 304.

Vu l'article 88 de la loi du 5 ventôse an XII ;

Et attendu 1° que la demande formée par la régie des droits réunis contre le sieur Marthe avait pour objet de le faire condamner en 100 fr. d'amende, avec confiscation des vins saisis, pour prétendue contravention à l'article 37 de la loi du 24 avril 1806, en ce qu'il avait voulu faire entrer en la ville d'Epernay deux pièces de vin sans congé et sans avoir acquitté le droit de vente;

2° Qu'il y a eu, dans l'espèce, contestation sur le fond du droit, présentant la question de savoir si, le sieur Marthe n'étant point acquéreur de ces vins, mais d'une récolte qui les avait produits, l'article 27 qui établissait le droit de gros pour achat de vins, ne lui était pas applicable;

3° Qu'il a été statué sur cette question à l'audience du tribunal correctionnel d'Epernay, et à celle de la cour de justice criminelle du département de la Marne, qui a confirmé le premier jugement, tandis que l'affaire aurait dû être jugée au tribunal de première instance, en la chambre du conseil ; d'où il suit qu'il y a eu excès de pouvoir, et contravention à la loi du 5 ventôse an XII dans l'arrêt du 16 janvier dernier;

La cour casse. — Ch. crim.

C. N° 117, DU 17 AOUT 1807.

Primes d'apurement.

Je vous préviens qu'à commencer par l'exercice 1807, il vous sera alloué, ainsi qu'à tous les contrôleurs principaux, receveurs principaux et particuliers de l'administration, à titre de supplément d'appointements, une somme destinée à récompenser la célérité des recouvrements, et la prompte reddition des comptes.

Ce supplément d'appointements sera accordé aux receveurs particuliers qui auront rendu leurs comptes *sans reprise en droits constatés, ni débets de buralistes* ;

aux contrôleurs principaux et receveurs principaux dont les comptes seront de même rendus *sans reprises ni débets des receveurs particuliers ou buralistes* (le supplément d'un contrôleur principal et celui d'un receveur principal seront toujours égaux) : enfin, à vous-même, à la condition que votre compte ne présentera *aucune reprise de receveurs, ni en droits du nombre de ceux dont le recouvrement vous est ou pourrait vous être confié, et à condition aussi que les comptes de vos receveurs principaux ne présenteront aucune espèce de reprise.*

Le supplément dont il s'agit sera fixé proportionnellement à l'importance des recettes, principalement en droits qui ne se paient pas comptant, et sera de trois quotités différentes, suivant l'époque de la reddition des comptes...

Lorsque dans un arrondissement de recette particulière, il existera des reprises en droits constatés ou en débets de buralistes, le receveur particulier pourra néanmoins être payé de son supplément d'appointements, pourvu qu'il paie de ses deniers le montant de ces reprises et débets, sauf à en poursuivre la rentrée au nom de l'administration, mais à ses périls et risques.

De même, lorsque, dans un arrondissement de recette principale il existera des débets de receveurs particuliers, ou des reprises en droits constatés, et en débets des buralistes non absorbés par les paiements qu'auraient faits les receveurs particuliers pour conserver leur supplément d'appointements, les contrôleurs principaux et les receveurs principaux en payant chacun pour moitié le montant des débets des receveurs particuliers, et ce qui resterait à absorber des reprises en droits constatés et en débets des buralistes, auront droit à leur supplément d'appointements.

Par suite de cette disposition, le contrôleur principal et le receveur principal d'un arrondissement pourront obliger un receveur particulier, dans la recette duquel il y aurait des reprises, à en payer le montant jusqu'à concurrence d'une somme égale à son supplément d'appointements, qu'alors il conservera, pourvu qu'à leur tour, pour obtenir leur supplément d'appointements, ils paient chacun pour moitié ce dont les reprises et débets des buralistes de la recette particulière excéderont le supplément du receveur particulier, et qu'ils acquittent aussi le montant des débets des receveurs particuliers...

Lorsqu'un receveur particulier paiera des reprises en droits constatés, pour s'assurer son supplément d'appointements, il enregistrera en recette, pour ordre seulement, à ses journaux des droits sur lesquels existaient les reprises, les sommes qu'il aura payées, soit de ses deniers, soit de ceux du contrôleur principal et du receveur principal ; il enregistrera de même en recette, au journal de la recette des buralistes, le montant des débets qu'il aura payés.

Un receveur principal qui paiera le débet d'un receveur particulier opérera de même.

A. C. DU 27 AOUT 1807, AFF. JEGU.

En matière de police correctionnelle, et même de simple police, un acte de procédure peut être fait et signifié un jour férié, sans nécessité ni urgence. M. 3.154.

Attendu que la loi du 17 thermidor an VI, à laquelle se rapporte le concordat du 26 messidor an IX, excepte formellement de ses dispositions l'expédition des affaires criminelles, et que par ces termes *affaires criminelles*, la loi a nécessairement entendu, non-seulement les affaires criminelles à poursuivre par voie de jury, mais aussi les *affaires correctionnelles et de police*, puisqu'elle n'a pas excepté ces sortes d'affaires de ces dispositions ;

Attendu que dans l'espèce particulière il s'agissait d'un acte de procédure en matière correctionnelle, et que dès lors, d'après le vœu formel de la loi, cet acte de procédure avait pu être fait un jour férié;

La cour rejette. — Ch. crim.

A. C. DU 28 AOUT 1807, AFF. BEZIERS.

La disposition de la loi du 19 juillet 1791, qui exigeait que les commissaires de police fissent signer leurs procès-verbaux par les plus proches voisins, a été abrogée par le code du 3 brumaire an IV. B. crim. 356.

Vu l'article 456 du code des délits et peines;

Et attendu que, dans l'espèce, le tribunal de police du canton de Béziers, en déclarant nul le procès-verbal de contravention dressé le 25 juin dernier par le commissaire de police du même canton, portant saisie des poids et mesures anciens trouvés chez les divers marchands dont les noms ont été désignés au procès-verbal, a fait une fausse application évidente de la loi de 1791;

Attendu que cette loi, qui exigeait, pour la validité des procès-verbaux dressés par les commissaires de police de ce temps-là, qui étaient institués par les municipalités dont ils tenaient leur pouvoir, qu'ils fussent signés de deux proches voisins, n'est évidemment point applicable aux commissaires de police institués par le code du 3 brumaire an IV, et ensuite par S. M. l'Empereur et roi, lesquels sont aujourd'hui chargés de remplir les fonctions du ministère public près les tribunaux de police et notamment par l'article 38 de l'arrêté des consuls du 12 messidor an VIII, d'exercer la police judiciaire près les délits dont la peine n'excède pas trois jours de prison et une amende de trois journées de travail ; et conséquemment de dresser les procès-verbaux sur cela nécessaires, sans qu'ils soient assujétis, par aucune disposition de ces mêmes arrêtés, à se faire assister de deux proches voisins, ce qui ne tendrait qu'à paralyser l'action de police, et deviendrait d'ailleurs impraticable vis-à-vis des marchands qui étaient et vendent dans les places publiques;

La cour casse. — Ch. crim.

C. N° 120, DU 1er SEPT. 1807.

Comptabilité.

... Les erreurs reconnues dans un bordereau après son envoi, ne doivent être rectifiées que sur celui du mois pendant lequel on les reconnaît. La rectification s'en fait aux colonnes et lignes des mois antérieurs, et les causes s'en expliquent au moyen d'une observation que l'on porte sur le bordereau...

LOI DU 26 SEPT. 1807.

Cour des comptes.

TITRE I. *Organisation de la cour des comptes.*

Art. 1er. Les fonctions de la comptabilité nationale seront exercées par une cour des comptes.

Art. 2. La cour des comptes sera composée d'un premier président, trois présidents, dix-huit maîtres des comptes, de référendaires au nombre qui sera déterminé par le gouvernement, un procureur général et un greffier en chef.

Art. 3. Il sera formé trois chambres, chacune composée d'un président, six maîtres aux comptes : le premier président peut présider chacune des chambres.

Art. 4. Les référendaires sont chargés de faire les rapports ; ils n'ont point voix délibérative. Les décisions seront prises, dans chaque chambre, à la majorité des voix ; et, en cas de partage, la voix du président est prépondérante.

Art. 5. Chaque chambre ne pourra juger qu'à cinq membres au moins.

Art. 6. Les membres de la cour des comptes sont nommés à vie par l'Empereur. Les présidents pourront être changés chaque année.

Art. 7. La cour des comptes prend rang immédiatement après la cour de cassation et jouit des mêmes prérogatives.

Art. 8. Le premier président, les présidents et procureur général, prêtent serment entre les mains de l'Empereur.

Art. 9. Le prince archi-trésorier reçoit le serment des autres membres.

Art. 10. Le premier président a la police et la surveillance générale.

TITRE II. *De la compétence de la cour des comptes.*

Art. 11. La cour sera chargée du *jugement des comptes*, des recettes du trésor, des receveurs généraux de département et des régie et administration des contributions indirectes; des *dépenses du trésor*, des payeurs généraux, des payeurs d'armées, des divisions militaires, des arrondissements maritimes et des départements;

Des *recettes et dépenses*, des fonds et revenus spécialement affectés aux dépenses des départements et des communes, dont les budgets sont arrêtés par l'Empereur.

Art. 12. Les comptables des deniers publics en recettes et dépenses seront tenus de fournir et déposer leurs comptes au greffe de la cour, dans les délais prescrits par les lois et règlements; et, en cas de défaut ou de retard des comptables, la cour pourra les condamner aux amendes et aux peines prononcées par les lois et règlements.

Art. 13. La cour réglera et apurera les comptes qui lui seront présentés; elle établira par ses arrêts définitifs si les comptables sont quittes, ou en avance, ou en débet.

Dans les deux premiers cas, elle *prononcera leur décharge définitive*, et ordonnera main-levée et radiation des oppositions et inscriptions hypothécaires mises sur leurs biens à raison de la gestion dont le compte est jugé.

Dans le troisième cas, elle les condamnera à solder leur débet au trésor dans le délai prescrit par la loi.

Dans tous les cas, une expédition de ses arrêts sera adressée au ministre du trésor, pour en faire suivre l'exécution par l'agent établi près de lui.

Art. 14. La cour, nonobstant l'arrêt qui aurait *jugé définitivement un compte*, pourra procéder à sa révision, soit sur la demande du comptable, appuyée de pièces justificatives recouvrées depuis l'arrêt, soit d'office, soit à la réquisition du procureur général, pour erreur, omission, faux ou double emploi reconnus par la vérification d'autres comptes.

Art. 15. La cour prononcera sur les demandes en réduction, en translation d'hypothèques formées par des comptables encore en exercice, ou par ceux hors d'exercice dont les comptes ne sont pas définitivement apurés, en exigeant les sûretés suffisantes pour la conservation des droits du trésor.

Art. 16. Si, dans l'examen des comptes, la cour trouve des faux ou des concussions, il en sera rendu compte au ministre des finances, et référé au grand-juge *ministre de la justice*, qui fera poursuivre les auteurs devant les tribunaux ordinaires.

Art. 17. Les arrêts de la cour contre les comptables seront exécutoires; et dans le cas où un comptable se croirait fondé à attaquer un arrêt pour violation des formes ou de la loi, il se pourvoira, dans les trois mois pour tout délai, à compter de la notification de l'arrêt, au conseil d'État, *conformément au règlement sur le contentieux.*

Le ministre des finances, et tout autre ministre, pour ce qui concerne son département, pourront faire, dans le même délai, leur rapport à l'Empereur, et lui proposer le renvoi au conseil d'État, de leurs demandes en cassation des arrêts qu'ils croiront devoir être cassés pour violation des formes ou de la loi.

Art. 18. La cour ne pourra, en aucun cas, s'attribuer de juridiction sur les ordonnateurs, ni refuser aux payeurs l'allocation des paiements par eux faits, sur des ordonnances revêtues des formalités prescrites, et accompagnées des acquits des parties prenantes et des pièces que l'ordonnateur aura prescrit d'y joindre.

TITRE III. *Des formes de la vérification et du jugement des comptes.*

Art. 19. Les référendaires seront tenus de vérifier, par eux-mêmes, tous les comptes qui leur seront distribués.

Art. 20. Ils formeront sur chaque compte deux cahiers d'observations: les premières, relatives à la ligne de compte seulement, c'est-à-dire aux charges et souffrances dont chaque article du compte leur aura paru susceptible, relativement au comptable qui le présente;

Les deuxièmes, celles qui peuvent résulter de la comparaison de la nature des recettes avec les lois, et de la nature des dépenses avec les crédits.

Art. 21. La minute des arrêts est rédigée par le référendaire rapporteur, et signée de lui et du président de la chambre: elle est remise avec les pièces au greffier en chef; celui-ci la présente à la signature du premier président, et ensuite en fait et signe les expéditions.

Art. 22. Au mois de janvier de chaque année, le prince archi-trésorier proposera à l'empereur le choix de quatre commissaires, qui formeront, avec le premier président, un comité particulier chargé d'examiner les observations faites, pendant le cours de l'année précédente, par les référendaires. Ce comité discute ces observations, écarte celles qu'il ne juge pas fondées, en forme des autres l'objet d'un rapport, qui est remis par le président au prince archi-trésorier, lequel le porte à la connaissance de l'Empereur.

DÉCRET DU 28 SEPT. 1807.

Organisation de la cour des comptes.

TITRE I. *De la nomination et de l'installation des membres de la cour.*

Art. 1er. Notre cousin le prince archi-trésorier de l'Empire installera la cour des comptes, au lieu où la comptabilité tenait ses séances.

Art. 2. Les maîtres des comptes et les référendaires qui seront nommés pour la première organisation exerceront leurs fonctions pendant cinq ans, après lesquels ils recevront nos lettres de nomination à vie, si, d'après cette épreuve, nous jugeons qu'ils aient justifié nos espérances.

TITRE II. *Division des chambres.*

Art. 3. La première chambre sera chargée du jugement des comptes relatifs aux recettes publiques;

La deuxième, du jugement des comptes relatifs aux dépenses publiques;

La troisième, de juger les comptes des recettes et dépenses des départements et des communes dont les budgets sont arrêtés par nous.

Art. 4. Les dix-huit maîtres des comptes seront distribués entre les trois chambres par le premier président.

Art. 5. S'il survient, au jugement d'un compte, des difficultés qui présentent

une question générale, le président de la chambre en informera le premier président, qui en référera au ministre des finances, pour y être pourvu, s'il y a lieu.

Art. 6. Chaque chambre se formera en bureau.

Art. 7. Un référendaire ne pourra être chargé deux fois de suite de la vérification de comptes du même comptable;

De même, un maître des comptes ne pourra être nommé deux fois de suite rapporteur de comptes du même comptable.

Art. 8. Le premier président présidera chaque chambre toutes les fois qu'il le jugera convenable.

Art. 9. S'il se trouve dans le cas d'être suppléé pour des fonctions qui lui sont spécialement attribuées, il sera remplacé par le plus ancien des présidents.

Art. 10. Les présidents seront, en cas d'empêchement, remplacés, pour le service des séances, par le doyen de la chambre.

Art. 11. En cas d'empêchement d'un maître des comptes, il sera, pour compléter le nombre indispensable, remplacé par un maître d'une autre chambre qui ne tiendrait pas séance, ou qui se trouverait avoir plus que le nombre nécessaire.

Art. 12. En cas de vacance d'une place de maître des comptes, le premier président en donnera avis à notre ministre des finances, qui joindra à sa présentation une liste de dix référendaires distingués par leur talent et leur zèle.

Art. 13. Nul ne pourra être président, maître des comptes ou procureur général, s'il n'est âgé de trente ans accomplis.

TITRE III. *Des référendaires.*

Art. 14. Le nombre des référendaires est provisoirement fixé à quatre-vingt; ils seront divisés en deux classes, savoir, dix-huit de la première, et soixante-deux de la seconde.

On ne pourra être de la première classe, si l'on n'a été de la seconde au moins deux ans.

On passera de la deuxième classe à la première, moitié par ancienneté et moitié par le choix du gouvernement.

Art. 15. Nul ne pourra être *référendaire*, s'il n'est âgé de vingt-cinq ans accomplis.

Art. 16. L'ordre des nominations dans chaque classe établira le rang entre eux.

Art. 17. Les référendaires ne seront spécialement attachés à aucune chambre.

Art. 18. Les référendaires de première classe assisteront, à tour de rôle, et en nombre égal à celui des maîtres, aux cérémonies publiques et aux députations.

Art. 19. Le premier président fera entre les référendaires la distribution des comptes, et indiquera la chambre à laquelle le rapport devra être fait.

Art. 20. Les réclamations sur l'attribution ou sur les retards des rapports seront portées devant le premier président, qui y statuera.

Les attributions générales déterminées par l'article 3 n'empêcheront pas que le président ne puisse, suivant que l'exigera l'expédition des affaires, renvoyer à une chambre des rapports qui ne seraient pas dans ses attributions spéciales.

Art. 21. Les référendaires pourront entendre les comptables, ou leurs fondés de pouvoirs, pour l'instruction des comptes; la correspondance sera préparée par eux, et remise au président de la chambre où devra être fait le rapport, qui, s'il l'approuve, le fera expédier par le greffier.

Art. 22. Lorsqu'un compte exigera que plusieurs référendaires concourent à sa vérification, le premier président désignera un référendaire de première classe qui sera chargé de présider à ce travail, de recueillir les cahiers d'observations de chaque référendaire, et de faire le rapport à la chambre. Tous les référendaires qui auront pris part au travail des vérifications, seront tenus d'assister aux séances de la chambre pendant le rapport.

Art. 23. Il sera disposé des salles de travail, où se réuniront, pour la vérification des comptes qui l'exigeront, les référendaires chargés d'en faire en commun la vérification.

Art. 24. Après la vérification terminée, les référendaires rédigeront, pour chaque compte, un rapport raisonné, dans lequel ils présenteront la composition des recettes et des dépenses; ils relèveront toutes les difficultés relatives à la ligne de compte seulement, proposeront les forcements de recettes, les radiations de dépenses, et les charges qu'ils jugeront devoir être établies contre les comptables; ils formeront la balance des comptes; ils présenteront le résultat final de leur opération; ils remettront particulièrement le deuxième cahier d'observations prescrit par l'article 20 de la loi du 16 septembre, au maître auquel, conformément à l'article 28 ci-après, le rapport du référendaire aura été distribué.

Art. 25. Les référendaires, aussitôt qu'ils auront préparé un rapport, en remettront note au greffe, qui tiendra un registre particulier pour chaque chambre, par ordre de numéros.

Art. 26. Les référendaires seront appelés à faire leur rapport suivant le tour de rôle: pourra néanmoins le président de la chambre donner la préférence au rapport d'une affaire urgente.

Art. 27. Le compte, les bordereaux dressés de recettes et de dépenses, et le rapport et les pièces, seront mis sur le bureau pour y avoir recours au besoin.

Art. 28. Le rapport du référendaire terminé, le président de la chambre en fera la distribution à un maître, qui sera tenu,

1° De vérifier si le référendaire a fait lui-même le travail auquel il était tenu;

2° Si les difficultés élevées par les référendaires sont fondées;

3° Enfin, d'examiner par lui-même les pièces au soutien de quelques chapitres du compte, pour s'assurer que le référendaire en a soigneusement vérifié toutes les parties:

Le président de la chambre nommera, en même temps que le maître rapporteur, deux ou un plus grand nombre de référendaires, s'il est nécessaire, lesquels seront chargés de vérifier si les cahiers établis par le référendaire rapporteur l'ont été exactement, et d'en rendre compte au maître rapporteur.

Art. 29. Le maître fera à la chambre un rapport motivé, sur tout ce qui sera relatif à la ligne de compte seulement, et il remettra particulièrement au premier président le deuxième cahier des observations du référendaire, avec ses observations personnelles, s'il y a lieu, pour en être par le président fait l'usage prescrit par la loi du 16 septembre; les référendaires qui auront concouru à la première vérification, y assisteront.

Art. 30. Nul ne prendra la parole dans les discussions et délibérations, sans l'avoir obtenue du président.

Art. 31. Le référendaire rapporteur donnera son avis, qui ne sera que consultatif; le maître rapporteur opinera, et chaque maître successivement dans l'ordre de sa nomination.

Si différents avis sont ouverts, on ira une deuxième fois aux opinions; et les maîtres qui voudraient auparavant faire des observations nouvelles pourront être autorisés par le président: il recueillera les opinions après que la discussion sera terminée, et prononcera l'arrêt.

Art. 32. Le président de la chambre tiendra ou fera tenir, pendant le rapport, par l'un des maîtres, la minute du compte soumis au jugement de la chambre ; et chaque décision sera portée sommairement à la marge de l'article du compte auquel elle se rapporte.

Art. 33. Après que les arrêts définitifs sur chaque compte seront rendus, et les minutes signées, le compte et les pièces seront remis par le rapporteur au greffier en chef, qui fera mention des arrêts sur la minute du compte, et déposera le tout aux archives.

Art. 34. Il sera dressé, le dernier jour de chaque mois, par le greffier en chef, un relevé de tous les comptes qui avaient été distribués avant le mois aux référendaires, et dont ils n'ont pas fait le rapport. Cet état sera présenté au premier président, et communiqué au procureur général, pour y être pourvu suivant l'exigence des cas.

Art. 35. Le premier président pourra appeler ceux des référendaires qui ne rempliront pas leur devoir, et leur donner les avertissements nécessaires. — Il pourra même, en cas de récidive, après avoir entendu le référendaire en présence des présidents et du procureur général, le censurer. — Enfin, si, pour la gravité des circonstances, il y a lieu à la privation temporaire de traitement ou à la suspension de fonctions, il en fera son rapport au ministre des finances.

Titre IV. *Ministère public.*

Art. 36. Le procureur général ne peut exercer son ministère que par voie de réquisition.

Art. 37. Il fera dresser un état général de tous ceux qui doivent présenter leurs comptes à la cour. Il s'assurera si ou non ils sont exacts à les présenter dans les délais fixés par les lois et règlements, et requerra, contre ceux en retard, l'application des peines.

Art. 38. Il s'assurera si les chambres tiennent régulièrement leurs séances, si les référendaires font exactement leur service ; et, en cas de négligence, il adressera au premier président les réquisitions nécessaires pour y pourvoir.

Art. 39. Il adressera au ministre du trésor public les expéditions des arrêts de la cour, et suivra devant elle l'instruction et le jugement des demandes à fin de révision pour cause d'erreurs, omissions, faux ou doubles emplois reconnus à la charge du trésor public, des départements ou des communes.

Art. 40. Toutes les demandes en main-levée, réduction et translation d'hypothèques, seront communiquées au procureur général, avant d'y être statué.

Art. 41. Toutes les fois qu'un référendaire élèvera contre un comptable une prévention de faux ou de concussion, le procureur général sera appelé en la chambre, et entendu dans ses conclusions avant d'y être statué.

Art. 42. Notre procureur général pourra prendre communication de tous les comptes dans l'examen desquels il croira son ministère nécessaire, et la chambre pourra même l'ordonner d'office.

Art. 43. En cas d'empêchement du procureur général, les fonctions du ministère public seront momentanément remplies par celui des maîtres des comptes que le ministre des finances désignera.

Art. 44. Le procureur général est tenu de correspondre avec les ministres sur les demandes qu'ils pourront lui faire de renseignements pour l'exécution des arrêts, les mains-levées, radiations ou restrictions des séquestres, saisies, oppositions et inscriptions hypothécaires, et remboursements d'avances des comptables.

Titre V. *Du greffe, des archives et des huissiers.*

Art. 45. Le greffier en chef doit être âgé de 30 ans accomplis.

Art. 46. Il assistera aux assemblées générales, et y tiendra la plume.

Art. 47. Il est chargé de tenir les différents registres et celui des délibérations de la cour.

Art. 48. Il est chargé de veiller à la garde et conservation des minutes des arrêts, d'en faire faire les expéditions, et de la garde des pièces qui lui sont confiées et de tous les papiers du greffe.

Art. 49. Les comptes déposés par les comptables seront enregistrés par ordre de dates et de numéros, du jour qu'ils seront présentés.

Art. 50. Le greffe de la cour sera ouvert tous les jours, excepté les dimanches et fêtes, aux heures fixées par le premier président.

Art. 51. Les premières expéditions des actes et arrêts de la cour seront délivrées gratuitement aux parties. Les autres seront soumises à un droit d'expédition de soixante-quinze centimes par rôle. (*Article 57 de la loi du 7 messidor an II ; décret du 18 août 1807.*)

Art. 52. Le président de la chambre fera porter en marge des minutes des arrêts, les noms de tous les maîtres présents à la séance.

Art. 53. Les expéditions exécutoires des arrêts de la cour seront rédigées ainsi qu'il suit :

« N (le prénom de l'Empereur), par la grâce de Dieu et les constitutions de l'Empire, à tous présents et à venir, salut. — La cour des comptes a rendu l'arrêt suivant :

(Ici copie de l'arrêt.)

« Mandons et ordonnons à tous huissiers sur ce requis de mettre ledit arrêt à exécution, et à tous commandants et officiers de la force publique, de prêter main-forte, lorsqu'ils en seront légalement requis.

« En foi de quoi, le présent arrêt a été signé par le premier président de la cour et par le greffier. »

Art. 54. Le greffier signera et délivrera les certificats collationnés et extraits de tous les actes émanant du greffe, des archives et dépôts, et la correspondance avec les comptables :

En cas d'empêchement, le président commettra un commis greffier.

Art. 55. Il sera nommé, sur la présentation du greffier en chef, le nombre de commis nécessaire à son service.

Art. 56. Il y aura, près la cour, des huissiers au nombre nécessaire pour son service.

Titre VI. *Des traitements.*

Art. 57. Les traitements des membres de la cour sont fixés comme il suit :

Au premier président	30,000 f.
Au procureur général	20,000
A chacun des présidents	20,000
A chacun des maîtres des comptes	15,000
A chaque référendaire de première classe	6,000
Idem, de deuxième classe	2,400
Au greffier en chef	12,000

Art. 58. La moitié des traitements ci-dessus fixés pour le président de chaque chambre et les maîtres des comptes sera réservée, mise en masse, et distribuée en droits d'assistance entre les maîtres présents, d'après le registre de pointes qui sera tenu pour chaque chambre.

Art. 59. Tous les jours de séance, chaque président de chambre et chaque maître seront tenus, avant l'heure fixée pour commencer la séance, de s'inscrire sur le registre de pointes, qui sera arrêté et signé, avant l'ouverture, par le président de la chambre ou par le maître qui le remplacera.

SUP. GÉN.

Art. 60. Les droits d'assistance n'appartiendront qu'aux membres présents : néanmoins les absents pour cause de maladie dûment attestée ne perdront point leur droit d'assistance ; mais ils ne participeront à aucun accroissement.

Art. 61. Les absents, pour quelque autre cause que ce soit, même par congé, ne jouiront point, pendant leur absence, des droits d'assistance, et ne participeront point à ceux qui seront distribués en raison de l'absence des autres.

L'absent ne pourra s'excuser sur ce que les maîtres se seraient trouvés en nombre suffisant.

Celui qui ne se sera pas inscrit à l'heure prescrite perdra son droit d'assistance à cette séance, lors même qu'il y aurait assisté.

Art. 62. Le président de chaque chambre ne pourra s'excuser par aucun motif, lorsque l'ouverture des séances n'aura pas été faite à l'heure prescrite ; et si alors le nombre des maîtres est incomplet, il devra sur le champ s'occuper de les remplacer.

Art. 63. Il sera dressé, au commencement de chaque mois, par le greffier, un procès-verbal de répartition des sommes qui, pour défaut d'assistance, seront à distribuer entre ceux qui y auront droit : ce procès-verbal sera communiqué au procureur général, et, sur ses conclusions, arrêté par le premier président.

Art. 64. Une somme de quatre cent mille francs sera employée en distributions, à titre de préciput et de récompense de travaux, à ceux des référendaires qui l'auront mérité.

Art. 65. A cet effet, il sera rédigé par la cour un projet de règlement, qui sera présenté au ministre des finances, et par lui soumis à notre approbation.

Titre VII. *Des costumes.*

Art. 66. Les présidents et le procureur général porteront, aux assemblées des chambres et cérémonies, la robe de velours noir avec hermine ;

Les maîtres des comptes, la robe de satin noir ;

Les référendaires et le greffier, la robe de soie noire.

Titre VIII. *Des congés.*

Art. 67. Les membres de la cour seront tenus de résider à Paris ; le défaut de résidence sera considéré comme absence.

Art. 68. Le premier président n'accordera pas de congé de plus de huitaine ; les demandes de congés plus longs seront faites au ministre des finances.

Art. 69. Le premier président n'accordera de congé que pour cause nécessaire, et qu'autant que l'absence de celui qui le demandera ne fera point manquer le service. Dans le cas où le congé doit être demandé au ministre, on devra attacher à la demande les conclusions du procureur général, et l'avis du premier président que le service ne souffrira point de l'absence.

Art. 70. Celui qui aurait été nommé membre de la cour, et qui ne s'y rendra pas dans le délai de deux mois après la date de sa nomination, et celui qui s'absentera de la cour pendant plus de deux mois, seront considérés comme démissionnaires, à moins qu'ils n'aient obtenu une permission ou congé.

Art. 71. Les congés ne pourront être accordés s'il n'y a plus des deux tiers des membres de la cour présents.

Titre IX. *Dispositions générales.*

Art. 72. Les dépenses de la cour des comptes seront ordonnancées par notre ministre des finances.

Art. 73. Le premier président, après avoir pris l'avis des présidents, et entendu les conclusions du procureur général, arrêtera l'état des menues dépenses de la cour et du greffe ; il le remettra à notre ministre des finances pour être soumis à notre approbation.

Art. 74. Lorsqu'une nouvelle nomination sera faite, le pourvu présentera nos lettres de nomination au premier président de la cour, qui en donnera communication à notre procureur général ; et celui-ci prendra les ordres du prince architrésorier sur les jour et heure pour son admission au serment.

Art. 75. Après le serment prêté, le nouveau pourvu sera reçu à la cour, chambres assemblées.

Art. 76. Les registres et papiers de l'ancienne commission de comptabilité seront remis et déposés par état et bref inventaire au greffier en chef de la cour.

Art. 77. Tous les commis et employés qui ne seront pas appelés à de nouvelles fonctions salariées, recevront leur traitement ordinaire, à titre d'indemnité, au moins pendant trois mois.

Art. 78. Les huissiers du tribunal passeront au service de la cour des comptes, aux traitements dont ils jouissent.

A. C. DU 1er OCT. 1807, AFF. WIEKMANN.

Quand le tribunal a admis comme pertinents les moyens de faux, l'action à exercer est de la compétence des cours d'assises. B. crim. 302.

Vu l'article 11 de l'arrêté des consuls du 4e jour complémentaire an XI, et l'article 536 du code du 3 brumaire an IV ;

Et attendu que l'inscription en faux proposée par Wiekmann, portait sur le contenu dans le procès-verbal, et sur ce qui y avait été énoncé par les préposés ; qu'ainsi l'inscription de faux caractérisait une prévention de faux principal ; qu'elle devait donc être jugée par la cour de justice criminelle et spéciale, conformément aux dispositions du susdit article 536 du code du 3 brumaire an IV, et à l'article 2 de la loi du 23 floréal an X ; que jusqu'à ce qu'il eût été statué par cette cour, le tribunal correctionnel devait surseoir au jugement de la contravention, ainsi qu'il est dit dans le susdit article 11 de l'arrêté du 4e jour complémentaire an XI, d'après ledit article 536 du code du 3 brumaire an IV ;

Attendu d'ailleurs que les moyens de faux présentés par Wiekmann, fussent-ils prouvés, il n'en résulterait pas nécessairement la fausseté des faits énoncés dans le procès-verbal, puisqu'il est à la fois possible que des charrettes non chargées soient parties de chez Wiekmann, et que d'autres charrettes soient également parties de chez ledit Wiekmann, et aient été conduites chez Gœlgalack ; et que si l'on admet que ce soient identiquement les mêmes charrettes, il est possible qu'après les avoir montrées vides, on les ait reconduites chez Wiekmann, où elles aient été déchargées, et il est encore possible que ces charrettes aient été chargées sur le chemin ;

Que sur le double rapport de l'incompétence et de la non pertinence des moyens de faux, la cour de justice criminelle eût dû annuler le jugement correctionnel ;

La cour casse. — Ch. crim.

A. C. DU 19 NOV. 1807, AFF. LEMMENT.

Le jugement qui admet une inscription de faux contre un procès-verbal n'est pas nul pour avoir été rendu avant l'enregistrement de l'acte par lequel la partie a déclaré s'inscrire en faux (Douanes). J. P. 6.351.

3

Considérant, sur le premier moyen, que les nommés Vertembrouck, Timmermans, Venhamel et Lemment ont déposé au greffe leurs moyens de faux dans le délai prescrit; qu'il a par conséquent dépendu de l'administration des douanes de prendre connaissance au greffe de ces moyens de faux; que la déclaration d'inscription en faux avait été faite par ces quatre individus à l'audience du 19 juin 1807, que la cause avait été renvoyée en présence de toutes les parties à l'audience du 24 du même mois; que néanmoins l'administration des douanes ne s'est pas présentée à cette dernière audience pour faire rejeter les moyens de faux;

Considérant que le jugement rendu le 24 juin 1807, maintenu par l'arrêt attaqué, contient le visa du jugement du 19 du même mois et des moyens de faux; que, par conséquent, les dispositions de l'article 184 du code des délits et peines n'ont pas été violées;

Considérant, sur le deuxième moyen, que l'article 47 de la loi du 22 frimaire an VII, qui défend aux juges de rendre aucuns jugements sur les actes non enregistrés, ne prononce pas en cas de contravention la nullité des jugements; que cet article rend uniquement les juges responsables des droits; que l'article 35 de la même loi ne prononce pas non plus la peine de nullité, mais seulement une amende contre les greffiers;

Considérant, d'ailleurs, que la déclaration d'inscription de faux dont il s'agit a été constatée par les deux jugements rendus les 19 et 24 juin 1817; qu'indépendamment de la déclaration d'inscription en faux faite à l'audience du 19 juin 1807, les quatre individus ci-dessus dénommés ont fait au greffe, le même jour, une déclaration à l'appui, qui a été incessamment enregistrée;

La cour rejette. — Ch. crim.

A. C. DU 19 DÉC. 1807, AFF. DEGHIDI.

Un jugement qui porte sur des chefs distincts, indépendants, et qui n'est attaqué qu'à l'égard de certains de ces chefs, doit passer en force de chose jugée pour les chefs qui n'ont pas été attaqués par la voie de l'appel. B. crim. 508.

Vu l'article 456 du code des délits et des peines;

Et attendu qu'un jugement qui n'est point attaqué doit passer en force de chose jugée dans ses dispositions;

Et qu'un jugement qui porte sur des chefs distincts et indépendants, et qui n'est attaqué qu'à l'égard de certains de ces chefs, doit également passer en force de chose jugée pour les chefs qui n'ont pas été attaqués par la voie de l'appel;

Attendu que Deghidi, poursuivi notamment comme coupable d'une double escroquerie commise, l'une à l'égard de Chiaparino, et l'autre à l'égard de soixante-neuf pères de famille de Gènes, en avait été déclaré non convaincu par jugement de première instance;

Attendu qu'encore bien que le procureur impérial, en appelant de ce jugement qui l'avait déclaré non convaincu d'escroquerie en matière de conscription, semblât, par la généralité de ces expressions, avoir compris dans son appel cette double escroquerie relative à *Chiaparino*;

Que cette restriction a résulté de la requête que, par son acte d'appel, le procureur impérial s'était réservé de déposer au greffe correctionnel dans le délai, conformément à la loi, et qu'il a depuis déposée dans ce délai;

Qu'en effet, dans cette requête, il n'a été question que de l'escroquerie concernant la société des soixante-neuf pères de famille, sans que, ni dans les faits, ni dans les développements des moyens d'appel, il ait été dit un mot de l'escroquerie commise à l'égard de Chiaparino;

Attendu qu'en cet état, la cour de justice criminelle saisie de cet appel ne pouvait ni prendre connaissance de cette escroquerie, ni surtout prononcer de condamnation qu'autant que le procureur général près d'elle aurait lui-même appelé de ce jugement dans le mois de sa prononciation;

Que ce magistrat n'a point interjeté un semblable appel;

Qu'il a seulement pris du chef de cette escroquerie concernant Chiaparino, des conclusions qu'à défaut de ce chef il ne pouvait pas prendre, et que cette cour ne devait pas accueillir;

Que néanmoins elle a prononcé en l'état, du chef de cette escroquerie, une condamnation qu'elle a appuyée sur la disposition de l'article 35 du titre II de la loi du 22 juillet 1791;

Et qu'en le faisant, elle a tout ensemble violé l'autorité de la chose jugée et non attaquée, et commis un excès de pouvoir;

La cour casse. — Ch. crim.

A. C. DU 26 DÉC. 1807, AFF. N...

Un procès-verbal peut être déclaré nul s'il est clos le lendemain du jour où il a été commencé, lorsque rien ne fait connaître les causes de l'interruption. M. 3.88.

Cette disposition ne se trouve pas dans l'arrêt de cassation; mais elle a servi de base au jugement prononcé par le tribunal correctionnel d'Oudenarde le 30 mai 1807, jugement dont la décision a été implicitement admise sous ce rapport et les rédacteurs du Mémorial font suivre l'arrêt des réflexions suivantes, relatives en même temps à une autre affaire:

« Puisque les procès-verbaux dont il s'agit portaient deux dates, il eût été plus régulier d'énoncer dans la rédaction qu'arrivés au bureau, les commis avaient de suite procédé à cette rédaction, qu'elle s'était prolongée pendant la nuit et jusqu'au lendemain, car aucune loi ne défend de continuer pendant la nuit une opération commencée le jour précédent. On pourrait encore énoncer, lorsque c'est la vérité, qu'attendu la nuit survenue et le besoin de repos, la rédaction commencée a été nécessairement suspendue jusqu'au lendemain, puis reprise et terminée à telle heure. Mais autant qu'il est possible, il vaut mieux, pour éviter toute contestation, rédiger et clore de suite le procès-verbal sous une seule et même date.

A. C. DU 12 FÉV. 1808, AFF. FORGE.

En matière criminelle, une déclaration de pourvoi en cassation faite le 15 contre un arrêt ou jugement rendu le 10 du même mois est non recevable, quoique dans le nombre des jours intermédiaires, il s'en soit trouvé un férié. J. P. 6.506.

Arrêt conforme. — Ch. crim.

A. C. DU 19 FÉV. 1808, AFF. MOURAINE ET HART.

La loi n'exige pas que les actes d'affirmation rappellent en détail les faits ou délits énoncés dans les procès-verbaux qui les constatent (Forêts). B. crim. 75.

...Attendu que la loi n'exige point que les actes d'affirmation rappellent en détail les faits ou délits énoncés dans les procès-verbaux qui les constatent; et que, dans l'espèce actuelle, l'affirmation porte essentiellement sur la vérité du contenu aux actes placés sur la même feuille, et à la suite desquels se trouve l'affirmation;

Que, d'ailleurs, la vérité des faits énoncés dans ces procès-verbaux n'a point été contestée dans l'instruction par les délinquants: d'où il suit que la cour de justice criminelle du département de la Mayenne a fait une fausse application des articles 3 et 7, titre 4 de la loi du 29 septembre 1791, en déclarant nuls les procès-verbaux dont il s'agit; qu'elle a violé, par suite, la loi pénale qui devait être appliquée aux délits qui y étaient légalement constatés; qu'elle a encore commis déni de justice en renvoyant la poursuite de délits qui n'étaient pas contestés;

La cour casse. — Ch. crim.

C. Nº 145, DU 22 FÉV. 1808 (1).

Personnel.

§ IX. Des installations.

... Le préposé qui, par avancement, changement ou dégradation, aura été nommé à un emploi autre que celui qu'il occupait, et sera arrivé à sa nouvelle destination, aura droit à être installé, et devra l'être le jour qui suivra celui de son arrivée.

À compter du même jour, c'est-à-dire de celui fixé par son installation, il jouira des émoluments de son nouvel emploi.

S'il remplace un employé qui ait une autre destination, les émoluments de celui-ci cesseront le même jour.

Le même jour aussi, l'employé remplacé devra partir pour sa destination.

Le directeur du département où l'installation aura eu lieu, devra m'en donner avis sans retard, et m'en indiquer le jour par une lettre *ad hoc*.

§ X. Des retards à se rendre à une nouvelle destination.

Tout employé qui ne se rendra pas à la destination que je lui aurai assignée, dans le délai fixé pour sa route, sera traité comme celui qui se serait absenté sans congé.

En conséquence, tout ce que j'ai prescrit aux paragraphes 2 et 7 de la présente, devra lui être appliqué, à moins que retenu dans sa route par une force majeure, il se rende de suite auprès du contrôleur principal de l'arrondissement dans lequel il se trouvera, pour l'informer des faits, en provoquer la vérification et en demander un certificat, qu'il devra envoyer de suite au directeur du département pour lequel il sera destiné.

§ XIII. Dispositions générales.

... Chaque directeur devra établir pour le personnel de sa direction, un registre en tout semblable à l'état que j'ai demandé par ma circulaire nº 143. Il y inscrira tous les employés, par grade, comme ils devront l'être dans l'état dont il s'agit: de sorte que chaque grade formera dans le registre un chapitre, ou section séparé, qui devra être composé d'assez de feuilles pour qu'il soit facile d'exécuter ce qui suit:

Lorsqu'un employé sortira d'un grade, soit parce qu'il quittera la direction, soit parce qu'il passera à un autre grade dans la direction même, son nom sera pointé, et les causes qui l'auront fait sortir de son grade seront indiquées dans la colonne des observations, ainsi que la nouvelle destination qui lui aura été donnée.

Lorsqu'un employé sera placé par une nomination, ou par un ordre de changement émané de moi, dans un grade qu'il n'avait pas dans la direction, soit qu'il vienne d'une autre direction, soit qu'il ait changé de grade dans la direction même, il sera porté au grade qui lui sera assigné, en indiquant à la colonne des observations sa résidence et son grade antérieurs.

Lorsqu'en vertu d'une approbation ou d'un ordre émané de moi, un employé changera de résidence dans la direction même, sans changer de grade, son nom déjà inscrit dans ce grade avec indication de sa précédente résidence, sera pointé, et sera ensuite inscrit de nouveau dans le même grade, avec indication de sa nouvelle résidence, et avec une note de renvoi à sa première inscription dans ce grade, pour faire connaître quelle ancienneté il a dans ce grade, non relativement à ses services dans l'administration, mais seulement eu égard au temps de son activité dans la direction.

Au moyen de cet ordre d'inscription, chaque directeur, en faisant abstraction des noms pointés dans chaque grade, aura toujours sous les yeux un tableau exact du personnel de sa direction, et une connaissance certaine de l'ancienneté relative de chaque employé, eu égard au temps de son activité dans la direction. Il trouvera de plus, dans son registre, les éléments nécessaires pour la formation de ses tableaux de signalement, et ne sera plus exposé à commettre sur ces tableaux les erreurs dont je n'ai eu que trop souvent à me plaindre...

A. C. DU 15 AVR. 1808, AFF. SMEETS.

Le tribunal est complètement saisi par cela seul qu'il y a assignation au nom de la régie. M. 4.555.

Vu l'article 456 du code des délits et des peines, du 3 brumaire an IV, portant:
« Le tribunal de cassation ne peut annuler le jugement des tribunaux criminels,
« que dans les cas suivants:
« 6º Lorsqu'il y a eu contravention aux règles de compétence établies par la loi
« pour la connaissance du délit, etc... »

Et attendu que la nécessité de l'obtention préalable du visa du directeur du jury d'accusation, établie par l'article 183 du même code, n'a pour objet que de prévenir la confusion possible des juridictions, et de déterminer qui des tribunaux de police simple, du tribunal correctionnel, ou du jury d'accusation, doit être saisi;

Et que ce préliminaire est inutile quand la loi a elle-même réglé sa compétence, en désignant celui des tribunaux qui doit connaître de l'affaire;

Attendu que dans les matières de droits réunis, la connaissance de tout délit est dévolue de droit, et par une disposition prise de la loi, aux seuls tribunaux correctionnels;

Que dans l'espèce, il s'agit d'une contravention commise en cette matière;

Que la connaissance de cette même contravention appartenait exclusivement au tribunal du lieu où elle a été commise et constatée, et que le tribunal correctionnel de Maestricht en avait été dûment saisi;

Et qu'en annulant le jugement rendu par le tribunal correctionnel, à défaut de visa préalable du directeur du jury, prescrit par l'article 183 ci-dessus énoncé, l'arrêt attaqué a créé une formalité, et par suite une nullité non autorisée dans la matière des droits réunis, qu'il a violé les règles de compétence, commis un excès de pouvoir et a fait évidemment une fausse application de cet article.

La cour casse. — Ch. crim.

___

(1) Voir au *Nouveau Recueil* un autre extrait de cette circulaire.

ARRÊT DU CONS. D'ÉT. (DÉCRET) DU 7 MAI 1808.

Lorsque des fermiers ou adjudicataires sont obligés, soit par les clauses de leurs adjudications, soit par les dispositions de la loi, à porter leurs réclamations ou répétitions devant l'autorité administrative, leurs cautions doivent s'adresser à la même autorité dans les mêmes circonstances. M. 4.481.

NAPOLÉON, etc.

Vu l'arrêté du préfet du département de la Dyle du 7 septembre 1807, qui élève le conflit d'attribution contre un jugement rendu par le tribunal de 1re instance séant à Bruxelles, le 3 novembre précédent; vu ledit jugement, qui décharge le sieur Lefèvre de son cautionnement du bail de Joseph-Henri Ducellier, ex-fermier du droit de passe, sous prétexte de la novation opérée par la loi du 7 germinal an VIII; vu les actes de cautionnement fournis par ledit sieur Lefèvre, par devant l'administration centrale de la Dyle, les 3, 5 et 15 brumaire an VIII; vu l'avis de la commission du contentieux;

Considérant que l'article 4 de la loi du 7 germinal an VIII, attribue à l'administration la connaissance des répétitions auxquelles les changements apportés par cette loi pourraient donner lieu de la part des fermiers du droit de passe; que les cautions des fermiers *ayant un même intérêt* et la même condition, sont nécessairement *soumises à la même autorité* pour toutes les réclamations de même nature; notre conseil d'État entendu, nous avons décrété et décrétons ce qui suit:

Art. 1er. Le jugement du tribunal civil de 1re instance séant à Bruxelles, qui décharge le sieur Lefèvre de son cautionnement, est déclaré comme non avenu.

Art. 2. La contestation et les parties sont renvoyées par devant le conseil de préfecture du département de la Dyle, pour leur être fait droit.

Art. 3. Notre grand juge ministre de la justice et notre ministre des finances sont chargés, chacun en ce qui les concerne, de l'exécution du présent décret.

C. N° 149, DU 21 JUILL. 1808.

Attributions.

Receveurs ambulants.

... § 71. Lorsque les receveurs ambulants, tant à cheval qu'à pied, se rendront au chef-lieu de la recette principale, pour verser les fonds de leurs recettes, c'est-à-dire du 1er au 5 de chaque mois, ils apporteront avec eux leur registre d'ordre, et le soumettront au contrôleur principal, pour lui donner connaissance de leur itinéraire pendant le mois expiré, et suppléer au journal qu'ils lui doivent de leurs opérations.

§ 72. Ils lui remettront de plus:

1° Des tableaux de l'évènement des produits. Ils accompagneront ces tableaux d'une discussion motivée sur les augmentations ou diminutions de chaque branche de perception. Ces tableaux seront faits doubles: l'un des doubles sera conservé pour servir à la comparaison à établir l'année suivante;

2° Un état des redevables et assujétis existants dans leurs arrondissements de recettes au premier et au dernier jour du mois expire;

3° Un état détaillé des nouvelles venues, pendant le mois, chez les marchands en gros et les détaillants de boissons;

4° Enfin, un état de situation des recouvrements...

Dispositions générales.

§ 73. Le papier dont les directeurs se serviront à l'avenir pour leur correspondance avec moi, sous le timbre *du personnel*, sera d'une dimension semblable à celle du modèle ci-joint.

§ 74. L'intitulé de leurs lettres sera, en outre, conforme au même modèle : ils auront aussi l'attention d'écrire toujours leurs lettres exactement à mi-marge...

§ 76. Les inspecteurs, contrôleurs principaux, contrôleurs ambulants et contrôleurs de ville, se serviront aussi, pour leur correspondance et leurs journaux, d'un papier d'une dimension semblable à celle du même modèle.

§ 77. Lorsque les inspecteurs, contrôleurs principaux, contrôleurs ambulants et contrôleurs de ville, auront des doutes sur l'application des lois, arrêtés et instructions, ils les soumettront aux directeurs qui, lorsqu'il y aura lieu, me consulteront sous le timbre des divisions compétentes.

§ 78. Par suite de cette disposition, les journaux, comme les rapports de trimestre, ne devront présenter, à l'avenir, aucune question isolée, relativement à l'application des lois, arrêtés et instructions...

§ 80. Je défends expressément aux directeurs et à tous autres employés, de délivrer des certificats de services, etc., à leurs subordonnés, soit que ces préposés appartiennent encore à l'administration, soit qu'ils l'aient quittée; le moindre inconvénient de ces certificats, qui presque toujours sont des actes de complaisance, est d'atténuer la foi due aux notes qui ont déterminé les décisions et les mesures que j'ai prises.

§ 81. Je me réserve de statuer dans quelles circonstances il pourrait être convenable que semblables certificats fussent délivrés...

A. C. DU 11 AOUT 1808, AFF. JOSSEAU.

Lorsqu'un procès-verbal de contravention est argué de faux, le tribunal correctionnel n'est autorisé qu'à statuer sur la simple admission de l'inscription de faux. Il commet un excès de pouvoir, en statuant définitivement, au lieu de surseoir au jugement de la contravention et renvoyer l'affaire sur le faux devant les juges compétents (Douanes). B. crim. 364.

Vu l'arrêté du gouvernement du 4e jour complémentaire an XI; les articles 536 du code des délits et peines; 239 et 240 du code de procédure et 456, § 6, du code des délits et peines;

Considérant que, suivant les dispositions de l'arrêté du 4 complémentaire an XI ci-dessus cité, le tribunal correctionnel de Savenay n'était autorisé qu'à statuer sur simple admission de l'inscription en faux contre le procès-verbal des préposés de la douane dont il s'agit conformément aux prescriptions de l'article 12, titre 4 de la loi du 9 floréal an VII; que, les moyens de faux proposés par le prévenu Josseau ayant été jugés pertinents, ledit tribunal devait, d'après l'article 9 dudit arrêté et les articles 239 et 240 du code de procédure civile, surseoir au jugement de la contravention et renvoyer l'affaire, sur le faux devant les autorités exclusivement compétentes pour connaître de ce délit;

Que néanmoins ledit tribunal correctionnel et la cour de justice criminelle de la Loire-Inférieure en instance d'appel, ont retenu la connaissance de faux et procédé en même temps au jugement de la contravention, ce qui est un excès de pouvoir et une violation manifeste des règles de compétence établies par la loi;

La cour casse. — Ch. crim.

A. C. DU 3 SEPT. 1808, AFF. SAUMADE.

Les procès-verbaux des commissaires de police constatant les contraventions de simple police ne sont pas nuls à défaut d'enregistrement dans le délai de la loi; mais ils ne peuvent servir de base à la poursuite qu'après avoir été enregistrés. J. P. 7.137.

Vu la loi du 22 frimaire an VII, article 70, § 1er, n° 8, qui assujétit à l'enregistrement en débet les procès-verbaux des juges de paix pour fait de police, pour être la rentrée du droit d'enregistrement, poursuivie contre les prévenus, s'ils sont déclarés coupables;

Et attendu que, dans l'espèce, il a été dressé procès-verbal par le commissaire de police de Mende, à l'effet de constater une contravention à la loi sur les poids et mesures;

Que ce procès-verbal servant de base à la poursuite du délit n'a été enregistré, ni moyennant l'acquit de droit ni en débet de ce droit;

Que la cour de justice criminelle du département de la Lozère s'est conformée à la loi en ordonnant, par son arrêt du 28 juillet dernier, contre les conclusions du procureur général près cette cour, qu'avant de faire droit sur la plainte du magistrat de sûreté portée au tribunal correctionnel de Mende, le procès-verbal du commissaire de police serait soumis à la formalité de l'enregistrement en conformité de l'article 70 de la loi du 22 frimaire an VII, § 1er, n° 3;

La cour rejette. — Ch. crim.

A. C. DU 4 NOV. 1808, AFF. VAR.

Quand un procès-verbal de saisie a été déclaré nul, la confiscation des moyens de transport peut être prononcée aussi bien que celle des marchandises, dans les cas où elle est encourue. B. crim. 470.

Vu l'article 15 de la loi du 10 brumaire an V;

Attendu que, dans l'espèce, il s'agissait de marchandises anglaises, et que la loi particulière et spéciale qui en a prohibé l'importation, a déterminé les condamnations qui devraient être prononcées;

Que l'article 15 ci-dessus rappelé veut qu'en cas de convention, c'est-à-dire, en cas d'importation, la confiscation, soit seulement des marchandises, mais encore des objets ayant servi au transport, soit toujours prononcée; qu'ainsi la confiscation des unes doit, dans tous les cas, entraîner la confiscation des autres;

Que cependant la cour de justice criminelle dont l'arrêt est attaqué, tout en prononçant la confiscation des marchandises, a ordonné la restitution de la charrette et du mulet ayant servi à leur transport, sur la nullité du procès-verbal de saisie, pour vice de forme; ce qui est avoir admis une distinction que la loi du 10 brumaire n'établit pas, et par conséquent une contravention à sa disposition, qui est générale et absolue;

La cour casse. — Ch. crim.

C. N° 144, DU 16 DÉC. 1808.

Comptabilité.

3° Erreurs reconnues à la vérification des états de produits.

...Ces erreurs ne peuvent porter que sur le montant des droits qui auraient été mal établis, en raison des quantités auxquelles ils se rapporteraient: dès lors les états qui contiennent ces erreurs, sont inexacts, et il est indispensable de les rectifier sans qu'il soit possible d'attendre ceux du trimestre suivant: par une conséquence naturelle, si les comptes présentent les mêmes erreurs, on ne peut non plus se dispenser de les rectifier, pour les mettre en harmonie avec les états régularisés.

Il n'en est pas de même de la rectification des erreurs qu'une vérification des employés régularise dans les départements, leur ferait reconnaître dans les quantités portées aux arrêtés des trimestres sur les portatifs, après le départ des états de produits: en pareil cas, et s'il n'est plus temps de remplacer les états fautifs par d'autres qui soient réguliers, rien ne s'oppose à ce que les différences reconnues, en plus ou en moins, soient rectifiées au moyen de charges ou de décharges sur les portatifs du trimestre suivant, en ayant soin d'y motiver les unes ou les autres.

ARRÊT DU CONS. D'ÉT. (DÉCRET) DU 21 DÉC. 1808.

Le traité passé entre l'adjudicataire général des bacs d'un département et un sous-fermier n'est qu'une convention particulière. Les contestations qui peuvent en résulter sont de la compétence exclusive des tribunaux. Code des bacs. (Ann.)

Arrêt conforme.

A. C. DU 12 JANV. 1809, AFF. MAURE.

Un jugement est nul lorsqu'il a été rendu par un suppléant du juge de paix, qui n'avait pas encore prêté le serment prescrit par la loi. B. crim. 15.

Vu l'article 1er de la loi du 21 nivôse an VIII;

Attendu que cette disposition est en pleine vigueur, bien qu'il ait été apporté quelque changement à la déclaration qu'elle prescrit; que les suppléants des juges de paix, établis en exécution de la loi du 29 ventôse an IX, sont du nombre des fonctionnaires dont parle la disposition ci-dessus transcrite; qu'il est constant qu'à la date du 4 janvier 1808, date du jugement dénoncé, le sieur Jean-Pierre Jourdan n'avait pas prêté en sa qualité de second suppléant de la justice de paix de Saint-Tropez, le serment prescrit par la loi, que conséquemment il n'avait pas acquis le complément du caractère de second suppléant, et il n'avait pas le pouvoir d'en exercer les fonctions;

La cour casse. — Ch. crim.

A. C. DU 26 JANV. 1809, AFF. VAN ROOY.

Tous les employés de la régie ont qualité pour procéder aux visites et saisies relatives au droit de garantie.

Il n'est pas obligatoire, en matière de garantie, d'assujétir les procès-verbaux à la formalité de l'affirmation. M. 5.222.

Vu le décret impérial du 28 floréal an XIII;

... Considérant qu'il résulte de ce décret qu'en matière de contravention à la loi du 19 brumaire an VI, relative à la garantie des matières d'or et d'argent, les procès-verbaux peuvent être dressés par les préposés de la régie des droits réunis, sans l'assistance des employés des bureaux de garantie, et qu'en cela il a été dérogé à l'article 101 de ladite loi du mois de brumaire;

Qu'il résulte également du même décret que, pour la validité desdits procès-verbaux, les préposés de la régie ne doivent remplir d'autres formalités que celles prescrites par la même loi du mois de brumaire an VI, et que cette loi n'exigeant pas que les procès-verbaux soient affirmés, il s'ensuit qu'ils *ne sont pas soumis à cette formalité...*

La cour casse. — Ch. crim.

A. C. DU 24 FÉV. 1809, AFF. FORÊTS.

Là où la loi ne distingue point, les tribunaux ne peuvent créer des distinctions et des exceptions qui en atténueraient le sens et la détourneraient de son objet.
La lettre de la loi est seule à consulter, lorsqu'elle présente un sens clair et absolu (Forêts). B. crim. 83.

Vu l'article 8, titre 32 de l'ordonnance de 1669;
Vu l'article 50 de l'édit du mois de mai 1716;
Attendu que les dispositions des lois précitées, embrassent dans leur plénitude tous les délits forestiers quelconques dont elles ordonnent la répression;
Que si l'ordonnance de 1669 a déterminé une peine particulière pour chaque genre de délit, elle a ensuite prescrit, par l'article 8 du titre 32, une mesure indéfinie qui tend à prévenir les contraventions avec plus d'efficacité, en ajoutant à la peine infligée au délit, sous les rapports de l'ordre public, l'obligation de réparer complètement les dommages, sous les rapports de l'intérêt civil, et au profit de la partie lésée, qui ne recevrait aucune satisfaction de la simple prononciation des amendes contre les délinquants;
Que le législateur n'a pas dû reproduire les dispositions de l'article 8 dans tous les autres articles, parce qu'il est sensible que le titre 32 étant le dernier de l'ordonnance, il se réfère nécessairement à toutes les dispositions précédentes, lors, surtout, que, par la généralité de son expression, on ne peut croire qu'il soit limité à certains cas particuliers; que là où la loi ne distingue point, on ne peut créer des distinctions et des exceptions qui en altèreraient le sens et le détourneraient de son objet;
Que la lettre de la loi est seule à consulter, lorsqu'elle présente un sens clair et absolu;
Que d'ailleurs les mêmes motifs qui ont fait admettre la mesure de la restitution pour les vols et enlèvements de bois, punis d'une amende au pied de tour, s'appliquent aussi aux dégradations de toute nature commises dans les forêts, par la raison que le surhaussement de la valeur des bois rend nécessairement toutes les espèces de dommages plus graves, et que cette considération s'applique également aux enlèvements des bois en pleine crue, comme à la destruction des graines et des jeunes plants, qui empêchent la reproduction des sujets et le repeuplement des forêts;
Que c'est par ces motifs que la jurisprudence, soit ancienne, soit nouvelle, a constamment repoussé les distinctions également contraires au texte de la loi, aux vues qui l'ont dictée, et au but qu'elle se propose;
Que, dès lors, l'arrêt de la cour de justice criminelle du département des Forêts a évidemment violé la loi, en refusant d'appliquer les dispositions de l'article 8 au délit qui lui était dénoncé, et en appuyant ce refus sur une interprétation arbitraire de cet article, qui *tendrait à modifier et à limiter ses effets*;
La cour casse. — Ch. crim.

A. C. DU 3 MARS 1809, AFF. GEYSSENS.

L'effet d'un jugement qui a acquis force de chose jugée, faute d'avoir été attaqué dans la forme et les délais prescrits, ne peut être détruit par aucune voie (Douanes). B. crim. 104.

Vu l'article 4 de la loi du 11 prairial an VII;
Attendu qu'il s'agissait dans l'espèce d'une saisie de denrées coloniales...
Que le jugement avait acquis l'autorité de la chose jugée en faveur de l'administration des douanes, faute d'avoir été attaqué dans la forme et dans les délais prescrits par la loi du 11 prairial an VII, et qu'ainsi l'effet ne pouvait plus en être détruit par aucune voie...
La cour casse. — Ch. crim.

A. C. DU 3 MARS 1809, AFF. YPENS.

Quand il est établi par le procès-verbal que des tabacs dépourvus de vignettes étaient exposés en vente chez un débitant, le fait ne peut être contesté que par la voie de l'inscription de faux. B. crim. 107.

Vu l'article 47 de la loi du 24 avril 1806, qui est ainsi conçu:
« Les tabacs fabriqués seront revêtus des marques et vignettes de la régie, faute de quoi ils seront saisis et confisqués. »
Vu l'article 26 du décret impérial du premier germinal an XIII, qui est conçu en ces termes:
« Les procès-verbaux, ainsi rédigés et affirmés, seront crus, jusqu'à inscription de faux. »
Considérant que les préposés de la régie des droits réunis se sont transportés le 12 février 1808, à la maison de demoiselle Marie Ypens, fabricante et débitante de tabac à Gand;
Qu'après être entrés dans la boutique qui servait au débit de tabac, ils ont reconnu qu'il existait sur une des fenêtres donnant sur la rue, trois rouleaux de tabac exposés en vente, qui n'étaient revêtus ni des marques ni des vignettes prescrites par ladite loi;
Qu'ils ont interpellé ladite demoiselle Marie Ypens de déclarer d'où provenaient ces rouleaux de tabac, et comment ils se trouvaient exposés en vente sans être revêtus desdites marques;
Que ladite demoiselle Ypens, bien loin de dénier cette exposition en vente, a réduit sa défense à opposer que si elle n'avait pas fait apposer les marques prescrites par la loi, ce n'avait été que parce qu'elle n'avait pas vu les employés dans la matinée dudit jour;
Que par conséquent l'exposition en vente des trois rouleaux de tabac non revêtus desdites marques était bien établie, tant par le procès-verbal des préposés, que par la nature de la défense de ladite demoiselle Ypens;
Que néanmoins la cour dont l'arrêt est attaqué a admis ladite demoiselle Ypens à prouver par témoins qu'elle était dans l'usage de filer son tabac dans le même local dont elle se servait pour le débit;
Que cette cour a admis en outre ladite demoiselle Ypens à prouver par la même voie, que les trois rouleaux de tabac dont s'agit se trouvaient sur la croisée qui éclaire l'endroit où elle fait filer son tabac, et non sur la croisée qui éclaire le comptoir où se fait la vente;
Considérant que cette preuve a implicitement pour objet, dans son ensemble, d'établir que les trois rouleaux de tabac dont s'agit *n'étaient pas exposés en vente,* tandis que cette exposition était établie, tant par le procès-verbal des préposés, que par le genre de défense de ladite demoiselle Ypens, lors de ce procès-verbal;

Que, par conséquent, ladite cour, admettant la voie testimoniale ordinaire contre le contenu audit procès-verbal, a violé l'article 26 du décret impérial, qui veut que les procès-verbaux fassent foi pleine et entière, jusqu'à inscription de faux;
Que cette cour a violé par suite les dispositions de l'article 47 de la loi du 24 avril 1806;
La cour casse. — Ch. crim.

A. C. DU 10 MARS 1809, AFF. BANCALARI.

Si les objets ne figurent pas sur le registre comme vendus ou achetés, mais en dépôt seulement pour le compte de divers particuliers, les marchands et fabricants d'objets d'or et d'argent ne sont pas tenus d'en indiquer le titre sur le registre.
La foi due aux procès-verbaux ne s'étend pas aux faits antérieurs à la contravention. M. 5.148.

Vu les pièces du procès-verbal, et le mémoire contenant les moyens présentés à l'appui du pourvoi du demandeur;
Considérant, sur le premier moyen, que la foi qui est due aux procès-verbaux, jusqu'à inscription de faux, ne peut, de sa nature, se rapporter qu'aux seuls faits matériels de contravention qui passent sous les sens des employés, lors des visites et exercices à la suite desquels ils rédigent lesdits procès-verbaux; que dans l'espèce, la remise d'un registre, relatée au premier procès-verbal du 15 septembre 1808, comme ayant été faite au sieur Bancalari, le 28 juin 1807, n'est point un fait matériel de contravention; que ce fait, étant d'ailleurs beaucoup antérieur audit procès-verbal, a donc pu être valablement contesté par le prévenu, et être déclaré inexact par la cour de justice criminelle des Apenins, sans violer les dispositions de l'article 84 de la loi du 5 ventôse an XII, et de l'article 26 du décret impérial du 1er germinal an XIII;
Considérant, sur le second moyen, que par des circonstances particulières, indépendantes de la volonté des habitants de la Ligurie, l'article 74 de la loi du 19 brumaire de l'an VI n'a pu y recevoir son exécution dans le délai rigoureux prescrit par cet article; que d'après cette particularité, les employés de la régie ont eux-mêmes, dans la cause, fixé l'époque de l'exécution dudit article, à celle où le receveur local de la régie a remis au prévenu un registre dans la forme voulue par le même article;
Que la cour de justice criminelle du département des Apennins ayant déclaré en fait, qu'à partir de cette époque, le prévenu Bancalari s'était toujours conformé au prescrit de l'article 74 ci-dessus cité, celui-ci ne peut être réputé avoir été en retard d'exécuter les dispositions du même article;
Considérant, sur le troisième moyen, que si les motifs que la cour de justice criminelle des Apennins a pris des dispositions de l'article 79 de la loi du 19 brumaire an VI, sont insuffisants pour couvrir la contravention à l'article 74 de la même loi, ces motifs énoncés ne peuvent cependant affaiblir ceux sur lesquels ladite cour a d'ailleurs basé son arrêt;
Sur le quatrième moyen, considérant, 1° que le décret impérial du 15 messidor an XIII, qui a ordonné la publication, dans les départements de la Ligurie, de la loi du 19 brumaire an VI, a formellement excepté de cette publication les articles 82, 83 et 84 de la même loi, qui prescrivent les mesures de garantie relatives aux ouvrages d'ancienne fabrication;
Que les ouvrages d'or et d'argent qui se fabriquaient dans la Ligurie, avant sa réunion à l'empire français, et avant la publication de ladite loi de brumaire, n'ayant été assujétis à aucune marque indicative du titre, il s'ensuit que postérieurement à la publication de ladite loi, le prévenu ne pouvait, ni ne devait faire mention sur un registre du titre de ces sortes d'ouvrages;
Considérant 2°, et relativement à l'article porté sur le registre du prévenu, sous le n° 37, qui a pour objet un collier d'or fabriqué postérieurement à la mise en activité de la loi du 19 brumaire an VI, que ce collier n'a point été porté sur le registre du prévenu, comme ayant été par lui *vendu ou acheté,* mais seulement comme étant entre ses mains à titre de commission; que conséquemment, l'article 74 de ladite loi du 19 brumaire an VI ne pouvait, quant à la mention du titre de l'or, recevoir son application;
Que si l'article 15 de la déclaration du 26 janvier 1749, dont la publication a été ordonnée dans les départements de la Ligurie, par le décret impérial du 11 janvier 1808, prescrit aux fabricants et marchands d'ouvrages d'or et d'argent, d'inscrire, sur leurs registres, les objets qu'ils ont en leur possession, à un titre autre que d'achat ou de vente, ledit article ne leur prescrit point, à cet égard, il y faire mention *du titre ou de la quantité de fin* que contiennent les mêmes ouvrages; et qu'ainsi, le prévenu Bancalari ne peut être réputé en contravention, pour n'avoir pas mentionné sur son registre le titre d'or que contenait ledit collier;
Considérant, au surplus, que la procédure a été régulièrement instruite, et que l'arrêt dénoncé ne contient d'ailleurs aucune contravention aux lois;
La cour rejette. — Ch. crim.

A. C. DU 17 MARS 1809, AFF. N...

Les boissons existant dans le domicile d'un simple particulier ne peuvent être saisies sous le prétexte d'un défaut d'expéditions: ce n'est que lors de l'enlèvement ou du transport des boissons, ou chez les marchands ou débitants, que les employés sont autorisés à exiger la représentation de ces expéditions. Code de dir. (Ann.)

Attendu que, d'après les dispositions des articles 26 et 30 de la loi du 24 avril 1806, et des articles 2, 6 et 17 du décret du 5 mai suivant, les préposés n'ont le droit d'exiger la représentation des congés ou passavants que lors de l'enlèvement et du transport des boissons, et qu'il n'y a que les marchands et débitants qui soient assujétis à faire cette représentation pour les boissons qu'ils ont en leur possession;
Attendu que dans l'espèce il était établi que le sieur Savard, simple particulier, n'était dans aucun des cas prévus par lesdits articles; qu'ainsi il ne se trouvait pas soumis à l'obligation de représenter le congé ou passavant pour la pièce de cidre trouvée en vidange chez lui, et qu'en renvoyant le prévenu de l'action formée contre lui par la régie, l'arrêt rendu par la cour de justice criminelle du département d'Ille-et-Vilaine, le 12 décembre 1807, ne présente, d'après ce motif, aucune contravention à la loi;
La cour rejette. — Ch. crim.

A. C. DU 24 MARS 1809, AFF. MAHONDEAU.

Les moyens de faux ne peuvent être admis à moins qu'ils ne détruisent l'existence de la contravention, et cette question doit être jugée préliminairement par le tribunal devant lequel l'inscription de faux a été déclarée, avant de renvoyer la connaissance de l'affaire aux juges compétents. B. crim. 124.

Vu l'article 536 de la loi du 3 brumaire an IV;
Vu l'article 456 de la même loi, qui autorise la cassation des arrêts, lorsqu'il y a eu fausse application des lois;

Attendu que l'inscription de faux contre un procès-verbal de contravention ou de délit ne peut acquérir une influence légale sur le sort de ce procès-verbal, que dans le cas où les faits qui servent de base à cette inscription pourraient, s'ils étaient prouvés, détruire l'existence de la contravention ou du délit ;

Que dès lors, *c'est dans ce cas seulement* que l'inscription en faux peut être admise, et que son admission a l'effet de suspendre le cours des poursuites correctionnelles sur la contravention ou le délit constaté par le procès-verbal argué de faux ;

Qu'il suit de là, que les faits sur lesquels l'inscription est appuyée, doivent être proposés, appréciés et jugés *préalablement* à l'admission de cette inscription ;

Que les faits et les moyens de faux doivent être proposés devant le tribunal saisi de l'action principale résultant du procès-verbal, et qu'ils doivent être jugés par lui ; car l'inscription en faux étant ici une exception à l'action qui naît du procès-verbal, *le juge de l'action devient nécessairement le juge de l'exception*, si non quant à l'instruction et à la preuve du faux, du moins relativement à la pertinence des faits et à leur admission préliminaire ;

Que ce n'est qu'après le jugement des faits et moyens de faux, et lorsqu'ils ont été reconnus et déclarés pertinents et admissibles, qu'il peut y avoir lieu à l'exécution des dispositions de l'article 536 de la loi du 3 brumaire an IV ;

Que les délais et les formes nécessaires pour parvenir au jugement préliminaire sur la pertinence des moyens de faux, n'étant pas determinés par ladite loi du 3 brumaire an IV, les parties et les tribunaux doivent se conformer sur ce point aux dispositions de l'article 27 et suivants du titre 2 de l'ordonnance du mois de juillet 1737, reproduites par l'article 229 et suivants du code de procédure civile ;

Attendu que le tribunal de police correctionnelle de Blois a méconnu tous ces principes, par son jugement du 9 avril 1808, lorsque, sur la simple déclaration du sieur Mahondeau, qu'il entendait s'inscrire en faux contre le procès-verbal du 11 février précédent, il s'est borné à lui donner acte de cette déclaration, et que par suite, il a sursis au jugement du délit constaté par ledit procès-verbal, et ordonné qu'il serait instruit sur le faux conformément aux règles prescrites par le titre 13 de la loi du 3 brumaire an IV, sans que, préalablement à toutes ces prononciations, le sieur Mahondeau eût précisé des moyens de faux, qu'il eût réalisé sa déclaration de vouloir s'inscrire, par un acte déposé au greffe, et sans que le tribunal eût d'abord jugé,

1° Si l'inscription était régulière dans la forme ;

2° Si les moyens de faux que le sieur Mahondeau eût proposés, étaient pertinents et admissibles, en ce que la preuve des faits articulés *détruisait nécessairement* celle du délit forestier, imputé à ce prévenu ;

D'où il suit qu'en procédant ainsi, le tribunal correctionnel a fait une fausse application de l'article 536 du code de brumaire an IV et violé les principes et les lois de la matière ;

Attendu qu'en adoptant les motifs et les dispositions de ce jugement, par son arrêt du 14 août 1808, la cour de justice criminelle du département de Loir-et-Cher a partagé les mêmes erreurs, et commis les mêmes contraventions à la loi ;

La cour casse. — Ch. crim.

A. C. DU 30 MARS 1809, AFF. AVRILLON.

Un procès-verbal est nul quand l'affirmation en a été faite devant un officier qui n'avait pas le droit de la recevoir. J. P. 171.

Attendu qu'un procès-verbal est nul quand l'affirmation en est faite devant un officier qui n'a pas droit de la recevoir ; qu'il est constant au procès que, le délit ayant été commis dans la commune des Clefs, le procès-verbal qui en a été dressé a été affirmé par devant le maire de la commune de Rhones ; que, d'après l'article 11 de la loi du 28 floréal an X, les maires ou leurs adjoints ne peuvent recevoir l'affirmation des procès-verbaux que pour les délits commis dans leurs résidences respectives, mais qu'ils ne le peuvent lorsque le délit est commis dans l'étendue de la commune d'une autre mairie ; que les mots *autres communes*, employés dans la loi, signifient seulement les communes autres que celles qu'habite le juge de paix ou son suppléant, et non les communes autres que celles qu'habite chaque maire ou adjoint ; que, d'ailleurs, tout doute est levé par l'expression *respectives*, qui limite le pouvoir de chaque maire ou adjoint à ce qui s'est passé dans l'étendue de sa commune ; qu'ainsi la cour de justice criminelle du département du Mont-Blanc n'a fait qu'une juste application de l'article 11 de la loi du 28 floréal an X en rejetant le procès-verbal dressé contre les père et fils Avrillon, et que ce motif suffit pour légitimer son arrêt ;

La cour rejette. — Ch. crim.

A. C. DU 7 AVR. 1809, AFF. GUILLOT (1).

Les noms et prénoms des affirmants ne sont pas exigés dans l'acte d'affirmation sous peine de nullité.

Un débitant qui n'indique point sa qualité, par une enseigne, ne peut se justifier de cette contravention, en soutenant, 1° qu'il a obtenu de la régie un abonnement pour le droit de débit, et qu'en conséquence sa qualité est déclarée et connue, sans qu'il soit nécessaire d'établir une enseigne ; 2° que cette enseigne a été placée, mais qu'elle a été détruite par accident.

Vu les pièces du procès et le mémoire présenté par la régie à l'appui de son pourvoi ;

Considérant que le procès-verbal des préposés, du 26 août 1808, ne rapporte que d'une manière *très-vague* qu'il a été trouvé dans la cave du prévenu des vaisseaux prohibés par la loi, sans qu'il y soit rapporté en même temps *aucun fait matériel* d'où résulterait nécessairement que le prévenu avait des boissons dans des vases de moindre contenance d'un hectolitre ; qu'ainsi la cour de justice criminelle du département de la Drôme n'a point dû voir dans ledit procès-verbal la preuve certaine que le prévenu eût réellement contrevenu à l'article 26 du décret impérial du 5 mai 1806 ;

Mais vu l'article 456 du code des délits et des peines, du 3 brumaire an IV, portant :

« Le tribunal de cassation ne peut annuler les jugements des tribunaux criminels que dans les cas suivants : 1° lorsqu'il y a eu fausse application des lois pénales ; 6° lorsqu'il y a eu de quelque manière que ce soit, usurpation de pouvoir. »

L'article 25 du décret impérial du 1er germinal an XIII, portant :

« Les procès-verbaux seront affirmés au moins par deux des saisissants, dans les trois jours, devant le juge de paix ou l'un de ses suppléants ; l'affirmation énonce qu'il en a été donné lecture aux affirmants. »

Et l'article 14 du décret impérial du 5 mai 1806, portant : « Les cabaretiers, aubergistes, etc., seront tenus d'indiquer, par une enseigne ou bouchon, leur qualité de débitant. »

---

(1) Cet arrêt figure au *Nouveau Recueil*, mais la première partie avait été omise.

Considérant, 1° que l'article 35 ci-dessus cité, n'exige point que dans le corps de l'acte d'affirmation des procès-verbaux, soient énoncés *les noms et prénoms* des préposés affirmants ; d'où il suit qu'en déclarant nul, dans l'espèce, le procès-verbal des préposés, sous prétexte que l'affirmation n'énonce pas dans son contexte les noms et prénoms des affirmants, ladite cour de justice criminelle a créé une nullité qui n'est point dans la loi, et que conséquemment elle a commis un excès de pouvoir ;

Considérant, 2° que le fait matériel de la contravention du prévenu à l'article 14 du décret impérial du 5 mai 1806, était établi par le procès-verbal des préposés, régulier dans sa forme ; que si dans ce cas une force majeure pouvait servir d'excuse légitime, aucune loi néanmoins n'autorisait la cour de justice criminelle *à la regarder comme constante*, sur la simple allégation du prévenu, sans que l'administration des droits réunis eût reconnu la vérité du fait par un aveu formel ou implicite ; d'où il suit que la contravention n'ayant point été légalement détruite, ladite cour a violé les lois pénales en refusant d'en faire l'application.

La cour casse. — Ch. crim.

A. C. DU 6 JUILL. 1809, AFF. SÉGHÉSIO.

N'est pas admissible une déclaration d'inscription de faux faite oralement par un individu qui ne déclare pas ne pas savoir signer. B. crim. 239.

Vu l'article 40 du décret impérial du 1er germinal an XIII ;

Considérant que cet article veut impérieusement que celui qui forme une inscription en faux contre un procès-verbal de la régie, fasse sa déclaration par écrit en personne, ou par un fondé de pouvoir spécial, à peine de déchéance de l'inscription ;

Que le législateur ne s'est pas contenté d'une déclaration orale ;

Qu'il a exigé une garantie plus forte de la volonté de l'inscrivant ;

Qu'il résulte du même article que lorsque l'inscrivant déclare ne pas savoir signer, la déclaration relative à l'inscription est signée par le président ;

Que, par conséquent, lorsque l'inscrivant ne déclare pas qu'il ne sait pas signer, il rentre dans les dispositions de la première partie de l'article qui exige une déclaration par écrit, sous peine de déchéance de l'inscription ;

Que, par conséquent, dès que, dans l'espèce, l'inscrivant n'avait pas déclaré qu'il ne sût pas signer, son inscription était frappée de la déchéance prescrite par ladite loi ;

Que la cour dont l'arrêt est attaqué, en validant cette inscription, a violé l'article 40 du décret impérial du 1er germinal an XIII, et commis un excès de pouvoir ;

La cour casse. — Ch. crim.

A. C. DU 30 AOUT 1809, AFF. FLORENCE.

Dans les actions en requête civile, les plaidoiries sont de droit. On ne doit pas assimiler ces instances à celles qui se rapportent simplement aux perceptions.

Considérant, sur le premier moyen, que l'article 495 du code de procédure civile est général, et impose dans sa généralité, à tout impétrant de requête civile, sans exception, l'obligation de signifier, en tête de sa demande, une consultation de trois avocats, qui énonce les ouvertures de la requête civile ;

Considérant que cette obligation est d'autant plus absolue, que l'article 499 du même code ne permet de discuter à l'audience, et par écrit, d'autres moyens que les ouvertures de requête civile énoncées en cette consultation ;

Considérant qu'on ne conçoit pas par quel motif l'administration serait affranchie de cette obligation, dont le but est de ne pas exposer les jugements en dernier ressort à des attaques indiscrètes, et qu'au surplus la loi n'admettant aucune exception, aucune exception ne peut être suppléée ;

Considérant enfin, que vainement la régie cherche à induire cette exception de a dispense portée par l'article 494, en faveur de la partie qui stipule les intérêts de l'Etat, de consigner l'amende de 300 fr. : que cette dispense, qui tient à un motif sensible et tout particulier, ne peut être étendue hors de son objet ; que si l'on conçoit très bien que la partie qui stipule les intérêts de l'Etat, soit dispensée de consigner une amende qui, en définitive, serait adjugée à l'Etat ou devrait être par lui restituée, on ne conçoit certainement pas où est la parité, même l'analogie entre ce cas et l'obligation toute différente de rapporter une consultation préalable ;

Et qu'ainsi le jugement attaqué a justement déclaré la régie non recevable dans sa requête civile, faute d'avoir signifié en tête de sa demande, la consultation requise par cet article 495 ;

Considérant, sur le deuxième moyen, que si l'article 17 de la loi du 27 ventôse an IX défend effectivement les plaidoiries dans les affaires que suit la régie *pour toutes les perceptions qui lui sont confiées*, cette disposition ne regarde que les affaires où il s'agit de la perception même du droit et leur jugement ; mais qu'elle ne peut pas être étendue à l'action en requête civile, qui a ses formes particulières et spéciales, qui, étant une voie extraordinaire tendante à faire rétracter un jugement en dernier ressort, ne comporte pas le mode commun d'instruction sommaire établie par la loi du 27 ventôse an IX ;

Considérant que dans cette instance, sur cette requête civile, il s'agit d'un tout autre genre d'action, qui ne permet pas de retirer aux parties le droit si naturel de se défendre par tous les moyens légaux dont la loi ne prohibe pas expressément l'exercice ;

D'où il suit que le jugement attaqué, admettant les parties à plaider, n'a pas violé la disposition de cet article 17 de la loi du 27 ventôse an IX, qui ne s'applique pas à l'espèce ;

La cour rejette. — Ch. civ.

A. C. DU 1er DÉC. 1809, AFF. CALAMY.

Il ne suffit pas que le prévenu ait déclaré s'inscrire en faux contre un procès-verbal, pour que le tribunal soit autorisé à surseoir au jugement de la contravention ; il faut encore que le prévenu ait fait le dépôt de ses moyens de faux et que le tribunal les ait trouvés pertinents (Douanes). B. crim. 38.

Vu les articles 12, titre 4 de la loi du 9 floréal an VII, et 9 de l'arrêté du gouvernement du 4 complémentaire an XI ;

Considérant que Jean-Baptiste Calamy déclara à l'audience du tribunal de police correctionnelle de Livourne, du 3 juin 1809, qu'il entendait s'inscrire en faux contre le procès-verbal des préposés, du 20 mai précédent ;

Que ce tribunal ordonna, ledit 3 juin 1809, d'après cette simple déclaration, qu'il serait sursis au jugement de la contravention jusqu'après le jugement sur l'inscription en faux ;

Que cette manière de procéder était en opposition directe avec les règles tracées par la loi et l'arrêté ci-dessus énoncés ;

Qu'en effet, la déclaration de l'inscription en faux n'est qu'un acte préliminaire insuffisant, sous tous les rapports, pour autoriser une surséance au jugement de la contravention ;

Qu'il est nécessaire, en outre, que l'inscrivant fasse au greffe du tribunal, trois jours après sa déclaration, le dépôt des moyens de faux, ainsi que des noms et des qualités des témoins qu'il se propose de faire entendre;

Que le tribunal chargé par la loi d'apprécier les moyens de faux examine successivement si ces moyens, en supposant que la preuve en fût faite, détruisent l'existence de la fraude à l'égard de l'inscrivant;

Que ce n'est qu'alors que le tribunal est tenu, s'il trouve les moyens pertinents, d'ordonner la surséance au jugement de la contravention;

Considérant que, quoique postérieurement au jugement du 3 juin 1809, les moyens de faux aient été déposés au greffe, la décision prématurée et nulle, contenue dans ce jugement, n'en a pas moins été, à l'audience du 21 juin 1809, la base du refus qu'a fait ce tribunal de prononcer sur l'irrégularité ou la régularité de cette inscription;

Que ce tribunal a déclaré en effet, à cette époque, que, dès qu'il avait admis, à l'audience du 3 juin 1809, ladite inscription, et dès qu'il avait ordonné la surséance au jugement de la contravention, il ne pouvait plus s'occuper des moyens proposés par l'administration des douanes contre ladite inscription;

Considérant que la cour dont l'arrêt est attaqué, au lieu d'annuler le jugement du 3 juin 1809, comme manifestement contraire aux dispositions de ladite loi et dudit arrêté, a, au contraire, confirmé ce jugement;

La cour casse. — Ch. crim.

A. C. DU 5 JANV. 1810, AFF. AERTSENS.

D'après la combinaison des articles 1er et 4 de la loi du 14 fructidor an III, il suffit, pour la régularité d'une saisie, que le procès-verbal soit signé et affirmé par deux préposés (Douanes). B. crim. 11.

Vu les articles 1er et 4 de la loi du 14 fructidor an III;

Attendu que de la combinaison de ces deux articles il résulte que, de même que, lorsqu'une saisie a été faite par plus de deux préposés, il suffit, pour la constater, que deux des préposés qui l'ont faite, en dressent et signent le procès-verbal; de même aussi, lorsqu'un procès-verbal a été dressé et signé par plus de deux préposés, il suffit, pour lui donner le dernier degré d'authenticité, que deux des préposés qui l'ont dressé et signé, l'affirment devant le juge de paix;

Attendu que, dans le fait, le procès-verbal des 11 et 12 prairial an V a été affirmé par dix-sept des membres de la gendarmerie et préposés des douanes, qui avaient concouru à le dresser, et l'avaient revêtu de leurs signatures : nombre beaucoup plus que suffisant pour en valider l'affirmation;

Attendu d'ailleurs qu'il n'est pas une seule des opérations relatées dans le procès-verbal, à laquelle ne se soient trouvés au moins deux des dix-sept affirmants...;

La cour casse. — Ch. réun.

A. C. DU 27 AVR. 1810, AFF. REYNARD.

Quand il importe peu que les boissons aient été dégustées, ce fait ne peut pas donner lieu à inscription de faux. M. 7.160.

Vu l'article 42 du décret impérial du 1er germinal an XIII;

Considérant que, d'après ces termes prohibitifs, ne seront admis, les tribunaux doivent rejeter tous moyens de faux dont la preuve n'est point de nature « à faire disparaître la fraude ou la contravention » énoncée au procès-verbal inscrit de faux;

Considérant que peu importait dans l'espèce que les liqueurs saisies par le procès-verbal du 27 avril 1810, eussent ou n'eussent pas été goûtées par les commis saisissants qui y avaient déclaré en avoir fait la dégustation, puisqu'il n'était pas désavoué par Antoinette Reynard, inscrivante en faux, que c'était de l'eau-de-vie, de l'anis et du genièvre, qui étaient en effet renfermés dans les vaisseaux trouvés dans sa cave, où ils ont été saisis pour défaut de déclaration et de congé, et puisque l'omission alléguée de cette dégustation ne pouvait pas faire disparaître la contravention résultant de ce défaut de représentation de congé; d'où dérive la conséquence, que le moyen de faux pris de ce que les liqueurs saisies n'auraient pas été dégustées, n'était aucunement « justificatif »;

Considérant qu'il en était de même de celui que l'inscrivante tirait, soit de ce qu'il n'y aurait eu qu'une bouteille d'eau-de-vie et une bouteille d'anis, au lieu de deux bouteilles de chacune de ces liqueurs, que les commis ont dit avoir saisies, soit de ce que la contenance du tonneau de genièvre saisi aurait été inférieure à celle mentionnée dans le procès-verbal, puisque la totalité des choses saisies ayant été laissée à l'inscrivante, sur évaluation amiable à une somme fixe de seize francs, elle pouvait, dans tous les cas, satisfaire à la condamnation de confiscation par le paiement de cette somme de seize francs; d'où il suivait que la question, sur le plus ou le moins de liqueurs, était absolument dénuée d'intérêt et « indifférente à la nature de la contravention »;

Considérant que, néanmoins, par son arrêt du 24 septembre 1810, la cour de justice criminelle du département de la Lys a admis comme relevants et justificatifs les deux moyens de faux tirés du prétendu défaut de dégustation et de la prétendue infériorité de quantité des choses saisies; ce qui constitue, sous les deux rapports, une contravention formelle audit article 42 du décret impérial réglementaire du 1er germinal an XIII;

La cour casse. — Ch. crim.

C. Nº 165 DU 30 AVR. 1810.

Comptabilité. Bordereaux de mois et états de trimestre.

... Je profite de cette circonstance pour vous donner avis qu'il a été remarqué que plusieurs contrôleurs principaux, en formant leurs bordereaux de mois, portent à la colonne des mois antérieurs des sommes différentes de celles présentées sur leurs bordereaux précédents à la colonne du total général depuis le commencement de l'exercice, et ne donnent aucun motif de ces changements. Il a été également remarqué que, dans un grand nombre d'arrondissements, la colonne des états généraux de trimestre, intitulée *sommes recouvrées*, d'après le bordereau du dernier mois du trimestre, présentait des sommes différentes de celles portées sur ce même bordereau à la colonne du total général. On vous invite à rappeler à ces contrôleurs principaux, qu'ils ne doivent jamais faire aucun changement sur leurs bordereaux de mois, extraits de journaux, ou états de trimestre, aux colonnes des mois ou trimestres antérieurs, sans en indiquer la cause...

A. C. DU 11 MAI 1810, AFF. LAFOURNIÈRE.

Il ne suffit pas d'une simple dénégation pour détruire les procès-verbaux qui font foi jusqu'à preuve contraire; il faut, pour les combattre, une preuve contraire faite contradictoirement. B. crim. 130.

Vu l'article 88 de la loi du 7 ventôse an VIII;

Vu également l'article 456, § 6, de la loi du 3 brumaire an IV;

Attendu qu'il est constaté par un procès-verbal du maire de la ville de Clermont, département de la Meuse, du 8 janvier dernier, 1° que Lafournière, au mépris d'un règlement municipal de police, du 5 pluviôse an XI, avait placé près de sa maison une voiture qui obstruait le passage de la rue; 2° qu'il avait aussi fait placer le long de l'hôtel de ville des voitures appartenant à des personnes qui logeaient chez lui;

Que les faits résultant du procès-verbal pouvaient bien être modifiés par une preuve contraire qui aurait été faite contradictoirement; mais que jusque là ils ont dû passer pour constants, sans pouvoir être détruits par une simple dénégation; que dès lors, il résultait de ces faits une contravention formelle au règlement de police du 5 pluviôse an XI, laquelle devait être punie conformément à l'article 600 du code des délits et des peines;

La cour casse. — Ch. crim.

A. C. DU 5 JUIN 1810, AFF. POULAIN.

La prescription peut être opposée en tout état de cause. J. P. 8.352.

Attendu qu'il résulte du jugement que l'exception de la prescription a été opposée, et que le moyen n'en a été rejeté que par le double motif qu'elle ne pouvait être valablement opposée que lorsque les choses étaient encore entières, et que Poulain avait défendu au fond;

Attendu qu'il est évident, par l'énoncé positif de ce double motif, que le tribunal civil de Paris a considéré le moyen de prescription comme devant être proposé *rebus integris*, in limine litis, et préalablement à toutes autres exceptions et défenses, ce qui est à la fois une erreur et une violation formelle de l'article du code civil, ci-dessus rapporté;

La cour casse. — Ch. civ.

A. C. DU 6 JUIN 1810, AFF. LAVATORI.

Les procès-verbaux ne font pas foi jusqu'à inscription de faux, lorsque les préposés les ont dressés que pour couvrir leur propre prévarication (Douanes) J. P. 8.354.

...Attendu 6° que la loi qui veut que foi soit ajoutée aux procès-verbaux des préposés de la douane jusqu'à inscription de faux, n'est relative qu'aux prévenus de contravention, et n'est pas applicable au cas où les préposés n'ont rédigé un procès-verbal que pour couvrir leur propre prévarication;

La cour rejette. — Ch. crim.

A. C. DU 2 AOUT 1810, AFF. MARX BOELMER.

En matière correctionnelle comme en matière civile, l'appel n'est interdit qu'à l'égard des jugements préparatoires; il est formellement autorisé à l'égard des jugements interlocutoires (Forêts). B. crim. 197.

Vu l'article 456 de la loi du 3 brumaire an IV;

Attendu que l'article 193 de la loi du 3 brumaire an IV donne expressément le droit d'interjeter appel, non seulement au condamné et au ministère public, mais encore à la partie plaignante;

Que, suivant l'article 451 du code de procédure civile, l'appel n'est interdit qu'à l'égard des jugements préparatoires, mais qu'il est formellement autorisé à l'égard de tous les jugements interlocutoires;

Que l'article 452 du même code explique très clairement ce qu'il faut entendre par ces jugements; qu'il décide que les jugements préparatoires sont ceux qui ne concernent que l'instruction de la cause, qui tendent à mettre le procès en état de recevoir un jugement définitif; et que les jugements interlocutoires sont ceux pour lesquels un tribunal ordonne, avant dire droit, une preuve, une vérification ou une instruction qui préjuge le fond;

Attendu que, d'après ces définitions aussi claires, il était impossible de se méprendre sur le caractère du jugement rendu le 15 juillet 1809 par le tribunal correctionnel séant à Coblentz, dans la cause en instance entre l'administration forestière et le nommé Marx Boelmer, adjudicataire, prévenu d'avoir abattu des arbres de réserve dans les limites de sa vente;

Que ce jugement a ordonné, avant dire droit, une vérification qui préjugeait nécessairement le fond...

La cour casse. — Ch. crim.

DÉCRET DU 23 SEPT. 1810.

Pêche et francs-bords.

Article unique. Les produits de la mise en ferme de la pêche, ainsi que ceux de franc-bord et de plantation dépendant desdits canaux, seront versés au trésor public par l'intermédiaire de l'administration des droits réunis.

ARRÊT DU CONS. D'ÉT. (DÉCRET) DU 29 SEPT. 1810, AFF. AUGROS.

On entend par rivière navigable toute rivière portant bacs, bateaux et batelets pour aller d'un bord à l'autre. Code des bacs. (Ann.)

Ces dispositions résultent de la procédure. L'arrêt est ainsi conçu :

Napoléon, etc.;

Sur le rapport de notre commission du contentieux;

Vu la requête du sieur Augros, propriétaire à Poitiers, tendant à faire annuler un arrêté du préfet de la Vienne, du 2 fructidor an X;

Vu ledit arrêté qui rejette la pétition du sieur Augros, tendant à le faire maintenir dans la jouissance des bacs établis dans les ports de Cubort et de Toulon sur la rivière de Vienne;

Considérant que les dispositions de la loi du 6 frimaire an VII ont dû être appliquées à l'établissement des bacs du sieur Augros, cette loi ayant déclaré d'une manière absolue et générale que les passages publics sur les rivières et canaux ne peuvent appartenir à des particuliers, et doivent être régis par les agents du domaine public;

Notre conseil d'État entendu;

Nous avons décrété et décrétons ce qui suit :

Art. 1er. La requête du sieur Augros est rejetée.

D. DU 23 OCT. 1810.

Octrois.

Les hospices civils et militaires ne peuvent pas être affranchis du paiement des droits d'octroi.

A. C. DU 9 NOV. 1810, AFF. PERROT.

Un recel de boissons peut être prouvé par les aveux, propos et conversations des parties.

Le procès-verbal qui constate ces aveux et conversations fait foi en justice pour cet objet, tout comme pour les faits matériels de fraude et de contravention. B. crim. 272.

Vu l'article 26 du décret impérial du 1er germinal an XIII, servant de règlement sur l'exécution de la loi du 12 ventôse précédent;

Attendu que les faits et circonstances, ainsi que *les déclarations, contradictions et propositions* constatées par le procès-verbal du 14 novembre 1809, ne peuvent laisser aucun doute sur la fraude concertée entre le cordonnier Hubon et le cabaretier Perès habitant la même maison, pour favoriser celui-ci et lui faciliter les moyens de faire entrer et débiter des vins sans déclaration préalable, et en fraude des droits de détail;

Que non seulement la cour de justice criminelle du département de la Loire-Inférieure a méconnu cette vérité démontrée par ledit procès-verbal, mais encore qu'en s'appropriant les motifs des premiers juges, elle a décidé en point de droit que la foi accordée par la loi aux procès-verbaux des préposés, jusqu'à inscription de faux, ne doit s'entendre que du fait matériel de fraude, *et non des divers propos et aveux des parties*;

Attendu que s'il dépendait de la volonté des juges d'éluder ainsi des faits caractéristiques, tels que ceux constatés par le procès-verbal ci-dessus référé, et s'il était possible de laisser propager un fait fausse que celle consacrée par l'arrêt attaqué, et de permettre des déclarations que la loi n'a pas autorisées, il s'ensuivrait que les intérêts de l'État seraient grièvement blessés, et que les droits qui doivent être perçus à son profit deviendraient illusoires;

La cour casse. — Ch. crim.

A. C. DU 16 NOV. 1810, AFF. PONT-CHAPELLE (1).

L'amende encourue, en matière d'octroi, ne peut être prononcée que par les tribunaux de police; les tribunaux civils sont incompétents pour l'appliquer.

L'incompétence, lorsqu'elle est absolue, et à raison de la matière, peut être proposée en tout état de cause, même pour la première fois en cassation. M. 10.190.

Vu l'article 17 de la loi du 27 frimaire an VIII;

Et attendu que, d'après cet article, l'amende encourue et demandée pour contravention au droit d'octroi ne peut être jugée que par les tribunaux de police;

Et que s'agissant dans l'espèce de prononcer une semblable amende, il n'a pu y être statué par un tribunal civil sans violation de l'article 17 ci-dessus cité;

Attendu que l'incompétence de ce tribunal a pu, comme absolue et à raison de la matière, être proposée en tout état de cause et même pour la première fois en cassation, ainsi qu'il résulte d'ailleurs de l'article 170 du code de procédure civile;

La cour casse. — Ch. civ.

A. C. DU 21 NOV. 1810, AFF. SALLABERY.

L'acte d'appel donné dans les délais de la loi, sans autre indication, n'est pas nul. J. P. 8.652.

Attendu que, dans la signification de l'appel, le vœu de la loi a été rempli;
La cour rejette. — Ch. req.

A. C. DU 13 DÉC. 1810, AFF. REGNIER ET QUELVEN.

Le cheval qui a servi à transporter des marchandises en fraude des lois sur les douanes, doit être confisqué comme les marchandises, bien qu'il n'appartienne pas au fraudeur, et que le propriétaire ignorât en le donnant en location qu'on l'emploierait à cet usage. B. crim. 328.

Vu l'article 13 de la loi du 10 brumaire an V;

Attendu que les marchandises anglaises dont il s'agit, et dont la confiscation a été prononcée, étaient chargées sur un cheval qui servait à leur transport, et dont la saisie avait été déclarée en même temps que celle desdites marchandises;

Qu'ainsi, d'après la disposition formelle de l'article ci-dessus cité, la confiscation dudit cheval aurait aussi dû être prononcée;

Que cependant la cour de justice criminelle a confirmé la main-levée donnée par les juges de première instance de la saisie du cheval, sur le motif qu'il avait été donné à simple location par le propriétaire, qui ignorait l'usage qu'on en faisait pour transporter des marchandises prohibées;

Qu'une pareille distinction est contraire au vœu de la loi;
La cour casse. — Ch. crim.

A. C. DU 1er FÉV. 1811, AFF. STÉPHANI.

Il n'y a pas lieu à prononcer une fin de non recevoir contre l'appel d'un jugement qui, ayant le caractère d'un jugement interlocutoire, ne peut pas être considéré comme jugement simplement préparatoire et de pure instruction. B. crim. 17.

Vu l'article 456 du code des délits et des peines;

Attendu que, dans l'espèce, où il s'agissait de juger par qui devraient être avancés les frais et salaires des experts nommés pour vérifier si, comme l'avait prétendu le prévenu Jean Stéphani, le village de Carden, dans lequel la saisie dont il s'agit a eu lieu, était situé hors de la ligne, la régie des douanes avait soutenu qu'on ne pouvait la soumettre à fournir à cette avance, soit en tout ou en partie;

qu'elle se fondait sur une disposition de la loi du 4 germinal an II, qui met la preuve de non contravention à la charge du saisi, et sur le principe établi par l'article 301 du code de procédure civile, portant que les frais de transport doivent être avancés par la partie requérante;

Que, sur cette question incidente, la disposition du jugement correctionnel qui a ordonné que la régie contribuerait pour moitié dans cette avance, et qui lui a par conséquent imposé une obligation dont elle prétendait ne pouvoir être tenue, était une disposition véritablement définitive sous ce rapport, et par suite essentiellement soumise à l'appel;

Attendu que ledit jugement, qui aurait au moins le caractère de jugement interlocutoire, ne pouvait pas être considéré comme jugement simplement préparatoire et de pure instruction; que cependant la cour de justice criminelle s'est

<hr>

(1) Au Mémorial, cet arrêt a été inséré sous la date du 26. Il résulte de la table de cet ouvrage qu'il est du 16.

permis de déclarer que l'appel n'en était pas recevable: mais qu'en prononçant ainsi une fin de non recevoir qui n'est point établie par la loi, qui est même évidemment contraire à la loi, ladite cour a commis un excès de pouvoir;
La cour casse. — Ch. crim.

C. N° 186, DU 19 MARS 1811.

Comptabilité des amendes et confiscations.

Registre des consignations.

... A l'avenir, et à partir du 1er janvier de cette année, les registres de consignation seront clos et arrêtés chaque année; il en sera ouvert un pour chaque exercice; et ceux des exercices expirés seront déposés dans les archives des contrôles principaux, comme appartenant à la régie: ils ne pourront être vendus qu'aux époques et d'après les formes déterminées par ma circulaire n° 146, sous le timbre du *secrétariat général, division du matériel.*

Les articles de recette et de dépense seront inscrits sous une seule et même série de numéros, successivement, et à fur et à mesure que les recettes ou dépenses auront lieu, en observant que la totalité de la recette ou de la dépense relative à une même affaire, sauf néanmoins le cas d'exception dont il sera parlé plus bas pour la recette, devra toujours être portée en un seul et même article, sans que, pour cela, la recette et la dépense d'une même affaire puissent être cumulées dans un seul enregistrement.

Il pourra arriver que la recette ait lieu en deux ou plusieurs fois, soit lorsqu'un contrevenant fera une consignation avant jugement ou transaction, soit lorsqu'un contrevenant qui n'aura point transigé, mais contre lequel il aura été obtenu un jugement, n'y aura satisfait qu'en plusieurs fois: à cet égard, je vous fais remarquer que pareil retard ne pourra, en aucun cas, avoir lieu de la part des contrevenants avec lesquels il sera transigé, parce qu'ils ne devront jamais être admis à transaction qu'autant qu'ils paieront comptant au moment même de la rédaction de cet acte.

Lorsque, dans l'une des circonstances dont je viens de parler, la recette des sommes dues par un contrevenant pour une même affaire aura lieu en plusieurs fois, l'enregistrement en recette devra relater les recouvrements précédemment faits, et être rédigé ainsi qu'il suit:

Fait recette le comptable de la somme de   payée par le sr   ou provenant de   ; laquelle, ajoutée à celle (ou à celles) de précédemment reçue (ou reçues), et inscrite sous le n° (ou les n°s), forme celle totale de   que le sr   s'est soumis, par transaction en date du   (ou a été condamné par jugement du   ), à payer à la régie, par suite du procès-verbal rendu contre lui le

Le comptable, en faisant cet enregistrement, aura soin de porter dans la colonne intitulée *n° de correspondance*, à la recette ou à la dépense, vis-à-vis chacun des articles de recette précédemment inscrits, le numéro de l'article sous lequel la nouvelle recette sera portée.

Il pourra arriver aussi que la dépense ait lieu en plusieurs fois, soit parce que quelques-uns des employés ayant droit aux répartitions, seront absents au moment où ces répartitions s'effectueront, et ne pourront fournir de suite leurs quittances, soit pour tout autre motif.

Lorsque ces circonstances, qui au surplus seront fort rares, se présenteront, les receveurs principaux inscriront les dépenses partielles qu'ils feront, dans des cases particulières, distribuées en forme de comptes ouverts, qui seront placées à la fin du registre des consignations, et dans lesquelles ces dépenses seront portées sans libellés, mais avec la simple indication des dates et des sommes payées: ces dernières seront portées dans la colonne d'émargement à laquelle elles se rapporteront. Ces différentes cases seront numérotées; et, lorsque la totalité des paiements relatifs à une même affaire aura été effectuée, on en fera l'addition par chaque colonne d'émargement, et le montant total en sera reporté en dépense en masse au registre des consignations: cette dépense portera la date du jour auquel elle sera inscrite; et les receveurs principaux feront connaître, dans la colonne intitulée *n° de correspondance aux comptes ouverts*, celui de la case dans laquelle les paiements partiels auront été inscrits.

Quelque retard que l'enregistrement définitif des dépenses au registre des consignations puisse éprouver, les receveurs principaux n'en devront apporter aucun à payer aux employés qui pourront leur en fournir émargements ou quittances valables, les portions qui leur reviendront, non plus qu'à remettre les droits fraudés, s'il y a lieu, aux receveurs chargés d'un compter, ainsi qu'à enregistrer, au journal général n° 50, les diverses sommes appartenant au trésor impérial, et à compter aux directeurs de celles revenant à la caisse des retraites.

Les registres des consignations porteront une série de numéros d'ordre qui se suivront indistinctement pour la recette et pour la dépense: ces registres seront arrêtés au bas de chaque page, et les additions reportées de page en page jusqu'à la fin.

Au moyen des numéros de correspondance aux numéros de la recette et de la dépense, qui devront être remplis exactement, ainsi qu'il a été expliqué plus haut, soit au moment de la réinscription des sommes qui n'auraient comporté qu'une portion des paiements faits par les contrevenants, soit au moment de l'inscription en dépense de cette totale relative à une même affaire, il sera toujours facile de reconnaître, à la simple inspection des registres de consignations, et par les blancs qui se trouveront dans la colonne de correspondance ci-dessus, quelles seront les affaires non encore terminées.

A la fin de l'exercice, tous les articles de recette relatifs à des affaires non terminées, seront reportés, article par article, sur le registre des consignations de l'exercice suivant, et avec une nouvelle série de numéros; ce rapport se fera par un article unique de dépense, qui sera ainsi conçu: *Reporté du présent registre à celui de l'exercice   la somme de   , montant de la recette comprise aux articles n°s   ci-dessus, et relatifs à des affaires non terminées; lesquels articles reportés audit registre de l'exercice   sous les n° depuis 1 jusques et compris celui n°.*

Ainsi qu'il a été dit plus haut, les registres des consignations seront conformes au nouveau modèle arrêté par l'administration; mais, attendu que déjà tous les receveurs principaux ont été approvisionnés, pour l'année 1811, de ceux précédemment usités, qui d'ailleurs peuvent facilement être distribués de manière à présenter les mêmes indications que les nouveaux, ces derniers ne seront ouverts qu'au 1er janvier 1812; et, jusqu'à cette époque, on se servira de ceux actuellement en usage, en y faisant à la main les changements nécessaires.

Pour opérer convenablement le changement que je viens d'indiquer, il sera nécessaire que les registres des consignations soient arrêtés au moment de la réception de la présente, et que le libellé de ces arrêtés soit conçu dans les termes suivants: *Arrêté la recette du présent registre à la somme totale de   , et la dépense à celle de   ; lesquelles sommes vont être reportées à la suite du présent pour leur montant total, mais avec les nouvelles distributions indiquées par la circulaire en date du 19 mars 1811, sous le n° 186 de la 2e division.*

On reportera en effet les totaux de recette et de dépense, en faisant ressortir dans chaque colonne d'émargement les sommes qui devront y être inscrites.

d'après le nouvel intitulé de ces colonnes; mais ce report ne dispensera, en aucun cas, de remplir, à fur et à mesure qu'il y aura lieu pour les affaires dont la recette se trouvera déjà inscrite sur les registres, c'est-à-dire, à fur et à mesure que les formules affaires se termineront ou donneront lieu à de nouveaux recouvrements, le n° de correspondance, qui, d'après ce qui a été indiqué plus haut, sera destiné à faire connaître l'article de dépense qui balancera cette recette, ou celui de réinscription pour les cas où il y aura lieu...

Des transactions.

Les transactions seront rédigées en double expédition et en double copie, les unes et les autres signées des contrevenants, ou de leurs représentants, comme il va être dit, et des employés qui auront transigé. Elles seront toutes rédigées sur des formules imprimées, dont je vais vous faire approvisionner, et dans lesquelles il ne sera question que de remplir les blancs. Les deux expéditions seront timbrées du timbre de la régie de l'enregistrement, et destinées, l'une pour les contrevenants, et l'autre pour la justification du produit. Les deux copies seront sur papier libre, et destinées, l'une pour les directeurs, qui devront les conserver dans leurs archives, et l'autre pour la division du contentieux, à laquelle elles seront transmises avec les états de saisie. Ces transactions présentent en marge des indications qui devront être toujours exactement remplies.

Les transactions, pour être valables, devront toujours être signées par les contrevenants, hors le cas où ces contrevenants seraient absents ou ne sauraient signer. Lorsque l'une de ces circonstances se présentera, les transactions devront être signées par leurs fondés de pouvoir; mais alors il faudrait que ces derniers fussent porteurs de procurations régulières, ou, ce qui serait plus simple, mais dans la transaction, ils se portassent fort pour leurs commettants; condition qui serait sans inconvénient pour eux, puisqu'au même moment où ils contracteraient, ils exécuteraient, en payant, l'obligation à laquelle ils soumettraient ces commettants...

A. C. DU 29 MARS 1811, AFF. PICARD.

Les lois et arrêtés qui prescrivent aux préposés des douanes de se faire accompagner dans les visites domiciliaires, ou d'un administrateur municipal, ou d'un juge de paix, ou d'un commissaire de police, ne portent pas qu'en cas d'inobservation de cette formalité, les procès-verbaux seront nuls.
Ainsi, le procès-verbal de visite domiciliaire fait par les préposés des douanes avec la seule assistance d'un sergent de police, n'est pas nul. B. crim. 76.

Vu l'article 11, titre 4 de la loi du 9 floréal an VII;
Attendu que les différentes lois et arrêtés qui prescrivent aux préposés des douanes de se faire accompagner dans les visites domiciliaires, ou d'un administrateur municipal, ou d'un juge de paix, ou d'un commissaire de police, ne portent pas qu'en cas d'inobservation de cette formalité, les procès-verbaux qu'ils rédigeront seront nuls;
Qu'ainsi, en supposant dans l'espèce, que la personne qualifiée de sergent de police, dans le procès-verbal dont il s'agit, n'eût pas en effet caractère pour assister les préposés, la cour de justice criminelle dont l'arrêt est attaqué, ne pouvait, par ce motif, prononcer la nullité dudit procès-verbal, et décharger en conséquence le prévenu de l'amende par lui encourue, sans contrevenir formellement à la disposition de l'article 11 de la loi ci-dessus citée;
La cour casse. — Ch. crim.

A. C. DU 26 AVR. 1811, AFF. VANDECASTELLE.

La déclaration de pourvoi en cassation faite dans le délai prescrit par la loi, suspend l'exécution d'un jugement quoique l'amende n'ait pas été consignée et que la requête n'ait pas été déposée. B. crim. 127.

Vu les articles 440 et 456 du code du 3 brumaire an IV;
Attendu que la déclaration du pourvoi a été faite dans le délai prescrit par la loi;
Attendu que, malgré le sursis prescrit pour l'exécution des jugements contre lesquels le pourvoi est exercé, le tribunal du canton d'Audenarde a ordonné, par son premier jugement du 18 février, que la cause résultant de l'opposition formée par ladite Vandecastelle, au jugement du 3 décembre 1810, serait instruite, et que, par le second jugement du même jour 18 février, il a acquitté ladite Vandecastelle de la demande de ladite Caroline Dumerlier;
Attendu encore que ce jugement a été déterminé par le motif que ladite Demerlier aurait été non recevable dans son pourvoi, faute d'avoir consigné l'amende et déposé sa requête au pourvoi dans le délai de dix jours;
Attendu qu'en le jugeant ainsi, le tribunal de police du canton d'Audenarde a violé tout à la fois les règles de compétence, en s'attribuant un pouvoir qui était exclusivement dans les attributions de la cour de cassation, et contrevenu à l'article 440 du code du 3 brumaire an IV;
La cour casse. — Ch. crim.

A. C. DU 21 MAI 1811, AFF. LASSO.

Ce n'est que par action civile que l'on peut poursuivre le contrevenant qui a été constitué gardien des objets saisis, soit pour qu'il en fasse la remise, soit pour qu'il en paie la valeur. M. 11.29.

Considérant que l'action dirigée par l'administration des sels et tabacs dans les départements au-delà des Alpes, contre le sieur Adrien Lasso, cultivateur à la Riva de Seytry, ayant pour base sa qualité de caution de la représentation à faire, en nature ou en valeur, de trois cents pieds de tabacs saisis sur lui, et confisqués par jugement du 27 octobre 1809, passé en force de chose jugée: que ni l'article 4 du décret du 28 août 1808, ni la loi du 5 ventôse an XII, à laquelle l'article 9 du même décret renvoie pour la peine à infliger, n'ont prévu le cas d'un simple défaut de représentation de tabacs cautionnés;
Considérant qu'en conséquence, la cour de justice criminelle du département des Apennins n'a pu contrevenir ni auxdits articles 4 et 9 du décret du 28 août 1808, ni à la loi dudit jour 5 ventôse an XII, en jugeant, par son arrêt du 1er avril 1811, que, dans l'espèce, le sieur Lasso n'était passible que d'une action civile, et en le renvoyant, par suite, quitte et absous de l'action correctionnelle intentée contre lui sur l'application de la loi;
La cour rejette. — Ch. crim.

A. C. DU 29 MAI 1811, AFF. ACHARD ET AUTRES.

L'exploit laissé à un voisin doit être signé par celui-ci, lors même que la signification en serait faite à un domicile élu. I. P. 9.348.

Vu les articles 68 et 70 du code de procédure;
Attendu que l'article 68 est général et prononce sans distinction l'obligation des

formalités qu'il prescrit; que la peine de nullité pour l'inobservation est portée textuellement par l'article 70;
Qu'il est constant qu'Achard, chez lequel le domicile avait été élu à Niéderbronn, tant pour lui que pour ses co-acquéreurs, était absent lors de l'assignation posée le 18 avril 1808;
Que Grafter, auquel l'ajournement a été remis dans la maison qu'occupait ci-devant ledit Achard, n'était ni son parent ni son domestique; qu'il était simplement propriétaire de ladite maison sans l'habiter; qu'il ne pouvait, par conséquent, être considéré comme ayant reçu, par l'élection de domicile, mandat pour l'assignation: qu'il paraît seulement s'être transporté de sa demeure au domicile élu pour prendre les significations destinées à Achard et consorts; qu'alors il n'avait aptitude de recevoir les ajournements que comme voisin, et, en ce cas, aurait dû signer l'exploit, ce qui n'a pas été observé; qu'ainsi il est évident que la forme voulue par la forme littérale et rigoureuse de la loi n'a pas été remplie; et que, par conséquent, la cour d'appel de Colmar a contrevenu aux articles 68 et 70 ci-dessus cités, en validant ces assignations sous prétexte qu'il s'agissait d'un domicile élu;
La cour casse. — Ch. civ.

A. C. DU 6 JUIN 1811, AFF. MARCHAND.

En matière de simple contravention aux lois sur les douanes, l'amende n'est point une peine proprement dite, mais une réparation du préjudice causé à l'État par les effets de la fraude. En conséquence, les pères et mères sont responsables civilement des amendes encourues par leurs enfants mineurs, tant qu'ils ne prouvent pas qu'ils n'ont pu empêcher la contravention. B. crim. 164.

Vu les articles 1384 du code civil, et 20 du titre 13 de la loi du 22 août 1791;
Attendu 1° qu'en matière de simple contravention aux lois sur les douanes, l'amende encourue par les contrevenants n'est point une peine proprement dite; qu'elle doit être considérée comme une réparation du préjudice causé à l'État par les effets de la fraude; et que, par cette raison, les tribunaux civils ont aussi, dans beaucoup de cas, le droit de la prononcer; qu'elle ne peut donc être assimilée aux peines qui sont personnelles, et ne peuvent en effet être appliquées qu'à ceux qui ont commis le délit qui y donne lieu; d'où il suit que, lorsque, comme dans l'espèce, la contravention a été commise par un enfant mineur demeurant chez ses père et mère, ceux-ci sont civilement responsables du fait de leur enfant, tant qu'ils n'ont pas prouvé qu'il n'a pas été en leur pouvoir de l'en empêcher; et qu'en jugeant le contraire, la cour de justice criminelle dont l'arrêt est attaqué, s'est écarté du vœu de l'article ci-dessus cité du code civil;
Attendu 2° que, par une disposition particulière, la loi du 22 août 1791 rend les propriétaires des marchandises responsables civilement du fait de leurs agents, en ce qui concerne les droits, la confiscation et l'amende;
Que cette disposition prouve encore que l'amende n'est point une peine qui soit exclusivement applicable à celui qui a personnellement et matériellement commis la contravention;
Que dans l'espèce, la fille Marchand, âgée de dix ans, était présumée de droit agir pour le compte de l'intérêt de sa mère chez laquelle elle demeurait, en transportant le sel dont il s'agit, sans que les droits dus eussent été acquités;
Que, sous ce second rapport, la veuve Marchand était donc responsable civilement de la fraude commise par sa fille; et que la cour de justice criminelle a encore violé le vœu de l'article 20, titre 13, de la loi du 22 août 1791, en affranchissant la veuve Marchand de cette responsabilité;
La cour casse. — Ch. crim.

A. C. DU 6 JUIN 1811, AFF. FIORENTINI.

Un premier commis de recette des douanes a qualité pour faire une déclaration d'appel, dans l'intérêt de l'administration, sans un pouvoir spécial. Ce n'est qu'autant qu'il serait désavoué, que l'appel pourrait être jugé nul et sans effet. B. crim. 166.

Vu l'article 456 du code du 3 brumaire an IV;
Vu aussi les articles 3, 11 et 15 de la loi du 10 brumaire an V;
Attendu sur le premier moyen de cassation, que le sieur Garnier, qui a fait la déclaration d'appel dont il s'agit, étant premier commis de la recette des douanes de Livourne, pouvait, en cette qualité, faire valablement cette déclaration dans l'intérêt de la régie, sans qu'il eût besoin d'un pouvoir spécial; que ce n'est qu'autant qu'il aurait été désavoué postérieurement, que cet appel aurait pu être jugé nul et ne pouvant avoir d'effet; que, d'ailleurs, la cour de justice criminelle pouvait d'autant moins prononcer la déchéance dudit appel, faute par le sieur Garnier d'avoir justifié d'un pouvoir spécial, que, devant le tribunal correctionnel, c'est ce préposé qui, en sa qualité de premier commis de la recette, avait représenté le receveur, et signé les conclusions au nom de la régie; d'où il suit que ladite cour a fait, dans l'espèce, une fausse application de la disposition de l'article 195 de la loi du 3 brumaire an IV, et commis un excès de pouvoir, en prononçant une déchéance qui n'était pas établie par la loi;
La cour casse. — Ch. crim.

A. C. DU 18 JUILL. 1811, AFF. HUBERT SCHMITZ.

Un procès-verbal de délit forestier constate suffisamment le lieu du délit, lorsqu'il indique la forêt où il a été commis. B. crim. 208.

Vu l'article 10, titre 22, ordonnance 1669,
Et attendu qu'il est reconnu, par l'arrêt attaqué, que le procès-verbal dont il s'agit portait que le délit avait été commis dans la forêt de Flamersheim, indivise avec l'État;
Attendu que ce procès-verbal constate d'ailleurs que le lieu du délit était un canton déterminé, un district qui fait partie de cette forêt;
Attendu enfin que les délits commis dans les forêts indivises avec l'État doivent être punis de la même manière que ceux commis dans toute autre forêt impériale; d'où il suit: 1° que le procès-verbal en question contenait toutes les indications voulues par la loi; 2° que l'article 10 précité était applicable à l'espèce, et, qu'en ne l'y appliquant pas, l'arrêt attaqué a violé ledit article;
La cour casse. — Ch. crim.

DÉCRET DU 18 SEPT. 1811.

Animaux et objets sujets à dépérissement.

Art. 1er. En cas de saisie de chevaux, mulets et autres moyens quelconques de transport de marchandises en contravention à la loi sur les douanes, dont la remise sous caution aura été offerte par procès-verbal, et n'aura pas été acceptée par la partie, il sera, à la diligence de l'administration des douanes, en vertu de la permission du juge de paix le plus voisin, ou du juge d'instruction, procédé, dans le délai de huitaine au plus tard de la date dudit procès-verbal, à la vente par enchère des objets saisis.

Il sera pareillement, dans le même délai, et en vertu de la même permission, procédé à la vente des objets de consommation qui ne pourront être conservés sans courir le risque de la détérioration; sauf néanmoins l'exécution des articles 25 et 26 du décret du 13 octobre 1810, en ce qui concerne les marchandises prohibées.

Art. 2. L'ordonnance portant permis de vendre sera signifiée dans le jour à la partie saisie, si elle a un domicile réel ou élu dans le lieu de l'établissement du bureau de la douane, et, à défaut de domicile connu, au maire de la commune, avec déclaration qu'il sera immédiatement procédé à la vente, tant en absence qu'en présence, attendu le péril de la demeure.

L'ordonnance du juge de paix ou du juge d'instruction sera exécutée nonobstant appel ou opposition.

Art. 3. Le produit de la vente sera déposé dans la caisse de la douane, pour en être disposé ainsi qu'il sera statué en définitif par le tribunal chargé de prononcer sur la saisie.

C. N° 195, DU 18 SEPT. 1811 (1).

Héritiers. Décès d'un employé.

Si un employé décède dans l'exercice de ses fonctions, le solde de ses appointements, taxations et autres indemnités qui lui sont attribués, appartient et doit être payé à ses héritiers, quand ceux-ci justifient de leurs droits, soit par une expédition en forme de l'intitulé d'inventaire qui a pu être dressé après le décès de l'employé, soit par un acte de notoriété délivré par un notaire ou un juge de paix, seules parties compétentes pour recevoir et délivrer un acte de cette espèce. Dans ce cas, les héritiers, ou leurs mandataires porteurs de leurs pouvoirs, émargent les tableaux d'appointements et taxations, pour le montant des sommes qui leur sont payées. Si, à l'époque de la formation des tableaux, les héritiers ne produisent pas de titres en bonne forme, l'employé décédé figure sur le tableau pour la somme dont le paiement est justifié par ses quittances particulières; le solde non acquitté est attribué sur le tableau au trésor impérial, et une note à la marge indique que ce solde sera rappelé aux héritiers, s'ils justifient de leurs droits par pièces régulières et en temps utile, attendu qu'après deux années la prescription est acquise à la régie, aux termes de l'article 50 du décret impérial du 1er germinal an XIII...

A. C. DU 20 SEPT. 1811, AFF. PELVEY.

Lorsqu'il est établi, par un procès-verbal régulier, que les préposés de la régie ont vu chez un cabaretier, postérieurement à sa déclaration de cesser le commerce, un individu buvant, et les verres de quatre autres individus qui sortaient lors de leur arrivée; qu'en outre le cabaretier leur a répondu en colère qu'il vendait du vin, et qu'il en vendrait tant qu'il voudrait; ces faits et cet aveu établissent la contravention, et ne peuvent être détruits que par la voie de l'inscription de faux.
J. P. 9.038.

Vu les articles 26 du décret du 1er germinal an XIII, et 34 de la loi du 24 avril 1806:

Attendu qu'il résultait évidemment des faits rapportés au procès-verbal du 7 juin dernier, et principalement de l'aveu formel de Pelvey, que, quoiqu'il eût déclaré à la régie la cessation de son commerce, il n'en continuait pas moins de vendre des boissons en détail, sans déclaration et en fraude des droits;

Que ces faits et cet aveu ne pouvaient pas être atténués, et qu'ils devaient faire foi jusqu'à la voie d'inscription de faux, qui n'a pas été prise;

La cour casse. — Ch. crim.

A. C. DU 17 OCT. 1811, AFF. RANGEZ.

En matière de crime, la partie civile est non recevable à se pourvoir en cassation, sans le concours du ministère public, contre un arrêt de la chambre des mises en accusation, portant qu'il n'y a lieu à suivre. J. P. 9.654.

Attendu qu'il résulte des articles 1er et 3 du code d'instruction criminelle de 1808, que l'exercice de l'action civile qui naît d'un crime est essentiellement subordonné à l'exercice de l'action publique; que, conséquemment, la partie privée ne peut poursuivre son action devant les tribunaux criminels, lorsque le ministère public n'agit point ou acquiesce aux jugements rendus sur ses premières poursuites; que l'intérêt de l'ordre social est, en effet, l'objet principal de la juridiction criminelle, et que les intérêts privés n'en sont que l'objet accidentel et accessoire; que, si l'article 135 du code d'instruction criminelle autorise la partie civile à se pourvoir par opposition contre les ordonnances des chambres d'instruction, dans les cas et dans le délai portés dans cet article, c'est une exception au droit commun, qui doit être restreinte dans sa disposition, et dont on ne peut induire, en faveur de la partie civile, aucun droit d'action directe et principale, ni, par conséquent, le droit de se pourvoir en cassation contre des arrêts définitifs d'un tribunal supérieur contre lesquels le ministère public ne réclame pas; qu'aucun des articles dudit code relatifs aux attributions des chambres d'accusation ne confère aux parties civiles le droit de se pourvoir en cassation contre leurs arrêts; que ce droit des parties civiles doit donc être apprécié et jugé suivant les principes généraux et les règles particulières fixées par ledit code; que, d'après les principes généraux, il ne peut y avoir devant les tribunaux criminels, d'action civile là où il n'y a pas d'action publique; que, d'après les règles particulières établies par les articles 408 et 412 dudit code, relatives au droit de pourvoi des parties civiles en matière criminelle, ce droit de pourvoi n'est accordé aux parties civiles que relativement aux condamnations civiles qui pourraient avoir été prononcées contre elles; que le ministère public ne s'est point pourvu en cassation contre l'arrêt de la chambre d'accusation de Paris contre lequel est dirigé le pourvoi du demandeur, et que cet arrêt n'a prononcé contre lui aucune condamnation civile; qu'il suit de là que, sous aucun rapport, la cour n'est légalement saisie du droit de connaître dudit arrêt;

Déclare le demandeur non recevable;

La cour casse. — Ch. crim.

ARRÊT DE LA COUR DE BOURGES, DU 12 NOV. 1811.

Le trésor public, créancier privilégié d'un comptable en état de faillite, est dispensé de procéder devant les juges de commerce et dans les formes établies par le code de commerce. Ann. 1863.

Considérant qu'aucune loi précise ne dispense le trésor, quand il se trouve inté-

ressé dans une faillite, de procéder devant les juges de commerce et dans les formes établies par le code de commerce, mais que la nature de sa créance et l'intérêt public se réunissent pour établir le contraire;

Qu'en effet: 1° la vérification des créances du trésor public contre un comptable ne peut pas avoir lieu devant ces tribunaux; mais seulement par les voies administratives; 2° que les assemblées de créanciers, les délais, remises, concordats et autres actes de cette nature ne peuvent lier le trésor; 3° qu'il en doit être de même du droit accordé par la loi aux tribunaux de commerce de suspendre en certains cas la contrainte par corps à laquelle est soumis le failli; 4° que le ministère public est le défenseur né du trésor devant les tribunaux, mais qu'il n'existe pas près de ceux de commerce; 5° que, d'un autre côté, la rentrée des contributions au trésor public doit être directe et rapide, et qu'il est impossible de concilier ces deux caractères principaux avec les lenteurs d'un syndicat et surtout avec le droit attribué aux syndics de faire eux-mêmes les recouvrements; 6° qu'ainsi le trésor, étant hors de l'exception pour laquelle les tribunaux de commerce ont été créés et ses droits étant incompatibles avec les formes établies par le code de commerce dans les faillites, l'exercice de son privilège ne peut jamais être suspendu, les contestations de ce genre rentrant dans le droit commun, suivant lequel les tribunaux ordinaires sont les seuls juges, sauf l'exécution des lois de commerce entre tous les autres créanciers du failli;

Ordonne:

1° Que les scellés seront apposés en la manière accoutumée;

2° Qu'il sera procédé à un inventaire;

Autorise le trésor à faire procéder à la vente des meubles et à en toucher le prix pour venir en déduction de la créance telle qu'elle est établie par la contrainte.

AVIS DU CONS. D'ÉT. DU 12 NOV. 1811.

Il peut être pris inscription hypothécaire en vertu des contraintes décernées par l'administration des douanes, en exécution de l'article 32 du décret du 6 août 1791.

Le conseil d'État, qui, d'après le renvoi ordonné par Sa Majesté, a entendu le rapport de la section des finances sur celui du ministre de ce département, présentant la question de savoir s'il peut être pris inscription hypothécaire en vertu des contraintes que l'article 32 de la loi du 6-22 août 1791 autorise l'administration des douanes à décerner, pour le recouvrement des droits dont il a été fait crédit, et pour défaut de rapport des certificats de décharge des acquits-à-caution;

Vu: 1° les articles 32 et 33 de la loi précitée;

2° L'avis du conseil d'État, approuvé par Sa Majesté le 25 thermidor an XII, duquel il résulte que « les administrateurs auxquels les lois ont attribué, pour « les matières qui y sont désignées, le droit de prononcer les condamnations « ou de décerner des contraintes, sont de véritables juges, dont les actes doivent « produire les mêmes effets et obtenir la même exécution que ceux des tribunaux « ordinaires;

« Qu'en conséquence, les condamnations et les contraintes émanées des admi-« nistrateurs, dans les cas et pour les matières de leur compétence, emportent « hypothèque de la même manière et aux mêmes conditions que celles de l'au-« torité judiciaire; »

Considérant que la question proposée par le ministre est décidée par l'avis précité; mais que cet avis n'a point été inséré au bulletin des lois, et qu'il est nécessaire de lui donner la publicité légale, afin que les parties intéressées en aient connaissance;

Est d'avis que des ordres soient donnés par Sa Majesté pour que l'avis du conseil, approuvé le 25 thermidor an XII, soit inséré au bulletin des lois.

A. C. DU 13 DÉC. 1811, AFF. DUBOS (1).

Un simple particulier ne peut, sans contravention, vendre de petites quantités de boissons qui lui ont été cédées en paiement, lorsqu'il n'a pas fait sa déclaration de vente en détail.

L'aveu de ces ventes, consigné au procès-verbal, ne saurait être détruit par la dénégation non contestée que le prévenu oppose au procès-verbal, lorsque l'affaire est portée à l'audience.

Les juges ne peuvent pas se fonder sur le certificat d'un adjoint au maire pour déclarer qu'un prévenu n'est pas marchand de boissons en détail. M. 7.332.

Vu l'article 34 de la loi du 24 avril 1806, et l'article 26 du décret impérial réglementaire du 1er germinal an XIII;

Vu aussi l'article 37 de la loi du 24 avril 1806;

Considérant qu'il était constaté par le procès-verbal des employés du 4 juin 1811, non inscrit de faux, que de l'aveu du sieur Dubos il avait vendu en détail partie des cent trois litres d'eau-de-vie portés au congé à la faveur duquel ils lui étaient arrivés, sans avoir déclaré son intention de faire cette vente en détail; d'où résultait une contravention audit article 34 de la loi du 24 avril 1806; contravention qui, aux termes des autres articles ci-dessus cités, entraînait la confiscation et l'amende de cent francs;

Considérant que, néanmoins, par son arrêt du 30 juillet de cette année, la cour de Rouen non seulement n'a pas prononcé cette confiscation et cette amende, mais encore, en renvoyant le sieur Dubos de la demande de la régie, s'est fondée, d'une part, sur ce qu'il n'avait pas été démenti que jamais il n'avait fait de vente de vin et d'eau-de-vie, ce qui était contraire à son aveu consigné dans le procès-verbal; et, d'autre part, sur un certificat de l'adjoint du maire de Bois-Guillaume, qui était en opposition avec partie des faits constatés par le même procès-verbal, en quoi ledit arrêt renferme une double contravention, notamment audit article 26 du règlement spécial du 1er germinal an XIII;

La cour casse. — Ch. crim.

A. C. DU 27 DÉC. 1811, AFF. CONTI.

Suivant le calendrier grégorien, les mois étant inégalement composés, c'est par le calcul seul, c'est-à-dire par l'échéance des mois, date par date et non par le nombre de jours, que doivent se régler les délais fixés par mois (Forêts). B. crim. 360.

Vu l'article 8 du titre 9 de la loi du 29 septembre 1791, sur l'administration forestière;

Attendu qu'il est reconnu et déclaré par l'arrêt dont la cassation est demandée, que le délit forestier pour lequel Carlo Conti se trouve poursuivi, avait été constaté par un procès-verbal régulier du 18 mai 1811, affirmé devant le juge de paix;

Et que l'action à raison de ce délit a été intentée le 17 août suivant, conséquemment dans les trois mois, en calculant de quantième à quantième;

Attendu que, suivant le calendier grégorien, qui est celui de l'Empire français, les mois civils ou usuels étant inégalement composés, c'est par ce calcul seul, c'est-à-dire par l'échéance des mois, date par date, et non par tel nombre de jours, que doivent se régler les délais fixés par mois;

Que cette règle consacrée par les lois et par la jurisprudence, résulte de la différence qui existe et qui doit exister entre les délais de tel nombre de mois, et ceux qui se mesurent et se déterminent par tel nombre de jours;

Que, si quelques lois romaines, relativement à des cas particuliers, ont fixé à trente le nombre des jours de chaque mois, d'autres à trente-un, d'autres à trente et trente-un alternativement, chacune de ces lois n'a dû servir de règle que pour le cas auquel elle s'appliquait;

Qu'il en est de même de l'article 40 du code pénal de 1811, portant que: « la peine d'un mois d'emprisonnement est de 30 jours; » Que cette disposition spéciale donnée pour ce cas seul, et par des motifs inapplicables à d'autres cas, loin de détruire la règle générale, doit être considérée comme une exception qui la confirme;

Qu'il suit de là que l'action intentée, le 17 août 1811, par l'administration forestière, pour un délit reconnu et constaté le 18 mai précédent, l'avait été dans les trois mois de la constatation du délit;

Et que conséquemment la cour impériale, en déclarant cette action prescrite, sur le motif que chaque mois devait être composé de trente jours seulement, et que, du dix-huit mai au dix-sept août, il se trouvait un espace de temps de plus de quatre-vingt-dix jours, ou plus de trois fois trente jours, a, par une modification arbitraire, violé la disposition de l'article 8 du titre 9 de la loi du 29 septembre 1791, sur l'administration forestière;

La cour casse. — Ch. crim.

A. C. DU 4 JANV. 1812, AFF. DELMAS.

Le conducteur de boissons sujettes aux droits d'entrée et d'octroi ne peut les introduire dans l'intérieur d'une commune, où il n'existe qu'un bureau central de perception sans acquitter les droits; il ne saurait se soustraire aux poursuites sous prétexte que la voiture est arrivée la nuit, et que la saisie a été faite par les préposés, avant l'heure où se fait l'ouverture du seul bureau de perception qui existe dans cette commune.

Vu l'article 9 du décret impérial du 21 décembre 1808, ainsi conçu:

« Tout conducteur de boissons destinées à la consommation d'un lieu sujet aux droits d'entrée sera tenu, *avant de les y introduire*, de représenter le congé et d'acquitter les droits d'entrée dont il lui sera délivré quittance; »

Et l'article 48 du règlement du 17 mai 1809, qui porte:

« Dans les communes où la perception à l'entrée ne peut avoir lieu sans de trop grands frais, il sera établi un bureau, autant que possible, au centre de la commune; et, en cas d'insuffisance, il en sera établi plusieurs. Les objets venant du dehors seront, avant d'être transportés à domicile, conduits directement à ce bureau pour y être déclarés et les droits y être acquittés... »

Attendu qu'au lieu, par le voiturier Delmas, d'avoir acquitté, *avant d'entrer dans la commune d'Yvetot*, les droits d'entrée dus pour raison d'une barrique d'eau-de-vie chargée sur sa voiture, pour le compte du sieur Levillain, épicier audit Yvetot, ou au moins d'avoir conduit directement sa voiture et la barrique d'eau-de-vie au bureau central pour y représenter le congé, faire sa déclaration et acquitter les droits d'entrée, ledit voiturier a conduit sa voiture et l'eau-de-vie dans le lieu appelé *la halle au coton*; qu'au moment où les préposés de la régie parurent, les chevaux de la voiture étaient dételés, et qu'on était occupé au déchargement de ladite voiture;

Attendu que ces faits constatés par un procès-verbal régulier constituaient une contravention formelle aux règlements précités, et rendaient le voiturier Delmas passible de la confiscation et de l'amende;

Que néanmoins, sous des prétextes que la loi réprouve, la cour impériale de Rouen a rejeté l'action de la régie, et a ainsi violé les dispositions ci-dessus rappelées;

La cour casse. — Ch. crim.

A. C. DU 21 FÉV. 1812.

En cas d'excédant à la déclaration, cet excédant seul est saisissable. Code des oct. (Ann.)

Arrêt conforme.

A. C. DU 29 FÉV. 1812, AFF. LIBERATI.

L'acte, qui constate qu'un procès-verbal a été affirmé, énonce bien d'une manière implicite que cette affirmation a été faite sous la foi du serment, mais il n'en est pas de même de la mention pure et simple que le procès-verbal a été confirmé (Forêts). J. P. 10.163.

Attendu que d'après l'article 40 de l'arrêté de la consulte extraordinaire de Rome, du 11 novembre 1809, qui n'est que la répétition de l'article 13, titre 9 de la loi du 29 septembre 1791, sur l'organisation de l'administration forestière, les procès-verbaux dressés par les gardes forestiers pour constater les délits forestiers, ne font foi jusqu'à inscription de faux qu'autant qu'ils ont été affirmés dans le délai de vingt-quatre heures, devant le juge de paix ou le maire, par les gardes forestiers même qui les ont dressés: que le mot affirmer signifie en justice confirmer par serment qu'une chose est véritable; que, dans l'espèce, le garde forestier n'a fait que déclarer devant le maire qu'il persistait en tout ce que le procès-verbal contenait, et qu'il le confirmait sincère et véritable; que si le serment est implicitement compris dans le mot affirmer, il n'est pas également compris dans le mot confirmer par l'acception propre reconnue à ce mot par la cour de Rome; qu'ainsi le procès-verbal dont il s'agit n'ayant pas été affirmé par le garde forestier, ni explicitement, ni implicitement avec serment, et par conséquent n'étant pas revêtu des formes voulues par la loi, ne pouvait pas faire foi jusqu'à inscription de faux;

La cour rejette. — Ch. crim.

A. C. DU 20 MARS 1812, AFF. MARTIN.

La déclaration de la part d'un garde forestier que le procès-verbal par lui dressé est sincère et véritable, ne suffit pas pour sa validité, s'il n'est pas assermenté. La loi, en exigeant que les procès-verbaux soient affirmés, entend que la déclaration en sera faite sous la foi du serment. J. P. 10.237.

Attendu qu'aux termes de l'article 7, titre 4 de la loi du 29 septembre 1791, les gardes forestiers sont tenus d'affirmer leurs procès-verbaux, et que, dans son acception légale, le mot affirmer signifie déclarer avec serment; que, dans l'espèce, il est constaté, non pas que le garde a affirmé, mais seulement qu'il a déclaré sincère et véritable son procès-verbal; qu'en jugeant que cette déclaration

non assermentée ne remplissait pas l'obligation imposée aux gardes forestiers d'affirmer leurs procès-verbaux, la cour de Rome n'est contrevenue expressément à aucune loi; qu'enfin, à défaut de procès-verbal et d'après ce que l'arrêt atteste avoir été déposé par les témoins qu'a produits l'administration forestière, ladite cour a pu, sans contravention, déclarer qu'il n'y avait pas de délit dans l'espèce:

La cour rejette. — Ch. crim.

A. C. DU 25 MARS 1812, AFF. LAMBERT.

Un exploit est nul, si l'huissier déclare qu'il a remis la copie à un voisin, sans énoncer qu'il s'est présenté au domicile de la partie et qu'il n'y a trouvé ni celle-ci, ni aucun de ses parents ou serviteurs. J. P. 10.247.

Attendu que, d'après l'article 68 du code de procédure, l'huissier qui remet la copie de l'exploit à un voisin, lorsqu'il ne trouve ni la partie, ni aucun de ses parents ou serviteurs, est obligé, à peine de nullité, de faire mention du tout, tant sur l'original que sur la copie; d'où il suit également que, dans la signification de l'arrêt d'admission faite à Alexandre Lambert, l'huissier aurait dû dire pourquoi il avait laissé la copie au sieur Claude-Pierre-Joseph Romans, ce qu'il n'a pas fait;

Déclare nul l'exploit de signification de l'arrêt d'admission, et par suite, la régie déchue de son pourvoi contre Alexandre Lambert;

La cour casse. — Ch. civ.

A. C. DU 6 MAI 1812, AFF. ENTZMINGER

Est valable l'appel portant assignation à comparaître dans le délai de la loi. J. P. 10.375.

Vu l'article 456 du code de procédure;

Et attendu qu'il ne résulte point du texte de cet article que l'exploit d'appel doive contenir l'époque précise de l'échéance du délai à peine de nullité, lorsqu'il se trouve déterminé par d'autres articles de la loi; d'où il résulte que les arrêts attaqués, en décidant le contraire, ont commis un excès de pouvoir et ajouté à cet article une disposition générale qui n'y existe pas;

La cour casse. — Ch. civ.

A. C. DU 22 MAI 1812, AFF. THÉVILLON.

Le seul fait d'avoir du vin caché sous les marches de l'escalier et dans un vase dont l'usage est interdit par la loi constitue chez un débitant un recélé. B. crim. 241.

Vu les articles 17, 25 et 26 du décret impérial règlementaire, du 5 mai 1806, ainsi conçu, etc.;

Attendu que la cause de la faiblesse du débit ostensible du cabaretier Thévillon, qui avait déterminé les recherches des préposés, était clairement expliquée par les faits du procès-verbal, qui constataient d'une manière évidente, soit la fraude particulière à Thévillon, soit le concert frauduleux qui existait entre son voisin et lui, pour soustraire à la surveillance des préposés, des vins recélés, et en favoriser le débit illicite, au détriment du droit dû à l'État;

Que cette fraude était manifestée, à l'égard de Thévillon, par le fait du vin trouvé caché sous les marches de l'escalier de son habitation, et dans un vase dont l'usage lui était interdit par la loi, duquel vin il n'avait fait aucune déclaration, et pour lequel il n'a pu représenter ni congés, ni acquits, ni même faire aucune réponse à l'interpellation des préposés, de déclarer d'où le vin provenait;

Qu'elle se manifestait encore, tant vis-à-vis de Thévillon, que de Verchard son voisin, soit par la contiguïté des deux caves, et dans la même maison, soit par l'identité du vin qui existait dans l'une d'elles, prétendue appartenir à Verchard dans une futaille en vidange et dans une bouteille de cinq litres, avec celui de la bouteille de même capacité, trouvée sous les marches de l'escalier de Thévillon, identité reconnue par les prévenus, qui, sur l'interpellation à eux faite de déguster ces vins, et de convenir qu'ils étaient semblables, répondirent qu'ils le savaient bien; soit enfin par le défaut de représentation d'aucun bail à loyer de la cave que Verchard a prétendu lui appartenir, ni d'acquits et congés du vin qui y était placé;

Attendu que ces faits constatés par un procès-verbal régulier, constituaient, non pas seulement des présomptions de fraude, comme l'a dit la cour impériale de Lyon, mais un corps complet de preuves de cette fraude, et de recélés combinés entre les deux voisins, qui les rendaient passibles des peines portées par la loi; et qu'en prononçant leur décharge, sous des prétextes et par des motifs illégaux, ladite cour a formellement violé les dispositions ci-dessus rappelées;

La cour casse. — Ch. crim.

A. C. DU 29 MAI 1812, AFF. SANTI.

Le contrevenant est valablement représenté par sa femme, quand elle accompagne les employés dans leur visite, entend la lecture du procès-verbal et en reçoit copie. Il est inutile, dans ce cas, d'en afficher copie à la porte de la maison commune.
Un prévenu est régulièrement cité en police correctionnelle, lorsque la copie de l'exploit est remise en son absence à son domicile, en parlant à sa femme.
Toutes les plantes de tabac trouvées chez un individu qui n'en a point fait déclaration doivent être confisquées. B. crim. 248.

Vu les articles 21, 24 et 26 du décret du 1er germinal an XIII;

Considérant, d'abord, 1° qu'un prévenu, partie saisie, est présent dans le vrai sens dudit article 21 lorsque les opérations mentionnées en cet article ont lieu en présence de sa femme, trouvée en leur domicile commun;

2° Qu'en ordonnant l'affiche de la copie du procès-verbal dans le cas d'absence du prévenu, ledit article 24 a prévu le cas où celui-ci, n'étant ni demeurant ni légalement représenté dans le lieu de la saisie, cette affiche devient un moyen supplémentaire de lui faire connaître la saisie, en même temps qu'elle indique aux employés saisissants de se transporter en sa demeure effective, souvent éloignée ou inconnue;

3° Que, d'après ledit article 26, les procès-verbaux réguliers doivent, jusqu'à inscription de faux, faire foi des faits y consignés, constitutifs de la contravention;

Considérant, en fait, d'une part, que le prévenu Santi domicilié à Colle dit Casi a été représenté par sa femme qui lui a laissée à ce domicile, et qui, ayant accompagné les préposés lors de la visite qu'ils ont faite le 28 août 1811, du terrain lui appartenant sur le terroir dudit Casi, a assisté à cette visite, à la saisie description des six pieds de tabac trouvés en feuilles, par eux trouvés existants dans terrain, sans qu'il en ait été fait déclaration, a également assisté à la rédaction leur procès-verbal du tout, en a entendu lecture et reçu copie à l'instant;

D'autre part, que Santi a été assigné en son domicile, en parlant à sa femme, le 2 novembre de la même année, en conséquence de ce procès-verbal our voir prononcer la confiscation des six pieds de tabac, et se voir condamner 1000 francs d'amende et aux dépens:

Et qu'ainsi, non seulement Santi a été légalement représenté par sa femme, lors de la description des plantes de tabac dont il s'agit, et en tout ce qui touche la forme du procès-verbal de leur saisie, mais encore qu'il n'échéait nullement de recourir à l'affiche quelconque d'une copie du procès-verbal, et que l'assignation dudit jour 2 novembre a été donnée conformément à la loi;

Considérant que néanmoins, par son jugement en dernier ressort, du 21 mars 1812, le tribunal correctionnel de Pérugia, en confirmant la sentence du tribunal correctionnel de Spoleto, du 12 novembre précédent, a déclaré nul ledit procès-verbal du 28 août 1811, avec dépens; et au lieu de prononcer les condamnations demandées contre le prévenu, en conséquence de ce procès-verbal démontré régulier, n'a pas même ordonné la confiscation des six pieds de tabac;

Considérant que ce jugement a été motivé, 1° sur ce que Santi, absent de son domicile lors de la visite des préposés, n'avait pas été légalement représenté par sa femme; d'où le tribunal de Pérugia a conclu qu'il n'avait été ni présent, ni sommé d'assister à la description des six plantes de tabac, comme le voulait l'article 21 du règlement du 1er germinal an XIII; 2° sur ce que, par suite, il avait été régulièrement assigné devant le tribunal de police correctionnelle de Spoleto; 3° sur le défaut d'affiche d'une copie du procès-verbal à la porte de la maison commune du lieu de la saisie; 4° sur ce que la contravention n'était ni admise ni prouvée;

Considérant que de tout ce que dessus, et encore de ce que, le procès-verbal fût-il nul, le décret du 29 décembre 1810, concernant la culture du tabac, exigeait la confiscation des plantes de tabac non déclarées, il résulte que le tribunal correctionnel de Pérugia a faussement appliqué lesdits articles 21 et 24, et formellement violé ledit article 26 du règlement du 1er germinal an XIII, en même temps qu'il a contrevenu audit décret du 29 décembre 1810;

La cour casse. — Ch. crim.

A. C. DU 13 JUIN 1812, AFF. TRESPAILLÉ.

Le défaut de notification d'un pourvoi en cassation, en matière criminelle, n'opère pas déchéance. B. crim. 274.

Arrêt conforme. — Ch. crim.

A. C. DU 18 JUIN 1812, AFF. FRANÇOIS GÉRARD.

On doit considérer comme commis dans une maison habitée le vol qui l'a été dans un jardin attenant à cette maison. B. crim. 277.

Vu les articles 386 et 390 du code pénal;

Considérant que François Gérard a été déclaré par le jury coupable d'un vol commis de nuit, dans un jardin attenant à une maison habitée;

Que ce vol, ainsi caractérisé, rentrait dans l'application du n° 1er, article 386, du code pénal; qu'il devait donc être puni de la réclusion;

Qu'un jardin attenant à une maison en est une dépendance; qu'un vol qui y est commis doit donc, d'après l'article 390 du code pénal, être considéré et caractérisé comme s'il avait été commis dans la maison même;

Que les énonciations portées dans cet article 390, pour déterminer ce qui doit être regardé comme dépendance d'une maison habitée, ne sont point restrictives; qu'elles sont évidemment démonstratives; que le mot *comme* qui précède ces énonciations en exclut nécessairement tout sens limitatif;

Qu'un jardin tenant à une maison habitée, en est tout aussi bien une dépendance que la cour ou la basse-cour de cette maison; qu'il est, comme elles, dans son enceinte générale;

Que le motif qui a provoqué la sévérité de la loi contre les vols commis la nuit, ou par plusieurs personnes, dans les maisons habitées ou leurs dépendances, s'applique d'ailleurs aux vols ainsi commis dans les jardins qui tiennent à une maison habitée, comme à ceux commis dans les autres lieux énoncés dans ledit article 390, par exemple ce qui doit être regardé comme dépendance d'une maison;

Qu'une protection spéciale devait, en effet, être accordée à la sûreté et à la sécurité du maître de la maison, relativement à un jardin ainsi placé sous sa surveillance directe, et destiné par sa position à son usage personnel, la nuit comme le jour;

Que la cour d'assises du département de la Meurthe, en ne prononçant contre François Gérard que les peines correctionnelles portées dans l'article 401 du code pénal a donc fait une fausse application de cet article, et violé l'article 386, n° 1er, combiné avec l'article 390, même code;

La cour casse. — Ch crim.

A. C. DU 4 JUILL. 1812, AFF. BARUTAUD ET PENAUD.

Lorsqu'il résulte d'un procès-verbal de contravention, en matière de douanes, qu'un seul des trois gendarmes qui l'ont rédigé, a reconnu les prévenus pour être les conducteurs de la fraude, ce témoignage unique étant insuffisant pour faire foi, le tribunal peut, sans violer la loi, admettre les prévenus à la preuve de leur alibi, et cette preuve faite, prononcer leur acquittement. J. P. 10.541.

Attendu qu'il résulte formellement du procès-verbal de saisie qu'il n'y a qu'un des saisissants qui y déclare avoir reconnu les nommés Barutaud et Penaud, comme ayant été les conducteurs de la fraude; qu'en jugeant que ce seul témoignage n'était pas suffisant pour faire foi nécessaire de ce fait, et en admettant les prévenus à faire preuve de l'alibi par eux opposé, le tribunal ordinaire des douanes séant à St-Gaudens, et après lui, la cour prévôtale séant à Agen, n'ont point violé les dispositions de l'article 11, titre 4, de la loi du 9 floréal an VII; que le renvoi des prévenus de l'action formée contre eux par la régie des douanes est fondé sur ce qui est reconnu être résulté de l'instruction; et qu'il n'entre pas dans les attributions de la cour d'examiner cette explication;

La cour rejette. — Ch. crim.

A. C. DU 5 SEPT. 1812, AFF. VANDERLEDEN.

L'outrage par paroles, gestes ou menaces, fait à un maire, à l'occasion de l'exercice de ses fonctions, par un individu qui connaissait sa qualité, est passible des peines portées aux articles 222 et 223 du code pénal, bien que ce fonctionnaire ne fût point revêtu de son costume, au moment où il a été outragé. B. crim 391

Attendu que d'après les articles 222 et 223 du code pénal, il suffit, pour donner lieu à l'application des peines portées par ces articles, que les outrages par paroles, gestes ou menaces, à un magistrat de l'ordre administratif ou judiciaire, aient été faits à l'occasion de l'exercice de ses fonctions;

Que l'adjoint du maire de Beerse avait clairement constaté par son procès-verbal du 8 septembre 1811 que sa qualité était bien connue de Vanderleden, lorsque

celui-ci l'a insulté; que c'était à l'occasion de l'exercice de ses fonctions qu'il l'avait outragé par gestes et menaces, et que, dès lors, il n'était pas nécessaire que le fonctionnaire fût revêtu de son costume, ni même qu'il fût dans ce moment, dans l'exercice de ses fonctions;

La cour casse. — Ch. crim.

RÉGLEMENT DU 21 OCT. 1812,
Arrêté par les ministres des finances et du trésor impérial.

Versements des produits nets de l'administration dans les caisses du trésor impérial.

Art. 1er. A compter du 1er janvier 1813, les produits nets numéraire de l'administration des droits réunis, dans chaque département, seront versés par les receveurs principaux et entreposeurs particuliers des tabacs dans les caisses des receveurs particuliers des contributions directes.

Art. 2. Les versements auront lieu les 6, 16 et 26 de chaque mois.

Art. 3. Les receveurs particuliers des contributions remettront aux receveurs principaux et entreposeurs particuliers des tabacs, des récépissés à talon, lesquels, visés du sous-préfet de l'arrondissement, seront versés pour comptant dans la caisse du directeur des droits réunis, qui en délivrera ses récépissés particuliers à la décharge desdits receveurs principaux et entreposeurs.

Art. 4. Le directeur des droits réunis remettra, les 10, 20 et 30 de chaque mois, les récépissés à talon dans la caisse du receveur général des contributions du département, qui, en échange, lui remettra ses récépissés-mandats sur la caisse de service.

Art. 5. Pour les droits qui ne se paient pas au comptant, les receveurs principaux souscriront des obligations payables à leur caisse, lesquelles seront versées au directeur, qui les passera à l'ordre du receveur général de l'administration.

Art. 6. Les directeurs adresseront, les 1er et 16 de chaque mois, au receveur général de l'administration, les récépissés-mandats sur la caisse du service, ainsi que les obligations des receveurs principaux.

Art. 7. Les receveurs principaux et entreposeurs particuliers du département de la Seine effectueront directement leurs versements dans la caisse du receveur général de l'administration.

Art. 10. Pour tous les versements qui auront lieu en récépissés à talon dans les caisses des receveurs généraux des départements, les directeurs des droits réunis partageront, par égale portion, la remise des trois huitièmes accordée par la décision du ministre du trésor, du 8 juin 1808, ladite remise étant destinée à indemniser les directeurs de la portion des frais de bureau laissée à leur charge.

A. C. DU 16 AVR. 1813, AFF. GUILLAUME JUNG.

Le vol commis dans un jardin clos et attenant à une maison habitée est réputé fait dans une dépendance de cette habitation, lors même que le jardin aurait une clôture particulière. B. crim. 166.

Vu les articles 410 du code d'instruction criminelle, 386 et 390 du code pénal;

Attendu qu'il résulte de la déclaration du jury que Guillaume Jung a commis un vol, pendant la nuit, dans un jardin attenant à une maison habitée; que l'article 390 assimile aux vols faits dans les lieux habités ceux qui ont été commis dans les dépendances desdites habitations, comme cours, basses-cours, granges, écuries, etc.;

Qu'un jardin clos et attenant à une maison habitée est une dépendance de cette habitation, lors même qu'il aurait une clôture particulière, qui, dès lors, fait partie de l'enceinte générale;

Que, par la réunion des deux circonstances du vol commis pendant la nuit et dans un lieu habité, le vol rentrait dans un des cas prévus par l'article 386, n° 1er du code pénal, auquel la loi applique la peine de la réclusion; d'où il suit qu'en appliquant à ce vol les peines correctionnelles portées par l'article 401 dudit code, la cour d'assises du Mont-Tonnerre a fait une fausse application de cet article, et, par suite, a violé les articles 386, n° 1er, et 390, même code;

La cour casse. — Ch. crim.

A. C. DU 20 MAI 1813, AFF. DOUCHEZ.

Définition de ce qu'on doit entendre par audience indiquée dans l'assignation. B. crim. 270.

Vu l'article 40 du décret du 1er germinal an XIII;

Considérant que de ces mots *au plus tard à l'audience indiquée par l'assignation*, il résulte: 1° que l'audience ainsi indiquée est le dernier terme où la déclaration d'inscription de faux puisse être valablement faite, encore que, n'importe par suite de quelles circonstances, la cause n'ait été ni appelée à cette audience, ni même inscrite sur le rôle, ou qu'il y soit intervenu une sentence de condamnation à défaut par le prévenu d'y être comparu, parce qu'il est impossible de concilier un cas quelconque d'exception à la fatalité de ce délai, avec la généralité d'expression et avec la signification technique desdits mots *le dernier terme*; 2° que la déclaration d'inscription de faux peut être légalement faite ailleurs qu'à l'audience, dans le temps intermédiaire de l'audience qu'elle indique; 3° que les mots *à l'audience indiquée par l'assignation* n'étant point synonymes des mots *au jour d'audience nominativement fixé par l'assignation*, les autres mots *au plus tard*, dudit article 40, s'appliquent à la première audience, soit d'après les trois jours francs, soit d'après tout autre nombre de jours, exprimé dans l'assignation tout aussi bien qu'à l'audience qui aurait été déterminée le tel jour, parce qu'il ne peut y avoir qu'une audience qui soit la première d'après le nombre de jours déterminé par l'assignation; d'où la conséquence que ledit article 40 prononce la déchéance de toute inscription de faux qui n'aurait pas été déclarée au plus tard à cette première audience, d'après tel nombre de jours, d'une manière aussi impérative que s'il s'agissait d'une déclaration de faux, faite après la levée de l'audience de tel jour nominativement fixé par l'assignation;

Considérant, dans l'espèce, que les prévenus Douchez et Piteux avaient été assignés à la première audience qui serait donnée trois jours francs après la date de l'assignation; que cette première audience a été donnée le 26 juin 1812, et que ce n'est qu'à l'audience du 3 juillet suivant que Douchez a déclaré s'inscrire en faux; d'où il suit qu'aux termes de l'article 40 dudit décret du 1er germinal an XIII cette déclaration était tardive et nulle, et que les juges devaient en prononcer la déchéance et statuer au fond sur le-champ;

Considérant que, néanmoins, au lieu de prononcer l'annulation et la déchéance de ladite déclaration d'inscription de faux et de statuer maintenant au fond sur la demande de la régie, à fin de confiscation du tonneau d'eau-de-vie saisi et de condamnation des prévenus à l'amende de cent francs et aux dépens, le tribunal de police correctionnelle de St-Omer a confirmé, par son jugement en dernier ressort du 25 janvier 1813, la sentence du tribunal correctionnel d'Arras dudit jour 3 juillet 1812, qui, après avoir donné acte à Douchez de sa déclaration d'inscription de faux du même jour, contre le procès-verbal de saisie de ladite pièce d'eau-de-vie, avait sursis de faire droit au fond jusqu'à ce qu'il eût été statué que le tribunal correctionnel de St-Omer a formellement violé ledit article 40 du décret du 1er germinal an XIII;

Considérant que peu importait que l'assignation eût été donnée non seulement à la première audience d'après les trois jours francs, mais encore au besoin à toutes les audiences suivantes jusqu'à jugement définitif, parce que cette indication secondaire et inutile, uniquement relative à une suite éventuelle d'instruction, ne pouvait ni empêcher que l'audience du 26 juin ne fût la première donnée après les trois jours de la date de l'assignation, ni autoriser les juges à substituer à cette première audience, dernier terme du délai fatal pour s'inscrire en faux, une audience postérieure;

Considérant que peu importait également que la régie n'eût pas fait coucher la cause sur le rôle de l'audience du 26 juin; d'un côté, parce que cela ne pouvait pas proroger le délai que la loi faisait expirer avec le dernier moment de cette audience, et, d'un autre côté, parce que les préposés avaient eu la faculté d'y requérir l'appel de la cause, et d'y faire la déclaration d'inscription de faux, et qu'en tout cas Douchez avait à s'imputer de n'avoir pas fait cette déclaration ailleurs, dans l'assignation à ladite audience du 26 juin;

De tout quoi il résulte que le tribunal correctionnel de St-Omer a ajouté la fausse interprétation à la violation formelle de l'article 40 ci-dessus transcrit, du décret du 1er germinal an XIII;

La cour casse. — Cb. crim.

C. N° 25, DU 25 MAI 1813.

Brasseries et distilleries. Changements faits aux modèles, et nomenclature raisonnée.

Les registres et états, relatifs au service des brasseries et des distilleries, viennent de subir des changements dont l'expérience avait fait sentir la nécessité.

On inscrira à l'avenir sur les états des redevables les noms des employés qui auront procédé aux épalements des chaudières dans les brasseries, afin de donner à l'administration une nouvelle garantie de l'exactitude de ce travail, dans la crainte que cette disposition leur inspirera sans doute de voir leurs noms attachés sous ses yeux à des opérations vicieuses; les époques des épalements et des réépalements seront également consignées sur ces états, et l'on y indiquera si les réépalements ont été faits par suite de changements déclarés, ou par suite d'erreurs présumées ou de fraudes reconnues, afin que l'administration puisse juger, en comparant ces époques et ces circonstances, du plus ou moins de soin que l'on aura apporté à surveiller les intérêts du trésor, en assurant les bases sur lesquelles repose la perception. Des colonnes particulières, destinées aux cuves des brasseurs ou des vinaigriers qui fabriquent la bière par infusion, feront connaître le nombre et l'importance des établissements où l'on se livre à ce genre de fabrication.

La marche prescrite pour l'inscription des numéros d'ordre et pour la formation des états récapitulatifs, offrira distinctement, et à toutes les époques, le nombre des assujétis de toute espèce et la situation des vaisseaux qu'ils devront employer.

Des registres réguliers et uniformes, destinés à recevoir les déclarations de changements ordonnées par l'article 29 de la loi du 25 novembre 1808, feront cesser pour l'avenir les contestations que ces changements ont fait naître jusqu'à présent.

L'emploi des chaudières supplémentaires, la durée de l'ébullition, et par conséquent la rentrée totale des métiers dans la chaudière de décoction, seront déterminés par les déclarations des brasseurs, de manière à éviter à cet égard toute discussion; la nécessité de faire une déclaration particulière pour chaque brassin préviendra les erreurs qu'on a eu souvent à relever.

Quelques colonnes ajoutées au portatif des bières établiront, entre les diverses espèces de produits, les distinctions nécessaires pour que les décomptes de mois et de trimestre puissent servir de base à la formation des états de renseignements; des modèles d'actes, relatifs aux diverses circonstances qui peuvent se présenter, mettront, dans cette partie du service, toute l'exactitude et l'uniformité désirables.

Le nouveau modèle de portatif remplacera le modèle n° 40, joint à l'Instruction n° 42 (octrois) et sera commun aux deux services.

La remise de la licence et le commencement de la distillation seront précédés, conformément à la loi du 5 ventôse an XII, de déclarations écrites, qui, en assurant aux redevables la faculté de distiller du moment où ils le jugeront convenable, même avant que la licence ait pu leur être délivrée, les empêcheront de se livrer, comme par le passé, à des travaux frauduleux, sous le prétexte de déclarations verbales dont il ne resterait aucune trace.

Les déclarations des distillateurs de grains et autres substances farineuses, en établissant d'une manière précise leurs opérations journalières, indiqueront clairement aux employés la marche qu'ils devront donner à la surveillance, et ces fabricants n'auront pas à se plaindre des obligations qui leur sont imposées, ni à prétexter l'impossibilité de les remplir, puisque la loi leur permet de ne faire leurs déclarations que pour le temps qu'ils jugeront nécessaire.

L'emploi des matières dans les distilleries sera suivi dorénavant de manière à prévenir toute substitution frauduleuse: on se plaignait avec raison que la situation de ces établissements ne fût pas fixée, sous ce rapport, avec assez de clarté, sur l'agenda...

C. N° 3, DU 11 JUIN 1813.

Obligation d'informer l'administration, tous les mois, du nombre des personnes détenues en conséquence des poursuites de la régie.

Quelque nécessaire que soit la surveillance et même la sévérité pour arrêter la contrebande des tabacs qui s'exécute au moyen du colportage, il est dans mes intentions que cette sévérité n'aille point au-delà des mesures suffisantes pour obtenir la répression de la fraude. Les moyens que donne la loi sont très énergiques, et la régie peut souvent en adoucir l'action, sans nuire à leur efficacité. Ainsi, quoique la détention des colporteurs condamnés puisse être portée jusqu'à six mois, en vertu des dispositions de la loi, il ne me paraît pas convenable que, dans les circonstances ordinaires, cette détention soit d'une aussi longue durée. Pour que la mesure d'indulgence que je crois devoir adopter reçoive son entière exécution, il est nécessaire que je sois instruit régulièrement du nombre des personnes mises en état de détention par suite des contraventions relatives au colportage des tabacs prohibés.

Vous voudrez donc bien m'adresser, chaque mois et dans la forme exacte du modèle ci-joint, un état détaillé des fraudeurs détenus à la requête de l'administration des droits réunis, dans l'étendue de votre direction. Cet état comprendra leur nom, leur domicile, l'indication du délit pour lequel ils ont été arrêtés, celle du jour auquel a commencé leur détention, enfin les circonstances qui peuvent permettre ou même exiger que la durée de cette détention soit plus longue que je ne viens de vous l'indiquer.

Je n'ai parlé que des arrestations motivées par la contrebande des tabacs, parce

que ce sont à peu près les seules qui s'opèrent au nom de la régie des droits réunis. Je dois vous faire observer cependant que si, par quelque autre cause, des personnes venaient à être détenues en conséquence des poursuites de la régie, vous devriez les inscrire sur l'état que je vous demande, et avec les mêmes détails, afin que je puisse juger des motifs qui auraient déterminé leur arrestation et qui retarderaient leur mise en liberté.

L'objet de cette circulaire indique assez combien vous devez mettre d'exactitude à exécuter ce qu'elle prescrit.

A. C. DU 2 JUILL. 1813, AFF. TRIQUET.

Les lois en matière d'eaux et forêts ne contiennent aucune disposition qui autorise les tribunaux à prendre en considération l'âge et le défaut de discernement des délinquants. Ainsi, un individu âgé de moins de seize ans qui a pêché avec un engin prohibé ne peut pas être acquitté, sous le prétexte qu'il a agi sans discernement. J. P. 11.517.

Vu les articles 10 et 25, titre 31 de l'ordonnance de 1669;

Attendu que, d'après l'article 484 du code pénal, les dispositions de ce code ne sont point applicables aux matières qui n'ont pas été réglées par lui, et qui sont réglées par des lois et règlements particuliers;

Que les matières d'eaux et forêts ne sont pas réglées par le code pénal, et qu'elles sont régies par l'ordonnance de 1669 et autres lois forestières postérieures;

Que cette ordonnance et ces lois ne contiennent aucune disposition qui autorise les tribunaux à prendre en considération l'âge et le défaut de discernement des délinquants dont elles s'occupent;

Attendu qu'il résulte de diverses dispositions de l'ordonnance de 1669 et de l'article 1384 du code civil, que les pères sont civilement responsables des délits commis par leurs enfants mineurs, à moins qu'ils ne prouvent qu'ils n'ont pu empêcher le fait qui donne lieu à cette responsabilité;

Attendu qu'il a été reconnu par l'arrêt attaqué que Triquet fils a commis un délit de pêche avec un engin prohibé; que cependant la cour impériale de Caen, par le motif que Triquet fils, âgé de moins de seize ans, avait agi sans discernement, n'a point prononcé contre lui les peines applicables à ce délit, et a déchargé Triquet père de la responsabilité du délit commis par son fils; que, dès lors, cette cour a faussement appliqué l'article 66 du code pénal, et violé formellement les articles 10 et 25 du titre 31 de l'ordonnance de 1669;

La cour casse. — Ch. crim.

ARRÊT DE LA COUR DE COLMAR, DU 30 JUILL. 1813, AFF. WEYL.

On doit comprendre dans le délai fixé pour le renouvellement des inscriptions hypothécaires le jour où l'inscription a été prise et le jour de l'échéance du délai, en sorte qu'une inscription prise le 24 mai 1799 doive être renouvelée au plus tard le 23 mai 1809. J. P. 11.592.

Vu les articles 2154 et 2260 du code civil;

Et attendu qu'aucune des créances en faveur desquelles les intimés ont obtenu les fins de leur demande en déclaration d'hypothèque n'a été renouvelée dans le délai prescrit par la loi; que celle qui se rapproche le plus de l'instant fatal est celle qui a été cédée aux intimés par le sieur Cointet; que néanmoins l'inscription relative à cette créance n'a été renouvelée qu'après les dix années révolues; qu'ainsi les intimés étaient, comme ils le sont, non recevables dans leurs demandes;

Et attendu que les demandeurs ne se sont pas présentés à l'audience sur l'assignation en intimation qu'ils ont fait donner aux intimés; que le défaut demandé et obtenu contre eux a été bien acquis;

Par ces motifs,

Sans avoir égard aux fins de nullité, desquelles elle déboute les appelants,

Les reçoit opposants à l'arrêt par défaut du 8 avril 1812;

Ayant égard à l'opposition et y faisant droit,

Dit que ledit arrêt est rapporté;

Ce faisant, prononçant sur l'appel......, émendant,

Déclare les intimés non recevables en leur demande formée en première instance;

Les condamne aux dépens tant de cause principale que d'appel,

Et ordonne la restitution de l'amende consignée.

A. C. DU 5 AOUT 1813, AFF. VAN-CEDE.

Le concours d'un officier de police n'est pas nécessaire pour les visites effectuées chez les individus que la nature de leur profession assujétit aux visites et exercices ordinaires des employés de la régie. B. crim. 411.

Vu l'article 35 de la loi du 24 avril 1806;

Vu: 1° les articles 82 et 83 de la loi du 5 ventôse an XII; 2° l'article 31 de celle du 24 avril 1806; 3° l'article 30 de celle du 25 novembre 1808;

Considérant que ledit article 82 de la loi du 5 ventôse an XII, uniquement relatif au droit d'inventaire et aux individus qui étaient assujétis au paiement de ce droit, dont l'abolition a été prononcée par l'article 12 de la loi du 25 novembre 1808, à dater du 1er janvier 1809, a, dès lors, cessé d'être loi;

Et que ledit article 83 de ladite loi du 5 ventôse an XII ne dispose que pour des visites à faire éventuellement chez les simples citoyens, qui, à la différence des individus que la nature de leur profession assujétit aux visites et exercices ordinaires et habituels des employés de la régie des droits réunis, ne sont tenus de souffrir les visites de ces employés que passagèrement, en cas de suspicion de fraude, et à la charge par ces mêmes employés de se faire assister d'un officier de police;

D'où il suit que ces articles 82 et 83 ne pouvaient être ni invoqués ni appliqués dans l'espèce actuelle, où il s'agissait d'une visite à faire dans une chambre du domicile d'un distillateur;

Considérant que la disposition dudit article 31 de la loi du 24 avril 1806 est générale et absolue; qu'elle assujétit les distillateurs aux exercices des employés de la régie des droits réunis, à raison de toutes les boissons qu'ils ont en leur possession, sans nulle exception pour celles qui peuvent exister dans les chambres et dans les autres dépendances quelconques de leurs habitations personnelles;

Considérant que, si l'article 30 de la loi du 25 novembre 1808 est venu postérieurement ordonner aux employés de la régie des droits réunis, de se faire assister d'un officier de police lors de leurs visites chez les brasseurs et chez les distillateurs, et de borner ces visites aux bâtiments de la brasserie ou de la distillerie, et aux magasins en dépendant, cette disposition exceptionnelle n'a dérogé que pour les visites à faire pendant la nuit, à la généralité d'expression dudit article 31 de la loi du 24 avril 1808, qui n'avait parlé ni d'assistances d'officier de police, ni de restriction quelconque;

Qu'en effet, les mots *dans ces derniers cas*, qui, dans ledit article 30, se réfèrent évidemment aux seuls mots *avant le lever et après le coucher du soleil*, prouvent que la disposition qui les suit, ne doit nullement s'appliquer aux exercices qui ont lieu de jour, et que tel est le vrai sens de cette disposition;

D'où la conséquence qu'elle a laissé subsister, tel qu'il était décrété par ledit article 31, et pour tous les temps où le soleil est sur l'horizon, l'assujétissement indéfini des distillateurs aux exercices des employés des droits réunis, dans les appartements et les dépendances quelconques des maisons de ces distillateurs, comme dans leurs distilleries mêmes et dans les magasins en dépendant, et sans qu'il soit besoin d'assistance d'aucun officier de police;

Considérant, en effet, que ce n'était ni avant le lever ni après le coucher du soleil, mais qu'au contraire c'était en plein jour, à sept heures du matin, que les employés rédacteurs du procès-verbal de refus d'exercice, du 28 juillet 1812, avaient manifesté au distillateur Van-Cede leur intention de faire une visite dans son domicile, et l'avaient requis, à cette fin, de leur en ouvrir les chambres, armoires, caves et greniers;

Considérant que déjà même cette visite était commencée, lorsque le sieur Van-Cede, excité par le nommé Verhœf, a prétendu qu'elle ne pouvait continuer qu'avec l'assistance d'un officier de police, et, attendu le défaut de cette assistance, s'est opiniâtré à ne plus souffrir ladite visite; ce qui a réduit les employés à la nécessité de lui déclarer procès-verbal de refus d'exercice;

Considérant que cette conduite du sieur Van-Cede constituait une contravention formelle et consommée à l'article 31 de ladite loi du 24 avril 1806; que cette contravention le rendait passible de l'amende de 100 francs, prononcée par l'article 37 de la même loi; et que par conséquent il était du devoir du tribunal correctionnel de Zwol, de le condamner à cette amende, qui était demandée par la régie des droits réunis, et aux dépens;

Considérant que, néanmoins, sur le fondement des articles 82 et 83 de la loi du 25 ventôse de l'an XII, qui, comme il a été établi plus haut, étaient absolument étrangers à l'espèce; sur le fondement aussi de l'article 30 de la loi dudit jour 25 novembre 1808, et de l'article 2 du décret impérial du 28 messidor de l'an XIII (qui sans doute n'a été cité que par erreur, puisqu'il ne concerne que la mise en jugement des préposés de la régie des droits réunis), le tribunal de police correctionnelle de Zwol a, par son jugement en dernier ressort du 8 octobre 1812, et sous prétexte que le sieur Van-Cede n'avait pas refusé la visite de ses ateliers et magasins, mais sans assistance du commissaire de police, renvoie ledit sieur Van-Cede de la demande de la régie, avec dépens;

Considérant enfin qu'en jugeant ainsi, ce tribunal, non seulement a mal appliqué lesdits articles 82 et 83 de la loi du 5 ventôse an XII, et l'article 2 du décret impérial du 28 messidor an XIII, mais encore a faussement interprété l'article 30 de la loi du 25 novembre 1808, et directement violé l'article 31 de celle du 24 avril 1806;

La cour casse. — Ch. crim.

A. C. DU 14 AOUT 1813, AFF. KAMMEYER.

Là où la loi ne distingue pas, on ne peut créer des distinctions et des exceptions qui tendraient à restreindre le sens, lorsque l'intention du législateur est évidente. B. crim. 451.

Vu les articles 8 et 10 du titre 32 de l'ordonnance de 1669;

Et attendu que la disposition du premier de ces articles embrasse dans son étendue tous les délits forestiers dont la loi a ordonné la répression;

Que, si l'ordonnance a déterminé une peine particulière pour chaque genre de délit, elle a, par ledit article 8, prescrit, pour tous les délits quelconques, une mesure indéfinie qui tend à les prévenir plus efficacement, en rendant la réparation du dommage plus complète par une aggravation générale de peine qu'elle prononce à l'égard de tous les délits; et qu'il eût été inutile de répéter la disposition de l'article 8 dans chaque article de l'ordonnance, puisqu'elle se lie et s'applique à tous, par la généralité de son expression;

Que, là où la loi ne distingue pas, on ne peut créer des distinctions et des exceptions qui tendraient à en restreindre le sens, lorsque l'intention évidente du législateur a été de lui donner une latitude absolue;

Que, d'ailleurs, le même principe qui a fait admettre la mesure de la restitution pour les vols dans les forêts, à raison du surhaussement du prix des bois depuis la fixation primordiale des amendes au pied de tour, s'applique aussi aux dégâts commis par les bestiaux, puisque les dommages qu'ils causent ont acquis plus de gravité, à mesure et par cela même que *les bois ont acquis une plus haute valeur dans le commerce;*

Que, dès lors, l'arrêt attaqué, en adoptant, pour le délit de pâturage dont Kammeyer était prévenu et convaincu, une exception dérogatoire au principe général de l'article 8 précité du titre 32 de l'ordonnance de 1669, présente une contravention manifeste audit article;

La cour casse. — Ch. réunies.

C. N° 140, DU 24 AOUT 1813.

Frais de transport des tabacs saisis.

... Les frais de transport des tabacs provenant de saisie, qui, aux termes de l'arrêté de Son Exc. le ministre des finances du 9 février 1813, joint à la C. n° 138, sont à la charge de la régie, se composent seulement de ceux résultant de l'expédition de ces tabacs du magasin du contrôle principal où ils ont été déposés, jusqu'aux magasins de feuilles ou manufactures impériales...

Quant aux dépenses occasionnées par le transport des tabacs, depuis le lieu de la saisie jusqu'au magasin du contrôle principal, elles seront considérées comme frais de saisie, et le montant devra en être prélevé sur le produit de la répartition à faire aux saisissants...

A. C. DU 3 SEPT. 1813, AFF. MANOUX.

L'article 463 du code pénal, qui permet aux tribunaux de modérer la peine, quand les circonstances paraissent atténuantes, ne s'applique qu'aux délits prévus par ce même code (Forêts). J. P. 11.695.

Vu les articles 14, titre 32 de l'ordonnance de 1669, et 481 du code pénal;

Attendu que rien n'ayant été réglé par ledit code relativement aux délits et contraventions en matière d'eaux et forêts, les ordonnances et les décrets qui régissaient antérieurement cette matière, doivent continuer de recevoir leur exécution; que le tribunal correctionnel de Tulle a lui-même rendu hommage à ce principe en jugeant le sieur Manoux par application des articles 1er du titre 31, et 5 du titre 36 de l'ordonnance de 1669; mais que ce prévenu, qu'il a déclaré convaincu d'un délit de pêche puni par ladite ordonnance de 50 francs d'amende, n'a cependant été condamné qu'à une amende de 16 francs; que si, dans le cas où le dommage causé n'excède pas 25 francs et où les circonstances paraissent atténuantes, les tribunaux sont autorisés à réduire l'amende même au-dessous de 16 francs, cette faculté qu'ils ne tiennent que de l'article 463 du code pénal de 1810, n'est applicable

qu'aux délits qui soumettent le coupable à la peine de l'emprisonnement, et qui sont mentionnés dans ce code; qu'il s'agit, dans l'espèce, d'un délit de pêche totalement étranger au code pénal, et que l'ordonnance de 1669 ne punit que d'amende et de confiscation; que loin que cette ordonnance renferme une disposition analogue à celle de l'article 463 du code pénal, elle défend au contraire aux juges, en termes exprès et formels, par l'article 14, titre 32, d'arbitrer les amendes et peines ni les prononcer moindres que ce qu'elles sont réglées par la présente ordonnance ou la modérer et changer après le jugement; qu'en réduisant à 16 francs l'amende de 50 francs prononcée par l'ordonnance de 1669 contre les délits de la nature de celui dont il a déclaré le prévenu coupable, le tribunal correctionnel de Tulle a donc fait une fausse application manifeste de l'article 463 du code pénal de 1810, et formellement contrevenu à la disposition de l'article 14, titre 32 de l'ordonnance de 1669;

La cour casse. — Ch. crim.

A. C. DU 4 SEPT. 1813, AFF. LANZAC.

La mainlevée des ouvrages de bijouterie d'or et d'argent, saisis pour défaut de marque, ne peut être donnée, par les tribunaux, qu'après qu'il a été constaté que ces ouvrages ne sont pas susceptibles de recevoir, sans détérioration, l'empreinte du poinçon. M. 10.139.

Vu les articles 1, 7, 8, 21, 77, 80, 86 et 107 de la loi du 19 brumaire an VI, relative à la surveillance du titre et à la perception des droits de garantie des matières et ouvrages d'or et d'argent;

Vu aussi l'arrêté du gouvernement du 1er messidor an VI;

Considérant qu'il résulte des dispositions combinées de ces différents articles, que de tous les ouvrages travaillés en or et argent, il n'y en a d'autres exceptés de la marque de garantie et du paiement des droits, que ceux qui, soit à raison de leur conformation, soit à raison de leur extrême délicatesse, ne sont réellement pas susceptibles de recevoir, sans détérioration, l'empreinte d'aucun des poinçons désignés dans ledit article 8; qu'il suit de là qu'à l'égard de tous autres ouvrages de joaillerie et d'orfèvrerie, les marchands et fabricants sont tenus de se conformer au prescrit dudit article 77, et qu'en cas de contravention il y a lieu aux amende et confiscation prononcées par lesdits articles 80 et 107;

Considérant, dans l'espèce, qu'il a été saisi sur François Lanzac, orfèvre à Bordeaux, plusieurs ouvrages d'orfèvrerie et de bijouterie montés en pierres, perles ou cristaux non revêtus des marques de garantie; que mainlevée a été donnée de ces ouvrages sans qu'il eût été constaté qu'ils ne fussent pas susceptibles de recevoir, sans détérioration, aucune marque de garantie, seul cas néanmoins auquel la loi les dispensait de recevoir cette marque; d'où il suit que, dans l'état des choses, la main-levée donnée au sieur Lanzac est une contravention formelle aux articles de la loi précitée;

La cour casse. — Ch. crim.

C. N° 216, DU 29 OCT. 1813.

Comptabilité.

Receveurs particuliers. Journal général de recette.

Depuis le commencement de l'exercice courant, les receveurs particuliers font un double enregistrement, *en toutes lettres*, des recettes qu'ils opèrent: le premier, sur le registre à talon, des quittances de tous droits, prescrit par la circulaire n° 205; le second, sur le journal du droit auquel chaque recouvrement est imputable.

Les anciens registres journaux, n°s 42 à 48, et le registre n° 19, seront supprimés à partir du 1er janvier prochain, et remplacés par le modèle n° 38 de la nouvelle nomenclature, qui a été disposé de manière à servir à la fois de journal de recette et de registre de quittances à souche.

Ce journal sera le seul livre sur lequel les receveurs particuliers auront à porter, en toutes lettres, le montant de chacune de leurs perceptions.

L'enregistrement à la souche des quittances doit se faire à l'instant même où le comptable effectue une recette, à quelque nature de droits ou de produits qu'elle soit imputable.

Ces enregistrements présenteront les énonciations suivantes, qui, conformément aux dispositions de la circulaire n° 206, devront toujours être en parfaite concordance avec les quittances délivrées:

1° En chiffres, et sur une seule série pour tout l'exercice, le numéro de l'enregistrement;

2° Le droit auquel la somme reçue est imputable;

3° En toutes lettres, la somme reçue;

4° Le nom du redevable qui fait le versement, ou pour compte de qui il est fait, et de plus l'indication de son domicile.

A la fin de chaque jour, les receveurs particuliers sédentaires et ambulants feront sortir en chiffres dans le cadre en regard des souches, les sommes inscrites en toutes lettres dans chacune desdites souches, en observant de porter, dans la 2e colonne des cadres, celles reçues des assujétis et imputables aux droits dont ils sont comptables directs; dans la troisième colonne, celles versées par les receveurs buralistes; et dans la quatrième, celles perçues pour le compte des receveurs principaux...

Registre des avances pour affaires contentieuses.

... Une colonne a été ajoutée à l'ancien modèle de ce registre, pour inscrire les numéros correspondants de la recette avec la dépense; en sorte que les enregistrements de dépense en regard desquels ne se trouverait pas le numéro d'enregistrement de la recette, présenteront les affaires non terminées.

Le registre n° 42 sera arrêté tous les mois par les contrôleurs principaux; et cet arrêté justifiera, soit la déduction sur les avances, soit la portion du débet résultant des frais non rentrés, relatifs à des affaires contentieuses...

A. C. DU 29 OCT. 1813, AFF. SAMONATTI.

En matière de douanes, la confiscation des marchandises saisies ne peut être ordonnée, en cas de nullité du procès-verbal de saisie, que lorsqu'il est reconnu qu'elles sont de la nature de celles prohibées à l'entrée ou à la sortie. B. crim. 566.

Vu les articles 23, titre 10, de la loi du 22 août 1791, et 410 du code d'instruction criminelle;

Attendu que les procès-verbaux de saisie, en matière de douanes, étant le titre fondamental de l'action de la régie contre les prévenus de fraude ou de contravention, la nullité prononcée de l'acte qui forme le titre doit entraîner la nullité de l'action qui aurait pu en dériver; que cela résulte formellement de la disposition ci-dessus rappelée de la loi du 22 août 1791;

Qu'une seule exception à ce principe a été admise, soit par ladite loi du 22 août 1791, soit par celle du 15 août 1792, soit enfin par le décret du 8 mars 1811, c'est lorsque les marchandises saisies sont de la nature de celles prohibées à l'entrée ou à la sortie;

Que, dans l'espèce, le procès-verbal de saisie ayant été déclaré nul, et n'ayant point été reconnu et déclaré que les marchandises dont il s'agit fussent de la classe de celles frappées de prohibition, il n'y avait pas lieu d'en prononcer la confiscation; et qu'en l'ordonnant, la cour prévôtale des douanes a violé la disposition dudit article 23, titre 10, de la loi du 22 août 1791, et fait une fausse application de l'article 9, titre 3, de la même loi;

La cour casse. — Ch. crim.

A. C. DU 8 NOV. 1813, AFF. SAQUEBOUILLE.

Les nullités résultant de l'inobservation des formalités prescrites pour s'inscrire en faux contre les procès-verbaux, sont absolues et d'ordre public; d'où il suit qu'elles peuvent être proposées en tout état de cause, et par conséquent en appel; elles doivent même être suppléées par les juges dans le silence des parties. M. 11.50.

Vu l'article 40 du décret du 1er germinal an XIII, etc.:

Attendu que les formalités prescrites par l'article ci-dessus sont tellement de rigueur, qu'aux termes de la loi, leur inobservation emporte la déchéance de l'inscription en faux; qu'elle éteint donc et anéantit l'action, sans qu'il soit jamais possible de la reprendre; que, par une conséquence nécessaire, les nullités qui dérivent de l'inobservation desdites formalités, sont absolues et d'ordre public; qu'elles ne peuvent être couvertes ni par le silence, ni par le consentement, soit des parties intéressées, soit du ministère public; qu'elles peuvent être proposées en tout état de cause, comme exception préjudicielle et péremptoire, éteignant l'action, et qu'il est même du devoir des juges de les suppléer, dans le silence des parties;

Attendu que l'inscription en faux, dont il s'agit au procès, était nulle, sous deux rapports; le premier, en ce qu'elle n'a pas été faite par écrit, ainsi que le prescrit la loi; le second, parce qu'elle aurait dû être reçue et signée par le président du tribunal et le greffier, puisque les inscrivants ne savaient ni lire ni écrire, ainsi qu'ils l'ont déclaré dans l'acte de dépôt de leurs moyens de faux en greffe;

Attendu qu'en rejetant ces moyens de nullité, sous prétexte qu'ils n'avaient pas été proposés en première instance, la cour d'appel de Bordeaux a méconnu le caractère absolu des nullités, et qu'elle a ouvertement violé la loi ci-dessus rappelée;

La cour casse. — Ch. crim.

A. C. DU 25 NOV. 1813, AFF. ÉTIENNE BLANCHET.

Le maître est civilement responsable du dommage causé par son domestique dans les fonctions auxquelles il l'a employé, alors même qu'il prouverait n'avoir pas pu empêcher le fait qui donne lieu à la responsabilité. B. crim. 613.

Vu les articles 1384 du code civil et 74 du code pénal;

Considérant que d'après l'article 1384 précité les maîtres sont civilement responsables du dommage causé par leurs domestiques, dans les fonctions auxquelles ils sont employés;

Que l'exception portée dans les dispositions finales dudit article, étant restreinte aux père et mère, instituteurs ou artisans, ne peut être étendue aux maîtres et commettants;

Considérant, dans l'espèce, que Toussaint Delvemont a été convaincu d'avoir, dans ses fonctions de berger, domestique d'Étienne Blanchet, volé à Louis Gallot une quantité de fourrage, et que ce vol a causé à celui-ci un dommage évalué à la somme de 6 francs; que ledit Blanchet était donc civilement responsable de ce dommage, et qu'en le déchargeant de cette responsabilité, le tribunal d'Évreux a ouvertement violé lesdits articles 1384 du code civil, et 74 du code pénal;

La cour casse. — Ch. crim.

A. C. DU 17 MARS 1814, AFF. HUMBERT.

La partie civile ne peut, quant à son intérêt, être enchaînée, soit pour les poursuites du délit, soit pour l'appel, par le défaut de concours du ministère public, dont l'action a pour objet exclusif l'intérêt de la société. B. crim. 42.

Vu les articles 182 et 202 du code d'instruction criminelle; et attendu qu'il résulte de ces articles, que la faculté d'agir par action directe, et celle d'appeler par action intérêt, sont accordées par la loi à la partie civile, comme au ministère public dans l'intérêt de la vindicte publique, dont la poursuite lui est confiée, et sans que la poursuite de la partie civile soit, en aucune manière, subordonnée à l'action du ministère public;

Que, lorsque le ministère public ne se rend pas appelant d'un jugement de première instance favorable au prévenu, il en résulte seulement que l'appel de la partie civile ne peut donner lieu à l'application d'aucune peine, mais non pas que son action civile soit éteinte ni altérée dans ses rapports avec son intérêt personnel;

Qu'ainsi, soit que le tribunal de première instance se soit déclaré incompétent, en décidant que le fait porté en la citation, ne constituait pas un délit, comme dans l'espèce, le tribunal de Ploermel s'était abstenu de prononcer, parce qu'il ne lui avait pas paru que les faits exposés par le général Humbert, missent ses adversaires dans le cas de l'application de l'article 412 du code pénal, concernant les entraves apportées à la liberté des enchères; soit qu'il ait acquitté le prévenu, parce que les faits qui constituaient le délit, n'étaient pas suffisamment prouvés, ou par tout autre motif quelconque, le droit d'appel est réservé à la partie civile, en sorte que celui interjeté par ledit Humbert, n'a pu être écarté par fin de non-recevoir qu'en violant les articles ci-dessus cités, et spécialement le n° 2 de l'article 202;

La cour casse. — Ch. crim.

A. C. DU 20 AVR. 1814, AFF. DAIL.

Un acte d'appel n'est pas nul, quoiqu'il contienne simplement assignation à comparaître dans les délais de la loi. J. P. 12.177.

Vu l'article 456 du code de procédure;

Attendu que cet article se borne à ordonner que l'acte d'appel contiendra assignation dans le délai de la loi; et que prétendre, comme l'a fait la cour de Colmar, que l'on doit exprimer dans l'assignation le nombre de jours dans lesquels l'assigné doit comparaître, c'est ajouter à la loi et créer une nullité qu'elle ne prononce pas;

La cour casse. — Ch. civ.

A. C. DU 14 JUILL. 1814, AFF. NICOLAS ROLLAND.

En thèse générale, la responsabilité à laquelle sont soumis des tiers étrangers

aux délits qui donnent lieu à des condamnations, est restreinte aux dommages causés par ces délits et ne peut pas être étendue aux amendes. B. crim. 74.

Vu les articles 9 et 74 du code pénal:

Attendu qu'il résulte de ces articles: 1° qu'en thèse générale, la responsabilité à laquelle sont soumis des tiers étrangers aux délits qui donnent lieu à des condamnations est essentiellement civile; qu'elle est conséquemment restreinte aux dommages causés par ces délits, et ne peut être étendue aux peines prononcées contre les délinquants; 2° qu'en thèse générale aussi, les amendes sont des peines;

Attendu que, si dans certains cas déterminés par des lois spéciales et positives, les amendes sont considérées comme des réparations civiles; et si, dans ces cas, des tiers en sont déclarés responsables, ce sont des exceptions qui doivent être strictement renfermées dans leurs termes;

Attendu qu'il n'existe dans aucune loi générale ou spéciale une disposition qui déclare les fermiers de pêche responsables des peines prononcées contre des porteurs de licences délivrées par ces fermiers;

Attendu que la responsabilité imposée dans l'espèce à Rolland par le cahier des charges de son adjudication, peut bien l'assujétir à répondre des dommages causés par les délits des porteurs de licences délivrées par lui; mais non à répondre des peines qu'ils ont encourues; d'où il suit qu'on n'a pu déclarer Rolland responsable des amendes prononcées contre Dupuis, sans contrevenir aux articles 74 et 9 précités du code pénal;

Mais attendu que les dépens ne sont point des peines, qu'ils ne sont que l'indemnité des frais avancés pour la poursuite du délit, et que, dès lors, ils doivent être considérés comme des dommages et intérêts dont la responsabilité peut être prononcée contre ceux qui y sont assujétis par les lois ou qui s'y sont soumis par des conventions; conséquemment on a pu, dans l'espèce, sans contrevenir à aucune loi, déclarer Rolland responsable des dépens prononcés contre Dupuis, porteur d'une licence délivrée par ledit Rolland, qui d'ailleurs s'était soumis par son adjudication, à répondre des cessionnaires de tout ou partie de son bail;

Attendu, en fait, que Dupuis ne s'étant pas pourvu contre les jugements qui le condamnent, il n'y a plus de délit à poursuivre dans l'espèce; et que, dès lors, il n'y a pas lieu à renvoyer le procès devant une autre cour ou tribunal;

Par ces motifs, casse et annule la disposition de l'arrêt attaqué par Rolland, qui confirme contre lui la responsabilité de l'amende prononcée par les premiers juges, etc.: — Ch. crim.

A. C. DU 16 AOUT 1814, AFF. MOLLIET.

Le droit du propriétaire sur les meubles du fermier se réduit à un simple privilège sur le prix, mais il ne peut s'opposer à la vente de ces meubles, tant que le saisissant ne s'oblige pas à lui garantir l'exécution du bail. J. P. 13.366.

Vu l'article 609 du code de procédure civile;

Attendu qu'il a été décidé en point de droit, par le jugement attaqué, que le propriétaire du domaine amodié est fondé dans son opposition à la vente des meubles et effets saisis sur son fermier, tant que le saisissant ne s'est pas obligé de garantir l'exécution des clauses du bail, ce qui a été ajouté arbitrairement à la disposition de l'article 609 du code de procédure civile, qui n'attribue au propriétaire qu'un simple privilège sur le prix des choses saisies sur son fermier, et ce qui en a été par suite une violation ouverte;

La cour casse. — Ch. civ.

LOI DU 18 NOV. 1814.

Fêtes et dimanches.

Art. 1er. Les travaux ordinaires seront interrompus les dimanches et jours de fêtes reconnus par la loi de l'État.

Art. 3. Dans les villes dont la population est au-dessous de cinq mille âmes, ainsi que dans les bourgs et villages, il est défendu aux cabaretiers, marchands de vins, débitants de boissons, traiteurs, limonadiers, maîtres de paume et de billard, de tenir leurs maisons ouvertes et d'y donner à boire et à jouer lesdits jours pendant le temps de l'office.

C. N° 6, DU 16 FÉV. 1815 (1).

Comptabilité.

Buralistes. Registre récapitulatif des recettes et des dépenses.

... Lorsqu'un receveur particulier aura arrêté la perception d'un buraliste, il reportera sur le registre n° 12 les produits constatés depuis son dernier arrêté sur chacun des registres ouverts dans la recette buraliste, ainsi que les produits du timbre de la régie.

Ayant ainsi récapitulé tous les droits perçus par un receveur buraliste, ceux de timbre compris, le receveur particulier s'en fera verser le montant, et en donnera quittance sur la formule imprimée à la suite de chaque arrêté du registre.

La quittance devra être toujours de la somme tirée dans la dernière colonne de l'arrêté, c'est-à-dire qu'elle comprendra, outre la somme effectivement versée par le buraliste, celle retenue par lui à valoir sur son traitement; mais cette dernière y sera mentionnée pour ordre...

Receveurs particuliers. Comptes ouverts.

... Les charges de chaque contribuable doivent être portées au débit de son compte, en une seule ligne par nature de droits et pour chaque trimestre, d'après le dépouillement des états des produits. Les paiements effectués doivent y être inscrits à son crédit, jour par jour, d'après le relevé du journal des recettes, n° 38...

Journal de recette des receveurs particuliers.

... Je répète que toute somme reçue pour le compte de l'administration par un receveur particulier, à quelque nature de droits ou de produit qu'elle soit applicable, doit nécessairement être inscrite sur ce registre, et la moindre omission qui me serait signalée à cet égard entraînerait la destitution du comptable...

Registre de comptes ouverts aux assujétis qui doivent verser directement entre les mains des receveurs principaux.

... Le titre de ce registre en indique suffisamment l'objet.

Chacun des contribuables sur qui les receveurs principaux ont à poursuivre,

_____

(1) Voir au *Nouveau Recueil* un autre extrait de cette circulaire.

soit par eux-mêmes, soit par l'entremise des receveurs particuliers, le recouvrement d'un produit quelconque, doit y avoir un compte par DOIT et AVOIR.

Celui de chaque redevable, adjudicataire ou fermier d'un bac, par exemple, sera divisé par trimestre ou par semestre, selon que les clauses du titre en vertu duquel il jouit, lui imposeront l'obligation de payer trois ou six mois à l'avance.

Le titre du compte indiquera l'espèce du droit affermé, la date du bail ou du procès-verbal d'adjudication, celle de l'entrée en jouissance et celle de l'échéance.

La première colonne indiquera chacune des échéances de l'année à laquelle le fermier est tenu d'effectuer un paiement et la seconde en indiquera le montant. Cette partie du compte sera remplie dès le commencement de l'année, et la seconde colonne sera additionnée de manière que le total présentera le prix annuel résultant du bail.

La deuxième partie sera disposée comme celle de tous les autres comptes ouverts, c'est-à-dire qu'elle présentera en trois colonnes le n° d'enregistrement n° 39, la date et le montant des paiements effectués par le redevable, et de plus une colonne d'observation destinée à l'annotation des poursuites, en cas de retard dans les paiements...

A. C. DU 14 AVR. 1815, AFF. LECLERC.

Aucune loi ne déclare nulles les poursuites et procédures qui seraient faites en matière criminelle, les jours de fêtes et dimanches. J. P. 12.677.

Considérant, sur le deuxième moyen, qu'aucune loi ne déclare nulles les poursuites et procédures qui seraient faites, en matière criminelle, les jours de fêtes et dimanches.

La cour rejette. — Ch. crim.

A. C. DU 18 MAI 1815, AFF. BAUDRY.

En matière criminelle, quand le condamné meurt avant qu'il ait été prononcé sur son pourvoi en cassation, la cour n'en statue pas moins sur son pourvoi au chef de la condamnation aux frais. J. P. 12.734.

Arrêt conforme. — Ch. crim.

A. C. DU 18 MAI 1815, AFF. JACOT-BARON.

Garantie. Inscription sur le registre. Délai.

Quelques auteurs assignent par erreur la date du 18 à cet arrêt. Il est du 8, ainsi que l'indique la table du *Mémorial* et il a été inséré à cette dernière date au *Nouveau Recueil*.

A. C. DU 10 NOV. 1815, AFF. DÉSANGE.

Il n'y a d'exempts de la marque de garantie et du paiement du droit que les objets dont l'impossibilité absolue de recevoir l'empreinte du poinçon est légalement prouvée. B. crim. 135.

Vu les articles 1, 8, 21, 77, 80, 86 et 107 de la loi du 19 brumaire an VI;

Vu aussi l'arrêté du gouvernement du 1er messidor an VI, articles 1 et 2;

Considérant qu'il résulte des dispositions combinées de ces différents articles que de tous les ouvrages travaillés en or et en argent, il n'y en a d'autres exempts de la marque de garantie et du paiement du droit, que ceux qui, suivant ledit article 86, expliqué par l'arrêté du gouvernement du 1er messidor an VI, ne peuvent d'aucune manière supporter sans détérioration l'empreinte des poinçons désignés dans l'article 8 de la loi du 19 brumaire;

Qu'il suit de là qu'à l'égard de tous les ouvrages d'or et d'argent dont l'impossibilité absolue de recevoir la marque de garantie, sans détérioration, n'est pas légalement prouvée, les marchands et fabricants de ces ouvrages sont tenus de se conformer au prescrit de l'article 77, et qu'en cas de contravention, il y a lieu de les condamner aux peines prononcées par les articles 80 et 107;

Que, dans l'espèce, et d'après le procès-verbal des préposés du bureau de garantie du 13 janvier 1815, régulier dans sa forme et non argué de faux, il a été constaté qu'il a été trouvé, chez Claude Desange, fabricant de bijoux à Clermont-Ferrand, plusieurs ouvrages d'or achevés et non marqués du poinçon de garantie, et à l'égard desquels il n'a été apporté aucune preuve qu'ils fussent dans l'impossibilité absolue de recevoir sans détérioration ladite marque de garantie; que, dans cet état de choses, l'arrêt dénoncé, en déclarant que lesdits ouvrages devaient être considérés comme compris dans l'exception portée en l'article 86 de la loi du 19 brumaire, a fait une fausse application de cet article et a, par suite, violé les articles 77, 80 et 107 de la même loi;

La cour casse. — Ch. crim.

A. C. DU 14 DÉC. 1815, AFF. PERRUCHEL.

Un exploit d'assignation laissé en parlant à des domestiques, sans aucune autre désignation, n'est pas nul. J. P. 13.170.

Attendu que le mérite de tous les moyens de cassation indiqués par le demandeur tient uniquement à la question de savoir si l'exploit d'assignation en validité de saisie, du 8 juillet 1814, est nul, parce que l'huissier a déclaré en avoir laissé copie aux domestiques du demandeur, au nombre pluriel, et non pas à un domestique, comme cela se pratique ordinairement;

Attendu que le juge ne doit accueillir que les nullités prononcées par la loi, et que celle dont il s'agit ne résulte ni de la lettre ni de l'esprit de l'article 68 du code de procédure;

La cour rejette. — Ch. req.

C. N° 12, DU 25 JANV. 1816.

Comptabilité.

Appointements fixes du service général.

J'ai fait comprendre sur l'état du service général les employés de surveillance des tabacs, et les contrôleurs et receveurs particuliers de la navigation. Les premiers, quoique spécialement attachés au service des tabacs, n'en sont pas moins tenus de porter leur surveillance sur les autres branches de perception, et ils rentrent, par conséquent, dans la classe générale des employés de l'administration. Il en est de même des contrôleurs et receveurs des droits de navigation, depuis que ces droits ont cessé d'avoir une affectation spéciale. Les émoluments qu'ils reçoivent sont prélevés sur les produits généraux, la dépense en est imputée aux mêmes chapitres que ceux des autres employés: il n'existe donc plus de raison de former pour eux des états particuliers de fixation; et, en comprenant

ces deux classes d'employés sur le budget général de chaque direction, il en résulte cet avantage, de présenter un ensemble plus complet de la dépense des appointements et frais de bureau: ils seront, en conséquence, portés sur les tableaux d'émargements à dresser chaque trimestre, par arrondissement, pour le paiement des appointements fixes et frais de bureau.

Instruction sur la manière de dresser les tableaux d'émargement.

1° Lorsque plusieurs emplois de la même dénomination existent à une résidence, il faut les distinguer, dans la première colonne, par 1er, 2e, 3e, etc.

2° Dans la seconde colonne, les noms des préposés doivent être rangés précisément de la manière suivant laquelle ces préposés se sont succédé dans l'ordre des temps.

La qualité de titulaire ou d'intérimaire doit être énoncée, sans exception, immédiatement après le nom du préposé.

Lorsqu'un employé conserve la qualité qu'il avait déjà dans le tableau du trimestre précédent, il n'y a rien à ajouter à l'énonciation du nom et de la qualité.

Tout employé paraissant pour la première fois avec un titre dont il n'a pas encore été revêtu, la date de l'entrée en fonctions doit être énoncée.

La date du commencement des vacances doit être également énoncée avec le plus grand soin. Il est bien entendu que, si la vacance a pris origine dans le cours du trimestre précédent, c'est la date de cette origine, dans le cours du trimestre précédent, qui doit être énoncée, et non une autre.

Toutes les dates à énoncer doivent être celles du jour de l'entrée en fonctions, ou de celui du commencement des vacances.

Au moyen de l'observation scrupuleuse des règles tracées ci-dessus, la 2e colonne des tableaux d'appointements deviendra la représentation fidèle de toutes les mutations survenues dans chaque emploi...

Toutes les indications dont il s'agit, doivent, au surplus, être énoncées dans le moindre nombre de termes possibles. Elles se réduisent, en général, à ces simples mots : *installé le   commencé le   .* Si quelques circonstances extraordinaires faisaient pressentir le besoin d'explications plus étendues, il faudrait non point en surcharger le tableau même, mais les donner dans une note signée qui y serait annexée.

3° Les sommes à établir dans les colonnes 4 et 13, doivent être identiques avec les fixations du budget de la direction.

4° Le total de la colonne 5, sauf les cas de création ou suppression d'emploi, ainsi que celui de la 14e colonne, doivent être respectivement le quart des totaux des colonnes 4 et 13.

5° Les quotités à établir dans la colonne 6 doivent être conformes au tarif annexé à la présente circulaire.

6° Le total de la colonne 8 doit être au moins égal au résultat que donnerait le prélèvement de 2 1/2 p. 0/0 sur le total de la colonne 5.

7° Les totaux des colonnes 7, 8 et 9 étant réunis, doivent produire le total de la colonne 5.

8° Les totaux réunis des colonnes 10, 11 et 12, doivent égaler le total de la colonne 9.

9° Le total de la colonne 15 doit être égal à celui composé des totaux des colonnes 12 et 14.

A. C. DU 26 JANV. 1816, AFF. Ve ROCHET.

Aucune loi n'exige, sous peine de nullité, que les délinquants soient nommément désignés dans le procès-verbal qui constate le délit; il suffit, pour remplir le vœu de la loi, qu'ils y soient désignés d'une manière spéciale qui ne permette pas de les méconnaître (Forêts). B. crim. 12.

Vu l'article 4 du titre 4 de la loi du 29 septembre 1791;

Attendu qu'aux termes de cet article, les gardes ne sont point assujétis à nommer les délinquants, et qu'il suffit, pour remplir le vœu de la loi, que ces délinquants, dont les gardes peuvent d'ailleurs ne pas connaître les noms et les prénoms, soient désignés d'une manière spéciale qui ne permette pas de les méconnaître;

Attendu qu'il était constaté, dans l'espèce, par un procès-verbal non argué de faux, que des bêtes à laine avaient été trouvées en délit dans un bois communal, et qu'elles y étaient sous la garde du fils de la veuve Rochet, du fils de la veuve Tierry et du fils de la veuve Robin: ce qui spécifiait suffisamment les personnes des délinquants, dont il était d'ailleurs possible que les noms et prénoms fussent inconnus au garde rédacteur du procès-verbal dont il s'agit: que, dès lors, il y avait lieu d'appliquer à ces délinquants les peines déterminées par la loi, pour le délit dont ils étaient prévenus, que cependant la cour royale de Dijon les a déchargés des poursuites de l'administration forestière, pour le motif erroné qu'ils auraient dû être et qu'ils n'avaient pas été nommément désignés dans le procès-verbal qui constatait le délit; que ce motif n'est fondé sur aucune loi, puisque aucune n'exige cette désignation nominale: d'où il suit qu'en déchargeant les prévenus dans l'espèce, l'arrêt attaqué a violé l'article 4 précité du titre 4 de la loi du 29 septembre 1791, et par suite les lois pénales applicables à leur délit:

La cour casse. — Ch. crim.

A. C. DU 2 FÉV. 1816, AFF. NOIZET.

Dans le cas où les procès-verbaux de délits ou de contraventions ne font pas foi jusqu'à inscription de faux, la loi s'en rapporte à la conscience des magistrats sur la pertinence des faits articulés contre ces procès-verbaux. En conséquence, un prévenu ne peut se faire un moyen de cassation du refus fait par un tribunal de l'admettre à la preuve contraire du contenu du procès-verbal dressé contre lui. J. P. 13.258.

Attendu qu'aux termes des articles 154 et 189 du code d'instruction criminelle, les procès-verbaux auxquels la loi n'accorde pas foi jusqu'à inscription de faux, peuvent être débattus par des preuves contraires: mais qu'il résulte aussi de ces mêmes articles que les preuves contraires ne doivent être admises qu'autant que le tribunal juge à propos de les admettre;

Attendu que dans cet état de la législation il ne suffit plus, pour écarter un procès-verbal de garde forestier qui donne lieu à une amende et à une indemnité excédant 100 francs, de méconnaître les faits mentionnés dans le procès-verbal; mais qu'il faut offrir une preuve contraire, et que le tribunal juge à propos d'admettre cette preuve; qu'il suit de cette faculté d'admettre ou de rejeter la preuve offerte, que la loi s'en rapporte à cet égard à la conscience des tribunaux sur la pertinence des faits articulés, et que l'admission ou le rejet ne peuvent donner ouverture à la cassation des jugements que prononce l'un ou l'autre; que, dès lors, le premier moyen du réclamant, motivé sur ce que la preuve testimoniale par lui offerte a été rejetée, n'est pas fondé en droit;

La cour casse. — Ch. crim.

A. C. DU 26 FÉV. 1816, AFF. MICHOT.

En matière d'enregistrement, un jugement est nul lorsqu'il est constant que l'avoué de l'adversaire de la régie a été ouï à l'audience. J. P. 13.298.

Vu les articles 65 de la loi du 22 frimaire an VII, et 17 de la loi du 27 ventôse an IX;

Considérant que le jugement attaqué justifie que Dubois, avoué de Michot, a été ouï à l'audience du 9 avril 1813; que, de cette audition, il résulte une contravention formelle à l'article 17 de la loi du 27 ventôse an IX;

La cour casse. — Ch. civ.

A. C. DU 12 MARS 1816, AFF. LIBAULT.

Les délais déterminés par mois doivent se compter non par le nombre fixe de trente jours, mais bien par l'espace de temps du quantième d'un mois au quantième correspondant du mois suivant.

Particulièrement, les trois mois dont se compose le délai de l'appel, en matière civile, doivent être supputés suivant le calendrier grégorien, c'est-à-dire de quantième à quantième, et sans égard au nombre de jours dont chaque mois est composé. Code de procédure, article 443.

Le délai pour appeler d'un jugement par défaut court, comme pour un jugement contradictoire, non du jour de la signification à avoué, mais seulement du jour de la signification à personne ou domicile. J. P. 13.326.

Attendu: 1° que le jugement dont il s'agit ayant été signifié le 15 janvier 1813 à avoué, le délai de l'opposition était échu avant la signification à domicile faite à partie le 18 février suivant; que, par conséquent, le délai de l'appel a couru du jour de la signification à domicile;

Attendu: 2° que le calendrier grégorien ayant force de loi en France, aux termes du sénatus-consulte du 22 fructidor an XIII, qui en ordonne l'exécution, les mois doivent être pris tels qu'ils sont réglés par ce calendrier, pour la supputation des délais que la loi fixe par mois, à moins que la loi même n'en dispose autrement: qu'aucune loi en vigueur ne porte que les mois dont se compose le délai de l'appel en matière civile doivent être formés égaux de trente jours chacun, ni d'une autre manière que celle fixée par le calendrier grégorien; que, conséquemment, ils doivent être pris, dans l'espèce, de quantième à quantième, tels qu'ils sont réglés par le calendrier;

Attendu enfin que, par une suite, même en ne comptant dans le délai ni le jour de la signification ni celui de l'échéance, l'appel dont est question a été formé hors le délai prescrit par la loi, puisque le jugement a été signifié utilement à domicile le 18 février 1813, et qu'il n'a été interjeté appel que les 20 et 29 mai suivant, ce qui justifie suffisamment l'arrêt attaqué;

La cour rejette. — Ch. civ.

A. C. DU 20 MARS 1816, AFF. BAILLOT.

Dans les instances en matière d'enregistrement, les parties peuvent être entendues en personne à l'audience, si le tribunal le croit nécessaire. J. P. 13.345.

Vu les articles 12 et 65 de la loi du 22 frimaire an VII;

Attendu: 1° que la disposition de l'article 65 ne s'oppose pas à ce que le tribunal saisi d'une opposition à une contrainte décernée par la régie de l'enregistrement entende à l'audience les parties elles-mêmes, lorsqu'il le croit nécessaire;

2° Qu'il est constaté, en fait, par le jugement dénoncé, et d'ailleurs établi par les pièces produites, que le défendeur n'a ni payé ni donné l'ordre et le pouvoir de payer les contributions pour lesquelles il avait été inscrit et imposé dans les rôles de la commune d'Hairouville; d'où il suit que ce jugement n'a violé ni l'article 12, ni l'article 65 de la loi du 22 frimaire an VII;

La cour rejette. — Ch. civ.

A. C. DU 30 MARS 1816.

Les ouvrages marqués des anciens poinçons, mais non empreints du poinçon de recense, et trouvés chez un bijoutier ne font pas encourir d'amende s'il est prouvé, par des enregistrements réguliers, qu'il n'en était détenteur que depuis trop peu de temps pour avoir pu les porter au bureau de garantie. Code des oct. (Ann.).

Arrêt conforme.

C. N° 15, DU 20 AVR. 1816.

Comptabilité.

Consignations.

... Ce compte a été, jusqu'à ce jour, le sujet de nombreuses irrégularités commises sur les bordereaux; ce qui suppose qu'on a apporté beaucoup de négligence dans la tenue des écritures qui y sont relatives: j'invite les contrôleurs et les receveurs principaux à remettre sous leurs yeux la circulaire n° 186, du 19 mars 1811, timbrée *comptabilité*. Les dispositions qu'elle renferme pour la tenue de ce compte, doivent continuer à être suivies: je rappellerai seulement ici celle qui prescrit de l'arrêter au 31 décembre de chaque année, et de reporter à celui de l'année qui commence, tous les articles de recette relatifs à des affaires non terminées. Ainsi, je suppose qu'au 31 décembre dernier, le compte des consignations d'un receveur principal, comparaison faite des recettes et dépenses, ait présenté un restant net de 500 francs, il a dû balancer par un enregistrement en dépense de pareille somme, motivé sur le report en recette qui a dû en être fait, à l'instant même, au compte ouvert aux consignations pour l'année 1816. Si cette opération a eu lieu, le bordereau fourni pour le mois de décembre 1815, a dû offrir la balance du compte des consignations; dans le cas elle aurait été négligée, les contrôleurs et receveurs principaux devront, aussitôt la réception de la présente, arrêter ce compte de la manière qui vient d'être indiquée, en considérant, comme appartenant à 1815, tous les articles de recette et de dépense passés jusqu'au jour de leur arrêté...

Dans la supposition que le compte de consignation ait été arrêté en conformité de la circulaire n° 86, au 31 décembre dernier, ou qu'il ne le fût, en conformité de la présente, que postérieurement, il devra être exactement balancé, pour 1815, sur le nouveau bordereau qui sera demandé ci-après, en remplacement de ceux qui ont été fournis jusqu'à ce jour sur l'ancien modèle, depuis le mois de janvier dernier.

Compte des avances pour frais judiciaires.

On suivra dans le sens inverse, pour établir la balance du compte des avances pour frais judiciaires, la marche qui vient d'être tracée pour celui des consignations, c'est-à-dire que si ce compte n'a pas été arrêté au 31 décembre dernier,

comme le prescrit également la circulaire 186, il devra l'être à la réception de la présente, en faisant recette à 1815 et dépense à 1816, de toutes les avances non encore rentrées au jour de l'arrêté. Des lignes sont disposées sur le bordereau pour y recevoir les articles de recette et de dépense résultant de ces arrêtés de compte.

Jusqu'à présent, ces bordereaux n'avaient pas présenté la situation précise et véritable du compte des avances pour frais judiciaires: elles étaient portées dans le cadre des dépenses définitives au chapitre des frais tombés à la charge de la régie; ce qui était une inexactitude, puisque le remboursement de la totalité ou de portion de ces avances par les parties intéressées réduit d'autant les avances faites par l'administration. Le nouveau modèle établit à cet égard la distinction convenable; ainsi toutes sommes portées en dépense au compte ouvert aux avances pour frais judiciaires, seront rapportées exactement sur les bordereaux de mois, à la ligne, intitulée *frais judiciaires à régulariser*. On rapportera ensuite et avec la même exactitude, sur les deux lignes disposées à cet effet au cadre des recettes, les rentrées qui s'opéreront successivement, soit par des remboursements de la part des contrevenants, soit par les autorisations de dépense qui seront accordées par l'administration pour la portion de ces avances tombées définitivement en non-valeur. Ce dernier cas arrivant, donnera lieu à une double opération sur le bordereau: il faudra, pour la balance, faire recette fictive au compte des avances, de la somme allouée par l'administration, et dépense ensuite de cette même somme à la ligne intitulée *frais judiciaires dont la dépense est définitivement autorisée...*

Bordereau. Tableau de rectification.

... Si les directeurs remarquent sur les bordereaux d'arrondissement quelques erreurs ou inexactitudes, ils ne les redresseront pas; mais ils se borneront à signaler les incorrections aux contrôleurs principaux, afin que ceux-ci en fassent les rectifications dans le cadre à ce destiné, aux bordereaux du mois suivant. Dans tous les cas, le résumé du directeur doit être parfaitement identique avec les bordereaux des contrôleurs principaux, et les erreurs de l'un ne peuvent être relevées qu'après l'avoir préalablement été sur les autres...

A. C. DU 23 AVR. 1816, AFF. GLÉNARD ET AUTRES.

En matière d'enregistrement, lorsque le juge rapporteur et le ministère public ont été entendus à une première audience, dans leur rapport et conclusions, il n'est pas nécessaire qu'ils soient entendus de nouveau le jour de la prononciation du jugement. J. P. 13.391.

En ce qui touche le moyen de forme,

Attendu que si l'article 65 de la loi du 22 frimaire an VII exige qu'en matière d'enregistrement les tribunaux ne puissent prononcer qu'après avoir entendu le rapport d'un des juges et les conclusions du ministère public; il ne s'en suit pas que, lorsque ces magistrats ont été entendus, ces tribunaux ne puissent renvoyer la cause à une autre audience pour prononcer leur jugement, sans être obligés de les entendre de nouveau;

Et attendu que, dans l'espèce de la cause, le rapport d'un des juges avait eu lieu à l'audience du 3 mai 1814, en suite duquel le ministère public avait été entendu; d'où résulte qu'à celle du 15, à laquelle a été rendu le jugement attaqué, il était inutile que ces magistrats fussent entendus de nouveau;

La cour casse. — Ch. civ.

ORD. DU 19 JUIN 1816.

Organisation.

Art. 1er. Il y aura un directeur des contributions indirectes, dans chaque arrondissement du royaume. Cependant le même directeur pourra réunir deux arrondissements, quand les recettes seront trop modiques.

Art. 2. Il y aura sous les ordres du directeur, des contrôleurs ambulants, des contrôleurs de ville, des receveurs sédentaires, des receveurs à cheval, des commis à cheval, des commis sédentaires.

Les entreposeurs et les employés de surveillance des tabacs, seront sous les ordres du directeur.

Les manufactures de tabac et les magasins de feuilles sont sous la surveillance des directeurs; ils sont présidents du conseil d'administration de ces établissements.

Art. 3. Les directeurs correspondront avec le directeur général à Paris; ils transmettront aux divers préposés les ordres et instructions qui leur seront adressés par la régie, et leur donneront d'ailleurs les ordres que nécessitera le bien du service.

Art. 4. Les directeurs d'arrondissements seront nommés par Nous, sur la présentation de notre ministre secrétaire d'État des finances.

Art. 5. Douze inspecteurs généraux, aussi nommés par Nous, seront chargés de la surveillance du service, chacun dans les départements qui formeront son inspection.

L'inspecteur général veillera à ce que la perception soit faite en conformité des lois, et à ce que les différents employés s'acquittent avec exactitude de leurs fonctions.

Il correspondra avec le directeur général, lui rendra compte de ses tournées, des examens et vérifications qu'il aura faits, de la situation du service et de la conduite des employés; il passera les marchés d'après les ordres qu'il aura reçus.

L'inspecteur général correspondra avec les préfets de son inspection, et aura avec eux les relations que les lois actuelles ont établies avec les directeurs de département; à moins qu'en cas d'urgence, le préfet ne se décide sur l'avis des directeurs d'arrondissement.

Art. 6. Un inspecteur général à la résidence de Paris, remplira les mêmes fonctions que le directeur du département de la Seine.

Art. 7. Les règlements actuellement en vigueur continueront à être exécutés en ce qui n'est pas contraire à la présente ordonnance.

Art. 8. Les employés non compris dans la présente organisation obtiendront une pension de retraite ou une indemnité; le tiers des emplois vacants sera affecté de préférence à ceux qui pourraient être appelés en activité de service.

ARRÊT DE LA COUR DE PAU, DU 25 JUIN 1816.

On ne doit entendre par le mot comptable employé dans l'article 2121 du code Napoléon, que celui qui est dépositaire de deniers publics dont il a la gestion et qui en doit compte de clerc-à-maître. Ainsi les receveurs du trésor ou d'une administration publique sont des comptables; mais le fermier d'un octroi n'est que débiteur du prix stipulé dans son bail; d'où il suit qu'une commune n'a pas d'hypothèque légale sur les biens du fermier de son octroi. Code des oct. (Ann.).

Arrêt conforme. — Ch. civ.

LETT. M. F. DU 1ᵉʳ JUILL. 1816.

Les jugements qui, en matière de contributions indirectes, prononcent la confiscation des marchandises et la condamnation à une amende, ne sont passibles que du droit de 50 centimes par 100 francs, lorsque cette confiscation n'est pas prononcée à titre de dommages-intérêts. M. 11.245.

J'ai reçu la lettre que vous m'avez fait l'honneur de m'écrire, relativement à la réclamation de M. le directeur général des douanes, contre la perception du droit proportionnel de 2 p. 0/0, faite par le receveur de l'enregistrement à Toulon, sur des jugements portant confiscation de marchandises au profit de l'État et condamnation à une amende.

Vous pensez qu'il n'y a pas lieu d'exiger ce droit, toutes les fois que le jugement n'énonce pas en termes exprès que la confiscation est ordonnée à titre de dommages-intérêts.

Votre opinion m'ayant paru fondée sur le texte et l'esprit de la loi du 22 frimaire an VII, j'ai décidé, comme vous l'avez proposé, que les jugements en matière de douanes ou autres contributions, qui prononcent la confiscation des marchandises et condamnation à une amende ne sont passibles que du droit de 50 centimes par 100 francs, lorsqu'ils ne portent pas explicitement que c'est à titre de dommages-intérêts que la confiscation est ordonnée.

D. DU CONS. D'ADM. Nº 22, DU 10 JUILL. 1816.

La franchise du droit d'octroi prononcée par l'art. 103 de l'ordonnance du 9 décembre 1814 sur les approvisionnements de la marine, consommés à bord des bâtiments de l'État, n'est pas applicable aux mêmes approvisionnements consommés à terre par les marins.

L'usage avait consacré dans quelques ports des exemptions aux droits d'octroi qui, autorisés originairement dans le seul intérêt du service public, étaient devenus des privilèges attribués aux fonctions ou aux personnes, portant préjudice par conséquent au revenu des communes, et contraires d'ailleurs au principe de l'égale répartition des charges publiques.

L'ordonnance du 9 décembre 1814 a restreint, par l'article 103, ces exemptions aux approvisionnements en vivres enlevés des magasins de la marine à destination des bâtiments de l'État.

Cette disposition devait être expliquée : il fallait éviter que l'État n'eût à supporter des droits d'octroi sur les consommations qui n'étaient pas de nature à y être soumises, et cependant prévenir le retour des abus que l'ordonnance avait voulu supprimer. Tel est l'esprit dans lequel le conseil d'administration a donné à réponse suivante à la question qui lui était soumise.

« L'article 103 de l'ordonnance du 9 décembre 1814 doit être considéré comme ayant annulé de fait les conventions antérieures dont on voudrait exciper pour se soustraire à son application : d'après les dispositions de cet article, les communes seraient autorisées à n'accorder l'exemption des droits d'octroi que pour les approvisionnements qui seraient enlevés à destination des bâtiments de l'État. Toutefois, comme cette exemption a pour objet de ne pas rendre le trésor tributaire des communes, on pense qu'elle peut être étendue aux objets qui seraient employés aux constructions navales et à ceux qui seraient consommés à terre par les marins faisant partie des équipages des bâtiments de l'État; on pourrait même l'appliquer avec justice aux approvisionnements des bagnes ou autres établissements de ce genre; mais il ne peut y avoir lieu, sous aucun rapport, de l'accorder pour les consommations que font dans le lieu même les officiers, agents, employés et ouvriers de quelque classe que ce soit, attachés au service de la marine, lors même que les objets consommés seraient distribués à titre de rations ou sortiraient des magasins de la marine à quelque autre titre que ce soit. Ces sortes de consommations faites par des personnes domiciliées, doivent être atteintes comme toutes les autres par les charges communales; non seulement l'exception posée par l'article 103 ne leur est pas applicable, mais encore l'article 105 de la même ordonnance s'oppose à toute interprétation contraire, puisqu'il porte : *Nulle personne, quels que soient ses fonctions, ses dignités ou son emploi, ne pourra prétendre, sous aucun prétexte, à la franchise des droits d'octroi.* »

ARRÊT DU CONS. D'ÉT. (ORD.) DU 17 JUILL. 1816.

Bacs.

Quand le déplacement d'une route de poste qui empruntait un bac entraîne une diminution de recettes, le fermier peut demander une indemnité ou la résiliation du bail.

Arrêt conforme.

LETT. M. J. DU 10 OCT. 1816.

Poursuites.

... L'action du ministère public, en matière de contributions indirectes, n'est indépendante de celle de l'administration que lorsque les procès-verbaux de contravention constatent en même temps des faits de violences graves, ou d'autres faits qui présentent le caractère d'un crime ou d'un délit portant atteinte à l'ordre social.

Sans doute, dans ces affaires, la régie pourrait, par des transactions avec les prévenus, paralyser l'action publique résultant de ces crimes et délits.

Mais toutes les fois que les procès-verbaux ne constateront que des contraventions ou des fraudes, c'est à l'administration seule à diriger l'action pour la répression de ces contraventions, et le ministère public doit surseoir à toutes poursuites d'office, lorsqu'il en est requis par l'administration poursuivante attendu que cette administration, ayant le droit de transiger, le but et l'effet de la transaction doivent être nécessairement d'empêcher qu'il soit donné suite au procès-verbal.

A. C. DU 2 JANV. 1817, AFF. N...

Il n'y a pas concussion dans le sens de l'article 174 du code pénal, mais exaction susceptible d'être réprimée, soit par l'autorité administrative, soit par l'autorité judiciaire, quand le fermier d'un octroi ou d'autres revenus communaux perçoit plus que ne porte le tarif. B. crim. 3.

Arrêt conforme.

Il en serait différemment, à notre avis, dans le cas où il y aurait lieu de pour-

suivre un fermier d'octroi pour des perceptions illégales par rapport aux droits d'entrée; car ce fermier, agissant en exécution de l'article 151 de la loi du 28 avril 1816, aurait alors le caractère de préposé d'une administration publique. *Code des oct.* (Ann.)

A. C. DU 11 JANV. 1817, AFF. LAURENÇOT.

Il n'y a pas nullité par cela seul que celui qui a reçu l'affirmation d'un procès-verbal a omis de mentionner le lieu où elle a été faite (Forêts). B. crim. 14.

Vu l'article 11 de la loi du 28 floréal an X ;

Attendu qu'aux termes de cette loi, le maire d'une commune, dans l'étendue de laquelle a été commis un délit forestier, a caractère pour recevoir l'affirmation du procès-verbal constatant le délit ;

Que la susdite loi, ni aucune autre, n'impose à ce maire l'obligation d'énoncer le lieu où il reçoit cette affirmation; d'où il suit que l'acte qui ne contient pas cette énonciation ne peut, sans excès de pouvoir et sans contravention, être déclaré nul, si d'ailleurs il contient toutes les énonciations expressément requises par la loi pour rendre probants les actes de cette espèce ;

Attendu qu'il résultait des termes de l'acte d'affirmation dont il s'agit que cette affirmation avait été faite dans les vingt-quatre heures de la rédaction du procès-verbal affirmé; qu'elle avait été reçue par le maire de la commune où le délit avait été commis; que dès lors elle remplissait toutes les conditions requises par la loi pour sa validité; que cependant l'arrêt attaqué l'a déclaré nulle par le défaut d'énonciation du lieu où elle avait été reçue, et qu'en prononçant ainsi cet arrêt a formellement violé l'article précité de la loi du 28 floréal an X, et par suite les lois pénales de la matière :

La cour casse. — Ch. crim.

A. C. DU 22 JANV. 1817, AFF. OUMARIAS.

La forme des jugements rendus en matière d'enregistrement est réglée par des lois particulières. J. P. 14.37.

Vu l'article 65 de la loi du 22 frimaire an VII;

Attendu que la forme des jugements rendus en matière d'enregistrement étant réglée par des lois particulières qui n'ont pas été abrogées par le code de procédure, l'article 1,030 et les autres dispositions de ce code ne sont pas applicables à cette matière;

Attendu que les formes constitutives des jugements doivent être constatées par les jugements mêmes, et que leur omission en opère la nullité;

Attendu qu'il ne résulte pas du jugement du 28 décembre 1814 qu'il ait été rendu sur le rapport d'un juge, ainsi qu'il est prescrit par l'article 61 de la loi du 22 frimaire an VII, ci-dessus cité :

Sans qu'il soit besoin d'examiner le moyen du fond;

La cour casse. — Ch. crim.

C. Nº 21, DU 27 MARS 1817 (1).

Comptabilité des frais judiciaires.

... Les frais judiciaires se divisent en deux classes :

La première comprend ceux dont les comptables font l'avance, et dont ils sont remboursés par les parties adverses de la régie à l'époque des jugements ou transactions. Ces frais ne donnent lieu qu'à des écritures d'ordre et ne doivent point faire partie des comptes rendus en fin d'année par les receveurs centraux sur les produits généraux. L'administration se réserve d'exiger, à partir de l'exercice courant, un compte d'ordre particulier, tant pour cet objet que pour les consignations.

Les instructions antérieures sont maintenues en ce qui concerne ces sortes d'avances. Les comptables continueront à passer les écritures prescrites par la circulaire nº 19, et par les modèles dont elle explique l'emploi; ainsi toute avance sur frais judiciaires continuera à être portée en dépense au journal général, et reportée d'abord sur le sommier des comptes ouverts, et ensuite sur le registre auxiliaire des avances.

Par contre, toute somme remboursée *particulièrement* par les redevables contrevenants ou reliquataires, sera portée en recette au journal général, et rapportée, tant sur le sommier des comptes ouverts, que sur le registre auxiliaire des avances...

Aucune justification n'est demandée par la division de la comptabilité à l'égard de ces avances, dont les comptables doivent être ultérieurement couverts, ou par l'admission en dépense, ainsi qu'il sera expliqué ci-après, ou par le recouvrement qu'ils en feront dans le cas qui vient d'être prévu.

Dans la seconde classe, se trouvent rangés les frais tombés à la charge de la régie.

Ces derniers sont de deux espèces : les uns ont rapport à des affaires perdues par la régie; les autres concernent des procès jugés en sa faveur contre des individus devenus absolument insolvables.

Dans l'un comme dans l'autre cas, l'avance qui a été faite devient une dépense définitive que les comptables doivent régulariser de la manière suivante : ils portent le montant des frais en recette, comme imputable aux frais judiciaires tombés à la charge de la régie, et rapportent cet article au sommier des comptes ouverts; ils inscrivent la même somme en dépense au journal, attendu que les pièces justificatives de cette dépense doivent être versées en fin de mois; puis ils transcrivent cet article au sommier des comptes ouverts, savoir : à la colonne nº 60, lorsqu'il s'agit de frais restés à la charge de la *régie, parce que l'affaire* a été jugée contre elle, ou parce qu'elle a donné l'ordre de cesser les poursuites sans transaction; et à la colonne nº 60, quand la régie est en droit de poursuivre le recouvrement des frais contre un débiteur présentement insolvable.

Dans le premier cas, les frais font partie des dépenses générales autorisées par le budget.

Dans le second, ils ne sont alloués qu'à titre de reprise indéfinie, et à la charge par les comptables d'en faire écriture sur le registre prescrit par l'instruction nº 28, afin d'en opérer le recouvrement, si par la suite le débiteur devenait solvable.

Lorsque le débiteur de frais de cette dernière espèce est en outre reliquataire de droits que la régie consent à admettre en non valeur, la demande d'admission doit toujours indiquer le principal et les frais, afin qu'on comprenne ces derniers dans l'autorisation de reprise indéfinie à laquelle doivent être annexées les pièces justificatives desdits frais...

---

(1) V. au *Nouveau Recueil* un autre extrait de cette circulaire.

Frais de casernement.

... Les frais de casernement et d'entretien des lits militaires ont été souvent l'objet des réclamations des communes qui se trouvent grevées de cette dépense : plusieurs ont pensé qu'elles en étaient affranchies par la loi du 28 avril 1816, comme étrangère aux charges communales. Cette prétention n'a pu être admise. Dans tous les temps les communes ont été soumises au logement des gens de guerre. Pour éviter aux habitants l'embarras et les inconvénients des logements à domicile, elles ont été successivement autorisées à faire construire des casernes et à les meubler. On a d'ailleurs considéré qu'elles étaient en partie dédommagées de cette charge par l'accroissement qu'éprouvaient les produits de l'octroi par l'effet des consommations de la garnison. Vous aurez donc encore à faire connaître aux conseils municipaux que rien n'est changé relativement à l'obligation qui leur est imposée de pourvoir aux frais dont il s'agit, et que les fonds en doivent être votés et compris dans les budgets.

A. C. DU 14 MAI 1817, AFF. MARTIN.

Lorsque les employés se présentent pour exercer leurs fonctions chez un assujéti qui est absent, ils ne sont pas obligés de constater cette absence. Toutes les opérations faites en présence de la femme et contradictoirement avec elle sont valables en cas de saisie. M. 10,327.

Vu les articles 21 et 24 du décret du 1er germinal an XIII;

Considérant que l'ensemble de ces deux articles, qui n'ont ni prescrit ni indiqué aucun mode de constater préalablement que la partie est personnellement absente de sa maison, il suit nécessairement que, quand des employés en visite et exercice chez un débitant qui ne se présente pas y trouvent sa femme ou une autre personne qu'il est naturellement réputée y avoir préposée à la conservation de ses intérêts, non-seulement il est présumé de plein droit temporairement absent de sa maison, mais encore il y est dûment représenté par sa femme ou cette autre personne, pour tout ce qui a rapport aux opérations qui sont l'objet de la visite et de l'exercice des employés;

Considérant que, lors de la visite faite chez René Martin, le 23 janvier 1817, par les employés des contributions indirectes, il ne s'est point présenté à eux, et qu'au lieu de lui, ils ont trouvé dans sa maison sa femme, son fils et sa fille;

Que, dès lors, la présomption de son absence actuelle était pour eux naturelle et de droit, et que la loi ne leur ayant ni imposé l'obligation ni déterminé un mode quelconque de constater la réalité de cette absence, préalablement à l'exercice de leurs fonctions, ils ont pu et dû considérer sa femme comme ayant été par lui laissée dans son domicile pour l'y représenter en ce qui concernerait son débit, et en cas de visite de leur part; d'où la conséquence que la visite à laquelle ils ont procédé en présence de cette femme, les interpellations qu'ils lui ont adressées, ses réponses à ces interpellations, et les sommations qu'ils lui ont faites ont été aussi légales que si le tout avait eu lieu en parlant à la personne même de son mari; et qu'ainsi il était du devoir de la cour royale de Rennes de déclarer valable leur procès-verbal dudit jour 23 janvier, et de procéder par suite à l'examen et au jugement du fond.

Attendu qu'au lieu de cela la cour de Rennes a, par son arrêt du 18 juillet dernier, prononcé la nullité de ce procès-verbal, sur le fondement que la sommation d'assister à sa rédaction avait été faite, non à la personne de Martin, mais à sa femme, sans constatation qu'il fût absent de sa maison;

Et attendu que, pour arriver à cette prétendue nullité, la cour de Rennes a mis en principe que, d'après l'article 21 du décret du 1er germinal an XIII, il était nécessaire, à défaut de présence actuelle du prévenu au regard des employés, que son absence réelle de sa maison fût constatée;

Mais que cet article n'exige rien de semblable, et qu'alléguer une telle nécessité c'est ajouter à la loi une obligation suspensive des opérations des employés, et qui généralement ne pourrait être remplie sans courir le risque que dans l'intervalle les objets de contravention et de fraude ne disparussent avec la plus grande facilité ; ce qui ne saurait se concilier avec la sagesse et la prudence du législateur;

De tout quoi il résulte que la cour royale de Rennes a commis un excès de pouvoir, en même temps qu'elle a mal interprété et faussement appliqué ledit article 21 du décret du 1er germinal an XIII;

La cour casse. — Ch. crim.

C. N° 14, DU 16 MAI 1817 (1).

Tabacs.

L'adjudication générale ayant fixé un prix unique pour toutes les destinations possibles, ce prix a été réglé à 13 fr. 45 c. par quintal métrique et par cent lieues de poste.

Afin d'établir une manière uniforme de calculer les prix de voiture et d'éviter les calculs fractionnels résultant de fractions de centime portées dans le prix d'adjudication, on adoptera la méthode suivante :

La quantité de kilogrammes transportés sera multipliée par 13 fr. 45 c., et le produit de cette multiplication sera multiplié à son tour par le nombre de lieues parcourues.

En retranchant du produit de cette opération les quatre derniers chiffres, il ne restera que les francs et centimes revenant à l'adjudicataire...

AVIS DU COMITÉ DES FIN. DU 3 JUIN 1817.

Les cautions d'un comptable, en débet, sont responsables, non-seulement du débet, mais encore des amendes encourues par ce comptable dans l'exercice de ses fonctions.

Le comité des finances, sur le renvoi qui lui a été fait par S. Exc. le ministre secrétaire d'État au même département, de la pétition du sieur L..., notaire à T..., arrondissement de Saumur, tendante à ce que la somme de 2,465 fr. 48 c., dont la régie poursuit le paiement contre lui comme caution du sieur L..., son fils, ex-receveur ambulant à Tulle, département de la Corrèze, soit réduite à 616 fr., montant du débet constaté à la charge de ce comptable pour des recettes non enregistrées par deux procès-verbaux des 27 août et 6 septembre 1816, lequel débet donne lieu à une amende du quadruple, conformément à l'édit de 1716, rappelé dans la circulaire de la régie n° 52 ;

Vu les lettres et rapports du directeur général des impositions indirectes, du premier commis des finances, et l'avis du conseil du contentieux, qui conclut que

(1) V. au *Nouveau Recueil* un autre extrait de cette circulaire.

le sieur L... n'est tenu qu'à la restitution de la somme de 616 fr. 37 c., et non à l'amende du quadruple;

Vu la circulaire n° 52 précitée et l'article 7 de l'édit du mois de juin 1716, portant : « Voulons pareillement qu'en cas d'ommission de recette ou de fausse dépense employée dans les *registres*, *ils* soient condamnés à la *restitution du quadruple* de la somme omise en recette ou faussement employée en dépense, le tout sans que lesdites peines puissent être réputées comminatoires ni modérées, et sans préjudice de la procédure extraordinaire qui pourrait être intentée contre eux, s'il y échéait, pour raison de concussion ou divertissement;

Vu les lois des 25 ventôse an XI, 25 nivôse an XIII et 6 ventôse suivant, relatives aux cautionnements, et les articles 2,011 et suivants du code civil;

Considérant que les prétentions du pétitionnaire et les conclusions favorables du premier commis des finances et du conseil du contentieux, peuvent être fondées dans le droit commun ; mais que les cautionnements exigés par le gouvernement ayant été ordonnés et régis par des lois particulières, c'est dans ces lois mêmes qu'il faut chercher la solution de la question;

Que l'article 33 de la loi du 25 ventôse an XI, sur le cautionnement des notaires porte : « Ce cautionnement sera spécialement affecté à la garantie des condamnations prononcées contre eux par suite de l'exercice de leurs fonctions;

Que la loi du 25 nivôse an XIII, relative aux agents de change, courtiers de commerce, avoués, greffiers, huissiers et commissaires-priseurs, statue, article 1er : « Que ces cautionnements sont, comme ceux des notaires (article 33 de la loi du 25 ventôse an XI), affectés par premier privilège à la garantie des condamnations qui pourraient être prononcées contre eux par suite de leurs fonctions; par second privilège au remboursement des fonds qui leur auraient été prêtés pour tout ou partie de leur cautionnement; et subsidiairement dans l'ordre ordinaire des créances particulières qui seraient exigibles sur eux; »

Que la loi du 6 ventôse an XIII a déclaré l'article 1er de la loi du 25 nivôse précédent, relative aux cautionnements fournis par les notaires, avoués et autres, applicable aux cautionnements des receveurs généraux et particuliers, et de tous les autres comptables publics ou préposés des administrations;

Que les prêteurs de sommes employées auxdits cautionnements jouiraient du privilège de second ordre, institué par l'article 1er de la loi du 25 nivôse, en se conformant aux articles 2 et 4 de la même loi;

Considérant que, d'après cette législation, le cautionnement est non-seulement passible, par premier privilège, des débets des comptables envers le trésor, mais encore des amendes, qui sont des condamnations prononcées contre eux par suite de leurs fonctions; que le prêteur des fonds du cautionnement n'a qu'un second privilège à réclamer, après que le trésor a été satisfait pour le débet principal et les amendes encourues, soit en sa faveur, soit en faveur de particuliers qui auraient obtenu des condamnations;

Est d'avis que le débet principal et les amendes encourues par les comptables dans l'exercice de leurs fonctions, sont affectés par premier privilège sur leurs cautionnements, en vertu de lois spéciales sur la matière;

Et qu'en conséquence la réclamation du sieur L... père, comme caution de son fils, doit être rejetée.

Approuvé par Son Excellence le ministre des finances le 3 juin 1817.

C. N° 22, DU 6 JUIN 1817.

Paiements sur duplicata.

... Je vous réitère la défense expresse, contenue dans l'article 23 du cahier des charges de l'adjudication des transports, de faire aucun paiement sur duplicata d'acquit-à-caution. En cas de perte de ces pièces, l'adjudicataire ne recevra le paiement des sommes auxquelles il pourra prétendre qu'après s'être conformé aux dispositions textuelles de l'article 23 précité, et avoir obtenu une décision particulière, sous le timbre *Tabacs*, transmise avec l'ordre de paiement sous celui de la *Comptabilité générale*.

Le danger de payer sur *duplicata* étant le même pour toutes les dépenses, de quelque nature qu'elles soient, je généralise la défense, et je l'étends à tous les paiements que vous pourrez avoir à ordonner sur *duplicata*.

A l'avenir, nul ne pourra être payé sur *duplicata* ou copie de pièces que par décision spéciale, provoquée sous le timbre de la *comptabilité générale*.

A l'appui de la demande en paiement, le créancier fera la déclaration de la perte de son titre ; il demandera à le remplacer par des copies ; il se soumettra à rapporter l'original s'il vient à le retrouver ; et, dans le cas de paiement par une caisse quelconque de la régie, il s'obligera d'en réintégrer le montant.

Au bas de cette déclaration, le receveur central qui devait acquitter la dépense, certifiera qu'il n'a fait aucun paiement.

C'est sur ces déclarations et certificats que j'autoriserai le paiement sur *duplicata*, si je trouve les faits suffisamment justifiés.

A. C. DU 23 JUIN 1817, AFF. PARRAIN.

Après le jour indiqué par la sommation de comparaître devant le tribunal, l'inscription en faux n'est plus valable, quand même le prévenu se serait laissé juger par défaut (Douanes). B. crim. 202.

Vu l'article 12 de la loi du 9 floréal an VII;

Et attendu qu'aux termes de cet article, celui qui veut s'inscrire en faux contre un procès-verbal des préposés des douanes, est tenu de le faire au plus tard à l'audience indiquée par la sommation de comparaître devant le tribunal compétent; que cette disposition est générale, positive, et ne souffre aucune exception tirée de la circonstance où l'inscrivant en faux ne juge pas à propos de comparaître à cette même audience; qu'admettre ce défaut de comparution comme cause prorogative du délai prescrit par la loi, ce serait introduire une extension arbitraire, contraire aux vues du législateur, et ouvrir la porte à des fraudes qu'il a eu pour objet de prévenir;

Qu'ainsi le jugement attaqué, en écartant, dans l'espèce, la fin de non recevoir invoquée par la régie des douanes contre l'inscription de faux du sieur Parrain, inscription qui n'avait pas été formée à la première audience indiquée par la sommation, a formellement violé ledit article 12 de la loi du 9 floréal an VII;

Donne défaut contre Parrain, non comparant;

Et statuant au principal;

La cour casse. — Ch. crim.

A. C. DU 23 JUIN 1817, AFF. BUISSET.

Les lettres de voiture frappées d'un timbre qui n'est plus en usage donnent lieu à l'application de l'amende. B. crim. 197.

Vu les articles 1er et 7 de l'ordonnance du 11 novembre 1814, conçus en ces termes :

« Art. 1er. A partir du 1er janvier 1815, il ne pourra être fait usage d'aucun
« papier timbré qui ne porterait pas le type royal, réglé par notre ordonnance du
« 17 mai dernier;
« Art. 7. Tout autre emploi fait postérieurement au 1er janvier 1815, de papiers
« aux anciennes empreintes et non revêtus du timbre au type royal, réglé par
« l'ordonnance du 17 mai dernier, encourt les peines portées par la loi du 13
« brumaire an VII; »
Attendu qu'en décidant que l'amende dont il s'agit n'est pas due, le jugement
attaqué viole formellement les articles 1er et 7 de l'ordonnance du 11 novembre
1814, ci-dessus transcrits;
La cour casse. — Ch. civ.

A. C. DU 18 JUILL. 1817, AFF. GONTHIER.

Les appels qui doivent être faits dans les dix jours au plus tard ne sont pas valables s'ils n'ont lieu que le onzième jour. J. P. 14.365.

Vu l'article 203 du code d'instruction criminelle;
Attendu que de ces expressions, dix jours au plus tard, il résulte évidemment
que le onzième jour est exclu du délai fixé par la loi; que cependant le tribunal
de Troyes a déclaré valable l'appel d'un jugement rendu contradictoirement, le 15
avril 1817, en police correctionnelle, contre Gonthier, quoique la déclaration
d'appeler n'eût été faite par lui que le 26 du même mois, c'est-à-dire le onzième
jour après celui où il a été prononcé; que dès lors, il a été contrevenu formellement à l'article 203 précité du code d'instruction criminelle;
La cour casse. — Ch. crim.

A. C. DU 3 OCT. 1817, AFF. SARDON.

La rébellion avec de gros bâtons est réputée faite avec armes (Douanes). B. crim. 233.

Considérant que l'arrêt dénoncé déclare, d'après le résultat de l'instruction, que
les préposés des douanes étant en surveillance sur la plage du Loubet, pour empêcher la contrebande, ont été assaillis par une soixantaine d'hommes armés de
gros bâtons, et dont les demandeurs faisaient partie; qu'un gros bâton étant un
instrument contondant, doit être réputé arme, par l'article 101 du code pénal;...
La cour rejette. — Ch. crim.

D. M. F. DU 17 NOV. 1817.

Ventes.

Les affiches apposées par les administrations publiques, annonçant des ventes
ou des adjudications au profit de l'État, doivent continuer à jouir de l'affranchissement du timbre, prononcé par l'article 56 de la loi du 9 vendémiaire an VI, laquelle n'a pas été abrogée par la loi du 28 avril 1816.

C. N° 19, DU 11 DÉC. 1817.

Tabacs.

Nouvelles mesures relatives aux suppléments d'inventaire.

... Jusqu'à ce jour, au moyen de suppléments d'inventaire, on a réuni, dans
chaque établissement de la régie, aux tabacs restant à l'expiration de l'exercice,
ceux qui, ayant été expédiés avant la fin de l'année, ne parvenaient à l'établissement destinataire que postérieurement à l'inventaire.
Je vous préviens que cette disposition est révoquée: les inventaires de fin d'année
des entrepôts, des manufacturiers et des magasins de feuilles, ne devront comprendre que les matières existant réellement dans ces divers établissements, au
moment de la clôture des comptes. Les comptables se chargeront en recette, au
compte de 1818, de toutes les matières qui leur parviendront postérieurement à
cette époque, bien qu'elles leur aient été expédiées antérieurement; et, tant pour
l'exercice courant que pour ceux suivants, il ne devra plus être formé de suppléments d'inventaires...

D. DU CONS. D'ADM. N° 487, DU 12 JANV. 1818.

*En cas de fraude au droit de navigation, est-on autorisé à saisir les bateaux et
autres objets en contravention, pour garantie de l'amende et des frais?*

La loi n'a donné ce droit à la régie, qu'en cas de contravention relative à la circulation des boissons, aux voitures publiques, etc.; elle se tait sur les contraventions en matière de droit de navigation; par conséquent, on ne pourrait, dans ce
cas, user du même droit sans commettre un excès de pouvoir.

A. C. DU 5 MARS 1818, AFF. ALLARD.

*Les faits consignés dans les procès-verbaux qui font foi jusqu'à preuve contraire doivent être réputés constants, tant qu'ils ne sont débattus par aucune
preuve. B. crim. 70.*

Attendu qu'il est établi, par un procès-verbal du maire d'Esperaza, que, le 18
novembre 1817, différents particuliers se sont rassemblés et ont joué au mail
sur la route départementale de Mirepoix à Quillan, passant par Esperaza;
Que les individus dénommés dans ce procès-verbal ont été cités au tribunal de
police de Quillan, à la requête du ministère public;
Que leur défense a consisté à soutenir que la contravention qu'on leur imputait
ne résultait ni du procès-verbal du maire, ni des dépositions des témoins qui
avaient été entendus;
Que la citation qui leur avait été donnée a été annulée, et qu'ils ont été renvoyés
de l'action du ministère public, parce que le procès-verbal rapporté contre eux ne
faisait pas foi en justice, et parce qu'il n'y avait dans l'espèce ni délit ni contravention;
Que le § 2, article 154 du code d'instruction criminelle, donnait sans doute aux
prévenus la faculté de débattre le procès-verbal du maire d'Esperaza par des
preuves contraires; mais que, n'ayant pas usé de cette faculté, et n'ayant ni produit ni même offert de produire aucune preuve qui pût détruire ce procès-verbal,
il faisait foi en justice puisque les contraventions ne se constatent pas par témoins
exclusivement, et que le § 1er dudit article 154 dit en termes formels qu'elles seront prouvées par procès-verbaux ou rapports;
Que le fait imputé aux prévenus étant consigné dans un procès-verbal qui n'était
débattu par aucune preuve contraire, il devait être réputé constant; et que ce fait,

formellement prohibé par un arrêté de police administrative, constituait une contravention punissable;
Qu'en disant que le procès-verbal, base de l'action du ministère public, ne faisait pas foi en justice, le tribunal de police de Quillan a contrevenu à l'article 154
du code d'instruction criminelle;
Qu'en refusant de condamner les prévenus dont la contravention était prouvée
par ce procès-verbal, il a méconnu l'autorité d'un règlement de police administrative, dont il ne pouvait sans s'écarter des principes sur la démarcation des pouvoirs judiciaires et administratifs, se dispenser d'ordonner l'exécution; qu'il a
formellement violé l'article 13, titre 2, de la loi du 24 août 1790, la loi du 16 fructidor an III, et les règles de compétence;
La cour casse. — Ch. crim.

A. C. DU 26 MARS 1818, AFF. LEGRIS.

*Si le tribunal reconnaît que les moyens de faux sont pertinents, c'est-à-dire s'il
admet qu'ils pourraient faire disparaitre le délit, il doit surseoir à l'instruction
et au jugement du délit. B. crim. 105.*

Vu l'article 460 du code d'instruction criminelle:
Attendu qu'il n'a point été déclaré, par l'arrêt dénoncé, que le garde forestier rédacteur du procès-verbal sur lequel s'est faite la poursuite, fût décédé;
Que, dès lors, il devait être procédé à raison du faux imputé à ce procès-verbal,
conformément aux dispositions dudit article 460;
Qu'aux termes du paragraphe 1er de cet article, les faux de l'espèce de celui dont
il s'agit ne doivent être suivis criminellement dans les formes prescrites
pour la poursuite du crime de faux;
Qu'aux termes du paragraphe 3 du même article, l'inscription de faux ayant été
faite contre un procès-verbal qui constatait un délit, la cour royale avait à juger,
comme elle l'a fait, si les moyens de faux étaient pertinents, c'est-à-dire si la
preuve qui en pourrait être faite, ferait disparaitre le délit;
Que cette cour, ayant ainsi reconnu que les moyens de faux étaient pertinents,
elle devait surseoir à l'instruction et au jugement du délit jusqu'après qu'il aurait
été statué, ainsi que de droit, sur la prévention de faux qui résultait de l'inscription de faux;
Mais qu'il ne pouvait point être statué sur cette prévention d'après les règles
de faux incident; qu'il ne pouvait être procédé que d'après celles que le code
d'instruction criminelle a ordonnées pour la poursuite des crimes;
Attendu que, dans l'espèce, la cour royale de Pau ne s'est pas bornée à déclarer
les faits de faux pertinents et à surseoir à l'instruction et au jugement du délit
dont elle était saisie, mais qu'elle s'est permis en outre d'ordonner qu'il serait
procédé devant elle à la preuve de ces faits de faux; en quoi cette cour a violé
les règles de compétence établies par l'article 460 précité du code d'instruction
criminelle;
La cour casse. — Ch. crim.

A. C. DU 27 MARS 1818, AFF. HAFFNER.

Les conducteurs sont solidaires des amendes (Douanes). B. crim. 110.

Vu les articles 1er, titre 5, de la loi du 22 août 1791; 10, de la loi du 4 germinal
an 11, et 41 de la loi du 28 avril 1816;
Attendu que, d'après les dispositions des lois ci-dessus citées, toute importation
de marchandises prohibées donne lieu à la saisie et confiscation non seulement
de ces marchandises, mais aussi des moyens de transport, et, en outre, à une
amende dont les propriétaires, les voituriers et conducteurs sont déclarés solidairement passibles; que, cependant, dans l'espèce, où les objets dont il s'agit
étaient chargés sur une voiture conduite par le nommé Haffner, auquel la saisie
en a été aussi déclarée, ainsi que celle de la voiture et des chevaux, la cour royale
de Colmar, après avoir déclaré que Haffner n'était pas voiturier public, ni, par
conséquent, tenu d'avoir, comme tel, des feuilles de voiture et des registres; et
considérant, d'ailleurs, que le propriétaire s'étant trouvé présent et ayant fait luimême sa déclaration, cette circonstance faisait cesser toute responsabilité personnelle du voiturier, a réformé par ces motifs le jugement correctionnellement
rendu en première instance, quant aux condamnations prononcées contre ledit
Haffner, et l'a renvoyé de toute action;
Mais que, d'un autre côté, c'est précisément parce que Haffner n'était point voiturier public qu'il n'aurait même pu se prévaloir de la disposition de l'article 29,
titre 2, de la loi du 22 août 1791, qui n'a établi une exception qu'en faveur des
messageries et voitures publiques;
Que, d'un autre côté, la loi qui déclare les voituriers et conducteurs solidairement passibles de l'amende, ne fait point de distinction pour les cas où le propriétaire se trouverait présent:
Que la confiscation des moyens de transport est ordonnée quel qu'en soit le
propriétaire, et que les voituriers et conducteurs sont généralement rendus solidairement passibles de l'amende, sauf seulement leur recours contre les propriétaires, dans le cas où ils auraient été induits en erreur sur la nature des objets au
transport desquels ils auraient participé;
La cour casse. — Ch. crim.

A. C. DU 29 MAI 1818, AFF. VERNIER.

*Le délai fixé pour l'affirmation ne pouvant courir qu'à compter de la clôture
du procès-verbal, le procès-verbal doit indiquer d'une manière certaine l'heure de la clôture du
procès-verbal et celle de l'affirmation (Forêts). B. crim. 200.*

Vu l'article 7 du titre 4 de la loi du 29 septembre 1791, sur l'administration forestière;
Attendu que, par cet article, l'affirmation des procès-verbaux des gardes est
prescrite comme une formalité qui doit suivre la signature des mêmes procès-verbaux; que, par conséquent, le délai de vingt-quatre heures fixé pour l'affirmation
ne peut courir qu'à compter de ladite signature, c'est-à-dire, de la clôture des procès-verbaux;
Que, dans l'espèce, le garde forestier ayant commencé la rédaction de son procès-verbal, à dix heures du matin, et ne l'ayant clos qu'après le temps
moralement nécessaire pour sa rédaction, il s'ensuit que l'affirmation qui en a
été faite le lendemain, aussi à dix heures du matin, a été faite dans le délai utile
de vingt-quatre heures;
Que cependant la cour royale de Besançon a prononcé la nullité de ce procès-verbal, sur le motif que l'affirmation n'en avait pas été faite dans le délai fixé par
la loi, et a affranchi le prévenu de la peine encourue par le délit;
En quoi elle a fait une fausse application de la disposition dudit article 7 de la
loi du 29 septembre 1791;
La cour casse. — Ch. crim.

A. C. DU 11 SEPT. 1818, AFF. VUILLEMAIN.

En matière criminelle, correctionnelle ou de police, la responsabilité civile ne peut, à moins d'une disposition expresse, être étendue aux peines et amendes que la loi prononce contre les auteurs ou complices du délit. J. P. 14. 1027.

Considérant, sur le premier moyen, que la responsabilité civile dans les affaires criminelles, correctionnelles et de police, ne peut, à moins d'une disposition expresse et spéciale de la loi, être étendue aux peines que la loi prononce contre les auteurs ou complices du fait; que, ni l'article 7, titre 2, du code rural de 1791, ni aucune autre loi, n'ayant soumis les personnes civilement responsables d'un délit rural aux peines encourues par ceux qui s'en sont personnellement rendus coupables, il s'ensuit dans l'espèce, que le sieur Vuillemain n'était point passible de l'amende que ses domestiques pouvaient avoir encouru, d'après l'article 475, n° 10, du code pénal, pour avoir laissé passer les bestiaux de leur maître sur le terrain du réclamant;
La cour rejette. — Ch. crim.

A. C. DU 27 NOV. 1818, AFF. BEDOS.

L'article 183 du code d'inst. crim., portant que la citation énoncera les faits et tiendra lieu de plainte, ne dispense pas de donner aux prévenus, copie des procès-verbaux qui servent de base aux poursuites (Forêts). J. P. 14.1090.

Attendu, sur le moyen de cassation présenté par la direction générale des domaines et forêts, que la disposition de l'article 183 du code d'inst. crim., qui porte que « la citation énoncera les faits et tiendra lieu de plainte, » n'a pour objet que de faire connaître aux prévenus les faits sur lesquels ils sont poursuivis, que la disposition de l'article 9, titre 9, de la loi du 29 septembre 1791, qui ordonne qu'il soit donné copie des procès-verbaux aux prévenus, a eu pour but de leur faire connaître le titre même de l'action intentée contre eux, et de leur donner ainsi tous les moyens de défense qui peuvent résulter, soit de l'inscription de faux contre les procès-verbaux, soit des nullités qui peuvent y avoir été commises; que les dispositions de ces deux articles sont donc essentiellement différentes pour l'intérêt des prévenus; que de celle de l'article 183 du code d'inst. crim., il ne saurait donc résulter, ni abrogation, ni modification de celle dudit article 9, titre 9, de la loi du 29 septembre 1791;
La cour rejette, — Ch. crim.

C. N° 24, DU 26 DÉC. 1818 (1).

Modèles à l'usage des buralistes.

... Au lieu des états de circulation, les buralistes rempliront le bulletin n° 6; les circonstances qui y sont relatées, sont disposées dans la même ordre que les colonnes des anciens états, de sorte que chaque bulletin représente une ligne de ces états, et n'exige ni plus d'attention, ni plus de temps, surtout si, dans les moments de liberté, le buraliste a le soin de remplir d'avance, à la marge de ces bulletins, les noms du département, de la direction et de son bureau. Il peut se dispenser de les séparer : il vaut même mieux qu'il laisse les feuilles entières, sauf celles qui ne se trouvent pas entièrement remplies au moment où le receveur les réunit.

Tous les quinze jours et plus souvent, s'il est possible, et selon ce qu'exigent les localités, le receveur rassemble et transmet au bureau de la direction les feuilles de bulletin : là on les coupe, on en réunit les deux extrémités par un pain à cacheter, et, ainsi pliées, elles prennent la forme d'une lettre dont l'adresse, tout imprimée, n'attend plus que le nom de la direction et du département de la destination. Il est bien entendu que, lorsqu'une même feuille contiendra plusieurs bulletins, à destination d'une même direction, il ne sera pas nécessaire de séparer ceux-ci, et qu'on devra plier la feuille ou portion de feuille qui concerne cette direction de manière à ne former qu'un paquet.

Ces bulletins sont au nombre de seize à la feuille. M. le directeur général des postes a consenti non-seulement à permettre le transport de ces feuilles au prix de 5 centimes chaque, comme feuilles d'impression, mais à faire prendre en compte, dans les bureaux de poste, chaque demi-feuille sur le pied de 2 centimes 1/2, et même chaque quart pour 1 centime 1/4 : un bulletin isolé et deux ou trois réunis paieront comme un quart de feuille. Il faudra donc avoir soin d'inscrire sur chaque paquet le nombre de bulletins dont il se compose.

Les directeurs des lieux de destination feront le triage par recette des bulletins qui leur parviendront, et les remettront aux employés chargés de vérifier l'arrivée des boissons et d'en faire note au bas de chaque bulletin, avec ordre de le rapporter ensuite.

Le bon ordre exige qu'il soit tenu dans chaque direction un registre en papier blanc, sur lequel il est ouvert un compte à chaque recette particulière : on y porte à la charge des employés, et à la date du jour de la remise, le nombre de bulletins qui leur sont donnés en vérification, et à leur décharge, également avec la date du rapport, ceux qu'ils représentent revêtus de leurs observations...

... Quoique le registre numéro 33, qui correspond au relevé des recettes des buralistes (ancien 12, 3e division), soit classé parmi les modèles à l'usage de ces préposés, et déposé entre leurs mains, il doit être rempli dans toutes ses parties par le receveur particulier, et devient la base de ses écritures en ce qui concerne les droits au comptant. Les arrêtés de mois ont subi peu de changements dans leur forme; les droits ont seulement été disposés dans l'ordre qu'ils doivent invariablement conserver entre eux, jusque sur les registres de l'administration centrale; une feuille de décompte, divisée en trois cadres et reliée à la suite de celui dont il s'agit, permettra d'établir chaque mois la situation respective du buraliste et du receveur en timbres et estampilles, et servira à celui-ci de premier élément pour la tenue du registre de recette et dépense en matières que tiendront à l'avenir les comptables de tous les degrés. L'instruction placée en tête du registre n° 33 donne, au surplus, sur l'usage de ce numéro tous les éclaircissements désirables...

SECONDE SUITE DE LA C. N° 24, DU 8 FÉV. 1819.

Modèles à l'usage des receveurs particuliers, des contrôleurs ambulants, des receveurs centraux et des directeurs.

Vous trouverez, à la suite de la présente, la continuation de la nomenclature des nouveaux modèles dont je vous ai fait connaître les trois premières parties. La quatrième, commençant au n° 74 et finissant par le n° 86, comprend ceux qui sont destinés à l'usage des receveurs particuliers et contrôleurs ambulants.

(1) V. au *Nouveau Recueil* un autre extrait de cette circulaire.

N° 74. L'ancien journal des receveurs particuliers n'était susceptible d'aucun changement essentiel; l'émargement seulement a été simplifié, et les libellés assez resserrés pour qu'on puisse placer quatre quittances au lieu de trois par page, afin de diminuer le nombre des additions et des reports. Ce registre porte d'ailleurs une instruction à laquelle il suffit de renvoyer.

N° 75. Le registre des comptes ouverts se divise en deux parties. La première, sur laquelle le receveur rapporte les recettes effectuées chez les buralistes à mesure qu'il vérifie leurs registres, doit renfermer autant de comptes qu'il a de buralistes sous sa surveillance. La seule inspection du cadre de ces comptes indique la manière de les tenir. La seconde partie, réservée aux comptes ouverts par redevable, ne diffère de l'ancien modèle que par les colonnes 2, 3 et 4 qu'on y a ajoutées pour l'usage des receveurs particuliers sédentaires, qui y dépouilleront les bulletins détachés des avertissements à souche n° 54, à mesure qu'ils leur seront remis par les employés; les paiements se porteront dans les colonnes 9, 10 et 11, comme par le passé, aussitôt qu'ils auront été enregistrés au journal : enfin le décompte de chaque redevable s'établira dans les colonnes 5, 6, 7 et 8, par le dépouillement des états de produits.

N° 76. Les comptes ouverts développent, par redevable, les produits des droits constatés, et par bureau ceux des droits au comptant inscrits au journal; le sommier n° 76 les récapitule par nature de perception, et prépare ainsi les éléments des bordereaux, des états de trimestre et des comptes de fin d'exercice. Il est divisé en trois parties. Sur la première, où l'on doit ouvrir autant de comptes que le répertoire imprimé au dos du titre contient de lignes, le receveur rapporte chaque enregistrement tant au journal n° 38, qu'aux comptes ouverts aux buralistes et aux colonnes 9, 10 et 11 des comptes ouverts aux redevables, et ce au moment même où les enregistrements ont lieu. Quoique la ligne n° 29 du répertoire ne soit pas subdivisée, les receveurs observeront qu'ils doivent ouvrir deux comptes aux frais de casernement; l'un intitulé, *solde de l'exercice précédent*; l'autre, *exercice courant* Dans cette première partie, les droits au comptant s'enregistrent par confusion et sur un seul compte.

La deuxième partie, divisée par mois, ne diffère des comptes ouverts aux buralistes, n° 75, que par la première colonne, destinée ici à recevoir les noms des bureaux, au lieu de la date des arrêtés; le receveur y rapporte, en une ligne par bureau, chacun des enregistrements qu'il fait pendant le mois aux comptes ouverts aux buralistes.

Enfin, sur la troisième partie, également divisée par mois, le receveur inscrit, à la fin du mois, les totaux des enregistrements faits pendant sa durée sur chacun des comptes de la première partie. Les lignes de cette récapitulation sont dans le même ordre que les comptes eux-mêmes; elle est non-seulement l'élément, mais la minute même du bordereau n° 80; elle doit être présentée, lors du versement, à la vérification du directeur, qui y arrête le montant et l'imputation des sommes à verser, et au receveur central, qui y inscrit son récépissé. La ligne n° 29 y sera subdivisée comme au répertoire, ainsi qu'il a été dit ci-dessus. Les receveurs de navigation, qui versent directement à la recette centrale, doivent être pourvus du sommier n° 76; mais ils ne feront usage que de la première et de la troisième partie sur laquelle sera inscrit leur récépissé, l'ancien modèle n° 52 étant supprimé.

N°s 77 et 78. L'avertissement n° 77 et la contrainte n° 78 ne réclament aucun éclaircissement.

N° 79. L'état de prélèvement des dix pour cent du produit des octrois, à l'usage des recettes dans l'arrondissement desquelles il en existe de soumis à ce prélèvement, est le même que l'ancien n° 44; c'est une production de trimestre qu'une erreur de numéro a fait placer ici : il aurait dû suivre le n° 63.

N° 80. Je répète que le bordereau mensuel n° 80, ancien 54, dans la forme nouvelle et simple qu'on lui a donnée, est la copie exacte de la troisième partie du sommier n° 76, excepté les lignes 2 à 15, qui se prennent sur la seconde partie; par conséquent vous ne devez pas permettre que les receveurs emploient du temps à en faire une minute. Ce bordereau reste entre les mains du directeur, et il n'en doit pas être fourni de copie au receveur central.

Dans un nouveau tirage, les deux lignes *prélèvements sur les communes* seront réunies sous le n° 29, de sorte que les lignes suivantes reprendront les mêmes numéros que celles de la troisième partie du sommier.

N° 81. À l'expiration du trimestre, le receveur particulier forme l'état récapitulatif n° 81, ancien 71; il a recours, à cet effet, aux divers états de produits; et, pour que le total général des recouvrements effectués s'accorde avec ses bordereaux, il rapporte en une seule ligne, au-dessous de l'addition des droits constatés, les recettes en droits au comptant, c'est-à-dire, le total de la 16e colonne de la seconde partie du sommier n° 76. Cet état est également remis au directeur.

N° 82. L'ancien état 23, *divisions territoriales*, a reçu une forme plus commode, et subi des changements qui allègent de beaucoup le travail auquel il obligeait les receveurs. On en a retiré le tableau de la consistance des recettes, que le directeur trouve sur les registres d'ordre n°s 70 et 71.

On a aussi retranché tous les cadres destinés à présenter le résultat des droits constatés, parce que ce résultat se trouve déjà sur les états de produits qui sont remis au directeur.

Enfin, au lieu de présenter le produit du droit pour chaque quantité de matières imposées, le nouveau modèle ne rapporte plus que ces mêmes quantités; le produit y est porté seulement en masse pour chaque nature de droit. En effet, le taux d'un droit étant constant, il suffit de connaître les diverses quantités de matières qui y ont été soumises, pour vérifier, sous le rapport administratif, le produit de ce droit.

L'ancien état 23 est donc réduit aux droits au comptant, et le nombre de colonnes destinées à les résumer diminué de près de moitié; ces colonnes correspondent exactement à celles des divers registres-buralistes; en sorte que, ceux-ci une fois additionnés et dûment vérifiés, le receveur n'a plus qu'à transcrire sur l'état n° 82, la ligne des totaux de chaque registre dans le cadre qui lui correspond. Comme une pareille opération n'exige pas qu'on établisse préalablement une minute, il n'y aura donc qu'une seule expédition de ce tableau à dresser et à remettre au directeur.

N° 83. Le registre des recettes et dépenses en matières étant d'institution récente, je recommande aux directeurs, qui doivent le vérifier à chaque versement, d'en diriger et d'en surveiller la tenue. Ils enjoindront aux receveurs centraux, sinon d'y inscrire eux-mêmes, au moins de faire inscrire sous leurs yeux, par les receveurs particuliers, les livraisons d'expéditions timbrées qu'ils feront à ces employés, et de s'assurer de l'exactitude de ces enregistrements, afin que la recette au registre n° 83, corresponde toujours à la dépense du compte n° 1 du registre n° 106.

N° 84. Le numéro 84, qui ne sera employé qu'en fin d'exercice, n'est pas encore imprimé; il comprendra les comptes généraux en droits et en matières.

N° 85. Les receveurs joignent à leur compte de fin d'année et à ceux de clerc-à-maître qu'ils peuvent se trouver dans le cas de rendre, un état, par redevable, des reprises et des avances portant le n° 85. Les éléments de cet état se puisent dans les colonnes 5 et 11 de la seconde partie du registre des comptes ouverts n° 75.

N° 86. Le n° 86 est l'unique modèle qui concerne les contrôleurs ambulants; c'est par erreur qu'il se trouve désigné sous le n° 85, à la page 9 de la précédente circulaire : ainsi qu'elle l'annonce, il ne sera pas employé, quant à présent, et les contrôleurs ambulants continueront à fournir leur journal sur l'ancien papier de service qui porte le n° 26.

La cinquième partie de la nomenclature s'étend du n° 87 au n° 108, et se compose des modèles qui devront être employés, soit par les receveurs centraux, soit par les directeurs.

N° 87. Le n° 87 est le journal des receveurs centraux, ancien 30; les changements qu'il a subis, quoique assez grands au premier aspect, n'en entraînent pas d'essentiels dans la manière d'enregistrer les articles : d'ailleurs l'instruction dont on l'a accompagné, guidera ces employés. Au lieu de quatre colonnes, la recette n'en occupera plus qu'une ; la dépense peut désormais s'établir sur la même face : ainsi ce registre est devenu plus simple et de moitié moins volumineux.

N° 88. Le sommier des comptes récapitulatifs des recettes et des dépenses a pris une forme toute nouvelle : les têtes mobiles qu'on avait imaginées précédemment, causaient de l'embarras; certains receveurs ne s'en servaient pas et préféraient les tracer à la main, sans s'astreindre exactement aux modèles, ce qui a amené des différences dans la manière dont il est tenu dans les divers arrondissements : les comptes du nouveau modèle seront nécessairement partout uniformes et disposés dans le même ordre. L'instruction qui le précède explique son rapport avec le journal et les bordereaux. Vous remarquerez que le n° 74, qu'elle cite, doit s'entendre de la série des modèles du répertoire au commencement de ce registre, parce que le bordereau n° 91 en tient lieu: l'ordre dans lequel les comptes doivent y être ouverts, est indiqué sur ce bordereau par une suite de chiffres placés sur la marge intérieure du cadre III, et extérieure du cadre IV. Ces comptes doivent être chargés au fur et à mesure des enregistrements au journal n° 87; et je vous invite à donner des ordres d'autant plus précis au receveur central de se conformer exactement à cette règle, que c'est lui qui dorénavant doit établir le bordereau n° 91, et qu'il ne peut en extraire les articles que de son sommier.

N° 89. La destination du journal des consignations n° 89, étant bien connue, on n'y a pas joint d'instruction; cependant on a fait dans la distribution des colonnes quelques changements utiles; ou y a ménagé les moyens de rapprocher plus aisément les articles de recette et de dépense correspondants ; la recette, qui ne supposait que les cas de consignation pour amendes et pour non-rapport d'acquit-à-caution, comprend une troisième colonne dans laquelle pourront figurer toutes les consignations d'autre origine; la dépense présente une colonne semblable; les autres sont disposées dans le même ordre que les articles analogues sur les états de répartition n° 99.

N° 90. Après avoir réuni et vérifié les bordereaux de mois des recettes particulières, et même à mesure qu'ils lui sont remis, le directeur les dépouille sur le registre n° 90, chacun dans une colonne intitulée du nom de la recette. C'est une simple transcription des sommes, nécessaire pour conduire le directeur à la connaissance de la situation de l'ensemble de son arrondissement le mettre à même de la comparer avec celles des exercices antérieurs aux époques correspondantes, et surtout pour lui donner le moyen de remplir le cadre de classification des produits qui termine le bordereau 91. Avant l'institution de ce registre, ce dépouillement était également indispensable pour parvenir à remplir le cadre n° 2 de l'ancien bordereau; dès lors il vaut mieux le faire établir sur un registre permanant, qui, n'étant pas susceptible de se disperser et de s'égarer comme les bordereaux, laissera toujours dans les archives des directions le souvenir des exercices précédents.

Le changement de numéros aux lignes 29 et suivantes, indiqué par le modèle 80, sera également fait sur ce modèle lors d'un nouveau tirage.

N° 91. Le nouveau bordereau remplaçant l'ancien n° 55, se compose, comme lui, de neuf cadres, mais qui ne sont plus dans le même ordre, et dont le contenu, principalement ceux des n°° 3 et 8, a subi beaucoup de changements. La série des articles suit maintenant, sur l'un et l'autre, celle des registres-buralistes et des bordereaux des receveurs particuliers ; chacun porte en marge, et à droite, le numéro de compte dont il doit être tiré : à son tour, chaque compte ouvert au sommier n° 87, indique la ligne du bordereau à laquelle il fournit. Le receveur central en remplit les huit premiers cadres, et le remet en cet état, et certifié par lui, au directeur : celui-ci, à l'aide du registre n° 90, qu'il a mis à jour en même temps que le receveur dressait le bordereau, complète cette pièce en garnissant le dernier cadre, qui classe les droits suivant certaines divisions nécessaires dans les bureaux de la régie; il certifie ensuite l'exactitude de toutes les parties du bordereau, après l'avoir vérifié.

N° 92. Les directeurs seront, à l'avenir, dispensés de fournir l'extrait qu'ils étaient obligés de joindre au bordereau n° 55 : il est annulé et remplacé par une lettre d'envoi n° 92, qui ne renferme qu'un seul cadre correspondant au cinquième de l'ancien extrait, et donnant par masses le détail des pièces de dépenses employées dans le versement, et celles restées dans les mains du comptable.

N° 93 et 94. A quelques changements près dans l'intitulé des colonnes et dans la récapitulation, le tableau mensuel d'appointements est le même que l'ancien; mais les règles que je viens d'adopter relativement aux traitements ont exigé que le décompte des entreposeurs n° 94, prit une nouvelle forme. Cette pièce maintenant justifie seule la dépense en traitement fixe et frais alloués à l'entreposeur-receveur central : on n'en imputera pas moins au service général, ainsi que le modèle l'indique, le 1/6 du traitement fixe, à celui des tabacs les cinq autres sixièmes et les frais. Mais il s'est glissé une erreur dans l'une des indications du modèle ; c'est à la colonne 80, et non à celle 71 du sommier des comptes récapitulatifs n° 88, que doit être inscrite la dépense en traitement fixe; la colonne 71 ne comprendre que les 5/6 du traitement fixe. Cette fausse indication disparaîtra au prochain tirage.

N° 95. L'état récapitulatif des pièces de dépense transmises à l'administration n° 95, n'a subi que de légers changements : l'expédition de cet état, qui accompagnera les pièces de dépense du service général, devra comprendre le 1/6 du traitement fixe de l'entreposeur-receveur central, imputable à ce service, et renvoyer, pour la justification, au décompte n° 94, qui fera partie de l'envoi des pièces de dépense du service des tabacs. D'un autre côté, l'expédition de l'état n° 95, qui sera jointe à ces dernières, relatera le décompte n° 94, mais seulement pour les 5/6 du traitement fixe, plus les frais.

N° 96 et 97. Le n° 96 du modèle employé jusqu'ici au même usage. Le n° 97 remplace celui des exemplaires n° 12, tabacs, qui était envoyé à la comptabilité, et qui s'est trouvé supprimé lors de la formation des modèles des tabacs. Ces trois états doivent être établis par le receveur central, et seulement visés par le directeur.

N° 98. Mais c'est dans les bureaux de ce dernier que doit être dressé l'état n° 98, des demandes d'admissions en reprise ou non-valeur des frais non recouvrables occasionnés par les affaires contentieuses. Cet état, qui, comme les précédents, s'adressera à la division de comptabilité, correspond à l'ancien n° 8, contentieux. Quand il y a lieu d'en établir, ils ne doivent être envoyés qu'à l'époque des versements, ainsi que toutes les autres pièces dont il a été question, à partir du n° 91.

N° 99. Le nouveau modèle de l'état de répartition n° 99, qui se transmettra aussi à la division de comptabilité, est disposé de façon à servir pour tous les cas : on l'a mis en harmonie, d'une part avec le registre des consignations, de l'autre avec la colonne n° 8 du mémorial du contentieux, qui doit lui servir de minute, et

avec l'état récapitulatif n° 100. Sa marche, devenue plus régulière, sera facile à saisir.

N° 100. Ce modèle est l'ancien n° 9, contentieux, qui doit s'envoyer à la division de comptabilité, uniquement quand il y a lieu, avec les états de répartition, et en même temps que les autres pièces du versement. L'ordre seul des colonnes est changé.

N° 101. Le récépissé cumulatif, n° 101, est resté sans changements.

N° 102. Le registre 102 est nouveau; il est destiné à servir de minute aux anciens états n°° 24, divisions territoriales, et 72, comptabilité. Le directeur le tient, à l'aide des états de produits et du relevé n° 82, que lui remettent les receveurs particuliers, à l'expiration de chaque trimestre. L'instruction qu'on a placée à la fin, en fait connaître à la fois le but et la manière de le remplir.

N° 103. Sauf les trois colonnes de comparaison, cet état, qui portait ci-devant le n° 72, ne sera qu'une copie de la récapitulation du registre n° 102, jusqu'à l'article des reprises sur les comptes rendus, exclusivement ; ainsi vous ne serez pas dans le cas d'en établir une minute.

N° 104. L'instruction du registre n° 102 renferme tout ce qu'il était utile de dire sur la formation de ce relevé, qui est l'ancien état n° 24, très abrégé, et mis sous une forme plus maniable.

N° 105. Cet imprimé est destiné à recevoir la discussion que vous devez fournir à l'administration sur l'évènement des produits, à la fin de chaque trimestre.

N° 106. On a fait précéder le registre des recettes et dépenses en matières, n° 106, d'une instruction très étendue sur cette partie de la comptabilité; il sera tenu par le receveur central.

N° 107. Le relevé des taxations des buralistes n° 107, à fournir en fin d'exercice, est le même que l'ancien modèle du même titre; il est dressé par le receveur central, et vérifié par le directeur.

N° 108. Les comptes de fin d'année des receveurs centraux vous seront transmis, avec les instructions nécessaires, en même temps que ceux des buralistes et des receveurs particuliers.

Ici se termine la série des modèles qu'on peut considérer comme appartenant au service général; le surplus concerne quelques branches spéciales d'administration, telles que la suite des acquits-à-caution, les abonnements, le contentieux etc.; presque tous sont à l'usage des directeurs.

Suite des acquits-à-caution.

N°° 109, 110, 111 et 112. Ce chapitre embrasse les n°° 109, 110, 111 et 112, à l'usage des directeurs seulement ; la première partie de la présente circulaire (n° 24), fait connaître suffisamment l'objet de chacun en particulier. J'ajouterai cependant un mot d'éclaircissement sur l'usage de l'état n° 111, en ce qui concerne les acquits-à-caution à destination de l'intérieur des directions, qui, ainsi que la correspondance m'a mis à même de le remarquer, n'a pas été également bien compris partout. Quelques directeurs, prenant trop à la lettre le mot *mensuellement*, annoncent l'intention de comprendre dans l'état qu'ils adresseront à la régie, au commencement de février, tous ceux des acquits délivrés dans le cours de janvier, qui ne seront pas trouvés dans les liasses qu'ont dû leur remettre les receveurs ambulants: tandis que c'est seulement dans l'état qu'ils établiront dans les dix premiers jours de mars, que ces acquits doivent figurer. S'il en était autrement, les états n° 111, seraient souvent fort longs; car, dans une recette ambulante, le receveur, à l'époque du versement, ne saurait avoir retiré la totalité des acquits qui y sont arrivés dans le mois. Le but que je me suis proposé de réduire, le plus possible, les écritures auxquelles cette partie du service donnait lieu, ne serait donc qu'imparfaitement atteint. Il doit être expédié un état n° 111 par mois; mais cet état ne doit embrasser que les acquits qui ont dû rentrer durant l'avant-dernier mois.

N° 113. On a conservé, sous le n° 113, la formule d'abonnement individuel, ancien n° 41.

N°° 114, 115 et 116. Quelques changements dans les n°° 114, 115 et 116, anciens 25 et 55, se trouvent suffisamment expliqués par la seule inspection de ces modèles, qui conservent la même destination. Le premier donne connaissance à la régie des demandes d'abonnements, et lui porte les renseignements qui doivent éclairer sa décision: le n° 115 fait connaître ces décisions au directeur, qui le dépouille sur le registre n° 116.

N° 117. La soumission d'abonnement par corporation, n° 52 ancien, a pris le n° 117, sans aucun changement.

Abonnement des voitures publiques.

N°° 118, 119, 120 et 121. Ces abonnements exigent les mêmes écritures que ceux des marchands de boissons : ainsi, des soumissions n° 118; des états de propositions et de renseignements n° 119, ancien 64, envoyés par le directeur; des états d'abonnements approuvés n° 120, ancien 56, transmis par la régie: et enfin un registre n° 121, pour y inscrire la date, la durée et les conditions de chaque abonnement. Aucun des changements que ces modèles ont éprouvés, tant dans leurs dimensions que dans la marche et la distribution des colonnes, ne réclame d'éclaircissements.

Contentieux.

N°° 122 à 128. Tous les modèles de ce chapitre ont été refondus et réduits à sept qui portent les n°° 122 et suivants jusqu'au n° 128 inclusivement, dans la vue principalement de soulager les directeurs d'une grande partie du travail qu'ils leur occasionnaient. Une instruction étendue qui se trouve en tête de la première partie du mémorial, n° 122, passe en revue ces sept modèles et explique l'usage de chacun, de manière à rendre ici tout autre détail inutile.

La disposition de l'article 183 du code d'inst. crim. portant que la partie civile fera élection de domicile dans la ville où siège le tribunal n'est pas prescrite à peine de nullité. B. crim. 66.

Attendu ... sur le second moyen, que l'article 183 du code d'instruction criminelle n'est pas prescrit à peine de nullité; que, d'ailleurs, les citations énoncent suffisamment les faits de calomnie qui étaient l'objet de la poursuite ...

La cour rejette. — Ch. crim.

ARRÊT DU CONS. D'ÉT. (ORD.) DU 24 MARS 1819.

Quand un bail de passage d'eau a été approuvé par le ministre des finances, en vertu de l'arrêté du 6 floréal an XII, la rescision ne peut pas en être demandée par cela seul qu'il a eu lieu sans enchères pour une durée de plus de dix-huit ans et qu'il y a lésion d'outre-moitié.

Arrêt conforme.

C. N° 38, DU 14 JUIN 1819.

Suite des caisses. Mandats des receveurs généraux.

Je vous transmets copie d'une lettre du ministre des finances, par laquelle Son Exc. m'informe que, pour faciliter l'exécution de la loi du 11 avril dernier, qui ordonne l'ouverture des grands livres départementaux, elle a autorisé les receveurs généraux à délivrer en paiement d'arrérages des rentes 5 0/0 consolidés, des bons sur les préposés des administrations financières.

Vous voudrez bien, en conséquence, autoriser le receveur central de votre direction à acquitter à présentation les bons de cette espèce délivrés sur sa caisse par le receveur général du département, et concerter avec ce dernier les mesures de prévoyance nécessaires pour que la responsabilité de votre receveur central ne puisse être compromise par suite du paiement de ces bons, et pour que leur importance n'excède jamais, dans l'intervalle d'un versement à un autre, les fonds disponibles de sa caisse, tout prélèvement fait des dépenses du service.

A. C. DU 8 OCT. 1819, AFF. COLOMB-PIANT.

Quand il n'y a pas obligation de donner copie de l'acte d'affirmation, le prévenu peut demander communication de cet acte dans le cours de l'instance. B. crim. 333.

Vu l'article 9, titre 9 de la loi du 29 septembre 1791 ;

Attendu que si cette loi ordonne qu'il sera donné copie du procès-verbal, elle ne statue rien de semblable pour l'acte d'affirmation ; que ces deux actes sont distincts et indépendants l'un de l'autre, et que les motifs pour en donner connaissance ne sont pas les mêmes : qu'en effet, si la défense du prévenu doit trouver sa base dans les faits que le procès-verbal constate, il n'en est pas ainsi de l'affirmation ; que cette affirmation n'a d'autre objet que d'établir aux yeux de la justice la foi due au procès-verbal, ce qui peut avoir lieu en tout état de cause et dans le cours de l'instance par la représentation de l'affirmation qui peut être requise par le prévenu : de tout quoi il suit que la cour royale de Grenoble, en renvoyant les prévenus de la demande formée contre elles, par le motif qu'il ne leur a pas été donné copie de l'acte d'affirmation du procès-verbal, a créé une nullité qui n'existe pas dans la loi, et fait une fausse application de l'article 9 titre 9, précité, de la loi du 29 septembre 1791 ;

La cour casse. — Ch. crim.

A. C. DU 3 DÉC. 1819, AFF. ESCALON.

Le certificat d'un maire ne peut pas être opposé à un procès-verbal non argué de faux. B. crim. 396.

Vu l'article 13, titre 9 de la loi du 27 septembre 1791 ;

Attendu qu'il était constaté par un procès-verbal régulier et non argué de faux, que le 2 août 1816, Sylvain Role, vacher, *gardait, dans la forêt communale de* Valbonnais, deux vaches, une génisse et une jument appartenant à Étienne Escalon, habitant du village de Ser, dépendant de la commune de Saint-Laurent ;

Que ce fait constituait le délit prévu par l'article 28, titre 2 du code pénal ; que dès lors la peine déterminée par cet article était applicable aux prévenus de ce délit ;

Que cependant la cour royale de Grenoble en confirmant le jugement de première instance, les a déchargés des poursuites exercées contre eux ;

Que cette décharge est principalement fondée sur un certificat du maire de St-Laurent, commune voisine de celle de Valbonnais, tendant en substance à établir que le vacher d'Escalon, lorsque le garde le rencontra, conduisait les bestiaux de son maître à une fontaine située dans les communaux indivis de Valbonnais et de St-Laurent, où les habitants du village de Ser, privés d'eau dans les grandes chaleurs, menaient le plus habituellement boire leurs bestiaux ;

Attendu qu'un pareil certificat ne pouvait prévaloir sur le procès-verbal en question, auquel foi était due jusqu'à inscription de faux, et qui constatait que les bestiaux d'Escalon étaient *gardés dans la forêt* de Valbonnais par son vacher ;

Que dès lors la décharge à laquelle ce certificat a servi de base est une violation formelle de l'article 13 précité de la loi du 29 septembre 1791, et, par suite, des lois pénales de la matière ;

La cour casse. — Ch. crim.

C. N° 44, DU 18 DÉC. 1819 (1).

Compte d'ordre des directeurs. Modèle 108 B.

... La principale destination de ce modèle est de présenter par exercice l'ensemble des opérations comptables de chaque direction ; et quoiqu'il n'ait point encore été employé, la manière dont il est disposé me dispense de toute explication sur l'usage qu'on en doit faire.

La première partie présentera les reprises de l'exercice précédent. Elles seront extraites des comptes du receveur central et de ceux des receveurs particuliers. Toutefois l'administration ne vérifiera pas ces reprises par comptable ; elle s'assurera seulement que la masse de celles admises sur l'ensemble des comptes de 1818 est bien rapportée au total de la première partie ;

A l'appui des reprises à charge de recette sur 1820, un état n° 85 sera joint au compte. Cet état, au titre duquel vous ferez les changements nécessaires pour le rendre applicable à la direction, sera dressé dans la forme suivante :

Les droits sur lesquels portent les reprises y seront inscrits dans l'ordre où ils sont présentés à la deuxième partie de la recette ;

Les droits au comptant ne formeront qu'une seule ligne ;

A la suite de chaque droit vous rapporterez successivement : 1° le nom des recettes particulières dans lesquelles il resterait des recouvrements à opérer, et 2° les sommes restant dues, déduction faite des avances des contribuables ; puis vous additionnerez ces restes par nature de droit, en telle sorte que la récapitulation présentera la masse des restes à recouvrer sur chaque droit dans l'étendue de la direction ...

D. DU CONS. D'ADM. N° 626, DU 15 FÉV. 1820.

La loi n'autorise pas la saisie des bateaux en contravention. A défaut de consignation de l'amende, le contrevenant ne saurait être soumis au séquestre de son bateau, à titre de garantie.

L'article 46 du décret du 1er germinal an XIII ne se réfère à la loi du 14 brumaire

(1) V. au *Nouveau Recueil* un autre extrait de cette circulaire.

an VII qu'en ce qui concerne les formes dans lesquelles les contraventions en matière de navigation doivent être constatées, poursuivies et jugées, et ces formes sont réglées par les articles 25 et 26.

La mise en séquestre permise par l'article 22 en cas de non-paiement ou de non-consignation du droit, est indépendante du mode de procéder ; et cet article qui, par son texte, s'applique uniquement à la taxe d'entretien des routes, ne peut d'ailleurs être invoqué pour le droit de navigation, puisque le décret organique du 8 prairial an XI ne rend applicable à ce dernier droit que l'article 26 précité de la loi de l'an VII. Il faut donc trouver dans d'autres dispositions générales la garantie que l'on cherche.

En principe, tout contribuable obligé d'acquitter une taxe sur une ligne ou sur un point donné, ne peut faire passer outre l'objet imposé sans avoir satisfait à la loi. Ainsi la ligne des douanes, l'enceinte d'une ville ne peuvent être franchies que les droits de douanes ou d'octroi n'aient été acquittés. Ce principe s'applique naturellement au droit de navigation. Les préposés à la perception sont fondés à s'opposer au passage d'un bateau jusqu'à ce que le conducteur ait payé l'impôt. L'article 23 du décret du 8 prairial an XI consacre formellement cette faculté, en défendant à tous les conducteurs de bateaux, trains, etc., de passer les bureaux sans payer, à peine de 50 fr. d'amende ; et l'article 28 en défendant aux maîtres de ponts et pertuis de monter et descendre aucun bateau avant de s'être fait représenter la quittance du droit de navigation, sous peine d'être contraint personnellement à le rembourser. De cette manière la garantie du droit est complète ; mais ce droit une fois acquitté, la régie n'est pas fondée à saisir les bateaux ou les trains pour sûreté de l'amende qui peut avoir été encourue, la loi ne l'ayant pas formellement ordonné ; c'est dans ce sens que doit être entendue la décision n° 487.

A. C. DU 18 FÉV. 1820, AFF. SOUFFLAND.

L'inobservation de simples instructions administratives ne peut pas entraîner la nullité d'un procès-verbal.

Il n'est obligatoire pour les gardes champêtres de mentionner dans leurs procès-verbaux ni les bornes du lieu du délit, ni la date de leur nomination et le port des insignes distinctifs de leurs fonctions quand ils ont constaté le délit.

La nullité prononcée par la loi du 22 frimaire an VII pour défaut d'enregistrement dans les quatre jours n'est applicable qu'aux procès-verbaux qui font foi en justice jusqu'à inscription de faux et non à ceux qui tendent uniquement à constater une contravention de simple police. B. crim. 79.

Le réquisitoire était ainsi conçu :

... « Les motifs qui ont fait la base du jugement énoncé sont, comme le remarquera la cour, que le garde champêtre ne s'est point conformé aux instructions administratives qu'il avait reçues : mais comment le juge de paix a-t-il pu croire que des instructions administratives plus ou moins utiles dans la pratique, puissent acquérir un telle force, qu'il faille les considérer comme une loi et prononcer la nullité des actes dont le législateur seul a pu régler les formalités? Le juge de paix devait se borner à examiner si le procès-verbal était revêtu des formalités prescrites par la loi ; il se serait assuré : 1° qu'elle n'exigeait point que les gardes champêtres fissent mention de la date de leur réception ; 2° que, bien loin qu'il y ait des termes sacramentels pour exprimer que le garde était revêtu du signe distinctif de ses fonctions, la loi n'exige pas de mention à cet égard ; 3° qu'elle veut que le garde champêtre constate la nature, les circonstances, le temps et le lieu des délits et des contraventions ; qu'elle ne va pas au-delà : que l'abornement dont parle le juge de paix, outre qu'il présente une idée exorbitante et souvent difficile dans l'exécution, n'a pas même un motif raisonnable : et que le garde a certainement fait une désignation suffisante, lorsqu'il a dit qu'il avait trouvé les délinquants dans le bois nommé Blanchard, situé dans la commune de Bernesq, appartenant au comte Treilhard, et dont jouit le sieur Leroyer un qualité de fermier.

« Le quatrième motif, s'il n'est pas plus solide, est au moins spécieux ; il consiste en ce que le procès-verbal n'a été enregistré que le cinquième jour au lieu de l'être le troisième.

« Mais d'abord l'article 20 de la loi du 22 frimaire an VII, fixe à quatre jours, et non à trois, le délai de l'enregistrement des exploits ou procès-verbaux, et l'article 35 porte que « le jour de la rédaction de ces actes n'est point compté, non plus que le dernier jour, s'il tombe un jour de fête ou de dimanche. » Or, le procès-verbal du garde Vitard a été rédigé le 8 septembre dernier, qui tombait un mercredi, par conséquent le quatrième jour était un dimanche, le délai a dû être prolongé jusqu'au lundi, et c'est effectivement ce jour là que la formalité de l'enregistrement a été remplie.

« En second lieu, il a été décidé par la cour de cassation, notamment dans un arrêt du 10 mai 1810, que la disposition de l'article 20 de la loi du 22 frimaire an VII, relative au délai de l'enregistrement, et celle de l'article 34, qui établit une peine contre les huissiers ou autres, pour exploit ou procès-verbal, et qui autorise à prononcer, en pareil cas, la nullité de ces actes, n'étaient applicables qu'aux procès-verbaux qui font foi en justice jusqu'à inscription de faux, et non à ceux qui tendent uniquement à constater un délit de nature à être porté devant le tribunal de police.

« Un autre arrêt du 3 septembre 1808, toujours d'après le même principe, décide la question d'une manière aussi positive : cet arrêt porte qu'un acte ou procès-verbal relatif à un fait de police ou à un délit rural qui n'aura pas été enregistré en débet suivant le § 1er, article 70 de la loi du 22 frimaire an VII, ne sera pas nul pour cela ; les juges, en ce cas, devront ordonner, avant de faire droit, que l'acte ou procès-verbal sera soumis à l'enregistrement en conformité de l'article 70, § 1 de ladite loi.

« Il résulte de ces considérations qu'en refusant de prononcer sur le délit qui avait été constaté, et en annulant le procès-verbal du garde-champêtre, le tribunal de police de Trévière a commis un déni de justice et fait une fausse application de la loi du 22 frimaire an VII.

« Ce considéré, il plaise à la cour casser et annuler, dans l'intérêt de la loi, etc. »

La cour s'est prononcée ainsi qu'il suit :

... « Faisant droit sur ledit réquisitoire, en vertu de l'article 442 du code d'inst. crim., et par les motifs qui y sont énoncés ,

« La cour annule, dans l'intérêt de la loi, le jugement rendu le 1er octobre dernier par le tribunal de police du canton de Trévière, etc. — Ch. crim. »

D. M. F. DU 22 MARS 1820.

Ventes.

Les préposés des contributions indirectes sont autorisés à procéder à la vente des marchandises provenant de saisies. A cet égard ils doivent être regardés comme officiers publics, et ils ne sont pas tenus de faire au receveur de l'enregistrement la déclaration préalable voulue par ·l'article 2 de la loi du 22 pluviôse an VII.

Aux termes de l'article 8 de l'ordonnance royale du 26 juin 1816, les commissaires-priseurs sont chargés de faire exclusivement toutes les ventes publiques aux enchères ; mais cette disposition n'est point applicable aux ventes publiques d'objets saisis par les préposés de la régie, attendu que les formalités de ces sortes de ventes sont réglées par l'article 33 du décret du 1er germinal an XIII, qui forme la législation spéciale de la régie en cette matière.

A. C. DU 6 AVR. 1820, AFF. FABRE.

Les amendes sont comprises dans la responsabilité civile prononcée par la loi à l'égard du père d'un enfant mineur. B. crim. 134.

Vu l'article 10, titre 32 de l'ordonnance de 1669 ;

Attendu que si, en thèse générale, la responsabilité civile des délits ou quasi-délits est restreinte aux dommages et intérêts, et ne peut être étendue aux amendes encourues pour ces délits, il en est autrement dans le cas où des lois spéciales ont expressément ordonné *qu'elles comprendraient les amendes dont elles ont* prescrit la condamnation ;

Que la répression et la responsabilité des délits forestiers commis dans les bois de l'État, sont réglées par l'ordonnance de 1669, et que, par l'article 10, titre 32 de cette ordonnance, il est formellement ordonné que les propriétaires de bestiaux trouvés pâturant en délit dans un bois de l'État seront civilement responsables, non-seulement des dommages et intérêts, mais encore de l'amende encourue pour ce délit ;

Et attendu qu'il n'est pas méconnu, dans l'espèce, que les bêtes à laine trouvées pâturant en délit dans un bois de l'État, sous la garde de Fabre fils, appartenaient à Fabre père ; que dès lors ce dernier devait être déclaré responsable, non-seulement du dommage occasionné par ses bestiaux, mais encore de l'amende encourue par le délit de son fils ; d'où il suit que l'arrêt attaqué, en restreignant la responsabilité qu'il a prononcée contre Fabre père aux dommages et dépens, a contrevenu formellement à l'article 10 précité du titre 32 de l'ordonnance de 1669 ;

La cour casse. — Ch. crim.

A. C. DU 13 AVR. 1820, AFF. RIVIÈRE.

·Lorsque le ministère public ne s'est pas rendu appelant d'un jugement et que la partie civile en a seule appelé, la cour n'est saisie que dans l'intérêt de la partie civile et pour les réparations par elle réclamées. B. crim. 147.

Vu l'article 1er, § I du code d'instruction criminelle ;

Vu aussi les articles 18 et 20 de la loi du 27 mai 1819, et l'article 5 de celle du 26 du même mois ;

Attendu 1º que, par le jugement rendu en première instance par le tribunal correctionnel de Civray, la femme Rivière avait été renvoyée de la plainte portée contre elle par Dervaux ; que le ministère public ne s'était point rendu appelant de ce jugement, que Dervaux seul en avait appelé ; que la cour royale de Poitiers n'était donc saisie de la plainte que dans l'intérêt de la partie civile et pour les réparations civiles par elle réclamées ; que le ministère public à qui l'article 1er, § I du code d'instruction criminelle réserve exclusivement le droit de poursuivre des condamnations à des peines, avait renoncé, en acquiesçant au jugement, à toute action à cet égard :

Que si, d'après l'article 5 de la loi du 26 mai 1819, la poursuite sur délit de diffamation ou d'injures envers des particuliers, ne peut avoir lieu que sur la plainte de la partie qui se prétend lésée, cette disposition dérogatoire au droit commun qui attribue au ministère public le droit de poursuivre tout délit directement et d'office, ne peut être étendue au-delà de ses expressions ; qu'elle interdit seulement au ministère public d'exercer son action avant qu'il ait reçu l'impulsion par une plainte de la partie lésée ; mais que, lorsque cette plainte a été portée, il rentre dans la plénitude de ses attributions ; que son action est dégagée de toute entrave, et qu'il peut appeler du jugement qui a statué, comme faire tous actes de poursuites autorisées par la loi ;

Que le défaut d'appel du ministère public avait donc, dans l'espèce, été volontaire ; qu'il avait donc produit acquiescement au jugement du tribunal de Civray et renonciation à toute action pour la vindicte publique ; que cette renonciation était d'autant plus certaine qu'il y avait appel de la part de la partie plaignante, et que dès lors la disposition de l'article 5 de la loi du 26 mai 1819 n'aurait pas pu servir même de prétexte au défaut d'appel du ministère public ;

Que cependant la cour royale de Poitiers a prononcé une peine d'amende contre la femme Rivière ; qu'elle a donc prononcé sur une action dont elle n'était pas saisie et qui avait même cessé d'exister ; qu'elle a donc violé les règles de sa compétence, ainsi que l'article 1er, § I du code d'instruction criminelle ;

Attendu 2º que le délit que l'article 367 du code pénal avait qualifié de *calomnie* a été retranché de ce code par la loi du 17 mai 1819, qui l'a qualifiée de diffamation, et qui en a réglé la peine dans la combinaison du dommage qu'il peut avoir causé et des circonstances atténuantes qui ont pu en modifier la gravité ; que cette loi ne l'a point soumis d'une manière absolue à la peine de l'emprisonnement, mais sa disposition à cet égard est facultative et relative aux faits dont elle a laissé l'appréciation à la conscience des juges ; qu'elle n'a pas non plus prescrit une amende fixe ; que, pour cette peine, elle a de même accordé une juste latitude au pouvoir discrétionnaire des tribunaux ; qu'elle a ainsi rempli, pour le délit de diffamation, l'objet de l'article 463 du code pénal ; que cet article, dont la disposition est d'ailleurs restreinte formellement dans les cas où la peine d'emprisonnement est portée par ce code, ne peut donc, sous aucun rapport, recevoir l'application à ce délit ;

Que la cour royale de Poitiers s'est néanmoins fondée sur cet article pour réduire la peine qu'avait encourue la *femme Rivière pour un délit de diffamation* commis postérieurement à la publication de ladite loi du 17 mai 1819 ; qu'elle a donc violé l'article 18 de cette loi ;

Qu'elle l'a encore violé, ainsi que l'article 26, en statuant sur ce délit, d'après les articles 367 et 371 du code pénal, que cet article 26 déclare expressément être abrogés ;

La cour casse. — Ch. crim.

C. DE L'ADM. DES M. N° 51, DU 10 JUIN 1820.

Garantie.

... 1º Suivant l'article 9 de l'ordonn. du 5 mai 1820, le régime administratif des bureaux de garantie, les recettes et dépenses de la garantie, et la surveillance des redevables, sont dans les attributions de l'administration des contributions indirectes ; ainsi, vous recevrez d'elle, à cet égard, les ordres et les instructions qui doivent diriger votre action et régler vos fonctions.

2º D'après l'article 3, les contrôleurs et autres employés des bureaux de garantie continueront d'être nommés par le ministre des finances ; mais ils le seront désormais sur une présentation concertée entre le directeur général des contributions indirectes et l'administration des monnaies : ainsi, les deux administrations doivent concourir à la nomination des employés de la garantie, et, conséquemment, à leurs changements et à leur révocation.

3º Les employés autres que les essayeurs font, suivant l'article 4, partie des employés des contributions indirectes, et pourront être chargés d'autres parties du service de cette administration, lorsqu'il sera reconnu par celle des monnaies que cette cumulation de fonctions ne sera pas nuisible au service de la garantie. Les deux administrations s'étant entendues sur ce point, les employés de la garantie se conformeront aux ordres de service et aux instructions qu'ils recevront, à ce sujet, de l'administration des contributions indirectes.

4º Dans tous les cas, d'après l'expression du même article, les règlements de l'administration des contributions indirectes, en ce qui touche la *retenue*, sur les appointements et les droits à la pension, sur la caisse des retraites, seront applicables aux employés de la garantie...

L'essayeur de chaque bureau sera, comme par le passé, nommé par le préfet du département : et il ne pourra en exercer les fonctions qu'après avoir obtenu de l'administration des monnaies un certificat de capacité, conformément à l'article 39 de la loi du 19 brumaire an VI, et à l'article 2 de la loi du 13 germinal suivant : l'article 1er de l'ordonnance du 5 mai 1820 le décide expressément. Ainsi il n'y a pas de changement à leur égard : ils restent dans le même état.

L'article 5 décide, en outre, qu'ils seront révocables par le préfet, sauf l'approbation du ministre des finances ; mais cette révocation peut être provoquée par celle des deux administrations qui la croirait utile au bien du service, ainsi que par les plaintes que porterait le commerce ou le public contre l'essayeur auquel on pourrait avoir à reprocher des faits assez graves pour mériter cette peine.

Suivant les dispositions du même article, les contrôleurs et autres employés de la garantie sont révocables par le ministre des finances, sur la proposition de celle des deux administrations qui aura reconnu la nécessité de cette mesure ; mais l'autre administration doit, aux termes de la même disposition, être consultée.

Ainsi l'administration des monnaies concourt à la révocation ainsi qu'aux nominations et aux changements des employés des bureaux de garantie, sur lesquels on lui conserve un droit de surveillance.

En conséquence, par l'article 6, il est arrêté que les essayeurs et les contrôleurs des bureaux de garantie continueront à être sous les ordres de l'administration des monnaies, et à correspondre directement avec elle pour les objets qui la concernent. Vous devez, conséquemment, continuer de surveiller le titre dans vos visites, les essais dans le bureau ; de vous conformer aux ordres, instructions et circulaires que l'administration des monnaies vous adressera, et à ceux qu'elle vous a adressés en différents temps, pour vous faire connaître les moyens : 1º de vous assurer de la légalité des marques et de la fidélité des titres : 2º de découvrir l'altération du titre des matières par les alliages ou par les soudures ; 3º de distinguer la proportion de l'or et de l'argent dans les ouvrages doublés et les ouvrages d'or ou d'argent fourrés de cuivre, de fer et de toute autre matière étrangère, ainsi que les ouvrages dont les marques sont entées, ou soudées, ou contre-tirées.

L'administration demeure, à cet effet, chargée, par le même article, de donner toutes les instructions relatives à l'exactitude des essais, et de diriger la confection, l'envoi, l'application et la vérification des poinçons.

Des inspecteurs nommés par S. Exc. sur la présentation de l'administration des monnaies, seront chargés, aux termes de l'article 7, de surveiller l'exécution des lois et règlements sur le titre des matières d'or et d'argent, et, par suite, d'assurer *l'effet et l'exécution de nos ordres et instructions relatifs à cette partie du service de la garantie...*

C. N° 49, DU 8 JUILL. 1820.

Comptabilité.

Répartitions d'amendes.

Les contraventions en matière de circulation des boissons sont du nombre de celles qui, d'après l'article 120 de la loi du 25 mars 1817, donnent aux employés de la régie qui les ont constatées, le droit de participer au partage des amendes et confiscations ; et la décision de l'administration du 30 avril de la même année, a développé toute l'étendue d'application que ce droit pouvait légalement comporter, en déterminant qu'il serait exercé pour les contraventions, de l'espèce indiquée, constatées au domicile des assujétis, aussi bien que dans tous les cas de saisies de boissons en cours de transport.

Cette dernière disposition, qu'il eût fallu se borner à exécuter textuellement, a reçu néanmoins, dans plusieurs directions, une extension forcée, en ce qu'elle a été appliquée aux contraventions de même nature résultant de procès-verbaux rapportés au domicile des non assujétis, quoiqu'elle ne dût l'être qu'à celles constatées chez les assujétis. Cette extension a pu être adoptée dans des vues favorables au service : mais j'ai reconnu qu'elle n'en était pas moins contraire à l'esprit de la loi, et que par conséquent elle ne devait plus être tolérée.

En conséquence, j'ai pris, en conseil d'administration, la décision dont le texte suit :

« Quand un procès-verbal est rapporté pour une fraude que le fait seul constaté
« suffit pour caractériser, telle, par exemple, que la vente en détail sans déclara-
« tion, la circonstance accessoire de la non exhibition d'une expédition, l'aveu
« même qu'il n'en a pas été pris, n'ajoutant rien à la contravention, ne peuvent
« donner droit au partage. C'est surabondamment et sans nécessité que l'on con-
« signe ces faits sur lesquels les contrevenants pourraient se refuser à répondre,
« puisque, n'étant pas encore sujets aux exercices, rien ne les oblige à justifier
« comment ils ont reçu les boissons. La fraude, en ce cas, s'applique donc uni-
« quement au droit de détail, et la disposition de la loi qui prive les employés de
« toute part, en pareille matière, doit être respectée, quelque inconvénient qu'on
« puisse y voir dans l'intérêt du trésor.
« Quand, au contraire, la non exhibition d'une expédition caractérise d'elle-
« même la contravention, et sans se rattacher à un autre acte de fraude, il y a
« lieu à admettre les employés au partage, lors même qu'elle ne résulte que de
« l'aveu du prévenu. »

Les principes développés dans cette décision, lesquels sont uniquement applicables aux saisies de boissons faites au domicile des non assujétis, devront, à l'avenir, être rigoureusement appliqués. Toutefois les répartitions opérées en faveur des employés, antérieurement au 1er juillet présent mois, par suite de l'extension donnée à la précédente décision du 30 avril 1817 précitée, ne subiront point de changements, si d'ailleurs cette extension n'a consisté que dans l'application faite des termes de cette même décision aux saisies opérées chez les non assujétis, et si le fait de la non exhibition des expéditions nécessaires pour justifier le paiement du droit de circulation, ou pour lui *servir de garantie*, a été textuellement consigné au procès-verbal de saisie.

Mais à partir de l'époque indiquée, toute répartition provenant de saisie de boissons à domicile, dans laquelle des employés de la régie auront été compris, ne sera admise comme régulière par l'administration, que lorsqu'elle aura eu pour base l'une des circonstances indiquées ci-après :

1° Relativement aux *assujétis* lorsqu'il aura été formellement constaté au procès-verbal que le redevable exercé n'a pu représenter les expéditions nécessaires pour justifier l'introduction légale des boissons saisies;

2° A l'égard des *non assujétis*, lorsque le procès-verbal rapporté au domicile d'un particulier, dans le cas prévu par le premier paragraphe de l'article 237 de la loi du 28 avril 1816, aura eu pour objet de constater une fraude au droit de circulation, et que la preuve de cette fraude résultera de l'aveu fait par le prévenu, et consigné audit procès-verbal, d'avoir introduit sans expédition de la régie, les boissons trouvées chez lui : ou seulement de la non exhibition d'expédition, dans la circonstance prévue par le dernier paragraphe du même article, laquelle doit être assimilée au cas de saisie en cours de transport;

3° Lorsqu'un jugement définitif rendu, soit contre un assujéti, soit contre un non assujéti, aura constaté une contravention en matière de circulation, lors même que cette espèce de contravention se serait rattachée à un autre acte de fraude, qu'elle n'aurait point été positivement caractérisé par le procès-verbal de saisie, et que la preuve n'en serait résultée que de l'instruction de la procédure.

Ces explications positives doivent écarter à l'avenir toute incertitude sur la marche à suivre pour opérer les répartitions dont il s'agit; et les instructions antérieures, notamment ma circulaire n° 17 (*contentieux*), du 30 octobre 1816, ayant déterminé avec précision, sur tous les autres points, le mode de partage des amendes et confiscations, je dois croire que désormais cette partie des opérations de la régie, sur laquelle la cour des comptes porte constamment une rigoureuse attention, présentera généralement l'exactitude et l'uniformité convenables.

Consignations et avances pour frais judiciaires.

Plusieurs directeurs ayant consulté l'administration sur le mode d'écritures à suivre au moment de la répartition des sommes composant le restant net sur les consignations de l'exercice expiré, je crois nécessaire de rappeler ici ce qui a été prescrit à cet égard.

Vous avez vu, dans la circulaire n° 44 (2e partie), qu'à partir de 1820 les soldes en recette et en dépense résultant des comptes des consignations et avances de l'exercice précédent, ne seraient plus rapportés sur les registres de l'année commençante. Mais il faut observer que, par registre de l'année commençante, on n'a entendu parler que du journal général et du sommier n° 88, et nullement du registre auxiliaire des consignations et de celui du contentieux pour les avances provisoires.

Ces derniers, n'étant pas des registres d'exercice, doivent être suivis d'année en année jusqu'à entier épuisement; et lorsque cet entier épuisement exigera l'emploi de nouveaux registres, on devra y rapporter affaire par affaire, et dans le même ordre que sur les registres terminés, la totalité des consignations non réparties et des avances non rentrées.

Il est bien entendu que les receveurs centraux ayant, conformément à la circulaire n° 44 précitée, versé au trésor, sur l'exercice expiré, le solde du compte des consignations et avances provisoires, ils devront prélever sur les fonds de l'exercice courant, le montant des répartitions ayant rapport aux consignations de l'année précédente; et, par une conséquence toute naturelle, faire recette sur le même exercice courant, du montant des rentrées qu'ils opéreraient, à valoir sur les avances effectuées pendant les années antérieures...

D. DU CONS. D'ADM. N° 637, DU 26 JUILL. 1820.

Voisins des débitants de boissons.

Voir cette décision au *Nouveau Recueil*, où elle a été insérée sous la date du 11 septembre 1820.

A. C. DU 28 JUILL. 1820, AFF. LEGRACIEUX.

Pour se pourvoir en cassation d'un arrêt de renvoi à la cour d'assises, le prévenu d'un délit n'emportant qu'une peine correctionnelle n'a que le délai de trois jours francs, fixé par l'article 373 du code d'instruction criminelle.
Le délai de cinq jours fixé par l'article 296 n'est accordé que pour le cas où l'arrêt de renvoi aurait pour base un fait qualifié crime. B. crim. 373.

Vu l'article 373 du code d'instruction criminelle, qui fixe à trois jours francs, après celui où l'arrêt aura été prononcé, le délai qu'aura le condamné pour déclarer au greffe qu'il se pourvoit en cassation;

Attendu que la disposition de cet article établit, pour le délai dans lequel le pourvoi doit être formé, une règle générale; que cette règle s'applique aux pourvois formés, non seulement envers les arrêts de condamnation, mais encore envers tous les arrêts susceptibles de pourvoi, d'après les dispositions de l'article 416 du code d'instruction criminelle, et particulièrement envers ceux qui ont statué sur la compétence:

Que s'il y est dérogé par l'article 296, qui accorde à l'accusé un délai de cinq jours, à dater de l'avertissement qu'il a reçu dans l'interrogatoire qu'il doit subir d'après l'article 293, cette dérogation doit être restreinte au cas spécial pour lequel on l'a établie:

Que la disposition de cet article 296, combinée avec celle de l'article 299, ne s'applique qu'à des arrêts de mise en accusation, par suite desquels les accusés sont transférés dans la maison de justice près la cour d'assises à laquelle ils sont renvoyés, pour y être jugés sur des faits que la loi a qualifiés crimes:

Que, dans l'espèce, il ne s'agit point d'un fait qualifié crime qui ait servi d'élément à un arrêt de mise en accusation, à la suite duquel l'accusé ait dû être interrogé conformément audit article 293, et averti qu'il pouvait se pourvoir dans le délai de cinq jours;

Qu'il s'agit, au contraire, d'un fait correctionnel qui a servi d'élément à un simple arrêt de mise en prévention et de renvoi à la cour d'assises, à la suite duquel on n'a point eu à procéder ainsi qu'il est prescrit par les articles 292 et suivants du code d'instruction criminelle:

Que, dès lors, cet arrêt, ne rentrant point dans l'application de la disposition exceptionnelle des articles 296 et 299, reste dans celles de la règle générale de l'article 373, fixant à trois jours le délai du pourvoi en cassation:

Et attendu que, dans l'espèce, l'arrêt de renvoi de la cour royale de Paris, du 6 juillet dernier, a été notifié au demandeur le 8: que le délai de trois jours, pour déclarer le pourvoi au greffe, expirait le 12; que néanmoins cette déclaration n'a

été faite que le 13, par conséquent après l'expiration du délai de trois jours francs prescrit par l'article 393;

Que, par ce pourvoi formé hors du délai légal, la cour ne peut être régulièrement saisie;

La cour déclare Casimir-Urbain Legracieux non recevable en son pourvoi envers l'arrêt de la cour royale de Paris, chambre des mises en accusation, du 6 juin dernier, qui le renvoie devant la cour d'assises du département de la Seine: condamne Legracieux en l'amende de 150 francs envers le trésor public.

Fait et prononcé à l'audience publique de la cour de cassation. — Ch. crim.

A. C. DU 16 SEPT. 1820, AFF. WARNET.

Un garde-champêtre qui se fait remettre de l'argent pour supprimer un procès-verbal rédigé dans l'exercice de ses fonctions, commet le crime de concussion ou du moins de corruption et non un simple délit d'escroquerie. B. crim. 356.

Vu les articles 408 et 416 du code d'instruction criminelle, d'après lesquels la cour de cassation doit annuler les arrêts qui ont violé les règles de compétence;

L'article 231 du même code, qui ordonne le renvoi devant la cour d'assises des prévenus contre lesquels il est jugé qu'il existe des charges suffisantes sur un fait qualifié crime par la loi;

Vu aussi les articles 174 et 177 du code pénal;

Attendu qu'il a été reconnu par la chambre d'accusation de la cour royale de Metz, qu'il y avait charges suffisantes contre André Warnet, garde-champêtre, sur la prévention d'avoir exigé et de s'être fait remettre, en sa qualité d'officier de police judiciaire, une somme de 12 francs et un bon de 28 francs dont il avait reçu depuis le montant, pour supprimer un procès-verbal qu'il avait rédigé en sadite qualité, sur un fait par lui déclaré constituer un délit soumis à sa surveillance et à ses recherches;

Que cette chambre d'accusation a refusé de reconnaître dans le fait de cette prévention le caractère du crime de concussion, et même celui du crime de corruption; qu'elle a jugé qu'il ne pouvait être considéré que comme un délit d'escroquerie, puni de simples peines correctionnelles par l'article 405 du code pénal, parce que ce n'était qu'à l'aide de manœuvres frauduleuses, pour faire naître la crainte d'un évènement chimérique, que Warnet s'était fait remettre cette partie de la fortune du nommé Huard: qu'elle a, en conséquence, renvoyé ce prévenu devant la chambre civile de la cour royale, pour y être jugé sur ce délit en sadite qualité d'officier de police judiciaire, conformément aux articles 479 et 483 du code d'instruction criminelle;

Mais que l'article 405 du code pénal n'était nullement applicable au fait de la prévention;

Que le délit d'escroquerie prévu par cet article est celui qui peut être commis par des particuliers ou par des fonctionnaires, lorsqu'ils agissent hors de l'exercice de leurs fonctions, et ainsi sans l'influence qu'exerce le pouvoir;

Mais que des manœuvres frauduleuses employées par un fonctionnaire public dans l'exercice de ses fonctions pour parvenir à un fait criminel et puni par la loi, loin de dénaturer ce fait et de le dépouiller de son caractère légal, en augmentent la gravité, par l'abus de l'autorité qui en facilite l'effet;

Que, dans l'espèce, le fait de prévention reconnu contre Warnet constituait un acte de concussion, ou du moins de corruption: que, considéré comme acte de concussion, il était qualifié crime par l'article 174 du code pénal; que, réputé seulement acte de corruption, il avait la même qualification, d'après l'article 177 du même code;

Qu'il ne sortirait pas de l'application de ce dernier article par la supposition que Huard ne se serait pas rendu coupable d'un délit sur lequel Warnet ait eu le droit de rédiger le procès-verbal dont il s'est abstenu ou qu'il a supprimé moyennant l'argent qu'il a exigé et qui lui a été donné;

Qu'il a suffi, pour la criminalité de Warnet, qu'il ait prétendu et dit avoir le droit de rédiger ce procès-verbal en sa qualité de garde-champêtre; que son crime n'a pu dépendre de la culpabilité de Huard; qu'il a été caractérisé par son fait personnel et par son intention; que, d'ailleurs, la seconde disposition de l'article 177 est corrélative avec la première; qu'elle s'applique donc, comme elle, à un acte illégitime ainsi qu'à un acte légitime; que le cas de l'acte illégitime renferme même une nuance plus forte de gravité, puisque l'abus de la crédulité y est réuni à celui de l'autorité:

Que le renvoi en police correctionnelle, prononcé par la chambre d'accusation de la cour royale de Metz, a donc été une violation de l'article 231 du code d'instruction criminelle et des règles de la compétence établies par la loi;

La cour casse. — Ch. crim.

AVIS DU CONS. JUD. DE LA RÉGIE, DU 11 NOV. 1820.

Frais.

L'indemnité de 2 francs par demi-myriamètre, allouée par l'article 66 du tarif du 16 février 1807, à l'huissier qui va faire une signification à plus d'un demi-myriamètre de sa résidence, doit être calculée à raison de la distance de cette résidence au lieu de la signification, sans y ajouter la même distance que l'huissier doit parcourir en retournant chez lui. Ainsi, l'huissier qui a fait une signification à trois demi-myriamètres, doit recevoir pour le premier myriamètre 4 francs et pour le demi-myriamètre en sus 2 francs seulement, attendu qu'il n'est rien dû pour le retour.

LETT. COMM. n° 1, DU 23 DÉC. 1820.

Contentieux.

Le conseil d'administration vient de décider, sur mon rapport, qu'à partir de l'exercice prochain, il ne serait plus fait usage, dans chaque direction, que d'un seul registre mémorial du modèle n° 122, pour toutes les affaires civiles et correctionnelles...

Le report des affaires non encore terminées, appartenant à l'exercice 1820 et aux exercices antérieurs, devra être opéré aussitôt sur le registre mémorial n° 122, *première partie*, qui vous a été fourni pour l'exercice 1821, et qui servira désormais à inscrire toutes les affaires, soit civiles soit correctionnelles. Ces affaires seront inscrites avec le numéro qu'elles ont reçu lors de leur première insertion sur le mémorial de l'exercice auquel elles appartiennent; mais elles recevront en même temps le numéro de la série nouvelle: ainsi, par exemple, la première affaire ancienne reportée sur le mémorial, si elle avait d'abord été inscrite sous le n° 40, devra être annotée ainsi: N° 1-40.

A. C. DU 12 JANV. 1821, AFF. DELAUNAY.

En indiquant le lieu de la résidence des saisissants, on satisfait à l'obligation d'indiquer la demeure. La loi n'exige pas qu'on ajoute le nom de la commune dont ce lieu peut dépendre.
Si le procès-verbal constate que le prévenu a refusé de signer, cette mention prouve virtuellement que l'interpellation lui en a été faite. B. crim. 27.

Vu les articles 59 et 66 de la loi du 28 avril 1816 ;
Attendu, 1° que la loi du 28 avril 1816, en ordonnant la recherche et la saisie, dans toute l'étendue du royaume, des objets qui y sont spécifiés, a réglé d'une manière spéciale les formalités à remplir, soit par les préposés des douanes, soit par les juges de paix, officiers municipaux et commissaires de police pour constater les contraventions ;
Qu'elle n'a point prescrit, pour la validité des procès-verbaux, des formalités dont l'omission doive, par elle seule, entraîner en faveur des prévenus l'affranchissement de la peine de l'amende ;
Que c'est d'une manière générale et absolue que les contrevenants en sont déclarés passibles ;
Que l'article 43 de loi du 21 avril 1818, en substituant le mot *détenteur* à celui de *délinquant*, employé dans celle du 28 avril, a donné à sa disposition un sens encore plus précis et attaché d'une manière plus positive la responsabilité au seul fait de la détention ; d'où il suit que, lorsque les marchandises saisies ont été reconnues et déclarées par le jury être de fabrique étrangère et que le fait de la détention est établi par quelle preuve que ce soit, les tribunaux ne peuvent pas plus se dispenser de prononcer, contre le détenteur, la peine de l'amende que la confiscation des marchandises ;
Que cependant, dans l'espèce, où toutes les formalités prescrites par la loi du 28 avril avaient été exactement remplies, et où les tissus saisis sur la veuve Delaunay, qui n'a pas même contesté le fait de la détention, ont été reconnus être par le jury de fabrique étrangère, le tribunal correctionnel de Boulogne, saisi en première instance de la connaissance de la contravention, s'est borné à ordonner la confiscation des marchandises, et a renvoyé la prévenue de la peine de l'amende, sur le seul motif d'une prétendue nullité du procès-verbal en la forme, en ce que les préposés saisissants n'avaient pas suffisamment indiqué la demeure du sieur Orange, l'un d'eux, et que le procès-verbal par eux rédigé n'énonçait pas que la prévenue eût été interpellée de le signer, ainsi qu'il est voulu par les articles 3 et 6 de la loi du 9 floréal an VII ;
Et que le tribunal correctionnel de Saint-Omer a, sur l'appel du ministère public, confirmé ce jugement par les mêmes motifs ;
En quoi ce tribunal a méconnu et violé le vœu de l'article 66 de la loi du 28 avril 1816, et de l'article 43 de celle du 21 avril 1818 ;
Attendu 2° que, même en supposant que les dispositions de la loi du 9 floréal an VII uniquement relative aux contraventions commises à l'importation ou exportation, pussent être étendues aux saisies faites dans l'intérieur en vertu de la loi particulière et spéciale du 28 avril 1816, le tribunal de Saint-Omer aurait encore fait, dans l'espèce, une fausse application des articles 3 et 6 de ladite loi du 9 floréal an VII, puisque, d'un côté, la demeure du préposé Orange est, par le procès-verbal, indiquée à Capecure : que c'est le lieu de sa résidence et de celle d'une brigade des douanes ; que la loi n'exigeait point qu'on y ajoutât le nom de la commune dont ce lieu peut dépendre ; et que, d'un autre côté, le même procès-verbal énonce formellement que la prévenue a refusé de signer, ce qui constate virtuellement et suffisamment que l'interpellation lui en a été faite ; qu'ainsi, sous ces deux rapports, les formalités prescrites par la loi du 9 floréal se trouveraient même avoir été observées ;
La cour casse. — Ch. crim.

A. C. DU 1er MARS 1821, AFF. GICON.

Les tribunaux ne peuvent pas prononcer des nullités que la loi n'a pas établies.

Vu l'article 28 du décret du 1er germinal an XIII ;
Attendu que l'article 28 dudit règlement, en ordonnant que l'assignation à fin de condamnation sera donnée dans la huitaine de la date du procès-verbal, a eu pour objet d'exciter les diligences de l'administration et d'accélérer le plus possible la décision des affaires confiées à ses soins ; mais que cet article n'a point attaché la peine de nullité à l'inobservation de cette formalité, et conséquemment que les tribunaux ne peuvent pas, sans commettre des excès de pouvoir, prononcer des nullités que la loi n'a pas établies ;
Que les tribunaux peuvent d'autant moins se méprendre sur la volonté du législateur, dans le cas dont il s'agit, qu'il a formellement exprimé les formalités qu'il a voulu être observées à peine de nullité, et qu'il a positivement défendu aux juges d'en admettre d'autres ; et que cette volonté du législateur se trouve encore clairement manifestée par le rapprochement des articles 28 et 32 dudit décret, où l'on voit qu'il a prononcé la déchéance de l'appel dans le cas où il n'est pas interjeté dans la huitaine de la signification du jugement, déchéance qu'il n'a pas prononcée pour le cas où l'assignation à fin de condamnation serait donnée après la huitaine de la date du procès-verbal ;
Attendu qu'en déclarant la direction générale des contributions indirectes non recevable en sa demande, par les motifs que l'assignation à fin de condamnation n'avait pas été donnée dans la huitaine de la date du procès-verbal, ou plutôt en confirmant le jugement du tribunal de première instance qui l'avait ainsi ordonné, la cour de Riom a violé l'article 25 du règlement du 1er germinal an XIII, faussement interprété l'article 28 et commis un excès de pouvoir, en créant une nullité, déchéance ou fin de non recevoir que la loi n'a pas prononcée ;
La cour casse. — Ch. crim.

Nota. Actuellement l'assignation doit être donnée, à peine de déchéance, dans les trois mois au plus tard de la date du procès-verbal, et, s'il y a arrestation, dans le délai d'un mois. Loi du 15 juin 1835.

A. C. DU 15 MARS 1821, AFF. DROZ.

Les violences commises par les fonctionnaires publics, dans l'exercice ou à l'occasion de l'exercice de leurs fonctions, ne peuvent entraîner les peines portées par le code pénal qu'autant que le tribunal correctionnel ou le jury ont déclaré que ces violences avaient eu lieu sans motif légitime. B. crim. 101.

Vu l'article 186 du code pénal ;
Attendu que, d'après la disposition de cet article, les violences commises par les fonctionnaires publics, agents ou préposés qu'y sont désignés, dans l'exercice ou à l'occasion de l'exercice de leurs fonctions, ne peuvent constituer un crime ou un délit, que lorsqu'elles ont eu lieu sans motif légitime ;

SUP. GÉN.

Que cette circonstance est substantielle, et par conséquent nécessaire pour donner aux dites violences le caractère de criminalité ;
Que, dans l'espèce, le fait dont l'accusé a été déclaré coupable, est d'avoir porté des coups et fait des blessures au nommé Droz, des suites desquelles il est résulté à ce dernier une maladie ou incapacité de travail pendant plus de vingt jours, et d'avoir commis ce crime dans l'exercice de ses fonctions de préposé des douanes ;
Mais que cette déclaration ne porte pas que les violences dont il s'agit ont été commises sans motif légitime ;
Que cette circonstance, qui pouvait seule donner au fait de l'accusation le caractère de crime, n'a été ni pu être établie d'une manière équipollente par la déclaration négative du jury à une seconde question qui lui avait été soumise, comme résultant de la défense de l'accusé, et qui tendait à lui faire décider s'il y avait eu provocation par des coups et blessures graves ;
Que la provocation, telle qu'elle est déterminée et admise comme excuse par l'article 321 du code pénal, ne détruit point la criminalité du fait de l'accusation, et n'a d'autre effet, d'après l'article 326 du même code, que de donner lieu à une réduction de la peine encourue ;
Qu'il n'en est pas ainsi à l'égard des fonctionnaires ou préposés qui agissent en vertu et pour l'exécution de la loi ; que, d'après l'article 186 dudit code, aucune peine ne peut être prononcée contre eux à raison de la violence dont ils auraient usé dans l'exercice de leurs fonctions, qu'autant qu'il aurait été reconnu et déclaré qu'ils s'y seraient livrés sans motif légitime ;
Que, dans l'état de la déclaration du jury, la condamnation à la peine de cinq années de travaux forcés, qui a été prononcée contre l'accusé, n'a donc point eu une base légale ;
La cour casse. — Ch. crim.

C. N° 3, DU 16 AVR. 1821.

Contentieux.

... Pour réduire autant que possible le travail des directeurs, j'ai arrêté les dispositions suivantes :
1° Les transactions, soumises à mon approbation et à celle de S. Exc. le ministre des finances, ne seront rappelées sur les états qui suivront celui qui en aura rendu compte, qu'avec les renseignements exigés par les colonnes 1, 2, 4 et 7 ; cette disposition s'applique aux transactions consenties pour le simple remboursement des frais ;
2° Il en sera de même à l'égard de toutes les affaires comprises dans la 1re partie de l'état, et qui n'auront pas été transigées pendant les mois pour lesquels il sera formé.
Il résulte de ces dispositions, que toutes les indications exigées par les diverses colonnes de l'état n° 125, ne seront fournies que lors de l'origine de chaque affaire et lors de sa conclusion par transaction.
Dans tous les autres cas, c'est-à-dire, soit qu'il s'agisse d'annoncer la situation des affaires ou leur conclusion par l'exécution des jugements ou la vente des objets saisis, soit qu'il y ait lieu au simple envoi d'un état n° 98 ou d'un état n° 99, pour des affaires abandonnées antérieurement, ou dont les transactions ont été approuvées, il suffira de remplir les 1re, 2e, 4e et 7e colonnes.
Le travail relatif à cette partie du service se trouvant ainsi considérablement réduit, les directeurs n'auront aucun motif pour différer l'envoi de ces états, aux époques prescrites.
Je profite de cette circonstance pour répondre à plusieurs questions qui m'ont été adressées sur le mode de rédaction des nouveaux états n° 125, et de transmission des diverses pièces dont ils doivent être accompagnés ; les explications dans lesquelles je vais entrer feront, je l'espère, disparaître les difficultés qui ont empêché plusieurs directeurs d'exécuter les dispositions de ma circulaire n° 1, et empêcheront que les mêmes questions se reproduisent dans d'autres directions.
1° Les transactions consenties pour le simple remboursement des frais, qu'elles soient définitives ou susceptibles d'être l'objet d'une approbation spéciale, doivent toujours être accompagnées des quittances et pièces justificatives desdits frais, bien que, d'après la circulaire n° 56, *comptabilité*, ces affaires ne soient pas de nature à figurer sur l'état récapitulatif n° 100 ;
2° Les contraintes décernées pour non rapport d'acquits-à-caution, ou pour tout autre objet, ne doivent être inscrites au registre-mémorial, et conséquemment portées à l'état n° 125, que lorsqu'il y a eu opposition de la part des redevables ;
3° L'autorisation d'abandonner une affaire, avant ou après jugement, doit toujours faire l'objet d'une lettre spéciale, sous le timbre du bureau dans les attributions duquel se trouve l'objet de la saisie ;
4° L'état n° 98 doit, autant que possible, accompagner le premier état n° 125, dont la formation suit la réception de l'autorisation dont il s'agit ;
5° Il n'y a pas lieu à demander par lettre particulière, ni même par l'état n° 125, l'autorisation de verser en dépense les frais provenant de saisies opérées sur des inconnus ; l'allocation de ces sortes de frais résultant de l'impossibilité de poursuivre les contrevenants, et de l'insuffisance du produit de la vente des objets saisis ;
6° En matière de tabacs, cette allocation est prononcée par l'ordonnance du 31 décembre 1817, qui ne permet aucun prélèvement sur la valeur des tabacs saisis : mais, lorsque la saisie comprend des moyens de transport, leur valeur doit servir à couvrir les frais ou venir en déduction, et ce n'est qu'en cas d'insuffisance du produit de la vente, que les frais peuvent être présentés en non-valeurs ;
7° L'on ne doit porter dans les 4e, 5e, 6e, 7e, 8e et 9e colonnes de la récapitulation de l'état n° 125, que les affaires pour lesquelles il est fourni un état n° 98 ou 99, ou qui, transigées pour le simple remboursement des frais, ne doivent pas faire l'objet d'une autorisation spéciale ; de telle sorte que le nombre porté dans la 2e colonne soit toujours égal à celui des affaires qui doivent figurer dans la première partie de l'état suivant ;
8° Le changement apporté dans l'époque de la transmission de l'état n° 125 n'en apporte aucun dans l'envoi des états n° 99 et 100, qui doivent continuer de m'être adressés tous les mois, suivant les règles prescrites par la circulaire n° 1, du 2 mars dernier : *Contentieux* ;
9° Quelques directeurs ont demandé comment devait s'opérer l'envoi des états de répartition relatifs à des procès-verbaux considérés comme terminés antérieurement au 1er janvier, qui, conséquemment, n'ont point été reportés au registre mémorial de l'exercice courant, et, par ce motif, ne sont point susceptibles d'être rappelés sur l'état n° 125.
La circulaire n° 1, ayant prescrit d'une manière générale l'envoi à la division du contentieux des états de répartition et d'une expédition de l'état récapitulatif n° 100, il est évident que cet envoi doit comprendre, sans exception, toutes les répartitions opérées pendant le mois que concerne l'état n° 100, et qui figurent sur cet état.
Du reste, comme il importe de tracer une ligne de démarcation entre le mode actuel de transmission des états de répartition et celui qui l'a précédé, chaque directeur auquel il restera à répartir des sommes consignées antérieurement au 1er janvier dernier, pour des affaires non reportées au mémorial de l'exercice courant,

devra former un état nominatif desdites affaires, et me l'adresser avec l'état n° 125, des mois de mars et avril.

Cet état devra présenter, dans des colonnes séparées :

1° Le numéro du mémorial des années antérieures;

2° La date du procès-verbal;

3° La date de la transaction et de l'approbation, ou celle de la consignation, lorsqu'il s'agira de l'exécution de ce jugement;

4° Le nom du contrevenant;

5° Le montant de la somme consignée;

6° Les motifs qui ont retardé la répartition.

Il est bon de remarquer que le nombre des affaires susceptibles de figurer sur cet état, devra être bien peu considérable, puisqu'il se sera écoulé au moins quatre mois depuis leur conclusion, et que ce laps de temps aura été suffisant pour opérer la répartition.

Lorsqu'il n'existera pas de consignation de cette nature dans une direction, il suffira que le directeur l'annonce par sa lettre d'envoi des états n° 100 et 125 des mois de mars et avril.

10° L'état récapitulatif, n° 100, doit toujours être fourni, lors même qu'il n'aurait été opéré aucune répartition pendant le mois...

A. C. DU 21 AVR. 1821, AFF. BUSCHOLTZ.

Un préposé des douanes, qui s'abstient de faire une saisie moyennant une somme obtenue du prévenu, commet le crime de concussion, prévu par l'article 174 du code pénal. B. crim. 170.

Vu les articles 174 et 177 du code pénal;

Attendu que le sieur Buscholtz avait été prévenu d'avoir, en sa qualité de préposé des douanes, reçu de la nommée Marguerite Jacquel, sur laquelle il avait trouvé trois coupons de tissus prohibés, une somme de cent cinquante francs pour ne pas en faire la saisie;

Que, sur cette prévention, la chambre d'accusation de la cour royale de Colmar a considéré qu'il résultait des informations que le dit Buscholtz n'avait pas reçu cette somme de cent cinquante francs de la dite femme Jacquel, par suite d'une offre volontaire, mais qu'il l'avait exigée, et ne l'avait obtenue que par l'effet des menaces qu'il avait faites à cette femme, et par la crainte des condamnations graves qu'il lui avait dit devoir être la suite nécessaire du procès-verbal de saisie qu'il était dans son ministère de rédiger, mais dont il s'abstiendrait, si la somme par lui fixée lui était complée;

Que cette cour a pensé que la prévention, ainsi déterminée par le résultat de l'instruction, rentrait plus directement dans le cas de la concussion commise par des fonctionnaires publics, et punie par l'article 174 du code pénal que dans celui de corruption dont ces fonctionnaires peuvent se rendre coupables, et qui est l'objet de l'article 177;

Mais que, n'attribuant audit Buscholtz que la qualité de commis ou préposé au lieu de fonctionnaire ou officier public, elle a jugé que, conformément à la dernière disposition du premier paragraphe dudit article 174, le fait par elle reconnu contre lui ne serait passible, en cette qualité, que d'une peine correctionnelle, et qu'en conséquence elle l'a renvoyé devant la juridiction correctionnelle;

Qu'il est sans objet d'examiner son arrêt sous le rapport de l'article 177, qui ne lui a pas paru être applicable au fait tel que l'information l'avait présenté;

Mais que, relativement à la disposition de l'article 174, dans laquelle elle a reconnu que ce fait devait rentrer, cette cour, par le renvoi à la police correctionnelle qu'elle a prononcé, en a évidemment violé la première disposition, et faussement appliqué la seconde;

Que la première disposition de cet article punit, en effet, d'une peine afflictive et infamante, la concussion commise par tous fonctionnaires et officiers publics;

Que sa seconde disposition réduit la condamnation à des peines correctionnelles seulement à l'égard de la concussion commise par des commis ou préposés de fonctionnaires ou officiers publics;

Mais qu'un préposé de douanes n'est, ni le commis, ni le préposé d'aucun fonctionnaire ou officier public; qu'il exerce une autorité personnelle au nom de la loi, par le droit qu'elle lui donne de concourir à la rédaction des procès-verbaux, qui doivent être crus jusqu'à inscription de faux; qu'il est un agent du gouvernement, et qu'en cette qualité, il ne peut être poursuivi, pour faits relatifs à ses fonctions, qu'en vertu de son autorisation ou de celle des agents supérieurs auxquels il a délégué le pouvoir de l'accorder;

Qu'exerçant ainsi ses attributions comme agent du gouvernement, étant investi, dans cet exercice, d'une portion de l'autorité publique, un préposé des douanes est donc nécessairement un fonctionnaire ou officier public;

Et attendu que Buscholtz était préposé des douanes; que c'était dans ses fonctions qu'il se serait rendu coupable du fait de concussion qui a paru à la cour royale de Colmar résulter contre lui des informations; qu'aux termes de la première disposition de l'article 174 du code pénal, ce fait serait passible de la peine de réclusion;

Que son renvoi à la juridiction correctionnelle a donc été une violation des règles de compétence établies par l'article 231 du code d'instruction criminelle;

La cour casse. — Ch. crim.

A. C. DU 18 MAI 1821, AFF. PEIGNAULT.

La déclaration d'appel du prévenu ou de la partie civile peut être faite par un avoué. B. crim. 200.

Vu les deux premiers paragraphes de l'article 202 du code d'instruction criminelle et le premier paragraphe de l'article 204;

Attendu que l'arrêt de la cour royale de Poitiers a reconnu en fait que l'appel du jugement du tribunal de Civray avait été relevé pour et au nom de Peignault et sa femme par Serpherelle, avoué près ce tribunal : que la qualité d'avoué près ce tribunal supposait audit Serpherelle jusqu'à désaveu le mandat spécial d'appeler;

Que cette présomption de droit acquérait encore, dans l'espèce, une force et un effet plus absolu de la circonstance qu'en première instance l'avait Serpherelle avait occupé, en cette qualité d'avoué, pour lesdits Peignault et sa femme;

Que l'article 204 du code d'instruction criminelle est relatif à l'article 202; que, d'après ce premier article, la requête d'appel peut être régulièrement signée par l'avoué comme par l'appelant lui-même; que des expressions finales de la première disposition de cet article, il résulte que l'avoué est considéré par la loi comme un fondé de pouvoir spécial;

Que l'article 202, en accordant au prévenu et à la partie civile le droit d'appeler, ne leur prohibe pas la faculté de faire leur déclaration d'appel par un fondé de pouvoir spécial;

Qu'il ne déroge donc pas au droit commun, qu'il doit au contraire être réputé s'y être conformé, et que, d'après ce droit commun, on peut faire, quand une dis-

position formelle de loi ne le défend pas, par un fondé de pouvoir spécial, tout ce qu'on est autorisé à faire par soi-même et dans son intérêt personnel;

Qu'en déclarant donc, dans l'espèce, non recevable l'appel relevé au nom de Peignault et sa femme, sur le motif qu'il n'avait été déclaré au greffe que par leur avoué, la cour royale de Poitiers a violé les articles 202 et 204 du code d'instruction criminelle;

La cour casse. — Ch. crim.

A. C. DU 2 JUIN 1821, AFF. MONHOVEN.

Un père est de droit le fondé de pouvoir spécial de ses enfants mineurs, et a qualité pour appeler, en leur nom, des jugements rendus contre eux en police correctionnelle. J. P. 16.844.

Considérant qu'il résulte des articles 202 et 205 du code d'inst. crim., qu'en matière correctionnelle, la faculté d'appeler, qui compète à la partie condamnée, peut être exercée par un fondé de pouvoir spécial;

Que le père, par la puissance qu'il exerce sur ses enfants mineurs en vertu de la loi, est de droit leur fondé de pouvoir spécial, pour toutes les affaires qui les concernent, qu'il a donc qualité pour appeler en leur nom des jugements de condamnation rendus contre eux en matière correctionnelle, d'où il suit qu'en recevant, dans l'espèce, l'appel interjeté par Antoine Monhoven au nom d'Anne Monhoven, sa fille mineure, du jugement du tribunal de première instance de Thionville, qui l'avait condamnée à une peine correctionnelle, en statuant sur le fond de cet appel, la cour de Metz n'a violé aucune loi;

La cour rejette. — Ch. crim.

A. C. DU 7 JUIN 1821, AFF. MARVEJOLS.

La disposition du code d'instruction criminelle qui veut, sous peine de déchéance, que les appels des jugements correctionnels soient interjetés dans les dix jours, n'est pas applicable en matière de contributions indirectes. D'après l'article 32 du décret du 1er germinal an XIII, le délai ne commence à courir qu'à dater de la signification et il est de huit jours à partir de cette date. B. crim. 248.

Vu l'article 32 du décret règlementaire du 1er germinal an XIII;

Attendu, en principe, que des lois ou règlements spéciaux et particuliers pour telle ou telle autre matière ne peuvent être considérés par les tribunaux comme étant abrogés, par des lois générales postérieures, qu'autant que ces lois générales contiennent des dispositions formelles et expresses d'abrogation, ou lorsque l'exécution simultanée des unes et des autres est inconciliable;

Que ce principe a été consacré et maintenu par l'article 484 du code pénal qui porte que, dans toutes les matières qui n'ont pas été réglées par ledit code, et qui sont régies par des lois et règlements particuliers, les cours et les tribunaux continueront de les observer;

Qu'il suit de ce principe que le décret du 1er germinal an XIII, qui n'a été abrogé par aucune loi postérieure, est maintenu dans toute sa force, et qu'étant le seul règlement sur la forme de procéder en matière de contributions indirectes, il doit être religieusement observé;

Attendu, dans l'espèce, que le jugement de première instance, rendu par le tribunal correctionnel de Marvejols, le 21 mai 1818, n'ayant point été signifié à l'administration contre laquelle il avait été rendu, il s'ensuivait que le délai de huitaine, déterminé par l'article 32 ci-dessus rappelé, n'avait pas pu courir contre cette administration, et que, dès lors, l'appel qu'elle avait déclaré et notifié au procureur du roi de Marvejols, les 29 juillet et 26 août 1818, était régulier;

Que néanmoins, au lieu de recevoir cet appel et de statuer sur le fond, le tribunal de Mende a rejeté ledit appel en s'appuyant sur l'article 203 du code d'instruction criminelle, qui veut, sous peine de déchéance, que les appels des jugements correctionnels soient interjetés dans les dix jours qui suivent leur prononciation;

Que cet article 203 est absolument étranger à la matière des contributions indirectes: que le tribunal de Mende a fait une fausse application à l'espèce, et qu'il a, en même temps, violé l'article 32 du règlement du 1er germinal an XIII;

La cour casse. — Ch. crim.

A. C. DU 5 JUILL. 1821, AFF. BÉNEZECH.

Les lettres de grâce accordées pour un crime et portant remise de la peine, ne dispensent pas de celle qui est encourue par la récidive. B. Crim. 296.

Le réquisitoire était ainsi conçu :

« Le procureur général expose qu'il est chargé par Mgr le garde des sceaux, ministre de la justice, de dénoncer à la cour, dans l'intérêt de la loi, un jugement rendu en dernier ressort, le 2 février, par le tribunal d'Alby, contre lequel aucune des parties ne s'est pourvue et ne peut plus se pourvoir.

« Voici l'espèce.

« Le nommé Bénezech, qui avait déjà encouru une condamnation aux travaux forcés, et qui avait obtenu sa grâce de la clémence du roi, a été traduit devant le tribunal de Castres, comme coupable du délit prévu par l'article 311 du code pénal. Ce tribunal crut devoir faire application à Bénezech des peines de la récidive déterminées par l'article 57 du même code; mais, sur l'appel, le tribunal correctionnel d'Alby a réformé cette décision, « attendu (a-t-il dit) que, par la clémence du roi,

« Jacques Bénezech a été relevé de la condamnation aux travaux forcés qui avait « été prononcée contre lui; que cette rémission annule la condamnation; et que, « dès lors, c'est mal à propos que le tribunal de Castres a fait l'application de « l'article 57 du code pénal, relatif aux peines de la récidive. »

« Le tribunal s'est, en conséquence, contenté d'appliquer l'article 311.

« Ce jugement renferme une violation de l'article 57 sur la récidive.

La grâce et l'amnistie remettent la peine, mais n'anéantissent pas la condamnation: on pourrait même dire qu'elles ne servent qu'à rendre plus coupable celui qui en a recueilli le bienfait, puisqu'il s'est montré indigne de l'indulgence qui l'a soustrait au glaive de la loi.

« Un arrêt de la cour de cassation du 5 décembre 1811, au rapport de M. Bailly, consacre ce principe; il porte dans ses motifs, « que les lettres de grâce obtenues « par un individu, pour un premier vol, encore qu'elles lui aient fait remise de « la peine des travaux publics, n'ont ni aboli le premier crime, ni effacé la tache « qu'il avait imprimée sur sa personne. »

« On retrouve les mêmes maximes dans une ordonnance de Sa Majesté, du 14 octobre 1818 (*Bulletin des Lois*, 2e semestre, page 560) sur l'application de la disposition de l'article 1er du décret du 23 novembre 1811, relative aux sous-officiers et soldats qui, après avoir obtenu grâce pour crime de désertion, et s'étant rendus aux corps qui leur ont été assignés, désertent de nouveau.

« Sa Majesté considère,

« Que c'est à raison de la récidive que le condamné pour crime de désertion encourt la peine portée par l'article 1er du décret du 23 novembre 1811, lorsqu'il déserte de nouveau après s'être rendu au corps qui lui a été assigné ;

« Considérant que cet article est conforme à l'article 56 du code pénal ordinaire, qui soumet à la peine de la récidive quiconque, ayant été condamné pour crime, aura commis un second crime;

« Considérant que, dans ce dernier cas, nos lettres de grâce, accordées pour le premier crime, encore qu'elles aient fait la remise de la peine, ne dispensent pas de celle qui est encourue par la récidive, et qu'elles ne doivent pas en dispenser non plus dans le même cas, lorsqu'il y a récidive pour un crime de désertion ;

« Considérant qu'en effet, ni la grâce accordée pour un premier crime, ni le défaut de mention de la première condamnation sur les contrôles des corps n'ont ni éteint le premier crime ni détruit la première condamnation et portent uniquement sur ses effets. »

« L'exposant croit inutile de donner de plus grands développements à des principes si solennellement consacrés.

« Ce considéré, il plaise à la cour de casser et annuler, dans l'intérêt de la loi, le jugement rendu, le 2 février dernier, par le tribunal correctionnel d'Alby, dont expédition est ci-jointe; ordonner qu'à la diligence de l'exposant, l'arrêt à intervenir sera imprimé et transcrit sur les registres de ce tribunal. »

Statuant sur le réquisitoire présenté par le procureur général en la cour, de l'ordre de Monseigneur le garde des sceaux, ministre de la justice,

La cour casse. — Ch. crim.

A. C. DU 17 AOUT 1821, AFF. FLOTTARD.

La déclaration d'appel du prévenu ou de la partie civile peut être faite par un avoué. B. crim. 376.

Vu les deux premiers paragraphes de l'article 202 du code d'instruction criminelle et le premier paragraphe de l'article 204;

Attendu que l'arrêt de la cour royale de Limoges a reconnu que les demandeurs, par le ministère de Me Poujaud, leur avoué, lequel avait occupé pour eux en première instance devant le tribunal correctionnel de Guéret, s'étaient rendus appelants du jugement rendu par ce tribunal, suivant déclaration passée au greffe dans le délai prescrit;

Attendu que la qualité d'avoué près ce tribunal supposait audit Poujaud, jusqu'à désaveu, le mandat spécial d'appeler;

Que l'article 204 du code d'instruction criminelle est corrélatif avec l'article 202; que, d'après ce premier article, la requête d'appel peut être régulièrement signée par l'avoué comme par l'appelant lui-même; que des dispositions finales de la première disposition de cet article, il résulte que l'avoué est considéré par la loi comme un fondé de pouvoir spécial;

Que cet article ne déroge donc pas au droit commun; qu'il doit être réputé au contraire s'y être conformé, que, d'après ce droit commun, on peut faire, quand une disposition formelle de loi ne le défend pas, par un fondé de pouvoir spécial, tout ce qu'on est autorisé à faire par soi-même et dans son intérêt personnel;

Qu'en déclarant donc, dans l'espèce, non recevable l'appel relevé au nom du compte de Montagu et de sa sœur, sur le motif qu'il n'avait été déclaré au greffe que par leur avoué, la cour royale de Limoges a violé lesdits articles 202 et 204 du code d'instruction criminelle.

La cour casse. — Ch. crim.

A. C. DU 30 AOUT 1821, AFF. BONNEAU.

L'appel des jugements rendus par défaut, en matière correctionnelle, ne peut pas préjudicier à la voie de l'opposition, qui est ouverte par la loi au prévenu défaillant. B. crim. 389.

Vu les articles 187 et 203 du code d'instruction criminelle;

Attendu que, de la combinaison de ces articles, il résulte que l'appel des jugements rendus par défaut en matière correctionnelle ne peut jamais préjudicier à la voie de l'opposition, qui est ouverte par la loi au prévenu défaillant; que lorsque la loi donne un droit à une partie, ce droit ne peut lui être ravi que par un moyen reconnu par la loi elle-même et non par le seul fait de la partie adverse; que le seul moyen reconnu par la loi, pour ôter le droit de l'opposition envers un jugement par défaut, est la négligence de la part du condamné d'user dudit droit dans le délai prescrit; que, d'un côté, si, d'après l'article 203, le jugement rendu par défaut à la requête de la partie civile, contradictoire à l'égard de celle-ci, puisque c'est elle-même qui a poursuivi le jugement, peut être attaqué par la voie de l'appel dans les dix jours où ce jugement a été prononcé, en conséquent, le jour même de la prononciation, d'un autre côté, d'après l'article 187, le défaillant peut empêcher l'effet de cet appel en attaquant lui-même le jugement par la voie de l'opposition dans les cinq jours de la signification qui lui en aura été faite : de telle sorte que cet appel n'est relevé que conditionnellement, et que le tribunal devant lequel cet appel est porté n'en demeure saisi légalement qu'autant que le défaillant a laissé passer les délais de l'opposition sans réclamer, et qu'il doit surseoir à y statuer jusqu'après l'écoulement de ces délais;

Que l'efficacité ou l'inefficacité de l'appel pendant le délai de l'opposition demeure essentiellement subordonnée au cas où le prévenu forme ou ne forme pas son opposition; que l'appel est efficace si le prévenu laisse écouler les délais de l'opposition sans la former, qu'il est au contraire inefficace, et doit être réputé comme non avenu, s'il forme son opposition dans le délai; cette opposition n'étant que l'exercice d'un droit légal qui fait tomber le jugement, et, par suite, tout acte de procédure intermédiaire;

Que, dans la cause, n'étant pas justifié par la procédure que le jugement rendu par défaut, le 13 juillet, par le tribunal de police correctionnelle de Nevers, ait été notifié au prévenu, ce dernier se trouve dans le délai utile pour l'opposition, puisque ce délai ne peut courir contre le défaillant que du jour de la signification de ce jugement;

Attendu que, dans cet état, la cour de Bourges, en rejetant la fin de non-recevoir opposée par Motret envers l'appel relevé par Bonneau du jugement rendu par défaut par le tribunal de Nevers, séant en police correctionnelle le 13 juillet 1820, a ouvertement violé l'article 187 du code d'instruction criminelle, a fait une fausse application de l'article 203 du même code, et a contrevenu aux règles de la compétence;

La cour casse. — Ch. crim.

D. DU CONS. D'ADM. DU 17 OCT. 1821 (1).

Cartes d'étrennes.

La fabrication en papier libre des cartes d'étrennes dites *jouets d'enfants* sera tolérée sous la condition :

1° Que ces cartes n'auront pas plus de 20 lignes sur 15 (45 millimètres sur 35);
2° Qu'il n'en sera fait usage que comme jouets d'enfants.

Il suit de cette décision que, si les employés trouvaient dans leurs exercices chez les fabricants, des cartes sus-désignées dont les dimensions excéderaient celles qu'on vient d'indiquer, ils devraient les saisir si elles étaient trouvées entre les mains des joueurs, lors même qu'elles seraient dans les dimensions déterminées.

On fera notifier cette décision, par un acte au portatif, à ceux des fabricants de cartes qui déclareront vouloir se livrer à ce genre de fabrication et l'on exigera qu'ils signent l'acte.

A. C. DU 19 OCT. 1821, AFF. CAUCHOIS-LEMAIRE.

Les peines ne peuvent être établies par des expressions équivoques. Si une loi présente des doutes dans son interprétation, elle doit être entendue dans le sens le plus généreux et le plus moral. B. crim. 467.

Vu les articles 120 et 121 du code d'instruction criminelle ;
Vu aussi les articles 117, 118, 119, 122, 125 et 126 du même code;

Attendu que la peine d'emprisonnement, à laquelle peut être soumis le délit qui est l'objet des poursuites, ayant été déterminée dans l'article 119, conjointement avec l'amende et les réparations civiles qui peuvent en être la suite, comme la base sur laquelle doit être fixé le montant du cautionnement exigé pour la liberté provisoire, il s'ensuit que la destination de ce cautionnement est de servir de gage, non-seulement aux frais des poursuites, aux réparations civiles et à l'amende, ainsi que le prescrit l'article 121, mais encore à l'exécution de la peine d'emprisonnement, si elle est prononcée par le jugement définitif;

Qu'il s'ensuit aussi, par une conséquence ultérieure, que lorsque, par le résultat des poursuites, il n'y a point eu de condamnation à cette peine, ou bien lorsque le prévenu qui avait fait défaut se représente, lors de la notification du jugement, pour la subir, ou bien encore lorsqu'étant arrêté en exécution de l'article 125, il se trouve dans les liens de la justice, ce qui reste sur le montant du cautionnement, après le prélèvement des frais, des réparations civiles et de l'amende, ne peut être réputé acquis au trésor public, et doit être restitué à la caution;

Qu'un prévenu reçu à caution, qui ne se représente pas à tous les actes de la procédure, trompe la foi promise, qu'il commet une faute, mais qu'il ne se rend pas coupable d'un délit:

Que sa faute doit lui faire supporter les frais frustratoires qui en sont résultés; qu'elle donne ouverture à l'exécution de la soumission prescrite par l'article 120; qu'elle le dépouille de la confiance de la loi, et le soumet aux dispositions des articles 125 et 126; mais que là naissent les mesures de rigueur qu'elle lui fait encourir;

Que ce prévenu peut être définitivement déclaré innocent du délit pour lequel il est poursuivi; que, dans ce cas, la perte de son cautionnement serait contraire à l'équité;

Que, s'il est déclaré coupable de ce délit, sa présence pour l'exécution de sa condamnation désintéresse la vindicte publique, qui ne peut avoir tout à la fois le droit de le retenir dans les liens de la peine, et celui de le priver du gage qu'il avait fourni pour assurer l'exécution de cette peine;

Que, dans toutes les matières civiles et criminelles, les condamnations par défaut s'anéantissent par la comparution dans les délais réglés par la loi; qu'admettre qu'un prévenu, par son défaut de se représenter à un acte de la plaidoirie, aurait irrévocablement perdu son cautionnement, ce serait refuser, pour une simple faute, l'application d'un principe de justice et d'humanité admis même pour les crimes;

Que les peines ne peuvent être établies par des expressions équivoques, et que, si une loi présente des doutes dans son interprétation, elle doit être entendue dans le sens le plus généreux et le plus moral:

Mais qu'aucun article du code d'instruction criminelle ne renferme de disposition dont on puisse même induire que, par le fait de la non comparution du prévenu à un acte de procédure, le cautionnement fourni pour sa liberté provisoire soit acquis à l'État...

La cour casse. — Ch. crim.

A. C. DU 26 OCT. 1821, AFF. COLMAR.

Si l'amnistie abolit la peine du délit, elle n'anéantit pas le délit lui-même.
L'action en restitution des frais, lorsque l'amnistie a été subordonnée à cette condition, appartient aux tribunaux correctionnels chargés par la loi de statuer sur les délits auxquels se rapporte cette amnistie. B. crim. 477.

Plusieurs individus avaient été poursuivis, à la requête des agents forestiers, devant le tribunal correctionnel de Colmar, pour délits commis dans les bois appartenant à diverses communes.

Cette poursuite avait été exercée depuis la promulgation de l'ordonnance d'amnistie, du 20 octobre 1820, qui, en faisant remise de l'amende encourue pour les délits de cette nature, réserve à l'État le remboursement des frais antérieurement avancés par le domaine, et aux communes les dommages-intérêts qui peuvent leur être dus.

Il s'agissait de savoir si, pour obtenir ces frais et ces dommages-intérêts, l'administration avait pris une voie légale, ou si l'action civile devant les tribunaux ordinaires était la seule qui fût ouverte à l'État pour le recouvrement de ses frais, et aux communes pour l'obtention de leurs dommages-intérêts.

Le tribunal correctionnel de Colmar, embrassant cette dernière opinion, avait déclaré les assignations données, à la requête de l'administration, aux divers prévenus, frustratoires, et les jugements qu'il avait rendus à cet égard, les 2 et 20 décembre 1820, avaient été confirmés par l'arrêt attaqué. La cour a prononcé l'annulation de cet arrêt, par les motifs suivants:

Oui M. de Chantereyne, conseiller, en son rapport, et M. Hua, avocat général, en ses conclusions;

Vu l'ordonnance du 20 octobre 1820, portant amnistie pour les délits forestiers commis antérieurement au 29 septembre de la même année, et dont l'article 3 dis-

---

(1) Cette décision a été insérée dans les notes finales des réponses aux rapports généraux de service du 3e trimestre de 1821.

pose que tous ceux auxquels ladite amnistie est applicable, ne pourront s'en prévaloir vis-à-vis des particuliers, communes et établissements publics, pour être dispensés d'acquitter les dommages-intérêts auxquels ils auraient été ou seraient dans le cas d'être condamnés, et qu'ils seront tenus de rembourser les frais avancés par le domaine;

Et attendu que l'application de l'amnistie portée en la susdite ordonnance appartient nécessairement aux tribunaux, qui, chargés par la loi de statuer sur les délits auxquels se réfère cette amnistie, doivent reconnaître si ceux pour lesquels on réclame les bienfaits en sont, en effet, susceptibles;

Que si l'amnistie abolit la peine du délit, elle n'anéantit pas le délit lui-même, et que, relativement aux frais qui peuvent rester dus au domaine, et aux dommages-intérêts réservés aux communes, il reste toujours à apprécier le fait litigieux d'un délit, seule base d'une action qui, par sa nature, et en raison de tous ses accessoires, ne peut être portée que devant les tribunaux correctionnels:

Que l'ordonnance du 20 octobre n'a aucune disposition qui change cette action en une action purement civile, et qui fasse cesser, pour l'administration des forêts, le droit et le devoir de poursuivre devant les tribunaux correctionnels ce qui, d'après l'amnistie même, reste dû à l'État et aux communes, en raison d'un délit forestier constaté par les agents de l'administration;

Que, cependant, la cour royale de Colmar, au mépris de ces principes, a jugé que l'action en restitution pour dommages-intérêts et frais résultant d'un délit, était une action civile dont la connaissance n'appartenait pas aux tribunaux correctionnels; en quoi cette cour a méconnu les règles de sa compétence, et qu'en confirmant les jugements qui déclaraient frustratoires les assignations données à la requête de l'administration aux divers prévenus, ladite cour royale a, par une fausse application de l'ordonnance d'amnistie, créé une fin de non recevoir qui n'est pas dans la loi, et commis un excès de pouvoir qu'il est nécessaire de réprimer;

La cour casse. — Ch. crim.

A. C. DU 23 NOV. 1821, AFF. GOURDIAT.

En matière d'octroi, les procès-verbaux font foi jusqu'à inscription de faux. B. crim. 522.

Vu: 1° l'article 8 de la loi du 25 frimaire an VIII, portant que les procès-verbaux des préposés d'octroi font foi jusqu'à inscription de faux;

2° L'article 75 de l'ordonnance du roi du 9 décembre 1814 sur les octrois, d'après lequel toutes contraventions aux droits d'octroi seront constatées par des procès-verbaux, lesquels pourront être rédigés par un seul préposé et feront foi en justice;

3° L'article 12 du règlement de l'octroi de Tarare, d'après lequel les bouchers, quand ils veulent faire abattre des bœufs, sont tenus de faire la déclaration avant l'abattage et d'acquitter immédiatement le droit......., et qui leur fait défense d'abattre et de débiter aucune bête avant qu'elle soit marquée;

Attendu qu'il résulte du procès-verbal des employés de l'octroi, non argué de faux, que, le 30 juin 1820, à 8 heures du soir, ils ont trouvé chez Gourdiat, boucher, un bœuf tué et dépouillé;

Qu'interpellé de représenter la quittance du droit, Gourdiat a déclaré qu'il n'en avait point, et qu'il a offert de faire le paiement du droit;

Que, par conséquent, il était constaté par le procès-verbal que le bœuf avait été abattu et tué sans déclaration préalable, ni paiement du droit;

Que la preuve de cette contravention était d'ailleurs confirmée par la quittance produite par Gourdiat; qu'en effet la quittance se réfère à la souche où l'on voit que ce n'est qu'à 8 heures du soir, du 30 juin, que Gourdiat a déclaré vouloir abattre un bœuf; qu'au contraire, suivant le procès-verbal, déjà, à 8 heures du soir, le bœuf était abattu et dépouillé:

Que, néanmoins, la cour royale de Lyon a confirmé le jugement du tribunal correctionnel de Villefranche, qui renvoie Gourdiat de la poursuite du maire de Tarare et de l'administration des impositions indirectes;

En quoi cette cour a violé l'article 8 de la loi du 27 frimaire an VIII, l'article 75 de l'ordonnance du 9 décembre 1814, et l'article 12 du règlement de l'octroi de Tarare;

La cour casse. — Ch. crim.

A. C. DU 23 NOV. 1821, AFF. MAUREL.

Les employés des contributions indirectes peuvent notifier les procès-verbaux aux personnes mêmes, ou au domicile naturel des parties intéressées, lorsque ces actes ont été clos en l'absence du prévenu.

Ils ne doivent pas, dans ce cas, recevoir les réponses, contredits et observations du prévenu. B. crim. 516.

Vu les articles 24 et 26 du décret du 1er germinal an XIII;

Attendu, en premier lieu, qu'en autorisant les employés de l'administration à afficher une copie de leurs procès-verbaux à la porte de la maison commune du lieu de la saisie, dans le cas d'absence du prévenu de contravention, la loi ne leur a point interdit la faculté de se conformer aux règles générales et ordinaires du droit commun, d'après lesquelles toutes notifications peuvent être faites, soit aux personnes mêmes, soit au domicile naturel des parties intéressées;

Que, dans l'espèce, le procès-verbal rédigé par les employés, le 9 décembre 1819, en l'absence du prévenu Maurel, qui avait été sommé d'assister à la rédaction, lui fut notifié par actes des mêmes employés, du lendemain 10 décembre, avant midi, en parlant à sa personne, trouvée sur la route de Châteauneuf;

Que cette notification était régulière et conforme à la loi; qu'elle présentait même plus de sûreté au prévenu qu'une copie qui aurait été affichée à la porte de la maison commune, laquelle aurait pu ne pas lui parvenir; tandis que la notification faite directement et sans intermédiaire, à sa personne, lui transmettait et lui faisait connaître à l'instant le procès-verbal qui avait été dressé contre lui;

Et qu'en annulant le procès-verbal, sur le prétexte de l'irrégularité de cette notification, la cour royale d'Aix a créé une nullité qui n'existe pas dans la loi, commis un excès de pouvoir, et violé l'article 26 ci-dessus rappelé;

Attendu que l'objet que le législateur s'est proposé en prescrivant aux employés de sommer les prévenus de contravention d'assister à la rédaction de leurs procès-verbaux et de leur en donner lecture et copie, a été de leur faire connaître tous les faits et les circonstances énoncés auxdits procès-verbaux, et de mettre lesdits prévenus en état d'y faire insérer à l'instant leurs réponses, contredits et observations, avant la clôture de ces actes; mais qu'il n'en peut pas être ainsi dans le cas où le prévenu, n'ayant pas été présent à la rédaction, le procès-verbal est fait, clos et arrêté en son absence, qu'alors, soit que la copie soit affichée à la porte de la maison commune, soit qu'elle soit notifiée et délivrée à la personne même ou au domicile du prévenu, le procès-verbal n'est plus susceptible de recevoir aucune addition, changement ni réformation; qu'il doit rester tel qu'il a été

clos, et que dès lors toute lecture qui en serait faite ultérieurement au prévenu, serait inutile et sans objet, et que d'ailleurs la loi n'a prescrit nulle part de faire cette lecture, ni d'en faire mention hors et par aucun acte séparé du procès-verbal;

D'où il suit que la cour royale d'Aix a commis un second excès de pouvoir, en fondant l'annulation du procès-verbal sur ce que les employés n'auraient pas donné lecture du procès-verbal au prévenu, au moment où ils lui en notifièrent la copie;

La cour casse. — Ch. crim.

LETT. COMM. N° 4745, DU 26 NOV. 1821.

Poudres en cours de transport à la fin de l'année.

Lorsque des poudres à tirer se trouvent, à la fin de l'année, en cours de transport par expédition d'un entrepôt de la régie à un autre entrepôt, et que, par ce motif, elles n'ont pu être inventoriées, l'expéditeur doit les déduire des sorties de l'année, tant à son journal qu'au registre des comptes récapitulatifs et en passer nouvelle écriture en décharge par restants en cours de transport, dont il comptera à compte nouveau l'année suivante.

Il en fait recette à ce titre au journal du nouvel exercice, et il les y porte immédiatement en sortie à charge du destinataire, en rappelant l'acquit-à-caution primitivement délivré.

Au moyen de ce mode qui a été tracé par la note imprimée du 4 décembre 1819, les entrées et les sorties par expédition doivent se balancer réciproquement, puisqu'il n'est fait sortie, dans le cours d'une même gestion, par les expéditeurs, sous la dénomination d'*expéditions à d'autres établissements de la régie*, que des quantités dont il a été fait recette par les destinataires, et cette concordance est sans contredit la justification la plus complète que l'on puisse offrir à la cour des comptes.

L'administration aurait désiré pouvoir appliquer ce mode aux expéditions que les poudreries royales font aux entrepôts, lorsqu'à la fin de l'année les quantités expédiées se trouvent en cours de transport; mais cette application n'a pu se concilier avec les formes de comptabilité employées par la direction générale des poudres; et comme il importe néanmoins de prévenir toute discordance dans les comptes-matière du 1821, entre ceux qui seront rendus par MM. les commissaires près des poudreries royales et ceux qui seront rendus par les entreposeurs, l'administration a adopté les dispositions suivantes qui ont aussi rapport aux renvois par les entrepôts à destination des poudreries royales, ainsi qu'il sera expliqué ci-après:

1° Il est expressément recommandé à MM. les directeurs d'arrondissement, qui sont chargés de transmettre aux poudreries les demandes des entreposeurs, de veiller à ce que, hors le cas d'urgence, il ne soit fait, en décembre, aucune expédition de poudres que le destinataire ne pourrait pas recevoir avant la fin de l'année.

2° Les entreposeurs qui ont reçu, en 1821, des poudres expédiées sur acquits-à-caution délivrés en 1820, au lieu de les comprendre dans la recette de l'année, en prendront charge au premier article du compte de 1821 dans la colonne des restants en cours de transport, et se conformeront à cet égard aux instructions particulières qui leur seront données par l'administration.

3° Chacun de MM. les directeurs d'un arrondissement où se trouve placée une poudrerie royale dressera, à la fin de décembre, un état, par dates et par numéros d'acquits-à-caution, des expéditions qui, durant le cours de l'année, ont été faites de cette poudrerie à chaque destination particulière d'entrepôt, et l'adressera à son collègue dans la résidence où est situé l'entrepôt destinataire, afin que celui-ci puisse vérifier s'il a été pris charge de la totalité des expéditions comprises dans le susdit état.

4° Si, dans le nombre de ces expéditions, il s'en trouvait qui fussent en cours de transport à la fin de l'année, et dont la réception ne dût, en conséquence, avoir lieu qu'en 1822, le destinataire en fera recette d'ordre en 1821 sur cet avis, sauf à s'en décharger immédiatement par restants en cours de transport, en rapportant à l'appui de cette décharge un extrait de l'acquit-à-caution délivré au lieu du départ. Cela n'empêchera pas que, lors de l'arrivée de ces poudres à l'entrepôt, on n'observe toutes les formalités voulues par les instructions de la régie: mais on aura soin de mentionner, sur la décharge de l'acquit, au registre n° 26 bis, ainsi qu'au journal de 1822, où il en sera passé écriture pour mémoire, qu'il a été fait recette de ces poudres en 1821, et qu'elles font partie des reprises à compte nouveau au 1er janvier 1822.

5° Aucun renvoi par les entrepôts aux poudreries royales, soit en poudres à tirer, soit en barils, sacs ou autres enveloppes, n'aura lieu en décembre, à moins que l'on n'ait toute certitude que ces matières pourront parvenir à leur destination avant la fin dudit mois. On suivra, dès à présent, la rentrée des récépissés à délivrer pour les envois antérieurs au mois de décembre, afin que ces récépissés puissent être rapportés en original, à l'appui du compte de 1821.

6° Avant de clore le compte en matière de la gestion de 1821, MM. les directeurs d'arrondissement s'assureront s'il a été fait des renvois dont les récépissés ne seraient pas rentrés, parce que les quantités renvoyées se seraient trouvées en cours de transport à la fin de l'année et ne devraient parvenir qu'en 1822 aux poudreries royales. En ce cas ils feront opérer la déduction de ces quantités au journal et sur les registres de comptes récapitulatifs, pour en passer de nouvelles écritures par restants en cours de transport et par reprises à compte nouveau.

P. S. Il est recommandé de faire ressortir directement, sur les états n° 22, le nombre de barils, de sacs et de chappes expédiés aux entrepôts ou renvoyés aux poudreries.

C. N° 69, DU 30 NOV. 1821 (1).

Instructions sur les comptes de fin d'année.

L'ordonnance du roi, en date du 8 novembre 1820, dont il vous a déjà été donné connaissance par la circulaire n° 58 du 6 décembre suivant, a prescrit aux administrations des finances un ordre de comptabilité qui a dû recevoir son application à partir du 1er janvier de l'année courante, et qui a principalement pour but d'établir l'unité de principe et de méthode entre les comptes de tous les préposés des finances, d'accélérer le jugement de ces comptes, et enfin d'appuyer les comptes généraux de finances, présentés chaque année aux chambres par les ministres du roi, sur les résumés des comptes particuliers soumis à l'examen de la cour.

Pour assurer l'exécution de cette ordonnance, S. Exc. le ministre des finances a pris, le 9 du même mois de novembre 1820 (2).

(1) V. au *Nouveau Recueil* un autre extrait de cette circulaire.
(2) V.   id.   l'ordonnance et l'arrêté.

La circulaire précitée n° 58 vous a donné les instructions nécessaires pour exécuter les dispositions de l'ordonnance, en ce qui concerne la tenue des écritures pendant le cours de l'année qui va finir.

Il ne s'agit donc plus que de régler l'application à faire de ces instructions à la rédaction des comptes de fin d'année, dont les modèles imprimés vont vous être adressés.

Je ferai précéder les explications dont vous avez besoin à cet égard de quelques observations sur les principales modifications apportées par l'ordonnance du roi et par l'arrêté du ministre des finances, dans le système général de la comptabilité des contributions indirectes.

Art. 2 de l'ordonnance. Les comptables principaux de la régie sont les entreposeurs receveurs centraux; ils sont directement justiciables de la cour des comptes: ils présenteront le compte de leur gestion, en leur nom et sous leur responsabilité personnelle. La gestion des receveurs particuliers rentre dans celle des receveurs centraux, qui reçoivent le compte des premiers et leur en donnent décharge provisoire jusqu'au jugement de la cour.

Cette disposition, qui ramène la comptabilité des receveurs centraux au même point où elle était avant l'exercice 1819, dispense les directeurs de rendre le compte d'ordre récapitulatif (n° 108 B) ; mais elle ne les relève pas de la responsabilité que fait peser sur eux la circulaire n° 16, du 22 juin 1816. En effet, dans l'ordre de comptabilité propre à la régie et résultant de la nature de ses perceptions, ainsi que de l'organisation générale du service qui lui est confié, les receveurs centraux n'ont à exercer aucune action de surveillance sur les receveurs buralistes, ni sur les receveurs particuliers; ils ne sont appelés à aucune vérification de caisse ni de registre; il n'y a donc pas lieu de les rendre responsables des faits de la gestion des comptables inférieurs; et c'est le directeur qui doit supporter seul cette responsabilité, sauf son recours sur les comptables débiteurs à l'égard de tout forcement qui serait ordonné par l'administration ou par la cour des comptes, pour droit mal constaté ou pour omission de recette dans les comptes des divers préposés de la direction comme de toute radiation de dépense, motivée sur le défaut d'autorisation régulière, ou sur l'insuffisance des justifications.

Ainsi, malgré l'obligation où seront les receveurs centraux de comprendre dans leurs propres comptes les résultats de ceux des receveurs particuliers, afin de mettre la cour des comptes à portée de juger l'ensemble des opérations comptables de la régie, ils n'auront réellement à répondre que de leur gestion personnelle et l'administration se chargera de poursuivre contre qui de droit les redressements que la cour pourrait exiger d'eux à raison des erreurs procédant des préposés comptables inférieurs.

La suppression du compte n° 108 (B), et la formation d'un nouveau modèle n° 108 (A), sont des conséquences nécessaires de l'article 2 de l'ordonnance. Ce nouveau modèle sera ci-après l'objet d'explications particulières.

Art. 4. L'article 4 contient deux dispositions distinctes :

1° « Les préposés justiciables directs de la cour des comptes ne seront comptables que des actes de leur gestion personnelle;

2° « En cas de mutation des préposés, le compte de l'année sera divisé suivant « la durée de la gestion des différents titulaires et chacun d'eux rendra compte « des opérations qui le concerneront. »

Sur la première disposition, il faut observer que le principe qu'elle établit pour toutes les administrations de finances ne saurait être appliqué rigoureusement à celle des contributions indirectes, attendu que, d'après ce qui a déjà été dit des limites de la responsabilité des receveurs centraux, et de la nécessité d'insérer dans leurs comptes, outre les actes de leur gestion personnelle, ceux de la gestion des receveurs particuliers, cette application rigoureuse ne pourrait évidemment se concilier avec l'exécution de l'article 2, qui rend les comptables supérieurs seuls justiciables de la cour; mais cette dérogation au texte de l'article 4 n'est qu'apparente, car le vœu de cet article, ainsi que celui de l'article 2, se trouvent entièrement remplis au moyen de la disposition déjà rappelée, qui rend le directeur seul garant du redressement de toute erreur ou omission qui serait reprochée aux comptables inférieurs ; et les receveurs centraux se trouvent ainsi dégagés de toute responsabilité à cet égard.

La seconde partie de l'article 4 sera exécutée dans les formes suivantes, qui ont été approuvées par Son Exc. le ministre des finances.

On remarquera d'abord que cette partie de l'article ne s'applique pas aux receveurs particuliers, puisqu'ils ne sont pas justiciables directs de la cour des comptes.

Les receveurs particuliers, quittant une résidence, continueront donc à rendre à leurs successeurs un compte de clerc à maître dans la forme ordinaire.

Ce compte devra être visé par le receveur central, pour assurer l'exactitude des parties qui doivent être en rapport avec les écritures de la recette centrale; c'est-à-dire les fournitures de timbres et estampilles, et les versements en toutes valeurs. Il sera ensuite vérifié et certifié par le directeur, sauf son recours contre le receveur sortant, reste garant envers le nouveau receveur, comme envers l'administration, de toute erreur ou omission qui serait ultérieurement reconnue.

Si le compte de clerc à maître fait ressortir un débet à la charge du receveur sortant, le directeur doit faire constater ce débet par un procès-verbal que le nouveau receveur remettra, comme pièce de dépense, à l'entreposeur receveur central, lors de son plus prochain versement, en telle sorte que sa comptabilité courante soit dégagée du débet de son prédécesseur.

Quant aux recettes centrales, le compte en deniers de l'entreposeur receveur central, quittant une résidence dans le cours de l'année, sera rendu à son successeur sur le modèle du compte de fin d'année, n° 108, aux libellés duquel on fera les changements nécessaires pour l'approprier à ce nouvel usage.

Ce compte sera formé à l'aide du sommier des comptes ouverts, et devra présenter, tant en recettes qu'en dépenses, et aux articles correspondants, toutes les sommes inscrites audit sommier, qui sera arrêté à cet effet, ainsi que le journal et les autres registres de la recette centrale, comme cela a lieu chaque mois, lors de la formation des bordereaux.

Il ne différera des comptes généraux de fin d'année, qu'en ce que les recettes et les dépenses qu'il présentera ne seront appuyées d'aucune pièce.

Ce même compte sera formé en triple expédition : la première pour le receveur sortant, la seconde pour son remplaçant, la troisième pour l'administration. Cette dernière sera transmise sans retard, sous le timbre de la division de *comptabilité*, où elle sera vérifiée et conservée pour être jointe au compte de fin d'année, que rendra le dernier comptable, comme s'il eût géré la recette centrale pendant toute l'année...

Compte n° 108.

Le compte de 1821 sera rendu, pour l'année entière, par le comptable en fonction à l'époque où il devra être dressé, lors même que ce comptable n'aurait géré la recette centrale que pendant la dernière et la plus faible portion de l'année.

Dans ce cas, le texte de la présentation du compte devra indiquer les noms du premier titulaire, ceux de l'intérimaire, s'il y en a eu, et le temps d'exercice de chacun.

De plus, un bordereau, n° 91, sera rempli par le receveur central et produit à l'appui du compte, pour présenter la division des recettes et des dépenses successivement opérées par chaque gérant pendant l'année entière.

Les différents comptes de clerc à maître rendus par les comptables à leur **successeur** seront joints à ce bordereau pour en justifier les détails.

Le modèle n° 91, destiné à former le bordereau dont l'usage vient d'être **indiqué**, subira les changements suivants :

Les noms des comptables seront désignés à la troisième ligne du titre.

Le libellé de la quatrième ligne sera effacé et remplacé par celui-ci : *Développement, par comptable, des recettes et dépenses portées cumulativement au compte de fin d'année.*

Au cadre n° 1, on substituera les mots *fin d'année* à ceux de *fin de mois*. Le reste de la première page sera effacé.

On fera le même changement au titre des pages 2 et 3.

Si le dernier titulaire a succédé immédiatement et sans *intérim* au premier, on n'aura à changer que les titres des colonnes 2, 3, de la recette, et 2, 3, de la dépense, qu'on remplacera par ceux : M.   *titulaire, depuis le   jusqu'au*

S'il y a eu un intérimaire, on donnera le même titre aux deux colonnes n° 4, et l'on effacera dans les titres de celle n° 5, les mots *par comptes généraux.*

On effacera les cadres n° 4, 5, 7 et 9, et l'on présentera la situation du compte des débets dans le cadre n° 6.

Enfin le certificat du directeur sera apposé sous celui du receveur central...

Compte reau des consignations.

Le chapitre VIII trouve sa justification dans le chapitre IV de la dépense des comptables qui ont fourni les fonds de virement.

Je recommande, sur ce dernier point, l'exécution rigoureuse des dispositions des circulaires 44 et 58, qui interdisent tout envoi de fonds de virement passé le 1er décembre pour les directions éloignées et le 15, pour celles du même département, ou limitrophes...

ORD. DU 12 DÉC. 1821 (1).

Conflits entre les tribunaux et l'administration.

Art. 1er. Lorsque, conformément aux articles 3 et 4 de l'arrêté du 13 brumaire an X, le préfet aura élevé le conflit, il transmettra, dans les trois jours, expédition de son arrêté à notre procureur près le tribunal saisi de l'affaire et à notre garde des sceaux, ministre secrétaire d'état de la justice, ainsi qu'à notre ministre de l'intérieur.

Art. 2. Dans les trois jours de la réception de l'arrêté de conflit, notre procureur informera, par lettre, les avoués des parties, ou les parties elles-mêmes lorsqu'il n'y aura pas d'avoué constitué, de l'existence du conflit, en les avertissant qu'elles peuvent prendre communication de cet arrêté à la préfecture, et s'en faire délivrer, sans frais, expédition. Il fera constater la remise de sa lettre par certificat de réception des avoués, des parties, ou du maire de leur domicile.

Art. 3. Dans la huitaine, notre procureur en rendra compte à notre garde des sceaux, et lui adressera le jugement intervenu, ou la citation s'il n'a pas été rendu de jugement, et les certificats de réception de ses lettres d'*avis* aux parties.

Art. 4. Les parties qui croiraient devoir présenter des observations sur le conflit les adresseront, avec les pièces à l'appui, au secrétaire général de notre conseil d'Etat, dans les délais déterminés par l'article 4 du règlement du 22 juillet 1806.

Art. 5. Les observations seront fournies par simple mémoire signé de la partie, ou d'un avocat en nos conseils; lorsque la partie signera seule, sa signature sera légalisée par le maire de son domicile.

Art. 6. Faute par les parties d'avoir, dans le délai fixé, remis leurs observations et les documents à l'appui, il sera passé outre au jugement du conflit, sans qu'il y ait lieu à opposition ni à révision des ordonnances intervenues.

Art. 7. Il ne sera prononcé sur ces observations, quelque jugement qui intervienne, aucune condamnation de dépens.

Art. 8. En ce qui concerne les règlements de juges entre l'administration et les tribunaux, qualifiés de conflits négatifs, il y sera procédé comme par le passé.

A. C. DU 26 DÉC. 1821, AFF. CAMPER.

Les plantations clandestines de tabacs, au-dessous de 100 pieds, comme les fractions au-dessus de 100 pieds, doivent être punies de l'amende de 50 centimes ou de 1 fr. 50 cent. par pied. M. 10.84.

Vu les articles 172, 180 et 181 de la loi du 28 avril 1816 ;

Attendu que les défenses, portées par cette loi, de se livrer à la culture des tabacs sans en avoir obtenu la permission, sont générales et absolues, et qu'elles comprennent indistinctement toutes les plantations de cette espèce, quel que soit le nombre des plantes ou pieds;

Que si, par une justice plus exacte et pour proportionner la peine à la gravité de chaque contravention, ladite loi, en modifiant la sévérité et l'illégalité qu'offraient les lois précédentes, sous le rapport des amendes, a prescrit que celles de 50 francs, d'une part, et 150 francs, d'autre part, qu'elle a établies seront appliquées par 100 pieds de tabac plantés illicitement, il ne peut pas résulter de cette disposition que les fractions du nombre cent ne seraient passibles d'aucune amende ;

Qu'il serait impossible d'entendre ladite loi autrement sans rendre illusoires les défenses générales et absolues qu'elle a prononcées, sans méconnaître la volonté du législateur d'attribuer exclusivement à la régie le monopole du tabac et sans lui supposer une imprévoyance telle qu'il aurait fourni les moyens de détruire tous les effets de la loi;

Qu'en effet, si l'on adoptait le système que chaque fraction de plants de tabac, au-dessous du nombre cent, ne serait passible d'aucune amende, il en résulterait que les cultivateurs pourraient s'entendre pour n'élever chacune de leurs plantations qu'à quatre-vingt dix-neuf pieds, ce qui rendrait absolument nulle l'attribution exclusive faite à la régie, et détruirait une des principales branches des revenus de l'Etat;

Que cette interprétation ne pourrait être donnée à ladite loi sans heurter de front son esprit et le but qu'elle s'est proposé et sans s'écarter ouvertement de ce qui est généralement reconnu et pratiqué, soit dans l'acception vulgaire, soit dans l'usage du commerce, soit dans le langage et l'exécution des lois, d'après lesquels toutes les fois que des impôts de droits quelconques, ou des intérêts sont établis, prononcés ou convenus à raison de tant par an pour cent, ils sont toujours perçus ou payés sans difficulté sur les fractions comme sur les centaines;

Que d'ailleurs la loi précitée ne s'est pas bornée à ordonner l'arrachement des tabacs illicitement plantés, mais qu'elle a voulu encore que le contrevenant fût

---

(1) Remplacée par l'ord. du 1er juin 1828.

condamné à l'amende; d'où lisuit nécessairement que toute contravention, quelle qu'elle soit, faible ou forte dans le fait qui la constitue, doit donner lieu à l'amende proportionnelle;

Attendu qu'il est du devoir des magistrats de combiner toutes les dispositions des lois qu'ils sont chargés d'appliquer de manière que l'intention du législateur et le but qu'il s'est proposé soient remplis;

Attendu qu'en décidant qu'au-dessous de cent pieds de tabac illicitement plantés, le contrevenant n'est passible d'aucune amende, la cour royale de Rennes a faussement interprété et en même temps violé les articles ci-dessus rappelés de la loi du 28 avril 1816:

La cour casse. — Ch. réunies.

A. C. DU 1er MARS 1822, AFF. JUNIOT.

Si les procès-verbaux ont le caractère et la force de la preuve légale pour les faits positifs et matériels, la loi n'imprime pas le même caractère et n'attache pas la même force à de simples inductions tirées avec plus ou moins de vraisemblance des circonstances énoncées dans ces actes. (Forêts). B. crim. 93.

Sur le premier moyen de cassation présenté par le procureur général en la cour royale de Dijon;

Attendu, en droit, que si les procès-verbaux des gardes forestiers, non argué de faux, ont le caractère et la force de preuve légale pour les faits positifs et matériels qui ont frappé leurs sens, et qui sont les éléments constitutifs des délits qu'ils sont à constater, la loi n'imprime pas le même caractère et n'attache pas la même force à de simples inductions tirées avec plus ou moins de vraisemblance des circonstances énoncées dans ces procès-verbaux;

Et attendu, en fait, que Juniot n'a point été trouvé se servant d'un filet défendu; que l'épervier saisi n'était pas sur un bateau conduit ou amarré par lui, et qu'en jugeant que la preuve du délit de pêche ne résultait pas nécessairement de ce qu'un filet encore mouillé avait été trouvé dans un enclos à lui appartenant, et en refusant de le condamner à l'amende, la cour royale de Dijon n'a violé ni la loi due au procès-verbal, ni les articles 10 et 15 du titre 31 de l'ordonnance de 1669;

Sur le second moyen : attendu que les délinquants, susceptibles de l'amende prononcée par l'article 25 du même titre, sont ou les pêcheurs de profession, ou ceux à qui, en raison d'un fait particulier de pêche, la qualité de pêcheur peut-être accidentellement attribuée, et qui ont été trouvés en même temps saisis de filets prohibés;

Et attendu que Juniot n'est point pêcheur de profession, et que le procès-verbal qui a été la base des poursuites n'établit pas contre lui un fait accidentel de pêche: qu'ainsi l'arrêt attaqué n'a point violé le susdit article 25, et que la cour royale, en ordonnant le brûlement du filet prohibé, a fait de cet article la seule application dont il fût susceptible dans la circonstance;

La cour rejette. — Ch. crim.

A. C. DU 16 MARS 1822, AFF. ROUSSEL.

Quand un procès-verbal est annulé à défaut de caractère légal de ses auteurs, les objets saisis peuvent être confisqués, en vertu de l'article 34 du décret de l'an XIII, si la contravention se trouve suffisamment constatée par l'instruction. B. crim. 120.

Vu l'article 82 de la loi du 28 avril 1816 *sur les contributions indirectes*, et l'article 34 du décret législatif du 1er germinal an XIII (22 mars 1805);

Considérant que la loi seule peut conférer le pouvoir de constater les contraventions et les délits *par des procès-verbaux* qui fassent foi en justice, et que ce n'est qu'aux employés *de la* RÉGIE *des contributions indirectes* que l'art. 82 de la loi spéciale du 28 avril 1816 a attribué *caractère* et *pouvoir* à l'effet de *constater par procès-verbal*, à la requête des débitants de boissons ou de leurs syndics, *les ventes de boissons en détail* opérées, dans la commune abonnée, par des personnes non comprises dans la répartition;

D'où il suit que les individus *institués* sous la dénomination de *surveillants*, le 29 avril 1817 et depuis, par le *maire* de Rouen, et sur la demande des syndics des débitants de boissons dans cette ville, abonnés par corporation en vertu de l'article 77 de ladite loi du 28 avril 1816, n'ont eu ni *caractère légal*, ni *pouvoir* qui autorisât les tribunaux, soit à accorder *une foi quelconque* au procès-verbal dressé par ces individus, le 13 septembre 1821, à la requête desdits syndics, contre les sieurs Roussel et Prélaunay, débitants de boissons à Rouen, non compris dans l'abonnement; soit à prononcer contre ceux-ci, sur le fondement et en conséquence de cet acte, une condamnation quelconque;

D'où la conséquence ultérieure qu'il faudrait casser, pour violation dudit article 82, la *totalité* de l'arrêt de la cour royale de Rouen, chambre des appels de police correctionnelle, en date du 30 novembre 1821, qui est l'objet du pourvoi des sieurs Roussel et Prélaunay, si elle n'avait basé que sur ledit procès-verbal les condamnations qu'elle a prononcées contre ces débitants;

Mais considérant que, par l'art. 34 du décret du 1er germinal an XIII, et *nonobstant* que ledit procès-verbal fût infesté d'une *nullité radicale* et eût dû être annulé à raison du *défaut de caractère légal* de ses auteurs, ladite cour était autorisée à *confisquer les objets saisis* en contravention, *si la contravention se trouvait d'ailleurs suffisamment constatée par l'*INSTRUCTION;

Et attendu que par son arrêt, elle a déclaré en FAIT « qu'il *demeurait constant*
« *au* PROCÈS, que *Roussel* et *Prélaunay*, qui n'ont point voulu participer à l'abonnement avec les autres débitants de cette ville, se livrent au commerce de boissons en détail, SPÉCIALEMENT à celui *des vins de liqueurs* en détail; et ont VEN-
« DU, notamment *le 12 septembre dernier*, à un particulier qui a été saisi sortant de
« chez eux avec une bourriche contenant *deux bouteilles Frontignan vieux, deux*
« *bouteilles Frontignan nouveau, et deux de vin d'Alicante*; le tout sans avoir, par
« lesdits Roussel et Prélaunay, fait *les déclarations prescrites* par l'article 80 de la
« loi du 28 avril 1816; »

Qu'il en résulte que la confiscation des vins saisis a été une *juste application* de l'article 95 de cette loi, combiné avec ledit article 34 dudit décret du 1er germinal an XIII; et que, quant à cette *confiscation*, il y a lieu de maintenir l'arrêt attaqué;

Mais, quant à la condamnation de Roussel et Prélaunay à trois cents francs d'amende, considérant que le *procès-verbal* dudit jour 13 septembre 1821 *étant* NUL, le même article 34 *défendait* de prononcer aucune *amende* contre eux; et qu'en *prononçant la dite amende*, la cour royale de Rouen a *violé* formellement cet article;

Par ces motifs, la cour reçoit les syndics des débitants de boissons à Rouen, abonnés par corporation, parties intervenantes;

Faisant droit, tant sur le pourvoi de Roussel et Prélaunay, que sur l'intervention, CASSE la *disposition* de l'arrêt de la cour royale de Rouen dudit jour 30 novembre 1821, *relative* à L'AMENDE de trois cents francs; ordonne que l'amende de cent cinquante francs par eux consignée leur sera restituée;

Maintient la confiscation des vins saisis prononcée par le même arrêt;

Sur le fond, renvoie les parties devant la cour royale *d'Amiens*, chambre des appels de police correctionnelle, déterminée par délibération spéciale prise en la chambre du conseil, pour y être procédé, en conformité de la loi, *quant au chef relatif à l'amende* seulement, à nouveau jugement de l'appel interjeté par lesdits Roussel et Prélaunay, du jugement du tribunal de police correctionnelle de l'arrondissement de Rouen, du 23 octobre 1821;

Ordonne, etc. — Ch. crim.

LETT. COMM. N° 76, DU 6 JUILL. 1822.

Buralistes et préposés des octrois, receveurs des droits d'entrée.

Quelles que soient les recommandations faites par la circulaire n° 55, pour que MM. les directeurs fassent parvenir en temps utile l'état des indemnités qu'il paraît convenable d'accorder aux buralistes et préposés d'octrois chargés de la recette des droits d'entrée, en sus de leurs taxations ordinaires, il en est qui l'ont adressé beaucoup trop tard pour que leurs propositions fussent comprises dans le travail général; il en est d'autres qui ont pris sur eux de payer des indemnités sans y avoir été autorisés, ce qui en a nécessité le rejet; d'autres enfin ont fait des propositions tellement exagérées, qu'il a fallu les réduire pour les ramener dans la proportion du crédit accordé dans le budget.

Pour éviter ces inconvénients, je vous rappelle, monsieur, les dispositions de la circulaire n° 55, en vous invitant à y satisfaire en temps utile; à réduire les demandes que vous croirez devoir faire, aux sommes absolument indispensables, et à m'en faire passer l'état...

Vous ne perdrez pas de vue que les buralistes doivent recevoir leurs taxations sur le nombre effectif d'expéditions délivrées avec ou sans paiement du droit de timbre...

LOI DU 17 AOUT 1822.

Budget des dépenses et des recettes.

Art. 15. Continuera d'être faite en 1823, conformément aux lois existantes, la perception :

... des contributions indirectes, à l'exception du droit de consommation sur les huiles.

LETT. M. F. DU 21 SEPT. 1822.

Dispositions de comptabilité résultant de l'ordonnance du 14 septembre 1822.

Monsieur le directeur général, vous avez pris connaissance de l'ordonnance du 14 de ce mois, sur la comptabilité des dépenses publiques. Les dispositions qu'elle prescrit sont depuis longtemps exécutées dans les administrations de finances, en vertu des règlements antérieurs. Cette ordonnance n'a pour objet que d'appliquer, aux dépenses des ministères, les règles et les procédés uniformes que l'administration des finances a déjà mis en pratique.

L'approbation que je donne, au commencement de l'année, à la répartition du crédit affecté par la loi aux dépenses de votre service, vous tient lieu des ordonnances de délégation mentionnées dans l'article 6, et vous confère, sous ma responsabilité, *la faculté de délivrer vos mandats de paiement au profit des créanciers de votre administration*.

La distribution mensuelle de fonds qui doit être proposée chaque mois, aux termes de l'article 6, ne concerne que les ressources à mettre à la disposition des ministres ordonnateurs.

Quant aux articles 20, 21 et 22, l'exécution en est assurée par les décisions de mes prédécesseurs, qui ont fixé au 30 septembre de l'année suivante le terme de la clôture de chaque exercice, pour la liquidation, l'ordonnancement et le paiement des dépenses des régies.

L'article 18 est enfin le seul qui réclame aujourd'hui votre concours, et il a seulement pour effet de compléter les résultats de la comptabilité centrale des administrations de finances, en ce qui concerne les dépenses, de manière qu'à partir du 1er janvier prochain, indépendamment *du paiement* qui y est déjà retracé, elle constate aussi les opérations préalables de *la liquidation* et de *l'ordonnancement*.

Je vous prie, en conséquence, monsieur le directeur général, de vouloir bien prescrire l'ouverture des deux comptes ci-après:

1° *Dépenses à ordonnancer au profit des créanciers des services constatés.* Exercice...

2° *Créanciers de l'administration, L/C de services constatés à leur profit.* Exercice...

Il serait superflu d'entrer ici dans aucune autre explication sur la destination et l'emploi de ces deux comptes. Je charge, au surplus, le directeur de la comptabilité générale des finances, de se concerter avec vous sur les détails à régler pour que les éléments servant à établir ces nouveaux comptes *soient régulièrement fournis à la comptabilité centrale des contributions indirectes*, tant par les agents extérieurs que par les divers bureaux de l'administration qui suivent la liquidation et l'ordonnancement des dépenses.

C. N° 82, DU 18 OCT. 1822.

Injonction itérative de n'effectuer aucun paiement sans une autorisation transmise par la division de la comptabilité.

A diverses époques, et notamment par les circulaires n°s 16, 41 et 66, timbrées *comptabilité générale*, l'administration a spécialement recommandé à MM. les directeurs de n'opérer aucune dépense qu'au préalable ils n'en eussent reçu l'autorisation sous le timbre de la comptabilité.

Ces dispositions, assez généralement observées, ont néanmoins été quelquefois négligées; leur exacte exécution devient aujourd'hui plus indispensable que jamais. L'ordonnance du roi du 14 septembre dernier, insérée au *Bulletin des lois*, n° 555, et la lettre de S. Exc. le ministre des finances, du 21 du même mois, imposent à l'administration de nouvelles obligations, qu'elle ne pourra remplir qu'autant que la formalité exigée sera strictement observée. Vous trouverez à sa date cette lettre; elle vous mettra à même de reconnaître que la division de la comptabilité chargée d'établir les nouveaux comptes demandés par S. Exc., et d'en suivre le mouvement, travaillerait sans succès, s'il était possible que des dépenses eussent lieu sans qu'elle en eût eu connaissance et sans qu'elle en eût passé les écritures convenables. Il vous est donc expressément interdit de réaliser aucune dépense, qu'elle n'ait été autorisée, soit par le budget de votre direction, en ce qui concerne les appointements et frais de bureau, soit par des crédits spéciaux accordés par l'administration et envoyés par la division de la comptabilité, soit enfin par des mandats signés de moi et transmis par la même division.

Je dois vous faire observer que les avis préalables d'allocation de dépense qui vous sont donnés sous le timbre des diverses divisions, n'ont d'autre but que de vous faire connaître que le conseil, après examen de vos propositions, a admis le principe de la dépense proposée, et que vous devez attendre, pour consommer cette dépense, que l'autorisation ou le mandat vous en soit expédié sous le timbre de la division de la comptabilité chargée de centraliser les opérations comptables de tous les services.

Il est toutefois quelques dépenses qui, ne pouvant souffrir aucun ajournement, doivent être acquittées d'urgence et sans autorisation spéciale: ce sont les frais de correspondance, les frais de transport, les primes pour arrestations de colporteurs et le prix des tabacs et des poudres de saisie, les impositions foncières des bacs et francs-bords, enfin les avances provisoires par suite de procès-verbaux de contravention et de poursuites exercées dans l'intérêt du service.

Aucune consignation ayant donné lieu à une répartition définitive, et à *des enregistrements de recette au profit du trésor royal et de la caisse des retraites*, ne peut être remboursée, qu'au préalable le principe du remboursement n'ait été admis par le conseil d'administration, et l'autorisation expédiée par la division de la comptabilité.

Cette même autorisation est encore indispensable pour l'admission en dépense définitive de frais judiciaires tombés en non valeur, et l'emploi dans les comptes de reprises indéfinies et décharges de droits.

L'article 20 de l'ordonnance du roi précitée fixant au 30 septembre le terme de l'exercice d'une année précédente, aucune dépense relative à 1821 ne peut plus être payée sans un nouveau crédit que l'administration serait forcée de réclamer. Si vous aviez des mandats applicables audit exercice 1821, qui ne fussent point encore acquittés, vous en feriez de suite le renvoi sous le timbre de la présente.

c. N° 83, du 22 OCT. 1822.

Comptabilité.

... La nécessité d'accélérer, par tous les moyens possibles, la liquidation des comptes exige que toutes les recettes dont les justifications n'ont été jusqu'ici produites qu'à la fin de chaque année, soient désormais justifiées au fur et à mesure qu'elles auront lieu.

En conséquence, et à dater du mois d'octobre courant, vous voudrez bien annexer aux bordereaux de mois toutes ces justifications, telles que procès-verbaux de vente et extraits de journaux, tant pour vente de vieux papiers, vieux tonneaux ou colis, que pour recettes extraordinaires.

A l'égard des recettes extraordinaires, applicables aux fonds des retraites, toutes les fois que vous aurez à en faire figurer de semblables aux bordereaux du mois, vous devrez toujours en donner la justification, en produisant avec le bordereau, un extrait de journal, indiquant clairement son origine, avec le numéro et la date de son inscription.

C'est par erreur que jusqu'ici plusieurs directeurs ont classé sous le titre de *recette extraordinaire*, les retenues particulières exercées sur le traitement de quelques employés par suite de décisions administratives. C'est comme *vacance* que ces retenues doivent figurer d'abord à l'état n° 93, dans la colonne 8, et non pas dans celle 13, où elles ont été cumulées avec la somme nette à payer à l'employé frappé de la retenue; et ensuite c'est à la colonne 36 du sommier 88 que leur montant doit être porté, et non pas à celle 38, comme *recette extraordinaire*, dernière imputation qui, outre qu'elle est inexacte, exigerait une justification spéciale; tandis qu'en opérant ainsi qu'il vient d'être dit, la recette, provenant des retenues dont il s'agit, se trouve naturellement justifiée par la seule inscription qui en est faite dans la colonne 8 de l'état 93.

C'est aussi à cette colonne 8 de l'état 93 que doit figurer la retenue du premier mois de l'augmentation des appointements; mais il est bien entendu que c'est à la colonne 37 du sommier que le montant de ces retenues doit être inscrit. Je dois, à cette occasion, vous faire une recommandation particulière à l'égard des employés dont les noms paraissent pour la première fois sur un état 93 de votre direction: c'est d'avoir soin d'indiquer positivement, soit dans l'état même, soit dans une note qui l'accompagne, la résidence immédiatement antérieure de l'employé, ainsi que la quotité du traitement annuel dont il jouissait dans cette même résidence. De plus, lorsqu'il y aura *intérim* d'un employé quelconque, vous devrez, en désignant sur l'état 93 le nom de l'intérimaire, y rappeler pour *mémoire*, celui du titulaire de l'emploi.

Ces diverses indications sont d'une grande utilité pour faciliter et accélérer la régularisation de cette partie importante de la comptabilité...

c. DU 18 DÉC. 1822,
DU CONSEILLER D'ÉTAT, CHARGÉ DE L'ADM. GÉNÉRALE DES COMMUNES, AUX PRÉFETS.

Droits d'octroi sur la morue.

Monsieur le préfet, des plaintes sont journellement adressées, par les chambres de commerce, au sujet des droits d'octroi dont la morue est frappée à l'entrée d'un assez grand nombre de villes du royaume.

Elles exposent que la perception de ces droits nuit à la consommation de la morue, en augmentant le prix de cette denrée, qui, en général, sert spécialement à la nourriture de la classe pauvre; qu'elle influe, par conséquent, sur le succès des pêches françaises, et qu'elle contraste d'ailleurs avec les primes et encouragements que le gouvernement accorde pour le soutien et la protection de ces pêches, dont l'utilité pour la marine de l'Etat (à laquelle elles fournissent des marins) et pour la construction des navires, ne peut être douteuse.

Ces considérations paraissent aux ministres de l'intérieur et de la marine assez puissantes pour appeler toute votre attention sur l'objet des réclamations.

L'ordonnance du 9 décembre 1814, classant le poisson de mer parmi les comestibles susceptibles d'être assujétis aux taxes d'octroi, l'article 147 de la loi du 28 avril 1816, donnant encore plus de latitude aux conseils municipaux pour la désignation des objets de consommation qui peuvent être compris dans les tarifs, le gouvernement s'est abstenu jusqu'à présent, soit de réduire, soit de supprimer les droits votés sur la morue par les conseils municipaux.

Mais il vous appartient de fixer l'attention de ces conseils sur les inconvénients que la perception de ces droits présente, et de les engager, lors de la révision ou du renouvellement des tarifs, sinon à les supprimer entièrement, dans le cas où les besoins des localités s'y opposeraient, du moins à les réduire à un taux tellement modéré que le recouvrement ne puisse plus exercer d'influence fâcheuse sur le débit et la consommation de cette denrée.

Il vous sera facile d'apprécier les avantages qui pourront résulter du succès de

vos efforts; je laisse à votre zèle le soin de répondre sous ce rapport, dans l'intérêt général, au vœu du gouvernement.

Je saisis cette occasion pour vous inviter à me transmettre désormais, avec la plus grande exactitude, quelques exemplaires imprimés de chacun des tarifs et règlements d'octroi approuvés par le roi pour les communes de votre département.

c. N° 84, DU 20 DÉC. 1822 (1).

Comptabilité.

Registres 64 et 64 bis. Carnet. Journal 74 bis.

... Ces deux registres et le carnet, dont la tenue est prescrite par le tableau des modèles de la division des tabacs, serviront, comme par le passé, à inscrire chacune des ventes de tabac et de poudre, au moment même où elles sont effectuées. Au moyen de l'addition ci-dessus, ils présenteront la totalité des produits que les entreposeurs sont chargés de percevoir à partir de 1823.

A la fin de chaque journée, les entreposeurs additionneront toutes les colonnes des deux registres et du carnet. Ils contrôleront les détails inscrits pendant la journée, par le calcul des quantités, et le rapprochement des produits. Après s'être ainsi assurés de l'exactitude de leurs opérations, ils rapporteront en une seule ligne, sur le nouveau registre n° 74 *bis*, intitulé *Livre de caisse et journal général des recettes et des versements*, 1° la date; 2° le total, en toutes lettres, des recettes de la journée, et 3° le montant de chaque perception, suivant l'intitulé des colonnes.

Versements des entreposeurs.

En général, les entreposeurs verseront directement dans les caisses des receveurs des finances, les 10, 20 et 29 ou 30 de chaque mois, et même plus fréquemment, suivant l'ordre que les directeurs leur en donneront, à raison de l'importance des recouvrements faits entre ces époques.

Ils conserveront entre leurs mains, jusqu'au dernier jour du mois, les récépissés à talon qui leur seront délivrés par les receveurs des finances.

Lorsque les besoins du service l'exigeront, et notamment à l'époque des livraisons de tabacs par les planteurs, le directeur pourra donner à l'entreposeur l'ordre de faire un versement en numéraire au receveur principal de la direction. Un modèle a été imprimé comme papier de service que les récépissés que les receveurs principaux auront à délivrer dans ce cas: il porte le n° 76 (A).

La première partie de ce modèle, intitulée *Bulletin de versements*, sera remplie par l'entreposeur, pour faire connaître au receveur principal l'imputation qu'il doit donner, dans ses écritures, à la somme qui lui sera versée en numéraire. Ainsi, en supposant que toutes les lignes du bulletin soient remplies, le receveur principal devrait passer l'article suivant à son journal 87:

Fait recette le comptable de la somme de (*en toutes lettres*), montant du versement de M.......................... entreposeur, ci......................

		fr.	c.
Laquelle somme est imputable, savoir:			
Compte 6. Colonne 15. Vente de tabacs............		»	»
Idem. Colonne 20. Prix des colis............		»	»
Compte 7. Colonne 21. Vente de poudres............		»	»
Idem. Colonne 22. Prix des colis............		»	»
Somme égale............		.	.

Les versements opérés par les entreposeurs, à l'une ou à l'autre caisse, seront inscrits sur le journal 74 *bis*, conformément à l'instruction placée en tête de ce registre.

La veille du dernier versement du mois, après les opérations de la journée, l'entreposeur inscrira sur son journal le versement du solde qu'il devra effectuer le lendemain matin; puis il arrêtera les recettes et les versements du mois, dans la forme indiquée par l'instruction précitée.

Il préparera ensuite, sur le modèle imprimé n° 76 (B), le bulletin récapitulatif des versements opérés par lui pendant le cours du mois.

Enfin il dressera, sur le modèle imprimé n° 80 *bis*, le bordereau de ses recettes et versements, qu'il devra remettre le même jour au directeur d'arrondissement.

Il est sans doute inutile de faire observer que ce bordereau devra toujours être balancé, puisque les entreposeurs n'ont aucune dépense à acquitter, et que, par conséquent, ils ne doivent point avoir d'en-caisse.

Les recettes des deux derniers jours du mois feront partie de la comptabilité du mois suivant...

Le soir de la veille du dernier versement de l'entreposeur, le directeur vérifiera et arrêtera les registres de ce comptable, se fera remettre le bordereau 80 *bis*, et visera le bulletin 76 (B), qu'il laissera à l'entreposeur.

Aussitôt que ce dernier versement sera effectué, l'entreposeur fera viser par le sous-préfet le récépissé à talon, dont il inscrira le numéro et la date sur le bulletin 76 (B), qu'il remettra de suite au receveur principal, avec les récépissés provisoires n° 76 (A), et les récépissés à talon détaillés à la page 1re.

Le receveur principal lui en fournira son récépissé définitif sur la formule qui termine le modèle 76 (B), et passera sur-le-champ les écritures suivantes:

Il inscrira en recette le montant de la ligne 8, conformément à l'exemple ci-dessus tracé. Ensuite il fera dépense de la même somme, sous l'imputation du compte 30, colonne 106 du sommier 88.

En résumé, les entreposeurs devront toujours être en mesure de justifier les versements inscrits au journal 74 *bis*, savoir: ceux du mois courant, par les récépissés à talon du receveur des finances, ou par les récépissés n° 76 (A) du receveur principal; et ceux des mois antérieurs, par les récépissés 76 (B) du receveur principal.

Les produits autres que ceux prévus par les modèles 74 *bis*, 76 (A et B) et 80 *bis*, seront recouvrés directement par les receveurs principaux, qui les inscriront au journal 87, à l'instant où ils en effectueront le recouvrement.

c. N° 86, DU 31 JANV. 1823.

Suite des caisses.

Les régies de finances doivent toutes, en exécution de l'article 6 de l'arrêté ministériel du 9 novembre 1820, faire usage de la même formule pour les accusés de crédit destinés à servir aux comptables de décharge provisoire des pièces justificatives de dépenses qu'ils transmettent tous les mois à leur administration. Celle que la régie avait adoptée avant la réception des instructions données par le ministre pour l'exécution de l'arrêté précité, différait de la formule des autres, régies, en ce point que les dépenses y étaient présentées par masses de service,

---

(1) Voir au *Nouveau Recueil* d'autres extraits de cette circulaire.

tandis qu'elles doivent y être détaillées par articles, dans le même ordre que celui des budgets, et d'après la même nomenclature que celle du bordereau de mois.

L'administration vient d'arrêter un nouveau modèle qui prendra le n° 95 de la série du service général, et qui est destiné à remplacer tout à la fois les anciens états récapitulatifs qui accompagnent l'envoi des pièces de dépense et à servir d'accusé de crédit dans la forme prescrite par les instructions ministérielles. Ce modèle a l'avantage de simplifier le travail des directions sans augmenter celui des bureaux de l'administration centrale, dont les moyens d'exécution sont considérablement diminués par l'ordonnance royale du 4 décembre dernier.

Les comptables sont, en conséquence, dispensés de former à l'avenir autant d'états récapitulatifs, soit en simple, soit en double expédition, qu'il y a de subdivisions dans les dépenses.

La première partie du nouvel état 95, qui est à remplir dans les directions, sera dressée en simple expédition, et comprendra les dépenses de tous les services dont les pièces justificatives accompagneront le bordereau de mois n° 91; la lettre d'envoi n° 92 est également supprimée. Il est indispensable que toutes les indications de ce nouveau modèle soient suivies avec exactitude, et que, dans le cas où les dépenses d'une même espèce devraient y être rapportées en un seul article, un bulletin à la main récapitule le montant de chacune des pièces composant ce même article.

La seconde partie sera remplie dans les bureaux de la division de la comptabilité, après la vérification des dépenses comprises dans le versement de mois, et l'état sera immédiatement renvoyé au directeur, revêtu de l'accusé de crédit, qui doit servir de décharge provisoire au comptable jusqu'au quitus définitif de la cour des comptes, conformément à l'arrêté ministériel du 9 novembre 1820...

AVIS DU COMITÉ DES FIN. DU 13 SEPT. 1822.

Les débitants de tabac sont assujétis au droit de patente lorsqu'ils vendent des cartes à jouer ou qu'ils exercent d'autres commerces, professions ou industries sujets à ce droit.

Le comité des finances, consulté par Son Exc. le ministre secrétaire d'État au même département, sur la question de savoir si les débitants de tabacs, exempts, en cette qualité, du *droit de patente*, doivent jouir de la même exemption lorsqu'ils vendent des cartes à jouer;

Vu une lettre de M. le préfet du Bas-Rhin, qui expose, sous la date du 14 février 1821, que les débitants de tabac de son département prétendent qu'ils ne doivent pas être assujétis à la patente comme les autres débitants de cartes à jouer, par la raison, disent-ils, que la fabrication et le débit des cartes sont dans les attributions de l'administration des contributions indirectes;

Vu le rapport du premier commis chargé de la division des administrations et régies financières où l'on trouve :

Que des réclamations élevées par deux fabricants de cartes à Strasbourg ont fait naître la question de savoir s'il ne serait pas convenable d'assujétir au paiement du droit de patente les débitants de tabac qui, outre leur débit, tiennent le commerce de cartes; qu'on fait remarquer à ce sujet que les débitants de poudres et salpêtres qui sont commissionnaires par la régie comme les débitants de tabacs sont soumis à ce droit, et que, d'ailleurs, les marchands cartiers sont portés nominativement dans la troisième classe du tarif général des droits de patente annexé à la loi du 1er brumaire an VII;

Que l'administration des contributions indirectes à laquelle cette question a été déférée, voit dans l'assujétissement proposé une prohibition absolue pour les débitants de tabacs auxquels la régie accorde une autorisation de vendre des cartes, pour les dédommager de la faiblesse des remises qu'ils reçoivent sur les produits de leur bureau; que M. le directeur général pense que le tarif annexé à la loi du 1er brumaire an VII, en indiquant les marchands cartiers, n'a pu désigner que ceux qui fabriquent et vendent des cartes en même temps, et non pas ceux qui se bornent à en débiter, et que cette définition lui paraît conforme à l'article 9 du décret du 9 février 1810, qui établit une distinction essentielle entre le fabricant patenté et celui qui débite des cartes; que ce magistrat ne voit, en outre, aucune similitude entre le débitant de poudres et salpêtres et le débitant de tabac qui vend des cartes; attendu que la vente de la poudre et du salpêtre est le principal objet du commerce du premier, et que le débit de cartes n'est que l'accessoire du commerce du second qui, d'ailleurs, est assujéti à un cautionnement.

M. le premier commis des finances fait observer que le but du décret du 9 février 1810 a été d'étendre les moyens de surveillance et de prévenir ou réprimer les fausses fabrications de cartes à jouer; qu'il résulte seulement de l'article 9 qu'il ne suffit pas de prendre une patente pour être autorisé à vendre des cartes, mais qu'il faut encore obtenir de la régie une commission qui peut être révoquée en cas de fraude. Enfin, que la loi du 1er brumaire an VII, assujétissant formellement les marchands cartiers à la patente, il semble qu'un débitant de tabacs qui, comme salarié, n'est pas astreint à ce droit pour vendre du tabac, doit être pourvu d'une patente pour vendre des cartes, comme il devrait en avoir une pour débiter du sucre, du café ou toute autre marchandise dont il voudrait faire commerce. Il pense toutefois que le droit proportionnel de patente ne devrait pas porter sur le loyer total des débitants, comme si le commerce des cartes était leur seule industrie;

Vu un rapport du premier commis des finances chargé des contributions directes qui estime également qu'un débitant de tabacs n'a pas la faculté de réunir, sans prendre patente, une profession passible de cette contribution au débit dont il est chargé; qu'à la vérité il serait rigoureux de droit proportionnel des débitants qui se trouveront dans ce cas, au dixième de leur loyer total, mais que, pour s'écarter, en leur faveur, de la règle commune, il faudrait avoir recours à une mesure législative;

Vu la loi du 1er brumaire an VII et le décret du 9 février 1810;

Considérant que le tarif annexé à la loi du 1er brumaire an VII assujétit les marchands cartiers à la patente de troisième classe, et que le décret du 9 février 1810, qui concerne la fabrication des nouvelles cartes à jouer, n'a apporté aucune modification à cette disposition;

Considérant que si les débitants de tabac sont, comme salariés de l'État, exempts de la contribution des patentes en raison du tabac, il n'existe aucune mesure législative qui les dispense de payer la patente, lorsqu'ils exercent d'autres commerces, professions ou industries sujets à cet impôt;

Considérant qu'aux termes de l'article 5 de la loi du 1er brumaire an VII, le droit proportionnel de patente est du dixième du loyer ou des maisons d'habitation, ou des ateliers, ou des magasins, ou des boutiques, suivant la nature du commerce ou de l'industrie sujette à patente;

Est d'avis que les débitants de tabacs, qui vendent des cartes à jouer, doivent être assujétis au droit fixe de patente de troisième classe porté au tarif annexé à la loi du 1er brumaire an VII, et qu'ils doivent payer pour droit proportionnel le dixième de leur loyer, conformément à l'article 5 de la même loi.

Fait en comité, le 13 septembre 1822.

Approuvé, le 6 octobre 1822, par le ministre secrétaire d'État des finances.

C. N° 96 (1re PARTIE), DU 20 NOV. 1823.

Comptabilité.

Comptes des receveurs buralistes et particuliers.

... Les sommes dont les contribuables se trouvent en avance, lors de la clôture des comptes d'une année, doivent leur être précomptées sur les droits constatés à leur charge dans l'année suivante. Cependant la vérification des comptes de 1822 a fait remarquer que, dans plusieurs directions, les sommes qui avaient été perçues pendant 1821, en sus des droits constatés à la charge des contribuables, étaient rapportées à la colonne 11 de la récapitulation, mais qu'elles se reproduisaient encore dans la colonne 13, à titre de trop perçu en 1822, à reporter au compte de 1823. Pour que cette irrégularité ne se renouvelle pas, je vais rappeler les opérations de comptabilité auxquelles donnent lieu les avances des contribuables.

Les soldes des comptes des contribuables sont extraits, à la fin de l'année, du registre 75 et détaillés sur l'état 85, qui doit justifier l'emploi, au compte 84, des reprises à charge de transport et des avances.

Les sommes inscrites dans la colonne 6 dudit état 85, qui sera dressé pour 1823, doivent être transportées directement sur le registre 75 de l'année 1824, au compte ouvert à chacun des contribuables en avance. Elles en formeront le premier article, qui sera inscrit, dans les colonnes 9 et 10, sous le titre de *somme payée en trop, en 1823, et imputée aux droits constatés sur l'année courante :* ce transport ne donne lieu à aucune écriture sur le journal 74. Le bordereau 80 ne doit non plus faire aucune mention de ces avances, qui, ayant déjà été comprises au journal et au bordereau de l'année précédente, ne se reproduiraient dans les écritures de l'année courante que par double emploi.

Les receveurs particuliers ne doivent recouvrer ensuite les droits constatés, sur un contribuable qui a trop payé dans l'année précédente, que sous la déduction de l'avance de ce contribuable ; ainsi, si les droits constatés à sa charge, dans le 1er trimestre de 1824, s'élèvent à........................... 60 fr.

et qu'il ait été reconnu en avance, à la fin de 1823, de...................... 15

le receveur particulier ne doit exiger de lui que la différence de........ 45

et il ne doit inscrire que cette dernière somme au journal 74, ainsi qu'aux sommiers 75 et 76.

Il résultera de cette opération à l'égard des avances reconnues dans les comptes de 1823, que les droits constatés en 1824 s'élèveront à des sommes plus fortes que celle à recouvrer réellement; mais la balance s'établira naturellement, d'une part, dans le cours de l'année, par les états 81, qui présenteront, 1° colonnes 2, 3 et 4, les produits constatés, comprenant la somme ci-dessus de.............. 60 fr.

2° colonne 5, les recouvrements effectués comprenant la somme de...... 45

et enfin, colonne 6, le montant de l'avance de 1823...................... 15

et d'autre part, à la fin de l'année, pour le compte 84, qui présentera, à la récapitulation des produits, colonnes 3, 4, 9, 10, 11 et 12, les mêmes détails que l'état 81, au moyen de quoi le produit en question de........ 60 fr. se trouvera complètement balancé, sans avance à reporter colonne 13.

Mais ce mode de remboursement ne peut être suivi qu'à l'égard des contribuables qui continuent leur commerce; les avances de ceux qui l'ont cessé, doivent être tirées en produit, sous le titre : *Avances des contribuables non remboursées.*

Dans ce cas, le montant de ce produit est rapporté aux colonnes 3 et 4 de la récapitulation. Il y est balancé par l'emploi de la même somme à la colonne 11, ce qui ne change rien à la position du comptable, qui diminue d'autant le trop perçu dans l'année précédente sur l'espèce de produit duquel il ressortait, au moyen de quoi la colonne 11 du compte 84 doit toujours offrir le même total que la colonne 13 du compte précédent.

Cette opération doit être présentée aussi sur l'état 81 du dernier trimestre; mais il n'en doit être fait mention ni sur le journal, ni sur le bordereau. Il suffit de la décrire sur le registre 75, au compte qui en est l'objet.

Enfin, la restitution des avances des contribuables qui cessent leur commerce ne peut avoir lieu que sur la réclamation des intéressés, et en vertu d'un ordre de l'administration, dont la demande doit lui être transmise par les directeurs sous le timbre de la comptabilité générale et appuyée par un extrait du registre 75, première partie...

C. N° 96 (2e PARTIE), DU 16 DÉC. 1823 (1).

Comptabilité.

Comptes des receveurs principaux. Modèle 108.

... Son Exc. le ministre des finances a adopté une nouvelle formule qui doit être suivie par les comptables des administrations des finances pour le libellé de la présentation des comptes de gestion. Cette formule diffère de l'ancienne par l'addition d'une déclaration des comptables, contenant : 1° la date de leur nomination en qualité de receveurs principaux; 2° celle de leur installation dans la direction qui concerne le compte; 3° celle du serment qu'ils ont prêté ; 4° le montant du cautionnement; et 5° les dates des versements qui ont été faits au trésor.

Cette déclaration sera remplie de la manière suivante :

La nomination et l'installation ne doivent s'entendre que de celles qui ont eu lieu en conséquence de l'organisation faite le 1er janvier 1823, par suite de la décision ministérielle du 11 décembre 1822; ainsi, la date à porter, sur la première ligne, est celle de la commission postérieure à ladite décision.

L'installation datera du 1er janvier dernier pour les receveurs principaux qui, ayant commencé leurs fonctions à cette époque, rendront le compte de toute l'année. Ceux qui ont à produire à l'appui de leur compte les comptes de clerc à maître, rendus par leurs prédécesseurs, ne feront remonter la date de leur installation qu'au jour où leur responsabilité a commencé.

La date de la prestation du serment exigé par les instructions sera extraite du certificat, dont les receveurs principaux doivent être porteurs, délivré par l'autorité devant laquelle le serment a été fait. Ceux qui exerçaient les mêmes fonctions, avant l'organisation de 1816, placeront sous leur déclaration une note ainsi conçue :

Dispensé de prêter un nouveau serment, par décision de S. Exc. le ministre des finances, du 9 avril 1823, circulaire n° 3 (contentieux).

Le montant du cautionnement fixé par la décision ministérielle du 4 juin dernier, et qui, aux termes de la circulaire n° 93, doit être réalisé au 31 du mois courant, sera inscrit en toutes lettres.

Les dates de versement seront celles désignées au certificat d'inscription au trésor. Les receveurs principaux à qui ce certificat ne serait pas encore parvenu, à l'instant de la transmission de leurs comptes, laisseront ces dates en blanc, pour

---

(1) V. au *Nouveau Recueil* un autre extrait de cette circulaire.

être remplies dans les bureaux de l'administration; mais ils devront annexer à leur déclaration une note détaillée certifiée par eux et visée par le directeur, des versements qu'ils ont fait pour compléter leurs cautionnements et de l'envoi des récépissés à l'administration.

Les directeurs viseront la déclaration des receveurs principaux.

Je rappelle qu'aux termes de la circulaire 59, et lorsqu'une recette principale a été exercée dans le cours de l'année par plusieurs comptables, le libellé de présentation du compte 108 doit désigner tous les comptables et le temps d'exercice de chacun; que les comptes de clerc à maître dressés sur le modèle 108 ou sur un modèle conforme (condition sans laquelle la cour des comptes ne les jugerait pas), doivent être produits à l'appui d'un bordereau 91, établissant distinctement les faits de la gestion de chacun, et récapitulant ces divers faits, pour établir leur conformité avec ceux retracés par le compte de fin d'année.

Bordereau récapitulatif des recettes et des dépenses. Modèle 108 bis.

L'article 5 de l'ordonnance royale du 4 décembre 1822 dispose que les directeurs de département recevront et transmettront à l'administration, après les avoir vérifiés, les comptes des préposés comptables directs de la cour.

Pour assurer l'exécution de cette disposition, il a été dit ci-dessus qu'une expédition du compte 108 leur serait transmise par les directeurs d'arrondissement, appuyée par le comptereau des consignations, par celui des avances provisoires, par une expédition de chacun des comptes 84, et par une expédition du compte 84 bis.

A mesure que l'un de ces envois leur parviendra, MM. les directeurs de département procéderont à la vérification desdits comptes et comptereaux, y feront au besoin les rectifications nécessaires et consigneront, sur une feuille qu'ils y annexeront, les observations auxquelles leur examen aura donné lieu. L'administration consultera ces observations lors de la vérification et de la clôture des comptes de fin d'année.

Ils rempliront ensuite successivement les colonnes du bordereau récapitulatif 108 bis, qui leur est adressé en triple expédition, dont une servira de minute, et les deux autres seront transmises par eux à l'administration dans les délais ci-dessus fixés.

Ce bordereau est le relevé par article, par chapitre et par comptable, des recettes et des dépenses déclarées dans les comptes individuels des receveurs principaux.

c. N° 9, DU 31 DÉC. 1823.

Droits divers.

La plupart des directeurs m'ont fourni les rapports et les plans que je leur ai demandés par ma circulaire timbrée n° 2, en ce qui concerne la navigation, les canaux et les ponts. J'y ai trouvé des documents instructifs et très importants dans les circonstances présentes, où le gouvernement a déjà fait rédiger, et se propose de soumettre à la prochaine session des chambres, un nouveau projet de loi pour la révision du système actuel de la perception sur la navigation. Pour être en état de fournir, lors de la discussion, tous les éclaircissements qui pourront être nécessaires, je fais, dans ce moment, rédiger un résumé des divers rapports qui m'ont été adressés. Je désire y joindre une carte hydraulique pour chaque bassin de navigation, qui sera formée sur les tracés partiels qui doivent donner les détails de la navigation dans chaque département, et qui vous ont été demandés par ma circulaire précitée.

Cependant quelques directeurs n'ont encore fait aucune réponse à cette circulaire, ou n'y ont satisfait qu'imparfaitement. Il y a même d'ailleurs, dans plusieurs des rapports qui me sont parvenus, des omissions sur diverses questions importantes, que je signalerai ci-après.

D'un autre côté, il m'a paru nécessaire de faire quelques additions ou rectifications dans la forme des états destinés à éclairer la surveillance de l'administration; ainsi MM. les directeurs trouveront dans la présente circulaire, des dispositions dont ils auront à faire l'application, selon leur position particulière.

Vous voudrez bien vous faire représenter la circulaire n° 2, et vous pénétrer de l'ensemble des dispositions qui y sont prescrites, ainsi que des observations générales que je vais ajouter pour lever les incertitudes ou des difficultés qui m'ont été communiquées. Une feuille d'observations spéciales, destinée à chaque directeur en retard, lui signalera plus particulièrement les pièces qui lui restent à fournir.

Navigation sur les fleuves et rivières.

Je vous avais recommandé, comme un point essentiel, d'indiquer, d'après les rapports de MM. les directeurs d'arrondissement, les moyens de surveillance que l'on emploie aujourd'hui; de me faire connaître si vous les jugiez suffisants; et, dans le cas contraire, quelles étaient les dispositions qu'il convenait d'y ajouter.

Vous devez, en conséquence, rendre compte des ordres de service qui ont dû être prescrits dans chaque bureau, pour régler les formes propres à assurer la régularité des enregistrements, les vérifications des laissez-passer; enfin les détails relatifs à la surveillance exercée par les préposés spécialement attachés aux divers bureaux, ou par ceux du service actif qui doivent y concourir dans les cas prévus par les règlements actuels.

Vous ferez connaître jusqu'à quel point ce moyen auxiliaire peut être employé, sans nuire aux besoins du service général.

Au rapport raisonné que vous m'adresserez sur l'organisation de la navigation, vous ne négligerez pas de joindre le plan du cours des fleuves et rivières que je vous ai demandé, avec les différents détails que j'ai mentionnés.

Quelques directeurs se sont fait une idée exagérée des difficultés de cette opération: il est sans doute à désirer que ces plans soient tracés avec le plus de soin possible; mais en vous disant qu'ils pouvaient être figurés au simple trait de plume, et dressés par chaque receveur de navigation, j'ai suffisamment fait connaître que je ne demandais pas une précision géométrique, ni une perfection de dessin, qui ne pouvaient être exigées que des gens de l'art.

On doit s'attacher surtout à ce que la situation des *bureaux de perception*, celle *des ports* et des *poteaux-limites*, et *autres établissements* qui peuvent intéresser la perception, soient représentées sur le plan. Ces désignations indispensables serviront d'explication et de supplément aux indications qui pourraient être faites dans les rapports.

D'autres directeurs ont pensé que le plan, qu'ils avaient fourni précédemment pour les passages d'eau, les dispensait de produire un nouveau pour la navigation. Cependant la circulaire n° 2 spécifie de nombreux détails particuliers à la navigation, et qui n'ont point été indiqués lors de la formation du plan des passages d'eau.

Il est très essentiel que vous vous occupiez immédiatement de faire dresser les tracés relatifs à la navigation sur les fleuves et rivières, ainsi qu'aux canaux dont je vais parler, pour les parties situées sur votre territoire: ces plans partiels

doivent, comme je vous l'ai dit, être réunis pour la formation d'un plan général de chaque bassin, dont on s'occupe maintenant dans les bureaux de l'administration.

Dans le cas où les autres renseignements que je vous ai demandés pourraient occasionner quelques retards, vous voudrez bien m'en faire l'envoi séparément.

Vous aviez été aussi invité à adresser le bordereau n° 27 à la fin de chaque trimestre. Des directeurs ont négligé cette mesure. Quelques-uns ont supposé qu'elle se trouvait abrogée par la circulaire n° 6 (*droits divers*). Ils auraient dû remarquer que cette dernière circulaire ne supprime que l'envoi des états de produits, expressément désignés sous les n°s 47, 59, 61, 63 et 66. Le bordereau n° 27 n'est point et ne pouvait être compris dans cette catégorie, parce qu'il n'est pas un état de produits constatés, mais un renseignement nécessaire pour mettre l'administration à portée de vérifier si la perception se fait conformément aux règlements, et en outre pour lui faire connaître les causes qui ont influé sur les augmentations ou les diminutions.

Pour remplir plus parfaitement ce dernier objet, vous voudrez bien faire établir, ainsi que les précédentes formules l'indiquaient, à la fin de chaque bordereau, la comparaison du produit du trimestre expiré avec celui du trimestre correspondant de l'année précédente, en y ajoutant l'indication des causes des différences qui en résulteront.

A la fin de l'année, les produits seront récapitulés et comparés de la même manière avec ceux de l'exercice précédent, et avec les mêmes observations sur les causes des augmentations ou diminutions. Ceux de MM. les directeurs qui n'ont pas encore envoyé leurs bordereaux n° 27, voudront bien les faire dresser conformément aux additions ci-dessus indiquées. A l'égard de ceux qui les ont fournis jusqu'à ce jour, ils veilleront à ce que la nouvelle forme soit observée pour le prochain trimestre.

Canaux.

Il doit être fourni pour cet objet des renseignements pareils à ceux que l'on demande pour la navigation; mais le mode d'administration et le système de perception sur les canaux différant essentiellement de ceux qui régissent la navigation sur les fleuves et rivières, ces deux sortes de droits doivent être distingués: il ne faut jamais les confondre dans les états de situation et autres documents ci-dessus indiqués.

Je dois vous faire remarquer à cette occasion que, dans les états n° 103 *bis*, cette confusion de produits a été introduite par suite d'une imperfection dans le modèle, qui, n'ayant établi qu'un seul article *pour le droit de navigation*, oblige de réunir sous ce titre les produits de la navigation naturelle et ceux des canaux. Cette forme de procéder peut entraîner à des erreurs graves, dans les circonstances surtout où il est nécessaire de présenter au gouvernement des états exacts des produits de la navigation sur les fleuves et rivières, qui seule doit faire l'objet de la révision dont j'ai parlé.

En attendant que la forme des modèles actuels puisse être rectifiée à cet égard dans les prochains tirages, vous voudrez bien établir cette distinction par une addition à la main, qui sera placée à la suite de l'article *droit de navigation*, où vous énoncerez, sous une accolade, le montant des produits de cette perception.

1° Sur les fleuves et rivières;
2° Sur les canaux.

Les produits accessoires des canaux continueront de figurer sous le titre de *pêche et francs-bords*, par lequel ils sont indiqués dans l'état à la section des produits constatés.

Par ma circulaire précitée, je vous avais demandé de me faire connaître quelles étaient les fonctions attribuées à MM. les ingénieurs des ponts et chaussées relativement à la perception, ainsi que les communications respectives qui en étaient la suite, et le plus ou moins d'influence qu'avaient ces relations sur les produits. Je vous engageais à me transmettre toutes les notions que vous pourriez recueillir sur l'organisation de l'administration d'art, pour chaque canal, sur les divers agents qui la composent, et à me dire jusqu'à quel point MM. les ingénieurs, ou d'autres agents de l'administration d'art, participaient aux fonctions relatives à la perception.

On n'a pas satisfait, jusqu'à présent, à cette demande. Quelques directeurs paraissent avoir pensé qu'elle était de nature à occasionner des discussions fâcheuses et une vive opposition de la part de l'administration des ponts et chaussées. Loin que ces résultats soient à craindre, la mesure que je me propose n'a pour objet que d'établir l'harmonie entre les divers agents, en réglant les devoirs qu'ils ont à remplir d'après les bases convenues entre les deux administrations. Leurs attributions respectives sur les canaux sont aujourd'hui clairement fixées par un règlement approuvé par Son Exc. le ministre des finances, et ce règlement s'exécute sans aucune difficulté sur le canal du centre; il s'agit maintenant d'en faire l'application aux autres canaux, autant que les localités et la composition des deux services pourront le permettre. J'envoie au surplus à ceux de MM. les directeurs qui ont des canaux dans leur département, copie du tableau qui a déterminé ces attributions, en leur faisant observer néanmoins qu'ils ne doivent apporter aucun changement à l'ordre actuel, jusqu'à ce qu'ils aient reçu de nouvelles instructions, que je leur adresserai aussitôt qu'ils m'auront fait parvenir les détails ci-dessus spécifiés, avec leurs vues pour une organisation conforme au règlement dont il s'agit.

On n'a pas non plus exactement envoyé les états relatifs aux produits de la navigation sur les canaux, ainsi que l'état de consistance des revenus accessoires qui en dépendent.

Ce dernier état doit être fourni au commencement de chaque année, dans une forme analogue à celle de l'état de consistance des passages d'eau; à l'égard du premier, comme il ne me reste, dans ce moment, d'autre moyen pour faire la distinction des deux espèces de produits de la navigation confondus dans l'état n° 103 *bis*, vous voudrez bien me l'adresser immédiatement, en y joignant la récapitulation de ces produits, à commencer du 1er janvier de cette année, avec la comparaison de ceux de l'année précédente.

Les tracés à fournir doivent comprendre tous les canaux ou portions de canaux appartenant à l'État qui pourront se trouver dans votre territoire, sans en excepter ceux qui ne seraient encore qu'en construction, et qui ne donnent lieu, quant à présent, à aucun revenu.

Ces plans doivent être dressés séparément de ceux de la navigation; ils seront réunis dans les bureaux de l'administration, pour faire une carte générale de la navigation artificielle.

Ponts.

Le plan particulier qui devra être fourni pour chaque pont, décrira *le bureau et autres établissements servant à la perception, les barrières*, s'il y en a, *et les divers chemins ou routes qui y aboutissent.*

Les réponses que vous aurez à m'adresser devront toujours présenter la division générale que j'ai indiquée ci-dessus, sous le titre de *navigation sur les fleuves et rivières, canaux et ponts.*

Vous aurez à fournir un *état négatif* lorsqu'il n'y aura point d'établissement de cette nature dans votre direction, ou *un état détaillé* de ceux qui y seront situés, avec un certificat portant qu'il n'en existe point d'autres dans votre direction.

C. N° 98, DU 14 JANV. 1824.

Sommes à recouvrer.

L'administration a toujours regardé la prompte rentrée des droits constatés comme une preuve de la sollicitude de MM. les directeurs, pour la suite du service qui leur est confié, et du zèle qu'apportent les différents comptables dans l'accomplissement de leurs devoirs. Aussi a-t-elle, dans toutes les circonstances, adressé les recommandations les plus pressantes sur cette partie importante du service. Elle a particulièrement insisté sur la nécessité qu'il y a, lorsque quelques redevables contestent les droits constatés à leur charge, de statuer le plus promptement possible sur leurs réclamations, afin d'éviter que les sommes en litige ne soient reportées en reprise d'année en année. Je me suis fait rendre compte tout récemment de la situation des recouvrements, et j'ai reconnu que, si un grand nombre de directeurs suivent à cet égard les recommandations qui leur ont été faites, quelques-uns n'apportent pas assez de surveillance sur l'exactitude des comptables sous leurs ordres à opérer les rentrées, et qu'ils négligent de fournir, en temps utile, les pièces et renseignements propres à mettre l'administration à même de prononcer avec connaissance de cause sur les demandes en décharge. Il en résulte que les rentrées n'ont pas lieu, dans leurs directions, aussi promptement qu'on devrait l'exiger, et que les sommes en litige sont reportées en reprise, au lieu d'être recouvrées ou portées en décharge dans le courant de l'année pendant laquelle elles ont été constatées, ou, au plus tard, au commencement de l'année suivante.

Le compte des consignations présente aussi des sommes dont la répartition ou l'emploi définitif éprouvent des retards plus ou moins longs. Quelques-unes de ces sommes remontent à des époques déjà très reculées.

Il en est de même des avances provisoires pour frais judiciaires. On voit figurer sur ce compte des sommes dont le recouvrement ou l'admission en dépense à la charge de la régie, sont en suspens depuis plusieurs années. Je ne me dissimule pas que les différents changements qui ont eu lieu dans l'organisation de la régie, et les événements qui se sont succédés, ont pu occasionner quelques-uns des retards que je signale ici; mais il est instant d'apurer, dans le plus bref délai possible, toutes les anciennes affaires, avec d'autant plus de raison, qu'à mesure qu'on s'éloigne de l'époque où elles ont pris naissance, on éprouve de plus grandes difficultés pour les terminer. Il n'importe pas moins d'aviser aux moyens d'éviter à l'avenir des retards aussi préjudiciables au bon ordre de la comptabilité qu'aux intérêts du trésor royal.

J'appelle, en conséquence, toute votre attention sur cette partie de la comptabilité...

Je ne terminerai point cette lettre sans appeler aussi votre attention sur la tenue du registre n° 28, destiné à inscrire toutes les sommes dont l'admission en reprise indéfinie est prononcée par suite de l'insolvabilité momentanée des redevables. Vous devez non seulement vous assurer que toutes les sommes ainsi admises seront portées sur ce registre au moment même où on les fait disparaître des comptes, mais il importe encore que vous fassiez prendre fréquemment des renseignements sur la situation présente des débiteurs, afin de pouvoir réclamer le paiement des sommes portées à leur compte, dans le cas où ils deviendraient solvables.

Le petit nombre de recouvrements qu'on opère sur les créances de cette nature, me fait craindre qu'on ne néglige souvent de saisir les occasions qui peuvent s'offrir de les faire rentrer.

ORD. DU 3 MARS 1824.

Banlieue de Paris.

Art. 1er L'obligation imposée par l'article 14 de notre ordonnance précitée (11 juin 1817), aux expéditeurs d'eaux-de-vie, esprits et liqueurs enlevés de l'entrepôt général, de se munir d'acquits-à-caution de banlieue, sera restreinte au seul cas où ces boissons ne seront pas accompagnées d'un acquit-à-caution des contributions indirectes; la même disposition sera applicable aux expéditions qui seront faites par les marchands en gros, entrepositaires et distillateurs établis dans la banlieue.

Art. 2. Le droit de banlieue sera acquitté au départ sur toutes les quantités d'eaux-de-vie, esprits et liqueurs qui seront enlevées, soit de l'entrepôt général, soit des entrepôts ou distilleries de la banlieue, à destination de débitants ou de consommateurs établis dans la banlieue.

Art. 3. Les soumissionnaires d'acquits-à-caution des contributions indirectes pour les eaux-de-vie, esprits ou liqueurs, enlevées, soit de l'entrepôt général, des entrepôts ou distilleries de la banlieue, sous acquittement du droit de banlieue, seront tenus au paiement de ce droit, indépendamment de leurs autres obligations relativement aux droits dus au trésor en cas de non rapport du certificat de décharge.

ARRÊT DE LA COUR DE DIJON, DU 12 MAI 1824.

L'essayeur d'un bureau de garantie est sans caractère pour suppléer le receveur dans l'attribution que la loi donne à ce dernier de concourir aux saisies en cas de contravention aux lois sur la garantie: en conséquence, un procès-verbal rédigé par l'essayeur et le contrôleur du bureau, seuls et sans le concours d'aucun autre employé ayant le droit de verbaliser, est nul. Code de la gar. (Ann.)

Arrêt conforme.

A. C. DU 28 AOUT 1824, AFF. BRICE.

Dans les cas où les procès-verbaux ont reçu de la loi un caractère et une force de preuve dont l'inscription de faux peut seule arrêter ou suspendre l'effet, le tribunal ne peut pas, sous prétexte de s'entourer des éléments propres à éclairer sa religion, faire citer à son audience les verbalisants, sans que le procès-verbal ait été attaqué par les voies légales. B. crim. 323.

Vu l'article 13, titre 9 de la loi du 29 septembre 1791, sur l'administration forestière, portant que les procès-verbaux feront preuve suffisante, dans tous les cas où l'indemnité et l'amende n'excéderont pas la somme de 100 livres, s'il n'y a pas inscription de faux, ou s'il n'est pas proposé de cause valable de récusation;

Attendu, en fait, qu'un procès-verbal revêtu des formes prescrites, constate que

le 25 août 1823, à onze heures du matin, le garde rapporteur a trouvé Brice Tridon fils dans un taillis de la commune de Frettes, champoyant avec douze bêtes à cornes appartenant à Jean Tridon, son père;

Qu'en conséquence de ce rapport, le prévenu, et son père, comme civilement responsable, ont été traduits devant le tribunal correctionnel de Langres, pour s'y voir condamner à l'amende de 36 francs et à pareille somme d'indemnité conformément à l'article 38, titre 2 du code rural du 6 octobre 1791;

Que ces deux individus, sans recourir à l'inscription de faux contre le procès-verbal, sans proposer aucune cause de récusation contre le garde rapporteur, et même en rendant hommage à sa véracité, ont néanmoins, sous le prétexte d'une prétendue erreur dans les faits et les circonstances énoncés au rapport, conclu à la répétition du garde, et demandé qu'il fût, à cet effet, cité devant le tribunal;

Attendu, en droit, qu'un pareil incident ne pouvait, sous aucun rapport, arrêter le cours de la justice;

Que si, en matière de délits forestiers, à défaut de procès-verbaux, quand il n'en a pas été fait ou lorsqu'ils sont nuls, ou à leur appui quand ils sont par eux-mêmes suffisants, la preuve testimoniale peut être admise, on ne peut être reçu à rien prouver outre et contre le contenu aux rapports des gardes, dans tous les cas où ces actes ont reçu de la loi un caractère et une force de preuve dont l'inscription de faux peut seule arrêter ou suspendre l'effet;

Que, dans l'espèce, le tribunal correctionnel de Langres, ayant à statuer sur un rapport auquel foi était due jusqu'à inscription de faux, et qui n'était pas attaqué par les voies légales, ne pouvait, sans déni de justice, refuser ou différer de faire droit à la demande de l'administration des forêts;

Que cependant ce tribunal, sous le prétexte qu'il ne pouvait trop s'entourer des éléments propres à éclairer sa religion, lorsqu'il devait les chercher dans un acte authentique et non attaqué par les voies légales, a ordonné la répétition du garde forestier et enjoint de le faire citer à son audience;

Que, par cette disposition, il a implicitement, mais nécessairement jugé que le procès-verbal ne constatait pas suffisamment le délit, objet des poursuites, et que la déclaration judiciaire de son auteur pouvait, en le confirmant, former un complément de preuve qui lui manquait, ou, dans le cas contraire, altérer la foi due à cet acte;

Que sous ce double point de vue, le jugement interlocutoire, rendu par le tribunal correctionnel de Langres, est en opposition directe avec les dispositions de la loi, et qu'en le confirmant, le tribunal de Chaumont en a partagé les vices;

En quoi le tribunal a violé l'article 13, titre 9 de la loi du 29 septembre 1791, sur la foi due aux procès-verbaux des gardes forestiers, et par suite l'article 38, titre 2 de la loi du 6 octobre même année, dont il avait à faire l'application;

La cour casse. — Ch. crim.

INST. DU M. DE L'INT. DU 2 SEPT. 1824.

Recettes et dépenses des communes.

... Les mandats sur les crédits ouverts pour les frais de casernement dus par les villes de garnison dans lesquelles il existe des octrois sont payés entre les mains et sur la quittance du mandataire de la régie des contributions indirectes indiqué au mandat, lequel est appuyé des décomptes des intendants militaires, visés par les maires (1).

Dans le cas où les frais de casernement seraient convertis en un abonnement fixe et déterminé, soit même pour le premier des paiements à faire, par une copie conforme de l'ordonnance qui a réglé l'abonnement...

A. C. DU 2 OCT. 1824, AFF. REUBRET.

C'est par les rédacteurs du procès-verbal que la copie doit être signée et délivrée au prévenu, lorsqu'il est présent. B. crim. 400.

Attendu que l'article 6 du titre 4 de la loi du 9 floréal an VII veut, à peine de nullité, que, si le prévenu est présent, le rapport énonce qu'il lui en a été donné lecture, qu'il a été interpellé de le signer et qu'il en a reçu de suite copie;

Qu'en jugeant que c'était par les préposés eux-mêmes, rédacteurs du procès-verbal, que cette copie devait être signée et délivrée, et en prononçant, dans l'espèce, la nullité du procès-verbal, sur le motif que cette formalité n'avait pas été observée, le jugement attaqué ne présente ni violation ni fausse application de la disposition de la loi;

Attendu, d'ailleurs, que ledit jugement est régulier en la forme;

La cour rejette. — Ch. crim.

A. C. DU 25 OCT. 1824, AFF. BASTIEN.

Si le prévenu n'a point excipé en première instance de la nullité du procès-verbal, son silence sur ce point ne peut le rendre non recevable à la proposer, soit en cause d'appel, soit même devant la cour de cassation, puisqu'en matière criminelle les nullités sont d'ordre public et ne peuvent être couvertes par le fait des parties. B. crim. 452.

Sur le premier moyen de cassation présenté par l'administration des forêts : attendu que, si le prévenu n'a pas excipé en première instance de la nullité du procès-verbal qui lui était opposé, son silence sur ce point ne pouvait le rendre non recevable à la proposer, soit en cause d'appel, soit même devant la cour, puisqu'en matière criminelle les nullités sont d'ordre public et ne peuvent être couvertes par le fait des parties;

Que le prétendu acquiescement des prévenus au jugement de première instance, résultant du paiement de l'amende à laquelle ils avaient été condamnés, ne constitue pas davantage une fin de non recevoir qui puisse leur être utilement opposée, puisque c'est précisément l'insuffisance de l'amende acquittée par eux qui a servi de base à l'appel de l'administration, et que, dès lors, après l'appel interjeté, le contrat qui pouvait résulter entre les parties de l'exécution volontaire du jugement, avait cessé de les lier.

La cour casse. — Ch. crim.

A. C. DU 29 OCT. 1824, AFF. FAREL.

Les agents, chargés de poursuivre les auteurs des délits constatés par procès-verbaux et de représenter l'administration sous ce rapport devant les tribunaux,

(1) Ou d'extraits certifiés. C. n° 52 du 28 août 1820.

n'ont pas pour cela caractère ni qualité, à l'effet d'intenter en leur nom des actions dont l'exercice n'appartient qu'à l'administration. Elles doivent être suivies à leur diligence, mais à la requête de l'administration elle-même. B. crim. 466 ;

Vu les articles 1er, 5 et 19 de la loi du 29 septembre 1791, desquels il résulte que la poursuite des délits commis dans les bois de l'État, et des contraventions aux lois forestières, doit être faite au nom de la conservation générale des forêts ;

Attendu que les inspecteurs et autres agents chargés de poursuivre les auteurs des délits forestiers constatés par les procès-verbaux des gardes et de représenter, sous ce rapport, dans les tribunaux, l'administration générale dont ils sont les mandataires, n'ont pas pour cela caractère ni qualité à l'effet d'intenter, en leur nom et en vertu du titre dont ils sont revêtus, des actions dont l'exercice n'appartient qu'à l'administration, qui peut seule s'en désister, ou acquiescer aux condamnations prononcées ;

Que, si ces actions doivent être suivies à la diligence de certains agents forestiers, elles ne peuvent l'être qu'*à la requête de l'administration elle-même*, et qu'aucune disposition de la loi n'a dérogé, sous ce rapport, au principe général qu'*en France, le roi seul plaide par procureur* ;

Que si, aux termes de l'article 182 du code d'instruction criminelle, les tribunaux correctionnels sont saisis de la connaissance des délits forestiers, sur *la poursuite* et par *les citations* desdits agents, cet article, rapproché de l'article 179 du même code, ne permet pas de douter que, pour remplir le vœu de la loi, ces citations doivent nécessairement être faites *à la requête de l'administration* ;

Qu'ainsi la cour royale de Nîmes, en confirmant le jugement du tribunal correctionnel de Carpentras qui a renvoyé Farel père et fils de l'assignation à eux donnée à la requête de l'inspecteur forestier, sauf à l'administration et au ministère public à exercer leurs actions ainsi qu'il appartiendra, n'a point violé l'article 182 du code d'instruction criminelle, et n'a fait qu'une juste application des dispositions de la loi du 29 septembre 1791, et de l'article 179 du susdit code ;

La cour rejette. — Ch. crim.

A. C. DU 11 NOV. 1824, AFF. SUZZARINI.

Lorsqu'une cour déclare l'appelant déchu de son appel, elle s'interdit, par cela même, l'examen du jugement que cet appel lui avait déféré ; elle ne peut dès lors ni le confirmer, ni l'infirmer. B. crim. 480.

Vu l'arrêt attaqué dont le dispositif est ainsi conçu :
« La cour déclare le ministère public près le tribunal correctionnel de Bastia « déchu de son appel ; et, adoptant au surplus les motifs des premiers juges, or- « donne que ce dont est appel sortira son plein et entier effet. »

Sur la première partie dudit arrêt, relative à la déchéance de l'appel du ministère public : Vu les articles 203 et 205 du code d'instruction criminelle ;

Attendu, en droit, que, d'après les dispositions de l'article 203, le procureur du roi près le tribunal de première instance de Bastia n'avait (sauf l'envoi des pièces, ainsi qu'il est prescrit par l'article 207, ce qui a été fait) d'autre obligation à remplir, en interjetant appel du jugement correctionnel rendu contradictoirement sur son action, en faveur du sieur Suzzarini, que de faire sa déclaration d'appel au greffe du tribunal qui avait rendu le jugement, dix jours au plus tard après celui où il avait été prononcé ;

Attendu, en fait, que ledit jugement, ayant été prononcé le 6 juillet 1824, la déclaration d'appel a été faite au greffe le 13 du même mois, et par conséquent dans les dix jours de la prononciation du jugement ;

Attendu que la cour royale de Corse ayant déclaré, par l'arrêt attaqué, le procureur du roi déchu de son appel, par le motif unique que la notification dudit appel, n'avait pas été faite au sieur Suzzarini, dans les deux mois de la prononciation du jugement, a fait une confusion évidente des obligations imposées par l'article 205, sous peine de déchéance, au ministère public près le tribunal ou la cour qui doit connaître de l'appel, et qui de son chef veut se porter appelant, avec celles que doit remplir le procureur du roi près le tribunal de première instance, qui n'est assujéti qu'à une simple déclaration au greffe, dans le délai fixé par l'article 203 ; qu'ainsi, en déclarant le procureur du roi près le tribunal de première instance déchu de son appel, cette cour a violé, par cette disposition de l'arrêt attaqué, l'article 203 du code d'instruction criminelle, et fait une fausse application de l'article 205 du même code.

Sur la deuxième partie dudit arrêt, confirmative du jugement de première instance : Vu les articles 408 et 413 du code d'instruction criminelle, d'après lesquels la cour de cassation doit annuler les arrêts et jugements rendus en dernier ressort en matière criminelle, correctionnelle et de police, lorsqu'ils contiennent une violation des règles de la compétence ;

Attendu que la cour royale de Corse, en déclarant le procureur du roi déchu de son appel, s'était interdit à elle-même l'examen du jugement que cet appel lui avait déféré, et qu'elle était dessaisie du litige, dès lors, en confirmant ce jugement par les motifs des premiers juges, et en ordonnant son exécution par voie d'autorité directe, ou en l'infirmant, elle aurait, comme elle l'a fait, commis un excès de pouvoir, et violé formellement les règles de la compétence ;

La cour casse. — Ch. crim.

C. N° 102, DU 22 NOV. 1824 (1).

Comptabilité.

Octrois. Certificats des maires des communes.

En conséquence des injonctions faites par la cour des comptes, les décomptes d'indemnité pour suite d'exercice, de frais d'impressions et d'abonnement pour traitements d'employés, devront être appuyés par des états intitulés *Extraits des registres, bordereaux et comptes d'année des octrois.* Ces états certifiés par les maires des communes, et visés par vous, seront rapportés à l'appui des comptes, et justifieront les produits constatés sur chaque commune...

Recettes sur les avances provisoires. Comptes 108.

... Les comptes 108 continueront à être formés en triple expédition : deux seront adressées à l'administration, appuyées d'une expédition des compteraux, des consignations et des avances provisoires ; la troisième sera transmise au directeur du département...

C'est pour la première fois, depuis l'introduction du système de comptabilité créé par l'ordonnance royale du 20 novembre 1820, que les recettes et les dépenses sur les avances provisoires doivent être intégralement employées dans les comptes

---

(1) V. au *Nouveau Recueil* un autre extrait de cette circulaire.

108, qui, précédemment, n'offraient que dans les résultats l'excédant du compte n° 13 sur le compte n° 34 du sommier 88...

Résultat général.

Le résultat général ne présente plus d'autres motifs des excédants de recettes sur les dépenses que les valeurs existant en caisse et en porte-feuille au 31 décembre, et les créances à recouvrer sur les comptables reliquataires ou en débet. La partie du libellé qui concernait le solde des avances provisoires, en a été retranchée, puisque le solde de l'année précédente, et les avances faites dans l'année courante, seront admis en dépense ; mais le mode adopté à ce sujet ne dispense ni les receveurs principaux, ni les directeurs, de la suite qu'ils doivent donner au recouvrement des frais exposés dans les affaires judiciaires, ou des avances faites pour autres objets. Leur responsabilité, à cet égard, reste la même que par le passé...

A. C. DU 25 MARS 1825, AFF. BOURQUIN.

Les jugements qui prononcent une condamnation doivent énoncer les termes de la loi appliquée. B. crim. 157.

Sur le premier moyen :
Vu l'article 163 du code d'inst. crim. ;
Attendu que le jugement attaqué prononce contre les mariés Bourquin la condamnation à l'amende d'un franc pour délit d'injures, sans énoncer les termes de la loi en vertu de laquelle cette peine pouvait être prononcée, en quoi il a contrevenu à l'article 163 précité ;
Sur le deuxième moyen :
Attendu que Bourquin et sa femme étaient tous deux prévenus d'avoir commis envers Perlat un délit d'injures ; que cette prévention portait, à l'égard de chacun d'eux, sur un délit personnel et séparé ; ce qui, pour chacun d'eux aussi, devait donner lieu à une condamnation particulière ;
Que néanmoins, après avoir reconnu et déclaré le fait de la contravention envers chacun des deux prévenus, le jugement attaqué n'a prononcé contre eux simultanément qu'une seule amende d'un franc, formant pour un seul prévenu le *minimum* d'une peine de police :
En quoi ce jugement a commis une fausse application de la loi pénale :
Par ces deux motifs, la cour casse. — Ch. crim.

ARRÊT DE LA COUR ROYALE DE PARIS, DU 27 JUIN 1825.

Un individu convaincu d'avoir fourni sciemment les matières qui ont servi pour la falsification des tabacs de la régie doit être condamné comme complice. Code des tab. (Ann.)

Arrêt conforme.

ARRÊT DU CONS. D'ÉT. (ORD.) DU 28 DÉC. 1825, AFF. LA ROCHEJACQUELIN.

Quand un bac appartient au chemin qui établit la communication publique entre les deux rives, la propriété ne pourrait en être revendiquée, sans justifier des titres de propriété du terrain des deux rives dans l'emplacement des abords du bac.

Vu la loi du 25 août 1792 ;
Vu la lettre du préfet du Tarn, du 21 novembre 1825 ;
Considérant que la dame de Larochejacquelin ne justifie pas qu'elle soit propriétaire des rives du Tarn dans l'emplacement des abords du bac ;
Qu'au contraire il résulte de la lettre sus-visée du préfet du Tarn, que ce bac appartient au chemin qui établit la communication publique entre les communes d'Alby et de Lescure ;
Considérant que la réclamation de la dame de Larochejacquelin aurait pour objet de rétablir à son profit un droit de passage supprimé par l'article 9 de la loi du 25 août 1792 ;
Art. 1er. La requête de la dame marquise de Larochejacquelin est rejetée.

LETT. COMM. N° 3, DU 29 DÉC. 1825 (1).

Justification de la sortie des boissons des lieux sujets aux droits d'entrée et d'octroi.

... Conformément à l'article 37 de la loi du 28 avril 1816, les entrepositaires sont tenus de produire des certificats de sortie pour les boissons qu'ils expédient *hors* du lieu sujet, indépendamment des quittances ou bulletins détachés des registres n°s 1, 2, 2 *bis*, 3 *bis*, 4 ou 4 *bis*. L'administration a déjà fait connaître que cette disposition n'était relative qu'aux droits d'entrée et d'octroi, et que le défaut de justification de la sortie ne pouvait priver le marchand en gros, en ce qui concerne les droits de 15 p. 0/0 ou de consommation, de la décharge des boissons enlevées de son magasin, en vertu d'expéditions régulières ; ainsi, dans ce cas, il n'y a que les droits d'entrée et d'octroi à réclamer ; ils sont immédiatement exigibles, et la compensation ne leur étant pas applicable, ils seront portés sur les états de produits de chaque trimestre.

La circulaire n° 31 prescrit de comprendre sur les états 81 du quatrième trimestre, et successivement au registre 102 et aux états 103, 103 *bis* et 104, le montant des relevés spéciaux n° 52, relatifs aux droits d'entrée dus par les propriétaires récoltants qui n'auront pas droit à l'entrepôt, ou qui, ayant récolté des quantités suffisantes pour l'obtenir, ne l'auront pas réclamé. L'administration ne se dissimule pas que dans quelques localités il sera impossible de faire rentrer tous ces droits avant la clôture des comptes de l'année. Aussi, son intention n'étant pas de priver, ce motif, les comptables de leur prime d'apurement, j'en autoriserai le paiement, sur la demande des directeurs de département, qui devront m'adresser un état nominatif des propriétaires récoltants en retard, avec la désignation des droits d'entrée de l'espèce restant à recouvrer, et dont le montant aura été porté en reprise à charge de transport.

---

(1) V. au *Nouveau Recueil* un autre extrait de cette lettre.

LETT. COMM. N° 5, DU 12 JANV. 1826.

Frais généraux.

Entreposeurs.

... Les entreposeurs jouiront, comme par le passé, de l'indemnité d'un centime par chaque plomb apposé sur les sacs des débitants, et les frais de démolition des colis vides renvoyés en manufacture leur seront remboursés à raison de dix centimes par colis. Ces dépenses seront considérées comme dépenses d'urgence...

Indemnités de localité.

Le crédit affecté aux indemnités de localité, qui étaient payées sur les fonds du service général, ayant été retranché, pour l'exercice 1826, de l'article 1er du budget destiné à faire face aux appointements des employés, et les sommes portées à l'article 4, sur lequel les dépenses de cette nature devront être imputées à l'avenir, présentant peu de ressources, l'administration se voit dans l'impossibilité de maintenir ces indemnités, si ce n'est dans les résidences où il y aurait une absolue nécessité d'en accorder. En conséquence, on n'a laissé figurer sur les états généraux de fixation des appointements et frais de bureau que les indemnités allouées aux contrôleurs de ville placés hors des chefs-lieux d'arrondissement et aux contrôleurs-receveurs ambulants. Ce seront les seules pour le paiement desquelles il sera ouvert des crédits dans les extraits d'ordonnances ministérielles de délégation applicables au mois de janvier. Si vous jugiez cependant qu'il fût indispensable, dans quelques localités, de maintenir tout ou partie des indemnités qui étaient accordées en 1825, soit pour cause de la cherté excessive des vivres, des loyers, etc., soit pour frais extraordinaires de découcher, de passages d'eau, de prélèvement et de transport de fonds, etc., vous pourriez m'en rendre compte, comme par le passé, sous le timbre *de la 1re division, frais généraux d'administration.* Je m'empresserais d'examiner en conseil les propositions que vous m'auriez soumises. Vos demandes pour cet objet devront me parvenir avant la fin du mois prochain.

Le peu de fonds que l'administration a à sa disposition pour faire face à ces dépenses m'oblige à réitérer les recommandations que je vous ai déjà faites à diverses reprises, d'apporter la plus grande réserve dans vos propositions...

Ordonnancement des dépenses.

Ainsi que vous en avez été déjà informé par la circulaire qui vous a été adressée le 26 décembre dernier par M. le directeur de la comptabilité générale des finances, les ordonnances ministérielles de délégation pour les dépenses applicables au service de l'exercice 1826 seront délivrées par département, au lieu de l'être par direction d'arrondissement, comme cela avait lieu pour 1825.

Ce nouveau mode, qui se trouve déterminé par la centralisation des pièces de dépense et par la formation d'un seul bordereau de mois par département, ne présentera aucune difficulté réelle dans l'exécution...

ARRÊT DU CONS. D'ÉT. (ORD.) DU 18 JANV. 1826, AFF. MILLOT.

En matière d'octroi, toute demande en nullité de procès-verbal de saisie est du ressort des tribunaux ordinaires. Si des difficultés ont été jugées administrativement par des arrêtés des préfets, on ne peut attaquer ces arrêtés que devant le ministre de l'intérieur.

Vu l'article 78 de l'ordonnance du 9 décembre 1814 ;

Considérant qu'il n'a été soumis au tribunal de Neufchâteau que la demande en nullité du procès-verbal de saisie rédigé en matière d'octroi au préjudice de Claude Millot ;

Que conformément à l'article 78 de l'ordonnance du 9 décembre 1814, ci-dessus cité, cette action est du ressort des tribunaux ordinaires ;

Considérant qu'il a été statué sur la fixation des limites de l'octroi de la ville de Neufchâteau par deux arrêtés pris par le préfet du département des Vosges, en exécution du décret du 5 février 1813, les 20 septembre 1816 et 28 janvier 1823 ;

Que si, devant le tribunal de Neufchâteau, Claude Millot a allégué que sa maison n'est pas située dans le rayon intérieur de l'octroi, il ne résulte pas cependant du dispositif du jugement ci-dessus visé que le tribunal de Neufchâteau ait entendu remettre en question les difficultés jugées administrativement par les deux arrêtés du préfet, lesquels ne pourraient être attaqués que devant notre ministre de l'intérieur :

Art. 1er. L'arrêté de conflit, pris par le préfet du département des Vosges le 19 juin 1823, est annulé.

ARRÊT DU CONS. D'ÉT. (ORD.) DU 22 FÉV. 1826, AFF. DAT.

Si la requête sommaire ne présente aucun moyen contre la décision attaquée, il y a lieu de rejeter le pourvoi, à défaut de requête ampliative dans les délais fixés par le règlement du 22 juillet 1806.

Arrêt conforme.

ARRÊT DU CONS. D'ÉT. (ORD.) DU 29 JUILL. 1826, AFF. ANDRON.

L'ordonnance de soit communiqué doit être signifiée dans le délai fixé par l'article 12 du décret du 22 juillet 1806, sous peine de déchéance.

Vu la requête à nous présentée par le sieur Andron, ex-fermier de l'octroi de la ville d'Arles, y demeurant, etc. ;

Vu l'ordonnance de soit communiqué de notre garde des sceaux, ministre de la justice, du 4 mars 1825, mise au pied de la requête dudit sieur Andron ;

Vu la copie laissée au maire d'Arles, de la signification de ladite ordonnance à lui faite, le 16 juin 1825, à la requête du sieur Andron ;

Vu l'article 12 du règlement du 22 juillet 1806 ;

Considérant que l'ordonnance de *soit communiqué* rendue par notre garde des sceaux, le 4 mars 1825, sur la requête du sieur Andron, n'a été signifiée au maire de la ville d'Arles que le 16 juin suivant ;

Que dès lors le sieur Andron a encouru la déchéance prononcée par l'article 12 du règlement du 22 juillet 1806 :

Art. 1er. La requête du sieur Andron est rejetée.

Art. 2. Le sieur Andron est condamné aux dépens.

ARRÊT DU CONS. D'ÉT. (ORD.) DU 2 AOUT 1826, AFF. GILIBERT.

Les conseils de préfecture sont compétents pour connaître de l'action en résiliation ou diminution de prix du bail d'un bac, par suite de l'établissement ultérieur d'un autre bac dans le voisinage ; mais ils ne le sont pas pour concéder au fermier, par extension et à certaines conditions, le droit d'exploiter le nouveau passage.
Les préfets seuls peuvent procéder aux adjudications.

Considérant que le conseil de préfecture était compétent pour connaître de l'action en résiliation ou diminution de prix du bail du bac de Veurey, par suite de l'établissement ultérieur d'un autre bac dans le voisinage, mais que ce conseil, après avoir reconnu que l'adjudication du bac de Veurey ne donne aucun titre au fermier de ce bac pour s'emparer du péage du bac voisin, a excédé ses pouvoirs en lui conférant par extension, et à certaines conditions, un droit qu'il ne pouvait tenir que de l'administration :

Art. 1er. L'arrêt du conseil de préfecture du département de l'Isère, du 11 février 1824, est annulé pour excès de pouvoir.

ARRÊT DU CONS. D'ÉT. (ORD.) DU 2 AOUT 1826, AFF. GUICHARD.

Un arrêté contradictoire, pris par le conseil de préfecture, ne peut pas être réformé par ce conseil.
Le pourvoi est tardif et non recevable s'il résulte du récépissé de la notification administrative, de l'opposition à l'arrêté et d'un arrêté interlocutoire intervenu sur cette opposition, qu'il n'a pas été formé dans le délai légal.

Considérant que le précédent arrêté ayant été contradictoirement pris, le conseil de préfecture a justement déclaré qu'il ne lui était pas possible de se réformer ;

Sur l'arrêté du 12 novembre 1811 ;

Considérant que du récépissé donné par le sieur Guichard, le 27 décembre 1811, de son opposition audit arrêté, et de l'arrêté interlocutoire du conseil de préfecture du 13 mars 1812, il résulte que ledit sieur Guichard avait eu, dès cette époque, pleine connaissance de l'arrêté du 12 nov. 1811 ; que dès-lors son pourvoi formé devant nous, le 19 avril 1824, est tardif et non recevable :

Art. 1er. La requête du sieur Guichard est rejetée.

ARRÊT DU CONS. D'ÉT. (ORD.) DU 2 AOUT 1826, AFF. POUTHIER.

Si le recours contre la liquidation d'une pension n'a pas été exercé dans les trois mois du décret de concession, il ne serait pas valable en faisant courir le délai d'une décision ministérielle ultérieure qui se réfère au décret.

Considérant que la décision de notre ministre des finances en date du 18 avril 1825, contre laquelle se pourvoit le sieur de Chamaillard, ne fait que se référer à l'ordonnance royale du 22 janvier 1823 qui a concédé sa pension à partir du 8 mai 1822 :

Qu'il ne s'est pas pourvu dans le premier trimestre contre la concession faite par ladite ordonnance :

Art. 1er. La requête du sieur Pouthier de Chamaillard est rejetée.

ARRÊT DU CONS. D'ÉT. (ORD.) DU 6 SEPT. 1826, AFF. DUFOUR.

Il résulte des articles 31, 40 et 70 de la loi du 6 frimaire an VII, que les contestations qui s'élèvent entre l'administration et les fermiers des bacs sur les indemnités réclamées sont du ressort des conseils de préfecture.

Considérant qu'aux termes des articles 31, 40 et 70 de la loi du 6 frimaire an VII, les contestations qui pouvaient s'élever entre l'administration et les fermiers des bacs, sur les indemnités prétendues par ceux-ci, étaient du ressort des anciennes administrations centrales, lesquelles ont été depuis remplacées en ce point par les conseils de préfecture :

Art. 1er. L'arrêté de conflit pris par le préfet du département de l'Ardèche, le 1er mai 1826, est confirmé.

L'exploit d'assignation, du 26 février 1826, est considéré comme non avenu.

ARRÊT DU CONS. D'ÉT. (ORD.) DU 15 NOV. 1826, AFF. GOT.

Ne sont point soumis aux dispositions de la loi du 6 frimaire an VII les bacs et bateaux établis pour le service d'une usine sur les rivières qui ne sont ni navigables ni flottables, et lors même qu'ils serviraient quelquefois à passer le public moyennant salaire, s'ils n'aboutissent pas à un chemin public, et si d'ailleurs les deux rives où aborde le bac appartiennent au propriétaire de ces bateaux.
Les tribunaux sont seuls compétents pour statuer sur la saisie de semblables bacs.
M. 13.254.

Considérant que la contestation élevée entre les agents des contributions indirectes et les héritiers Got, a pour objet la saisie d'une barque de passage appartenant au sieur Got sur la rivière Dadon ;

Que cette rivière n'est ni navigable ni flottable ;

Qu'aucun chemin public n'aboutit sur ce point ;

Que l'une des rives dépend du moulin de la Bressole, et que la rive opposée lui est assujétie par droit de servitude ;

Que ladite barque n'a été établie par les héritiers du sieur Got que pour l'achalandage et le service habituel de son moulin ;

Que s'ils passent quelquefois ceux qui se présentent et que s'ils en reçoivent quelque rétribution, ce passage et cette rétribution sont libres de part et d'autre, et ne constituent ni un service, ni un salaire obligés ;

Qu'il suit de là que ledit bac ne forme pas, dans le sens de la loi du 6 frimaire an VII, un passage public soumis à un tarif et exclusif de tout autre passage qu'il plairait à l'administration d'établir ;

Que, par conséquent, la loi de frimaire an VII est inapplicable dans l'espèce, et que les tribunaux étaient seuls compétents pour prononcer la main-levée dont il s'agit :

Art. 1er. L'arrêté de conflit pris par le préfet du département du Tarn, le 27 juillet 1826, est annulé.

ARRÊT DU CONS. D'ÉT. (ORD.) DU 15 NOV. 1826, AFF. NEUFCHÂTEL.

S'il n'est survenu aucune circonstance de nature à motiver une diminution, le conseil de préfecture peut maintenir le taux des années précédentes pour les abonnements par corporation sur lesquels il est appelé à statuer.

Vu la requête présentée au nom des syndics des débitants de boissons de la ville de Neufchâtel ;

Vu la loi du 28 avril 1816, au ,titre des contributions indirectes, et particulièrement les articles 77 et 78 ;

En la forme : considérant que l'article 78 de la loi du 28 avril 1816 n'astreint le préfet qu'à prendre en considération les consommations des années précédentes, et les circonstances particulières qui peuvent influer sur le débit de l'année pour laquelle l'abonnement est requis :

Au fond : considérant que l'abonnement des débitants de la ville de Neufchâtel a été de 12,000 francs pendant les deux années immédiatement précédentes, et qu'il n'est survenu en 1824 aucune nouvelle circonstance qui puisse motiver une diminution :

Art. 1er. La requête des syndics des débitants de boissons de Neufchâtel est rejetée.

Art. 2. Lesdits syndics, en la qualité en laquelle ils procèdent, sont condamnés aux dépens.

LETT. COMM. N° 1, DU 5 JANV. 1827.

Comptes en matières des tabacs et poudres.

M. le directeur de la comptabilité générale des finances vous a fait connaître, par sa circulaire du 14 décembre dernier, les intentions du ministre relativement à l'envoi des comptes en deniers que les receveurs des contributions indirectes ont à rendre à la cour des comptes pour l'année 1826.

Ces comptes devant être rapprochés, en ce qui concerne le produit des tabacs et des poudres, des comptes en matières applicables à ces deux services, il importe de suivre la même marche pour ceux-ci. En conséquence, je vous invite à me transmettre, le 5 février au plus tard, en double expédition, les bordereaux récapitulatifs n°° 77, 77 *bis* et 77 *ter*, ainsi que les comptes individuels n°° 38, 46, 73 et 73 *bis*, en ayant soin d'y joindre toutes les pièces justificatives qui doivent venir à l'appui. Je vous rappelle à cet égard les instructions qui ont été précédemment données pour la formation des comptes en matières, et notamment celles qui ont fait l'objet de la lettre commune du 28 décembre 1825, n° 4, 1re division. Dans le cas où la vérification qui sera faite de ces comptes dans les bureaux de l'administration y ferait reconnaître des erreurs, la rectification, ainsi que cela doit avoir lieu pour les comptes en deniers, en serait opérée dans les comptes de l'année suivante.

Vous voudrez bien ne pas perdre de vue que la première expédition des procès-verbaux d'inventaire des différents établissements doit m'être transmise immédiatement après qu'elle a été dressée, et que la seconde doit être annexée au compte.

L'administration n'a cessé de recommander le prompt envoi des acquits-à-caution déchargés, des états mensuels n°° 36 (magasins), 45 (manufactures), 65 et 65 *bis* (entrepôts), 70 et 70 *bis* (tabacs de saisie) ; cependant il arrive, tous les mois, qu'un certain nombre de ces états ne lui parviennent que longtemps après les époques fixées. J'appelle de nouveau votre attention sur cet objet, particulièrement en ce qui concerne les états du mois de décembre, les écritures tenues dans les bureaux de l'administration devant être arrêtées dans le plus bref délai possible.

Je ne terminerai pas cette lettre sans vous inviter également à apporter plus d'exactitude et de soin dans la formation et dans l'envoi des états n°° 61 et 61 *bis*, destinés à établir la comptabilité des ustensiles et objets de mobilier, de service, etc. existant dans les entrepôts. La plupart des états fournis jusqu'à ce jour ne donnaient pas toutes les indications demandées par la circulaire du 9 décembre 1820, n° 32, *tabacs*. Ceux qui sont relatifs au service des poudres devront présenter aussi la désignation des bâtiments qui appartiennent à la régie, avec l'indication de leur valeur.

ARRÊT DU CONS. D'ÉT. (ORD.) DU 31 JANV. 1827, AFF. OVRILLARD.

Les conseils de préfecture, appelés à statuer sur des demandes en interprétation des règlements d'octroi ne peuvent pas se prononcer par voie de dispositions générales et réglementaires.

Vu le cahier des charges de la ferme de l'octroi de Limoges et le procès-verbal de l'adjudication de ladite ferme, passé le 15 mars 1826 au profit des sieurs Ovrillard et Sebilleau ;

Vu l'ordonnance royale du 9 décembre 1814 ;

Considérant que, par les arrêtés des 15 mai et 3 juin 1829, le conseil de préfecture n'a pas statué sur des questions spéciales, mais sur des demandes en interprétation du règlement de l'octroi de Limoges, qui lui avaient été soumises par le maire et les bouchers de Limoges, et qu'il a prononcé sur ces demandes par voie de dispositions générales et réglementaires :

Art. 1er. Les arrêtés du conseil de préfecture de la Haute-Vienne, des 15 mai et 3 juin 1826, sont annulés.

ARRÊT DU CONS. D'ÉT. (ORD.) DU 8 MARS 1827, AFF. LEBLOND.

Un conseil de préfecture est incompétent pour statuer, soit sur une contrainte décernée par le ministre des finances, soit sur une liquidation suivie d'une quittance souscrite sans réserve.

En ce qui concerne l'arrêté du conseil de préfecture du département de Seine-et-Oise, du 31 août 1821 ;

Considérant que ledit conseil s'est avec raison déclaré incompétent pour statuer, soit sur la contrainte décernée par notre ministre des finances, soit sur la liquidation du sieur Leblond, terminée par une ordonnance pour solde, et par la quittance, sans réserve, de son mandataire.

En ce qui touche la contrainte décernée par notre ministre des finances ;

Considérant que la liquidation ci-dessus mentionnée comprenait dans l'actif du sieur Leblond la valeur des matériaux d'approvisionnement laissés par lui sur les routes, et que cette valeur est entrée comme élément dans le décompte en

vertu duquel lui a été délivrée l'ordonnance pour solde dont il a reçu le montant ;

Que ces mêmes matériaux lui ont été payés une seconde fois, jusqu'à concurrence d'une somme de 10,357 fr. 52 cent., en vertu d'oppositions par lui faites au trésor sur les sommes dues au sieur Clicot, son successeur ; d'où il suit que ledit sieur Leblond devait être constitué, ainsi qu'il l'a été, débiteur de ladite somme :

Art. 1er. La requête du sieur Leblond est rejetée, et la contrainte décernée par notre ministre des finances sera exécutée selon sa forme et teneur.

LETT. COMM. N° 18, DU 21 MARS 1827.

Frais de casernement.

Je désire connaître avec précision :

1° La quotité des frais de casernement constatés à la charge des communes, pour 1826, soit en vertu des décomptes de journées d'occupation dressés par MM. les intendants militaires (*art. 4 de l'ordonnance royale du 5 août 1818*), soit par abonnement fixe (*art. 10 de la même ordonnance*) ;

2° Le montant des sommes reçues pendant la même année 1826, mais avec la distinction des exercices aux comptes desquels l'enregistrement en a été fait.

Plusieurs causes empêchent souvent qu'il n'y ait concordance entre ces résultats. Les décomptes de journées d'occupation ne sont remis par MM. les intendants militaires que plus d'un mois après la clôture des registres de perception. D'autre part, le crédit ouvert aux budgets des communes pour cette sorte de dépense est quelquefois insuffisant.

Le cadre que vous trouverez ci-joint et qui se compose de deux parties bien distinctes, a pour but principal de faire ressortir quelle a été, pour chacune des années 1825 et 1826, la somme des recouvrements arriérés. Je vous prie de faire remplir ce cadre et de me le renvoyer sans délai.

Une circulaire de l'administration (n° 89, comptabilité, 20 avril 1823) a recommandé à MM. les directeurs de se faire remettre, tous les trois mois, par le chef du service dans chaque commune sujette à octroi, un certificat indicatif de la présence ou de l'absence d'une garnison, quel qu'ait pu être le temps de séjour. Ce moyen de contrôle, le seul qui soit à votre disposition, vous ne l'avez sans doute point négligé ; je ne le rappelle que pour suppléer à une lacune de la circulaire n° 89 en ce qui concerne le sens que la régie doit attacher au mot *garnison*. M. le ministre de la guerre a donné sur ce point des instructions officielles à MM. les intendants militaires, le 8 octobre 1818. Vous en trouverez un extrait à la suite de la présente lettre.

LETT. COMM. N° 7, DU 31 MARS 1827.

Solde des remises de fin d'année revenant aux entreposeurs démissionnaires ou destitués.

... La question a été examinée de nouveau et il en est résulté une décision de S. Exc. le ministre des finances, portant que les employés du service général démissionnaires ou qui ont encouru la destitution, doivent être privés de la taxation accordée en fin d'année, sous le titre de taxation, comme sorte de récompense d'un service utile et achevé : mais qu'il n'y a pas lieu à ranger dans la même catégorie les remises des entreposeurs, parce que celles-ci sont un traitement dont la quotité déterminée en proportion du produit des ventes ne peut être calculée qu'en fin d'année, et que, par conséquent, déduction faite de l'à-compte qu'ils ont touché par mois, le solde en est acquis aux entreposeurs à titre de partie intégrante de ce traitement.

D'après cette décision, vous voudrez bien regarder comme non avenue la disposition sus-relatée. Dans le cas où elle aurait été appliquée dans votre département, je vous invite à me mettre à même de faire opérer le remboursement des sommes qui auraient été retenues en me faisant parvenir le décompte des remises avec l'indication de l'à-compte payé ; vous aurez soin d'y joindre un extrait en forme de l'article du journal 87, constatant le versement à la caisse des retraites de la somme retenue...

ARRÊT DU CONS. D'ÉT. (ORD.) DU 16 MAI 1827, AFF. SAINT-PÉE.

Les arrêtés des conseils de préfecture rendus par défaut sont susceptibles, jusqu'à exécution, d'être attaqués par la voie de l'opposition.

Vu les lois des 20 octobre 1796 et 17 février 1800 (29 vendémiaire an V et 28 pluviôse an VIII) ;

Considérant que les arrêtés des conseils de préfecture rendus par défaut sont susceptibles, jusqu'à exécution, d'être attaqués par la voie de l'opposition ;

Considérant qu'il est constaté par l'arrêté du 26 décembre 1825 qu'il n'avait été fourni aucune défense pour la *commune de Saint-Pée* ;

Que ces défenses doivent être présentées devant le conseil de préfecture par le maire, ou en cas d'empêchement par son adjoint, comme exerçant seul les actions de la commune, aux termes des lois ci-dessus citées, et qu'il n'a pu y être suppléé ni par l'avis du sous-préfet ni par les observations ou réquisitions contenues dans les enquêtes qui n'étaient que des actes préparatoires :

Qu'ainsi il a été irrégulièrement déclaré par le susdit arrêté du 13 novembre 1826, qu'il n'y avait lieu de recevoir l'opposition formée au nom de la *commune de Saint-Pée*, à l'arrêté du 26 décembre 1825 :

Art. 1er. L'arrêté du conseil de préfecture du département des Basses-Pyrénées, du 13 novembre 1826 est annulé.

Art. 2. Le maire de la *commune de Saint-Pée* est renvoyé à procéder, devant ledit conseil de préfecture, sur l'opposition par lui formée au susdit arrêté du 26 décembre 1825.

C. N° 5, DU 15 JUIN 1827.

Restitutions sur le fonds des retraites. Ordonnancement.

... D'après des représentations qui ont été faites à S. Exc. le ministre des finances sur les retards qu'éprouvait la restitution par la caisse générale des retraites, des portions de traitements ou d'amendes indûment attribuées à cette caisse, restitution qui ne pouvait s'effectuer que par la caisse des dépôts et consignations, et par le concours des receveurs généraux et particuliers des finances, S. Exc. a bien voulu décider, le 7 avril dernier, dans la vue d'abréger les délais et d'éviter les démarches multipliées aux ayants-droit, qu'à l'avenir ces restitutions s'opèreraient, sans l'intervention de la caisse des dépôts et consignations, par les comptables de la régie qui ont fait les recettes pour les fonds des retraites, et par prélèvement sur ce fonds. A cet effet, lorsque S. Exc. le ministre des finances aura approuvé une restitution, je vous transmettrai un extrait de l'état autorisé, qui sera produit, avec les autres pièces justificatives et l'acquit de la partie prenante, à l'appui du paiement. La somme restituée sera portée en dépense à une ligne particulière dans le cadre du bordereau n° 91, intitulé *Opérations de trésorerie*, et à un compte ouvert à cet effet au sommier. Vous recevrez, au surplus, les instructions de la direction de la comptabilité générale des finances sur cet objet.

Ce mode préviendra des plaintes et contribuera à une plus prompte exépédition des affaires ; mais MM. les directeurs sont invités à rendre moins fréquents les cas où il y faut recourir. Au lieu de s'empresser d'attribuer à la caisse des finances des portions d'appointements d'employés en congé, ou malades ou non rendus à leur poste, il serait mieux de les porter au compte des consignations, et de demander la décision de l'administration sur leur application définitive. Il en est de même des doubles droits d'acquits-à-caution, dont l'attribution au fonds des retraites pourrait être différée *dans les cas qui présentent un sujet de doute*, sauf à porter ces droits au compte des consignations jusqu'à décision de l'administration.

MM. les directeurs n'oublieront pas qu'ils doivent joindre à l'appui de leurs demandes en restitutions les certificats de recette et d'imputation des sommes réclamées.

D'après une décision de S. Exc. le ministre des finances du 16 du courant, les extraits des ordonnances ministérielles de délégation vous seront désormais envoyés directement du bureau du ministère chargé de l'ordonnancement. Je continuerai à vous adresser mes lettres d'avis et instructions particulières pour tous les paiements qui l'exigeront.

ARRÊT DU CONS. D'ÉT. (ORD.) DU 4 JUILL. 1827, AFF. DELOCRE.

Les contestations qui peuvent s'élever sur le résultat des expertises prescrites par l'ordonnance du 11 mai 1822, rendue en exécution de la loi du 1er mai précédent et qui prohibe la fabrication et la distillation des eaux-de-vie et esprits dans la ville de Paris, sont exclusivement de la compétence des tribunaux.

L'autorisation de paiement et l'ordre de consigner, donnés par le ministre des finances, ne constituent pas une décision contentieuse et ne font pas obstacle à ce que l'indemnitaire poursuive par les voies de droit la réformation de l'expertise, s'il s'y croit fondé. M. 14.9.

Vu les requêtes à nous présentées pour le sieur Delocre, ancien rectificateur d'eaux-de-vie et esprits à Paris, etc.;

Vu l'art. 10 de la loi du 1er mai 1822 ;

Vu les ordonnances royales des 11 mai 1822 et 20 juillet 1825 ;

Considérant que la législation sur la matière n'a pas attribué à l'administration le jugement des contestations qui peuvent s'élever sur le résultat des expertises prescrites par l'ordonnance réglementaire du 11 mai 1822 ;

Considérant que l'autorisation de paiement et l'ordre de consigner donnés par le ministre des finances ne constituent pas une décision contentieuse et ne font pas obstacle à ce que le sieur Delocre poursuive par les voies de droit la réformation de l'expertise, s'il s'y croit fondé :

Art. 1er. La requête du sieur Delocre est rejetée.

ARRÊT DU CONS. D'ÉT. (ORD.) DU 28 AOUT 1827, AFF. LA BOISSIÈRE.

La loi a attribué à l'autorité administrative l'examen des titres et la liquidation des indemnités qui peuvent être dues aux détenteurs et propriétaires des bacs et bateaux supprimés au profit du trésor public, par la loi du 6 frimaire an VII.

Considérant que la loi du 26 novembre 1798 (6 frimaire an VII), en supprimant au profit du trésor public les bacs et bateaux établis, pour la traversée des fleuves et rivières navigables, a attribué à l'autorité administrative l'examen des titres et la liquidation des indemnités qui pourraient être dues aux détenteurs et propriétaires desdits bacs et bateaux ;

Art. 1er. L'arrêté de conflit pris par le préfet du département du Finistère, le 12 juin 1827, est confirmé.

L'exploit d'assignation donné à l'État en la personne dudit préfet, et à la requête des sieur et dame La Boissière, le 8 juin de la même année, est considéré comme non avenu.

NOTA. — Nous avons cru devoir rapporter cette ordonnance, bien qu'au premier aperçu elle paraisse concerner une disposition transitoire, parce que les principes qu'elle consacre pourraient être appliqués aux bacs dont il n'aurait point encore été pris possession au nom de l'État, ainsi qu'à ceux qui auraient été illicitement établis depuis la loi du 6 frimaire an VII. M. 13.265.

A. C. DU 11 OCT. 1827, AFF. LESUEUR.

L'article 365 du code d'instruction criminelle, qui défend l'accumulation des peines, n'est pas applicable aux amendes et peines pécuniaires portées par les lois relatives aux matières qui n'ont pas été réglées par le code pénal.

En conséquence, il doit être prononcé une amende pour chaque fait constitutif d'une contravention, quel qu'en soit le nombre. B. crim. 830.

Considérant sur le deuxième moyen que l'article 365 du code d'instruction criminelle n'est point applicable aux amendes et peines portées par les lois relatives aux matières qui n'ont pas été réglées par le code pénal ;

Que du nombre de ces lois est celle du 15 ventôse an XIII, relative à l'indemnité à payer aux maîtres de poste ;

Que les amendes que cette loi prononce doivent donc être cumulées sur la tête de l'individu qui les a encourues ;

Que l'entrepreneur d'une voiture publique, marchant à grandes journées, se constitue en contravention à ladite loi toutes les fois qu'il refuse de payer l'indemnité de vingt-cinq centimes au maître de poste dont il n'emploie pas les chevaux ;

Que le nombre d'amendes à prononcer contre lui doit être égal au nombre de refus qu'il a fait de payer l'indemnité quand elle était due ;

La cour rejette. — Ch. crim.

ARRÊT DU CONS. D'ÉT. (ORD.) DU 26 DÉC. 1827, AFF. LEMOINE.

Un arrêté de conflit est nul s'il ne contient, dans son dispositif, aucune revendication explicite et formelle de la contestation.

Le préfet outrepasserait ses pouvoirs si, au lieu de se borner à élever le conflit, il ordonnait dans cet arrêté de surseoir à l'exécution du jugement qui en fait l'objet.

Considérant que le préfet du Morbihan, dans son arrêté du 21 août 1827, au lieu d'élever le conflit, a, par l'art. 1er, ordonné qu'il serait sursis à l'exécution du jugement du tribunal de Ploërmel, et, par l'article 2, que notre procureur près le tribunal aurait à lui transmettre des expéditions du procès-verbal et du jugement ;

Que ces dispositions constituent des excès de pouvoir ;

Que l'arrêté ne contient, d'ailleurs, dans son dispositif, aucune revendication explicite et formelle de la contestation ;

Art. 1er. L'arrêté du préfet du Morbihan est annulé.

C. N° 12-4, DU 31 DÉC. 1827 (1).

Impressions.

Sommier n° 76.

Le sommier général par nature de recettes et de dépenses effectuées par les receveurs particuliers, est, comme précédemment, divisé en trois parties ; mais les deux premières ont été transposées pour les placer dans le même ordre que les comptes ouverts n° 75, et que les droits au bordereau de mois. La première partie est relative aux droits au comptant ; la deuxième aux droits constatés et aux comptes divers ; enfin, la troisième partie présente le relevé des comptes du sommier général, et sert de minute au bordereau de mois.

L'instruction pratique placée en tête du sommier est plus détaillée que l'ancienne, et indique suffisamment l'usage de ce registre ; le répertoire a été mis en harmonie avec le bordereau de mois ; la partie des droits au comptant offre exactement les mêmes colonnes que les comptes ouverts aux buralistes ; enfin, on a supprimé, dans la partie relative aux droits constatés, la colonne destinée à inscrire les noms des contribuables ; ce qui a permis de mettre par page quatre colonnes de sommes payées au lieu de trois. Dans le relevé des comptes au sommier général (troisième partie, n° 76 E), les recouvrements sur les droits de l'année courante sont, comme au bordereau mensuel, distingués de ceux qui se rapportent aux reprises des années antérieures ; les droits sont classés dans un nouvel ordre, et les récépissés du receveur principal ont été supprimés, puisqu'ils seront à l'avenir inscrits sur les livres de caisse…

Bordereau n° 80 A.

Le bordereau mensuel des receveurs particuliers présente la nouvelle classification des droits ; la distinction des recouvrements par exercices et la situation de la caisse du comptable, lorsqu'il réunit à ses fonctions celles de receveur du bureau central de l'octroi.

Relevé des produits n° 81.

Le relevé des produits constatés est en concordance avec le bordereau n° 80, en ce qui concerne la classification des droits ; il présente la situation des recouvrements par année, la comparaison des produits du trimestre et la situation du recouvrement des frais de poursuites. On n'a pas jugé nécessaire de mettre la comparaison des produits sur le relevé n° 76 H, parce qu'elle se trouve déjà au registre d'ordre…

État des dépenses sur consignations n° 100.

Il a été ajouté à l'état récapitulatif des dépenses sur consignation, n° 100 A, un cadre pour indiquer les rectifications faites aux états des mois précédents. Un semblable tableau a aussi été ajouté pour le même objet à l'état n° 100 B.

Toutes les rectifications qui seront signalées dans le courant de l'année et avant la clôture du bordereau de décembre pourront être effectuées par changements d'imputation sur le report des mois antérieurs, en les motivant au tableau des rectifications, et, s'il y a lieu, au cadre 2 du bordereau n° 91 A et au cadre 10 du bordereau n° 91 B. Lorsque le chiffre du bordereau de décembre aura été arrêté, les rectifications qui entraîneraient une réduction de recette sur les fonds de retraite ne pourront plus avoir lieu qu'en vertu d'une décision de S. Exc. le ministre des finances : elles seront effectuées par prélèvement sur les recouvrements de l'année courante, conformément à la lettre commune de la comptabilité générale des finances, du 9 juillet 1827, n° 3345.

L'état n° 100 A est divisé en quatre parties, savoir :

1re PARTIE. — *Amendes et confiscations.* — (1re division *Tabacs*). Dans cette partie doivent être inscrites toutes répartitions dont l'examen est réservé à la 1re division, c'est-à-dire, celles qui auront lieu par suite de procès-verbaux relatifs à la culture illicite du tabac par des planteurs.

IIe PARTIE. — *Acquits-à-caution.* — Les répartitions de doubles droits perçus à défaut de décharge des acquits-à-caution ne seront point détaillés à l'état n° 100 A ; elles seront seulement portées à la récapitulation d'après l'état de développement n° 100 B.

IIIe PARTIE. — *Divisions territoriales.* — On inscrira dans cette partie les répartitions d'amendes et confiscations, les droits consignés sur les manquants reconnus chez les marchands en gros et entrepositaires, et en général toutes les dépenses dont la vérification appartient aux divisions territoriales.

IVe PARTIE. — *Comptabilité générale.* — Les dépenses relatives aux consignations pour défaut d'émargement sur les tableaux d'appointement et pour les objets divers dont les pièces justificatives sont adressées à la comptabilité générale des finances, seront classées dans cette quatrième partie.

L'expédition de l'état n° 100 A, qui sera envoyée à la comptabilité générale, ne contiendra que les détails de cette quatrième partie ; mais la récapitulation sera remplie en entier et les expéditions adressées aux divisions administratives ne présenteront que le détail des affaires qui les concernent tant dans le tableau que dans la récapitulation. Il est bien entendu que les pièces destinées au bureau central des acquits-à-caution continueront à être accompagnées de l'état n° 100 bis B, et que ce bureau n'a nullement besoin de recevoir un état n° 100 A.

Relevé général (annuel) n° 101 (nouveau).

La plupart des éléments nécessaires à la formation du relevé général des produits perçus et constatés pendant l'année 1827, n° 101 (nouveau), qui doit être en

---

(1) V. au *Nouveau Recueil* un autre extrait de cette circulaire.

voyé à la comptabilité générale des finances à l'appui des comptes, se trouvent au registre de dépouillement n° 102 ; mais ils n'y sont pas classés et totalisés exactement dans le même ordre, ce qui obligera MM. les directeurs à y suppléer par des dépouillements partiels. Pour éviter, à l'avenir, cet inconvénient, le registre n° 102 de 1828 a été modifié, et présentera, à la dernière ligne du *total de l'année*, les quantités et les sommes à inscrire sur le relevé de 1828.

Au surplus, la formation du relevé n° 101 de 1827 n'exigera pas, à beaucoup près, autant de temps qu'il en fallait pour vérifier les comptes des buralistes, et dresser ceux des receveurs particuliers ; il en résultera donc une diminution réelle de travail dans les directions.

Registre de dépouillement des produits n° 102 A.

Le registre des dépouillements des produits n° 102 a subi des changements considérables, tant pour y rassembler les éléments nécessaires à la formation du relevé n° 101, et de l'état n° 103, que pour y classer les droits comme dans les bordereaux de mois, et pour mettre ce registre tout-à-fait en rapport avec le nouveau relevé général n° 104.

Registre de dépouillement des produits n° 102 bis (nouveau) B.

Un nouveau registre a été créé sous le n° 102 *bis*, pour y dépouiller au chef lieu de chaque département les états n° 104. Ce registre est identiquement le même que celui n° 102, excepté que l'on a remplacé les noms des recettes par ceux des arrondissements, et étagué tous les tableaux de développement placés après la récapitulation des produits.

Il remplacera le relevé général n° 51 (*mat.*), dont la tenue avait été prescrite par la lettre commune n° 1, du mois de mars 1824, timbrée *Inspection générale*.

Etat des produits n° 103.

A partir de 1828, l'état des produits n° 103 ne sera plus adressé à l'administration centrale, et il sera exclusivement destiné pour la comptabilité générale des finances. Du reste, cet état est beaucoup plus simple que par le passé, et on trouvera dans la colonne 7 de la récapitulation du registre n° 102 les sommes à inscrire dans la seconde colonne du nouvel état n° 103…

ARRÊT DU CONS. D'ÉT. (ORD.) DU 9 JANV. 1828, AFF. LAVOCAT.

Un arrêt du conseil de préfecture, rendu par défaut et non exécuté, doit être attaqué par voie d'opposition auprès du même conseil.

Considérant que l'arrêté attaqué du conseil de préfecture, du 11 janvier 1827, a été rendu par défaut contre le sieur Lavocat et qu'il n'a pas été exécuté ;

Que dès lors c'était devant ledit conseil de préfecture, et par voie d'opposition, que le sieur Lavocat aurait dû se pourvoir contre ledit arrêté :

Art. 1er. La requête du sieur Lavocat est rejetée.

ARRÊT DU CONS. D'ÉT. (ORD.) DU 9 JANV. 1828, AFF. PRÉVOST.

Le rejet des requêtes en tierce opposition entraîne la condamnation de la partie qui succombe à 150 francs d'amende, sans préjudice des dommages-intérêts, s'il y a lieu, conformément à l'art. 38 du règlement du 22 juill. 1806.

Vu l'article 38 du règlement du 22 juillet 1806 ;

Considérant que notre ordonnance du 1er mars 1826 n'a pas eu pour objet de fixer la cote contributive du moulin du sieur Prévost ; qu'elle a seulement prononcé que cette cote, quelle qu'elle fût, serait allouée en dégrèvement au sieur Méat-Dufourneau ;

Considérant que si le sieur Prévost se croit surchargé par la cote qui lui a été imposée, notre dite ordonnance ne fait point obstacle à ce qu'il se pourvoie en dégrèvement devant l'autorité compétente ; et que dès lors il est sans intérêt à attaquer notre ordonnance du 1er mars 1826 :

Art. 1er. La requête en tierce opposition du sieur Prévost est rejetée.

Art. 2. Le sieur Prévost est condamné à l'amende de 150 fr. et aux dépens.

ARRÊT DU CONS. D'ÉT. (ORD.) DU 16 JANV. 1828, AFF. NOINTEL.

Les communes n'ont dans aucun cas besoin d'obtenir des conseils de préfecture l'autorisation de se pourvoir devant le conseil d'Etat contre des décisions ministérielles.

Considérant que les communes n'ont dans aucun cas besoin d'obtenir des conseils de préfecture l'autorisation de se pourvoir devant nous contre des décisions ministérielles ;

Et que le conseil de préfecture du Cher, quels qu'aient été ses motifs, s'est borné dans son dispositif à déclarer qu'il n'y avait lieu à se pourvoir devant nous en notre conseil contre les deux décisions du ministre des finances, des 2 août 1820 et 4 juillet 1825 :

Art. 1er. La requête de la commune de Nointel est rejetée, sauf à elle à se pourvoir devant les tribunaux sur tous les points de la contestation, conformément à l'art. 61 du code forestier.

ARRÊT DU CONSEIL D'ÉT. (ORD.) DU 16 JANV. 1828, AFF. PANTARD.

La décision par laquelle le ministre des finances a refusé d'approuver l'adjudication du bail à ferme d'un octroi est un acte purement administratif, qui n'est pas de nature à être déféré au conseil d'Etat par la voie contentieuse.

Considérant que la décision par laquelle notre ministre des finances a refusé d'approuver l'adjudication du bail à ferme de l'octroi de la ville de Castres est un acte purement administratif, qui n'est pas de nature à nous être déféré par la voie contentieuse :

Art. 1er. La requête du sieur Pantard et consorts est rejetée.

ARRÊT DU CONS. D'ÉT. (ORD.) DU 30 JANV. 1828, AFF. LAVENARDE.

La notification des décisions ministérielles aux communes, faite par le préfet, ne dispense pas les parties intéressées de faire signifier elles-mêmes ces décisions, par huissier, pour faire courir les délais du pourvoi à l'égard des communes.

Vu l'article 11 du règlement du 22 juillet 1806 ;

Sur la fin de non recevoir résultant de ce que le pourvoi n'aurait pas été introduit par la commune dans les délais du règlement ;

Considérant que la notification de la décision attaquée, faite à la commune de Chevillon par le préfet du département de la Haute-Saône, dans le mois de septembre 1825, n'ayant pas eu lieu dans l'intérêt des héritiers Lavenarde, ne peut être invoquée par eux pour faire courir les délais de pourvoi à l'égard de ladite commune ;

Et que la signification par huissier de ladite décision, à la requête desdits héritiers, n'ayant été faite que le 22 février 1826, le pourvoi de la commune a été formé dans les délais utiles :

Art. 1er. La requête de la commune de Chevillon est rejetée.

A. C. DU 11 FÉV. 1828, AFF. WILLIAMSHOPE.

Les juges suppléants ne peuvent participer aux jugements comme rapporteurs ou comme juges qu'autant que leur concours est nécessaire pour compléter le tribunal.

Vu les art. 29 de la loi du 27 mars 1791, 12 de celle du 27 ventôse an VIII et 65 de la loi du 28 frimaire an VII :

Attendu, en fait, que si le jugement attaqué ne constate pas formellement que le sieur Delahaye, juge suppléant au tribunal civil de la Seine, ait participé à la délibération sur laquelle ledit jugement a été rendu, il n'énonce aucunement le contraire, et qu'au surplus le jugement constate expressément que ce magistrat y a concouru comme rapporteur de l'affaire ; d'où on doit induire qu'il a été admis à ce concours en qualité de juge, puisqu'aux termes de l'article 65 de la loi du 22 frimaire an VII, le rapport des affaires en matière d'enregistrement doit être fait par un juge ;

Attendu, en droit, que le jugement constatant, d'un autre côté, que quatre juges titulaires ont participé à la délibération, et que ce nombre était plus que suffisant pour la validité du jugement, il en résulte clairement que la participation du sieur Delahaye, soit comme simple rapporteur de l'affaire, soit comme juge participant à ladite délibération, constitue une contravention formelle aux articles précités des lois des 27 mars 1791 et 27 ventôse an VIII qui ne permettent d'appeler les suppléants que lorsque leur concours est nécessaire pour la validité des jugements, et à l'article 65 de la loi du 22 frimaire an VII, qui exige que le rapport soit fait par l'un des juges :

La cour casse. — Ch. civ.

ARRÊT DU CONS. D'ÉT. (ORD.) DU 28 FÉV. 1828, AFF. DE NESLES.

Les communes n'ont pas besoin d'être autorisées par le conseil de préfecture à se pourvoir devant le conseil d'Etat.

Considérant, sur l'exception tirée de ce que la commune de Nesles n'a pas été autorisée à plaider par le conseil de préfecture, que cette autorisation n'est pas nécessaire pour procéder devant nous en notre conseil d'Etat :

Art. 1er, etc.

A. C. DU 28 FÉV. 1828, AFF. BOSCHERON.

La contravention résultant du refus de fournir aux employés l'eau et les ouvriers nécessaires pour vérifier par l'empotement la contenance des chaudières ne peut être excusée par l'absence du brasseur. Le premier garçon est naturellement appelé, en l'absence du maître, à le représenter, sans que les employés aient à se faire assister d'un officier de police.

Vu les articles 117, 125 et 129 de la loi du 28 avril 1816 ;

Attendu qu'aux termes de l'art. 117, les brasseurs sont tenus de fournir aux employés de l'administration des contributions indirectes l'eau et les ouvriers nécessaires pour vérifier par l'empotement la contenance des chaudières ;

Qu'aux termes de l'article 125, ils sont soumis aux visites et vérifications des employés ;

Qu'il est constaté par un procès-verbal régulier, en date du 8 décembre 1825, que les préposés de la régie s'étant présentés dans la brasserie de Boscheron, son premier garçon, qu'ils y trouvèrent, refusa de les mettre à même de procéder à la vérification de deux chaudières ;

Que cette contravention ne pouvait être excusée sous prétexte que Boscheron était absent ;

Qu'en effet, si l'article 117 de la loi précitée dispose que l'opération de l'empotement sera faite en présence du brasseur, il ne dit pas qu'elle n'aura lieu qu'autant qu'il y assistera en personne : qu'il ne pouvait pas le dire sans subordonner à la volonté du brasseur une vérification qui a pour objet de prévenir ou de découvrir les moyens de fraude qu'il pourrait pratiquer ; qu'ainsi la présence du brasseur, exigée par cet article, rentre dans les termes du droit commun, d'après lesquels on assiste à une opération par soi-même ou par ceux qui nous représentent ;

Qu'un premier garçon de brasserie est naturellement, en l'absence de son maître, réputé être préposé à la conservation de ses intérêts, et le représenter pour tout ce qui a rapport aux vérifications qui sont l'objet de la visite et de l'exercice des employés ;

Que la contravention constatée par le procès-verbal sus-relaté ne pouvait non plus être excusée sous prétexte que Boscheron étant absent, les employés auraient dû se faire assister d'un officier de police ; qu'une pareille assistance n'est requise par l'art. 83 de la loi du 5 ventôse an XII et par l'art. 237 de celle du 28 avril 1816 que quand les employés veulent procéder à des visites chez des particuliers non sujets à l'exercice ; qu'elle ne l'est par aucune loi quand ils veulent exercer chez des redevables ;

Qu'il résulte de là que l'arrêt attaqué a violé les art. 117 et 125 de ladite loi du 28 avril 1816 et son art. 129, qui punit d'une amende de 200 à 600 francs les contraventions aux articles précités ; qu'il a fait une fausse application des art. 237 de ladite loi et 83 de celle du 5 ventôse an XII ;

Par ces motif, la cour casse. — Ch. crim.

ARRÊT DU CONS. D'ÉT. (ORD.) DU 20 MARS 1828, AFF. GIRAUD.

Aucune loi n'attribue à l'autorité administrative la connaissance des contestations auxquelles donnent lieu des baux consentis pour la perception des droits de bac. Les fermiers de bac doivent recourir au juge de paix pour les actions à intenter contre ceux qui établissent d'autres bacs dans les limites réservées.

Considérant qu'il ne s'agissait, dans l'espèce, que de l'interprétation du bail consenti au sieur Dabin pour la perception des droits à payer au bac de passage de la Petière ;

Et qu'aucune loi n'attribue à l'autorité administrative la connaissance des contestations auxquelles des baux de cette nature peuvent donner lieu :

Art. 1er. L'arrêté de conflit pris par le préfet du département de la Loire-Inférieure, le 1er octobre 1827, est annulé.

ARRÊT DU CONS. D'ÉT. (ORD.) DU 20 MARS 1828, AFF. THOMAS.

C'est le juge de paix et non le conseil de préfecture qui doit être saisi des contestations survenues entre les fermiers d'octroi et les habitants, relativement à l'application du tarif.

Vu le règlement du 17 mai 1809, relatif aux octrois ;

Vu l'ord. du 9 déc. 1814, portant règlement sur les octrois ;

Considérant qu'il ne s'agissait pas, dans l'espèce, de difficultés élevées entre la commune de Saint-Dizier et le fermier de l'octroi de cette ville, sur l'exécution ou le sens des clauses du bail, auquel cas le conseil de préfecture eût été compétent, aux termes de l'art. 136 du règlement du 17 mai 1809, ci-dessus visé ; mais qu'il s'agissait d'une contestation survenue entre ce fermier et plusieurs habitants de la ville, contestation relative à l'application du tarif, et dont il n'appartient qu'au juge de paix de connaître, d'après les dispositions de l'art. 81 de l'ordonnance royale du 9 décembre 1814 :

Art. 1er. L'arrêté de conflit pris par le préfet de la Haute-Marne, le 12 décembre 1827, est annulé.

ARRÊT DU CONS. D'ÉT. (ORD.) DU 13 AVR. 1828, AFF. DREYER.

L'administration est seule compétente pour vérifier les perceptions et en arrêter le compte.

Considérant que l'administration était seule compétente pour vérifier les perceptions qui auraient dû être faites et pour en arrêter le compte, et que l'action de l'autorité judiciaire ne pouvait commencer qu'après que l'autorité administrative aurait déterminé la somme due par le percepteur à son prédécesseur :

Art. 1er. Le conflit élevé est confirmé. Le jugement du 27 novembre 1827 est considéré comme non avenu.

ARRÊT DU CONS. D'ÉT. (ORD.) DU 15 AVR. 1828, AFF. BRUNEAU.

Une commune ne peut se pourvoir contre un arrêté du conseil de préfecture, qui a servi de base à un jugement rendu contradictoirement et exécuté par elle.

Sur le chef du pourvoi relatif à l'arrêté du conseil de préfecture, du 23 mars 1809 ;

Considérant que cet arrêté a servi de base à un jugement rendu contradictoirement avec la commune et qui a été exécuté par elle ;

Que dès lors la commune est aujourd'hui non recevable à attaquer ledit arrêté :

Art. 1er. La requête de la commune de Villaines est rejetée.

ARRÊT DU CONS. D'ÉT. (ORD.) DU 25 AVR. 1828, AFF. SUFFREN.

Pourvoi contre les lettres de directeurs généraux.

Un pourvoi contre une lettre d'un directeur général, qui ne constitue pas une décision, serait non recevable.

Sur le pourvoi formé par requête du 11 février 1814 ;

Considérant que ce pourvoi avait été introduit contre une lettre du directeur général des communes, laquelle ne constitue pas une décision, et que la dame de Suffren et le sieur Arnault, en se retirant devant notre ministre de l'intérieur pour en obtenir une décision, ont reconnu que ce premier pourvoi était irrégulier :

Art. 1er. Les requêtes de la dame Suffren et du sieur Arnault sont rejetées.

ARRÊT DU CONS. D'ÉT. (ORD.) DU 25 AVR. 1828, AFF. JANZÉ.

Un arrêté de conflit doit contenir, dans son dispositif, une revendication explicite et formelle de la contestation : mais le préfet doit se borner dans cet arrêté à élever le conflit sans ordonner qu'il soit sursis au jugement, ce qui constituerait un excès de pouvoir.

Vu le dispositif de l'arrêté du préfet du Morbihan ainsi conçu :

Art. 1er. « Il sera sursis jusqu'à décision ultérieure du conseil d'Etat à l'instance « introduite par M. le baron Janzé près le tribunal de Pontivy pour le règlement « de l'indemnité à laquelle il peut avoir droit, pour les terrains pris ou fouillés et « autres dommages provenant du fait de l'administration des ponts et chaussées, « sur ses propriétés en la commune de Noyal-Pontivy. »

Art. 2. « Copie certifiée du présent sera adressée à M. le procureur du roi à Pontivy pour être notifiée au tribunal. »

Considérant que le préfet du Morbihan, par son arrêté du 1er septembre 1827, au lieu d'élever le conflit, a, par l'article 1er, ordonné qu'il serait sursis au jugement de la demande introduite par le sieur baron Janzé devant le tribunal de Pontivy, ce qui constitue un excès de pouvoir ;

Que l'arrêté ne contient d'ailleurs, dans son dispositif, aucune revendication explicite et formelle de la contestation :

Art. 1er. L'arrêté du préfet du Morbihan, du 1er septembre 1827, est annulé.

A. C. DU 26 AVR. 1828, AFF. CORNIER.

La saisie des marchandises prohibées, opérée dans le rayon des frontières, entraîne la confiscation des voitures qui en sont chargées et des chevaux qui en effectuent le transport.

Il suffit, pour que la confiscation soit encourue, que les voitures soient chargées et prêtes à partir, lors même qu'elles ne seraient pas en circulation.

Lorsqu'après un jugement de première instance, un arrêt sur appel et un arrêt de cassation, le prévenu n'a pas contesté la régularité du procès-verbal, il ne peut, devant la cour saisie de l'appel par l'arrêt de cassation, se faire un moyen de la disparition de cet acte pour demander son renvoi des poursuites. M. 13.104.

... Attendu que Cornier était non recevable à réclamer devant la cour royale d'Amiens l'original dudit rapport, sous le prétexte qu'il pouvait offrir l'inobservation de quelqu'une des formes prescrites à peine de nullité, puisqu'en première instance, devant la cour royale de Douai et devant la cour elle-même, aucun moyen de forme n'avait été par lui allégué contre cet acte, dont il avait parfaite connaissance ;

Que cependant la cour royale d'Amiens, saisie par le renvoi de la cour, de l'appel interjeté par l'administration des douanes, du jugement du tribunal correctionnel de Valenciennes, a, sur la demande de Cornier, et nonobstant la fin de non-recevoir opposée par l'administration des douanes contre cette demande incidente, ordonné à cette administration de représenter un original de procès-verbal, que toutes ses recherches n'ont pu lui rendre, et jugé qu'à défaut de cette représentation devenue impossible, il devait être statué comme s'il n'y avait pas eu de procès-verbal de saisie ;

Que, sous ce premier rapport, ladite cour royale en jugeant Cornier recevable à demander devant elle, pour y rechercher quelques nullités, l'orignal d'un acte contre lequel aucune n'avait été alléguée devant les tribunaux successivement appelés à statuer sur sa validité, a violé les règles de sa compétence et commis un excès de pouvoir, qu'il est du devoir de la cour de réprimer....

Attendu que la diligence chargée, attelée et prête à partir est évidemment un moyen de transport, et qu'à supposer même que le fait d'avoir chargé un colis rempli de tissus prohibés ne pût être considéré, avant le départ de la voiture, que comme une tentative d'introduction frauduleuse, les auteurs de cette tentative n'en seraient pas moins passibles des peines portées par la loi, puisque la tentative du délit de fraude est, aux termes des lois spéciales qui régissent la matière, punissable comme le délit lui-même ;

Que, si l'art. 29 du titre 2 la loi du 22 août 1791 exempte de l'amende portée contre les fraudeurs, les régisseurs et entrepreneurs des messageries, lorsque le propriétaire ou l'expéditeur des marchandises saisies est indiqué sur la feuille qui doit être représentée pour servir à la déclaration, ce n'est qu'autant que l'indication qui en résulte est de nature à fournir à l'administration des douanes les moyens d'exercer contre ce propriétaire ou cet expéditeur, les poursuites de droit, puisqu'à défaut d'une désignation suffisante, les entrepreneurs et conducteurs de voitures publiques sur lesquelles la saisie a été faite, demeurent personnellement responsables de la fraude ou tentative de fraude ;

Qu'enfin, si ce même article de la loi, par sa dernière disposition, exempte, dans tous les cas, de la saisie des voitures et chevaux, les régisseurs et entrepreneurs des messageries, cette disposition n'est relative qu'aux régisseurs qui, à l'époque où ladite loi a été portée, exploitaient au profit de l'Etat l'entreprise des messageries dites alors *nationales* ; qu'elle ne saurait donc être applicable, dans le cas où elle subsisterait encore, aux entreprises privées de messageries, diligences ou voitures publiques, lors même qu'elles seraient autorisées à se qualifier de *messageries royales* ; mais que cette disposition exceptionnelle a d'ailleurs été abrogée implicitement par l'article 10, titre 2, de la loi du 4 germinal an II, et formellement par les articles 41 et 51 de la loi du 28 avril 1816, qui, dans le cas de contravention, prononcent d'une manière absolue et sans exception, la confiscation de tous moyens de transport ;

Qu'il suit de là qu'en rejetant l'appel de l'administration des douanes, sur le motif qu'elle ne représentait pas le procès-verbal, et en exceptant de toute peine et de toute responsabilité le conducteur et directeur de la messagerie dont il s'agit, la cour royale d'Amiens a fait une fausse application des dispositions des art. 1er et 23, titre 10, de la loi du 22 août 1791, violé l'art. 10, titre 2, de la loi du 4 germinal an II et l'art. 41, titre 5, de la loi du 28 avril 1816, et faussement appliqué encore l'art. 29, titre 2, et l'art. 1er, titre 5, de ladite loi du 22 août 1791, dans sa dernière disposition ;

Par ces motifs, la cour casse et annule. — Ch. crim.

ARRÊT DU CONS. D'ÉT. (ORD.) DU 30 AVR. 1828, AFF. BANDENET.

L'autorité judiciaire est incompétente pour statuer, quand la contestation ne peut être jugée que par l'interprétation d'un décret.

Vu l'arrêté du gouvernement du 4 novembre 1801 (13 brumaire an XIII), et l'ordonnance royale du 12 décembre 1821 ;

Considérant que la contestation ne peut être jugée que par l'interprétation de l'ordonnance royale du 6 juin 1821, et qu'ainsi l'autorité judiciaire était incompétente pour y statuer :

Art. 1er. Le conflit élevé par l'arrêté du 27 janvier 1824 est confirmé ;

En conséquence, l'exploit du 25 juin 1823 et le jugement du 10 mars 1824 sont considérés comme non avenus.

ARRÊT DU CONS. D'ÉT. (ORD.) DU 7 MAI 1828, AFF. D'ORGON.

Les décrets constituant un acte de haute administration ne peuvent pas être attaqués par la voie contentieuse.

Considérant que l'ordonnance du 2 août 1826 a été rendue pour l'exécution des lois du 4 mars 1790 et du 25 juin 1793, sur la limite des départements de Vaucluse et des Bouches-du-Rhône ;

Que cette ordonnance s'est bornée à prescrire les mesures nécessaires pour déterminer cette limite ;

Que dès lors cette ordonnance est un acte de haute administration qui ne peut être attaqué devant nous par la voie contentieuse :

Art. 1er. La requête de la commune d'Orgon est rejetée.

ARRÊT DU CONS. D'ÉT. (ORD.) DU 14 MAI 1828, AFF. GACON.

Le préfet doit se borner à élever le conflit, sans ordonner qu'il soit sursis à toutes procédures judiciaires.

Considérant... qu'en ce point le conflit est régulièrement pris, mais que le préfet ne s'est pas borné à élever le conflit, et qu'il a déclaré le sursis à toutes procédures judiciaires ;

Qu'en cela il a excédé ses pouvoirs :

Art. 1er. L'arrêté de conflit pris par le préfet de l'Isère est maintenu dans la disposition seulement, etc.

ARRÊT DU CONS. D'ÉT. (ORD.) DU 14 MAI 1828, AFF. MENNER.

Les conseils de préfecture doivent s'abstenir de prononcer sur les demandes, qui ont déjà été rejetées par décisions ministérielles non attaquées.

Considérant que le conseil de préfecture a dû s'abstenir de prononcer, tant parce qu'il s'agissait de la demande en paiement d'une créance sur l'Etat, que parce que cette créance avait déjà été rejetée par deux décisions du ministre des finances, qui n'ont point été et ne sont pas attaquées :

Art. 1er. La requête du sieur Menner est rejetée.

A. C. DU 14 MAI 1828, AFF. DUTRIAUX.

L'arrêt qui constate qu'un juge a concouru au jugement sans avoir assisté aux plaidoiries, doit être annulé, quoiqu'un certificat produit en cassation porte que c'est par erreur que le jugement a mentionné le concours de ce juge. M. 12.290.

Vu l'art. 7 de la loi du 20 avril 1810;
Considérant qu'un certificat ne peut prévaloir sur l'autorité d'un arrêt;
Que l'arrêt attaqué constate que M. Jallu a concouru à un jugement de cette affaire:
Que l'arrêt précédemment rendu le 7 février 1825, constate que M. Jallu n'a pas assisté à l'audience de ce jour où les plaidoiries de la cause ont eu lieu;
D'où il suit que l'arrêt attaqué est nul, aux termes de la loi ci-dessus citée;
La cour casse. — Cb. civ.

ARRÊT DU CONS. D'ÉT. (ORD.) DU 14 MAI 1828, AFF. NOGARÈDE.

Les décisions prononçant un sursis ne sont que des décisions interlocutoires qui peuvent être attaquées en même temps que la décision définitive.

Considérant que la première décision, prononçant un sursis jusqu'à la rectification du bordereau, n'était qu'une décision interlocutoire, qui pouvait être attaquée par notre ministre des finances en même temps que la décision définitive;
Considérant au fond, etc.
Art. 1er. Les décisions, etc. sont annulées.

A. C. DU 30 MAI 1828, AFF. GRÉGOIRE BOUVIER.

Le détenteur de tissus prohibés est passible des peines et amendes prononcées par la loi pour le seul fait matériel de la détention.
Le voiturier qui transporte à son insu des objets prohibés ne peut être affranchi de la responsabilité qui en résulte, qu'autant qu'il fait connaître un propriétaire ou expéditeur contre lequel une action puisse être efficacement exercée.
Il n'appartient qu'à l'administration et non aux tribunaux d'apprécier les circonstances qui peuvent rendre une contravention excusable, et de remettre ou modérer, s'il y a lieu, les peines encourues, B. crim. 399.

Vu les art. 66, titre 6, de la loi du 28 avril 1816, et 43, titre 6, de la loi du 21 avril 1818;
Vu également les art. 7 et 23, titre 6, de la loi du 4 germinal an II, et l'art. 17, titre 4, de la loi du 9 floréal an VII;
Attendu en droit que, d'après les dispositions générales et absolues des deux premières lois sus-datées, tous individus trouvés saisis de tissus prohibés en sont responsables par le seul fait matériel de la détention, et passibles des amendes et autres peines qu'elles prononcent, sans qu'aucune autre preuve de culpabilité soit nécessaire pour leur condamnation, puisqu'aux termes de la loi du 4 germinal an II, dans toute action sur une saisie, la preuve de non contravention est à la charge du saisi;
Que la loi n'a point fait de distinction ni établi d'exception pour aucune personne, à raison de circonstances particulières, qui ne peuvent empêcher les suites légales de la détention;
Que, s'il pouvait être apporté à une disposition aussi indéfinie que celle de l'article 43 de la loi du 21 avril 1818 quelques modifications à l'égard des voituriers qui auraient pu recevoir, à leur insu, des objets prohibés, sans avoir pris les précautions que leur état exige, ils ne pourraient, en les supposant même à l'abri de tout soupçon de complicité, être affranchis de toute responsabilité personnelle, que lorsqu'ils ont fait connaître les propriétaires ou expéditeurs contre lesquels une action puisse être efficacement exercée, et justifier ainsi qu'ils n'ont été que les instruments passifs de la fraude;
Que c'est ce qui résulte des dispositions de l'art. 29, titre 2, de la loi du 22 août 1791, combinées avec les autres dispositions de cette loi;
Que si les voituriers publics n'ont pas le droit d'ouvrir les paquets ou ballots qui leur sont confiés, ils doivent être en état de faire connaître ceux contre lesquels, en cas de contravention, des poursuites peuvent être dirigées d'une manière utile, même refuser des paquets ou ballots dont les expéditeurs ne leur présenteraient pas des garanties suffisantes, et qu'ils ne peuvent se prévaloir de la nature de leur service qu'en prouvant d'une manière suffisante que ce n'est pas pour leur propre compte et celui de leurs agents que le délit s'est opéré;
Qu'enfin, si des circonstances particulières pouvaient rendre quelquefois la contravention plus ou moins excusable, ce n'est point aux tribunaux qu'il appartient de les prendre en considération, puisque la loi du 9 floréal an VII leur défend, en termes formels, d'excuser les contrevenants sur l'intention, et qu'à l'administration seule est conféré le droit d'apprécier ces circonstances, et de remettre ou modérer, s'il y a lieu, les peines encourues;
Et attendu en fait, qu'un procès-verbal régulier, et dont les énonciations n'ont pas été contestées, constate que, le 18 octobre 1825, les préposés des douanes ont saisi, à l'hôtel des Postes, sur Grégoire Bouvier, courrier, cinquante-cinq pièces de tissus de coton trouvées dans la malle-poste qu'il venait de conduire de Caen à Paris, et que le jury a déclaré depuis être d'origine étrangère; que le sieur Blondel, indiqué comme destinataire, a déclaré être étranger à cette expédition;
Que la fille Monnier, commissionnaire des courriers à Caen, et qui avait remis à Bouvier le carton contenant les tissus de fabrique étrangère, assignée avec lui devant le tribunal correctionnel de la Seine, a, ainsi que lui, indiqué comme expéditeur de ces objets de contrebande Luard-Angot, marchand de dentelles, demeurant à Caen;
Que cet individu a demeuré en effet dans cette ville; mais que, d'après les renseignements fournis par le procureur du roi, tombé en faillite, fugitif et probablement caché dans Paris pour se soustraire aux mandats d'amener et d'arrêt décernés contre lui, il n'a point été trouvé à Caen et n'a point comparu devant le tribunal correctionnel, quoique cité à la requête de la fille Monnier, qui l'y avait appelé en garantie;

SUP. GÉN.

Que de ces faits il résulte évidemment que Bouvier n'a point fait connaître un expéditeur ou propriétaire que pussent atteindre efficacement les poursuites de l'administration des douanes: que dès-lors, et même en le déclarant *détenteur de bonne foi*, les tribunaux saisis de l'affaire dont il s'agit ne pouvaient le dispenser des peines prononcées par la loi;
Que cependant le tribunal correctionnel de la Seine, sous prétexte que la fille Monnier et Bouvier, en faisant connaître Luard-Angot comme expéditeur des tissus saisis, ont rempli les obligations qui leur étaient prescrites, quand aucune action utile ne peut être exercée contre lui, a renvoyé Bouvier des poursuites de l'administration, et n'a prononcé de condamnation que contre Luard-Angot;
Que la cour royale saisie de l'appel de ce jugement, voyant dans Bouvier un détenteur de bonne foi à qui il avait suffi d'indiquer un expéditeur, contre lequel un jugement par défaut avait été prononcé, a, par son arrêt du 23 juillet 1827, débouté l'administration de son opposition à l'exécution d'un précédent arrêt confirmatif du jugement correctionnel, du 24 février précédent;
En quoi ladite cour royale partageant les vices dudit jugement, a violé tant les art. 7 et 23, titre 6, de la loi du 4 germinal an II, et 17, titre 4, de la loi du 9 floréal an VII, que les art. 66, titre 6, de la loi du 28 avril 1816, et 45, titre 6, de la loi du 21 avril 1818:
Par ces motifs, la cour casse. — Cb. crim.

A. C. DU 30 MAI 1828, AFF. BUEL.

En matière de douanes, l'amende encourue par les contrevenants n'est pas une peine, mais une simple réparation civile du dommage causé à l'Etat par la fraude. Ainsi, quand une contravention en cette matière a été commise par un fils mineur demeurant chez son père, celui-ci est civilement responsable de l'amende encourue, tant qu'il n'est pas prouvé qu'il n'a pas été en son pouvoir de l'empêcher. B. crim. 401.

Vu l'article 484 du code pénal, portant que, dans toutes les matières qui n'ont pas été réglées par ledit code, et qui sont réglées par des lois et règlements particuliers, les cours et tribunaux continueront de les observer;
Vu les articles 19, titre 2, de la loi organique sur les douanes, en date du 22 août 1791, et 8, titre 3, de la loi du 4 germinal an II, desquels il résulte que les fermiers et régisseurs des voitures publiques sont responsables de l'*amende* prononcée, en cas de fraude ou de contravention, contre les messagers et conducteurs de ces voitures;
Vu l'article 20, titre 13, de la même loi de 1791, portant que les propriétaires des marchandises seront civilement responsables du fait de leurs facteurs, agents, serviteurs et domestiques, en ce qui concerne les droits, confiscations et amendes, disposition portée, par rapport aux fermiers et régisseurs des voitures publiques, par l'article 8, titre 3, de la loi du 4 germinal an II;
Vu également l'article 56 du titre 5 de la loi du 28 avril 1816, lequel, après avoir réglé comment doivent être poursuivis, jugés et punis les crimes de contrebande prévus par les deux articles précédents, ajoute qu'il sera en même temps statué sur les *condamnations civiles en résultant, telles que* confiscations, *amendes* et dommages-intérêts;
Vu enfin l'article 1384 du code civil, qui veut que le père soit responsable du dommage causé par son enfant mineur, habitant avec lui, à moins qu'il ne prouve qu'il n'a pu empêcher le fait qui donne lieu à cette responsabilité.
Attendu, en droit, que si, d'après les dispositions générales de la législation criminelle, les amendes ont un caractère pénal et dont l'effet purement personnel à l'auteur du délit, et restreint sous le rapport de la responsabilité civile aux dommages-intérêts, ne peut s'étendre aux peines encourues, il est autrement lorsque les lois particulières qui régissent une matière spéciale ont dérogé aux principes et aux dispositions du droit commun;
Et attendu qu'en matière de douanes, les lois des 22 août 1791, et 4 germinal an II, ont établi, comme règle spéciale, que la responsabilité des délits et contraventions s'étend aux *amendes* comme aux autres condamnations civiles, et que la loi du 28 avril 1816, titre 5, article 56, par une disposition commune à la confiscation, aux dommages-intérêts et aux amendes, range également tous ces objets dans la classe des *condamnations purement civiles*;
Attendu enfin que, d'après les lois des douanes, et notamment aux termes de l'article 16 de la loi du 17 décembre 1814, et de l'article 16 de la loi du 27 mars 1817, les juges de paix sont compétents, comme juges civils, pour statuer sur plusieurs contraventions en cette matière, et prononcer, *à charge d'appel aux tribunaux civils*, les *amendes* encourues;
Qu'ainsi, et quoique l'amende en matière criminelle ne puisse, en général, être prononcée contre ceux qui n'ont pas participé au délit, il en est autrement en fait de contravention aux lois de douanes;
Qu'en cette matière spéciale et exceptionnelle, l'amende encourue par les contrevenants n'est point une peine proprement dite; qu'elle doit être considérée comme une réparation du préjudice causé à l'état par les effets de la fraude, et que c'est par cette raison que les tribunaux civils ont, dans beaucoup de cas, le droit de la prononcer; qu'elle ne peut donc être assimilée aux peines qui, étant par leur nature purement personnelles, ne peuvent être appliquées qu'aux auteurs et aux complices des délits et des contraventions;
D'où il suit que, lorsqu'une contravention aux lois des douanes a été commise par un fils mineur demeurant chez son père, celui-ci en est, sous le rapport de l'amende, civilement responsable, tant qu'il n'est pas prouvé qu'il n'a pas été en son pouvoir de l'empêcher;
Attendu, en fait, qu'Antoine Buel, âgé de dix-sept ans, fils de George Buel, batelier comme son père à Biesheim, et demeurant chez lui, a été condamné à cinq cents francs d'amende pour avoir, de complicité avec trois inconnus fugitifs, introduit en fraude soixante-quinze kilogrammes de sucre raffiné, et que ce fils mineur, en important ainsi les objets de contrebande sur lui saisis, est jusqu'à preuve contraire, présumé de droit avoir agi pour le compte et dans l'intérêt d'un père dont il partage et la profession et la demeure; qu'il ne pouvait donc être légalement affranchi de la responsabilité civile de la fraude commise par son fils;
Que cependant le tribunal correctionnel de Colmar, saisi de la poursuite exercée contre ce délinquant, et de la demande formée contre son père, comme civilement responsable, tout en déclarant Buel fils coupable d'une introduction frauduleuse, et en le condamnant à cinq cents francs d'amende, a cru devoir, par une fausse application de l'article 1384 du code civil, se borner à déclarer George Buel père civilement responsable de la condamnation aux frais prononcés contre son fils, et l'exempter de toute responsabilité relativement à l'amende encourue par le condamné;
Que, sur l'appel de ce jugement, la cour royale de Colmar en a confirmé les dispositions, s'attachant au principe général consacré par le code pénal, article 9, que l'amende en matière correctionnelle est une peine, tandis que, d'après l'article 484 du même code, la législation spéciale des douanes est seule à consulter dans l'espèce actuelle, et ne voyant dans l'article 56 de la loi du 28 avril 1816, qu'un article indicatif de la nature de l'attribution de juridiction, lorsque, confondant les amendes avec les autres condamnations civiles, il déroge par là même

8

aux principes du droit commun, et confirme sur ce point les dispositions spéciales des lois des 22 août 1791 et 4 germinal an II ;

Qu'en s'appropriant ainsi les vices du jugement correctionnel, la cour royale de Colmar, a, par une fausse application de l'article 9 du code pénal, violé l'article 20, titre 13, de ladite loi du 22 août 1791, l'article 56 du titre 5 de la loi du 28 avril 1816, dont l'arrêt attaqué a méconnu la lettre et l'esprit, et, par suite, l'article 1384 du code civil :

Par ces motifs, la cour casse. — Ch. crim.

ARRÊT DU CONS. D'ÉT. (ORD.) DU 1er JUIN 1828, AFF. MENNET.

Les questions sur lesquelles il a été précédemment statué par décision du ministre des finances ne peuvent être portées que devant le conseil d'Etat.

Considérant que les syndics de la faillite Mennet ont porté devant le tribunal de Strasbourg une question sur laquelle il avait été précédemment statué par décision du ministre des finances, du 28 juillet 1824, et que ladite décision ne peut être déférée, s'il y a lieu, qu'à nous en notre conseil d'Etat:

Art. 1er. L'arrêté du conflit pris, le 17 novembre 1827, par le préfet du département du Bas-Rhin, est confirmé;

Le jugement rendu par le tribunal civil de Strasbourg, le 7 juillet 1827, est considéré comme non avenu dans la disposition par laquelle il retient la connaissance de l'affaire.

ARRÊT DU CONS. D'ÉT. (ORD.) DU 1er JUIN 1828, AFF. BRASME.

Il ne peut pas être élevé de conflit quand un désistement a été accepté et a ainsi mis fin à la contestation.

Vu la loi du 17 février 1800 (28 pluviôse an VIII); l'arrêté du 4 novembre 1801 (13 brumaire an X); l'article 403 du code de procédure civile, portant que le désistement, lorsqu'il aura été accepté, emportera de plein droit consentement que les choses soient remises de part et d'autre au même état qu'elles étaient avant la demande;

Considérant que la contestation dont le préfet du Nord revendique la connaissance, n'existait plus à l'époque où le conflit a été élevé;

Art. 1er. L'arrêté par lequel le préfet du Nord élève le conflit d'attributions est annulé.

ORD. DU 1er JUIN 1828.

Conflits d'attribution entre les tribunaux et l'autorité administrative.

Art. 1er. A l'avenir le conflit d'attribution entre les tribunaux et l'autorité administrative ne sera jamais élevé en matière criminelle.

Art. 2. Il ne pourra être élevé de conflit en matière de police correctionnelle que dans les deux cas suivants :

1° Lorsque la répression du délit est attribuée par une disposition législative à l'autorité administrative;

2° Lorsque le jugement à rendre par le tribunal dépendra d'une question préjudicielle dont la connaissance appartiendrait à l'autorité administrative en vertu d'une disposition législative.

Dans ce dernier cas, le conflit ne pourra être élevé que sur la question préjudicielle.

Art. 3. Ne donneront pas lieu au conflit:

1° Le défaut d'autorisation, soit de la part du gouvernement lorsqu'il s'agit de poursuites dirigées contre ses agents, soit de la part du conseil de préfecture lorsqu'il s'agira de contestations judiciaires dans lesquelles les communes ou les établissements publics seront parties;

2° Le défaut d'accomplissement des formalités à remplir devant l'administration préalablement aux poursuites judiciaires.

Art. 4. Hors le cas prévu ci-après par le dernier paragraphe de l'article 8 de la présente ordonnance, il ne pourra jamais être élevé de conflit après des jugements rendus en dernier ressort ou acquiescés, ni après des arrêts définitifs.

Néanmoins, le conflit pourra être élevé en cause d'appel s'il ne l'a pas été en première instance, ou s'il l'a été irrégulièrement après les délais prescrits par l'article 8 de la présente ordonnance.

Art. 5. A l'avenir, le conflit d'attribution ne pourra être élevé que dans les formes et de la manière déterminées par les articles suivants.

Art. 6. Lorsqu'un préfet estimera que la connaissance d'une question portée devant un tribunal de première instance est attribuée par une disposition législative à l'autorité administrative, il pourra, alors même que l'administration ne serait pas en cause, demander le renvoi de l'affaire devant l'autorité compétente. A cet effet, le préfet adressera au procureur du roi un mémoire dans lequel sera rapportée la disposition législative qui attribue à l'administration la connaissance du litige.

Le procureur du roi fera connaître, dans tous les cas, au tribunal la demande formée par le préfet, et requerra le renvoi si la revendication lui paraît fondée.

Art. 7. Après que le tribunal aura statué sur le déclinatoire, le procureur du roi adressera au préfet, dans les cinq jours qui suivront le jugement, copie de ses conclusions ou réquisitions, et du jugement rendu sur la compétence.

La date de l'envoi sera consignée sur un registre à ce destiné.

Art. 8. Si le déclinatoire est rejeté, dans la quinzaine de cet envoi pour tout délai, le préfet du département, s'il estime qu'il y ait lieu, pourra élever le conflit. Si le déclinatoire est admis, le préfet pourra également élever le conflit dans la quinzaine qui suivra la signification de l'acte d'appel, si la partie interjette appel du jugement.

Le conflit pourra être élevé dans ledit délai, alors même que le tribunal aurait, avant l'expiration de ce délai, passé outre au jugement du fond.

Art. 9. Dans tous les cas, l'arrêté par lequel le préfet élèvera le conflit et revendiquera la cause devra viser le jugement intervenu et l'acte d'appel, s'il y a lieu; la disposition législative qui attribue à l'administration la connaissance du point litigieux y sera textuellement insérée.

Art. 10. Lorsque le préfet aura élevé le conflit, il sera tenu de faire déposer son arrêté et les pièces y visées au greffe du tribunal.

Il lui sera donné récépissé de ce dépôt sans délai et sans frais.

Art. 11. Si, dans le délai de quinzaine, cet arrêté n'avait pas été déposé au greffe, le conflit ne pourrait plus être élevé devant le tribunal saisi de l'affaire.

Art. 12. Si l'arrêté a été déposé au greffe en temps utile, le greffier le remettra immédiatement au procureur du roi, qui le communiquera au tribunal réuni dans la chambre du conseil, et requerra que, conformément à l'article 27 de la loi du 21 fructidor an III, il soit sursis à toute procédure judiciaire.

Art. 13. Après la communication ci-dessus, l'arrêté du préfet et les pièces seront rétablis au greffe, où ils resteront déposés pendant quinze jours. Le procureur du

roi en préviendra de suite les parties ou leurs avoués, lesquels pourront en prendre communication sans déplacement, et remettre, dans le même délai de quinzaine, au parquet du procureur du roi, leurs observations sur la question de compétence, avec tous les documents à l'appui.

Art. 14. Le procureur du roi informera immédiatement notre garde des sceaux, ministre secrétaire d'état au département de la justice, de l'accomplissement desdites formalités, et lui transmettra en même temps l'arrêté du préfet, ses propres observations et celles des parties, s'il y a lieu, avec toutes les pièces jointes.

La date de l'envoi sera consignée sur un registre à ce destiné.

Dans les vingt-quatre heures de la réception de ces pièces, le ministre de la justice les transmettra au secrétariat général du conseil d'Etat, et il en donnera avis au préfet qui les aura transmises.

Art. 15. Il sera statué sur le conflit au vu des pièces ci-dessus mentionnées, ensemble des observations et mémoires qui auraient pu être produits par les parties ou leurs avocats, dans le délai de quarante jours, à dater de l'envoi des pièces au ministère de la justice.

Néanmoins, ce délai pourra être prorogé, sur l'avis du conseil d'Etat et la demande des parties, par notre garde des sceaux: il ne pourra en aucun cas excéder deux mois.

Art. 16. Si les délais ci-dessus fixés expirent sans qu'il ait été statué sur le conflit, l'arrêté qui l'a élevé sera considéré comme non avenu, et l'instance pourra être reprise devant les tribunaux.

Art. 17. Au cas où le conflit serait élevé dans les matières correctionnelles comprises dans l'exception prévue par l'article 2 de la présente ordonnance, il sera procédé conformément aux articles 6, 7 et 8.

A. C. DU 12 JUIN 1828, AFF. LEROUX ET DAVID.

En matière de douanes, le fait matériel de la contravention suffit pour nécessiter la condamnation du prévenu, indépendamment de toute intention frauduleuse.

Il n'appartient qu'à l'administration d'apprécier les circonstances atténuantes du délit et d'accorder remise ou modération des amendes.

Cependant, les aubergistes et les voituriers sont exempts des peines portées par la loi, lorsqu'ils indiquent un propriétaire ou expéditeur, contre lequel l'administration des douanes puisse exercer utilement son recours. M. 13.115.

Réquisitoire.

Le procureur général expose qu'il est chargé par M. le garde des sceaux, ministre de la justice, de requérir, dans l'intérêt de la loi, l'annulation d'un arrêt rendu par la cour royale d'Amiens, chambre des appels de police correctionnelle, le 11 juillet 1827, dans l'affaire de Leroux père et fils, et Alexis David.

Voici les faits de cette cause:

Par procès-verbal du 8 janvier 1827, les préposés des douanes du département de l'Aisne constatèrent que ledit jour, à huit heures du matin, étant en observation sur la route royale de Laon à Reims, avaient aperçu une voiture attelée d'un cheval, conduite par un jeune homme, et qu'escortait, à quelque distance, un individu d'un âge plus avancé: qu'ayant demandé au conducteur quel était son chargement, ce jeune homme, au lieu de répondre, avait appelé l'individu qui accompagnait la voiture; que ce dernier, après avoir d'abord refusé de répondre aux interpellations des employés, avait déclaré que la voiture lui était étrangère; qu'il n'en connaissait pas le chargement; que seulement, quelques moments auparavant, il y avait jeté son porte-manteau. Les préposés, à qui ces réponses parurent suspectes, sommèrent le conducteur et celui qui l'accompagnait de les suivre, avec la voiture, devant le maire, à l'hôtel de ville, pour y faire la reconnaissance du chargement. Là, le conducteur de la voiture déclare se nommer Aristide *Leroux*, âgé de 16 ans, demeurant à Cuirieux, chez son père, et l'autre individu, Hilaire-Alexis *David*, négociant à Paris. *Leroux* ajouta qu'il était parti de Cuirieux accompagné du sieur *David*; que le chargement avait été effectué le matin, en présence et sous la surveillance de cet individu, par trois hommes qu'il ne connaissait pas, et qui, montés sur des chevaux, avaient apporté les marchandises dont sa voiture était chargée; qu'enfin le sieur *David* avait traité, pour le transport, avec le sieur *Leroux* père.

Vérification faite par les employés, le chargement se composait de tulles, de percale, de mousselines et d'autres étoffes dépourvues des marques distinctives de l'industrie française. Le jury institué par la loi du 28 avril 1816 décida unanimement qu'elles étaient de fabrique étrangère, et en fixa la valeur à la somme de 9,750 francs.

Traduits devant le tribunal correctionnel de Laon, *David* et *Leroux* père furent condamnés, le 20 avril 1827, le premier par défaut, le second contradictoirement, à une amende de pareille somme, conformément aux articles 41 de la loi précitée, et 43 de celle du 21 avril 1818. Le tribunal prononça en outre la confiscation des marchandises saisies, ainsi que celle du cheval et de la voiture, comme moyens de transport. *Leroux* fils fut renvoyé des poursuites, attendu qu'il n'avait agi que par les ordres de son père, et qu'il avait pu ignorer toutes les conséquences de l'exécution de ces ordres, le fait qu'ils avaient pour objet (la conduite de voiture) ne constituant par lui-même ni délit ni contravention.

Sur l'appel de ce jugement, interjeté par *Leroux* père, la cour royale d'Amiens déchargea ce prévenu des condamnations prononcées contre lui, par les motifs suivants:

« Considérant que, de tous ces faits, il ne résulte aucune preuve que Leroux père ait *sciemment* concouru à l'introduction ou à la circulation frauduleuse des marchandises saisies; qu'il en résulte seulement qu'il a loué la voiture qui a servi à les transporter et que son fils était le conducteur, circonstance insuffisante pour faire déclarer ledit Leroux père complice de la contravention en question;

« En ce qui touche la question de savoir si, par son fils, il était au moment de la saisie, détenteur des marchandises;

« Considérant qu'il résulte des faits ci-dessus rapportés que ledit David, déclaré propriétaire, accompagnait ses marchandises au moment de la saisie; que Leroux fils, qui la conduisait, n'était muni d'aucune lettre de voiture; que, lorsqu'il a été interpellé de déclarer quel était son chargement, il a de suite appelé ledit David pour répondre à cette question, en expliquant qu'il n'était que l'agent passif de ce sieur David, qui avait fait charger ces ballots sur la voiture; que de ces faits il suit que ledit Leroux fils, marchant sous la direction du maître de la chose qu'il conduisait, n'était pas de cette chose le détenteur dans le sens légal;

« Considérant enfin que, dès lors qu'il n'a été et n'a pu être prononcé, à raison de ces faits, aucune condamnation contre Leroux fils, il ne peut, de ce chef, y avoir aucun recours à exercer contre son père;

« Considérant, en outre, qu'aucune disposition de la loi applicable à la matière n'autorise la confiscation des moyens de transport:

« Par ces motifs, la cour renvoie Leroux père de la plainte, sans dépens. »

Tel est l'arrêt que l'exposant est chargé de dénoncer à la cour.

En matière de douanes, le fait matériel de la contravention suffit pour nécessiter la condamnation du prévenu; la question d'intention sort des attributions des tribunaux; elle est toute entière dans celles de l'administration, à qui il appartient exclusivement d'apprécier les circonstances atténuantes du délit, la bonne foi des contrevenants, et d'accorder en conséquence les remises ou modérations d'amende que l'équité peut suggérer. La cour fait journellement l'application de ce principe. (*Voyez* arrêts des 8 décembre 1820, 6 mars 1824, 18 novembre 1826; 31 juillet 1827, nᵒˢ 153, 41, 234, 191 et 204 du Bulletin officiel). Ainsi, dans l'espèce, il importait peu que Leroux père n'eût pas concouru *sciemment* à l'introduction ou à la circulation frauduleuse des marchandises saisies, et que dès lors il ne pût pas être considéré comme complice du propriétaire de ces marchandises, auteur principal de la contravention; il suffisait qu'il fût constant qu'il avait été trouvé détenteur des objets saisis soit par lui-même, soit par son fils, commis par lui à la conduite d'une voiture qui lui appartenait, et sur laquelle ces objets étaient chargés. L'acceptation *légale* du mot détenteur n'est point restreinte, comme la cour royale d'Amiens paraît le penser, à la personne du propriétaire, du négociant ou du commissionnaire qui participe *sciemment* à la fraude; elle embrasse dans sa généralité tout détenteur de bonne foi. L'intention du législateur à cet égard s'explique par la substitution qui a été faite dans l'article 43 de la loi du 21 avril 1818, du mot *détenteur* à celui de *délinquant*, dont se servait la loi du 28 avril 1816. Il est vrai que cette rigueur de la loi a reçu un tempérament par l'interprétation que lui a donné la jurisprudence en faveur des aubergistes et des voituriers. On reconnaît que ces derniers peuvent être exempts des peines portées par la loi, lorsqu'ils indiquent un propriétaire ou expéditeur, *contre lequel l'administration des douanes puisse exercer utilement son recours*; mais on ne considère pas l'indication comme sincère et suffisante, lorsque le prétendu propriétaire ou expéditeur signalé par l'aubergiste ou le voiturier est insolvable, étranger, fugitif ou inconnu. Or, c'est précisément un propriétaire de cette sorte que Leroux père indiquait dans la personne de *David*, puisque ce dernier, qui s'était laissé condamner par défaut, n'a ni domicile fixe, ni profession; qu'il n'est autre chose qu'un contrebandier, et que l'administration des douanes déclare ne pouvoir exercer contre lui aucun recours utile. Le sieur Leroux était donc passible de la peine prononcée par la loi contre tout détenteur de marchandises prohibées.

Ce considéré, il plaise à la cour casser et annuler, dans l'intérêt de la loi, l'arrêt dénoncé, et ordonner qu'à la diligence de l'exposant, l'arrêt à intervenir sera imprimé, transcrit sur les registres de la cour royale d'Amiens.

Fait au parquet, ce 22 mai 1828. Signé *Mourre*.

Arrêt.

Ouï, M. Chantereyne, conseiller, en son rapport, et M. Fréteau de Pény, avocat général, en ses conclusions.

Vu l'art. 43 de la loi du 21 avr. 1818;

Vu le réquisitoire de M. le procureur général, etc.;

Adoptant les motifs du réquisitoire, casse et annule, dans l'intérêt de la loi, l'arrêt, etc. — Ch. crim.

ARRÊT DE CONS. D'ÉT. (ORD.) DU 16 JUIN 1828, AFF. VIENNET.

Le trésor peut imposer à ses comptables des précautions spéciales pour la sûreté des deniers déposés dans leurs caisses, et le receveur qui ne satisfait pas aux conditions qui peuvent prévenir le vol ou faire connaître ses auteurs, en est responsable.

Vu l'arrêté du gouvernement, du 8 floréal an X;

Vu l'art. 977 des instructions de l'administration du trésor, du 15 décembre 1826, adressées à tous les comptables, portant: « En cas de vol commis à leur caisse, les percepteurs ne peuvent en demander la décharge, s'ils ne justifient que ce vol est l'effet d'une force majeure; qu'outre les précautions ordinaires, ils avaient eu celle de coucher ou de faire coucher un homme sûr dans les lieux où ils tenaient leurs fonds, et que si c'était au rez-de-chaussée, ils avaient eu le soin de le faire solidement griller; »

Considérant que le trésor a pu imposer à ses comptables des précautions spéciales pour la sûreté des deniers déposés dans leurs caisses;

Que ces précautions contenues dans les instructions transmises à chaque comptable ont formé une condition obligatoire pour chacun d'eux;

Considérant que le sieur Viennet n'a pas satisfait à celle de ces conditions qui était la plus efficace, et qui eût prévenu le vol ou fait connaître les auteurs,

Art. 1ᵉʳ. La requête du sieur Viennet est rejetée.

ARRÊT DU CONS. D'ÉT. (ORD.) DU 19 JUIN 1828, AFF. TANDIÈRE.

Un arrêté du conseil de préfecture, qui relate les motifs et adopte les propositions qui lui ont été soumises, motive suffisamment la décision.

Vu la loi du 22 oct. 1798;

Considérant qu'en relatant les motifs et adoptant la proposition du directeur des contributions indirectes, le conseil de préfecture a suffisamment motivé sa décision:

Art. 1ᵉʳ, etc.

A. C. DU 23 JUIN 1828, AFF. CHEVROT.

Lorsqu'un procès-verbal constate à la fois une contravention à la circulation, une contravention au droit d'entrée et une fraude au droit d'octroi, il ne s'ensuit pas que le procès-verbal puisse être dressé par un préposé d'octroi seul, comme en matière purement d'octroi. B. crim. 300.

Attendu qu'aux termes de l'art. 53 du décret du 1ᵉʳ germinal an XIII; 154, 169, 223 de la loi du 28 avril 1816, les préposés aux octrois des villes ont caractère pour constater les fraudes en matière de contributions indirectes, leurs procès-verbaux ne peuvent faire foi qu'autant qu'ils sont revêtus des formalités prescrites pour la validité des procès-verbaux en cette matière;

Qu'il s'agissait, dans l'espèce, d'un fait qui constituait une contravention aux art. 20 de la loi du 28 avril 1816, relatif à la perception des droits d'entrée, 13, relatif à la conduite des boissons à la destination déclarée; et 53, relatif à l'introduction des boissons chez les débitants;

Que ce fait n'a été constaté que par un seul employé de l'octroi;

Qu'aux termes des art. 84 de la loi du 5 ventôse an XII et 25 du décret du 1ᵉʳ germinal an XIII, les procès-verbaux en matière de contributions indirectes ne font foi qu'autant qu'ils sont dressés et affirmés par deux employés;

Que l'arrêt attaqué ne pourrait être cassé que par le motif qu'il a violé la foi due aux procès-verbaux, mais que ce motif ne peut, dans l'espèce, servir de base à un arrêt de cassation, puisque le procès-verbal dont il s'agit était insuffisant pour constater légalement la contravention reprochée aux prévenus;

La cour rejette. — Ch. crim.

A. C. DU 3 JUILL. 1828, AFF. JOURDAN.

Lorsqu'un individu, porteur d'objets de contrebande, qu'il introduisait sur le territoire français, où il avait déjà pénétré, se rejette précipitamment à la vue des employés sur le territoire étranger, la fraude ne peut être méconnue par les tribunaux, et la saisie que les employés ont pratiquée, au moyen de ce que le porteur des objets a été contraint, par un cas de force majeure, de rentrer immédiatement sur le territoire français, est valable. M. 13.121.

Vu l'article 11, titre 4, de la loi du 9 floréal an VII, d'après lequel les rapports des employés des douanes doivent être crus jusqu'à inscription de faux;

Vu l'article 41, titre 5, de la loi du 28 avril 1816, portant que toute importation par terre d'objets prohibés donnera lieu à l'arrestation des contrevenants et à leur traduction devant le tribunal correctionnel, qui, indépendamment de la confiscation de l'objet de contrebande, prononcera solidairement contre eux une amende de cinq cents francs, quand la valeur de l'objet de contrebande n'excédera pas cette somme, et, dans le cas contraire, une amende égale à la valeur de l'objet;

Attendu, en fait, qu'un procès-verbal régulier et non attaqué par les voies légales, constate que, dans la nuit du 2 au 3 août 1827, les préposés des douanes étant de service dans le bas de la Combe au Billoy, extrême frontière, commune de Charquemont, près la rive française du Doubs, virent venir, du côté de la Suisse, une barque montée par quatre hommes à eux inconnus; que trois d'entre eux vinrent débarquer un peu à droite de la position de ces préposés; que ceux-ci s'étant présentés aux inconnus, en leur faisant connaître leurs noms et qualités, l'un d'eux monta la côte voisine en criant: Sauve! sauve!

Que les deux autres s'étant jetés dans la rivière, l'un d'eux parvint à regagner à la nage la barque qui retournait vers l'endroit d'où elle était partie; que l'autre ne pouvant l'atteindre et se trouvant en danger de périr, les préposés lui tendirent une main secourable, qu'il s'empressa de saisir;

Qu'ensuite, arrivé à terre, les préposés lui firent connaître de nouveau leurs qualités, et, l'ayant interrogé, reconnurent qu'il s'appelait Jourdan, qu'il venait de l'étranger, et qu'il avait sur lui un gilet de montres et des fournitures de montres, qu'il portait près de Russey, d'où elles devaient être expédiées pour Besançon;

Que cet individu, d'après sa déclaration, ne connaissait pas les deux particuliers qui étaient débarqués avec lui sur le territoire français: mais qu'il savait que celui qui est retourné en Suisse avait aussi un gilet de montres sur lui, et que l'autre était leur éclaireur;

Que, sur l'observation faite à Jourdan que l'horlogerie est prohibée à l'entrée du royaume, les préposés lui déclarèrent la saisie de celles qu'il portait, et l'arrestation de sa personne, aux termes de la loi du 28 avril 1816:

Que, par suite de ce procès-verbal, contenant la description des objets saisis, Jourdan, traduit devant le tribunal correctionnel de Montbéliard, pour s'y voir condamner à l'amende portée en l'article 41, titre 5, de la loi du 28 avril 1816, devait subir la peine d'une contravention aussi évidente aux lois de douanes;

Que, cependant, le tribunal correctionnel, oubliant la foi due à un procès-verbal régulier, et contre lequel la voie de l'inscription de faux n'avait pas été employée, a débouté l'administration des douanes, ordonné la restitution des marchandises saisies, et condamné l'administration aux dépens;

Qu'en supposant que, dans la localité dont il s'agit au procès-verbal, la rivière du Doubs, qui sépare la Suisse d'avec la France, fût sur le territoire suisse, comme l'a déclaré le tribunal, sans en indiquer aucune preuve, cet état de choses, eût-il été établi par des preuves authentiques, n'était d'aucune considération dans l'affaire actuelle, puisque le procès-verbal démontre jusqu'à l'évidence que la saisie a été faite, non dans la rivière profonde en cet endroit et prête à engloutir le contrebandier, mais sur le territoire français, où il a été reconnu être porteur de contrebande;

Que si, après être débarqué sur ce territoire avec les objets prohibés qu'il venait y introduire, et avoir, par cette manœuvre frauduleuse, consommé le délit, objet des poursuites, il a cherché à se soustraire par la fuite aux peines qu'il avait encourues, la circonstance du peu de temps qu'il y est resté, et les efforts qu'il a faits pour ne pas tomber entre les mains des saisissants ne peuvent anéantir le délit dont il s'était rendu coupable;

Qu'au milieu du danger qui menaçait sa vie, obligé d'accepter le secours des préposés eux-mêmes, et ramené par eux sur le terrain où, porteur de contrebande, il avait débarqué, l'évènement de force majeure qui le forçait d'y revenir, n'a pu changer le caractère et empêcher les suites légales d'un délit réalisé par un débarquement libre et volontaire, d'un délit antérieurement consommé par l'introduction de la contrebande sur un territoire dont il s'était précipitamment éloigné, non par un changement de volonté et par le libre abandon d'une frauduleuse entreprise, mais uniquement pour tâcher de se soustraire aux peines par lui encourues;

Qu'enfin, si sa *rentrée* sur le territoire de France n'a pas été libre et volontaire, ce n'est pas cette entrée avec les marchandises saisies qui constitue le délit énoncé au procès-verbal; qu'elle a seulement fourni les moyens de constater l'existence d'un délit antérieurement consommé, et que la retraite ou tentative de retraite sur le territoire étranger n'en a point effacé les traces;

Que ces considérations auraient dû déterminer la cour royale de Besançon à réformer le jugement dont l'appel lui était déféré; que cependant elle a cru devoir en adopter les motifs et confirmer les dispositions; en quoi elle a violé, tant la foi due au procès-verbal que l'article 41, titre 5, de la loi du 28 avril 1816, dont elle avait à faire l'application:

La cour casse. — Ch. crim.

A. C. DU 5 JUILL. 1828, AFF. VOURY.

Une cour saisie de l'appel d'un jugement d'un tribunal correctionnel, qui s'est déclaré incompétent, peut évoquer le fond et renvoyer en même temps à une autre audience pour prononcer. M. 12.424.

Attendu, sur le premier moyen, que la cour royale de Rouen s'est conformée à l'art. 215 du code d'instruction criminelle, en retenant la connaissance du fond du procès, puisqu'elle réformait un jugement qui avait mal à propos sursis à y statuer; qu'elle a pu renvoyer à une autre audience, pour prononcer sur le fond, puisque l'art. 473 du code de procédure civile n'est point applicable à la matière des appels des jugements de police correctionnelle;

La cour casse. — Ch. crim.

ARRÊT DU CONS. D'ÉT. (ORD.) DU 10 AOUT 1828, AFF. VALLIÈRE.

On ne peut pas attaquer les décisions ministérielles après l'expiration des délais réglementaires, résultant d'une signification qui prouve qu'on avait connaissance de ces décisions.

Considérant qu'il résulte des faits qu'il a été décerné contre le sieur Vallière une première contrainte le 22 février 1809 ;

Que cette contrainte a été renouvelée le 1er décembre 1817 ;

Qu'une signification faite à la requête du sieur Vallière, le 31 décembre 1831, prouve qu'il avait connaissance pleine et entière de la décision du ministre du trésor, en date du 9 février 1809, et de la décision du ministre de l'administration de la guerre, du 6 janvier 1806 ;

Qu'il ne s'est pas pourvu devant nous en notre conseil contre lesdites contrainte et décision dans les délais du règlement :

Art. 1er. La requête du sieur Vallière est rejetée.

ARRÊT DU CONS. D'ÉT. (ORD.) DU 10 AOUT 1828, AFF. RIGAUD.

Un particulier qui vend des boissons, et qui n'a pris avec l'administration des contributions indirectes qu'une licence de débitant, ne doit que la patente de cette classe de commerce, lors même qu'il aurait été compris au rôle des patentes comme marchand de boissons en gros. M. 13.291.

Considérant que le sieur Rigaud justifie qu'il est soumis à l'exercice des agents des contributions indirectes comme débitant de boissons ; que la déclaration du directeur de cette administration ne peut laisser aucun doute sur la nature de son commerce, et qu'il ne peut être dès lors soumis à la patente de marchand en gros :

Art. 1er. L'arrêté du conseil de préfecture du département de l'Aisne, en date du 3 juillet 1827, est annulé.

NOTA. — Bien que l'arrêt que nous rapportons ait été rendu en matière de contributions directes, nous avons cru devoir l'insérer ici, pour prouver que les registres des différentes administrations se prêtent un mutuel appui : on serait dès lors fondé à supposer que la qualification donnée par une patente *délivrée et payée* pourrait être invoquée par l'administration des contributions indirectes comme établissant la profession de celui qui en aurait fait la demande. M. 13.291.

Toutefois, la régie, loin de se prévaloir de ce principe qui, du reste, n'est pas incontestable, a, au contraire, expliqué dans sa correspondance générale « que « l'inscription d'un individu au registre des patentes peut évidemment aider les « employés à constater un débit clandestin, puisqu'elle servirait à corroborer le « procès-verbal dressé en pareil cas ; mais que, isolément, cette circonstance ne « saurait suffire pour motiver un acte de répression. Il est indispensable qu'un « fait de vente en détail soit constaté par les employés eux-mêmes pour qu'ils « puissent verbaliser. » *Code des Lic. (Ann.).*

ARRÊT DU CONS. D'ÉT. (ORD.) DU 27 AOUT 1828, AFF. MARTEAU.

Il y a déchéance si une décision ministérielle n'a pas été attaquée dans les délais réglementaires, quand il résulte d'une lettre de l'intéressé que cette décision lui a été notifiée.

Considérant que la décision de notre ministre de la guerre, du 15 mars 1828, avait été notifiée au requérant le 27 dudit mois de mars, ainsi qu'il résulte de la lettre écrite le même jour à notre ministre de la guerre, dont copie est produite par lui-même à l'appui de sa requête ;

Que, ne s'étant pourvu contre ladite décision que le 24 juillet 1828, il a encouru la déchéance prononcée par l'art. 11 du règlement du 22 juillet 1806 :

Art. 1er. La requête du sieur Marteau est rejetée.

ARRÊT DU CONS. D'ÉT. (ORD.) DU 31 AOUT 1828, AFF. HERVÉ.

Lorsque le conseil d'État a omis de prononcer sur les dépens, il y a lieu de réparer cette omission par une ordonnance additionnelle. M. 13.294.

Vu la réclamation présentée au nom du sieur Hervé par Me Béguin, avocat en nos conseils, par laquelle il expose qu'il nous a présenté une requête en défense, au nom du sieur Hervé, tendant au rejet de la requête du sieur Kolb ;

Vu notre ordonnance du 10 août 1828, laquelle a rejeté la *requête du sieur Kolb* ;

Considérant que nous avons fait droit aux conclusions du sieur Hervé contre le sieur Kolb ;

Par addition à notre ordonnance du 10 août 1828 :

Art. 1er. Le sieur Kolb est condamné aux dépens.

A. C. DU 5 SEPT. 1828, AFF. ERARD PÉRE.

Un père est civilement responsable des amendes prononcées contre son fils mineur, demeurant avec lui, pour délits en matière de douanes, lorsqu'il ne prouve point qu'il n'a pu empêcher le fait qui donne lieu à la condamnation.

L'amende, en matière de douanes, n'est point considérée comme une peine, mais comme une réparation civile du préjudice causé à l'État par la fraude. B. crim. 750.

Vu l'art. 484 du code pénal, portant que, dans toutes les matières qui n'ont pas été réglées par ledit code, et qui sont régies par des lois et des règlements particuliers, les cours et les tribunaux continueront de les observer ;

Vu les art. 22, titre 2, de la loi organique sur les douanes, en date du 22 août 1791, et 8, titre 3, de la loi du 4 germinal an II, desquels il résulte que les fermiers et régisseurs sont responsables de l'amende prononcée, en cas de fraude ou de contravention, contre les messagers et conducteurs de voitures ;

Vu l'art. 20, titre 13, de la même loi du 22 août 1791, portant que les propriétaires des marchandises seront civilement responsables du fait de leurs facteurs, agents, serviteurs et domestiques, en ce qui concerne les droits, confiscations et *amendes* ;

Vu également l'art. 56, titre 5 de la loi du 28 avril 1816, lequel article, après avoir réglé comment doivent être poursuivis, jugés et punis les crimes de contrebande, prévus par les deux articles précédents, ajoute qu'il sera en même temps statué *sur les condamnations civiles* en résultant, telles que confiscation et dommages-intérêts ;

Vu enfin l'art. 1384 du code civil, qui veut que le père soit responsable du dommage causé par son enfant mineur, habitant avec lui, à moins qu'il ne prouve qu'il n'a pu empêcher le fait qui donne lieu à cette responsabilité ;

Attendu, en droit, que si, d'après les dispositions générales de la législation

criminelle, les amendes ont un caractère pénal, et dont l'effet, purement personnel à l'auteur du délit, et restreint, sous le caractère de la responsabilité civile, aux dommages-intérêts, ne peut s'étendre aux peines encourues, il en est autrement lorsque les lois particulières qui régissent une matière spéciale, ont dérogé aux principes et aux dispositions du droit commun ;

Et attendu qu'en matière de douanes les lois des 22 août 1791 et 4 germinal an II ont établi, comme règle spéciale, que la responsabilité des délits et contraventions s'étend aux amendes comme aux autres condamnations civiles, et que la loi du 28 avril 1816, titre 5, art. 56, par une disposition commune à la confiscation, aux dommages-intérêts et aux amendes, range également tous ces objets dans la classe des condamnations purement civiles ;

Attendu enfin que, d'après les lois des douanes, et notamment aux termes de l'art. 16 de la loi du 17 décembre 1814, et de l'art. 16 de la loi du 27 mars 1817, les juges de paix sont chargés de statuer, comme juges civils, sur diverses contraventions en cette matière, et de prononcer, à charge d'appel aux tribunaux civils, *les amendes encourues* ;

Qu'ainsi, et quoique l'amende en matière criminelle ou correctionnelle ne puisse en général être prononcée contre ceux qui n'ont pas participé au délit, il en est autrement en fait de contravention aux lois de douanes ; qu'en cette matière spéciale et exceptionnelle, l'amende encourue par les contrevenants n'est point une peine proprement dite ; qu'elle doit être considérée comme une réparation du préjudice causé à l'État par les effets de la fraude, et que c'est par cette raison que les tribunaux civils ont, dans beaucoup de cas, le droit de la prononcer ; qu'elle ne peut donc être assimilée aux peines qui, étant par leur nature purement personnelles, ne peuvent être appliquées qu'aux auteurs et aux complices des délits et des contraventions ; d'où il suit que lorsqu'une contravention aux lois de douanes a été commise par un fils mineur, demeurant chez son père, celui-ci en est, sous le rapport de l'amende, civilement responsable, tant qu'il n'est pas prouvé qu'il n'a pas été en son pouvoir de l'empêcher ;

Attendu, en fait, que le nommé *Joseph Erard*, âgé d'environ dix-huit ans, demeurant chez son père, au Fournet de Blauchesloche, commune de Charquemont, arrêté par les préposés des douanes, au moment où il introduisait en France des marchandises de contrebande, a été, indépendamment de la confiscation des objets saisis, condamné à une amende égale à leur valeur ; que, dès lors, Erard père, traduit devant le tribunal correctionnel de Montbéliard, comme civilement responsable des faits de son fils mineur, devait, à ce titre, être condamné à payer l'amende par lui encourue ;

Que ce fils mineur, en important ainsi les objets de contrebande sur lui saisis, est, jusqu'à preuve contraire, présumé de droit avoir agi pour le compte et dans l'intérêt d'un père dont il partage la demeure ; que celui-ci ne pouvait donc être légalement affranchi de la responsabilité civile de la fraude commise par son fils ;

Que, cependant, le tribunal correctionnel, dans la fausse opinion que l'amende, même en matière de douanes, est une peine et non une indemnité, a déclaré Erard affranchi de toute responsabilité relativement à l'amende prononcée contre son fils, et que la cour royale de Besançon a confirmé ce jugement, dont l'appel lui a été déféré ;

Que ladite cour royale, s'attachant au principe général consacré par le code pénal, art. 9, que l'amende en matière correctionnelle est une peine, tandis que, d'après l'art. 484 du même code, la législation spéciale des douanes est seule à consulter dans l'espèce actuelle, n'a pas vu que l'art. 56 de la loi du 28 avril 1816 confond les amendes avec les autres condamnations civiles, qu'il a dérogé par là même aux principes du droit commun, et confirmé, sur ce point, les dispositions spéciales des lois des 22 août 1791 et 4 germinal an II ; qu'en s'appropriant ainsi les vices du jugement correctionnel, ladite cour royale a, par une fausse application de l'art. 9 du code pénal, violé l'art. 20, tit. 13, de ladite loi du 22 août 1791, et l'art. 56, titre 5, de la loi du 28 avril 1816, dont l'arrêt attaqué a méconnu et la lettre et l'esprit, violé, par suite, l'art. 1384 du code civil :

Par ces motifs, la cour casse. — Ch. crim.

NOTA. — L'article 35 du décret du 1er germinal an XIII, prononçant, comme l'art. 20 de la loi du 22 août 1791, qui a servi de base à l'arrêt ci-dessus, la responsabilité des propriétaires des marchandises saisies, il s'ensuit que les principes consacrés par cet arrêt sont applicables aux condamnations pour contravention aux lois sur les *contributions indirectes*. M. 13.124.

ARRÊT DU CONS. D'ÉT. (ORD.) DU 5 NOV. 1828, AFF. DE FROLOIS.

Le pourvoi est recevable lorsqu'il est formé dans les trois mois de la signification faite par huissier, et on ne peut opposer une notification administrative faite antérieurement pour dire que l'appelant a eu connaissance certaine de l'arrêté attaqué. M. 13.296.

Sur la fin de non recevoir élevée par la commune de Frolois ;

Considérant que les arrêtés du conseil de préfecture n'ont été signifiés régulièrement au sieur Regnault que le 28 septembre 1825, et qu'ainsi son pourvoi a été formé dans les délais du règlement ;

Art. 1er. Les arrêtés..., etc.

ARRÊT DU CONS. D'ÉT. (ORD.) DU 5 NOV. 1828, AFF. CARMIGNAC.

Aucune disposition du règlement n'autorise à prononcer des dépens au profit ou à la charge des administrations publiques qui procèdent au conseil d'État sans ministère d'avocat.

Considérant que c'est avec raison que notre ministre de la guerre a refusé de payer les frais et dépens auxquels il n'avait pas été condamné ;

Considérant d'ailleurs qu'aucune disposition du règlement n'autorise à prononcer des dépens au profit ou à la charge des administrations publiques qui procèdent en notre conseil sans ministère d'avocat :

Art. 1er. La requête du sieur Carmignac-Descombes est rejetée.

A. C. DU 25 NOV. 1828, AFF. KNOBLOCH.

L'obligation de motiver les jugements s'applique à chacun des chefs de demande ou exceptions péremptoires distincts, portés dans les conclusions des parties.

Ainsi, l'arrêt qui confirme purement et simplement un jugement de première instance, sans contenir aucun motif qui s'applique à une exception péremptoire proposée pour la première fois en appel, doit être frappé de nullité. M. 12, 291.

Vu l'art. 7 de la loi du 20 avril 1810 ;

Attendu que la disposition de la loi qui enjoint aux tribunaux de motiver leurs jugements, entend nécessairement que ces motifs s'appliquent à chacun des chefs de demande ou des exceptions péremptoires distincts, portés dans les conclusions des parties;

Attendu que, dans l'espèce, une exception péremptoire du demandeur en cassation, portée dans des conclusions expresses, signifiées dans l'instance d'appel, et visées dans l'arrêt attaqué, était tirée de la loi du 25 ventôse an XI, qui frappe de nullité les actes passés par un notaire parent ou allié au degré indiqué de l'une des parties;

Attendu que l'arrêt attaqué ne contient aucun motif, en fait ni en droit, qui s'applique à cette exception qui serait péremptoire;

La cour casse. — Ch. civ.

ARR. DU CONS. D'ÉT. (ORD.) DU 26 NOV. 1828, AFF. DUBOURDIEU.

Le pourvoi n'est pas recevable s'il est établi par des pièces ou par des aveux qu'il n'a pas été formé dans les délais règlementaires.

Considérant qu'il est établi par les pièces et reconnu par la réclamante, que la décision attaquée lui a été notifiée le 9 janvier 1826;

Considérant que le recours contre ladite décision n'a été formé devant nous, en notre conseil d'état, que le 17 juin 1826;

Considérant qu'aux termes de l'article 11 du règlement du 22 juillet 1806, ledit recours n'ayant pas été exercé en temps utile, la réclamante est non recevable;

Art. 1er. La requête de la dame Dubourdieu est rejetée.

A. C. DU 28 NOV. 1828, AFF. MICHEL.

En matière criminelle, comme en matière civile, les dépens doivent être assimilés aux réparations civiles, et mis à la charge des personnes civilement responsables d'une contravention. B. crim. 913.

Vu les art. 144, 161 et 162 du code d'instruction criminelle;

Attendu que les dépens auxquels est condamnée la partie qui succombe en matière civile, comme en matière criminelle, ne peuvent constituer une condamnation pénale, qu'ils ne sont que la simple restitution des frais auxquels a pu donner lieu la poursuite, et qu'ils doivent dès lors être assimilés aux réparations civiles;

Attendu dès lors que l'application de la responsabilité civile devait être faite, quant aux dépens dont il s'agit au présentes qui, dans l'espèce, pouvaient être civilement responsables des faits de Michel;

Attendu qu'aux termes de l'art. 161 du code d'instruction criminelle, en cas de condamnation en matière de police, il doit être statué par le même jugement sur les demandes en restitution et dommages-intérêts;

Attendu qu'aux termes de l'art. 162 du même code, la partie qui succombe devant être condamnée aux frais, même envers *la partie publique*, le ministère public doit avoir évidemment qualité pour requérir cette condamnation aux frais;

Attendu qu'aux termes de l'art. 144 du code d'instruction criminelle, les fonctions du ministère public près des tribunaux de police sont confiés aux *commissaires de police*, et à défaut aux maires ou adjoints;

Attendu qu'il est constant que Michel est charretier au service de la veuve Bonfils;

Attendu qu'en déclarant que les dépens constituent une *condamnation pénale*; que la veuve Bonfils ne pouvait en être déclarée civilement responsable, et que le ministère public ne pouvait faire de réquisition à cet égard, le tribunal de police de Charenton est contrevenu aux articles ci-dessus rappelés :

La cour casse. — Ch. crim.

C. N° 17-6, DU 10 DÉC. 1828. (1).

Indemnités aux buralistes et préposés d'octroi.

Les états des indemnités ou compléments de traitement à payer aux buralistes et préposés d'octroi, pour insuffisance des remises de 1828, vous seront adressés dans le courant de janvier prochain. Ces paiements se feront désormais dans les premiers mois qui suivront l'exercice, et devront être annotés au résumé du registre n° 33 de cet exercice.

A. C. DU 20 DÉC. 1828, AFF. VENET.

Les vérifications des employés de la régie chez les marchands en gros de boissons ne peuvent en être empêchées, de la part des assujétis, par aucun retard ou obstacle quelconque. Ces marchands doivent être toujours en mesure, soit par eux-mêmes, soit par leurs agents, de déférer aux réquisitions des employés.

Ainsi lorsque la femme d'un marchand en gros refuse d'ouvrir à ces employés les caves et celliers sous prétexte que son mari absent en aurait emporté les clefs, ce fait constitue le refus d'exercice prévu par les art. 101 et 106 de la loi du 28 avril 1816.

Des énonciations contenues au procès-verbal ne peuvent être détruites ni affaiblies par les explications du prévenu données dans le cours de l'instance, sans qu'il y ait atteinte à la foi due à cet acte.

Vu les art. 101 et 106 de la loi du 28 avril 1816 ;

Considérant qu'aux termes de l'art. 101, les employés de l'administration des contributions indirectes sont autorisés à faire, chez les marchands de boissons en gros, toutes les vérifications nécessaires pour connaître si les boissons reçues ou expédiées ont été soumises aux droits dont elles pourraient être passibles; qu'à cet effet, ils peuvent se faire ouvrir les magasins, caves et celliers desdits marchands, et que ces visites sont permises en tout temps, *depuis le lever jusqu'au coucher du soleil*;

Considérant qu'il résulte de ces dispositions que les vérifications des employés ne peuvent être empêchées de la part des marchands de boissons par aucuns retards ou obstacles quelconques; que ces marchands doivent toujours être en mesure, soit par eux-mêmes, soit par leurs préposés, de déférer aux réquisitions des employés;

Considérant, en fait, que le procès-verbal du 11 février 1827, constate que deux employés de l'administration s'étant présentés à neuf heures du matin, chez Claude Venet, marchand de vins en gros, pour y visiter ses magasins, ils n'en ont pu obtenir l'ouverture; que la femme Venet, à laquelle ils se sont adressés en

l'absence de son mari, a refusé de les accompagner dans leur visite, sous prétexte qu'il avait emporté ou caché les clefs; qu'après trois quarts d'heure d'attente ils ont de nouveau invité cette femme, soit à les accompagner dans les magasins, soit à envoyer chercher son mari ou son garçon de magasin, mais qu'elle s'y est constamment refusée;

Considérant qu'il résulte évidemment de ces faits que Claude Venet est contrevenu aux obligations qui étaient imposées par la loi;

Que, d'ailleurs, les énonciations contenues dans le procès-verbal du 11 février n'ont pu être détruites ni affaiblies par les explications du prévenu, données à l'audience de la cour royale de Dijon, sans porter atteinte à la foi due à cet acte;

Qu'enfin, ni les motifs qu'a pu avoir la femme Venet pour refuser d'envoyer chercher son mari, ni même l'absence de la préméditation et de la mauvaise foi de la part de celui-ci, ne sauraient légalement excuser l'empêchement qu'il a mis aux opérations des employés;

Qu'ainsi, en refusant de reconnaître la contravention, l'arrêt attaqué a violé les dispositions de l'article 101 de la loi du 28 avril 1816, et par suite celles de l'article 106 de la même loi, qui punit cette contravention d'une amende de 50 à 300 fr.;

Par ces motifs, la cour casse. — Ch. réunies.

ARRÊT DU CONS. D'ÉT. (ORD.) DU 24 DÉC. 1828, AFF. RATIVEAU.

Il peut être fait opposition aux arrêtés du conseil de préfecture, quand il n'a été produit aucune défense.

Considérant que le sieur Rativeau n'ayant produit aucune défense devant le conseil de préfecture, était recevable dans son opposition à l'arrêté par défaut pris contre lui par ledit conseil, le 8 juillet 1825;

Art. 1er. Les arrêtés, etc.... sont annulés.

C. N° 19-4, DU 25 DÉC. 1828. (1).

Matériel.

Vous avez dû recevoir un état n° 151 C, destiné à présenter, comme l'état n° 151 A, la situation des directions en ce qui concerne les matières, avec ces différences que les instruments non sujets à consignations ne sont point portés sur l'état n° 151 C et que les expéditions timbrées n'y figurent plus qu'en masse...

A. C. DU 30 DÉC. 1828, AFF. LAENS.

Aucune loi n'autorise les juges, en matière civile et de commerce, à prononcer la contrainte par corps pour les dépens, et pour les dommages et intérêts au-dessous de 300 fr.

La solidarité ne peut être prononcée par une condamnation à des dépens. M. 12. 292.

Vu les art. 1202, 2063 du code civil et 126 du code de procédure civile;

Attendu que rien ne constate qu'il se fût agi, dans la cause, de faits auxquels fussent applicables les dispositions des art. 52 et 55 du code pénal;

Qu'aucune loi n'autorise les juges, en matière civile et de commerce, à prononcer la contrainte par corps et la solidarité pour une condamnation à des dépens;

Qu'en ce qui concerne des dommages-intérêts, ce n'est que lorsqu'ils sont au-dessus de la somme de 300 fr. que l'art. 126 du code de procédure civile laisse à la prudence des juges de prononcer la contrainte par corps; que le même article renouvelle expressément la prohibition portée à cet égard par l'art. 2063 du code civil, pour tous les cas non prévus par une disposition formelle de la loi;

Qu'en prononçant, dans l'espèce, soit la solidarité pour les dépens, soit la contrainte par corps pour ces mêmes dépens et pour les 100 fr. de dommages-intérêts adjugés à Laens, défendeur, le tribunal de commerce qui a rendu les deux jugements attaqués, a commis un excès de pouvoir, et a violé expressément les articles de lois ci-dessus cités;

La cour casse. — Ch. civ.

LETT. COMM. N° 29, DU 12 JANV. 1829.

Comptabilité.

... Les restitutions qui seraient autorisées sur les portions d'amendes et confiscations attribuées à la caisse des retraites, seront opérées par rectifications ou déductions sur les totaux des états n° 100, où elles seront libellées au cadre des rectifications. On joindra à ces états les autorisations et pièces justificatives du remboursement...

A. C. DU 22 JANV. 1829, AFF. BOISSY.

Le procès-verbal d'un garde-forestier n'est pas nul parce que cet agent s'est introduit accompagné d'un officier public incompétent, tel qu'un conseiller municipal, dans le domicile d'un individu, pour y constater son délit, lorsque le délinquant ne s'est point opposé à cette introduction.

L'omission d'une formalité quelconque ne peut entraîner la nullité d'un procès-verbal, qu'autant qu'une disposition formelle de la loi y a attaché cet effet, ou que la formalité omise tient à la substance même de l'acte.

Les articles 16 du code d'instruction criminelle et 161 du code forestier n'ont d'autre objet que de donner à tout particulier le droit de s'opposer à l'introduction des gardes dans son domicile, lorsqu'ils ne sont pas légalement assistés, et de les rendre coupables d'un abus d'autorité punissable, s'ils y pénétraient au mépris de cette opposition. B. crim. 31.

Arrêt conforme.

NOTA. — Cet arrêt, qui confirme les principes déjà proclamés par plusieurs décisions de la cour suprême, peut être invoqué avec succès dans les saisis opérées à la requête de l'administration des contributions indirectes, soit en ce qui concerne le défaut d'assistance d'un officier public, soit relativement à l'omission des formalités à l'absence desquelles la loi n'a point attaché la peine de nullité. M. 12. 320.

---

(1) V. au *Nouveau Recueil* un autre extrait de cette circulaire.

(1) V. au *Nouveau Recueil* un autre extrait de cette circulaire.

ARRÊT DU CONS. D'ÉT. (ORD.) DU 10 FÉV. 1829, AFF. DUFOURD.

Malgré l'existence d'un bac à traille, le gouvernement peut accorder au concessionnaire d'un pont l'autorisation d'établir des bâteaux pour le transport des ouvriers et matériaux destinés à la construction du pont.

... En ce qui touche la demande en indemnité pour le transport des ouvriers et matériaux de la compagnie Séguin;
Considérant qu'en vertu de l'article 8 de la loi du 26 novembre 1798 (6 frimaire an VII), le gouvernement a pu, malgré l'existence du bac à traille, accorder au concessionnaire du pont l'autorisation d'établir des bâteaux pour le transport des ouvriers et matériaux destinés à la construction dudit pont :
Art. 1er. La requête du sieur Dufourd est rejetée.

ARRÊT DU CONS. D'ÉT. (ORD.) DU 18 FÉV. 1829, AFF. MENNET.

On est toujours recevable à se pourvoir contre une décision ministérielle, tant qu'il n'est pas justifié qu'elle a été notifiée. M. 13. 299.

Sur la forme : Considérant qu'en admettant que le sieur Loichot fut mandataire des cédants du sieur Mennet, notre ministre de la guerre ne justifie point de la notification de la lettre qu'il a écrite le 2 septembre 1806 audit sieur Loichot...

ARRÊT DU CONS. D'ÉT. (ORD.) DU 25 FÉV. 1829, AFF. PONCY.

Pourvois des fidéjusseurs de la caution.

Un arrêté du préfet, régulièrement signifié à la caution et contre lequel on ne s'est pas pourvu dans les délais du règlement, ne peut pas être attaqué après ces délais par le fidéjusseur de la caution.

Arrêt conforme.

A. C. DU 20 MARS 1829, AFF. ASTRÉ.

Quand aucune énonciation ne constate dans les jugements la publicité de l'audience, ils sont frappés de nullité parce qu'ils ne portent pas avec eux la preuve de leur légalité.

Vu, 1° l'art. 153 du code d'instruction criminelle, portant : « l'instruction de chaque affaire sera publique, » à peine de nullité. »
2° l'art. 7 de la loi du 20 avril 1810, portant : « Les arrêts qui..... n'ont pas été « rendus publiquement...... sont nuls. »
Attendu que, dans les jugements des 9 et 14 janvier dernier, contre lesquels le demandeur s'est pourvu, aucune énonciation ne constate la publicité de l'audience; que dès lors ces jugements ne portent pas avec eux la preuve de leur légalité, et par conséquent sont frappés d'une nullité radicale:
La cour casse. — Ch. crim.

ARRÊT DU CONS. D'ÉT. (ORD.) DU 8 AVR. 1829, AFF. RIVES.

Quand un jugement est devenu définitif, il ne reste au préfet d'autre voie pour revendiquer la contestation que d'élever, s'il y a lieu, le conflit sur l'appel de ce jugement.

Vu les articles 5, 6 et suivants de l'ordonnance règlementaire du 1er juin 1828.
Considérant que, dans l'espèce, le conflit n'ayant été élevé, par le préfet de l'Eure, qu'après le jugement définitif du tribunal de Pont-Audemer, ce conflit a été élevé tardivement, et qu'il ne reste au préfet d'autre voie pour revendiquer la consignation que d'élever, s'il y a lieu, le conflit sur l'appel dudit jugement, conformément aux dispositions du deuxième paragraphe de l'article 8 de ladite ordonnance.
Art. 1er. L'arrêté de conflit pris par le préfet du département de l'Eure, le 11 février 1829, est annulé.

ARRÊT DU CONS. D'ÉT. (ORD.) DU 12 AVR. 1829, AFF. DELACHAYE.

Le préfet, en conseil de préfecture, est seul compétent, aux termes de l'art. 138 du décret du 17 mai 1808, pour statuer sur les contestations relatives au sens des clauses d'un bail d'octroi.

Arrêt conforme.

A. C. DU 23 AVR. 1829, AFF. LOUBET.

Il y a violation de la loi lorsqu'il n'y a eu prononciation publique que du DISPOSITIF *des jugements ou arrêts; mais il n'y a contravention ni à la règle sacramentelle de la publicité, ni à la nécessité des* MOTIFS, *lorsque ces motifs, après avoir été sommairement indiqués à l'audience publique sont déposés au greffe plus complets et plus développés.*

Vu les art. 190 et 211 du code d'instruction criminelle, et l'art. 7 de la loi du 20 avril 1810;
Attendu que, de l'ensemble de ces dispositions, il résulte que les motifs sont de l'essence des arrêts et jugements :
Que par conséquent il faut, à peine de nullité, que tout arrêt ou jugement soit prononcé à l'audience avec des motifs :
Que l'observation de cette règle est indispensable pour assurer la bonne administration de la justice ;
Attendu que si, après avoir *prononcé*, à l'audience *publique*, LE FOND, LE PRÉCIS des motifs qui ont déterminé les juges, et après avoir *immédiatement* prononcé le dispositif du jugement ou de l'arrêt, des motifs *plus complets et plus développés* étaient *déposés au greffe*, il n'y aurait en cela contravention ni à la règle sacramentelle de la *publicité* voulue par la loi, ni à la *nécessité des motifs*, prescrite à peine de nullité par l'art. 7 de la loi du 20 avril 1810;
Mais qu'il y a *violation expresse* de cet article, *lorsqu'il n'y a eu prononciation publique* QUE du DISPOSITIF de la décision ;
Et attendu, en fait, qu'il est constant, dans l'espèce, qu'il n'a été *prononcé*, à l'audience publique, QUE le DISPOSITIF de l'arrêt attaqué, rendu par la cour royale de Grenoble, chambre des appels de police correctionnelle, le 24 janvier dernier,

sans que cette *prononciation* ait été précédée ni accompagnée de celle d'*aucun motif*;
En quoi cet arrêt a fait une violation expresse desdits art. 190 et 211 du code d'instruction criminelle, et notamment de l'art. 7 de la loi du 20 avril 1810;
Par ces motifs, la cour casse. — Ch. crim.

ARRÊT DU CONS. D'ÉT. (ORD.) DU 28 MAI 1829, AFF. DUPUIS.

Aux termes de l'ord. du 1er juin 1828, le conflit ne peut pas être élevé sur les sentences des juges de paix.

Arrêt conforme.

ARRÊT DU CONS. D'ÉT. (ORD.) DU 10 JUIN 1829, AFF. ROUX.

Trois mois après qu'elle a eu connaissance officielle d'un arrêté du conseil de préfecture, une administration n'est plus recevable à se pourvoir contre cet arrêté.

Considérant que l'arrêté du conseil de préfecture du département des Bouches-du-Rhône a été rendu le 1er octobre 1827; qu'il résulte des pièces jointes au dossier que la direction des ponts et chaussées a eu connaissance officielle de cet arrêté le 15 mai 1828; que ce n'est que le 13 septembre suivant que notre ministre de l'intérieur s'est pourvu devant nous, en notre conseil d'Etat, pour le faire annuler; qu'aux termes du décret du 22 juillet 1806 ce pourvoi n'est plus recevable :
Art. 1er. Le pourvoi de notre ministre de l'intérieur est rejeté.

NOTA. — Il a été décidé, par un arrêt du conseil d'Etat du 3 mai 1832, que a notification par ministère d'huissier pouvait seule faire courir le délai.

A. C. DU 12 JUIN 1829, AFF. JEAN-LOUIS MASSONET.

Lorsqu'un procès-verbal régulier d'un garde forestier n'est pas attaqué par la voie de l'inscription de faux, le tribunal ne peut se refuser à ajouter foi à ce procès-verbal, et par suite ne peut, sans violation de la loi, affranchir le prévenu des peines prononcées pour un fait qu'il constate. B. crim. 334.

Vu les art. 176 et 177 du code forestier ;
Attendu qu'il résulte de ces articles que les procès-verbaux revêtus de toutes les formalités qu'ils prescrivent, dressés et signés par un garde forestier, font preuve, jusqu'à inscription de faux, des faits matériels relatifs aux délits qu'ils constatent;
Attendu qu'il résulte d'un rapport régulier fait par Guy Carrier, garde forestier, le 28 septembre 1827, devant François-Marie Guignard, maire de la commune de Brenod, qu'il avait trouvé dans le bois appelé sur le *Moulin-Ravot* un arbre sec, sapin, fraîchement coupé; que la trace dudit arbre l'avait conduit au domicile de Jean-Louis Massonet; qu'il avait trouvé *au-devant* de la maison dudit Massonet des copeaux d'un bois sec, fraîchement fabriqués, et, *sur un redressoir*, des morceaux de bois fendus; que les ayant portés dans la forêt, il les avait confrontés avec des branches restées sur place, auxquelles ils s'étaient trouvés parfaitement conformes;
Que, sur ce procès-verbal, le prévenu ayant été cité devant le tribunal de Nantua, pour se voir condamner aux peines du délit, ce tribunal, par jugement du 27 octobre 1827, déclara qu'il résultait du procès-verbal *que le garde s'était* INTRODUIT DANS LE DOMICILE *du prévenu, pour s'assurer s'il existait des bois provenus du délit qu'il avait reconnu dans la forêt*;
Que cependant il résultait clairement, *au contraire*, dudit procès-verbal, que le garde *ne s'était point introduit dans les maisons*, bâtiments, cours adjacentes et enclos; qu'ainsi le jugement du tribunal avait, au mépris des articles 176 et 177 précités, *refusé d'ajouter foi au procès-verbal*, quoique non attaqué par la voie de l'inscription de faux, et, par suite, affranchi le prévenu des peines qu'il avait encourues;
Que, sur l'appel de ce jugement, le tribunal de Bourg s'en était approprié les vices, en le confirmant par jugement du 23 mai 1828, avait violé les articles ci-dessus et, par suite, les articles 192, 198 et 202 du code forestier;
La cour casse. — Ch. crim.

A. C. DU 26 JUIN 1829, AFF. DELVINCOURT.

Dans les affaires qui ne sont pas terminées en une seule audience, il doit être constaté à chaque audience, à peine de nullité, que l'instruction a été publique.

Vu l'article 190 du code d'instruction criminelle, portant : « L'instruction sera publique, à peine de nullité. »
Attendu que, des expéditions et de la minute de l'arrêt attaqué, il résulte qu'à l'audience du 24 décembre, où l'instruction a été terminée et l'arrêt prononcé, la publicité n'a été constatée, mais qu'elle ne l'est nullement pour les deux audiences précédentes des 22 et 23 décembre; qu'à aucune de ces deux audiences, non plus qu'en tête de l'arrêt, on ne trouve point l'énonciation de la publicité; d'où il suit qu'il n'est pas établi qu'à ces deux audiences l'instruction ait été publique; que ce défaut de publicité est une violation de la disposition précitée de l'art. 190, prescrite à peine de nullité:
La cour casse. — Ch. des req.

A. C. DU 3 JUILL. 1829.

L'ordre d'un employé supérieur, du grade de contrôleur au moins, dont les commis des contributions indirectes doivent être porteurs pour faire des visites chez des individus qui ne sont pas soumis aux exercices, ne pourrait être régulièrement donné par un brigadier de surveillance, ayant le rang de contrôleur, parce que le rang n'est pas le grade, et que le titre de brigadier de surveillance, créé non par la loi, mais par des décisions de l'administration générale, ne fait que placer l'employé dans un état intermédiaire entre le contrôleur et le brigadier. M. 18.136.

Arrêt conforme.

ARRÊT DU CONS. D'ÉT. (ORD.) DU 5 AOUT 1829, AFF. GAIL.

On n'est pas recevable à reproduire devant le conseil d'Etat des conclusions précédemment repoussées par une ordonnance rendue contradictoirement avec les parties intéressées.

Relativement aux conclusions des héritiers Gail à fin de renvoi devant les tribunaux :

Considérant que ces conclusions ont déjà été repoussées par l'ord. roy. du 21 nov. 1827, rendu contradictoirement avec les héritiers Gail :

Art. 1er. La décision du ministre des finances du 10 mai 1826 est annulée, etc. Le surplus des conclusions est rejeté.

ARRÊT DU CONS. D'ÉT. (ORD.) DU 12 AOUT 1829, AFF. HUOT.

Le défendeur à un pourvoi, qui n'a pas répondu dans les délais du règlement à l'ordonnance de soit communiqué d'une requête qui lui a été régulièrement signifiée, doit être condamné aux dépens. M. 13.308.

Arrêt conforme.

ARRÊT DU CONS. D'ÉT. (ORD.) DU 12 AOUT 1829, AFF. SERBONNE.

Quand un tribunal de première instance est saisi d'une contestation sur laquelle il avait été statué précédemment par un arrêté du conseil de préfecture, le conflit peut être valablement élevé.

Vu la loi du 14 octobre 1791 ;

Vu l'ordonnance réglementaire du 23 juin 1829 ;

Considérant qu'aux termes de l'ordonnance du 1er juin 1828 les conflits ne peuvent être élevés que devant les tribunaux de première instance ; que par ce motif nous avions annulé un premier arrêté de conflit pris contre un jugement du juge de paix ; mais que, dans l'espèce, le conflit ayant été élevé sur une contestation portée devant le tribunal de première instance, il l'a été régulièrement ;

Considérant que ledit tribunal était saisi d'une contestation sur laquelle il avait été statué précédemment par un arrêté du conseil de préfecture du département de l'Yonne, du 27 octobre 1826 ; que cet arrêté devait nous être préalablement déféré en notre conseil d'Etat, s'il y a lieu, soit au fond, soit pour incompétence :

Art. 1er. L'arrêté de conflit, pris le 30 juin 1829, par le préfet du département de l'Yonne est confirmé.— Le jugement rendu, le 19 juin 1829, par le tribunal de Sens est considéré comme non avenu.

A. C. DU 14 AOUT 1829, AFF. PETIT.

Il n'y a obligation pour les gendarmes ni d'appeler les prévenus à assister à la rédaction des procès-verbaux, ni de leur remettre copie de ces actes.

Vu le réquisitoire du procureur général en la cour, présenté d'ordre du garde des sceaux, ministre de la justice, contenu en sa lettre du 30 juin dernier ;

La cour, statuant sur ce réquisitoire et adoptant les motifs qui y sont énoncés, casse et annule, dans l'intérêt de la loi, le jugement du tribunal correctionnel de Cusset.

NOTA. — Les gendarmes avaient constaté par procès-verbal un délit de chasse, à la charge du nommé Petit. Ce prévenu ayant été renvoyé des poursuites par le double motif qu'il n'avait pas été appelé à la rédaction du procès-verbal pour y présenter ses moyens et que la citation qu'il avait reçue ne portait pas qu'il lui eût été donné copie de ce même procès-verbal ; le procureur général a expliqué qu'aucune loi ni ordonnance ne soumettait les gendarmes à ces formalités.

ARRÊT DU CONS. D'ÉT. (ORD.) DU 19 AOUT 1829, AFF. PARODI.

Les ministres sont fondés à rejeter purement et simplement les demandes qu'une ordonnance rendue en conseil d'Etat a déjà définitivement jugées.

Vu l'ordonnance royale du 17 juin 1820 et celle du 10 août 1825 ;

Considérant que la demande formée par le sieur Parodi devant notre ministre des affaires étrangères était la même que celle qui a été définitivement jugée par l'ordonnance du 10 août 1825 ;

D'où il suit que c'est avec raison que notre ministre des affaires étrangères en a prononcé le rejet :

Art. 1er. La requête du sieur Parodi est rejetée.

ARRÊT DU CONS. D'ÉT. (ORD.) DU 2 SEPT. 1829, AFF. RIVES.

Sur l'appel, comme en première instance, le conflit ne peut être élevé qu'après que le préfet a proposé le déclinatoire, et dans le cas seulement où, sur ce déclinatoire, l'autorité a retenu la cause.

Vu notre ordonnance du 1er juin 1828, relative aux conflits d'attributions entre les tribunaux et l'autorité administrative ;

Considérant que, sur l'appel comme en première instance, le conflit ne peut être élevé qu'après que le préfet a proposé le déclinatoire, et dans le cas seulement où, sur ce déclinatoire, l'autorité a retenu la cause :

Art. 1er. L'arrêté de conflit pris le 13 juillet 1829 par le préfet de l'Eure est annulé.

A. C. DU 18 SEPT. 1829, AFF. MILLOT.

Les militaires prévenus d'infractions aux lois sur les contributions indirectes sont, dans tous les cas, justiciables des tribunaux ordinaires.

... Attendu que, si les conseils de guerre permanents sont seuls compétents pour juger, même les délits communs commis par des militaires en garnison et sous les drapeaux, lorsqu'ils n'ont point de complices non militaires, cette compétence ne peut s'étendre aux matières spéciales dont la connaissance est attribuée, sans exception, aux tribunaux ordinaires ; que c'est ainsi qu'il en a été décidé par un avis du conseil d'Etat, du 4 janvier 1806, relatif aux délits de chasse, qui attribue la poursuite de ces délits, commis par des militaires en garnison, aux tribunaux correctionnels ;

Attendu que les douanes sont régies par des lois spéciales ; que la loi du 9 floréal an VII a continué la connaissance des faits de contrebande aux tribunaux correctionnels ; que, par le décret du 18 octobre 1810, la répression en fut donnée aux tribunaux et cours prévotales des douanes, que ces cours et tribunaux ayant été supprimés par décret du 26 avril 1814, l'article 2 ressaisit les tribunaux qui connaissaient de ces délits avant le 18 octobre 1810 ; que la loi du 28 avril 1816 continue les tribunaux correctionnels dans leurs attributions pour la répression

de la contrebande, en conférant toutefois aux cours prévotales, alors existantes, la connaissance de certains délits accompagnés de circonstances aggravantes (articles 48 et suivants de ladite loi) ;

Que ces dernières cours ayant été supprimées, la loi du 21 avril 1818 rétablit les tribunaux correctionnels dans la connaissance générale de tous ces délits, notamment par l'article 37 ;

Attendu que les lois des douanes ne se rattachent, sous aucun rapport, ni aux délits militaires, ni aux délits communs prévus par le code pénal ; que cette matière est absolument spéciale, uniquement relative à la perception des droits bursaux établis, même dans l'intérêt du commerce français ; que leur perception et la répression de la contrebande sont l'objet de lois spéciales ; que la connaissance des faits de contrebande, considérés comme délits, ne se rattache pas aux attributions des conseils de guerre permanents ; que ces délits sont constatés par des procès-verbaux que l'omission ou la violation de certaines formes frappent de nullité ; qu'ils peuvent être attaqués par la voie de l'inscription de faux ; que les marchandises saisies en contrebande peuvent être réclamées par des tiers non militaires ; que ces réclamations peuvent donner lieu à des expertises ; que ces diverses procédures sont étrangères aux formes établies devant les conseils de guerre ; que des militaires en garnison n'ont ni magasin, ni boutiques ; que la discipline leur interdit nécessairement le colportage ; que dès lors, et sauf de menus objets à leur usage personnel, ils ne peuvent se livrer à la contrebande que pour le compte de marchands et d'assureurs qui les séduisent par des dons ou promesses ; que l'intérêt de l'Etat est de parvenir à la découverte et à la punition de ces marchands et assureurs, ce que ne peuvent faire, comme les tribunaux correctionnels, les conseils de guerre permanents, sans détruire, par leur découverte, leur compétence sur les individus militaires ; que, d'après ces considérations qui tiennent aux règles de la police générale du royaume, il faudrait une disposition de loi claire, précise, absolue, pour fonder, en cette partie, la compétence des conseils de guerre permanents, tandis que, par les lois existantes, elle est formellement attribuée à la juridiction correctionnelle ordinaire ;

En conséquence, et statuant sur la demande en règlement de juges formée par le procureur général du roi ;

La cour, sans s'arrêter à l'instruction commencée par le capitaine-rapporteur près le premier conseil de guerre permanent de la 16e division militaire, qui sera considérée comme non avenue, maintient l'ordonnance de la chambre du conseil du tribunal de première instance de Lille, du 18 juillet 1829, renvoie les pièces et les nommés Louis Campana, Honoré Millot et Pascal Angely, militaires-musiciens du 10e régiment d'infanterie légère, dans l'état qu'ils sont, devant le tribunal de première instance de Lille, jugeant correctionnellement pour être statué comme et ainsi qu'il appartiendra, et en conformité de la loi, sur le délit de contrebande dont les susnommés sont prévenus :

Ordonne qu'à la diligence du procureur général en la cour, le présent arrêt sera notifié à qui de droit. — Ch. crim.

ARRÊT DU CONS. D'ÉT. (ORD.), DU 28 OCT. 1829, AFF. BORDALONGAS.

Quand une décision ministérielle, notifiée au domicile élu par les réclamants, est rappelée dans une lettre du ministre, le délai accordé pour le pourvoi remonte à la date de la décision, nonobstant la lettre qui la rappelle ou s'y réfère.

Considérant qu'il résulte des pièces que la décision de notre ministre de la guerre, du 15 août 1826, à laquelle se réfère la lettre du 12 octobre 1827, a été notifiée le 18 du même mois au domicile élu par les réclamants chez les sieurs Guerin de Foncin et compagnie, banquiers à Paris ; que les réclamants ne s'étant pourvus que le 10 janvier 1828 contre cette décision, ont encouru la déchéance prononcée par l'article 11 du règlement du 22 juillet 1806 :

Art. 1er. La requête des sieurs Bordalonga et fils est rejetée.

ARRÊT DU CONS. D'ÉT. (ORD.) DU 28 OCT. 1829.

Frais de casernement.

V. le NOTA qui suit la C. du M. de l'Inst. du 7 sept. 1836 .

A. C. DU 5 NOV. 1829, AFF. HUOT.

L'opposition à un jugement par défaut n'est plus recevable lorsque les parties ont fait acte d'acquiescement par le paiement de l'amende et l'exécution du jugement.

Vu l'art. 408 du code d'instruction criminelle ;

Vu également les art. 1350 et 1351 du code civil, desquels il résulte que l'autorité attribuée par la loi à la chose jugée, est au nombre de ces présomptions légales qui s'attachent aux jugements non attaqués en temps de droit, ou volontairement exécutés, une force de preuve et d'exécution qui ne peut être combattue par aucune preuve contraire ;

Attendu, en droit, que l'opposition à un jugement par défaut n'est plus recevable lorsque les parties y ont acquiescé...

Attendu, en second lieu, que Huot, quelques jours après le jugement par défaut, a enlevé et fait enlever les pierres par lui déposées sur le chemin public, et que ce jugement lui ordonnait d'enlever ; et que ce deuxième fait d'exécution du premier jugement, rapproché du paiement de l'amende et des frais, ne permet pas de douter qu'il n'y ait eu de sa part un acquiescement formel à un jugement passé ainsi en force de chose jugée, et dès-lors non susceptible d'être attaqué par la voie de l'opposition ;

Que cependant le tribunal de police du canton de Flogny, sans s'arrêter à la double fin de non recevoir résultant d'un acquiescement aussi bien caractérisé, et sur la simple allégation de Huot, que ce n'était pas lui qui avait payé l'amende et les frais que le receveur des amendes et autres peines pécuniaires a déclaré et constaté avoir reçus de lui, et qu'en enlevant du chemin public les pierres qu'il était condamné à enlever, il n'a fait qu'en disposer à son gré, l'a reçu opposant à un jugement deux fois acquiescé ; en quoi ledit tribunal a méconnu les règles de sa compétence, porté atteinte à l'autorité de la chose jugée, et par là violé formellement les art. 1350 et 1351 du code civil ;

La cour casse. — Ch. crim.

ARRÊT DU CONS. D'ÉT. (ORD.) DU 8 NOV. 1829, AFF. ESPAGNE.

Lorsqu'un tribunal s'est borné à statuer sur une question de qualité et a ajourné son jugement sur la compétence, il faut attendre qu'il ait statué sur la question de compétence avant d'élever le conflit.

Vu l'ordonnance réglementaire du 1er juin 1828 ;

Considérant qu'aux termes des articles 6 et 7 de cette ordonnance, le conflit ne peut être élevé que lorsque le tribunal saisi a rendu son jugement sur la compétence : que dans l'espèce, le tribunal de Lodève s'est borné à statuer sur une question de qualité, et qu'il a ajourné son jugement sur la compétence ; d'où il suit que le conflit est prématurément élevé :

Art. 1er. L'arrêté de conflit pris par le préfet du département de l'Hérault, le 18 septembre 1829, est annulé.

A. C. DU 12 NOV. 1829, AFF. HUGUIER.

Un officier public peut s'introduire pendant la nuit, pour ses vérifications, dans les lieux où tout le monde est admis indistinctement.

La cour statuant sur le réquisitoire, et en adoptant les motifs, casse. — Ch. crim.

NOTA. — Dans le réquisitoire, le procureur général a rappelé les art. 8 et 9 de la loi du 22 juillet 1791 sur la police municipale, l'art. 184 du code pénal, l'art. 11 de la loi du 28 germinal an VI, les art. 1 et 2 du décret du 4 août 1806, l'art. 1037 du code de procédure civile et l'art. 184 de l'ord. du 29 octobre 1820.

Argumentant sur l'art. 9 de la loi de 1791 précitée, ce magistrat s'est exprimé ainsi qu'il suit :

« Le mot *toujours* signifie-t-il que la visite est permise pendant la nuit, lors même que la boutique est fermée ?

« L'exposant ne le croit pas ; il pense que l'officier public, accompagné du vérificateur, peut bien entrer la nuit dans tous les lieux publics où il y a une vérification à faire, mais par le motif seulement que le public y est admis.

« Car il serait absurde que par ces expressions dont la loi s'est servie : *à l'égard des lieux où tout le monde est admis indistinctement,* elle eût voulu faire entendre que l'admission du public pendant le jour autorise l'introduction de l'officier public pendant la nuit.

« Cela ne peut signifier autre chose si non que quand un lieu, où tout le monde est admis indistinctement, est ouvert pendant la nuit, tout individu peut y entrer, il doit être bien permis à l'officier public de s'y introduire.

« Le point de droit ainsi entendu, il ne reste plus qu'à considérer qu'en point de fait, c'est le 21 mars 1829, à sept heures du soir, que la visite a eu lieu.

« Or, il est notoire qu'à sept heures du soir, à la fin de mars, toutes les boutiques des épiciers sont ouvertes, et même beaucoup plus tard.

« Les prévenus n'ont jamais articulé que leur boutique fût fermée.

« Ils se sont contentés d'articuler qu'il était près de huit heures qu'il était nuit suivant la loi, et que nul ne peut s'introduire la nuit dans le domicile des citoyens. »

ARRÊT DU CONS. D'ÉT. (ORD.) DU 22 NOV. 1829, AFF. ANGLADA.

Il y a motif de rejet du pourvoi, quand les intéressés ne produisent à l'appui de leurs prétentions que des pièces irrégulières.

Sur le chef du pourvoi relatif à la décision du 17 février 1827 ;

Considérant que les sieurs Anglada et Bonnet ne produisent, à l'appui de leurs prétentions, que des pièces irrégulières ;

Art. 1er. La requête des sieurs Anglada et Bonnet est rejetée : et néanmoins le déficit constaté contre eux par la décision de notre ministre de la guerre, du 17 février 1827, demeure réduit à la somme de 10,869 fr. 68 c.

A. C. DU 14 JANV. 1830, AFF. D'AZELOT.

Les dispositions du code de procédure civile, relatives aux exploits, ne sont pas applicables aux affaires correctionnelles ; il suffit que le prévenu ait eu connaissance de la citation. M. 12. 447.

Attendu que les formes dans lesquelles les citations doivent être données en matière correctionnelle, sont déterminées par les art. 182, 183 et 184 du code d'instruction criminelle ; qu'aucun de ces articles ne prononce la nullité des citations, et qu'il suffit que le prévenu ait eu connaissance qu'il était cité devant le tribunal correctionnel pour répondre sur le fait qui lui était imputé ; d'où il suit que les dispositions du code de procédure civile, relatives aux formalités des exploits en matière civile, ne sont pas applicables en matière correctionnelle ;

Attendu que, dans l'espèce, la citation a été donnée au maire de la commune d'Azelot, en parlant à sa personne ; que la notification du jugement par défaut, obtenu contre lui sur cette citation, lui a été faite de la même manière, sans qu'il ait non plus apposé son visa sur cet acte ; qu'il est constant qu'il a reçu cette notification, puisqu'elle a été suivie de son opposition ; qu'il a dès-lors connu l'action intentée contre lui, et qu'en prononçant la nullité de la citation pour défaut de visa, en vertu des art. 69 et 70 du code de procédure civile, l'arrêt attaqué a fait une fausse application de ces articles, et violé les art. 182, 183 et 184 du code d'instruction criminelle ;

La cour casse. — Ch. crim.

A. C. DU 14 JANV. 1830, AFF. ITHURBALDE.

Chaque disposition d'un jugement doit être motivée à peine de nullité.

Vu le réquisitoire, etc. ;
La cour casse. — Ch. crim.

NOTA. — Dans son réquisitoire, le procureur général faisait ressortir que la cour d'appel n'aurait pas dû réduire la durée de l'emprisonnement au-dessous du minimum fixé par les art. 41, 42 et 43 de la loi du 28 avril 1816 (il s'agissait d'une affaire de douane) et qu'elle avait d'ailleurs violé la règle en se dispensant de motiver cette disposition de son arrêt et de citer le texte de la loi appliquée.

A. C. DU 20 JANV. 1830, AFF. CHEDEVILLE.

Lorsqu'un jugement de première instance a compensé les dépens entre les parties, et que le jugement n'a pas été attaqué sur ce chef, la cour, saisie par l'appel de l'une des parties, ne peut, sans violer l'autorité de la chose jugée, mettre les dépens à la charge de l'autre partie. M. 12. 296.

Vu l'art. 1350 du code civil ;

Attendu que le jugement de première instance, en accordant à Chedeville le paiement de son dû sur le prix d'une adjudication, par préférence à Bardin avait compensé les dépens entre ces deux parties ; qu'aucune d'elles n'était appelante du jugement à cet égard ; que cependant l'arrêt attaqué a condamné Bardin à payer à Chedeville les dépens de cause principale ; qu'en cela l'arrêt a violé la chose jugée par le jugement de première instance non attaqué en ce point, et l'art. 1350 du code civil, ci-dessus cité ;

La cour casse. — Ch. civ.

A. C. DU 27 JANV. 1830, AFF. COPERIE.

Un individu est recevable à attaquer, par tierce opposition, un arrêt rendu dans une instance d'appel où il n'a pas figuré, lorsque cet arrêt a statué sur des questions qui n'avaient pas été agitées en première instance, et qu'il en résulte un préjudice pour lui. M. 12.297.

Vu l'art. 474 du code de procédure civile ;

Considérant que la commune de Marval n'était point partie dans l'arrêt du 9 décembre 1824 ;

Que cet arrêt a statué sur des questions qui n'avaient pas été agitées devant le tribunal de première instance de Rochechouart, contradictoirement entre toutes les parties, et qu'il a spécialement apprécié l'acte de vente du 22 juin 1749 ;

Qu'en cet état la tierce opposition formée par la commune de Marval audit arrêt, était recevable, puisqu'en déclarant que l'acte de vente avait transmis aux héritiers du sieur Chaumette la propriété de l'immeuble en question, l'arrêt a préjudicié aux droits de propriété que la commune de Marval réclamait sur cet immeuble en vertu dudit acte, et qu'en jugeant le contraire, l'arrêt attaqué a violé les dispositions de l'article 474 du code de procédure civile, ci dessus cité ;

La cour casse. — Ch. civ.

ARRÊT DU CONS. D'ÉT. (ORD.) DU 3 FÉV. 1830, AFF. DE SAINT-REMY.

Les contestations entre les redevables et les administrations d'octroi, sur l'application du tarif ou sur la quotité des droits, sont du ressort du juge de paix ; mais celles entre les communes et les fermiers sur les clauses du bail doivent être jugées par les préfets en conseil de préfecture.

Les demandes en interprétation d'ordonnances royales portant règlement et tarif d'octroi doivent être portées devant le Souverain dans la forme administrative et non par la voie contentieuse. M. 13.316.

Considérant que le conseil de préfecture n'était investi d'aucune juridiction qui l'appelât à connaître de la contestation ;

Qu'en effet, les contestations qui s'élèvent entre les redevables et la régie ou la ferme de l'octroi sur *l'application du tarif* ou sur la *quotité des droits* exigés par les receveurs d'octroi sont portées devant les juges de paix, aux termes de l'art. 13 de la loi du 27 frimaire an VIII ;

Qu'à l'égard des contestations qui s'élèvent entre les communes et les fermiers des octrois sur les clauses du bail, dans l'intérêt de la commune, il y est statué par le préfet en conseil de préfecture, aux termes de l'art. 136 du décret du 17 mai 1809 ; qu'enfin, s'il s'agissait d'obtenir une interprétation de l'ordonnance royale, portant règlement et tarif de l'octroi, c'est devant nous seulement que cette demande devait être portée :

Art. 1er. L'arrêté du conseil de préfecture du département des Bouches-du-Rhône, du 4 mai 1827, est annulé pour cause d'incompétence.

A. C. DU 4 FÉV. 1830, AFF. ANDRÉ HAUDEBAULT.

En matière criminelle et correctionnelle, les dépens sont considérés comme une restitution des avances occasionnées par la poursuite du délit, et doivent, dès lors, comme les dommages-intérêts, être mis à la charge des personnes que la loi a déclarées civilement responsables.

Celles-ci ne peuvent être affranchies de la responsabilité civile, prononcée par l'art. 1384 du code Napoléon, qu'autant qu'elles prouvent n'avoir pu empêcher le fait qui donne lieu aux poursuites. B. crim. 67.

Vu les art. 194 du code d'instruction criminelle, 74 du code pénal et 1384 du code civil ;

Attendu que la condamnation aux dépens n'est pas une peine ; qu'elle n'est classée parmi les peines par aucun article de loi ; que les dépens sont seulement une restitution des avances occasionnées par la poursuite du délit, soit que ces avances aient été faites par la partie civile, soit par le ministère public ; que, dès lors, les personnes déclarées par la loi civilement responsables doivent y être condamnées, comme pour les dommages-intérêts envers la partie civile ;

Et attendu que, par l'arrêt attaqué, confirmatif du jugement correctionnel de l'instance, André Haudebault, père de Louis, mineur âgé de 12 ans, demeurant chez lui, assigné comme civilement responsable, a été renvoyé, au chef des dépens, de l'action dirigée contre lui, quoique son fils ait été déclaré coupable du délit, objet des poursuites, et condamné par suite en des peines correctionnelles, et ce sur le motif des premiers juges, adopté sur l'appel, *qu'aucune disposition de loi ne rendait, dans le cas présent, le père responsable des frais occasionnés par la poursuite d'office,* motif textuellement réprouvé par l'article 194 du code d'instruction criminelle ; et par cet autre motif de l'arrêt attaqué, que Haudebault père *avait déclaré n'avoir aucune connaissance du fait de son fils, qu'il ne l'avait point autorisé à marauder ;* motif contraire au texte de l'article 1384 du code civil, qui exige, pour faire cesser la responsabilité, que les père et mère prouvent qu'ils n'ont pu empêcher le fait qui donne lieu à cette responsabilité ; ce qui présentait à juger, dans l'espèce, d'après les faits déclarés constants, si un père qui laisse vagabonder pendant la nuit son fils mineur, âgé de douze ans, demeurant chez lui, a pu ou n'a pas pu empêcher le fait de maraudage qui donnait lieu à la poursuite et à la responsabilité civile ;

D'où il suit que la cour royale d'Angers a violé, par l'arrêt attaqué, les art. 194 du code d'instruction criminelle, 74 du code pénal, et 1384 du code civil ;

La cour casse. — Ch. crim.

ARRÊT DU CONS. D'ÉT. (ORD.) DU 10 FÉV. 1830, AFF. MOTTE.

On ne peut opposer au demandeur en annulation d'un arrêté de conseil de préfecture une fin de non recevoir contre son pourvoi, lorsqu'il n'est justifié d'aucune notification de l'arrêté qu'il attaque, ni d'aucun acquiescement de sa part.

Un conseil de préfecture excède sa compétence, lorsqu'il prononce sur un cas expressément réservé au préfet. M. 13.318.

En ce qui touche l'arrêté du 11 août 1827, sur la fin de non recevoir déduite de ce que le sieur Motte ne s'est pas pourvu en temps utile;

Considérant qu'il n'est justifié d'aucune notification dudit arrêté, ni d'aucun acquiescement de la part de l'entrepreneur;

Sur la compétence:

Considérant que la matière était purement administrative, et qu'aux termes de l'article 23 du devis, l'ordre d'établir la régie devait émaner, non du conseil de préfecture, mais du préfet, sous l'approbation du directeur général des ponts et chaussées; qu'ainsi, sous ce rapport, le conseil de préfecture a excédé sa compétence:

Art. 1er. Les arrêtés du conseil de préfecture du département du Calvados, des 11 août 1827, et... sont annulés.

ARRÊT DU CONS. D'ÉT. (ORD.) DU 10 FÉV. 1830, AFF. ESNAULT.

Un arrêté de préfet, qui se borne à ordonner l'exécution d'une décision ministérielle, ne peut être l'objet d'un pourvoi; c'est contre la décision que le recours doit être dirigé. M. 13.320.

Vu l'art. 16 du titre 2 de la loi du 6 octobre 1791, sur la police rurale;

Considérant, dans la forme, que l'arrêté du préfet d'Eure-et-Loire du 14 août 1828, n'a eu d'autre but que d'ordonner l'exécution de la décision de notre ministre de l'intérieur, du 19 juillet même année; que, dès lors, ce n'était pas contre cet arrêté, mais contre la décision ministérielle que le pourvoi devait être dirigé:

Art. 1er. Les requêtes des sieurs Thibault, Gosselin et autres (ex propriétaires des moulins Grandin sont rejetées.

A. C. DU 25 MARS 1830, AFF. MAUPAS.

Les procès-verbaux dressés par les gendarmes ne sont soumis à l'observation d'aucune forme particulière. Un acte de cette nature fait foi jusqu'à preuve contraire de la contravention qu'il établit, encore bien qu'il n'ait été signé que d'un seul gendarme. B. crim. 180.

Vu l'art. 179 de l'ordonnance du roi, du 29 octobre 1820, portant règlement sur le service de la gendarmerie;

Vu l'article 154 du code d'instruction criminelle et l'article 475, n° 3, du code pénal;

Attendu que le procès-verbal constatant la contravention dont le tribunal de simple police était saisi est régulier, puisque ni l'ordonnance du roi, précitée, en exécution de laquelle il a été dressé, ni la loi du 17 avril 1798 (28 germinal an VI), relative aussi au service de la gendarmerie, n'en ont subordonné la validité à l'observation d'aucune forme particulière;

Attendu qu'aux termes de l'art. 154 du code d'instruction criminelle, ce procès-verbal est la preuve irrécusable de la contravention qu'il établit, tant qu'il n'a été ni attaqué ni détruit par la preuve contraire;

Que c'est au prévenu d'administrer cette preuve, puisque foi est due contre lui au procès-verbal jusqu'à ce qu'elle soit rapportée;

Attendu que le ministère public n'est tenu à prouver la contravention dont il poursuit la répression, que dans le seul cas où le procès-verbal en vertu duquel il procède serait nul, et que dans ce cas même il ne peut être déclaré non recevable dans son action, faute par lui d'avoir produit les témoins à l'audience même où la cause a été appelée pour la première fois;

Qu'il lui suffit d'offrir la preuve, pour que le tribunal doive fixer le délai dans lequel elle sera fournie;

Attendu, en fait, que, dans l'espèce, le tribunal a renvoyé le prévenu de la plainte portée contre lui, parce que le procès-verbal qui avait provoqué la poursuite n'est signé que d'un seul gendarme, et parce que la preuve offerte surabondamment par le ministère public aurait dû être faite à l'audience dans laquelle le jugement attaqué a été rendu; d'où il suit que ce jugement a commis un excès de pouvoir, et violé l'article 179 de l'ordonnance du roi, du 29 octobre 1820, l'article 154 du code d'instruction criminelle, et l'article 475, n° 3, du code pénal;

La cour, faisant droit, etc., casse et annule. — Ch. crim.

A. C. DU 31 MARS 1830, AFF. SAUVÉ.

Lorsqu'un tribunal a des doutes sur le sens d'une ordonnance royale rendue en conseil d'État, il doit surseoir au jugement du fond et renvoyer les parties devant le même conseil pour l'interprétation de cette ordonnance. Une décision contraire entreprendrait sur l'autorité administrative supérieure, exclusivement compétente en pareille matière. M. 13 56.

Vu l'article 1350 du code civil;

Attendu que le conseil de préfecture du département de la Sarthe décida contradictoirement, par son arrêté du 17 juin 1825, que l'adjudication faite au sieur Sauvé ne comprenait pas plusieurs portions de bois confisquées sur le sieur de Tragin;

Qu'il décida, en outre, que les parties de bois non vendues étaient précisément celles revendiquées par les cinq héritières de Tragin;

Attendu que les droits des demanderesses en cassation sont essentiellement divisibles et distincts de ceux des dames Augustine et Zoé de Tragin;

Qu'il est établi, tant par l'ordonnance royale du 8 février 1827, qui a annulé ledit arrêté du conseil de préfecture, que par l'arrêt attaqué, que les demanderesses en cassation n'ont pas été personnellement en cause dans l'instance sur laquelle cette ordonnance a été rendue;

Que, par conséquent, cette ordonnance leur a été totalement étrangère;

Que, dès lors, l'arrêté du conseil de préfecture a conservé à leur égard toute sa force et son autorité;

Attendu, enfin, qu'en supposant que la cour royale d'Angers eût eu des doutes sur la question de savoir si l'ordonnance royale était applicable aux demanderesses en cassation, elle aurait dû surseoir au jugement du fond et renvoyer les parties intéressées devant le conseil d'État pour l'interprétation de cette ordonnance;

Que, par conséquent, la cour royale d'Angers a violé l'autorité de la chose jugée, et même entrepris sur l'autorité administrative supérieure, exclusivement compétente pour procéder au besoin à l'interprétation de ladite ordonnance;

La cour casse. — Ch. civ.

A. C. DU 1er AVR. 1830, AFF. TRUCHE.

L'affirmation du procès-verbal d'un garde forestier est nulle si le garde ne l'a pas signée. B. crim. 200.

SUP. GÉN.

Attendu que l'affirmation d'un procès-verbal par le garde forestier qui l'a rédigé est un acte qui, selon les règles générales, doit être, pour sa validité, signé par celui qui le fait dresser; que cette formalité étant substantielle, son inobservation entraine la nullité de l'affirmation, et, par suite, celle du procès-verbal; qu'en le jugeant ainsi et en déclarant que, le procès-verbal rejeté, il n'existait pas de preuve suffisante du délit reproché à la prévenue, l'arrêt attaqué n'a violé aucune loi;

Par ces motifs, la cour rejette. — Ch. crim.

NOTA. — Cet arrêt, par la généralité de ses termes, semblerait s'appliquer aux affirmations de procès-verbaux en matière de contributions indirectes; cependant il existe un autre arrêt, en date du 26 août 1813, qui décide que la signature du juge de paix suffit, et que celle des employés affirmants n'est pas nécessaire. M. 12.331.

A. C. DU 3 AVR. 1830, AFF. PÉNOULET.

Lorsqu'un procès-verbal faisant foi jusqu'à inscription de faux constate un fait de contravention, les juges ne peuvent, sans violer la foi due à cet acte, admettre une preuve tendant à détruire cette contravention, sous prétexte que le fait qui la constitue ne serait qu'une simple opinion des rédacteurs du procès-verbal. B. crim. 206.

Attendu que le procès-verbal du garde forestier Fortuné, revêtu de toutes les formalités prescrites, constatait un délit qui ne pouvait entrainer une condamnation de plus de 100 fr., et faisait conséquemment preuve jusqu'à inscription de faux, aux termes de l'art. 177 du code forestier; que la reconnaissance des deux arbres coupés en délit, qui y est consignée, n'était pas une simple opinion du garde, mais résultait des faits matériels constatés par lui;

Que, néanmoins, le jugement attaqué a admis une preuve tendant à détruire cette reconnaissance, sur le motif qu'elle n'était qu'une simple opinion du garde; en quoi il a mal apprécié ledit procès-verbal, méconnu la foi qui lui était due, et, par suite, violé l'art. 177 précité;

La cour casse. — Ch. crim.

A. C. DU 14 AVR. 1830, AFF. CLAUDEL.

Un jugement rendu en matière d'enregistrement est nul si le ministère public n'a pas été présent à l'audience et n'y a pas donné des conclusions, quand même il en aurait donné par écrit, en marge du mémoire signifié par la régie. M. 12.298.

Vu les art. 14 du titre 2 de la loi du 24 août 1790, 65 de celle du 12 frimaire an VII et 112 du code de procédure civile;

Attendu que le procureur du roi près le tribunal d'Epinal a donné ses conclusions par écrit, en marge d'un mémoire signifié par la régie, le 31 octobre 1827, et qu'il résulte de l'expédition du jugement du 15 janvier 1828, que ce magistrat n'a pas été entendu en ses conclusions à l'audience, et qu'il n'y a pas même été présent;

Qu'il suit de là que ce jugement, irrégulièrement rendu, contient une contravention expresse aux lois ci-dessus citées;

La cour casse. — Ch. crim.

A. C. DU 10 AVR. 1830, AFF. TOURNANCUE.

Un arrêt par défaut, faute de plaider, même non signifié ni expédié, termine l'instance et fait cesser le cours de la péremption, tant qu'il n'a pas été attaqué. M. 12.300.

Vu les art. 397 et 401 du code de procédure;

Attendu que ces articles ne prononcent l'extinction des procédures et la péremption des instances que dans le cas de *discontinuation* des poursuites pendant trois ans;

Qu'il ne s'agissait pas d'une instance *indécise* et d'une *discontinuation* de poursuites, puisque la cause avait été jugée par l'arrêt du 1er août 1807, rendu par défaut, faute de plaider, contre les défendeurs à la cassation, sur les poursuites des demandeurs;

Que les défendeurs ont bien conservé la faculté de former opposition à cet arrêt qui ne leur a pas été signifié;

Que néanmoins ce défaut de signification ne leur a pas donné le droit de demander la péremption d'une instance qui avait été jugée contre eux par cet arrêt;

Qu'indépendamment des articles 397 et 401 du code de procédure, ces principes dérivent aussi de l'article 2123 du code civil, qui détermine les effets tant des jugements contradictoires que des jugements par défaut, en conférant l'hypothèque judiciaire aux parties qui les ont obtenus;

Que, par conséquent, en déclarant l'instance périmée, quoiqu'elle eût été jugée par l'arrêt rendu par défaut, le 1er août 1807, la cour royale du Riom est contrevenue aux articles 397 et 401 du code de procédure civile;

La cour casse. — Ch. civ.

A. C. DU 19 AVR. 1830, AFF. BOYER.

Lorsqu'un jugement, qualifié mal à propos en dernier ressort, a reçu son exécution partielle après commandement, on peut encore en interjeter appel. M. 12.301.

Vu les art. 443 et 457, § 2, du code de procédure civile;

Attendu qu'aux termes dudit article 443, l'appel des jugements rendus en premier ressort est recevable, lorsqu'il a été interjeté dans les trois mois de la signification qui en a été faite;

Et qu'aux termes de l'article 457, § 2, l'exécution des jugements mal à propos qualifiés en dernier ressort ne peut être suspendue qu'en vertu de défenses obtenues par l'appelant;

Attendu qu'en fait, l'appel du jugement rendu le 16 septembre 1825 avait été interjeté par le demandeur dans les trois mois du jour que la notification lui en avait été faite;

Que ce jugement avait été mal à propos qualifié en dernier ressort, et qu'aucune défense n'avait été faite de l'exécuter, lorsqu'il reçut son exécution partielle après commandement;

Que ce ne fut dès lors que comme contraint, et lorsqu'il ne pouvait se refuser à cette exécution, que le demandeur paya les condamnations contre lui prononcées;

Que cependant le tribunal de Vassy a déclaré l'appel du réclamant non recevable, ce qu'il n'a pu faire sans violer ouvertement les articles cités du code de procédure civile;

La cour casse. — Ch. civ.

ARRÊT DU CONS. D'ÉT. (ORD.) DU 21 AVR. 1830, AFF. DUPUIS.

Les conseils de préfecture doivent, comme les tribunaux, lorsqu'ils prononcent une peine, insérer dans leur arrêté les termes de la loi appliquée. M. 13. 322.

Vu l'art. 163 du code d'instruction criminelle ;
En la forme :
Considérant que les termes de la loi appliquée doivent être insérés dans le jugement portant condamnation, à peine de nullité dudit jugement, et que les conseils de préfecture, lorsqu'ils prononcent une peine, ne sont point exempts de cette obligation :
Art. 1er. L'arrêté du conseil de préfecture du département de la Seine, du 22 janvier 1829, est annulé.

ARRÊT DU CONS. D'ÉT. (ORD.) DU 5 MAI 1830, AFF. DELAHAYE.

La partie qui veut faire rejeter un pourvoi, comme formé après les délais du règlement, doit produire une signification, faite à sa requête, des arrêtés attaqués. M. 13. 323.

Considérant que la commune d'Echenay ne produit aucune signification régulière desdits arrêtés qui ait été faite à sa requête :
Art. 1er. Les arrêtés du conseil de préfecture du département de la Haute-Marne, des 29 octobre 1827 et 21 mars 1828, sont annulés.

A. C. DU 6 MAI 1830, AFF. NICOLAÏ.

La copie du procès-verbal, qui doit être laissée au prévenu, doit contenir tout ce qui est nécessaire pour la validité de l'original. M. 12. 452.

Attendu que la copie du procès-verbal qui doit être laissée au prévenu, à peine de nullité de la citation, aux termes de l'article 172 du code forestier, a pour objet de donner au prévenu les moyens de présenter sa défense tant en la forme qu'au fond ; que cette copie doit donc contenir tout ce qui est nécessaire à la validité de l'original ; d'où il suit qu'en déclarant nulle la citation donnée, par le motif que la copie du procès-verbal, qui lui a été laissée, ne mentionnait pas la signature des gardes qui l'avaient dressé, l'arrêt attaqué n'a violé aucune loi ;
La cour rejette. — Ch. crim.

A. C. DU 6 MAI 1830, AFF. DELON.

Lorsqu'il n'est pas fait mention expresse que les formalités prescrites à peine de nullité ont été remplies, la présomption de droit est qu'elles ont été omises.
Un jugement correctionnel est nul quand la publicité des audiences tenues par le tribunal, pour l'instruction de la cause, n'est pas constatée. B. crim. 275.

Vu les pièces apportées au greffe ;
Vu l'article 190 du code d'instruction criminelle, portant : « L'instruction sera publique, à peine de nullité. »
Attendu que lorsqu'il n'est pas fait mention expresse que les formalités prescrites, à peine de nullité, ont été remplies, la présomption de droit est qu'elles ont été omises ;
Attendu, dans l'espèce, que la publicité des audiences données par le tribunal correctionnel de Melun, les 10, 11 et 16 décembre dernier, pour l'instruction de la cause, n'est pas constatée ; d'où il suit que l'article 190 du code d'instruction criminelle a été violé ou est légalement présumé l'avoir été ;
La cour casse. — Ch. crim.

A. C. DU 4 JUIN 1830, AFF. PÉRARD.

Le prévenu qui, après avoir été condamné par défaut, est renvoyé de la poursuite, sur l'opposition qu'il a formée, doit supporter les frais d'expédition et de signification du jugement par défaut, ainsi que ceux de l'opposition. M. 12. 456.

Attendu qu'aux termes du deuxième paragraphe de l'article 187 du code d'instruction criminelle, les frais d'expédition, de la signification du jugement par défaut et de l'opposition doivent toujours être mis à la charge du prévenu ;
Et attendu qu'en recevant la demoiselle Pérard opposante au jugement par défaut qui avait d'abord été rendu à son préjudice, et en la renvoyant, par suite de l'action intentée contre elle, sans frais, le jugement attaqué a violé le deuxième paragraphe dudit article 187 ;
La cour casse. — Ch. crim.

ARRÊT DU CONS. D'ÉT. (ORD.) DU 6 JUIN 1830, AFF. GOUARD.

Une partie n'est pas recevable à demander l'exécution d'un arrêté de conseil de préfecture attaqué par une opposition sur laquelle il n'a pas été statué.
Une commune ne peut être autorisée à plaider devant les tribunaux sur une question pendante devant un conseil de préfecture, lorsque la question est de la compétence de ce conseil. M. 13. 325.

Vu les lois du 5 ventôse an VIII et 28 juillet 1824 ;
Considérant que l'arrêté du préfet de la Nièvre, en date du 26 juin 1826, a classé comme chemin vicinal de la commune d'Urzy celui de Veninges, etc., et que cet arrêté, rendu par le préfet dans les limites de sa compétence, n'a été l'objet d'aucun pourvoi devant le ministre de l'intérieur ;
Considérant qu'un arrêté du conseil de préfecture de la Nièvre, du 21 juillet 1827, a décidé que les détenteurs de tout ou partie des chemins vicinaux classés par le préfet seraient tenus de délaisser les portions usurpées dans le délai d'un mois ; que le conseil de préfecture a été saisi d'une opposition à l'exécution du précédent arrêté, faite par la dame Gouard ; ladite opposition fondée sur ce que ni elle ni ses auteurs n'auraient jamais commis d'anticipation sur aucun des chemins vicinaux de la commune d'Urzy ; et que le conseil de préfecture n'a pas encore statué sur ladite opposition ;
D'où il suit que le maire de la commune d'Urzy n'est pas recevable à nous demander, en notre conseil d'État, l'exécution des arrêtés susmentionnés, sauf à lui à poursuivre devant le conseil de préfecture le jugement de l'opposition formée par la dame Gouard à l'exécution de l'arrêté du 21 juillet 1827 ;
Sur les conclusions subsidiaires et tendant à annuler l'arrêté du conseil de préfecture, du 27 juin 1829, qui a refusé à la commune d'Urzy l'autorisation de traduire la dame Gouard devant les tribunaux, pour la contraindre à délaisser les

anticipations faites par elle ou ses auteurs sur le chemin vicinal de Veninges au pont Saint-Ours ;
Considérant que cette demande tend à porter devant les tribunaux une question d'anticipation dont le conseil de préfecture de la Nièvre est actuellement saisi, par l'opposition de la dame Gouard audit arrêté du 21 juillet 1827, et qui est de sa compétence, aux termes de la loi du 28 février 1805 ; que c'est dans le cas seulement où la question d'anticipation serait décidée contre la dame Gouard, et où cette dame réclamerait des droits de propriété et d'indemnité relatifs au terrain qu'il y aurait été contrainte de délaisser, qu'il y aurait lieu d'autoriser la commune à défendre sur cette demande devant les tribunaux :
Art. 1er. La requête de la commune d'Urzy est rejetée.

A. C. DU 28 JUIN 1830, AFF. BRASSAC.

En matière d'enregistrement, toute instruction orale est interdite par la loi.
En conséquence, est nul le jugement qui constate qu'outre la production respective des mémoires exigés par la loi, l'une des parties a été admise à présenter des observations. M. 12. 302.

Vu l'article 65 de la loi du 22 frimaire an VII, et l'article 17 de celle du 27 ventôse an IX ;
Attendu que le jugement attaqué constate en termes formels, et même après la mention du rapport et des conclusions du ministère public, que M. Marval, avoué a présenté des observations pour le comte de Béarn, et a persisté dans les conclusions énoncées dans la requête présentée par ledit sieur de Béarn ; qu'il est dès lors constant que l'une des parties, contrairement à la loi spéciale, a joui, outre l'instruction par écrit des avantages d'une instruction orale qui est formellement prohibée par l'art. 17 de la loi du 27 ventôse an IX ; qu'il y a, dès lors, lieu de réprimer cette contravention, et de maintenir les formes prescrites par les lois spéciales de la matière ;
La cour casse. — Ch. civ.

A. C. DU 13 JUILL. 1830, AFF. PAGE.

L'appel d'une des parties doit profiter aux autres, quand l'objet du procès est une chose individuelle, notamment dans une demande en péremption d'instance. M. 13. 57.

Sur le deuxième moyen, attendu que l'appel d'une des parties doit profiter aux autres quand l'objet du procès est une chose indivisible ;
Attendu qu'ici l'objet immédiat du procès n'était pas l'action en rescision pour lésion, laquelle est divisible par sa nature, mais la péremption d'instance, que la législation a voulu rendre indivisible ;
La cour rejette. — Ch. des req.

ARRÊT DU CONS. D'ÉT. (ORD.) DU 14 JUILL. 1830, AFF. DUBOURDIER.

Le dommage causé au fermier d'un bac par l'établissement d'un pont est assimilé aux dommages causés par les travaux publics, et dès-lors l'appréciation en appartient à l'autorité administrative. M. 13. 327.

Considérant qu'il s'agit, dans l'espèce, de préjudice causé au sieur Dubourdier dans la jouissance du bac dont il est fermier, par la construction d'un pont suspendu à Langon ; que dès-lors il s'agit de torts et dommages causés par des travaux publics, et dont l'appréciation, aux termes des lois ci-dessus visées, appartient à l'administration ;
Art. 1er. L'arrêté de conflit pris par le préfet de la Gironde, le 17 mai 1830, est confirmé.
Art. 2. Le jugement du tribunal civil de Bordeaux, du 30 avril 1830, est considéré comme non avenu.

ARRÊT DU CONS. D'ÉT. (ORD.) DU 14 JUILL. 1830, AFF. MATIGNON.

Un tribunal ne doit pas prononcer dans une question sur laquelle il a été statué par une décision ministérielle. M. 13. 328.

Vu l'ord. roy. du 1er juin 1826 ;
Considérant qu'il a été statué dans la question dont le sieur Matignon a saisi le tribunal, par une décision de notre ministre des finances, et que dès-lors le tribunal civil de Bordeaux ne pouvait connaître de cette réclamation :
Art. 1er. L'arrêté de conflit pris par le préfet de la Gironde, le 21 mai 1830, est confirmé.
Art. 2. Le jugement du tribunal civil de Bordeaux, du 4 du même mois, est considéré comme non avenu.

A. C. DU 22 JUILL. 1830, AFF. LEBERQUIER.

Lorsque le prévenu a seul interjeté appel, la peine ne peut être aggravée, et le ministère public qui n'a pas appelé, ne peut être reçu à proposer l'incompétence du tribunal ou de la cour appelée à prononcer. B. crim. 421.

Attendu que l'arrêt de la chambre des mises en accusation et celui de la chambre des appels de police correctionnelle de la cour royale de Rouen, non attaqués en temps de droit par la voie de cassation, ont acquis l'autorité de la chose jugée ; qu'il résulte de leur contrariété un conflit négatif qui interrompt le cours de la justice, et qu'il importe de le rétablir ;
Vu les articles 525 et suivant du code d'instruction criminelle, relatifs aux règlements de juges ; les articles 202, 203, 205 du même code, et l'avis du conseil d'état du 25 octobre 1806, approuvé le 12 novembre suivant.
Attendu que dans l'état où l'affaire se présentait devant la chambre des appels de police correctionnelle, sur l'appel interjeté par Leberquier condamné, lorsqu'il n'y en avait aucun du ministère public près le tribunal qui avait rendu le jugement, ni du procureur général près la cour royale, il ne s'agissait plus d'examiner si le fait, objet des poursuites, constituait un crime ou un délit ; que le tribunal correctionnel, devant lequel le renvoi avait été ordonné par la chambre des mises en accusation, s'était déclaré compétent, et avait prononcé des peines correctionnelles, que sur l'appel du condamné, *sa condition ne pouvait être empirée* ; que la cour n'avait point à juger une question de compétence acquiescée par le ministère public ; *qu'elle n'avait pas même la faculté de la discuter*, puisqu'il n'y avait point d'appel dans l'intérêt de la vindicte publique ;
Que si le substitut du procureur général a requis devant la cour qu'elle se décla-

rât purement et simplement incompétente, cette réquisition ne pouvait se soutenir et être accueillie, s'il y avait lieu, qu'autant qu'il y aurait eu un appel du ministère public, et qu'il n'y en a point eu, quoique les délais fixés par l'article 205 du code d'instruction criminelle pour l'appel du procureur général ne fussent pas expirés ; que dans aucun cas un moyen d'appel ne peut suppléer cet appel qui n'existe pas, et dont le condamné, appelant dans son intérêt particulier, n'a point eu à se défendre;

Attendu que cette doctrine est explicitement consacrée de la manière la plus formelle dans l'avis du conseil d'État ci-dessus daté;

Statuant sur la demande en règlement de juges formée par le procureur général près la cour royale de Rouen;

La cour casse... — Ch. crim.

Nota.— Cette décision est applicable dans les affaires où le prévenu seul aurait interjeté appel : l'administration ne pourrait conséquemment prendre des conclusions tendant à obtenir une condamnation plus élevée qu'autant qu'elle se serait elle-même rendue appelante. M. 13. 134.

A. C. DU 31 JUILL. 1830, C. SOULIER ET AUTRES.

Un tribunal de police correctionnelle ne peut, sans violer l'article 194 du code d'instruction criminelle, se dispenser de condamner aux dépens le prévenu contre lequel il prononce une peine principale pour contravention. B. crim. 448.

Vu l'article 194 du code d'instruction criminelle;

Attendu que si le tribunal du Puy, pronant en considération l'indigence des quatre prévenus qui, pour la première fois, se trouvaient en contravention, et la promesse qu'ils faisaient de ne pas récidiver, a pu, par ces motifs, ne prononcer que le minimum de la peine qu'ils avaient encouru, rien ne pouvait l'autoriser à les dispenser d'une condamnation principale, et qu'en refusant au ministère public la condamnation aux frais par lui requise, le tribunal dont le jugement est attaqué a violé formellement l'art. 194 du code d'instruction criminelle;

La cour casse. — Ch. crim.

A. C. DU 14 AOUT 1830, AFF. CHAVANNE.

Les tribunaux ne peuvent être tenus d'appliquer les règlements administratifs qui ne sont pas fondés sur des lois.
Ils ne peuvent condamner aux dépens une partie qui n'est pas en cause. B. crim. 466.

Attendu, en ce qui touche l'excès de pouvoir reproché au tribunal de simple police de Saint-Chamond, que s'il est interdit aux tribunaux d'interpréter les règlements administratifs, et s'ils sont tenus d'en aider l'exécution par les moyens qui rentrent dans le cercle de leur autorité, et jusqu'à ce que la réformation en ait été prononcée par l'autorité administrative supérieure, c'est seulement dans le cas où ces règlements ont pour bases des textes de loi positifs, ou tirent leur force des dispositions générales de l'article 3 du titre 2 de la loi du 24 août 1790, qui fixe les attributions de l'administration municipale.

Attendu, dans l'espèce, que l'arrêté du maire de Saint-Chamond, en date du 30 mars 1830, ne s'appuie sur aucune loi existante, et qu'en déterminant un mode particulier d'architecture, que ne prescrivait en aucune sorte de sûreté de la voie publique, ce fonctionnaire a dépassé les limites qu'assignaient à son pouvoir les dispositions de l'article précité;

Attendu au surplus que le tribunal, en décidant que l'arrêté du maire n'était point obligatoire, s'est fondé sur des circonstances de fait qu'il n'appartient pas à la cour d'apprécier;

Mais attendu que la mairie de la ville de Saint-Chamond n'était point en instance, et que c'est à tort qu'elle a été condamnée aux frais de la procédure;

La cour annule en ce point seulement. — Ch. crim.

A. C. DU 19 AOUT 1830, AFF. RAUCOURT.

Les jugements et arrêts doivent être motivés à l'audience à peine de nullité. M. 13. 137.

Vu les articles 190 et 211 du code d'instruction criminelle, et l'art. 7 de la loi du 20 avr. 1810;

Attendu qu'il résulte de l'ensemble de ces dispositions que les motifs sont de l'essence des arrêts et jugements;

Que par conséquent, tout arrêt ou jugement doit, à peine de nullité, être motivé à l'audience;

Que l'observation de cette règle est indispensable pour assurer la bonne administration de la justice;

Attendu en fait qu'il est constant, d'après l'enquête à laquelle il a été procédé d'autorité de la cour, qu'il n'a été prononcé à l'audience publique que le dispositif de l'arrêt attaqué rendu par la cour royale de Dijon en date du 11 août 1829, sans que cette prononciation ait été précédée ni accompagnée de l'énonciation d'aucun motif; en quoi cet arrêt a expressément violé tant lesdits art. 190 et 211 du code d'instruction criminelle que l'art. 7 de la loi du 20 avril 1810;

La cour casse. — Ch. civ.

ARRÊT DU CONS. D'ÉT. (ORD.) DU 31 AOUT 1830, AFF. VARENNE.

Lorsqu'un arrêté de conseil de préfecture a été rendu par défaut, le pourvoi devant le conseil d'État n'est pas recevable, attendu que la voie de l'opposition reste ouverte à l'appelant. M. 13. 329.

Considérant que l'arrêté attaqué du conseil de préfecture du département de la Nièvre a été pris par défaut; que dès-lors la voie de l'opposition devant ledit conseil de préfecture reste ouverte au sieur Varenne;

Art. 1er. La requête du sieur Varenne est rejetée.

ARRÊT DU CONS. D'ÉT. ORD. DU 25 SEPT. 1830, AFF. GREZEL.

La notification administrative d'un arrêté de conseil de préfecture fait courir le délai du pourvoi contre cet arrêté, de même que si elle eût eu lieu par ministère d'huissier. M. 13. 330.

Vu le décret réglementaire du 22 juillet 1826;

Considérant que l'arrêté attaqué a été transmis le 2 octobre 1828, par le préfet

de Tarn-en-Garonne, au directeur général des ponts-et-chaussées; que le pourvoi du ministre de l'intérieur n'a été introduit que le 12 février 1829; que dès-lors l'appel n'a pas été formé en temps utile;

Art. 1er. Le pourvoi du ministre de l'intérieur contre l'arrêté rendu le 12 septembre 1828, par le conseil de préfecture de Tarn-et-Garonne, est rejeté.

ARRÊT DU CONS. D'ÉT. DU 30 SEPT. 1830, AFF. RATIER.

Les poursuites à fins civiles contre les préposés des contributions indirectes n'ont pas besoin d'être préalablement autorisées, non plus que les poursuites à fins criminelles. M. 13.332.

Vu l'article 144 de la loi du 8 décembre 1814, et l'article 244 de la loi du 28 avril 1816;

Considérant qu'aux termes de l'art. 244 de la loi du 28 avril 1816, les poursuites contre les préposés et employés de la régie des contributions indirectes sont dispensées d'autorisation préalable:

Art. 1er. Il n'y a pas lieu à statuer sur la requête du sieur Ratier.

ARRÊT DU CONS. D'ÉT. (ORD.) DU 30 SEPT. 1830, AFF. MASSON.

Le droit de réversion est acquis à la veuve d'un employé au moment de la retraite du mari, et ne peut, dès lors, être modifié par un règlement postérieur, même en ce qui concerne la portion réversible. M. 13.333.

Vu le décret du 12 floréal an XIII, et l'ordonnance du 12 janvier 1825;

Considérant que la pension du sieur Masson de Longpré, admis en 1823 à faire valoir ses droits à la retraite, a été fixée à 3,500 fr., conformément aux dispositions des règlements alors en vigueur;

Qu'aux termes du décret du 12 floréal an XIII, la réversibilité de la moitié de la pension de l'employé retraité était assurée à sa veuve;

Que, dès lors, l'ordonnance du 12 janvier 1825 ne peut être applicable à la liquidation de la dame veuve Masson de Longpré, dont les droits ont été irrévocablement acquis au moment de la retraite de son mari:

Art. 1er. La décision du ministre des finances, en date du 17 octobre 1829, est annulée.

A. C. DU 15 OCT. 1830, AFF. LOUIS.

Les individus condamnés à des peines correctionnelles doivent être en même temps condamnés aux frais, quoique sur leur appel les peines aient été réduites. B. crim. 555.

Vu l'art. 194 du code d'instruction criminelle;

Vu également l'art. 211 du même code, d'après lequel ledit article 194 est déclaré commun aux jugements rendus sur l'appel:

Attendu, en fait, que par jugement du tribunal correctionnel de Clermont (Oise), en date du 26 août dernier, Alexandre Louis, détenu en la maison d'arrêt dudit Clermont, avait été, par application des art. 2 et 245 du code pénal, condamné en une année et un jour d'emprisonnement, et aux frais comme coupable de tentative d'évasion;

Que, sur l'appel par lui interjeté de ce jugement, le tribunal de Beauvais, saisi de cet appel, a jugé qu'il n'y ait pas lieu à lui faire l'application du maximum de la peine encourue, et, toutefois, a confirmé ledit jugement sous le rapport de la peine même d'emprisonnement, en réduisant à huit mois la peine prononcée contre le prévenu;

Qu'ainsi, cet individu a été, sauf la différence de la durée de la peine, condamné en appel, comme il l'avait été en première instance; qu'il devait être condamné aux frais: et que, cependant, le tribunal d'appel s'est abstenu et même refusé de prononcer contre lui la condamnation aux dépens, requise par le ministère public;

En quoi ledit tribunal a violé formellement les art. 194 et 211 du code d'instruction criminelle;

La cour casse. — Ch. crim.

A. C. DU 15 NOV. 1830, AFF. DE MONFAUCON.

L'arrêt auquel a concouru un conseiller qui n'avait pas assisté à toutes les audiences de la cour n'est pas nul, lorsqu'à la dernière audience les parties ont été ouies;

Attendu, en droit, que si les arrêts qui ont été rendus par des juges qui n'ont pas assisté à toutes les audiences de la cause sont nuls (article 7 de la loi du 20 avril 1810), il n'en est pas ainsi à l'égard des arrêts émanés des juges qui ont assisté à la dernière audience où ils ont été rendus, lorsque les parties ayant été ouies de nouveau, les mêmes juges ont acquis une connaissance complète de la cause;...

La cour rejette. — Ch. des req.

ARRÊT DE LA COUR ROYALE DE BOURGES DU 17 NOV. 1830, AFF. CHAPELLE.

L'omission du quantième du mois en tête de la copie d'un exploit d'appel n'entraîne pas la nullité de l'acte, lorsque ce quantième est indiqué dans la transcription faite sur la copie du visa apposé sur l'original.
La loi, en exigeant que l'exploit soit daté, n'indique pas un mode particulier d'exprimer la date.
La copie d'une assignation donnée à une commune ne peut valablement être laissée à l'adjoint du maire, qui n'a pas qualité pour viser l'original. La notification doit être faite à la personne du maire ou à son domicile. M. 13.59.

Considérant que la première nullité est tirée de ce que la copie de l'exploit n'est pas datée; qu'en fait cette copie indique au commencement l'année et le mois, et non le jour du mois, mais qu'à la fin de l'exploit l'huissier a transcrit le visa apposé sur l'original par l'adjoint du maire; que ce visa exprime que la copie a été remise le 9 novembre 1830, et que cette date est la même que celle de l'original;

Que l'article 62 du code de procédure exige à peine de nullité que l'exploit soit daté, mais que la loi n'indique pas un mode particulier d'exprimer la date, et qu'il suffit qu'elle se trouve dans le contexte de l'acte pour que le vœu de la loi soit rempli;

Considérant que l'intimé fait résulter le second moyen de nullité de ce que l'huissier ne s'est adressé ni à la personne du maire ni à son domicile, mais bien à la mairie, en parlant à l'adjoint qui a visé l'original;

Que l'article 69 du code de procédure civile exige à peine de nullité, n° 5, que les communes soient assignées en la personne ou au domicile du maire; que, dans l'espèce, l'huissier s'est adressé à l'adjoint de la mairie, au local de la mairie, et que c'est l'adjoint qui a visé l'original; qu'ainsi il n'a pas satisfait au vœu de la loi;

Qu'en vain on oppose que le maire de la Chapelle n'a point de domicile dans la commune, et que l'adjoint remplace de droit le maire absent;

Que la cour n'a point à examiner si le maire doit ou non avoir son domicile dans le territoire de la commune qu'il administre; que l'article 69 ayant indiqué les formalités à remplir en cas d'absence du maire, l'huissier, dans tous les cas, conformément à cet article, après avoir constaté l'absence du maire, devait remettre la copie soit au juge de paix, soit au procureur du roi qui aurait visé l'original;

Que la loi, en désignant l'autorité à laquelle doit être remis l'exploit dans le cas où le maire serait absent, a nécessairement interdit à l'adjoint le droit de recevoir la copie et de viser l'original: que l'intention du législateur devient d'autant plus évidente à cet égard, que par l'article 68 qui précède immédiatement, il commet l'adjoint à défaut du maire, à l'effet de recevoir le visa dans le cas où l'huissier ne trouve personne au domicile de la partie;

Déclare l'appel nul.

A. C. DU 16 DÉC. 1830, AFF. MARC LE DUC.

Un procès-verbal ne peut être déclaré nul par le seul motif que le cachet apposé par l'officier public sur les marchandises saisies, pour en constater l'identité, ne serait pas le cachet de l'administration à laquelle appartient cet officier: celui-ci a pu valablement employer le cachet qu'il avait en sa possession. B. crim. 557.

... Attendu que tout ce que la loi a voulu, c'est d'assurer au prévenu une garantie contre la possibilité de toute substitution dans les objets transportés du lieu de la saisie au bureau où s'est fait le dépôt et la description; qu'ainsi pour constater, dans l'esprit de la loi, l'identité des tissus étrangers déclarés tels par le jury, et de ceux dont Marc Le Duc a été reconnu détenteur, il a suffi, en ce qui concerne le cachet de l'officier public, qu'il ait employé comme son cachet celui qu'il avait en sa possession, et qu'il en ait ensuite reconnu l'intégrité:

Qu'en jugeant, au contraire, que ce cachet devait, à peine de nullité du procès-verbal, être celui de l'administration municipale de Nacqueville, le tribunal d'appel de Coutances a faussement interprété l'article 61 de la loi du 28 avril 1816, commis un excès de pouvoir en créant une nullité qui n'est pas dans la loi, et violé, par suite, l'article 43 de la loi du 21 avril 1818, dont il avait à faire l'application;

La cour casse. — Ch. crim.

NOTA. — L'article 103 de la loi du 19 brumaire an VI sur la garantie, prescrivant l'apposition du cachet de l'officier municipal sur les objets saisis, la décision ci-dessus pourrait être invoquée par l'administration, si une circonstance de la nature de celle qui a donné lieu à l'arrêt, se présentait en cette matière. M. 13.139.

A. C. DU 21 DÉC. 1830, AFF. LASSICHÈRE.

Lorsqu'un procès-verbal régulier et faisant foi jusqu'à inscription de faux constate que les employés de la douane ont vu les objets de contrebande par eux saisis, sortir d'une maison qu'ils allaient visiter, le propriétaire de cette maison ne peut échapper à l'amende prononcée par la loi, à moins qu'il ne prouve que ces objets ont été introduits par des personnes qui lui sont étrangères, ou par suite d'un fait indépendant de sa volonté. M. 13.143.

Vu l'art. 4 de l'ordonnance du 22 mai 1768;

Attendu que le procès-verbal des employés des douanes, régulier en la forme et affirmé, faisant foi de son contenu jusqu'à inscription de faux; qu'il n'est pas justifié que la dame Lassichère ait prouvé ni offert de prouver que l'introduction ait eu lieu par des personnes à elle étrangères, ou par un fait indépendant de sa volonté;

Que ce procès-verbal établissait la preuve légale de l'introduction au domicile de la dame Lassichère, d'objets prohibés, puisque ce procès-verbal constate qu'un ballot contenant de tels objets a été saisi au moment de la sortie qui s'en opérait furtivement dudit domicile; que ce procès-verbal constatant évidemment une contravention à l'article précité, il ne dépendait pas des juges d'en éluder l'application, en opposant de simples présomptions humaines à la preuve légale résultant du procès-verbal;

Qu'en rejetant, par de tels motifs, la demande du directeur des douanes, l'arrêt a violé la déclaration du roi du 22 mai 1768;

La cour casse. — Ch. civ.

A. C. DU 21 DÉC. 1830, AFF. VERMEIL.

Le fait de l'introduction et de l'existence de marchandises prohibées dans un local fermé à clef, et dont la clef est au pouvoir du propriétaire, établit une présomption légale que l'introduction a eu lieu de son consentement et dans son intérêt. Ce propriétaire ne peut, en conséquence, échapper à l'amende prononcée par la loi, qu'en rapportant la preuve que l'introduction a été opérée par des personnes étrangères, et par un fait indépendant de sa volonté. M. 13.144.

Vu l'art. 4 de la déclaration du roi, du 22 mai 1768;

Attendu que le procès-verbal des employés de la douane, régulier dans sa forme et affirmé, fait foi de son contenu;

Que ce procès-verbal constate l'introduction et la saisie de marchandises prohibées, trouvées par eux dans une case fermée à clef, ladite case dépendant des bâtiments de l'habitation de la Casavelle, dont le sieur Vermeil est gérant, et en cette qualité a les clefs en son pouvoir;

Que, contre cette preuve légale, le sieur Vermeil n'a point rapporté la preuve que l'introduction desdites marchandises ait eu lieu par des personnes étrangères et par un fait indépendant de sa volonté;

Que, loin de rapporter cette preuve, l'existence en son pouvoir de la clef de cette case fermée, et dans laquelle étaient les objets prohibés, la situation de cette case dans les bâtiments de la Casavelle, confirment la présomption de la loi, et rendent indispensable l'application de l'amende prononcée par elle;

La cour casse. — Ch. civ.

A. C. DU 24 DÉC. 1830, AFF. LEBUGLE.

Les personnes civilement responsables ne peuvent être condamnées sans que les prévenus de contraventions ou de délits aient été mis en jugement. B. crim. 600.

Vu les articles 1er, 3 et 145 du code d'instruction criminelle, 9 du code pénal, et 1384 du code civil;

Attendu qu'aux termes des articles 1er et 3 du code d'instruction criminelle, les tribunaux de répression, devant lesquels est poursuivie la punition des délits et contraventions, ne sont compétents pour connaître de l'action civile qui en résulte, que lorsqu'ils se trouvent saisis en même temps de l'action publique contre le prévenu;

Que l'article 145 du même code, qui permet de laisser la copie de la citation au prévenu, ou à la partie civilement responsable, ne déroge point à ce principe;

Que, lors donc que cette dernière a seule été citée, le tribunal, qui n'a point à prononcer sur l'application de la peine, est par cela même incompétent pour statuer isolément sur l'action en dommages-intérêts, et que cette incompétence est matérielle et absolue, puisqu'elle est véritablement d'ordre public;

Et attendu dans l'espèce qu'il résulte d'un procès-verbal régulier, dressé par le garde champêtre du canton sud de la commune d'Evreux, que, le 27 septembre dernier, le garde champêtre rencontra le nommé Bercher, berger du sieur Lebugle, propriétaire et cultivateur à Fauville; lequel faisait pacager, sur le territoire de ladite commune, une quantité de bêtes à laine fort supérieure à celle que le règlement municipal du 16 juillet 1819 lui permet d'y mener;

Que ce propriétaire a néanmoins été *seul* traduit devant le tribunal de simple police, comme civilement responsable de cette infraction au règlement précité;

Que, cependant, la responsabilité *ne* pouvant le rendre passible que de la condamnation aux dépens, le juge de paix devait surseoir à statuer sur cette demande accessoire, et fixer le délai dans lequel le ministère public serait tenu de mettre en cause le berger qui a commis la contravention dont il s'agit;

D'où il suit qu'en renvoyant ledit Lebugle de la poursuite dirigée contre lui, par le seul motif que l'auteur de cette contravention n'avait pas été cité personnellement, le jugement attaqué a violé les susdits articles 1er et 3 du code d'instruction criminelle, 9 du code pénal, et 1384 du code civil;

La cour casse. — Ch. crim.

A. C. DU 31 DÉC. 1830, AFF. CAMUS.

L'opposition à un jugement par défaut doit être déclarée non avenue sur la demande du défendeur, lorsque l'opposant ne comparaît pas à l'audience pour la soutenir.

Vu l'article 151 du code d'instruction criminelle, lequel est ainsi conçu:

« L'opposition au jugement par défaut pourra être faite par déclaration au bas « de l'acte de signification, etc...;

« L'opposition emportera de droit citation à la première audience après l'ex-« piration des délais, *et sera réputée non avenue, si l'opposant ne comparaît* « *pas;* »

Attendu qu'il résulte de cette disposition que l'opposition à un jugement par défaut ne peut produire son effet qu'autant que la partie qui l'a formée comparaît à la première audience qui suit cette opposition, et que celle-ci doit être déclarée non avenue, sur la demande du défendeur, quand l'opposant ne se présente pas pour la soutenir;

Et, attendu, dans l'espèce, qu'il est constaté, par le jugement attaqué, que le sieur Camus ne comparut pas à l'audience du 19 novembre dernier, et que le ministère public requit qu'il fût débouté de son opposition;

Que, néanmoins, le tribunal de simple police a non seulement accueilli cette opposition au jugement par défaut du 30 juillet précédent, mais encore rapporté ce jugement, et débouté l'opposant de l'action dirigée contre lui; en quoi il a formellement violé ledit article 151 du code d'instruction criminelle;

La cour casse. — Ch. crim.

ARRÊT DU CONS. D'ÉT. DU 8 JANV. 1831, AFF. MIN. DES FIN.

La preuve de la notification d'une décision susceptible de pourvoi peut être tirée d'une lettre qui contient ou rappelle la demande d'exécution de cette décision, en sorte que le recours formé plus de trois mois après cette lettre est frappé de déchéance. M. 13.336.

Vu le décret du 22 juillet 1806;

Considérant qu'aux termes de l'art. 11 du décret ci-dessus visé, le recours à notre conseil d'Etat contre la décision d'une autorité qui y ressortit, n'est pas recevable après trois mois, à compter du jour où cette décision aura été notifiée;

Qu'il est établi par la lettre pareillement visée, qu'antérieurement au 10 mai 1830, les propriétaires ci-dessus désignés avaient fait auprès de l'administration locale les diligences nécessaires aux fins de paiement des sommes dont le conseil de préfecture ordonnait la restitution à leur profit;

Que de ce fait résulte la preuve que la décision contre laquelle est introduit le pourvoi de notre ministre des finances avait été dès cette époque notifiée à ladite administration;

Considérant que ledit pourvoi n'a pas été présenté dans le délai prescrit par le règlement ci-dessus visé:

Art. 1er. Le pourvoi de notre ministre des finances est rejeté.

ARRÊT DU CONS. D'ÉT. DU 17 JANV. 1831, AFF. CLAVEAU.

La fin de non recevoir fondée sur ce qu'un arrêté a dû être notifié par l'administration des domaines, et a ainsi acquis la force de chose jugée, n'est point admissible, si l'on n'administre la preuve d'une notification légale et régulière. M. 13.343.

Vu les lois des 27 mars 1791, 5 décembre 1814 et 23 avril 1825;

Sur la fin de non recevoir opposée par le sieur Boisrenaud;

Considérant qu'il ne justifie pas que l'arrêté du 9 juin 1814 ait été régulièrement notifié au sieur Claveau ou à ses héritiers;

Au fond, etc.

Art. 1er. Les arrêtés pris les 9 juin 1814 et 10 mars 1828 par le conseil de préfecture du département du Cher sont annulés.

ARRÊT DU CONS. D'ÉT. DU 17 JANV. 1831, AFF. CASSIS.

Les autorisations de plaider que les conseils de préfecture donnent aux communes, sont de simples actes de tutelle administrative qui ne préjugent rien sur le fond de la contestation ; et, dès lors, des tiers sont sans qualité pour attaquer les arrêtés qui contiennent ces autorisations. M. 13.338.

Considérant que le conseil de préfecture des Bouches-du-Rhône, en autorisant la commune de Cassis à plaider contre les requérants, n'a porté aucune atteinte à leurs droits, et n'a fait qu'un simple acte de tutelle administrative, qui ne préjuge rien sur le jugement de la contestation, et que, par conséquent, les sieurs Coullet et consorts sont sans qualité pour attaquer ledit arrêté :

Art. 1er. La requête des sieurs Coullet et consorts est rejetée.

ARRÊT DU CONS. D'ÉT. DU 18 JANV. 1831, AFF. BAILLY.

Une ordonnance de soit communiqué est valablement notifiée par l'exploit de signification de la requête.

Vu les décrets des 15 et 18 octobre 1820, et l'ordonnance royale du 14 janvier 1825 ;

En ce qui touche la fin de non recevoir ;

Considérant que l'ordonnance de soit communiqué a été suffisamment notifiée par l'exploit du 13 mars 1829 ;

Considérant, au fond, etc.

Art. 1er. L'arrêté du conseil de préfecture du département des Bouches-du-Rhône, en date du 16 juillet 1828, est annulé.

A. C. DU 22 JANV. 1831, AFF. MATHIEU.

La dénégation du prévenu ne suffit pas pour détruire la contravention résultant d'un procès-verbal faisant foi jusqu'à preuve contraire. B. crim. 22.

Vu les art. 475 du code pénal ; 31 du décret du 13 juin 1806, et 154 du code d'instruction criminelle ainsi conçus, etc. :

Attendu que l'obligation imposée par l'article 34 du décret du 13 juin 1806, à tout propriétaire de voiture de roulage, d'y clouer une plaque de métal portant son nom et son domicile, offre aux agents qui sont chargés de veiller à l'exécution des règlements concernant la commodité du passage et la sûreté publique dans les villes et sur les routes, un moyen légal de connaître les voituriers qui pourraient y contrevenir, et les dispense, par conséquent, de toute perquisition dans ces objets ;

Attendu qu'aux termes de l'article 154 du code d'instruction criminelle, les procès-verbaux qui ne font pas foi jusqu'à inscription de faux n'en sont pas moins par eux-mêmes la preuve irréfragable des contraventions qui s'y trouvent constatées, tant que le prévenu n'a pas établi le contraire, c'est-à-dire tant qu'il n'a pas prouvé contradictoirement soit par écrit, soit par témoins, la fausseté des faits rapportés à sa charge ;

Et attendu que, dans l'espèce, un procès-verbal régulier, en date du 12 décembre dernier, constate que ce jour-là passant à neuf heures moins un quart du matin sur la place Neuve des Carmes, de la ville de Lyon, le commissaire de police de ce quartier y trouva une charrette qui était abandonnée et dont le cheval dételé et débridé mangeait entre les deux bras du brancard, et que la plaque établie sur cette charrette indiquait que celle-ci appartenait à Mathieu-Ferlac, de Vaise (Rhône) ;

Que cette contravention à l'ordonnance de police du lieu, sous la date du 21 septembre 1826, et à l'article 475, n° 3, du code pénal, était ainsi constatée légalement et devait entraîner la condamnation du prévenu aux peines prononcées par ce même article ;

Attendu, cependant, que le tribunal de simple police devant lequel ledit Mathieu-Ferlac était traduit à ce sujet, l'a renvoyé de la poursuite sur le motif : 1° qu'il a formellement dénié ce fait ; 2° que le commissaire rédacteur dudit procès-verbal s'est borné à prendre les nom, prénoms et domicile portés sur la plaque de la charrette, sans s'assurer de l'identité de celui à qui elle appartenait, etc. ; 3° parce que la contravention dont il s'agit pourrait s'appliquer à tout autre individu ayant les mêmes nom, prénoms et domicile ;

Mais que, d'abord, la dénégation du prévenu ne pouvait être d'aucun poids, puisque la foi due au procès-verbal reste pleine et entière tant qu'il n'a pas été débattu par les preuves contraires dont parle l'article 154 du code d'instruction criminelle ;

Qu'en second lieu, aucune disposition législative ou règlementaire n'obligeait l'officier de police judiciaire, qui a rédigé le procès-verbal en question, à y décrire la charrette et le cheval trouvés en contravention ;

Qu'enfin les énonciations inscrites sur la plaque dont cette charrette était revêtue doivent être réputées exactes et vraies, jusqu'à ce que le prévenu ait produit la preuve qu'elles ne le seraient point, et que les objets de la contravention à lui imputée appartiendraient à un autre que lui ;

Qu'en se fondant donc sur de tels motifs pour ne pas accueillir les conclusions du ministère public, le jugement attaqué a commis un excès de pouvoir, et violé les susdits articles du décret du 13 juin 1806, du code d'instruction criminelle et du code pénal ;

La cour casse. — Ch. crim.

ARRÊT DU CONS. D'ÉT. DU 25 JANV. 1831, AFF. FAURE.

La clause qui autorise un fermier de passage d'eau à convertir en un bac à traille le bac à rames existant au moment de l'adjudication, sous la condition de faire tous les frais de cet établissement à ses risques et périls, n'engage point l'administration à fournir au fermier les moyens d'établir le bac à traille. M. 13. 340.

Vu les lois des 6 frimaire an VII, 28 pluviôse an VIII, et 8 mars 1820 ;

Vu l'article 1184 du code civil ;

Considérant que par l'art. 39 du cahier des charges le fermier du passage d'eau sur le Rhône, à Filhon, a été autorisé à convertir en un bac à traille le bac à rames qui lui était adjugé, à condition de faire tous les frais de cet établissement à ses risques et périls ;

Considérant que par cette clause, entièrement facultative pour le fermier, et toute dans son intérêt, l'administration ne s'est point engagée à lui assurer les moyens d'établir le bac à traille dont il s'agit :

Art. 1er. La requête du sieur Toussaint Faure est rejetée.

ORD. DU 16 FÉV. 1831.

Pensions. Réorganisation.

Art. 1er. Les employés des contributions indirectes dont la réforme sera prononcée d'ici au 1er juillet prochain, par suite des changements ou suppressions que nécessitent dans le personnel de ladite administration les économies à porter au budget de la présente année, obtiendront pension, quelle que soit la position dans laquelle se termine leur activité, s'ils justifient de vingt années de services dans l'administration, dont quinze au moins entièrement accomplies dans la partie active, où de vingt-cinq années indistinctement accomplies dans la partie active ou sédentaire.

Art. 2. Les pensions acquises par l'accomplissement de ces conditions seront liquidées d'après les bases fixées par les articles 10 et 13 de l'ordonnance règlementaire du 12 janvier 1825.

Elles seront assimilées, quant au droit éventuel de reversibilité, aux pensions concédées pour trente années de services civils, et, comme telles, reversibles sur la tête des veuves ou enfants desdits employés, dans les proportions et sous les conditions déterminées par l'ordonnance précitée.

Art. 3. A l'égard des employés réformés pour les mêmes causes, qui ne justifieraient pas de la durée et de la nature des services ci-dessus énoncés, il leur sera fait application des dispositions de l'article 4 de la loi du 1er mai 1822 et de l'ordonnance du 2 octobre de la même année.

Art. 4. Les pensions et indemnités temporaires qui seront accordées en vertu des dispositions qui précèdent ne pourront excéder en nombre celui des emplois dont la suppression sera prononcée.

Art. 5. Notre ministre secrétaire d'Etat des finances est chargé de l'exécution de la présente ordonnance.

ARRÊT DU CONS. D'ÉT. DU 28 FÉV. 1831, AFF. PORTALES.

Pour être fondé à opposer au demandeur la déchéance de son pourvoi, il faut lui avoir fait signifier l'arrêt attaqué, suivant les formes réglées par le code de procédure. M. 13. 344.

Vu le décret du 15 octobre 1810 ;

En ce qui concerne la fin de non-recevoir présentée par les défendeurs ; considérant qu'ils ne seraient fondés à opposer à la commune que son pourvoi n'a pas été formé dans les délais prescrits par le décret du 22 juillet 1806, qu'autant qu'ils auraient fait signifier à ladite commune, dans les formes réglées par le code de procédure civile, l'arrêté du conseil de préfecture rendu à leur profit ; qu'ils n'établissent pas que cette signification ait eu lieu :

Art. 1er. L'arrêté du conseil de préfecture du département de l'Hérault, du 29 octobre 1827, est annulé dans le chef attaqué par la commune d'Agde.

Art. 2. etc.

Art. 3. Les sieurs Portales, Castillon, Canton, Renouvier et Paul, ès-noms qu'ils agissent, sont condamnés aux dépens.

ARRÊT DU CONS. D'ÉT. DU 28 FÉVR. 1831, AFF. HONOREZ.

La signification d'une ordonnance de soit communiqué est valablement faite au domicile élu par le défendeur, lorsque le défendeur a répondu à la dite signification. M. 13. 346.

Vu l'art. 4 de la loi du 28 pluviôse an VIII ;

Sur la fin de non-recevoir opposée par le sieur Honorez, et qu'il prétend faire résulter de ce que la signification de l'ordonnance de soit communiqué n'aurait pas été faite à sa personne et à son domicile ;

Considérant que dans un acte passé par devant notaire, le 6 avril 1826, le sieur Honorez, qui voulait former une société pour l'exécution des travaux d'amélioration de la basse Deule, dont il est concessionnaire, avait élu domicile à Hourdain-les-Bouchain, et que c'est dans cette commune, entre les mains du sieur Botte, préposé du sieur Honorez, que la signification lui a été faite, le 6 mai 1829 ;

Considérant d'ailleurs que le sieur Honorez a répondu à ladite signification ;

Sur l'annulation de l'arrêté, etc.

Art. 1er. L'arrêté du conseil de préfecture du département du Nord, en date du 24 décembre 1828, est annulé.

ARRÊT DU CONS. D'ÉT. DU 9 MARS 1831, AFF. HAUTE-VIENNE.

Lorsque le déclinatoire n'a pas été proposé par le préfet en première instance, le conflit ne peut être élevé que sur l'appel, et après que l'incompétence du tribunal ou de la cour qui en est saisi a été proposée par le préfet. M. 13. 348.

Vu la loi du 28 pluviôse an VIII et l'ord. roy. du 1er juin 1828.

Considérant qu'il résulte du jugement du 24 juillet 1830 et des pièces de l'affaire, que le préfet du département de la Haute-Vienne n'a pas proposé le déclinatoire, ainsi que le prescrivait l'art 6 de l'ord. roy. du 1er juin 1828 ; d'où il suit qu'il ne pouvait plus élever de conflit dans la cause pendante devant le tribunal de Rochechouant, et que cette revendication ne pouvait avoir lieu que sur l'appel, après avoir toutefois proposé le déclinatoire devant la cour royale ;

Art. 1er. L'arrêté de conflit du 20 décembre 1830, ci-dessus visé, est annulé.

A. C. DU 22 MARS 1831, AFF. SAGEY.

Le domicile du demandeur est suffisamment indiqué dans un exploit, lorsqu'il est dit que le demandeur demeure à Paris sans désignation de la rue ni du numéro de la maison. M. 13. 51.

Sur le moyen unique tiré de la violation de l'art. 61 du code de procédure ;

Attendu en droit que si l'art. 61 du code de procédure civile exige à peine de nullité que l'exploit d'ajournement contienne les noms, profession et domicile du demandeur, cet article n'indique pas jusqu'à quel point la précision doit être portée dans cette indication de domicile, qui, aux termes de l'art. 102 du code civil, est le lieu où tout Français a son principal établissement ;

Attendu enfin que la cour royale de Besançon en jugeant par des considérations de fait, dont l'appréciation lui appartenait que le domicile du sieur Sagey avait été suffisamment indiqué dans les actes argués de nullité, n'a violé ni l'art. 61 du code de procédure civile, ni aucune autre loi ;

La cour rejette. — Ch. req.

A. C. DU 25 MARS 1831, AFF. SAINT-SIMON.

Lorsque, sur l'appel d'un jugement de police correctionnelle, le tribunal ou la cour saisie de cet appel annule le jugement, pour toute autre cause que l'incompétence, il n'y a pas lieu à renvoi pour être de nouveau statué en première instance; les juges d'appel doivent retenir l'affaire et statuer au fond. B. crim. 116.

Vu les articles 215 du code d'instruction criminelle, 1er de la loi du 29 avril 1806, et 202 du code des délits et des peines, du 2 brumaire an IV, ainsi conçus, etc.

Attendu que de ses articles combinés il résulte que lorsque, sur l'appel d'un jugement rendu par un tribunal correctionnel, le tribunal ou la cour qui en est saisie a annulé ce jugement pour toute autre cause que l'incompétence déterminée par les dispositions ci-dessus rappelées, il n'y a pas lieu à renvoi pour être de nouveau statué en première instance, et que les juges d'appel doivent retenir l'affaire et statuer eux-mêmes définitivement sur le fond;

Attendu que dans l'espèce, le jugement du tribunal de Poitiers, déféré à la cour royale séant à la même ville, avait été annulé par ladite cour sur un motif unique, pris de ce que ce tribunal aurait à tort refusé à Saint-Simon, prévenu d'un délit emportant la peine d'emprisonnement, de se faire représenter en son absence près dudit tribunal, dans l'objet d'y faire valoir des exceptions préjudicielles par lui opposées;

Attendu dès-lors que ce jugement était annulé, non pour incompétence, mais pour *mal jugé*;

Que dès-lors la cour royale de Poitiers devait retenir la connaissance de l'affaire au fond;

Que cependant, elle a renvoyé la cause devant le tribunal de première instance de Poitiers; en quoi elle a violé les articles 215 du code d'instruction criminelle, et 1er de la loi du 29 avril 1806;

La cour casse. — Ch. crim.

ARRÊT DU CONS. D'ÉT. DU 29 MARS 1831, AFF. SEINE-ET-MARNE.

Les préfets ne peuvent élever le conflit d'attribution qu'après qu'il a été rendu jugement sur leur déclinatoire.

Lorsqu'un conflit a été régulièrement notifié, le tribunal ne peut décider qu'il n'y a lieu, en la forme, de s'y arrêter; mais lorsqu'il passe outre, il n'est pas nécessaire que le préfet prenne un nouvel arrêté de conflit. M. 13. 350.

Vu l'ordonnance règlementaire du 1er janvier 1828, art. 7 et 8; la loi du 21 fructidor an III, art. 27:

Sur l'arrêté de conflit du 21 janvier 1831;

Considérant qu'aux termes des art. 7 et 8 de l'ordonnance règlementaire du 1er juin 1828, les préfets ne peuvent élever le conflit d'attributions qu'après jugements rendus sur leurs déclinatoires, et que dans l'espèce, à la date de l'arrêté du 21 janvier 1830, le tribunal de Meaux n'avait point encore statué sur le déclinatoire proposé devant lui, le 7 du même mois, par le préfet de Seine-et-Marne;

Sur le jugement du 1er février 1831;

Considérant qu'à l'époque à laquelle ce jugement a été rendu, l'arrêté de conflit du 21 janvier précédent avait été régulièrement notifié au tribunal de Meaux, et qu'en décidant qu'il n'y avait lieu, en la forme, de s'arrêter audit conflit, ce tribunal a méconnu les dispositions de l'article 27 de la loi du 21 fructidor an IX;

Sur l'arrêté du 12 février 1831;

Considérant que le préfet de Seine-et-Marne ayant élevé le conflit par son premier arrêté du 21 janvier 1831, il devait s'abstenir de porter aucune décision ultérieure sur l'affaire dont la connaissance était ainsi revendiquée:

Art. 1er. L'arrêté de conflit pris par le préfet de Seine-et-Marne, le 21 janvier 1831, est annulé.

Art. 2. Le jugement rendu par le tribunal de Meaux, le 1er février 1831, est considéré comme non avenu.

Art. 3. L'arrêté pris par le préfet de Seine-et-Marne, le 12 février 1831, est annulé pour excès de pouvoir, sauf audit préfet à présenter un nouveau déclinatoire devant le tribunal de Melun, aujourd'hui saisi de l'affaire.

A. C. DU 30 MARS 1831, AFF. BLOIS.

Un procès-verbal ne peut être annulé sur le motif que les marchandises n'ont pas été pesées et mesurées au lieu et dans le moment même de la saisie, si d'ailleurs elles y ont été appréciées et estimées sans contradiction; si le saisi a été invité à se rendre au bureau pour vérifier cette estimation; si enfin il n'a pu être fait une plus ample description à cause des violences exercées sur les préposés.

Vu l'art. 11 de la loi du 9 floréal an VII, tit. 4;

Vu encore l'art. 4 du tit. 3 de la loi du 4 germinal an II;

Attendu que le procès-verbal, non attaqué par inscription de faux, constate que les objets saisis au domicile de J. B. Blois n'ont pu être pesés faute de poids et balances; qu'ils y ont été appréciés et estimés sans contradiction de sa part, et qu'il lui a été déclaré qu'ils allaient être transportés au bureau de Condé, qui offrira't toutes les facilités convenables, avec invitation de s'y rendre avec les employés qui se proposaient d'en vérifier le poids en sa présence. ce qu'il n'a pas accepté;

Attendu, en outre, que le rapport constate les violences exercées contre la personne des préposés, l'enlèvement des objets chargés sur les voitures, et la rétention du reste, malgré eux, au domicile du saisi, ce qui en rendait toute description ultérieurement impossible, et justifiait en même temps les employés de ne pas s'être arrêtés plus longtemps dans une maison où leur sûreté était gravement compromise;

Attendu enfin, que le lieu de rédaction du rapport et l'heure de sa clôture sont énoncés au procès-verbal; que le saisi a été averti du transport qui devait avoir lieu au bureau de Condé, qu'il a été invité à s'y rendre avec les préposés pour y assister à la vérification qui alors devait y avoir lieu, ce qu'il n'a pas accepté, et qu'il n'est point dès-lors fondé à se plaindre de n'avoir connu, ni le lieu, ni l'heure de la clôture du procès-verbal, puisque le tout a eu lieu de suite, le même jour, en présence du commissaire de police qui assistait à la saisie;

Que dès-lors, ni le défaut de pesage, ni le défaut de rédaction dans la maison du saisi, ni la prétendue ignorance du lieu de la rédaction et de l'heure de la clôture, ne pouvaient autoriser l'annulation prononcée d'un procès-verbal régulier, et qu'en jugeant le contraire, le tribunal civil de Valenciennes a non seulement fait plus fausse application des art. 3, 6 et 7 de la loi du 9 floréal an VII, mais qu'il a encore violé l'art. 11 de la même loi sur la foi due aux procès-verbaux, et par suite l'art. 4 du titre 3 de la loi du 4 germinal an II;

Par ces motifs, la cour casse. — Ch. civ.

NOTA. — Cet arrêt est parfaitement applicable aux procès-verbaux en matière de contributions indirectes. Déjà il a été jugé que lorsque des causes légitimes mettent obstacle à ce que les employés de cette administration satisfassent aux obligations qui leur sont imposées pour la validité de leurs procès-verbaux, la nullité n'en peut être prononcée en raison des omissions que ces actes peuvent présenter; la jurisprudence doit en conséquence être considérée comme fixée sur ce point. M. 13.78.

A. C. DU 2 AVR. 1831, AFF. LUGUES.

Un accusé est non recevable à se pourvoir en cassation pour fausse application de la loi pénale, lorsque par l'effet de cette fausse application la peine prononcée contre lui est moindre que celle qu'il avait encourue.

Attendu que la procédure est régulière dans la forme, et que le demandeur ne peut être recevable à se plaindre de ce que l'arrêt par lui attaqué le condamne à une peine moindre que celle qu'il avait encourue;

La cour rejette le pourvoi de Lugues.

ARRÊT DU CONS. D'ÉT. DU 8 AVR. 1831, AFF. ALLIMAND.

Le conflit d'attribution est considéré comme non avenu, lorsqu'il n'a pas été statué dans les délais fixés par les règlements sur l'arrêté qui l'a élevé.

Lorsqu'une cour royale est saisie par voie d'appel d'une contestation qui a déjà fait l'objet d'un conflit en première instance, le préfet ne peut de rechef revendiquer l'affaire qu'après avoir, par un nouveau déclinatoire, mis la cour royale à portée de statuer sur sa propre compétence. M. 13.352.

Vu l'ordonnance règlementaire du 1er juin 1828;

En la forme;

Considérant, d'une part, que par suite de l'expiration des délais fixés par l'article 15 de l'ordonnance règlementaire du 1er janvier 1828, sans qu'il ait été statué sur l'arrêté du 6 juillet 1830, qui avait élevé, dans l'espèce, un conflit d'attribution, cet arrêté a dû être considéré comme non avenu, aux termes de l'article 16 de la même ordonnance;

Considérant, d'autre part, qu'à l'époque où le préfet du département de la Loire a pris son second arrêté de revendication, du 24 février 1831, la cour royale de Lyon était saisie de l'appel du jugement du 19 juin 1830, contre lequel le conflit est élevé de nouveau, et que dès lors le préfet n'aurait pas dû revendiquer la cause avant d'avoir, par un nouveau déclinatoire, mis la cour royale de Lyon à portée de statuer sur sa propre compétence;

Au fond, etc.

Art. 1er. L'arrêté de conflit pris par le préfet du département de la Loire, le 24 février 1831, est annulé, etc.

A. C. DU 8 AVR. 1831, DANS L'INTÉRÊT DE LA LOI.

Les décrets impériaux promulgués et exécutés comme loi de l'Etat ont conservé ce caractère, même depuis la charte de 1830, lorsque leurs dispositions ne sont pas contraires à la charte et n'ont rien d'incompatible avec l'esprit d'aucune de ces dispositions. B. crim. 153.

Vu le réquisitoire du procureur général en la cour, par lequel, en exécution des ordres à lui transmis par M. le garde des sceaux, ministre de la justice, il demande l'annulation, dans l'intérêt de la loi, d'un jugement du tribunal de police correctionnel d'Argentan, en date du 5 octobre dernier, qui a décidé n'y avoir pas lieu d'appliquer le décret du 4 mai 1812 touchant le port d'armes de chasse, sur le motif que ce décret serait inconstitutionnel;

Vu l'art. 441 du code d'instruction criminelle;

Vu ledit décret du 4 mai 1812;

Vu la charte constitutionnelle du 14 août 1830, notamment en son art. 59, ainsi conçu : « Le code civil et les lois actuellement existantes qui ne sont pas contraires à la présente charte, restent en vigueur jusqu'à ce qu'il y soit légalement « dérogé; »

Vu pareillement la charte constitutionnelle de 1814;

Attendu que plusieurs décrets du gouvernement impérial, statuant sur diverses matières d'ordre public et renfermant des dispositions qui, d'après leur nature, auraient dû être réglées par des lois, ont cependant été promulguées et reçues comme lois;

Attendu que le décret du 4 mai 1812 sur le *port d'armes de chasse* a été exécuté comme loi antérieurement à la charte de 1814 et à celle du 14 août 1830;

Attendu que les dispositions renfermées dans ce décret ne sont point contraires au texte de la charte de 1830, et ne sont incompatibles avec l'esprit d'aucune de ses dispositions;

Attendu dès lors que le décret du 4 mai 1812 se trouve compris jusqu'à son abrogation parmi les actes ayant force de *loi*, que l'art. 59 de la charte maintient en vigueur jusqu'à ce qu'il y soit légalement dérogé;

Attendu que le jugement du tribunal correctionnel d'Argentan, en date du 5 octobre dernier, a renvoyé Connard, prévenu d'avoir chassé sans être muni d'un permis de port d'armes de chasse, de l'action contre lui intentée, sur le motif que ce décret serait inconstitutionnel et ne saurait servir de base à des condamnations; en quoi il est contrevenu aux dispositions du décret du 4 mai 1812 et de l'art. 59 de la charte de 1830;

La cour casse. — Ch. crim.

A. C. DU 11 AVR. 1831, AFF. LEROY.

Lorsque plusieurs prévenus se trouvent absents au moment de la rédaction du procès-verbal, une seule affiche de cet acte suffit. Il n'est pas nécessaire que l'affiche ait lieu en autant de copies qu'il y a de prévenus.

Vu l'art. 6, titre 4 de la loi du 9 floréal an VII;

Attendu que cette loi spéciale sur la matière, en ordonnant l'affiche en *un seul et même lieu* de la copie *entière* du procès-verbal, a indiqué un moyen de publicité qu'elle a jugé suffisant pour remplacer la remise à personne dudit procès-verbal, soit qu'il n'y eût eu qu'un prévenu, soit qu'il y en eût plusieurs; et qu'en jugeant le contraire, le tribunal civil du Hâvre a faussement appliqué le n° 8 de l'art. 69 du code de procédure civile, et violé l'art. 6 du titre 4 de la loi du 9 floréal an VII;

La cour casse. — Ch. civ.

NOTA. — L'art. 24 du décret du 1er germinal an XIII, relatif aux contributions indirectes, veut qu'en cas d'absence du prévenu, la copie soit AFFICHÉE dans le *jour à la porte de la maison commune.* Or, ce que l'arrêt décide peut être invoqué avec d'autant plus de succès en cette matière, que les procès-verbaux des employés des contributions indirectes ne contiennent pas assignation comme ceux des préposés des douanes. M. 13.213:

A. C. DU 29 AVR. 1831, AFF. GARRIGUES.

Les registres, minutes et autres actes originaux relatifs à la perception des contributions et de tous droits établis par les lois sont des actes de l'autorité publique. M. 13.215.

...Attendu que l'arrêt de la chambre des mises en accusation de la cour royale de Toulouse et le jugement correctionnel du tribunal de Montauban sus-mentionnés, non attaqués en temps de droit, ont acquis l'autorité de la chose jugée; qu'il résulte de leurs dispositions contraires un conflit négatif, qui suspend le cours de la justice qu'il importe de rétablir;

Vu les articles 525 et suivants du code d'instruction criminelle sur les règlements de juges;

Vu l'article 439 du code pénal ainsi conçu, etc.;

Attendu que les faits déclarés comme prévention suffisante par l'arrêt de la chambre des mises en accusation contre les nommés Garrigues et Faret, rentrent textuellement dans les termes du premier alinéa de l'article 439; que les registres, minutes ou actes originaux de la perception des contributions ou de tous autres droits établis par les lois sont incontestablement des actes de l'autorité publique, et que ceux qui les auraient volontairement brûlés ou détruits d'une manière quelconque seraient passibles des peines afflictives et infamantes et justiciables des cours d'assises;

Statuant, etc. — Ch. crim.

ARRÊT DU CONS. D'ÉT. DU 5 MAI 1831, AFF. GUICHES.

Toute décision prise sous cette formule, le préfet, en conseil de préfecture, émane directement de l'autorité administrative dévolue au préfet, et ne peut être considérée comme l'œuvre du conseil de préfecture. M. 13.451.

Vu l'ordonnance du 23 avril 1823;

Considérant, en ce qui touche l'arrêté du 19 avril 1828, que ledit arrêté émane directement de l'autorité administrative du préfet de Saône-et-Loire, et que le conseil de préfecture n'y a pris part que comme ayant voix consultative;

Considérant sur le fond, etc.;

Art. 1er. L'arrêté du préfet de Saône-et-Loire, du 19 avril 1828, est annulé.

Art. 2. Le sieur Daugy est renvoyé par devant le conseil de préfecture du même département pour faire statuer sur ses comptes.

A. C. DU 11 MAI 1831, AFF. BOUCHES-DU-RHONE.

L'exploit d'appel n'est pas nul parce qu'il ne contient pas les griefs et moyens d'appel. M. 13.62.

Considérant que l'obligation imposée par l'article 61, n° 3, du code de procédure, d'indiquer dans un exploit d'ajournement l'objet de la demande et l'exposé sommaire des moyens, ne s'applique qu'à l'exploit introductif d'instance et non à l'acte d'appel; qu'il résulte en effet du procès-verbal du conseil d'État que le projet de l'article 456 portait que l'acte d'appel contiendrait les griefs et les moyens de l'appelant; mais que lors de la réduction définitive, cette formalité a été supprimée et remplacée par la disposition de l'article 46, qui veut que ces griefs soient déduits, non dans l'acte d'appel, mais dans une signification faite postérieurement à cet acte; qu'en matière sommaire l'appelant est dispensé de cette signification: mais que ni cet article ni aucun autre ne l'obligent à exposer dans son acte d'appel les causes qui le motivent; qu'il est d'ailleurs de principe qu'en affaires sommaires les moyens des parties soient présentés verbalement à l'audience et sans écritures préalables;

Considérant.... etc.... D'où il suit qu'en annulant l'acte d'appel dont il s'agit, par la seule considération qu'il n'était pas motivé, l'arrêt attaqué a arbitrairement créé une nullité et viole l'article ci-dessus cité;

La cour casse. — Ch. civ.

A. C. DU 16 MAI 1831, AFF. DELALANDE.

Un jugement en matière d'enregistrement est nul s'il mentionne seulement que le ministère public a donné des conclusions par écrit, sans constater qu'il a été entendu à l'audience. M. 13.63.

Vu la loi du 24 août 1790, article 14, titre 2; article 3, titre 8; vu aussi l'article 65 de la loi du 22 frimaire an VII, et l'article 112 du code de procédure;

Attendu que dans les qualités du jugement, il a été énoncé que le ministère public a donné ses conclusions par écrit, et que rien ne constate que le procureur du roi ait été entendu dans des conclusions verbales;

Qu'il suit de là que ce jugement a violé les articles précités des lois des 24 août 1790, 22 frimaire an VII, et l'article 112 du code de procédure;

La cour casse. — Ch. civ.

A. C. DU 17 MAI 1831, AFF. BEISSAC.

Un jugement auquel a concouru un avocat en remplacement d'un juge est nul, s'il n'énonce ni l'absence ou l'empêchement des juges suppléants, ni que l'avocat appelé fût le plus ancien dans l'ordre du tableau des avocats présents à l'audience. M. 13.64.

Vu l'art. 49 du décret du 30 mars 1808;

Attendu que la composition des tribunaux est d'ordre public; qu'aux termes de l'article ci-dessus, les avocats et avoués ne peuvent être appelés à concourir aux jugements en remplacement des juges titulaires, qu'à défaut des juges suppléants; et que tout jugement doit contenir la preuve que le tribunal qui l'a rendu était légalement constitué;

Attendu que le jugement attaqué constate qu'au nombre des juges qui l'ont rendu se trouve M. Laurent avocat appelé, est-il dit, en remplacement de juge; mais qu'il n'énonce, ni l'absence ou l'empêchement des juges suppléants, ni que M. Laurent fût le plus ancien des avocats présents à l'audience, ce qui constitue une violation expresse de l'article ci-dessus cité;

La cour casse. — Ch. civ.

LETT. M. JUST. DU 25 MAI 1831.

Arrestation.

... Le contrevenant est conduit devant le juge d'instruction qui a, dans tous les cas, le droit de prononcer l'élargissement par une décision motivée, sauf au ministère public à former opposition à cette décision.

A. C. DU 26 MAI 1831, AFF. TRUCHY.

En matière correctionnelle, l'obligation de la mention de la lecture de la loi appliquée, et de la transcription du texte de cette loi, n'est pas imposée à peine de nullité à l'égard des jugements et arrêts rendus sur appel. B. crim. 217.

Attendu sur le premier moyen, tiré de ce que dans l'arrêt attaqué, le texte de la loi pénale appliquée n'a pas été transcrit, et de ce qu'il n'est pas constaté que lecture en ait été faite à l'audience par le président:

Que si l'article 211 du code d'instruction criminelle veut que les dispositions, notamment l'article 195 du même code et autres, sur la solennité de l'instruction, la nature des preuves, la forme, l'authenticité et la signature du jugement de première instance, soient communes aux jugements rendus sur l'appel, la mention de la lecture faite à l'audience par le président et la transcription du texte de la loi appliquée ne sont point prescrites à peine de nullité par ledit article 195, mais seulement sous la sanction d'une amende contre le greffier;

Attendu d'ailleurs que l'arrêt attaqué, en transcrivant le dispositif du jugement de première instance, a reproduit le texte des lois pénales appliquées, et que cet arrêt ne fait que confirmer le dispositif du tribunal de Chaumont, qui constate la la lecture faite à l'audience du même texte:

La cour rejette. — Ch. crim.

ARRÊT DU CONS. D'ÉT. DU 8 JUIN 1831, AFF. MOSELLE.

En matière de conflit, l'exception d'incompétence proposée par les parties ne peut suppléer le déclinatoire du préfet.
Lorsque le préfet n'a présenté de déclinatoire, ni devant le tribunal, ni devant la cour d'appel, le conflit est prématuré. M. 13. 357.

Vu les lois et ordonnances sur les conflits d'attribution;

Considérant qu'en matière de conflit, l'exception d'incompétence proposée par les parties ne peut suppléer le déclinatoire du préfet;

Considérant, dans l'espèce, que le préfet n'a présenté de déclinatoire, ni devant le tribunal de Thionville, ni devant la cour royale de Metz, et qu'ainsi le conflit élevé par lui est prématuré:

Art. 1er. L'arrêté de conflit du 16 avril 1831 est annulé.

ARRÊT DU CONS. D'ÉT. DU 16 JUIN 1831, AFF. VIENNET.

Le trésor peut imposer à ses comptables des précautions spéciales pour la sûreté des deniers dont ils sont dépositaires, et le receveur qui n'a pas pris ces précautions est responsable du vol commis dans sa caisse. M. 13. 357.

Vu l'arrêté du gouvernement, du 8 floréal an X;

Vu l'art. 977 des instructions de l'administration du trésor, du 15 décembre 1826, adressées à tous les comptables;

Considérant que le trésor a pu imposer à ses comptables des précautions spéciales pour la sûreté des deniers déposés dans leurs caisses.

Que ces précautions contenues dans les instructions transmises à chaque comptable ont formé une condition obligatoire pour chacun d'eux.

Considérant que le sieur Viennet n'a pas satisfait à celle de ces conditions qui était la plus efficace, et qui eût prévenu le vol ou fait connaître les auteurs:

Art. 1er. La requête du sieur Viennet est rejetée.

A. C. DU 18 JUILL. 1831, AFF. DOUSSIN.

Lorsque l'appelant fait défaut, son appel doit être rejeté sans examen préalable au fond. M. 13. 65.

Attendu que les dispositions des articles 154 et 434 du code de procédure, rendues communes aux cours royales par l'article 47 du même code, n'exigent la vérification de la demande, avant de l'adjuger, que dans le cas où c'est le défendeur qui fait défaut; mais que dans le cas où c'est le demandeur qui fait défaut; le défendeur doit être renvoyé de la demande sans qu'il soit nécessaire de faire aucune vérification; que par-devant la cour royale de Caen, Goupil Lespalière, en sa qualité d'appelant, était un véritable demandeur;

Que dès qu'il faisait défaut, le jugement dont il poursuivait la réformation pouvait et devait être confirmé, sans qu'il fût nécessaire de procéder à aucune vérification; que dans cet état en démettant Goupil Lespalière de son appel, par application des articles précités, la cour royale de Caen n'a violé aucune loi : — Rejette.
Ch. civ.

A. C. DU 19 JUILL. 1831, AFF. SOLAU.

Les juges ne peuvent motiver leurs décisions sur des faits contraires à ceux consignés dans des procès-verbaux ayant foi en justice jusqu'à inscription de faux, lorsque ces actes n'ont pas été attaqués par cette voie. M. 13. 81.

Vu l'art. 11, tit. 4 de la loi du 9 floréal an VII;

Attendu qu'il résulte du procès-verbal de saisie que Solau n'était muni d'aucun acquit-à-caution; qu'il avait dépassé le premier bureau d'entrée de la frontière; qu'il n'avait pas pris la route directe de ce bureau, et qu'il ne pouvait plus y arriver sans une marche rétrograde;

Attendu que le procès-verbal faisant foi jusqu'à inscription de faux, et qu'en n'ayant aucun égard aux faits qui y sont consignés, quoique aucune inscription de faux n'eût été formée, le tribunal d'Avesnes a, par son jugement du 25 juin, violé expressément la disposition du susdit article 11 de la loi du 9 floréal an VII;

La cour casse. — Ch. civ.

A. C. DU 4 AOUT 1831, AFF. JEAN COLLAS.

Lorsque le tribunal saisi de la connaissance d'un délit s'est déclaré incompétent, la prescription, interrompue jusque-là par les poursuites, reprend son cours à partir du jugement d'incompétence ; de telle sorte que la discontinuation des poursuites pendant le temps nécessaire à la prescription éteint le délit. B. crim. 310.

Vu les articles 8 du titre 1er, sections 7 et 40, du titre 2 de la loi du 6 octobre 1791, et l'art. 613 du c. d'inst. crim. ;

Attendu que le fait, matière de la poursuite, tel qu'il était spécifié dans le procès-verbal du 13 novembre 1825, constituait un fait d'entreprise et dégradation sur un chemin public, délit prévu par l'article 40 du titre 2 de la loi du 6 octobre 1791 ;

Attendu qu'aux termes de l'art. 8, titre 1er, section 7, de la même loi, ces sortes de délits sont prescrits, si des poursuites n'ont pas été exercées dans le délai d'un mois ;

Attendu que dans l'espèce le procès-verbal qui constate le délit imputé à Jean Collas était à la date du 8 février 1831 ;

Attendu que les actes de poursuite qui avaient eu lieu dans le mois, devant le tribunal de police, avaient interrompu la prescription ; mais que, du moment où ce tribunal avait déclaré son incompétence, la prescription avait repris son cours, parce que l'affaire n'était plus pendante devant une juridiction quelconque ;

Attendu que la citation, par laquelle Jean Collas a été appelé devant le tribunal de police correctionnelle de Loubans, était à la date du 11 juin, et qu'il s'était écoulé plus d'un mois depuis le 17 février, jour où avait été rendu, par le tribunal de police de Cuilery, le jugement par lequel il déclarait son incompétence ;

Attendu dès-lors que la prescription était acquise dans l'espèce, et qu'en en déclarant l'existence, le jugement du tribunal de police correctionnelle de Châlons-sur-Saône a fait une juste application de la loi ;

La cour rejette. — Ch. crim.

A. C. DU 5 AOUT 1831, AFF. ROBERT.

En matière criminelle, il entre dans les attributions de la cour de cassation de juger les qualifications légales données ou refusées par les cours ou tribunaux aux faits résultant de l'instruction. B. crim. 311.

Vu l'art. 1er de la loi du 29 nov. 1830 ;

Attendu qu'une disposition de loi aussi formelle embrasse nécessairement dans la généralité de ses expressions *toute attaque* quelconque.... contre l'ordre de succession à la couronne, etc....

Attendu en droit que si en matière criminelle, et particulièrement dans les délits de la presse, les déclarations en fait des cours et tribunaux appelés à statuer sur la poursuite de ces délits sont inattaquables, il en est autrement des qualifications qu'ils donnent ou qu'ils refusent de donner aux faits par eux déclarés et non méconnus, et des conséquences qui peuvent en être tirées ; que l'examen de ces qualifications et de ces conséquences rentre dans les attributions de la cour de cassation ;

Que cette cour, instituée pour réprimer les violations qui peuvent être commises contre la loi, a nécessairement caractère pour juger de la qualification donnée ou refusée mal à propos aux faits résultant de l'instruction ; que le jugement de cette qualification des faits, dans leurs rapports avec la loi qui doit leur être appliquée, est inséparable de celui de l'application elle-même de la loi ;

Attendu en fait que le numéro 12 de la Gazette du Languedoc, signé par le sieur Robert, gérant, renferme.... ;

La cour casse. — Ch. crim.

ARRÊT DU CONS. D'ÉT. DU 12 AOUT 1831, AFF. CHER.

Il y a lieu d'annuler un arrêté de conflit, lorsqu'il ne résulte d'aucun des documents de l'affaire que le préfet a préalablement proposé le déclinatoire au tribunal saisi de la contestation. M. 13. 365.

Vu l'ordonnance du 1er juin 1828 ;

Considérant qu'il ne résulte d'aucun des documents de l'affaire que le préfet du département du Cher, avant d'élever le conflit, ait proposé le déclinatoire au tribunal de l'arrondissement de Romorantin, ait ait satisfait aux dispostions de l'art. 6 de l'ordonnance royale du 1er juin 1828.

Art. 1er. L'arrêté de conflit pris le 8 juin 1831, par le préfet du département du Cher, est annulé.

A. C. DU 19 AOUT 1831, AFF. BELLEVERGE.

En matière correctionnelle, un tribunal qui n'a été saisi que de l'appel du condamné et non de celui du ministère public, ne peut, en aggravant la position du prévenu, se déclarer incompétent par le motif que le fait imputé emporte une peine afflictive et infamante. B. crim. 336.

Vu les art. 525 et suivants de c. d'inst. crim. ;

Vu les art. 1er, 202, 203, 205 du même code et l'avis du conseil d'État, du 25 oct. 1808, approuvé le 12 novembre suivant, duquel il résulte que les cours et tribunaux d'appel ne peuvent, en matière de police correctionnelle, être légalement saisis pour statuer, dans l'intérêt de la vindicte publique, qu'autant que le ministère public le serait rendu appelant du jugement de première instance ;

Attendu que la cour royale de Riom n'était saisie que de l'appel de Charles Belleverge ; qu'aucun appel n'avait été interjeté par le ministère public ; que l'avocat général portant la parole à l'audience pour le procureur général n'a pas déclaré se porter appelant, quoiqu'il fût encore dans les délais ; que s'il a conclu *à ce que la cour se déclarât incompétente, le fait imputé à Belleverge constituant un crime et non pas un délit,* ce moyen d'appel, en le supposant fondé, ne pouvait être utilement présenté qu'autant qu'il y aurait eu appel ou recours par lui notifié au prévenu condamné, du moins sur le barreau ; que, dans l'état où la cause se présentait, la chambre des appels de police correctionnelle n'a pu, en statuant sur l'appel du condamné, aggraver sa position et le déclarer prévenu d'un crime emportant peine afflictive et infamante ; qu'en le faisant, elle a violé les articles 1er, 202, 203, 205 du code d'instruction criminelle, les principes de droit développés et établis sur cette matière dans l'avis du conseil d'État précité, et les règles de la compétence ;

La cour, statuant par règlement de juges, casse. — Ch. crim.

A. C. DU 24 AOUT 1831, AFF. GIRE.

Est nul pour défaut de motif l'arrêt prononçant confirmation du jugement attaqué, lorsqu'il n'énonce aucuns motifs, ou qu'il ne déclare pas adopter ceux des premiers juges. M. 13. 65.

Vu l'art. 7 de la loi du 20 avril 1810 ;

Considérant qu'après avoir posé les deux questions à résoudre dans la cause, l'arrêt de la cour royale de Poitiers s'est borné à prononcer, par son dispositif, la confirmation du jugement de première instance, sans exprimer que la cour royale adoptait les motifs de ce jugement, et sans en donner elle-même aucuns ; que ce défaut absolu de motifs rend nécessaire l'annulation de l'arrêt attaqué ;

La cour casse. — Ch. civ.

A. C. DU 2 SEPT. 1831, AFF. L. P.

Le temps nécessaire pour acquérir la prescription de l'action publique se détermine non par la qualification donnée au fait dans les poursuites, mais bien d'après le caractère qui lui est attribué par le jugement.

La prescription peut être opposée pour la première fois en cassation. M. 13.159.

Vu l'art. 638 du code d'instruction criminelle ;

Attendu que c'est par la déclaration du jury, intervenue après un débat contradictoire, que la nature du fait est irrévocablement déterminée ;

Que dans l'espèce, le jury a retranché les circonstances de l'effraction et de l'escalade, énoncées dans l'acte d'accusation et dans la question, pour ne déclarer le demandeur coupable que d'un vol commis dans une maison habitée, et par conséquent d'un vol simple ne constituant qu'un délit correctionnel ;

Attendu que d'après l'art. 638 précité, l'action publique et l'action civile pour la poursuite des délits correctionnels sont éteintes après l'expiration de trois ans sans poursuites depuis la perpétration de ces délits ;

Qu'ici où le délit avait été commis le 15 mars 1826, la prescription était acquise au 19 février 1831, époque de la première poursuite, et par conséquent il n'y avait plus d'action pour poursuivre et punir le délit ;

Que néanmoins la cour d'assises a prononcé contre le demandeur la peine d'emprisonnement, comme si la prescription n'était pas acquise, en quoi cet arrêt a violé l'art. 638 du code d'instruction criminelle ;

Que cette violation doit être réprimée par la cour de cassation, parce que l'exception de la prescription peut être opposée pour la première fois devant elle ;

La cour casse. — Ch. crim.

A. C. DU 2 SEPT. 1831, AFF. SAUVAGE.

La partie civile n'est pas recevable à se pourvoir en cassation contre l'arrêt de la chambre des mises en cassation, qui déclare n'y avoir lieu à suivre contre le prévenu, lorsque le ministère public ne s'est pas pourvu. B. crim. 363.

Attendu que l'action publique n'appartient qu'aux fonctionnaires auxquels la loi l'a confiée ; que la partie civile ne participe point à l'exercice de cette action ; que si l'article 135 du code d'instruction criminelle permet à la partie civile de former opposition aux ordonnances de la chambre du conseil, cette disposition est bors du droit commun et doit être restreinte à la faculté qu'elle détermine : d'où il suit que quand le ministère public ne s'est pas pourvu contre les arrêts des chambres des mises en accusation, son action est éteinte ; que l'action publique étant éteinte, le recours en cassation de la partie civile, ainsi borné à ses intérêts privés, n'est point recevable, puisqu'un tribunal de répression ne peut être saisi d'une action civile qu'autant qu'il est en même temps saisi de l'action publique ;

Et attendu que le procureur général près la cour royale de Douai ne s'est pas pourvu contre l'arrêt de la chambre des mises en accusation de cette cour royale, rendu le 6 août dernier, confirmatif de l'ordonnance de la chambre du conseil du tribunal de première instance de Cambrai, du 22 juillet précédent, par laquelle il avait été déclaré qu'il n'y avait lieu à suivre sur la plainte du sieur Clin, partie civile, contre les sieurs Sauvage et autres ;

La cour déclare ledit Clin non recevable dans son pourvoi. — Ch. crim.

A. C. DU 3 SEPT. 1831, AFF. BONDETTY.

Le prévenu condamné sur appel en matière correctionnelle est passible des frais de citation des témoins produits par le ministère public, quoique leur audition ait été jugée inutile par le tribunal. B. crim. 366.

Statuant sur le pourvoi du procureur général près la cour royale d'Agen ;

Vu les articles 194, 211, 368 du code d'instruction criminelle, et 156 du décret du 18 juin 1811 ;

Attendu que d'après ces articles les prévenus ou accusés reconnus et déclarés coupables doivent être condamnés à une peine plus forte par la cour royale d'Agen que par le tribunal correctionnel de Cahors ;

Que dès-lors ils étaient passibles de la condamnation aux frais ;

Attendu que la cour royale d'Agen a reconnu que le ministère public, appelant du jugement de première instance, était autorisé par la loi à faire citer en instance d'appel des témoins pour assurer le succès de ses poursuites contre les prévenus ; que dès lors les frais de ces citations étaient légitimement intervenus ;

Que si cette cour décida en même temps que l'audition de ces témoins n'aurait pas lieu, parce que d'après l'examen des pièces, elle ne la croyait pas nécessaire pour apprécier les faits incriminés, il ne restait pas moins constant et reconnu que les citations de ces témoins étaient régulières et légitimes, et par conséquent que l'adjudication des frais de ces citations contre les condamnés était indispensable ;

Que dès-lors en refusant, par le motif du défaut de nécessité de l'audition de ces témoins, d'adjuger les frais de leur citation, l'arrêt attaqué a violé les articles 194, 211 et 368 du code d'instruction criminelle, et l'article 156 du décret du 18 juin 1811 :

Par ces motifs la cour casse et annule l'arrêt de la cour royale d'Agen, du 4 août dernier, dans la partie seulement qui retranche des frais, etc.....

Statuant sur le pourvoi dans l'intérêt de la loi :

Attendu que la cour royale a décidé que les témoins cités en appel par le ministère public ne seraient pas entendus, parce que leur audition n'était pas nécessaire au jugement de la cause ; que l'appréciation de ce défaut de nécessité était dans le cercle de ses attributions ; que dès-lors sa décision ainsi motivée n'a violé ni les articles 153 et 154 du code d'instruction criminelle, ni aucune autre disposition de loi.

La cour rejette. — Ch. crim.

A. C. DU 3 SEPT. 1831, AFF. PARDÉ.

Lorsqu'en matière correctionnelle les juges d'appel réforment le jugement de pre-

mière instance sur ce qu'il a mal à propos annoté la citation introductive d'instance pour défaut de forme, ils doivent retenir le fond de la contestation pour y statuer et non renvoyer devant les juges de première instance. B. crim. 369.

Attendu que d'après la combinaison des articles 202 de la loi du 13 brumaire an IV; 1er de la loi du 29 avril 1806; 213, 214 et 215 du code d'instruction criminelle, lorsque la chambre correctionnelle, saisie par appel d'une affaire correctionnelle, a prononcé sur des questions de forme autres que l'incompétence, *ratione loci aut personæ*, elle doit retenir la connaissance du fond pour y statuer;

Que, dans l'espèce, c'est sur la nullité de la citation pour défaut de forme que l'arrêt attaqué a statué; que, dès lors, en retenant la connaissance du fond, la cour royale d'Orléans, chambre correctionnelle, s'est conféré les attributions qui lui étaient données par la loi;

La cour rejette. — Ch. crim.

A. C. DU 10 SEPT. 1831, AFF. BILLAUDELLE.

En matière correctionnelle, la citation qui n'a été remise ni à la personne ni au domicile du prévenu est nulle. B. crim. 392.

Attendu que la citation donnée à Aubry Billaudelle, le 8 mars dernier, n'avait été remise ni à sa personne ni à son domicile; que, par conséquent, elle n'avait point satisfait aux dispositions de l'art. 182 du code d'inst. crim., et qu'en prononçant la nullité de cette citation, le tribunal de Charleville a fait une juste application de la loi;

La cour rejette. — Ch. crim.

ARRÊT DU CONS. D'ET. DU 15 SEPT. 1831, AFF. MIN. FIN.

Lorsque le ministre, dont la décision est attaquée, n'a été ni entendu ni mis à portée de l'être sur de nouvelles conclusions, il y a lieu de surseoir jusqu'à ce qu'elles lui aient été communiquées. M. 13.364.

Considérant que notre ministre de la marine n'a pas été entendu ni mis à portée de l'être sur ces nouvelles conclusions:

Art. 1er. Il est sursis à statuer jusqu'à ce que les conclusions nouvelles du sieur Mejan aient été communiquées à notre ministre de la marine, et donné lieu, s'il y échet, à un supplément d'instruction.

ARRÊT DU CONS. D'ET. DU 15 SEPT. 1831, AFF. ROCHEFORT.

Le prélèvement autorisé par l'art. 46 de la loi du 15 mai 1818 s'étend à toutes les troupes qui composent la garnison des places de guerre, quels que soient leur destination et leur service dans lesdites places. M. 13.366.

Vu l'article 46 de la loi du 15 mai 1818;

Vu l'ordonnance royale du 5 août 1818 pour l'exécution de l'article ci-dessus;

Considérant que le prélèvement autorisé sur les revenus des communes, par l'article 46 précité, s'étend aux troupes qui composent les garnisons des places de guerre, quels que soient leur destination et leur service dans lesdites places; d'où il suit que la ville de Rochefort n'est pas fondée à restreindre ledit prélèvement sous prétexte du service de l'arsenal de la marine par sa garnison:

Art. 1er. La requête du maire de la ville de Rochefort est rejetée.

A. C. DU 20 OCT. 1831, AFF. MINISTÈRE PUBLIC.

Le jet de pierres contre les agents de la force publique constitue le fait de rébellion armée, et donne lieu à l'application de la peine des travaux forcés à temps. M. 13.163.

Sur le troisième moyen tiré d'une prétendue violation de l'article 210 du code pénal, en ce que la cour d'assises aurait appliqué à Ruse la peine des travaux forcés à temps, au lieu de celle de la réclusion, quoique la question du port d'armes n'eût pas été posée au jury:

Attendu, en fait, que si la question du port d'armes n'a pas été soumise en termes formels au jury, celui-ci interrogé sur ces deux questions: « 1° si la rébellion avait été commise en lançant des pierres sur la garde nationale; 2° si ces pierres avaient été lancées par plus de vingt personnes, » a répondu affirmativement à l'une et à l'autre;

Attendu, en droit, que les pierres sont au nombre des instruments, machines ou ustensiles perçants, tranchants ou contondants, que l'article 101 du code pénal comprend au nombre des armes; que leur jet contre la force armée constitue la rébellion armée, et que, dans ce cas, elles sont des armes d'autant plus dangereuses qu'elles atteignent de plus loin; que c'est, dès lors, avec raison que la peine des travaux forcés à temps, et non celle de la réclusion, a été appliquée à Rose déclaré coupable d'avoir fait partie d'une réunion de plus de vingt personnes lançant des pierres contre la force armée agissant pour l'exécution des lois;

La cour rejette. — Ch. crim.

A. C. DU 5 NOV. 1831, AFF. MICHELLET.

Il n'y a récidive que lorsque, avant la seconde contravention, il y a eu condamnation prononcée contre les contrevenants pour la première. B. crim. 482.

Vu l'art. 483 du code pénal, duquel il résulte que, pour qu'il y ait récidive en matière de police, il faut qu'il ait été rendu contre le contrevenant, dans les douze mois précédents, un premier jugement pour contravention de police commise dans le ressort du même tribunal;

Attendu que, dans l'espèce, il n'avait pas été rendu de jugement contre la contrevenante avant la seconde contravention; qu'elle avait seulement commis deux contraventions constatées par deux procès-verbaux, et pour lesquelles elle avait été traduite à la même audience; que la première condamnation prononcée à cette audience est postérieure, par conséquent, à la seconde contravention, ne pouvait donc constituer un état de récidive, aux termes de l'art. 483 précité;

Attendu, néanmoins, que le jugement attaqué a considéré la contrevenante comme étant en état de récidive, et lui a fait application de la peine encourue dans ce cas; en quoi il a violé les dispositions des art. 483 du code pénal et 607 du code de brumaire an IV;

La cour casse. — Ch. crim.

A. C. DU 25 NOV. 1831, AFF. GERMA.

L'obligation imposée en matière correctionnelle, d'articuler dans la citation au prévenu les faits sur lesquels le poursuivant fonde son action, est suffisamment remplie, lorsque cet acte, en présentant l'ensemble des faits et des circonstances, ne laisse aucun doute sur l'objet de la poursuite, et n'omet rien de ce qui peut être nécessaire à l'exercice du droit de défense. B. crim. 518.

Vu l'art. 183 du code d'instruction criminelle, lequel veut que la partie civile dans la citation qu'elle signifie au prévenu en matière correctionnelle, et qui tient lieu de plainte, *énonce les faits;*

Attendu, en droit, que, si c'est une obligation indispensable pour tout poursuivant en matière correctionnelle, de faire connaître au défendeur et d'articuler les faits sur lesquels la poursuite est fondée, cette obligation est suffisamment remplie, lorsque la citation, en présentant l'ensemble des faits et les circonstances qui donnent lieu à la poursuite, ne laisse aucun doute sur ce qui en fait l'objet, et n'a rien omis de ce qui peut être nécessaire à l'exercice du droit de défense;

Attendu, en fait...;

La cour casse. — Ch. crim.

A. C. DU 2 DÉC. 1831, AFF. MOURONVEL.

Un jugement est nul, lorsqu'il ne constate ni de quel nombre de juges le tribunal était composé, ni par quels motifs les moyens de défense proposés par le prévenu ont été rejetés. B. crim. 531.

Attendu que le jugement attaqué ne constate ni de quel nombre de juges le conseil de discipline était composé, ni par quels motifs les moyens proposés par le demandeur ont été rejetés, et que les jugements doivent porter en eux-mêmes les preuves de leur régularité;

La cour casse. — Ch. crim.

ARRÊT DU CONS. D'ET. DU 3 DÉC. 1831, AFF. CANAL DE JONCTION DU RHONE AU RHIN.

Les préfets ne peuvent élever le conflit d'attribution avant que les tribunaux aient prononcé sur le déclinatoire.

Lorsqu'un conflit est déclaré prématuré, et annulé, les parties peuvent être renvoyées devant l'autorité judiciaire pour être statué sur le déclinatoire. M. 13.367.

Vu la loi du 26 pluviôse an VIII et les ordonnances royales du 1er juin 1828 et du 12 mars 1831;

Considérant que le conflit a été élevé par le préfet du département du Haut-Rhin avant qu'il eût été statué par la cour royale de Colmar sur le déclinatoire par lui proposé le 12 juillet précédent:

Art. 1er. L'arrêté de conflit, du 16 août 1831, est annulé;

Art. 2. Les parties sont renvoyées devant la cour royale de Colmar, pour y être statué sur le déclinatoire proposé par le préfet du département du Haut-Rhin, le 12 juillet 1831.

A. C. DU 17 DÉC. 1831, AFF. BERTHELET.

Les amendes prononcées par des lois spéciales contre les auteurs de violences envers les préposés d'une administration publique n'ont point le caractère de peine proprement dite, mais bien celui d'une réparation civile; elles peuvent donc être cumulées avec les peines portées par le code pénal.

Le droit conféré par l'article 358 du code d'instruction criminelle aux cours d'assises de statuer sur les dommages-intérêts respectivement prétendus est, en ce qui concerne la partie civile, restreint aux dommages-intérêts qui peuvent lui être dus et ne peut être étendu à d'autres faits.

Ainsi, sur une accusation de rébellion et de violences envers un préposé des douanes, la cour d'assises est incompétente pour prononcer au profit de l'administration des douanes, partie civile, l'amende encourue pour fait de contrebande, ainsi que la confiscation des objets saisis. B. crim. 545.

Sur le pourvoi de Berthelet;

En ce qui concerne la condamnation à l'amende de 500 fr. prononcée contre lui sur la réquisition de l'administration des douanes, partie civile et intervenante, ladite amende réclamée en vertu des articles 14, titre 13, de la loi du 22 août 1791, et 2, titre 4, de la loi du 4 germinal an 11, pour avoir maltraité un préposé des douanes dans l'exercice de ses fonctions;

Attendu que, relativement à ces voies de fait, accompagnées de circonstances graves, l'exercice de l'action du ministère public, pour la vindicte publique, ne forme point obstacle à celui de l'action civile qui appartient à l'administration des douanes; que l'amende prononcée par les lois des 22 avril 1791 et 4 germinal an 11 n'a point le caractère d'une peine proprement dite, et doit être considérée comme une réparation civile dont la cumulation avec la peine portée par l'article 231 du code pénal, rentrant dans les dispositions générales de ce code, est même formellement autorisée par l'article 56 de la loi du 28 avril 1816; qu'ainsi, et, sous ce rapport, l'arrêt attaqué ne présente rien que de conforme à la loi:

La cour rejette.

Sur le pourvoi de l'administration des douanes;

Attendu qu'il résulte des dispositions de l'article 358 du code d'instruction criminelle, que le droit conféré par cet article aux cours d'assises, pour statuer sur les dommages-intérêts respectivement prétendus, est, en ce qui concerne la partie civile, restreint aux dommages-intérêts qui peuvent lui être dus, à raison du fait ou des faits de l'accusation; que ce droit qui constitue une attribution dérogatoire au droit commun, d'après lequel les tribunaux civils sont seuls compétents pour statuer sur les intérêts civils, ne peut donc être étendu par les cours d'assises à d'autres faits;

Attendu que de la combinaison des articles 51, 55 et 56 de la loi du 28 avril 1816 il résulte que les cours prévôtales, remplacées aujourd'hui par les cours d'assises, ne sont autorisées à statuer, dans l'intérêt des parties lésées, que sur les condamnations civiles résultant des crimes prévus par lesdits articles, et nullement sur des faits non compris dans l'accusation;

Et attendu que, dans l'espèce, l'individu traduit devant la cour d'assises était accusé uniquement de rébellion, de violences et de voies de fait graves, commises envers un préposé des douanes dans l'exercice de ses fonctions;

Attendu que le fait de contrebande pour lequel l'administration des douanes demandait, à titre de réparation civile et de dommages-intérêts, la confiscation des objets saisis et la condamnation à l'amende portée en la loi du 28 avril 1816, n'était compris ni dans l'arrêt de renvoi qui avait saisi la cour d'assises, ni dans le résumé de l'acte d'accusation rédigé en conséquence de cet arrêt;

Qu'ainsi la cour d'assises du département du Nord, en déclarant qu'il n'y avait pas lieu par elle de prononcer la confiscation et l'amende réclamées pour le délit de fraude, et en renvoyant à cet égard la cause et les parties devant qui de droit, s'est conformée aux règles de la compétence, et n'a violé ni l'article 358 du code d'instruction criminelle, ni l'article 56 de la loi du 28 avril 1816, ni aucune autre disposition de loi;

La cour rejette. — Ch. crim.

A. C. DU 22 DÉC. 1831, AFF. FAURE.

L'administration n'est pas tenue de corroborer par des preuves un procès-verbal qui fait foi jusqu'à preuve contraire, si ce procès-verbal n'a pas été combattu par des témoignages ou autres preuves offertes par le prévenu. B. crim. 550.

Vu les articles 178 du code forestier, et 154 du code d'instruction criminelle;

Attendu que le procès-verbal faisant foi des faits qu'il contient jusqu'à preuve contraire, c'est d'abord aux prévenus à combattre ce procès-verbal par des témoignages ou autres preuves légales, sauf à l'administration forestière à combattre les preuves et à corroborer le procès-verbal;

Attendu que le tribunal correctionnel de Carpentras, en renvoyant de l'action Joseph-Marie Faure, et en mettant à la charge de l'administration l'obligation de corroborer un procès-verbal par des preuves, sans que ce procès-verbal ait été combattu par des témoignages ou autres preuves offertes par les prévenus, a jugé contre le contenu du procès-verbal sans preuves contraires, et qu'en agissant ainsi, il a violé la foi due au procès-verbal jusqu'à preuve contraire, et fait une fausse application, etc.

La cour casse. — Ch. crim.

A. C. DU 24 DÉC. 1831, AFF. MINISTÈRE PUBLIC.

Un jugement est nul s'il ne contient pas l'indication du nombre de juges qui y ont concouru, et s'il n'est pas signé. B. crim. 503.

Vu l'art. 7 de la loi du 20 avril 1810 dans la disposition qui porte: « Les arrêts « qui ne sont pas rendus par le nombre de juges présents, ou qui ont été rendus « par des juges qui n'ont pas assisté à toutes les audiences de la cause, sont dé- « clarés nuls; »

L'art. 164 du code d'instruction criminelle portant que :

« La minute du jugement sera signée par le juge qui a tenu l'audience dans les « vingt-quatre heures au plus tard, à peine d'amende contre le greffier, et de « prise à partie s'il y a lieu, tant contre le greffier que contre le président...; »

Attendu, sur le jugement qui a condamné le demandeur, qu'il ne contient :

Ni la mention...

Ni l'indication du nombre de juges qui y ont concouru, ce qui constitue une violation de l'article 7 de la loi du 20 avril 1810;

Ni la signature des membres du conseil de discipline, ou au moins du président ou du secrétaire, ce qui lui ôte tout caractère d'authenticité, et ce qui est une violation de l'article 164 du code d'instruction criminelle;

La cour casse. — Ch. crim.

ARRÊT DU CONS. D'ÉT. DU 21 DÉC. 1831, AFF. MIN. DE LA GUERRE.

Le désistement d'un pourvoi exercé contre une première décision ministérielle et le défaut de pourvoi dans le délai du règlement contre une seconde, donnent à ces décisions la force de chose jugée, et le ministre est fondé à refuser de statuer sur une nouvelle réclamation.

Il n'y a pas lieu à se pourvoir par requête civile, sur le motif qu'une pièce décisive aurait été retenue par la partie adverse, lorsque le conseil d'État n'a pas rendu de décision. M. 13.371.

Vu les art. 11 et 32 du règlement de 1806;

Considérant que c'est avec raison que, par sa décision du 25 mars 1830, notre ministre de la guerre a refusé de statuer de nouveau sur la réclamation de la compagnie Saraille et Lestamy, déjà jugée tant par la décision du 15 décembre 1819, contre laquelle les requérants avaient exercé un pourvoi dont ils se sont désistés le 6 août 1821, que par une autre décision du 13 mai 1822, contre laquelle les requérants ne se sont pas pourvus dans les délais du règlement;

Vu l'application de l'art. 32 du règlement de 1806, et duquel les requérants prétendent faire résulter pour eux un moyen d'attaque encore subsistant contre les décisions ministérielles de 1816 et de 1819;

Considérant que l'art. 32 ne peut être invoqué et ne peut recevoir son application que dans le cas où le conseil d'État aurait rendu une décision; que, dans l'espèce, le conseil d'État n'a pas prononcé :

Art. 1er. La requête de la compagnie Saraille et Lestamy est rejetée.

ARRÊT DU CONS. D'ÉT. (ORD.) DU 9 JANV. 1832, AFF. PETIT-DURIEU.

La demande en péremption d'instance n'est pas autorisée par le règlement du 22 juillet 1806.

Sur la fin de non-recevoir tirée de la péremption d'instance;

Considérant que la demande en péremption d'instance n'est pas autorisée par le règlement du 22 juillet 1806;

Au fond;

Persistant dans les motifs du décret du 4 mai 1815 :

Art. 1er. La requête des sieur et dame Truelle-Mullot est rejetée.

ARRÊT DU CONS. D'ÉT. (ORD.) DU 16 FÉV. 1832, AFF. PICHON-PREMÉLÉ.

Les lois de finances n'ouvrent que deux modes d'action judiciaire aux particuliers qui voudraient se pourvoir à l'occasion des contributions qu'ils prétendraient n'être pas autorisées par la loi, savoir: la plainte en concussion et l'action en répétition.

Ces deux modes, tout en garantissant les droits des citoyens contre les perceptions illégales, supposent néanmoins l'exécution préalable des contraintes décernées par l'administration à laquelle le provisoire appartient. M. 13.374.

Considérant que par l'acte d'assignation du 20 septembre 1831, auquel se réfèrent

les conclusions prises à l'audience du tribunal d'Alençon, le 14 novembre suivant, le sieur Pichon-Premélé demande la nullité de la saisie de ses meubles, opérée à la requête du percepteur des contributions directes de la division de Chailloué, et fonde cette nullité sur ce que ladite saisie avait pour objet une demande inconstitutionnelle dans la forme, et injuste au fond;

En ce qui touche le reproche d'inconstitutionnalité;

Considérant que les lois de finances n'accordent que deux modes d'action judiciaire aux particuliers qui voudraient se pourvoir à l'occasion des contributions qu'ils prétendraient n'être pas autorisées par la loi, la plainte en concussion et l'action en répétition pendant trois années;

Que ces deux actions, tout en garantissant les droits des citoyens contre les perceptions illégales, supposent néanmoins l'exécution préalable des contraintes décernées par l'administration à laquelle le provisoire appartient;

Que hors de ces deux modes, indiqués d'une manière limitative, il n'appartient point aux tribunaux de s'immiscer dans l'établissement des rôles de répartition, en connaissant des actions auxquelles ils pourraient donner lieu de la part des particuliers;

En ce qui touche le reproche d'injustice, etc.

Art. 1er. L'arrêt de conflit pris par le préfet du département de l'Orne, le 19 novembre 1831, est confirmé.

Art. 2. Le jugement rendu par le tribunal d'arrondissement d'Alençon, le 14 novembre 1831, est considéré comme non avenu.

LETT. COM. DU 21 FÉV. 1832.

Recensements et vérifications dans les entrepôts de tabacs réunis aux recettes particulières.

Par suite de la création des recettes particulières-entrepôts, l'administration a reconnu la nécessité d'expliquer comment en certaines localités doit être entendu et exécuté le mode de contrôle prescrit par les circulaires de l'ancienne division des tabacs; notamment celles des 14 septembre 1825, n° 26, et 6 septembre 1830 n°s 13-6. Tel est le but des observations ci-après.

Le contrôle à exercer sur les tabacs existant dans tous les entrepôts s'opère, soit par des recensements, à des époques indéterminées, qui embrassent la totalité des matières emmagasinées, soit au moyen de vérifications moins étendues, plus fréquentes, et qui ont pour résultat de constater le poids réel des tabacs en vente, autrement dits, en *garenne*.

C'est aux directeurs principalement à juger de l'opportunité des recensements généraux, et à les faire opérer, soit en leur présence, soit par les soins seulement d'employés pourvus à cet effet d'un ordre spécial; mais il n'est pas obligatoire pour ceux-ci, lorsqu'ils ont le grade de contrôleur, d'exhiber aux comptables l'ordre qu'ils auraient reçu de procéder à cette opération; car il est telle circonstance que je crois inutile de préciser, qui pourra justifier l'initiative qu'aura prise de son autorité privée, soit un contrôleur ambulant, soit un contrôleur de ville, sauf au directeur à modérer un zèle qui quelquefois peut-être serait mal entendu.

Quant aux vérifications proprement dites, des tabacs en vente ou en garenne, elles constituent l'exercice ordinaire et habituel des entrepôts, et doivent avoir lieu, non seulement toutes les fois qu'un colis est mis en vente, mais encore aussi souvent que le contrôleur de ville, s'il y a un employé de ce grade dans la résidence, le jugera convenable. L'administration ne pourrait concevoir qu'une opinion défavorable de l'entreposeur qui mettrait des entraves à cette vérification. A supposer que ce fût par une susceptibilité déplacée, il suffirait sans doute de lui rappeler les dispositions de la circulaire précitée; d'ailleurs, je le répète, c'est aux directeurs en définitive à juger si les vérifications se multiplient sans nécessité ou si elles sont opérées dans des vues particulières de tracasserie.

Restent quelques dispositions à prescrire à l'égard des localités où il n'existe pas de contrôleur de ville, et où par conséquent le receveur-particulier-entreposeur dirige lui même le service. Là, j'ai la conviction que presque toujours les commis à pied ne sont point appelés à reconnaître le poids des tabacs mis en vente, non plus que celui des tabacs restant dans les tonneaux ouverts. Sous prétexte que les excédants qui pourrait être constatés avant l'ouverture des tonneaux compenseront les déchets que l'on croit inévitables, lors de la distribution quelques comptables négligent de passer écriture des uns et des autres, et les commis ne croient pas devoir, à cause de leur position hiérarchique, soumettre à une vérification matérielle la gestion de leur chef. C'est là vraisemblablement ce qui explique pourquoi depuis la dernière organisation l'on ne constate presque jamais, dans les entrepôts réunis à des recettes particulières, aucune différence de poids sur les colis en vente, exactitude matérielle que la nature hygrométrique du tabac rend à peu près impossible.

Je recommande donc et très expressément, qu'aux termes des circulaires mentionnées dans le premier paragraphe de cette dépêche, deux employés, quel que soit leur grade, assistent conjointement avec l'entreposeur à la pesée de tout colis, lors de la mise en vente, ainsi que des quantités encore existantes dans les tonneaux ouverts, et qu'ils inscrivent immédiatement les résultats en plus ou en moins de cette vérification sur le registre 63 A et au journal général 62. Vous prescrirez au contrôleur ambulant de faire, le plus souvent possible, en se détournant même parfois de sa route, la vérification soit générale, soit partielle, de l'entrepôt, pour s'assurer que les entreposeurs et les commis se conforment scrupuleusement aux règles que je viens de rappeler. Les résultats des vérifications du contrôle ambulant rapprochés de ceux qui auront été inscrits sur le registre 63 A me donneront la mesure de l'exactitude avec laquelle cette partie du service sera suivie, et du degré de confiance que je devrai accorder à chaque receveur-particulier-entreposeur.

A. C. DU 1er MARS 1832, AFF. LARRÈRE.

En matière correctionnelle, une citation régulière donnée dans les délais interrompt la prescription de l'action, bien que cette citation ait été ultérieurement abandonnée et remplacée par une autre. B. crim. 43.

Attendu qu'aux termes de l'article 187 du code forestier, dans le silence de ce code sur le temps qui doit faire prescrire l'action intentée en temps utile, il faut s'en référer aux règles établies par les art. 637 et 638 du code d'instruction criminelle sur la prescription;

Attendu que, d'après lesdits articles, la prescription en matière correctionnelle est acquise, lorsqu'il y a eu interruption de poursuites pendant trois ans; qu'il suffit, pour interrompre la prescription, de simples actes d'instruction et de poursuite, sans qu'il soit nécessaire qu'il ait été rendu de décision par les tribunaux; qu'une citation régulière, à l'effet de saisir un tribunal a un caractère légal, et constitue un acte de poursuite;

Attendu qu'il est reconnu par le tribunal de Mont-de-Marsan qu'en vertu, tant du premier procès-verbal du 4 mars 1830, dans lequel aucun délinquant n'a été signalé, que du second procès-verbal du 25 août 1830, dans lequel Bourdin et Larrère ont été signalés comme auteurs d'une partie des délits y énoncés ; qu'une citation leur a été donnée, le 4 octobre 1830, à l'effet de comparaître, le 19 novembre 1830, au tribunal de police correctionnelle de Saint Sever ; que dès-lors il s'est écoulé moins de trois mois entre le moment où les délits ont été reconnus avoir été commis par les prévenus, et la citation régulière du 4 octobre 1830, qui est un acte de poursuite :

Que le jugement attaqué, en écartant cette citation de la cause, sous le prétexte qu'elle avait été abandonnée, et en déclarant l'action éteinte par la prescription pour le temps écoulé depuis la constatation des délits jusqu'à la seconde citation, a fait une fausse application de l'article 185 du code forestier, et violé les art. 637 et 638 du code d'instruction criminelle :

La cour casse. — Ch. crim.

A. C. DU 9 MARS 1832. AFF. BEAUCHAINE.

Est nul le jugement qui déclare mal fondé l'appel interjeté par une partie, s'il ne renferme des motifs que sur des difficultés de forme élevées dans l'instance, parce que, prononçant sur le fond de la contestation, il doit aussi contenir des motifs qui s'y rapportent. B. crim. 138.

Vu l'art. 163 du code d'instruction criminelle, ainsi conçu :
« Tout jugement définitif de condamnation sera motivé, et les termes de la loi appliquée y seront insérés à peine de nullité ; »
Vu pareillement l'art. 176 du même code, et l'art. 7 de la loi du 20 avril 1810 ;
Attendu que par l'effet de l'acte d'appel, le tribunal de police correctionnelle de Chatellerault était saisi de la connaissance du fond, comme de l'appréciation des moyens de forme ;
Attendu qu'en déclarant l'appel mal fondé, et en décidant que ce dont était appel sortirait son plein et entier effet, le jugement attaqué a prononcé sur le fond de la contestation ;
Attendu toutefois que ce jugement ne renferme aucun motif sur le fond, et que tous ses motifs portent uniquement sur des difficultés de forme, relatives à l'opposition ;
Attendu dès-lors que ce jugement n'est pas motivé et a violé les articles 33, 168 et 176 du code d'instruction criminelle, et 7 de la loi du 20 avril 1810 :
Par ces motifs, la cour casse et annule. — Ch. crim.

ARRÊT DU CONS. D'ÉT. (ORD.) DU 9 MARS 1832, AFF. LILLE.

Le conseil de préfecture ne peut connaître d'une contestation sur laquelle le préfet est appelé par la loi à statuer en conseil de préfecture, lors même que le cahier des charges d'une adjudication publique contiendrait une disposition contraire.

Lorsque la décision attaquée est annulée pour cause d'incompétence et que la connaissance de la contestation appartenait à une autorité ressortissant en définitive au conseil d'État, le conseil peut, si la cause est en état, évoquer l'affaire et statuer au fond. M. 13. 377.

Vu la copie de l'adjudication de la ferme de l'octroi de la ville de Lille, qui a été passée au sieur Delahaye-Beauruel le 23 mai 1827, moyennant le prix annuel de 862,000 fr.; le cahier des charges de cette adjudication, et notamment les art. 9, 30 et 33, ce dernier portant, etc.

Sur la compétence :
Considérant qu'aux termes de l'article 136 du décret réglementaire du 17 mai 1809, les contestations qui pourraient s'élever entre les communes et les fermiers des octrois, sur le sens des clauses des baux, doivent être déférées au préfet qui statuera en conseil de préfecture ;
Considérant, dans l'espèce, qu'il ne peut être statué sur la demande en résiliation formée par le sieur Delahaye-Beauruel, que pour l'application des clauses de son marché, et que dès-lors ladite demande devait être déférée au préfet en conseil de préfecture ;
Considérant qu'on ne peut déroger, par des conventions particulières, aux lois et règlements sur la compétence, qui sont d'ordre public, et qu'ainsi les parties n'ont pu, par l'art. 33 du cahier des charges de l'adjudication du 23 mai 1827, attribuer au conseil de préfecture le jugement des contestations qui pourraient s'élever entre la commune et l'adjudicataire ;
Considérant que l'affaire étant suffisamment instruite, il y a lieu de statuer en fond ;
Sur la demande en résiliation, etc.
Art. 1er. L'arrêté du conseil de préfecture du département du Nord, du 6 janvier 1830, est annulé pour cause d'incompétence.
Art. 2. La demande en résiliation de l'adjudication de l'octroi de la ville de Lille, du 23 mai 1827, formée par le sieur *Delahaye-Beauruel*, est rejetée.
Art. 3. Le sieur *Delahaye-Beauruel* est condamné aux dépens.

A. C. DU 24 MARS 1832, AFF. STRASBOURG.

Les voitures qui ont des banquettes reposant sur des flèches en bois flexible, suspendues sur des courroies, doivent être considérées comme voitures suspendues.

Vu la loi du 15 ventose an XIII, le décret du 6 juillet 1806, et l'ordonnance du 11 septembre 1832.
Attendu que l'ordonnance de 1822, qui n'a eu pour objet que de déterminer ce qu'il fallait entendre par les voitures non suspendues dont parle la loi de 1805, et par les ressorts qui produisent la suspension, n'a pas abrogé le décret de 1806, qui assimile aux voitures suspendues celles qui ont des sièges à ressorts dans l'intérieur ; que d'ailleurs l'article 2 de cette ordonnance considère comme voitures suspendues celles qui reçoivent du jeu ou du balancement par un moyen quelconque, ce qui comprend les voitures dont la caisse est adhérente au train, mais qui sont dans l'intérieur des sièges disposés de manière à recevoir ce jeu ou ce balancement ;
Attendu que le jugement attaqué reconnaît en fait que les voitures dont il s'agit au procès avaient des banquettes reposant sur des flèches en bois flexible, suspendues sur des courroies ; que celles-ci se trouvaient donc du nombre de celles qui, d'après les lois, décret et ordonnance précités, sont soumises au droit de 25 centimes envers les maîtres de poste, et qu'en les affranchissant de ce droit ledit jugement a violé les dispositions de ces lois, décrets et ordonnances :
Par ces motifs, la cour, vidant le partage déclaré à l'audience du 7 janvier dernier, et recevant l'intervention des défendeurs, casse, etc. — Ch. crim.

A. C. DU 14 AVR. 1832, AFF. BENOIT LUTTENBACHER.

La citation en matière correctionnelle n'est pas nulle, parce qu'elle a été donnée à trop bref délai : la condamnation qui interviendrait par défaut sur cette citation est seule frappée de nullité par l'article 184 du code d'instruction criminelle. B. crim. 206.

Vu l'art. 184 du code d'instruction criminelle portant :
« Il y aura au moins un délai de trois jours, outre un jour par trois myriamètres, « entre la citation et le jugement, à peine de nullité de la condamnation qui serait « prononcée par défaut contre la personne citée ; »
Attendu que les tribunaux ne peuvent prononcer d'autres nullités que celles qui sont établies par la loi ;
Attendu que l'article ci-dessus transcrit ne prononce pas la nullité de la citation donnée à trop bref délai, mais seulement de la condamnation qui serait prononcée par défaut contre la personne citée, que néanmoins l'arrêt attaqué a annulé la citation donnée au prévenu, par le motif que les délais voulus par la loi n'avaient pas été observés : en quoi ledit arrêt a violé l'article 184 précité :
Par ces motifs la cour casse. — Ch. crim.

C. DE LA COMM. DES MONN. N° 7, DU 21 AVR. 1832.

Précautions à prendre pour l'essai des lingots.

Il circule depuis quelque temps dans le commerce des lingots formés de plusieurs couches de matière, au centre desquelles il s'en trouve une à plus bas titre que les autres. Cette manœuvre constitue évidemment le délit de fourré prévu pour les ouvrages d'or et d'argent, dans l'article 65 de la loi du 19 brumaire an 6.
Ce fait est important ; son existence est de nature à compromettre votre responsabilité pécuniaire, si vous n'apportiez la plus sévère attention dans l'estimation du titre des lingots.
A cet effet, indépendamment de la prise d'essai qu'il est d'usage de couper à chacune des extrémités du lingot, il sera bon, en cas de doute sur l'homogénéité de la matière, et ce doute sera supposable toutes les fois que vous ne connaîtrez pas personnellement le porteur ou le fondeur, il sera bon, dis-je, d'en retirer une troisième prise, en l'attaquant vers le milieu, et jusqu'au centre, avec un foret, ou par tout autre moyen à votre disposition ; cette précaution suffira pour assurer votre parafe contre les conséquences d'un essai contradictoire.
Il arrive souvent aussi que les essais faits sur diverses parties du même lingot ne donnent pas un résultat parfaitement identique.
Si la différence n'était que de 1 à 2 millièmes sur l'or, et de 2 à 4 sur l'argent, il n'y aurait pas d'inconvénient à indiquer le titre commun des essais exécutés ; mais si cette différence était plus considérable, bien qu'il n'y eût pas lieu de suspecter la bonne foi du porteur, il y aurait cependant pour vous preuve suffisante que la matière a été mal mêlée, et vous seriez autorisé, dans votre intérêt comme dans celui de la vérité, à refuser votre parafe, jusqu'à ce que le lingot eût subi une refonte.

ARRÊT DU CONS. D'ÉT. (ORD.) DU 3 MAI 1832, AFF. SAZERAT.

La transmission de l'expédition d'un arrêté du conseil de préfecture, faite par le préfet au directeur des domaines du département, ne peut tenir lieu d'une signification.

Considérant que l'arrêté attaqué n'a pas été signifié par le sieur Jean Sazerat ou par ses héritiers et représentants, et que l'expédition dudit arrêté, qui a été adressée par le préfet de la Charente au directeur des domaines de son département, le 15 pluviôse an IX ne peut tenir lieu d'une signification...
Art. 1er. L'arrêté du conseil de préfecture de la Charente, du 3 pluviôse an IX est annulé pour cause d'incompétence.

A. C. DU 23 MAI 1832, AFF. MOREL.

La prescription de deux ans, établie par l'article 81 de la loi du 22 frimaire an VII, ne court contre l'administration de l'enregistrement, relativement aux droits non acquittés, qu'à partir du jour où, par l'enregistrement d'un acte, la régie a été à portée de découvrir la contravention, quelle qu'ait été la publicité donnée à l'acte non enregistré, et bien que l'administration ait eu plusieurs moyens de découvrir la contravention. M. 13, 72.

Vu l'art. 61 n° 1er, de la loi du 22 frimaire an VII ;
Vu aussi l'avis du conseil d'état, du 18 août 1810, approuvé le 22 ;
Attendu que quelle qu'ait été la publicité des adjudications dont il s'agit, et les moyens que la régie aurait eus d'en découvrir les actes en usant du droit de vérification que la loi lui donnait, il n'en résultait contre elle aucune fin de non-recevoir relativement à la poursuite des droits d'enregistrement qui n'ont pas été acquittés dans les délais fixés par la loi ;
Qu'en effet, suivant l'article 61 de la loi du 22 frimaire an VII, il n'y a prescription, dans les cas qui y sont prévus, qu'après deux années, à compter du jour de l'enregistrement ; et aux termes de l'avis du conseil d'état, que les receveurs de l'enregistrement ont été à portée de découvrir des contraventions aux lois de frimaire et pluviôse an VII, par des actes soumis à la formalité.
Qu'il suit de là qu'en déclarant l'action de la régie éteinte par la prescription de deux ans, quoique le receveur n'eût pas été mis à portée de découvrir les actes d'adjudication dont il s'agit au procès, par des actes soumis à la formalité, le tribunal a expressément violé l'article 61 de la loi du 22 frimaire an VII, et l'avis du conseil d'état, du 22 août 1810 :
La cour casse, etc. — Ch. civ.

ARRÊT DU CONS. D'ÉT. (ORD.) DU 2 JUIN 1832, AFF. DARRAGON.

On ne peut se pourvoir au conseil d'État contre des lettres de préfet qui ne constituent pas des décisions administratives.
Lorsque aucune décision ministérielle n'est produite à l'appui du recours, il y a lieu de le rejeter comme étant sans cause. M. 13, 386.

Sur la demande en annulation des arrêtés du préfet de la Seine, des 15 mars et 16 septembre 1828 ;

Considérant que les lettres du préfet qui portent ces dates ne constituent pas des décisions administratives ;

Sur la demande en annulation des décisions de notre ministre de l'intérieur qui auraient approuvé les actes ci-dessus du préfet de la Seine ;

Considérant qu'aucune décision ministérielle n'est produite à l'appui du recours du sieur Darragon.

Sur la demande, etc.

Art. 1er. La requête du sieur Darragon est rejetée.

Art. 2. Le sieur Darragon est condamné aux dépens.

ARRÊT DU CONS. D'ÉT. (ORD.) DU 2 JUIN 1832, AFF. BRIARD.

Lorsque dans un débat entre deux parties, le préfet a fait à l'une d'elles la notification de son arrêté, cette notification ne peut faire courir les délais du pourvoi.

Lorsque l'affaire est en état, le conseil d'État peut, en annulant l'arrêté, statuer au fond. M. 13, 384.

Vu les lois des 9 ventôse an XIII et 28 juillet 1824, etc.

Considérant que la notification faite à la requête du préfet n'a pu faire courir contre le sieur Briard aucun délai dont la commune puisse se prévaloir, et que l'affaire étant en état sur le fond, il y a lieu d'y statuer, sans qu'il soit nécessaire d'examiner le mérite de l'opposition formée par le sieur Briard à l'arrêté du 25 août....

Art. 1er. L'arrêté du conseil de préfecture du département de l'Eure, du 25 août 1827, est annulé dans ses dispositions qui condamnent le sieur Briard à reconstruire le pont dont il s'agit, et à payer une amende de 24 francs.

Art. 2. Le sieur Briard est condamné à rétablir le gué tel qu'il était autrefois.

Art. 3. La requête du sieur Briard est rejetée dans le surplus de ses conclusions.

Art. 4. Le sieur Briard est condamné aux dépens.

A. C. DU 9 JUIN 1832, AFF. DESVIGNES.

Le maître n'est pas directement passible de l'amende encourue par son domestique pour contravention. Il n'en est que civilement responsable.

Lorsqu'au lieu du prévenu, c'est la partie civilement responsable qui seule a été traduite devant le tribunal compétent pour statuer sur l'action publique, ce tribunal ne doit pas se déclarer incompétent d'une manière absolue, et relaxer définitivement la partie civile ; il doit seulement surseoir à prononcer, en fixant un délai pour mettre en cause le prévenu lui-même. B. crim. 301.

Sur le premier moyen ;

Attendu que, dans l'espèce, la contravention a été le fait absolument personnel du domestique du sieur Desvignes : et qu'en décidant par ce motif que ce dernier, qui n'en est que civilement responsable, ne pouvait être condamné à la peine requise contre lui, le jugement attaqué n'a violé ni l'article 1384 du code civil, ni les principes de la matière :

La cour rejette ce moyen.

Mais sur le second moyen ;

Vu les art. 1er, 3 et 145 du code d'instruction criminelle, l'article 9 du code pénal, et ledit article 1384 du code civil ;

Attendu qu'aux termes des articles 1er et 3 du code d'instruction criminelle, les tribunaux de répression, devant lesquels est poursuivie la punition des délits et contraventions, ne sont compétents pour connaître de l'action civile qui en résulte, que lorsqu'ils se trouvent saisis en même temps de l'action publique contre le prévenu ;

Que l'article 145 du même code, qui permet de laisser la citation au prévenu ou à la partie civilement responsable, ne déroge point à ce principe ; d'où il suit que lorsque cette dernière a seule été citée, le tribunal, qui n'a point à prononcer sur l'application de la peine, est par cela même incompétent pour statuer isolément sur l'action en dommages-intérêts, et que cette incompétence matérielle et absolue est véritablement d'ordre public ;

Et attendu que, dans l'espèce, le domestique du sieur Desvignes a personnellement commis la contravention dont il s'agit ;

Que ledit Desvignes a néanmoins été seul traduit devant le tribunal de simple police comme civilement responsable ;

Que ce tribunal devait donc surseoir à statuer en ce qui le concerne, et fixer le délai dans lequel le ministère public serait tenu de mettre en cause le contrevenant ;

Et qu'en le renvoyant purement et simplement d'instance, le jugement attaqué a violé les articles précités ;

En conséquence, la cour casse. — Ch. crim.

ARRÊT DU CONS. D'ÉT. (ORD.) DU 10 JUILL. 1832, AFF. ZHENDRE.

Les adjudicataires qui ont exécuté un marché en se conformant aux modifications qui y ont été faites postérieurement par l'administration, sans autre réclamation que celle d'un dédommagement en cas de préjudice constaté, ne peuvent demander la résolution de ce marché, après son exécution consommée, ni prétendre être admis à compter de clerc à maître en qualité de mandataires ou agents du gouvernement.

Lorsque la décision attaquée n'a point statué sur un chef du pourvoi, il n'y a pas lieu à ce que le conseil d'état y fasse droit. M. 13, 389.

En ce qui touche la demande en résolution de l'adjudication du 18 décembre 1824 ;

Considérant que les modifications introduites par la régie des contributions indirectes dans le service des tabacs n'ont exercé d'influence que sur une partie des transports confiés aux sieurs Zhendre ; que ceux-ci s'y sont conformés, sans autre réclamation que celle d'un dédommagement en cas de préjudice constaté ; qu'elles pourraient seulement, selon la gravité de leurs résultats et sauf tout débat de la part de la régie, servir de base à une demande en indemnités ; mais qu'en aucun cas elles ne peuvent faire résilier, après son exécution consommée, le marché du 18 décembre 1824 ;

Que les mêmes considérations repoussent les moyens fondés sur les autres infractions imputées à la régie par les frères Zhendre ;

En ce qui touche le chef de conclusions relatif aux frais d'assurances portés en compte par les frères Zhendre ;

Considérant que la décision attaquée n'a point statué sur cette question, qui doit, comme toutes les autres, être renvoyée à la liquidation du compte d'entreprise ;

Art. 1er. La requête des sieurs Zhendre frères est rejetée.

ARRÊT DU CONS. D'ÉT. (ORD.) DU 15 JUILL. 1832, AFF. ABAT.

Une décision ministérielle, qui n'est en réalité qu'une instruction, n'est pas susceptible d'être attaquée devant le conseil d'État par la voie contentieuse.

Cette décision ne fait point obstacle à ce que les parties intéressées se présentent devant qui de droit pour faire prononcer sur la contestation. M. 13, 391.

Considérant que la décision de notre ministre des finances ne constitue pas un jugement contre lequel on doive se pourvoir devant nous, mais n'est qu'une instruction, donnée à ses subordonnés, qui ne fait point obstacle à ce que l'administration ou les parties intéressées se présentent devant qui de droit pour faire prononcer sur leur contestation :

Art. 1er. La requête des sieurs Abat et consorts est rejetée.

LETT. DU 17 JUILL. 1832, DU DIRECT. DE L'ADM. A M. LE CONS. D'ÉTAT, CHARGÉ DE L'ADM. DES PONTS ET CHAUSSÉES.

Remboursements ou restitutions de droits.

Je crois devoir, à l'occasion de cette affaire (affaire Duguenne, fermier du bac d'Ousson, Loire), et pour prévenir toute difficulté de la nature de celle qu'elle a fait naître, rappeler ici d'une manière précise les règles qui doivent être uniformément suivies par nos deux administrations, en tout ce qui concerne les remboursements ou restitutions de droits, paiement d'indemnités ou de dépenses relatives au service de la navigation.

La régie des contributions indirectes est chargée de percevoir les droits sur les passages d'eau, la navigation et les francs-bords des canaux et rivières navigables ; là s'arrêtant ses attributions, elle ne peut opérer que des recettes. Toutes les dépenses, de quelque nature qu'elles soient, doivent être exclusivement supportées par le budget des ponts et chaussées.

Dans tous les cas, cependant, où M. le ministre des finances autorise, soit la résiliation des baux à ferme, soit la restitution des droits perçus, la régie des contributions indirectes réduit ses recettes du montant des remises ou des remboursements régulièrement ordonnancés, mais seulement dans la limite des droits qui lui étaient acquis en vertu des baux, ou dont elle avait opéré la rentrée. Au delà, tout paiement constituerait une dépense réelle qu'il lui est impossible d'effectuer parce que son budget ne présente aucun chapitre où elle puisse être imputée.

Ainsi, pour citer un exemple, le fermier du bac de Cepoy dans le Loiret, obtint, en 1829, la résiliation de son bail pour cause d'interruption forcée de jouissance et, de plus, une indemnité de 216 fr. à titre de dédommagement de pertes résultant pour lui de cette résiliation. La régie des contributions indirectes rembourse les droits qu'elle avait perçus pour le prix de ferme depuis le jour auquel on avait fait remonter la résiliation, et l'administration des ponts et chaussées acquitta sur les fonds de son budget la somme de 216 fr. montant de l'indemnité. L'administration de perception ne pouvait être chargée de ce paiement, parce qu'il s'agissait d'une somme qu'elle n'avait pas reçue et qu'elle ne devait pas recevoir, et que, dans cette partie de son service, elle ne peut effectuer aucun paiement qu'à titre de restitutions de droits, sans que d'ailleurs ces restitutions puissent jamais affecter les recettes antérieures non spécialement comprises dans les ordonnances de remboursement, ces recettes étant définitivement acquises au trésor.

Il m'a paru nécessaire, monsieur le conseiller d'État, de rappeler, d'une manière précise, ces règles de comptabilité dont on ne pourrait, du reste, s'écarter à moins de confondre les attributions très-distinctes des deux administrations.

A. C. DU 20 JUILL. 1832, AFF. BALAT.

Les nullités pour vice de forme dans les pièces introductives de la poursuite en matière correctionnelle, sont couvertes par la défense au fond : elles ne peuvent en conséquence être proposées pour la première fois en appel, alors d'ailleurs que la partie qui les propose a été à même de les connaître et de s'en prévaloir en première instance. B. crim. 337.

Attendu qu'il est de règle fondamentale dans la procédure, que les nullités de forme des pièces introductives de la poursuite soient présentées, par la partie intéressée à le faire, avant la plaidoirie et le jugement de l'affaire au fond ; qu'en plaidant sur le fond, jusqu'au jugement, sans proposer ces exceptions préjudicielles, on est censé les avoir abandonnées et avoir renoncé à s'en prévaloir ;

Attendu que dans l'espèce ce n'est que devant le tribunal d'appel de Montauban que Balat a excipé de la nullité de la citation introductive de l'instance, à cause du défaut de signature de l'huissier ;

Que sur la copie régulière de cette citation, Balat comparut devant le tribunal correctionnel de première instance à Castel-Sarrazin ; qu'il y produisit des témoins à décharge, y fut interrogé ; que son défenseur plaida ; que l'un et l'autre furent présents au jugement contradictoire, et qu'alors ils n'excipèrent point de la nullité de la citation originaire ; qu'ainsi, par leur silence pendant la contestation où il fut constamment prolongé, la nullité fut couverte, et Balat dépouillé du droit de la présenter ;

Qu'on ne saurait supposer ce droit conservé en appel, parce qu'alors seulement la nullité aurait été connue par Balat, puisque, dans tout le cours de la première instance, il avait constamment été à portée de la connaître ;

Que conséquemment en fondant sur ce motif la conservation de la faculté de la proposer, et en prononçant par suite la nullité de la citation et le renvoi d'instance en faveur de Balat, le jugement attaqué a contrevenu aux règles primitives et essentielles de la procédure ;

La cour casse. — Ch. crim.

ARRÊT DU CONS. D'ÉT. (ORD.) DU 20 JUILL. 1832, AFF. CHAUMET.

Lorsque deux pourvois tendent à l'annulation des mêmes arrêtés, il y a lieu de les joindre pour statuer par une seule et même ordonnance.

Le jour de la signification et celui de l'échéance ne sont pas compris dans les délais du pourvoi. M. 13, 384.

Vu le décret réglementaire du 22 juillet 1806 ;

Vu la loi du 22 juillet 1824 ;

Sur la connexité des deux pourvois :

Considérant que les deux pourvois de la ville de Troyes tendent à l'annulation des mêmes arrêtés, et que dès lors il y a lieu de les joindre pour y statuer par une seule et même ordonnance ;

En ce qui touche les fins de non-recevoir ;

Considérant qu'il n'est pas justifié que l'arrêté du 22 août 1827 ait été signifié à la ville de Troyes par ses adversaires, et que, si celui du 11 mars 1829 lui a été signifié le 12 mai, ladite ville était encore recevable à se pourvoir contre cet arrêté le 13 août, jour de l'expiration du délai....

Art. 1er. Le paragraphe second de l'arrêté du conseil de préfecture du département de l'Aube, du 22 août 1827, et l'arrêté du même conseil, du 11 mars 1829, sont annulés.

Art. 2. Les parties sont renvoyées devant le même conseil de préfecture.

ARRÊT DU CONS. D'ÉT. (ORD.) DU 20 JUILL. 1832, AFF. VIAL.

Si un arrêté n'a pas été rendu contradictoirement, le conseil de préfecture peut-être appelé par voie d'opposition à le réformer.

Sur la forme :

Considérant que l'arrêté du conseil de préfecture de la Haute-Vienne, du 16 avril 1831, n'a point été contradictoirement rendu; qu'en conséquence, c'est à tort que ledit conseil a, par son second arrêté, déclaré qu'il ne pouvait réformer son arrêté antérieur....

Art. 1er. Les arrêtés du conseil de préfecture du département de la Haute-Vienne, en date des 16 avril et 13 août 1831, sont annulés; les entrepreneurs, etc.

ARRÊT DU CONS. D'ÉT. (ORD.) DU 20 JUILL. 1832, AFF. DUBOURDIEU.

Un arrêté est réputé contradictoire, lorsque la défense a été présentée sous la forme de pétition; dès lors il n'est pas susceptible d'opposition.
Lorsqu'il résulte d'un acte émané de la partie que son pourvoi a été formé hors des délais du règlement, ce pourvoi doit être déclaré non recevable, bien qu'aucune signification ne soit représentée. M. 13, 392.

En ce qui touche l'arrêté du 30 avril 1831, qui a déclaré le sieur Dubourdieu non-recevable dans son opposition à l'arrêté du 24 juin 1830 ;

Considérant que l'arrêté du 24 juin 1830 a été rendu contradictoirement contre le sieur Dubourdieu, qui s'est défendu par pétition du 8 mai 1830, ainsi qu'il résulte des visa de cet arrêté;

En ce qui touche le pourvoi formé le 17 août 1831, par le sieur Dubourdieu contre l'arrêté du 24 juin 1830 ;

Considérant que le même arrêté a été signifié au demandeur par acte du 11 juillet 1830, ainsi qu'il résulte de son opposition du 16 du même mois, et qu'ainsi son pourvoi a été formé hors des délais du règlement:

Art. 1er. Les requêtes du sieur Dubourdieu sont rejetées.

ARRÊT DU CONS. D'ÉT. (ORD.) DU 16 AOUT 1832, AFF. SAUVETERRE.

Le conflit ne peut plus être élevé que sur l'appel, si le déclinatoire n'a pas été proposé en première instance.

Considérant qu'il résulte du jugement du 27 janvier 1832, et des pièces de l'affaire, que le préfet du département de Lot-et-Garonne n'a pas proposé le déclinatoire, ainsi que le prescrivait l'article 6 de l'ordonnance royale du 1er juin 1828.

Que par conséquent le conflit ne pouvait plus être élevé dans la cause pendante devant le tribunal d'Agen, et que cette revendication ne pouvait plus avoir lieu que sur l'appel, après que la cour royale aurait statué sur le déclinatoire qui lui serait préalablement soumis :

Art. 1er. L'arrêté de conflit, du 26 avril 1832, est annulé.

A. C. DU 24 AOUT 1832, AFF. LEGALL.

En matière correctionnelle, un jugement de partage équivaut à un acquittement et ne saurait être assimilé, pour l'appel, à un jugement préparatoire ou d'instruction.

Sur le premier moyen tiré de ce que le tribunal de Quimper, jugeant sur appel, a reçu le ministère public appelant du jugement de partage émané du tribunal de Brest, qui remettait la cause à un autre jour, et dès lors n'avait rien de définitif;

Attendu que si l'article 199 du code d'instruction criminelle, qui a établi le droit d'appel d'une manière générale, doit être restreint dans son application, ainsi que l'avait été l'article 192 du code du 3 brumaire an IV, aux jugements qui ne sont pas exclusivement préparatoires et d'instruction, lesquels, d'après l'article 451 du code de procédure civile, ne peuvent être soumis à l'appel, et d'après l'article 416 du code d'instruction criminelle, au recours en cassation, qu'avec le jugement définitif, il en est autrement de ceux qui jugent définitivement le litige;

Attendu que d'après le principe posé en l'article 12, titre 25, de l'ordonnance de 1670, portant qu'en cas de partage, l'avis le plus doux doit prévaloir, lequel est applicable aux matières correctionnelles, et n'est contraire à aucune disposition du code d'instruction criminelle, un jugement de partage équivaut à un acquittement;

Que dès lors le jugement rendu par le tribunal de Brest était définitif entre les parties et n'était pas un jugement préparatoire ni d'instruction ;

Sur le moyen tiré, etc....

La cour rejette. — Ch. crim.

A. C. DU 6 OCT. 1832, AFF. ROBY.

Le domestique qui a commis une contravention doit être condamné personnellement à l'amende; il ne peut être relaxé sous prétexte qu'ayant agi par les ordres de son maître, c'est celui-ci qui doit encourir cette peine. Le maître ne peut être soumis qu'à la responsabilité civile. B. crim. 549.

Sur le premier moyen, tiré de ce que le domestique et les ouvriers du sieur Roby ont été renvoyés de la poursuite, bien qu'ils fussent les auteurs de la contravention, et de ce que ledit Roby, qui ne pouvait en être que civilement responsable, a été néanmoins condamné à l'amende ;

Vu les articles 464 et 471, n° 5, du code pénal, l'art. 74 du même code, et l'art. 1384 du code civil;

Attendu que la contravention dont il s'agit a été commise personnellement par le domestique du sieur Roby, par Jean Lelong et Pierre Faureton ;

Que ces individus étaient donc seuls passibles de la peine prononcée par la loi ;

D'où il suit qu'en les relaxant sur le motif qu'ils n'ont agi que par les ordres du sieur Roby, et en condamnant ce dernier à l'amende, quoiqu'il ne fût que civilement responsable du fait en question, le jugement attaqué a violé les dispositions précitées :

La cour casse. — Ch. crim.

ARRÊT DU CONS. D'ÉT. (ORD.) DU 15 OCT. 1832, AFF. DOURTHE ET CONSORTS.

Un arrêté du conseil de préfecture rendu sur la réclamation des parties est réputé contradictoire; dès-lors il ne peut être réformé par le même conseil, sur de nouvelles réclamations des mêmes parties.
Lorsqu'il résulte de l'opposition formée par les réclamants que l'arrêté attaqué leur a été suffisamment notifié, le recours est non recevable, s'il a été formé hors des délais prescrits par le règlement du 22 juillet 1806. M. 13, 398.

Vu la loi du 21 mars 1831 ;

Sur le pourvoi contre l'arrêté du 2 décembre 1831 ;

Considérant que c'est sur la réclamation des sieurs Dourthe et consorts qu'a été rendu l'arrêté du conseil de préfecture, du 19 octobre précédent; que dès-lors c'est avec raison que ledit conseil a déclaré qu'il n'y avait lieu de statuer contre un arrêté rendu contradictoirement avec eux:

Sur le pourvoi contre l'arrêté du 19 octobre;

Considérant que l'opposition formée par les réclamants audit arrêté, le 14 novembre suivant, prouve qu'il leur a été suffisamment notifié; que dès-lors leur pourvoi a été formé hors des délais prescrits par le règlement du 22 juillet 1806 :

Art. 1er. La requête des sieurs Dourthe et consorts est rejetée.

ARRÊT DU CONS. D'ÉT. (ORD.) DU 18 OCT. 1832, AFF. LECLERC.

La voie de l'opposition n'est pas ouverte contre les ordonnances qui confirment les arrêtés de conflit d'attribution.

Vu le décret règlementaire du 22 juillet 1806 ;

Vu l'ordonnance réglementaire du 1er juin 1828 sur les conflits, et celle du 12 mars 1831, concernant le conseil d'état;

Considérant que les art. 13 et 15 de l'ordonnance du 1er juin 1828 ont déterminé des formes spéciales pour les instructions des conflits la défense des parties intéressées, et que ces formes, ainsi que les délais particuliers établis par la même ordonnance sont exclusifs du droit d'opposition autorisé, dans les affaires ordinaires, par le règlement du 22 juillet 1806:

Art. 1er. La requête du sieur Leclerc est rejetée.

A. C. DU 20 OCT. 1932, AFF. M. DE MASLATRÉE.

Le délai pour faire opposition ne peut être augmenté, lors même que le jour de son échéance serait un jour férié.

Vu l'art. 3 de la loi du 8 avril 1831, ainsi conçu : « Le prévenu pourra former opposition à l'arrêt rendu par défaut, dans les cinq jours de la notification qui en aura été faite;

Attendu en droit que l'opposition aux jugements ou arrêts par défaut, quand elle est valablement intervenue, produit le même effet que l'appel régulièrement interjeté: qu'elle doit donc, en ce qui concerne la computation du laps de temps pendant lequel la loi l'autorise, être réglée par le même principe d'où il suit, d'après la combinaison des art. 187 et 203 du code d'instruction criminelle, qu'il faut nécessairement, à peine de déchéance, qu'elle soit formée au plus tard dans le délai prescrit par le premier de ces articles, et que ce délai ne peut être augmenté, lors même que le jour de son échéance aurait été légalement férié;

Attendu que ledit art. 3 de la loi du 8 avril 1831 n'a point dérogé à ce principe de droit commun en matière criminelle;

Que sa disposition, en effet, est elle-même restrictive et limitative;

Qu'elle n'est donc point susceptible ni d'exception ni de modification;

D'où il résulte qu'en jugeant dans l'espèce que l'opposition du prévenu, bien qu'il ne l'eût par formée en temps utile, était recevable par le motif que le jour de l'échéance du délai légal était un jour férié, l'arrêt attaqué a violé la règle générale de la matière, et spécialement ledit art. 3:

En conséquence, la cour casse. — Ch. crim.

ARRÊT DU CONS. D'ÉT. (ORD.) DU 24 OCT. 1832, AFF. FRAIXE.

Les conseils de préfecture sont compétents pour statuer sur les difficultés qui peuvent s'élever entre les entrepreneurs de travaux publics et l'administration, concernant le sens ou l'exécution des clauses de leurs marchés. La réclamation d'un entrepreneur qui n'excipe d'aucune des clauses de son marché et ne justifie d'aucune convention particulière pour obtenir une indemnité à raison des pertes qu'il a éprouvées, ne doit pas être accueillie.
On ne peut opposer à un ministre, comme un acquiescement à l'arrêté qu'il attaque, la signification qui en a été faite, sans son ordre, au défendeur, à la requête d'un préfet. M. 13, 401.

Vu la copie de l'arrêté attaqué, signifiée au sieur Fraixe, à la requête du préfet par acte extrajudiciaire du 25 mai 1831 ;

Considérant, sur la fin de non-recevoir, qu'il s'agissait, dans l'espèce, d'une demande en indemnité formée auprès de notre ministre de l'instruction publique et des cultes, à l'occasion de travaux qui devaient être payés sur le budget de son ministère, demande soumise au conseil de préfecture, d'après une décision de ce ministre; qu'il ne résulte point de la signification qu'elle ait été faite par son ordre, et que dès-lors elle ne peut lui être opposée comme acquiescement;

À l'égard de la compétence :

Considérant qu'aux termes de la loi du 8 pluviôse an VIII, les conseils de préfecture sont compétents pour statuer sur les difficultés qui pourraient s'élever entre les entrepreneurs de travaux publics et l'administration, concernant le sens ou l'exécution des clauses de leurs marchés; et que, dans l'espèce l'entrepreneur prétendait que, d'après ses conventions, il avait droit à une indemnité;

Au fond :

Considérant que l'entrepreneur n'excipe d'aucune des clauses de son marché, et ne justifie d'aucune convention particulière pour obtenir une indemnité à raison de la perte des attelages;

En ce qui touche le chef relatif aux dégâts causés au bâtiment ;

Considérant que notre ministre n'en demande pas l'annulation ;

Art. 1er. L'arrêté du conseil de préfecture du département des Pyrénées-Orientales, en date du 16 mai 1831, est annulé dans les dispositions par lesquelles ledit conseil a accordé une indemnité au sieur Fraixe, pour perte d'attelages et pour hausse du prix des bois de construction.

Ledit arrêté est maintenu dans ses autres dispositions.

A. C. DU 12 NOV. 1832, AFF. QUATRE-VÉZIAUX.

La péremption est couverte par une citation en justice, lors même que cette citation aurait été donnée devant un juge incompétent; la règle posée par l'article 2246 du code civil concernant la prescription doit être appliquée à la péremption. **M. 13, 74.**

Vu l'article 2246 du code civil, et l'article 399 du code de procédure civile ;

Attendu que la cour royale de Toulouse, en déclarant que dans la jurisprudence du ci-devant parlement de Languedoc, la péremption était acquise par la cessation des poursuites pendant le laps de trois ans, ne s'est point occupée du point de savoir si, pour avoir son effet, la péremption devait ou non être demandée avant toute interruption;

Que cette question ne paraît pas même avoir fait l'objet du litige;

Que cette cour s'est seulement occupée du mode de l'interruption, et spécialement de savoir si l'assignation donnée devant un juge compétent formait une interruption valable;

Attendu que la péremption n'est que la prescription de l'Instance ; que dès-lors la règle posée par l'art. 2246 du code civil, qui veut que la citation en justice, donnée même devant un juge incompétent, interrompe la prescription, lui est applicable;

Que, s'il est dit dans l'art. 399 du code de procédure civile, que la péremption n'est couverte que par les actes *valables*, on ne saurait en induire une dérogation, en matière de péremption, au principe posé dans l'art. 2246 du code civil, puisqu'aux termes du premier alinéa de l'art. 2247, ce mot *valable* doit s'entendre de tout acte qui n'est pas nul pour vice de forme;

Qu'il suit de là qu'une assignation régulière, quoique donnée devant un tribunal incompétent, n'en est pas moins un acte valable à l'effet de couvrir la péremption: d'où il résulte qu'en jugeant que la citation donnée par la commune de Campan, devant la cour royale de Pau, qui était incompétente, n'avait pas couvert la péremption, l'arrêt attaqué a expressément violé l'art. 2246 du code civil et faussement interprété l'article 399 du code de procédure civile ;

La cour casse. — Ch. civ.

A. C. DU 14 NOV. 1832.

Un arrêt, qui adopte les motifs donnés par les premiers juges, est nul s'il omet de motiver le rejet d'une exception de prescription présentée pour la première fois en appel.

Arrêt conforme.

LETT. DU 28 NOV. 1832, DU M. DE LA GUERRE AU M. DES FIN.

Les entrepreneurs des convois militaires sont assujétis aux droits de péage des bacs ou ponts.

Monsieur et cher collègue, j'ai reçu la lettre que vous m'avez fait l'honneur de m'écrire le 16 de ce mois, relativement aux droits de péage du bac de Château-Renard (Bouches-du-Rhône) que l'agent des convois militaires refuse d'acquitter en s'appuyant d'instructions émanées de mon ministère.

Par suite de l'ordonnance royale du 26 février 1823, qui annulait un arrêté du conseil de préfecture du Morbihan, j'avais effectivement écrit à l'intendant militaire de la 8ᵉ division que les dispositions de cette ordonnance étaient applicables au bac de Pertuis, dont le fermier exigeait un droit de passage pour les voitures des convois militaires.

Mais d'après les explications que vous me transmettez sur le véritable caractère de ladite ordonnance, dont l'objet a été de résoudre une question de forme et nullement une question de principe, je reconnais que les entrepreneurs de convois ne pouvaient s'en prévaloir contre les fermiers des bacs qui ont pour eux le texte de la loi du 6 frimaire an VII. J'ajouterai même que toute discussion à cet égard se trouve tranchée par un avis du conseil d'état du 1ᵉʳ mai 1823.

Je suis donc parfaitement d'accord avec vous sur ce point, et je révoque, en conséquence, les ordres que j'avais donnés à l'intendant militaire de la 8ᵉ division.

C. DU PR. DE LA COMM. DES MONN., Nᵒ 8, DU 20 NOV. 1832.

Les cuvettes d'or des montres doivent être essayées et marquées, ainsi que le corps de la boîte.

Un genre de fraude se pratique sur les boîtes de montre en or, et particulièrement sur celles destinées à contenir les nouveaux mouvements d'horlogerie connus sous le nom de *Bréguet* ou *Lépine.*

Ces sortes de montres, que l'on renferme dans un espace beaucoup plus petit que les anciennes, étant d'un prix bien plus élevé et d'un travail plus délicat, on a cherché à protéger contre un choc imprévu ou contre une trop forte pression le système général de la cadrature, par une cuvette qui sert de première enveloppe au mouvement, du côté opposé au cadran.

Les cuvettes, originairement en cuivre, se fabriquent aujourd'hui presque toutes en or.

Lorsque les montres sont présentées sans cuvettes à l'essayeur, il ne peut se prévaloir des articles 48 et 51 de la loi du 19 brumaire an VI, pour refuser de procéder à l'essai, sous prétexte que la pièce n'est pas garnie de tous ses accessoires, parce qu'on lui objecterait toujours que la cuvette sera en cuivre; et cependant lors de la vente, on ajoute souvent, à la boîte légalement marquée, le complément d'une cuvette en or, qui n'a été soumise ni à l'appréciation du titre ni à l'acquit du droit.

Lorsqu'au contraire le fabricant est de bonne foi, il apporte au contrôle les cuvettes d'or qui reçoivent, ainsi que le fond des boîtes, une empreinte du poinçon de titre, après avoir été essayées, comme elles, par le procédé prescrit de la coupelle et du départ.

Très-profitable au fabricant qui l'exploite en grand, la fraude que je vous signale ne l'est pas toujours pour l'horloger de province, qui n'achète à la fois que très-peu de ces pièces et qui, trompé par la présence du poinçon de titre dans le fond de la boîte et du poinçon spécial sur le bouton, ne pense pas, quand

toutefois il s'en aperçoit que le défaut de marque sur la cuvette puisse constituer un délit.

J'ai dû vous faire sentir la différence qui existe entre la position du marchand en détail et celle du fabricant, pour que vous puissiez agir suivant l'exigence du cas, et empêcher, par une surveillance assidue envers les assujétis de votre bureau, la continuation d'une irrégularité nuisible aux intérêts du trésor et à ceux de la garantie assurée au public par la loi.

A. C. DU 7 DÉC. 1832, AFF. POUMEYRES.

Le délai de trois jours francs accordé pour se pourvoir en cassation ne comprend ni le jour où l'arrêt a été prononcé, ni le dernier des trois jours qui sont laissés pour délibérer.

En ce qui touche le délai dans lequel Jeanne Poumeyres s'est pourvue contre l'arrêt qui l'a condamnée.

Attendu que si Jeanne Poumeyres ne s'est pourvue que le 19 octobre contre l'arrêt rendu contre elle le 15 du même mois, elle n'a point dépassé le délai déterminé par l'art. 373 du code d'instruction criminelle;

Attendu qu'en effet cet article porte que le condamné, pour se pourvoir en cassation, a trois jours francs après celui où son arrêt lui a été prononcé; que l'expression de trois jours francs, employée dans ce cas par la loi pour déterminer le délai donné au condamné, a eu pour motif d'établir qu'elle n'a voulu y comprendre ni le jour où l'arrêt a été prononcé, ni le dernier des trois jours qui sont laissés pour délibérer sur le parti qu'il doit prendre;

Attendu que cette interprétation favorable au condamné est d'ailleurs conforme à l'esprit qui a présidé à l'art. 1ᵉʳ de la loi du 1ᵉʳ frimaire an II, spéciale sur le pourvoi en cassation en matière civile :

Par ces motifs la cour admet le pourvoi. Faisant droit, etc.... — Ch. crim.

A. C. DU 14 DÉC. 1832.

Quand le commissaire de police et les gens de l'art ont constaté que des comestibles saisis sont en état de corruption, l'enfouissement de ces objets peut être ordonné par mesure de simple police, sans ordre préalable du maire et avant jugement.

Arrêt conforme.

ARRÊT DU CONS. D'ÉT. (ORD.) DU 15 MARS 1833, AFF. SÉBASTIANI.

Le mode de poursuites autorisé contre les comptables des deniers de l'État est applicable aux entrepreneurs, soumissionnaires et agents quelconques, rétentionnaires de deniers publics.

Le ministre des finances est autorisé à prendre tous arrêtés nécessaires et exécutoires par provision, contre les comptables, entrepreneurs, fournisseurs, soumissionnaires et agents quelconques en débet.

Les arrêtés administratifs, portant condamnation et contrainte, dans les cas et pour les matières de leur compétence, sont exécutoires sans l'intervention des tribunaux. **M. 13, 408.**

Vu les ordonnances royales des 1ᵉʳ juin 1828 et 12 mars 1831 ;

Considérant que, d'après les lois des 12 vendémiaire et 13 frimaire an VIII, et 16 septembre 1807, les poursuites applicables aux comptables des deniers de l'état sont également applicables aux entrepreneurs, soumissionnaires ou agents quelconques, rétentionnaires de deniers publics;

Qu'aux termes de l'arrêté du 13 ventôse an VIII, le ministre des finances est autorisé à prendre tous arrêtés nécessaires et exécutoires par provision, contre les comptables, entrepreneurs, fournisseurs, soumissionnaires et agents quelconques en débet:

Qu'enfin, aux termes des avis du conseil d'État, approuvés les 25 thermidor an XII, 29 novembre 1811 et 21 mars 1812, les arrêtés administratifs portant condamnation et contrainte, dans les cas et pour les matières de leur compétence, sont exécutoires sans l'intervention des tribunaux;

Considérant qu'aux termes de l'art. 4 du décret du 5 prairial an XIII, les évêques démissionnaires ou la succession des évêques morts sont tenus de rembourser la valeur des effets manquant dans le mobilier des évêchés appartenant à l'état, et que, dans l'espèce, il s'agit de l'application de la règle de responsabilité ci-dessus rappelée :

Art. 1ᵉʳ. L'arrêté de conflit pris par le préfet du département de la Corse, le 13 décembre 1832, est confirmé.

Art. 2. L'assignation donnée, le 11 octobre 1832, au préfet de la Corse, à la requête de la demoiselle Sébastiani, et le jugement du tribunal de première instance d'Ajaccio, du 29 novembre suivant, sont considérés comme non avenus.

Nota. Les principes qui font la base de cette ordonnance paraissent devoir être invoqués avec succès en matière de moins value des bacs.

A. C. DU 19 AVR. 1833, AFF. SOREL.

Les principes relatifs à l'appel des jugements par défaut, rendus en matière civile, sont étrangers à la procédure correctionnelle; ainsi un prévenu, condamné par défaut, peut se pourvoir par appel pendant le délai de l'opposition. **B. crim. 185.**

Vu l'art. 203 du code d'instruction criminelle, portant: « Il y aura, sauf l'exception portée en l'art. 205 ci-après, déchéance de l'appel, si la déclaration d'appeler n'a pas été faite au greffe du tribunal qui a rendu le jugement, dix jours au plus tard après celui où il a été prononcé, ou, si le jugement est par défaut, dix jours au plus tard après celui de la signification qui en aura été faite à la partie condamnée, ou à son domicile, outre un jour par trois myriamètres; »

Attendu que les principes relatifs à l'appel des jugements par défaut, rendus en matière civile, sont étrangers à la procédure correctionnelle, et que l'arrêt du conseil d'état du 18 février 1806, antérieur au code d'instruction criminelle, a depuis lors cessé de régler cette matière;

Attendu que l'art. 203 de ce code, qui seul fait loi sur ce point, fait partir le délai de l'appel des jugements par défaut non du jour de l'opposition s'il était recevable, mais du jour même de la signification du jugement; que le prévenu condamné par défaut peut donc se pourvoir par appel pendant le délai de l'opposition; qu'alors il est réputé de droit avoir implicitement renoncé au bénéfice de l'opposition, et a pu saisir régulièrement le juge d'appel;

Attendu que, dans l'espèce, les demandeurs condamnés par jugement rendu par défaut, avaient relevé appel de ce jugement avant sa notification, et par conséquent

pendant le délai de l'opposition, que leur appel était recevable d'après les principes ci-dessus posés: d'où il suit, qu'en le déclarant non recevable, l'arrêt attaqué a violé l'art. 203 du code d'instruction criminelle;
La cour casse.— Ch. crim.

A. C. DU 25 AVR. 1833, AFF. ANDRIEN.

Celui qui, poursuivi à raison d'un fait qualifié délit, n'est reconnu coupable que d'une simple contravention, n'en est pas moins passible de tous les frais de l'instance: la condamnation ne doit pas être restreinte à ceux de ces frais qui se rattachent à la contravention. B. crim. 192.

Vu les art. 162 et 194 du code d'inst. crim.;
Attendu que les dispositions de ces articles sont générales et absolues, ne renferment aucune exception et n'autorisent aucune distinction dans la condamnation aux frais qui auraient pour effet de ne pointcomprendre dans cette condamnation les frais faits pour la poursuite originaire, lorsque, changeant de nature, elle n'amène au moment du jugement qu'une condamnation à des peines moindres que celles qui étaient annoncées par le titre primitif de cette poursuite;
Attendu que la lettre même de l'article 194 du code d'instruction criminelle repousse évidemment cette distinction, puisque, placé par le législateur à la suite des articles qui prévoient le cas où des poursuites correctionnelles n'ont amené qu'une condamnation à des peines de police, il déclare toutefois, en termes généraux, que « tout *jugement de condamnation rendu contre le prévenu* ou contre les personnes civilement responsables du délit, ou contre la partie civile, *les condamnera aux frais.* »
Attendu d'ailleurs que cette distinction ne pourrait rentrer dans l'esprit de la loi, parce que son application serait la plus souvent impossible, et qu'on ne saurait, par exemple, discerner, quant à la plupart *des délits,* le point précis de la procédure ou des faits matériels, originairement poursuivis comme tels, se seraient, au moment des jugements, transformés dans l'esprit des juges en simple contravention ;
Et, attendu, toutefois, que *le jugement attaqué n'a condamné Andrien qu'aux frais de* ce jugement, sur le motif que, poursuivi originairement, quant à un délit correctionnel, tel que le prévoit l'article 423 du code pénal, il n'avait en définitive été condamné que pour simple contravention, et ne devait être condamné qu'aux frais du jugement, en quoi, ce jugement a violé les dispositions des articles 162 et 194 du code d'instruction criminelle;
La cour casse. — Ch. crim.

ARRÊT DU CONS. D'ÉT. (ORD.) DU 10 MAI 1833, AFF. LAMIRANDE.

Les arrêtés de la cour des comptes doivent être attaqués devant le conseil d'État, dans le délai de trois mois, à partir de la date de leur signification.
Lorsque sur un arrêt de révision, la cour, à défaut de production suffisante, a déclaré qu'il y avait impossibilité d'y donner suite, on ne peut être fondé à se pourvoir au conseil d'état sous pretexte qu'il y a violation de loi ou déni de justice. M. 13, 418.

Vu les lois du 28 pluviôse et 3 prairial an III;
Vu la loi du 16 septembre 1807 et notamment les articles 14 et 17 ainsi conçus:
Art. 14. « La cour, nonobstant l'arrêt qui aurait jugé définitivement un compte, « pourra procéder à la révision, soit sur la demande du comptable, appuyée de « pièces justificatives recouvrées depuis l'arrêt, soit d'office, soit à la réquisition « du procureur général, pour erreur, omission, faux ou double emploi, reconnus « par la vérification d'autres comptes.
Art. 17. « Les arrêts de la cour contre les comptables sont exécutoires, et dans « le cas où un comptable se croirait fondé à attaquer un arrêt pour violation des « formes ou de la loi, il se pourvoira dans les trois mois, pour tout délai, à « compter de la notification de l'arrêt, au conseil d'état, conformément au règle- « ment sur le contentieux.
Sur le pourvoi contre les arrêts des 23, 24 juillet 1829, 19, 24 et 25 août 1830;
Considérant qu'ils ont été notifiés au sieur de Lamirande par lettre chargée, en exécution d'une disposition spéciale desdits arrêts;
Considérant d'ailleurs que le sieur de Lamirande a lui-même exécuté volontairement l'arrêt de 1829, en produisant postérieurement à la cour des comptes toutes les pièces qu'il a pu réunir à l'appui de sa demande ;
Considérant en outre que les deux arrêts attaqués ont été signifiés, à sa requête au directeur de l'administration des poudres, par acte extrajudiciaire, en date du 8 octobre 1830; que dès-lors il s'est pourvu contre lesdits arrêts hors des délais prescrits par l'article 17 de la loi du 16 septembre 1807 ;
Sur le pourvoi contre l'arrêt du 25 février 1831 ;
Considérant que, par son arrêt de 1829, la cour des comptes a déclaré qu'il y avait lieu à révision, et ordonné que le sieur Lamirande serait tenu de produire, dans les deux mois qui suivront, ledit arrêt, les comptes duement présentés et affirmés de la gestion de son père, et arrêtés par les régisseurs généraux pour les années 1781, 1783, 1784, et les sept premiers mois de 1785, avec les pièces propres à justifier l'objet de sa réclamation ;
Que par l'arrêt de 1830, il a été jugé que lesdits comptes n'ont pas été produits par le sieur de Lamirande; qu'ils ne peuvent être suppléés par les comptes généraux de la régie des poudres et salpêtres, parce que ces comptes généraux ne présentent aucun renseignement ni même aucune trace des forcements ou radiations prononcées par les régisseurs, à la charge des comptables sur leurs comptes particuliers; et que dans cet état de choses il y a impossibilité de procéder à la révision autorisée par l'arrêt de 1829;
Qu'il résulte que les requêtes du sieur de Lamirande, produites devant la cour des comptes, à l'effet d'obtenir la révision de l'arrêt du 25 août 1830, que de celles produites devant nous, que ladite cour n'était saisie que des questions sur lesquelles il avait déjà été prononcé par l'arrêt attaqué; que dès-lors, en déclarant qu'il n'y avait lieu de statuer sur ladite requête, ladite cour n'a violé aucune loi;
Art. 1er. La requête du sieur Hériard de Lamirande est rejetée.

A. C. DU 1er JUIN 1833, AFF. WESTERLIN.

Lorsqu'un procès-verbal régulier de deux gendarmes constate qu'un individu a été trouvé porteur de tabac de contrebande qu'il offrait de vendre, les juges ne peuvent, sans violer la foi due au procès-verbal, jusqu'à preuve contraire, renvoyer des poursuites sur le motif qu'il n'est pas suffisamment établi qu'il se soit rendu coupable de vente et colportage de tabac en fraude. Code d'inst. crim., art. 154.
Le fait d'être saisi hors de sa maison, portant du tabac de contrebande, suffit

pour établir la présomption légale de colportage en fraude, qu'on ait été ou non surpris à le vendre. Loi du 28 avr. 1816, art. 222. B. crim. 272.

Vu les art. 154, du Code d'inst. crim., et 222 de la loi du 28 avr. 1816;
Sur le premier moyen de cassation, tiré de la violation du premier de ces articles.
Attendu que l'art. 154 accorde aux procès-verbaux, dressés par des agents proposés ou officiers auxquels la loi n'a pas accordé le droit d'en être crus, jusqu'à inscription de faux, celui de faire foi jusqu'à preuve contraire;
Attendu, en fait, qu'un procès-verbal régulier, dressé le 7 oct. 1832 par deux gendarmes, compris dans la classe des agents dont les procès-verbaux, à l'égard des contraventions qu'ils ont le droit de constater, font foi jusqu'à preuve contraire, constate l'arrestation du nommé Théodore Westerlin, se disant domestique et se livrant à la mendicité, qui avait offert du tabac de contrebande à vendre à diverses personnes, et que cet individu, ayant été fouillé, fut trouvé porteur de cinq livres de tabac à fumer et d'une demi-livre de tabac en poudre qu'il offrait à 3 fr. la livre, et qu'il a prétendu tenir d'un inconnu, par lui rencontré sur la route de Paris à Charenton, à qui il avait acheté à raison de 2 fr. la livre;
Qu'en l'état de ces faits ainsi constatés par un procès-verbal régulier, et confirmés par les aveux du prévenu, la cour royale de Paris ne pouvait s'empêcher d'appliquer à Westerlin la peine portée par l'art. 222 de la loi du 28 avr. 1816, à moins que la foi due au procès-verbal ne fût combattue et détruite par des preuves contraires, soit testimoniales, soit écrites;
Que cependant, en absence de témoins, et sans établir l'existence d'une preuve contraire à celle résultant du procès-verbal, la cour royale de Paris a, par son arrêt du 8 décembre dernier, déchargé Westerlin des condamnations prononcées contre lui, et l'a renvoyé des fins de la plainte, sur l'unique motif qu'il ne résultait pas de l'instruction et des débats la preuve suffisante que Westerlin se fût rendu coupable de vente et de colportage de tabac en fraude;
Qu'en le décidant ainsi, malgré la foi due au procès-verbal du 7 octobre dernier, sans faire aucune mention d'une preuve proposée et admise qui aurait détruit celle dudit procès-verbal, la cour royale de Paris a violé la foi due au procès-verbal, commis un excès de pouvoir, et formellement violé les dispositions de l'art. 154, du code d'inst. crim.;
Sur le deuxième moyen de cassation, tiré de la violation de l'art. 222, de la loi du 28 avr. 1816;
Attendu qu'aux termes de cet article, tous ceux qui sont trouvés vendant en fraude du tabac en poudre, ou ceux qui en colportent, qu'ils soient ou non surpris à le vendre, sont passibles des peines portées par cet article, et que le fait d'être saisi hors de sa maison, portant du tabac, suffit pour établir la présomption légale du colportage en fraude;
Et attendu quedu procès-verbal, régulier en la forme, dressé le 7 octobre dernier par deux gendarmes, auxquels l'art. 223, de la loi du 28 avr. 1816, donne le pouvoir de constater la vente des tabacs en fraude, le colportage, les circulations illégales, et généralement les fraudes sur les tabacs, résultait la preuve non combattue ni détruite par une preuve contraire, que ledit Westerlin, non seulement colportait, mais encore avait offert à plusieurs personnes, et notamment à deux débitants de tabac, au prix de 3 fr. la livre, du tabac qu'il a déclaré lui-même avoir acheté d'un inconnu au prix de 2 fr.;
Que, dès-lors, en décidant par son arrêt du 8 décembre dernier qu'il ne résultait pas des débats et de l'instruction la preuve suffisante que Westerlin se fût rendu coupable de vente et de colportage de tabac de fraude, la cour royale de Paris a encore violé l'art. 222, de la loi du 28 avr. 1816;
La cour casse. — Ch. crim.

ARRÊT DU CONS. D'ÉT. (ORD.) DU 10 JUILL. 1833, AFF. TISSIER.

Lorsque le ministre ne justifie pas de la notification de la décision, il n'y a pas lieu de prononcer la déchéance du pourvoi.
La veuve d'un employé retraité a un droit acquis à la réversibilité, à partir du jour où la pension de son mari a été fixée et arrêtée.
Ce droit de reversion ne peut être modifié par la législation subséquente. M. 13, 422.

Vu le décret du 12 floréal an XIII, l'ordonnance royale du 12 janvier 1825;
En ce qui concerne la fin de non-recevoir opposée par notre ministre des finances;
Considérant que notre ministre des finances ne justifie pas que la notification de la décision du 23 avril 1832 a eu lieu plus de trois mois avant l'introduction du pourvoi de la dame Tissier;
Quant au fond;
Considérant que la pension du sieur Tissier a été liquidée le 24 février 1815; que d'après les dispositions du décret du 12 floréal an XIII, alors en vigueur il y avait lieu à réversion de partie de sa pension au profit de la veuve; que si l'exercice de ce droit de réversibilité n'a été ouvert pour la veuve qu'au décès de son mari, arrivé le 18 janvier 1831, le droit a été acquis à la veuve en 1815, époque à laquelle a été liquidée la pension du mari;
Que l'article 15 de l'ordonnance du 12 janvier 1825, qui exige trente ans de service du mari pour que la veuve puisse prétendre à réversion de sa pension, ne statue que pour l'avenir;
Que si l'article 46 abroge les règlemens antérieures, cette abrogation ne peut s'appliquer aux droits acquis avant la promulgation du ladite ordonnance; que loin de rétroagir, cet article contient une réserve expresse en faveur des employés même en activité de service, qui avaient des droits acquis à la pension en vertu des anciens règlemens;
Art. 1er. La décision de notre ministre des finances, en date du 7 juillet 1832, est annulée.
Art. 2. La dame Tissier est renvoyée pardevant notre ministre des finances pour faire procéder à la liquidation de sa pension.

C. N° 23, DU 15 JUILL. 1833, DU M. DU COMM.

Frais de casernement.

Monsieur le préfet, l'ordonnance du 5 août 1818 qui a réglé l'exécution de l'art. 46 de la loi du 15 mai précédent en ce qui concerne le prélèvement de 7 francs par homme et 3 francs par cheval, autorisé sur le produit des octrois municipaux, pour frais de casernement des troupes de garnison, n'imposait ce prélèvement aux villes que pour les troupes placées dans les bâtiments militaires, et ne l'exigeait point pour les hommes logés *chez l'habitant, à l'hôpital* ou *en prison,* ni pour les chevaux d'officiers placés hors des casernes.
Cette disposition était entièrement conforme à l'esprit de la loi du 15 mai 1818. Cette loi, en effet, en établissant un prélèvement fixe sur les communes, pour dépenses du casernement, avait bien entendu qu'en retour l'état s'occuperait des moyens de caserner à ses frais les troupes en garnison....

Dès que l'état, négligeant de se procurer des casernes, plaçait les troupes en garnison chez l'habitant, il était évident qu'il ne remplissait pas l'obligation qui, dans l'intention de la loi, était la condition du prélèvement, et il devenait équitable d'affranchir les communes de cet impôt.

En second lieu, les motifs du prélèvement cessaient d'exister à l'égard des soldats *à l'hôpital* ou *en prison*, puisque la consommation des malades ou des prisonniers ne porte pas le plus ordinairement sur des objets soumis aux droits d'octroi....

ARRÊT DU CONS. D'ÉT. DU 19 JUILL. 1833, AFF. MARCEL.

On ne peut plus se pourvoir contre la liquidation de la pension lorsqu'on a touché les arrérages sans former son recours dans les délais du règlement.

Vu le règlement du 22 juillet 1806 ;
Considérant que la réclamante a obtenu la liquidation de sa pension par ordonnance du 16 février 1826, et que depuis cette époque elle a touché les arrérages de cette pension sans avoir formé de recours contre la liquidation dans les délais du règlement: d'où il suit qu'elle est non recevable dans sa demande.
Art. 1er. La demande de la veuve Marcel est rejetée.

A. C. DU 1er AOUT 1833, AFF. SECUIN.

L'impôt sur les voitures publiques ne dépend pas de la ligne viable parcourue par les voitures ; il n'est pas restreint au cas où les voitures circulent sur des routes dépendant du domaine public. Par conséquent les voitures circulant sur des chemins de fer, bien que ces chemins soient des propriétés privées, sont assujeties aux droits: M. 14, 28.

Vu les art. 68 et 73 de la loi du 9 vendémiaire an VI, et les art 112, 115, 116, 122, de la loi du 25 mars 1817;
Attendu que les dispositions de l'art. 112 de cette dernière loi sont générales et ne distinguent pas les diverses espèces de lignes viables parcourues par les voitures qui transportent les voyageurs;
Attendu que l'impôt du 10e du prix des places établi par ladite loi n'est pas restreint au cas où les voitures circulent sur les routes qui dépendent du domaine public, d'après l'article 538 du code civil, mais qu'il est établi en général sur l'industrie de tous ceux qui se livrent à des entreprises de transport de voyageurs par terre ou par eau, sans qu'on ait besoin de savoir dans quelles mains réside la propriété de la ligne viable par laquelle le transport doit s'accomplir;
Attendu que pour qu'il y ait à appliquer les dispositions précitées de la loi du 25 mars 1817, il suffit, d'une part, que la voiture soit à service régulier, c'est-à-dire, que tout voyageur puisse y être admis en payant le prix déterminé d'avance par les entrepreneurs ;
D'où il suit que l'arrêt attaqué a fait une juste application de la loi du 25 mars 1817 et des autres lois de la matière;
La cour rejette. — Ch. crim.

A. C. DU 14 AOUT 1833, AFF. CLÉMENCE.

Un employé est le mandataire légal de l'administration dont il dépend, et il lui suffit d'énoncer dans une déclaration de pourvoi qu'il agit en sa qualité d'agent de cette administration pour que le pourvoi soit admissible.
Un procès-verbal est valable, quoiqu'un ou plusieurs des préposés ayant concouru à la rédaction n'aient pas été témoins des premiers faits constatés, lorsque d'ailleurs la preuve de ces faits résulte, soit de ce qu'ils ont été vus et sont attestés par un nombre suffisant d'employés, soit de circonstances ultérieures constatées par le même acte. B. crim. 413.

La cour, statuant sur la fin de non-recevoir proposée contre le pourvoi de l'administration des douanes.
Attendu, en droit, que d'après les lois spéciales et la jurisprudence de la matière, l'administration des douanes est représentée, dans tout ce qui concerne ses intérêts et son service, par des employés et des préposés, conformément aux instructions émanées d'elle sur tous les points du territoire français où ses bureaux sont établis;
Qu'elle n'est donc pas astreinte à envoyer des pouvoirs pour des recours en cassation qui, vu la brièveté du délai et les distances, seraient souvent impossibles ;
Qu'ainsi, un premier commis de direction des douanes, *ou tout autre agent local*, peut en cette qualité faire une déclaration de pourvoi contre les arrêts qui ont prononcé des condamnations au préjudice de la régie, dont il est le mandataire légal;
Que toutes les fois qu'un de ces agents attaque un arrêt rendu sur la poursuite d'un délit de contrebande, il est évident qu'il agit au nom et dans l'intérêt de l'administration dont il est l'organe auprès des tribunaux, et qu'à cet égard il n'a pas plus besoin d'un pouvoir spécial, que l'avoué qui, dans une affaire de douanes, aurait occupé pour l'administration;
Attendu en fait, que c'est en sa qualité de premier commis de la direction des douanes de Besançon que le sieur Lebouc a, dans le délai légal et suivant les formes prescrites par la loi, déclaré le pourvoi contre l'arrêt rendu le 13 février dernier par la cour royale de Besançon, chambre des appels de police correctionnelle, dans le procès entre ladite administration des douanes, d'une part, et François Xavier Clémence, prévenu d'un délit de contrebande, d'autre part;
Qu'il est donc évident que cet employé supérieur a formé ce pourvoi pour et au nom de l'administration des douanes, condamnée par cet arrêt et qui, *par l'acte de notification de ce recours l'a déclaré formellement;*
Qu'ainsi le vœu de l'article 412 du code d'instruction criminelle a été, dans l'espèce, parfaitement rempli ;
Par ces motifs, la cour rejette la fin de non-recevoir proposée, par le défenseur de Clémence contre le pourvoi de l'administration des douanes.
Statuant au fond sur ledit pourvoi.
Vu l'art. 408 du code d'instruction criminelle, d'après lequel la cour doit annuler les arrêts et jugements en dernier ressort rendus par des cours et tribunaux qui, en rendant lesdits arrêts, ont violé les règles de leur compétence;
Vu l'art. 1er, tit. 4 de la loi du 9 floréal an VII et le paragraphe 2 de l'art. 11, même titre de la même loi;
Attendu que si, d'après le premier de ces articles, deux préposés de l'administration des douanes ou autres citoyens français sont nécessaires pour constater une contravention aux lois des douanes, il a été, dans l'espèce, pleinement satisfait à cette disposition de la loi;
Qu'en effet, le procès-verbal dressé le 7 janvier dernier, et signé par quatre

préposés, notamment par Goudron et Billey, constate que le même jour, vers quatre heures du matin, ces deux préposés, placés pour l'exercice de leurs fonctions à droite du clos Villiers, territoire de la commune de Surmont, à deux myriamètres environ de l'étranger, ont vu venir quatre hommes, à eux inconnus, sortant du clos dit Cher Roi, commune de Belleherbe, venant du côté de l'étranger, et se dirigeant vers l'intérieur, en traversant à la course la ligne de Rebat-des-Ponts, de Grange-la-Violette et de Provenchon; que voulant s'assurer si ces individus ne portaient pas d'objets de contrebande, ils se mirent immédiatement à leur poursuite, en leur déclarant leurs qualités; que, parvenus à les atteindre derrière chez Grosjean, commune de Surmont, Goudron, plus avancé que son camarade, allait en saisir un, lorsque, se retournant, celui-ci lui asséna un coup de bâton sur la tête; qu'un autre fraudeur, passé derrière, lui cassa son bâton sur la tête et que tout deux lui arrachèrent le sien; que Billey arriva, au même instant, ayant également reçu un coup de bâton sur la tête, se jeta sur un des fraudeurs, et qu'une lutte s'engagea entre eux et les deux préposés;
Qu'en cet état, Sallot et Lonbot, deux autres préposés, étant accourus au secours de leurs camarades, les fraudeurs reprirent la fuite; et que Sallot et Goudron les ayant poursuivis sans interruption, parvinrent à en arrêter un, porteur d'une ceinture de montres, à environ cinq cents pas du lieu du combat soutenu par Goudron et Billey;
Qu'après avoir saisi les montres et arrêté Clémence, qui n'était porteur d'aucune expédition de douanes qui autorisât le transport des marchandises saisies à son préjudice, lesdits Sallot et Goudron, arrivés au bureau de Belleherbe sur les huit heures du matin, ont dressé leur rapport, qui a été revêtu de leurs signatures et de celles de Billey et de Lonbot;
Que de l'ensemble de toutes ces circonstances, établies par un procès-verbal contre lequel aucune inscription de faux n'a été admise, il résulte que ledit procès-verbal dont s'agit, a suffisamment satisfait à la disposition de l'art. 1er du tit. 4 de la loi du 9 floréal an VII;
Qu'il y avait donc lieu de prononcer contre Clémence les peines portées dans les art. 41 et 42 de la loi du 28 avril 1816;
Que cependant, sur l'appel du jugement rendu par le tribunal correctionnel, qui avait rejeté les moyens de nullité contre le procès-verbal, la cour royale de Besançon a jugé cet acte insuffisant pour prouver le fait de contrebande imputé au prévenu; que ladite cour royale s'est appuyée sur ce que les préposés Goudron et Billey avaient vu seuls l'introduction, depuis le rayon dans l'intérieur, de quatre individus soupçonnés d'être porteurs de contrebande, et que le même Goudron, seulement, joint à un préposé, Sallot, aurait arrêté le prévenu, qu'ils déclarent être un de ces individus; mais qu'en supposant que l'identité de ce dernier avec l'un de ceux que les deux préposés avaient vu franchissant le rayon, ne fût pas suffisamment constatée par Goudron et par Sallot, qui l'ont arrêté à cinq cents pas du lieu du combat, la présence de Billey et sa signature au procès-verbal concourent avec les autres preuves à établir que si les coups qu'il avait reçus l'ont empêché d'arriver à temps pour arrêter Clémence, rien ne l'empêchait d'attester par sa signature que cet individu, qu'il était à portée de reconnaître, faisait en effet partie des fraudeurs qui, après avoir franchi la ligne des douanes, avaient livré à son camarade et à lui un combat dans lequel il avait été fort maltraité ;
Que dans ces circonstances, la cour royale, dont l'arrêt est attaqué, en déclarant ce procès-verbal insuffisant pour établir le fait de contrebande dont il s'agit, en renvoyant le prévenu sans peine, amende ni dépens, en ordonnant la restitution des marchandises saisies, et condamnant l'administration des douanes aux dépens de la procédure, s'est écartée des règles de sa compétence, en créant enfin une nullité qui n'est ni dans la loi, ni dans un procès-verbal signé par un lieutenant et trois préposés des douanes;
Qu'en cela, ladite cour royale a fait une fausse application de l'art. 1er, tit. 4 de la loi du 6 floréal an VII et violé par suite le deuxième paragraphe de l'art. 11 même titre de ladite loi, et par suite les art. 41 et 42 de la loi du 28 avril 1816, dont elle avait à faire l'application;
La cour casse. — Ch. crim.

ARRÊT DU CONS. D'ÉT. (ORD.) DU 16 AOUT 1833, AFF. MARSEILLE.

Les tribunaux sont compétents pour connaître d'une demande en nullité de saisie en matière d'octroi, quoique le demandeur conteste la légalité du tarif, M. 13, 427.

Vu l'ordonnance royale du 1er juin 1828;
Considérant qu'il s'agit dans l'espèce d'une demande en nullité d'une saisie opérée en matière d'impôts indirects, et en restitution des objets saisis; qu'une telle demande est dans les attributions des tribunaux; que l'application de la loi et de l'ordonnance en cette matière est également de leur compétence; et que l'exception de droit opposée par le sieur Gairal ne constitue pas l'une des questions préjudicielles énoncées en l'article 2 de l'ordonnance royale du 1er juin 1828;
Art. 1er. L'arrêté de conflit est annulé.

ARRÊT DU CONS. D'ÉT. (ORD.) DU 18 AOUT 1833, AFF. GÉRARD.

En matière de contravention aux tarifs des droits de péage sur les ponts, les tribunaux seuls sont compétents.

Considérant que le requérant, à l'occasion des contraventions au tarif, avait mal-à-propos saisi le conseil de préfecture d'une demande en interprétation dudit tarif; qu'il s'agissait seulement de statuer sur les contraventions alléguées par le réclamant, et que le conseil de préfecture tout en déclarant qu'il n'y avait lieu à interpréter, a cependant, ainsi qu'il résulte du rapprochement de ses motifs et de son dispositif, donné cette interprétation, que les tribunaux seuls étaient compétents à cet effet et qu'ainsi il a commis un excès de pouvoir;
Art. 1er. L'arrêté du conseil de préfecture de la Dordogne du 9 mars 1832, est annulé pour excès de pouvoir.
Art. 2. La requête du sieur *Gérard* est rejetée, sauf à lui à faire statuer par les tribunaux sur les contraventions au tarif, s'il s'y croit fondé.

A. C. DU 31 AOUT 1833, AFF. ARNAUD.

Le tribunal correctionnel qui est saisi directement d'une affaire, en conformité de l'art. 182 du code d'instruction criminelle, commet une violation de la loi s'il délègue l'instruction à un juge, au lieu d'y procéder publiquement et en audience ainsi que le règle l'art. 180 de ce code. B. crim. 463.

Vu les art. 182 et 190 du code d'inst. crim.;
Attendu que, d'après l'art. 182, le tribunal correctionnel est saisi légalement des affaires de sa compétence par la citation directe du ministère public ou de la

partie civile; que l'instruction doit être publique et les témoins entendus oralement à l'audience, en conformité de l'art. 190; que le tribunal correctionnel de Bordeaux, procédant dans un procès porté à son audience par citation directe du ministère public, et sur le simple appel de cause, en déléguant et commettant rogatoirement l'un des juges d'instruction de cet arrondissement, à l'effet de procéder à l'instruction de l'affaire dont il s'agissait, pour ladite instruction faite et les procès-verbaux qui seraient dressés, transmis au tribunal directement et sans avis de la chambre du conseil, être procédé et statué ainsi qu'il appartiendrait, a violé manifestement les art. 182 et 190 ci-dessus cités; que, dans cet état, le juge d'instruction, en se déclarant incompétent pour procéder à l'information préalable, incompétemment ordonnée par le tribunal correctionnel, s'est renfermé dans ses attributions, telles qu'elles sont fixées par les articles du code d'instruction criminelle, depuis le 63e jusqu'au 127e inclusivement; que dès-lors la chambre des mises en accusation de la cour royale de Bordeaux, en rejetant, par l'arrêt attaqué, l'opposition formée par le ministère public à cette ordonnance, s'est conformé aux articles ci-dessus cités, et a empêché qu'il ne se formât, par ce précédent, dans un tribunal de son ressort, et par un usage abusif en matière correctionnelle, une instruction mixte qui violerait également les deux modes établis par le code d'instruction criminelle pour saisir la juridiction correctionnelle et y procéder;

Attendu que d'ailleurs l'arrêt est régulier dans la forme la cour rejette. — Ch. crim.

C. DU 6 SEPT. 1833, N° 1398 DE L'ADM. DES DOUANES.

Contrainte par corps. — Questions relatives aux consignations d'aliments et recommandation.

La loi du 17 avril 1832, relative à l'exercice de la contrainte par corps avait fait naître les questions suivantes:

1° Les administrations financières, agissant dans l'intérêt de l'État, sont-elles obligées de pourvoir à la consignation des aliments des débiteurs détenus sur leur recommandation?

2° L'article 33 qui charge spécialement le receveur de l'enregistrement et des domaines des réquisitions à adresser au procureur du roi, et des notifications à faire aux prévenus pour régulariser contre ces derniers l'exercice de la contrainte par corps; s'applique-t-il également aux receveurs de toutes les régies financières agissant dans l'intérêt de leurs administrations respectives?

Ces deux questions avaient été prévues par la circulaire du 16 septembre 1832, qui avait fait connaître quelle était, sur l'une et l'autre, l'opinion de l'administration.

Mais des difficultés s'étant élevées à ce sujet, et paralysant, sur plusieurs points, l'action légale de la douane, il en a été référé à M. le garde-des-sceaux, qui a répondu qu'il partageait, de tous points, l'avis exprimé par l'administration.

Ainsi l'on doit tenir désormais pour constant:

1° Que les différentes régies financières ne peuvent être forcées de consigner les aliments de leurs débiteurs;

2° Que le mode expéditif consacré par l'article 33 de la loi du 17 avril 1832, pour l'exercice de la contrainte par corps contre les condamnés, peut être aussi légalement employé par l'administration des douanes que par celle de l'enregistrement et des domaines.

ARRÊT DU CONS. D'ÉT. DU 18 SEPT. 1833, AFF. CHARTREY.

Les tribunaux sont compétents pour prononcer sur la validité d'une ordonnance de paiement délivrée par le trésor au profit d'un créancier de l'État, nonobstant l'opposition formée par un tiers. M. 13, 429.

Vu les lois du 19 février 1792 et 30 mai 1793, et l'arrêté du 1er pluviôse an XI;

Vu l'ordonnance du 1er juin 1828;

Considérant que par ces dernières conclusions signifiées le 6 juin 1831, le sieur Chartrey demande que la signification du transport dont il s'agit, faite au trésor à sa requête, soit déclarée régulière et valable; que le sieur Chartrey a été régulièrement et légitimement saisi du montant de la somme restant due par le trésor pour le service dudit sieur Florence, à Narbonne, laquelle somme a motivé l'ordonnance de paiement en date du 11 avril 1825; et qu'en conséquence le trésor soit condamné à payer audit sieur Chartrey la somme de 2,104 fr. 74 c., montant de ladite ordonnance, sauf le recours du trésor contre qui de droit;

Que par ces conclusions le sieur Chartrey n'a pas soumis aux tribunaux la question de savoir si l'ordonnance du ministre de la guerre, du 11 avril 1825, doit être annulée pour avoir été délivrée sur le payeur du département de la Côte-d'Or;

Que le sieur Chartrey se borne à contester la validité du paiement, et à réclamer du ministre des finances la somme portée en ladite ordonnance comme ayant été payée au sieur Florence par un agent du trésor, au mépris de l'opposition par lui signifiée audit trésor, le 22 juillet 1824; que cette demande présente à juger la question de savoir si cette opposition, formée en vertu des lois des 19 février 1792 et 30 mai 1793, faisait obstacle à tout paiement fait pour les mêmes causes, par un des payeurs du trésor dans les départements, ou si ce payeur ne pouvait être lié que par une opposition spéciale et faite conformément à l'arrêté du gouvernement du 1er pluviôse an XI; que ces questions relatives à la validité et aux effets d'une opposition faite par un tiers sont de la compétence des tribunaux:

Art. 1er. L'arrêté de conflit est annulé.

A. C. DU 20 SEPT. 1833, AFF. ROGUET.

Les tribunaux ne peuvent annuler les procès-verbaux pour autres motifs que pour omission des formalités prescrites, à peine de nullité par les lois. B. crim. 42.

Attendu que si la loi du 6 octobre 1791, dans son article 4, dispose : « que les gardes champêtres auront, sur le bras, « *une plaque de métal ou d'étoffe*, où seront inscrits ces mots : « *la loi, le nom de la municipalité et celui du garde*, » cette loi n'a pas attaché la peine de nullité au défaut de mention, dans les procès-verbaux, que les gardes qui les auraient dressés étaient revêtus de ces marques distinctives;

Attendu qu'il est de principe que l'officier public n'a besoin d'être revêtu de son costume ou des marques indicatives de ses fonctions, pour procéder régulièrement et légalement, qu'autant qu'il s'agit, soit de contraindre la volonté d'un citoyen, soit de s'introduire dans son domicile, soit enfin de faire un acte quelconque qui puisse rendre la rébellion inexcusable; mais que quand il s'agit seu-

lement de constater un fait, il ne faut qu'une chose, c'est que l'officier public ait caractère;

Attendu que le jugement attaqué reconnaît, en fait, que le procès-verbal du garde champêtre Pinault, en date du 29 septembre 1832, constate le délit de chasse imputé à Jacques Roguet, mais que ce jugement a déclaré nul ledit procès-verbal, et, en conséquence, a renvoyé le prévenu des fins de la plainte, sur le motif que ce procès-verbal n'énonce pas que le garde qui l'a dressé fût revêtu de sa plaque de garde, signe distinctif de ses fonctions;

Attendu qu'en prononçant ainsi une nullité qui ne résulte ni du texte, ni de l'esprit de l'art. 4 de la loi du 6 octobre 1791, le tribunal de première instance de Tours, jugeant en appel de police correctionnelle, a commis un excès de pouvoirs et a fait une fausse application de la loi précitée;

La cour casse. — Ch. crim.

A. C. DU 21 SEPT. 1833, AFF. GOUHIER.

La citation en police correctionnelle ne peut être déclarée nulle sur le motif qu'elle n'aurait pas été signifiée au véritable domicile du prévenu, lorsqu'il est constant qu'elle a été notifiée au domicile indiqué par lui dans le procès-verbal. B. crim. 506.

Vu les art. 182 et 154 du code d'instruction criminelle:

Attendu que Gouhier avait été cité au domicile et sous les noms qui, d'après le procès-verbal, auraient été par lui indiqués;

Attendu, d'ailleurs, que cette citation avait été, en l'absence de Gouhier, remise au maire de Saint-Pierre-Dumesnil, dans les mêmes termes dans lesquels a été notifié à Gouhier le jugement par défaut, auquel il *a formé opposition*;

Et attendu qu'il résulte de ces faits constants et reconnus, que Gouhier devait avoir suffisante connaissance de la citation;

Attendu qu'aucune disposition de la loi ne fixe, sous peine de nullité, la forme des citations en matière correctionnelle, et le mode de notification de ces citations;

Attendu toutefois que le tribunal d'Evreux a prononcé la nullité des poursuites dirigées contre Gouhier, sur le motif que la citation serait nulle; en quoi il a créé une nullité que la loi ne prononce pas, et violé les articles 182 et 154 du code d'instruction criminelle;

La cour casse. — Ch. crim.

A. C. DU 15 NOV. 1833, AFF. ETCHENIQUE.

Le seul fait matériel de l'existence d'objets de contrebande, dans les dépendances d'un domicile, constitue une contravention à la loi et donne lieu à l'application des peines qu'elle prononce, lors même que le local où ces objets ont été saisis ne fermait pas à clef, et les tribunaux ne peuvent se borner à prononcer la confiscation, en admettant en faveur du prévenu une simple possibilité de non participation à l'introduction, au lieu de preuves de non contravention. B. crim. 572.

Vu les art. 37, 38 et 39, titre 13 de la loi des douanes du 22 août 1791, 38 et 41 de la loi de finances du 28 avril 1816;

Attendu, en droit, que, d'après les dispositions combinées desdits articles de lois, les marchandises de la classe de celles qui sont prohibées à l'entrée, ou dont le droit est fixé à plus de vingt francs par cent kilogrammes, sont réputées avoir été introduites en fraude, lorsqu'elles ont été trouvées dans le rayon des frontières sans être munies d'une expédition légale, ou lorsqu'elles ont été reçues en magasin ou en dépôt dans le même rayon, en contravention aux ordonnances du roi qui désignent les communes où ces magasins et dépôts peuvent être établis;

Attendu qu'aux termes dudit art. 38 de la loi du 28 août 1791, sont réputées en entrepôt toutes celles desdites marchandises étrangères qui sont trouvées en balles ou ballots, et pour lesquelles on ne peut représenter d'expéditions légales d'un bureau de douanes;

Que ces denrées, ainsi importées en fraude, doivent, aux termes de l'art. 41 de la susdite loi du 28 avril 1816, donner lieu, non-seulement à la confiscation, mais encore à l'amende de cinq cents francs, quand la valeur de l'objet de contrebande n'excède pas cette somme, et, dans le cas contraire, à la valeur de l'objet;

Vu également l'art. 7, titre 6 de la loi du 4 germinal an II, portant « que dans toute action sur une saisie, la preuve de « la non-contravention est à la charge du saisi; »

Vu enfin l'art. 16, titre 4 de la loi du 9 floréal an VII, lequel défend, en termes formels, aux tribunaux, d'excuser les contrevenants sur l'intention; d'où il résulte que, toutes les fois que des contraventions aux lois de douanes sont légalement constatées, les juges ne peuvent accueillir des excuses ou des allégations contraires;

Et attendu, en fait, qu'un procès-verbal régulier, dressé par les préposés des douanes, et non attaqué par les voies légales, constate que quatorze ballots de cacao, du poids de cinq cent quatre-vingt-dix kilogrammes, ont été, par le résulta des recherches faites en présence de l'adjoint du maire de la commune d'Ustarits (frontière d'Espagne), trouvés dans les dépendances de la maison qu'habite Jean Etchenique, savoir: sept dans le grenier à foin de l'étable où sont ses bœufs et vaches, et les sept autres dans un petit grenier à foin d'une autre étable pour ses bêtes à laine; qu'il a été reconnu par le tribunal de première instance, *que l'une de ces bergeries est attenante à la maison d'habitation*; que, cependant, et sous prétexte qu'elle ne fermait pas habituellement à clef, et que la fenêtre du grenier au-dessus a été trouvée ouverte; que l'autre bergerie était à une certaine distance de la maison d'habitation et n'est pas susceptible d'être fermée à clé, ce tribunal, tout en reconnaissan que les objets de contrebande ont été trouvés dans ces lieux appartenant au prévenu, et, se bornant à les confisquer, s'est permis, à raison de prétendus faits d'excuses, de le renvoyer sans amende ni dépens;

Que, sur l'appel de ce jugement, interjeté par l'administration des douanes, la cour royale de Pau, adoptant les motifs en fait des premiers juges, et tout en convenant que, d'après les dispositions des lois de douanes, les dépositaires et détenteurs de marchandises introduites en contrebande sont punissables, encore bien que leur détention ne présente pas les caractères du recélé défini par le code pénal, a, néanmoins, d'après les circonstances relevées par les premiers juges, considéré que les marchandises dont il s'agit *ont pu être introduites et cachées* par des personnes étrangères dans les granges dépendantes de la maison d'habitation d'un vieillard infirme, sans qu'il en ait eu connaissance; qu'ainsi on ne peut pas dire que Jean en soit *réellement détenteur*; qu'elle a conséquemment déclaré avoir été bien jugé par le tribunal correctionnel de Bayonne, qui a renvoyé le prévenu de la plainte, en l'exemptant de l'amende par lui encourue;

En quoi ladite cour royale a commis un excès de pouvoir et violé, tant les règles de sa compétence, que l'art. 7, titre 6 de la loi du 4 germinal an II, en admettant *une simple possibilité*, au lieu des preuves de non-contravention qui, dans toute action sur une saisie, sont à la charge du saisi; violé également l'art. 16, titre 4 de la loi du 9 floréal an VII, en admettant, sur l'intention, des excuses que la *loi ne permet pas aux tribunaux d'admettre en faveur d'un prévenu qui*, par le seul fait matériel de la détention des objets de contrebande trouvés à son domicile, est passible de l'amende portée dans les lois; violé enfin les dispositions combinées des art. 37, 38 et 39 de la loi du 22 août 1791, 38 et 41 de la loi du 28 avril 1816, dont ladite cour avait à faire l'application ;

La cour casse. — Ch. crim.

Nota. Bien que les principes posés par cet arrêt ne nous paraissent pas directement applicables aux affaires de la régie, parce qu'ils reposent sur des dispositions législatives, en matière de douanes, qui ne se trouvent point dans les lois et règlements sur les contibutions indirectes, nous avons cru devoir l'insérer ici, parce que quelques directeurs l'ont déjà invoqué en matière de tabacs; il importait donc de leur faire remarquer que la jurisprudence établie par plusieurs arrêts intervenus dans des affaires concernant la régie, n'a pu se trouver modifiée par celui ci-dessus, puisqu'il est motivé sur une législation spéciale, et principalement sur la disposition qui, en matière de douane, met *à la charge des prévenus la preuve de la non-contravention.* Cette jurisprudence, de laquelle il résulte que la condamnation n'est encourue qu'autant que les lieux où les tabacs ont été saisis étaient fermés, ou que des circonstances particulières établissent que le dépôt a été effectué par l'ordre du prévenu ou de son consentement, reste conséquemment en vigueur. M. 14, 50.

ARRÊT DU CONS. D'ÉT. (ORD.) DU 13 DÉC. 1833, AFF. GIRAUD.

Il y a lieu d'annuler un arrêté de conflit qui n'a été déposé au greffe du tribunal qu'après l'expiration du délai déterminé par les art. 8 et 11 de l'ordonnance du 1er juin 1828. M. 13, 434.

Vu le jugement du 22 novembre 1832, par lequel le juge de paix du canton de Lussac-les-Châteaux condamne les sieurs Giraud et Lavril à 20 fr. de dommages-intérêts, pour enlèvement de pierres fait par leurs ordres dans le champ du sieur Lacarie ;

Vu le déclinatoire proposé par le préfet de la Vienne, le 2 février 1833, devant le tribunal de Montmorillon, saisi de l'appel du jugement ci-dessus visé;

Vu le jugement du 22 août 1833, par lequel le tribunal de Montmorillon, confirme la sentence du juge de paix ;

Vu l'extrait des registres du parquet du tribunal de Montmorillon, duquel il résulte que notre procureur général près ledit tribunal a envoyé, le 27 août 1833, au préfet de la Vienne, copie dudit jugement du 22 précédent ;

Vu l'arrêté, en date du 9 septembre 1833, par lequel le préfet de la Vienne déclare élever le conflit d'attribution dans la cause dont il s'agit:

Vu la lettre d'envoi dudit arrêté par le sous-préfet de Montmorillon à notre procureur près le tribunal de cette ville, du 13 septembre 1833 ;

Vu le réquisitoire de notre dit procureur, duquel il résulte que le dépôt au greffe dudit arrêté de conflit a été fait le même jour 13 septembre;

Vu le jugement en date du 24 septembre 1833, par lequel le tribunal de Montmorillon refuse de surseoir, et ordonne que son jugement du 22 août sera exécuté selon sa forme et teneur ;

Vu l'ordonnance royale du 1er juin 1828;

Considérant qu'il résulte des pièces ci-dessus visées que l'arrêté de conflit, du 9 septembre 1833, n'a été déposé au greffe du tribunal de Montmorillon qu'après l'expiration du délai déterminé par les art. 8 et 11 de l'ordonnance du 1er juin 1828.

Art. 1er. L'arrêté de conflit pris par le préfet du département de la Vienne, le 9 septembre 1833, est considéré comme non avenu.

A. C. DU 21 DÉC. 1833, AFF. GAUCKLER.

Les voitures publiques contenant à l'intérieur des banquettes placées sur des ressorts ceintrés, en bois élastiques, et suspendues par des chaînettes attachées à la caisse, sont réputées suspendues, quand même la caisse serait adhérente au train.

Vu la loi du 15 ventôse an XIII, art. 1er; l'article 6 du décret du 6 juillet 1806, et les articles 1er et 2 de l'ordonnance royale du 11 septembre 1822;

Attendu que l'article 1er de la loi du 6 mars 1805 assujétit tout entrepreneur de voitures publiques et de messageries, qui ne se servira pas des chevaux de poste, à payer par poste et par cheval une indemnité de vingt-cinq centimes au maître de poste du relai dont il n'emploiera pas les chevaux, et que cet article n'excepte de cette disposition que les loueurs allant à petites journées et avec les mêmes chevaux et partant à volonté, *et les voitures non suspendues*;

Que le décret du 6 juillet 1806 a compris les voitures ayant des sièges à ressorts dans l'intérieur au nombre des *voitures suspendues*;

Que l'ordonnance royale du 11 septembre 1822, en définissant ce qu'il fallait entendre par *voitures suspendues*, et par *voitures non suspendues*, a également rangé dans la catégorie des voitures suspendues toutes celles qui reçoivent du jeu ou du balancement par un moyen quelconque ;

Que les règlements d'administration publique, qui ont eu pour objet unique d'assurer l'exécution de la loi, n'ont *ni modifié, ni restreint, ni étendu, ni abrogé* aucune de ces dispositions, et que dès lors, ils sont exécutoires pour les tribunaux;

Qu'en fait, l'arrêt attaqué reconnaît que les voitures dont il s'agit au procès contenaient, dans l'intérieur, des banquettes placées sur des ressorts ceintrés, en bois élastiques, et suspendues par des chaînettes attachées à la caisse;

Qu'il a néanmoins excepté les loueurs de ces voitures de la rétribution établie par la loi précitée, et qu'en ce faisant il a expressément violé cette loi et les règlements qui en ont assuré l'exécution :

La cour casse. — Ch. réunies.

A. C. DU 7 JANV. 1834, AFF. DESBROSSES.

En matière sommaire, l'avoué auquel un demi-droit est alloué par l'art. 67 du tarif du 16 février 1807, pour l'obtention d'un jugement contradictoire ordonnant une visite et estimation par experts, ne peut exiger un autre demi-droit pour chacun des jugements rendus sur des incidents survenus dans l'exécution du premier, par exemple pour un jugement ordonnant le remplacement d'un expert ou du juge devant lequel les experts doivent prêter serment. En cette matière il n'est pas dû non plus de droits pour frais de port de pièces et de correspondance, comme en matière ordinaire ; l'avoué n'a droit qu'à ses déboursés.

Le droit accordé par l'art. 146 du tarif du 16 février 1807 pour frais de voyage des parties ne peut être alloué en matière sommaire.

Vu la disposition finale de l'art. 57 du tarif du 16 février 1807 ;

Attendu qu'il s'agissait, dans l'espèce, de taxe en matière sommaire ;

Sur la première question, attendu qu'une visite et estimation d'experts ayant été ordonnée contradictoirement, il avait été alloué pour cet arrêt un demi-droit, plus un quart de droit pour dressé des qualités et significations, conformément au § 8 de l'art. 67 du tarif; attendu que l'arrêt attaqué lui-même reconnaît qu'il y a silence dans la loi sur les incidents qui peuvent survenir dans le cours de l'expertise, mais que la cour s'est crue autorisée à en compléter l'esprit, et par suite à accorder deux autres demi-droits, plus deux quarts de droits pour les deux arrêts ayant eu pour unique objet, l'un, de substituer le juge de paix du domicile d'un expert au juge de paix de Bourges, ci-devant indiqué pour la prestation du serment, et l'autre de remplacer un expert empêché par maladie ; qu'en allouant ces nouveaux droits par le motif que ces actes étaient utiles et non frustratoires, elle a faussement appliqué les § 5 et 8, et formellement contrevenu à la disposition finale de l'art. 67 du tarif, qui veut qu'au moyen de la fixation ci-dessus, il ne soit passé aucun autre honoraire pour aucun acte et sous aucun prétexte, et qu'il ne soit alloué, en outre, que les simples déboursés ;

Sur la deuxième question, attendu qu'il est reconnu qu'en matière sommaire la loi n'alloue point d'honoraires pour frais de port de pièces et de voyage, comme elle le fait en matière ordinaire par les art. 145 et 146 ; qu'il est vrai, néanmoins, qu'elle alloue les simples déboursés ; que la cour royale de Bourges a cependant jugé que ces droits étaient dus, dans l'espèce, conformément aux art. 145 et 146 du tarif : qu'en jugeant ainsi, et en transportant ces articles au chapitre des matières sommaires, elle a fait une fausse application desdits articles, et violé la disposition finale de l'art. 67 qui lui prescrivait d'apprécier elle-même, dans sa sagesse, et d'après les justifications qu'elle avait droit d'exiger, quels étaient les simples déboursés que la loi autorisait à allouer;

La cour casse. — Ch. civ.

ARRÊT DU CONS. D'ÉT. (ORD.), DU 31 JANV. 1834, AFF. COUTURE.

Lorsqu'une contestation s'élève pour savoir si un droit d'octroi réclamé sur des objets compris au tarif est réellement dû, il n'appartient qu'aux tribunaux de statuer sur l'opposition à la contrainte formée par le redevable de ce droit.

Considérant qu'il ne s'agit, dans l'espèce, que d'une opposition à des contraintes effectuées en matière d'octroi et en restitution des sommes payées en vertu desdites contraintes ; qu'une telle demande est dans les attributions des tribunaux.

Art. 1er. L'arrêté de conflit est annulé.

ARRÊT DU CONS. D'ÉT. (ORD.), DU 7 FÉV. 1834, AFF. BIJON.

Le gouvernement peut accorder à l'entrepreneur de la construction d'un pont, la faculté de faire usage de bateaux pour ses ouvriers, sans qu'une pareille autorisation puisse donner lieu à une indemnité au profit du fermier du bac dans le port duquel s'exécute la construction.

Le fait allégué par le fermier que les bateaux de l'entrepreneur servent à des personnes étrangères aux travaux du pont est un fait personnel à l'entrepreneur et duquel l'administration ne peut être déclarée responsable.

En ce qui touche l'autorisation accordée à l'entrepreneur de faire avec ses bateaux le transport de ses ouvriers ;

Considérant que les ouvriers employés à la construction du pont ne peuvent être assimilés aux personnes qui passent d'une rive à l'autre, et pour lesquelles le droit de péage a été établi ; que, dès lors, l'autorisation accordée à l'entrepreneur ne constitue aucune violation du contrat;

En ce qui touche le passage, dans les bateaux de l'entrepreneur, de personnes étrangères aux travaux du pont ;

Considérant que ces griefs, résultant du fait de l'entrepreneur, ne peuvent donner aucun recours contre l'administration ;

Art. 1er. La requête du sieur Bijon-Toncin est rejetée.

A. C. DU 28 FÉV. 1834. AFF. BORTHÈS.

Dans les affaires de simple police ou de police correctionnelle, la partie civile n'est pas tenue de consigner préalablement les frais lorsqu'elle introduit elle-même l'action; mais elle est soumise à cette consignation quand les poursuites ont lieu d'office ou à la requête du ministère public.

Vu les art. 1er et 160 du décret du 18 juin 1811, et l'art. 182 du code d'instruction criminelle ;

Attendu qu'il résulte de la combinaison de ces articles que la partie civile ne doit consigner les frais présumés nécessaires, que lorsque la poursuite a eu lieu d'office ou à la requête du ministère public ;

Qu'en effet l'art. 1er met à la charge de la régie de l'enregistrement l'avance des frais pour les actes et procédures qui sont ordonnées d'office ou à la requête du ministère public, sauf à poursuivre le recouvrement de ceux desdits frais qui ne sont point à la charge de l'état ; qu'il s'en suit de cette disposition que celle de l'art. 160 n'est relative qu'aux frais de procédures qui auraient été faites à la requête du ministère public, et dont la régie de l'enregistrement aurait à faire le recouvrement ; que ce n'est que pour assurer ce recouvrement que la consignation préalable est ordonnée ; que, dans le cas où, en vertu de l'art. 182 du code d'instruction criminelle, la partie civile introduit elle-même l'action, et fait les frais qu'exige la poursuite, il n'y a pas lieu à la soumettre à la consignation, puisque la régie n'ayant alors aucun recouvrement à faire, les dispositions du décret de 1811, qui n'ont que ce recouvrement pour objet, deviennent sans application ;

Qu'il résulte de ce qui vient d'être dit, qu'en jugeant qu'avant toute poursuite les parties civiles qui avaient introduit l'action seraient tenues de consigner les frais, l'arrêt attaqué a fait une fausse application des art. 1er et 160 du décret du 18 juin 1811, et violé l'art. 182 du code d'instruction criminelle ;

La cour casse. — Ch. crim.

ARRÊT DU CONS. D'ÉT. (ORD.), DU 7 MARS 1834, AFF. GUYOT.

Lorsque le ministre propose une fin de non-recevoir résultant de ce que le pourvoi dirigé contre une décision émanée de lui a été tardivement formé, il doit justifier de la notification de la décision attaquée.

Le droit de réversion de la veuve est acquis au moment de la liquidation de la pension du mari, quels que soient les règlements intervenus depuis.

Il ne peut être prononcé de condamnation aux dépens soit au profit, soit à la charge des diverses administrations publiques.

Vu le décret du 16 juin 1808, l'ordonnance du 12 janvier 1825, l'art. 11 du règlement du 22 juillet 1806 ;

En ce qui concerne la fin de non recevoir opposée par notre ministre des finances : Considérant que notre ministre des finances ne justifie pas que la notification de la décision du 27 septembre 1828 ait eu lieu plus de trois mois avant l'introduction du pourvoi de la dame *Guyot* ;

En ce qui concerne le fond : Considérant que la pension du sieur *Guyot* a été liquidée en 1824 ; que, d'après les dispositions du décret du 16 juin 1808, alors en vigueur, il y avait lieu à réversion de partie de sa pension au profit de sa veuve ; que si l'exercice de ce droit de réversion n'a été ouvert qu'au décès de son mari, arrivé le 1 mai 1828, le droit a été acquis à la veuve en 1824, époque à laquelle a été liquidée la pension du mari ; que l'art. 15 de l'ordonnance du 12 janvier 1825, qui exige trente ans de service du mari pour que la veuve puisse prétendre à la réversion de sa pension, ne statue que pour l'avenir ; que si l'art. 46 abroge les règlements antérieurs, cette abrogation ne peut s'appliquer aux droits acquis avant la promulgation de ladite ordonnance ; que, loin de rétroagir, cet article contient une réserve expresse en faveur des employés, même en activité de service, qui avaient des droits acquis à la pension en vertu des anciens règlements ;

En ce qui concerne les dépens : Considérant qu'aucune disposition de loi ou d'ordonnance n'autorise à prononcer de condamnation aux dépens, soit au profit, soit à la charge des diverses administrations publiques ;

Art. 1er. La décision de notre ministre des finances, du 27 septembre 1828, est annulée.

Art. 2. La dame veuve Guyot est renvoyée à se pourvoir par-devant notre ministre des finances, pour faire procéder à la liquidation de sa pension.

ARRÊT DU CONS. DÉT. (ORD.), DU 3 AVR. 1834. — AFF. MALOUIN.

Le droit de réversibilité de la veuve d'un employé décédé avant d'avoir cessé ses fonctions, et la quotité de la pension à laquelle elle peut prétendre, se règlent d'après la législation qui aurait servi de base à la liquidation de la pension du mari.

Vu le décret du 12 floréal an XIII et le règlement du 12 janvier 1825 ;

Considérant que le sieur Malouin est décédé le 25 janvier 1833, après trente-huit ans quatre mois six jours de service ; qu'il avait ainsi accompli une période de plus de trente années à l'époque de la promulgation du règlement du 12 janvier 1825 ; que sa pension a été liquidée, conformément au décret du 12 floréal an XIII, en vertu des dispositions exceptionnelles de l'art. 46 du règlement du 12 janvier 1825 ; que cette pension devant servir de base à celle de la veuve Malouin, il y a lieu de lui appliquer le décret du 12 floréal an XIII, et de déterminer le montant de la pension de la réclamante d'après les proportions établies par l'art. 3 de ce décret.

Art. 1er. Notre ordonnance du 23 avril 1833 est rapportée en ce qui concerne la dame Bedane, veuve Malouin.

Art. 2. La dame Bedane, veuve Malouin, se retirera devant notre ministre des finances pour faire liquider sa pension, conformément au décret du 12 floréal an XIII.

ARRÊT DU CONS. D'ET. (ORD.) DU 3 AVR. 1834, AFF. MUNIER.

Le pourvoi contre une décision ministérielle ne peut être rejeté comme tardif, si le ministre ne justifie pas de la notification de sa décision.
Le droit de la veuve à la révision de la pension de son mari doit être réglé par la législation existante au moment où la pension a été liquidée.

Vu l'ordonnance du 12 janvier 1825 ;

En la forme : Considérant que notre ministre des finances ne justifie pas que la notification de la décision du 25 mai 1830 ait été faite à la dame veuve Munier, et qu'en conséquence elle est encore recevable à en provoquer l'annulation ;

Au fond : Considérant que la pension du sieur Munier a été liquidée le 1er juillet 1811 ; que, d'après les dispositions des règlements alors en vigueur, il y avait lieu à réversion de partie de sa pension au profit de sa veuve ; que si l'exercice de ce droit de réversibilité n'a été ouvert pour la veuve qu'au décès du mari, arrivé le 6 avril 1820, le droit était acquis à la veuve en 1811, époque à laquelle a été liquidée la pension de son mari ; que l'art. 15 de l'ordonnance du 12 janvier 1825, qui exige trente ans de services civils du mari pour que la veuve puisse prétendre à la réversion de sa pension, ne statue que pour l'avenir.

Art. 1er. Les décisions ministérielles des 12 octobre 1833 et 25 mai 1830 sont annulées.

Art. 2. La veuve Munier est renvoyée par devant notre ministre des finances pour faire procéder à la liquidation de sa pension.

ARRÊT DU CONS. D'ET. (ORD) DU 55 AVR. 1834, AFF. ANCEL.

Les tribunaux ont seuls le droit de statuer sur l'exécution des baux, lors-même qu'ils sont payés par l'autorité administrative.
Un arrêté de préfet portant règlement de compte en fin de bail, pour dégradations survenues ne fait point obstacle à ce qu'en cas de contestation, les tribunaux règlent la somme due par le fermier.
La demande en indemnité formée reconventionnellement par le fermier d'un bac à l'occasion d'une action dirigée contre lui en paiement d'une moins-value se rattachant à l'exécution du bail, est du ressort des tribunaux.

En ce qui touche l'action intentée par l'administration des contributions indirectes contre le sieur Ancel en paiement de la somme de 1 385 fr. 92 cent. ; considérant que c'est aux tribunaux qu'il appartient de statuer sur l'exécution des baux, lors même qu'ils sont passés par l'autorité administrative :

En ce qui touche les exceptions opposées par le sieur Ancel, relativement à l'irrégularité des procès-verbaux d'expertise ; considérant que l'arrêté du 29 février 1832, portant règlement de compte en fin de bail pour dégradations survenues, ne fait point obstacle à ce qu'en cas de contestation les tribunaux règlent la somme due par le sieur Ancel, en vertu de l'art. 13 de son bail ;

En ce qui touche la demande reconventionnelle du sieur Ancel ; considérant que cette demande se rattache à l'exécution du bail du 15 novembre 1825 :

Art. 1er L'arrêté de conflit ci-dessus cité, du 28 février 1825, pris par le préfet de l'Oise, est annulé.

ARRÊT. DU CONS. D'ET. (ORD.) DU 2 MAI 1834, AFF. LITTRÉ.

Le pourvoi ne peut être repoussé comme tardif, lorsque le ministre ne justifie pas de la notification de la décision attaquée.

Le droit de réversibilité de la veuve doit être réglé par la législation qui aura régi la pension du mari, et non par les lois ou ordonnances intervenues depuis l'époque où l'employé avait acquis un droit à la pension.

Vu l'ordonnance du 25 novembre 1814, et le règlement énéral des pensions du 12 janvier 1825 ;

En ce qui concerne la fin de non-recevoir opposée par notre ministre des finances ; considérant que notre ministre des finances ne justifie pas que la notification de la décision du 29 septembre 1831 ait eu lieu plus de trois mois avant l'introduction du pourvoi de la dame veuve Littré.

Au fond : considérant que le sieur Littré est décédé le 20 décembre 1872, ayant accompli une période de plus de trente années de service, soit civils soit militaires, à l'époque de la promulgation du règlement du 12 janvier 1825 ; que sa pension aurait été liquidée en vertu des dispositions exceptionnelles de l'art. 46 du règlement du 12 janvier 1825 ; conformément à l'ordonnance du 25 novembre 1814 ; que, d'après les dispositions de cette ordonnance, il y avait lieu à réversion de partie de sa pension au profit de sa veuve ; que si l'exercice de ce droit de réversion n'a été ouvert pour la dame Littré qu'au décès de son mari, arrivé en 1827, le droit était acquis à ladite dame veuve, à partir du jour où le mari pouvait obtenir pension ; considérant que l'art. 15 du règlement du 12 janvier 1825 ne dispose que pour l'avenir ; qu'il y a lieu, dès-lors, d'appliquer à la réclamante l'ordonnance du 25 novembre 1814 et de déterminer le montant de sa pension d'après les proportions établies par l'art. 19 de cette ordonnance ;

Art. 1er. La décision de notre ministre des finances, en date du 29 septembre 1831, est annulée.

Art. 2. La dame veuve Littré se retirera par-devant notre ministre des finances pour faire liquider sa pension, conformément à l'ordonnance du 25 novembre 1814.

A. C. DU 3 MAI 1834, AFF H. ET G.

La citation en police correctionnelle n'a pas besoin, pour être valide, de qualifier les faits qui font l'objet de la poursuite ; il suffit qu'elle les énonce.

Vu les art. 182, 183 et 408 du code d'instruction criminelle ;

Attendu que le premier de ces articles exige seulement que les citations en matière correctionnelle fassent élection de domicile au chef-lieu du tribunal, et énoncent les faits ; et attendu que ces deux formalités ont été remplies dans les citations données aux prévenus, et que le tribunal correctionnel se trouvait dès lors légalement nanti de la poursuite ;

Attendu, toutefois, que le tribunal de Quimper a annulé ces citations sur un motif pris de ce que le délit n'aurait pas été suffisamment qualifié dans ces citations, et qu'en exigeant ainsi, pour la validité de ces actes, qu'ils contiennent, outre l'énoncé des faits, des qualifications (que le jugement du reste, ne définit pas), ce jugement est contrevenu formellement aux dispositions de l'art. 173, a méconnu les règles de sa compétence, et violé par suite l'art. 408 du code d'instruction criminelle ;

La cour casse. — Ch. crim.

A. C. DU 31 MARS 1834, AFF. P.

Lorsque la cour de cassation a rejeté le pourvoi contre un arrêt ou jugement de condamnation en matière criminelle ou correctionnelle, l'effet suspensif du pourvoi cesse aussitôt, et l'on peut dès-lors procéder à l'exécution de l'arrêt ou jugement, sans faire signifier l'arrêt de rejet.

Attendu que l'art. 373 du code d'instruction criminelle ne subordonne l'exécution des arrêts définitifs prononcés en matière criminelle ou correctionnelle, qu'au seul cas de pourvoi en cassation ;

Attendu qu'aucune disposition de la loi n'oblige le ministère public de faire signifier au condamné l'arrêt de rejet, et que, du moment que cet arrêt est rendu, l'arrêt attaqué reprend toute sa force.

La cour rejette. — Ch. crim.

NOTA. L'administration, dans les affaires qui la concernent peut (comme le ministère public dans celles de son ressort) faire exécuter les arrêts définitifs qu'elle a obtenus, sans faire, au préalable, signifier les arrêts de rejet. *Note du Mém.*

A. C. DU 10 JUIN 1834, AFF. B.

Les tribunaux correctionnels, et non les cours d'assises sont compétents pour connaître des outrages par paroles, gestes et menaces, proférés contre les fonctionnaires publics dans l'exercice de leurs fonctions.

Attendu que la compétence des tribunaux de police correctionnelle, en matière de délits est déterminée par les dispositions du code d'instruction criminelle, et que les règles générales de cette compétence ne peuvent recevoir d'exceptions que celles qui sont établies par des lois spéciales ;

Attendu que l'art. 2 de la loi du 8 octobre 1830, combiné avec l'art. 14 de la loi du 26 mai 1819, attribue aux tribunaux de police correctionnelle la connaissance des délits de diffamation verbale ou d'injures verbales contre toutes personnes, et ceux de diffamation et d'injures par voie de publication quelconque contre des particuliers ;

Que les mots *contre toute personne*, employés dans la première partie de l'article, et ceux *contre des particuliers* employés dans la seconde partie du même article, prouvent que les délits de diffamation verbale ou d'injures verbales contre des fonctionnaires publics se trouvent compris dans la première partie dudit article ;

Attendu que les expressions de *diffamation ou d'injures verbales*, employées dans le susdit art. 14 de la loi du 26 mai 1819, doivent être entendues dans le sens général d'*injures*, suivant la définition donnée par le § 2 de la loi du 17 mai 1819 (art. 13) ; ce qui comprend toutes les *injures verbales* quelle qu'en puisse être la gravité, soit à raison des personnes, soit à raison des lieux et des circonstances dans lesquelles elles ont été proférées, et que, si la gravité de l'injure peut influer sur l'application de la peine, elle ne saurait influer sur la compétence qui ne peut être déterminée que par les dispositions législatives spécialement relatives à la compétence : qu'ainsi, loin qu'il ait été dérogé aux règles générales de la compétence des tribunaux correctionnels en matière de délits d'outrages par paroles envers les fonctionnaires publics, ces règles de compétence se trouvent confirmées par l'art. 2 de la loi du 8 octobre 1830 ;

Attendu, enfin, qu'il y a une différence essentielle entre les délits d'injures, de diffamations ou d'outrages par paroles proférées publiquement, et les mêmes délits commis par la voie de la presse ou de tout autre mode de publication ;

Attendu, en fait, que l'arrêt attaqué a prévenu B... de délits d'outrages commis par paroles, gestes et menaces envers le sous-préfet de saint-Pol et le maire de Sachin dans l'exercice de leurs fonctions ; et qu'il résulte des lois ci-dessus citées qu'en le renvoyant devant le tribunal de police correctionnelle d'Amiens, pour faire statuer sur cette prévention, l'arrêt attaqué, loin de violer l'art. 1er de la loi du 8 octobre 1830, n'a fait qu'une juste application de l'art. 2 de la même loi;

La cour rejette. — Ch. réun.

A. C. DU 24 JUIN 1834, AFF. SURMONT.

La simple signification d'un jugement par défaut ne peut être considérée comme constituant un acte d'exécution du jugement qui rende la partie condamnée non recevable à y former opposition.

Vu les art. 156, 158 et 159 du code de procédure civile :

Attendu que la simple signification d'un jugement par défaut est un acte préliminaire à l'exécution de ce jugement ; — que l'objet de cette signification est de notifier le jugement à la partie contre laquelle il a été rendu et de manifester l'intention où est la partie qui l'a obtenu de s'en prévaloir ; mais qu'un tel acte ne peut être considéré en lui-même comme constituant un des faits qui, aux termes de la loi, caractérisent l'exécution d'un jugement, et qu'en lui reconnaissant ce caractère, et lui donnant cet effet, le tribunal de commerce de Mamers a expressément violé les articles précités ;

La cour casse. — Ch. civ.

Nota. Il faut faire attention qu'il ne s'agit ici que des jugements *en matière civile*, et non de ceux rendus *correctionnellement* : ceux-ci peuvent être utilement signifiés pendant les trois années de leur prononciation, et il peut y être formé opposition dans le délai de cinq jours. *Note du Mêm.*

ARRÊT DU CONS. D'ÉT. (ORD.) DU 4 JUILL. 1834, AFF. MEUNIER.

Lorsqu'un fonctionnaire a touché, jusqu'au jour de son décès, les arrérages de sa pension de retraite, sans élever de réclamation, sa veuve est sans qualité pour contester les bases de la liquidation.

C'est par la législation en vertu de laquelle a été liquidée la pension du mari que doit être réglé le droit de réversion de sa veuve et la portion réversible.

Vu la loi du 12 floréal an XIII ;

Sur le premier grief résultant de ce que le temps de disponibilité du sieur Meunier ne lui aurait point été compté ; considérant que sa veuve tire son droit à pension des services de son mari ; que, dans l'espèce, la pension du sieur Meunier a été fixée pour 28 ans, 10 mois, 7 jours de service par ordonnance royale du 17 juin 1818 ; qu'il en a touché les arrérages sans aucune réclamation jusqu'au jour de son décès, arrivé le 28 août 1830, et que sa veuve est aujourd'hui sans qualité pour contester les bases de cette liquidation ;

Sur le second grief résultant de ce que la réversibilité de la pension concédée au sieur Meunier pour moins de trente ans de service aurait été refusée à sa veuve : considérant que, conformément à l'art. 4 du décret du 12 floréal an XIII, les pensions des administrateurs et employés admis à la pension depuis ledit décret, sont réversibles pour moitié à leurs veuves, en justifiant des conditions exprimées audit article, et de celles qui leur sont relatives dans l'art. 2 dudit décret; considérant que la réclamante a justifié de l'accomplissement de toutes ces conditions, et qu'elle a ainsi droit à la moitié de la pension liquidée au profit de son mari postérieurement au décret précité.

Art. 1er. La décision de notre ministre des finances du 16 avril 1833 est annulée.

Art. 2. La dame veuve Meunier est renvoyée devant notre ministre des finances pour faire liquider sa pension, conformément au décret du 12 floréal an XIII. Le surplus de ses conclusions est rejeté.

ARRÊT DU CONS. D'ÉT. (ORD.) DU 25 JUILL. 1834, AFF. BROTHIER.

La lettre d'un directeur général qui ne se réfère à aucune décision ministérielle spéciale, ne peut être opposée comme décision définitive à la veuve d'un pensionnaire.

Le droit de réversibilité de la veuve, à la pension de son mari, lui est acquis à partir du jour où cette pension a été liquidée et d'après les règlements en vigueur à l'époque de cette liquidation, quelles que soient les dispositions intervenues depuis.

Vu l'ordonnance royale du 12 janvier 1825, et l'ordonnance royale du 25 novembre 1814.

En la forme : Considérant que la lettre du directeur général des contributions indirectes, du 1er septembre 1826, ne se réfère à aucune décision ministérielle spéciale qui aurait été rendue sur la demande du sieur Brothier, et que dès lors elle ne pouvait lui être opposée comme définitive ;

Au fond : considérant que la pension du sieur Brothier a été liquidée en avril 1823 ; que, d'après la disposition des règlements alors en vigueur, il y avait lieu à réversion de partie de sa pension au profit de sa veuve ; que si l'exercice de ce droit de réversibilité n'a été ouvert pour la veuve qu'au décès du mari, arrivé le 21 janvier 1826, le droit était acquis à la veuve en 1823, époque à laquelle a été liquidée la pension de son mari ; que l'art. 15 de l'ordonnance du 12 janvier 1825, qui exige trente ans de services civils du mari, pour que la veuve puisse prétendre à réversion de sa pension, ne statue que pour l'avenir;

Art. 1er. La décision du 12 octobre 1833, est annulée.

Art. 2. La veuve Brothier est renvoyée devant notre ministre des finances, pour faire procéder à la liquidation de sa pension.

A. C. DU 4 AOUT 1834, AFF. MARCHAND.

Est nul, en matière d'enregistrement et conséquemment de contributions indirectes, le jugement civil qui n'a pas été rendu sur le rapport d'un juge, ou qui ne contient ni les conclusions des parties, ni aucun point de fait et de droit.

Vu les art. 65 de la loi du 22 frimaire an VII (1), et 141 du code de procédure civile;

Attendu qu'il résulte de l'expédition du jugement du 7 janvier 1830 produite pour

____

(1) Cet article est rendu applicable à l'administration des contributions indirectes, par l'art. 88 de la loi du 5 ventôse an XII.

l'administration, que ce jugement n'a pas été rendu sur le rapport d'un juge qu'ainsi il y a violation de l'art. 65 de la loi du 22 frimaire an VII;

Attendu, en outre, que ce jugement ne contient ni les conclusions des parties ni aucun point de fait et de droit pour faire connaître qu'elle était la vraie question que la cause présentait à juger ; que cette omission est une violation également expresse de l'art. 141 du code de procédure civile;

La cour casse. — Ch. civ.

ARRÊT DU CONS. D'ÉT. (ORD.) DU 8 AOUT 1834, AFF. MAURETTE.

Le conseil de préfecture est incompétent pour réformer un arrêté du préfet.
Il ne lui est pas permis d'interpréter d'une manière générale le tarif du péage d'un pont.

Considérant que, d'après leurs conclusions devant le conseil de préfecture, les sieurs *Maurette et compagnie* réclamaient contre un arrêté du préfet, du 26 mars 1831, lequel avait étendu à certains fonctionnaires et employés, les exemptions au droit de péage portées en l'art. 2 du tarif annexé à l'ordonnance royale du 3 août 1831, et que ledit conseil était incompétent pour réformer ledit arrêté : — Considérant de plus, que le conseil de préfecture a statué par voie d'interprétation générale dudit tarif; et que, sous ce second rapport, il était également incompétent.

Art. 1er. — L'arrêté du conseil de préfecture est annulé pour incompétence.

ARRÊT DU CONS. D'ÉT. (ORD.) DU 15 AOUT 1834, AFF. LAFAGE.

Lorsqu'il ne s'agit pas d'une contestation relative à l'application du tarif ou à la quotité du droit d'octroi, mais d'une question concernant l'entrepôt, c'est l'autorité administrative qui seule est compétente pour connaître de l'affaire.

Le maire et le préfet ont fait une juste application des lois, en décidant qu'un fabricant serait admis à conserver dans son établissement, situé dans le rayon de l'octroi, et à titre d'entrepôt, les produits par lui fabriqués et destinés à être exportés hors de la commune.

Sur la compétence : — Considérant qu'il ne s'agissait pas, dans l'espèce, d'une contestation relative à l'application du tarif ou à la quotité du droit d'octroi, mais d'une demande adressée au maire de Cahors, par les fermiers de l'octroi, à l'effet d'empêcher que le sieur *Lecourt*, directeur d'une verrerie située dans un faubourg de cette ville, fût admis à la faculté d'entreposer les bouteilles provenant de sa fabrique, et que le maire et le préfet étaient compétents pour prononcer sur cette demande aux termes de l'art. 92 du décret réglementaire du 17 mai 1809, appliqué par l'art. 32 du règlement de l'octroi de la commune de Cahors ;

Au fond : — Considérant que les arrêtés du maire et du préfet, en décidant que le sieur *Lecourt* serait admis à conserver dans son magasin, à titre d'entrepôt, les bouteilles fabriquées dans sa verrerie, à la charge par lui de se conformer à toutes les obligations que les lois et règlements imposent aux entrepositaires, ont fait une juste application de l'art. 7 du règlement précité, et de l'art. 148 de la loi du 28 avril 1816, portant que les droits ne seront imposés que sur les objets destinés à la consommation locale ; — Qu'ainsi, c'est avec raison que le ministre des finances, en approuvant ces arrêtés, par la décision attaquée, a rejeté les réclamations des exposants.

Art. 1er. La requête des sieurs *Lafage* et *Annet* est rejetée.

ARRÊT DU CONS. D'ÉT. (ORD.) DU 15 AOUT 1834, AFF. ANGLADE.

Il n'appartient qu'aux tribunaux de statuer sur les contestations relatives à la perception des droits d'octroi.

Considérant que les conclusions de la demande sur laquelle est intervenu l'arrêté de conflit, tendant à ce qu'il soit fait restitution au sieur *Anglade* de la somme de 340 fr. 34 c., qu'il prétend avoir été indûment perçue sur lui pour droit d'octroi;

Quelles se rattachent à l'application du tarif des droits d'octroi de Toulouse, et des lois des 28 avril 1816, 21 avril 1822 et 9 juin 1833;

Qu'il n'appartient qu'aux tribunaux de statuer sur ces diverses applications.

Art. 1er. L'arrêté de conflit est annulé.

ARRÊT DU CONS. D'ÉT. (ORD.) DU 22 AOUT 1834, AFF. MATHIS.

Lorsque la veuve d'un pensionnaire a, par une lettre adressée au ministre des finances, reconnu avoir reçu la notification de la décision qui lui refusait la réversibilité d'une partie de la pension dont jouissait son mari, et qu'elle ne s'est pas pourvue, dans les délais, contre cette décision, le pourvoi qu'elle forme ultérieurement doit être rejeté comme tardif.

Vu l'ordonnance du 12 janvier 1825, l'art. 11 du règlement du 22 juillet 1806 ;

Considérant que, par sa lettre du 30 mars 1826, adressée au ministre des finances, la dame *Mathis* a déclaré avoir reçu la notification de la décision ministérielle du 29 décembre 1825, qui lui refusait la réversibilité d'une partie de la pension dont jouissait son mari ; qu'elle ne s'est point pourvue dans les délais, contre ladite décision, et qu'en conséquence c'est avec raison que notre ministre des finances la lui a opposée comme définitive, par sa lettre du 18 janvier 1834.

Art. 1er. La requête de la dame veuve *Mathis* est rejetée

ARRÊT DU CONS. D'ÉT. (ORD.) DU 22 AOUT 1834. AFF. DE CLERCQ

La prescription prononcée par l'article 40 de l'ordonnance du 12 janvier 1825, à l'égard des arrérages de pensions non réclamés pendant trois années, s'applique aussi bien aux pensions non encore liquidées, qu'à celles qui ont été l'objet d'une liquidation; ainsi, la veuve d'un fonctionnaire qui a laissé écouler trois années, à partir du décès de son mari, sans réclamer la pension qui lui était attribuée à titre de réversion, n'a droit aux arrérages qu'à compter du premier jour du trimestre qui suit la concession de la pension.

Considérant que la dame veuve *de Clercq* a laissé écouler plus de trois années, à compter du jour du décès de son mari, sans réclamer la réversibilité de la pension dont il jouissait, qu'en conséquence c'est avec raison que notre ministre des finances a, par une saine interprétation de l'art. 40 de l'ordonnance du 12 janvier 1825, ci-dessus visée, fixé la jouissance de la pension qu'elle a obtenue au

1er janvier 1834, premier jour du trimestre qui a suivi sa concession, sanctionnée par l'ordonnance royale du 10 novembre 1833 :
Art. 1er. — La requête de la dame veuve de Clercq est rejetée.

ARR. DU CONS. D'ET. (ORD.) DU 22 AOUT 1834, AFF. DE CASTELNAULT.

La fin de non-recevoir fondée sur la tardivité du pourvoi ne peut être opposée utilement par le ministre des finances qu'autant qu'il justifie de la notification de la décision.
Le droit de réversion au profit de la veuve, lui est acquis du jour où a été liquidée la pension de son mari.

En la forme : — Considérant que notre ministre des finances ne justifie point que la notification de la décision du 28 avril 1832, ait été faite à la dame veuve de Castelnault, et qu'en conséquence elle est encore recevable à en provoquer l'annulation
Au fond : — Considérant que la pension du sieur de Castelnault a été liquidée en 1819; que d'après les dispositions des règlements alors en vigueur, il y avait lieu à réversion de partie de sa pension, au profit de sa veuve; que si l'exercice de ce droit de réversibilité n'a été ouvert, pour la veuve, qu'au décès de son mari, arrivé le 26 septembre 1831, le droit était acquis à la veuve en 1819, époque à laquelle a été liquidée la pension de son mari; que l'article 15 de l'ordonnance du 15 janvier 1825, qui exige trente ans de services civils du mari pour que la veuve puisse prétendre à réversion de sa pension, ne statue que pour l'avenir.
Art. 1er — Les décisions ministérielles des 28 avril 1832 et 18 janvier 1834 sont annulées.
Art. 2. — La dame veuve de Castelnault est renvoyée par devant notre ministre des finances, pour faire procéder à la liquidation de sa pension.

A. C. DU 28 AOUT 1834, AFF. CASTELLINI.

Un prévenu de contravention qui n'a pas formé son inscription de faux contre le procès-verbal des employés dans les délais voulus par la loi, ne peut être relevé de la déchéance sous prétexte de force majeure, lorsque cette force majeure n'est t pas justifiée.

Vu l'article 12, titre 4 de la loi du 9 floréal an VII, et l'article de l'arrêté du 4e jour complémentaire an XI;
Attendu qu'aux termes de ces articles, la déclaration par écrit d'inscription de faux doit être faite au plus tard à l'audience indiquée par la sommation de comparaître devant le tribunal appelé à connaître de la contravention; que faute d'observer ce délai et ces formes, la déchéance de l'inscription de faux est irrévocablement encourue, et il doit être passé outre au jugement et à l'instruction de l'affaire;
Attendu qu'alors même qu'en principe général on admettrait un cas d'exception résultant de la force majeure, les faits allégués, comme constituant cette exception dans l'espèce, ne suffiraient pas tels qu'ils ont été reconnus et portés par l'arrêt attaqué, pour la justifier;
Attendu que dès-lors, cet arrêt, en recevant l'inscription faite en dehors du délai déterminé par le premier des articles précités, a formellement violé ces articles, ainsi que l'article 10 de l'arrêté du 4e jour complémentaire, an XI.
La cour casse. — Ch. crim.

ARRÊT DE LA COUR ROYALE DE ROUEN DU 30 AOUT 1834, AFF. DUCHESNE.

Dans les villes rédimées, les entrepositaires sont astreints au paiement de la taxe unique avant de faire sortir de leur magasin les boissons destinées à la consommation intérieure.

Attendu, en droit, que, du rapprochement et de la combinaison des articles 24 et 37 de la loi du 28 avril 1816 et 38 de celle du 21 avril 1832, il appert que cette dernière loi, faite dans l'intérêt des débitants, n'a pas dérogé aux dispositions de la première en ce qui concerne les entrepositaires; qu'elle exige d'eux, au contraire, un surcroît de garantie en les obligeant à fournir caution, à cause de la taxe unique qui doit toujours être acquittée lorsque les entrepositaires sortent de leurs magasins des boissons destinées à la consommation intérieure, mais pour plus de sûreté du paiement des droits sur les manquants dans les entrepôts, lors du règlement de fin d'année;
Attendu que, dans les villes où, comme à Dieppe, l'on a remplacé les droits de détail, de circulation et de licence par une taxe unique à l'entrée, la porte extérieure des entrepôts, qui y sont établis, a été justement assimilée aux barrières où cette taxe est acquittée pour les boissons qui y arrivent de l'extérieur;
Attendu, en fait, que, du procès-verbal du 26 juin 1834, qui n'est critiqué dans aucune de ses énonciations, il résulte que Duchesne, entrepositaire à Dieppe, faisait sortir de son entrepôt et transporter chez un sieur Honoré, débitant en ladite ville, un fût d'eau-de-vie de 3 h. 13 l. à 59 degrés, sans avoir préalablement acquitté la taxe unique et d'octroi; qu'ainsi, par ce fait non contesté, Duchesne a encouru les peines portées en l'article 46 de la loi du 28 avril 1816;
Par ces motifs la cour...... déclare Duchesne coupable de contravention aux articles 37 de la loi du 28 avril 1816, et 38 de celle du 21 avril 1832, pour avoir fait sortir de son entrepôt un fût d'eau-de-vie sans au préalable avoir acquitté les droits d'entrée, dit à bonne cause la saisie du fût en question, le déclare confisqué, condamne Duchesne à 100 francs d'amende et aux dépens.

A. C. DU 25 SEPT. 1834, AFF. COLETT.

Lorsqu'une contravention est établie par un procès-verbal régulier et faisant foi jusqu'à preuve contraire, le tribunal ne peut renvoyer le prévenu des fins de la poursuite tant que cette preuve n'a pas été administrée, et en se fondant sur des motifs pris hors de l'instruction.

Vu les articles 153, 154 et 161 du code d'instruction crim.;
Attendu en fait, que les prévenus ont été poursuivis pour avoir, suivant le procès-verbal dressé à la charge de chacun d'eux, contrevenu à l'article 10 du règlement local de police du 18 avril 1829, en mettant à la fenêtre de la demeure des pots de fleurs qui n'étaient pas retenus; — Que les rédacteurs de ces procès-verbaux en ont d'ailleurs affirmé le contenu à l'audience sous la foi du serment; Que la preuve légale résultant de ces actes et de ces dépositions, ne pouvait être infirmée que par la preuve contraire, qui n'a été ni offerte ni rapportée; — D'où il suit que le jugement dénoncé, en se fondant, pour relaxer les inculpés, sur ce que les vases dont il s'agit étaient retenus par une corde en bon état, fixée aux deux extrémités

de la fenêtre par deux pitons, et qu'il n'y avait rien à craindre pour la sûreté publique, a pris ses motifs de décision hors de l'instruction dans laquelle il était tenu de les puiser exclusivement, d'après la disposition combinée des articles précités, et, par suite, commis tout ensemble un excès de pouvoir et une violation expresse de ces mêmes articles;
La cour casse. — Ch. crim.
Nota. Il est facile d'apercevoir que les principes qui font la base de cet arrêt, sont applicables aux instances introduites par l'administration des contributions indirectes, en vertu des procès-verbaux dressés par des gendarmes, gardes-forestiers, gardes champêtres et autres agents ayant pouvoir de constater des contraventions aux lois sur les contributions indirectes et dont les actes ne font foi que jusqu'à preuve contraire. *Note du Mém.*

ARR. DU CONS. D'ÉT. (ORD.), DU 25 SEPT. 1834, AFF. POMMERAT.

L'existence d'un bac à traille, sur une rivière, n'enlève pas à l'administration la faculté d'autoriser un entrepreneur de travaux à établir des bateaux pour transporter les matériaux destinés à la construction dont il est chargé.
Il n'est dû d'indemnité au fermier du bac qu'autant qu'il est prouvé que l'entrepreneur a employé ses bateaux pour un objet étranger au service de son entreprise.

Vu la loi du 6 frimaire an VII et l'arrêté du 5 ventose an VII, qui a établi les droits de passage à percevoir aux bacs établis sur le Rhône, dans l'étendue du département de l'Ardèche;
Considérant qu'en vertu de l'art. 8 de la loi du 6 frimaire, l'administration a pu malgré l'existence du bac à traille du Pouzin, accorder à l'entrepreneur des travaux de la digue du Livron, sur la Drôme, l'autorisation d'établir des bateaux pour le transport des matériaux nécessaires à la construction de ladite digue; — Considérant que cette autorisation résulte, pour le sieur Gauthier, de la clause du devis qui lui a imposé l'obligation d'opérer le transport de ses matériaux par bateaux; — Que, d'ailleurs, il n'est allégué, par personne, que l'entrepreneur ait employé ses bateaux pour un objet étranger au service de son entreprise;
Art. 1er. — L'arrêté du conseil de préfecture de la Drôme, du 11 février 1832, est annulé. — Art. 2. — Les fermiers du bac du Pouzin sont condamnés aux dépens.

A. C. DU 8 NOV. 1834, AFF. PÉRAULT.

Le délai de trois jours francs pour le pourvoi contre un arrêt de condamnation ne comprend ni le jour de la prononciation ni le dernier des trois jours; ainsi le pourvoi contre un arrêt rendu le 26 peut être utilement formé le 30. C. d'inst. crim. art. 373.

Vu la déclaration de recours en cassation faite au greffe de la cour royale de Poitiers, le 30 août 1834, par le procureur général du roi, contre deux arrêts de cette cour, chambre des mises en accusation, des 11 et 26 août 1834, et le mémoire joint à l'appui de ce pourvoi;
Pareillement les observations présentées au nom de David de Thais, Gougeard et autres, signées Pontois, avocat;
Statuant sur la fin de non-recevoir légale opposée par les défendeurs au pourvoi du procureur général;
Attendu que l'art. 373 du C. d'inst. crim., porte que « le condamné aura trois jours francs après celui où son arrêt lui aura été prononcé, pour déclarer au greffe qu'il se pourvoit en cassation. » et que le même délai est accordé au procureur général; que cette expression de la loi, trois jours francs, indique assez qu'elle n'a voulu comprendre dans ce délai ni le jour où l'arrêt est prononcé, ni le dernier des trois jours qui ont suivi cette prononciation; qu'ils sont laissés au condamné pour délibérer sur le parti qu'il doit prendre, et qu'il n'est en demeure de déclarer son pourvoi qu'après qu'ils sont entièrement écoulés; qu'une déclaration faite le trentième jour du mois, contre un arrêt prononcé le vingt-sixième est donc encore dans le délai utile;
Attendu que cette interprétation, favorable au condamné, et d'ailleurs conforme à l'esprit qui a dicté l'art. 1er, de la loi du 1er flm. an XI, spéciale sur les délais du pourvoi en cassation en matière civile;
La cour rejette. — Ch. crim.

A. C. DU 13 NOV. 1834, AFF. LELUAULT.

Lorsqu'il s'agit de procès-verbaux faisant foi jusqu'à preuve contraire, la conviction des tribunaux ne doit se former que par les débats et non d'après les notions personnelles que les juges auraient acquises en dehors de l'instruction.

Vu les art. 153, 154 et 161 du code d'instruction criminelle;
Attendu, en droit, que les procès-verbaux qui constatent ces contraventions en font foi jusqu'à preuve contraire; qu'il résulte d'ailleurs de la combinaison des articles précités, que la conviction du juge ne doit se former que par les débats qui ont lieu devant lui, et qu'il ne peut, dès-lors, se déterminer d'après les notions personnelles qu'il aurait acquises en dehors d'une instruction régulière.
D'où il suit, dans l'espèce, qu'en se fondant sur la *parfaite connaissance* que le tribunal avait *prise des lieux*, en l'absence des parties et sans que son transport eût été préalablement ordonné, conformément à l'article 41 du code de procédure civile, pour décider que les dépôts de matériaux, reprochés au prévenu, n'avaient point entravé le passage et la libre circulation de la voie publique; qu'ils n'ont pas été faits *sans nécessité*, et que, par suite, l'action du ministère public ne pouvait entraîner l'application de l'art. 471, n° 4, du code pénal, le jugement dénoncé a expressément violé les dispositions ci-dessus visées;
La cour casse. — Ch. crim.

A. C. DU 5 DÉC. 1834, AFF. CRUSSY.

Un procès-verbal ne peut être annulé sur le motif que les énonciations qu'il contient, relativement à la qualité et à la demeure des saisissants, ne se trouvent pas, à côté du nom de chacun d'eux, mais seulement dans une énumération collective.

Vu les art. 3 et 11, titre 4, de la loi du 9 floréal an VII;
Attendu qu'en thèse générale les nullités sont de droit étroit, et qu'elles doivent être restreintes au cas pour lesquelles elles ont été particulièrement établies; que, conformément à ce principe, si, d'une part, l'art. 3 de la loi du 9 floréal an VII, veut que les rapports des préposés de l'administration des douanes énoncent les noms, qualités et demeures des saisissants, de l'autre, l'art. 11 défend aux tribu-

naux d'admettre contre ces rapports d'autres nullités que celles résultant de l'omission des formalités prescrites par les articles précédents;

Attendu que le procès-verbal du 10 mai 1834, après avoir donné les noms de chacun des préposés qui avaient concouru à la saisie, présente, dans une énumération collective, les qualités et demeures de tous ces employés; qu'il n'est pas même prétendu que cette énumération ne contienne pas la qualité et la demeure de chacun des saisissants; qu'on y trouve d'ailleurs les noms, qualités et demeure de celui qui était chargé des poursuites; qu'ainsi il avait été suffisamment satisfait aux prescriptions de l'art. 3, titre 4, de la loi du 9 floréal an VII;

Et attendu qu'en annulant le procès-verbal de saisie du 10 mai 1834, par le seul motif que les énonciations relatives à la qualité et à la demeure ne se trouvent pas à côté du nom de chacun des saisissants, le tribunal d'appel de Bourg a commis un excès de pouvoir, créé une nullité qui n'avait point été prononcée par la loi, faussement appliqué l'art. 3, et violé l'art. 11, titre 4, de la loi du 9 floréal an VII;

La cour casse. — Ch. crim.

ARRÊT DU CONS. D'ÉT. (ORD.) DU 5 DÉC. 1834, AFF. FOUCARD.

Lorsque le défenseur renonce au bénéfice de l'arrêté attaqué, il y a lieu d'en donner acte à l'appelant et de remettre les choses dans l'état où elles étaient avant l'arrêté.

Vu la déclaration faite par le sieur *Foucard* devant le maire de Marseille, le 7 juillet 1834, portant que ledit sieur *Foucard* renonce à la demande en réduction qu'il avait formée, ainsi qu'au bénéfice de l'arrêté du conseil de préfecture rendu en sa faveur;

Considérant que le sieur *Foucard* a renoncé purement et simplement à la demande en réduction, et au bénéfice de l'arrêté rendu en sa faveur;

Art. 1er — Il est donné acte à notre ministre des finances de la renonciation du sieur *Foucard* au bénéfice de l'arrêté du conseil de préfecture sus-visé. En conséquence la cote du sieur *Foucard*, à la contribution des portes et fenêtres pour l'exercice de 1833, est maintenue.

ARRÊT DU CONS. D'ÉT. (ORD.) DU 11 DÉC. 1834, AFF. CHARTRES.

Les tarifs d'octroi ne peuvent présenter, pour un même objet de consommation, une quotité de droit différente en raison, soit de la qualité de la personne à laquelle les objets imposés sont destinés, soit de l'origine de ces objets.

Les ordonnances royales qui statuent sur les projets de règlement et de tarif délibérés par les conseils municipaux, peuvent d'office et sans l'intervention du conseil d'État, faire subir à ces projets les modifications nécessaires pour les mettre en harmonie avec les lois et règlements généraux sur la matière.

Les modifications que les conseils municipaux proposent d'apporter aux règlements et tarifs, approuvés par ordonnance royale, ne peuvent être mises à exécution tant qu'elles n'ont pas été sanctionnées par l'autorité royale.

Vu notre ordonnance du 26 avril 1833, qui approuve avec deux modifications relatives à la chaux fabriquée dans l'intérieur des limites de l'octroi, et au bois de travail en grume, les règlements et tarifs présentés par le conseil municipal de la ville de Chartres pour la perception de l'octroi;

Vu lesdits règlements et tarifs;

Vu deux délibérations du conseil municipal de Chartres sous les dates des 14 août et 22 octobre 1833, dans lesquelles il déclare que le gouvernement n'avait pas le droit de modifier d'office les tarifs et règlements proposés, et que le règlement et le tarif approuvés par nous seront renouvelés en ce qui concerne le bois de travail, aux termes des propositions primitives du conseil; que l'exécution de cette mesure remontera au 19 mai 1833, jour de la mise en vigueur de notre ordonnance du 26 avril précédent, et qu'en cas de refus d'approuver cette délibération, notre dite ordonnance sera considérée comme nulle et non avenue, et le tarif, en vigueur avant sa publication, mis de nouveau à exécution;

Vu les lois du 11 frimaire an VII, 27 frimaire et 5 ventôse an VIII, l'arrêté du gouvernement du 13 thermidor suivant, l'avis du conseil d'État du 11 mai 1807, le décret réglementaire du 17 mai 1809, la loi du 8 décembre 1814, l'ordonnance du 9 du même mois, et la loi du 28 avril 1816;

Considérant qu'il résulte des lois et règlements ci-dessus visés que le gouvernement est investi du droit de restreindre, et même de rejeter tout article d'un tarif d'octroi proposé par les conseils municipaux, comme de pourvoir à l'exécution des dispositions qui interdisent d'assujétir aux droits d'octroi les denrées qui ne sont pas destinées à être consommées dans la commune;

Et qu'il n'y a pas lieu de soumettre préalablement de pareilles modifications à la délibération des conseils municipaux;

Considérant que l'ordonnance du 26 avril 1833 s'est bornée à réduire au droit de 37 c. et demi, supporté par les marchands de bois, le droit de 75 c. que le conseil municipal proposait d'imposer aux consommateurs; à établir en faveur des marchands la faculté d'entrepôt, et à soumettre aux mêmes droits la chaux fabriquée dans l'intérieur et celle qui se fabrique à l'extérieur des limites de l'octroi;

Considérant d'ailleurs qu'il suffit qu'il fût intervenu une ordonnance royale pour que le premier devoir du conseil municipal fût de s'y conformer, et qu'il y a eu de sa part excès de pouvoir en prenant une délibération contraire à ladite ordonnance;

Sur le rapport de notre ministre secrétaire d'État des finances,

Notre conseil d'État entendu,

Nous avons ordonné et ordonnons ce qui suit:

Art. 1er. Les délibérations du conseil municipal de Chartres, en date des 14 août et 22 octobre 1833, sont annulées.

ARRÊT DU CONS. D'ÉT. (ORD.) DU 12 DÉC. 1834, AFF. RIOULT.

Aux termes de l'ordonnance du 12 janvier 1825, les employés notoirement devenus infirmes par le résultat de l'exercice de leurs fonctions et à ce titre admis par leur administration à faire valoir leurs droits à une pension, doivent obtenir exceptionnellement cette pension à moins que les faits qui ont servi de base à la décision de l'administration, et consignés dans les certificats produits à l'appui, ne soient contestés.

Considérant qu'aux termes de l'art. 8 de l'ordonnance ci-dessus visée, les employés notoirement devenus infirmes par le résultat de l'exercice de leurs fonctions, peuvent obtenir exceptionnellement une pension, sur la proposition de leur administration; — Que le sieur *Rioult* est proposé pour obtenir une pension, ainsi qu'il résulte de l'arrêté sus-visé du directeur de l'administration des postes; — Que cette pension ne lui a été refusée, par notre ministre des finances,

que par le motif que ses infirmités ne seraient pas provenues notoirement de l'exercice de ses fonctions; — Qu'il résulte au contraire de l'arrêté de l'administration des postes et des certificats ci-dessus visés, dont les énonciations ne sont pas contredites par notre ministre des finances, que le sieur *Rioult* est notoirement infirme par suite de son service; qu'il est dans l'impossibilité de continuer ce même service; que, de plus, il ne pourrait sans danger se livrer à aucun travail;

Art. 1er. La décision de notre ministre des finances est annulée.

Art. 2. Le sieur *Rioult* est renvoyé à se pourvoir devant notre ministre des finances à fin de liquidation de la pension à laquelle il a droit.

ARRÊT DU CONS. D'ÉT. (ORD.) DU 19 DÉC. 1834, AFF. PIET.

Bien que les pensions des employés ayant trente ans de services effectifs lors de la promulgation de l'ordonnance du 12 janvier 1825, doivent être liquidées conformément aux règlements antérieurs à ladite ordonnance, elles ne peuvent excéder la limite de 6,000 fr. posée par l'article 46 de cette ordonnance.

Vu l'article 29 de la loi du 25 mars 1817 et les articles 16 et suivants de celle du 15 mai 1818; — Vu le décret du 28 avril 1813; — Vu l'article 46 de l'ordonnance royale du 12 janvier 1825;

Considérant que c'est à l'administration qu'il appartient de règlementer les pensions sur fonds de retenue; — Considérant qu'aux termes du paragraphe 2 de l'art. 46 de ladite ordonnance, les pensions des employés qui avaient alors trente ans de services, devaient être liquidées conformément aux anciens règlements; — Qu'ainsi le sieur Piet qui, à cette époque, avait trente ans de services effectifs, avait des droits acquis à une pension réglée d'après les bases du décret du 28 avril 1813; mais que d'après ledit article aucune pension ne peut excéder 6,000 fr.

Art. 1er. La requête du sieur Piet est rejetée.

A. C. DU 19 DÉC. 1834, AFF. REBOCHER.

En matière correctionnelle, il n'est pas nécessaire pour la validité des citations, qu'elles contiennent les conclusions du demandeur ou l'indication de la loi pénale invoquée.

Vu l'art. 183 du code d'instruction criminelle;

Attendu qu'aucune loi n'exige, pour la validité des citations en matière correctionnelle, qu'elles contiennent les conclusions du demandeur ou l'indication de la loi pénale invoquée;

Qu'à la vérité, l'art. 61 du code de procédure civile exige que tout ajournement en matière civile contienne l'objet de la demande et l'exposé sommaire des moyens; mais que cette disposition n'est point applicable aux citations en matière correctionnelle, pour la validité desquelles il suffit, d'après l'art. 183 du code d'instruction criminelle, qu'elles énoncent les faits;

Attendu que par exploit du 2 novembre 1833, régulier d'ailleurs en sa forme, Marc Rebrocher a été cité devant le tribunal de police correctionnelle de Nantua à la requête de l'administration des forêts; que, si la copie de la citation délivrée au prévenu ne contenait pas l'énonciation du fait, il avait reçu en même temps copie, conformément à l'art. 172 du code forestier, du procès-verbal dressé contre lui; que cette copie lui faisait clairement connaître le fait pour lequel il était cité, et satisfaisait au vœu dudit article 183 du code d'instruction criminelle;

Que cependant le tribunal de Bourg a déclaré nulle la citation donnée à Rebrocher, sous le prétexte qu'elle ne contenait ni les conclusions du demandeur, ni l'indication de la loi pénale invoquée, en quoi il a faussement appliqué l'article 61 du code de procédure civile, violé l'art. 183 du code d'instruction criminelle, et commis un excès de pouvoir;

La cour casse. — Ch. crim.

NOTA. — Bien que cet arrêt soit en partie motivé sur ce que la citation avait été accompagnée de la notification du procès-verbal, le principe qu'il consacre n'en paraît pas moins applicable aux citations données à la requête de l'administration des contributions indirectes, qui n'est point astreinte à notifier la copie des procès-verbaux, puisque la copie a dû être délivrée au prévenu ou notifiée par affiche. Il suffit, pour la validité des citations en cette matière, qu'elles relatent la date des procès-verbaux. *Note du Mém.*

A. C. DU 11 JANV. 1835, AFF. GAYROSSE.

Les actes administratifs contenant les stipulations relatives aux marchés passés entre des entrepreneurs de travaux publics et l'administration, emportent hypothèque. L'intervention des notaires dans ces sortes d'actes, n'est point nécessaire.

Ne peut être annulée sous prétexte du défaut d'évaluation de la créance inscrite, l'inscription hypothécaire qui énonce qu'elle a été prise sur les biens d'un entrepreneur de travaux publics pour garantie de l'entière exécution des travaux. Une telle énonciation est suffisante.

Vu l'article 14 des lois des 23 et 28 octobre, 5 novembre 1790;

Vu aussi les art. 1 et 3 de la loi du 4 mars 1793;

Vu enfin les art. 2127, 2132 et 2148 du code civil;

Attendu que de la combinaison des lois de 1790 et 1793, ci-dessus visées, il résulte que le ministère des notaires n'est point nécessaire pour les marchés passés avec l'administration, et que les actes administratifs contenant les stipulations relatives auxdits marchés emportent hypothèque;

Attendu que, dans l'espèce, il s'agit de la validité d'une inscription prise par le préfet des Basses-Pyrénées au sujet de l'adjudication faite au sieur Romain-Lagarde, pour la construction d'un lazaret maritime à Bayonne, suivant sa soumission acceptée par le conseil de préfecture de ce département; qu'ainsi, sous ce premier rapport, quoique l'acte ne soit pas notarié, il est hors de doute que l'inscription est valable;

Attendu, en second lieu, qu'il est dit dans l'inscription qu'elle a été prise sur les biens désignés dudit sieur Romain-Lagarde, adjudicataire de ladite construction, moyennant 128,633 fr. 75 c., et ce, pour sûreté et garantie de l'entière et parfaite exécution des travaux, ainsi qu'il est énoncé dans le devis et adjudications dont il a été donné lecture audit sieur Romain-Lagarde, pour les sommes, indemnités et dommages-intérêts auxquels le défaut d'exécution pourrait donner lieu;

Attendu que les énonciations exigées par le code civil n'ont pour but que de rendre les hypothèques tellement publiques et déterminées, que quiconque est dans le cas de traiter avec un autre ait les renseignements nécessaires pour faire toutes les vérifications qui l'intéressent, et pour qu'il ne puisse être induit en erreur sur les clauses auxquelles est exposée la propriété grevée d'hypothèques;

Attendu que, par le contenu sus-relaté dans l'inscription dont il s'agit, le vœu des articles du code civil ci-dessus visés a été suffisamment rempli ; d'où il suit que l'arrêt attaqué, en annulant ladite inscription, a tout à la fois violé formellement les lois de 1790 et 1793, et fait une fausse application des dispositions du code civil ;

La cour casse. Ch. civ.

ARRÊT. DU CONS. D'ÉT. (ORD). DU 28 JANV. 1835, AFF. FAVRE.

Lorsqu'un arrêté du conseil de préfecture a été rendu par défaut, on doit en demander la réformation, par voie d'opposition, devant le même conseil, et non l'attaquer par voie de pourvoi devant le conseil d'État.

Considérant que l'arrêté attaqué a statué sur deux contraventions différentes constatées par deux procès-verbaux ; que le sieur Favre, ainsi qu'il résulte de ce t arrêté, n'a eu connaissance que du premier de ces procès-verbaux ; que, par sa lettre du 27 juillet 1832, s'il s'est réservé le droit de présenter ses défenses sur ce procès-verbal, il a déclaré n'en vouloir produire aucune jusqu'à ce que l'affaire fût instruite ; — qu'ainsi sur les deux chefs, l'arrêté attaqué a été pris par défau t et que dès lors c'était par la voie de l'opposition, devant le conseil de préfecture, que le sieur Favre devait en demander la réformation ;

Art. 1er. La requête du sieur Favre est rejetée.

A. C. DU 28 JANV. 1835, AFF. MERLIVAT.

Un jugement rendu par le tribunal de première instance en matière purement civile, et dans lequel le tribunal déclare s'être constitué en tribunal de police correctionnelle et avoir prononcé en cette matière, est essentiellement nul.

Vu l'art. 182 du code d'instruction criminelle ;

Attendu que le jugement du 19 mai 1832 a été rendu par le tribunal de première instance de Reims, en matière purement civile ; que néanmoins, il déclare qu'il est constitué en police correctionnelle, et termine en disant qu'il prononce en police correctionnelle ; d'où il suit que le jugement attaqué contient un excès de pouvoir et viole la loi citée ;

La cour casse, etc. — Ch. civ.

A. C. DU 30 JANV. 1835, AFF. PONS.

La question de provocation envers un fonctionnaire public, accusé de meurtre commis dans l'exercice de ses fonctions, doit nécessairement être posée au jury si l'accusé réclame le bénéfice de cette excuse. Il ne suffit pas de demander au jury si l'accusé a agi sans motif légitime dans l'exercice de ses fonctions.

Vu les articles 321 du code pénal et 339 du code d'instruction criminelle ;

Attendu que la disposition de l'art. 321 du code pénal est générale et absolue ;

Que l'art. 186 du même code ne déroge nullement à cette disposition ;

Que dès-lors et aux termes de l'art. 339 du code d'instruction criminelle, la cour d'assises devait, à peine de nullité, poser la question d'excuse réclamée par l'accusé ;

Attendu qu'en se fondant sur ce que la question de provocation rentrait dans l'appréciation des motifs qui auraient légitimé l'acte de violence, la cour d'assises d'une part, n'a pas prévu le cas ou le jury résoudrait négativement le point de savoir si l'accusé avait agi comme fonctionnaire public et dans l'exercice de ses fonctions ; d'autre part, elle a confondu l'exception péremptoire tirée de la légitimité des motifs, avec l'atténuation résultant de la provocation ;

Qu'ainsi la cour d'assises a violé l'art. 339 du code d'instruction criminelle, e t faussement interprété l'art. 321 du code pénal ;

La cour casse. — Ch. crim.

ARRÊT. DU CONS. D'ET. (ORD.), DU 3 FÉV. 1835, AFF. DUCAUD.

Le conflit ne peut être levé qu'après que l'autorité judiciaire saisie de l'instance a été appelée à prononcer elle-même sur la compétence.

L'arrêté de conflit doit être pris dans la quinzaine de la notification de la décision de l'autorité judiciaire.

Le préfet qui a transmis au procureur général un mémoire contenant les moyens d'incompétence, avec invitation de proposer le déclinatoire à la cour a satisfait à la loi.

Une cour d'appel ne peut s'immiscer dans l'appréciation d'un conflit ; c'est au conseil d'État seul qu'est réservé le droit de prononcer à cet égard.

En ce qui touche les moyens de nullité proposés contre l'arrêté de conflit : — Sur le défaut d'insertion textuelle des dispositions législatives invoquées par le préfet : — Considérant que l'arrêté vise ces dispositions avec leur date, et qu'ainsi il a satisfait aux prescriptions de l'ordonnance du 1er juin 1828 ;

Sur le délai dans lequel l'arrêté a été pris : — Considérant que, d'après l'ordonnance du 1er juin 1828, le conflit ne peut être élevé qu'après que l'autorité judiciaire saisie de l'instance a été appelée à prononcer elle-même sur sa compétence ; — Que la cour de Rennes n'ayant statué sur les questions de compétence que par son arrêt du 25 février 1834, le délai de quinzaine déterminé par l'art. 8 de ladite ordonnance du 1er juin 1828, n'a pu courir que du jour de la notification dudit arrêt ; — Que cette notification n'a eu lieu que le 20 mars, et qu'ainsi l'arrêté du 31 du même mois a été pris en temps utile ;

Sur le défaut de déclinatoire proposé à la cour royale de Rennes : — Considérant que, le 21 janvier 1831, le préfet des Côtes-du-nord a transmis au procureur général son mémoire contenant les moyens du déclinatoire, et l'a invité à proposer l'incompétence de la cour ; — Que le préfet et le procureur-général ont demandé devant la cour la confirmation du jugement du tribunal de Guimgamp, qui avait prononcé l'incompétence de l'autorité judiciaire, et qu'ainsi le déclinatoire a été réellement soumis à la cour.

Au fond : — Considérant que toutes les contestations portées devant l'autorité judiciaire par les sieurs *Ducaud, Vargaron et Consorts*, avaient pour objet la suite et l'exécution de l'entreprise des travaux publics adjugée au sieur *Jantes* et des recours dirigés contre l'État pour les faits de ladite entreprise ; — Qu'aux termes de la loi du 28 pluviôse an VIII, l'autorité administrative seule était compétente sous ce double rapport, pour connaître de l'instance, sauf à elle de prononcer le renvoi devant l'autorité judiciaire pour les questions relatives aux inscriptions hypothécaires prises sur les biens de l'entrepreneur et de ses cautions ;

En ce qui touche l'arrêt de la cour de Rennes, du 14 avril 1834 ; — Considérant qu'aux termes de l'ordonnance du 1er juin 1828, il n'appartient qu'à nous, en notre

conseil d'État, de statuer sur la validité des conflits, tant en la forme qu'au fond, et que l'arrêt sus énoncé a excédé les pouvoirs de l'autorité judiciaire, et a contrevenu formellement aux dispositions de la loi du 21 fructidor an III, en s'immisçant dans l'appréciation de l'arrêté de conflit du préfet des Côtes-du-Nord, du 31 mars 1834 ;

Art. 1er L'arrêté de conflit du préfet du département des Côtes-du-Nord, du 21 mars 1834, est approuvé.

Art. 2 Les arrêts de la cour de Rennes, des 24 février et 14 avril 1834, sont considérés comme non avenus.

ARRÊT DU CONS. D'ÉT. (ORD.), DU 27 FÉV. 1835, AFF. BEAUVAIS.

L'avertissement avant contrainte, donné à un débitant de boissons aux fins d'acquitter le montant de son abonnement, tel qu'il a été fixé par un arrêté du préfet, exécutoire par provision, sauf rappel ou restitution par suite de la décision à intervenir de la part du conseil d'État, ne peut être opposé comme fin de non-recevoir à une demande formée par la régie tendant à ce que le prix de ce même abonnement soit porté à une somme plus élevée.

Aucune disposition de lois ou de règlements n'autorise le conseil d'État à prononcer les dépens au profit ou à la charge des administrations publiques procédant devant ce conseil.

En ce qui touche les fins de non-recevoir tirées de l'acquiescement prétendu de l'administration ;

Considérant que l'avertissement avant contrainte, donné au nom de la régie des contributions indirectes au sieur Beauvais, a été donné conformément à un arrêté exécutoire par provision, et même sauf rappel ou restitution par suite de la décision à intervenir de la part du conseil d'État ; qu'on ne saurait donc en induire aucun acquiescement de la part de l'administration ;

Au fond (sans intérêt parce qu'il s'agit de faits locaux).

En ce qui touche les *dépens* :

Considérant qu'aucune disposition de loi ou de règlement ne nous autorise à prononcer les dépens au profit ou à la charge des administrations publiques agissant pardevant nous en notre conseil d'État.

Arrêt conforme au sommaire.

A. C. DU 7 MARS 1835, AFF. GAGNEUR.

La citation fondée sur un procès-verbal qui constate deux délits, saisit le tribunal de la connaissance de l'un et de l'autre, et ce tribunal doit, sous peine de nullité, statuer sur le tout.

Vu l'art. 65 du code forestier, portant, etc. ;

Attendu qu'un procès-verbal, dressé par trois gardes forestiers, le 9 mai 1833, et non attaqué, constate que les prévenus ont introduit dans la forêt un plus grand nombre d'animaux qu'ils ne devaient y en introduire, et que dix de ces animaux étaient sans clochette ; — Attendu que la citation donnée au prévenu devant le tribunal correctionnel d'Arbois était fondée sur ledit procès-verbal, lequel avait été signifié aux prévenus, et dont lecture avait été donnée à l'audience ; — Attendu que dès lors, le tribunal d'Arbois était saisi de la connaissance des deux délits constatés par le procès-verbal, et devait faire à chacun d'eux, l'application de la loi ;

Que sur l'appel de ce jugement par l'administration forestière, il était dit, dans la citation donnée à la requête du ministère public, que cet appel était motivé sur ce que le tribunal d'Arbois, en prononçant le sursis sur une partie des conclusions de l'administration, n'avait pas statué sur une contravention à l'art. 75 du code forestier ; — Que le jugement attaqué a rejeté cet appel sur le motif que cette contravention n'avait pas été l'objet des poursuites de l'administration devant les premiers juges, et que l'acte d'appel lui-même n'énonçait pas davantage l'intention de demander la répression du délit prévu par l'art. 75 précité ;

Attendu que, ainsi qu'il a été dit ci-dessus, le tribunal d'Arbois était saisi de la connaissance de deux délits constatés par le procès-verbal ; — Qu'en cause d'appel, la citation portait formellement sur le délit dont parle l'art. 75 du code forestier ; qu'en cet état, le juge d'appel devait réparer l'erreur ou l'omission du 1er juge, et qu'en ne le faisant pas, et en refusant d'appliquer l'art. 75 du code forestier, le jugement attaqué en a violé les dispositions ;

La cour casse. — Ch. crim.

A. C. DU 9 MARS 1835, AFF. ZIZINIA.

L'obligation de représenter, à toute réquisition, les marchandises mises en entrepôt, est imposée à tout entrepositaire sous les peines de droit, et cette responsabilité continue tant qu'il n'a pas obtenu décharge expresse de la soumission.

Spécialement le propriétaire de marchandises entreposées qui a fait la déclaration d'entrepôt exigée par la loi, est passible des peines légales en cas de soustraction de ces marchandises des magasins de l'entrepôt, alors même qu'il les a cédées avant cette soustraction, avant que cette affaire ait été connue de la régie et que la soustraction ait été opérée par les cessionnaires.

Vu les art. 15 et 83 de la loi du 8 floréal an XI ;

Attendu qu'il est reconnu au procès, et qu'il n'a jamais été contesté que, lors de la mise en entrepôt des 80 sacs de poivre litigieux, ce furent les défendeurs qui souscrivirent la soumission exigée par la loi, de les représenter à toute réquisition, sous les peines de droit ;

Attendu que quand on reconnaîtrait avec le jugement attaqué, que la régie a connu la cession faite par les défendeurs desdits poivres aux sieurs Clerissy et Dallemont, et qu'elle en a autorisé le transfert dans les magasins d'entrepôt des cessionnaires, il n'en est pas moins certain que le soumissionnaire primitif reste personnellement obligé, sous les peines de droit, tant qu'il ne s'est pas fait décharger de sa soumission, et qu'il n'a pas fait accepter celle de ses cessionnaires ;

Attendu que l'art. 83 de la loi du 8 floréal an II n'a pour objet que d'autoriser une mesure spéciale de haute administration, indépendante des peines portées par les lois ; que cet article ne contient qu'une règle administrative, qui ne reçoit aucune application dans la cause ;

Qu'il suit, de ce qui précède, qu'en renvoyant les défendeurs de la demande formée contre eux par la régie à raison de leur soumission toujours subsistant et non remplacée par celle de leur cessionnaires, a fait une fausse application de l'art. 83 de la loi du 8 floréal an XI, et formellement violé l'art 15 de ladite loi ;

La cour casse. — Ch. civ.

NOTA. — Il est évident que le principe proclamé par cet arrêt recevrait son application en matière de contributions indirectes à l'égard d'un entrepositaire qui aurait fait enlever, même avec des expéditions, des boissons par lui entreposées et qui n'aurait pas préalablement fait souscrire par l'acquéreur desdites boissons la déclaration d'entrepôt, qui seule peut libérer le vendeur. *Note du Mémorial.*

A. C. DU 11 MARS 1835, AFF. MENGEOT.

Les syndics d'une faillite ne sont pas les représentants légaux des créanciers privilégiés (notamment de la régie des contributions indirectes). En conséquence le jugement qui ordonne avec les syndics, que le propriétaire, à raison des loyers qui lui sont dûs, sera payé par préférence à tous autres créanciers, n'a pas l'effet de la chose jugée vis-à-vis d'un autre créancier privilégié (notamment de la régie), qui se prétend préférable.

L'art. 2 de la loi du 5 septembre 1807, qui veut que le privilège établi en faveur du trésor sur les biens des comptables, ne s'exerce qu'après les privilèges généraux énoncés aux art. 2101 et 2102 du code civil, ne peut recevoir d'application à l'égard des redevables de droits.

Ainsi, le propriétaire, qui, aux termes de la loi du 5 septembre, peut exercer son privilège par préférence à celui du trésor sur tous les effets mobiliers des comptables pour la totalité de ses loyers, ne peut exercer ce même privilège sur les effets mobiliers des redevables de droits que pour six mois de loyer; l'art. 47 du décret du 1er germinal an XIII, qui le veut ainsi, n'a pas été abrogé, en ce point, par la loi du 5 septembre précitée.

Sur le moyen tiré de la violation de la chose jugée;

Attendu qu'aux termes de l'art. 1351 du code civil, l'exception de la chose jugée ne peut être opposée que lorsque l'objet demandé est le même, que la demande est fondée sur la même cause, qu'elle a eu lieu entre les mêmes parties, et qu'elle a été formée par elles et contre elles en la même qualité;

Attendu que ces diverses conditions ne se rencontrent pas dans l'espèce puisqu'il s'agissait de deux arrêts privilégiés fort différents, qui n'avaient pas la même cause, et que d'ailleurs les parties n'étaient pas les mêmes; qu'on ne peut pas dire que les syndics fussent les représentants légaux de tous les créanciers privilégiés, et notamment de l'administration des contributions indirectes; que l'exercice de l'action du trésor public contre un redevable en faillite, n'est pas soumis aux règles du code de commerce; mais à celles établies par des lois spéciales, ce qui engage nécessairement les contestations de ce genre devant les tribunaux ordinaires, et s'oppose à ce que le privilège du trésor puisse être discuté à l'encontre des syndics d'une faillite;

Sur le 2e moyen; Attendu que l'art. 47 de la loi du 1er germinal an XIII crée au profit de l'État deux privilèges distincts, l'un sur les meubles des *comptables* pour leurs débets, l'autre sur ceux des *redevables* pour le montant des droits; que la loi du 5 septembre 1807 relative, d'après son titre, aux droits du trésor public sur les *comptables*, n'a que cette classe de débiteurs en vue; qu'elle ne s'applique pas aux *redevables*, et que, lorsque l'art. 2 dit que le privilège qu'il établit ne s'exerce qu'après les privilèges généraux et particuliers énoncés aux art. 2101 et 2102 du code civil, cette disposition ne peut s'appliquer aux *redevables* qui ne sont nullement l'objet de la loi et qui demeurent soumis à l'empire de celle du 1er germinal an XIII, d'où il suit encore que l'arrêt attaqué qui a décidé que cette dernière loi n'avait pas été abrogée, quant aux *redevables*, par la loi du 5 septembre 1807, n'a violé ni celle-ci ni les art. 2101 du code civil et 652 du code de procédure civile;

La cour rejette. — Ch. civ.

JUG. DU TRIB. CIVIL DE LA SEINE, DU 13 MARS 1835, AFF. REVEL.

Nonobstant tout concordat, le privilège de la Régie s'exerce, non-seulement sur les meubles et effets mobiliers que possèdent les redevables au moment de leur faillite, mais encore sur ceux qu'ils ont acquis ultérieurement.

Attendu qu'aux termes de l'article 2098 du code civil, le privilège à raison des droits du trésor public est réglé par les lois qui le concernent et que le code ne distingue pas entre la forme et le fond réglés par ces lois;

Attendu qu'il n'a été dérogé à ce principe d'intérêt public ni par le code de procédure civile ni par le code de commerce, et qu'il est d'ailleurs de règle que la loi générale ne déroge à la loi spéciale que par une dérogation expresse;

Attendu que l'article 89 de la loi de ventôse an XII porte que le paiement des obligations souscrites pour le paiement des droits en matière de droits réunis sera poursuivi par voie de contrainte dans la même forme que celle suivie pour décerner les contraintes en matière de contributions;

Attendu que l'article 43 du décret du 1er germinal an XIII porte que la régie pourra employer contre les redevables sur lesquels auraient été protestées, faute de paiement, des obligations souscrites par eux envers la régie par suite de crédits obtenus, seront contraignables par corps; qu'on lit dans l'article 45 : « L'exécution de la contrainte ne pourra être suspendue que par une opposition formée par le redevable devant le tribunal civil avec des formes et des délais spéciaux »;

Attendu que l'article 47 du même décret dispose que la régie aura privilège et préférence à tous les créanciers sur les meubles et effets des redevables pour les droits;

Que l'article 48 annule même toute espèce de saisie du produit de ces droits entre les mains des redevables; que ces dispositions ne sont que la reproduction de l'article 4 de la loi du 4 germinal an II qui disait en termes généraux : « La « République est préférée à tous créanciers pour droits, confiscations, amendes « et restitutions, et avec la contrainte par corps; »

Attendu qu'aucune de ces lois spéciales ne porte d'exception pour le cas de faillite du redevable ni sur le motif de la volonté du législateur se tire de la dette et de celui envers qui elle est contractée;

Qu'en effet il n'est pas possible d'imposer au trésor public les conséquences de la volonté des créanciers concordants, qui pourraient ne pas craindre de sacrifier les intérêts du trésor, en enlevant à celui-ci la garantie qui lui appartient sur la personne et sur les biens de son débiteur;

Attendu que la loi spéciale n'a pas distingué entre la nature des objets mobiliers soumis au privilège du trésor, et que tant qu'il en existera ou surviendra entre les mains du redevable, la loi a voulu qu'ils devinssent l'objet du privilège du trésor;

Attendu que le versement de sommes entre les mains d'un syndic, destinées à désintéresser la régie, et la disparition de ce syndic ne peuvent en aucune façon changer les droits de la régie;

Sur l'appel de ce jugement, interjeté par le sieur Revel Kropff, la cour royale, 1re chambre, a rendu sous la présidence de M. le premier président Séguer et sur les conclusions conformes de Delapalme, avocat général, un arrêt par lequel, adoptant les motifs des premiers juges, elle a mis et met l'appellation au néant, etc.

Nota. — Ce jugement a été confirmé par la cour royale le 29 août 1836.

ARRÊT DU CONS. D'ÉT. (ORD.) DU 25 MARS 1835, AFF. BOURGOIN.

Lorsqu'il s'agit d'une contestation élevée entre le fermier de l'octroi d'une ville et le maire de cette ville, sur le sens des clauses du bail d'octroi, c'est le préfet en conseil de préfecture et non le conseil de préfecture, qui est compétent pour statuer sur la contestation.

Vu les lois des 8 décembre 1814 et 28 avril 1816;

Vu l'art. 136 du décret du 17 mai 1809;

Considérant qu'il s'agit d'une contestation élevée entre le fermier de l'octroi de la ville de Bourgoin et le maire de ladite ville, et qu'aux termes du décret ci-dessus visé, le préfet, en conseil de préfecture, est seul compétent pour statuer sur les contestations de cette nature;

Art. 1er. L'arrêté du conseil de préfecture du département de l'Isère, en date du 25 août 1831, est annulé pour cause d'incompétence.

Art. 2. L'affaire et les parties sont renvoyées par-devant le préfet du département de l'Isère, pour être statué par lui en conseil de préfecture.

ARRÊT DU CONS. D'ÉT. (ORD.) DU 25 MARS 1835, AFF. BOUCHIN.

On ne peut être admis à se pourvoir contre une décision ministérielle, lorsqu'il s'est écoulé plus de trois mois à compter de la date de la lettre adressée au ministre par le demandeur, et par laquelle il déclare avoir reçu ladite décision.

Vu l'ordonnance du 12 janvier 1825 et celle du 25 novembre 1814; Vu le règlement du conseil, du 22 juillet 1806;

Considérant que par sa lettre du 4 mai 1829, adressée au ministre des finances, la dame veuve Bouchin a déclaré avoir reçu la décision dudit ministre, portant que sa demande en réversibilité d'une partie de la pension dont jouissait son mari, ne pouvait être accueillie; que ladite dame s'est pourvue devant nous, en notre conseil d'État, par requête enregistrée le 24 février 1834, après l'expiration des délais fixés par le règlement du 22 juillet 1816;

Art. 1er. La requête de la dame veuve Bouchin est rejetée.

ARRÊT DU CONS. D'ÉT. (ORD.) DU 31 MARS 1835, AFF. BOUFLERS.

Lorsque le mandataire avoué de la veuve d'un employé, a reçu la notification de la décision par laquelle le ministre des finances refuse à cette veuve la réversion de partie de la pension de son mari, cette notification est aussi valable que si elle était faite à la veuve elle-même. Ainsi, son pourvoi est tardif s'il n'a point été formé dans les trois mois de ladite notification.

Vu le règlement du 22 janvier 1806;

Considérant qu'il résulte suffisamment de l'instruction, et notamment de la correspondance entre notre ministre des finances et le sieur *Bouflers*, que ce dernier était le mandataire avoué de la dame *Bouflers*, veuve *Dargnies*, sa sœur, en faveur de laquelle il a constamment agi et réclamé auprès de notre ministre des finances, à l'effet d'obtenir la liquidation de la pension de ladite dame; — Qu'il résulte, en outre, des lettres des 6 et 8 février 1832, qu'il a reçu la notification de la décision du 31 janvier 1832, contre laquelle la dame *Bouflers*, veuve *Dargnies*, ne s'est pas pourvue dans les délais du règlement;

Art. 1er La requête de la dame *Bouflers*, veuve *Dargnies*, est rejetée.

ARRÊT DU CONS. D'ÉT. (ORD.) DU 7 AVR. 1835, AFF. AUBAN.

Les préposés qui ont dressé des procès-verbaux ne peuvent réclamer la part à eux attribuée par les règlements dans les amendes prononcées pour contraventions, constatées par ces actes, lorsqu'une amnistie a fait remise de ces amendes aux contrevenants sans réserve de la part que la loi attribue aux employés.

Vu le décret du 23 juin 1806;

Vu l'ordonnance d'amnistie du 8 novembre 1830;

Considérant que si, aux termes de l'art. 32 du décret du 23 juin 1806, un quart dans les amendes appartient à celui des agents qui aura constaté les contraventions, *cette attribution au profit des préposés ne porte que sur les amendes définitivement acquises au trésor public*; que, dans l'espèce, l'amende a été remise par notre ordonnance du 8 novembre 1830, et que l'attribution aux employés n'a pas été réservée par ladite ordonnance, qui déclare seulement que l'amnistie ne pourra être opposée aux droits des particuliers, des communes et des établissements publics, auxquels des dommages-intérêts et des dépens auraient été ou devraient être alloués;

La requête du sieur Auban est rejetée.

ARRÊT DU CONS. D'ÉT. (ORD.) DU 7 AVR. 1835, AFF. ISSOUDUN.

Dans les abonnements ayant pour objet le droit d'entrée à payer par suite d'inventaire ou de récolement, abonnements autorisés en faveur des communes, par l'article 40 de la loi du 21 avril 1832, c'est le produit d'une année de récolte complète, qui doit être pris pour base de la somme à payer, et non celui d'une année moyenne.

Dans ces mêmes abonnements le produit du droit d'entrée de l'année de comparaison peut être augmenté du montant du droit de timbre afférent à ces droits d'entrée.

Vu la loi de finances du 25 avril 1832, et notamment l'article 40;

Considérant qu'aux termes de l'art. 40 de la loi du 21 avril 1832, le préfet, en conseil de préfecture, aurait dû prendre pour base de l'abonnement, la quantité sur laquelle les récoltants avaient payé le droit d'entrée dans une année de récolte complète, avec réduction dans la proportion des produits apparents de la récolte de l'année;

Qu'ainsi, c'est à tort que pour fixer le taux de l'abonnement le préfet a pris pour base la quantité des manquants pendant six années, de 1824 à 1829;

Considérant au surplus que le montant présumé du droit de timbre est un des éléments dont se compose la somme perçue sur les contribuables dans l'année prise pour point de comparaison, et que dès lors le préfet était fondé à le faire entrer dans les calculs;

Art. 1er. L'arrêté du préfet, en conseil de préfecture, du 24 septembre 1833, est annulé, et les parties se retireront devant ledit préfet, pour y faire fixer l'abonnement dû par la ville d'Issoudun pour les vins de la récolte de 1833 à 1834, d'après les bases ci-dessus indiquées.

Vu l'art. 641 du code d'instruction criminelle,

En ce qui touche tant l'appel interjeté par L... que l'exception préjudicielle par lui proposée, tendant à ce que les peines prononcées par le jugement du 7 mai 1831 soient déclarées prescrites, subsidiairement à ce que la prescription de l'action soit prononcée;

Considérant, en fait, que L... a été poursuivi en 1830 pour délit d'excitaton à la débauche;

Qu'il résulte de l'instruction que les perquisitions qui furent faites alors pour découvrir ledit L... ont été inutiles; qu'il a été constaté par divers procès-verbaux, et notamment par l'exploit d'assignation du 5 avril 1831 qu'il avait complètement déserté son domicile, rue du Ruisselet n° 13, alors occupé par d'autres personnes; qu'il fut alors déclaré que ledit L... avait quitté Reims et même la France, et que toutes les recherches des agents de police judiciaire et des officiers ministériels, étant devenues inutiles, citation lui fut donnée par l'exploit dudit jour 5 avril 1831; que cette assignation fut notifiée par affiches et par copie déposée ès-mains du procureur du roi, pour l'audience du 7 mai 1831, jour auquel intervint un jugement par défaut, notifié par autre exploit du 10 décembre suivant, avec les mêmes formalités, l'exploit constatant que la poursuite avait précédemment établi que ledit L... n'avait aucun domicile connu en France;

Qu'enfin il résulte d'un procès-verbal dressé par la gendarmerie, le 8 juin 1836, qu'alors L... fut arrêté à Charenton, en exécution du jugement précité rendu contre lui;

Vu les art. 636, 637 et 638 du code d'instruction criminelle et considérant en droit;

Qu'une double prescription a été introduite par la loi, au profit du prévenu correctionnel, la prescription de l'action qui s'acquiert par l'absence de tout acte d'instruction et de poursuite pendant trois ans, et la prescription de la peine qui s'acquiert par cinq années, à compter, pour les jugements en premier ressort, du jour où ces jugements ne peuvent plus être attaqués par la voie d'appel.

Considérant que ces deux modes de prescription agissent constamment en faveur de celui qui est l'objet de la poursuite, sans toutefois qu'ils puissent concourir entre eux;

Qu'il suit de ces principes, que le jugement par défaut étant susceptible d'appel dans les dix jours de la signification, il ne peut être considéré, tant que la signification n'en aura pas été faite. que comme un simple acte d'instruction et de poursuite, à partir duquel commence à courir la prescription de l'action et non celle de la peine;

Qu'en effet, la prescription de la peine ne pouvant commencer qu'autant que le prévenu a été mis en demeure d'interjeter appel, il ne saurait, par ce défaut de notification indépendant de sa volonté, être privé du bénéfice de toute prescription; qu'ainsi, le principe de la prescription de la peine n'existant pas encore, c'est la prescription de l'action qui nécessairement agit en sa faveur;

Considérant que, dans l'espèce, le jugement par défaut du 7 mai 1831 a été régulièrement signifié le 10 décembre suivant; que la fuite de L... la désertion de son domicile ne permettaient pas d'user à son égard d'autre mode de procéder que celui prescrit par la loi commune à l'égard de ceux qui n'ont plus en France de domicile connu; qu'ainsi se justifie la régularité, tant de l'assignation à lui donnée que des poursuites qui ont suivi;

Considérant que, lors de cette signification, il ne s'était écoulé que sept mois utiles pour la prescription de l'action;

Que L..., ayant été arrêté le 8 juin 1836, c'est-à-dire quatre années et sept mois seulement depuis qu'avait commencé la prescription de la peine, cette prescription ne lui est point acquise;

En ce qui touche l'appel interjeté par le ministère public;

Considérant que le mode de poursuite et de notification indiqué par les art. 182 et 187 du code d'instruction criminelle ne s'appliquent, d'après le texte comme d'après l'esprit de la loi, qu'aux poursuites dont les prévenus domiciliés et ceux qui ne fuient pas devant l'action de la justice peuvent être l'objet;

Considérant qu'il a été régulièrement et itérativement constaté que L..., qui était en fuite, avait complètement déserté son domicile, rue du Ruisselet à Reims, et qu'il n'avait plus aucun domicile connu, en France;

Qu'ainsi la signification faite le 10 décembre 1831 du jugement de condamnation du 7 mai précédent, ayant été faite régulièrement et dans les formes voulues par la loi commune, cette signification a eu pour effet de faire courir les délais de l'opposition fixés par l'art. 187 du code d'instruction criminelle, et que ces délais s'étant écoulés sans que la voie de l'opposition ait été employée, le jugement dudit jour ne pouvait plus être attaqué par cette voie;

Par ces motifs, la cour déclare L... non recevable dans l'opposition par lui formée au jugement par défaut du 7 mai 1831, la déboute de ses exceptions tendantes à ce que la prescription de la peine, subsidiairement celle de l'action, soient prononcées, ordonné que le jugement dudit jour sera exécuté selon sa forme et teneur, etc., etc.

ARRÊT DE LA COUR DE PARIS, DU 29 AOUT 1836. AFF. REVEL.

La faillite d'un débiteur de l'administration des contributions indirectes, et même le concordat qui l'a suivie, ne portent aucune atteinte au privilège conféré à cette administration par l'art. 47 du décret du 1er germinal an XIII.

Ce privilège s'exerce non seulement sur les meubles et objets mobiliers que possèdent les redevables, au moment de leur faillite, mais encore sur ceux qu'ils ont acquis depuis ou qu'ils acquerront ultérieurement.

Attendu qu'aux termes de l'art. 2098 du code civil, le privilège à raison des droits du Trésor public est réglé par les lois qui le concernent et que le code ne distingue pas entre la forme et le fond réglés par ces lois;

Attendu qu'il n'a été dérogé à ce principe d'intérêt public ni par le code de procédure civile ni par le code de commerce, et qu'il est d'ailleurs de règle que la loi générale ne déroge à la loi spéciale que par une dérogation expresse;

Attendu que l'article 89 de la loi du 5 ventôse an XII porte que le paiement des obligations souscrites pour le paiement des droits en matière de droits réunis sera poursuivi par voie de contrainte dans la même forme que celle suivie pour décerner les contraintes en matière de contributions;

Attendu que l'art. 48 du décret du 1er germinal an XIII porte que la régie pourra employer contre les redevables en retard la voie de contrainte, et que l'art. 5 ajoute que les redevables sur lesquels auraient été protestées, faute de paiement, des obligations souscrites par eux envers la régie par suite de crédits obtenus, seront contraignables par corps;

Qu'on lit dans l'art. 45: « l'exécution de la contrainte ne pourra être suspendu que par une opposition formée par le redevable devant le Tribunal civil avec des formes et des délais spéciaux;

Attendu que l'art. 47 du même décret dispose que la régie aura privilège et préférence à tous les créanciers sur les meubles et effets des redevables pour les droits;

SUP. GÉN.

Que l'art. 48 annule même toute espèce de saisie du produit de ces droits entre les mains des redevables;

Que ces dispositions ne sont que la reproduction de l'art. 4 de la loi du 4 germinal an II, qui disait en termes généraux: « La République est préférée à tous créanciers pour droits, confiscations, amendes et restitutions, et avec la contrainte par corps; »

Attendu qu'aucune de ces lois spéciales ne porte d'exception pour le cas de faillite du redevable et que le motif de la volonté du législateur se tire de la nature de la dette et de celui envers qui elle est contractée;

Qu'en effet il n'est pas possible d'imposer au Trésor public les conséquences de la volonté des créanciers concordants, qui pourraient ne pas craindre de sacrifier les intérêts du Trésor en enlevant à celui-ci la garantie qui lui appartient sur la personne et sur les biens de son débiteur;

Attendu que la loi spéciale n'a pas distingué entre la nature des objets mobiliers soumis au privilège du Trésor, et que tant qu'il en existera ou surviendra entre les mains du redevable, la loi a voulu qu'ils devinssent l'objet du privilège du Trésor;

Attendu que le versement de sommes entre les mains d'un syndic, destinées à désintéresser la régie et la disparition de ce syndic ne peuvent en aucune façon changer les droits de la régie;

Sur l'appel de ce jugement interjeté par le sieur Revel Kropff, la Cour royale 1re chambre a rendu, sous la présidence de M. le premier président Séguier et sur les conclusions conformes de M. Delapalme, avocat-général, un arrêt par lequel,

Adoptant les motifs des premiers juges, elle a mis et met l'appellation au néant.

C. M. DE L'INT. AUX PRÉFETS, DU 7 SEPT. 1836.

Abonnement des villes pour les frais de casernement.

D'après l'article 10 de l'ordonnance du 5 août 1818, les communes peuvent être autorisées à convertir en un abonnement fixe le prélèvement de 7 francs par homme et de 3 francs par cheval que la loi du 15 mai de la même année a établi sur les octrois des villes, pour les frais de casernement des troupes qui y sont en garnison.

L'intention du législateur, en prescrivant ce prélèvement, ayant été, non pas de créer à l'État un revenu aux dépens des villes, mais simplement de lui procurer le juste remboursement du surcroît de dépenses que lui occasionnent, pour la consommation des troupes, les droits d'octroi perçus par les communes où ces troupes étaient casernées, il fallait, pour que l'exécution de la loi ne contrariât pas cette intention, que le maximum de 7 francs par homme et 3 francs par cheval qu'il avait fixé ne fût pas absolu et invariable; car, dans beaucoup de cas, la somme qu'il aurait produite aurait dépassé le montant réel du bénéfice que les droits sur les objets consommés par les troupes auraient pu faire entrer dans les caisses municipales. L'abonnement a précisément pour objet et pour résultat d'atteindre plus exactement la somme réelle que l'État a légitimement le droit de reprendre dans la caisse de la commune: aussi la plupart des villes se sont-elles empressées d'adopter ce système plus équitable et à la fois plus conforme à leurs intérêts. Des demandes de renouvellement d'abonnement ou des propositions pour des abonnements nouveaux sont fréquemment adressées au ministère; mais je remarque qu'elles ne sont pas, en général, accompagnées de renseignements et de calculs propres à démontrer que les conseils municipaux rentrent bien dans l'esprit du principe ci-dessus développé. J'ai donc pensé qu'il ne serait pas inutile de concerter avec mes collègues de la guerre et des finances quelques dispositions règlementaires pour servir de bases générales aux propositions d'abonnement. Celles qui avaient été indiquées par l'instruction du 14 avril 1821, bien que conformes au principe qui a dicté l'avis du conseil d'État qui vous a été communiqué par ma circulaire du 15 juillet, m'ont paru comporter quelques développements nouveaux.

Les éléments qui doivent entrer dans les calculs d'après lesquels l'abonnement peut être déterminé, et qui doivent naturellement influer sur la quotité de cet abonnement sont: 1° le nombre des troupes qui sont présumées devoir former la force de la garnison pendant la durée de l'abonnement; 2° la quantité des objets consommés par les troupes et le tarif des droits établis sur ces objets.

Le nombre présumé des troupes doit être évalué en prenant le terme moyen de la force de la garnison pendant les cinq dernières années qui viennent de s'écouler et déduction faite approximativement du nombre moyen de journées de militaires à l'hôpital ou en prison, puisque, d'après l'avis du conseil d'État que je viens de citer, aucun prélèvement n'est dû dans ces deux cas.

Le produit de la consommation de chaque soldat peut être établi en prenant le chiffre du produit net de l'octroi, dont on déduira la partie représentant les droits perçus sur les objets ci-après, qui n'entrent pas évidemment dans la consommation des troupes, savoir: 1° les matériaux en général, sauf le cas où des casernes sont ou doivent être construites ou réparées aux frais de l'État; 2° les fourrages dans les garnisons de cavalerie. Si l'on divise ensuite ce produit par le chiffre de la population de la ville, y compris le nombre moyen des troupes, calculé comme il a été établi ci-dessus, le quotient donnera le chiffre de la part afférente à chaque consommateur dans la consommation de la commune. Enfin, en multipliant ce produit par le terme moyen de la force de la garnison, on atteindra la somme la plus équitable possible pour l'abonnement à faire autoriser.

Ces calculs devront être justifiés par la production d'états propres à constater l'exactitude des éléments sur lesquels ils sont établis. Ces états sont: 1° l'état de l'effectif de la garnison pendant les cinq dernières années, visé par le sous-intendant militaire; 2° l'état du produit net de l'octroi, d'après le dernier compte; 3° l'état des sommes représentant le produit des objets déduits comme il est dit ci-dessus; 4° enfin l'état de la population de la commune.

J'ajouterai qu'il serait bon d'adopter pour tous les abonnements une durée uniforme, et que cette durée paraîtrait convenablement fixée à cinq ans.

Si, au lieu d'un abonnement, les villes étaient dans le cas de réclamer des dégrèvements partiels ou intégraux, aux termes du deuxième paragraphe de l'article 10 de l'ordonnance du 5 août 1818, il conviendrait qu'elles joignissent à l'appui de leurs réclamations, et comme pièces justificatives, la preuve dûment certifiée, soit des événements de force majeure qui pourraient motiver l'exception sollicitée, soit de l'état comparatif de la situation financière de la ville avec le montant des sommes à payer pour le prélèvement, à l'effet de constater l'impossibilité où se trouve la caisse municipale de faire face à cette dépense sans nuire aux services communaux, ou bien de démontrer que les sommes produites par la consommation des troupes sont tout à fait inférieures à celle que le prélèvement de 7 francs par homme et de 3 francs par cheval exigerait de la ville.

Je saisis cette occasion, monsieur le préfet, pour répondre à une question à laquelle a donné lieu la décision du conseil d'État qui vous a été notifiée par la circulaire du 15 juillet 1833, et d'après laquelle le prélèvement ne doit avoir lieu que pour les troupes logées dans les bâtiments militaires. On s'est demandé si ces expressions devaient être entendues en ce sens que l'exemption du prélèvement était de règle toutes les fois que les casernes n'appartenaient pas à l'Etat et bien que l'administration de la guerre en payât le loyer aux villes propriétaires des bâtiments. Cette interprétation ne me paraîtrait pas équitable : la décision du conseil d'Etat ne s'applique évidemment qu'au cas où l'Etat ne pourvoit pas à l'obligation qui lui a été imposée par la loi du 15 mai 1818, de caserner les troupes. Or, lorsqu'il loue des bâtiments pour cet objet, cette obligation se trouve remplie, et d'ailleurs, par effet de la location, il devient propriétaire momentané des bâtiments occupés. Le prélèvement doit donc avoir lieu dans ce cas.

Nota. — Le conseil d'Etat s'est prononcé dans ce sens le 28 oct. 1829.

A. C. DU 23 SEPT. 1836, AFF. TINAN.

Le défaut de notification du pourvoi n'opère pas la déchéance; seulement l'arrêt qui intervient est susceptible d'opposition.
La péremption qui a lieu en matière civile n'a pas lieu en matière criminelle.

Attendu qu'en exécution de l'arrêt du 6 août dernier, il est constaté que le domicile du sieur Tinan (Alfred) est, depuis trois ans, inconnu aux autorités locales;

Que le défaut de notification du pourvoi, dans les délais fixés par l'art. 418 du code d'instruction criminelle, n'opère pas de déchéance de ce pourvoi, et ouvre seulement au défendeur la voie de l'opposition, si ce pourvoi est accueilli;

Attendu que la péremption établie par l'art. 397 du code de procédure civile n'est pas applicable aux matières criminelles;

Et que la prescription établie par l'art. 640 du code d'instruction criminelle n'est pas applicable à l'espèce ;

Par ces motifs, déclare qu'il y a lieu de statuer sur le présent pourvoi. — Ch. crim.

A. C. DU 7 OCT. 1836, AFF. POURCHER.

Il appartient aux tribunaux d'apprécier si les personnes qui leur sont dénoncées comme tenant des pensionnaires, rentrent dans l'une des catégories prévues par l'article 50 de la loi du 27 avril 1816.

Sur l'unique moyen de cassation invoqué par l'administration des contributions indirectes et tiré, tant de la violation des articles 50, 144, 95 et 171 de la loi du 28 avril 1816 et de celle de la loi interprétative du 23 avril 1836, en ce que le tribunal correctionnel de Bourg aurait refusé d'appliquer les peines portées par lesdits articles 95 et 171, à Marie Juillard, veuve Pourcher, de Colomieux, trouvée, selon procès-verbal du 19 mai 1835, tenant chez elle des pensionnaires sans avoir fait de déclaration préalable et s'être munie d'une licence.

Vu, sur ce moyen, lesdits articles 50, 144, 95 et 171 de la loi du 28 avril 1816 et la loi du 23 avril 1836;

Attendu que, pour être assujéti à faire la déclaration et à se munir de la licence prescrites par lesdits articles 50 et 144, il faut ou exercer une des professions énumérées par le premier de ces articles, ou tout au moins donner à manger au jour, au mois ou à l'année, c'est-à-dire en faire une spéculation, une habitude ou une espèce de profession; qu'il appartient donc aux tribunaux d'apprécier si les personnes qui leur sont dénoncées comme tenant des pensionnaires ou se livrant à la vente des boissons, rentrent ou non dans quelqu'une des catégories énoncées dans ledit article 50;

Et, attendu qu'il est établi en fait, par le jugement attaqué, que la veuve Pourcher n'est ni aubergiste, ni cabaretière, et qu'elle ne se livre point à la vente des boissons; que le public n'est point admis chez elle; qu'il n'existe aucun débit de boissons, ni par conséquent aucun débitant à Colomieux; que c'est même à raison de ce défaut de débit, que l'autorité municipale, qui devait veiller à ce qu'il fût fourni le logement et la nourriture à des employés du cadastre, envoyés en mission à Colomieux, pour une opération commandée par le gouvernement, engagea la veuve Pourcher à les recevoir chez elle comme pensionnaires et à les nourrir pendant tout le temps, nécessairement borné, que durerait leur travail, et que c'est uniquement par déférence pour cette autorité locale qu'elle y a consenti;

Attendu que, dans l'état de ces faits ainsi constatés par le jugement attaqué et nullement contredits par le procès-verbal dressé, le 19 mai 1835, contre cette veuve par deux employés des contributions indirectes, le tribunal correctionnel de Bourg, en déclarant par son jugement du 26 février 1836 que la veuve Pourcher ne pouvait être assimilée aux débitants de boissons; que l'article 50 de la loi du 27 avril 1816 ne lui était pas applicable ; et, en la renvoyant en conséquence de la plainte, loin d'avoir violé les dispositions dudit article 50 et des articles 144, 95 et 171 de ladite loi, ainsi que la loi du 23 avril 1836, en a fait, au contraire, une saine et juste application ;

La cour rejette, etc.

LETT. DU M. DE LA GUERRE AUX INTENDANTS MILITAIRES, DU 14 OCT. 1836.

Casernement.

M. le ministre de l'intérieur, par une circulaire en date du 7 septembre dernier, adressée à MM. les préfets, et dont il vient de me donner connaissance, a arrêté diverses dispositions de principe tendant à fixer les bases des abonnements des villes pour frais de casernement.

Aux termes de cette circulaire, les demandes d'abonnement doivent être appuyées, entre autres documents, d'un état de l'effectif moyen de la garnison pendant les cinq dernières années, visé par le sous-intendant militaire. Vous comprendrez aisément l'importance de cette dernière formalité, puisqu'elle constituera un des principaux moyens d'appréciation de l'abonnement à régler. MM. les sous-intendants militaires devront donc s'attacher à constater avec exactitude l'état des choses sur ce point, et ils ne pourront manquer d'y parvenir en puisant les éléments de leur vérification dans la collection de leurs revues mensuelles sur le terrain, et subsidiairement dans la comptabilité du service des vivres, où le chiffre des consommations locales se trouve fixé. Une copie des états présentant la moyenne de l'effectif pendant les cinq années écoulées me sera transmise par votre intermédiaire, chaque fois qu'il y aura lieu.

Je saisis cette occasion pour vous prier de rappeler à MM. les sous-intendants militaires que, d'après la législation qui régit aujourd'hui la perception des frais de casernement, on doit porter dans les décomptes à établir à la charge des villes qui ont un octroi toutes les journées afférentes aux troupes logées dans les bâtiments militaires, c'est-à-dire dans ceux qui appartiennent à l'Etat ou que le

département de la guerre a pris à loyer, mais qu'il ne faut pas y comprendre les hommes à l'hôpital ou en prison.

Veuillez vous conformer aux instructions contenues dans cette dépêche.

A. C. DU 5 NOV. 1836, AFF. LESUEUR.

Le règlement qui impose au brasseur l'obligation de rentrer sa réserve de bière forte avant de donner la trempe de petite bière, est obligatoire, et l'infraction à ce règlement est une contravention à la loi.

Vu les articles 109 et 129 de la loi du 28 avril 1816;
L'article 8 de la loi du 1er mai 1822.

Attendu qu'après avoir ordonné que le produit des trempes données pour un brassin ne pourrait excéder de plus d'un vingtième la contenance de la chaudière déclarée pour la fabrication (1), l'article 109 de la loi du 28 avril 1816 autorise la régie des contributions indirectes à régler, suivant les circonstances, l'emploi de cet excédant de manière qu'il ne puisse en résulter aucun abus ; que la faculté de régler l'emploi de l'excédant de contenance emporte nécessairement celle de déterminer le temps et l'heure où cet emploi sera fait, afin de prévenir tous les abus possibles ; que le pouvoir délégué à la régie est indéfini et qu'il ne peut être limité dans son exercice et dans ses effets que par la nécessité de respecter la loi dans ses autres dispositions ; qu'ainsi le règlement qui, sous prétexte de prescrire des mesures pour l'emploi de l'excédant, tendrait à priver les brasseurs des droits que leur accordent les lois de la matière, dépasserait les bornes des attributions données à la régie et perdrait le caractère de légalité qui seul peut le rendre obligatoire;

Mais attendu dans l'espèce qu'en imposant à Lesueur Benoni l'obligation de faire rentrer entièrement dans sa chaudière de fabrication les excédants de métiers de la bière forte une heure avant la jetée de la première trempe de la petite bière, sans que le moment de leur entière rentrée puisse, dans aucun cas, dépasser la neuvième heure à partir de la jetée ou du repassage de la dernière trempe de bière forte sur les drèches, le règlement notifié le 19 août 1835 a eu pour but de parer à tous les abus, sans distinction de ceux qui pourraient se rencontrer dans la fabrication de la bière forte et dans celle de la petite bière ;

Qu'il ne fait point obstacle à ce que le brasseur indique dans sa déclaration, conformément à l'article 8, § 4, de la loi du 1er mai 1822, l'heure à laquelle les trempes de chaque brassin devront être données.

Qu'il n'est pas d'ailleurs établi en fait et qu'il ne résulte pas du jugement attaqué que ce règlement doive avoir nécessairement pour effet soit d'empêcher l'intervenant de faire, sur le produit des trempes données pour le brassin de bière forte, un emploi utile de l'excédant du vingtième, soit de le placer dans l'alternative de ne pouvoir fabriquer de la petite bière ou de ne fabriquer qu'une petite bière impotable et malsaine ;

Qu'ainsi ce règlement ne sortant pas du cercle des attributions données à la régie par l'article 109 précité, était obligatoire, et que les tribunaux devaient en assurer l'exécution ;

Attendu qu'un procès-verbal en bonne forme des employés de l'administration des contributions indirectes, en date du 24 septembre 1835, constate qu'au moment où l'intervenant donnait sa première trempe pour le brassin de petite bière, il n'avait pas fait entrer dans la chaudière de fabrication un excédant de métiers de bière forte d'environ 130 litres ; qu'il avait ainsi enfreint le règlement qui lui avait été notifié et que cette contravention était punissable aux termes de l'article 129 de la loi du 28 avril 1816.

Que néanmoins le jugement attaqué a relaxé l'intervenant par le motif que ce règlement était en opposition flagrante avec l'article 120 de la loi du 28 avril 1816 et l'article 8 de celle du 1er mai 1822, en quoi ce jugement a fait une fausse application desdits articles, et violé les articles 109 et 129 de la susdite loi du 28 avril 1816 ;

La cour casse. — Ch. crim.

A C. DU 10 NOV. 1836, AFF. CARBONNE. (DOUANES.)

Quand un prévenu a refusé de recevoir copie d'un procès-verbal, il n'y a pas nullité pour défaut de remise de cette copie, si d'ailleurs elle a été affichée à la porte de la maison commune.
Lorsque le prévenu a été présent à la description des objets saisis, il n'est pas nécessaire que le procès-verbal mentionne la sommation qui lui a été faite d'assister à cette description.
Lorsqu'il s'agit d'objets en cours de transport il suffit que cette sommation soit faite au conducteur ; il n'est pas nécessaire de la faire au propriétaire de la marchandise qui est intervenu.
Le défaut de conformité entre la copie et l'original du procès-verbal n'entraîne la nullité de cet acte qu'autant que les omissions de la copie, si elles existaient au procès-verbal, seraient de nature à le rendre nul.

Attendu 1° que le procès-verbal de saisie, dressé par les préposés des douanes, le 8 novembre 1834, constate qu'après en avoir entendu la lecture, Alexandre Fil a refusé de le signer, d'en recevoir copie, et qu'il s'est retiré immédiatement ;

Qu'il suit de là que c'est par le fait même d'Alexandre Fil que la formalité relative à la délivrance de la copie n'a pas été remplie, et qu'en déclarant ce procès-verbal nul, par le motif qu'Alexandre Fil n'en avait pas reçu copie, l'arrêt attaqué a faussement appliqué, et par suite violé l'art. 6 de la loi du 9 floréal an VII.

Attendu que les rapports doivent énoncer la présence de la partie à la description des objets saisis, ou la sommation qui lui aura été faite d'y assister ; que la mention de cette sommation n'est donc nécessaire que quand la partie n'a pas été présente à la description ;

Qu'à la vérité la copie du premier contexte du procès verbal, affichée à la porte du bureau, ne mentionne pas la sommation qui aurait été faite à Alexandre Fil d'assister le lendemain à la suite des opérations; mais qu'il résulte du procès-verbal du lendemain qu'elles ont été faites en sa présence ; qu'il a assisté à la levée des scellés, à la reconnaissance des marchandises saisies, ainsi qu'à la clôture du procès-verbal ; que le vœu de l'art. 3, titre 4 de la loi du 9 floréal an VII a donc été rempli ;

Attendu, d'ailleurs, que cet arrêt, en exigeant que la partie soit appelée à la description des objets saisis, ne s'est évidemment servi de cette expression, *la partie*, que dans le sens de l'art. 1er, titre 12 de la loi du 22 août 1791, suivant lequel la véritable partie de la douane est le préposé à la conduite des marchan-

____

(1) Modifié par l'art. 23 du décret du 17 mars 1852.

ses saisies, et non le propriétaire supposé de ces marchandises, auquel seulement le droit d'intervention est réservé ; qu'il suffisait donc que les prévenus, Laurent Carbone et autres, eussent été valablement sommés d'assister à la rédaction du procès-verbal, et que la douane n'était pas tenue, sous peine de nullité, de remplir la même formalité à l'égard d'Alexandre Fil, se disant propriétaire des objets saisis ;

Qu'ainsi, et sous tous les rapports, en annulant le procès-verbal par le motif que la copie affichée du premier contexte ne contenait pas la mention de la sommation qui aurait été faite à Alexandre Fil d'assister aux opérations du lendemain, l'arrêt attaqué a faussement appliqué l'art. 3 et violé l'art. 11 de la loi du floréal an VII ;

En ce qui touche, quant à ce deuxième moyen, les prévenus Laurent Carbone, Joseph Barbieri et consorts :

Attendu qu'en admettant que la copie doit tenir lieu d'original pour celui à qui elle a été notifiée, ce principe, lorsqu'on l'invoque pour faire prononcer la nullité de l'acte dont la signification a été faite, n'est susceptible d'application qu'autant que les vices ou les omissions qu'on remarque dans la copie seraient de nature à entraîner la nullité de l'acte s'ils se rencontraient dans l'original ;

Et attendu que le procès-verbal du 8 novembre 1834 constate que les prévenus ont été sommés de se rendre au bureau de la douane, à Ajaccio, où les marchandises saisies seraient transportées aussitôt que la santé aurait admis les préposés saisissants à la libre pratique, afin d'y assister à la description desdites marchandises, à la rédaction du procès-verbal, d'en entendre la lecture et d'en recevoir copie ;

Que ce procès-verbal énonce l'espèce, le poids et le nombre des objets saisis ;

Qu'à raison de l'absence des prévenus, la copie en a été affichée dans le jour à la porte du bureau ;

Qu'il n'était pas nécessaire que cette copie mentionnât la continuation des opérations au lendemain, neuf heures du matin, 1° parce qu'elles ne devaient avoir pour objet que la reconnaissance de l'état des marchandises, dans l'intérêt du réclamateur, et que l'art. 3 de la loi du 9 floréal an VII n'exige que la description des objets saisis, qui avait eu lieu ; 2° parce que la sommation d'assister à la rédaction du procès-verbal embrassait toutes les opérations qui en étaient la suite, sans qu'il fût besoin de la renouveler pour chaque vacation, et qu'il a suffi d'afficher à la porte du bureau la copie du second contexte ;

Que l'annulation du procès-verbal de saisie, fondée sur ce motif que les prévenus absents n'auraient pas été valablement sommés d'assister aux opérations du lendemain, 9 novembre, présente donc encore une fausse application de l'art. 3 et une violation de l'art. 11, titre 4 de la loi du 9 floréal an VII ;

La cour casse. — Ch. crim.

ARR. DU CONS. D'ÉT. (ORD.) DU 22 NOV. 1836, AFF. CHATEAU-THIERRY.

Une décision du ministre est valablement notifiée à une commune par lettres du préfet et du sous-préfet.

Quand, après la notification par lettres, la ville a décidé qu'elle formerait un pourvoi, elle est non recevable à regarder comme notification officielle la remise postérieure qui lui est faite d'une copie authentique de la décision attaquée.

Considérant que, par lettre du 29 janvier 1833, le directeur de l'administration des contributions indirectes a fait connaître au préfet du département de l'Aisne la décision attaquée de notre ministre des finances, ainsi que les motifs sur lesquels elle se fonde ;

Que ladite lettre a été notifiée au maire de la ville de Château-Thierry, le 4 février suivant, ainsi qu'il résulte des visas de la délibération du conseil municipal de cette ville du 5 du même mois, par laquelle ledit maire est chargé de demander au conseil de préfecture l'autorisation de se pourvoir contre la susdite décision ;

Considérant que le pourvoi n'a été enregistré au secrétariat général de notre conseil d'État que le 4 avril 1834, d'où il suit qu'il n'a point été formé dans les délais du règlement ;

Art. 1er La requête de la ville de Château-Thierry est rejetée.

A. C. DU 28 NOV. 1836, AFF. FANON.

Sont nuls les jugements en matière civile qui ne contiennent ni les points de fait et de droit, ni les conclusions des parties.

Vu les art. 141 et 470 du code de procédure civile ;

Attendu que l'arrêt attaqué ne contient aucune exposition sommaire des points de fait et de droit, et surtout aucune mention des conclusions qui peuvent avoir été prises devant la cour royale ; que cette omission ne peut être suppléée par les motifs du jugement de première instance ; que ces motifs mêmes font sentir la nécessité de connaître les conclusions qui ont pu être prises en appel, dans l'espèce, à raison des circonstances de fait et des lettres que le jugement, sans les énoncer, dit ne pouvoir suppléer au défaut de reconnaissance ; qu'il importe de rappeler les juges à l'observation des règles prescrites par les articles ci-dessus ;

La cour casse. — Ch. civ.

A. C. DU 29 NOV. 1836, AFF. DUTOUR.

Le délai de l'appel contre les jugements par défaut, faute de plaider, ne court qu'à partir du jour où les jugements ont été signifiés à personne ou à domicile selon la règle générale.

Vu les art. 147 et 443 du code de procédure civile ;

Attendu que ces articles consacrent le principe, admis de tous les temps, que les jugements doivent être signifiés à parties, soit pour faire courir le délai de l'appel, soit pour devenir exécutoires ;

Que la loi n'admet aucune distinction à cet égard entre les jugements contradictoires et les jugements par défaut, et qu'en jugeant, dans l'espèce, que la signification à partie n'est pas nécessaire pour ces derniers jugements, la cour royale de Nîmes a créé, aux dispositions de l'art. 443 du code de procédure civile, une exception que le législateur n'a point admise et qui est contraire aux dispositions de l'art. 147 du même code, d'où il suit que son arrêt a expressément violé ces deux lois ;

La cour casse. — Ch. civ.

Nota. — Il n'est pas douteux que le principe consacré par cet arrêt ne s'applique à celles des affaires de la régie qui sont susceptibles d'être instruites et

jugées d'après les règles du droit commun, ainsi qu'à celles suivies d'après le mode prescrit par la loi du 22 frimaire an VII.

Il ne l'est pas non plus, selon nous, qu'il ne puisse également être invoqué, relativement aux instances en matière *correctionnelle*, par suite d'un procès-verbal de contravention, lorsque l'administration a eu recours à un avoué, bien que son ministère ne fût que facultatif. Le principe est général, il n'admet aucune exception. *Note du Mêm.*

ARR. DU CONS. D'ÉT. (ORD.) DU 30 NOV. 1836, F. ANGLADE.

On ne peut se pourvoir par la voie contentieuse contre les ordonnances royales qui disposent par voie réglementaire, et dans un intérêt général, qu'autant qu'il en a été fait une application particulière à celui qui en demande l'annulation.

Vu la requête du sieur Jean-Marie Anglade, bouilleur à Toulouse, tendant à ce qu'il nous plaise le recevoir opposant à notre ordonnance du 27 août 1835, qui, dans une de ses dispositions, en approuvant l'établissement, à Toulouse, d'un entrepôt public pour les vins en cercles, a supprimé l'art. 30 du règlement de l'octroi de cette ville, lequel admettait les boissons à la faculté de l'entrepôt à domicile, et statuant sur ladite opposition, réformer ladite ordonnance attaquée, pour la violation des art. 32 et 36 de la loi du 28 avril 1816, comme enlevant aux bouilleurs un droit acquis par eux et ruinant leurs bouilleries, comme détruisant l'établissement de l'exposant, autorisé par notre ordonnance du 5 avril 1833....

Considérant que notre ordonnance du 27 août 1834 est un acte d'administration générale dont il n'a été fait aucune application particulière à l'exposant, et qu'ainsi il n'est pas fondé à nous le déférer par voie contentieuse ;

Art. 1er La requête du sieur Anglade est rejetée.

Art. 2. Le sieur Anglade est condamné aux dépens.

ARR. DU CONS. D'ÉT. (ORD.) DU 14 DÉC. 1836, AFF. DAVIAUD.

L'autorité judiciaire est seule compétente pour prononcer sur les contestations qui s'élèvent, relativement à la quotité des droits de navigation, entre un concessionnaire de canal et des particuliers.

Considérant qu'il s'agit, dans l'espèce, d'une contestation élevée entre le concessionnaire du canal de Luçon et les sieurs Beaussire et compagnie, sur l'application à faire aux deux navires *la Lise* et *le Jeune-Constant*, du tarif de péage annexé à l'acte de concession dudit canal, et que les contestations de cette nature doivent être portées devant l'autorité judiciaire ;

Art. 1er. L'arrêté ci-dessus visé, du conseil de préfecture de la Vendée, est annulé.

Art. 2. Les requêtes des sieurs Beaussire et compagnie et du sieur Daviaud sont rejetées.

Art. 3. Les parties sont renvoyées devant les tribunaux.

A. C. DU 13 JANV. 1837, AFF. DAVOUST.

En matière correctionnelle, une citation, régulièrement signifiée, quoique donnée devant un tribunal incompétent, suffit pour interrompre la prescription.

Vu les art. 2246, 2247 du code civil, 637 et 638 du code d'instruction criminelle ;

Attendu, en droit, qu'aux termes des deux premiers articles précités toute citation valablement donnée en justice régulière, même devant un juge incompétent a pour effet légal d'interrompre la prescription de l'action qui en est l'objet ;

Que ce principe est de plein droit applicable aux délits qui sont de nature à être punis correctionnellement, puisque les art. 637 et 638 du code d'instruction criminelle n'exigent, pour l'interruption de la prescription, qu'un acte valable d'instruction ou de poursuite, et ne la subordonnent point à la compétence des tribunaux auprès ou dans le ressort desquels sont placés les magistrats ou les officiers publics qui ont procédé à cet acte ;

D'où il suit qu'une citation régulièrement signifiée avant que la prescription soit acquise, à la requête d'un magistrat ayant caractère pour poursuivre la répression du délit dont elle saisit la justice, en interrompt le cours lors même qu'elle est donnée devant un tribunal incompétent pour statuer sur la prévention à raison de la qualité du prévenu ;

Et attendu, en fait, que le procureur du roi près le tribunal de première instance des Andelys y a régulièrement traduit Davoust en police correctionnelle par citation à lui signifiée le 14 mai dernier comme prévenu d'un délit de chasse qu'il aurait commis dans cet arrondissement le 29 avril précédent ;

Que le tribunal correctionnel d'Evreux, statuant sur l'appel de la condamnation contre lui prononcée, l'a infirmée par le motif que ledit Davoust était alors dans l'exercice de ses fonctions de garde forestier, et a renvoyé l'affaire devant la première chambre de la cour royale de Rouen, conformément à l'art. 483 du code d'instruction criminelle ;

Que cette cour, si la prévention lui paraissait justifiée, devait dès lors faire droit à la poursuite ;

Que néanmoins elle a déclaré que la prescription était acquise à l'inculpé à l'époque où il fut cité devant elle le 22 octobre suivant ;

Qu'en procédant ainsi, sous le prétexte que la procédure faite devant le tribunal des Andelys n'a pu produire l'effet d'interrompre la prescription, l'arrêt dénoncé a commis une violation expresse des dispositions ci-dessus visées ;

La cour casse. — Ch. crim.

A. C. DU 13 JANV. 1837, AFF. DUPOUY-MOMBET.

Une citation en police correctionnelle, déclarée nulle, n'interrompt pas la prescription.

Attendu, en droit, qu'aux termes de l'art. 192 du code d'instruction criminelle, les tribunaux de police correctionnelle peuvent être directement saisis des faits qui n'entraînent que l'application des peines de simple police, et par conséquent de tous les délits ruraux spécifiés dans le titre 2 de la loi des 28 septembre-6 octobre 1791 ; que ces tribunaux sont donc tenus de les constater et de les réprimer si la partie publique ou la partie civile n'a pas demandé le renvoi ;

Mais attendu, en fait, dans l'espèce, que le tribunal correctionnel de Mirande, saisi par citation donnée à la requête du procureur du roi près de ce siége, le 13 juillet dernier, de la prévention dirigée contre François Dupouy-Mombet, d'avoir, le 29 juin précédent, laissé ses brebis pacager à l'abandon dans un pâture boisée, annula cette citation par son jugement du 23 du même mois de juillet, et se déclara incompétent sur le motif que l'art. 3 du titre précité attribue la connaissance de ce délit rural au tribunal de simple police du canton dans lequel il a été commis;

Que le ministère public, au lieu d'user contre cette décision du droit que lui donnent les art. 215 et 416 du code d'instruction criminelle, lui a laissé acquérir l'autorité de la chose irrévocablement jugée;

Que ledit Dupouy-Mombet n'a été ensuite traduit devant le tribunal local de simple police que le 8 août suivant;

Qu'à cette époque, la prescription du fait dont il s'agit se trouvait acquise en sa faveur, d'après l'art. 8, section 7, titre Ier de la loi précitée, puisque la citation qui, selon cet article, aurait eu l'effet légal de suspendre son cours, avait été définitivement annulée;

Que ce dernier tribunal devait donc, dans cet état des faits, déclarer l'action publique éteinte, et par suite qu'il n'y avait lieu d'appliquer au prévenu aucune peine;

D'où il suit qu'en infirmant la condamnation prononcée contre lui, attendu que la citation du 13 juillet ne saurait, ayant été précédemment déclarée radicalement nulle, avoir interrompu la prescription, le jugement dénoncé, lequel est d'ailleurs régulier en la forme, s'est conformé aux art. 1350 et 1351 du code civil;

La cour rejette. — Ch. crim.

ARR. DU CONS. D'ÉT. (ORD.) DU 23 JANV. 1837, AFF. PROVENÇAL.

Lorsqu'un cultivateur ne conteste ni ne justifie l'absence d'une certaine quantité de feuilles, le conseil de préfecture ne peut lui accorder décharge de la somme à laquelle il a été imposé, à raison du défaut de livraison de ces feuilles, en se fondant sur des considérations qui ne sont point de nature à affecter le résultat matériel du décompte.

Vu les art. 182, 199 et 201 de la loi du 28 avril 1816;

Considérant qu'aux termes des articles sus-visés de la loi du 28 avril 1816, les cultivateurs sont tenus de représenter en totalité le produit de leur récolte, et de payer la valeur des quantités manquantes; — Considérant que le sieur Provençal ne conteste ni ne justifie l'absence des feuilles dont il s'agit, et que le conseil de préfecture, en se fondant, pour lui en accorder décharge, sur des considérations qui n'étaient point de nature à affecter le résultat matériel du décompte, a contrevenu aux dispositions de ladite loi;

Art. 1er. L'arrêté du conseil de préfecture du département du Var, du 21 octobre 1834, est annulé. — Art. 2. La somme de 64 fr., montant de la valeur des feuilles non représentées par le sieur Provençal, est mise définitivement à la charge dudit sieur.

A. C. DU 17 FÉV. 1337, AFF. FORESTIER.

Dans les matières où la déclaration d'inscription de faux contre les procès-verbaux doit être faite avant l'audience indiquée par la citation, elle ne peut l'être valablement à une audience suivante, quoiqu'il y ait eu remise de la cause.

Le tribunal, appelé à statuer sur l'admissibilité des moyens, est obligé de rejeter l'inscription de faux elle-même, s'il reconnaît qu'elle a été déclarée tardivement, ou qu'elle ne présente pas l'accomplissement des formalités prescrites par la loi, et de passer immédiatement au jugement de contravention.

Vu l'art. 179 du code forestier;

Attendu que la déclaration du prévenu, de s'inscrire en faux contre le procès-verbal, n'avait pas été faite, comme le veut la loi, avant l'audience du 6 août, indiquée par la citation, mais qu'elle avait eu lieu quatorze jours après cette audience et à la date du 20 août seulement; que dès lors cette déclaration était tardive et nulle;

Attendu que, bien que le tribunal en eût donné acte par son jugement du 20 août, il n'en avait pas moins le devoir, en statuant sur l'admission des moyens de faux, d'examiner si les formalités prescrites par la loi avaient été remplies, et en l'absence de ces formalités, de rejeter les moyens de faux, et d'ordonner qu'il fût passé outre au jugement;

Attendu qu'au lieu d'agir ainsi, le tribunal de Melle, par son jugement du 27 août, a admis les moyens de faux et sursis à statuer, et que le tribunal de Niort, saisi de l'appel de ce dernier jugement, s'en est approprié les vices en le confirmant, sous le prétexte qu'il n'y avait pas d'appel du jugement du 20 août, ce qui constitue une violation de l'art. 179 ci-dessus transcrit;

La cour casse. — Ch. crim.

A. C. DU 23 FÉV. 1837, AFF. LÉGÉ.

Un jugement a le caractère de jugement par défaut, en matière correctionnelle, lorsque le prévenu, quoique comparant, n'a présenté aucune défense et pris aucune conclusion.

Quand le jugement par défaut n'a pas été signifié, l'opposition peut être déclarée verbalement à l'audience, pourvu que ce soit en présence de la personne qui a obtenu le jugement.

Sur le premier moyen tiré de la prétendue violation des articles 149 et 150 du code d'instruction criminelle, en ce que le jugement du 29 décembre 1836, rendu après deux comparutions successives du prévenu, ne pouvait pas être frappé d'opposition;

Attendu, en droit, qu'un jugement doit être réputé par défaut et susceptible d'opposition en matière criminelle, en ce que le prévenu, bien qu'il ait comparu sur la citation, n'a proposé aucun moyen de défense ni pris aucune conclusion expresse sur ce qui en est le sujet;

Que, dans l'espèce, les deux remises accordées à Légé par le tribunal, afin de satisfaire à la sommation qui lui avait été faite et d'en justifier, ne sauraient donner au jugement sus-daté le caractère d'une décision contradictoire, puisqu'il n'avait été précédé d'aucune défense ni d'aucune conclusion sur le fond de la prévention;

Sur le deuxième moyen, tiré de la prétendue violation de l'article 141 du même code, en ce que l'opposition sur laquelle le jugement dénoncé statue, n'a été déclarée que verbalement à la barre du tribunal;

Attendu, en droit, que cet article n'a réglé la forme et le délai de l'opposition que pour l'unique hypothèse où les jugements qui en sont l'objet ont déjà été signifiés;

Que dès lors, sa disposition, quant à la notification de l'opposition, ne peut être obligatoire et substantielle que dans le cas où, sans cela, la partie qui a obtenu le jugement par défaut ne saurait avoir connaissance de l'exercice de cette faculté, et ne serait pas légalement mise en demeure de soutenir contradictoirement son action;

Qu'il suffit donc, dans le cas contraire, que le prévenu déclare verbalement son opposition à l'audience, comme dans l'espèce, et demande à être entendu en présence de la partie au profit de laquelle la condamnation a été prononcée;

Que cette forme de procéder rentre dans l'esprit qui a dicté l'art. 147 du code précité;

Qu'elle doit, par conséquent, être d'autant mieux admise et consacrée, que l'art. 159 du code du 3 brumaire an IV lui attribuait l'effet de rendre le jugement comme non avenu, même lorsqu'il avait été signifié à l'opposant;

Et attendu, au fond, que le jugement dont il s'agit n'a expressément violé, dans l'état des faits qui l'ont déterminé, la disposition d'aucune loi, et qu'il est d'ailleurs régulier en la forme;

La cour rejette. — Ch. crim.

ARR. DU CONS. D'ET. (ORD.) DU 24 FÉV. 1837.

Les droits de bac sont, sur les rivières non navigables comme sur les rivières navigables, la propriété exclusive de l'Etat, sans pouvoir faire l'objet d'une propriété privée.

Arrêt conforme.

ARR. DU CONS. D'ÉT. (ORD.) DU 3 MARS 1837, AFF. ROUILH.

Quand un fermier d'octroi est tenu de payer les frais de casernement exigés par le département de la guerre, la commune n'a pas à lui rembourser ces frais s'ils ont été perçus à tort.

Considérant que, aux termes de l'art. 30 du cahier des charges, le sieur Fauré Rouilh devait, « dans le cas où il y aurait des troupes, » payer, en outre du prix de son bail, les frais de casernement militaire, alors exigés par le département de la guerre; — Que si, plus tard, le département de la guerre a reconnu avoir à tort exigé des frais de casernement de la ville de Pamiers, cette circonstance n'a pu atténuer les obligations contractées par le sieur Fauré Rouilh, et l'affranchir du supplément de charges stipulé par l'art. sus-visé; — Considérant, d'ailleurs, que les frais de casernement ont été faits par la ville de Pamiers; qu'ainsi la restitution de le somme dont il s'agit doit avoir lieu au profit de ladite ville et non au profit du sieur Fauré Rouilh;

Art. 1er Les requêtes du sieur Fauré Rouilh sont rejetées.

A. C. DU 11 MARS 1837, AFF. TOUPILLER.

L'erreur que l'on aurait commise dans la citation en justice d'un prévenu de contravention, en attribuant à cette contravention une date autre que celle à laquelle le fait incriminé se serait passé, n'entraîne pas la nullité de cette citation.

Les juges ne peuvent, sans violer la loi, refuser l'audition des témoins que le ministère public ou la partie civile demandent à faire entendre pour établir les contraventions.

Vu les art. 183 et 154 du code d'instruction criminelle, portant, le premier, que les citations en matière correctionnelle énonceront les faits; le second portant que les contraventions et délits pourront être prouvés par procès-verbaux et témoins, à défaut de procès-verbaux ou à leur appui;

Vu enfin l'art. 408 du même code d'instruction criminelle;

Attendu que la citation donnée aux prévenus, touchant le délit de chasse sans permis et port d'armes, était revêtue des formalités substantielles requises pour ces sortes d'actes, et satisfaisait au vœu de l'art. 183 du code d'instruction criminelle, puisqu'elle désignait clairement la personne citée et le fait, objet de prévention;

Attendu que si cette citation renferme une erreur de date, et présente comme ayant eu lieu le 14 septembre un fait qui, selon le débat du procès, se serait passé le 13, cette erreur ne viciait pas la citation, et ne pouvait en rien dénaturer le fait de la poursuite énoncé en cette citation; qu'il ne paraît pas même avoir été articulé que les prévenus, par cette différence de jour, eussent pu être induits en une erreur réelle;

Attendu, de plus, qu'il résulte d'un procès-verbal régulier que le délit imputé aurait été commis le 13, et attendu qu'en cet état le ministère public ayant demandé à faire entendre des témoins pour établir que le fait se serait réellement passé ce jour-là, la cour royale d'Amiens n'a point statué sur ces conclusions par le motif qu'elle ne pouvait juger que l'objet de la demande, et que le délit, présenté dans la citation comme ayant été commis le 14, n'aurait pas eu lieu ce jour d'après le ministère public lui-même qui devait dès lors se pourvoir par une autre action;

Et attendu qu'en décidant ainsi, la cour royale d'Amiens a violé les art. 154 183 du code d'instruction, et l'art. 408 du même code;

La cour casse. — Ch. crim.

LOI DU 1er AVR. 1837.

Autorité des arrêts rendus par la cour de cassation après deux pourvois.

Art. 1er. Lorsqu'après la cassation d'un premier arrêt au jugement rendu dernier ressort, le deuxième arrêt ou jugement rendu dans la même affaire entre les mêmes parties, procédant en la même qualité, sera attaqué par les mêmes moyens que le premier, la cour de cassation prononcera, toutes chambres réunies.

Art. 2. Si le deuxième arrêt ou jugement est cassé pour les mêmes motifs que le premier, la cour royale ou le tribunal auquel l'affaire est renvoyée se conformera à la décision de la cour de cassation sur le point de droit jugé par cette cour.

Art. 3. La cour royale statuera en audience ordinaire, à moins que la nature de l'affaire n'exige qu'elle soit jugée en audience solennelle.

Art. 4. La loi du 30 juill. 1828 est abrogée.

. DU 7 AVR. 1837, AFF. TAULZÉ. (FORÊTS).

Quand un prévenu de contravention n'a pas été reconnu au moment du fait constaté, et que, découvert ensuite, le procès-verbal de reconnaissance de son identité lui est signifié, cette signification n'interrompt pas la prescription. Il n'y a qu'un acte de poursuite ou d'instruction qui puisse l'interrompre.

Les honoraires des avoués ne peuvent être mis à la charge d'une partie civile qui succombe dans une poursuite correctionnelle.

Sur le premier moyen, présenté par l'administration forestière ;

Attendu, en droit, qu'en matière de délit de chasse la prescription ne peut être interrompue que par un acte de poursuite ou d'instruction ;

Attendu, en fait, que le procès-verbal du garde, constatant la reconnaissance postérieure du délinquant, qu'il n'avait pu reconnaître au moment de la perpétration du délit, bien que dénoncée à ce délinquant, ne peut être assimilé aux actes de poursuite ou d'instruction dont parle l'art. 12 de la loi du 30 avril 1790, et conséquemment n'est point de nature à interrompre la prescription ;

Qu'il suit de là que, dans l'espèce, la prescription du délit de chasse, constaté par procès-verbal du 11 mai 1835, était définitivement acquise au prévenu le 11 juin suivant, et par conséquent que la citation à lui donnée le 29 de ce même mois de juin était tardive, et ne pouvait servir de base à une poursuite judiciaire ; qu'en prononçant ainsi l'arrêt attaqué a fait une saine application de la loi ;

La cour rejette ce premier moyen ;

Mais attendu, sur le deuxième moyen invoqué par l'administration, que dans les frais mis, par l'arrêt attaqué, à la charge de cette administration, se trouvent compris des honoraires d'avoués et autres dépenses n'ayant pas pour objet la recherche, la poursuite et la punition du délit ;

La cour, procédant par voie de retranchement, casse en cette disposition l'arrêt attaqué. — Ch. crim.

A. C. DU 11 AVR. 1837, AFF. CHASSEIGNEUX ET CHOMAT.

Une inscription de faux incident doit donner lieu à l'examen de la pertinence des moyens de faux présentés.

Ces moyens ne peuvent être rejetés par le seul motif que l'auteur de la pièce incriminée n'a pas agi frauduleusement.

Vu l'art. 45 du décret du 14 juin 1813, l'art. 240 du code de procédure, et l'art. 146 du code pénal ;

Attendu que l'inscription de faux incident étant un moyen ouvert par la loi pour faire rejeter d'un procès une pièce qui y est produite, abstraction faite de toute fraude de la part de l'auteur de la pièce, les juges n'ont à apprécier que la pertinence ou non pertinence des faits présentés à l'appui de cette inscription ; mais qu'ils ne peuvent la rejeter sur le seul motif qu'il n'y aurait pas eu fraude de la part de l'auteur de la pièce, puisque le faux matériel de la pièce peut exister en l'absence de cette fraude, et suffire pour faire rejeter cette pièce du procès ;

Attendu, dans l'espèce, que sans apprécier les faits articulés, soit sous le rapport de la matérialité, soit sous le rapport du préjudice qui a pu en résulter, l'arrêt attaqué a simplement jugé en droit que l'absence de fraude suffisait pour rejeter l'inscription de faux incident, en quoi cet arrêt a faussement appliqué l'art. 45 du décret du 14 juin 1813, et violé les art. 240 du code de procédure civile, et 146 du code pénal ;

La cour casse. — Ch. civ.

A. C. DU 13 MAI 1837, AFF. BASTIDE.

Un prévenu qui, pour obtenir sa mise en liberté provisoire, a fourni caution de se représenter en justice, et qui est jugé par défaut, peut former opposition au jugement qui a condamné la caution à verser une somme en numéraire.

L'acquiescement de la caution au jugement ne porte point atteinte au droit du prévenu de former opposition.

Si le prévenu qui a fourni caution est acquitté, bien qu'il n'ait pas comparu, le cautionnement en numéraire doit être restitué à la caution, après prélèvement des frais occasionnés par le défaut.

Sur le premier moyen, pris de la fausse application de l'article 187 du code d'instruction criminelle ;

Attendu que le jugement du 18 juillet 1832, bien que renfermant deux dispositions distinctes, ne forme qu'une seule et même décision ;

Que la première de ces dispositions condamne, à la vérité, Perrier seul au versement, dans les mains du receveur de l'enregistrement, du montant du cautionnement par lui souscrit en faveur de Bastide ;

Mais que Bastide étant seul en cause, Perrier n'ayant été ni cité ni constitué en demeure, la condamnation en réalité doit être considérée comme ayant été prononcée contre Bastide ;

Que ce dernier, dès lors, était recevable à former opposition à une disposition rendue par défaut contre lui, et qui ne lui avait pas été signifiée ;

Sur le deuxième moyen, tiré de l'acquiescement de Perrier audit jugement ;

Attendu que le fait de Perrier n'a pu enlever à Bastide le droit résultant en sa faveur du caractère non définitif de la décision qui donnait ouverture contre lui à une action récursoire, dont l'effet eût été de faire peser sur lui seul, en définitive, la charge du cautionnement ;

Sur le troisième et dernier moyen, pris de la violation des art. 114, 120 et 122 du code d'instruction criminelle ;

Attendu que le cautionnement est destiné à servir de gage, non seulement aux frais de poursuite, aux réparations civiles et à l'amende, mais encore à l'exécution de la peine d'emprisonnement, si elle est prononcée par le jugement définitif ;

Qu'il s'ensuit que lorsque, par le résultat des poursuites, il n'y a point eu de condamnation à cette peine, ce qui reste du cautionnement après le prélèvement des frais occasionnés par le défaut ne peut être réputé acquis au trésor public, et doit être restitué à la caution ;

Que l'obligation de représenter le prévenu à tous les actes de la procédure a pour objet essentiel de parvenir, à l'aide de sa présence, à la manifestation de la vérité ; que si le prévenu est acquitté, bien qu'absent, c'est que la justice s'est trouvée suffisamment éclairée sur le peu de fondement de la prévention dirigée contre lui ; qu'il n'est pas nécessaire, dès lors, de sanctionner par une peine cette obligation dont l'accomplissement a été jugé superflu ;

Attendu que la disposition de l'arrêt attaqué, qui a ordonné la restitution du cautionnement, ne peut s'entendre qu'en ce sens que cette restitution aura lieu entre les mains de qui de droit ;

La cour rejette. — Ch. crim.

ARR. DU CONS. D'ÉT. (ORD.) DU 18 MAI 1837, AFF. SAINT-OMER.

Les prisonniers de guerre casernés dans une ville doivent être compris dans l'état qui sert de base aux décomptes de l'abonnement de cette ville pour les frais de casernement.

Considérant que, aux termes de l'article 46 de la loi du 15 mai 1818 et de l'ordonnance du 5 août suivant, les dépenses de casernement et des lits militaires doivent être prélevées sur les revenus des communes, au moyen d'un abonnement, qui est réglé suivant le nombre des journées d'occupation d'hommes et de chevaux ; — Considérant que les prisonniers de guerre hollandais ont été casernés dans la ville de Saint-Omer, conformément au règlement ci-dessus visé du 7 août 1792 ; que, dès lors, c'est avec raison qu'ils ont été compris dans l'état servant de base aux décomptes trimestriels de l'abonnement de la ville de Saint-Omer ;

Art. 1er. La requête de la ville de Saint-Omer est rejetée.

A. DE LA COUR ROYALE DE PARIS DU 20 MAI 1837, AFF. DREUX.

Les débitants de boissons, abonnés pour le paiement du droit de détail, sont tenus, nonobstant leur abonnement, de représenter des expéditions pour toutes les boissons qu'ils reçoivent, soit dans leur domicile, soit ailleurs.

Considérant qu'il résulte d'un procès-verbal régulier, qu'il a été saisi dans des caves dépendant de l'habitation de Dreux, débitant de boissons, dix fûts marqués des lettres D. R., et contenant treize hectolitres soixante litres de vin ; que les sieurs Lebeau et Langevin, ouvriers, ont prétendu en être propriétaires, mais que cette allégation est détruite par les faits constatés audit procès-verbal, et les circonstances de la cause ; qu'il a été trouvé, notamment dans une cave dont Dreux convient d'être locataire, des fûts portant également lesdites lettres D. R. ; qu'il suit de là que les vins saisis étaient sa propriété, et qu'il les avait recélés ;

Que l'abonnement consenti par l'administration au profit de Dreux ne saurait le soustraire aux obligations imposées par la loi à tous les débitants ; qu'il n'est pas exact de dire qu'il y a défaut d'intérêt dans la contravention qui lui est reprochée, les abonnements étant pour un an, et l'administration prenant pour base la consommation opérée dans la fixation de ces abonnements ; que Dreux avait en conséquence intérêt à masquer son débit par la fraude à laquelle il se livrait ;

La cour, l'amendant, déclare Dreux coupable de la contravention ci-dessus spécifiée ;

Et le condamne en 50 fr. d'amende et à la confiscation des objets saisis ou à en payer la valeur fixée à 300 fr.

A. C. DU 15 JUIN 1837, AFF. PATOIS.

L'outrage envers un fonctionnaire public par lettre missive est assimilé à l'outrage par paroles.

Pour être punissable, il n'est pas nécessaire que l'outrage ait été public.

Les injures prennent le caractère d'outrages, lorsqu'elles sont adressées à des fonctionnaires publics.

Vu l'art. 139, n° 5, du code d'instruction criminelle, relatif à la compétence des tribunaux de police en matière d'injures verbales ; les art. 376 et 471, n° 11, du code pénal, qui punissent les injures non publiques, ainsi que l'art. 20 de la loi du 17 mai 1819 ;

Vu aussi les art. 222, 223 et suivants du code pénal ;

Attendu que les injures ou expressions outrageantes sont punissables alors même qu'elles ne sont pas accompagnées de la circonstance aggravante de la publicité, et qu'elles n'auraient pas été proférées en présence de la personne offensée ; que ces dispositions sont applicables aux injures contenues dans des lettres missives ou écrits non publics qui ont reçu par leur envoi ou leur communication une notoriété quelconque, le tout indépendamment de la qualité publique des personnes qu'elles concernent ;

Attendu que les injures prennent le caractère d'outrages lorsqu'elles s'adressent à des personnes revêtues de fonctions publiques ou qui ont agi dans une qualité publique ; que si l'art. 6 de la loi du 25 mars 1822 a dérogé aux dispositions des art. 222 et suivants du code pénal, pour les outrages commis d'une manière quelconque, à raison de leurs fonctions ou de leur qualité, envers les membres des chambres législatives, les fonctionnaires publics, les ministres des cultes, les jurés et les témoins, quand ces outrages ont été faits publiquement, cet article a laissé subsister les dispositions antérieures du code pénal, soit quant aux outrages commis envers les magistrats de l'ordre administratif ou judiciaire dans l'exercice de leurs fonctions, soit quant aux outrages commis envers les mêmes personnes, mais non publiquement, à l'occasion de l'exercice de ces mêmes fonctions ;

Attendu que le but de la disposition des art. 222 et suivants du code pénal a été moins de protéger les personnes que de protéger les fonctions dont ces personnes sont revêtues, puisque ces articles appartiennent au titre 1er du livre 3 du code pénal, intitulé : *Des crimes et délits contre la chose publique* ;

Qu'on ne saurait donc chercher la répression de ces outrages dans les dispositions relatives aux injures envers les particuliers ;

Attendu que l'art. 223 du code pénal punit d'une peine d'un mois à six mois d'emprisonnement l'outrage envers les magistrats commis par gestes ou par menaces ;

Que l'art. 222 du même code punit d'une peine d'un mois à deux ans l'outrage commis par paroles, envers les mêmes magistrats, lorsque cet outrage tend à inculper leur honneur et leur délicatesse, et que l'outrage par gestes ou menaces n'est assimilé à l'outrage par paroles qu'autant qu'il a eu lieu à l'audience d'une cour ou d'un tribunal ;

Que ces deux genres d'outrage existent aussi bien lorsqu'ils ont lieu hors la présence de la personne revêtue du caractère de magistrat que s'ils s'adressaient directement à la personne ; que ce n'est donc pas à la provocation personnelle qu'ils tombent sous l'application des art. 222 et 223 du code pénal, mais à raison de la fonction outragée ;

Qu'il n'existe dès lors aucune raison de soustraire l'outrage commis par lettre missive ou par écrit non rendu public, à l'application de ces mêmes articles ; que l'outrage écrit a un caractère de préméditation qui ne permet pas de le ranger parmi les outrages par gestes ou menaces ; qu'il doit donc être assimilé à l'outrage par paroles ; qu'en effet, l'écriture n'est qu'une parole écrite ; que l'art. 222 n'a point exclu cette interprétation, et que les termes n'en sont point limitatifs ;

D'où il suit que, dans l'espèce, en reconnaissant qu'une lettre missive du sieur Patois au sous-préfet de Loches contenait, à l'occasion des fonctions de ce dernier, des outrages, adressés méchamment et sans provocation, tendant à inculper son honneur et sa délicatesse, et en refusant de faire, à ce fait ainsi déclaré, application de l'art. 222 du code pénal, le jugement attaqué a violé ledit article ;

La cour casse. — Ch. crim.

A. C. DU 16 JUIN 1837, AFF. ROBERT. (DOUANES.)

Les tribunaux ne peuvent acquitter un contrevenant par des motifs tirés de l'âge, de la bonne foi et de l'ignorance. Ce n'est qu'à l'administration qu'il appartient d'apprécier les circonstances atténuantes.

Vu l'art. 41 de la loi du 28 avril 1816 ;

L'art. 1er du titre V de la loi du 22 août 1791, aux termes duquel les propriétaires des marchandises prohibées à l'entrée, voituriers et autres préposés à la conduite doivent être solidairement condamnés en l'amende de 500 livres, sauf le recours de ces derniers contre les marchands et propriétaires ;

L'art. 16 du titre IV de la loi du 9 floréal an VII, contenant la disposition suivante : « Il est expressément défendu aux juges d'excuser les contrevenants sur « l'intention ; »

Attendu qu'en matière de douanes l'existence du fait matériel de la contravention suffit pour obliger les juges d'y appliquer la peine qui y a été attachée : que la question d'intention sort des attributions des tribunaux ; qu'elle est tout entière dans celles de l'administration à qui il appartient exclusivement d'apprécier les circonstances atténuantes du fait, la bonne foi des contrevenants, et de remettre ou de modérer, d'après cet examen, les peines encourues ;

Attendu, en fait, qu'un procès-verbal en bonne forme et non attaqué par la voie de l'inscription de faux, constate que, le 14 août 1836, vers minuit et demi, les préposés des douanes à la résidence de Virieu, étant en embuscade à la distance de l'étranger d'environ quinze kilomètres, ont saisi, sur une voiture attelée d'un cheval et montée par deux individus, cinq ballots et huit paquets de coton filé d'origine étrangère : que cette voiture était sous la conduite de Dominique Robert fils, de Beaurepaire, qui d'abord avait pris la fuite après avoir fait d'inutiles efforts pour dételer le cheval ;

Que l'importation de marchandises prohibées était flagrante, et que Robert fils, comme conducteur de la fraude, et Jean Robert, son père, civilement responsable, étaient passibles des condamnations prononcées par la loi ;

Que cependant, par des considérations prises de l'âge, de l'ignorance et de la bonne foi du prévenu, la cour royale de Grenoble, tout en reconnaissant la nécessité d'ordonner la confiscation des moyens de transport, a renvoyé Dominique Robert fils, et par suite Jean Robert, son père, de la demande formée contre eux ;

Qu'en jugeant ainsi, ladite cour a méconnu les principes de la matière, commis un excès de pouvoir et violé expressément les articles ci-dessus visés ;

La cour casse. — Ch. crim.

ARR. DU CONS D'ÉT. (ORD.) DU 20 JUIN 1837, AFF. BOURLIER.

Les recours au conseil d'état contre les arrêtés des conseils de préfecture doivent être effectués dans les trois mois de la notification de ces arrêtés.

Considérant que l'arrêté attaqué a été notifié aux sieur et dame Dubreuil le 12 mars 1835 ;

Que le recours des sieur et dame Dubreuil, et de leur ayant cause contre ledit arrêté n'a été enregistré au secrétariat général de notre conseil d'État que le 24 novembre suivant ;

Qu'ainsi, aux termes de l'art. 11 du règlement ci-dessus visé, le dit recours n'est pas recevable ;

Art. 1er La requête des sieur et dame Bourlier-Dubreuil et des sieur et dame Cantal est rejetée.

ARR. DU CONS. D'ÉT. (ORD.), DU 28 JUIN 1837, AFF. GUYOT.

Le conflit d'attributions ne peut pas être élevé devant la justice de paix.

Vu l'ordonnance du 1er juin 1828 ;

Considérant que, d'après les règles et les formes prescrites par l'ordonnance du 1er juin 1828, le conflit ne peut être élevé devant la justice de paix ;

Qu'il n'y a lieu à conflit que lorsque le tribunal de première instance est saisi de l'appel interjeté d'une sentence du juge de paix, puisque c'est alors seulement que peuvent être accomplies les formalités prescrites par les art. 5, 6 et suivants de ladite ordonnance.

Art. 1er L'arrêté de conflit, pris par le préfet du département de la Nièvre, le 8 avril 1837, est annulé.

ARR. DU CONS. D'ÉT. (ORD.) DU 4 JUILL. 1837, AFF. GARANTON.

L'opposition à une ordonnance ou arrêt du conseil d'État, rendu par défaut, est recevable.

Arrêt conforme.

ARR. DU CONS. D'ÉT. (ORD.) DU 4 JUILL. 1837, AFF. MÉRIT.

Le pourvoi au conseil d'État contre les arrêtés des conseils de préfecture doit être formé dans les trois mois de la notification de ces arrêtés.
Lorsque des arrêtés n'ont pas été attaqués en temps utile, le pourvoi n'est plus recevable contre d'autres qui ne sont que la conséquence des premiers.

Vu l'art. 4 de la loi du 28 pluviôse an VIII et l'art. 11 du décret réglementaire du 22 juillet 1806 ;

En ce qui touche les arrêtés des 10 janvier 1832 et 22 août 1833 :

Considérant qu'aux termes de l'art. 11 du décret réglementaire du 22 juillet

1806, le pourvoi formé devant nous en notre conseil d'État contre la décision d'une autorité, qui y ressortit, n'est pas recevable s'il n'est introduit dans les trois mois, à dater de la notification de ladite décision ; que, dans l'espèce, les arrêtés des 10 janvier 1832 et 29 août 1835 ont été signifiés par huissier au requérant, savoir : le premier à la requête du préfet du département de la Vendée, le 22 février 1832 ; le second à la requête du sieur Mériet, le 2 octobre 1835, et que dès lors, le 20 février 1836, date du dépôt du pourvoi du sieur Bouteron au secrétariat de notre conseil, lesdits arrêtés avaient acquis l'autorité de la chose jugée ;

En ce qui touche les arrêtés des 3 octobre 1835 et 30 janvier 1836 :

Considérant qu'il est établi par l'instruction, et reconnu par le sieur Bouteron que lesdits arrêtés ne sont que la conséquence et l'exécution de celui du 10 janvier 1832 précité ;

Art. 1er. La requête du sieur Bouteron est rejetée.

A. C. DU 8 JUILL. 1837, AFF. BASTARD.

Il y a fausse destination toutes les fois que des boissons sont déchargées chez un débitant, avec des expéditions délivrées au nom d'un tiers, alors surtout que le déchargement a été effectué sans déclaration préalable aux employés de la régie.

Vu l'art. 26 du décret du 1er germinal an XIII, les art. 10, 13, 14, 19 de la loi du 28 avril 1816 :

Attendu que de la combinaison des art. 10, 13 et 14 de la loi précitée, il résulte que les congés, acquits-à-caution ou passavants qui doivent accompagner le transport des boissons, ne peuvent être livrés que sur des déclarations énonçant les noms, prénoms, demeures et professions des acheteurs ou destinataires ; que les boissons doivent être conduites à la destination déclarée dans le délai porté sur l'expédition ; que le conducteur d'un chargement dont le transport sera suspendu, est tenu d'en faire la déclaration au bureau de la régie dans les vingt-quatre heures et avant le déchargement des boissons ; que, dans ce cas, les congés, acquits-à-caution ou passavants sont conservés par les employés jusqu'à la reprise du transport ;

Que ces dispositions, indépendamment des autres formalités prescrites par le chapitre 1er du titre 1er, ont pour objet d'assurer la perception de l'impôt, de mettre les préposés de la régie en état de suivre toutes les traces des transports de boissons, depuis le départ jusqu'au lieu indiqué pour la destination, et d'empêcher la fraude qui pourrait être commise par interpositions de personnes, si les dispositions prises par le législateur n'étaient pas exactement observées ; qu'en effet, ce genre de fraude serait trop à redouter, s'il était permis de changer à son gré le lieu de la destination ou le destinataire, sans en prévenir les préposés, et de leur faire perdre ainsi la trace des boissons transportées ;

Attendu, en fait, qu'un procès-verbal régulier des employés des contributions indirectes, à la date du 19 mai 1836, constate que la veille, étant en surveillance dans la commune de Barp, ils ont remarqué chez Barthélemy Bastard, débitant de boissons, deux futailles posées à terre, tout près de son chai, attenant à son débit ; qu'ayant sommé eux de déclarer si ces deux barriques de vin étaient pour lui, et s'il pouvait leur en représenter les expéditions, il a répondu que oui, et qu'en même temps il leur a montré un acquit-à-caution qui le désigne pour destinataire de l'une des deux pièces, et pour l'autre un congé portant la désignation du sieur Salbert, propriétaire dans la commune de Barp ; qu'interpellé de nouveau par les employés, il a dit que l'une des deux barriques de vin était bien pour le sieur Salbert, demeurant vis-à-vis de chez lui, de l'autre côté de la route ;

Qu'il résulte de ce procès-verbal qu'il n'avait été fait aucune déclaration indicative de la suspension du transport ; qu'au contraire, le transport était achevé ; que la barrique de vin expédiée à la destination de Salbert avait été conduite au débit de Bastard, déchargée et mise à terre tout près de son cellier ; qu'il avait en sa possession l'expédition relative à cette barrique, et qu'ainsi la contravention à l'art. 13 de la loi du 28 avril 1816 était flagrante ;

Que cependant la cour royale de Bordeaux a relaxé Barthélemy Bastard et refusé d'appliquer les peines de confiscation et d'amende prononcées par l'art. 19 de la même loi, par le motif qu'on ne pouvait pas inférer nécessairement du procès-verbal du 19 mai 1836, que la barrique expédiée à Salbert n'aurait pas été conduite à la destination déclarée ;

Qu'en jugeant ainsi, ladite cour a méconnu la foi due à ce procès-verbal, violé les lois de la matière, et notamment les articles ci-dessus visés ;

La cour casse. — Ch. crim.

ARR. DU CONS. D'ÉT. (ORD.) DU 19 JUILL. 1837, AFF. LABAUME.

Quand la notification d'une décision ministérielle n'est pas prouvée, le recours contre cette décision est recevable, quel que soit le laps de temps écoulé depuis cette décision.
Un fonctionnaire remplacé, et non révoqué, peut obtenir une pension en cause d'infirmités contractées dans l'exercice de ses fonctions, quoique l'ordonnance qui pourvoit à son remplacement ne l'ait pas admis à faire valoir ses droits à la retraite.

Sur la fin de non-recevoir :

Considérant qu'il ne résulte pas de l'instruction la preuve que le requérant a reçu notification régulière et officielle de la décision du 11 janvier 1833, et des motifs de cette décision ;

Au fond :

Considérant que notre ordonnance du 16 octobre 1830, qui a nommé un successeur au sieur Goirand de Labaume, dans son emploi d'avocat général à la cour de Nîmes, n'a point prononcé révocation ; que si elle ne l'a pas admis en termes exprès à faire valoir ses droits à la retraite, elle ne lui a point retiré ceux qu'il pouvait avoir à une pension pour cause d'infirmités ;

Qu'il résulte des certificats produits qu'à une époque antérieure, au mois d'octobre 1830, il était atteint d'infirmités contractées dans l'exercice de ses fonctions et par l'excès de ses travaux ; que ces faits sont en outre attestés par les magistrats de la cour de Nîmes ;

Que, dans ces circonstances, le sieur Goirand de Labaume a droit d'obtenir la pension accordée par l'art. 5 du règlement du 23 septembre 1814, s'il justifie d'ailleurs du temps de service exigé par ledit règlement ;

Art. 1er Les décisions de notre garde des sceaux, en dates du 11 janvier 1833 7 juillet 1836 sont annulées. — Art. 2. Le sieur Goirand de Labaume est renvoyé devant notre garde des sceaux pour y faire liquider la pension à laquelle il peut avoir droit pour cause d'infirmités en raison du temps de service dont il justifie légalement.

ARR. DU CONS. D'ÉT. (ORD.), DU 14 AOUT 1837, AFF. TOURNOIS.

Le préfet ne peut élever le conflit qu'après avoir proposé le déclinatoire, ce qu'il peut faire, même après un jugement rendu sur l'exception d'incompétence proposée par les parties.
Les délais du conflit ne courent que du jugement qui a statué sur le déclinatoire.
Les tribunaux ne peuvent contraindre un ministre à déposer des pièces qui dépendent de son département.

En ce qui touche le délai dans lequel le conflit a été élevé;
Considérant que l'ordonnance du 1er juin 1828 impose au préfet le devoir de proposer le déclinatoire avant d'élever le conflit dans tous les cas indistinctement, même quand le tribunal aurait précédemment statué sur sa compétence par suite de conclusions prises par les parties;
Que, dans l'espèce, le jugement du 11 avril avait statué sur des conclusions d'incompétence prises par le ministre de la guerre comme défendeur à la demande du sieur Tournois;
Que, dès lors, le préfet ne pouvait élever le conflit après ce jugement avant d'avoir lui-même proposé le déclinatoire, et que les délais du conflit n'ont pu courir que du jour du jugement qui a prononcé sur ledit déclinatoire;
Au fond:
Considérant qu'il n'appartient pas aux tribunaux de contraindre un ministre à effectuer la remise de pièces dépendantes de son département, même quand elles ne devraient servir de base qu'à une action contre des tiers, et que l'autorité judiciaire ne pourrait exercer ce droit sans effacer la limite des pouvoirs et s'immiscer dans l'administration;
Art. 1er L'arrêté de conflit pris par le préfet de la Seine le 15 mai 1837 est confirmé. — Art. 2. L'assignation, du 5 janvier 1837, et les jugements du tribunal de la Seine, des 11 avril et 2 mai suivants, seront considérés comme non avenus.

ARR. DU CONS. D'ÉT. (ORD.) DU 28 AOUT 1837, AFF. ANGLADE.

Une ordonnance royale, statuant par voie règlementaire dans un intérêt général, ne peut pas être attaquée devant le conseil d'Etat par la voie contentieuse.

Considérant que, sous la forme d'une demande en interprétation, le requérant demande réellement la réformation de notre ordonnance du 1er juillet 1836; que cette ordonnance a statué par voie règlementaire et dans un intérêt général, et qu'un acte de cette nature ne peut être attaqué devant nous par la voie contentieuse;
Art. 1er La requête du sieur Anglade est rejetée.

A. C. DU 8 SEPT. 1837, AFF. MAUDUIT.

L'outrage contre un fonctionnaire public doit être puni de peines correctionnelles, et non de peines de simple police.
La répression de ces outrages ne peut être cherchée dans les dispositions relatives aux injures envers les particuliers.
Il n'est pas nécessaire pour la répression que les paroles outrageantes aient été publiques.
Les outrages par lettres sont assimilés aux outrages par paroles.

Vu les art. 376, 471, n° 11 et 222 du code pénal;
Attendu que le code pénal faisant deux classes parfaitement distinctes des délits contre la chose publique et des délits contre les particuliers, a rangé dans la première de ces classes les outrages envers les dépositaires de l'autorité et de la force publique, et dans la seconde les calomnies et les injures; que les lois des 17 mai 1819 et 25 mars 1822, qui ont réglé d'une manière nouvelle tout ce qui concerne les délits commis par la voie de la presse ou par tout autre moyen de publication, ont laissé subsister cette distinction, et pour les faits dont elles se sont occupées, et à plus forte raison pour les injures ou outrages non publics qu'elles ont laissés sous l'empire de la législation précédente; qu'il suit de là que les tribunaux ne peuvent chercher la répression des outrages envers les fonctionnaires publics dans les dispositions relatives aux injures envers les particuliers, et spécialement dans les art. 376 et 471, n° 11, du code pénal;
Attendu que l'art. 222 du même code n'exige point pour son application que les paroles outrageantes qu'il a pour but de réprimer aient reçu aucune publicité; que les magistrats de l'ordre administratif ou judiciaire doivent en effet être protégés dans tous les actes de leurs fonctions et dans tous les rapports qu'ils ont en cette qualité avec les citoyens, même dans ceux qui ne sont pas publics; que les outrages contenus dans des lettres missives à eux adressées à raison de leurs fonctions doivent être réprimés comme le serait un outrage verbal non public; l'application à de tels faits, des dispositions de l'art 222, sans autoriser la généralité des mots *outrage par paroles*, ce qui comprend les paroles écrites, et ne pourrait être écarté sans laisser dans la loi une lacune qui n'a pu être dans l'intention du législateur;
Et attendu que la cour royale de Rennes, après avoir reconnu Mauduit coupable d'avoir adressé au procureur du roi de Nantes une lettre renfermant des expressions outrageantes pour ce magistrat, a refusé de lui appliquer l'art. 222 du code pénal, et s'est bornée à prononcer contre lui des peines de simple police en vertu des art. 376 et 471, n° 11, du même code;
En quoi elle a faussement appliqué lesdits art. 376 et 471, n° 11, et formellement violé ledit art. 222;
La cour casse. — Ch. crim.

A. C. DU 15 SEPT. 1837, AFF. BARBEN.

Lorsqu'un jugement définitif, en matière correctionnelle, est réformé, en appel, pour toute autre cause que celle d'incompétence, le tribunal d'appel doit retenir l'affaire et statuer au fond. Le renvoi devant un autre tribunal donne lieu à cassation.

Vu les art. 213, 214 et 215 du code d'instruction criminelle, l'art. 1er de la loi non abrogée du 29 avril 1806, ensemble l'art 202 du code du 25 octobre 1795 (3 brumaire an IV);
Attendu, en droit, qu'il résulte de la combinaison de ces dispositions que lorsqu'un jugement définitif en matière correctionnelle est réformé pour toute autre

cause que celle de l'incompétence, par elles déterminée, les cours ou les tribunaux qui l'ont infirmé doivent retenir l'affaire et statuer eux-mêmes sur le fond;
Qu'il suit de là qu'en renvoyant la cause et les parties dans l'espèce devant le tribunal correctionnel de Bourganeuf, pour y être procédé à l'instruction et par suite prononcé ce que de droit sur la prévention, le jugement dénoncé a commis une violation expresse des articles ci-dessus visés;
La cour casse. — Ch. crim.

ARR. DU CONS. D'ÉT. (ORD.) DU 6 NOV. 1837, AFF. PINEL.

Les conseils de préfecture ne sont pas compétents pour accorder aux communes l'autorisation de donner mainlevée des inscriptions hypothécaires, et spécialement de celles qui grèvent les immeubles affectés à la garantie de la gestion d'un fermier d'octroi; au préfet seul appartient ce pouvoir.

Considérant qu'en règle générale la tutelle des communes est exercée par les préfets et le ministre de l'intérieur;
Qu'elle ne doit l'être par les conseils de préfecture, qu'en vertu de dispositions expresses et dans le cas où elle leur a été spécialement attribuée;
Considérant qu'aucune disposition des lois et règlements, et notamment de la loi du 18 juillet 1837, ne charge les conseils de préfecture d'autoriser les communes à donner des mainlevées d'inscriptions hypothécaires;
Que le décret du 11 thermidor an XII, qui leur confère une attribution de cette nature, ne concerne que les établissements de charité seuls désignés dans ses dispositions, et qu'il ne fait aucune mention des communes;
Que les préfets sont chargés d'autoriser les actes de disposition de la propriété, faits par les communes, tels que ventes et baux à long terme, lorsqu'ils sont au-dessous de 3000 fr., et qu'au-dessus de cette somme il doit être statué par une ordonnance du roi;
Que les mainlevées d'hypothèques appartiennent à la même catégorie et doivent être autorisées en la même forme;
Qu'ainsi c'est avec raison que, par les arrêtés attaqués, le conseil de préfecture du Tarn a refusé de statuer sur la demande qui lui était adressée au nom de la commune de Montredon;
Art. 1er Il n'y a pas lieu d'annuler les arrêtés du conseil de préfecture du département du Tarn, en date des 19 avril et 5 octobre 1836.

LETT. M. INT. DU 24 NOV. 1837 AU M. F.

Octrois.

Par dérogation à l'art. 26 de la loi du 28 avr. 1816, relatif au droit d'entrée, l'ouverture des bureaux d'octroi peut être prolongée en toute saison jusqu'à dix heures du soir. Les motifs qui militent en faveur de cette exception ont pour but l'amélioration des produits, en donnant particulièrement aux bouchers la faculté d'abattre dans la nuit les bestiaux qu'ils vont chercher aux marchés voisins, et qu'ils ne peuvent en conséquence introduire dans la ville que très tard dans la soirée.

ARR. DU CONS. D'ÉT. (ORD.) DU 5 DÉC. 1837, AFF. LERAMEY.

Un comptable en déficit d'une somme qu'il dit lui avoir été enlevée, mais qui ne justifie pas de la force majeure ni des précautions par lui prises pour empêcher l'enlèvement, est à bon droit maintenu en débet par décision du ministre des finances.

Considérant qu'il résulte de l'instruction qu'une somme de 1011 fr., 02 c. a disparu de la caisse confiée à la surveillance du requérant;
Considérant que le sieur Leramey ne justifie pas de la force majeure par lui alléguée pour expliquer le déficit constaté dans sa caisse, ni des précautions qu'il aurait prises pour prévenir la distraction des deniers à lui confiés;
Que dès lors c'est avec raison que notre ministre des finances a chargé en débet le requérant d'une somme de 1011 fr. 02 c., montant des valeurs qu'il n'a pu représenter;
Art. 1er. La requête du sieur Leramey est rejetée.

ARR. DU CONS. D'ÉT. (ORD.) DU 5 DÉC. 1837, AFF. ROBIN.

Le fermier d'un bac n'est pas fondé à réclamer une indemnité à raison de passages effectués dans des bateaux anciennement établis pour le service de l'Etat, lorsqu'il ne justifie pas que ce passage lui a occasionné un préjudice.
Il n'est pas fondé non plus à réclamer de l'Etat une indemnité à raison de passages effectués par des bateaux particuliers; mais il peut intenter des poursuites devant les tribunaux contre les propriétaires de ces bateaux.

Considérant que le sieur Robin ne justifie pas que, par le fait de l'administration, il ait été effectué, au préjudice de son fermage, aucun passage qui put lui donner droit à une indemnité;
En ce qui touche les bateaux particuliers;
Considérant que l'administration n'est pas responsable des contraventions commises par les particuliers au préjudice des fermiers des bacs et passages; que ces derniers, aux termes des art. 56 et suivants de la loi du 6 frimaire an VII, sont autorisés à les poursuivre devant les tribunaux;
Art. 1er. La requête du sieur Robin est rejetée.

A. C. DU 7 DÉC. 1837, AFF. NICOLAS.

Quand le plaignant est intervenu comme partie civile, on ne peut pas lui opposer qu'il ne l'a fait que sur la provocation du procureur du roi.
Les outrages par paroles envers les fonctionnaires publics sont de la compétence des tribunaux correctionnels.
La diffamation verbale contre un fonctionnaire public a le caractère d'outrages prévu par l'art. 222 du code pénal.
Un tribunal correctionnel ne peut affranchir la partie civile de la condamnation aux frais avancés par le fisc, et pour lesquels elle a son recours contre le condamné.

Sur le premier moyen, pris de ce que le plaignant ne serait intervenu dans l'instance que sur la provocation du ministère public;

Attendu que, devant le tribunal de Limoux, le sieur Nicolas a déclaré formellement se constituer partie civile; qu'il a figuré en la même qualité dans l'instance d'appel, et que sa partie adverse n'a pas à s'enquérir des motifs qui l'ont déterminé à exercer le droit facultatif qui lui était attribué par la loi;

Sur le deuxième moyen, résultant d'une prétendue incompétence de la juridiction correctionnelle:

Attendu qu'il existe une différence essentielle entre la diffamation verbale et la diffamation par écrit; que la première, alors même qu'un fonctionnaire public en est l'objet, a été formellement exceptée par l'art 14 de la loi du 26 mai 1819, de la compétence des cours d'assises; et que l'art. 2 de la loi du 8 octobre 1830 a reproduit cette disposition en termes non moins généraux et non moins absolus;

Attendu dès lors que loin qu'il ait été dérogé aux règles de la compétence en matière d'outrages par paroles contre les fonctionnaires publics, la législation spéciale les a expressément maintenues;

Sur le troisième moyen, tiré de la violation prétendue de l'art. 20 de la loi du 26 mai 1819, remis en vigueur par l'art. 5 de la loi du 8 octobre 1830, en ce que le prévenu n'aurait pas été admis par les juges correctionnels à la preuve de la vérité des faits diffamatoires;

Attendu que, devant le tribunal de Carcassonne, le prévenu s'est borné à demander son renvoi devant la cour d'assises; qu'il n'a conclu subsidiairement, ni d'une manière formelle ni d'une manière implicite, à faire preuve des faits par lui articulés; et que des conclusions à cette fin, qui eussent été fondées sur la loi, ne pouvaient être ni provoquées ni suppléées par le juge;

Qu'il n'y a pas lieu dès lors d'examiner si cette preuve était admissible, et que le demandeur n'a pas à se plaindre qu'il n'y ait pas été statué;

Sur le quatrième moyen, relatif à l'application de la peine:

Attendu, d'une part, que le jugement attaqué a déclaré le demandeur coupable du délit de diffamation prévu et puni par les art. 13 et 16 de la loi du 17 mai 1819;

Attendu, d'autre part, que cette diffamation verbale ayant eu pour objet un fonctionnaire public dans l'exercice de ses fonctions, a pris le caractère d'outrage, prévu par l'art. 222 du code pénal, et qu'en appliquant au fait reconnu constant les dispositions plus rigoureuses de ce dernier article, le jugement attaqué a tout à la fois légalement qualifié ledit fait, et s'est conformé au principe consacré par l'art. 365 du code d'instruction criminelle;

Par ces motifs, la cour rejette le pourvoi du demandeur;

Faisant droit au réquisitoire du ministère public dans l'intérêt de la loi;

Vu l'art. 157 du décret du 18 juin 1811;

Attendu que le sieur Nicolas, partie civile, était responsable des frais avancés par le fisc, sauf son recours contre le condamné, et qu'en l'affranchissant de ces frais, le jugement attaqué a violé l'article précité du décret du 18 juin 1811;

La cour casse *parte in qua*, dans l'intérêt de la loi, la disposition qui réforme la décision en ce qu'elle condamnait le sieur Nicolas aux frais. — Ch. crim.

A. C. DU 8 DÉC. 1837, AFF. GOUJON.

Dans une ville soumise à la taxe unique comprenant le droit de circulation, et où les bureaux de perception ne sont pas placés à l'extrémité de la limite du lieu sujet, mais à une certaine distance en deçà de cette limite, on ne peut exiger une expédition pour les boissons que l'on prouve avoir été enlevées de la partie sujette, extérieure au bureau, et qui passent devant ce bureau pour être conduites dans l'intérieur. La présomption est que ces boissons ont acquitté la taxe unique à l'arrivée.

Sur le moyen de cassation invoqué par la régie, et tiré de la violation des art. 24 de la loi du 28 avril 1816 et 39 du décret du 1er germinal an XIII;

Vu lesdits articles;

Vu encore les art. 25 de ladite loi du 29 avril 1816 et 35 de la loi du 21 avril 1832;

Attendu que, dans les villes qui, aux termes de ces articles, ont converti les droits de circulation, d'entrée et de détail sur les vins, cidres, poirés et hydromels, ainsi que celui de licence des débitants, en une taxe unique aux entrées, les exercices ont été supprimés, et la circulation des boissons déclarée libre dans l'intérieur desdites villes;

Attendu que, dans la ville de Bourg, contenant une population agglomérée de plus de 4,000 habitants, et sur le vœu émis par le conseil municipal, les droits de circulation, d'entrée et de détail sur les boissons ont été convertis en une taxe unique aux entrées; que, dès lors, la circulation des boissons devait être libre dans l'intérieur de la ville de Bourg, et que le droit de circulation ne devait plus être perçu sur les boissons adressées aux consommateurs qui y ont leur domicile;

Attendu que si les bureaux de l'octroi à Bourg, notamment celui de la porte de Mâcon, au lieu d'être établis sur la limite du rayon, étaient placés en dedans et à une certaine distance de la limite du lieu sujet, il devait en résulter ce double effet: 1° que, si les boissons étaient destinées à un consommateur dont le domicile est situé dans l'enceinte intérieure du bureau de l'octroi, le conducteur de ces boissons, aux termes de l'article 24 de la loi du 28 avril 1816, devait, en passant devant le bureau, en faire la déclaration, acquitter les droits et en recevoir décharge; 2° que si, au contraire, ces boissons étaient destinées à un consommateur dont la maison était placée dans la limite du rayon, mais en dehors de l'enceinte du bureau de l'octroi, le conducteur de ces boissons étant obligé, aux termes de l'art. 25 de la même loi, de s'arrêter devant la porte du destinataire, et d'aller, avant tout, au bureau de perception de l'octroi faire sa déclaration, acquitter les droits et obtenir quittance, il ne pouvait, sans contrevenir audit article et encourir les peines portées en l'art. 46 de ladite loi, décharger sa voiture ni introduire les boissons dans la cave du destinataire sans avoir rempli ces formalités;

Attendu que s'il est prouvé que, dans une ville où un droit unique d'entrée a remplacé les autres droits, ces boissons ne viennent pas de l'extérieur, mais sortent d'une des caves de la ville situées dans les limites de l'octroi où elles étaient déposées depuis quelque temps, la présomption légale est que les droits d'entrée en ont été acquittés; que, dès lors, la libre circulation en est permise dans l'intérieur du lieu sujet, soit que la cave d'où les boissons sortent soit placée dans l'enceinte ou hors de l'enceinte du bureau de l'octroi, sans que le propriétaire ou le conducteur de ces boissons soit obligé, en passant devant le bureau, de représenter le congé de ces boissons ou de payer un second droit;

Attendu que le procès-verbal régulier du 10 mars 1836 constatait seulement que, ledit jour, deux préposés de l'octroi à Bourg, en surveillance à la porte de Mâcon, virent une petite charrette à bras, chargée d'une pièce qui leur parut contenir du liquide, dépasser le bureau; que s'étant approchés des conducteurs pour savoir ce que renfermait réellement cette pièce, l'un d'eux, qu'ils reconnurent pour le sieur Jean Goujon, tonnelier à Bourg, leur déclara que c'était une pièce de vin qu'il venait d'acheter de madame veuve Lacroix, jardinière, demeurant au faubourg de Mâcon, à environ trois cents pas du bureau, mais dans la

limite de l'octroi, ce qui leur fut confirmé par le dire de ladite veuve Lacroix chez qui les employés se transportèrent en compagnie dudit Goujon;

Attendu qu'il résulte en fait, tant des circonstances de la cause que de l'enquête ordonnée par le tribunal correctionnel de Bourg, le 15 juillet 1836, du jugement de ce tribunal du 22 du même mois, et de l'arrêt de la chambre des appels de police correctionnelle de la cour royale de Lyon, du 3 août 1837, que, dans le courant du mois de novembre 1835, un voiturier aurait amené chez la veuve Lacroix, demeurant au faubourg de Mâcon, à Bourg, dix pièces de vin que cette veuve avait achetées d'un marchand de vin du Mâconnais quelques jours auparavant, sous la double condition que le vin serait amené chez elle, et qu'elle ne paierait ni droits d'entrée ni voiture;

Que Chanel, tonnelier, et Vacher, cabaretier à Bourg, aidèrent ce voiturier à le décharger et à le descendre dans la cave de ladite veuve; que, plus de trois mois après et dans le courant de mars 1836, la veuve Lacroix aurait vendu ces dix pièces de vin à Pierre Goujon, tonnelier à Bourg; que, sur les interpellations de ce dernier, deux préposés de l'octroi l'avaient assuré que, dans ces circonstances, il n'avait ni déclaration à faire ni droits à payer; que déjà ledit Goujon avait conduit chez lui en plein jour, et en passant devant le même bureau de l'octroi de la porte de Mâcon, trois pièces, sans que le receveur lui eût rien demandé ni fait aucune observation, quand, sur l'ordre de son supérieur, ce préposé avait arrêté la quatrième pièce, faute de déclaration ou de représentation d'un congé;

Attendu que, dans ces circonstances, la présomption légale était que ce vin, reçu plus de trois mois auparavant dans la limite de l'octroi de la ville de Bourg, qui avait remplacé par une taxe unique aux entrées les droits de circulation, d'entrée et de détail, avait payé ce droit unique d'entrée; que, dès lors, la libre circulation de ce vin dans l'intérieur du lieu sujet était permise, qu'aucune loi n'obligeait les propriétaires de ce vin à conserver ni à représenter la quittance de ce droit;

Attendu que, dès lors, la cour royale de Lyon, en confirmant, par son arrêt du 3 août dernier, le jugement du tribunal correctionnel de Bourg, du 22 juillet 1836, qui a ordonné la mainlevée de la saisie de la pièce de vin et de la charrette à bras appartenant à Jean Goujon, opérée le 10 mars 1836, et l'a renvoyé des poursuites en ordonnant que ce jugement sortirait effet, et en condamnant l'administration des contributions indirectes aux dépens, n'a nullement méconnu la foi due au procès-verbal dudit jour 10 mars, ni par suite violé les dispositions de l'art 39 du décret du 1er germinal an XIII, ni celles de l'art. 24 de la loi du 28 avril 1816; qu'elle a au contraire fait une sage et juste application, tant de ce dernier article que de l'art. 25 de la même loi, et de l'art. 35 de la loi du 21 avril 1832;

Par ces motifs, et tout en approuvant celui dudit arrêt du 3 août dernier, tiré de la bonne foi de Goujon, bonne foi qu'il n'est pas au pouvoir des juges d'apprécier en matière de contributions indirectes:

La cour rejette. — Ch. crim.

Nota. — Il importe de remarquer que l'arrêt repose complètement sur ce qu'il a été prouvé que le vin saisi avait été enlevé de l'intérieur, et que la personne qui l'avait vendu en avait reçu dix pièces quelques mois auparavant; il est également motivé sur cette double circonstance qu'avant d'enlever le vin, le prévenu ayant demandé à deux préposés d'octroi s'il avait une déclaration à faire et des droits à payer, ceux-ci avaient répondu négativement, et que déjà trois pièces avaient passé devant le bureau, sans que le receveur eût fait aucune observation ni demande.

Ainsi, on peut considérer cet arrêt comme ayant plutôt jugé en fait qu'en droit. On peut croire que si la question se fût présentée dégagée de ces circonstances, la décision eût été différente. On a vu d'ailleurs que l'arrêt de la cour royale avait proclamé le principe, invoqué par l'administration, que l'on ne pouvait se présenter devant le bureau sans expédition. En droit, c'est à celui qui prétend à une exception à prouver son titre à l'obtenir; et bien certainement la cour suprême n'admettrait pas qu'il suffirait à un conducteur de boissons, qui se présente devant un bureau d'octroi, d'alléguer que ces boissons ont été enlevées d'une maison située sur le territoire sujet au droit, pour être affranchi du paiement des taxes qui se perçoivent à ce bureau. Il faut donc qu'avant d'arriver à ce bureau, il ait mis les employés en mesure de reconnaître le lieu d'enlèvement.

Nous ajouterons que, même avec cette précaution, l'on ne pourrait accorder l'affranchissement des taxes, si les boissons, enlevées, soit successivement soit simultanément, étaient en quantités considérables, et telles qu'il fût facile de démontrer, à l'aide des registres de perception, qu'elles n'ont point été soumises aux droits. S'il est vrai, en principe général, que les habitants d'un lieu sujet ne sont point tenus de conserver les quittances des droits qu'ils ont acquittés, ce principe peut-il être applicable à celui qui, placé dans la position où se trouvait la veuve Lacroix, venderesse du vin saisi sur le sieur Goujon, reçoit des boissons pour les revendre à la destination de l'intérieur du lieu sujet? La réponse nous semble devoir être négative.

Ce qui précède suffira, sans doute, pour mettre MM. les directeurs en garde contre l'abus que l'on pourrait chercher à faire de l'arrêt ci-dessus. *Note du Mém.*

ARR. DU CONS D'ÉT. (ORD.) DU 21 DÉC. 1837, AFF. COULON.

Un arrêté du conseil de préfecture qui n'est pas motivé doit être annulé.

Considérant que le dispositif de l'arrêté n'est précédé d'aucun motif:

Art. 1er L'arrêté du conseil de préfecture du département de l'Eure, en date du 18 décembre 1832, est annulé.

A. C. DU 6 JANV. 1838, AFF. GODEFROY. (FORÊTS.)

La nullité d'un exploit de citation en première instance doit être proposée au premier degré de juridiction. Elle n'est plus recevable en appel si elle n'a pas été proposée devant les premiers juges.

Attendu en droit;

Que toute nullité d'exploit doit être nécessairement présentée avant qu'il soit défendu au fond, et que le législateur n'a fait aucune exception à ce principe général pour les matières réglées par le code forestier;

Attendu en fait;

Que c'est en raison d'une nullité prétendue dans l'exploit de citation donnée à Godefroy que le jugement attaqué a renvoyé ce prévenu des fins de la plainte; Mais que cette exception préjudicielle, n'ayant pas été invoquée en première instance, ne pouvait être admise par le tribunal d'appel ni servir de base à sa décision;

Qu'en prononçant, comme il l'a fait, le jugement attaqué a violé les principes de la matière, et fait une fausse application de l'art. 172 du code forestier;

La cour casse. — Ch. crim.

ARRÊT DU CONS. D'ÉT. (ORD.) DU 11 JANV. 1838, AFF. DUCHATELIER.

L'Etat n'est pas responsable des conséquences des lois qui, dans un intérêt général, prohibent l'exercice spécial d'une industrie.

Ainsi, il n'y a pas lieu d'accorder d'indemnités pour la perte de l'industrie, résultant de la clôture de l'établissement, ni pour les dommages causés par l'interdiction.

Mais il y a lieu d'en accorder une pour la perte réelle des objets fabriqués avant l'interdiction, lorsque ces objets ont été prohibés par la loi et ont dû, en conséquence, être détruits.

Leur valeur doit être estimée au prix de revient.

Arrêt conforme.

ARRÊT DU CONS. D'ET. (ORD.) DU 31 JANV. 1838, AFF. BERTHE.

Doit être rejeté le pourvoi formé devant le conseil d'Etat par une requête qui n'expose pas suffisamment les faits et les moyens du demandeur, lorsque celui-ci, mis en demeure de compléter ses moyens, ne l'a pas fait dans le délai qui lui a été imparti.

Considérant que la requête ne présente pas l'exposé des faits et des moyens du requérant; que le sieur Berthe n'a point suppléé par une requête ampliative à l'insuffisance de sa requête introductive, quoique le pourvoi ait été formulé le 5 octobre 1837, et que le 16 novembre suivant il ait été mis en demeure de produire le développement de ses moyens dans un délai de quinzaine; d'où il suit qu'il n'a pas satisfait aux conditions prescrites par l'art. 1er du règlement du 22 juillet 1806;

Art. 1er. La requête du sieur Berthe est rejetée.

A. C. DU 28 FÉV. 1838, AFF. MARCHAND. (DOMAINES.)

L'art. 11 de la loi du 27 mai 1791 qui règle le temps pendant lequel les bureaux d'enregistrement doivent, chaque jour, être ouverts au public, doit être entendu dans ce sens qu'après la fermeture de ces bureaux, le receveur peut et doit refuser tout enregistrement.

En d'autres termes : Est tardive la présentation d'un acte faite au bureau de l'enregistrement le dernier jour du délai, après l'heure où ce bureau est fermé. En conséquence, si l'acte est enregistré le lendemain de l'expiration du délai, le double droit doit être perçu.

Vu l'art. 11 de la loi du 27 mai 1791, l'art. 1037 du code de procédure civile, et les art. 33 et 50 de la loi du 22 frimaire an VII;

Attendu qu'il paraît constaté par le jugement dénoncé que le procès-verbal d'adjudication, reçu par Me Marchand, notaire, le 28 janvier 1834, enregistré le 8 février suivant, n'a été présenté au bureau d'enregistrement, le 7 dudit mois de février, que vers les six heures du soir;

Attendu qu'il est constaté par la sommation signifiée, à la requête de Me Marchand, au receveur, ledit jour, 8 février, qu'il existe à la porte du bureau une affiche annonçant au public qu'il est ouvert depuis huit heures du matin jusqu'à quatre heures du soir;

Attendu que cette durée de temps, consacrée à la réception et à l'enregistrement des actes, est conforme aux dispositions de l'art. 11 de la loi du 27 mai 1791, la seule qui ait réglé le temps pendant lequel les bureaux d'enregistrement doivent, chaque jour, être ouverts au public;

Attendu qu'après l'expiration du temps indiqué par l'affiche, le préposé peut et doit arrêter ses registres, et refuser tout enregistrement; que l'observation de cette règle intéresse les tiers auxquels un enregistrement pourrait porter préjudice;

Attendu que l'art. 1037 du code de procédure n'est relatif qu'aux significations faites par les huissiers, et règle la partie de la journée pendant laquelle elles peuvent être notifiées, mais ne déroge pas à la loi du 27 mai 1791, en ce qui regarde la présentation des actes à l'enregistrement;

Attendu que la loi du 22 frimaire an VII, en fixant le délai dans lequel cette présentation doit avoir lieu, a nécessairement entendu que ce délai serait appliqué en se conformant à la disposition qui fixe la partie du jour destinée à l'enregistrement, et n'a pas dérogé à celle de 1791;

Qu'il résulte de tout ce qui précède que la présentation du procès-verbal d'adjudication dont il s'agit, qui a été faite le 7 février après quatre heures du soir, au bureau d'enregistrement, a été tardive ; que le double droit était encouru, et a été légalement perçu le 8; et que le jugement dénoncé, en ordonnant la restitution des 425 fr. de ce droit, qui n'avaient pas été remis, a faussement appliqué l'art. 1037 du code de procédure, et violé l'art. 41 de la loi du 27 mai 1791, et les art. 33 et 50 de la loi du 22 frimaire an VII;

La cour casse. — Ch. civ.

A. C. DU 27 MARS 1838, AFF. MELECOT.

La signification d'arrêt de l'admission d'un pourvoi faite à deux époux non séparés de biens, par une seule copie remise au mari, est valable, alors surtout que la matière qui a donné lieu au procès est indivisible entre les époux.

Attendu que l'objet du procès était une demande en paiement d'une somme de 12,000 fr., formée contre Jean-Ignace Melecot et Jeanne Alexis Morin, sa femme, à raison de soustractions qu'ils auraient faites à leur père et beau-père ou à sa succession;

Que loin qu'il soit prouvé que les mariés Melecot fussent séparés de biens, ce fait n'est pas même articulé;

Qu'aux termes des art. 1421 et 1428 du code civil, le mari exerce seul, tant en demandant qu'en défendant, les actions concernant la communauté, et peut même exercer seul les actions mobilières qui appartiennent à la femme;

Qu'ainsi lesdits mariés Melecot ont été valablement cités à comparaître devant la cour par une seule copie, laquelle a été remise par l'huissier au mari, parlant à sa personne;

La cour rejette. — Ch. civ.

A. C. DU 28 MARS 1838, AFF. MENGIN.

On ne peut faire résulter un acquiescement à un arrêt qui fait grief à une

partie, et par suite une fin de non-recevoir, contre le pourvoi en cassation dont cet arrêt a été l'objet, de ce que l'avoué de cette partie aurait, sans mandat spécial, payé les dépens auxquels elle a été condamnée.

Attendu qu'aux termes de l'art. 1338 du code civil, il faut que l'exécution soit volontaire pour emporter acquiescement, et qu'une telle exécution ne peut émaner que de la partie elle-même, soit qu'elle agisse personnellement, soit qu'elle fasse agir, en son lieu et place, des tiers spécialement autorisés à cet effet, conformément aux art. 1988, 1989 du code civil, et 352 du code de procédure civile;

Attendu que le fait allégué (le paiement des dépens) ne serait émané que de tiers dont le mandat spécial n'est pas représenté, ou d'un avoué qui n'avait plus de pouvoirs, et qui, même durant l'instance, n'aurait pas pu acquiescer sans un pouvoir spécial;

La cour rejette la fin de non-recevoir, etc. — Ch. civ.

A. C. DU 28 MARS 1838, AFF. GENCY.

La mention de l'époque de l'exigibilité de la créance dans l'inscription hypothécaire est une formalité substantielle dont l'omission emporte la nullité de l'inscription.

En conséquence, l'inscription prise en vertu d'un jugement avec cette énonciation, pour sûreté du capital (dont le montant est indiqué) et des intérêts échus et à échoir, est nulle, attendu que cette énonciation ne fait pas suffisamment connaître l'indication précise et évidente de l'époque de l'exigibilité de la créance.

Vu l'art. 2148, n° 4, du code civil;

Vu pareillement l'art. 2 de la loi du 4 septembre 1807;

Attendu que la mention de l'exigibilité de la créance dans l'inscription hypothécaire est formellement et expressément exigée par l'art. 2148, dont la combinaison avec ledit art. 2 ne permet pas de douter que cette mention ne soit une formalité *substantielle* dont l'omission emporte la nullité de l'inscription ;

Attendu que si l'inscription de Gency énonce qu'elle a été prise pour sûreté du capital et des intérêts échus et à échoir, en vertu d'un jugement par défaut, rendu par le tribunal de commerce de Paris, il n'en résulte pas nécessairement de cette énonciation l'indication précise et évidente de l'époque de l'exigibilité de la créance;

Qu'ainsi, en déclarant régulière et valable ladite inscription, l'arrêt attaqué a violé les articles de la loi susréférés;

La cour casse. — Ch. civ.

ARRÊT DU CONS. D'ÉT. (ORD.) DU 30 MARS 1838, AFF. MELLET.

Une contestation qui s'élève sur la perception du dixième du prix des places des voitures publiques établies sur les chemins de fer, est de la compétence des tribunaux et ne peut être portée devant les conseils de préfecture.

La clause, contenue dans le cahier des charges de la concession du chemin de fer, et qui attribue à ces conseils la connaissance des contestations relatives à l'exécution de ce même cahier des charges, est sans application, lorsqu'il s'agit de la perception d'un impôt.

Considérant qu'il s'agit dans l'espèce, de la perception du droit de dixième du prix des places, que les lois de finances de 9 vendémiaire an VI, 5 ventôse an XII, et 25 mars 1817 imposent aux voitures publiques, et que la connaissance de cette question est de la compétence des tribunaux;

Art. 1er. La requête des sieurs Henry et Mellet est rejetée.

A. C. DU 30 MARS 1838, AFF. TOUREL.

Les fermiers d'octroi et les maires des communes, lorsqu'ils forment des pourvois en cassation, sont obligés, sous peine de déchéance, de consigner l'amende de 150 fr.

Vu les art. 419, 420 et 436 du code d'instruction criminelle;

Attendu qu'aux termes de l'art. 419, la partie civile qui se pourvoit en cassation est tenue, à peine de déchéance, de consigner une amende de 150 fr.;

Que l'art. 420 ne dispense pour les condamnés en matière criminelle, et les agents publics pour affaires qui concernent directement l'administration et les domaines ou revenus de l'Etat; qu'ainsi cette dispense ne peut s'étendre ni aux maires des communes dont ils ne sont que les agents particuliers, ni aux fermiers des octrois dans les villes où ils sont établis;

Attendu que, d'après l'art 436, la partie civile qui succombe dans son recours doit être condamnée à une indemnité de 150 fr., et aux frais envers la partie acquittée, absoute ou renvoyée;

Et attendu, en fait, que l'affaire dans laquelle est intervenu l'arrêt de la cour royale d'Aix, chambre des appels de police correctionnelle, du 7 février 1838, ne concerne que l'octroi de la ville de Martigues; que Louis Tourel, fermier de l'octroi de ladite ville, et demandeur en cassation, tant en sa qualité qu'au nom du maire de la ville de Martigues, ne produit pas la quittance de la consignation de l'amende;

La cour le déclare déchu de son pourvoi. — Ch. crim.

LOI DU 11 AVR. 1838.

Compétence.

Art. 1er. Les tribunaux civils de première instance connaîtront, en dernier ressort, des actions personnelles et mobilières, jusqu'à la valeur de quinze cents francs de principal, et des actions immobilières jusqu'à soixante francs de revenu, déterminé, soit en rentes, soit par prix de bail.

Ces actions seront instruites et jugées comme matières sommaires.

Art. 2. Lorsqu'une demande reconventionnelle ou en compensation aura été formée dans les limites de la compétence des tribunaux civils de première instance en dernier ressort, il sera statué sur le tout sans qu'il y ait lieu à appel.

Si l'une des demandes s'élève au-dessus des limites ci-dessus indiquées, le tribunal ne prononcera, sur toutes les demandes, qu'en premier ressort.

Néanmoins il sera statué en dernier ressort sur les demandes en dommages-intérêts, lorsqu'elles seront fondées exclusivement sur la demande principale elle-même.

ARRÊT DU CONS. D'ÉT. DU 12 AVR. 1838, AFF. SUSSY.

Les fonctionnaires et employés des administrations financières qui subissent une retenue pour la caisse des pensions, et qui, ayant trente ans de services, mais non soixante ans d'âge, quittent l'administration dans laquelle ils ont servi pour passer dans une administration qui n'alimente pas le fonds de retenue, ne peuvent laisser à leur veuve un droit à la réversibilité d'une partie de la pension.

Vu l'ordonnance du 12 janvier 1825;

Considérant qu'aux termes des art. 6 et 7 de l'ordonnance précitée, les agents et employés n'ont droit à une pension sur les fonds de retenues du ministère des finances qu'autant qu'ils ont soixante ans d'âge et trente ans accomplis de service, ou qu'après trente ans de service s'ils sont reconnus hors d'état de continuer leurs fonctions;

Qu'aux termes de l'art. 15, la veuve n'a droit à la réversion d'une part de la pension de son mari qu'autant que son mari est mort dans l'exercice de ses fonctions ou jouissant d'une pension de retraite;

Que le sieur de Sussy a quitté l'administration des contributions indirectes le 1er janvier 1827, pour passer à la présidence de l'administration des monnaies; qu'il avait à cette époque plus de trente ans de services dans les régies financières, mais qu'il n'était âgé que de cinquante ans neuf mois;

Qu'il n'a cessé ses fonctions dans l'administration des contributions indirectes ni comme incapable de les continuer pour cause d'infirmités, ni comme admis à jouir d'une pension de retraite;

Art. 1er. La requête de la dame veuve de Sussy est rejetée.

C. DE LA COMM. DES MONN., N° 14, DU 28 AVR. 1838.

Garantie.

Désignation et forme des poinçons.

En conséquence du principe de la réduction des types, les titres d'or pour Paris et les départements sont indiqués par la présence d'une empreinte représentant une tête de médecin grec. La gravure en est contenue, pour le premier titre, dans un périmètre de huit pans en hauteur; pour le second titre, dans un périmètre ovale tronqué; pour le troisième titre, dans un périmètre de six pans.

Les titres d'argent représentent une tête de Minerve.

Le premier a la forme d'un huit pans en hauteur;

Le deuxième, celle de l'ovale tronqué.

Ces types et formes étant communs pour toute la France, l'on a placé dans le champ des poinçons, pour les départements, le signe distinctif affecté à chaque bureau, Paris se distinguant par l'absence de tout distinctif.

La petite garantie d'or pour Paris représente une tête d'aigle; celle pour les départements une tête de cheval avec le signe du bureau.

La petite garantie d'argent pour Paris représente une tête de sanglier; celle pour les départements un crabe avec le signe du bureau.

Le poinçon de remarque représente une tête de rhinocéros découpée pour Paris.

C'est la même tête pour les départements avec un champ réservé entre la corne et le front pour le signe du bureau.

Le gros étranger pour Paris représente un charançon découpé.

C'est le même pour les départements, avec un champ réservé sous les pattes pour le signe du bureau.

Le petit étranger pour Paris représente le même insecte réduit.

C'est le même pour les départements, avec la place réservée au signe du bureau.

Le poinçon de l'horlogerie d'or pour Paris représente une chimère découpée, et l'horlogerie d'argent, le même emblème, dans une plus forte proportion.

L'horlogerie d'or et d'argent, pour les quatre départements seuls désignés pour l'importation des montres étrangères, représente aussi une chimère découpée, avec un champ réservé entre l'aile et la croupe pour le signe du bureau.

La grosse recense pour Paris représente une tête de girafe découpée; c'est la même pour les départements, avec une place réservée pour le signe sous la mâchoire inférieure.

La petite recense pour Paris représente une tête de dogue: c'est la même pour les départements, avec addition du signe sur le collier, derrière la tête.

Des bigornes contre-marques.

Pour faciliter aux employés la recherche de la place qu'occupent sur l'instrument les fragments de gravure répétés sur les bijoux dont il y aura lieu de faire la vérification, à la place de périmètres isolés, la surface des bigornes est couverte de bandes rompues, représentant chacune une famille d'insectes; ainsi, au premier coup d'œil, l'attention du vérificateur se portera sur la longueur d'une bande dans l'intérieur de laquelle il devra nécessairement trouver l'objet de ses recherches.

Les insectes de la même bande, pareils quant à l'ensemble, offrent cependant à l'examen des différences notables dans leurs détails, et particulièrement dans l'arrangement des pattes et des antennes; ces différences, habilement ménagées, ont été pratiquées à dessein d'empêcher la contrefaçon de composer des parties de bigornes avec les insectes obtenus à diverses places par le contre-tiré.

Usage des poinçons.

Vous avez dû déjà remarquer, par la nomenclature qui précède des nouveaux poinçons, la suppression des grosses garanties d'or et d'argent, et la présence d'un poinçon sous une dénomination jusqu'alors inusitée (poinçon de remarque).

Les poinçons de titre sur les gros ouvrages ne sont plus, comme par le passé, accompagnés d'une grosse garantie; elle a été supprimée comme pouvant être sans inconvénient remplacée par une seconde empreinte de titre, en ayant soin de n'employer la contre-marque que sous celle qui tient lieu de grosse garantie; ainsi, par exemple, un plat sera marqué sur le fond du titre sans contre-marque, et, sur le bord, d'une seconde empreinte de titre contre-marquée.

Un catalogue concerté entre la commission des monnaies et l'administration des contributions indirectes vous sera adressé par cette dernière.

Il est divisé en deux parties.

La première comprend par ordre alphabétique la désignation des ouvrages gros et moyens qui sont fabriqués en or et en argent.

La seconde contient dans le même ordre la nomenclature de tous les petits ouvrages d'or et d'argent.

Vous étudierez et consulterez souvent ce catalogue, dans lequel vous trouverez toujours l'indication claire et précise de la place où doit être appliqué, soit le poinçon de titre seul, soit de titre avec contre-marque, soit enfin de petite garantie avec contre-marque.

Marques des jaserons et chaînes.

L'on connaît depuis longtemps le parti que la fraude tirait de l'usage, adopté jusqu'à présent, de marquer les jaserons et chaînes d'or de pied en pied.

La soustraction du maillon marqué était trop facile à opérer, et, son enture sur une chaîne plus lourde ou à bas titre ne laissant aucune trace, il était impossible de punir un délit qui, loin de compromettre son auteur, le couvrait de la responsabilité des agents du titre et de la marque.

C'est pour réformer et prévenir un aussi grave abus, que l'on a créé le poinçon de remarque.

Il sera spécialement destiné à marquer les jaserons, chaînes en pelotes, sautoirs, etc., en or, et les empreintes seront appliquées de 10 en 10 centimètres.

Ce poinçon, différant par la forme et le type de la garantie ordinaire, ne pourra se transporter sur aucune autre sorte d'ouvrage, et, chaque marque n'affranchissant plus que 10 centimètres au lieu d'un pied, il y a tout lieu de croire que ce genre de fraude n'aura plus d'intérêt à se pratiquer.

Quant aux jaserons, chaînes en pelotes, sautoirs, etc., en argent, elles continueront à être marquées avec la petite garantie d'argent dont les empreintes devront être également mises à 10 centimètres de distance l'une de l'autre.

Horlogerie.

Il n'est rien changé à la destination du poinçon étranger.

A partir du 10 mai 1838, les boîtes de montre en or et en argent cesseront d'être distinguées par la présence du poinçon spécial créé en exécution de l'ordonnance du 19 septembre 1821.

Les produits de l'horlogerie française seront à l'avenir classés parmi les gros ouvrages d'or et d'argent et marqués, après essai, des poinçons ordinaires tant sur le bouton que sur les fonds......

En levant la prohibition de l'horlogerie étrangère, en admettant ses produits en libre concurrence avec les fabriques nationales, il a semblé juste pourtant de leur donner une trace indélébile d'origine, et l'on a conservé à cet effet, pour eux seuls la spécialité de marque commune auparavant à toute l'horlogerie et qui ne les dispense pas de la vérification préalable du titre.

Recense.

La mise en activité des nouveaux poinçons donnera lieu à deux opérations simultanées;

Le travail ordinaire du bureau consistant à marquer après essai les ouvrages neufs non encore poinçonnés, ceux-ci sont soumis à l'acquit du droit;

L'application de la recense sur les objets déjà légalement marqués des poinçons en usage depuis le 1er août 1819 jusqu'au 30 avril 1838; ceux-là sont marqués gratuitement et sans vérification de titre.

Parmi les objets existant dans les magasins qui seront présentés pour être recensés, il y en aura de quatre espèces:

1° Ceux marqués avant le changement qui a eu lieu en 1819;

2° Ceux de fabrique ancienne ou récente qui n'ont jamais été marqués;

3° Ceux dont les marques altérées par l'usage ou par le peu de soin apporté au polissage ne peuvent plus être sainement appréciées.

Ces trois catégories sont soumises à la vérification du titre et au paiement du droit de contrôle.

4° Ceux enfin, et ils peuvent être en assez grand nombre, qui sont empreints de marques fausses plus ou moins bien imitées.

Ordonnée pour arrêter l'essor de la contrefaçon et de l'enture, la recense doit être l'occasion d'un examen sévère et attentif des poinçons de chaque pièce, à l'effet de leur appliquer avec discernement le bénéfice de la marque gratuite, ou la soumission au droit, ou enfin de purger le commerce de la fraude jusqu'alors impunément pratiquée.

La recense doit être autant que possible appliquée à côté des anciens poinçons, et être accompagnée de la contre-marque.

L'argenterie et les bijoux à l'usage personnel des marchands ou fabricants doivent être recensés, ainsi que les ouvrages de leur commerce.

Les particuliers étrangers au commerce de l'orfèvrerie et de la bijouterie n'ont pas droit de réclamer le bénéfice de la recense.

Pendant toute la durée du délai fixé pour cette opération, le bureau de garantie doit être ouvert au public et tenir séance tous les jours.

Les poinçons de recense que vous aurez occasion de mettre hors de service seront conservés dans le coffre à trois clefs, de manière à ne faire de cette sorte de poinçons qu'un seul renvoi, qui aura lieu le jour de l'expiration du délai.

Manutention des poinçons.

Les poinçons de chaque catégorie portent tous un numéro d'ordre destiné à indiquer le tour qu'ils doivent prendre lors de leur mise en activité.

Vous trouverez, dans la caisse qui vous a été annoncée par ma circulaire du 18 avril, une planche sur laquelle sont déjà insculpés tous les nouveaux poinçons qui font partie de cette fourniture, par ordre d'espèce et de numéro; au-dessous des empreintes déjà frappées l'on a réservé la place nécessaire à l'insculpation des mêmes poinçons, à mesure qu'ils seront mis hors de service.

Lorsqu'il vous en sera fourni de nouveaux, vous continuerez les insculpations dans l'ordre indiqué, en ayant soin, pour que les empreintes se présentent toutes dans le même sens, de tenir le poinçon de manière que le pouce du marqueur soit toujours appuyé sur le signe frappé à sa surface.

Avant tout vous ne perdrez jamais de vue que la caisse ne peut être ouverte et les poinçons extraits, pour quelque motif que ce soit, qu'en présence et avec le concours des trois employés responsables.

L'exécution de l'article 18 de la loi du 19 brumaire an vi est très-importante; c'est à l'essayeur qu'il appartient le premier d'y tenir la main. A cet effet, au moment où des ouvrages neufs sont présentés pour vérification de titre, il doit s'assurer s'ils sont revêtus de la marque du fabricant, pourvus de toutes leurs parties accessoires, et assez avancés pour que la marque ne puisse recevoir aucune altération du travail qui les doit terminer.

Peu d'ouvrages peuvent être dispensés du poinçon de fabricant à raison de leur légèreté; c'est d'ailleurs à l'ouvrier à donner à son poinçon une proportion appropriée à la nature de sa fabrication.

Les accessoires d'une même pièce qui, dans les gros ouvrages, par exemple, ne reçoivent pas le poinçon de titre, n'en doivent pas moins être présentés avec le corps principal, pour que plus tard ils ne puissent pas être ajoutés en matière d'un plus bas aloi.

La sûreté des vérifications repose tout entière sur la netteté des marques, et en vain seraient-elles appliquées avec toute l'adresse désirable, si elles portaient sur une matière encore maculée par des traits de lime, ou par la présence des parcelles de ponce avec laquelle on commence d'adoucir les bijoux; mais pour concilier la défense faite aux fabricants d'avoir des bijoux entièrement terminés sans marque, avec la nécessité de conserver aux empreintes un caractère pur et incontestable, l'essayeur et le contrôleur, au besoin, exigeront que la partie de l'ouvrage qui doit les recevoir soit avivée ou polie.

Quelques soins journaliers, très-faciles à prendre, auront pour résultat certain d'assurer aux marques que vous appliquerez la netteté nécessaire pour toute bonne vérification.

Cela dépend de deux précautions préalables:

1° L'entretien en état de propreté des poinçons;

2° La mise au rebut dès qu'une cause quelconque en a altéré, quelque légèrement que ce soit, la gravure. Au commencement et à la fin de chaque séance et même chaque fois que vous aurez marqué de suite un certain nombre de pièces, vous devez visiter attentivement avec la loupe le poinçon et la contremarque qui viennent de fonctionner, afin de découvrir si quelques corps étrangers, comme de la crasse ou des parcelles de métal ne sont pas logés dans les traits de la gravure, et dans ce cas vous la frotterez avec un gratte-bosse en fil très-fin de laiton, puis avec de la mie de pain rassis, puis enfin avec un morceau de gomme élastique.

Vous ne devez jamais resserrer les poinçons sans les avoir bien essuyés avec un linge sec, afin d'enlever les légères traces d'humidité que la main peut y laisser et qui suffiraient pour y développer la rouille.

Quant à l'entretien des poinçons en réserve, il suffit de les visiter cinq ou six fois par an, de les bien essuyer, et de les graisser de nouveau légèrement sur toute leur surface au moyen d'un pinceau en crin sur lequel on laisse tomber une goutte d'huile de pied de bœuf.

Mais il est évident que toutes les précautions de propreté seront insuffisantes si les contrôleurs continuent à prolonger sans discernement l'usage des poinçons.

La commission a remarqué avec peine que la plupart de ceux qui lui étaient renvoyés hors de service sont dans un tel état de détérioration qu'il n'y a plus de possibilité de reconnaître, non seulement le signe du bureau, mais quelquefois même le type.

Les contrôleurs eussent évité les reproches qui leur ont été souvent adressés à ce sujet, si, moins préoccupés de la crainte d'être blâmés pour une trop forte consommation de poinçons, ils en eussent plus souvent examiné les marques.

En effet, un poinçon d'une trempe un peu molle se foule sous les premiers coups qu'il reçoit et a besoin d'être réformé dès son début.

Un poinçon trempé trop sec s'égrène dans les contours et ne donne plus que des marques incomplètes; un poinçon qui porte à faux sur le tas s'écrase et ne laisse remonter que des empreintes molles et trompeuses.

Enfin, mille causes, qu'il est impossible de prévoir, servent cependant à prouver que, parmi des poinçons préparés avec le même soin et employés dans des circonstances semblables, quelques-uns n'ont qu'une durée très-courte, tandis que l'usage des autres peut être prolongé sans inconvénient.

Il résulte de ce qui précède, que vous devez visiter avec la même attention tous les poinçons en activité, quel que soit le moment de leur entrée en service, et réformer, sans distinction de durée, tous ceux qui ne donnent pas des empreintes entières et fermement remontées.

C. DE LA COMM. DES MONN., N° 16, DU 3 MAI 1838.

Garantie.

Précautions à prendre pour le maintien du titre.

Il a circulé dans le commerce de la bijouterie une grande quantité d'ouvrages qui, à la faveur de marques entées ou fausses et habilement imitées, ont pu échapper à la surveillance de la plupart des employés de la garantie.

Pour mettre un terme aux fraudes de ce genre, une ordonnance royale, du 30 juin 1835, a prescrit une recense générale et la création d'un nouvel ordre de poinçons.

Toutes les fois que le contrôleur de votre bureau aura jugé dûment marqués les ouvrages, vous n'aurez pas besoin d'intervenir pour en vérifier le titre; la recense gratuite leur est acquise par la présence d'un poinçon légal.

Mais, quand des objets rangés dans l'une des autres classes devront être régularisés par l'application de nouveaux poinçons, il est de votre devoir d'apporter d'autant plus de soin à les vérifier, qu'ils sont par cela même en suspicion de titre; car, lorsqu'un fabricant soustrait ses produits à l'acquit du droit, il est difficile de croire qu'il n'a pas cherché dans l'altération de la matière une seconde source de bénéfice.

Je vous recommande donc expressément, dans ce cas, d'essayer à part toutes les pièces, à la coupelle, s'il s'agit de gros ouvrages destinés à recevoir la petite garantie; de sonder avec les tenailles les objets creux, pour savoir s'ils ne sont pas garnis de corps étrangers, d'en fondre même pour toucher la grenaille, lorsque vous reconnaîtrez par la forme, ou par la présence du même poinçon de maître, qu'ils proviennent du même atelier, et enfin de briser tous les ouvrages dont le titre ne sortirait pas franchement des épreuves auxquelles il vous est prescrit de le soumettre...

Les bijoux creux, que la concurrence a successivement amenés à une légèreté extrême, ont été d'abord la cause et bientôt le prétexte d'un grand relâchement de titre, ou d'une surcharge de matière étrangère destinée à leur donner la solidité qu'ils ne pouvaient recevoir du peu de matière employée à leur confection. S'il a paru juste d'accorder à ce genre d'ouvrages une tolérance plus étendue, en raison de la nécessité des soudures nombreuses dont le bijou plein n'a pas besoin, il faut cependant exiger rigoureusement que le titre de la grenaille s'élève au moins à 730/1,000. C'est la dernière limite de concession qu'il soit possible d'accorder en pareil cas.

Le plein n'a jamais droit qu'à la tolérance de 3/1,000.

Le bijou creux émaillé a pris depuis quelques années une grande vogue.

Toute industrie nouvelle a droit à la protection: on a donc pu avec raison, lorsque la bijouterie émaillée a voulu prendre en France, tolérer à l'intérieur une certaine quantité de contre-émail qui, dans l'enfance de cet art, paraissait nécessaire pour empêcher l'émail de se gercer et pour le défendre contre les chocs extérieurs.

Des expériences ont été faites par des fabricants consciencieux; il est prouvé qu'avec du soin et en donnant au laminé la force qu'il n'empruntait qu'au contre-émail, *dont le poids est payé comme or*, il est possible de confectionner ces sortes de bijoux sans l'addition d'aucun corps étranger dans l'intérieur.

Il est juste par conséquent de rentrer dans l'exécution exacte de la loi, qui proscrit d'une manière absolue l'emploi de toute matière étrangère dans la structure intérieure des ouvrages, et vous n'admettrez plus en conséquence à l'essai les bijoux creux émaillés dont l'intérieur serait renforcé par une couche de contre-émail, en quelque faible quantité qu'il s'y trouve.

Vous repousserez aussi de l'essai, et vous ne soumettrez pas à la marque, les bijoux creux remplis de ciment ou de gomme laque, sous le prétexte que ces corps sont indispensables pour soutenir la ciselure, et pour retenir les rosettes et ornements appliqués; si parfois ces matières sont nécessaires à la confection de l'ouvrage, elles deviennent inutiles quand il est achevé.

Je vous recommande de n'admettre à l'essai que les ouvrages bien lisiblement marqués du poinçon de maître; d'exiger, quand il ne seront pas entièrement terminés, qu'au moins la place qui doit recevoir la marque soit avivée ou polie; d'examiner avec soin toutes les parties des ouvrages pour vous assurer si la fabrication en est loyalement exécutée, s'ils ne renferment pas des corps étrangers, si tous les accessoires sont au même titre; de reconnaître souvent, par la différence que produit l'acide sur des touches de 730 et de 750/1,000, soumises en même temps à son action, s'il a conservé l'énergie nécessaire; de le renouveler quand le flacon qui le contient, resté trop longtemps ouvert, l'a laissé évaporer; d'essayer souvent à la coupelle les pièces de touchau, afin de rectifier par des opérations rigoureuses le jugement quelquefois trompeur des yeux; de fondre une pièce creuse pour juger de la fabrication et du titre de ses analogues toutes les fois que cela vous sera possible; enfin, d'appeler à votre aide toutes les ressources de l'art et de l'expérience, pour persuader aux fabricants soumis à votre surveillance qu'ils ne peuvent espérer de la mettre en défaut, et qu'ils ne vous présenteraient pas impunément des ouvrages fourrés de matières basses ou étrangères, ou fabriqués en dehors des conditions légales du titre.

ARRÊT DU CONS. D'ÉT (ORD.) DU 28 MAI 1838, AFF. CHEVRIER.

Lorsque le ministre des finances ne justifie pas de la notification de sa décision, le pourvoi contre cette décision est recevable, quel que soit le laps de temps écoulé depuis.

L'application des dispositions de lois et règlements relatifs à la liquidation des créances réclamées contre l'Etat et aux déchéances et prescriptions qui s'y rattachent, est de la compétence administrative.

Des intérêts de cautionnement sont prescrits quand il s'est écoulé cinq années entre une décision qui les concerne et la demande de ces intérêts.

La demande et la délivrance d'un certificat, constatant ce qui est dû, n'interrompt pas la prescription.

Lorsque des oppositions frappent sur des intérêts de cautionnements qui sont imputables sur des exercices dont les paiements ne sont pas clos, ces intérêts doivent être versés à la caisse des consignations.

En ce qui touche la fin de non recevoir:

Considérant que notre ministre des finances ne justifie de la notification d'aucune décision antérieure à sa lettre du 28 janvier 1837;

En ce qui touche l'incompétence reprochée à la décision de notre ministre des finances:

Considérant que l'application de toutes les dispositions des lois et règlements relatives à la liquidation des créances réclamées contre l'Etat, et aux déchéances et prescriptions qui s'y rattachent, est de la compétence administrative;

Au fond:

En ce qui concerne l'interruption de prescription, résultant de la demande formée le 27 mai 1830 et de la réponse du 5 juin suivant:

Considérant que cinq années se sont écoulées entre cette dernière date et la demande formée au nom de la dame veuve Chevrier devant notre ministre des finances, le 9 août 1836 seulement;

Qu'ainsi les arrérages, remontant au delà de cinq années antérieures à ladite demande, auraient été de nouveau prescrits aux termes dudit avis du 24 mars 1809;

En ce qui touche le certificat du 8 mai 1833, et la demande faite par le sieur Tassart de ce certificat:

Considérant que ledit certificat, simple relevé des écritures tenues au trésor, ne peut constituer, de la part de notre ministre des finances, une renonciation à invoquer la prescription acquise ou à acquérir, et à opposer la déchéance, et que la demande d'un tel certificat n'a pu interrompre la prescription;

En ce qui touche l'interruption qui serait résultée des saisies-arrêts ou oppositions:

Considérant qu'il résulte de l'instruction que la dernière opposition, suivie de demande en validité dénoncée au trésor, est celle du 8 mars 1820, et que plus de cinq ans se sont écoulés entre cette date et celle de la demande formée, au nom de la dame veuve Chevrier, seulement le 9 août 1836;

Mais considérant que, à partir de la promulgation de la loi du 29 janvier 1831, dont l'art. 9 a remplacé la disposition de l'avis du conseil d'Etat, approuvé le 24 mars 1809, les intérêts de cautionnements, qui étaient payables sur les exercices non encore clos, et qui se trouvaient frappés d'opposition, devaient, conformément au paragraphe 2 du titre IX de la loi du 29 janvier 1831, être versés par notre ministre des finances à la caisse des dépôts et consignations; qu'ainsi ce versement eût dû avoir lieu, dans l'espèce, à l'égard des intérêts relatifs à l'exercice 1829, imputables sur l'exercice 1830, et aux exercices postérieurs, lesquels intérêts se seraient alors trouvés à l'abri de la déchéance prononcée par les paragraphes 1er et 3 dudit article;

Art. 1er. La décision de notre ministre des finances est réformée en ce qui concerne les intérêts du cautionnement du sieur Chevrier, afférents aux exercices 1829, 1830 et 1831. — Art. 2. En conséquence, il sera pourvu, par notre ministre des finances, au paiement desdits arrérages ou à leur versement à la caisse des dépôts et consignations. — Art. 3. Le surplus des conclusions de la dame veuve Chevrier est rejeté.

ARRÊT DU CONS. D'ÉT. (ORD.) DU 28 MAI 1838, AFF. GINESTET.

L'expression de quintal métrique, insérée dans un tarif d'octroi, ne peut s'entendre que d'un poids de cent kilogrammes.

Vu l'art. 136 du décret du 17 mai 1809;

Vu la loi du 18 germinal an III, l'arrêté du gouvernement du 13 brumaire an IX, et le décret du 12 février 1812;

Considérant que les mesures décimales prescrites par les lois et arrêtés ci-dessus cités sont les seules dont il ait pu être fait usage dans les actes d'administration;

Que le décret du 12 février 1812, en permettant la confection de mesures usuelles d'après un fractionnement des mesures décimales qui se rapprochait des mesures anciennes, prescrivait lui-même, par son art. 5, que le système légal continuerait à être seul employé dans toutes les administrations, dans les halles et marchés, et dans toutes les transactions commerciales;

Que dès lors les mots *quintal métrique*, employés au tarif annexé à l'ordon.

nance du 5 juin 1825, pour l'octroi de Villefranche, ne peuvent être entendus que comme indiquant un poids de cent kilogrammes ;

Art. 1er. La requête du sieur Dinestel est rejetée.

A. C. DU 30 MAI 1838, AFF. BUREAU.

Le bénéfice du privilège de second ordre est réservé exclusivement à celui qui a fourni les fonds pour le cautionnement au moment où le cautionnement a été déposé.

En d'autres termes : le titulaire d'une charge sujette au cautionnement, qui, pendant le cours de sa gestion, contracte un emprunt, ne peut, au préjudice de ses créanciers, stipuler, au profit du prêteur, que son cautionnement lui sera affecté avec privilège de second ordre.

Sur le moyen relatif à la fausse application de la loi du 25 nivôse an XIII, et à la violation des décrets des 28 août 1808 et 22 décembre 1812 :

Attendu que la loi du 25 nivôse an XIII a établi deux sortes de privilèges sur les cautionnements, ceux de premier ordre, qui se rattachent aux faits de charge; ceux de deuxième ordre, qui *appartiennent aux bailleurs de fonds* de ces cautionnements ;

Qu'elle a entendu si bien *restreindre le bénéfice du privilège du deuxième ordre aux bailleurs de fonds,* qu'elle a exigé que la déclaration fût faite à l'instant même où on déposait le cautionnement ;

Que si, plus tard, et par les décrets des 28 août 1808 et 22 décembre 1812, l'époque où la déclaration pouvait être faite a été changée, au moins le législateur n'a rien innové dans l'unique genre de prêt qui pouvait donner ouverture au privilège, puisqu'il pensait qu'il n'aurait lieu qu'en faveur des prêteurs qui *apporteront la preuve de leur qualité de bailleurs de fonds du cautionnement;*

Attendu qu'il a été reconnu, en fait, que le cautionnement de Bureau existait, et avait été complété à l'aide d'autres fonds avant les conventions intervenues entre lui et la compagnie, d'où il suit que cette compagnie ne se trouvait pas dans le cas prévu par la loi spéciale, et qu'on ne peut faire un reproche à l'arrêt attaqué de s'être strictement conformé aux prescriptions si sages de la loi ;

Attendu que l'attribution faite par Bureau à la compagnie d'un privilège de deuxième ordre sur un cautionnement, ne peut être assimilée à une cession de ce même cautionnement ;

D'abord, parce que les parties n'ont pas voulu faire une cession, qu'elles ne l'ont pas dit, et n'ont rempli aucune des formalités, ni souscrit aucun des actes qui eussent pu constituer ce genre de contrat ;

Que, d'un autre côté, les parties ont si peu entendu, l'une transporter et l'autre acquérir la propriété du cautionnement, que les prêts n'avaient lieu que pour conserver à Bureau sa charge d'agent de change ;

Attendu que Bureau ne pouvait conserver cette charge, s'il avait disposé de tout ou partie de son cautionnement, car il ne serait resté rien pour servir de garantie aux faits de charge qui pouvaient survenir pendant les deux années qui ont suivi les premiers prêts et la prétendue cession;

D'où il suit que cette cession du cautionnement n'a point existé, et que, sous ce nouveau rapport, l'arrêt n'a pas plus violé la loi que sous le premier, rejette, etc. — Ch. des requêtes.

ORD. DU 31 MAI 1838.

Comptabilité.

260. Les comptables chargés de la perception des revenus publics sont tenus de se libérer de leurs recettes aux époques et dans les formes prescrites par les lois et règlements.

262. Tout comptable chargé de la perception des droits et revenus de l'État est tenu d'enregistrer les faits de sa gestion sur les livres ci-après :

1° Un livre journal de caisse et de portefeuille où sont consignées les entrées, les sorties des espèces et valeurs et le solde de chaque journée;

2° Des registres auxiliaires destinés à présenter les développements propres à chaque nature de service;

3° Un sommier ou livre récapitulatif résumant ses opérations selon leur nature, et présentant sa situation complète et à jour.

263. Tout préposé à la perception de deniers publics est tenu de procéder.

1° A l'enregistrement en toutes lettres au rôle, état de produit ou au titre légal, quelle que soit sa dénomination ou sa forme, de la somme reçue et de la date du recouvrement;

2° A son inscription immédiate, en chiffres, sur son journal;

3° A la délivrance d'une quittance à souche.

265. Tout versement ou envoi en numéraire et autres valeurs, fait aux caisses des receveurs généraux et particuliers des finances et aux payeurs, pour un service public, donne lieu à la délivrance immédiate d'un récépissé à talon.

Ce récépissé est libératoire et forme titre envers le trésor public, à la charge toutefois, par la partie versante, de le faire viser et séparer de son talon, à Paris immédiatement, et dans les départements dans les vingt-quatre heures de sa date, par les fonctionnaires et agents administratifs désignés à cet effet.

A l'égard des envois faits par des comptables à d'autres comptables qui n'habitent pas la même résidence, le visa à apposer sur les récépissés est requis par celui qui a reçu les fonds et valeurs.

266. Les préfets et sous-préfets rendent immédiatement aux parties les récépissés revêtus de leur visa, après en avoir détaché le talon, qu'ils adressent tous les mois au receveur général, chargé de les transmettre, après vérification, au ministre des finances.

267. Ces récépissés sont enregistrés sur les livres tenus dans les préfectures et sous-préfectures. Les résultats de ces enregistrements sont comparés, chaque mois, avec les bordereaux détaillés de récépissés que les receveurs des finances sont tenus de former, et que les préfets et sous-préfets adressent au ministère, après les avoir dûment certifiés.

268. Le contrôle des comptables supérieurs sur les agents de la perception qui leur sont subordonnés s'exerce par le visa des registres, la vérification de la caisse, l'appel des valeurs, des pièces justificatives et des divers éléments de leur comptabilité et par tous les autres moyens indiqués par les règlements de chaque service.

La libération des comptables inférieurs s'opère par la représentation des récépissés du comptable supérieur qui justifient le versement intégral des sommes qu'ils étaient tenus de recouvrer.

269. Les comptables principaux chargés de la perception des revenus indirects sont tenus d'adresser chaque mois, à la comptabilité générale des finances, un bordereau de leurs recettes et de leurs dépenses accompagné des pièces justificatives qui s'y rapportent, et revêtues de la certification du directeur ou contrôleur local de leur service.

308. Les receveurs des finances et les percepteurs sous leurs ordres doivent faire sur les fonds de leurs recettes, tous les paiements pour lesquels leur concours est jugé nécessaire.

Les autres receveurs des revenus publics peuvent être appelés à concourir de la même manière au paiement des dépenses pour le compte du payeur.

309. Ces paiements ne peuvent être valablement effectués que sur la présentation, soit des lettres d'avis ou des mandats délivrés au nom des créanciers, soit de toute autre pièce en tenant lieu, et revêtus du vu bon à payer apposé par le payeur.

310. L'accomplissement de ces formalités et conditions, et la quittance régulière et datée de chaque partie prenante, suffisent pour dégager la responsabilité du comptable qui a effectué des paiements de cette nature.

311. Les acquits constatant les paiements faits par d'autres comptables pour le service du payeur, doivent être compris dans leur plus prochain versement à la recette particulière.

Les receveurs particuliers les transmettent au receveur général avec les acquits des paiements faits par eux, et le receveur général reste chargé d'en effectuer la remise au payeur, qui en délivre des récépissés à talon.

329. Chaque comptable ne doit avoir qu'une seule caisse dans laquelle sont réunis tous les fonds appartenant à ses divers services. Il est responsable des deniers publics qui y sont déposés; en cas de vol ou de perte de fonds résultant de force majeure, il ne peut obtenir sa décharge qu'en produisant les justifications exigées par les règlements de son service, et en vertu d'une décision spéciale du ministre des finances, sauf recours au conseil d'État.

A. C. DU 21 JUIN 1838, AFF. LEFUSTEC.

Lorsqu'un individu a été condamné par un tribunal correctionnel, pour détention illégale de poudre de guerre, à l'emprisonnement et à une amende, et que l'administration des contributions indirectes, qui était intervenue comme partie civile, a seule interjeté appel de cette décision, le tribunal d'appel ne peut décider qu'il n'y a pas lieu de condamner le contrevenant à l'amende portée par la loi du 13 fructidor an V. (Annales.)

Attendu qu'il est constant, en fait, et qu'il résulte, tant du jugement du tribunal de première instance de Morlaix que du jugement attaqué, que François Lefustec, poursuivi correctionnellement pour contravention à l'article 2 de la loi du 24 mai 1834, a été admis à prouver qu'il avait acheté d'un sieur Mathieu, demeurant à Lorient, la poudre de guerre saisie en son domicile, mais qu'il a été jugé qu'il n'avait pas fait cette preuve; qu'en conséquence il a été condamné comme détenteur, sans y être autorisé, de dix kilogrammes de poudre de guerre, à un mois d'emprisonnement, avec confiscation de la poudre saisie, et seulement à 150 francs d'amende, à raison des circonstances atténuantes;

Que l'administration des contributions indirectes, qui était intervenue comme partie civile, a interjeté appel de cette décision ;

Qu'aucun appel n'a été formé de la part du ministère public, et que l'appel incident, formé par Lefustec à l'audience du 9 mars 1838, a été déclaré non recevable comme tardif et irrégulier ;

Attendu que le jugement de condamnation prononcé contre Lefustec avait acquis à son égard l'autorité de la chose jugée; qu'il en résultait nécessairement que, puni comme détenteur, sans autorisation légale, d'une quantité quelconque de poudre de guerre, il était irrévocablement déchu du bénéfice de l'exception admise par l'article 4 du décret du 23 pluviose an XIII; qu'il ne pouvait plus lui être permis de prouver, soit qu'il avait acheté la poudre saisie d'un marchand domicilié et patenté, soit qu'il en avait mis le vendeur sous la main des tribunaux;

Que l'appel de l'administration des contributions indirectes avait uniquement pour objet la réparation civile représentée par l'amende de 3,000 francs dont elle poursuivait la condamnation;

Que, néanmoins, le tribunal de Quimper, après avoir écarté par une fin de non-recevoir l'appel incident de Lefustec et ordonné que le jugement de condamnation recevrait son exécution en ce qui le concerne, a, par une seconde disposition, en opposition avec la première, déclaré qu'il n'y avait lieu de le condamner à l'amende de 3,000 francs, par le motif *qu'il résultait des documents du procès que Lefustec* avait mis suffisamment son vendeur sous la main des tribunaux;

Qu'en jugeant ainsi, ce tribunal a commis un excès de pouvoir, violé les règles sur l'autorité de la chose jugée, et, par suite, l'article 2 de la loi du 21 mai 1834, et l'article 4 du décret du 24 pluviose an XIII, dont il a refusé de faire l'application;

Par ces motifs, la cour casse et annule, mais seulement quant à ce chef, le jugement sur appel rendu par le tribunal de Quimper, en faveur de François Lefustec, le 9 mars 1838;

Et, pour être statué conformément à la loi sur l'appel interjeté par l'administration des contributions indirectes du jugement du tribunal correctionnel de Morlaix, du 25 janvier 1838, renvoie l'affaire et les parties devant la cour royale de Rennes, chambre des appels de police correctionnelle.

A. C. DU 7 JUILL. 1838, AFF. MAURASCA.

Il y a déni de justice, lorsqu'un tribunal, saisi d'une affaire, surseoit à statuer jusqu'à la décision d'un autre tribunal, dans une affaire de même nature.

Vu l'art. 4 du code civil, portant que le juge qui refusera de juger pourra être poursuivi comme coupable de déni de justice ;

L'art. 506 du code de procédure civile ;

L'art. 253 du code d'instruction criminelle, portant qu'après l'instruction faite à l'audience le tribunal de police prononcera le jugement dans l'audience, et au plus tard dans l'audience suivante ;

Et enfin les art. 408 et 413 du même code, d'après lesquels il y a lieu à cassation des jugements, lorsqu'il a été omis ou refusé de prononcer sur une ou plusieurs réquisitions du ministère public, tendant à user d'un droit ou d'une faculté accordés par la loi ;

Et attendu que, dans l'espèce, le tribunal de police de Marseille, régulièrement saisi d'une poursuite en contravention dirigée contre Maurasca, Descuger, Galin et dame Lafitte, cafetiers, pour avoir tenu dans leurs établissements respectifs des jeux de boston, contrairement à un arrêté de l'autorité municipale, a renvoyé à statuer sur la prévention jusqu'après la décision à rendre par le tribunal de police de Roquevaire sur une question semblable précédemment jugée au tribunal de police de Marseille contre d'autres individus, et renvoyée par suite de cassation audit tribunal de Roquevaire;

Attendu que ce renvoi n'avait pas pour but d'éclairer les faits particuliers à la prévention dont le tribunal de police de Marseille était saisi ; que le jugement à prononcer au tribunal de Roquevaire était et devait être sans influence légale sur le jugement demandé au tribunal de Marseille; que d'ailleurs le sursis prononcé est indéfini;

Que ce sursis a illégalement suspendu le cours de la justice dans une matière qui, d'après la loi, doit être jugée avec la plus grande célérité; qu'ainsi il y a eu déni de justice et excès de pouvoir;

La cour casse. — Ch. crim.

ARRÊT DU CONS. D'ÉT. (ORD.) DU 18 JUILL. 1838, AFF. COMMERCY.

Le gouvernement a le droit de restreindre ou de rejeter un article d'un tarif d'octroi voté par le conseil municipal.

Aucun recours n'est ouvert par voie contentieuse contre l'ordonnance qui approuve un règlement relatif à la perception de droits d'octroi.

Vu notre ordonnance du 26 décembre 1836;

Vu les lois des 11 frimaire an VII, 27 frimaire et 5 ventôse an VIII, l'arrêté du gouvernement du 16 thermidor suivant, l'avis du conseil d'État du 11 mai 1807, le décret réglementaire du 17 mai 1809, la loi du 8 décembre 1814, l'ordonnance réglementaire du 9 du même mois, et la loi du 28 avril 1816;

Considérant qu'il résulte des lois et règlements ci-dessus visés que le gouvernement est investi du droit de restreindre ou rejeter tout article d'un tarif d'octroi proposé par les conseils municipaux;

Considérant qu'aucun recours n'est ouvert par voie contentieuse contre l'ordonnance qui a ainsi approuvé les tarif et règlement pour la perception des droits d'octroi;

D'où il suit que le pourvoi de la ville de Commercy contre notre ordonnance du 26 décembre 1836, est non recevable;

Art. 1er La requête de la ville de Commercy est rejetée.

ARRÊT DU CONS. D'ÉT. (ORD.) DU 23 JUILL. 1838, AFF. MANOSQUE.

Les abonnements accordés aux communes pour remplacer l'inventaire des vins de la récolte, doivent, d'après l'article 40 de la loi du 21 avril 1832. avoir pour base les quantités sur lesquelles les récoltants ont payé le droit d'entrée dans une année de récolte complète.

Un arrêté de préfet qui fixe l'abonnement sans prendre cette base est annulable.

Considérant que, dans son arrêté du 17 octobre 1837, le préfet, en conseil de préfecture, n'a pas pris pour base de la fixation par lui faite de l'abonnement de Manosque, la quantité sur laquelle les récoltants ont payé le droit d'entrée dans une année de récolte complète avec réduction, s'il y avait lieu, dans la proportion des produits apparents de la récolte de l'année 1837, ainsi que le prescrit l'art. 40 de la loi du 21 avril 1832 sus-visé;

Art. 1er. L'arrêté du préfet des Basses-Alpes, en conseil de préfecture, du 17 octobre 1837, est annulé. — Art. 2. Les parties sont renvoyées devant ledit préfet en conseil de préfecture, à l'effet d'y faire fixer l'abonnement de la commune de Manosque pour l'année 1837, d'après les bases indiquées par l'art. 40 de ladite loi du 21 avril 1832.

A. C. DU 3 AOUT 1838, AFF. L. B.

Le demandeur en inscription de faux devant la cour de cassation, contre un acte de procédure, doit consigner l'amende prescrite par le règlement de 1738.

La récusation d'un juge doit être déposée au greffe et ne peut se faire à l'audience.

Celui qui récuse un juge mal à propos est passible d'amende.

Sur la demande en inscription de faux contre l'acte de l'huissier Philippe, du 14 avril 1838 :

Attendu que le demandeur n'a consigné l'amende prescrite par le règlement du 28 juin 1738, deuxième partie, titre 10, art. 6, et que cette consignation est exigée, même en matière de grand criminel, de la part des condamnés qui ne sont pas astreints à la consignation d'une amende pour leur pourvoi; qu'ainsi cette amende doit être consignée, à plus forte raison, en matière correctionnelle;

Attendu, d'ailleurs, que cette demande n'est accompagnée d'aucuns motifs qui la rendent pertinente et admissible;

La cour déclare L...... non recevable dans sa demande à fin d'inscription de faux;

En ce qui touche le pourvoi formé contre l'arrêt du 27 mars 1838, par lequel la cour de Caen a déclaré le demandeur non recevable en la récusation par lui proposée contre le conseiller B......., membre de ladite cour:

Attendu que, dans le silence du code d'instruction criminelle sur la matière des récusations, il faut recourir au code de procédure civile comme droit commun en cette partie pour les cas de récusation, et suivre les formes tracées par ce code pour le jugement de ces récusations, en tout ce qui est compatible avec la célérité qu'exige le jugement des affaires correctionnelles;

Attendu que la formalité prescrite par l'art. 384 de ce code, qui veut que la récusation soit déposée au greffe et non articulée en présence du magistrat récusé à l'audience, n'est point inconciliable avec la procédure correctionnelle; qu'elle a pour but de ménager la dignité de la justice, sans nuire au droit de la partie; qu'il en est de même de la disposition qui punit d'une amende celui qui, sans motifs suffisants, s'est ainsi attaqué à la personne du magistrat;

Que c'est donc à bon droit que, dans l'espèce, l'arrêt attaqué a déclaré L...... non recevable dans sa récusation contre le conseiller B...., laquelle n'a pas été déposée au greffe, et condamné le récusant à 500 fr. d'amende;

La cour rejette. — Ch. crim.

ARRÊT DU CONS. D'ÉT (ORD.) DU 8 AOUT 1838, AFF. TARASCON.

Un recours au conseil d'État doit être rejeté, s'il a été formé par une requête sommaire ne présentant pas de moyens suffisants, et s'il n'y a point été suppléé par une requête ampliative dans le délai fixé par le comité du contentieux.

Considérant que la requête ne présente que l'exposé sommaire des faits et des moyens du requérant; qu'il n'a point été suppléé par une requête ampliative à l'insuffisance de la requête introductive, quoique le pourvoi ait été formé le 24 octobre 1836, et que le 10 novembre suivant la demanderesse ait été mise en demeure de produire le développement de ces moyens dans le délai de quinzaine;

d'où il suit qu'elle n'a pas satisfait aux conditions prescrites par l'art. 1er du règlement du 22 juillet 1806;

Art. 1er. La requête de la ville de Tarascon est rejetée.

A. C. DU 17 AOUT 1838, AFF. DEMANDRE.

Les ordonnances d'amnistie n'atteignent pas les faits postérieurs à leur date.

Leur application ne se fait pas en considérant l'époque où elles sont exécutoires d'après les règles sur la promulgation des lois.

Attendu que les ordonnances d'amnistie ne peuvent concerner que les faits accomplis au moment où elles sont rendues, et qu'on ne saurait les étendre à des actes postérieurs à leur date en vertu des règles sur la promulgation des lois et des ordonnances, règles qui n'ont été établies que pour fixer d'une manière certaine l'époque à laquelle ces lois et ordonnances deviennent obligatoires pour les citoyens;

Attendu que le délit constaté par procès-verbal du 1er juin 1837 était postérieur à l'amnistie;

La cour casse. — Ch. crim.

ARRÊT DU CONS. D'ÉT. (ORD.) DU 23 AOUT 1838, AFF. GAMOT.

Lorsqu'une somme est devenue irrecouvrable, le comptable qui n'a pas fait de diligences pour le recouvrement, est néanmoins déchargé de toute responsabilité, s'il prouve que des poursuites, exercées au moment où la créance était exigible, n'auraient eu aucun succès.

Considérant que par sa lettre en date du 14 avril 1838, notre ministre des finances reconnaît que le sieur Gamot a fait toutes les justifications qui devaient le faire décharger de la responsabilité par lui encourue;

Art. 1er. Le sieur Gamot est déchargé du montant des sommes mises à sa charge par la décision attaquée.

Nota. — Il faut remarquer que la responsabilité du comptable aurait pu être engagée si, comme cela est prescrit en matière de contributions indirectes, pour les obligations à fournir par des brasseurs, marchands de sels et fabricants de sucre, il eût été autorisé à exiger une caution solvable, parce que, dans ce cas, l'action du trésor aurait dû être exercée contre la caution; ou du moins, pour être affranchi de toute responsabilité, le comptable aurait dû prouver non seulement que la caution était insolvable à l'époque de l'échéance des traites ou obligations, mais encore qu'elle était notoirement solvable lorsque sa garantie a été acceptée. *Note du Mém.*

A. C. DU 20 AOUT 1838, AFF. BRISECHOUX. (DOUANES.)

L'art. 2 du tit. 4 de la loi du 4 germ. an 2 distingue deux espèces d'oppositions à l'exercice des fonctions des employés de l'administration des douanes: la première, qui n'est qu'une opposition simple, sans voies de fait, la seconde, qui est l'opposition accompagnée de voies de fait. Au premier cas, l'opposant est passible d'une amende de 500 fr., et cette amende est prononcée par la voie civile; au dernier cas, l'opposant est soumis aux dispositions du code pénal relatives à toutes rébellions contre l'exercice des fonctions publiques.

Le procès-verbal par lequel des employés des douanes constatent une opposition simple fait foi jusqu'à inscription de faux.

Il y a opposition simple dans le fait du propriétaire qui déclare protester et s'opposer aux opérations des employés des douanes venus chez lui, accompagnés du maire, pour procéder, conformément à une ordonnance royale, au recensement de ses bestiaux.

Vu l'art. 2, titre IV, de la loi du 4 germ. an II;

Attendu que cette loi distingue clairement le cas d'une simple opposition apportée à l'exercice des fonctions des préposés des douanes, et le cas d'une opposition accompagnée de voies de fait,

Que, dans le premier cas, la loi prononce une amende de 500 fr. contre ceux qui se sont opposés à l'exercice des fonctions desdits préposés; et que, dans le second cas, elle veut que ceux qui s'y sont opposés avec voies de fait soient punis des peines portées par le code pénal contre ceux qui s'opposent avec violence à l'exercice des fonctions publiques; qu'ainsi la simple opposition à l'exercice des fonctions des préposés des douanes donne lieu à la condamnation d'une amende de 500 fr.;

Attendu, d'un autre côté, qu'aux termes de l'art. 11, titre IV, de la loi du 9 flor. an VII et de l'ar. 49 de la loi du 28 avril 1816, les procès-verbaux dressés par les préposés des douanes font foi en justice jusqu'à inscription de faux;

Attendu, en fait, que le procès-verbal du 9 déc. 1836 constate que des préposés des douanes accompagnés du maire de la commune de Vernois, se sont transportés au domicile des frères de Brisechoux pour y procéder à un recensement de bestiaux prescrit par une ordonnance royale du 28 juillet 1835, et que les frères Brisechoux ont déclaré que lesdits préposés n'avaient pas le droit de procéder à ce recensement, et qu'ils s'opposaient entièrement à l'exercice de leurs fonctions;

Attendu que les préposés ont pu et dû considérer cette déclaration comme une opposition réelle à l'exercice de leurs fonctions, et qu'on ne peut pas leur imputer de n'avoir pas provoqué sans nécessité une résistance qui aurait pu aggraver la position des frères Brisechoux;

Attendu enfin que, l'opposition des frères Brisechoux ayant été légalement constatée, le tribunal de Montbéliard n'a pu sans violer l'art 26 du titre IV de la loi du 4 germ. an II, les renvoyer de la demande formée contre eux par l'administration des douanes;

Donne défaut contre les frères Brisechoux; et, statuant sur le pourvoi;

La cour casse. — Ch. req.

ARRÊT DU CONS. D'ÉT. (ORD.) DU 5 SEPT. 1838. AFF. ROMET.

Lorsque le bailleur des fonds d'un cautionnement réclame les droits qui résultent de son privilège de deuxième ordre, et les effets des oppositions formées en vertu de ce privilège, la connaissance de l'action appartient aux tribunaux.

Il n'y a pas empiètement sur l'autorité administrative, comme s'il s'agissait des formes qui constituent et conservent le privilège du bailleur de fonds.

Considérant que les conclusions prises au nom du sieur Romet (Claude), par son exploit du 20 mars 1838, et dont le tribunal civil de la Seine s'est reconnu complèt ement. saisi, n'avaient pas pour objet de porter devant l'autorité judiciaire la connaissance des formes administratives établies par les lois et règlements ci-dessus visés, pour constituer ou conserver en faveur du prêteur des fonds employés au cautionnement le privilège de deuxième ordre; mais que le sieur Romet s'est borné à réclamer les droits qui résulteraient pour lui dudit privilège, et les effets des oppositions qui auraient été formées en vertu dudit privilège, et que ces questions appartiennent à la compétence de l'autorité judiciaire;

Art. 1er. L'arrêté de conflit, pris par le préfet du département de la Seine, le 4 juillet 1838, est annulé.

ARRÊT DU CONS. D'ÉT. (ORD.) DU 17 SEPT. 1838, AFF. CAVAILLON.

Les contestations qui peuvent s'élever entre les communes et les fermiers d'octrois sur le sens des clauses des baux doivent être déférées à l'autorité administrative. En conséquence, il y a lieu de maintenir un arrêté de conflit qui tend à déférer à cette autorité de semblables contestations.

Vu l'arrêté de conflit pris, le 23 juillet 1838, par le préfet de Vaucluse dans une contestation pendante devant le tribunal civil d'Avignon, entre les fermiers de l'octroi de Cavaillon et le maire de cette ville, agissant au nom de la commune, enregistré au secrétariat général de notre conseil d'Etat le 27 août 1838;

Vu l'exploit introductif d'instance, signifié le 13 janvier 1837 au maire de Cavaillon par les sieurs Véran, Audiffren, Cordier et Etienne Dessire, agissant comme fermiers de l'octroi de ladite ville devant le tribunal de première instance d'Avignon, pour se voir condamner en réparation, soit du préjudice que les requérants auraient éprouvé par suite de l'autorisation qu'aurait accordée l'autorité municipale, d'abattre les porcs sur la voie publique et dans les maisons particulières, soit de celui qu'ils éprouveraient ultérieurement pendant le cours de leur ferme;

Vu deux jugements interlocutoires des 14 mars et 5 décembre 1837, par lesquels le tribunal a sursis en accordant à la commune un délai pour se pourvoir de l'autorisation nécessaire à l'effet de se défendre, et a déclaré n'y avoir lieu à statuer, laissant aux parties à agir comme elles aviseront;

Vu un second exploit des mêmes requérants, signifié le 25 juin 1838, et les conclusions prises par les requérants au tribunal de première instance, le 16 juillet 1838, et tendantes aux mêmes fins que l'exploit du 13 janvier 1837, ci-dessus visé;

Vu le déclinatoire proposé au tribunal par un mémoire du préfet, en date du 2 décembre 1837;

Un second déclinatoire proposé par le même administrateur par un nouveau mémoire sous la date du 11 juillet 1838;

Le jugement rendu par le tribunal de première instance d'Avignon le 16 juillet 1838, et par lequel, en rejetant le déclinatoire proposé par le préfet, il a ordonné qu'il serait procédé au jugement de la demande en indemnité formée par les fermiers de l'octroi de Cavaillon;

Vu la lettre adressée à notre garde des sceaux ministre secrétaire d'Etat au département de la justice, le 21 août 1838, et par laquelle notre procureur général près la cour royale de Nimes transmet l'arrêt de conflit ci-dessus visé, ainsi que les pièces à l'appui, en y joignant ses propres observations;

Une lettre du préfet de Vaucluse du 24 août dernier, par laquelle est fait un semblable envoi;

Vu la lettre de notre garde des sceaux ministre secrétaire d'Etat de la justice, en date du 27 août, par laquelle, en transmettant ledit arrêté et lesdites pièces à notre conseil d'Etat, il déclare qu'elles sont parvenues le même jour à son département;

Vu toutes les pièces constatant l'accomplissement des formalités prescrites par les ordonnances des 1er juin 1828 et 12 mars 1831;

Vu les extraits du procès-verbal d'adjudication de l'octroi de la ville de Cavaillon, à titre de bail à ferme, et du règlement dudit octroi, approuvé par notre ordonnance du 29 décembre 1832;

L'extrait des délibérations du conseil municipal de Cavaillon, en date des 5 décembre 1837 et 4 février 1838;

L'arrêté du conseil de préfecture en date du 14 mars 1837;

Vu l'art. 136 du décret du 17 mai 1809, l'art. 127 de la loi du 8 décembre 1814, et l'art. 147 de la loi du 28 avril 1816;

Vu l'art. 13 du titre XI de la loi du 16-24 août 1790; la loi du 16 fructidor an III;

Vu les ordonnances des 1er juin 1828 et 12 mars 1831;

Ouï M. Hély d'Oissel, maître des requêtes, remplissant les fonctions du ministère public;

Considérant que, d'après les conclusions par eux prises devant le tribunal de première instance d'Avignon, les fermiers de l'octroi de Cavaillon se prévalaient, pour réclamer des dommages-intérêts, des dispositions du cahier des charges pour le bail qui a été l'objet de leur adjudication, disposition que la commune soutient n'être pas de nature à justifier leur demande, et qu'aux termes de l'art. 136 du décret du 17 mai 1709, toutes les contestations qui peuvent s'élever entre les communes et les fermiers des octrois sur le sens des clauses des baux doivent être déférées à l'autorité administrative;

Notre conseil d'Etat entendu;

Art. 1er. L'arrêté de conflit pris par le préfet du département de Vaucluse, en date du 23 juillet 1838, dans la contestation pendante entre les fermiers de l'octroi de Cavaillon et le maire de la même ville, est confirmé. — Art. 2. Le jugement du tribunal de première instance d'Avignon, en date du 16 juillet 1838, sera considéré comme non avenu. — Art. 3. Notre garde des sceaux, etc.

A. C. DU 12 OCT. 1838, AFF. MADRIÈRES.

Les procès-verbaux des employés de l'octroi font foi en justice jusqu'à inscription de faux.

Les moyens de faux ne doivent être admis qu'autant qu'ils tendent à justifier le prévenu de la contravention.

Sur l'unique moyen de cassation, invoqué et tiré de la violation des art. 8 de la loi du 27 frimaire an VIII, 75 de l'ordonnance du 9 décembre 1814, 15, 17 et 104 du règlement de l'octroi de Bordeaux, ainsi que de la fausse application de l'art. 42 du décret du 1er germinal an XIII ;

Vu les dits articles;

Attendu que de la combinaison de ces divers articles il suit : 1° que les procès-verbaux des préposés des octrois, revêtus des formalités voulues par la loi, et constatant la fraude, font foi en justice jusqu'à inscription de faux : 2° que les moyens de faux proposés dans les délais et dans les formes légales contre les procès-verbaux des préposés ne sauraient être admis qu'autant qu'ils tendraient à justifier les prévenus de la fraude ou des contraventions qui leur sont reprochées ; 3° que le recensement des bestiaux a été………. (Suivent des considérations de faits.)

Attendu que le procès-verbal, régulier en la forme, du 17 novembre 1837, constate les faits suivants,…… (Suit un long énuméré de faits).

Attendu que du contenu de ce procès-verbal résultaient contre Madrières trois contraventions distinctes : 1° refus et opposition à l'exercice des fonctions des préposés de l'octroi ; 2° contravention au règlement de l'octroi de Bordeaux, pour n'avoir pas représenté aux employés, lors du recensement fait par eux, la quittance du paiement des droits des treize porcs gras menés vers la ville par son garçon ; 3° autre contravention au règlement de l'octroi de Bordeaux pour n'avoir pas justifié, par une quittance qui leur fût applicable, du paiement du droit des six porcs nourrains trouvés dans son étable, ou du moins du paiement du supplément du droit lors du passage des six cochons de lait déclarés par Bayle dans la classe des porcs nourrains ;

Attendu que, cité en police correctionnelle, Madrières déclara s'inscrire en faux,…… , etc.

Attendu que les moyens de faux tendaient à établir……. (Suivent des faits inutiles à rappeler.)

Sur quoi, considérant, sur la première contravention imputée à Madrières, que les moyens de faux proposés par lui seraient de nature, s'ils étaient justifiés, à faire disparaître tout refus ou toute opposition de la part dudit Madrières à l'exercice des préposés de l'octroi, et par conséquent à établir son innocence à cet égard; qu'ils sont donc pertinents et admissibles; que c'est dès lors avec raison que la cour royale de Bordeaux, chambre des appels de police correctionnelle, a admis Madrières à en faire la preuve ;

Considérant, sur les deuxième et troisième contraventions, que les moyens de faux allégués par ledit Madrières pourraient être invoqués par lui avec plus ou moins d'avantage quand il sera question de juger la cause au fond; mais qu'en les supposant justifiés, il n'en résulterait pas moins que Madrières, lors du recensement des employés de l'octroi de Bordeaux, ne leur aurait produit aucune quittance justificative du paiement des droits pour les treize porcs gras qui venaient de sortir de son étable, et que pour les six porcs nourrains qui y avaient été trouvés, il leur en aurait produit une qui, déclarée pour six cochons de lait, n'aurait pas été applicable à des porcs nourrains ; que dès lors les moyens de faux invoqués par le prévenu sur les deux dernières contraventions les laissant subsister, du moins matériellement, n'étaient ni pertinents ni admissibles ; que c'est donc à tort que la cour royale de Bordeaux a admis Madrières à en faire la preuve ;

Par ces motifs, la cour rejette le pourvoi contre la partie de l'arrêt qui a admis les moyens de faux relatifs à la première contravention: casse l'arrêt qui a admis les moyens de faux relatifs aux deuxième et troisième contraventions. — Ch. crim.

A C. DU 18 OCT. 1838, AFF. HÉNOT.

Un jugement sur appel ne viole pas la loi lorsqu'il déclare, en fait, que le prévenu n'a pas eu connaissance des conclusions prises contre lui pour la première fois, et qu'il n'a pu préparer sa défense.

Attendu qu'en décidant, en fait, qu'il résultait de la procédure que le prévenu n'avait pas eu connaissance des conclusions qui avaient été prises pour la première fois devant le tribunal d'appel ; qu'il n'avait pu préparer sa défense sur la nouvelle contravention qui lui était imputée, et en déclarant par suite l'administration non recevable dans ce chef de conclusions, le tribunal de Saint-Omer n'a violé aucune loi;

Sans approuver d'ailleurs les motifs, en droit, du jugement attaqué, la cour rejette. — Ch. crim.

Nota. — D'après cet arrêt, il importe que, lorsqu'il peut y avoir quelque doute sur la nature de la contravention, les conclusions prises au nom de la régie portent d'abord sur la contravention punie de la peine la plus élevée, et subsidiairement sur celle qui doit entraîner une condamnation moindre. *Note du Mêm.*

A. C. DU 19 OCT. 1838, AFF. GONS.

Quand un procès-verbal fait foi en justice jusqu'à preuve contraire, il faut, pour décharger le prévenu, que cette preuve soit légalement faite par des témoignages. Elle ne peut pas résulter de renseignements particuliers pris par le juge.

Vu les art. 154 et 155 du code d'instruction criminelle;

Attendu qu'il résulte d'un procès-verbal régulier que plusieurs personnes ont été trouvées, le 26 août dernier, dans le cabaret tenu par Marie-Rose Delécluse, veuve de Pierre-Joseph Gans, après l'heure fixée par le règlement de police;

Que la foi due à ce procès-verbal ne pouvait être détruite, d'après le premier des articles précités, que par la preuve légalement produite, c'est-à-dire par des témoins entendus à l'audience, conformément audit art. 155 ;

D'où il suit, dans l'espèce, que le jugement dénoncé, en se déterminant à relaxer la prévenue, par des motifs tirés des renseignements recueillis par le juge qui l'a rendu, auprès des agents de police rédacteurs du dit procès-verbal, a commis une violation expresse des règles d'instruction consacrées par les dispositions ci-dessus visées;

La cour casse. — Ch. crim.

ARRÊT DU CONS. D'ÉT. ORD. DU 18 NOV. 1838, AFF. HANNOTIN.

Un pourvoi au conseil d'Etat, non appuyé de moyens justificatifs, doit être rejeté, surtout lorsque le demandeur n'a point produit de requête ampliative, bien qu'il ait été mis en demeure de le faire.

Considérant que les requérants ne produisent que l'un des deux arrêtés contre lesquels ils se pourvoient ; que leur requête ne présente aucun exposé des faits et des moyens à l'appui du pourvoi; qu'ils n'ont ni produit l'arrêté du 11 octobre 1835, ni suppléé par une requête ampliative à l'insuffisance de leur requête introductive, quoique dès le vingt avril 1837, et depuis lors à diverses reprises, ils aient été mis en demeure de le faire ; d'où il suit qu'ils n'ont pas satisfait aux conditions prescrites par l'art. 1er du règlement du 22 juillet 1806 ;

Art. 1er. La requête de la compagnie anonyme des ardoisières de Remogne et de Saint-Louis-la-Meuse est rejetée.

A. C. DU 8 DÉC. 1838, AFF. MURACCIOLI. (DOUANES.)

Lorsqu'une contravention est accompagnée de rébellion, l'arrêt de non lieu qui intervient sur la rébellion ne forme point chose jugée à l'égard de la contravention.

Le tribunal correctionnel peut être saisi de la contravention par action directe principale, et sans que cela constitue une action civile qui serait suspendue par l'effet de l'action du ministère public.

Quand il y a inscription de faux contre un procès-verbal, le tribunal correctionnel, chargé d'apprécier les faits, peut rejeter les moyens qui ne lui paraissent pas admissibles.

Sur le premier moyen, pris de la prétendue violation de l'autorité de la chose jugée et de l'art. 246 du code d'instruction criminelle :

Attendu qu'aux termes de l'art. 1351 du code civil l'autorité de la chose jugée a lieu qu'à l'égard de ce qui a fait l'objet du jugement; qu'il faut que la chose demandée soit la même, et que la demande soit entre les mêmes parties ;

Attendu que les lois de la matière, et notamment l'art. 3 de celle du 15 août 1793, donnent action à l'administration des douanes pour poursuivre devant les tribunaux la confiscation des marchandises saisies pour contravention, et la condamnation aux amendes encourues par les contrevenants ;

Attendu qu'il est constant, en fait, que dès le 11 novembre 1834 l'administration des douanes avait traduit tous les demandeurs devant le tribunal correctionnel d'Ajaccio pour faire prononcer contre eux la confiscation des marchandises saisies par le procès-verbal du 8 du même mois, et pour les faire condamner à une amende égale à la valeur desdites marchandises, par application des art. 41, 42, 43, 44 de la loi du 28 avril 1816 et 34 de celle du 21 avril 1818 ;

Que, dans le même temps, Laurent Muraccioli dit Carbone, Barbieri et les frères Chiarisoli avaient été poursuivis à la requête du ministère public comme inculpés d'introduction frauduleuse accompagnée de rébellion avec violences et voies de fait envers les préposés des douanes, et que si de l'arrêt rendu par la cour royale de Bastia chambre d'accusation, le 19 décembre 1834, portant qu'il y a lieu à suivre, il devait résulter que l'introduction frauduleuse n'avait pas été commise par une réunion de plus de six individus, ou que du moins les charges contre les inculpés n'avaient pas été trouvées suffisantes, il n'en résultait pas que cette introduction n'aurait point été commise par une réunion de moins de six individus, dont les dénommés ci-dessus auraient fait partie ;

Que chacun de ces faits constituait un délit distinct, poursuivi séparément et pouvant entraîner des peines différentes, soit d'emprisonnement, soit d'amende ;

Qu'il n'y avait point de réserves à faire, point de renvoi à prononcer pour un délit dont le tribunal correctionnel se trouvait déjà saisi ;

Qu'en y statuant, l'arrêt attaqué n'a donc point prononcé sur ce qui avait fait objet de l'arrêt rendu par la cour de Bastia ; qu'ainsi il n'a porté aucune atteinte à l'autorité de la chose jugée par cet arrêt, ni violé l'art. 246 du code d'instruction criminelle ;

Sur le deuxième moyen, pris de la violation des règles de compétence et de la fausse application de l'art. 41 de la loi du 28 avril 1816 :

Attendu que la poursuite de l'administration des douanes ayant pour objet la répression d'un fait d'introduction frauduleuse de marchandises tarifées à 20 fr. par quintal métrique et au-dessus, le tribunal correctionnel, aux termes de l'article précité, était seul compétent pour en connaître ;

Sur la deuxième branche du même moyen, tirée d'une prétendue contravention à l'art. 3 du code d'instruction criminelle, en ce que l'exercice de l'action civile n'aurait pas été suspendu jusqu'à ce qu'il eût été prononcé définitivement sur l'action publique :

Attendu que, d'après ce qui précède, l'action de l'administration des douanes était directe et principale ; qu'elle ne pouvait même être considérée comme l'action civile dérivant du délit de contrebande connexe au crime de rébellion avec attroupement, laquelle action aurait produit des effets différents; qu'ainsi la règle établie par l'art. 3 du code d'instruction criminelle était sans application à l'espèce ;

Sur le troisième moyen, pris de la violation de l'art. 55, titre 13 de la loi du 22 août 1791, et des art. 11 et 12 de celle du 9 floréal an VII :

Attendu qu'en rejetant le moyen d'inscription de faux, tendant à prouver que les marchandises saisies avaient été vues déposées sur la côte, dans la journée du 3 novembre 1834, l'arrêt attaqué a souverainement apprécié, en fait, le moyen articulé ; que cette appréciation était dans les attributions du juge chargé par la loi de vérifier si les faits proposés à l'appui de l'inscription de faux étaient pertinents et admissibles, et qu'elle ne comporte aucune violation, ni de l'art. 35 précité, ni des art. 11 et 12 de la loi du 9 floréal an VII ;

La cour rejette. — Ch. crim.

Nota. — L'administration a constamment recommandé de suivre directement et par assignation principale, les procès-verbaux qui constatent tout à la fois une contravention et une rébellion, au lieu d'attendre l'issue de l'action du ministère public, en ce qui concerne la rébellion. L'arrêt qui précède prouve que cette marche ne peut nuire en aucune manière aux droits de la régie, tandis que l'autre mode de procéder y a souvent préjudicié : il importe donc que MM. les directeurs ne se dessaisissent point de l'original du procès-verbal. Ils n'en doivent adresser qu'une copie certifiée au procureur du roi à titre de plainte. *Note du Mêm.*

A. C. DU 14 DÉC. 1838, AFF. DUMOULIN.

Un jugement de débouté d'opposition à un jugement par défaut est sujet à appel, quand même l'opposant ne se serait pas présenté.

Sur le premier moyen, pris de la violation des art. 187, 188 et 203 du code d'instruction criminelle, en ce que la cour royale a réformé le jugement par défaut du 9 mars 1838, quoiqu'il fût devenu définitif faute par Dumoulin d'avoir comparu sur son opposition :

Attendu que tous les jugements de débouté d'opposition produisent les mêmes effets, qu'ils interviennent, faute par les opposants de se présenter pour soutenir leur opposition, ou qu'ils soient rendus après un nouveau débat ; qu'un tel jugement se confond avec le jugement par défaut, et que l'appel qui en est interjeté remet tout en question ;

La cour rejette. — Ch. crim.

ARRÊT DE LA COUR ROY. DE PARIS, DU 27 DÉC. 1838, AFF. COSNARD.

Dans les villes à taxe unique, comme ailleurs, les débitants rédimés ne peuvent se livrer à la fabrication des liqueurs qu'après une déclaration préalable.

Considérant que, sous l'empire de la loi du 28 avril 1816 qui assujétissait indistinctement les débitants de vin et les débitants d'eaux-de-vie, esprits et liqueurs à un droit de 15 p. 0/0 du prix de vente, les uns et les autres de ces débitants pouvaient s'affranchir de l'exercice par l'abonnement, soit individuel, soit communal, soit par corporation ;

Que cet état de choses a été modifié sous deux principaux rapports, par la loi

du 24 juin 1824, relative à la perception des droits sur l'eau-de-vie, et par l'autre loi du même jour, sur l'exercice de fabriques de liqueurs ;

Que, d'une part, les débitants d'eaux-de-vie, esprits ou liqueurs, qui, comme les débitants de vin, avaient la faculté de s'affranchir de l'exercice par l'abonnement, ont été privés de cette faculté par la première des deux lois citées de 1824, qui, au droit de 15 p. 0/0 du prix de vente sur les eaux-de-vie, esprits et liqueurs a substitué un droit fixe de consommation de 50 francs par hectolitre d'alcool pur contenu dans les eaux-de-vie en cercles, par hectolitre d'eaux-de-vie et bouteilles, et par hectolitre de liqueurs en cercles et en bouteilles et de fruits à l'eau-de-vie ;

Que, d'autre part, les liquoristes ou fabricants de liqueurs ont été mis au nombre des assujétis à l'exercice, par la deuxième loi de 1824, qui a fait une distinction entre les liquoristes marchands en gros et les liquoristes débitants, mais qui a soumis les uns et les autres à la déclaration préalable et au droit de licence, et qui n'a laissé ni aux uns ni aux autres la faculté de s'affranchir de l'exercice par un abonnement ou une rédemption ;

Considérant que la loi du 12 décembre 1830, qui réduit à 34 francs le droit de consommation auparavant fixé à 50 francs, n'a pas rendu aux débitants d'eaux-de-vie, d'esprits ou de liqueurs, et n'a pas donné aux liquoristes, soit marchands en gros, soit débitants, le droit de s'affranchir de l'exercice par une rédemption ou un abonnement ; — Qu'aux termes de l'article 4 de cette loi, les débitants de boissons *ont continué* d'être autorisés à s'affranchir des exercices pour l'acquittement du droit de détail au moyen d'abonnements individuels ou collectifs; — Que cette disposition n'a été applicable qu'aux seuls débitants de vins, puisqu'aux seuls, depuis la loi de 1824, étaient autorisés à s'affranchir de l'exercice par l'abonnement, et que, conséquemment, eux seuls ont pu continuer à jouir de ce droit ; — Qu'elle n'a pu s'appliquer aux débitants d'eaux-de-vie, esprits et liqueurs qui, depuis 1824, n'avaient pas la faculté de l'affranchissement, ni aux liquoristes, ou fabricants de liqueurs qui, depuis 1824, étaient expressément soumis à l'exercice, sans possibilité de s'en affranchir ;

Considérant que la possibilité d'affranchissement d'exercice, relativement aux eaux-de-vie, esprits et liqueurs, qui existait sous l'empire de la loi de 1816, et qui avait disparu sous les lois de 1824 et de 1830, a été rétablie par la loi du 21 avril 1832 ; — Que cette loi permet d'abord la suppression des exercices sur les vins dans les villes ayant une population agglomérée de 4,000 âmes et au-dessus, moyennant que les droits de circulation, d'entrée et de détail sur les vins, ainsi que celui de licence des débitants, soient convertis en une taxe unique aux entrées ; — Qu'elle dispose ensuite, article 11, que, dans les villes qui seront soumises à une taxe unique sur les vins, le droit général de consommation imposé sur les eaux-de-vie, esprits, liqueurs et fruits à l'eau-de-vie sera perçu à l'entrée, et que les débitants qui voudront s'affranchir des exercices pour les eaux-de-vie, esprits et liqueurs, soit dans les villes où la taxe unique ne sera pas adoptée, soit hors des villes, seront admis, comme les consommateurs, à payer ce même droit à l'arrivée ;

Considérant qu'il suit de cette disposition de la loi de 1832 que le débitant d'eaux-de-vie, esprits et liqueurs, est affranchi de l'exercice, s'il est établi dans une ville à taxe unique où le droit de consommation sur les eaux-de-vie, esprits et liqueurs, se perçoit à l'entrée, ou si, étant établi dans tout autre lieu, il paie le même droit à l'arrivée, c'est-à-dire s'il est rédimé, soit comme établi dans une ville à taxe unique, soit individuellement ; — Que, sous ce rapport, la loi de 1832 déroge à la loi de 1824, relative à la perception des droits sur l'eau-de-vie ;

Mais qu'il n'en résulte pas que le même affranchissement d'exercice soit acquis au débitant rédimé, soit individuellement, soit comme établi dans une ville à taxe unique, qui, à sa qualité de débitant d'eaux-de-vie, esprits ou liqueurs, joint celle de liquoriste ou fabricant de liqueurs ; — Que rien dans la loi n'annonce une dérogation à celle de 1824 sur l'exercice des fabriques de liqueurs ; — Que la loi de 1832 a donc laissé subsister pour les liquoristes débitants, ou, en d'autres termes, pour les débitants d'eaux-de-vie, esprits et liqueurs, qui sont en même temps fabricants de liqueurs, la nécessité absolue de l'exercice et l'impossibilité de s'en affranchir par quelque rédemption ou abonnement que ce soit ;

Considérant que cette conséquence se tire à la fois et de l'esprit et du texte des lois sur la matière ;

Qu'en effet, si le débitant rédimé, soit individuellement, soit comme établi dans une ville à taxe unique, est affranchi des exercices pour le paiement du droit de consommation sur les eaux-de-vie, esprits et liqueurs, cet affranchissement a tous les caractères de l'abonnement pour le paiement du droit de détail sur les vins ; — Que l'identité des caractères de la rédemption pour les eaux-de-vie, esprits et liqueurs, et de l'abonnement pour les vins, est établie par la définition qui est donnée de l'abonnement par les articles 70, 73 et 77 de la loi du 28 avril 1816 et de la rédemption par l'article 41 de la loi du 21 avril 1832 ; que leur unique objet est de remplacer, par le moyen qui leur est propre à l'un ou à l'autre, la perception du droit de détail sur les vins ou du droit de consommation sur les eaux-de-vie, esprits et liqueurs, perception qui, sans l'abonnement ou la rédemption, se ferait par le mode de l'exercice ; — Que la rédemption, pas plus que l'abonnement, n'embrasse le fait spécial de la fabrication des liqueurs ; — Que, du même que le débitant de vin, quoique abonné, devient passible de l'exercice, s'il se livre à la fabrication des liqueurs, de même le débitant d'eaux-de-vie, esprits et liqueurs, encore bien qu'il soit rédimé, soit individuellement, soit comme établi dans une ville à taxe unique, ne peut pas se refuser à l'exercice, s'il ajoute à son débit la fabrication des liqueurs, c'est-à-dire s'il se fait liquoriste débitant ;

Que l'article 41 de la loi du 21 avril 1832 a voulu que les simples débitants d'eaux-de-vie, esprits et liqueurs, pussent, par la rédemption, s'affranchir de l'exercice, comme les débitants de vins s'en affranchissent, en vertu des lois antérieures, par l'abonnement ; mais que cet article 41 ne s'applique pas aux liquoristes ou fabricants de liqueurs ; — Que l'expression de *débitants* qui s'y trouve ne peut comprendre les liquoristes débitants, dont parle la loi du 24 juin 1824, laquelle règle spécialement l'exercice des fabriques de liqueurs et détermine les obligations des fabricants de liqueurs, selon qu'ils sont liquoristes débitants ou liquoristes marchands en gros, expressions qui sont répétées dans tous les articles, afin de mieux faire entendre que ces dispositions concernent spécialement les liquoristes ou fabricants de liqueurs, et qui n'ont pas été reproduites dans la loi du 21 avril 1832, parce qu'elles ne s'appliquent pas aux fabricants de liqueurs, mais seulement aux débitants qui se bornent à les vendre ;

Considérant que le débitant rédimé, soit individuellement, soit comme étant établi dans une ville à taxe unique, ne saurait être assimilé au simple consommateur ; — Qu'en effet, le débitant rédimé reste soumis à certaines formalités auxquelles le simple consommateur n'est pas assujéti ; — Qu'au surplus, l'assimilation invoquée existât-elle, il n'en résulterait pas, pour le débitant rédimé, le droit de fabriquer des liqueurs en franchise de l'exercice et de l'impôt, puisque le consommateur, qui fabriquerait des liqueurs pour les vendre en gros ou en détail, deviendrait par cela même liquoriste et serait soumis, en cette qualité, aux exercices et à l'impôt, soit de marchand en gros, soit de débitant ;

Considérant enfin que l'affranchissement réclamé pour les débitants rédimés ne serait autre chose qu'un privilège au détriment des fabricants marchands en gros et des débitants exercés, puisque ces deux dernières classes de commerçants, obligées de soumettre leurs fabrications et leurs ventes à l'exercice et à l'impôt, ne pourraient soutenir la concurrence avec les débitants rédimés, si, par le fait seul de la rédemption, ils se trouvaient affranchis de l'exercice et de l'impôt ;

Considérant qu'il est établi et non contesté que Cosnard-Lebel, débitant d'eaux-de-vie et de liqueurs, se livre en même temps à la fabrication des liqueurs ; — Qu'ainsi il est liquoriste débitant ; — Que, d'après les motifs ci-dessus exprimés, il était tenu de faire une déclaration préalable et de prendre une licence, et ne pouvait, par aucun abonnement ni rédemption, s'affranchir de l'exercice ; — Que dès lors toutes les liqueurs en fabrication ou déjà fabriquées, tous les esprits et toutes les eaux-de-vie qui se trouvaient dans ses magasins y étaient tous saisissables, aux termes des articles de lois déjà cités dans le jugement dont est appel, ainsi que des articles 50 et 06 de la loi du 28 avril 1816 et de l'article 2 de la loi du 24 juin 1824, lesquels sont ainsi conçus, etc. ;

Adoptant, au surplus, les motifs des premiers juges, met l'appellation au néant, etc.

LETT. COMM. N° 10, DU 4 JANVIER 1839.

Les produits du sucre indigène n'entreront pas dans le calcul des primes pour l'année 1838.

Au moment où les directeurs vont s'occuper de former, en conformité de la circulaire n° 97, du 31 décembre 1834, les états de proposition des primes d'apurement à allouer aux comptables pour l'année expirée, je dois faire connaître que le produit de l'impôt sur le sucre indigène devra, pour cette fois, être porté en totalité dans une colonne spéciale, au tableau de développement des sommes non passibles de primes, afin que ce produit puisse ainsi être compris au nombre des déductions générales à inscrire dans la colonne 11.

Lorsque l'expérience aura mis à même de juger du plus ou moins de difficultés que le recouvrement de cet impôt est susceptible de présenter pendant une année complète d'exercices, l'administration examinera dans quelle proportion les produits du sucre doivent être comptés parmi ceux qui servent à fixer le montant des primes, et vous serez informé de la décision qui sera prise à cet égard.

A. C. DU 5 JANVIER 1839, AFF. RICARDON. (FORÊTS.)

L'art. 176 du code forestier, qui défend d'admettre aucune preuve testimoniale outre ou contre le contenu des procès-verbaux, ne doit s'entendre que des faits matériels qui constituent le délit ; cette défense ne peut être étendue à des circonstances accessoires qui n'ont pour effet que de modifier la peine applicable à ce délit.

Attendu que si l'art. 176 du code forestier défend d'admettre aucune preuve outre ou contre le contenu du procès-verbal lorsque, comme dans l'espèce, cet acte fait foi jusqu'à inscription de faux, cette disposition ne doit s'entendre que des faits matériels qui constituent le délit, et ne saurait être étendue à des circonstances accessoires qui n'ont pour effet que de modifier la peine applicable à ce délit ;

Attendu qu'il n'est pas possible de soutenir que l'admission à la preuve établisse, en faveur de l'administration, un droit exorbitant, puisque ce droit résulte des dispositions mêmes de la loi ;

Qu'on ne peut qualifier cette preuve d'immorale, puisque la fraude et le parjure ne se présument pas ;

Qu'on ne peut non plus alléguer que cette preuve serait inutile, puisqu'il n'est pas possible de prévoir quel résultat amènerait le débat entre l'administration fournissant ses preuves, et le défendeur opposant la preuve contraire ;

Attendu qu'en prononçant comme il l'a fait, le jugement a violé l'art. 175, faussement interprété l'art. 176, appliqué contrairement à la loi l'art. 195, et violé, *en ne l'appliquant pas,* l'art. 54 du code forestier ;

La cour casse. — Ch. crim.

ARRÊT DU CONS. D'ÉT. (ORD.) DU 14 JANVIER 1839, AFF. LYONNET.

Lorsqu'un fermier d'octroi veut percevoir des droits sur une denrée non classée au tarif, et que le débat ne s'élève pas entre lui et un particulier, mais bien entre lui et la commune, il y a lieu à interprétation du tarif par le conseil d'Etat, parce que le tarif est annexé à une ordonnance royale.

Dans un pareil état de contestation, le conseil de préfecture est incompétent pour statuer.

Considérant qu'il s'agissait dans l'espèce d'obtenir une interprétation de l'ordonnance royale portant règlement et tarif de l'octroi de Gien, et que c'est devant nous seulement que cette demande devait être portée ;

Considérant que l'affaire étant suffisamment instruite, il y a lieu de statuer au fond ;

Considérant que le tarif, joint à l'ordonnance royale du 30 juin 1819, et qui a servi de base au bail du 27 novembre 1829, ne fait aucune mention des râpés de vendanges, et qu'il résulte de l'instruction que, depuis l'établissement de l'octroi de la ville de Gien jusqu'à l'époque de l'adjudication du bail au requérant, ces boissons n'avaient jamais été soumises au droit d'octroi dans ladite ville.

Art. 1er. L'arrêté du conseil de préfecture du département du Loiret, du 24 janvier 1837, est annulé pour cause d'incompétence.

Art. 2. Les râpés de vendanges ne sont pas soumis aux droits d'octroi en exécution du tarif annexé à l'ordonnance royale du 30 juin 1819.

ARRÊT DE LA COUR ROYALE DE PARIS DU 17 JANVIER 1839.

Le mot denrées, *inséré dans la loi du 29 mars 1832, ne s'entend pas uniquement des objets destinés à la consommation de l'homme ou des animaux. Ce mot, dans l'acception prise par le législateur, comprend tous les objets soumis au droit d'octroi.* Annales.

Arrêt conforme.

ARRÊT DU CONSEIL D'ÉT. (ORD.) DU 25 JANV. 1839, AFF. MARTIN.

Des fermiers d'octroi qui ne sont pas entrés en jouissance à l'époque fixée par le bail, par suite du retard de l'approbation ministérielle, sans laquelle le bail ne pouvait avoir d'exécution, ont droit à une indemnité pour défaut de jouissance.

Cette indemnité est due spécialement, lorsque les fermiers, qui ne voulaient pas accepter la jouissance tardive, s'y sont déterminés sur la promesse qui leur a été faite d'une indemnité.

Considérant qu'aux termes du cahier des charges, sur lequel a été passée l'adjudication du 4 octobre 1831, le bail de l'octroi d'Alais devait être exploité par les sieurs Bertrand et Martin, depuis le 1er janvier 1832 jusqu'au 31 décembre 1834 ;

Que l'approbation de notre ministre des finances, sans laquelle les adjudicataires ne pouvaient entrer en possession, n'est intervenue que le 30 mars, et ne leur a été signifiée que le 29 avril, et qu'ils n'ont commencé leur exploitation que le 1er mai, ce qui les a privés de 4 mois de jouissance de leur bail ;

Que l'art. 45 dudit cahier des charges, en subordonnant l'exécution de l'adjudication à l'approbation préalable du ministre des finances, n'avait pas mis à la charge des adjudicataires les conséquences du retard que cette approbation pouvait éprouver ;

Qu'il est constant et reconnu que les premiers mois de l'année, pendant lesquels les adjudicataires n'ont pu profiter de leur bail, sont les plus productifs, et qu'ils n'ont consenti à entrer en jouissance, malgré cette privation, et à payer le prix de leur adjudication pendant les derniers mois de l'année 1832, que sous l'engagement pris par le conseil municipal, avec l'approbation du préfet, de les dédommager de la perte qu'ils avaient éprouvée ;

Qu'ainsi c'est avec raison que l'arrêté attaqué leur a alloué, à titre d'indemnité, la somme de 10,000 fr., inférieure à celle qui serait résultée des bases admises par le conseil municipal, mais à laquelle ils ont restreint leur demande ;

Art. 1er. La requête de la ville d'Alais est rejetée.

A. C. DU 11 FÉV. 1839. AFF. ST-VICTOR.

L'art. 222 du code pénal qui punit les outrages par paroles envers un fonctionnaire public, dans l'exercice ou à l'occasion de l'exercice de ses fonctions, n'est pas applicable aux outrages ou injures contenus dans une lettre adressée à ce fonctionnaire, s'il en a seul connaissance.

Attendu que l'art. 222 du code pénal, qui punit les outrages par paroles, faits à un fonctionnaire public pendant l'exercice de ses fonctions, ne comprend pas les outrages ou injures contenus dans une lettre adressée à ce fonctionnaire, et dont il a eu seul connaissance ;

Qu'en effet, le mot *parole* de l'art. 222 doit être pris dans son sens propre et non dans son acception vulgaire, et qu'il ne doit dès lors être appliqué qu'aux mots articulés ou prononcés de vive voix ;

Attendu que les tribunaux ne peuvent étendre les dispositions pénales des lois des cas qu'elles expriment à d'autres cas qu'elles n'expriment pas, et qu'il n'appartient qu'au législateur d'ajouter à ces dispositions ou d'en combler les lacunes ;

Attendu, d'ailleurs, que l'art. 222 reproduit, quant aux outrages par paroles aux fonctionnaires publics dans l'exercice de leurs fonctions, les même dispositions que l'art. 19 du titre 2 de la loi des 19-22 juillet 1791, sous l'empire de laquelle il a été constamment reconnu et admis que les outrages ou injures par écrit, adressés à un fonctionnaire public, ne constituaient pas le délit prévu par cet article ;

Attendu que l'arrêt attaqué a reconnu, en fait, que l'outrage dont le préfet des Deux-Sèvres a demandé la répression, n'était pas verbal, mais contenu dans une lettre qui n'avait reçu aucune publicité avant l'action dirigée contre le défendeur ;

Qu'en jugeant, dans ces circonstances, que l'art. 222 du code pénal n'était pas applicable, et en renvoyant Castillon de St-Victor de l'action correctionnelle dirigée contre lui, la cour royale d'Angers n'a violé ni l'article 222 précité, ni aucune autre loi pénale.

La cour rejette. — Ch. crim.

ARRÊT DU CONS. D'ÉT. (ORD.) DU 14 FÉV. 1839. AFF. TITON.

Lorsqu'un recours au conseil d'Etat a été formé par une requête sommaire qui ne contient pas de moyens, et que la requête ampliative promise n'a pas été produite dans les délais accordés, il y a lieu à rejeter le pourvoi.

Considérant que la requête sommaire ne présente aucun moyen contre la décision attaquée et, que la requête ampliative qu'elle annonçait et qui devait contenir ces moyens, n'a pas été formée dans les délais accordés au requérant ;

Art. 1er. La requête du sieur Titon est rejetée.

ARRÊT DU CONS. D'ÉT. (ORD.) DU 18 FÉV. 1839. AFF. CLERMONT-L'HÉRAULT.

Les abonnements accordés aux communes, en vertu de la loi du 21 avril 1832, en remplacement de l'inventaire des vins de la récolte, ne peuvent avoir d'autre base que les quantités sur lesquelles les récoltants ont payé le droit d'entrée dans une année de récolte complète, sauf réduction, s'il y a lieu.

Considérant que l'abonnement consenti par les communes vignobles en vertu de l'art. 40 de la loi du 21 avril 1832 doit avoir pour base, aux termes du § 2 dudit article, les quantités sur lesquelles les récoltants ont payé les droits d'entrée dans une année de récolte complète avec réduction, s'il y a lieu, dans la proportion des produits apparents de l'année ;

Considérant qu'il résultait des vérifications qui avaient eu lieu, que les produits apparents de la récolte de 1837 à Clermont-l'Hérault égalaient au moins ceux de l'année 1829, qui est considérée comme une récolte complète ;

Qu'ainsi c'est avec raison que la quantité de cinq mille cinq cent soixante-cinq hectolitres, sur laquelle les récoltants avaient payé les droits d'entrée en 1829, a été adoptée sans aucune réduction comme tare de l'abonnement de la ville de Clermont-l'Hérault pour 1837 ;

Art. 1er. La requête de la ville de Clermont-l'Hérault est rejetée.

A. C. DU 28 FÉV. 1839, AFF. MALLIER. (DOUANES.)

Ni la foi due aux procès-verbaux des préposés des douanes, ni la défense faite aux juges d'excuser les contrevenants sur l'intention, n'enlèvent au prévenu la faculté de prouver qu'il n'a point participé au fait de fraude pour lequel il est poursuivi, pourvu que la preuve n'attaque en rien la foi due au procès-verbal, et que le débat soit engagé non sur la bonne foi de l'inculpé, mais seulement sur la preuve de la connaissance qu'il avait du fait.

Vu la requête de l'administration des douanes à l'appui de son pourvoi ;

Sur l'unique moyen, tiré de la prétendue violation des art. 37, 38 et 39, titre XIII de la loi du 22 août 1791, 38, n° 4 et 41 de celle du 28 avril 1816, 11 et 16 de celle du 9 floréal an VII, en ce que l'arrêt attaqué aurait admis la preuve des faits articulés par le prévenu;

Attendu, qu'à la vérité, les dispositions précitées des lois de 1791 et de 1816 punissent d'une amende de 500 fr. ceux qui auraient reçu en magasin ou en dépôt, dans le rayon des frontières, des marchandises prohibées à l'entrée;

Que, d'un autre côté, les procès-verbaux des préposés des douanes, réguliers en la forme, doivent, aux termes de l'art. 11 de la loi du 9 floréal an VII, être crus jusqu'à inscription de faux, et que l'art. 16 de la même loi défend aux juges d'excuser les contrevenants *sur l'intention*;

Mais que ces prescriptions légales, quelque rigoureuses qu'elles soient, ne *sont pas exclusives du droit de défense*; qu'elles n'enlèvent pas au prévenu la faculté de prouver qu'il n'a point participé au fait d'introduction frauduleuse pour lequel il est poursuivi, autant, toutefois, que sa preuve n'attaquerait en rien la foi due au procès-verbal; que cette faculté lui est même expressément réservée par l'art. 7, titre 6 de la loi du 4 germinal an XI, portant que, dans toute action sur une saisie, les preuves de non-contravention sont à la charge du saisi et que cette disposition n'a point été abrogée;

Que les lois de 1791 et de 1816, en prononçant une amende contre ceux *qui auront reçu* des marchandises prohibées en magasin ou en dépôt, supposent nécessairement un fait personnel auquel la bonne foi ne peut servir d'excuse, du moment qu'il est établi, mais dont la preuve peut être débattue;

Qu'il suit de là, qu'en admettant Pierre Mallier à prouver les faits par lui articulés, l'arrêt attaqué a considérés comme pouvant fournir une preuve suffisante de l'ignorance où était le prévenu de l'introduction, dans la grange de sa maison, des ballots qui y ont été saisis, ledit arrêt n'a violé aucune loi;

La cour rejette. — Ch. crim.

A. C. DU 16 MARS 1839, AFF. LOUIS-THOMAS R.

L'art. 18 de la loi du 13 fructidor an 5, qui punissait d'une amende de cent francs le fait de détention de poudre de chasse dont la quantité était supérieure à cinq kilogrammes, a été modifié par l'art. 2 de la loi du 24 mai 1834. En conséquence, est passible aujourd'hui, nonobstant la peine d'emprisonnement, de l'amende précitée de 100 fr., tout détenteur de plus de deux kilogrammes de cette espèce de poudre, bien que la quantité en soit inférieure à cinq kilogrammes.

Vu le mémoire du procureur général près la cour royale de Paris, à l'appui du pourvoi qu'il a formé contre l'arrêt de cette cour, chambre des appels de police correctionnelle, du 28 novembre 1838;

Sur le moyen de cassation pris de la violation de l'art. 2 de la loi du 21 mai 1834, en ce que Louis-Thomas R., déclaré détenteur, sans autorisation légale, *de plus de deux kilog. de poudre de chasse, n'aurait pas été condamné à cent francs d'amende*;

Attendu que les art. 24 et 28 de la loi du 13 fructidor an v, défendant aux citoyens, qui n'y seraient pas autorisés, de conserver chez eux de la poudre au delà de la quantité de cinq kilog., à peine de 100 fr. d'amende et de la confiscation des poudres, et que l'art. 2 de la loi du 24 mai 1834 punit la détention non autorisée de plus de deux kilog. de poudre ordinaire, d'un emprisonnement d'un mois à deux ans, *sans préjudice des autres peines portées par la loi*;

Qu'ainsi par la loi nouvelle, la quantité de poudre *dont la possession est permise* se trouve *réduite à deux kilog.*, et que les infractions doivent être punies d'une peine corporelle: qu'il suit de là qu'en renouvelant la prohibition de la loi du 13 fructidor an v, celle du 24 mai 1834 en a *modifié les dispositions*; qu'elle a rendu la répression *plus sévère*; qu'elle contient à cet égard une *dérogation à la loi ancienne, mais qu'elle a expressément maintenu la peine pécuniaire et celle de la confiscation pour les rendre applicables aux faits constitutifs de la détention illicite*; qu'en décidant le contraire, l'arrêt attaqué a faussement interprété cesdites lois;

Mais attendu que Louis-Thomas R. a été déclaré coupable, 1° d'avoir détenu, sans autorisation légale, plus de deux kilog. de poudre de chasse; 2° d'avoir fabriqué et détenu, sans autorisation, des cartouches et autres munitions de guerre; que ces délits, passibles l'un et l'autre d'un emprisonnement d'un mois à deux ans, sont punis, le premier d'une amende de 100 fr., et le second d'une amende de 10 fr. à 1000 fr.; qu'aux termes de l'art. 365 du code d'instruction criminelle, la peine la plus forte a dû seule être prononcée;

Que par jugement du tribunal de première instance de la Seine, du 17 octobre 1838, confirmé sur appel par l'arrêt dénoncé, R. a été condamné à deux années d'emprisonnement et à 500 *fr. d'amende*; que cette peine supérieure à celle que la loi prononce pour le premier genre de délit *comprend en même temps* celle qui est prononcée pour le second, et qu'elle se justifie par l'application de l'art. 365 du code d'instruction criminelle;

Par ces motifs, la cour, après en avoir délibéré en la chambre du conseil, *et sans approuver les motifs de l'arrêt attaqué*, rejette le pourvoi. — Ch. crim.

ARRÊT DU CONS. D'ÉT. (ORD.) DU 20 MARS 1839, AFF. DOLE.

Il n'y a pas lieu de modifier une ordonnance royale approbative des règlement et tarif d'un octroi, laquelle a d'office accordé l'entrepôt à domicile et l'exemption des droits d'octroi, pour les combustibles employés dans les établissements industriels à la fabrication de produits destinés au commerce général.

Considérant qu'aux termes de l'art. 147 de cette loi, les modifications que l'ordonnance du 21 juin 1838 a apportées au règlement alors en vigueur pour l'octroi de la ville de Dole, avaient été l'objet des délibérations du conseil municipal de ladite ville;

Que, bien que ce soit à tort que le conseil municipal invoque comme motif d'annulation de l'ordonnance susvisée, le défaut d'accomplissement de cette formalité, il n'est pas moins juste et convenable d'examiner les réclamations de la ville de Dole contre des dispositions qu'elle prétend n'être autorisées par aucune loi;

Considérant que l'art. 148 de la loi du 28 avril 1816 prescrit de n'imposer les droits d'octroi que sur les objets destinés à la consommation locale, et ne permet de faire d'exceptions à cette règle que dans des cas extraordinaires et en vertu d'une loi spéciale;

Considérant que les combustibles, consommés dans les établissements industriels pour la préparation de produits destinés au commerce général, ne peuvent pas être rangés dans la classe des objets réservés à la consommation locale, et qu'ainsi l'ordonnance du 21 juin 1838 est strictement conforme aux principes de la législation de la matière;

Le Conseil d'État est d'avis qu'il n'y a pas lieu de modifier l'ordonnance du 21 juin 1838.

SUP. GÉN.

A. C. DU 22 MARS 1839, AFF. BONDNELLE.

Il n'est pas nécessaire, pour la validité d'un procès-verbal, que la preuve de l'observation du délai, dans lequel l'affirmation doit avoir lieu, résulte de cet acte même, si d'ailleurs cette preuve est établie d'une manière irréfragable.

Vu l'art. 10, titre IV de la loi du 9 floréal an VII, portant: « Les rapports seront affirmés au moins par deux des saisissants devant le juge de paix ou l'un de ses assesseurs, dans le délai donné pour comparaître; l'affirmation énoncera qu'il en a été donné lecture aux affirmants. »

L'art. 11. de la même loi, lequel est ainsi conçu: « Les rapports ainsi rédigés et affirmés seront crus jusqu'à inscription de faux.

« Les tribunaux ne pourront admettre, contre lesdits rapports, d'autres nullités que celles résultant de l'omission des formalités prescrites par les deux articles précédents. »

Attendu, dans l'espèce, que le procès-verbal de saisie, rédigé par les préposés des douanes, à la résidence de Lincelles, avec l'assistance de l'adjoint de la commune, au domicile de Ferdinand Bondnelle, le 16 août 1838, constate qu'il a été clos le même jour, à six heures du soir; que l'acte d'affirmation, inscrit à la suite du procès-verbal, est ainsi daté : « L'an 1838, à quatre heures après midi; » mais qu'il est immédiatement suivi de la mention de l'enregistrement en ces termes : « Énregistré à Turcoing le 17 août 1838; »

Que, quoiqu'on ne trouve dans l'acte d'affirmation ni la date du mois, ni celle du jour où elle a été prêtée, cette omission doit être facilement réparée, si l'on considère que l'affirmation a eu lieu entre la clôture du procès-verbal du 16 août 1838, à six heures du soir; et l'enregistrement du lendemain; que ces deux actes, lesquels font foi de leur contenu, en se combinant avec les énonciations même de l'acte d'affirmation, impriment à la date de ce dernier un caractère de certitude qu'il est impossible de méconnaître; qu'il en résulte nécessairement que l'affirmation a été prêtée le 17 août 1838, à quatre heures après midi, et conséquemment dans le délai de vingt-quatre heures;

Attendu que l'art. 10, titre IV, de la loi du 9 floréal an VII, n'exige pas que la preuve de l'observation du délai dans lequel l'affirmation doit être prêtée, résulte de cet acte même, et qu'il suffit que cette preuve soit établie d'une manière irréfragable;

Qu'ainsi, en décidant que rien n'indiquait le jour dans lequel l'affirmation du procès-verbal de saisie, du 16 août 1838, avait été faite, et en déclarant, par ce motif, ledit procès-verbal nul, l'arrêt attaqué a fait une fausse application de l'art. 10, et formellement violé l'art 11, titre IV, de la loi du 9 floréal an VII;

La cour casse et annule l'arrêt rendu par la cour royale de Douai, chambre des appels de police correctionnelle au profit de Ferdinand Bondnelle, le 27 décembre 1838. — Ch. crim.

A. C. DU 22 MARS 1839, AFF. COSTE.

Lorsqu'il y a indices suffisants contre un individu prévenu de délits et crimes non connexes, la chambre du conseil doit renvoyer l'inculpé devant le tribunal de police correctionnelle pour y être jugé sur l'accusation de délit, et devant la chambre des mises en accusation touchant le crime.
Il y a violation des art. 130 et 230 du code d'instruction criminelle, lorsque, après avoir déclaré l'existence de charges et d'indices suffisants de culpabilité relativement au délit, la chambre des mises en accusation, au lieu de prononcer le renvoi en police correctionnelle, rend une ordonnance qui suspend l'action du ministère public, en lui réservant seulement le droit de procéder ainsi qu'il avisera.

Vu les art. 130 et 230 du code d'instruction criminelle, ainsi conçus:
Art. 130. « Si le délit est reconnu de nature à être puni par des peines correctionnelles, le prévenu sera renvoyé au tribunal de police correctionnelle. »
Art. 230. « Si la cour, chambre des mises en accusation, estime que le prévenu doit être renvoyé à un tribunal de simple police ou à un tribunal de police correctionnelle, elle prononcera le renvoi et indiquera le tribunal qui doit en connaître. »

Attendu que la chambre du conseil du tribunal de première instance de Céret, par ordonnance du 9 février 1839, a reconnu et déclaré que, de l'instruction et des pièces du procès poursuivi contre F. Coste, il résultait contre lui des indices suffisants, 1° d'avoir, en septembre 1838, soustrait frauduleusement un chaudron au préjudice du fermier de la métairie de Pouillegarde; 2° d'avoir, à la même époque, rompu son ban de surveillance de la haute police, à laquelle il avait été condamné pour dix ans, par jugement du tribunal de Céret, en date du 3 juin 1837; que ces faits, présentant le caractère des délits prévus par les art. 379, 401, 44 et 45 du code pénal, le prévenu devait, d'après l'art. 130 du code d'instruction criminelle, être renvoyé, par ordonnance de la chambre du conseil, devant le tribunal de police correctionnelle, sans préjudice du renvoi à la chambre d'accusation, résultant de l'ordonnance de prise de corps décernée contre ledit Coste, à raison des crimes de tentative de meurtre, et du délit connexe de rébellion avec armes, imputé à ce prévenu; que, néanmoins, l'ordonnance de la chambre du conseil précitée n'a pas prononcé ce renvoi en police correctionnelle, à raison du vol simple d'un chaudron et du délit de rupture de ban, délits non connexes aux autres crimes et délits, qui devaient entraîner le renvoi du prévenu à la cour royale, chambre d'accusation, en vertu de l'ordonnance de prise de corps décernée contre lui;

Attendu que ladite chambre d'accusation, saisie de la connaissance de toute l'affaire par l'ordonnance de prise de corps précitée, a déclaré aussi l'existence de charges et d'indices suffisants de culpabilité du prévenu, relativement aux délits de vol de chaudron et de rupture de ban; qu'elle devait donc, aux termes des art. 130 et 230 du code d'instruction criminelle, prononcer le renvoi du prévenu en police correctionnelle, et indiquer le tribunal qui devait en connaître; qu'elle s'est bornée, au contraire, à déclarer, à l'égard de ces délits, qu'il n'y avait lieu à accusation, et a seulement réservé au ministère public son action pour être par lui procédé ainsi qu'il avisera, le cas échéant; d'où il suit qu'en ne prononçant aucun renvoi et en n'indiquant aucun tribunal devant lequel le prévenu serait traduit, la chambre des mises en accusation a suspendu à tort l'exercice de l'action du ministère public, relativement aux deux délits ci-dessus spécifiés, et a violé les art. 130 et 230 du code d'instruction criminelle;

La cour, faisant droit au pourvoi du procureur général du roi près la cour royale de Montpellier, casse et annule. — Chamb. crim.

A. C. DU 12 AVR. 1839, AFF. JOSEPH ET AUTRE JOSEPH BAGELOT.

Les nullités commises dans un exploit de citation sont couvertes, en toute matière, si elles n'ont été relevées par le prévenu avant de présenter sa défense;

15

il est, en conséquence, non recevable à proposer ce moyen devant la cour saisie de l'appel, s'il n'en a excipé en première instance.

Vu l'art. 173 du code de procédure civile portant :

« Toute nullité d'exploit ou d'acte de procédure est couverte, si elle n'est pro-
« posée avant toute défense ou exception autre que les exceptions d'incompé-
« tence. »

Attendu que *cette disposition est de droit commun*, et s'applique dès lors *même aux matières criminelles* ;

Et attendu, en fait, que Joseph Bagelot et son fils n'avaient point excipé, en première instance, de la nullité résultant de ce que la citation ne contenait pas, dans l'espèce, la copie entière du procès-verbal dressé à leur charge ;

Qu'ils étaient donc *non recevables à proposer ce moyen devant la cour royale saisie de leur appel* ;

D'où il suit qu'en prononçant, par ce motif, l'annulation de ladite citation, l'ar-
rêt dénoncé a faussement appliqué l'art. 172 du code forestier et commis une violation expresse de l'article ci-dessus visé ;

La cour, faisant droit au pourvoi, casse et annule. — Ch. crim.

A. C. DU 16 AVR. 1839, AFF. RIVOIRE.

*Tout jugement doit, dans son libellé, offrir la preuve qu'il a été prononcé publi-
quement.*

Vu l'art. 14 du titre II de la loi du 24 août 1790 portant :

« En toute matière civile ou criminelle, les plaidoyers, rapports et jugements
« seront publics, et tout citoyen aura le droit de défendre lui-même, soit verba-
« lement, soit par écrit. »

Attendu que la publicité est de l'essence d'un jugement ; que c'est une règle générale de législation posée par l'art 14 de la loi du 24 août 1790, confirmée et recommandée par le code de procédure civile, la loi du 20 avril 1810, et à laquelle il n'a été dérogé ni en matière de droits d'enregistrement, dans le titre IX, art. 63, de la loi du 22 frimaire an VII, ni, non plus, par l'article 88 de la loi du 5 ventôse an XII, sur les contestations en matière de droits réunis (contributions indirectes), qui doivent être jugées dans les mêmes formes et par les mêmes tribunaux que les causes sur la perception des droits d'enregistrement ;

Attendu que, quoique l'instruction de ces causes doive être faite par écrit, et leurs jugements rendus sur le rapport d'un juge en la chambre du conseil, il n'est pas moins indispensable que les rapports aient lieu avec publicité et que les jugements soient publiquement prononcés ;

Attendu que, de la rédaction et des énonciations du jugement dénoncé résulte qu'après un rapport d'un juge, et avoir entendu à l'audience publique les conclusions du ministère public, le tribunal déclare se retirer en la chambre du conseil pour y délibérer et prononcer le jugement ;

Attendu qu'à la suite de cet énoncé, se trouvent immédiatement, sans inter-
valle, les questions à résoudre, les motifs du jugement, les conclusions littérales de l'officier du ministère public, puis le dispositif, sans qu'il soit fait aucune mention de prononciation quelconque du jugement, de manière qu'il est incertain s'il fut même prononcé, et que rien ne justifie qu'il l'ait été publiquement, d'où il suit une infraction aux règles de la publicité des jugements, prescrites par la législation générale en toutes matières, et par conséquent violation formelle de l'art. 14 de la loi du 24 août 1790 ;

La cour casse. — Ch. civ.

ARRÊT DE LA COUR ROYALE DE PARIS DU 3 MAI 1839, AFF. FICATIER.

*Au moment de l'établissement d'un octroi, ou de l'assujétissement à ce droit d'objets non imposés jusqu'alors par le tarif existant, les objets, nouvellement ta-
rifés, qui existent chez les consommateurs, ne sont pas assujétis aux droits ; mais il n'en est pas de même de ceux qui se trouvent chez des marchands. Ils doivent acquitter les droits lorsqu'ils sont livrés à la consommation du lieu.*

Attendu que, conformément aux dispositions des art. 147 et suivants de la loi du 28 avril 1816, les droits d'octroi peuvent être établis sur tous les objets destinés à la consommation locale, et compris dans les divisions indiquées par la loi, au nombre desquels se trouvent les combustibles et matériaux ;

Attendu que si, au moment de l'établissement d'un octroi dans une commune, tous les objets en la possession des habitants du lieu, et destinés à leur consom-
mation, ne peuvent être recherchés pour être soumis au nouvel impôt, il n'en peut être ainsi à l'égard des objets qui se trouvent chez les marchands et qui ne sont livrés à la consommation que postérieurement à l'établissement de l'octroi, lesquels doivent acquitter les droits au moment de leur sortie du magasin ;

Attendu qu'il résulte du procès-verbal, dressé le 27 janvier dernier, que Fica-
tier a expédié de son chantier, et à destination d'un habitant de la commune, sept stères cinquante-sept centistères de bois de sciage, sans avoir, au préalable, fait au bureau de l'octroi la déclaration prescrite, et acquitté les droits dus ;

Le condamne, etc.

Le sieur Ficatier ayant interjeté appel, la cour royale de Paris confirme le jugement, le 3 mai 1839, en adoptant purement et simplement les motifs des premiers juges.

Cour royale de Paris. — Ch. correct.

A. C. DE 10 MAI 1839, AFF. TOURNAIRE.

*La validité des procès-verbaux rapportés par des gendarmes n'est subordonnée à l'observation d'aucune forme particulière, et, quoique rédigés par un seul gen-
darme, ces procès-verbaux font foi et preuve de la contravention constatée, tant qu'ils n'ont été ni attaqués ni détruits par une preuve contraire.*

Vu l'article 179 de l'ordonnance du roi du 29 octobre 1820, portant règlement sur le service de la gendarmerie.

Vu l'article 154 du code d'instruction criminelle, et l'art. 475 n° 3 du code pénal ;

Attendu que, bien que les simples gendarmes ne soient pas officiers de police judiciaire, ils n'en sont pas moins chargés de rechercher les contraventions et de faire la police sur les grandes routes ;

Attendu que le procès-verbal, constatant la contravention dont le tribunal de police était saisi, était régulier, *quoique rédigé par un seul gendarme*, puisque ni l'ordonnance du roi précitée, ni la loi du 17 avril 1798 (28 germinal an VII), relative aussi au service de la gendarmerie, n'en ont subordonné la validité à *l'observation d'aucune forme particulière* ;

Attendu qu'aux termes de l'ar. 154 du code d'instruction criminelle, ce procès-

verbal est la preuve de la contravention qu'il établit, *tant qu'il n'a été attaqué ni détruit par la preuve contraire* ;

Que c'est au prévenu d'administrer cette preuve, puisque foi est due contre lui au procès-verbal, jusqu'à ce qu'elle soit rapportée ;

Attendu qu'en renvoyant le prévenu de la plainte portée contre lui, parce que le procès-verbal, qui avait provoqué la poursuite, n'est signé que d'un seul gen-
darme, le tribunal de simple police de Grasse a commis un excès de pouvoir, et violé l'art. 179 de l'ordonnance du roi du 29 octobre 1820, l'article 154 du code d'instruction criminelle, et l'art. 475 n° 3 du code pénal ;

La cour, faisant droit au pourvoi du ministère public, casse et annule. — Ch. crim.

A. C. DU 23 MAI 1839, AFF. DAVID.

*Le demandeur en cassation, qui n'a pas consigné l'amende ou fait les justifica-
tions qui peuvent le dispenser de cette consignation, est déchu de son pourvoi.*

Vu les art. 419 et 420 du code d'instruction criminelle ;

Attendu qu'aux termes de ces articles, le demandeur en cassation, à peine d'être déclaré déchu de son pourvoi, doit, ou consigner l'amende de 150 fr., ou fournir, pour s'en dispenser, les pièces prescrites par le dernier desdits articles ;

Et attendu, en fait, que David Pagnez, quoique son pourvoi ait été formé le 11 février dernier, n'a point encore satisfait aux prescriptions de la loi ;

Que c'est, dès lors, le cas de le déclarer déchu de son pourvoi ;

La cour déclare ledit David Pagnez déchu de son pourvoi. — Ch. crim.

A. C. DU 1er JUIN 1839, AFF. HERRÈRE.

Le refus d'accorder la parole à un accusé après le ministère public, sur les conclusions de la partie civile, ne constitue pas une violation de l'art. 335 du code d'instruction criminelle.

Les règles touchant la prescription de l'action publique s'appliquent à l'action civile.

En ce qui concerne le pourvoi de Pierre Herrère ;

En ce qui touche le pourvoi de Nongué et celui de Garol formés par actes séparés, vu la connexité, la cour joint les pourvois, et y statuant, etc. ;

Sur le deuxième moyen tiré de la violation de l'art. 335 du code d'instruction criminelle, en ce que l'arrêt préparatoire du 25 mars a refusé d'accorder aux accusés la parole après le ministère public, sur les conclusions des parties civiles ;

Attendu que l'art. 335 précité n'est relatif qu'aux débats criminels ; qu'à l'égard des intérêts civils, l'art. 358 du même code s'en réfère au droit commun, qui appelle le ministère public à prendre la parole après les parties ;

Sur le troisième moyen, invoqué par Garol et Nongué, sur la prescription de l'action civile ;

Attendu qu'aux termes des art. 2 et 3 du même code, l'action civile s'éteint par la prescription comme l'action publique, et que l'une et l'autre action se pour-
suivent devant les mêmes juges ; qu'ainsi les motifs qui ont fait rejeter, par l'arrêt du 30 mai, la prescription de l'action publique, s'appliquent à l'action civile ;

Attendu enfin que l'arrêt attaqué est régulier dans sa forme ;

La cour rejette les pourvois. — Ch. crim.

A. C. DU 15 JUIN 1839, AFF. RUELLE.

La prescription de l'action, résultant d'un délit ou d'une contravention, ne peut courir que du jour où soit le délit, soit la contravention, ont été constatés.

L'ordonnance du 18 avril 1818, par laquelle le préfet de police a réglé que tout paquet de chandelles, mis en vente, doit peser exactement 2 kilogrammes et demi, y compris l'enveloppe, et que les papiers et ficelles employés à celles-ci ne pourront excéder pour chaque paquet, le poids de six décagrammes ;

L'art 640 du Code d'instruction criminelle, et l'art. 471, n° 15, du Code pénal ;

Attendu qu'il est constaté et reconnu, par le jugement dénoncé, que les paquets chandelles trouvés dans la boutique de C....., le 15 octobre 1838, présentent un déficit sur le poids fixé par l'ordonnance de police susdatée, et que les chandelles qu'ils contiennent ont été fabriquées par R.....;

Attendu, en droit, que ce fait constitue, à la charge dudit R....., une contravention à l'ordonnance dont il s'agit ;

Qu'à quelque époque qu'il ait fabriqué et vendu audit C.... les chandelles sai-
sies, la prescription de l'action résultant de ce fait ne peut commencer à courir que du jour où il a été constaté par l'inspecteur des poids et mesures ;

D'où il suit qu'en décidant le contraire, sur le motif que la date de la vente n'est pas établie, le jugement dénoncé a commis une violation expresse des dispositions ci-dessus visées ;

La cour casse. — Ch. crim.

ARRÊT DU CONS. D'ÉT. (ORD.), DU 20 JUIN 1839. AFF. DUCRET.

La pension, acquise à la veuve d'un employé admis à la retraite, doit être fixée d'après la législation sous l'empire de laquelle la pension du mari a été liquidée.

*Le droit à réversion, qui n'est pas exercé dans le délai fixé par l'art. 40 de l'ordonnance royale du 12 janvier 1825, ne produit d'effet qu'à partir du pre-
mier jour du trimestre qui suit celui pendant lequel intervient l'ordonnance de concession.*

La décision ministérielle, qui refuse l'exercice du droit à réversion, ne peut faire courir la déchéance du recours au conseil d'Etat que quand il est justifié de sa notification.

La pension acquise à la veuve d'un employé admis à la retraite, doit être fixée d'après la législation sous l'empire de laquelle la pension du mari a été liquidée ;
Le droit à réversion, qui n'est pas exercé dans le délai fixé par l'art. 40 de l'or-
donnance royale du 12 janvier 1825, ne produit d'effet qu'à partir du premier jour du trimestre qui suit celui pendant lequel intervient l'ordonnance de concession ;
La décision ministérielle, qui refuse l'exercice du droit à réversion, ne peut faire courir la déchéance du recours au conseil d'Etat que quand il est justifié de sa notification.

Considérant que notre ministre des finances ne justifie pas que la décision du 26 avril 1828 ait été notifiée à la dame veuve Ducret ;

Au fond, considérant que la pension du sieur Ducret a été liquidée, en 1816, conformément à l'ordonnance du 25 novembre 1814, alors en vigueur; que cette pension devant servir de base à celle de sa veuve, il y a lieu d'appliquer à cette dernière l'ordonnance du 25 novembre 1814, et de déterminer le montant de sa pension d'après les art. 18 et 19 de cette ordonnance;

En ce qui concerne les arrérages: considérant que si les droits de la requérante à une pension sont régis par l'ordonnance du 25 novembre 1814, l'exercice de ces droits a été réglé postérieurement par l'art. 40 de l'ordonnance du 12 janvier 1825; que la dame veuve Ducret a laissé écouler plus de trois années, à partir du décès de son mari, sans réclamer la réversion de la pension dont il jouissait, et, dès lors, que les arrérages de la pension qui lui est due ne commenceront à courir qu'à compter du premier jour du trimestre qui suivra celui dans lequel interviendra l'ordonnance de concession;

Art. 1er. Les décisions de notre ministre des finances, des 23 avril 1828, et 13 septembre 1838, sont annulées. — Art. 2. La dame veuve Ducret est renvoyée devant notredit ministre pour faire procéder à la liquidation de sa pension, conformément à l'ordonnance du 25 novembre 1814. — Art. 3. Le surplus des conclusions de la dame veuve Ducret est rejeté.

ARRÊT DU CONS. D'ÉT. (ORD.) DU 1er JUILL. 1839, AFF. FERMY.

Le recours au conseil d'État contre une ordonnance royale, insérée au bulletin des lois, n'est recevable qu'autant qu'il a été formé dans le délai fixé par l'art. 11 du décret du 22 juillet 1806, c'est-à-dire avant les trois mois écoulés depuis le jour où cette ordonnance est devenue exécutoire.

Considérant que l'ordonnance par nous rendue pour l'exécution de la loi du 15 avril 1829 a été insérée au bulletin des lois, le 16 septembre 1835; que ce n'est que le 10 mai 1836 que les requérants ont présenté par-devant nous, en notre conseil d'État, la requête tendant à l'annulation de ladite ordonnance; qu'ainsi ils ne se sont pas pourvus dans les délais fixés par l'art. 11 du décret susvisé;

Art. 1er. La requête du sieur Fermy de Saint-Martin, de la demoiselle Borda et de la dame Darigan, est rejetée.

ARRÊT DU CONS. D'ÉT. (ORD.) DU 1er JUILL. 1839, AFF. AUSTRY.

Les préfets sont incompétents pour statuer sur les difficultés qui s'élèvent entre un fermier d'octroi et les redevables, au sujet de l'application d'un réglement.

Considérant que les contestations, dont l'art. 136 du décret du 17 mai 1809 attribue la connaissance aux préfets, en conseil de préfecture, sont celles qui s'élèvent entre les régisseurs de l'octroi et les communes, ou entre celles-ci et leurs fermiers, sur le sens des clauses des baux; qu'il ne s'agissait, dans l'espèce, d'une contestation de cette nature; qu'ainsi le préfet de l'Aude était incompétent pour statuer en conseil de préfecture;

Art. 1er. L'arrêté pris par le préfet du département de l'Aude, en conseil de préfecture, le 20 septembre 1837, est annulé pour cause d'incompétence.

ARRÊT DU CONS. D'ÉT. (ORD.) DU 15 AOUT 1839. AFF. A.

La pension concédée constitue un droit acquis qu'aucune loi ou réglement n'autorise à révoquer; le titulaire n'en peut être privé, lors même que des prévarications, dans l'exercice de ses fonctions, auraient postérieurement motivé une condamnation.

Considérant que la pension accordée au sieur A...., par notre ordonnance du 19 mars 1834, a constitué à son profit, un droit acquis, et qu'aucune loi ou règlement n'autorisait à révoquer; que, dès lors, c'est à tort qu'elle a été rayée des états de paiement;

Art. 1er. Notre ordonnance royale, du 30 mars 1838, est rapportée. — Art. 2. Les arrérages de ladite pension, courue depuis le 1er octobre 1838, date de la radiation, seront remboursés au sieur A....

A. C. DU 23 AOUT 1839, AFF. JEAN DEGUILHEM.

Les préposés à la perception d'un droit de péage encourent les peines portées par l'art. 52 de la loi du 6 frimaire an 7, lorsqu'ils exigent une somme supérieure à celle fixée par le tarif, et leur bonne foi ne peut être admise comme excuse du fait.

Aucune restitution ne peut être prononcée au profit de ceux qui ne se sont pas constitués partie civile.

En ce qui concerne le domestique de Goulard, et Melic, marchand colporteur:

Attendu qu'ils ne se sont point constitués parties civiles dans la cause, afin d'obtenir, contre les prévenus, la restitution de ce que l'arrêté du préfet, en date du 17 septembre 1838, déclarait qu'ils n'étaient pas tenus de payer; que, dès lors le jugement dénoncé n'a pas dû le prononcer;

La cour rejette le pourvoi sur ce point;

Mais en ce qui concerne Cazeneuve:

Vu les art. 17 de la loi des finances du 20 juillet 1837, 10 de la loi du 4 mai 1802 (14 floréal an x), 52 de celle du 26 novembre 1798 (6 frimaire an vii), et 65 du code pénal;

Attendu que ce jugement reconnaît que Jean Deguilhem et Jean Nicolas, préposés à la perception du droit de péage établi sur le pont d'Agen, "ont exigé dudit Cazeneuve 70 cent. en sus de la somme fixée par le tarif;

Qu'ils n'ont pas pu le percevoir sans enfreindre ce tarif et encourir les peines portées par l'art. 52 ci-dessus cité;

Qu'en refusant donc de leur en faire l'application, sous le prétexte que, lorsque l'administration des contributions indirectes recevait le droit de péage, les voitures, pareilles à celles dont il s'agit, payaient ce qu'ils ont perçu, et que les témoins, produits aux débats, ont attesté leur bonne foi, le susdit jugement a créé une excuse qui n'est point établie par la loi, et commis une violation expresse des dispositions précitées;

En conséquence, la cour, faisant droit au pourvoi, casse et annule, mais uniquement sur ce chef, le jugement. Ch. crim.

ARR. DU CONS. D'ÉT. (ORD.) DU 8 SEPT. 1839, AFF. PAYEUR DE L'HÉRAULT.

L'arrêt par lequel la cour des comptes enjoint à un payeur de rapporter certaines pièces, à l'appui de paiements qui figurent dans son compte, a le caractère

d'un arrêt interlocutoire, et l'on peut valablement en demander immédiatement la cassation.

Le refus fait par la cour des comptes d'apurer le compte d'un payeur, tant qu'il n'a pas rapporté des pièces dont cette cour avait exigé la production, pièces que l'ordonnateur n'avait point prescrit de joindre à la quittance, constitue un excès de pouvoir.

Vu la loi du 16 septembre 1807 sur l'organisation de la cour des comptes, et celle du 7 juillet 1833, etc. ;

Sur la question préjudicielle opposée par notre ministre des finances, et qui serait tirée de ce que la cour des comptes, dans l'arrêt attaqué, n'aurait rendu qu'un arrêt provisoire, par lequel elle n'aurait point épuisé sa juridiction; considérant que l'arrêt du 22 septembre 1837, déféré par notre ministre des travaux publics, *ayant le caractère d'un arrêt interlocutoire,* notredit ministre était recevable à en demander la cassation, en vertu du § 2 de de l'art. 17 de la loi du 16 septembre 1807;

Sur les conclusions de notredit ministre des travaux publics, tendant à faire annuler le susdit arrêt comme renfermant un excès de pouvoirs; considérant qu'aux termes de l'art. 18 de la loi du 16 septembre 1807, la cour ne peut, en aucun cas, s'attribuer de juridiction sur les ordonnances, ni refuser aux payeurs l'allocation des paiements par eux faits sur des ordonnances accompagnées des pièces que l'ordonnateur aura prescrit d'y joindre; que les pièces dont notre cour des comptes, par son arrêt précité, a ordonné l'apport par le payeur de l'Hérault, à l'appui des mandats de paiement par lui ordonnés, ne sont point du nombre de celles déterminées par les nomenclatures portées dans l'art 10 de l'ordonnance royale du 14 septembre 1822; que si cette nomenclature doit recevoir quelque addition, par suite de la loi du 7 juillet 1833, cette addition doit, aux termes de l'art. 65 de notre ordonnance du 31 mai 1838, être arrêtée de concert avec le ministre des finances et le ministre ordonnateur; mais qu'aucune loi ou ordonnance n'attribue à notre cour des comptes le droit de suppléer, pour la désignation des pièces, aux nomenclatures ainsi arrêtées; d'où il suit qu'en enjoignant au payeur de l'Hérault de rapporter, au soutien des dépenses par lui acquittées pour acquisitions de terrains, les pièces justificatives exigées par son arrêt du 22 décembre 1837, cette cour a excédé ses pouvoirs;

Art. 1er. L'arrêt de notre cour des comptes, en date du 22 décembre 1837, est annulé pour excès de pouvoir, en tant qu'il enjoint au payeur de l'Hérault d'apporter, à l'appui de ses dépenses, d'autres pièces que celles qui étaient désignées dans l'art. 10 de l'ordonnance royale du 14 septembre 1822, ou celles dont la jonction aurait été prescrite de concert par notre ministre des finances et notre ministre des travaux publics.

A. C. DU 17 OCT. 1839, AFF. CASTELAIN ET THIBOULT.

L'obligation imposée au demandeur en cassation, par l'art. 419 du code d'instruction criminelle, de produire une expédition authentique de l'arrêt attaqué, n'est point prescrite à peine de déchéance.

La cour de cassation peut, dans sa sagesse, accorder un délai pour la production de cette pièce.

Sur la fin de non-recevoir, invoquée dans l'intérêt des sieurs Castelain et Thiboult, et tirée de la violation de l'art. 419 du code d'instruction criminelle, en ce que l'administration des contributions indirectes, assimilée, par l'art. 158 du décret du 18 juin 1811, aux parties civiles, au lieu d'une expédition authentique de l'arrêt du 2 mai 1839, n'a joint à sa requête en pourvoi qu'une simple copie sur papier libre;

Vu sur cette fin de non-recevoir ledit art. 419;

Attendu que cet article qui impose une double obligation au demandeur en cassation, 1° celle de joindre au pourvoi une expédition authentique de l'arrêt ou du jugement attaqué, 2° celle de consigner une amende de 150 fr, n'attache la peine de déchéance qu'à l'omission de cette dernière; qu'il suit évidemment de cette différence qu'à l'égard de la production de l'expédition authentique de l'arrêt ou du jugement attaqué, la loi s'en rapporte à la sagesse de la cour pour accorder ou refuser, suivant les circonstances, le délai pour la représentation de cette pièce;

Et attendu, en fait, que les circonstances particulières de cette affaire, militent pour faire impartir à l'administration des contributions indirectes le délai convenable à cet effet;

Par ces motifs, la cour, avant faire droit au fond, accorde à ladite administration des contributions indirectes un délai de vingt et un jours, pour faire remettre au greffe une expédition authentique de l'arrêt du 2 mai 1839. — Ch. crim.

A. C. DU 12 NOV. 1839, AFF. DAMMAS. (DOUANES.)

L'art. 16 de la loi du 14 fructidor an 3 qui fixe, en matière de douanes, l'indemnité d'un pour cent par mois à accorder au prévenu, dans le cas où la saisie est déclarée mal fondée, doit être entendu en ce sens que la dite indemnité est exclusive de tous autres dommages-intérêts. En conséquence, la régie des douanes ne saurait être condamnée à payer, en sus de cette indemnité, la différence qui peut exister entre la valeur actuelle de l'objet saisi, et celle qu'il pouvait avoir au moment de la saisie.

Attendu que le jugement attaqué ne s'est pas borné à condamner la régie au paiement de l'indemnité déterminée par l'art. 16, titre 4, de la loi du 9 floréal an vii, à raison d'un pour cent par mois de la valeur réunie de la cargaison et du navire; qu'il a, de plus, condamné l'administration à tenir compte de la différence qui peut exister entre la valeur actuelle de la cargaison et celle qu'elle pouvait avoir au moment de la saisie; à l'effet de quoi il ordonne que les marchandises, formant ladite cargaison, seront vérifiées et estimées par experts. Qu'en ordonnant cette expertise, et en condamnant la régie, en sus de l'indemnité légale, à tenir compte de la différence qui pourra exister entre la valeur de ces marchandises à ces deux époques, le tribunal de Marseille a évidemment méconnu le sens restrictif de l'art 16 de la loi du 9 floréal an vii, et l'a, par suite expressément violé;

La cour casse. — Ch. civ.

ARRÊT DU CONS. D'ÉT. (ORD), DU 26 NOV. 1839, AFF. DUSSET.

Doit être admis exceptionnellement à la pension, en vertu de l'art. 8 de l'ordonnance du 12 janvier 1825, le préposé d'une administration financière dont les infirmités sont notoirement le résultat de l'exercice de ses fonctions.

Considérant qu'il *résulte de l'instruction* que les infirmités sur lesquelles le requérant fonde sa demande ont été le résultat notoire de l'exercice de ses fonctions, et qu'ainsi c'est à tort que par la décision attaquée, notre ministre des finances l'a déclaré sans droit à la pension exceptionnelle, spécifiée en l'art. 8 de l'ordonnance du 12 janvier 1825 ;

Art. 1er. La décision de notre ministre des finances est annulée. — Art. 2. Le sieur Dussert est renvoyé devant notre dit ministre des finances, pour y être procédé à la liquidation de sa pension, conformément aux bases ci-dessus établies.

ARRÊT DU CONS. D'ÉT. (ORD.) DU 28 NOV. 1839, AFF. PAPIN.

L'opposition mise au paiement des intérêts d'un cautionnement ne dispense pas le titulaire du cautionnement, ou le créancier opposant, de faire des actes conservatoires auprès de l'administration, pour suspendre l'effet de la prescription quinquennale.

Considérant qu'il résulte de l'instruction qu'en 1823 le paiement des intérêts du cautionnement de la dame Minutoli a été arrêté, par l'effet d'une opposition formée au nom d'un sieur Eustache ; que, depuis cette époque, aucun acte conservatoire n'a été fait pour interrompre la prescription ; qu'en 1836 seulement, une demande a été formée devant notre ministre des finances pour réclamer le paiement des intérêts échus depuis 1823 ; qu'ainsi plus de cinq ans s'étaient écoulés entre cette dernière date et celle de la demande ; que, dès lors, c'est avec raison que notredit ministre des finances a appliqué la prescription résultant de l'avis du conseil d'État, approuvé le 24 mars 1809, aux intérêts dudit cautionnement pour les années antérieures à 1829, époque à partir de laquelle les intérêts ont dû être versés à la caisse des dépôts et consignations conformément à l'art. 9 de la loi du 29 janvier 1831 :

Art. 1er, La requête du sieur Papin est rejetée.

ARRÊT DU CONS. D'ÉT. (ORD.) DU 18 DÉC. 1839, AFF. CAEN.

Il n'y a pas lieu de statuer sur une demande qui n'est point signée d'un avocat au conseil.

Considérant que la demande du maire de la ville de Caen n'est point signée d'un avocat à notre conseil, conformément aux prescriptions du règlement du 22 juillet 1806 :

Art. 1er. Il n'y a lieu de statuer sur la demande ci-dessus visée.

A. C. DU 26 DÉC. 1839, AFF. DELRUE.

L'arrêt d'une cour royale qui renvoie un prévenu des poursuites correctionnelles dirigées contre lui est définitif à son égard, quoique rendu par défaut, et le ministère public peut se pourvoir en cassation contre cet arrêt, sans l'avoir préalablement fait signifier.

Vu la requête du demandeur à l'appui de son pourvoi, et les observations présentées dans l'intérêt de Delrue et de Deroubaix, signées de leur avocat à la cour de Douai ;

En ce qui touche la fin de non-recevoir opposée au pourvoi :

Attendu que l'arrêt attaqué, quoique rendu par défaut contre Deroubaix, *était cependant définitif* à son égard, puisqu'il prononçait son renvoi des poursuites ; que le ministère public a pu l'attaquer par la voie du pourvoi en cassation *dès sa prononciation*, sans être tenu de le notifier, pour faire courir les délais d'une opposition à laquelle il ne pouvait y avoir lieu ;

La cour casse. — Ch. crim.

A. C. DU 10 JANV. 1840, AFF. LEFUSTEC.

La loi du 24 mai 1834 n'ayant point dérogé aux décrets des 23 pluviôse et 1er germinal an XIII, un tribunal de police correctionnelle ne peut, à peine de nullité, se fonder sur l'article 11 de cette loi pour modérer l'amende de 3,000 francs applicable à tout individu qui, sans autorisation légale, est détenteur d'une quantité quelconque de poudre de guerre.

Attendu que la loi du 13 fructidor an v et le décret du 23 pluviôse an XIII, en prononçant la peine de 3,000 fr. d'amende contre ceux qui feraient fabriquer illicitement de la poudre, ou qui seraient trouvés nantis d'une quantité quelconque de poudre de guerre, ont eu le double objet de protéger le droit exclusif, qui appartient à l'État, de faire fabriquer et vendre de la poudre, et de réparer le préjudice que le Trésor public peut éprouver par la fabrication et la vente clandestine de cette marchandise ;

Attendu que l'art. 39 du décret du 1er germinal an XIII, qui interdit expressément aux juges de modérer les amendes, comprend celle de 3,000 fr. prononcée par la loi du 13 fructidor an v et par le décret du 22 pluviôse an XIII ;

Attendu que la loi du 24 mai 1834, déterminée par des circonstances et des considérations politiques, a eu seulement en vue des mesures de police et de sûreté ; qu'elle a signalé des délits qui n'étaient pas prévus par les lois antérieures, et qu'elle a introduit des peines contre ces délits, mais qu'elle n'a pas dérogé aux garanties pécuniaires que la législation avait établies en faveur du Trésor public contre la fabrication et la possession illégales de poudre de guerre.

Que la volonté de la loi a été de maintenir cette législation dans toute sa force ; que cette intention est manifestée en termes exprès par l'art. 2 de cette loi ; lequel, après avoir prononcé la peine d'emprisonnement contre le possesseur illégal, et non autorisé, d'une quantité de poudre, ajoute *sans préjudice des autres peines portées par les lois*; que cette dernière disposition maintient les lois précédentes dans toute leur puissance ; que les peines prononcées par les lois ont été conservées, par la loi de 1834, telles qu'elles avaient été instituées avec le caractère et les conditions de leur institution ; qu'elles doivent être appliquées conformément aux dispositions qui les ont créées ; que la loi du 24 mai 1834, loin de déroger à ces dispositions, leur a imprimé une force nouvelle ; qu'accorder aux tribunaux le pouvoir de modérer l'amende, en vertu de la loi de 1834, ce serait annuler, en vertu de cette loi, le décret du 1er germinal an XIII, qu'elle a formellement maintenu ;

Attendu que l'art. 11 de cette loi, et la faculté qu'il accorde d'appliquer l'art. 463 du code pénal, doivent être entendus dans un sens qui concilie cet article, tant avec les dispositions antérieures maintenues qu'avec les autres articles de la même loi ; que cet art. 11, en disposant, pour tous les cas prévus par cette loi, n'a pas disposé pour toutes les peines prononcées par des lois antérieures,

et qui n'étaient pas susceptibles d'être modérées ; que, pour lui attribuer cet effet, il aurait été nécessaire qu'il en contînt une disposition expresse ;

Attendu que la différence entre les pénalités prononcées par les art. 2 et 3 de la loi du 24 mai 1834 est motivée sur la différence des délits prévus par ces articles, et sur la nature des intérêts qui ont provoqué ces dispositions, que la peine pécuniaire a dû être plus sévère à l'égard du délit qui portait le plus de préjudice à l'intérêt financier du Trésor ;

Qu'ainsi, la cour royale d'Angers, en faisant l'application de l'art. 463 du code pénal à l'amende encourue par Lefustec, a violé et faussement appliqué les lois précitées ;

La cour casse. — Ch. réunies.

A. C. DU 21 JANV. 1840, AFF. OGIER, MAUGER.

Les condamnations prononcées, soit contre le trésor public, soit en sa faveur, pour restitution ou pour supplément de droits, ne peuvent être accompagnées d'une condamnation en paiement d'intérêts.

Attendu que les condamnations prononcées, soit contre le Trésor public, soit en sa faveur, ne peuvent être accompagnées de celles en paiement d'intérêts ;

Que, dans l'espèce, en prononçant la condamnation aux intérêts, le tribunal a commis un excès de pouvoir et violé les règles de la compétence ;

La cour casse. — Ch. civ.

A. C. DU 31 JANV. 1840, AFF. MENUT.

Lorsque des employés sont en surveillance, et procèdent à une visite pour rechercher la fraude, si, après la visite terminée, ils sont frappés par la personne qui a subi la visite, cette voie de fait, indépendamment du caractère de délit, est un trouble aux fonctions des employés, parce que, la visite terminée, la surveillance recommençait.

Attendu que la protection qui est accordée par la loi aux préposés des douanes, doit les couvrir, dans toutes les circonstances où les place l'exercice de leurs fonctions ; que leurs devoirs ne se bornent pas à procéder à certains actes de leur ministère, tels qu'une visite ou une saisie ; que la garde et la surveillance, soit sur la frontière, soit sur les côtes, constituent leurs fonctions les plus habituelles et les plus nécessaires ;

Et attendu que d'un procès-verbal, en date du 1er mai 1839, dressé par les préposés des douanes Zélandais, Paom et Servel, de la brigade de Plouescat, il résulte qu'ils étaient de service au poste de Kernic, lorsqu'ils ont procédé à la visite du canot monté par Girod, Guillou et Menut ; que le jugement attaqué, en confirmant celui du tribunal de première instance de Morlaix dont il a adopté les motifs, a lui-même constaté et reconnu, en fait, qu'après cette visite, et sur la place de Kernic, le préposé Zélandais avait été frappé et terrassé par Menut ; que cette voie de fait a été punie d'un emprisonnement de quinze jours, par application de l'art. 311 du code pénal ; mais qu'en donnant pour motif qu'au moment où ces violences avaient été commises, la visite du canot par les préposés et toutes fonctions étaient terminées, le tribunal d'appel de Quimper a rejeté la demande de l'administration des douanes, à fins de condamnations, contre le prévenu à l'amende de 500 fr ;

Attendu qu'après avoir achevé la visite de l'embarcation montée par les trois prévenus, les préposés des douanes reprenaient nécessairement le service de surveillance pour lequel ils étaient, l'instant d'auparavant, en observation sur la plage de Kernic ; qu'ils se trouvaient donc dans l'exercice régulier de leurs fonctions, lorsque l'un de ces préposés avait été exposé aux violences dont Menut avait été déclaré coupable ;

Que si, aucun appel n'ayant été interjeté par le ministère public du jugement rendu par le tribunal civil de Morlaix, ce jugement avait acquis l'autorité de la chose jugée, en ce qui concerne l'application de l'art. 311 du code pénal, substitué, soit aux art. 209 et 212, soit à l'art. 230 du même code, il n'en était pas de même de l'action civile de l'administration des douanes ; qu'à cet égard, ses droits étaient conservés par l'appel qu'elle avait formé en temps utile ; et qu'en refusant de prononcer contre le prévenu la condamnation à l'amende de 500 fr., le jugement attaqué a violé l'art. 14, titre XIII, de la loi du 22 août 1791, et l'art. 2, titre IV, de celle du 4 germinal an II ;

Par ces motifs, la cour casse, en ce que Menut n'aurait point été condamné à l'amende de 500 fr., les autres dispositions devant sortir effet. — Ch. crim.

Nota. — Le principe consacré par cet arrêt pourrait être appliqué aux injures, menaces ou voies de fait envers les employés des contributions indirectes, après les visites et exercices qu'ils effectuent chez les divers assujétis, et à plus forte raison s'il s'agissait de faits qui se seraient passés après la visite des objets soumis aux droits d'entrée et d'octroi, à leur introduction dans un lieu sujet, ou en cours de transport. *Note du Mém.*

A. C. DU 21 MARS 1840, AFF. BRUNET.

Le directeur d'une administration financière étant le représentant légal de cette administration pour tous les rapports extérieurs, la citation donnée à sa requête est valablement donnée au nom de l'administration.

Attendu qu'il est bien vrai qu'aux termes de l'art. 159 du code forestier, les citations et poursuites doivent être exercées au nom de l'administration forestière, sans préjudice du droit appartenant au ministère public ;

Qu'il est également vrai que les agents particuliers de l'administration chargés de poursuivre, en son nom, devant les tribunaux, les auteurs des délits légalement constatés, n'ont point caractère ni qualité pour intenter, en leur nom et en vertu de leur titre, les actions dont l'exercice n'appartient qu'à l'administration générale ;

Mais qu'il n'est pas moins certain que l'administration générale est légalement représentée, pour l'introduction de ces actions, par son directeur général ;

Qu'en effet, ce fonctionnaire, aux termes de l'art. 4 de l'ordonnance du 1er août 1827, est spécialement chargé de diriger et surveiller, sous les ordres du ministre des finances, toutes les opérations relatives au service ;

Que si, aux termes des art. 7 et 8 de l'ordonnance précitée, le directeur général doit, avant de statuer sur certaines affaires, prendre l'avis du conseil d'administration, et soumettre, dans des cas déterminés, la décision au ministre des finances, il n'en est pas moins chargé de signer et délivrer tous les ordres généraux de service ;

Que seul il travaille avec le ministre des finances, et lui rend compte de son administration ;

Qu'il suit de là que, pour tous les rapports extérieurs de l'administration des prêts, le directeur général est le représentant légal de l'administration et conséquemment que les citations introductives d'instance, données en son nom, sont également données au nom de l'administration elle-même ;

Attendu que, dans l'espèce, la citation introductive d'instance a été donnée au nom du directeur général, et que cependant le jugement attaqué l'a déclarée nulle, comme n'étant pas donnée au nom de l'administration ;

Qu'en prononçant ainsi, le tribunal de Saint-Flour a méconnu l'esprit de la loi et faussement interprété l'art. 159 du code forestier ;

La cour casse. — Ch. crim.

LETT. COMM. N° 659, DU 11 MAI 1840.

Avocats et avoués chargés des intérêts de la régie devant les cours et tribunaux.

L'administration a eu occasion de remarquer que l'on ne s'est pas toujours conformé aux instructions qui prescrivent de lui soumettre le choix des avocats et avoués qui la représentent devant les cours et tribunaux. Quelques directeurs ont pensé, antérieurement à la circulaire n° 79, du 26 mars 1834, et même depuis, qu'ils n'étaient point tenus de référer des changements qui s'opéraient dans le personnel des défenseurs de la régie, lorsqu'elle n'alloue aucun traitement fixe pour sa clientèle. C'est une erreur : l'administration attache de l'intérêt à présider au choix des personnes auxquelles il s'agit de confier sa défense devant les tribunaux. Il faudra donc observer exactement, pour l'avenir, la règle que je tiens de rappeler. Quant au passé, il s'agit seulement de régulariser la position de ceux des avocats ou avoués qui auraient été chargés des intérêts de la régie sans que l'administration les eût agréés.

Je vous invite, en conséquence, à m'adresser un état indiquant pour chaque direction :

1° Le nom des avocats ou avoués qui représentent l'administration devant les cours et tribunaux ;

2° La date de la lettre de l'administration qui les a institués pour ses défenseurs, et, à défaut d'autorisation, l'époque à laquelle ils ont commencé à s'occuper de ses affaires ;

3° Le traitement fixe dont ils jouissent lorsqu'il leur en est alloué un, ou la quotité des honoraires qui leur sont attribués pour chaque affaire ;

4° Enfin, et distinctement pour chacune des années 1837, 1838 et 1839, le nombre des instances portées devant le tribunal et la cour, en distinguant celles qui ont été suivies de transaction avant ou après jugement, et celles qui ont donné lieu à allocation des frais en dépense ou en reprise indéfinie.

Il ne s'agit pas là d'un état détaillé par affaire, mais d'un simple tableau numérique.

Vous présenterez dans une dernière colonne les observations que vous jugerez nécessaires pour éclairer l'administration sur la position de chaque avocat ou avoué, en ayant soin de mentionner le tribunal auquel sont attachés ceux qui ne résident point au chef-lieu de la direction.

Je dois vous faire remarquer que le fonds spécial destiné aux traitements fixes étant complètement employé, il ne peut être question soit d'en allouer aux avocats ou avoués auxquels il n'en a point été accordé depuis 1823, époque à laquelle remonte la dernière fixation, soit d'en augmenter le chiffre pour ceux qui reçoivent une rétribution annuelle.

A. C. DU 22 JUIN 1840, AFF. DUJARDIN.

Il ne peut être admis de nullité contre les procès-verbaux que pour omission des formalités prescrites, à peine de nullité, par la législation spéciale.

Un suppléant de juge de paix, contre lequel un procès-verbal a été rapporté pour contravention à la législation des douanes, peut valablement recevoir l'affirmation d'un tel procès-verbal.

Vu l'art. 11, tit. IV de la loi du 9 floréal an VII ;

Attendu que, d'après la disposition précise et formelle de la loi spéciale qui régit la matière, les tribunaux ne peuvent admettre contre le rapport des préposés des douanes d'autres nullités que celles résultant de l'omission des formalités prescrites par les dix premiers articles du tit. IV de la loi du 9 floréal an VII ;

Attendu que le procès-verbal rédigé, dans l'espèce, contre le sieur Dujardin, n'est attaqué pour omission d'aucune des formalités essentielles ; que l'unique moyen de nullité proposé par le sieur Dujardin lui-même est qu'il n'a pu valablement recevoir, comme premier suppléant de la justice de paix, en l'absence du titulaire, l'affirmation d'un procès-verbal rédigé contre lui-même ;

Mais attendu que ce cas n'a été prévu par aucun texte de loi, et que ce reproche est d'autant moins fondé de la part du sieur Dujardin, qu'en apposant volontairement sa signature au procès-verbal qui contenait même l'offre par lui faite d'une somme à titre de transaction, il avait déjà reconnu la sincérité et la véracité dudit procès-verbal ; qu'en donnant donc acte aux saisissants qui se sont présentés devant lui, de leur affirmation, que tout le contenu au procès-verbal était sincère et véritable, il n'a rempli qu'un rôle purement passif qui ne lui était interdit par aucune disposition positive de loi, et qu'en admettant la nullité de l'acte d'affirmation, et par suite du rapport auquel il se rattache, le jugement attaqué a créé une nullité qui n'est prononcée par aucune loi, et qu'il a formellement contrevenu à l'art. 11 de la loi spéciale ci-dessus citée ;

La cour casse. — Ch. civ.

A. C. DU 10 JUILL. 1840, AFF. NATIVELLE.

Lorsque des propos injurieux, proférés en public, ne renferment pas l'imputation d'un vice déterminé, ils ne sont passibles que d'une peine de simple police.

Dans ce cas, si le tribunal correctionnel est saisi, et que les parties ne demandent pas le renvoi devant le tribunal de simple police, il peut statuer ; mais il ne doit prononcer qu'une peine de simple police : il viole la loi s'il applique une peine correctionnelle.

Sur le moyen tiré de la violation de l'art. 20 de la loi du 17 mai 1819, en ce que l'arrêt attaqué a appliqué au demandeur une peine correctionnelle de 200 fr. d'amende, quoique cet arrêt n'ait déclaré le demandeur coupable que de propos injurieux proférés contre la plaignante dans une réunion publique, et que ces propos injurieux ne renfermassent pas l'imputation d'un vice déterminé ;

Vu les art. 20 de la loi du 17 mai 1819, et 14 de la loi du 26 mai de la même année ;

Attendu en droit que l'art. 14 de la loi du 26 mai 1819 attribue à la juridiction des tribunaux de police correctionnelle la connaissance des délits de diffama-

tion verbale ou d'injure verbale contre toute personne, et ceux de diffamation et d'injure par une voie de publication quelconque contre des particuliers, mais qu'il a formellement excepté de cette règle les cas attribués aux tribunaux de simple police ;

Attendu que l'article 376 du code pénal ne prononçait que des peines de simple police contre les injures ou expression outrageantes qui n'avaient pas le double caractère de gravité et de publicité spécifié en l'art. 375 du même code, c'est-à-dire qui ne renfermaient pas l'imputation publique d'un fait précis ou d'un vice déterminé ;

Attendu que l'article 20 de la loi du 17 mai 1819 a apporté une restriction à la disposition du deuxième alinéa de l'art. 19 de cette loi ; qu'il a ainsi reproduit la distinction établie par les articles 375 et 376 du code pénal, puisque ledit article porte textuellement : « Néanmoins, l'injure qui ne renfermerait pas l'imputation « d'un vice déterminé, ou qui ne serait pas publique, continuera d'être punie par des peines de simple police ; »

Que la forme alternative dans laquelle cet article est conçu ne doit donc plus le faire interpréter dans ce sens qu'il suffirait que l'injure eût été publique pour qu'elle entraînât une peine correctionnelle ; qu'autrement ledit article n'eût pas rappelé, ainsi qu'il l'a fait, le caractère aggravant d'imputation d'un vice déterminé. D'où il résulte que les expressions dont il s'est servi doivent être entendues non dans un sens alternatif, mais bien dans un sens cumulatif, conformément à l'article 376 du code pénal ;

Attendu, en fait, que les propos injurieux imputés au demandeur, tels qu'ils ont été relevés et qualifiés par l'arrêt attaqué, ne renferment pas l'imputation d'un vice déterminé ; que par conséquent ils manquent d'un des caractères essentiels exigés par la loi pour constituer le délit d'injure prévu par les art. 1, 13 et 19 de la loi du 17 mai 1819 et pour être passibles de peines correctionnelles ; qu'ils ne constituaient, dans l'état des faits déclarés constants par l'arrêt attaqué, qu'une simple injure prévue et réprimée par le n° 11 de l'art. 471 du code pénal ;

Attendu néanmoins que devant la juridiction correctionnelle la partie civile ni la partie publique n'a demandé le renvoi de la prévention au tribunal de simple police ; que par conséquent la juridiction correctionnelle a pu valablement y statuer aux termes de l'art. 192 du code d'instruction criminelle, mais que la peine correctionnelle de 200 francs d'amende, prononcée par l'arrêt attaqué contre le demandeur, constitue une violation formelle de l'art. 20 de la loi du 17 mai 1819 ;

La cour casse. — Ch. crim.

A. C. DU 14 JUILL. 1840, AFF. LAMARQUE.

En matière de contributions indirectes, les jugements doivent, à peine de nullité, être rendus sur le rapport d'un juge.

Vu l'art. 65 de la loi du 22 frim, an VII, et l'art. 88 de la loi du 5 vent. an XII ;

Attendu qu'il résulte de ces articles qu'en matière de contributions indirectes, les contestations sur le fond du droit doivent être jugées sur le rapport d'un juge ;

Attendu que l'action intentée par l'administration des contributions indirectes au sieur Lamarque avait pour objet le fond du droit ; que le jugement du 18 août 1837, qui a statué sur cette action, n'a pas été rendu sur le rapport d'un juge ; que, dès lors, ce jugement manque d'une des formalités substantielles exigées par la loi, et qu'il est radicalement nul ;

La cour casse. — Ch. civ.

ARRÊT DU CONS. D'ÉT. (ORD.) DU 16 JUILL. 1840, AFF. DE CRUSY.

À l'autorité judiciaire appartient l'appréciation d'une demande tendante à faire interdire à un propriétaire, voisin d'une rivière non navigable, sur laquelle il y a un pont concédé, l'usage de bateaux établis pour l'exploitation de sa propriété.

Considérant que la demande dont le sieur Debans avait saisi le conseil de préfecture était exclusivement dirigée contre le sieur Crusy, et avait pour objet de faire déclarer que ce propriétaire n'avait pas le droit de se servir de bacs bateaux ou batelets particuliers, soit pour son usage personnel, soit pour l'exploitation de ses propriétés, de lui faire interdire de les employer à l'avenir, et, pour s'en être servi, le faire condamner à 1.500 francs de dommages-intérêts ;

Considérant que le conseil de préfecture, en statuant, par son arrêté en date du 23 décembre 1836, sur cette demande, dont l'appréciation appartenait à l'autorité judiciaire, a excédé les limites de sa compétence.

Art. 1er. L'arrêté sus-visé du conseil de préfecture du département de Tarn-et-Garonne, en date du 23 décembre 1836, est annulé pour cause d'incompétence.

ARRÊT DU CONS. D'ET. (ORD.) DU 16 JUILL. 1840, AFF. SAINT-GERMAIN.

Si le cahier des charges de la concession d'un chemin de fer attribue au conseil de préfecture la connaissance des contestations qui pourraient s'élever entre l'administration et la compagnie, sur l'interprétation et l'exécution des clauses de la concession, cette disposition est applicable aux contestations élevées sur la question de savoir si les concessionnaires doivent supporter les frais d'un service spécial d'octroi établi au débarcadère.

Vu la loi du 28 pluviôse an VIII, la loi du 9 juillet 1835, portant concession du chemin de fer de Saint-Germain, ensemble le cahier des charges annexé à cette loi, notamment l'article 46 ; — Vu la loi du 28 avril 1816, la loi du 8 décembre 1814, et les ordonnances des 9-27 décembre et 23 décembre 1814 ;

Considérant que, dans la contestation sur laquelle il a été statué par l'arrêté du conseil de préfecture de la Seine du 19 novembre 1838 sus-visé, il s'agit d'une question relative à l'interprétation du cahier des charges annexé à la loi du 9 juillet 1835, intéressant l'administration ; qu'ainsi, aux termes de l'article 46 du cahier des charges, cette question doit être jugée administrativement par le conseil de préfecture du département de la Seine ; d'où il suit que c'est avec raison que, par son arrêté attaqué, ledit conseil a rejeté l'exception d'incompétence opposée par la compagnie concessionnaire du chemin de fer de Paris à Saint-Germain ;

Art. 1er. La requête de la compagnie concessionnaire du chemin de fer de Paris à Saint-Germain est rejetée.

ARRÊT DU CONS. D'ET. (ORD), DU 30 JUILL. 1840, AFF. EBREUIL.

Il n'appartient qu'au roi, en son conseil d'Etat, d'interpréter une ordonnance royale, alors même qu'au sujet de l'ordonnance qui porte concession du péage d'un pont, il s'agit de savoir à quelles personnes elle donne la franchise.

Lorsqu'un pont est concédé et remplace un bac, les fonctionnaires publics qui jouissaient de l'exemption du péage sur le bac, et spécialement les employés des contributions indirectes doivent également jouir de la franchise pour le péage sur le pont.

Considérant qu'il s'agissait d'interpréter les dispositions de l'ordonnance royale du 28 avril 1820; que c'est à nous, en notre conseil d'État, qu'il appartient de donner cette interprétation; que le conseil de préfecture s'est déclaré incompétent pour statuer à cet égard.

Sur la demande à fin d'interprétation :

Considérant que les employés des contributions indirectes avaient été légalement exemptés du droit de péage sur le bac qui a été remplacé à Ebreuil par le pont actuel ; que dès lors ils sont compris parmi les fonctionnaires désignés en l'art. 3 de l'ordonnance précitée.

Art. 1er. Il est déclaré que les employés des contributions indirectes sont compris parmi les fonctionnaires désignés en l'art. 3 de l'ordonnance du 28 avril 1820.

ARRÊT DU CONS. D'ÉT. (ORD) DU 8 AOUT 1840, AFF. SAVIGNAC.

Le concessionnaire d'un pont suspendu n'est point fondé à demander une indemnité, à raison de la construction d'un autre pont faite dans le voisinage, si le cahier des charges, qui a servi de base pour la concession du premier pont, ne contient aucune réserve, ayant pour but d'interdire à l'administration la faculté d'autoriser la construction d'un autre pont.

Considérant que le cahier des charges annexé à notre ordonnance du 26 septembre 1837, autorisant la construction d'un pont suspendu sur la rivière de Lisle, dans la commune de Savignac, ne contient aucune réserve ayant pour but d'interdire à l'administration la faculté d'autoriser la construction d'un autre pont au port Girard et que, dès lors, l'établissement de ce pont ne peut donner au sieur Savignac aucun droit à une indemnité.

Art. 1er. La requête du sieur de Savignac est rejetée.

A. C. DU 14 AOUT 1840, AFF. MASSIP.

Le fermier d'un droit de place, concédé par une commune, peut être poursuivi comme concessionnaire, s'il perçoit plus qu'il n'est porté à son tarif.

En conséquence, les tribunaux correctionnels sont compétents pour connaître de la concussion du fermier, lequel ne peut être fondé à demander que le contribuable soit renvoyé à se pourvoir à fins civiles en restitution.

Vu l'art. 174 du code pénal ;

Attendu que les dispositions de cet article doivent se combiner avec les lois de finances intervenues depuis celle du 15 mai 1818, notamment avec l'art 10 de la loi du 14 juillet 1838 qui a autorisé, pour 1839, la perception de droit de place dans les halles, foires, marchés, abattoirs, d'après les tarifs dûment autorisés conformément à la loi du 18 juillet 1837 sur les attributions municipales, et avec l'article final de celle du 10 août 1839, d'après lequel sont réputés concessionnaires, entre autres, les employés qui perçoivent des contributions directes ou indirectes, sous quelque titre ou dénomination que ce puisse être, qui ne sont pas autorisées par ces lois; que c'est par une concession de la puissance publique à titre de contribution, et non dans l'exercice de leur droit de propriété ordinaire, que les communes perçoivent des taxes sur les halles, foires, marchés, abattoirs ;

Qu'on ne peut donc considérer comme un titre privé, à l'égard des redevables, l'acte par lequel les autorités municipales mettent en adjudication cette portion de leurs revenus. A la vérité l'adjudicataire n'est à l'égard de la commune, qu'un débiteur ordinaire; mais les taxes de perception sont établies sur le public à titre de contribution ; la levée de ces taxes participe des priviléges de la levée des deniers publics; le payement des droits réclamés est un préalable nécessaire sauf la réclamation ultérieure de ceux qui se prétendent lésés ; les agents de la force publique sont préposés au maintien de la perception des droits concédés à l'adjudicataire ; dès lors, l'abus fait au préjudice des contribuables par ce fermier est un abus de la puissance publique, une violation des conditions sous lesquelles les lois de finances autorisent ce mode de perception ; cet abus rentre donc dans le cas prévu par l'article 174 précité du code pénal, qui s'applique aux perceptions communales comme aux perceptions faites au profit de l'État; il est d'autant moins légal de refuser à cet abus la qualification de concussion, que c'est celle que leur attribue expressément le droit public du royaume écrit dans la disposition finale des lois de finances ;

Attendu que si Massip ne peut être considéré comme fonctionnaire ou officier public dans l'abus de perception à lui reproché, puis qu'il n'a point été investi par le roi, ni au nom du roi, d'aucune qualité publique, il n'est pas moins substitué par son adjudication aux droits qu'aurait exercés le receveur municipal ; qu'il jouit, à l'égard des redevables des mêmes droits et priviléges, et qu'il ne peut renvoyer ceux-ci, en cas de prévarication, à se pourvoir à fins civiles ;

D'où il suit que la deuxième disposition de l'article 174 du code pénal lui serait applicable en cas de conviction, et que la juridiction correctionnelle est compétente pour connaître du délit à lui imputé ;

Et attendu que l'arrêt attaqué n'a point méconnu, en fait, que Massip fût le fermier, pour la ville de Toulouse, d'un droit de hallage dans l'une des places de cette ville, à lui concédé sous un tarif déterminé, par procès-verbal du 16 novembre 1838, sous l'empire de la loi du 14 juillet précédent, et qu'il n'ait perçu sous l'empire de celle du 10 août 1839, sur les contribuables, des droits supérieurs à ceux fixés par le tarif légalement arrêté, lequel était un titre public et non privé ; que la cour royale de Toulouse, en le relaxant de la poursuite du ministère public, et en n'accordant qu'une action civile en restitution, a faussement interprété ledit article 174, violé sa disposition combinée avec celles des lois de finances, et méconnu les règles de sa compétence. — Ch. crim.

A. C. DU 14 AOUT 1840, AFF. GABIGNON.

Lorsqu'un prévenu, de délit ou de contravention, a quitté le domicile qu'il avait au moment du délit, le jugement intervenu depuis est valablement signifié au dernier domicile connu.

Il n'y a pas lieu, dans ce cas, de faire les significations comme il est prescrit, à l'égard des personnes qui n'ont aucun domicile connu.

Sur le moyen unique fondé sur la fausse interprétation alléguée de l'art. 187

du code d'instruction criminelle et sur la violation des articles 102, 103 et 104 du code civil, 68 et 69 du code de procédure;

Attendu que l'arrêt attaqué a reconnu, en fait, que Gabignon avait abandonné sans esprit de retour, son domicile originaire de Tours, et qu'il avait, au moment du délit à lui imputé, sa résidence à Châtillon; qu'au moment où le jugement de condamnation intervenu contre lui au tribunal correctionnel de cette ville lui a été signifié, Châtillon était sa dernière résidence connue;

Attendu, en droit, que l'art. 187 du code d'instruction criminelle, en exigeant que les jugements par défaut soient notifiés à la personne ou au domicile des prévenus, n'a pas entendu établir une règle différente que pour la signification des mandats de justice qui doit se faire à la dernière habitation du prévenu, art. 109 du même code, et que pour la compétence des procureurs du roi et des juges d'instruction qui, dans les articles 23, 24 et 63, s'établit par la simple résidence;

Que l'art. 102 du code civil lui-même ne définit le domicile que dans les rapports avec l'exercice des droits civils, et réserve par là même les règles particulières à la poursuite des délits;

Attendu que l'art. 69 du code de procédure n'était pas applicable dans l'espèce puisque Gabignon avait eu un domicile, et que le domicile n'est autre chose que la dernière habitation, en matière de répression;

Attendu, dès lors, que l'arrêt attaqué, en rejetant l'opposition formée par Gabignon, et en validant la signification à lui faite du jugement de condamnation a fait une saine application de l'art. 197 du code d'instruction criminelle et n'a violé ni pu violer les art. 103 et suivants du code civil, ni l'art. 69 du code de procédure civile;

La cour rejette. — Ch. crim.

ARRÊT DU CONS D'ÉT. (ORD.) DU 20 AOUT 1840, AFF. LERAMEY.

Les oppositions, au remboursement des cautionnements des comptables, formées par l'agent judiciaire du trésor, ne sont soumises à aucune formalité dont les tribunaux soient chargés d'apprécier le mode ou le défaut d'accomplissement.

Il n'appartient qu'à l'autorité administrative de statuer sur la gestion et la responsabilité des comptables, et sur la libération de leur cautionnement.

L'on ne peut porter devant les tribunaux ordinaires une demande qui tend, au fond, à mettre en question l'existence ou le maintien du débet du comptable public, fixé par l'autorité administrative.

Considérant que les actes ou déclarations d'opposition dont le sieur Leramey demande la mainlevée, qualifiés saisies-arrêts par le jugement du tribunal de la Seine du 24 avril 1840, sont des actes administratifs qui ne sont soumis à aucune formalité dont les tribunaux soient chargés d'apprécier le mode ou le défaut d'accomplissement;

Considérant qu'au fond la demande du sieur Leramey a pour objet de mettre en question l'existence ou le maintien du débet mis à sa charge par des actes de l'autorité administrative, et d'obtenir la libération de son cautionnement;

Considérant qu'il n'appartient qu'à l'autorité administrative de statuer sur la gestion et la responsabilité des comptables et sur la libération de leur cautionnement;

Art. 1er L'arrêté de conflit ci-dessus visé est confirmé.

Art. 2. L'exploit d'assignation en date du 20 janvier 1840 et ce qui s'en est suivi notamment le jugement du tribunal de la Seine du 24 avril 1840, sont considérés comme non avenus.

A. C. DU 21 AOUT 1840, AFF. CARRETTE.

Les frais de timbre et d'enregistrement des rapports, qui constatent une contravention, doivent être compris dans les dépens mis à la charge du contrevenant condamné.

Il en est de même des frais de citation et de comparution de témoins, quand l'audition de ces témoins a été nécessaire pour prouver la contravention.

Vu les articles de la loi du 22 frimaire an VII et 74 de celle du 25 mars 1817 en vertu desquels la partie condamnée doit supporter les droits de visa pour timbre et d'enregistrement de tous actes concernant la police ordinaire, et qui ont pour objet la poursuite et la répression des délits et contraventions ;

Ensemble l'article 162 du code d'instruction criminelle ;

Attendu que le jugement dénoncé, qui inflige à Jean-François Carette, l'amende dont il s'est rendu passible en contrevenant au règlement relatif à la police des foires et marchés de la ville de Roye, a néanmoins distrait de la condamnation aux dépens qu'il prononce contre lui le coût: 1° du visa pour timbre et de l'enregistrement en débet du rapport fait de la contravention par le sergent de ville qui la constata, sur le motif que ce rapport est sans autorité en justice; 2° de la citation et de la comparution de ce sergent et des deux individus par lui dénommés comme témoins de l'infraction dont il s'agit, parce que leur audition était inutile, le prévenu ayant avoué le fait qui lui est reproché, lors de l'instruction annulée par l'arrêt de cassation intervenu dans l'espèce le 22 mai dernier;

Attendu, en droit, 1° que le rapport précité a eu pour objet la répression de la contravention poursuivie; qu'il est donc un acte de la procédure suivie à cet effet; et que dès lors le tribunal de simple police de Montdidier a commis une violation expresse des articles ci-dessus visés en refusant d'en mettre les frais à la charge du condamné;

Attendu 2° que l'assignation donnée aux témoins cités était indispensable au soutien de la prévention, puisque le rapport sus-énoncé ne pouvait la justifier légalement en justice que jusqu'à preuve contraire, et que l'aveu du contrevenant était devenu comme non avenu par la cassation de la sentence dans laquelle il avait été consigné;

D'où il suit que le jugement dénoncé a commis une violation non moins expresse du susdit article 162 en s'abstenant de condamner ledit Carette aux frais de cette assignation et au remboursement de la taxe qui en a été la suite;

En conséquence, la cour casse, seulement en ce que le jugement a refusé de mettre à la charge de Jean-François Carette tant les frais du rapport rédigé contre lui que ceux de la citation et de la comparution des témoins assignés à la requête du ministère public. — Ch. crim.

A. C. DU 2 OCT. 1840, AFF. FLOURY.

Quand les délais légaux n'ont pas été observés dans une citation, le cité qui ne comparait pas n'est pas défaillant et ne doit pas être condamné par défaut.

Le tribunal qui déclare dans ce cas n'y avoir lieu à statuer, quant à pré-

sent, ne viole pas les règles de la procédure, et son jugement n'encourt pas l a cassation.

Sur le moyen tiré de la prétendue fausse application de l'article 184 du code d'instruction criminelle, en ce que le jugement attaqué aurait implicitement annulé la citation à comparaître donnée à la requête du ministère public, à Floury, par exploit en date du 18 juillet 1840, en déclarant qu'il n'échéait de statuer, quant à présent, tous les droits du ministère public réservés;

Attendu que l'art. 184 du code d'instruction criminelle dispose qu'il y aura au moins un délai de trois jours, outre un jour par trois myriamètres entre la citation et le jugement, à peine de nullité de la condamnation qui serait prononcée par défaut contre la personne citée;

Attendu qu'en prononçant la nullité de la condamnation qui serait prononcée par défaut contre la personne citée, l'article précité ajoute que cette nullité ne pourra être proposée qu'à la première audience et avant toute exception ou défense;

Attendu néanmoins qu'on ne peut pas inférer de cette dernière disposition qu e le juge soit obligé de donner défaut contre la personne citée qui ne comparaît pas, lorsqu'il s'aperçoit que les délais prescrits par la loi n'ont pas été observés, qu'au contraire il est de principe général, en matière de procédure par défaut, que le devoir du juge est de vérifier la régularité de la demande avant de prononcer; que si les délais n'ont pas été observés, il n'y a point de défaillance proprement dite, tant que ces délais ne sont pas expirés, et qu'alors le juge a le droit de surseoir jusqu'à ce que la procédure ait été régularisée, et qu'on ne peut considérer cette mesure comme annulant implicitement la citation irrégulière, puisqu'elle conserve d'ailleurs à cet acte les autres effets légaux dont il est susceptible;

Attendu que le jugement attaqué constate que les délais légaux n'ont pas été observés dans la citation donnée le 18 juillet 1840, à Floury huissier, à comparaître, le 23 du même mois, devant le tribunal de police correctionnelle, et qu'en ce t état ce jugement, en déclarant qu'il n'échéait à statuer, jusqu'à présent, tous les droits du ministère public réservés, n'a pas fait une fausse application de l'art 184 précité du code d'instruction criminelle, et c'est au contraire conforme aux vrais principes de la matière;

La cour rejette. — Ch. crim.

A. C. DU 9 NOV. 1840, AFF. DUBUS. (DOUANES.)

En matière de douanes, l'opposition formée par le délinquant au jugement par défaut prononcé contre lui ne le relève pas de la déchéance du droit de s'inscrire en faux contre le procès-verbal par lui encouru, faute de l'avoir fait à l'audience indiquée par la sommation de comparaître conformément à l'art. 12, tit. 4. de la loi du 9 floréal an VII, et aux art. 9 et 10 de l'arrêté des consuls du quatrième jour complémentaire an XI.

Cette opposition n'aurait un pareil effet qu'autant que le prévenu aurait été empêché de se présenter à l'audience indiquée par un cas de force majeure.

Vu les art. 12, tit. IV de la loi du 9 flor. an VII, et l'art. 10 de l'arrêté des consuls du quatrième jour complémentaire an XI;

Attendu, en droit, que, suivant le premier de ces articles, celui qui veut s'inscrire en faux contre un procès-verbal de contravention en matière de douanes est tenu d'en faire la déclaration par écrit *au plus tard* à l'audience indiquée par la sommation de comparaître devant le tribunal qui doit connaître de la contravention, à peine de déchéance de l'inscription de faux; et qu'aux termes du deuxième, le juge doit passer outre à l'instruction et au jugement des affaires dans lesquelles le rapport des préposés est argué de faux si l'inscription de faux n'a pas été faite dans le délai et suivant les formes déterminées par la loi;

Que ces dispositions de la législation spéciale des douanes sont absolues; qu'il n'est pas permis aux juges de les modifier ni de refuser de les appliquer toutes les fois que le prévenu a été cité régulièrement, et qu'il n'a pas été empêché par une force majeure de se présenter et d'être entendu;

Attendu que l'exception à ces dispositions tirée du défaut de comparution n'est admise ni par la loi du 9 floréal an VII, ni par l'arrêté des consuls du quatrième jour complémentaire an XI, ni par les autres lois ou règlements concernant les douanes; qu'admettre ce défaut de comparution comme une cause de prorogation de délai, ce serait donner à la loi une extension arbitraire, contraire aux vues du législateur, ouvrir la porte à des fraudes qu'il a voulu prévenir, et laisser au prévenu le moyen d'étendre à son gré un délai que la loi fixe d'une manière invariable;

Attendu que la déchéance de l'inscription de faux, à défaut de déclaration dans les formes et les délais prescrits, est encourue par la seule force de la loi, et qu'elle ne saurait, dans aucun cas, être considérée comme une conséquence ou un effet du jugement par défaut rendu contre le prévenu qui ne s'est pas présenté; d'où il suit que l'opposition à ce jugement, en faisant tomber toutes les condamnations qu'il a prononcées et disparaître les effets qu'il a produits, ne saurait relever le prévenu de la déchéance prononcée contre lui par la loi;

Et attendu, en fait, qu'il est établi au procès que Jeux et Bout-Dubus ont été régulièrement sommés de comparaître à l'audience du juge de paix du canton de Saint-Amand le 14 octobre 1835; qu'ils n'ont pas comparu à cette audience, et que personne ne s'y est présenté pour eux; que ce n'est que le 28 du même mois qu'en formant opposition, au jugement rendu contre eux, ils ont déclaré s'inscrire en faux contre le procès-verbal dressé à leur charge par les préposés; que cette déclaration faite après l'expiration du délai accordé par l'art 12, titre IV, de la loi du 9 floréal an VII, était tardive et devait être rejetée;

Que cependant le jugement attaqué l'a admise en se fondant sur ce que l'opposition au jugement par défaut du 14 octobre 1835 avait relevé les prévenus de la déchéance par eux encourue;

Qu'en prononçant ainsi, il a formellement violé l'art. 12 titre XIV, de la loi du 9 floréal an VII, et l'arrêté des consuls du quatrième jour complémentaire an XI;

La cour casse. — Ch. réunies.

ARRÊT DU CONS. D'ÉT. (ORD.) DU 20 NOV. 1840, AFF. MICHEL.

L'interprétation des clauses d'un bail passé par l'administration à un simple fermier n'étant attribuée par aucune loi à la juridiction administrative, l'autorité judiciaire est seule compétente pour en connaître.

Considérant qu'il s'agit, dans l'espèce, de l'interprétation des clauses d'un bail passé par l'administration au sieur Michel, en qualité de simple fermier, et qu'aucune isposition de loi n'attribue les contestations de cette nature à la juridiction administrative; d'où il suit que le conseil de préfecture du département de la Nièvre a excédé ses pouvoirs en déterminant les effets et l'étendue dudit bail;

Art. 1er. L'arrêté du conseil de préfecture du département de la Nièvre, en date du 5 novembre 1838, est annulé.

ARRÊT DU CONS. D'ÉT. (ORD.) DU 5 FÉV. 1841, AFF. ROUQUÈS.

Les tribunaux sont seuls compétents pour prononcer sur les contestations qui s'élèvent, relativement à l'application du tarif entre un concessionnaire de pont à péage et des particuliers.

Considérant que dans les difficultés qui se sont élevées entre les sieurs Rouquès, Gouzi et Prouho d'une part, et de l'autre la compagnie concessionnaire du péage établi sur le pont de Rabastens, il s'agissait d'une question d'application du tarif annexé à notre ordonnance du 18 mars 1836, et qu'aux termes de l'art. 2 de la loi sus-visée, le maire de Rabastens et le conseil de préfecture du département du Tarn étaient incompétents pour connaître desdites difficultés;

Art. 1er L'arrêté du conseil de préfecture du département du Tarn, du 8 janvier 1839, est annulé pour cause d'incompétence. Les décisions sus-visées du maire de Rabastens sont considérées comme non avenues.

Art. 2. Les dépens sont compensés entre les parties.

ARRÊT DU CONS. D'ÉT. (ORD.) DU 23 FÉV. 1841, AFF. RODIER.

Lorsqu'un arrêté du conseil de préfecture a été rendu par défaut, on doit en demander la réformation, par voie d'opposition, devant le même conseil, et non l'attaquer par voie de pourvoi devant le conseil d'État.

Vu le décret règlementaire du 22 juillet 1806;

Considérant que l'arrêté du 21 août 1827 ne vise aucune défense du sieur Rodier; que, dès lors, cet arrêté a été rendu par défaut contre lui, et que c'est devant le conseil de préfecture, par la voie de l'opposition, que ledit sieur Rodier devait en demander la réformation;

Art. 1er. La requête du sieur Rodier est rejetée;

A. C. DU 20 MARS 1841, AFF. MANSS (DOUANES.)

Un procès-verbal ne doit énoncer qu'il en a été donné lecture au prévenu, que celui-ci a été interpellé de le signer, et qu'il lui en a été donné copie qu'autant que le prévenu est présent à la rédaction.

Tous les saisissants signataires d'un procès-verbal ont qualité pour l'affirmer; il suffit de l'affirmation de deux d'entre eux.

La cour royale saisie du fond d'une affaire, par l'appel d'un jugement qui annule un procès-verbal, est compétente pour statuer sur toutes les exceptions du prévenu, même sur l'inscription de faux.

L'inscrivant en faux, qui n'a pas déposé ses moyens dans le délai prescrit, ne peut se prévaloir de ce qu'il avait conclu à la nullité du procès-verbal.

Si, en matière fiscale, les tribunaux ne peuvent pas excuser les prévenus sur l'intention, cela n'empêche pas l'application de l'art. 66 du code pénal relatif au discernement. L'intention n'est pas la même chose que le discernement. L'absence de discernement est une cause d'excuse et non le défaut d'intention.

Quand le prévenu est âgé de moins de seize ans, les tribunaux doivent, avant de le condamner, examiner s'il a agi avec discernement.

Attendu, sur le 1er moyen, qu'aux termes de l'art. 6, titre IV, de la loi du 9 floréal an VII c'est seulement lorsque le prévenu est présent que le procès-verbal doit énoncer qu'il lui en a été donné lecture, qu'il a été interpellé de le signer et qu'il en a reçu copie; qu'il est constaté, par le procès-verbal, que le prévenu Manss a refusé d'être présent à la clôture;

Qu'à la vérité ce prévenu avait été mis d'abord en état d'arrestation, conformément à l'art. 14 de la loi du 28 avril 1816, mais que cet article, ne portant pas la peine de nullité, ledit Manss aurait pu ne pas être arrêté sans que la validité du procès-verbal en reçût aucune atteinte; qu'il a pu de même être rendu à la liberté pendant les opérations, sauf à lui à y rester présent jusqu'à la fin, sur la sommation qui lui en était faite;

Attendu, sur le 2e moyen, que, d'après l'art. 10 de la loi ci-dessus indiquée, les procès-verbaux sont valablement affirmés lorsqu'ils le sont par deux des saisissants;

Que, dans l'espèce, la saisie n'a été effectuée qu'au domicile du maire d'Aspachle-Bas, par tous les employés et gendarmes qui s'y trouvaient réunis et qui ont signé le procès-verbal; que tous les signataires avaient donc qualité pour l'affirmer;

Que si, s'agissant d'une saisie à l'intérieur, elle n'a pu être valablement faite qu'autant qu'on a vu la marchandise franchir la limite du rayon, et qu'on l'a suivie, sans interruption, jusqu'au moment de la sortie, ou de son introduction dans une maison, ainsi que l'a décidé l'art. 39 de la loi du 28 avril 1816, il ne s'ensuit pas que l'affirmation doive nécessairement être faite par deux de ceux qui l'ont ainsi suivie, puisque la loi ne l'exige pas précisément;

Attendu, sur le 3e moyen, que la cour de Colmar, étant saisie du fond de l'affaire, par l'appel du jugement qui avait déclaré nul le procès-verbal, avait évidemment compétence, pour statuer sur toutes les exceptions des prévenus contre l'action de la douane, même sur celles que les premiers juges n'avaient pas eu besoin d'examiner; qu'en conséquence, elle n'a pas dû laisser au tribunal correctionnel de Belfort à prononcer sur l'inscription de faux, déclarée par les prévenus, et qu'elle y a statué elle-même régulièrement;

Attendu, sur le 4e moyen, que l'obligation, pour celui qui, s'est inscrit en faux, de déposer, dans les trois jours, ses moyens de faux, s'applique à tous les cas, même celui où le prévenu aurait argué le procès-verbal de nullité;

Que, dès lors, les demandeurs ne peuvent se prévaloir de l'exception de nullité qu'ils avaient proposée par leurs conclusions principales;

Et que de même que, nonobstant ces conclusions, ils avaient formulé leur inscription de faux le jour même de leur comparution, de même ils auraient dû la compléter en y joignant, dans les délais prescrits, le dépôt de leurs moyens de faux;

Attendu, sur le 5e moyen (il est spéciale à la douane);

La cour rejette ces cinq moyens, et, par suite, le pourvoi de Sauer.

En ce qui touche le 6e moyen, particulier à Manss:

Vu l'art. 66 du code pénal, et les art. 41, 42 et 44 de la loi du 28 avril 1816;

Attendu que, d'après les principes généraux de notre droit criminel, il ne peut être prononcé de condamnations pénales que contre ceux qui sont légalement punissables;

Que la disposition de l'art. 66 du code pénal, d'après laquelle les individus âgés de moins de 16 ans doivent être acquittés, s'ils ont agi sans discernement, doit, comme celle de l'art. 64 du même code, relative à la démence et à la contrainte, être suivie dans toutes les matières même dans celles qui sont réglées par des lois spéciales, à *moins que ces lois ne contiennent* à ce sujet quelque dérogation expresse ou tacite;

Que l'article 16 de la loi du 9 floréal, an VII, qui défend, en matière de douane, d'excuser les contrevenants sur l'intention, ne fait pas obstacle à l'application de l'art. 66 du code pénal; qu'en effet l'intention n'est pas la même chose que le discernement, celui-ci se rapportant à la conscience que l'on a de ses actes, et l'intention à la volonté qui les fait commettre; que l'intention criminelle peut manquer où le discernement existe, ce qui est prévu par ledit article 16; mais que l'absence de discernement est une cause de justification beaucoup plus péremptoire, à laquelle on ne peut appliquer, par extension, la prohibition de cet article;

Attendu, d'un autre côté, que les tribunaux ne peuvent prononcer de peines qu'autant qu'ils constatent l'existence de toutes les circonstances exigées par la loi pour rendre le fait punissable; d'où il suit qu'à l'égard d'un prévenu âgé de moins de 16 ans, ils doivent, avant toute condamnation, examiner et résoudre la question de discernement;

Que, cependant, la cour royale a appliqué au demandeur, âgé de moins de 16 ans, les dispositions pénales des articles 41, 42 et 44 de la loi du 28 avril 1816, sans déclarer qu'il avait agi avec discernement;

En quoi elle a faussement appliqué lesdits articles et violé l'article 66 du code pénal;

La cour casse l'arrêt contre Manss. — Ch. crim.

ARR. DU CONS. D'ÉT. (ORD.) DU 22 MARS 1841, AFF. MESCHINI.

La cour des comptes excède ses pouvoirs lorsqu'elle refuse l'allocation d'un paiement opéré par un comptable conformément à l'ordonnancement, sur le motif que la créance dont l'acquittement a eu lieu, se trouvant frappée de déchéance, elle n'avait pu être ni ordonnancée ni payée.

Considérant qu'aux termes de l'art. 18 de la loi du 16 septembre 1807, notre cour des comptes ne peut, dans aucun cas, s'attribuer juridiction sur les ordonnateurs, ni refuser aux payeurs l'allocation des paiements par eux faits sur les ordonnances et mandats accompagnés de pièces que l'ordonnateur aura prescrit d'y joindre; — Que, loin de conférer à notre dite cour le droit de déterminer par ces arrêts toutes les pièces qu'elle jugerait nécessaires pour constater que les ordonnances de paiement ou les mandats délivrés par les ordonnateurs ont pour effet d'acquitter une dette de l'État, régulièrement justifiée, l'ordonnance du 14 septembre 1822 n'a fait que désigner, par son article 10, tant pour les dépenses du personnel que pour les dépenses du matériel, les pièces qui, dans tous les cas, doivent être produites à l'appui des ordonnances de paiement ou des mandats résultant des ordonnances de délégation; — Considérant que notre cour des comptes a fait injonction au sieur Meschini de rapporter à l'appui des deux mandats un certificat délivré par qui de droit, constatant les causes valables qui avaient fait relever les créances que lesdits mandats avaient pour objet de faire payer, de la déchéance prononcée par l'art. 9 de la loi du 29 janvier 1831, certificat qui n'était exigé ni par l'ordonnance de 1822, ni par l'ordonnateur; — Que, faute par le comptable d'avoir rapporté ledit certificat, notre cour des comptes a, par son arrêt ci-dessus visé, déclaré que lesdites créances, étant périmées, n'avaient pu être régulièrement ni ordonnancées ni payées, et en a définitivement rejeté le montant des comptes du sieur Meschini;

Considérant que, soit en imposant au sieur Meschini l'obligation de rapporter à l'appui des mandats délivrés par le directeur de l'enregistrement, des pièces qui n'étaient exigées ni par l'ordonnance de 1822, ni par l'ordonnateur, soit en se constituant juge de la validité de l'ordonnancement, notre cour des comptes a violé les dispositions de l'article 18 de la loi du 16 septembre 1807.

Art. 1er. L'arrêt de notre cour des comptes, en date du 22 novembre 1839, portant rejet de la dépense de 108 fr., payée par le sieur Meschini aux sieurs Vadon et Lermy, est annulé.

A. C. DU 31 MARS 1841, AFF. BALDI.

Une partie qui a obtenu devant la cour de cassation l'annulation d'un arrêt, ne peut, si elle succombe de nouveau devant la cour de renvoi, être condamnée aux frais de l'arrêt annulé et de sa signification.

Vu l'art. 130 du code de procédure civile;

Attendu que l'arrêt de la cour royale de Paris n'a statué et n'avait à statuer que sur une seule demande, celle de M. Baldi-Bartel à fin de restitution d'un terrain usurpé; que le procès ne portait sur aucun autre chef distinct; que c'est le dispositif qui constitue essentiellement l'arrêt, et que ce dispositif a été annulé par l'arrêt de la cour de cassation pour défaut de motifs, en vertu de l'art. 7 de la loi du 20 avril 1810;

Attendu que si l'arrêt de la cour de cassation porte que, dans le chef attaqué sur le pourvoi, les parties sont remises au même état qu'avant l'arrêt de la cour de Paris, le chef attaqué comprenait la demande entière de Baldi-Bartel, et s'appliquait au dispositif tout entier de l'arrêt de la cour de Paris, puisque l'exception de prescription, sur laquelle il n'avait pas été donné de motifs, formait une fin de non-recevoir péremptoire contre la demande;

Attendu, d'un autre côté, que la cour d'Amiens, quels qu'aient été ces motifs, a, dans son dispositif, statué sur tout le procès, et non pas seulement sur une partie de ce procès, puisque, après avoir rejeté les conclusions subsidiaires, elle a ordonné que le jugement de première instance sortirait effet;

Attendu que les frais de l'arrêt annulé et de sa signification ne pouvaient être mis à la charge de la partie qui en avait obtenu l'annulation;

Attendu qu'en faisant entrer dans la condamnation des dépens prononcée contre Dumesnil de Merville, les frais faits devant la cour royale de Paris, sans distinction des frais de l'arrêt lui-même et des frais de la procédure qui avait précédé l'arrêt, la cour royale d'Amiens a violé formellement l'article précité du code de procédure civile, et les principes sur les effets légaux des arrêts de la cour de cassation;

Par ces motifs, la cour casse. — Ch. civ.

ARR. DU CONS. D'ÉT. (ORD) DU 7 AVR. 1841, AFF. MAZIAN.

La réconciliation des époux divorcés et leur cohabitation fait cesser la séparation de corps et toutes les conséquences qui peuvent en résulter en matière de pensions.

Vu les requêtes sommaires et ampliatives à nous présentées par la dame Mazian, née Barachin, veuve du sieur Mazian (Antoine), colonel de gendarmerie, décédé en activité le 10 décembre 1836, tendantes à ce qu'il nous plaise d'annuler une décision rendue par notre ministre de la guerre le 4 juillet 1839, qui a rejeté la demande qu'elle avait formée en réversion de la pension à laquelle elle croit avoir droit comme veuve d'un militaire;

Vu l'acte de notoriété tendant à prouver que la veuve s'était réconciliée et vivait en bonne intelligence avec son mari;

Vu l'article 20 de la loi du 11 avril 1831:

Considérant que si, aux termes de l'article 20 de la loi du 11 avril 1831, en cas de séparation de corps, la veuve d'un militaire ne peut prétendre à aucune pension, il résulte de l'instruction qu'il y a eu, postérieurement au jugement de séparation, réconciliation et cohabitation entre les époux Mazian; que dès lors, la séparation de corps avait cessé d'exister, ainsi que toutes les conséquences qui pouvaient en résulter par rapport à l'application de la loi du 11 avril 1831;

Art. 1er. La décision de notre ministre de la guerre, du 4 juillet 1839 est annulée.

A. C. DU 14 AVR. 1841, AFF. DORIS. (DOUANES).

Les tribunaux ne peuvent ordonner ni la preuve contraire aux faits constatés par un procès-verbal, ayant foi en justice jusqu'à inscription de faux, ni celle qui tendrait à excuser les prévenus en établissant qu'ils n'ont pas eu l'intention de faire la fraude.

Attendu qu'il résulte du procès-verbal, que 163 sacs de café de Saint-Yago et d'Haïti, et un même nombre de sacs de café de Sumatra ont été présentés par Doris à la vérification des employés de l'entrepôt réel de Bordeaux, avec déclaration que les premiers étaient destinés à la réexportation, et les seconds à être livrés à la consommation; le droit de consommation sur les cafés de Sumatra étant de 62 fr. 40 cent. par 100 kilog., et, sur les cafés de Saint-Yago et d'Haïti, de 95 fr.;

Que les ouvriers de Doris, après la vérification des 326 sacs, firent sortir les 163 sacs qui paraissaient destinés à la consommation, pendant que le même nombre de sacs, portant la marque destinée à distinguer les cafés à réexporter, restait en entrepôt et était soumis au plombage;

Que les vérificateurs, voulant s'assurer que les sacs sortis étaient réellement ceux qui avaient été pesés pour la consommation, découvrirent que les sacs qui avaient été enlevés étaient, au contraire, ceux des provenances d'Haïti et de Saint-Yago, déclarés pour la réexportation, et que ceux qui étaient laissés pour la réexportation étaient les sacs déclarés pour la consommation;

Que Doris, prévenu de la substitution qu'on venait de constater, s'empressa de faire l'offre de rétablir en entrepôt les cafés que ses ouvriers avaient enlevés, proposition qui ne fut point acceptée;

Qu'on avait présenté, pour les deux parties de cafés un même nombre de sacs en toile et un même nombre en gonis, toile de l'Inde; et que c'était dans cette dernière espèce d'emballage qu'avaient été transvasées les futailles du café Saint-Yago;

Attendu que le procès-verbal qui contient les susdites déclarations n'a point été argué de faux, et qu'aux termes de l'art. 11, titre IV de la loi du 9 floréal an VII, il doit être cru sur les faits qu'il constate;

Attendu qu'aux termes de l'art. 16 du même titre de la même loi, il est expressément défendu aux juges d'excuser les contrevenants sur l'intention;

Attendu que des cinq faits dont le jugement attaqué a ordonné la preuve, en réservant la preuve contraire, les trois premiers relatifs à la marque des sacs, à l'emploi des sacs en toile de l'Inde, pour les cafés de Saint-Yago, et, à l'époque de l'enlèvement d'une des deux parties de cafés par les ouvriers de Doris, sont clairement constatés par le procès-verbal, et que la preuve ordonnée est doublement illégale, soit dans l'hypothèse où elle aurait *pour effet d'établir des faits directement contraires aux énonciations du procès-verbal*, soit dans *l'hypothèse où elle obligerait la douane à prouver, par témoins, des faits que, déjà, le procès-verbal a constatés*;

Attendu qu'il en est de même des deux derniers faits, relatifs à la détermination de l'époque où la substitution a été découverte, faits dont la preuve est entachée d'une autre illégalité, en ce qu'elle suppose la possibilité d'excuser Doris sur son intention et promet d'établir qu'il n'aurait pas eu la volonté de frauder;

D'où il suit que le jugement attaqué, en ordonnant la preuve de faits contraires aux énonciations d'un procès-verbal régulier, a violé les art. 11 et 16 de la loi du 9 floréal an VII;

Par ces motifs, la cour casse. Ch. civ.

A. C. DU 19 MAI 1841, AFF. BRISCUAUX. (DOUANES).

La simple opposition, même verbale, à l'exercice des fonctions des employés, suffit pour constituer un refus de souffrir cet exercice. Il n'est pas même nécessaire que cette opposition soit accompagnée d'un fait, qui, sans aller jusqu'aux violences, ait présenté un obstacle quelconque.

Vu l'art. 2, titre IV, de la loi du 4 germinal an II;

Attendu, en droit, que les faits, tels qu'ils résultaient d'un procès-verbal faisant foi jusqu'à inscription de faux, constituaient l'opposition à l'exercice des fonctions des préposés des douanes, punie d'une amende de 500 fr. par la loi précitée;

Qu'en effet, à la différence de l'art. 14, titre XIII, de la loi du 22 août 1791, qui défendait à toute personne d'injurier ou maltraiter les employés de la régie, même de les troubler dans l'exercice de leurs fonctions, sous peine d'une amende de 500 fr., et sous telle autre peine qu'il appartiendrait suivant la nature du délit, l'art. 2 titre IV de la loi du 4 germinal an II, dispose « que toute personne qui « s'opposera à l'exercice des fonctions des préposés des douanes sera condamnée à 500 fr., et « que dans le cas où il y aurait voie de fait, il sera dressé procès-verbal afin « d'en poursuivre les auteurs, et de leur faire infliger les peines portées par le « code pénal contre ceux qui s'opposent *avec violence* à l'exercice des fonctions « publiques; »

Que par cette disposition, reproduite textuellement dans l'art. 15 de la loi du 27 frimaire an VIII, concernant les octrois, le législateur ne confondant plus le trouble, l'injure, les mauvais traitements, distingue la simple opposition de l'opposition accompagnée de voies de fait et de violences, et que, pour la seule application de l'amende de 500 fr., pour caractériser le fait qui entraîne cette application, une opposition verbale suffit, si elle est formelle, si par là, surtout, les opposants ont atteint le but qu'ils s'étaient proposé;

Que le concours de tout autre fait, même sans violences, d'un acte quelconque, n'est point nécessaire pour imprimer à l'opposition verbale le caractère d'opposition tel que la loi l'a entendu, quand il s'est agi simplement d'infliger l'amende de 500 fr.;

Attendu, néanmoins, que le tribunal de Besançon s'est refusé à la prononcer contre les frères Brischoux, parce que, suivant lui, « la simple manifestation ver- bale de l'intention de s'opposer ne constitue pas, seule, l'opposition prévue par la loi, qui suppose nécessairement un fait, lequel, sans aller jusqu'aux vio- lences, ait présenté un obstacle quelconque; que rien de pareil n'était imputé aux prévenus, qui n'auraient fait qu'exprimer vaguement l'intention de s'op- poser, mais à qui l'on ne reprochait pas le moindre acte tendant à la réaliser;»

Et qu'en premier lieu, ce système est contraire à la teneur du procès-verbal constatant, non une simple manifestation verbale de l'intention de s'opposer, mais une opposition entière, actuelle, formelle, précédée même de la contesta- tion du droit de recenser, pour ne pas provoquer, sans nécessité, une aggrava- tion de résistance qui aurait pu avoir des suites plus fâcheuses;

Qu'en second lieu, la loi ne comporte pas la distinction faite dans le jugement attaqué; qu'elle n'exige pas que la simple opposition soit accompagnée d'un fait quelconque; qu'il suffit, comme dans l'espèce, que l'opposition, quoique verbale, ait empêché les employés des douanes d'exercer leurs fonctions;

Qu'en décidant autrement, le tribunal de Besançon a commis un excès de pouvoir et violé l'art. 2, titre IV, de la loi du 4 germinal an II:

Par ces motifs, la cour casse. — Ch. civ.

A. C. DU 26 JUIN 1841, AFF. DELESTRE.

Quoique la citation donnée au prévenu n'indique pas exactement ses noms et prénoms, elle n'en est pas moins valable et elle constitue un acte de pour- suite interruptif de la prescription.

Quand sur une matière il n'y a pas de règle spéciale pour la prescription, il faut recourir aux règles générales établies par le code d'instruction crimi- nelle.

La prescription est interrompue par un acte de poursuite, même à l'égard des personnes qui ne sont pas impliquées dans cet acte de poursuite.

Les erreurs de la citation sont sans conséquence, s'il est reconnu, dans le jugement, que c'est bien contre le prévenu qu'avait été rapporté le procès- verbal.

Attendu que l'article 12 de la loi du 30 avril 1790, déclare que toute action pour délit de chasse sera prescrite par le laps d'un mois à compter du jour où le délit aura été commis;

Attendu que cette disposition ne renfermant pas de règle spéciale, quant à l'application de la prescription qu'elle prononce, il y a lieu de se reporter aux règles générales établies par le code d'instruction criminelle pour la prescrip- tion des délits correctionnels;

Attendu que d'après les articles 637 et 638 de ce code, s'il a été fait en matière correctionnelle des actes d'instruction ou de poursuite, avant que le temps re- quis pour prescrire soit expiré, l'action publique et l'action civile ne se prescri- ront qu'après trois années révolues, à compter du dernier acte, à l'égard même des personnes qui ne seraient pas impliquées dans cet acte d'instruction ou de poursuite ;

Attendu que dans l'espèce un procès-verbal avait été dressé pour fait de chasse contre le sieur Delestre le 7 septembre 1840;

Qu'il est reconnu dans le jugement qui confirme l'arrêt attaqué, que c'était bien contre le sieur Delestre, qui a comparu devant le tribunal et la cour, qu'avait été dressé ce procès-verbal;

Attendu que la citation donnée à la suite de ce procès-verbal, le 11 septembre, ne renferme aucune nullité proprement dite; que si elle désigne le prévenu sous des noms et prénoms qui n'étaient pas exactement les siens, elle n'en cons- titue pas moins un acte de poursuite relativement au fait constaté par le procès- verbal du 7 septembre;

Que la prescription a été déclarée interrompue à l'égard de la poursuite à la- quelle cette citation servait de but;

Que s'il en était autrement, on méconnaîtrait les dispositions formelles de l'article 637, qui porte que les actes d'instruction et de poursuite interrompent la prescription à l'égard même des personnes qui ne seraient pas impliquées dans cet acte d'instruction ou de poursuite;

Que, de plus, le système de l'arrêt attaqué aurait pour effet de paralyser, con- trairement au vœu de la loi, une foule de poursuites dans lesquelles les premiers actes d'instruction et de poursuite doivent avoir lieu sans que l'individualité du prévenu soit encore établie;

Attendu d'ailleurs, que, par acte du 15 septembre, le brigadier de gendarmerie Langagne avait été assigné à la requête du ministère public pour déposer dans l'affaire, et que cet acte d'assignation constitue un acte de poursuite et d'ins- truction;

Que néanmoins l'arrêt attaqué a déclaré l'action prescrite sur le motif qu'on ne peut considérer comme valable la citation qui n'indiquait ni les noms, ni les qualités, ni le domicile du sieur Delestre; que l'interruption de la prescription ne pourrait se trouver dans un acte complètement étranger au prévenu, qui ne serait que la conséquence d'une action radicalement nulle dans son principe;

En quoi cet arrêt a violé les articles 637 et 638 du code d'instruction criminelle, et faussement appliqué l'article 12 de la loi du 30 avril 1790 :

Par ces motifs, la cour casse. — Ch. crim.

A. C. DU 16 JUILL. 1841, AFF. M. MINISTÈRE PUBLIC.

La cassation n'a lieu sans renvoi que lorsque les faits établis par l'arrêt at- taqué ne constituent ni crime ni délit.

Quand la cassation d'un arrêt laisse subsister le jugement de première ins- tance dont est appel, il y a lieu à renvoyer devant une autre cour pour faire juger l'appel.

En ce qui touche la demande en cassation sans renvoi:

Attendu que l'article 429 du code d'instruction criminelle n'autorise la cassa- tion sans renvoi que dans les cas où les faits établis par l'arrêt attaqué ne sau- raient constituer ni crime ni délit;

Attendu que, dans l'espèce, il s'agit de statuer sur le pourvoi dirigé contre un arrêt qui avait prononcé sur un appel d'un jugement de première instance et que l'annulation de l'arrêt laisse subsister le jugement de première instance et l'appel qui s'en est suivi et qu'il est indispensable de vider;

La cour casse. — Ch. crim.

A. C. DU 19 AOUT 1841, AFF. S…..

Une nullité non opposée en appel ne peut plus être présentée comme moyen de cassation.

Pour faire application des dispositions pénales concernant les injures et dif- famations, il n'est pas nécessaire que les personnes diffamées soient désignées par leur nom. Il suffit qu'elles soient indiquées de manière à ce qu'on ne puisse se méprendre sur la personne à laquelle s'adressent les injures et diffama- tions.

C'est là, d'ailleurs, un fait dont l'appréciation appartient aux tribunaux.

Sur le premier moyen, pris de la violation des articles 31 et 65 du code d'ins- truction criminelle, et des lois relatives aux noms que peuvent porter les ci- toyens;

Attendu qu'en supposant que la manière dont la partie civile a orthographié un nom dans la citation donnée à sa requête fût une cause de nullité, cette nul- lité n'a pas été opposée devant le juge d'appel et ne peut plus être représentée comme moyen de cassation, d'après la disposition formelle de l'art 2 du décret du 29 avril 1806.

Sur le deuxième moyen, pris de la fausse application des articles 13, 18 et 19 de la loi du 17 mai 1819:

Attendu que ces articles n'exigent point, pour leur application, que les per- sonnes à qui sont adressées les imputations diffamatoires ou expressions outra- geantes, soient désignées par leur nom, et qu'en effet le préjudice qu'elles éprou- vent est le même lorsqu'elles sont indiquées de manière à ce qu'aucun doute rai- sonnable ne soit possible; que c'est là une appréciation de fait qui appartient aux cours royales;

Que, dans l'espèce, la cour royale de Paris ayant déclaré que de l'ensemble des deux articles incriminés il ressortait évidemment que ces articles, jugés par elle injurieux et diffamatoires, s'adressaient à la partie civile, l'application qu'elle a faite, au demandeur, desdits articles a été parfaitement légale;

La cour rejette. — Chamb. crim.

A. C. DU 20 AOUT 1841, AFF. TINLAND.

Les procès-verbaux des agents de l'administration des contributions indi- rectes doivent être affirmés dans les trois jours. La loi n'exige pas qu'il soit fait mention de l'heure à laquelle a été remplie cette formalité.

Vu les articles 25 et 26 du décret du 1er germinal an XIII;

Vu aussi les articles 408 et 413 du code d'instruction criminelle;

Attendu qu'il est constant en fait, et qu'il a été reconnu par l'arrêt attaqué, que le procès-verbal des employés des contributions indirectes, à la résidence de Privas, du 6 janvier 1841, a été affirmé le lendemain devant le suppléant du juge de paix, et conséquemment dans le délai utile;

Que néanmoins l'arrêt attaqué a déclaré ledit procès-verbal nul, par le motif que les procès-verbaux des agents de l'administration des contributions indirec- tes, doivent être, à peine de nullité, affirmés dans les vingt-quatre heures de leur date, et que mention doit nécessairement être faite de l'heure à laquelle cette formalité a été remplie, ce qui n'aurait pas eu lieu dans l'espèce;

Qu'en jugeant ainsi, ledit arrêt a créé une nullité qui n'est pas prononcée par la loi, et formellement violé les articles 25 et 26 du décret du 1er germinal an XIII;

En conséquence, la cour casse. — Ch. crim.

C. LITB. DE L'ADM. DES DOUANES DU 25 AOUT 1841.

Cérémonies publiques. L'assistance à ces cérémonies est un devoir pour les administrations.

Le décret du 24 messidor an XII, sur les cérémonies publiques, ne comprend pas, il est vrai, les agents des administrations financières au nombre des fonc- tionnaires auxquels des rangs sont assignés dans ces cérémonies. Mais générale- ment l'usage existe qu'ils y soient invités et la convenance veut qu'ils y assis- tent en corps, en se rendant, à cet effet, comme les autres fonctionnaires, chez l'autorité dont ils ont reçu l'invitation.

A. C. DU 23 SEPT. 1841, AFF. G. M.

L'on peut appeler d'un jugement correctionnel, contradictoire ou par défaut, sans attendre les délais de l'opposition et sans attendre non plus la significa- cation du jugement.

Sur le moyen tiré de ce que l'appel du jugement rendu par défaut contre G…. M….. n'était pas recevable, ayant été formé avant aucune signification de ce jugement, et conséquemment dans le délai de l'opposition;

Attendu que les délais de l'appel, en matière correctionnelle, sont réglés, non par l'avis du conseil d'État du 18 février 1806, dont les dispositions ont été abro- gées virtuellement par le code d'instruction criminelle, ni par l'article 443 du code de procédure civile, lequel est étranger à cette matière, mais par l'article 203 du dit code d'instruction criminelle;

Attendu qu'aux termes de cet article la déclaration d'appeler doit être faite au greffe du tribunal qui a rendu le jugement, dix jours au plus tard après celui où il a été prononcé, et si le jugement a été rendu par défaut, dix jours au plus tard après celui de la signification qui en aura été faite à la partie condamnée ou à son domicile; que pour les jugements par défaut comme pour les jugements contradictoires, chacun des dix jours accordés pour l'appel peut donc être utilisé et la déclaration d'appeler faite au greffe sans que la partie condamnée soit tenue d'attendre l'expiration des délais de l'opposition; qu'il suit de là qu'elle n'est pas non plus obligée d'attendre que la signification du jugement lui ait été faite ; que, dans l'un comme dans l'autre cas, elle est censée avoir renoncé volontairement au bénéfice de l'opposition;

Et attendu, dans l'espèce, que le demandeur a été condamné à une peine cor- rectionnelle, par un jugement rendu par défaut le 28 mai 1841; que ce jugement ne lui a point été signifié; qu'il en a relevé appel le 14 juin, et qu'en déclarant cet appel recevable, l'arrêt attaqué n'a violé aucune loi;

La cour rejette. — Ch. crim.

A. C. DU 30 SEPT. 1841, AFF. DURET.

Les peines afférentes au détournement d'objets saisis sont applicables au propriétaire qui reprend ses animaux mis en fourrière.

Vu l'article 400 du code pénal et l'article 12 du titre II de la loi du 6 octobre 1791;

Attendu que les dispositions des trois derniers paragraphes de l'art. 400 du code pénal sont générales; qu'elles ne s'appliquent pas seulement aux saisies-exécutions proprement dites, aussi à tous les actes par lesquels des objets mobiliers sont mis légalement sous la main de l'autorité publique pour forcer à exécuter certaines obligations;

Attendu que la mise en fourrière des animaux laissés à l'abandon et qui sont trouvés sur les propriétés d'autrui, autorisée par l'article 12 du titre II de la loi du 6 octobre 1791, est une véritable saisie;

Que pour n'être accompagnée d'aucune formalité elle n'en confère pas moins aux parties lésées un droit positif sur les animaux saisis qui ne peuvent être rendus à leur propriétaire que lorsqu'il a réparé le dommage;

Que si, faute de notification, le propriétaire peut ne pas savoir que les bestiaux ont été saisis, ce qui est cependant assez difficile à concevoir lorsqu'il les détourne d'un lieu désigné par arrêté de l'autorité municipale pour servir de fourrière, ce n'est pas là une raison suffisante de refuser, en droit et dans tous les cas, dispositions dont il s'agit, leur étendue véritable, sauf à examiner en fait, dans chaque espèce, si le prévenu a eu connaissance de la mise en fourrière;

Et attendu que le jugement attaqué, pour refuser de prononcer contre Duret et Boileve les peines de l'article 400 du code pénal, s'est uniquement fondé sur ce que cet article ne s'appliquait point au détournement des animaux mis en fourrière;

Qu'en cela il y a eu violation formelle dudit article 400;

Par ces motifs la cour casse. — Ch. crim.

A. C. DU 30 SEPT. 1841, AFF. MOINET.

L'action civile est subordonnée à l'action publique. La partie civile a le droit de former opposition à l'ordonnance de non-lieu rendue par la chambre du conseil.

Quand le ministère public ne forme pas de pourvoi en cassation contre un arrêt de la chambre d'accusation, la partie civile n'est pas recevable à se pourvoir contre cet arrêt.

Vu les articles 1 et 3 du code d'instruction criminelle:

Attendu qu'aux termes du premier de ces articles, l'action pour l'application des peines, c'est-à-dire l'action publique, n'appartient qu'aux fonctionnaires auxquels elle est confiée par la loi; qu'elle n'appartient donc pas au plaignant, partie civile;

Attendu que si, d'après l'article 3 du même code d'instruction criminelle, l'action civile peut être poursuivie, soit en même temps et devant les mêmes juges que l'action publique, soit séparément, toutefois le jugement de l'action civile dans ce dernier cas, et aux termes du même article, reste suspendu tant qu'il n'a pas été prononcé définitivement sur l'action publique; qu'il suit de là que la première des actions est nécessairement subordonnée à la seconde; qu'elle peut y être jointe et en devenir un accessoire, mais que ces deux actions, dont l'une a uniquement pour objet l'intérêt public et la répression des délits, et dont l'autre a seulement pour but l'intérêt du plaignant et la réparation du dommage qu'il a éprouvé, sont essentiellement distinctes et d'une nature différente l'une de l'autre;

Attendu que si l'art. 135 du code d'instruction criminelle donne à la partie civile le droit de former opposition aux ordonnances de mise en liberté rendues par la chambre du conseil, cette dérogation aux règles générales et ordinaires de la procédure criminelle doit être restreinte à ce cas exceptionnel, et ne saurait s'étendre aux arrêts par lesquels les chambres d'accusation des cours royales déclarent n'y avoir lieu à suivre contre les individus traduits devant elles;

Attendu que, dans le cas où le ministère public demanderait lui-même l'annulation de l'un de ces arrêts, la partie civile pourrait alors comme partie jointe, et d'après les principes consacrés par le code d'instruction criminelle, art. 3, se pourvoir accessoirement à son tour contre ledit arrêt; mais si au contraire le ministère public garde le silence, s'il renonce à l'action que seul il a le droit d'intenter, et que seul il a le droit de suivre, alors l'action publique est éteinte et ne saurait revivre par le seul fait de la partie civile qui, aux termes des articles 408 et 412 du même code, ne peut se pourvoir que relativement aux condamnations civiles prononcées contre elle;

Attendu, dès lors, que l'action de cette partie, pour les dommages-intérêts, ne peut plus être suivie par la voie criminelle qui lui est interdite; qu'elle ne saurait donc autoriser de sa part un pourvoi en cassation dont l'objet serait nécessairement le renvoi du procès devant une autre cour d'assises;

Et attendu, en fait, que Nicolas Bidel, par l'entremise d'un procureur spécialement fondé, avait porté une plainte en faux contre les sieurs Moinet, ex-notaire à Rouen, Montfort et Langray, qui avaient figuré comme témoins instrumentaires dans un acte passé par ce notaire, et encore contre Lemire fils, propriétaire, et s'était rendu partie civile; qu'après une instruction préalable et sur le réquisitoire du procureur du roi, une ordonnance de la chambre du conseil du tribunal de Rouen, à la date du 30 juin, déclara n'y avoir lieu à suivre contre les inculpés faute de présomptions suffisantes, et condamna la partie civile aux dépens;

Que celle-ci forma opposition à cette ordonnance, et présenta requête à la chambre d'accusation de la cour royale de Rouen, à l'effet de faire annuler cette ordonnance, et qu'au préalable et aux termes des articles 228 et 235 du code d'instruction, il fût procédé à de nouvelles informations;

Que, sur le réquisitoire conforme du procureur général, il intervint, le 13 juillet, un arrêt de cette cour qui, statuant sur l'opposition, déboute la partie civile de cette opposition ainsi que de sa demande d'un plus ample informé, confirme purement et simplement l'ordonnance rendue le 30 juin au profit des non inculpés, dit qu'elle sortirait son plein et entier effet, et en conformité de l'article 159 du décret du 18 juin 1811, condamna Bidel au remboursement des frais;

Attendu que le ministère public ne s'étant pas pourvu contre l'arrêt du 13 juillet, contre lequel est dirigé le pourvoi du demandeur, il suit de là que la partie civile seule est sans droit et sans qualité pour en provoquer l'annulation; que dès lors la cour n'est pas légalement saisie du droit de connaître dudit arrêt;

Par ces motifs, la cour rejette. — Ch. crim.

A. C. DU 16 OCT. 1841, AFF. PASCAL.

Le défendeur en faux incident civil est recevable à répondre aux moyens de faux invoqués par le demandeur, même après la huitaine de leur signification, et tant que le juge n'a pas prononcé.

Sur le moyen tiré de la prétendue violation de l'art. 230 du C. de proc. civ.:

Attendu qu'entre le demandeur en inscription de faux et le défendeur il y a réciprocité de droit, et que les conditions doivent être égales;

Que, si, dans le cas de l'art. 229 du C. de proc. civ., et lorsque le défendeur a laissé passer le délai de huitaine sans faire signifier ses moyens de faux, il n'encourt pas nécessairement la déchéance de son inscription de faux; et si le juge, comme l'indiquent les mots *s'il y échet*, n'est point tenu de la prononcer, il doit en être de même dans le cas de l'art. 230, quand le défendeur a négligé de répondre aux moyens de faux dans les huit jours de la signification qui lui en a été faite;

Que ce délai n'est point fatal;

Que le demandeur peut bien se pourvoir à l'audience pour faire statuer sur le rejet de la pièce, que l'art. 230 lui donne cette faculté; mais que rien ne s'oppose à ce que le défendeur fournisse sa réponse par écrit tant que le juge n'a pas prononcé;

Qu'à la vérité, l'art. 230 renvoie à l'art. 217 pour se conformer à ce qui est prescrit; mais que cette injonction se rapporte aux conséquences que la loi attache au rejet de la pièce quand il est ordonné, à savoir qu'elle sera rejetée par rapport au défendeur, sauf au demandeur à en tirer telles inductions qu'il jugera à propos, ou à former telles demandes qu'il avisera pour ses dommages-intérêts;

Qu'en ce qui concerne le délai accordé au défendeur pour répondre aux moyens de faux, et les suites que l'inobservation de ce délai peut entraîner, tout est réglé par l'art. 230, qui contient à cet égard des dispositions formelles;

Que l'arrêt attaqué a donc pu, après l'expiration du délai de huitaine, admettre les déclarations par écrit de la régie de l'octroi sur la pertinence des moyens de faux, et, sans s'arrêter à la demande en rejet de la pièce, ordonner qu'il serait procédé sur l'inscription de faux;

Qu'en jugeant ainsi, ledit arrêt n'a violé aucune loi;

La cour rejette. — Ch. crim.

A. C. DU 16 NOV. 1841, AFF. BONJOUR.

Un exploit dont copie a été laissée au domicile de la personne qu'il concerne, en parlant à une personne à son service, ainsi qu'elle l'a déclaré, remplit suffisamment le vœu de la loi, et assure d'une manière légale la remise de l'exploit à la partie intéressée.

Vu les articles 61, 68 et 70 du code de procédure civile:

Attendu, en fait, que l'opposition formée sur Tiger, ès-mains de Bonjour et Verrier, a été signifiée à ceux-ci par exploit du 31 janvier 1833, dont copie a été laissée à leur domicile, parlant à un homme à leur service, ainsi qu'il l'a déclaré; que, le 12 février suivant, la demande en validité de cette opposition a été dénoncée aux mêmes Bonjour et Verrier, et que copie en a également été laissée à un homme à leur service, ainsi déclaré: que l'huissier, dans cette énonciation, a satisfait à la prescription de la loi, qui porte que les exploits seront signifiés au domicile de la partie et que la copie en sera laissée à ses parents ou serviteurs; qu'en effet cette énonciation exprime les rapports entre la partie et la personne qui reçoit la copie, et remplit, à cet égard, la condition voulue pour la validité des exploits; que cette matière est littéralement réglée par un texte précis, et que c'est violer les dispositions de la loi que de les modifier par des interprétations et des considérations, comme l'a fait l'arrêt attaqué;

Par ces motifs, la cour casse. — Ch. civ.

A. C. DU 10 NOV. 1841, AFF. NAGEL.

La réponse négative du jury aux questions qui lui sont posées ne se rapporte qu'à la culpabilité. Un accusé, acquitté en cour d'assises, peut, sur les conclusions de la partie civile, être condamné à des dommages-intérêts pour le fait dont il était accusé.

La cour d'assises est compétente pour statuer sur ces dommages.

Sur le moyen de cassation tiré d'un prétendu excès de pouvoir de la cour d'assises, en ce qu'elle aurait condamné à des dommages intérêts le demandeur, déclaré non-coupable d'un homicide volontaire, de coups portés et de blessures faites involontairement et même d'un homicide commis involontairement par maladresse, imprudence, inattention, négligence ou inobservation du règlement.

Attendu qu'il résulte des articles 358, 359 et 366 du code d'instruction criminelle que, même en cas d'acquittement, la partie civile peut former contre l'accusé une demande en dommages-intérêts, et que la cour d'assises est compétente pour y statuer; qu'en effet la question posée au jury conformément à l'article 337, comprenant le fait matériel et le fait moral, et la réponse négative qui est faite à cette question ne révélant pas les motifs de la décision du jury, il est incertain si l'accusé a été acquitté parce qu'il ne serait pas l'auteur du fait, ou parce qu'il l'aurait commis sans intention criminelle:

Qu'il suit de là que la déclaration de non-culpabilité purge l'accusation; qu'elle éteint l'action publique et met l'accusé à l'abri de toute peine; mais qu'elle ne fait point obstacle à ce que, par rapport à l'action civile et d'après les débats qui ont eu lieu devant elle, la cour d'assises recherche si le fait matériel est imputable à l'accusé et s'il porte le caractère d'une faute ou d'un quasi délit qui rende l'accusé passible de dommages-intérêts;

Qu'ainsi dans une accusation de meurtre et sur une question d'homicide commis involontairement, par négligence ou par imprudence, question posée comme résultant des débats, la réponse négative du jury absout l'accusé du délit prévu par l'art. 319 du code pénal, mais qu'elle n'exclut ni la participation de l'accusé au fait matériel, ni l'examen des circonstances qui laissent à l'action son caractère de fait dommageable pouvant entraîner une réparation civile;

Que, dans l'espèce la cour d'assises a donc pu, sans se mettre en opposition avec la décision du jury, déclarer que le fait avait été causé par la faute de l'accusé et prononcer contre lui une condamnation de dommages-intérêts; qu'en cela elle a fait une juste application des articles 1382 et 1383 du code civil, et n'a violé aucune disposition du code d'instruction criminelle;

Par ces motifs, la cour rejette. — Ch. crim.

ARR. DU CONS. D'ÉT (ORD.) DU 26 NOV. 1841, AFF. DEGRAINDORGE.

En matière de pensions, les décisions des directeurs généraux ne sont valables que si elles ont été approuvées par le ministre. Il n'y a pas lieu à pourvoi dès lors contre une lettre par laquelle un directeur d'administration déclare mal fondée une prétention élevée devant lui et, alors même que le ministre, dont la décision sur la matière aurait pu seule être attaquée, déclare renoncer à la fin de non recevoir dont le pourvoi est susceptible et adhérer à la décision du directeur, le conseil d'État n'a point à statuer au fond.

Considérant que le sieur Degraindorge ne produit devant notre conseil d'État

cune décision de notre ministre des finances, et que la lettre du directeur des ntributions indirectes, contre laquelle il s'est pourvu, ne constitue pas une dé- ion qui puisse nous être déférée par la voie contentieuse;
Art. 1er. La requête du sieur Degraindorge est rejetée.

A. C. DU 31 DÉC. 1841, AFF. LEGENDRE.

Un marchand de bestiaux, qui reçoit périodiquement et gratuitement à sa ble, les bergers, conducteurs et propriétaires de troupeaux, avec lesquels il d en relations suivies, n'est pas réputé débitant de boissons.

Attendu que, d'après les faits constatés par l'arrêt, attaqués et non contredits r la régie, la cour d'appel de Paris a pu sans violer les articles 144 et 50 de loi du 28 avril 1816, déclarer que Legendre n'était pas aubergiste ni cabaretier ns le sens fiscal;
La cour rejette. — Ch. crim.

A. C. DU 14 JANV. 1842. AFF. TAMASINI (Douanes).

Lorsqu'un procès-verbal constate à la fois une contravention et une rébellion a chambre des mises en accusation peut, en se fondant sur un alibi, déclarer y avoir lieu à suivre quant à la rébellion; mais elle ne peut, sans violer la oi due au procès-verbal, tirer de cet alibi la preuve que le prévenu n'a pas pris art à la contravention.

On ne peut proposer de nullité contre les procès-verbaux devant la cour de assation.

Vu l'article 11 du titre 4 de la loi du 9 floréal an VII et l'art. 19 de la loi du 28 vril 1816;
Attendu qu'il résulte de ces dispositions que les procès-verbaux des préposés es douanes, réguliers en la forme, font pleine foi devant les tribunaux des faits e fraude et de contrebande qu'ils ont eu pour objet de constater; qu'ils ne peu- ent être attaqués que par la voie de l'inscription de faux, et qu'on doit rejeter ute preuve testimoniale qui tendrait à ébranler ou à détruire la foi due à ces ctes;
Attendu qu'un procès-verbal dressé par un sous-brigadier et deux préposés es douanes à la résidence de Bonifacio, le 9 juillet 1841, en même temps qu'il nonce des faits de rébellion, de tentative de meurtre et d'infraction aux lois sa- itaires, constate un versement frauduleux de marchandises tarifées, opéré le 5 u même mois sur la côte maritime de Corse, par une réunion de six contreban- iers, parmi lesquels il signale Paul-Alphonse Tomasini;
Attendu que ce procès-verbal a pour lui la présomption de sa régularité; que squ'à présent il n'a point été argué de faux, et que les moyens de nullité allé- ués par le tribunal compétent ne peuvent être débattus devant la cour de cas- ation;
Que néanmoins l'arrêt attaqué a décidé qu'il n'y avait lieu à poursuivre con- aul-Alphonse Tomasini, par le motif « qu'il résultait de l'ensemble des faits la procédure que le 8 juillet 1841, Tomasini se trouvait à Carvallero, bien loi des lieux où les faits constatés par le procès-verbal de la douane s'étaient passés que, par conséquent, il n'avait pu être l'auteur du coup d'arme à feu qui avait blessé le sous-brigadier Lingé, ni prendre part aux faits de contrebande et d'in- fraction aux lois sanitaires qui lui étaient imputés; »
Attendu qu'en se fondant sur l'alibi dont excipait le prévenu, et en appréciant résultat de l'instruction, la cour royale de Bastia a bien pu décider qu'elle n'y rouvait pas des indices suffisants de culpabilité, relativement aux faits de rébel- ion, de tentative de meurtre et d'infraction aux lois sanitaires, imputés à Toma- ini; mais, qu'à l'égard des faits de contrebande, elle n'a pu, sans méconnaître a foi due au procès-verbal du 9 juillet 1841, et sans violer les articles ci-dessus isés des lois des 9 floréal an VII et 28 avril 1816, juger que cet alibi anéantissait a preuve résultant dudit procès-verbal;
En conséquence la cour casse..... dans la disposition qu'il n'y a lieu à suivre, raison des faits de contrebande. — Ch. crim.

ARR. DU CONS. D'ÉT. (ORD.) DU 24 FÉV. 1842, AFF. TARARE.

Il n'y a pas lieu de statuer sur un recours formé, sans ministère d'avocat, ar une commune, en matière de contributions indirectes.

Considérant qu'aux termes de l'art. 1er du règlement du 22 juillet 1806, le re- ours des parties devant nous, en notre conseil d'État, doit être formé par une uête signée d'un avocat aux conseils, et qu'aucune disposition légale n'a affran- hi de cette prescription les réclamations en faveur des contributions indirectes; — Considérant que la demande du maire de la ville de Tarare n'a point été intro- duite par le ministère d'un avocat aux conseils;
Art. 1er. Il n'y a lieu de statuer sur la demande ci-dessus visée.

A. C. DU 18 MARS 1842, AFF. THIBAULT (Douanes).

Quand un prévenu, âgé de moins de seize ans, est traduit devant les tribu- naux, la question de discernement doit être examinée.

L'individu, âgé de moins de seize ans, même ayant agi sans discernement, lorsqu'il est l'auteur d'une contravention, peut être condamné aux peines pé- cuniaires prononcées par les lois fiscales, lesquelles peines sont une réparation civile à la charge des père et mère.

La contrainte par corps ne doit pas être prononcée contre un mineur.

Statuant sur le moyen de cassation tiré de la violation de l'art. 66 du code pé- nal, et de la fausse application de l'art. 484 du même code, des art. 41, 42 et 43 de la loi du 28 avril 1816, 156 du décret du 18 juin 1811, 52 du code pénal, 7 et 40 de la loi du 17 avril 1832; 1° en ce que, sans décider que la prévenue, âgée de seize ans, avait agi sans discernement, l'arrêt attaqué l'a cependant condamné à une peine d'emprisonnement; 2° en ce qu'il l'a condamnée à deux amendes, l'une de 500 fr., l'autre de 10 fr. 22 c. et aux frais du procès, et qu'il a fixé à un an la durée de la contrainte par corps à exercer pour le recouvrement de ces con- damnations :
Vu les art. ci-dessus cités;
Relativement à la première branche de ce moyen;
Attendu que, d'après les principes généraux du droit criminel, il ne peut être prononcé de condamnations pénales que contre ceux qui sont légalement punis- sables;

Que si l'art. 64 du code pénal, portant qu'il n'y a ni crime ni délit lorsque le prévenu était en démence au temps de l'action, ou lorsqu'il a été contraint par une force à laquelle il n'a pu résister, doit être appliqué à toutes les matières sans exception, il en est de même de l'art. 66 du même code, qui ordonne l'acquit- tement du prévenu âgé de moins de seize ans, lorsqu'il a agi sans discernement; que cette disposition découle des principes qui fondent la moralité des actions; qu'elle doit donc être suivie, même dans les matières qui sont réglées par des lois spéciales, à moins que celles-ci ne contiennent à cet égard quelque déroga- tion expresse ou tacite;
Mais que l'art. 16 du titre 4 de la loi du 9 floréal an VII, concernant les douanes, lequel défend aux juges d'excuser les contrevenants sur l'intention, ne fait nulle- ment obstacle à l'application de l'art. 66 du code pénal; qu'en effet, l'intention diffère du discernement, celui-ci se rapportant à la conscience que l'homme a de ses actes, et l'intention à la volonté qui les fait commettre; que l'intention cri- minelle peut manquer là où le discernement existe, ce qui est prévu par ledit art. 16; mais que l'absence du discernement est une cause de justification beau- coup plus péremptoire, à laquelle on ne peut appliquer, par extension, la prohi- bition de cet article;
Attendu, d'un autre côté, que les tribunaux ne peuvent prononcer de peines qu'autant qu'ils constatent l'existence de toutes les circonstances exigées par la loi pour rendre le fait punissable; d'où il suit, qu'à l'égard d'un prévenu âgé de moins de seize ans, ils doivent, avant toute condamnation, examiner et résoudre la question de discernement;
Que, cependant, la cour royale de Metz, sans déclarer que Catherine Thibault, âgée de moins de 16 ans, avait agi avec discernement, lui a appliqué la peine d'emprisonnement prononcée par les art. 42 et 43 de la loi du 28 avril 1816, par le motif que l'art. 484 du code pénal prescrit l'observation des lois et règlements particuliers aux matières qui n'ont pas été réglées par ce code, et qu'il faut ran- ger les douanes dans cette catégorie;
En quoi elle a faussement appliqué lesdits articles et violé l'art. 66 du code pénal.
En ce qui touche la condamnation à l'amende de 500 fr., à celle de 10 fr. 22 c. et aux frais du procès, prononcés contre la prévenue :
Attendu qu'aux termes de l'art. 1382 du code civil, tout fait quelconque de l'homme qui cause à autrui un dommage oblige celui par la faute duquel il est arrivé à le réparer;
Attendu qu'en matière correctionnelle, comme en matière criminelle, la ques- tion de discernement ne doit être résolue qu'après que le prévenu ou l'accusé a été déclaré coupable ou convaincu du fait qui a donné lieu à la poursuite, et con- séquemment, après qu'il a été reconnu l'auteur du fait dommageable dont la ré- paration peut être demandée;
Que la déclaration de culpabilité, quelle qu'en soit la forme, suffit donc pour jus- tifier, même à l'égard du mineur qui a agi sans discernement, l'application des règles concernant la responsabilité civile, dont, au reste, les conséquences doi- vent peser sur les pères et mères du mineur, dans les cas déterminés par la loi;
Attendu que les amendes qui doivent être prononcées pour contraventions aux lois sur les douanes n'ont pas un véritable caractère pénal; qu'elles sont plutôt la réparation du préjudice causé à l'État par les effets de la fraude; que cela ré- sulte de la législation spéciale de la matière, et notamment des dispositions des art. 20, titre 13, de la loi du 22 août 1791; 8, titre 3, de celle du 4 germinal an II, et 56 de celle du 28 avril 1816;
Qu'il en est de même de l'amende encourue pour contravention à la loi du 13 fructidor an V, relative à l'exploitation, à la fabrication et à la vente des poudres et salpêtres;
Que les frais sont aussi la restitution des avances auxquelles la nécessité de poursuivre a donné lieu, et, qu'à ce titre, ils doivent être considérés comme ré- paration civile;
Et attendu que le jugement du tribunal correctionnel de Sarreguemines, du 13 août 1841, confirmé en cette partie par l'arrêt attaqué, a déclaré Catherine Thi- bault convaincue d'avoir, le 30 juillet précédent, importé en France une certaine quantité de poudre à feu et de tabacs de fabrication étrangère, prohibés à l'entrée, et qu'en la condamnant aux amendes édictées par les lois, et aux frais du procès, ledit arrêt n'a fait qu'une juste application de celles qui règlent la matière.
Mais, quant à la disposition de l'arrêt qui a fixé à un an la durée de la con- trainte par corps à exercer le recouvrement de ces condamnations:
Vu l'art. 2064 du code civil;
Attendu qu'après avoir énuméré les divers cas dans lesquels la contrainte par corps peut être prononcée en matière civile, après avoir interdit aux juges de la prononcer hors les cas déterminés par les articles qui précèdent, le code civil, art. 2064, leur défend en outre de la prononcer contre les mineurs, dans les cas mê- me ci dessus énoncés;
Que l'art. 2070 porte qu'il n'est pas dérogé aux lois de police correctionnelle, et qu'aux termes de l'art. 52 du code pénal, l'exécution des condamnations à l'a- mende, aux restitutions, aux dommages-intérêts et aux frais, peut être poursui- vie par la voie de la contrainte par corps; mais que ce dernier article est placé sous la rubrique du chapitre 3 du titre 1er, intitulé : *Des peines et des autres con- damnations qui peuvent être prononcées pour crimes ou délits*; que ce titre indi- que suffisamment que les dispositions contenues dans ce chapitre, telles que celles qui concernent la restitution, les dommages-intérêts et les frais, sont con- sidérées comme ayant un lien nécessaire avec le fait qualifié, crime ou délit, qui a fait l'objet de la répression; qu'ainsi les condamnations pécuniaires sont l'ac- cessoire et la conséquence de la condamnation spéciale, et que c'est sous ce rap- port qu'elles entraînent les voies d'exécution autorisées par la loi; que s'il pou- vait encore rester un doute, il serait levé : 1° par les termes de l'art. 38 de la loi du 17 avril 1832, sur la contrainte par corps, qui, réglant son exercice à l'égard des condamnations en faveur des particuliers, suppose qu'elles ont été obtenues pour réparations de crimes, délits ou contraventions commis à leur préjudice; 2° par la comparaison de la rubrique du titre 5 avec l'art. 41 de la même loi, desquels il résulte que la contrainte par corps, en matière criminelle, correction- nelle et de police, doit s'entendre de la contrainte par corps exercée par suite de condamnations criminelles, correctionnelles et de police;
Attendu que le mineur, âgé de moins de seize ans, qui a agi sans discernement, doit être acquitté; qu'il n'est passible d'aucune peine; que s'il peut être condam- né à la réparation du dommage causé par le fait dont il aurait été déclaré l'au- teur, c'est par l'effet d'une action purement civile; qu'il se trouve dès lors, re- placé sous la protection de l'art. 2064, et ne saurait être soumis à la contrainte par corps;
Qu'en la prononçant contre Catherine Thibault, âgée de moins de seize ans, sans même vouloir examiner si elle avait agi avec ou sans discernement, l'arrêt attaqué a formellement violé l'art. 2064 du code civil et faussement appliqué l'art. 52 du code pénal, et les art. 7 et 40 de la loi du 17 avril 1832;
Par ces motifs, la cour casse, etc.... seulement, en ce que, sans décider si la prévenue avait agi avec ou sans discernement, il l'a condamnée à 3 jours d'em- prisonnement, et ordonné qu'elle serait contrainte par corps au paiement des condamnation pécuniaires. — Ch. crim.

A. C. DU 21 MARS 1842, AFF. MORAND (Domaines).

La régie de l'enregistrement, lorsqu'elle est condamnée à restituer à un redevable une somme qu'elle a indûment perçue, ne peut être tenue des intérêts de cette même somme.

Vu l'art. 1153 du code civil ;

Attendu que si, aux termes de cet article, les intérêts sont dus à partir du jour dela demande, cet article n'est point applicable en matière d'enregistrement ; qu'il résulte des lois spéciales de la matière que les droits d'enregistrement ne produisent point d'intérêts au profit de l'État, et que, de son côté, il n'en doit pas pour le cas où il est condamné à restituer les sommes qu'il a perçues ;

Attendu qu'aucun impôt, soit direct, soit indirect, ne peut éprouver d'extension ni de retranchement qu'en vertu d'une loi expresse ; qu'ainsi, aucune loi n'autorisant la régie à exiger des intérêts moratoires, et réciproquement aucune loi n'autorisant les redevables à en exiger d'elle, il s'ensuit qu'en allouant, dans l'espèce, à Morand, aux qualités qu'il agit, les intérêts tels que de droit, depuis sa demande de la somme dont la restitution est ordonnée, le jugement attaqué a commis un excès de pouvoir, faussement appliqué, et violé l'art. 1153 du code civil ;

Par ces motifs, la cour casse. Ch. civ.

ARRÊT DE LA COUR IMP. DE PARIS, DU 22 MARS 1842, AFF. LEBONVALLET.

Si des objets trouvés dans les magasins du fabricant sont reconnus fourrrés, il y a lieu de les saisir, bien que cette fraude ait été découverte après l'essai et la marque.

En ce qui touche la question de savoir si la constatation du délit imputé aux nommés Lebonvallet et Goret ne doit pas être considérée comme sans effet, ayant été tardivement faite ;

Considérant que, s'il résulte des énonciations de l'article 65 de la loi du 19 brumaire an VI ; que, dans les cas ordinaires, c'est au moment de la présentation des bijoux à l'essai que le délit de fourré doit être recherché et constaté, aucune disposition limitative ne fait obstacle à ce que la découverte de ce genre de fraude ne puisse être faite utilement pour la poursuite dans une autre circonstance, et notamment, postérieurement à l'essai et à la marque dans les magasins du fabricant ou marchand lorsque l'introduction de la matière étrangère avait eu lieu comme dans l'espèce, depuis l'application de la marque ;...

Met l'appellation et la sentence dont est appel au néant en ce que la saisie a été jugée faite irrégulièrement et sans effet.

Nota. — La cour après avoir ainsi très nettement établi le droit de saisie en pareil cas a annulé les poursuites contre les prévenus, par suite des résultats de l'expertise.

A. C. DU 11 AVR. 1842, AFF. LEFEUVRE.

En matière correctionnelle, la signification des jugements doit être faite au domicile du condamné. S'il est absent, l'huissier doit remettre la copie de l'exploit à un parent, à un serviteur, à un voisin, ou au maire ; mais si le condamné a quitté ce domicile, et si le nouveau domicile est inconnu, c'est au parquet du ministère public que la copie doit être remise, avec affiche à la porte du tribunal.

Vu l'art. 187 du code d'instruction criminelle, et les art. 68, 69, paragraphe 8 et 70 du code de procédure civile ;

Attendu que l'art. 187 du code d'instruction criminelle, en fixant le délai pendant lequel le condamné par défaut serait admis à se pourvoir par opposition, et en faisant courir ce délai du jour de la signification du jugement, n'a entendu parler que d'une signification régulière, au condamné, du jugement par défaut rendu contre lui ;

Attendu que, pour qu'une signification soit valable, il faut qu'elle soit faite conformément aux prescriptions de la loi sur la forme des actes ;

Attendu que, lorsqu'un individu n'est pas trouvé au domicile indiqué, il faut distinguer si ce domicile est toujours celui de la personne à laquelle la signification est faite, ou si cette personne n'y demeure plus ; que, dans le premier cas, l'huissier doit, aux termes de l'art. 68 du code de procédure civile, remettre la copie à un parent, à un serviteur ou à un voisin, qui signera l'original, et, en cas de refus de recevoir copie, l'huissier doit la remettre au maire de la commune qui visera l'original ;

Que, dans le deuxième cas, c'est-à-dire si la partie n'a plus son domicile au lieu indiqué et que l'huissier ne puisse découvrir le lieu de ce domicile, l'art. 69, paragraphe 8, veut que la signification soit affichée à la principale porte du tribunal, et que copie en soit remise au procureur du roi ;

Attendu que l'art. 70 ordonne l'accomplissement des formalités prescrites par les art. 68 et 69, à peine de nullité ;

Et attendu, en fait, que la signification faite, le 28 mai 1838, au demandeur, du jugement par défaut rendu contre lui par le tribunal correctionnel de Montpellier, le 5 du même mois de mai 1838, constate que l'huissier s'est rendu au domicile indiqué, rue Beaume, n° 5 ; qu'il a été déclaré à l'huissier, non que le nommé Lefeuvre fût absent, mais que, depuis le mois d'août précédent il avait quitté l'appartement qui lui avait été sous-loué, rue Beaume, n° 5, et qu'on ne savait ce qu'il était devenu ;

Que, dans cette position, le domicile du demandeur était inconnu et que l'huissier devait se conformer à l'art. 69, paragraphe 8, du code de procédure civile, et remettre la copie au parquet du procureur du roi, après en avoir affiché une autre copie à la principale porte du tribunal ;

Que l'huissier, au lieu de suivre cette marche, prescrite par le paragraphe 8, art. 69 du code de procédure civile, a remis la copie de la signification au maire, conformément à l'art. 68 du même code, comme si le nommé Lefeuvre eût été seulement absent ;

Qu'ainsi, la signification était nulle et n'avait pu faire courir le délai d'opposition, fixé par l'art. 187 du code d'instruction criminelle ; que cependant la cour royale de Montpellier a déclaré, par l'arrêt attaqué, que cette signification était régulière et qu'elle avait fait courir le délai d'opposition fixé par l'art. 187 du code d'instruction criminelle ;

En quoi elle a violé formellement cet art. 187, et les art. 68 et 69, paragraphe 8, du code de procédure civile ;

Par ces motifs, la cour casse. — Ch. civ.

ARR. DU CONS. D'ÉT. (ORD.) DU 25 AVR. 1842, AFF. LIEUTIER.

Un comptable est responsable des deniers volés dans sa caisse, s'il ne justifie

pas complètement que ce vol est l'effet d'une force majeure, et qu'il avait pris, comme dépositaire de deniers publics, toutes les précautions indiquées par l'arrêté du 8 floréal an X.

Vu l'ordonnance du 29 septembre 1826, et celle du 31 mai 1838 ; vu l'art. 8 de notre ordonnance du 17 septembre 1837 ; vu l'arrêté du 8 floréal an X ;

Considérant qu'il résulte de l'instruction que le sieur Lieutier n'a point pris les précautions exigées par cet article ; qu'ainsi, c'est avec raison qu'il a été déclaré responsable du déficit commis dans sa caisse ;

En ce qui touche les conclusions subsidiaires du sieur Lieutier ; — Considérant que l'allocation votée par le conseil municipal, au profit du bureau de bienfaisance, n'a pu avoir pour objet de décharger le receveur de la responsabilité qu'il aurait encourue, mais seulement de pourvoir aux besoins du service ;

Art. 1er. La requête du sieur Lieutier est rejetée.

A. C. DU 14 MAI 1842, AFF. DAGUERRE (DOUANES).

Quand un individu, âgé de moins de seize ans, est traduit devant les tribunaux correctionnels, la question de discernement doit être posée.

Dans ce cas, lorsque le mineur est reconnu l'auteur d'une contravention, et lors même qu'il aurait agi sans discernement, il doit être condamné à l'amende, qui n'est qu'une réparation civile, dont les père et mère sont responsables.

Sur le moyen pris de la fausse application et par suite de la violation de l'art. 66 du code pénal :

Attendu que, d'après les principes généraux du droit criminel, il ne peut être prononcé de condamnations pénales que contre ceux qui sont légalement punissables ;

Que si l'art. 64 du code pénal, relatif à l'état de démence du prévenu et à la contrainte exercée sur lui au moment de l'action, doit être appliqué dans toutes les matières sans exception, il en est de même de l'art. 66 du même code, lequel ordonne l'acquittement du prévenu, âgé de moins de seize ans, lorsqu'il a agi sans discernement ; que cette disposition découle des principes qui fondent la moralité des actions ; qu'elle doit être suivie, même dans les matières qui sont réglées par les lois spéciales, à moins que celles-ci ne contiennent à cet égard quelque dérogation expresse ou tacite ;

Mais que l'art. 16 du titre 4 de la loi du 9 floréal an VII, qui défend aux juges d'excuser les contrevenants sur l'intention, ne fait nullement obstacle à l'application de l'art. 66 du code pénal ; qu'en effet l'intention diffère du discernement, celui-ci se rapportant à la conscience de l'homme et de ses actes, et l'intention à la volonté qui les lui fait commettre ; que l'intention criminelle peut manquer là où le discernement existe, ce qui est prévu par ledit art. 16 ; mais que l'absence du discernement est une cause de justification beaucoup plus précise à laquelle on ne peut appliquer, par extension la prohibition de cet article ; que la cour royale de Pau, en déclarant, comme l'avait fait le tribunal de Bayonne, que Joseph Daguerre et Jean Daguerre, âgés l'un de quinze ans et l'autre de douze, avaient agi sans discernement et qu'ils étaient acquittés, n'a donc point violé l'art. 16 du code pénal et qu'elle en a fait, au contraire, une juste application ;

La cour rejette ce moyen.

Mais, sur le moyen tiré de la violation de l'art. 41 de la loi du 28 avril 1816, en ce que ladite cour a refusé de condamner les prévenus à l'amende de 500 fr. ;

Vu ledit article ;

Attendu que les amendes, qui doivent être prononcées pour contraventions aux lois sur les douanes, n'ont pas un véritable caractère pénal ; qu'elles sont plutôt la réparation du préjudice causé à l'État par les effets de la fraude ; que cela résulte de la législation spéciale de la matière, et notamment des dispositions des articles 20, titre 13, de la loi du 22 août 1791 ; 8, titre 3, de celle du 4 germinal an II, et 56, de celle du 28 avril 1816 ;

Attendu qu'aux termes de l'art. 1382 du code civil, tout fait quelconque de l'homme qui cause à autrui un dommage, oblige celui, par la faute duquel il est arrivé, à le réparer ;

Attendu qu'en matière correctionnelle, comme en matière criminelle, la question de discernement ne doit être résolue qu'après que le prévenu ou l'accusé a été déclaré coupable ou convaincu du fait qui a donné lieu à la poursuite, et, conséquemment, après qu'il a été reconnu l'auteur du fait dommageable dont la réparation peut être demandée ;

Que la déclaration de culpabilité, quelle qu'en soit la forme, suffit donc pour justifier, même à l'égard du mineur qui a agi sans discernement, l'application des règles concernant la responsabilité civile, dont, au reste, les conséquences doivent peser sur les père et mère du mineur, dans les cas déterminés par la loi ;

Et attendu que, par jugement du tribunal correctionnel de Bayonne, du 11 novembre 1841, confirmé en cette partie par l'arrêt attaqué, les prévenus ont été déclarés convaincus d'avoir, le 18 octobre précédent, introduit d'Espagne en France, 65 décagrammes de tabac en cigares ; que cette contravention les rendait solidairement passibles de l'amende de 500 fr., et qu'en refusant d'en prononcer la condamnation, sur le motif que l'amende était une peine, ledit arrêt a méconnu les principes de la matière et formellement violé l'art. 41 de la loi du 28 avril 1816 ;

La cour casse, etc., seulement au chef qui déboute l'administration des douanes de sa demande, à fin de condamnation à l'amende de 500 fr. — Ch. crim.

A. C. DU 21 MAI 1842, AFF. GALIBERT.

En matière correctionnelle, comme en toute autre matière, la citation, lorsqu'elle n'est pas délivrée à la partie elle-même, doit être remise à son domicile réel. Est nulle en conséquence celle qui est donnée à tout autre domicile.

Sur l'unique moyen de cassation tiré de la fausse application de l'art. 182 du code d'instruction criminelle, et de la violation de l'art. 102 du code civil ;

Attendu que nul ne peut être jugé sans avoir été appelé ou entendu ; que, pour être régulière, la citation doit être donnée à personne ou domicile, et qu'il n'a point été dérogé à cette règle de droit commun par l'article 182 du code d'instruction criminelle ;

Attendu qu'aux termes de l'art. 13 du titre 2 de la loi des finances du 21 avril 1832, la taxe personnelle n'est due que dans la commune du domicile réel ;

Attendu que l'arrêt attaqué a constaté, en fait, que l'assignation donnée à Paul Galibert, à Bordeaux, rue des Menuts, n° 26, pour comparaître devant le tribunal correctionnel, n'a point touché sa personne ; que, depuis 1839, il est imposé à Bordeaux, pour la contribution personnelle, Chemin du Sablonat, n° 112 ; que c'est là qu'il habite avec sa famille ; que c'est aussi à ce domicile que l'administration des contributions indirectes lui a fait notifier le procès-verbal constatant contravention pour laquelle il a été poursuivi, et qu'en se fondant sur ce motif ur annuler la citation donnée à Paul Galibert, ledit arrêt n'a violé aucune loi ; La cour rejette. — Ch. crim.

A. C. DU 11 JUIN 1842, AFF. ÉVREUX.

En matière correctionnelle, comme en matière civile, tout jugement doit être otivé.

Vu les art. 163 et 211 du code d'instruction criminelle et l'art. 7 de la loi du 20 ril 1810 ;

Attendu, en droit, qu'il résulte des dispositions de ces divers articles, que tout gement doit être motivé, en matière correctionnelle comme en toute autre ma-ère, surtout quand ce jugement intervient sur un point ou un chef contesté ;

Attendu, en fait, que dans la cause les parties avaient été admises à faire en-ndre réciproquement des témoins ; que quelques-uns des témoins produits par demandeur à l'audience du 5 novembre 1841, ayant été reprochés pour avoir rticipé aux poursuites intentées par le demandeur, le tribunal supérieur d'E-reux se borna à accorder acte du reproche et ordonna que les témoins seraient tendus, sauf à avoir tel égard que de raison à leur déposition, sans faire pré-der cette décision d'aucune sorte de motif; que par des jugements subséquents, ndus à la même audience, statuant sur des reproches proposés contre des té-oins produits par les prévenus, le même tribunal, toujours sans articuler un otif quelconque et sans avoir égard, est-il dit, au reproche, ordonna que les moins seraient entendus, sauf à avoir tel égard que de raison à leurs déposi-ons ;

Attendu qu'en procédant ainsi, ledit tribunal a violé les articles de loi précités, que, par son pourvoi, dirigé en temps utile contre le jugement qui, à la même dience, statua définitivement au fond, le demandeur a acquis le droit de se évaloir des irrégularités commises dans des jugements qui ne forment qu'un rps avec le jugement définitif, qui en sont les éléments, comme cela résulte s dispositions de l'article 190 du code d'instruction criminelle ;

Par ces motifs, la cour casse le jugement par lequel le tribunal supérieur d'E-reux a statué sur les reproches dirigés par le prévenu contre les témoins P.... M...,. produits par le demandeur, ainsi que le jugement qui a statué sur les proches dirigés par le demandeur contre les deux témoins P..... produits par s prévenus, ensemble tout l'ensuivi. — Ch. crim.

A. C. DU 15 JUIN 1842, AFF. LEPASTEUR.

N'est pas suffisamment motivé le jugement qui déclare seulement qu'un pro-s-verbal est inexact, sans dire en quoi consistent les inexactitudes.
Le tribunal doit s'expliquer sur l'existence du fait reproché au prévenu et r les circonstances qui peuvent empêcher que le fait ne soit une contraven-on.

Vu l'art. 7 de la loi du 20 avril 1810 et l'arrêté du 29 prairial an IX ;

Attendu que tout jugement doit être motivé sur les différents chefs sur lesquels a prononcé ; qu'ainsi, en matière de contravention, il doit s'expliquer d'abord ur l'existence ou la non-existence du fait, et ensuite sur la qualification légale e ce fait ;

Attendu que, dans l'espèce, un procès-verbal régulier constatait que des lettres vaient été saisies sur une voiture conduite par le nommé Lepasteur, charretier, our le nommé Olivier, entrepreneur des transports de la verrerie de Montmirail ;

Que, par suite, Lepasteur et Olivier étaient traduits devant la juridiction correc-onnelle, le premier comme s'étant immiscé dans le transport des lettres, et livier comme civilement responsable des faits de Lepasteur, son domestique ;

Que, dans cet état des faits, le tribunal de Chartres, saisi, par appel, de la ntravention imputée à Lepasteur, ne pouvait renvoyer le prévenu de l'action du inistère public qu'en reconnaissant ou que le fait qualifié contravention n'exis-it pas, ou que les circonstances constatées ne constituaient pas une contraven-on ;

Attendu que ce tribunal s'est borné à dire que le procès-verbal était au moins inexact, dans les circonstances de la contravention qu'il constatait ; qu'il n'a pas xpliqué en quoi le procès-verbal était inexact, ce qui met la cour de cassation ans l'impossibilité de vérifier si ces inexactitudes sur les circonstances de la ontravention étaient telles que la contravention n'existe pas;

Que, dès lors, le jugement n'exprime d'aucune manière pourquoi la contraven-on poursuivie n'existe pas, que, par suite, il ne justifie pas la décision qui envoie le prévenu de la poursuite, ce qui est une violation formelle de l'art. 7 e la loi du 20 avril 1810 ; que, d'une autre part, le fait constaté par le procès-erbal n'étant détruit par aucun des documents du procès, le tribunal de Char-res a violé, en refusant de l'appliquer, l'arrêté du 27 prairial an IX ;

La cour casse. — Ch. crim.

ARR. DU CONS. D'ÉT. (ORD.), DU 15 JUILL. 1842, AFF. CHARTIER.

En matière d'octroi, une ordonnance qui, par une disposition générale et rè-lementaire, a porté préjudice à certaines industries, en les privant, pour un emps, de la faculté de recevoir en entrepôt les charbons qui doivent servir à la abrication de produits destinés au commerce général, ne peut être attaquée ar la voie contentieuse devant le conseil d'Etat.

Vu la loi du 28 avril 1816, art. 148 ;

Considérant que le pourvoi des requérants tend à faire révoquer une disposi-ion générale et réglementaire en matière d'octroi, et qu'une telle demande ne eut nous être présentée par la voie contentieuse :

Art. 1er La requête des sieurs Chartier et consorts est rejetée.

ARR. DU CONS. D'ÉT. (ORD.) DU 16 JUILL. 1842, AFF. SPINOLA.

Le cumul d'une pension de retraite, avec un traitement d'activité ou de ré-orme, entraîne la radiation de la pension et donne lieu à la restitution des ommes indûment perçues.
Néanmoins, cette radiation peut ne pas être ordonnée, à raison des circons-ances particulières de l'affaire.

Considérant que la loi du 25 mars 1817 a interdit, par son article 27, le cumul e deux pensions ou d'une pension avec un traitement d'activité ou de réforme ; Considérant que, aux termes de l'article 15 de la loi du 15 mai 1818, ceux qui

usurpent plusieurs pensions ou un traitement avec une pension, doivent être rayés de la liste des pensionnaires et poursuivis en restitution des sommes indû-ment reçues ;

Considérant qu'il résulte de l'instruction que le sieur Spinola a perçu pendant huit ans et huit mois les arrérages d'une pension militaire de retraite, en même-temps qu'il touchait un traitement, soit d'activité, soit de réforme;

Que, dès lors, c'est avec raison que notre ministre des finances a prescrit de poursuivre le sieur Spinola en restitution de la somme de 3,466 fr. 66 c., à laquelle s'élèvent les arrérages par lui indûment touchés ;

Considérant, toutefois, qu'il n'y a pas lieu, en raison des circonstances parti-culières de l'affaire, de rayer la pension du sieur Spinola des livres du trésor :

Art. 1er. La décision de notre ministre des finances, en date du 15 mai 1841, est réformée dans la disposition qui a prescrit de rayer le sieur Spinola de la liste des pensionnaires ;

Art. 2. Le surplus des conclusions du sieur Spinola est rejeté.

A. C. DU 18 JUILL. 1842, AFF. MONNIN.

C'est aux tribunaux et non à l'autorité administrative qu'il appartient de statuer sur l'application d'un tarif d'octroi, alors qu'il ne s'agit que d'une simple interprétation judiciaire à donner à ce tarif dans un litige entre le fermier de l'octroi et un redevable.
Les mesures anciennes rappelées à la suite des nouvelles dans un tarif d'oc-troi, établi depuis l'adoption du système décimal, ne peuvent servir de base à la perception du droit.
Ainsi, et particulièrement, bien que le tarif d'une ville porte que les bois de toute espèce seront assujétis au droit de 1 fr. 50 c. par double stère, moule ou corde, le stère est la seule mesure d'après laquelle ce droit puisse être perçu.

Sur le premier moyen :

Attendu que la loi du 2 vendémiaire an VIII attribue aux juges de paix la con-naissance des contestations civiles sur l'application des tarifs d'octroi ou sur la quotité des droits ;

Attendu qu'il ne s'agissait, dans l'espèce, ni d'une contestation entre un fermier d'octroi et une commune, ni d'une interprétation générale et réglementaire à donner à un tarif ; qu'il s'agissait d'une simple interprétation judiciaire, qui, in-tervenant dans un litige entre un fermier et un redevable, pour le seul cas du procès, ressortissait nécessairement à la seule autorité compétente pour appli-quer le tarif et pour déclarer en quel sens elle en faisait application ;

D'où il suit que le tribunal de Gray, en ne se déclarant pas d'office incompé-tent pour statuer sur l'appel interjeté, et en ne prononçant point un sursis, n'a ni excédé ses pouvoirs, ni violé aucune loi ;

Rejette ce moyen ;

Mais, sur le deuxième moyen :

Vu l'art. 34 du décret du 17 mai 1809, et l'art. 23 de l'ordonnance du 9 décem-bre 1814 ;

Attendu que le tarif, joint au règlement pour l'octroi de la ville de Gray, ap-prouvé le 13 avril 1824, assujétit au droit de 1 fr. 50 cent. les bois de toute espèce par double stère, moule ou corde ;

Attendu que le sens de ces expressions est clairement fixé par le sens légal du mot double stère ; que l'emploi des anciennes mesures était formellement inter-dit par les lois précitées, d'où il suit que la signification ancienne et locale des mots moule et corde n'ont pu être conservés depuis l'adoption du système mé-trique, seul aujourd'hui en vigueur ;

Attendu que dans la colonne du tarif, placée en regard de l'indication de me-sure, désignée par les mots *double stère, moule ou corde*, il est dit que les voi-tures de bois, dites de *pavé*, paieront comme double stère, et que, si elles pas-sent cette quantité, elles paieront comme deux ; ce qui démontre que la mesure du double stère est la seule dont le tarif ait entendu faire acception, conformé-ment aux lois ;

Attendu que le jugement attaqué, en donnant aux expressions de *moule et de corde*, employées par le tarif, la signification qu'avaient les anciennes mesures locales, dont la contenance excédait celle du double stère, a fait de ces mots une interprétation incompatible, tant avec l'indication expresse que le tarif fait du double stère qu'avec les lois sur le système décimal en vigueur au moment de l'adoption de ce tarif;

Qu'en jugeant ainsi, il a fait du tarif une fausse application, et a ouvertement violé les lois précitées ;

Par ces motifs, la cour casse. — Ch. crim.

ARR. DU CONS. D'ÉT. (ORD.), DU 27 JUILL. 1842. AFF. PUJOL.

Il n'est dû aucune indemnité au fermier d'un bac, à raison du préjudice que lui cause l'établissement d'un autre bac dans le voisinage du sien, lors-que, par une clause expresse, l'administration s'est réservé la faculté d'en établir de nouveaux sans indemnité au delà d'un certain rayon, et que d'ail-leurs le fermier ne prouve pas que le passage d'eau nouvellement concédé est situé dans l'intérieur de ce rayon.

En ce qui touche le moyen tiré de la violation des clauses et conditions du cahier des charges.

Considérant qu'aux termes de l'art. 27 du cahier des charges général, qui a servi à l'adjudication faite au sieur Pujol, l'étendue du port de chaque passage peut être de plus d'un kilomètre ; que, par l'art. 40, l'administration s'est réservé expressément le droit d'autoriser de nouveaux passages publics, sans que le fer-mier ait droit à aucune indemnité, lorsque les limites du port assigné à ces nou-veaux passages sont à distance d'un kilomètre au moins de celles fixées par ledit article 27;

Considérant qu'il n'est pas même allégué par le sieur Pujol que la distance entre la limite des deux ports destinés, l'un au passage à lui adjugé, l'autre au passage concédé au sieur Naudin, soit de moins d'un kilomètre ; qu'ainsi l'admi-nistration n'a point, par cette dernière concession, contrevenu aux dispositions du cahier des charges ;

En ce qui touche le moyen tiré de la violation de l'art. 7 de la loi du 20 avril 1810 ;

Considérant que le conseil de préfecture a suffisamment motivé sur tous les points sa décision ;

En ce qui touche le défaut de réparations des cales d'abordage :

Considérant que, à supposer que lesdites réparations fussent à la charge de l'administration, le sieur Pujol ne justifie, à cet égard, d'aucune mise en de-meure, ni réclamation de sa part, ni d'aucun refus de la part de l'administration :

Art. 1er. La requête du sieur Pujol est rejetée.

A. C. DU 6 OCT. 1842, AFF. VÉRALDI. (DOUANES.)

Les délits commis par des marins envers les employés doivent être considérés comme commis envers les habitants et sont justiciables des tribunaux ordinaires.

Vu les requêtes et règlements de juges, présentées, d'une part, par le capitaine rapporteur près le conseil de guerre maritime de Toulon, d'autre part, par le procureur du roi près le tribunal de première instance de Grasse ;

Vu la plainte portée par ledit procureur du roi, le 4 juillet dernier, contre les nommés Véraldi, Coutras, Meunier, Courtès, Manosse et autres, tous embarqués à bord de la goëlette de l'Etat la Légère, prévenue de rébellion, violence et injures envers les préposés des douanes à la résidence d'Antibes, lesdits délits commis le 20 juin précédent ; ensemble l'instruction commencée par le juge d'instruction de l'arrondissement de Grasse ;

Vu l'ordre donné le 24 juillet suivant, par le préfet maritime à Toulon, de traduire devant un conseil de guerre maritime les susdits Véraldi et Coutras, à raison des mêmes faits de résistance et de violence envers les préposés des douanes d'Antibes, et aussi à raison des faits de résistance dont ils seraient également prévenus de s'être rendus coupables le même jour envers la force armée intervenue pour le rétablissement de l'ordre.

Vu l'article 527 du code d'instruction criminelle, et l'article 76 du décret du 22 juillet 1806 ;

Attendu que deux juridictions différentes se trouvent saisies à la fois des mêmes faits imputés à Véraldi et à Coutras ; qu'il y a donc lieu de régler de juges et que le règlement à faire doit avoir effet non-seulement pour ces faits, mais aussi pour les faits connexes de résistance à la force armée mentionnés dans l'ordre du préfet maritime ;

Attendu que, dans l'article 76 du décret de 1806, les délits contre les habitants dont la connaissance est réservée aux juges des lieux, comprennent nécessairement tous ceux qui ne sont pas commis contre le service, ou entre les officiers, matelots et soldats, les seuls dont puissent connaître le conseil de guerre ; que les délits commis contre les préposés des douanes doivent être considérés comme des délits commis contre des habitants, et sont, à ce titre, dans les attributions de la juridiction ordinaire ;

Attendu, d'un autre côté, que par délits contre le service, on ne peut entendre dans ledit article que les délits contre le service maritime, que cela résulte de l'ensemble des dispositions du décret du 22 juillet 1806 et de leur rapprochement avec les articles 10 et 13 du décret du 12 novembre suivant, relatif aux tribunaux maritimes ; qu'ainsi, les délits de rébellion, de violences et d'injures envers les préposés des douanes et de la force armée, bien qu'intéressant un service public, ne sont pas de la compétence des conseils de guerre maritimes ;

Par ces motifs, la cour réglant de juges, sans s'arrêter à l'ordre donné par le préfet maritime, de Toulon, le 24 juillet dernier, afin de traduire Véraldi et Coutras devant un conseil de guerre maritime, lequel ordre sera considéré comme non avenu, ordonne qu'on continuera de procéder devant le juge d'instruction de Grasse tant sur les faits mentionnés en la plainte du 4 juillet que sur tous autres faits connexes ;

Ordonne. — Ch. crim.

ARR. DU CONS. D'ÉT. (ORD.), DU 16 DÉC. 1842, AFF. TROYES,

Lorsqu'un conseil municipal a voté l'établissement de taxes additionnelles au tarif de l'octroi, pour faire face à des dépenses temporaires, ces taxes, dont l'établissement peut être refusé, doivent, si elles sont autorisées, conserver le caractère qui leur a été attribué par le vote du conseil municipal, c'est-à-dire que si elles sont votées sous la condition qu'elles seraient affranchies du prélèvement de 10 p. 100, on ne peut les autoriser en soumettant le produit à ce prélèvement.

Considérant que, aux termes de l'art. 19 de la loi du 18 juillet 1837, les conseils municipaux délibèrent sur toutes les recettes et dépenses, soit ordinaires, soit extraordinaires, des communes ; que l'art. 31 de la même loi, § 5, met au nombre des recettes ordinaires le produit des octrois municipaux ;

Que, aux termes de l'art. 147 de la loi du 28 avril 1816, et des art. 6 et 7 de l'ordonnance du 9 décembre 1814, les règlements et les tarifs pour la perception des droits d'octroi, dont la demande avait été faite par les conseils municipaux, doivent être délibérés par lesdits conseils, en vertu de l'autorisation de notre ministre de l'intérieur, transmis avec l'avis des maires et des sous-préfets, par l'intermédiaire des préfets, au directeur des impositions indirectes, pour être soumis à notre ministre des finances, sur le rapport duquel nous accordons notre approbation, s'il y a lieu ;

Considérant que, par ses délibérations, en date des 27 septembre 1839, 7 et 11 mars 1840, le conseil municipal de la ville de Troyes n'avait voté, par le projet de règlement et de tarif de son octroi, certaines taxes additionnelles, que pour faire face à des dépenses spéciales et temporaires, et avait fixé la durée du règlement à dater du 1er juillet 1840 au 31 décembre 1842 ; que si notre approbation pouvait être refusée à l'établissement desdites taxes additionnelles, elles devaient, si elles étaient approuvées, conserver le caractère qui leur avait été attribué par le vote du conseil municipal, et que, dès lors, lesdites taxes additionnelles étaient susceptibles, conformément à l'art. 16 de la loi du 17 août 1842, de jouir de l'exemption du prélèvement de 10 pour cent réservé au trésor sur le produit net des octrois :

Art. 1er. Dans le tarif voté par le conseil municipal de la ville de Troyes pour la perception des octrois de ladite ville, à dater du 1er juillet 1840 au 31 décembre 1842, il sera fait distinction entre les taxes principales et les taxes additionnelles susceptibles d'être exemptées du prélèvement de 10 pour 100 au profit du trésor.

Art. 2. Notre ordonnance, en date du 22 juillet 1840, approbative du règlement et du tarif pour la perception des droits d'octroi de la ville de Troyes, est réformée en ce qu'elle a de contraire à la présente ordonnance.

ARR. DU CONS. D'ÉT. (ORD.), DU 9 JANV. 1843, AFF. PRODHOMME.

Un recours au conseil d'État doit être rejeté lorsque la requête introductive ne développe ni les faits de l'affaire ni les moyens du recours, et lorsqu'il n'a point été suppléé par un mémoire ampliatif à l'insuffisance de cette requête.

Considérant que la requête des sieurs Prodhomme, Richard et Consorts ne développe ni les faits de l'affaire, ni les moyens du recours, et qu'il n'a point été suppléé par un mémoire ampliatif à l'insuffisance de la requête introductive.

Art. 1er. La requête des sieurs Prodhomme, Richard et consorts est rejetée.

ARR. DU CONS. D'ÉT. (ORD.), DU 9 JANV. 1843, AFF. TARASCON.

L'annulation d'un conflit, pour vice de forme, ne fait point obstacle à ce qu'un nouveau conflit soit élevé dans la même instance, tant qu'il n'a pas été statué définitivement sur le fond.

L'action en réparation du dommage causé aux propriétés riveraines par le vice de construction des digues ou chaussées d'un fleuve est de la compétence exclusive de l'autorité administrative, lors même que la construction et l'entretien de ces travaux de défense sont confiés à une association particulière autorisée à cet effet.

Vu la loi du 16 septembre 1807, l'art. 4 de la loi du 14 floréal an XI, de la loi du 18 juillet 1837, la loi des 17-24 août 1790, et la loi du 28 pluviôse an VIII ;

Vu les ordonnances du 1er juin 1828 et du 12 mars 1831 ;

En ce qui touche l'exception tirée de la chose jugée. — Considérant que notre ordonnance du 22 avril 1842 n'a annulé l'arrêté de conflit, pris dans la même instance, le 21 janvier 1842 qu'à raison de son irrégularité, ledit arrêté ayant été déposé au greffe du tribunal civil de Tarascon, lorsqu'il aurait dû l'être au greffe de la cour royale d'Aix ; que cette annulation, pour vice de forme, ne fait point obstacle à ce qu'un nouveau conflit soit élevé dans la même instance, tant qu'il n'a été rendu sur le fond ni arrêt définitif, ni jugement acquiescé ;

Considérant d'ailleurs, que le nouvel arrêté de conflit a été pris dans les délais et les formes voulus par l'ordonnance du 1er juin 1828 ;

En ce qui touche la compétence : — Considérant que la demande des frères Audibert, même restreinte comme elle l'a été par leurs dernières conclusions, a pour objet la réparation de dommages qui résulteraient de l'ancienne chaussée ou levadon, c'est-à-dire d'un travail d'utilité et de sûreté générale, exécuté pour la défense des rives du Rhône dans l'intérêt de la navigation de la voierie, de l'agriculture et de la salubrité publique ;

Considérant que l'appréciation des dommages de cette nature est, aux termes des lois ci-dessus, de la compétence exclusive de l'autorité administrative :

Art. 1er. L'arrêté de conflit du 30 août 1842 est confirmé ;

Art. 2. Sont considérés comme non avenus l'exploit d'ajournement du 21 avril 1841, le jugement du tribunal civil de Tarascon, du 24 juin 1841, l'arrêt de la cour royale d'Aix, du 3 janvier 1842, les jugements du tribunal civil de Tarascon, des 18 août et 1er septembre 1842.

ARR. DU CONS. D'ÉT. (ORD.), DU 9 JANV. 1843.

Doit être rejeté le pourvoi formé par un ministre contre un arrêté de conseil de préfecture, plus de trois mois après le jour où il en a eu connaissance officielle par la transmission que lui en a faite le préfet.

Ainsi jugé par trois arrêts du conseil d'État, à la date du 9 janv. 1843, et par cinq autres, à la date du 20 du même mois.

A. C. DU 11 FÉV. 1843, AFF. LEGRAIN. (DOUANES.)

Les pères et mères, condamnés comme civilement responsables des amendes encourues pour contraventions par leurs enfants mineurs, ne sont pas contraignables par corps pour le recouvrement de ces amendes.

Sur le moyen de cassation tiré d'une prétendue violation de l'art. 4, titre 6, de la loi du 4 germinal an II, et d'une fausse application de celle du 17 avril 1832.

Attendu qu'aux termes de l'art. 2063 du code civil, la contrainte par corps ne peut être prononcée que dans les cas expressément prévus par la loi ;

Attendu que les pères et mères, condamnés comme civilement responsables au paiement des amendes encourues par leurs enfants mineurs, pour fait de contrebande, ne sont pas, de plein droit, contraignables par corps, ni en vertu des dispositions relatives à la contrainte par corps, en matière criminelle, correctionnelle et de police, ni en vertu des lois spéciales sur les douanes ;

Qu'il résulte, en effet, de la combinaison des art. 51 et 52 du code pénal, 33, 37 et 41 de la loi du 17 avril 1832, que si le recouvrement des amendes, restitutions, dommages-intérêts et frais peut être poursuivi par la voie de la contrainte par corps, c'est lorsque ces réparations sont l'accessoire et la conséquence des condamnations pénales prononcées pour un crime ou pour un délit, et seulement contre celui qui a été déclaré coupable ;

Que, d'autre part, si l'art. 4, titre 6, de la loi du 4 germinal an II, sur les douanes, en créant un droit de préférence à tous créanciers, au profit de l'État, pour droits, confiscation, amende et restitution, y ajoutait la garantie de la contrainte par corps, la loi organique et générale du 17 avril 1832, après avoir, par l'art. 11 du titre 2, restreint les effets de la contrainte par corps aux redevables, débiteurs et cautions de droits de douanes, qui ont obtenu un crédit et qui n'ont pas acquitté à échéance le montant de leurs soumissions ou obligations, a, par son art. 46, déclaré abrogées, en ce qui concerne la contrainte par corps, toutes dispositions de lois antérieures relatives au cas où cette contrainte peut être prononcée contre les débiteurs de l'État, des communes et des établissements publics ;

Qu'il suit de là que l'art. 4, titre 6, de la loi du 4 germinal an II se trouve abrogé, en ce qu'il autoriserait la contrainte par corps à l'égard d'autres obligations que celles qui sont spécifiées par l'art. 11 de la loi du 17 avril 1832 ;

Attendu que la disposition de l'art. 126 du code de procédure civile, qui permet aux juges de prononcer la contrainte par corps pour dommages-intérêts, en matière civile, au-dessus de la somme de 300 francs, est purement facultative ;

Qu'en refusant d'ordonner que la veuve Legrain serait contrainte par corps au paiement de l'amende de 500 fr., dont la condamnation a été prononcée contre elle, comme civilement responsable de son enfant mineur, l'arrêt attaqué n'a donc violé ni les lois spéciales de la matière, ni celle du 17 avril 1832 ;

La cour rejette. — Ch. crim.

ARR. DU CONS. D'ÉT. (ORD.) DU 10 MARS 1843, AFF. CHARTIER.

Une contestation sur l'application d'un tarif d'octroi est de la compétence de l'autorité judiciaire, même alors que la prétention du demandeur est en opposition avec une disposition formelle de l'ordonnance royale approbative du tarif.

Vu les lois des 2 vendémiaire et 27 frimaire an VIII, le décret du 17 mai 1809, et l'ordonnance du 9 décembre 1814 ;

Vu l'ordonnance du 1er juin 1828, et l'ordonnance du 12 mars 1831 ;

Considérant qu'aux termes des lois citées, toute contestation civile sur l'application d'un tarif d'octroi est de la compétence des juges de paix ;

Art. 1er. L'arrêté de conflit pris par le préfet du département du Nord, dans la cause pendante en appel devant le tribunal de première instance de Douai, entre le sieur Chartier et le maire de la ville de Douai est annulé.

Nota. — L'affaire ayant repris son cours devant les tribunaux, la prétention des sieurs Chartier et consorts a été admise en première instance et en appel. La ville de Douai s'était pourvue en cassation contre le jugement d'appel ; mais son pourvoi a été rejeté par un arrêt, en date du 27 novembre 1844.

A. C. DU 18 MARS 1843, AFF. DUJARRIER.

En matière criminelle et correctionnelle, il y a trois jours francs pour déclarer le pourvoi en cassation : ni le jour de l'arrêt, ni le jour du pourvoi ne comptent dans ces trois jours. De sorte qu'en les comptant, le pourvoi est valable le cinquième jour.

Il appartient à la cour de cassation d'examiner si les conséquences légales des faits reconnus ont été exactement appréciées, et si les faits ont été ramenés à une juste application de la loi pénale.

La cour de cassation a le droit de juger si les faits constitutifs de contravention ont été bien qualifiés.

En ce qui touche la fin de non-recevoir opposée au pourvoi:

Attendu que si, d'après l'art. 90 du décret du 30 mars 1808, les greffes des cours royales et ceux des tribunaux de première instance sont ouverts aux heures réglées par la cour ou par le tribunal, il en résulte bien que le greffe ne peut être fermé avant l'heure fixée par le règlement; mais non qu'on doit considérer comme nul et non avenu l'acte qui serait passé et reçu au greffe après l'heure du règlement écoulée;

Attendu qu'en matière criminelle, correctionnelle et de police, la disposition de la loi qui accorde au condamné trois jours francs pour déclarer au greffe qu'il se pourvoit en cassation, doit, à raison de la faveur qui s'attache à ce recours, être prise dans son sens le plus étendu, et, qu'ainsi, le dernier jour du terme appartient tout entier au délai dans lequel le pourvoi peut être utilement formé ;

Attendu que, par l'art. 373 du code d'instruction criminelle, le même délai est imparti au ministère public;

Et attendu qu'il a été régulièrement constaté que, le mercredi, 11 janvier 1843, le demandeur s'est présenté au greffe de la cour royale et qu'il a déclaré se pourvoir en cassation contre l'arrêt du 27 du même mois, ce dont il a été donné acte;

Attendu que cette déclaration a été faite dans le délai légal et qu'il n'y a pas à s'enquérir de l'heure à laquelle elle aurait été reçue ;

La cour rejette la fin de non-recevoir.

Au fond, statuant sur la publication d'un nouveau journal, la cour s'exprime ainsi:

Attendu que les tribunaux de répression ont incontestablement le droit de rechercher, de reconnaître et de déclarer les faits qui constituent un délit ou une contravention, et de fixer dans ses rapports légaux le résultat de l'instruction à laquelle ils se sont livrés; mais qu'il appartient toujours à la cour de cassation, expressément chargée de veiller à la stricte observation des lois, d'examiner et de décider si, les faits étant ainsi reconnus et constatés, les conséquences légales qui en dérivent ont été exactement appréciées, et si, dans le jugement qui a été porté sur ces faits, ils n'ont été ramenés à une juste application de la loi pénale, ou s'ils n'en auraient pas été détournés;

Qu'elle a les mêmes attributions et qu'elle exerce le même pouvoir, toutes les fois que le jugement ou l'arrêt dénoncé a statué sur une contravention dont la preuve ressortirait des faits matériels, servant à établir le corps même du délit; que, dans ce cas, elle a le droit, en considérant ces faits, chacun séparément ou dans leur ensemble, de juger s'ils ont reçu leur véritable qualification;

Par ces motifs, la cour casse. — Ch. crim.

ARRÊT DE LA COUR D'ORLÉANS, DU 27 MARS 1843, AFF. PILTAU.

Il y a refus d'exercice de la part du marchand en gros qui se borne à remettre aux employés les clefs de ses caves et refuse de les y accompagner, pour leur donner les indications nécessaires.

Attendu que l'article 101 de la loi du 28 avril 1816 a donné aux employés des contributions indirectes la faculté de faire, dans les magasins, caves et celliers des marchands de vins en gros, toutes les vérifications nécessaires pour reconnaître et les boissons reçues ou expédiées ont été soumises aux droits dont elles sont susceptibles, et que l'article unique de la loi du 23 avril 1836 a imposé l'obligation aux marchands de n'apporter aucun obstacle à ces vérifications, et d'être toujours en mesure de déférer immédiatement aux réquisitions des employés;

Que, par ces deux dispositions, la loi a voulu rendre possibles, dans tous les cas, les vérifications ordonnées dans l'intérêt du trésor, en prévenant toutes les difficultés qui pourraient les entraver, et qu'il en résulte virtuellement, pour les employés, le droit d'exiger la présence des marchands à leurs opérations, s'ils la jugent nécessaire;

Que, si les personnes soumises à l'exercice pouvaient se borner à remettre les clefs de leurs caves ou celliers sans accompagner les employés pour leur donner les indications propres à faciliter la reconnaissance des liquides soumis aux droits, ce serait créer des obstacles à l'exercice de leurs fonctions, et même quelquefois les rendre impossibles;

Attendu que, si les employés, dans le cours de leurs opérations, reconnaissaient la nécessité d'exiger, aux termes de l'article 100 de la loi de 1816, la représentation des acquits-à-caution, congés ou passavants, afin de vérifier l'état des entrées et sorties, et établir, par suite, la position des marchands vis-à-vis de l'administration, ils pourraient éprouver un obstacle dans leur exercice, ou tout au moins un retard que la loi a pris soin d'éviter;

Qu'il est, au surplus, difficile de concevoir une vérification de la nature de celle prescrite par la loi de 1816, qui doit servir de base au compte entre l'administration et les marchands, faite hors la présence des parties intéressées, et que c'est même avec juste raison que la loi a exigé leur double concours, tant pour mettre à couvert la responsabilité des employés que pour la garantie des opérations qui leur sont confiées;

Et attendu, en fait, qu'il résulte du procès-verbal rapporté que la dame Piltau, en l'absence de son mari, tout en offrant de remettre aux employés les clefs de ses magasins, a refusé, ainsi qu'elle en était requise, de les accompagner ou de les faire accompagner dans leur visite;

Qu'un tel refus constitue une contravention aux articles 100 et 101 de la loi du 28 avril 1816 et à l'article unique de la loi du 23 avril 1836, et qu'ainsi il y a lieu à l'application, contre Piltau, de la peine portée en l'article 100 de la loi précitée;

Déclare Piltau coupable de refus en n'accompagnant pas ou en ne faisant pas

accompagner, sur leur réquisition, les employés dans leur visite ; et, par application des articles sus-énoncés et de l'article 191 du Code d'instruction criminelle, condamne Piltau en 50 francs d'amende et en tous les frais.

A. C. DU 1er AVR.. 1843, AFF. GALLOT.

Lorsqu'un arrêt de cour d'appel adopte les motifs d'un jugement de police correctionnelle, dont il change seulement le dispositif, le défaut de transcription du texte de loi appliqué et le défaut de mention de la lecture de ce texte ne donnent point ouverture à cassation.

L'expertise, ordonnée en matière criminelle ou correctionnelle, n'est pas nécessairement contradictoire avec le prévenu.

Lorsque les faits constitutifs de contravention ne sont pas légalement établis par des procès-verbaux, les juges de police correctionnelle, qui en connaissent, font les fonctions de jurés.

En matière criminelle et correctionnelle, les juges ne sont pas liés par le résultat d'une expertise.

Une condamnation aux dépens, supérieure à 300 fr., est nulle si la durée de la contrainte par corps n'a pas été fixée par le jugement.

En ce qui concerne Gallot:

Sur le premier moyen tiré de la prétendue violation de l'art. 195 du code d'instruction criminelle, en ce que l'arrêt attaqué ne contient, ni la transcription du texte, ni la mention de la lecture de la disposition pénale qui a été appliquée au demandeur, quoiqu'il ait prononcé contre lui une condamnation différente;

Attendu que le jugement des premiers juges, dont cet arrêt a adopté les motifs, satisfait pleinement au deuxième paragraphe de l'article précité; que la cour royale de Caen n'a fait que porter de quatre à six mois la peine d'emprisonnement infligée à Gallot et réduire l'amende de 2,000 fr. à 50 fr.; que l'omission dont le demandeur se plaint ne saurait donner matière à cassation, puisque la disposition qui en est l'objet ne présente rien de substantiel et n'est point prescrite à peine de nullité;

Sur le deuxième moyen, tiré de la prétendue fausse application de l'art. 423 du code pénal, qui n'aurait point prévu le fait dont le demandeur a été déclaré coupable;

Attendu que l'arrêt attaqué déclare, en fait, que Gallot a trompé, sur la nature de cette marchandise, les cultivateurs auxquels il a revendu le noir animal, ou noir d'engrais, par lui acheté et reçu de Decavaillon; que cette déclaration entraînait donc l'application dudit article 423 et la justifie pleinement;

En ce qui concerne Decavaillon:

Sur le premier moyen, tiré de la prétendue violation de l'art. 317 du code de procédure civile, en ce que le demandeur n'a pas été mis en demeure, conformément à cet article, de faire ses dires et observations avant la remise aux experts des échantillons des matières qu'ils étaient chargés d'examiner;

Attendu que la disposition de cet article ne devait point être observée dans l'espèce, l'art. 44 du code d'instruction criminelle, qui a reçu son exécution, réglant les formes à suivre pour les expertises ordonnées en matière criminelle;

Sur le deuxième moyen, tiré de la prétendue violation des art. 154, 156, 159 et 189 du code d'instruction criminelle, en ce que l'arrêt attaqué ne s'est point fondé, pour déclarer le demandeur coupable du délit à lui imputé, sur les preuves légales que la combinaison de ces articles exige ;

Attendu que lorsque, comme dans l'espèce, les faits constitutifs des délits dont ils sont saisis ne se trouvent pas légalement établis par des procès-verbaux, les juges de police correctionnelle remplissent les fonctions de jurés dans la constatation et l'appréciation de ces faits; qu'ils ne doivent, dès lors, que se conformer, ainsi que le jury, aux règles générales contenues dans l'art. 362 du code précité;

Sur le troisième moyen, tiré de la prétendue violation de l'autorité de la chose jugée et des principes qui régissent les expertises, en ce que ledit arrêt a statué contre le demandeur, quoique le rapport des experts lui eût été favorable;

Attendu que la décision à intervenir ne saurait dépendre, en matière criminelle, de l'expertise qu'il a paru utile de prescrire; que les juges restent les appréciateurs libres et souverains de son résultat, puisqu'ils ne doivent prononcer, sur la contravention, que d'après leurs lumières et leur conscience;

Sur les quatrième et cinquième moyens, tirés de la prétendue fausse application de l'art. 423 du code pénal,

Attendu que le demandeur a été reconnu coupable de s'être entendu avec Gallot pour tromper, tous les deux, dans un intérêt commun, ceux auxquels ce dernier devait revendre, sous le nom de noir animal et comme engrais, de quelque nom qu'on l'appelât, une matière qui n'était pas un engrais;

Que cette déclaration formelle justifie suffisamment, en fait, l'application des art. 59, 60 et 423 du code pénal;

En conséquence, rejette tous ces divers moyens;

Mais, sur le moyen, tiré par les deux demandeurs, de la violation des art. 39 et 40 de la loi du 17 avril 1832;

Vu ces articles;

Et attendu que l'arrêt attaqué a condamné solidairement lesdits Gallot et Decavaillon au paiement des frais de la procédure, liquidés à la somme de 1,449 fr. 90 c., et en omettant néanmoins de fixer la durée de la contrainte par corps, dont cette condamnation les rend passibles, il a commis une violation expresse des articles ci-dessus visés ;

La cour, faisant droit au pourvoi, sur ce point seulement, casse, etc. — Ch. crim.

A. C. DU 12 MAI 1843, AFF. CHINOT. (FORÊTS.)

La défense faite aux tribunaux d'admettre les exceptions tirées de la bonne foi, lorsqu'il s'agit de contraventions, emporte, à plus forte raison, celle de renvoyer les prévenus de la poursuite, quand les faits de contravention sont légalement constatés.

A l'autorité administrative seule appartient le droit d'apprécier l'excuse tirée d'une erreur. Les tribunaux ne peuvent, sans excès de pouvoir, entrer dans cette appréciation.

Attendu en droit:

Qu'en défendant aux tribunaux d'appliquer aux matières forestières les dispositions de l'art. 463 du code pénal, relatif aux circonstances atténuantes, les peines encourues, l'art 203 du code forestier, qui n'est que la reproduction de l'art. 14 du titre XXXII de l'ordonnance de 1669, rejette implicitement et nécessairement l'exception tirée de la prétendue bonne foi ;

Que la défense de modérer les peines, d'après les considérations tirées de la bonne foi, emporte, à plus forte raison, celle de renvoyer les prévenus des poursuites dirigées contre eux, à raison des faits légalement constatés;

Qu'à l'autorité administrative seule appartient le droit d'apprécier les excepions tirées d'une erreur involontaire, pour accorder, d'après cette appréciation, les réductions que les circonstances ou l'équité peuvent faire admettre ; mais que les tribunaux ne peuvent, sans excès de pouvoir, entrer dans l'appréciation dont il s'agit et s'affranchir ainsi de l'obligation qui leur est imposée, de prononcer les peines portées par la loi contre le fait matériel de la contravention ;

Attendu en fait :

Qu'il résulte du procès-verbal servant de base à la poursuite et qu'il n'est pas contredit par le jugement attaqué, que les prévenus ont coupé, dans le bois communal de Mélicoq, une quantité de bois évaluée à vingt-cinq fagots, et avaient disposé ce bois pour le façonner, plus tard, à leur profit ;

Que par ce fait, ils s'étaient rendus passibles des peines portées en l'art. 194 du code forestier ;

Que, néanmoins, le jugement attaqué a refusé de leur faire application des dispositions de cet article et les a renvoyés des fins de la plainte, sur le motif qu'ayant été induits en erreur par la direction des bornes, ils avaient agi de bonne foi ;

Qu'en prononçant ainsi, le tribunal de Beauvais a excédé ses pouvoirs, violé l'esprit et le sens de l'art. 203 du code forestier, et violé également, en ne l'appliquant pas, l'art. 194 du même code ;

Par ces motifs, la cour casse. — Ch. crim.

A. C. DU 18 MAI 1843, AFF. LAVAL.

La contrainte par corps, en matière correctionnelle, ne s'applique pas aux personnes civilement responsables.

Sur le deuxième moyen :

Vu l'art. 2063 du code civil, qui défend à tous juges de prononcer la contrainte par corps, hors les cas déterminés par une loi formelle ;

Attendu que l'art. 52 du code pénal ne s'applique qu'à ceux qui sont reconnus coupables des crimes, délits ou contraventions et non à ceux qui en sont civilement responsables, lesquels ne sont soumis qu'aux dispositions de la loi civile ; qu'ainsi cet article ne pouvait autoriser la cour royale de Paris à condamner le demandeur avec contrainte par corps ;

Que, d'un autre côté, si l'art. 126 du code de procédure civile permet aux juges de prononcer la contrainte par corps, pour dommages-intérêts au-dessus de 300 fr., c'est là une faculté dont ils peuvent user ou ne pas user, selon les circonstances ; que la disposition facultative de cet article ne peut donc justifier la contrainte par corps, puisqu'elle a été prononcée en vertu d'une autre disposition législative, qui est impérative, ce qui ne permettait pas aux juges d'apprécier circonstances pour décider s'il y a lieu d'appliquer ledit article 126 ;

Qu'ainsi, il y a eu violation formelle de l'art. 2063 du code civil ci-dessus visé
ar ces motifs, la cour casse. — Ch. crim.

A. C. DU 21 MAI 1843, AFF. TRUQUET.

Les décrets impériaux qui ont été exécutés sans réclamation et qui ne sont pas inconciliables avec la Charte, ont force de loi.

Depuis la promulgation de la Charte les ordonnances royales n'ont pu modifier les lois pénales.

Vu l'art. 26 du décret du 8 octobre 1810, concernant la pêche, la salaison et la vente du hareng ;

Attendu que cet article porte la peine de la confiscation des marchandises, et celle de 500 fr. d'amende contre tous ceux qui contreviennent aux art. 25 et 26 du même décret ;

Que les décrets impériaux, qui ont été exécutés sans réclamation depuis leur promulgation, et dont les dispositions ne sont pas inconciliables avec celles de la Charte constitutionnelle, ont conservé force de loi, en vertu de l'art 59 de ladite Charte ;

Que les ordonnances royales n'ont pu, depuis la promulgation de la Charte, ni rien ajouter aux lois pénales, ni en rien retrancher ;

Que celle du 14 mai 1816 n'a donc pu, en reproduisant les prescriptions du décret du 8 octobre 1810, en modifier la pénalité et abroger la peine de l'amende ;

Que, cependant, le tribunal de Saint-Omer, en reconnaissant la culpabilité de Joly Truquet, et en prononçant contre lui la confiscation des marchandises salées, a refusé de le condamner à l'amende ;

En quoi il a formellement violé l'art. 26 du décret du 8 octobre 1810 ;

Par ces motifs, la cour casse. — Ch. crim.

A. C. DU 3 JUIN 1843, AFF. DUMOULIN.

La condamnation par corps, lorsqu'il s'agit d'une somme supérieure à 300 fr., est nulle, si le jugement ne fixe pas la durée de la contrainte.

Les personnes civilement responsables ne sont pas passibles de la contrainte personnelle.

En ce qui concerne le demandeur :

Vu l'art. 40 de la loi du 17 avril 1832 ;

Attendu que les condamnations prononcées par corps contre lui s'élèvent à plus de 300 fr., et que, néanmoins, la cour royale de Rennes n'a pas déterminé, conformément à l'art. précité, la durée de la contrainte ;

En ce qui concerne l'administration générale des postes :

Vu l'art. 74 du code pénal, et le troisième paragraphe de l'art. 1384 du code civil ;

Attendu que la responsabilité civile des délits et des contraventions est restreinte à la réparation pécuniaire du préjudice dont ils ont été la cause, et que les condamnations qui en sont la conséquence ne peuvent emporter, de plein droit, l'exercice de la contrainte par corps à l'égard des personnes sur lesquelles pèse cette responsabilité, puisque la loi précitée, du 17 avril 1832, n'autorise ce mode d'exécution en matière criminelle, que contre l'auteur même du dommage ;

Qu'il suit de là, dans l'espèce, que la cour royale de Rennes a commis une violation expresse des principes de la matière, en condamnant par corps l'administration générale des postes, solidairement avec Daullé, à la réparation du tort fait, par ce dernier, à la famille du sieur Dumoulin ;

En conséquence, la cour casse uniquement, etc. — Ch. crim.

A. C. DU 21 JUIN 1843, AFF. LAVIELLE.

Une ordonnance royale sur un intérêt purement local, n'est obligatoire qu'au-

tant qu'elle a été insérée au Bulletin des lois, imprimée et affichée dans la forme prescrite par l'ordonnance royale du 18 janvier 1817. L'envoi officiel qui en aurait été fait au préfet et sa notification au sous-préfet et au maire de la commune, ne suffiraient pas pour lui donner le caractère de règlement.

Vu l'art. 1er du code civil, l'art 1er de l'ord. du 27 nov. 1816 et l'ord. du 18 janv. 1817 ;

Attendu que les ordonnances royales ne sont obligatoires qu'à compter de leur publication ;

Attendu qu'il n'est pas justifié que l'ordonnance royale du 31 décembre 1837, relative au port de Peyrehorade, ait été ni insérée au Bulletin des lois, ni même imprimée et affichée dans la forme prescrite par l'ordonnance royale du 18 janvier 1817 ;

Attendu que le jugement attaqué n'a constaté, en fait, d'autre mode de publication de l'ordonnance dont s'agit, que l'envoi officiel qui en a été fait au préfet des Landes, et la notification officielle qui en a été faite, soit par le préfet des Landes ou sous-préfet de Dax, soit par le sous-préfet de Dax au maire de Peyrehorade ;

Attendu qu'en déclarant, par ces motifs et d'après ces faits, que l'ordonnance royale du 31 décembre 1837 avait été régulièrement publiée, et avait acquis force obligatoire contre les contribuables, le jugement attaqué a formellement violé les lois précitées ;

Par ces motifs, la cour casse. — Ch. civ.

ARR. DU CONS. D'ÉT. (ORD.) DU 6 JUILL. 1843, AFF. THEVENIN.

La pension allouée à la veuve d'un employé, à titre de réversion, ne peut être cumulée avec le traitement d'un emploi public.

Vu la loi du 25 mars 1817, et notamment les art. 27, 28 et 29 de ladite loi ;

Vu la loi du 15 mars 1818 et l'ord. du 8 juill. 1818 ;

Considérant que, aux termes des lois et ordonnances précitées, « nul ne peut « cumuler deux pensions, ni une pension avec un traitement d'activité, de retraite « ou de réforme, s'il ne se trouve dans un des cas prévus par lesdites lois et « ordonnances ; »

Considérant que la dame Thevenin est veuve du sieur Baud, ancien chef de bureau à l'administration des postes, et directrice du bureau de poste aux lettres de la Salpêtrière ; que, dès lors, elle ne se trouve dans aucun des cas d'exception établis par les lois et ordonnances précitées ;

Considérant que l'ordonnance du 8 juillet 1818, en autorisant, dans certains cas déterminés, le cumul de deux pensions, l'une sur le trésor, l'autre sur les fonds de retenue, n'a apporté aucune modification dans les dispositions qui s'opposent au cumul d'une pension avec un traitement d'activité ; qu'ainsi c'est avec raison que notre ministre des finances a mis la dame Baud en demeure d'opter entre le traitement attaché aux fonctions qu'elle exerce, et la pension à laquelle elle a droit comme veuve d'un employé de l'administration des postes :

Art. 1er. La requête de la dame Thevenin, veuve du sieur Baud, est rejetée.

ARR. DU CONS. D'ÉT. (ORD.) DU 17 JUILL. 1843, AFF. PARIS.

Les frais du service spécial, organisé dans les villes à octroi où aboutissent des chemins de fer, à l'effet d'opérer la vérification aux bureaux du débarcadère, des objets introduits par cette voie, ne peuvent être mis à la charge de la compagnie concessionnaire, si les conditions du cahier des charges de la concession de ces chemins ne leur imposent expressément cette obligation.

Vu la loi du 2 décembre 1814 ; l'ordonnance du 9 décembre 1814 ; l'ordonnance du 23 décembre, même année ; la loi du 28 avril 1816 ; l'ordonnance du 22 juillet 1831 ; la loi du 9 juillet 1835, et le cahier des charges y annexé ;

Considérant qu'aux termes de l'art. 2 du cahier des charges, annexé à la loi du 9 juillet 1835, le point de départ ou d'arrivée du chemin de fer de Paris à Saint-Germain doit être pris, dans l'intérieur de Paris, dans la rue Saint-Lazare ; qu'il résulte de l'instruction que c'est nécessairement à ce point qu'a dû être établi le service organisé par la ville de Paris pour assurer la perception des produits de l'octroi ; qu'aucune disposition de la loi du 9 juillet 1835, ni du cahier des charges y annexé, n'impose à la compagnie concessionnaire du chemin l'obligation de supporter les frais dudit service ; qu'ainsi, c'est à tort que, par son arrêté attaqué, en date du 16 janvier 1841, le conseil de préfecture du département de la Seine a mis lesdits frais à la charge de la compagnie :

Art. 1er. L'arrêté du conseil de préfecture du département de la Seine, en date du 16 janvier 1841, est annulé ;

Art. 2. La ville de Paris est condamnée aux dépens.

A. C. DU 4 NOV. 1843, AFF. BARON.

La disposition de l'art. 186 du code d'instruction criminelle, d'après laquelle le prévenu qui ne comparaît pas doit être jugé par défaut, et qui a été rendue commune aux juridictions d'appel, par l'art. 211 du même code, n'autorise pas le juge d'appel à tenir pour juste la condamnation de l'appelant par les premiers juges, et à la confirmer, sans examen, purement et simplement. L'appelant doit être acquitté ou condamné suivant les preuves produites pour ou contre lui.

Vu les art. 186 et 211 du code d'instruction criminelle ;

Attendu que, suivant l'art. 186, le prévenu qui ne comparaît pas doit être jugé par défaut, c'est-à-dire acquitté ou condamné, suivant les preuves produites contre lui ;

Que la disposition de cet article est rendue commune, par l'art. 211, aux juridictions d'appel ;

Que la non-comparution du prévenu appelant n'autorise donc pas le juge à tenir, sans examen, sa condamnation pour juste et à la confirmer par une sorte de congé-défaut inadmissible en cette matière ;

Et attendu que le demandeur ayant fait défaut devant le tribunal de Saint-Brieuc, ce tribunal a donné congé de l'appel relevé par lui, et, pour le profit, a confirmé le jugement de condamnation rendu en première instance, sans en vérifier les motifs ;

En quoi il a formellement violé les articles ci-dessus cités ;

Par ces motifs, la cour casse. — Ch. crim.

A. C. DU 9 DÉC. 1843, AFF. TOULOUSE.

La liquidation d'une pension, faite au profit d'un employé, règle définitivement conditions de la réversion au profit de sa veuve. En conséquence, lorsque celle-ci veut exercer son droit à la réversibilité elle n'est plus recevable à demander une liquidation nouvelle de la pension de son mari.

Considérant que la pension en jouissance de laquelle est décédé le sieur du Teil a été liquidée sous l'empire et par application de l'ordonnance du 12 janvier 1825, qu'elle lui a été accordée pour vingt-neufs ans quatre mois dix-sept jours de services civils dans la partie sédentaire de l'administration des forêts ;

Considérant que le sieur du Teil a touché les arrérages de cette pension sans avoir formé de recours contre la liquidation, dans les délais du règlement, et que, dès lors, les bases de cette liquidation étaient fixées irrévocablement ;

Considérant que la liquidation faite au profit d'un pensionnaire règle définitivement les conditions de la révision au profit de sa veuve ; que, dès lors, celle-ci n'est pas plus recevable à demander une liquidation nouvelle pour faire établir son droit à réversion ;

Considérant qu'aux termes de l'art. 15 de l'ordonnance du 12 janvier 1825, les veuves ont droit à la réversion des pensions de leurs maris, seulement lorsque ceux-ci ont acquis trente ans de services civils ;

Art. 1er. La requête de la dame veuve du Teil est rejetée.

A. C. DU 20 DÉC. 1843, AFF. MONS.

Il n'appartient point à l'autorité judiciaire d'apprécier un acte émané de l'autorité administrative et d'en fixer le sens lorsqu'il est incertain et douteux ; ce droit d'interprétation n'appartient qu'à l'autorité de laquelle il est émané.

Vu la loi du 24 août 1790, titre 11, art. 13, celle du 16 fructidor an III, et la loi 28 pluviôse an VIII :

Attendu qu'il n'appartient point à l'autorité judiciaire d'interpréter un acte d'autorité administrative et d'en fixer le sens, lorsqu'il est incertain et douteux ; que ce droit d'interprétation appartient exclusivement à l'autorité de laquelle cote est émané ;

Attendu que le résultat de la contestation portée devant la cour royale de Toulouse, par les héritiers de Saint-Didier, dépendait de la question de savoir au profit duquel, de Pierre Mons ou de la compagnie Dalté, avait été faite la liquidation du jury d'équité du département de l'Aude, en date du 20 septembre 17 ; que la cour royale de Toulouse avait elle-même reconnu qu'il existait, à cet égard, de l'incertitude, puisque, par son arrêt du 24 mai 1826, elle avait renvoyé les parties se pourvoir devant l'autorité administrative, pour faire fixer le sens de l'acte de liquidation dont il s'agit ;

Attendu que, pendant que cette question d'interprétation était encore soumise à l'autorité administrative, et lorsqu'une décision définitive n'était pas encore intervenue, la cour royale de Toulouse, sans s'arrêter à son précédent arrêt de sursis, a statué sur le fond de la contestation, et a, ainsi, préjugé la question de savoir au profit de qui, de Mons ou de la compagnie Dalté, la liquidation avait été effectuée ; qu'elle s'est, ainsi, livrée à l'interprétation d'un acte administratif, et qu'en cela elle a commis un excès de pouvoir, méconnu les règles qui fixent les attributions respectives des autorités administratives et judiciaires, qu'elle a notamment violé les lois précitées :

Par ces motifs la cour casse. — Ch. civ.

C. DU M. DE LA JUST. DU 1er JANV. 1844.

Dir. des aff. crim. et des grâces. 2e Bur.

Transactions.

Monsieur le procureur général, les administrations des douanes et des contributions indirectes sont autorisées, par les articles 1er et 2 de l'arrêté du 14 fructidor an X, et par l'article 23 de l'arrêté du 5 germinal an XII, à transiger, en tout état de cause, sur les procès relatifs aux contraventions aux lois qui régissent les perceptions dont elles sont respectivement chargées. Par suite de la jurisprudence de la cour de cassation, et notamment de deux arrêts rendus le 30 juin 1820, des doutes se sont élevés sur l'étendue et les limites de ce droit de transaction.

Afin de faire cesser ces doutes et de prévenir toute difficulté à l'avenir, mon département s'est concerté avec celui des finances, et je viens vous indiquer la marche à suivre dans les différents cas qui peuvent se présenter.

Quand l'une des deux administrations a transigé sur les faits de fraude ou de contrebande avant qu'il ait été statué par un jugement définitif, cette transaction arrête l'action publique, quelle que soit la nature de la peine applicable à la contravention. En conséquence, le magistrat auquel la transaction a été notifiée doit s'abstenir de poursuivre, si l'action n'est pas encore intentée ; requérir une ordonnance de non-lieu, s'il y a une instruction commencée ; et, enfin, demander le renvoi du prévenu des poursuites, si l'affaire est portée à l'audience.

Quand la transaction n'a lieu qu'après le jugement définitif, il faut distinguer entre les condamnations pécuniaires et les condamnations à l'emprisonnement. A l'égard des premières les administrations peuvent en faire remise totale ou partielle, en vertu du droit de transiger qui leur est accordé ; mais il en est autrement à l'égard des condamnations à l'emprisonnement. C'est au roi seul qu'il appartient de modérer ou de remettre les peines corporelles. Je soumettrai donc désormais à sa majesté des rapports sur toutes les condamnations à l'emprisonnement, en matière de contributions indirectes ou de douanes, qui paraîtront devoir être modifiées ; et comme, dans les affaires de cette nature, il est nécessaire d'obtenir très promptement la décision royale, voici le mode de procéder qui devra être suivi :

Toutes les fois que les agens des douanes et des contributions indirectes jugeront convenable de provoquer une remise ou une réduction de l'emprisonnement, ils en donneront avis au magistrat du ministère public près le tribunal ou la cour qui aura prononcé la condamnation définitive. Ce magistrat devra sur-le-champ me transmettre, avec les renseignements qui sont ordinairement demandés pour tous les recours en grâce, son avis sur le degré d'indulgence que le condamné lui paraîtra mériter. Il sera sursis provisoirement à l'exécution du jugement, si le condamné n'est pas détenu.

Je vous prie, monsieur le procureur général, de veiller à ce que cette circulaire soit exécutée, dans votre ressort, avec la plus grande exactitude. Je vous en transmets des exemplaires en nombre suffisant pour que vous puissiez en adresser à tous vos substituts près les tribunaux de première instance.

Vous voudrez bien m'accuser réception de cet envoi.

N. MARTIN (du Nord).

SUP. GÉN.

ARRÊT DU CONS. D'ÉT. (ORD.), DU 12 JANV. 1844, AFF. PHILIPPON.

En matière de pensions, la séparation de corps a son effet, à l'égard de la veuve, s'il n'est pas établi que le mari et la femme avaient repris la vie commune.

Vu la loi du 11 avril 1831, art. 20 ;

Sans qu'il soit besoin d'examiner la fin de non recevoir :

Considérant que l'art. 20 de la loi du 11 avril 1831 dispose qu'en cas de séparation de corps, la veuve d'un militaire ne peut prétendre à aucune pension ;

Considérant qu'il résulte de l'instruction, qu'une séparation de corps a été prononcée le 29 mai 1819, entre le sieur Philippon et la requérante ; que celle-ci ne justifie pas qu'au moment de la mort du sieur Philippon cette séparation eût cessé ; que dès lors, c'est avec raison que notre ministre de la guerre lui a refusé la pension qu'elle réclamait.

Art. 1er. La requête de la dame veuve Philippon est rejetée.

A. C. DU 8 MARS 1844, AFF. DAVID.

Toute opposition à un jugement par défaut, rendu en matière correctionnelle, doit être, à peine de nullité, formée dans les cinq jours de la signification du jugement.

En conséquence, les tribunaux ne peuvent, sans violer ces dispositions, admettre une opposition formée après l'expiration du délai ci-dessus, sous le prétexte que le prévenu était absent de son domicile lors de la signification du jugement, et qu'il avait conséquemment ignoré l'existence de la condamnation prononcée contre lui.

Est valable la signification du jugement faite au domicile habité par la femme du prévenu, bien que ce dernier n'y ait pas son habitation fixe et permanente.

Vu l'article 187 du Code d'instruction criminelle, portant que la condamnation par défaut sera comme non avenue, si dans les cinq jours de la signification qui en a été faite au prévenu ou à son domicile, celui-ci forme opposition à l'exécution du jugement et notifie son opposition au ministère public ;

Attendu que, dans l'espèce, le prévenu avait son domicile à Gap où résidait sa femme et où les « significations des actes de l'instruction et celle du jugement « par défaut ont été faites à la requête du ministère public ; »

Attendu que le jugement attaqué déclare ce fait de domicile, et que néanmoins, il a validé l'opposition faite par le prévenu, au jugement de condamnation intervenu contre lui, d'abord par le motif qu'étant absent, lors de cette signification il avait ignoré l'existence de cette condamnation, et surtout par cet autre motif qu'il ne résultait pas des débats que le lieu habité par la femme du prévenu pût être considéré comme un domicile unique, fixe et déterminé ;

Attendu, quant au premier motif, que le jugement attaqué a admis une exception au principe de l'article 187 du Code qui est conçu en termes absolus, et qui ferait disparaître les règles établies par la loi.

Attendu, quant au second motif, que le jugement attaqué n'a pu assimiler au cas où un individu, contre lequel des poursuites sont dirigées, n'aurait aucun domicile connu en France, celui où, comme dans l'espèce, il est reconnu et avoué que le prévenu avait un domicile ; que celui-ci n'avait pas son habitation fixe et permanente dans ce domicile, et s'il avait d'autres résidences, à raison de sa vie nomade, il n'avait pas perdu le domicile à lui assigné et par lui déclaré sur son opposition ; et que, par suite, la signification à lui faite du jugement de condamnation a fait courir le délai de l'opposition, puisqu'elle est régulière et légale ;

Par ces motifs, la cour casse. — Ch. crim.

A. C. DU 13 MARS 1844, AFF. MEUDIBURE. (Douanes).

Les amendes prononcées en matière de douanes n'ont pas un véritable caractère pénal ; elles sont une réparation civile du dommage causé à l'Etat par la fraude.

En conséquence, les tribunaux doivent toujours appliquer l'amende aux prévenus âgés de moins de 16 ans, bien qu'ayant agi sans discernement, et, dans ce cas, les parents des contrevenants encourent la responsabilité établie par l'art. 1384 du code civil.

Attendu que la matière des douanes est réglé par des lois spéciales portant avec elles leur sanction particulière, dont l'art. 484 du code pénal a prescrit aux cours et tribunaux la stricte observation ;

Que si cet article n'a pas reçu une acception trop absolue, en ce sens que le Code pénal dût être considéré comme complètement étranger aux matières de douanes, il a cependant toujours été reconnu que la loi générale devait céder devant la loi spéciale, et que là où celle-ci présentait une disposition elle devait être seule appliquée, quelque contraire qu'elle pût être au droit commun.

Attendu que les amendes, qui doivent être prononcées pour contraventions aux lois sur les douanes, n'ont pas un véritable caractère pénal ; qu'elles sont plutôt une réparation civile ; que cela résulte de la législation spéciale de la matière, notamment des dispositions des art. 1er du titre 5 et 20 du titre 13 de la loi du 22 août 1791, 8 du titre 3 de celle du 4 germinal an II, de l'arrêté du directoire exécutif du 25 thermidor an IV et de l'art. 56 de la loi du 28 avril 1816 ;

Qu'en ce qui touche cette dernière loi, il importe peu qu'on puisse dire que l'art. 56 précité a été expressément abrogé par l'art. 38 de la loi du 21 avril 1818 ; que cette abrogation prononcée seulement comme la conséquence de la suppression des cours prévôtales, dont les attributions passaient aux tribunaux correctionnels, n'a pas eu pour objet de changer le caractère de l'amende pour faits de douanes, tel que l'avait déterminé la loi de 1816, et même toutes celles antérieures en matière semblable, ni de faire que, de réparation civile qu'elle était, elle prit la nature d'une *peine* ; et que tout ce qui en est résulté est que l'amende, en tombant sous la juridiction correctionnelle, s'est trouvée rangée, par une exception au droit commun, dans la catégorie des *restitutions et des dommages-intérêts* dont l'art. 10 du Code pénal veut que la condamnation soit accessoire à celle de la peine ;

Et attendu, dans l'espèce, que, par le jugement correctionnel de Bayonne du 2 décembre 1841, confirmé en cette partie par l'arrêt attaqué, les prévenus ont été déclarés convaincus d'avoir, le 21 novembre précédent, introduit d'Espagne en France 11 kilogrammes de sel ; que cette contravention les rendait solidairement passibles de l'amende de 500 fr., et qu'en refusant d'en prononcer la condamnation sur le motif que l'amende était une *peine*, que cette peine ne pouvait être appliquée aux contrevenants, parcequ'ils étaient mineurs et avaient agi sans discernement, ce qui, aux termes des art. 1310 et 1384 du Code civil, ne les rendait pas moins responsables du fait sus-énoncé, ledit arrêt a méconnu les principes de la matière et formellement violé l'art. 41 de la loi du 28 avril 1816;

Attendu, au surplus, que la question sur laquelle la cour vient de prononcer est la seule dont les chambres réunies aient pu être légalement saisies, aux termes de la loi du 1er avril 1837, et que, sur les autres questions soulevées par le pourvoi de l'administration des douanes, la chambre criminelle n'a pas épuisé sa juridiction; que dès lors les parties auront à procéder devant elle;

La cour déclare n'y avoir lieu de prononcer quant à ce; et statuant au chef principal, casse et annule l'arrêt rendu par la cour royale d'Agen, chambre des appels de police correctionnelle, au profit de Jean-Baptiste Mendiboure et Jean Etchabé, le 23 juin 1842, mais seulement au chef qui rejette les conclusions de l'administration des douanes, afin de condamnation à l'amende de 500 fr. contre les prévenus, etc. — Ch. réunies.

A. C. DU 15 MARS 1844, AFF. RICOCHON.

Le cumul des peines n'est prohibé que relativement aux crimes ou délits. Il ne l'est pas lorsqu'il s'agit de contraventions; en conséquence, il doit être prononcé, contre le même individu, autant d'amendes qu'il y a eu de contraventions constatées à sa charge; mais, à l'égard de celles prévues et punies par le code pénal, les juges peuvent, en raison de circonstances atténuantes, n'appliquer au prévenu que le minimum de l'amende prononcée par la loi; ils ne peuvent l'abaisser au-dessous.

Vu l'art. 479, nos 11 et 12, l'art. 463 du Code pénal et l'art. 365 du Code d'instruction criminelle;

Attendu que le procès-verbal du garde champêtre et le jugement attaqué constatent, contre le sieur Ricochon, le fait d'avoir dégradé ou détérioré un chemin public, et le fait d'y avoir enlevé des gazons, lesquels faits sont prévus et punis, chacun d'une amende de 11 à 15 francs, par les nos 11 et 12 de l'art. 479 du Code pénal;

Attendu que l'art. 365 du Code d'instruction criminelle, qui interdit la cumulation des peines en cas de conviction de plusieurs crimes ou délits, ne s'applique pas aux simples contraventions; d'où il suit que chaque contravention déclarée constante doit être passible d'une peine spéciale;

Attendu que l'art. 463 du Code pénal, qui autorise et prescrit une diminution de peine en cas qu'il y ait des circonstances atténuantes, ne s'applique pas aux simples contraventions; et qu'ainsi la peine prononcée par la loi, pour les diverses classes de contraventions, doit toujours être appliquée par les tribunaux qui en sont saisis;

Attendu, en fait, que le jugement attaqué, après avoir déclaré des circonstances atténuantes en faveur de Ricochon, n'applique qu'une seule peine aux deux contraventions constatées, dont chacune était passible d'une peine séparée, et abaisse à 3 francs la réunion de deux peines, dont le minimum était de 11 francs, et qui, par conséquent, étant additionnelles, donnaient un minimum de 22 francs;

Attendu que, par conséquent, ledit jugement a faussement appliqué les art. 365 du Code d'instruction criminelle et 463 du Code pénal, et violé les paragraphes 11 et 12 de l'art. 479 du Code pénal;

Casse et annule. — Ch. crim.

ARR. DU CONS. D'ÉT. (ORD.) DU 26 AVR. 1844, AFF. CUBSAC.

La demande d'indemnité, formée par le fermier d'un bac supprimé, à raison de la construction d'un pont qui remplace ce bac, ne peut être utilement portée devant les tribunaux ordinaires; son appréciation est de la compétence du conseil de préfecture, et les tribunaux n'en peuvent connaître.

Vu la loi du 6 frimaire an VII; vu la loi du 28 pluviôse an VIII; vu la loi du 24 août 1790 et le décret du 16 fructidor an III; vu les ordonnances royales du 1er juin 1828 et du 12 mars 1831:

Considérant que la demande de la compagnie anonyme du bateau à manège de la Dordogne tend à obtenir une indemnité de l'État pour le dommage que ladite compagnie aurait éprouvé par suite de l'établissement du pont suspendu de Cubsac;

Qu'aux termes de l'art. 4 de la loi ci-dessus visée, du 28 pluviôse an VIII, c'est au conseil de préfecture qu'il appartient de prononcer sur les demandes de cette nature:

Art. 1er. L'arrêté de conflit pris, le 30 janvier 1844, par le préfet de la Gironde est confirmé.

Art. 2. Sont considérés comme non avenus l'exploit du 24 août 1843, le jugement du tribunal de première instance de Bordeaux du 23 janvier 1844, et les actes judiciaires qui auraient pu s'ensuivre, en ce qu'ils ont de contraire à la présente ordonnance.

A. C. DU 6 MAI 1844, AFF. DUPLESSIS (Domaines).

L'assignation en restitution de droits constitue une instance devant les juges compétents; en conséquence, elle a pour effet de suspendre la prescription.

La règle qui veut que toute instance soit déclarée périmée, pour discontinuation de poursuites pendant trois ans, est applicable aux instances engagées sur les demandes en restitution de droits; mais la péremption doit être expressément requise.

Attendu que, aux termes de l'art. 61 de la loi du 22 frimaire an VII, les prescriptions établies par cet article sont suspendues par les demandes signifiées et enregistrées avant l'expiration des délais, mais qu'elles sont acquises irrévocablement si les poursuites commencées sont interrompues pendant une année, sans qu'il y ait d'instance devant les juges compétents;

Attendu, dès lors, que toutes les fois qu'il y a eu instance portée devant les juges compétents, la prescription se trouve suspendue;

Attendu qu'une assignation en restitution de droits perçus, donnée devant le tribunal civil de l'arrondissement, constitue évidemment une instance devant les juges compétents; que l'assignation est l'exploit introductif de l'instance, et que celle-ci doit être considérée comme existante, dès que l'assignation a été donnée; qu'en effet, par l'assignation, le tribunal est saisi de la demande, et que, à défaut par le demandeur d'y donner suite, la partie assignée est en mesure de faire les diligences nécessaires pour qu'il soit statué;

Attendu, en fait, que, par un exploit en date du 5 février 1830, et avant que la prescription pût leur être opposée, les sieurs Duplessis et Bordet avaient assi-

gné l'administration de l'enregistrement devant le tribunal civil de la Seine, en restitution d'une partie des droits qu'ils prétendaient avoir été indûment perçus; que à la vérité, ils n'ont donné aucune suite à cette assignation, mais que, le 29 septembre 1840, Bordet a assigné l'administration en reprise de l'instance introduite par l'exploit du 5 février 1850;

Attendu qu'à l'époque de cette assignation, l'administration de l'enregistrement n'avait point demandé la péremption de l'instance introduite par le premier exploit, d'où il suit que l'instance a été valablement reprise par la seconde assignation:

Attendu qu'en décidant, dans cet état de la cause, que l'action de Bordet était éteinte par la prescription, le tribunal civil de la Seine a faussement appliqué l'art. 61 de la loi du 22 frimaire an VII, et violé les dispositions de cet article, ainsi que celle de l'article 399 du Code de procédure civile.

Par ces motifs, la cour casse. — Ch. civ.

A. C. DU 31 MAI 1844, AFF. DE CORNULIER.

En matière de simple police et en matière correctionnelle, les pourvois sont soumis aux mêmes règles que ceux formés en matière criminelle, et produisent les mêmes effets.

En conséquence, les jugements ou arrêts rendus en ces matières, avant faire droit, et n'ayant pas le caractère de jugements ou arrêts préparatoires ou d'instruction, peuvent être attaqués, par la voie du recours en cassation, avant le jugement ou l'arrêt définitif.

Ce recours est suspensif, et dès lors les tribunaux ne peuvent, sans violer l'art. 373 du code d'instruction criminelle, statuer sur le fond avant qu'il ait été statué sur le pourvoi.

Vu les articles 177, 216, 373 et 416 du Code d'instruction criminelle;

Sur le moyen tiré d'une violation de l'art. 373 précité;

Attendu que les recours en cassation, en matière de simple police et en matière correctionnelle, sont soumis aux mêmes règles que les recours en matière criminelle et doivent produire les mêmes effets;

Que si, en toute matière, ce recours n'est ouvert contre les arrêts préparatoires ou d'instruction qu'après l'arrêt définitif, il est ouvert utilement contre tous autres arrêts dans les trois jours de leur prononciation;

Que, dans ce cas, un tel pourvoi est essentiellement suspensif, et ne permet pas de donner aucune suite à la décision attaquée, tant qu'il n'a point été statué sur le pourvoi, sauf les exceptions écrites dans la loi;

Attendu, dans l'espèce, que les jugements et arrêts qui, sans s'arrêter à l'exception préjudicielle tirée d'un prétendu droit réel sur les terrains dont il s'agissait, et à la demande en sursis, avait ordonné qu'il serait plaidé au fond, loin d'être simplement préparatoires ou d'instruction, étaient définitifs en cette partie;

Qu'ils avaient donc pu être et qu'ils avaient été immédiatement attaqués par la voie du recours en cassation;

Et qu'il n'avait pas été statué sur ces pourvois lorsque, soit le tribunal de Nérac, soit la cour royale d'Agen, nonobstant une nouvelle demande en sursis, motivée cette fois sur l'existence actuelle de ces pourvois, ont statué sur le fond de la contestation;

Que, par là, l'arrêt attaqué a formellement violé les dispositions du paragraphe 4 dudit article 373 et commis un excès de pouvoir;

Par ces motifs, etc. — Ch. crim.

A. C. DU 6 JUIN 1844, AFF. DOMANCHIN. (Forêts.)

Les procès-verbaux qui constatent à la fois des contraventions et des menaces ou injures proférées contre les préposés, ne font foi jusqu'à inscription de faux que pour les contraventions seulement.

Les cours ou tribunaux jugeant en appel ne doivent pas, lorsqu'ils annulent des jugements pour toute autre cause que celle d'incompétence, renvoyer l'affaire devant les premiers juges; ils doivent la retenir et statuer au fond.

Il y a lieu de se pourvoir en règlement de juges, lorsque, par suite des décisions émanées de deux juridictions, il y a un conflit négatif qui interrompt le cours de la justice.

Vu la demande en règlement de juges, formée par le procureur du roi près le tribunal de première instance d'Epernay, dans le procès instruit contre Auguste Domanchin, âgé de quarante-neuf ans, vannier, prévenu de menaces de mort, sous condition, envers un garde forestier, agissant dans l'exercice de ses fonctions, délit prévu par l'art. 307 du Code pénal; vu les pièces jointes à ladite demande;

Attendu qu'il résulte des pièces du procès, que, le 10 novembre 1843, le garde forestier Hadière a constaté, par procès-verbal, que ledit jour il avait trouvé ledit Domanchin chassant à l'affût dans la forêt de Gault, appartenant à l'État; qu'à son approche cet individu a pris la fuite; mais que, se voyant poursuivi de près, il s'est retourné et a mis en garde en joue, et en lui disant: Recule, ou je te brûle la cervelle;

Attendu que, par suite de ce procès-verbal, Domanchin a été cité devant le tribunal de police correctionnelle d'Epernay, à la requête de l'administration forestière, pour le fait de chasse non autorisée dans une forêt de l'État, et à la requête du ministère public, pour le délit de menace de mort avec ordre;

Attendu que le procès-verbal du garde forestier faisait foi du fait de chasse jusqu'à inscription de faux; que le prévenu ne s'étant pas pourvu par cette voie contre le procès-verbal, a été condamné pour le fait de chasse, mais qu'il était admissible à la preuve contraire relativement au délit de menaces verbales de mort sans condition; qu'il l'a offerte à l'audience du 30 décembre 1843, en demandant la remise à huitaine de l'affaire pour faire citer les témoins; et que le tribunal correctionnel, se fondant sur ce que, aux termes de l'art. 154 in fine, du Code d'instruction criminelle, il est facultatif aux tribunaux d'admettre ou de ne pas admettre la preuve contraire aux procès-verbaux et rapports faits par des agents ou officiers auxquels la loi n'a pas accordé le droit d'en être crus jusqu'à inscription de faux; et sur ce que, en l'état, il ne pouvait être à propos ni utile d'admettre la preuve contraire offerte par Domanchin, a refusé la remise demandée et ordonné qu'il serait procédé et passé outre;

Attendu que Domanchin ayant interjeté appel de ce jugement, le tribunal correctionnel lui a donné acte de cet appel, et a sursis à statuer;

Attendu que, sur ledit appel, le tribunal supérieur de Reims, par jugement du 16 février 1844, a infirmé le jugement précité par le motif que, si les premiers juges pouvaient, en droit, d'après l'art. 154 du Code d'instruction criminelle, refuser d'admettre la preuve contraire, il n'y avait pas lieu, fait, dans l'espèce, à user par eux de cette faculté;

Attendu que le tribunal supérieur de Reims a, en même temps, décidé qu'il n'y ait pas lieu à évoquer le fond, et qu'il a, par suite, renvoyé la cause et le prévenu devant les premiers juges pour être statué sur l'action du ministère public;
Attendu que le tribunal correctionnel d'Epernay saisi de nouveau, en vertu de renvoi, s'est déclaré incompétent par jugement du 20 avril 1841, par le motif qu'il résulte des dispositions combinées des art. 202 du Code de brumaire an IV, de la loi du 29 avril 1806, 212, 213, 214 et 215 du Code d'instruction criminelle, que, lorsque le tribunal supérieur infirme un jugement pour autre cause que celle d'incompétence, ainsi que cela a eu lieu dans l'espèce, il doit retenir la cause et statuer sur le fond;
Attendu que ce jugement n'a point été attaqué par la voie de l'appel, et que le procureur du roi près le tribunal supérieur de Reims a formellement renoncé au droit qui lui appartenait d'en interjeter appel; que, par conséquent, ce jugement a acquis la force de chose jugée; qu'il en est de même du jugement du tribunal supérieur de Reims du 16 février 1844, contre lequel il n'a pas été formé de pourvoi en cassation;
Attendu qu'il résulte de la contrariété de ces décisions un conflit négatif qui interrompt le cours de la justice qu'il importe de rétablir;
Vu les articles 526 et suivants du Code d'instruction criminelle sur les règlements de juges, 212, 213, 214 et 215 du même Code;
La cour faisant droit sur la demande en règlement de juges dont il s'agit, et réglant de juges;
Attendu qu'il résulte des dispositions combinées des articles précités du Code d'instruction criminelle que lorsque, sur l'appel d'un jugement d'un tribunal de police correctionnelle, l'annulation de ce jugement est prononcée par le tribunal supérieur, pour autres causes que celles d'incompétence, les juges d'appel doivent retenir l'affaire et statuer sur le fond;
Attendu que, dans l'espèce, le tribunal d'appel de Reims n'a pas réformé le jugement du tribunal de police correctionnelle d'Epernay pour cause d'incompétence, mais seulement pour mal jugé, en ce que ce tribunal a rejeté la demande faite par Domanchin d'une remise à huitaine, à l'effet de faire par témoins la preuve contraire aux faits contre lui constatés par le procès-verbal du garde forestier; que, par conséquent, ledit tribunal d'appel ne devait pas, ainsi qu'il l'a fait, renvoyer l'affaire devant le tribunal de police correctionnelle d'Epernay, dont la juridiction se trouvait épuisée, mais qu'il devait, au contraire, retenir cette affaire pour la juger au fond;
Sans s'arrêter au jugement du tribunal de police correctionnelle de Reims du 16 février 1844, jugeant en appel de police correctionnelle, lequel sera considéré comme non avenu;
Renvoie Auguste Domanchin, en l'état où il se trouve, et les pièces du procès, devant la cour d'appel de Paris, chambre des appels de police correctionnelle, pour être, par ladite cour, procédé et statué conformément à la loi sur l'appel interjeté par ledit Domanchin du jugement rendu par le tribunal de police correctionnelle d'Epernay, le 20 décembre 1843;
Ordonne. — Ch. crim.

A. C. DU 14 JUIN 1844, AFF. MARCELLIN.

Une ordonnance portant fixation d'un tarif de droit de péage doit être rendue, conseil d'Etat entendu.

Attendu, en fait, qu'il résulte du procès-verbal régulier que, le 16 février dernier, le demandeur s'est refusé à payer le droit de péage établi sur le pont de bateaux situé sur le Rhône, dans la commune d'Arles, par ladite ordonnance du 14 décembre 1834; qu'il motiva son refus sur ce que ladite ordonnance n'était point légalement faite, et par suite, n'était pas obligatoire; et que, poursuivi devant les tribunaux de simple police, à raison de ce refus, considéré comme une contravention à ladite ordonnance, le prévenu a été condamné sur le fondement que cette ordonnance est essentiellement obligatoire;
Mais attendu, en droit et en premier lieu, que, pour l'application de l'article 471, paragraphe 15, du Code pénal, que les règlements émanés de l'autorité administrative soient légalement faits, et que les tribunaux n'excèdent point les limites de leur compétence lorsque, sans annuler des actes administratifs, ils refusent d'appliquer, à titre de sanction pénale, les dispositions dudit paragraphe 15 dudit article 471 aux contraventions envers des actes de cette nature, lorsqu'ils ne sont pas légalement faits;
Et qu'on ne peut pas dire qu'une ordonnance royale, qui a dû être rendue dans la forme d'un règlement d'administration publique, telle que cette forme a été réglée par l'article 54 de l'acte constitutionnel du 22 frimaire an VIII, c'est-à-dire conseil d'Etat entendu, soit obligatoire, si elle est rendue dans une toute autre forme, par exemple, sur le seul rapport d'un ministre à département.
Que cela est vrai, surtout lorsqu'il s'agit d'un impôt dont la fixation a été déléguée au gouvernement, sous certaines conditions, par le pouvoir législatif, seul en droit de consentir les impôts;
Attendu, en deuxième lieu, qu'il résulte clairement des articles combinés, 9, 10 et 11 de la loi du 14 floréal an X, que le gouvernement qui devait, pendant dix ans, déterminer le nombre et la situation des bacs ou bateaux de passage, et fixer le tarif de chaque bac dans la forme arrêtée pour les règlements d'administration publique, devait suivre la même forme quand il userait du droit à lui conféré par l'article 10, d'autoriser l'établissement de ponts à entreprendre par des particuliers, et de fixer le tarif de la taxe à percevoir sur ces ponts;
Que ces mots de l'art. 10, dans la même forme, s'appliquent plus nécessairement à la fixation du tarif qu'à l'autorisation d'établir;
Que cette interprétation est de plus en plus fortifiée par les dispositions de l'article 124 de la loi des finances du 25 mars 1817, qui, en continuant au gouvernement l'autorisation donnée par les articles précités de la loi du 14 floréal an X, pour l'établissement des ponts, ajoute : Il fixera le tarif et le mode de perception dans la forme usitée pour les règlements d'administration publique, et par l'article 5 de la loi de finances du 24 mai 1834, autorisant la continuation de la perception des droits de péage, qui seraient établis conformément à la loi du 4 mai 1802;
Attendu, néanmoins, que ce fut cette même année, et le 14 décembre 1834 que, par suite de l'expiration de la concession du droit de péage, qui remontait au 25 prairial an XII, une ordonnance royale, celle dont le maire d'Arles poursuit, dans la cause, exécution contre ledit Marcellin, dispose en ces termes : «L'ancien tarif arrêté par le gouvernement, le 25 prairial an XII, pour la perception du droit de péage ou passage du pont de bateaux établi sur le Rhône, est et demeure abrogé; à l'avenir, ces droits seront perçus conformément au tarif annexé à la présente ordonnance.»
Mais que cette ordonnance, portant fixation d'un nouveau tarif, n'a été rendue que sur le rapport du ministre des finances, sans que le conseil d'Etat ait été entendu;
Qu'elle n'est donc pas revêtue des formes voulues par la loi; d'où la conséquence que le demandeur a pu se refuser à son exécution, et qu'en l'y contrai-

gnant, le jugement attaqué a faussement appliqué l'article 471, paragraphe 15, du Code pénal, à un fait qui ne constituait aucune contravention;
Par ces motifs, et sans qu'il soit nécessaire de statuer sur le moyen tiré d'une prétendue fausse application de l'article 56 de la loi du 6 frimaire an VII, la cour casse et annule le jugement rendu dans la cause, par le tribunal de Tarascon, jugeant correctionnellement et en appel d'un jugement du tribunal de simple police, le 19 mars dernier, et ce, sans renvoi. Ch. civ.

A. C. DU 21 JUIN 1844, AFF. PELLETIER.

En thèse générale, aucune disposition ne consacre le droit de former opposition aux arrêtés de la cour de cassation rendus en matière criminelle.
L'opposition à un arrêt de cette nature ne pourrait être reçue qu'autant que la notification du pourvoi, prescrite par l'art. 418 du code d'instruction criminelle, n'aurait pas été faite.

Attendu que l'article 418 du c. d'inst. crim. ne s'est pas borné à imposer l'obligation de notifier le pourvoi en cassation dans les cas qu'il a prévus, et qu'il a déterminé les délais et les formes de cette notification;
Attendu que cette disposition a évidemment pour but de mettre la partie contre laquelle le pourvoi est dirigé, en demeure de présenter ses moyens à l'appui de l'arrêt attaqué;
Attendu que les articles 528 et 545 n'admettent le droit d'opposition, en matière de règlement de juges ou de demandes en renvoi, qu'au cas où il n'y a pas eu communication préalable de ces demandes;
Attendu que la notification prescrite par l'art. 418 précité, ayant le même but que cette communication, doit produire les mêmes effets;
Attendu que le droit d'opposition n'est d'ailleurs autorisé par aucune disposition du chapitre du même Code, relatif aux demandes en cassation, qu'il ne saurait être admis, en vertu des principes généraux du droit, qu'autant qu'il n'y aurait pas eu notification du pourvoi; qu'autrement, n'étant soumis à aucune règle, ni subordonné à aucune condition, il mettrait obstacle à l'expédition rapide des affaires criminelles, contrairement à l'esprit de la législation, rendu manifeste par les articles 425 et 426 précités, dont l'un fixe les délais dans lesquels il doit être statué sur les recours en cassation et dont l'autre affranchit cette nature de demande de la nécessité d'un arrêt préalable d'admission;
Attendu que si, en matière civile, le droit d'opposition existe, il est réglé par le titre 2 du règlement du 28 juin 1738, et renfermé dans les limites que ce règlement a tracées;
Attendu que, dans l'espèce, le pourvoi du ministère public près le tribunal de simple police du canton de Saint-Denis, contre le jugement du tribunal du 1er mars 1814, a été régulièrement notifié, le 4 du même mois, aux sieurs Pelletier, Sulau, Pinson, Thierry, Chartier, Durieux et Dufour; qu'ils ont, par conséquent, été ainsi mis en demeure d'intervenir en temps utile dans l'instance dudit pourvoi; d'où il suit que l'arrêt intervenu, le 28 mars 1844, est définitif.
Par ces motifs, la cour rejette. — Ch. crim.

A. C. DU 22 JUIN 1844, AFF. X.

L'état de récidive ne peut être déterminé que d'après une précédente condamnation passée en force de chose jugée. En conséquence, l'aggravation de peine ne saurait être appliquée à un prévenu en raison d'un jugement rendu précédemment contre lui, par défaut, et auquel il aurait formé une opposition non encore vidée.

Sur le deuxième moyen tiré de la fausse application de la récidive et de la fausse application de l'art. 89 de la loi du 22 mars 1831;
Vu le dit article 89;
Attendu qu'il n'y a de récidive légale qu'après une première condamnation définitive et passée en force de chose jugée.
Attendu que le demandeur cité devant le conseil de discipline, pour deux manquements des 28 juillet et 24 août 1843, et condamné par défaut, à raison de ces manquements, à quarante-huit heures de prison, n'a pu, sur l'opposition par lui formée à ce jugement, et sur le fondement de deux nouveaux manquements, des 26 novembre et 9 décembre 1843, être condamné à une peine excédant deux jours de prison, maximum fixé par l'art. 89 précité, puisqu'il n'était pas en récidive;
Par ces motifs, la cour casse. — Ch. crim.

A. C. DU 22 JUIN 1844. AFF. PRESLE-DUPLESSIS.

Le fait d'avoir adressé une lettre injurieuse à un fonctionnaire public ne constitue pas le délit prévu par l'art. 222 du code pénal, ou par toute autre loi, si cette lettre n'a reçu aucune publicité.

Attendu qu'il s'agissait dans la cause d'expressions outrageantes adressées au maire d'une commune, dans une lettre missive qui ne devait être connue que du magistrat lui-même, et qui n'avait reçu aucune publicité avant l'action intentée contre l'inculpé;
Que des expressions outrageantes adressées de cette manière à un fonctionnaire public ne rentrent ni dans les prévisions de l'art. 222, ni dans celle d'aucune autre loi pénale, et ne constituent, conséquemment, ni crime, ni délit;
Attendu, dès lors, que le tribunal de Niort a pu, comme il l'a fait, prononcer le relaxe du prévenu des fins de la plainte, aux termes de l'art. 191 du Code d'instruction criminelle;
La cour rejette le pourvoi. — Ch. crim.

A. C. DU 15 JUILL. 1844, AFF. J. DENACLARE. (DOUANES).

Un procès-verbal de contravention aux lois sur les douanes n'est pas nul parce que la copie ne serait signée que d'un seul préposé, lorsqu'au moment où, étant présentée à la signature des autres verbalisants, un tiers s'est emparé furtivement de cette copie en présence du prévenu, qui s'est enfui aussitôt avec lui.
Lorsqu'un procès-verbal est divisé en deux parties, il est régulièrement affirmé, si la mention de l'affirmation s'applique à l'ensemble du rapport. Il n'est pas nécessaire qu'il y ait autant de mentions d'affirmation que de parties du procès-verbal.

Vu les art. 1, 10 et 11 de la loi du 9 floréal an VII :
Attendu que les procès-verbaux constatant des contraventions aux lois sur les

douanes doivent être dressés, signés et affirmés par deux des préposés, au moins, à peine de nullité (art. 1 et 10 précités) ;

Attendu qu'il s'agit de savoir si ces formalités ont été remplies dans l'espèce ;

Attendu que l'original représenté du rapport en deux parties du 21 septembre 1840, est signé à la fin de chacun des deux contextes par les trois préposés saisissants ;

Attendu qu'il est également constaté qu'après la lecture faite au défendeur du procès-verbal de contravention, et au moment où la copie, signée seulement de l'un des préposés, était présentée à la signature des deux autres, Jean Denaclare s'est emparé furtivement de ladite copie en présence du défendeur, qui a pris la fuite avec ledit Jean Denaclare ;

Attendu que la copie de la seconde partie du rapport a été affichée à la porte extérieure du bureau ainsi que le prescrit l'article 6 de la loi précitée du 9 floréal an VII, un cas d'absence du prévenu ;

Attendu que la mention d'affirmation signée par le juge de paix et par deux des préposés qui avaient instrumenté, s'applique à l'ensemble du procès-verbal divisé en deux contextes ;

Attendu que, d'une part, si la copie enlevée par Jean Denaclare n'a été signée que par un des préposés, c'est par un fait indépendant de la volonté des employés des douanes, fait auquel le défendeur n'est pas resté étranger ;

Attendu que les préposés ont fait tout ce qui était en leur pouvoir pour se conformer à la loi, et qu'on ne peut exciper, en faveur du défendeur, de l'obstacle apporté, dans son intérêt, à l'apposition des signatures requises sur la copie ;

Attendu, d'autre part, que l'affirmation a été régulière, et s'applique aux deux parties du procès-verbal, d'où il suit qu'en prononçant la nullité du rapport du 21 septembre 1840, en infirmant le jugement rendu le lendemain par le juge de paix du canton de Saillagousse, en déchargeant par suite le défendeur des condamnations contre lui prononcées, le jugement attaqué a faussement appliqué les art. 1 et 10, et expressément violé l'art. 11, titre 4 de la loi du 9 floréal an VII ;

La cour casse. — Ch. crim.

A. C. DU 10 AOUT 1844, AFF. LANUIT.

Le recours en cassation n'est admissible en matière criminelle, correctionnelle ou de simple police, que contre les jugements rendus en premier et dernier ressort, et contre ceux rendus sur appel.

En conséquence, un jugement correctionnel rendu en première instance, et à l'égard duquel le délai d'appel est expiré, n'est pas susceptible d'être déféré à la cour de cassation.

Attendu qu'aux termes de l'article 407 du Code d'instruction criminelle, le recours en cassation n'est permis que contre les jugements et arrêts rendus en dernier ressort ;

Qu'en parfaite harmonie avec cette règle, l'art. 177 en matière de simple police et l'art. 216 en matière correctionnelle n'autorisent le recours en cassation que contre les jugements rendus en premier et dernier ressort, et contre ceux qui ont été rendus sur appel ;

Et attendu que, par un jugement du tribunal correctionnel de Châteauroux, du 4 juillet 1844, Marie Lanuit avait été condamnée à deux années d'emprisonnement, à 300 fr. d'amende et autres peines accessoires ; que ce jugement était en premier ressort, conséquemment susceptible d'être attaqué par la voie de l'appel et non par la voie de cassation ; que, si la demanderesse a laissé écouler les délais de l'appel sans user de cette faculté, c'est par son fait qu'elle l'a perdue, et que le jugement a acquis l'autorité de la chose jugée ; mais que le pourvoi en cassation formé, le 15 juillet, contre ce même jugement n'est pas recevable ;

Par ces motifs, la cour rejette. — Ch. crim.

ARR. DU CONS. D'ÉT. (ORD), DU 28 AOUT 1844, AFF. MAGNY.

C'est à l'autorité administrative qu'il appartient d'interpréter le sens d'un acte portant concession d'un pont avec péage.

Cette interprétation doit avoir lieu avant qu'il soit statué par l'autorité judiciaire sur le fond de la contestation.

Le conflit est valablement élevé en appel dans la quinzaine du jugement qui a rejeté le déclinatoire, lorsqu'il n'en a pas été proposé en première instance.

En ce qui touche la régularité des conflits : — Considérant que le déclinatoire a été proposé, pour la première fois, devant le tribunal correctionnel de Nevers, et que le conflit a été élevé dans la quinzaine du jugement qui rejette ce déclinatoire :

En ce qui touche la compétence : — Considérant que, aux termes de la loi du 6 frimaire an VII, l'autorité judiciaire était compétente pour prononcer sur l'atteinte que le sieur Ruiz prétendait avoir été portée par le sieur Magny aux droits de péage qui lui ont été concédés ; mais que l'administration, étant intervenue au procès, a pris fait et cause pour le sieur Magny, et a soutenu que, d'après les actes de la concession faite au sieur Ruiz, elle a pu autoriser le sieur Magny à ne pas se servir du pont pour le transport des matériaux ; que, dans ces circonstances, il y avait lieu de faire préalablement interpréter lesdits actes de concession, et que cette interprétation ne peut être donnée que par nous, en notre conseil d'Etat :

Art. 1er. L'arrêté de conflit pris, le 11 juillet 1844, par le préfet de la Nièvre, est confirmé, en tant qu'il revendique pour l'autorité administrative l'interprétation préalable des actes de concession du pont de Fourchambault. Il est annulé pour le surplus.

« Art. 2. Sont considérés comme non avenus l'exploit introductif d'instance du 13 octobre 1843, les jugements rendus par le tribunal de police de Pougues, les 20 décembre 1843 et 10 janvier 1844 ; l'acte d'appel du 19 mars 1844 et le jugement rendu par le tribunal correctionnel de Nevers, le 3 juillet 1844 ; en ce qu'ils ont de contraire à la présente ordonnance. »

A. C. DU 20 SEPT. 1844, AFF. BIANCO.

Un jugement en dernier ressort qui, après avoir admis une opposition formée contre un jugement par défaut, renvoie la cause à huitaine pour statuer sur le fond, ne doit pas être considéré comme préparatoire ou d'instruction ; il a le caractère de jugement définitif, et peut, en conséquence, être attaqué par la voie de recours en cassation avant le jugement qui doit statuer sur le fond.

Lorsqu'un prévenu est absent, et sans domicile ni résidence connus, il doit être procédé, à son égard, conformément aux dispositions des § 8 et 9 de l'art. 69 du code de procédure civile.

Dans ce cas, le délai pour former opposition à un jugement par défaut ne court

que du jour de la notification qui en a été faite dans la forme ci-dessus indiquée.

Une cour ou un tribunal d'appel qui réforme un jugement pour tout autre motif que l'incompétence, doit retenir la cause et statuer au fond.

La cour, statuant sur le pourvoi formé le 3 août dernier contre un jugement rendu la veille par le tribunal de première instance de Valence, jugeant correctionnellement et sur appel, lequel jugement, infirmant celui du tribunal correctionnel de Die, du 8 juillet précédent, déclare recevable l'opposition formée par le nommé Bianco fils, Piémontais, contre un jugement de défaut dudit tribunal de Die, du 5 septembre 1842, et continue la cause à huitaine sur le fond ;

Vu les mémoires respectivement produits par le procureur du roi près le tribunal de Valence, demandeur, et par ledit Jean Bianco, défendeur au pourvoi ;

Sur le moyen tiré par ce dernier, de ce que le pourvoi serait prématuré et non recevable d'après les dispositions de l'art. 416 du Code d'instruction criminelle ;

Attendu qu'un jugement qui déclare valable une opposition envers un jugement de défaut, et continue la cause à huitaine pour être statué au fond, n'est pas seulement préparatoire et d'instruction ; qu'il est définitif quant au chef qui statue sur la recevabilité de l'opposition ; qu'ainsi le pourvoi dirigé contre ce chef est ouvert et recevable avant le jugement définitif ;

Sur le second moyen tiré par le demandeur d'une prétendue violation de l'art. 187 du Code d'instruction criminelle, et d'une fausse application de l'art. 69 du Code de procédure civile ;

Attendu, en droit, que, pour faire courir les délais de l'opposition envers un jugement de défaut, la notification de ce jugement doit être régulière ; qu'elle doit être faite au prévenu ou à son domicile ; que si le prévenu est absent, sans domicile et sans résidence connus, il faut procéder conformément aux dispositions, soit du § 8, soit du § 9 de l'art. 69 du Code de procédure civile, qui, dans le silence du Code d'instruction criminelle, régissent même la procédure criminelle ;

Attendu qu'il résulte, en fait, du jugement attaqué, que Bianco, Piémontais, n'avait point de domicile légal en France ; qu'il ne résidait plus dans la commune de Baurière, à l'époque de l'assignation et surtout de la notification du jugement de défaut ;

Attendu, dès lors, qu'au lieu d'être remises au maire de la commune de Baurière les copies destinées audit Bianco auraient dû être affichées à la porte principale de l'auditoire où la demande était portée, et, de plus, données au procureur du roi près ledit tribunal ; et que les notifications faites sur le fondement des dispositions de l'art. 68 n'ont pu faire courir contre Bianco le délai de l'opposition, ce qui rendait recevable celle faite avant une nouvelle et plus régulière notification ;

Sur le moyen tiré aussi par le demandeur d'une prétendue violation de l'art. 215 du code d'instruction criminelle et de la prétendue violation de la règle des deux degrés de juridiction ;

Attendu que, lorsque, sur l'appel d'un jugement correctionnel, l'annulation de ce jugement est prononcée, pour autre cause que l'incompétence à raison du délit ou de la résidence du prévenu, les juges d'appel doivent retenir l'affaire et statuer sur le fond, et que le tribunal de Valence a été d'autant plus autorisé à procéder ainsi dans l'espèce, que le tribunal de Die, compétemment saisi, et qui n'était pas contesté, avait, par son jugement de défaut, et le jugement contradictoire, déclaré non recevable l'opposition envers ce jugement, épuisé sa juridiction et le premier ressort.

Par ces motifs, la cour rejette. — Ch. crim.

A. C. DU 7 NOV. 1844, AFF. MARGUERITE B ***.

Les condamnations à des dommages-intérêts alloués à la partie civile, par les cours d'assises, contre des prévenus, après leur acquittement, sont réputées prononcées en matière civile.

En conséquence, un pourvoi en cassation contre un arrêt de ce genre donne lieu, à peine de déchéance, à la consignation d'une amende de 150 fr. prescrite par l'art. 419 du code d'instruction criminelle, et le défaut de justification de consignation fait encourir au demandeur en cassation la condamnation à la dite amende.

Lorsque la condamnation à des dommages-intérêts a été prononcée solidairement contre plusieurs individus, il n'y a lieu, en cas de déchéance du pourvoi qu'ils ont formé en commun, de prononcer contre eux qu'une seule amende.

Attendu, en droit, que l'art. 420 du c. d'inst. crim. ne dispense de la consignation d'amende que les condamnés en matière criminelle ;

Attendu, en fait, qu'Antoine M. et consorts, nonobstant l'acquittement prononcé à leur profit, de l'accusation portée contre eux du crime de tentative de viol sur la personne de Marguerite B., institutrice, ont été condamnés, par arrêt de la cour d'assises du Gard, solidairement et par corps, au remboursement des frais du procès et en 3,000 francs de dommages-intérêts ; et que ledit arrêt a fixé la durée de la contrainte par corps à cinq ans, par application des art. 53 et 55 du c. pén. et des art. 3 et 366 du c. d'inst. crim. ;

Attendu que ces condamnations, quoique intervenues à la suite d'une poursuite criminelle devant une cour d'assises, après l'acquittement des accusés, sont en réalité prononcées en matière civile, puisqu'elles ne s'appliquent qu'aux intérêts civils de la partie lésée, et que la demande en dommages-intérêts dont il s'agissait, si elle n'eût pas été soumise à la cour d'assises accessoirement à une poursuite criminelle, aurait pu être portée devant les tribunaux civils ordinaires ; que, dès lors, les demandeurs en cassation susnommés, condamnés en matière civile, étaient tenus, aux termes des art. 419 et 420 du c. d'inst. crim., de justifier, à l'appui de leur pourvoi, de la quittance de consignation d'amende ou des pièces supplétives propres à en tenir lieu ; mais qu'ils n'ont fait ni l'une ni l'autre de ces justifications devant la cour, et qu'ils ont, par conséquent, encouru la déchéance et la condamnation à l'amende prononcée par l'art. 419 ; que cependant il n'y a lieu de prononcer, contre les quatre demandeurs en cassation qu'une seule amende, attendu que la condamnation à des dommages-intérêts contre laquelle ils se sont pourvus, a été prononcée solidairement contre eux, et qu'ils n'ont, par conséquent, qu'un seul et même intérêt ;

Par ces motifs, la cour déclare lesdits M. et consorts déchus du pourvoi en cassation par eux formé conjointement, et par un seul et même acte, contre l'arrêt de la cour d'assises du département du Gard du 10 août 1844, qui les a condamnés en 3,000 fr. de dommages-intérêts ; en conséquence, déclare qu'il n'y a lieu de statuer sur ledit pourvoi, qui est et demeure comme non avenu ; les condamne solidairement à l'amende de 165 francs envers le trésor public, subvention comprise. — Ch. crim.

A. C. DU 27 NOV. 1844, AFF. BLOT.

Les charbons consommés, à l'intérieur des villes, dans les établissements industriels, pour la préparation des produits destinés au commerce général, sont exempts des droits d'octroi.

Attendu qu'aux termes de l'article 148 de la loi du 28 avril 1816, ne peuvent être soumis aux droits d'octroi que les objets destinés à la consommation locale , et qu'il ne doit être fait exception à cette règle que dans des cas extraordinaires et en vertu d'une loi spéciale ;

Que, par ces mots : *consommation locale*, expliqués, d'ailleurs, par la législation antérieure, et notamment par l'ordonnance royale du 9 décembre 1811 (art. 11) on ne doit entendre que les objets destinés à satisfaire les besoins des habitants du lieu sujet, et non ceux qui doivent être consommés dans les établissements industriels pour la préparation des produits destinés au commerce général ;

Que l'ordonnance royale approbative du tarif de la ville de Douai a interprété en ce sens la loi de 1816, puisqu'elle a reconnu en principe qu'il y avait lieu d'affranchir des droits d'octroi les charbons destinés à l'alimentation des usines établies dans la ville de Douai, et dont les produits sont versés dans le commerce général; que, néanmoins, elle a suspendu l'application de ce principe pendant plusieurs années, et soumis, par ce moyen, au paiement du droit d'octroi des denrées qui n'étaient pas destinées à la consommation locale; qu'en cela, l'ordonnance dont il s'agit a statué sur un objet qui ne pouvait être réglé que par une loi spéciale; qu'en le jugeant ainsi, et en déclarant que les charbons introduits dans la ville de Douai par le sieur Blot devaient jouir immédiatement de l'affranchissement, le jugement attaqué s'est conformé à la disposition de l'article 148 de la loi du 28 avril 1816;

La cour rejette. — Ch. des req.

ARR. DU CONS. D'ÉT. (ORD.), DU 6 DÉC. 1844, AFF. CAUDON.

Les adjudications faites au nom de l'Etat ne sont définitives qu'après l'approbation du ministre compétent.

L'appréciation des circonstances qui déterminent le ministre à ne pas approuver de semblables adjudications est un acte purement administratif, lequel n'est pas de nature à être déféré au conseil d'Etat par la voie contentieuse.

Considérant qu'aux termes de l'art. 11 de l'ordonnance du 4 décembre 1836, les adjudications ne sont valables et définitives qu'après l'approbation du ministre compétent ; que cette disposition a été reproduite par l'art. 12 du cahier des charges, et que, dès lors, notre ministre des finances, en refusant d'approuver l'adjudication passée le 11 août 1843, n'a fait qu'user d'un droit qui lui appartenait;

Considérant que l'appréciation des circonstances qui peuvent déterminer le ministre à refuser son approbation, est un acte purement administratif, qui n'est pas de nature à nous être déféré par la voie contentieuse ;

Art. 1er. La requête du sieur Candon est rejetée.

Note du Mém. Il est évident que le principe consacré par cette ordonnance serait applicable aux adjudications d'octrois et de bacs.

A. C. DU 9 DÉC. 1844, AFF. TOULOUSE.

L'art. 47 du décret du 1er germinal an XIII n'accorde de privilège à la régie, pour le recouvrement des droits, que sur les meubles et objets mobiliers appartenant aux redevables; il ne porte pas atteinte au droit de propriété des tiers, lorsque ce droit est légalement constaté.

En conséquence est nulle la saisie opérée à la requête de la régie, pour le recouvrement des droits, de voitures louées à des entrepreneurs de messageries et affectées au service de leur entreprise, lorsque ces voitures sont revendiquées par leur propriétaire qui justifie de son droit de propriété.

Attendu que si l'art. 47 du décret du 1er germinal an XIII a eu pour but de déterminer la position de la régie vis-à-vis des créanciers venant en concurrence avec elle, il n'a pu ni voulu porter atteinte au droit de propriété, lorsque ce droit, revendiqué par des tiers de bonne foi, est également constaté ;

La cour rejette. — Ch. des req.

Nota. — Le jugement confirmé présentait les considérants suivants:

« Attendu que l'art. 47 du décret du 1er germinal an XIII n'accorde de privilège « à la régie que sur les meubles et objets mobiliers appartenant aux comptables « et redevables ; que cet article a pour objet de déterminer la portion de la régie « vis-à-vis des créanciers venant en concurrence avec elle, et de lui donner la « préférence, mais ne se prononce en aucune façon sur les droits des tiers pro-« priétaires, etc. »

ARRÊT DE LA COUR D'AMIENS, DU 12 DÉC. 1844, AFF. DEHÉE.

La fabrication d'un brassin de bière forte ne peut être considérée comme achevée tant que les réserves de métiers destinées à alimenter la chaudière de décoction n'y sont pas entrées complétement.

Considérant que, d'après les termes de l'article 8 de la loi du 1er mai 1822, entendus dans le sens qui leur appartient, la fabrication de la petite bière ne peut commencer qu'autant qu'il a été préalablement fabriqué un même drèche un brassin de bière forte pour lequel cette drèche ait subi au moins deux trempes ;

Attendu que la fabrication du brassin de bière forte ne peut être considérée comme achevée tant que les réserves de métiers destinées à alimenter la chaudière de cuite n'y sont pas entrées tout entières ;

Attendu que, la régie des contributions indirectes considérant la fabrication de la forte bière comme complète quand les réserves ont été entièrement employées, l'obligation pour les brasseurs d'attendre jusqu'à ce moment pour jeter la première trempe de petite bière n'a pour effet d'anéantir par une impossibilité matérielle le droit que la loi leur donne de fabriquer cette dernière;

Attendu, en effet, qu'il est établi et reconnu au procès que la rentrée des réserves dans la chaudière de cuite peut être entièrement effectuée après six heures d'ébullition, c'est-à-dire sept à huit heures au plus après la dernière trempe de forte bière, la drèche restée dans la cuve peut, sans inconvénient, y attendre pendant un temps au moins égal la première trempe de petite bière ;

Attendu, en fait, que, par procès-verbal du 16 mai dernier, les employés de la régie ont constaté que, ledit jour, à cinq heures un quart du matin, ils ont trouvé chez Dehée-Delaporte, brasseur à Doullens, les chaudières nos 1 et 2 simultanément en ébullition et renfermant deux brassins en cours de fabrication, l'un de forte bière et l'autre de petite bière, qu'auprès de la chaudière no 1 était un tonneau renfermant 110 litres de réserves de métiers de bière forte;

Attendu qu'il résulte de ces constatations et même de la déclaration de mise de

feu par Dehée-Delaporte, que ce brasseur a commencé la confection de son brassin de petite bière avant d'avoir préalablement fabriqué le brassin de forte bière; qu'ainsi, il s'est mis en état de contravention ;

La cour met l'appellation et ce dont est appel au néant, décharge la régie des contributions indirectes des condamnations contre elle prononcées, et, statuant au principal,

Déclare Dehée-Delaporte coupable de contravention au prescrit de l'article 8 de la loi du 1er mai 1822, et, faisant application de cet article ainsi que de l'article 129 de la loi du 28 avril 1816,

Condamne Dehée-Delaporte à 200 fr. d'amende, dit que le brassin de petite bière par lui fabriqué le 16 mai dernier sera réputé de bière forte et imposé comme tel ; condamne en conséquence Dehée-Delaporte à acquitter à titre de supplément le droit de 1 fr. 80 c. par chaque hectolitre dudit brassin ; dit qu'en l'absence de fraude, il n'y a pas lieu d'ordonner la confiscation des réserves de métiers saisies ou le paiement de leur valeur ;

Condamne Dehée-Delaporte aux frais de première instance et d'appel.

A. C. DU 18 DÉC. 1844, AFF. JULIENNE.

Les offres réelles faites par la partie condamnée en dernier ressort, spontanément et avant toute signification et poursuite, mais avec déclaration qu'elle s'est pourvue contre le jugement, et réserve formelle aux fins de suivre sur ce pourvoi, ne sauraient constituer, de sa part, un acquiescement de nature à rendre non recevable le pourvoi formé dans le délai légal, bien que postérieurement aux dites offres.

Sur la deuxième fin de non-recevoir :

Attendu, en fait, que si les demandeurs en cassation ont, avant toute signification et poursuites, fait spontanément des offres réelles au défendeur pour l'exécution des condamnations prononcées contre eux par le jugement attaqué, il est reconnu au procès qu'ils ont, en même temps et par le même acte, déclaré s'être pourvus en cassation contre ledit jugement et établi leurs réserves aux fins de suivre sur ce pourvoi ;

Attendu que peu importe que le pourvoi ait été, en réalité, postérieur à ces offres, puisqu'elles contenaient des réserves formelles à ce sujet, et que, d'ailleurs, ledit recours a eu lieu dans le délai légal ;

Attendu, en droit, que le pourvoi en cassation n'est pas suspensif, d'où il suit que, nonobstant cette voie de recours contre le jugement attaqué, les demandeurs ne pouvaient se soustraire à son exécution ;

Attendu que, dans cet état, ils ont pu aller d'eux-mêmes au devant de l'exécution, s'ils y avaient intérêt, sans compromettre le droit de se pourvoir, pourvu qu'en même temps ils aient pris soin de le réserver, et que l'on ne peut séparer l'acte d'exécution, auquel ils se sont soumis, des réserves expresses qui l'ont accompagné, d'où il suit que l'on ne peut en inférer aucun acquiescement de leur part;

La cour rejette les deux fins de non-recevoir proposées, etc. — Ch. civ.

ARRÊT DE LA COUR DE COLMAR, DU 27 DÉC. 1844, AFF. MULHOUSE.

Le fermier peut demander l'annulation du bail à ferme d'un octroi et se faire accorder, s'il y a lieu, des dommages-intérêts, quand les affiches publiques, sur la foi desquelles ont eu lieu les enchères indiquent par erreur, pour les années précédentes, une somme supérieure au produit réel des recettes.

... Attendu que si les appelants avaient eu à fixer le montant de leur mise sur le chiffre vrai des recettes, ils ne l'auraient évidemment pas élevé à une somme qui eût été supérieure de 8 à 9.000 francs, eu égard aux frais de régie et de perception, au produit de l'année précédente ; qu'en consentant à payer 171,500 fr. pour un revenu qu'ils devaient croire s'être élevé l'année précédente à 191,076 fr, il est évident qu'ils entendraient s'assurer la rentrée de leurs déboursés et ne livrer que les bénéfices aux chances de l'incertain ; qu'il faut donc, pour réparer le préjudice, que l'erreur qui les a entraînés à consentir un prix de fermage trop élevé, leur a occasionné, leur accorder, à titre d'indemnité, la restitution d'une somme équivalente à la différence qui existe entre la mise qu'ils ont faite en vue d'un produit de 191,076 francs et celle qu'ils auraient consentie en vue d'un produit de 181,508 francs ; que le calcul de cette proportion constate qu'en vue du chiffre vrai de 181, 508 francs les appelants n'auraient porté leur mise qu'à 162,912 francs, somme que l'obligation de faire des mises de 500 francs au moins aurait, en tous cas, portée à 163,000 francs ; qu'ainsi c'est une somme de 8.500 fr. que, pour chacune des trois années de leur bail, les appelants ont été amenés à payer par suite de l'erreur dans laquelle ils ont été induits, et que c'est à celle de 25,500 francs que doit être fixée l'indemnité à laquelle ils ont droit pour le préjudice qu'ils éprouvent, préjudice qui n'est pas contesté ;

Par ces motifs, sur l'appel du jugement rendu entre les parties par le tribunal de première instance d'Altkirch, le 13 juin 1844, met l'appellation et ce dont est appel au néant ; émendant sans s'arrêter au chef de conclusions tendant à l'annulation du bail du 27 octobre 1841, lesquelles sont devenues sans objet par l'arrivée du terme dudit bail, qui doit expirer le 31 du présent mois ; sans s'arrêter non plus à l'articulation du moyen de dol, laquelle est déclarée mal fondée ; dit que c'est par suite des énonciations erronées, contenues dans les affiches sur lesquelles a été faite l'adjudication du 27 octobre 1841, que les appelants ont été amenés à se rendre adjudicataires de la ferme de l'octroi de Mulhouse pour un prix annuel de 171,500 francs, qui n'était pas en rapport avec les produits véritables de l'octroi ; ce faisant, et statuant sur la demande en dommages-intérêts des appelants, condamne le maire de la ville intimée, en la qualité dans laquelle il agit, à payer aux appelants la somme de 25,500 francs pour réparation de toutes les pertes que ceux-ci ont éprouvées et qu'ils éprouvent par suite du prix exagéré qu'ils ont été amenés à consentir ;

Déboute les appelants du surplus de leurs conclusions.

A. C. DU 2 JANV. 1845, AFF. W ET V. (DOUANES.)

Doit être condamnée, comme civilement responsable, toute personne dont le mandataire a encouru des dommages-intérêts pour faits commis dans l'exercice de ce mandat.

Cette responsabilité s'étend aux dommages-intérêts et restitutions auxquels le mandataire a dû être condamné solidairement avec une autre personne.

Bien que le complice du délit soit le préposé d'une administration publique, ayant agi dans l'exercice de ses fonctions, aucune action récursoire contre cette administration ne peut être exercée au profit de la personne condamnée comme civilement responsable du fait de son mandataire.

Attendu que, d'après l'art. 55 du Code pénal, les individus condamnés pour un même crime sont tenus solidairement des amendes, restitutions, dommages-intérêts et des frais avec contrainte par corps, aux termes de l'art. 52 dudit Code;

Attendu que, par arrêt de la cour d'assises de la Seine-Inférieure du 20 mars dernier, W. a été condamné comme complice de R..., précédemment condamné pour crime de faux;

En ce qui touche V...;

Attendu que l'art. 1384 du Code civil déclare que les maîtres et commettants sont civilement responsables du dommage causé par leurs domestiques et préposés dans les fonctions auxquelles ils les ont employés;

Attendu que l'arrêt attaqué pose, en fait, que W... était le préposé de V..., et ne dit pas qu'il ait commis le fait à raison duquel il était condamné, hors des fonctions auxquelles il était préposé par ledit V...;

Attendu qu'il importe peu de déterminer jusqu'à quel point la participation de R..., employé des douanes, a été nécessaire pour l'exécution du crime dont il s'agit; que la culpabilité de W..., dans ce crime, ne saurait être mise en question, puisqu'il est condamné comme complice par l'arrêt attaqué, et que la criminalité de l'auteur principal ne saurait diminuer ni atténuer celle du complice;

Attendu que la responsabilité civile dont V... peut être tenu, du chef de W... son préposé, ne saurait donner lieu, à son profit, à une action récursoire quelconque contre l'administration des douanes, qui, en investissant R... de la qualité de son agent, n'a causé aucun tort à W.... lequel n'a été poursuivi et condamné que pour ses propres faits, comme R... l'a été pour des faits qui lui sont également personnels;

Attendu que, dès lors, l'arrêt attaqué, en refusant d'appliquer à W... et V..., chacun en droit soi, les art. 52, 55 du Code pénal et 1384 du code civil, et en condamnant W... solidairement avec R..., aux restitutions, dommages-intérêts et frais dont celui-ci était tenu, et en commandant V... comme civilement responsable de W..., a violé lesdits articles.

La cour casse et annule. — Ch. crim.

Note du Rém. — La cour d'assises du département de l'Eure, devant laquelle la cour suprême avait renvoyé l'affaire par l'arrêt ci-dessus, ayant par un arrêt du 29 mars suivant, condamné le sieur V..., comme civilement responsable de W..., à payer à l'administration des douanes la somme de 8,385 fr. 50 c., un nouveau pourvoi fut déclaré; mais, sur le rapport de M. le conseiller Brière de Valigny, la cour de cassation, persistant dans sa jurisprudence, rejeta le pourvoi par un arrêt en date du 23 août 1845.

ARR. D. CONS. D'ÉT. (ORD.), DU 31 JANV. 1845, AFF. ANDOUAND.

Les conseils de préfecture ne sont pas tenus de se conformer à l'avis des experts pour le règlement des indemnités dues par l'Etat en cas de chômage, dépréciation ou suppression d'une usine.

Sur le moyen tiré de ce qu'en n'allouant pas aux requérants l'indemnité arbitrée par les experts, l'arrêté attaqué aurait violé la loi du 16 septembre 1807 : — Considérant que les expertises faites pour la fixation des indemnités dues par l'Etat en cas de chômage, dépréciation ou suppression d'usines, ne constituent que de simples actes d'instruction, et qu'aucune disposition de la loi du 16 septembre 1807 n'assujétit les conseils de préfecture à se conformer à l'avis des experts;

Au fond : — Considérant qu'il résulte de l'instruction que l'usine des héritiers Andouand n'a éprouvé aucune diminution de chute par suite de la canalisation de la Bayse, et qu'en allouant auxdits héritiers une indemnité de 845 francs, tant pour les travaux à faire à l'effet de mettre ladite usine en rapport avec la nouvelle hauteur des eaux que pour chômage pendant l'exécution desdits travaux le conseil de préfecture a fait une juste appréciation des droits des requérants;

Art. 1er. — La requête des héritiers Andouand est rejetée.

A. C. DU 8 FÉV. 1845. AFF. VIDAL.

Les ordonnances qui, en vertu des articles 10 et 11 de la loi du 14 floréal an X, prorogés par diverses lois, arrêtent le tarif des taxes à percevoir au passage des ponts, participent essentiellement de la nature des lois qui délèguent au gouvernement le droit d'établir ces tarifs.

En conséquence, les contestations qui s'élèvent sur leur application ne peuvent donner lieu à interprétation par l'autorité administrative; elles sont exclusivement de la compétence des tribunaux.

Attendu que la loi du 14 floréal an X, en établissant les contributions indirectes pour l'an XI, a rangé dans cette classe, sous le titre de péage, les droits à percevoir sur les ponts, comme ceux établis sur le passage des bacs;

Attendu que l'ordonnance du roi du 2 mai 1841, portant création d'un péage relativement au pont suspendu du port de Pascau, a ainsi rendue hors les limites et en dehors des pouvoirs ordinaires de l'administration;

Que cette ordonnance, en présence de l'art. 40 de la Charte, ne puise sa base légale que dans les art. 9, 10 et 11 de ladite loi du 14 floréal an X, les dispositions dernières des lois annuelles des finances, et particulièrement dans les art. 124 de la loi du 25 mars 1817 et § 3 de celle du 24 juillet 1843, qui délèguent au gouvernement le droit d'établir le tarif des taxes à percevoir au passage des ponts, et qui, pour chaque exercice, autorisent la perception de ces droits;

Qu'il suit de là que l'ordonnance dudit jour, 2 mai 1841, n'étant que le résultat de cette délégation du pouvoir législatif, participait ainsi essentiellement de la nature des lois dont l'interprétation appartient aux tribunaux;

Attendu que le jugement attaqué, en surseyant à statuer sur la demande en restitution d'une somme que les contribuables soutenaient avoir été perçue illégalement, sous le prétexte qu'une semblable réclamation nécessitait l'interprétation d'un acte administratif, et en méconnaissant ainsi le véritable caractère de l'acte qu'il lui appartenait d'apprécier, a, par là, violé les règles de sa propre compétence, ainsi que les dispositions des lois ci-dessus visées;

Par ces motifs, la cour casse. — Ch. crim.

A. C. DU 15 FÉV. 1845, AFF. LÉONI.

Tout jugement, soit définitif, soit interlocutoire, soit d'instruction, en quelque matière qu'il soit rendu, doit, à peine de nullité, énoncer les motifs de la décision qu'il contient.

Vu l'art. 7 de la loi du 20 avril 1840 :

Attendu que cet article déclare nuls les arrêts qui ne contiennent aucuns motifs;

Que cette disposition est applicable aux jugements rendus par les tribunaux inférieurs et aux décisions rendues en toute matière criminelle, correctionnelle et de simple police;

Qu'elle est également applicable aux jugements interlocutoires ou d'instruction, surtout à ceux qui préjugent le fond, aussi bien qu'aux jugements définitifs;

Que telle est la nature du jugement attaqué; que, néanmoins, il ne contient aucun motif, ce qui constitue une violation formelle dudit art. 7 de la loi du 20 avril 1810 ;

Par ces motifs et après en avoir délibéré, la cour casse. — Ch. crim.

ARR. DU CONS. D'ÉT. (ORD.), DU 23 MARS 1845, AFF. MARIAUD.

C'est à l'autorité administrative qu'il appartient de statuer sur les contestations qui peuvent s'élever entre l'Etat et l'adjudicataire d'un passage d'eau, relativement aux indemnités réclamées par celui-ci pour le préjudice que lui aurait causé la suppression d'un chemin conduisant au passage d'eau.

Vu les lois des 16 fructidor an III, 6 frimaire an VII et 28 pluviôse an VIII;

Vu les ordonnances royales des 1er juin 1828 et 12 mars 1831;

Considérant que l'action intentée devant le tribunal de l'arrondissement de Saint-Jean-d'Angely, par le sieur Mariaud, fermier du passage d'eau de Taillebourg, contre l'administration des contributions indirectes, a pour objet de faire déclarer : 1° que ledit sieur Mariaud sera déchargé de la somme réclamée de lui pour fermages échus ; 2° qu'il lui sera payé, par l'Etat, 500 francs de dommages-intérêts, le tout pour le préjudice que lui aurait causé la suppression d'un chemin conduisant au passage d'eau; que l'administration des contributions indirectes soutient que, d'après l'art. 10 du cahier des charges de l'adjudication du passage d'eau de Taillebourg, aucune réduction sur le prix de ferme ni l'indemnité n'est due au sieur Mariaud par suite de la suppression du chemin dont il s'agit;

Considérant que, aux termes des lois sus-visées, il n'appartient qu'à l'autorité administrative de statuer sur les contestations qui s'élèvent entre l'Etat et les adjudicataires des passages d'eau sur les indemnités réclamées par ceux-ci pour inexécution prétendue des clauses de leurs marchés :

Art. 1er. L'arrêté de conflit pris par le préfet de la Charente-Inférieure, le 27 février 1845, est confirmé. — Art. 2. Sont considérés comme non avenus l'exploit introductif d'instance du 25 octobre 1844, et le jugement rendu le 8 janvier 1845, par le tribunal de Saint-Jean d'Angely.

A. C. DU 15 AVR. 1845, AFF. BERTIER.

En matière d'enregistrement, et, conséquemment, de contributions indirectes, un jugement est nul s'il constate que l'avoué a, dans l'intérêt de son client, donné des explications au tribunal.

Vu l'art. 65 de la loi du 22 frimaire an VII, et l'art. 17 de la loi du 27 ventôse an IX ;

Attendu qu'il résulte de ces articles qu'en matière d'enregistrement aucune plaidoirie ne doit avoir lieu; que cette prohibition doit être rigoureusement observée ;

Attendu, en fait, que le jugement attaqué constate que Me Boudin, dans l'intérêt de son client, a donné au tribunal les explications nécessaires;

Attendu que ces observations, ainsi présentées, constituent une véritable plaidoirie; qu'ainsi il y a eu violation manifeste des lois ci-dessus citées;

La cour casse. — Ch. civ.

ARR. DU CONS. D'ÉT. (ORD.), DU 25 AVR. 1845, AFF. AMBOISE.

Une ordonnance qui, ayant pour objet d'approuver un règlement d'octroi, admet à l'entrepôt et exempte du droit d'octroi les combustibles employés, dans les établissements industriels, à la préparation de produits destinés au commerce général, ne peut être attaquée, pour vice de forme, et par la voie contentieuse, devant le conseil d'Etat.

Sous l'empire de l'ordonnance du 9 décembre 1814 et de la loi du 28 avril 1816, c'est-à-dire avant la loi du 11 juin 1842, l'intervention du conseil d'Etat n'était pas nécessaire dans la préparation des ordonnances ayant pour objet l'établissement des taxes d'octroi, les règlements relatifs à la perception, et les modifications à y apporter.

Au gouvernement seul appartient la faculté de rejeter ou de modifier tout article des tarifs délibérés par les conseils municipaux, et, dès lors, quand les formalités voulues par la loi ont été accomplies, aucun recours, n'est ouvert par la voie contentieuse, contre les ordonnances qui ont réglé et fixé les dits tarifs.

Sur la recevabilité du pourvoi :

Considérant que la ville d'Amboise soutient que les formalités prescrites par les lois, décrets et ordonnances précités, relativement à l'établissement des règlements et tarifs d'octroi, n'ont pas été observées par notre ordonnance du 24 septembre 1841; que, dès lors, le pourvoi de la ville d'Amboise est recevable;

En ce qui touche le moyen tiré de ce que notre ordonnance aurait été rendue sans que notre conseil d'Etat ait été appelé à en délibérer, contrairement aux dispositions des articles 7 du décret du 17 mai 1809 et 151 de la loi du 28 avril 1816 :

Considérant, d'une part, que si, conformément à l'art. 7 du décret du 17 mai 1809, notre conseil d'Etat devait être entendu, lorsque les conseils municipaux refusaient ou négligeaient de voter, ou votaient négativement sur l'établissement d'un octroi reconnu nécessaire, cette disposition n'a pas été reproduite dans l'art. 9 de l'ordonnance du 9 décembre 1814, lequel a remplacé l'art. 7 précité du décret du 17 mai 1809, et qu'elle n'a été prescrite pour l'établissement des taxes d'octroi, les modifications à y apporter et les règlements relatifs à leur perception, que par l'art. 8 de la loi du 11 juin 1842, qui dispose pour l'avenir;

Considérant, d'autre part, qu'aux termes de l'art. 151 de la loi du 28 avril 1816, notre conseil d'Etat n'est appelé à statuer que dans le cas d'infraction, de la part des conseils municipaux, aux règles posées par les articles 147, 148, 149 et 150 de ladite loi; qu'il ne s'agissait pas, dans l'espèce, du cas prévu par l'art. 151 précité; qu'il s'agissait de restreindre l'application de l'un des articles du tarif d'octroi de la ville d'Amboise, et qu'il nous appartenait, le conseil municipal entendu, d'y statuer conformément à l'art. 9 précité de l'ordonnance du 9 décembre 1814;

En ce qui touche les moyens relatifs aux articles 148 de la loi du 28 avril 1816, 11 et 105 de l'ordonnance du 9 décembre 1814, l'art. 71 du décret du 17 mai 1809, et les articles 41 et 42 de l'ordonnance du 9 décembre 1814 :

Considérant qu'il résulte des règlements et lois ci-dessus visés que le gouvernement est investi du droit de rejeter ou de restreindre tout article des tarifs d'oc-

ol sur lesquels les conseils municipaux ont été appelés à délibérer, et qu'aucun
cours n'est ouvert par la voie contentieuse contre les ordonnances qui ont réglé
sdits tarifs :
Art. 1er. La requête de la ville d'Amboise est rejetée.

ARR. DU CONS. D'ÉT. (ORD.), DU 9 MAI 1845, AFF. DESGROTTES.

On ne peut se pourvoir contre une décision ministérielle qui ne fait que confir-
er une première décision non attaquée dans les délais voulus.

Vu la loi du 21 mai 1836, le règlement du 22 juillet 1806 ;
Considérant qu'aux termes de l'art. 11 du règlement du 22 juillet 1806, les re-
urs au conseil d'Etat ne sont recevables que dans les trois mois du jour où la
cision attaquée a été notifiée ;
Considérant que, par sa décision du 24 décembre 1842, notre ministre de l'in-
rieur s'est borné à maintenir purement et simplement les dispositions de sa
écédente décision du 9 septembre de la même année ;
Considérant que ladite décision du 9 septembre 1842, qui a rejeté la réclamation
a sieur Desgrottes contre l'arrêté du préfet de la Gironde, du 30 avril 1842, a été
otifiée audit sieur Desgrottes par lettre de notre ministre de l'intérieur, en date
u 9 septembre 1842 ; qu'il résulte de l'instruction, et notamment d'une lettre du
eur Desgrottes à notre ministre de l'intérieur, en date du 27 septembre 1842,
u'à cette époque ledit sieur Desgrottes avait reçu ladite notification ; que le
ourvoi dudit sieur Desgrottes n'a été enregistré au secrétariat général de notre
onseil d'Etat que le 11 mars 1843, par conséquent, hors des délais du règlement ;
u'ainsi le pourvoi du sieur Desgrottes n'est pas recevable ;
Art. 1er. La requête du sieur Desgrottes est rejetée.

ARR. DU CONS. D'ÉT. (ORD.), DU 9 MAI 1845, AFF. AGOMBAUD.

Une lettre ministérielle portant refus d'admettre à l'entrepôt à domicile, avec
franchissement du droit d'octroi, des matières employées à la préparation de
roduits industriels, ne fait pas obstacle à ce qu'il soit statué par l'autorité com-
tente sur la question d'exemption du droit ; elle ne saurait, dès lors, être atta-
uée par la voie contentieuse.

Arrêt conforme.

ARR. DU CONS. D'ÉT. (ORD.), DU 26 MAI 1845, AFF. HAMOT.

Un arrêté de conseil de préfecture, rendu par défaut, ne saurait être réputé
xécuté, par cela même qu'un simple commandement, non suivi d'effet, a été fait
à la partie condamnée, d'avoir à payer le montant des condamnations mises à sa
harge par ledit arrêté.
En pareille circonstance, l'opposition contre ledit arrêté est valable.

Arrêt conforme.

ARR. DU CONS. D'ÉT. (ORD.), DU 4 JUILL. 1845, AFF. POMMIER.

Le préfet peut proposer le déclinatoire, et ensuite élever le conflit, tant qu'il
n'a pas été statué définitivement au fond, et encore bien que l'autorité judiciaire
it prononcé sur l'exception d'incompétence proposée par l'une des parties.

Vu les lois des 16, 24 août 1790, 16 fructidor an III, 28 pluviôse an VIII et 16 sep-
embre 1807 ; vu les ordonnances royales des 1er juin 1828 et 12 mars 1831 ;
En ce qui touche la régularité du conflit : — Considérant que l'ordonnance
oyale du 1er juin 1828 confère au préfet le droit d'élever le conflit d'attributions,
ant qu'il n'a pas été statué définitivement sur le fond de la contestation ; que, dès
ors, le préfet de la Gironde était recevable à proposer le déclinatoire, nonobs-
ant le jugement rendu par le tribunal civil de Libourne, sur l'exception d'in-
ompétence proposée par l'une des parties ;
Art. 1er. L'arrêté de conflit pris par le préfet de la Gironde, le 12 avril 1845, est
onfirmé. — Art. 2. Sont considérés comme non avenus, l'exploit introductif d'ins-
ance du 18 mai 1843, les jugements rendus les 13 juin 1843 et 8 février 1844, par
e juge de paix du canton de Libourne ; l'acte d'appel du 14 mars 1844, et les ju-
ements rendus par le tribunal civil de l'arrondissement de Libourne les 14 jan-
ier et 8 avril 1845. »

A. C. DU 10 JUILL. 1845, AFF. BRUNI.

Les arrêts ou jugements rendus en appel, en matière de police correctionnelle,
oivent, à peine de nullité, mentionner que le rapport de l'affaire a été fait par
un des juges.

Sur le premier moyen, pris de la violation des articles 209 et 210 du code d'ins-
ruction criminelle ;
Attendu que ces articles déterminent, en ce qui concerne les appels de police
orrectionnelle, un mode exceptionnel d'instruction et de preuves ;
Que ce mode a pour base la connaissance donnée publiquement et oralement,
ar l'un des juges, de tous les documents de la cause ;
Qu'ainsi, dans les cas les plus ordinaires, suppléer, en les reproduisant, tous
utres éléments de décision, est une formalité substantielle qui intéresse directe-
ent la manifestation de la vérité et la libre défense des parties ;
Et attendu, que, dans l'espèce, la minute de l'arrêt attaqué ne mentionne en
ucune sorte que, à l'une ou à l'autre des deux audiences consacrées à l'affaire
gée par cet arrêt, le rapport ait été fait par l'un des magistrats qui ont concouru
u dit jugement ;
En quoi ont été violés les articles précités du code d'instruction criminelle et
e droit de la défense ;
Par ces motifs, et sans qu'il soit besoin de statuer sur le second moyen, la
our casse. — Ch. crim.

ARR. DU CONS. D'ÉT. (ORD.), DU 11 JUILL. 1845, AFF. FIGEAC.

Le conflit est prématurément élevé, alors que, sans décider la question de com-
étence, l'autorité judiciaire s'est bornée à ordonner une expertise, pour être en-
uite statué ce qu'il appartiendra.

Vu les lois des 28 pluviôse an VIII, 16 septembre 1807 et 3 mai 1841 ; vu les ordonnances royales des 1er juin 1328 et 12 mars 1831 ;
Considérant que, par son jugement du 1er avril 1845, le tribunal de première
instance de Figeac s'est borné à ordonner une expertise, pour être ensuite
statué ce qu'il appartiendra ; que, quels que soient les motifs dudit jugement,
ce tribunal n'a pas encore prononcé sur sa compétence ; que, dès lors, l'arrêté
de conflit est prématuré ;
Art. 1er. L'arrêté de conflit pris par le préfet du département du Lot, le 3 mai
1845, est annulé.

ARR. DU CONS. D'ÉT. (ORD.), DU 24 JUILL. 1845, AFF. POUGET.

Les contestations qui s'élèvent entre une commune et le fermier de l'octroi, au
sujet de l'interprétation du cahier des charges de l'adjudication, doivent être ju-
gées par le préfet en conseil de préfecture.
Lorsque le cahier des charges de l'adjudication d'un octroi porte que le fer-
mier versera dans la caisse de la commune le montant des taxes additionnelles,
le fermier n'est pas fondé à prétendre qu'il ne doit verser qu'une somme fixe pro-
portionnée à la quotité de ces taxes comparativement à la taxe principale.

Sur la compétence :
Considérant que, aux termes de l'art. 136 du décret du 17 mai 1809, les contestations qui peuvent s'élever entre les communes et les fermiers des octrois sur
le sens des clauses des baux doivent être déférées au préfet, en conseil de préfecture, qui statue, sauf recours à notre conseil d'Etat ; d'où il suit que le conseil de
préfecture, en statuant sur les difficultés élevées entre la ville de Privas et le
sieur Pouget, fermier de l'octroi de cette ville, au sujet de l'interprétation du
cahier des charges de l'adjudication consentie audit sieur Pouget, a excédé les
limites de sa compétence.
Au fond :
Considérant que l'affaire est instruite et qu'il y a lieu d'y statuer ;
Sur les conclusions du sieur Pouget, tendant à ce qu'il nous plaise ordonner
que le fermier ne sera tenu de verser en représentation des taxes additionnelles
que le cinquième de son prix de ferme, déduction faite du produit des objets non
soumis à la taxe additionnelle.
Considérant que, d'après les dispositions de l'art. 22 du cahier des charges
l'adjudicataire doit ajouter au prix de ferme qu'il doit verser dans la caisse de
la commune le montant des taxes additionnelles, dans la proportion établie
par délibération du conseil municipal des 10 février et 25 mai 1832 ;
Considérant qu'il résulte de l'instruction que ces délibérations et, par suite, les
dispositions de l'art. 22 n'ont d'autre objet que de déterminer la quotité de la taxe
additionnelle à percevoir sur les contribuables, en sus des droits principaux
d'octroi, mais non de régler la proportion d'après laquelle le fermier doit opérer
le versement à la caisse municipale des taxes additionnelles qu'il aurait perçues ;
que, dès lors, aux termes du cahier des charges, c'est le montant intégral des
taxes additionnelles perçues qui doit être versé dans la caisse municipale ;
Considérant que, si le même article 22 ajoute que le fermier doit opérer le
versement du montant des taxes additionnelles avec celui du prix de ferme, qui
doit avoir lieu de mois en mois et d'avance, cette disposition n'a pas pour effet
d'astreindre l'adjudicataire à verser d'avance le montant d'une taxe dont le
produit ne peut être connu qu'à l'expiration de chaque mois, mais seulement
de l'astreindre à verser le montant des perceptions additionnelles afférentes au
mois écoulé, en même temps que le prix de ferme.
Sur les conclusions du sieur Pouget, tendant à ce qu'il nous plaise obliger la
ville de Privas à lui tenir compte de la différence entre les droits principaux et
additionnels sur la bière, fixés par notre ordonnance du 18 octobre 1833, et les
droits principaux et additionnels portés sur le tarif annexé au cahier des charges ;
Considérant que, si le droit pour la bière, réduit à 3 fr. 75 c. en principal par
notre ordonnance du 18 octobre 1833, avait été porté sur le tarif annexé au cahier
des charges à la somme de 7 f. 50 c., il résulte de l'instruction que l'ordonnance
qui avait réduit le droit sur cet article était, depuis longtemps, en exécution au
moment de l'adjudication ; qu'elle était jointe au cahier des charges ; que le
fermier, pendant les trois ans et demi formant la durée de son bail, n'a jamais
perçu qu'en vertu de ladite ordonnance ; que, dès lors, il n'est pas fondé à réclamer contre la différence entre les droits fixés par cette ordonnance et ceux
portés sur le tarif annexé au cahier des charges :
Art. 1er. L'arrêté du conseil de préfecture de l'Ardèche, du 30 juin 1840, est annulé pour incompétence.
Art. 2. Les requêtes du sieur Pouget sont rejetées dans le surplus de leurs conclusions.
Art. 3. Le sieur Pouget est condamné aux dépens.

A. C. DU 4 AOUT 1845 AFF. PAVIELLE.

Une ordonnance portant création ou prorogation d'un droit de péage, ou d'une
taxe locale, dite de tonnage, n'est point obligatoire tant qu'elle n'est pas légale-
ment publiée.

Attendu que les ordonnances royales ne sont obligatoires qu'à compter de leur
publication ;
Qu'il n'est pas justifié que l'ordonnance royale du 31 décembre 1837, relative
au port de Peyrehorade, ait été insérée au *Bulletin des lois*, ni même imprimée et
affichée dans la forme prescrite par l'ordonnance royale du 18 janvier 1817 ;
Attendu que la loi du 24 mars 1825, comme toute autre disposition législative
consacrant le droit du gouvernement d'établir des taxes de péage ou de tonnage
sans le concours des chambres, ne dispense pas les ordonnances, qui interviennent à cet effet, de la formalité de la publication nécessaire pour les rendre légalement obligatoires ;
D'où il suit que, en confirmant les jugements qui avaient condamné les demandeurs au paiement des sommes dont la condamnation avait été requise contre
eux pour droits dits *de tonnage*, rétablis ou prorogés par une ordonnance royale
non légalement publiée, les jugements attaqués ont commis un excès de pouvoirs
et expressément violé les articles précités ;
La cour casse et annule les jugements rendus par le tribunal civil de Dax, le
10 février 1843. — Ch. civ.

C. N° 323 DU 16 AOUT 1845.

Sucre indigène.

Les pertes matérielles de jus, de sirops ou de sucres doivent s'entendre de celles qui résultent d'un accident fortuit, comme la rupture d'une chaudière ou d'un récipient quelconque, un incendie ou une détérioration des matières telle, que l'on soit obligé de les jeter sur le fumier ou dans le ruisseau en présence des employés ; mais le minimum de la prise en charge ne saurait être atténué sur ce seul motif que les jus ou sirops paraîtraient se dénaturer ou n'offriraient qu'une cristallisation incomplète. Ce sont là des faits de fabrication que le service n'a point à apprécier et qui ne rentrent pas dans la catégorie de ceux que le règlement désigne comme *pertes matérielles.*

Les fabricants devront, dans les vingt quatre heures des accidents qui pourront motiver des demandes en décharge, les dénoncer aux employés. Ceux-ci se rendront à la fabrique aussitôt qu'ils seront avertis, et constateront avec soin toutes les circonstances de l'évènement par un acte au portatif, qu'ils présenteront à la signature du fabricant. Vous adresserez ensuite une copie de cet acte à l'Administration, qui décidera, sur votre proposition, s'il y a lieu d'accorder le dégrèvement demandé...

ARR. DU CONS. D'ÉT. (ORD.), DU 21 AOUT 1845, AFF. MONTET.

Lorsque le déclinatoire proposé par le préfet a été déposé en temps utile, au parquet du ministère public, la circonstance qu'il n'aurait pas été communiqué au tribunal, ne fait pas obstacle à ce que le conflit puisse être régulièrement élevé après le jugement rendu sur le fond de la contestation.

L'autorité administrative est seule compétente pour statuer sur le sens des cahiers de charges arrêtés pour l'adjudication des travaux publics.

En ce qui touche la régularité du conflit :

Considérant, d'une part, qu'il résulte de la lettre écrite, le 22 juillet 1845, à notre garde des sceaux par notre procureur près le tribunal de la Rochelle, que le déclinatoire du préfet, à la date du 15 juin, a été adressé et est parvenu, le même jour, au parquet ; que le tribunal avait été appelé par ce mémoire à statuer sur sa compétence ; que, s'il ne lui en a pas été donné communication à l'audience du 17, cette omission ne peut faire obstacle à l'exercice du droit que les lois confèrent à l'autorité administrative pour revendiquer, par la voie du conflit, les contestations dont la connaissance lui appartient ; que, dès lors, le conflit a pu être élevé après le jugement du 17 juin, rendu sur le fond de la contestation ;

Considérant, d'autre part, que l'arrêté de conflit contient l'insertion textuelle de la loi du 16 fructidor an III, et qu'ainsi il a été satisfait aux dispositions de l'ordonnance royale du 1er juin 1828 ;

Sur la compétence :

Considérant que l'action intentée par le sieur Girardeau a pour objet de faire condamner le sieur Montet, entrepreneur actuel des travaux du canal de Niort à la Rochelle, à reprendre la totalité du matériel laissé par le sieur Grandjean, ancien entrepreneur des mêmes travaux ; que le sieur Montet soutient que, d'après le cahier des charges des deux entreprises, il ne peut être tenu de reprendre des machines et ustensiles qui lui seraient inutiles ; que, d'ailleurs, le délai fixé pour la reprise est expiré ;

Considérant que, pour apprécier les prétentions respectives du sieur Girardeau et du sieur Montet, il est nécessaire de déterminer les droits et obligations que l'administration a entendu conférer et imposer aux deux entrepreneurs ; qu'aux termes des lois susvisées, il appartient à l'autorité administrative de déterminer le sens des clauses des cahiers des charges arrêtés par elle pour les entreprises de travaux publics ;

Art. 1er. L'arrêté de conflit pris, le 5 juillet 1845, par le préfet de la Charente-Inférieure, est confirmé.

Art. 2. Sont considérés comme non avenus l'exploit introductif d'instance du 21 février 1845, les trois jugements rendus, les 27 mai, 17 et 21 juin 1845, par le tribunal de la Rochelle, et les actes judiciaires qui ont pu suivre.

ARR. DE LA COUR DE CAEN, DU 21 AOUT 1845, AFF. LUARD.

Sous peine de confiscation et d'amende, les marchandises soumises à un droit d'octroi et admises au régime de l'entrepôt ne peuvent sortir de l'entrepôt pour être consommées en ville qu'après acquittement des droits.

L'entrepositaire est responsable des actes de son domestique.

...Considérant que Luard ne méconnaît pas être entrepositaire ; qu'alors il devait se soumettre aux obligations qui, comme tel, sont imposées par les articles 62, 64 et suivants du règlement de l'octroi de la ville de Caen, approuvé par ordonnance du roi du 21 décembre 1831 ;

Considérant, en droit, que l'article 62 de ce règlement accorde, il est vrai, aux propriétaires et commerçants la faculté de recevoir chez eux et dans leurs magasins, à titre d'entrepôt et sans acquittement préalable des droits, les marchandises soumises à l'octroi ; que l'entrepôt a pour objet de suspendre le paiement des droits pour les objets ainsi placés, dont la destination ultérieure n'est pas connue ;

Mais que la suspension de ce paiement n'a plus de cause lorsque lesdits objets sortent de l'entrepôt, soit pour être expédiés à l'extérieur, soit pour être consommés dans la ville ; que toutefois la déclaration à faire au bureau central de l'octroi, en exécution de l'article 66 du règlement, n'est pas la même pour l'une que pour l'autre des deux hypothèses ci-dessus ; qu'en cas d'expédition au dehors, il est délivré un bulletin de retiré d'entrepôt, que l'on doit représenter, avec la marchandise qu'on fait sortir de la ville, aux employés du bureau de sortie, qui en accordant un certificat, et pour ce cas aucun droit n'est dû ; tandis qu'en cas de consommation à l'intérieur, aux termes de l'art. 6 du même règlement, il y a alors introduction définitive dans la ville, dans le but de consommer, et le porteur ou conducteur des objets assujétis aux droits d'octroi doit, au moment de l'enlèvement, remplir les formalités prescrites par ce même article, et les droits restés jusqu'alors en suspens deviennent immédiatement exigibles ;

Considérant que ces obligations résultent d'ailleurs, pour les propriétaires entrepositaires, de l'art. 41 de la loi du 28 avril 1816, qui les astreint à payer le droit d'entrée au fur et à mesure de leurs ventes à l'intérieur, et, pour les entrepositaires négociants, de l'art. 37 de la même loi, qui les assujétit à produire des quittances du droit d'entrée pour les marchandises qu'ils auront livrées à l'intérieur ;

Considérant que vainement on argumenterait de la disposition finale de ce même article 37, relative au paiement du droit à la fin de chaque trimestre, sur les quantités manquantes, puisque, loin de modifier l'obligation de payer le droit d'entrée lorsque les objets sortent de l'entrepôt pour la consommation intérieure, il a, au contraire, pour but unique, de donner un nouveau moyen de contrôle à l'octroi, de le mettre plus aisément à même de découvrir les fraudes qui pourraient être commises ; qu'admettre d'ailleurs, sur ce point, le système de Luard, ce serait anéantir la disposition impérative de la loi qui exige une déclaration préalable à tout enlèvement pour l'intérieur ;

Considérant, sur l'application de la peine, qu'à la vérité, du texte isolé de l'article 8 de la loi du 29 mars 1832, relatif à l'octroi de Paris, loi devenue applicable aux octrois établis dans les autres villes de France, par l'article 9 de celle du 24 mai 1834, on eût pu rigoureusement induire qu'il ne rendait applicables du 24 mai 1834, on eût pu rigoureusement induire qu'il ne rendait applicables à la fraude, sur toutes les denrées sujettes aux droits, que les dispositions des articles 27 et 46 de la loi du 28 avril 1816, mais que la cour de cassation, le 19 août 1836, en annulant un arrêt de cette cour (de Caen), dans une espèce complètement identique et sur la question soumise à l'examen de la cour, a admis en principe que les termes de l'art. 8 ci-dessus n'étaient pas limitatifs, puisque dans l'arrêt qu'elle a rendu, elle a visé l'article 37 de la même loi et a puisé des motifs de décision dans ses dispositions ; qu'au reste ce système, dont le rejet pourrait causer un grave préjudice à la perception des droits d'octroi, trouve un appui dans l'espèce, dans les dispositions générales de l'article 106 du règlement de l'octroi approuvé par ordonnance du roi du 21 décembre 1831, duquel il résulte que, pour tous les cas non-prévus par ledit règlement, on doit se référer à l'ordonnance du 9 décembre 1814, aux lois des 28 avril 1816 et 25 mars 1817, ainsi qu'aux dispositions non abrogées du décret du 17 mai 1809 ; qu'il suit des considérations qui précèdent que Jouanne a réellement commis la contravention dont il a été reconnu coupable par le tribunal correctionnel de Caen ; que par suite l'amende prononcée contre lui a été justement appliquée ; qu'à bon droit également le tribunal a prononcé la confiscation du charbon saisi et en a ordonné la représentation, sous la contrainte qu'il a fixée ; qu'il a enfin fait une juste appréciation de la loi, en déclarant que Luard est responsable des condamnations prononcées contre son domestique en principal et accessoires ;

Par ces motifs, en prononçant défaut contre Jouanne ;

Confirme le jugement dont est appel, et condamne Jouanne et Luard aux dépens faits devant la cour ; déclare ce dernier responsable de ceux de Jouanne ; dit enfin qu'il n'y a lieu d'accorder à Luard l'acte par lui demandé dans ses conclusions.

A. C. DU 22 AOUT 1845, AFF. VRAC.

Les tribunaux de répression sont compétents pour statuer sur l'action civile résultant des faits qui sont de leur juridiction ; mais ils doivent statuer par un seul et même jugement sur les deux actions.

En conséquence, le tribunal de police qui a statué sur une contravention sans prononcer sur l'action civile, résultant de cette contravention, a épuisé sa juridiction et ne peut plus connaître de cette action. Le tribunal d'appel est également incompétent ; la demande en dommages-intérêts doit être portée devant les tribunaux civils.

Vu l'art. 161 du Code d'instruction criminelle ;

Statuant sur le pourvoi du ministère public près le tribunal de Cherbourg et du général Dumoncel ;

Attendu que, aux termes de l'art. précité, les tribunaux de simple police doivent statuer sur les demandes en restitution et dommages-intérêts par le même jugement qui statue sur la contravention ;

Attendu, en fait, que, par un jugement du 23 novembre 1844, qui a acquis l'autorité de la chose jugée, le tribunal de simple police d'Octeville a condamné le général Dumoncel à 1 franc d'amende pour contravention à des règlements relatifs à un cours d'eau ;

Attendu qu'il n'a point été statué, par ce jugement, sur les dommages-intérêts contre le général Dumoncel ;

Attendu, dès lors, qu'il n'existait plus qu'une action civile qui devait être portée devant les tribunaux ordinaires ;

Que le juge de simple police, n'ayant pas statué sur cette action civile, par le jugement même qui prononçait une peine de simple police, était désormais incompétent pour en connaître ;

Que le tribunal de Cherbourg, devant lequel était porté un appel contre le jugement du tribunal de simple police d'Octeville, était donc incompétent aussi pour statuer sur les dommages intérêts que le sieur Vrac réclamait contre le sieur Dumoncel, et qu'en ordonnant une enquête et une nouvelle expertise à cet égard par le jugement attaqué, il a méconnu les règles de sa compétence et formellement violé l'art. 161 du Code d'instruction criminelle ;

Par ces motifs, et sans qu'il soit besoin de statuer sur les autres moyens, la cour casse. — Ch. crim.

ARR. DE LA COUR D'ORLÉANS, DU 27 AOUT 1845, AFF. DOURLET.

Les officiers de police judiciaire ont le droit de constater les infractions à l'art. 74 de la loi du 19 brumaire an VI, qui prescrit aux bijoutiers de tenir un registre d'achat, et le ministère public peut poursuivre d'office ces contraventions.

Considérant que le Code d'instruction criminelle est la loi qui organise la poursuite de tous les délits intéressant l'ordre public ; qu'il confie au ministère public le soin de les dénoncer ou d'en obtenir la répression ;

Que ce code ne contient aucune exception ; que si dans quelques matières spéciales, le ministère public n'a pas le droit d'initiative et si, dans ces matières il faut que son action soit provoquée, c'est lorsqu'il s'agit de délits purement bursaux, qui ne portent atteinte qu'aux droits du fisc ;

Que dans des circonstances pareilles la loi a dû laisser aux agents qui représentent l'État, pour la perception des impôts, la liberté d'action et d'appréciation qui est surtout indispensable à une administration de ce genre ;

Considérant que la loi du 19 brumaire an VI, quand elle ordonne, dans son article 74, aux bijoutiers, de tenir un registre constatant la nature des objets d'or et d'argent qu'ils achètent, le nom et le domicile des vendeurs, a eu principalement pour objet de faciliter les investigations de la justice, recherchant les traces des vols qui lui seraient dénoncés ; qu'elle a donc évidemment en vue, dans ce cas, un intérêt général et d'ordre public, et nullement un intérêt bursal ; que dès lors l'article 8 du code d'instruction criminelle donnait aux divers officiers de police judiciaire le droit de constater, et au ministère public le droit de poursuivre les contraventions à cet article 74 ;

Qu'il en doit d'autant plus être ainsi que l'article 76 de la même loi impose aux bijoutiers l'obligation de présenter le registre en question à l'autorité publique quand ils en sont requis : d'où la conséquence que le législateur de l'an VI a mis sous la protection des agents de l'autorité publique l'exécution des prescriptions de l'article 74 ;

Considérant que l'art. 484 du code pénal ne peut régir le mode de poursuite des délits et la capacité des officiers de police judiciaire ; qu'il ne s'applique qu'aux peines à prononcer aux divers faits réprimés par les lois particulières ;

Considérant, en fait, qu'il est constant que Doublet n'a pas tenu exactement le registre prescrit par l'article 74 de la loi du 19 brumaire an VI ;

La cour déclare Doublet coupable de n'avoir pas mentionné sur son registre

ntre par lui acquise de la femme Rateau, et, pour répression, le condamne à
 francs d'amende et en tous les dépens.

ARR. DU CONS. D'ÉT. (ORD.), DU 30 AOUT 1845, AFF. BAILLAUX.

*l'acquiescement des parties à un jugement qui se borne à ordonner une exper-
e, ne fait pas obstacle à ce que le conflit puisse être régulièrement élevé, tant
il n'a pas été statué définitivement sur le fond de la contestation.*

En ce qui touche la régularité du conflit:

Considérant que l'acquiescement prévu par l'art. 4 de l'ordonnance royale du
juin 1828 ne doit s'entendre que de celui qui aurait conféré la force de la cho-
jugée à un jugement ayant statué définitivement sur le fond de la contesta-
n, et qu'ainsi l'acquiescement des parties aux jugements du 6 juin 1843, qui ont
donné une expertise, ne faisait pas obstacle à ce que le conflit fût élevé....
Art. 1er. L'arrêté du conflit pris, le 20 mai 1845, par le préfet des Deux-Sèvres,
 confirmé....

ARR. DU CONS. D'ÉT. (ORD.), DU 30 AOUT 1845, AFF. RIVALZ.

*'est à l'autorité judiciaire qu'il appartient de statuer sur les contestations qui
évent entre les communes et les redevables, au sujet de l'application d'un ta-
d'octroi ou de la quotité des droits réclamés.*
*L'exception de droit tirée de l'illégalité de l'ordonnance portant établissement
n octroi, ne constitue pas une question préjudicielle dont la solution soit ré-
vée à l'autorité administrative.*

Considérant que l'action intentée par les sieurs Rivalz et fils, contre la ville de
rseille, a pour but de faire prononcer la nullité d'une saisie en matière d'oc-
i et la restitution des objets saisis;
Qu'aux termes des dispositions législatives susvisées, il appartient à l'autorité
iciaire de prononcer sur les contestations qui s'élèvent entre les communes et
redevables sur l'application du tarif ou sur la quotité des droit réclamés, et
l'exception de droit opposé par les sieurs Rivalz et fils ne constitue pas l'une
 questions préjudicielles énoncées en l'art 2 de l'ordonnance royale du 1er juin
8:
Art. 1er. L'arrêté de conflit pris, le 18 juin 1845, par le préfet des Bouches-du-
ône est annulé.

ARR. DU CONS. D'ÉT. (ORD.), DU 30 AOUT 1845, AFF. GERZOT.

*'l y a excès de pouvoir de la part d'un conseil de préfecture qui fixe le délai
ns lequel l'État sera tenu de payer les sommes mises à sa charge par l'arrêté
t en prononce l'allocation.*

Vu l'avis du conseil d'État, en date du 26 mai 1813, inséré au *Bulletin des lois*;
Considérant qu'aucune disposition de loi ou d'ordonnance n'autorise les conseils
préfecture à prononcer dans quel délai l'État sera tenu de payer les sommes
ses à sa charge, lesquelles ne peuvent être payées que conformément aux rè-
s de la comptabilité publique; qu'ainsi, le conseil de préfecture du Puy-de-
me, en fixant dans quel délai l'État devait payer la somme de 5,000 francs,
ouée à titre d'indemnité aux sieurs Gerzot, Sauvat et à la dame veuve Pouzol a
cédé ses pouvoirs :
Art. 1er. L'arrêté du conseil de préfecture du Puy-de-Dôme, du 5 juillet 1844,
annulée dans la disposition qui a déterminé le délai dans lequel l'État de-
it payer les indemnités allouées aux sieurs Gerzot, Sauvat, et à la dame
uzol.

A. C. DU 3 OCT. 1845, AFF. ROUEN.

*'obligation imposée à ceux qui récoltent, préparent ou fabriquent, dans l'in-
ieur du rayon de l'octroi, des objets compris au tarif. de déclarer ces objets
d'en payer les droits, ne commence que lorsqu'il y a réellement production, à
térieur, d'un objet imposable.*
*En conséquence, des moellons et bizets, provenant d'une fouille qui vient de
opérer et qui ne sont pas encore séparés des terres et débris avec lesquels ils sont
fondus au moment de l'extraction, ne peuvent être assujétis aux droits impo-
sur les matériaux propres à la construction.*
*Ces objets ne deviennent imposables que par le triage qui en est effectué et qui
rend propres aux travaux de maçonnerie.*

Vu l'art. 18 du règlement de l'octroi de la ville de Rouen et le tarif dudit oc-
i, l'un et l'autre dûment approuvés, ensemble les art. 46 de la loi du 28 avril
6, 8 de celle du 29 mars 1832 et 9 de celle du 24 mai 1834;
Attendu, que, suivant cinq procès-verbaux à la date du 19 mai dernier, les em-
oyés de l'octroi de Rouen ont, la veille, saisi, comme circulant dans le rayon,
as déclaration préalable ni acquittement des droits, un certain nombre de
gons, sortant des tunnels du chemin de fer de Rouen au Havre, qui contenaient
s moellons et bizets propres à la construction, mêlés à des débris de moellons
bizets exempts du droit par leur nature et leur dimension, le tout provenant
s extractions faites sous lesdits tunnels;
Qu'il résulte de l'ensemble de ces énonciations, et qu'il est d'ailleurs formel-
ent déclaré, par l'arrêt attaqué, que la masse des matières placées sur les
gons saisis était le résultat brut des fouilles qui venaient de s'opérer;
Attendu que les tribunaux peuvent décider si les moellons et les bizets confon-
s dans la masse extraite sont sujets au droit, nonobstant les déclarations des
ployés à cet égard, sans violer la foi due aux procès-verbaux, puis qu'il s'agit
ne interprétation ou application du tarif;
Attendu que l'obligation de déclarer et de payer les droits imposés par l'art. 18
règlement de l'octroi de Rouen, en vertu de l'article 36 de l'ordonnance
9 décembre 1814, à tous ceux qui récoltent, préparent ou fabriquent dans
térieur du rayon des objets compris au tarif, ne commence que lors-
il y a réellement production à l'intérieur d'un objet imposable; que c'est
ulement comme matériaux que les moellons et bizets sont imposés par le tarif
l'octroi de Rouen; qu'ils n'acquièrent cette qualité que lorsqu'ils sont séparés
s terres et débris avec lesquels ils sont confondus au moment de l'extraction
isque, tant qu'ils y restent mêlés, ils ne forment qu'une partie intégrante du

SUP. GÉN.

déblai, et ne peuvent servir à la construction ; que c'est donc seulement, par le
triage qui en serait effectué, qu'ils deviennent imposables et que prend naissance pour les entrepreneurs l'obligation de satisfaire audit article 18:
Attendu, néanmoins, que la cour royale a considéré les faits constatés aux procès-verbaux susdates comme constituant des contraventions audit article 18 du
règlement, et a prononcé contre les demandeurs les confiscations et amendes déterminées par les articles 46 de la loi du 28 avril 1816, 8 de celle du 29 mars 1832,
et 9 de celle du 24 mai 1834 ;
En quoi elle a faussement appliqué, et, par suite formellement violé lesdits articles,
La cour casse. — Ch. crim.

D. DU CONS. D'ADM. DU 17 OCT. 1845.

Sels.

En matière de sels, le droit de transaction s'étend à toutes les condamnations
ordonnées par l'art. 10 de la loi du 17 juin 1840.

A. C. DU 8 NOV. 1845, AFF. DUBLOC. (FORÊTS.)

*Lorsque, dans les cas prévus par la loi, les agents du Trésor se présentent chez
un particulier, assistés d'un conseiller municipal, agissant aux lieu et place du
maire et de l'adjoint, il doit être réputé agir dans l'exercice légal de ses fonctions, quel que soit son rang sur le tableau du conseil municipal.*
*En conséquence, celui qui s'oppose avec violence à la visite des agents, ainsi ac-
compagnés, se rend coupable du délit de rébellion et encourt les peines édictées
par l'art. 212 du Code pénal.*

Sur le moyen unique tiré de la violation de l'art. 161 du Code forestier et 16 du
Code d'instruction criminelle; de la violation de l'art. 5 de la loi du 21 mars 1831
sur l'organisation municipale et de l'art. 14 de la loi du 18 juillet 1837 sur
l'administration municipale, et, par suite, de la fausse application des articles
209, 212 du Code pénal, en ce que le garde forestier, envers lequel le délit de rébellion aurait été commis, avait été assisté du sieur Lassenay, membre du conseil municipal; en ce que le fonctionnaire, figurant le douzième sur le tableau
du conseil municipal, ne se trouvait pas légalement substitué au maire de la
commune, pour accompagner le garde forestier dans la perquisition, puisqu'il
n'était pas constaté que les autres conseillers municipaux, antérieurs en rang au
sieur Lassenay sur le tableau des élections desdits conseillers, fussent absents
ou empêchés....
Attendu que, s'il est constant que le sieur Lassenay n'est porté que le douzième
sur le tableau des conseillers municipaux, il ne se trouvait pas moins dans l'exercice légal de ses fonctions, en assistant le garde forestier Jeanne dans la perquisition que ce dernier s'est présenté pour opérer dans les bâtiments de Georges
Dubloc, le 17 janvier 1845, parcequ'il y a présomption légale que les conseillers
municipaux, portés sur le tableau avant le sieur Lassenay, se trouvaient alors
absents ou empêchés de prêter au garde l'assistance prescrite par l'art. 161 du
Code forestier et par l'art. 16 du Code d'instruction criminelle;
Attendu que, dans ces circonstances et dans cet état des faits, l'arrêt attaqué,
en déclarant Pierre-Georges Dubloc coupable du délit de rébellion prévu par les
art. 209 et 212 du Code pénal, et en lui appliquant la peine édictée par ledit art.
212 dudit Code, en a fait une légale application et n'a aucunement violé l'art. 5
de la loi du 21 mars 1831 et l'art. 14 de la loi du 18 juillet 1837;
Par tous ces motifs, et attendu le résultat de la procédure:
La cour rejette. — Ch. crim.

A. C. DU 20 NOV. 1845, AFF. GOUCHON.

*L'accomplissement des formalités prescrites par un règlement d'octroi approuvé
est strictement obligatoire ; il ne peut être suppléé par d'autres mesures équivalen-
tes à celles prescrites, lors même qu'elles auraient pour effet d'assurer le recouvrement des droits.*
*En conséquence, lorsque le règlement d'un octroi prescrit de conduire directe-
ment au bureau central les objets compris au tarif, et de les déclarer, d'acquitter
les droits ou de fournir soumission valable avant de les remiser, décharger et exposer en vente, les tribunaux ne peuvent se dispenser de prononcer les peines
édictées contre celui qui ne s'est pas conformé au règlement, sous le prétexte qu'il
aurait rempli d'autres formalités ayant le même objet, et en admettant comme excuse l'absence d'intention de fraude.*

Sur le moyen tiré de la violation de l'art. 4 du règlement d'octroi de Montluel,
approuvé par l'ordonnance royale du 30 juin 1819, et l'art. 8 de la loi du 27 frimaire an VIII, combiné avec l'art. 75 de l'ordonnance royale du 9 décembre 1814:
Vu l'art. 4 du règlement de l'octroi de Montluel, approuvé par ordonnance
royale du 30 juin 1819, lequel est ainsi conçu :
« Tout porteur ou conducteur d'objets assujétis aux droits d'octroi sera tenu de
« les conduire directement au bureau central ; il ne pourra ni les remiser à do-
« micile, ni les décharger, ni les exposer en vente, qu'après avoir fait la déclara-
« tion desdits objets et en avoir acquitté les droits ou fourni soumission valable
« de les acquitter ; »
Vu pareillement l'art. 8 de la loi du 27 frimaire an VIII, combiné avec l'art. 475 de
l'ordonnance du 9 décembre 1814, desquels il résulte que les procès-verbaux des
employés des octrois font foi en justice jusqu'à inscription de faux ;
Attendu qu'un procès-verbal régulier....
Attendu, que, sur l'appel interjeté de ce jugement par Fournier, fermier de
l'octroi de Montluel, le tribunal supérieur de Bourg, jugeant en appel de police
correctionnelle de Trévoux, en a adopté les motifs, en ajoutant qu'il est résulté
des débats « que, le 21 mai, Gouchon s'est présenté au bureau de l'octroi de Mont-
« luel pour y faire la déclaration que, le lendemain, il ferait transporter de La-
« boisse dans son domicile, audit Montluel, deux pièces de vin : que, s'adressant
« au sieur Lassaussée, employé de la régie des contributions indirectes et tenant
« le bureau de l'octroi, il lui a demandé quelles étaient les mesures à prendre ;
« que cet employé les lui a indiquées ; que c'est sur cette indication que Gouchon
« a pris à Laboisse un passavant pour le transport de 420 litres de vin, qui devait
« avoir lieu le 22 mai ; que ce transport a été fait ledit jour, à deux heures et
« demie du soir ; que le vin a été encavé, en plein jour, dans une maison en face
« du bureau de l'octroi, le fermier ayant été dûment prévenu, et, par suite, la
« soumission d'en acquitter les droits étant la garantie du paiement ; »

18

Attendu que ce jugement a ainsi substitué des équivalents prétendus aux prescriptions formelles de l'art. 4 du règlement de l'octroi de la ville de Montluel, lequel exige que les objets assujétis aux droits d'octroi soient conduits directement au bureau central ; qu'ils y soient immédiatement déclarés avant d'être remis à domicile, déchargés ou exposés en vente, et qu'après acquittement des droits ou soumission valable de les acquitter ;

Attendu que ledit jugement a, de plus, admis, comme excuse de la contravention imputée à Gouchon, l'absence de volonté et d'intention frauduleuse, et que, enfin, il a formellement méconnu la foi due, jusqu'à inscription de faux, aux procès-verbaux des employés de l'octroi, en se mettant en opposition avec les faits constatés par le procès-verbal du 22 mai 1845, à la charge de Gouchon ; que ledit jugement a donc violé tout à la fois l'art. 4 du règlement de l'octroi de la ville de Montluel et l'art. 8 de la loi du 27 frimaire an VIII, combiné avec l'art 75 de l'ordonnance royale du 9 décembre 1814 ;

Par ces motifs la cour casse.— Ch. crim.

ARR. DU CONS. D'ÉT. (ORD.), DU 28 NOV 1845, AFF. HÉRAULT.

Il ne suffit pas que le conflit soit élevé dans la quinzaine de l'envoi au préfet, du jugement qui a rejeté le déclinatoire ; il faut encore que l'arrêté de conflit soit déposé au greffe dans le même délai.

Considérant qu'il résulte de l'instruction, que le jugement du 27 août 1845, prononçant le rejet du déclinatoire, a été transmis par notre procureur près le tribunal de l'arrondissement de Montpellier au préfet de l'Hérault, le 2 septembre 1845, et que l'arrêté de conflit a été déposé au greffe du tribunal le 19 du même mois seulement, par conséquent, après l'expiration du délai fixé par les art. 7, 8 et 11 de l'ordonnance royale du 1er juin 1828 ;

Art. 1er. L'arrêté de conflit pris, le 10 septembre 1845, par le préfet de l'Hérault est annulé.

A. C. DU 29 NOV. 1845, AFF. COLIN.

Un pourvoi en cassation ne peut être déclaré qu'après l'expiration des délais nécessaires pour que le jugement ou l'arrêt attaqué ait acquis force de chose jugée.
En conséquence, est nul le pourvoi déclaré contre un jugement par défaut avant l'expiration du délai accordé par l'art. 187 du code d'instruction criminelle pour y former opposition.

Vu les art. 187, 373 et 418 du Code d'instruction criminelle ;

Attendu, en fait, que sur l'appel interjeté par le ministère public d'un jugement du tribunal correctionnel de Saint-Omer, prononcé contre le sieur Colin, prévenu d'un délit forestier et d'outrages envers un garde dans l'exercice de ses fonctions, des condamnations à la prison, à l'amende, à la restitution et à des dommages-intérêts, la cour de Douai, chambre des appels de police correctionnelle, a confirmé en partie et par défaut ledit jugement ;

Que son arrêt, rendu le 19 mai dernier, a été frappé de pourvoi par le procureur général près ladite cour, le 22 du même mois, et, dès lors, avant l'expiration du délai accordé par l'article 187 précité pour y former opposition :

Attendu, en droit, qu'il résulte de la combinaison des art. 373 et 418 du même Code, que les décisions en dernier ressort pouvant seules être attaquées par la voie du recours en cassation, le délai de trois jours déterminé par le premier de ces articles ne commence à courir qu'à dater du moment où il n'existe contre elles aucune voie légale de réformation ;

Ques'il en était autrement, et si le condamné usait, en temps utile, de la faculté d'opposition qui ne saurait lui être enlevée, le résultat de son action pourrait rendre sans objet l'annulation prononcée par la cour d'une décision dont le tribunal, de qui elle serait émanée, aurait lui-même reconnu et corrigé les vices ;

Attendu, enfin, que le ministère public, exerçant son recours contre un arrêt de condamnation, ne peut avoir plus de droits que le condamné ;

Par ces motifs, la cour rejette.— Ch. crim.

A. C. DU 3 JANV. 1846, AFF. MAYER ET AUTRES.

La connaissance des délits communs, commis par des militaires en congé ou hors de leur corps, est de la compétence des tribunaux ordinaires.

Vu l'art. 527 du code d'instruction criminelle ;

Vu l'ordonnance de la chambre du conseil du tribunal d'Avignon, du 26 août 1845, déclare incompétent pour statuer sur une prévention de vol dirigée contre Salomon Mayer et Robert, Pierre-Augustin-François Kramer, tous deux engagés dans la légion étrangère, de passage à Avignon, par le motif que ces individus porteurs d'une feuille de route pour rejoindre leurs corps, étaient censés y être présents ;

Vu le jugement rendu, le 11 novembre suivant, par le conseil de guerre permanent de la 8e division militaire, par lequel la juridiction militaire, se déclare, à son tour, incompétente pour connaître du vol de divers objets mobiliers, imputé à ces militaires par le motif qu'ils étaient hors de leurs corps ;

Attendu que ces décisions, passées en force de chose jugée, interrompent le cours de la justice ;

Vu le recours en règlement de juges, formé, en conséquence, par le procureur général en la cour, en exécution de l'ordre à lui donné par le garde des sceaux, ministre secrétaire d'État au département de la justice ;

Vu la lettre du garde des sceaux du 2 décembre 1845, jointe audit recours, et l'art. 441 du Code d'instruction criminelle ;

La cour réglant de juges :

Attendu qu'aux termes de l'avis du conseil d'État du 7 fructidor an XII la connaissance des délits communs commis par des militaires en congé ou hors de leurs corps, est de la compétence des tribunaux ordinaires :

Sans s'arrêter, ni avoir égard à l'ordonnance de la chambre du conseil d'Avignon, qui sera considérée comme non avenue :

Renvoie la cause devant. —Ch. crim.

A. C. DU 30 JANV. 1846, AFF. COMBES.

L'omission de la date dans une citation n'entraîne pas nécessairement la nullité de cet acte.
Cette irrégularité peut être couverte par la comparution du prévenu.

Vu l'art. 184 du code d'instruction criminelle ;

Attendu que les art. 182 et suivants de ce code, qui déterminent les formes des

citations en matière correctionnelle, n'exigent pas expressément que la citation soit datée ; que le défaut de date ne peut avoir d'autre conséquence que de laisser incertain si le prévenu a joui d'un délai accordé par l'art. 184 de ce code mais que l'inobservation de ce délai, loinde rendre nulle la citation d'une manière absolue, entraîne seulement, aux termes dudit article, la nullité de la condamnation qui serait prononcée par défaut ; que cette irrégularité est donc couverte par la comparution du prévenu ;

Et, attendu, en fait, que, si la copie de la citation notifiée à Combes n'est pas datée de l'année dans laquelle elle a été réellement donnée, ce prévenu a comparu au jour fixé, par le ministère d'un avoué ;

Que, maintenant, le tribunal correctionnel de Mende a déclaré nulle la citation et condamné l'administration des forêts aux frais ;

Que, sur l'appel, la cour de Nîmes a confirmé ce jugement :

En quoi elle a créé une nullité qui n'est point établie par la loi, commis un excès de pouvoirs et violé formellement l'art. 184 du Code d'instruction criminelle ;

La cour casse. — Ch. crim.

A. C. DU 11 FÉV. 1846, AFF. CAHORS.

Le droit d'octroi ne frappant que les objets destinés à la consommation locale et non ceux destinés au commerce général, n'atteint pas des sucres employés à la fabrication de liqueurs qui doivent être expédiées hors du lieu de fabrication.

Attendu que l'unique question soumise au juge de paix était celle de savoir s'il s'agissait d'un objet destiné à la consommation locale, qui seul doit le paiement de l'octroi, ou, au contraire, d'un objet destiné au commerce général ;

Attendu qu'il est constaté, en fait, que les neuf cent huit kilogrammes de sucre dont il s'agit étaient destinés à la fabrication de liqueurs devant les expédier hors de Cahors pour le commerce général ;

Et que, pour avoir décidé que ces sucres devaient être introduits en franchise conformément à l'art. 148 de la loi du 28 avril 1816, le jugement attaqué, loin d'avoir violé ladite loi, en a fait une juste application ;

La cour rejette.— Ch. req.

ARR. DE LA COUR D'APPEL DE PARIS, DU 17 FÉV. 1846, AFF. LIZARD.

Le privilège accordé à la régie, sur les meubles et effets mobiliers des redevables, par l'art. 47 du décret du 1er germinal an XIII, frappe non seulement sur les objets garnissant les lieux où le redevable exerce son commerce, mais encore sur ceux qui se trouvent dans d'autres maisons occupées par lui.

Considérant que Dizien a simultanément occupé, comme locataire, les lieux où les meubles ont été saisis et vendus, et ceux où il a été constitué redevable des droits envers l'administration des contributions indirectes ;

Considérant que l'art. 47 du décret du 1er germinal an XIII accorde à la régie des contributions indirectes privilège, préférence sur les meubles et effets mobiliers des redevables pour le paiement des droits, à l'exception de ce qui sera dû au propriétaire pour six mois de loyer seulement ;

Que cet article est absolu et sans réserve ; qu'il ne distingue pas entre les meubles garnissant les lieux où le redevable exploite son commerce et ceux qui peuvent se trouver dans d'autres lieux occupés par lui ;

Que restreindre aux premiers le privilège de l'administration des contributions indirectes, serait priver cette administration de la garantie que la loi a voulu lui donner et compromettre les droits du trésor ;

La cour infirme.

ARR. DU CONS. D'ÉT. (ORD.), DU 7 AVR. 1846. AFF. BART.

L'employé qui ne réunit pas la condition d'âge à celle de la durée de ses services, n'a droit à aucune pension de retraite qu'autant qu'il a été reconnu hors d'état de continuer ses fonctions par l'administration à laquelle il appartient.

Vu les articles 6 et 7 de l'ordonnance réglementaire du 12 janvier 1825 ;

Considérant que, aux termes de l'art. 7 de l'ordonnance réglementaire du 12 janvier 1825, tout employé qui réunit la nature et la durée des services exigés par l'art. 6, ne peut, quel que soit son âge, être admis à la pension que s'il est reconnu hors d'état de continuer utilement ses fonctions ;

Considérant que le sieur Bart, qui comptait, au moment où il a cessé d'être en activité, vingt-six ans de services civils et militaires, dont plus de vingt-quatre dans le service actif des contributions indirectes, et moins de soixante ans d'âge, n'a pas été reconnu, par son administration, hors d'état de continuer utilement ses fonctions ; que, dès lors, c'est avec raison que notre ministre des finances par sa décision attaquée, lui a refusé la liquidation de sa pension de retraite :

Art. 1er. La requête du sieur Bart est rejetée.

A. C. DU 28 AVR. 1846, AFF. DENACLARE. (DOUANES.)

En matière de douanes et, conséquemment, de contributions indirectes, les procès-verbaux des employés font foi jusqu'à inscription de faux, même du fait d'enlèvement de la copie avant la signature de tous les préposés saisissants.
Les tribunaux ne peuvent admettre la preuve testimoniale contre lesdits procès-verbaux, non argués de faux, et rejeter, à l'aide de cette preuve, le fait légalement constaté de la soustraction de la copie.

Vu l'art. 11, titre 4, de la loi du 9 floréal an VII ;

Attendu que, d'après cet article, les rapports rédigés, conformément aux articles précédents du même titre, font foi, jusqu'à inscription de faux, des contraventions aux lois sur les douanes, contraventions au nombre desquelles se place l'opposition à l'exercice des fonctions des préposés ; opposition qui résulterait dans l'espèce, du fait d'enlèvement de copie par le fait du défendeur, de complicité avec celui-ci ;

Attendu qu'au nombre des formalités que les préposés sont tenus de remplir, et dont ils ont, dès lors, qualité pour constater, jusqu'à inscription de faux, l'accomplissement, l'art. 6, titre 4, de la loi précitée, comprend l'énonciation que, par un fait de force majeure, ladite copie n'a pu être revêtue de toutes les signatures requises ;

Attendu que, dans la prévision qu'aucun obstacle ne les empêcherait pas de si gner la copie, les préposés avaient, dans la première partie de leur procès-verbal constaté la remise au défendeur de ladite copie signée par eux ; mais, en même temps et immédiatement, dans un procès-verbal supplémentaire, ils ont constaté que, au moment où ladite copie, signée de l'un d'eux, allait être présentée à la signature des deux autres préposés saisissants, Jean Denaclare s'est emparé furtivement de ladite copie, et s'est enfui, en l'emportant, avec Jacques Denaclare, son frère, contre qui le procès verbal était dressé;

Attendu que les préposés ont ainsi constaté, par leur procès-verbal, avoir accompli, autant qu'ils le pouvaient, les formalités prescrites par l'art. 6, titre 4, de la loi précitée, et la force majeure qui a empêché deux d'entre eux d'apposer leur signature sur la copie dudit procès-verbal;

Attendu que ces faits matériels étaient, dès lors, établis jusqu'à inscription de faux;

D'où il suit que le jugement du 27 janvier 1845, en admettant la preuve testimoniale contre le contenu en un procès-verbal non argué de faux, et le jugement du 7 avril suivant, en se fondant sur le résultat de l'enquête pour annuler ledit procès-verbal, et pour infirmer le jugement du juge de paix qui avait prononcé contre le défendeur les condamnations requises par l'administration des douanes, ont expressément violé l'art. 11, titre 4, de la loi du 9 floréal an vii;

La cour casse. — Ch. civ.

ARR. DU CONS. D'ÉT. (ORD.), DU 1er MAI 1846, AFF. VIAL.

Les contestations qui peuvent s'élever entre un ancien fermier d'octroi et la commune, ou le fermier actuel, sur le sens des clauses du cahier des charges, doivent être déférées à l'autorité administrative.

En conséquence, il y a lieu de maintenir un arrêté de conflit tendant à déférer à cette autorité des contestations de cette nature.

Vu l'arrêté de conflit pris, le 27 février 1846, par le préfet des Bouches-du-Rhône, dans une instance engagée devant notre cour d'Aix, entre les sieurs Vial et Conillet, fermiers de l'octroi de la commune de Maillane, et ladite commune, d'une part, et le sieur Pauleau, ancien fermier du même octroi....

Considérant que l'action engagée par le sieur Pauleau, ancien fermier de l'octroi de la commune de Maillane, a pour objet de faire décider, contre les sieurs Vial et Conillet, que les fermiers actuels dudit droit, seront tenus en vertu du cahier des charges de son adjudication, de lui tenir compte des droits perçus sur les vins récoltés et admis en entrepôt pendant la dernière année de sa jouissance;

Que les sieurs Vial et Conillet opposent à la prétention du sieur Pauleau une disposition du cahier des charges de leur adjudication, et que la commune de Maillane est intervenue pour repousser avec eux la demande de l'ancien fermier;

Que, dès lors, il y a lieu d'interpréter les cahiers des charges des deux adjudications, et que, aux termes des actes susvisés, cette interprétation ne peut être donnée que par l'autorité administrative;

Notre conseil d'Etat entendu,

Nous avons ordonné et ordonnons ce qui suit:

Art. 1er. L'arrêté de conflit pris, le 27 février 1846, par le préfet des Bouches-du-Rhône, est confirmé;

Art. 2. Sont considérés comme non-avenus l'exploit introductif d'instance du 23 janvier 1843 ; le jugement du tribunal civil de l'arrondissement de Tarascon du 24 août 1843; l'arrêt de notre cour d'Aix du 14 février 1846, et les actes judiciaires qui auraient pu s'ensuivre.

ARR. DU CONS. D'ÉT. (ORD.), DU 12 MAI 1846, AFF. LAVAL.

Une décision ministérielle qui ne fait qu'exécuter les dispositions d'une ordonnance antérieure, ne saurait être attaquée devant le conseil d'Etat.

Le recours contre un ordonnance, rendue en conseil d'Etat, doit, à peine de déchéance, être formé dans les trois mois de la mise à exécution de ladite ordonnance.

Vu l'ordonnance du 21 décembre 1840 ; vu les lois des 28 avril 1816 et 17 août 1822 ; vu le règlement du 22 juillet 1806 ;

En ce qui touche le recours contre la décision ministérielle du 3 avril 1843 : — Considérant que notre ordonnance du 21 décembre 1840 a soumis les taxes additionnelles comprises au tarif d'octroi de la ville de Laval au prélèvement du dixième au profit du Trésor;

Considérant que, par sa décision attaquée, notre ministre des finances n'a fait qu'exécuter les dispositions de ladite ordonnance ;

En ce qui touche le recours contre l'ordonnance du 21 décembre 1840: — Considérant que, aux termes de l'art. 11 du règlement du 22 juillet 1806, le recours au conseil d'Etat contre la décision d'une autorité qui y ressortit, n'est plus recevable trois mois après la notification de cette décision;

Considérant que l'ordonnance du 21 décembre 1840 a été mise à exécution dans la ville de Laval, le 1er janvier 1841, et que la ville ne s'est pourvue en notre conseil d'Etat que le 27 juin 1845; que, dès lors, ce recours a été formé hors des délais fixés par le règlement du 22 juillet 1806;

En ce qui touche les conclusions tendant à ce qu'il nous plaise déclarer que les taxes additionnelles destinées à l'acquit des travaux du collège seront exemptes du prélèvement:—Considérant que, aux termes de l'art. 16 de la loi du 17 août 1822, les centimes additionnels exemptés du prélèvement du dixième au profit du Trésor, sont ceux que les villes ont été autorisées à ajouter temporairement aux tarifs de leur octroi pour subvenir à des dépenses d'établissement d'utilité publique, ou pour se libérer d'emprunts;

Considérant que l'emprunt destiné au paiement des travaux du collège dont il s'agit n'a été autorisé qu'en 1842,et qu'aucune taxe additionnelle n a été autorisée par l'ordonnance du 21 décembre 1840 pour subvenir au remboursement de ces dépenses;

Art. 1er. La requête de la ville de Laval est rejetée.

LETT. COMM. DU 20 MAI 1846.

Etat 100 A.

L'administration désire que les colonnes 15, 16 et 17 de l'état 100 A ne comprennent que les pièces justificatives des dépenses portées aux diverses colonnes de l'état, depuis la colonne 3 jusqu'à la colonne 12, ces pièces étant les seules qu'elle ait à produire à la cour des comptes.

Invariablement, et comme l'indique d'ailleurs son intitulé, la colonne 15 ne doit

jamais présenter qu'une pièce, savoir: l'état n° 99, ou une transaction pour droits et frais, ou pour frais seulement. En cas de remboursement partiel sur le montant des frais, soit de la part du contrevenant, soit par suite de restitution ou de vente d'objets saisis, les procès-verbaux de vente, ou l'extrait d'enregistrement de toute autre recette.

Pour les sous répartitions de saisies communes, l'état 99 figurera colonne 15 et l'état modèle P (Octroi), colonne 16. On devra porter dans cette dernière colonne les procurations ou quittances fournies à défaut d'émargement des parties prenantes, celles du registre K bis pour les sommes versées aux communes, le procès-verbal, la transaction, et toutes les pièces justificatives des frais détaillés au deuxième cadre du verso de cet acte.

Quant aux droits fraudés, s'ils sont payés en dehors de la transaction, on continuera d'adresser les quittances ou les extraits des registres de perception,et on remplira, en outre, très-exactement, le premier cadre du verso de la transaction, en ayant soin de mentionner, dans la dernière colonne dudit cadre, les dates et les numéros des registres de perception ; mais on ne comprendra pas ces pièces dans la colonne 6 de l'état 100.

Lorsque les droits sont prélevés sur le montant de l'amende, la quittance de la taxe d'octroi, s'il y a lieu de la percevoir, doit être portée colonne 16, puisqu'elle justifie d'une dépense inscrite colonne 5 (laquelle doit être subdivisée) et ligne 3 de la récapitulation de l'Etat 100.

Toutes les autres pièces fournies à l'appui des transactions, uniquement à titre de renseignements, telles que rapports sommaires, réclamations, lettres, certificats, acquits, congés, etc., ne seront pas énumérées colonne 16.

Quant aux transactions soumises à l'approbation de l'administration, il conviendra, afin d'éviter le plus possible des rectifications, d'inscrire dans la colonne 16 précitée, celles des pièces qui,d'après les explications qu'on vient de donner, doivent y figurer, bien que ces pièces aient été envoyées avant la formation de l'état 100 A.

Enfin, on n'établira pas de reports pour les colonnes 15, 16 et 17, eu égard aux changements dont elles pourraient être encore susceptibles,nonobstant le soin apporté à les remplir.

A. C. DU 30 JUIN 1846, AFF. LOUDUN.

En matière civile, la disposition de l'art. 126 du code de procédure civile, qui permet aux juges de prononcer la contrainte par corps, pour dommages-intérêts supérieurs à 300 fr., n'est pas applicable aux femmes et aux filles.

Vu les art. 2066 du Code civil, et 126 du Code de procédure civile ;

Attendu que, aux termes du premier de ces articles, la contrainte par corps ne peut, en matière civile, être prononcée contre les femmes et les filles que dans le cas du stellionat; — que l'art. 126 du Code de procédure civile ne contient aucune dérogation à cette disposition, et n'autorise les tribunaux à prononcer, la contrainte par corps, pour dommages-intérêts,que dans les limites fixées par le code civil;

Attendu, cependant, que l'arrêt attaqué, en condamnant les demanderesses aux dommages-intérêts résultant de l'instance engagée solidairement avec leurs frères et cohéritiers, les a soumises comme ces derniers, à la contrainte par corps pour le paiement desdites condamnations; d'où il suit que, en ce chef, ledit arrêt a faussement appliqué l'art. 126 du code de procédure civile, et expressément violé l'art. 2066 du Code civil;

La cour casse. — Ch. civ.

A. C. DU 6 JUILLET 1846.

La partie qui a obtenu, devant la cour de cassation, l'annulation d'un jugement ou arrêt, ne peut, si elle succombe de nouveau devant le tribunal ou la cour de renvoi, être condamnée aux frais du jugement ou de l'arrêt annulé, et de sa signification.

Arrêt conforme.

A. C. DU 25 JUILL. 1846, AFF. JOURDAN. (FORÊTS.)

Les procès-verbaux, régulièrement dressés,et ayant foi en justice jusqu'à inscription de faux, prouvent des faits qu'ils relatent, et, dès lors, les juges ne peuvent, sans violer la foi due à ces actes, ordonner la comparution des agents qui les ont rédigés, pour leur demander des explications sur les faits constatés.

Attendu que, aux termes des art. 176 et 177 du Code forestier, les procès-verbaux revêtus des formalités ordonnées par les art. 165 et 170, et non attaqués par la voie de l'inscription de faux, font foi pleine et entière des faits matériels par eux articulés ; que, conséquemment, ces faits doivent servir de base à la décision des juges et à l'application de la loi;

Attendu que les faits établis, dans l'espèce, par les procès-verbaux servant de base à la poursuite, lesquels n'ont point été attaqués, constituaient des délits prévus en termes exprès par les articles précités ; que, dès lors, toutes les explications données par les rédacteurs de ces procès-verbaux, soit qu'elles tendissent à confirmer ou à affaiblir les expressions de ces actes, étaient illégales, par cela seul qu'elles pouvaient altérer la foi due à ces mêmes actes;

Attendu que, en ordonnant la comparution des gardes rédacteurs, pour leur demander des explications sur les faits par eux légalement attestés, l'arrêt attaqué a violé les articles précités 176 et 177 du Code forestier ;

La cour casse. — Ch. crim.

Note du Mém. —L'administration n'a jamais contesté aux tribunaux la faculté d'ordonner la comparution des employés verbalisants, lorsque cette comparution a uniquement pour objet d'éclairer les juges sur certains faits qui ne sont point énoncés d'une manière assez complète pour bien caractériser les contraventions ; mais elle a constamment prescrit d'appeler des jugements interlocutoires, qui ordonnent l'audition des employés sur les faits qui constituent les contraventions, parce que ces jugements portent atteinte à la foi due aux procès-verbaux.

Il faudra donc continuer de faire cette distinction, c'est-à-dire acquiescer aux décisions qui n'auront pour *objet que d'éclairer* les faits généraux relatés dans les procès-verbaux sans rien préciser, et référer à l'administration de ceux qui désigneraient des circonstances relatées aux procès-verbaux et constitutives des contraventions.

ARR. DU CONS. D'ÉT. (ORD.), DU 29 JUILL. 1846, AFF. LYON.

Les frais de casernement sont dus pour toutes les troupes logées par l'État, sans distinction entre celles qui sont casernées dans le rayon de l'octroi et celles qui le sont au dehors.

Considérant que, aux termes de l'art. 46 de la loi du 15 mai 1818, les communes n'ont été déchargées des frais de casernement et des dépenses concernant les lits militaires que moyennant un prélèvement au profit de l'État, qui peut l'exercer aussi bien sur les droits d'octroi que sur les centimes ordinaires, extraordinaires et facultatifs auxquels elles sont imposées, ou sur leurs autres revenus; que cet article de la loi, en fixant ce prélèvement, pour chaque année d'occupation, à raison de 7 fr. par homme et de 3 fr. par cheval, a compris toutes les troupes logées par l'État, sans distinguer entre celles casernées dans les limites de l'octroi des communes et celles casernées hors du rayon de leur octroi; que, si l'ordonnance du 5 août 1818, rendue pour l'exécution de l'art. 46 de la loi, n'a soumis à ce prélèvement que les villes qui perçoivent des octrois, cette disposition ne pourrait être invoquée par la ville de Lyon pour se faire exempter du prélèvement, puisque cette ville perçoit des droits d'octroi; d'où il suit que c'est avec raison que notre ministre de la guerre a compris dans les décomptes des journées d'occupation de logements les troupes casernées à Lyon, hors du rayon de l'octroi;

Art. 1er. La requête de la ville de Lyon est rejetée.

A. C. DU 14 AOUT 1846, AFF. DIEULAFOY.

Il doit y avoir exception à la règle générale de la non cumulation des peines, lorsque des lois spéciales le disposent ainsi.
En conséquence, lorsqu'un procès-verbal constate à la charge du même individu plusieurs contraventions, il doit être prononcé contre lui autant d'amendes qu'il y a de contraventions constatées.

Vu l'art. 365 du Code d'instruction criminelle, portant :

« En cas de conviction de plusieurs crimes ou délits, la peine la plus forte sera seule prononcée. »

Attendu que la disposition générale contenue en l'art. 365 du Code d'instruction criminelle reçoit exception dans les cas où des lois spéciales le décident ainsi;

Attendu qu'il résulte de l'art. 16 de la loi du 21 octobre 1814 que la déclaration et le dépôt sont deux obligations distinctes imposées à l'imprimeur; qu'elles peuvent exister séparément et sont passibles l'une et l'autre d'une amende particulière; — que le sens naturel de cet article, d'après les termes dans lesquels il est conçu, est que chacune de ces contraventions doit être punie de l'amende fixée, et que les deux amendes sont encourues lorsque les deux contraventions sont réunies;

Attendu, en conséquence, que la cour d'appel de Toulouse, en se fondant sur la disposition ci-dessus transcrite de l'art. 365 du Code d'instruction criminelle, pour condamner la prévenue à une seule amende de 1,000 francs, lorsqu'il était constaté et reconnu qu'elle avait imprimé sans déclaration préalable et publié sans avoir fait de dépôt, a faussement appliqué ledit art. 365, et formellement violé l'art. 16 de la loi du 21 octobre 1814, ci-dessus cité;

La cour casse. — Ch. crim.

Note du Mém. — Il importe de remarquer que l'art. 16 de la loi du 21 octobre 1814, sur lequel est basé cet arrêt, ne dispose pas formellement qu'il est fait exception à l'art. 365 du Code d'instruction criminelle, et que la cour suprême, en annulant l'arrêt de la cour de Toulouse, s'est moins fondée sur le texte dudit art. 16 que sur le principe proclamé par elle dans un grand nombre d'arrêts précédents concernant la question du cumul des amendes, savoir : que les matières spéciales ne sont point régies par l'article précité du Code d'instruction criminelle.

Il faut donc admettre, comme point fixé par la jurisprudence, qu'il doit être appliqué une amende pour chaque fait constitutif d'une contravention.

A. C. DU 26 AOUT 1846, AFF. ROCROY.

Il n'est dû aucun droit d'octroi, dans les communes où il en existe, sur les marchandises consommées pour la fabrication des produits destinés au commerce général.

Attendu, en droit, qu'aux termes de l'article 113 de la loi du 28 avril 1816, il n'est dû aucun droit d'entrée dans les communes assujéties aux droits d'octroi pour les marchandises qui ne sont pas consommées dans la localité ou qui y sont consommées pour la fabrication des produits destinés au commerce général;

Attendu, en fait, qu'il est reconnu que les bois dont il s'agit et qui ont été brûlés dans l'usine du défendeur ont été consommés pour produire des objets destinés au commerce général;

Attendu d'ailleurs que le jugement attaqué n'a statué que sur le procès particulier qui lui était soumis, et non par voie d'injonction générale; rejette le pourvoi formé contre le jugement du tribunal de Rocroy, du 25 août 1845.

A. C. DU 28 AOUT 1846, AFF. LEVY.

Les tribunaux correctionnels, en général, et surtout, lorsque, statuant en appel, ils infirment une décision, doivent motiver leurs jugements et s'expliquer sur la vérité des faits et sur leur qualification légale.
En conséquence, un jugement qui relaxe un prévenu en se bornant à déclarer que les faits tels qu'ils résultent de l'instruction et des débats, ne constituent pas la contravention imputée, n'est pas suffisamment motivé et doit être annulé.

Vu l'art. 7 de la loi du 20 avril 1810;

Attendu que les tribunaux correctionnels ne satisfont à cet article qu'autant qu'ils s'expliquent et sur la vérité des faits, et sur leur qualification légale; que cette obligation leur est plus particulièrement imposée, lorsque, statuant comme juges d'appel, ils croient devoir infirmer une décision des premiers juges explicitement motivée sur l'un et l'autre point;

Attendu que, dans l'espèce, le tribunal de police avait déclaré constants les faits imputés par les demandeurs à Léopold Lévy et Elie Dubuisson, avait écarté les excuses opposées par ces prévenus, et avait reconnu aux faits le caractère de la contravention d'injure prévue par l'art. 475, n° 11 du code pénal;

Que, sur l'appel, le tribunal correctionnel a, par le jugement attaqué, renvoyé les prévenus des poursuites; mais que, au lieu d'expliquer par quels motifs de fait ou de droit cette infirmation était justifiée, il s'est borné à déclarer que *les faits tels qu'ils résultent de l'instruction et des débats ne constituaient pas la* contravention imputée aux prévenus;

En quoi il y a eu violation formelle de l'art. 7 de la loi du 20 avril 1810;

La cour casse. — Ch. crim.

A. C. DU 11 SEPT. 1846, AFF. ALBINE.

Les dispositions des art. 59 et 60 du code pénal, qui régissent la complicité, ne concernent que les crimes et délits; elles ne sont, dès lors, pas applicables en matière de contravention.

Sur le troisième moyen, pris de ce que le sieur Delapanouze aurait été condamné en l'amende prononcée par l'arrêté du 27 prairial an IX, comme ayant participé volontairement à une contravention commise par deux autres individus, ce qui constituerait une violation des dispositions du Code d'instruction criminelle relatives à la complicité;

Attendu qu'Albine et Vivier, qui transportaient personnellement l'écrit objet du procès, ont été condamnés, par jugement passé en force de chose jugée, à l'amende de 300 fr., comme auteurs de la contravention prévue et punie par l'arrêté du 27 prairial an IX;

Attendu que les règles ordinaires sur la complicité, telles qu'elles sont spécifiées aux articles 59 et 60 du Code pénal, ne s'appliquent qu'aux crimes et délits;

Attendu que l'office spécial auquel était préposé le sieur Delapanouze, par les chefs de son administration, n'impliquait pas pour lui la nécessité de connaître la nature du transport incriminé; qu'il importe peu, dès lors, que ledit sieur Delapanouze ait eu cette connaissance, et que l'arrêt attaqué en a induit, à tort, comme une conséquence forcée, une participation directe à l'acte dont Albine et Vivier s'étaient rendus coupables;

Attendu que le fait de la prévention ne constituait qu'une contravention aux règlements concernant le service des postes; qu'il ne rentre donc pas dans les dispositions des articles précités qui régissent la complicité;

Que, en se fondant sur la connaissance qu'avait le sieur Delapanouze du transport de l'écrit dont il s'agit pour décider qu'il avait participé volontairement à la contravention, et qu'il avait ainsi encouru personnellement la peine de 300 fr. d'amende, déjà prononcée contre les véritables auteurs de la contravention, l'arrêt attaqué a fait une fausse application de l'arrêté du 27 prairial an IX et des articles 59 et 60 du Code pénal;

Par ces motifs, la cour, sans qu'il soit besoin, dès lors, de statuer sur les deux premiers moyens de cassation, casse. — Ch. crim.

A. C. DU 11 DÉC. 1846, AFF. CURTIL (DOUANES.)

La déclaration d'inscription de faux contre un procès-verbal ayant foi en justice, doit être faite au plus tard à l'audience même indiquée par l'assignation, si le prévenu a comparu.
Cette déclaration ne peut plus être reçue à l'audience suivante, lors même que l'affaire aurait été remise pour faciliter au prévenu les moyens de préparer la défense et que la citation aurait été donnée à la requête du ministère public.

Vu l'art. 12, titre 4 de la loi du 9 floréal an VII, et l'art. 10 de l'arrêté des consuls du 4e jour complémentaire an XI;

Attendu que, d'après le premier de ces articles, celui qui veut s'inscrire en faux contre un procès-verbal des préposés des douanes doit en faire la déclaration par écrit, *au plus tard*, à l'audience indiquée par la sommation de comparaître devant le tribunal qui doit connaître de la contravention, *à peine de déchéance* de l'inscription de faux; et que, aux termes du second desdits articles ledit juge doit passer outre au jugement des affaires dans lesquelles le rapport des préposés est argué de faux, si l'inscription de faux n'a pas été faite dans le délai et suivant les formes déterminées par la loi;

Que ces dispositions sont générales et absolues, et n'admettent aucune exception pour le cas où la citation a été signifiée à la requête du ministère public, et non à celle de l'administration des douanes;

Attendu que l'audience tenue au jour indiqué par la sommation de comparaître est la seule pendant laquelle le prévenu peut utilement déclarer qu'il s'inscrit en faux contre le procès-verbal dressé à sa charge; que les audiences subséquentes auxquelles l'affaire peut avoir été remise ou continuée, ne peuvent pas être considérées comme la prolongation de l'audience tenue au jour indiqué par la citation;

Que, lorsque le prévenu n'a pas déclaré, dès la première audience, qu'il s'inscrit en faux contre le procès-verbal, le tribunal saisi de la poursuite doit le déclarer déchu de l'inscription de faux, et que, en refusant de le faire, il contrevient formellement aux articles ci-dessus visés de la loi du 9 floréal an VII et de l'arrêté du 4e jour complémentaire an XI;

Et attendu, en fait, que le nommé Célestin Curtil avait été régulièrement assigné à la requête du procureur du roi près le tribunal de première instance de Montbéliard, par acte du 20 mai 1846, à comparaître le 25 *du même mois* devant le tribunal correctionnel de Montbéliard, pour être jugé sur les faits à lui imputés, et qui avaient été consignés dans le procès-verbal dressé le 4 du même mois de mai par les préposés des douanes;

Attendu que Curtil s'est présenté à l'audience le 25 mai, assisté de Renaud avoué; que l'administration des douanes est intervenue à la même audience et a pris ses conclusions contre Curtil; que ce dernier a demandé, par l'organe de son avoué, la remise de la cause au lendemain pour préparer ses moyens de défense, et même s'inscrire en faux au besoin, mais qu'il n'a pas, à cette première audience déclaré s'inscrire en faux;

Attendu que c'est seulement à la seconde audience, celle du 26 mai, que Curtil s'est inscrit en faux contre le procès-verbal des préposés des douanes, du 4 mai, et que le tribunal de Montbéliard lui a donné acte de cette inscription de faux, et l'a admis à déposer au greffe les moyens de faux;

Attendu que l'arrêt rendu, sur l'appel de ce jugement, par la cour de Besançon, chambre des appels de police correctionnelle, le 14 juillet 1846, a adopté les motifs et confirmé les dispositions; qu'il a ainsi admis que l'inscription de faux contre le procès-verbal des préposés des douanes avait pu être régulièrement formée à une autre audience que celle indiquée par la sommation de comparaître alors que le prévenu s'est présenté à cette première audience, et qu'il avait pu être entendu;

Que, en prononçant ainsi, la cour de Besançon a formellement violé les art. 12 tre 4 de la loi du 9 floréal an VII, et 10 de l'arrêté des consuls du 4e jour complémentaire an XI ;

Par ces motifs, casse. — Ch. crim.

ARR. DU CONS D'ÉT. (ORD.), DU 15 DÉC. 1846, AFF. ROCQUIGNY.

Lorsque le demandeur renonce au recours qu'il a formé devant le conseil d'Etat, n'y a pas lieu de statuer sur son pourvoi.

Vu la lettre du 11 juillet 1846, par laquelle notre ministre des travaux publics annonce que le sieur Rocquigny s'est désisté de son recours; vu la lettre de notre ministre des travaux publics, en date du 21 novembre 1846;

Considérant qu'il résulte des lettres ci-dessus visées de notre ministre des travaux publics que le sieur Rocquigny a renoncé au recours par lui formé, et que, dès lors, il n'y a lieu à statuer sur ledit recours :

Art. 1er. Il n'y a lieu à statuer sur le pourvoi ci-dessus visé du sieur Rocquigny.

A. C. DU 2 JANV. 1847, AFF. GUILBERT.

Dans les villes où les moëllons de toute espèce au-dessous de 15 centimètres sont soumis à un droit d'octroi, il y a lieu de le percevoir sans rechercher par quel moyen les moëllons ont été extrait du sol ou préparés ou quel usage on en veut faire.

Vu les art. 11, 22 et 24 de l'ordonnance du 9 décembre 1814 sur les octrois, et les art 4 et 12 du règlement de l'octroi de la commune d'Abbeville, approuvé le 3 juin 1840 ;

Attendu que l'art. 4 du règlement de l'octroi d'Abbeville exige que tout porteur ou conducteur d'objets assujétis aux droits d'octroi, avant de les conduire dans le rayon intérieur, en fasse la déclaration, produise les congés ou autres expéditions qui les accompagnent et acquitte les droits, si les objets sont destinés à la consommation du lieu, sous peine de la confiscation et d'amende;

Que l'art. 12 de ce règlement prononce la même peine contre toute personne qui récolte, prépare ou fabrique dans l'intérieur du rayon de l'octroi des objets compris au tarif, sans avoir fait la déclaration et sans avoir acquitté les droits ou réclamé la faculté de l'entrepôt ;

Attendu que, dans le tarif annexé à ce règlement et approuvé par l'ordonnance du 13 juin 1840, les moellons bruts et *les moëllons de toute espèce au-dessous de quinze centimètres* sont compris dans les objets soumis aux droits d'octroi ;

Que les dispositions du règlement et du tarif de l'octroi d'Abbeville sont autorisées par l'ordonnance du 9 décembre 1812, art. 24 et 24;

Et attendu, en fait, qu'il a été constaté par le procès-verbal des préposés de l'octroi d'Abbeville du 5 mars 1846, et reconnu, par l'arrêt attaqué, que Guilbert, entrepreneur des travaux du chemin de fer de Paris à Boulogne, a transporté dans le rayon de l'octroi d'Abbeville des *moëllons bruts sans aucun mélange de terre*, à raison desquels il n'avait fait aucune déclaration au bureau de l'octroi, ni acquitté les droits;

Que, cependant, l'arrêt attaqué l'a renvoyé des poursuites dirigées contre lui pour contravention au règlement de l'octroi, en se fondant sur ce que les moellons saisis avaient été employés, dans l'état où ils avaient été retirés du Monteaubert, à effectuer de simples remblais, et sur ce qu'il n'était pas établi qu'ils eussent été détachés du Monteaubert suivant le mode établi pour l'extraction des moellons dans les carrières ;

Attendu que ni l'ordonnance du 9 décembre 1814, en assujétissant les *matériaux* aux droits d'octroi, ni le règlement de l'octroi d'Abbeville, en spécifiant les *moellons bruts*, même au-dessus de 15 centimètres cubes, n'ont eu égard au mode employé pour leur extraction de la terre non plus qu'à leur emploi, après la déclaration au bureau d'octroi;

Que les droits d'octroi sont dus pour les matériaux préparés ou fabriqués, de même que pour ceux introduits dans le rayon de l'octroi spécialement *pour les moëllons de toute espèce au-dessous de quinze centimètres introduits dans le rayon de l'octroi d'Abbeville*, sans qu'il y ait lieu de rechercher par quels moyens ils ont été extraits du sol ou préparés, ou quel usage le propriétaire en a fait ultérieurement;

Que, dès lors, la cour d'Amiens a admis une exemption de droits dans un cas où cette exemption de droits n'est pas autorisée, et qu'elle a formellement violé, en refusant de les appliquer, les articles ci-dessus visés de l'ordonnance du 9 décembre 1814 et du règlement de l'octroi d'Abbeville ;

Par ces motifs la cour casse et annule. — Ch. crim.

ARR. DU CONS. D'ÉT. (ORD.), DU 21 JANV. 1847, AFF. DOUMAS.

Lorsque le déclinatoire est parvenu, en temps utile, au ministère public, la circonstance qu'il n'aurait pas été mis sous les yeux du tribunal ou de la cour saisie de la contestation, ne fait pas obstacle à ce que le conflit puisse être régulièrement élevé après le jugement ou l'arrêt.

C'est à l'autorité administrative qu'il appartient de décider, à l'exclusion des tribunaux ordinaires, si le procès-verbal d'adjudication du bail à ferme des droits de pesage, mesurage et jaugeage publics d'une commune, remplit les conditions prescrites par les lois et règlements pour sa régularité, sauf à elle, dans le cas d'inscription de faux contre ledit acte, à renvoyer les parties devant l'autorité judiciaire.

Sur la régularité du conflit ;

Considérant qu'il résulte de l'instruction que le mémoire en déclinatoire adressé le 23 octobre 1844, par le préfet de Vaucluse, à M. le procureur général près la cour de Nîmes, a été déposé en temps utile au parquet dudit procureur général ; que, ainsi, ledit préfet avait satisfait aux dispositions de l'ordonnance du 1er juin 1828; que, si le mémoire précité n'a pas été mis sous les yeux de la cour, cette omission ne saurait faire obstacle à l'exercice du droit que les lois confèrent à l'autorité administrative de revendiquer, par la voie du conflit, les contestations dont la connaissance lui appartient; que, dès lors, le préfet de Vaucluse a pu élever le conflit après l'arrêt du 25 mai 1846 ;

Sur la compétence :

Considérant que l'action intentée par le sieur Doumas contre la commune de Saumanes avait pour objet de faire déclarer nul et de nul effet le procès-verbal d'adjudication du bail à ferme des droits de pesage, mesurage et jaugeage publics dans ladite commune, et faire annuler le commandement signifié audit sieur Doumas en vertu dudit acte;

Considérant que le procès-verbal précité constituait un acte administratif, et

qu'il n'appartenait qu'à l'autorité administrative de décider s'il remplissait les conditions prescrites par les lois et règlements pour sa régularité, sauf à elle à renvoyer les parties, s'il y a lieu, devant l'autorité judiciaire pour statuer sur l'inscription de faux qui aurait pu être formée contre ledit acte :

Art. 1er. L'arrêté de conflit pris par le préfet du département de Vaucluse, le 1er août 1845, est confirmé;

Art. 2. Sont considérés comme non-avenus l'exploit introductif d'instance du 7 janvier 1843, le jugement du tribunal de première instance d'Avignon du 4 mars 1844, l'acte d'appel du 25 septembre 1844, et l'arrêt de la cour de Nîmes du 25 mai 1846.

Note du Mêm. — On reconnaîtra facilement que les principes qui ont dicté cette ...donnance seraient invoqués avec succès, notamment dans les contestations auxquelles donnent quelquefois lieu les adjudications de passages d'eau, de la perception des octrois, du transport des tabacs et des poudres, ainsi que les fournitures de toute espèce.

A. C. DU 2 FÉV. 1847, AFF. LYON. (DOMAINES.)

En matière d'enregistrement et conséquemment de contribution indirectes, le jugement qui intervient sur mémoires respectivement signifiés, doit être réputé contradictoire, si l'une des parties a conclu, entr'autres propositions, à ce que la partie adverse fût déboutée de sa demande.

En conséquence, un jugement ne saurait être attaqué par la voie de l'opposition.

Vu les art. 1351 du Code civil, 343 du Code de procédure civile, et 65, alinéas 2 et 5, de la loi du 22 frimaire an VII ;

Attendu que, aux termes de ces deux derniers articles, dans les affaires qui s'instruisent par écrit, la cause est en état, quand l'instruction est complète ou quand les délais pour les productions et réponses sont expirés, et qu'en outre, en matière d'enregistrement, où les instructions se font sur de simples mémoires, les jugements doivent être rendus dans les trois mois, au plus tard, de l'introduction de l'instance :

Attendu qu'il est établi, par les qualités du jugement rendu par le tribunal de Lyon, le 1er août 1843, que, sur l'assignation donnée, le 17 avril précédent, à la régie défenderesse, à la requête des demandeurs ès noms, la régie signifia, le 26 du même mois d'avril, un mémoire en défense, dans lequel, après avoir indiqué une exception de chose jugée, et s'être bornée à discuter la nullité prétendue de l'exploit introductif d'instance, elle concluait, non-seulement à ce que cette nullité fût prononcée, mais encore *à ce que le demandeur fût débouté de sa demande* et condamné aux dépens ;

Attendu que les mêmes qualités établissent que le demandeur fit signifier, le 5 juin suivant, un mémoire en réponse, reproduisant ses *conclusions au fond*, mémoire auquel la régie ne fournit aucune réplique :

Attendu que ces productions respectives contenaient ainsi des conclusions au fond, puisque, indépendamment de ces exceptions, la régie répondait à la demande en concluant à ce que le demandeur *en fût débouté* ;

Que, dès lors, la cause était contradictoirement engagée et mise, de part et d'autre, en état, conformément aux dispositions de loi précitées ;

Attendu que, si la régie n'avait pas cru devoir libeller ses conclusions au fond, elles n'en étaient pas moins soumises par elle au tribunal, aussi bien que le moyen de nullité par elle proposé ;

Attendu d'ailleurs, qu'il ne peut pas dépendre des parties d'étendre indéfiniment la durée réglée par la loi, et les phases d'une contestation, en divisant et proposant successivement leurs moyens de défense ;

Attendu que, de ce qui précède, il résulte que le jugement du 1er août 1843 était contradictoire sur le fond comme sur les exceptions qu'il a écartées, que, par conséquent, il ne pouvait plus être attaqué par la voie de l'opposition ;

D'où il suit que le jugement attaqué, en recevant l'opposition de la régie contre ledit jugement précédent, du 1er août 1843, dans sa disposition portant sur le fond du litige, a faussement appliqué les art. 149 et suivants du Code de procédure civile, et expressément violé l'autorité de la chose jugée contradictoirement en dernier ressort, ainsi que les articles visés ci-dessus ;

Par ces motifs, la cour casse. — Ch. civ.

ARRÊT DU CONS D'ÉT. (ORD.), DU 9 FÉV. 1847. AFF. LEGAT. (POSTES.)

L'action en dommages-intérêts intentée par un particulier contre une administration publique, comme civilement responsable du fait d'un des préposés, est de la compétence de l'autorité administrative.

Si elle est portée devant les tribunaux ordinaires, il y a lieu à élever le conflit.

Sur la question de savoir si le conflit a pu être élevé : — Considérant que l'action intentée par le sieur Legat contre le directeur général de l'administration des postes, en ladite qualité, a été dirigée à fins civiles et portée devant le tribunal civil de première instance de la Seine, et qu'ainsi, conformément aux dispositions de l'ordonnance du 1er juin 1828, le conflit a pu être élevé ;

Sur la compétence : — Considérant que ladite action a pour objet de faire condamner le directeur général de l'administration des postes, comme civilement responsable, à remettre au sieur Legat une lettre recommandée, sinon à lui payer des dommages-intérêts;

Considérant qu'à défaut, par l'administration des postes, de remettre au sieur Legat la lettre dont il s'agit, sa réclamation se résout en une demande de dommages-intérêts qui tend à constituer l'Etat débiteur, et que aux termes des lois susvisées, il appartient à l'autorité administrative d'en connaître ;

Art. 1er. L'arrêté de conflit pris par le préfet de la Seine le 20 octobre 1846, est confirmé; — Art. 2. L'exploit introductif d'instance du 3 septembre 1846, et le jugement du tribunal de première instance de la Seine du 2 octobre suivant, sont considérés comme non-avenus.

A. C. DU 24 FÉV. 1847, AFF. GANNET.

L'autorité administrative est seule compétente pour interpréter ses actes. Les tribunaux ne peuvent en connaître que pour en faire l'application et en prescrire l'exécution.

Vu l'art. 13 de la loi des 16-24 août 1790, le décret du 16 fructidor an III, et l'art. 4 de la loi du 28 pluviôse an VIII;

Attendu que les procès-verbaux administratifs des 1er floréal an 6 et 5 ventôse an IX, contenant adjudication de deux maisons situées rue des Sept-Voies, portent, en ce qui concerne l'une des maisons: l'acquéreur, etc.

Attendu que l'ordonnance du 5 août 1844, rendu en exécution de la loi du 2 juillet de la même année, ayant déclaré d'utilité publique l'acquisition de ces trois maisons, il s'agissait, dans la cause de juger si l'expropriation en pouvait être opérée sans indemnité;

Que, à cet égard, l'arrêt attaqué a décidé que la déclaration d'utilité publique avait pour objet des embellissements et non des alignements ordinaires; que les réserves domaniales contenues dans les adjudications avaient été fixées, non pas pour l'Etat, mais seulement pour la ville de Paris; que, enfin, ces réserves faites pour *tous alignements et retranchements* ne devaient pas, néanmoins, s'entendre pour les travaux de régularisation des abords du Panthéon;

Attendu que cette décision ne renferme pas une simple application, mais constitue évidemment une interprétation des réserves domaniales stipulées dans les procès-verbaux d'adjudication des trois maisons dont il s'agit; d'où il suit que la cour d'appel de Paris, en prononçant sur le fond, au lieu de surseoir à statuer jusqu'à l'interprétation administrative, est sortie des règles qui limitent sa compétence, et a violé ainsi les lois précitées;

Par ces motifs, et sans qu'il soit besoin de statuer sur les autres moyens, la cour casse. — Ch. civ.

ARR. DU CONS. D'ÉT. (ORD.), DU 27 FÉV. 1847, AFF. REIMS.

Le déclinatoire peut être proposé et le conflit être élevé en appel, même après jugement rendu sur exception d'incompétence opposée par l'une des parties en cause.

Sur la fin de non-recevoir opposée par les sieurs Torirat et consorts:

Considérant que, aux termes de l'art. 4 de l'ordonnance du 1er juin 1828, le conflit peut être élevé en appel, lorsqu'il ne l'a pas été en première instance; qu'il peut, d'ailleurs, être élevé tant qu'il n'est pas intervenu de décision définitive sur *le fond de la contestation*; que, dès lors, le préfet de la Marne était recevable à proposer le déclinatoire et à élever le conflit devant notre cour de Paris, nonobstant le jugement rendu, le 10 janvier 1843, par le tribunal de Reims, sur l'exception d'incompétence opposée par l'administration des hospices...

Art. 1er. L'arrêté de conflit pris par le préfet du département de la Marne, le 16 septembre 1846, est confirmé...

A. C. DU 8 MARS 1847, AFF. ROUEN.

Quand les tarifs d'octroi, dûment approuvés, ne contiennent pas d'exception relativement aux houilles consommées dans les établissements industriels, pour la préparation des produits destinés au commerce général, les droits peuvent être exigés sur ces houilles.

Attendu qu'il est reconnu en fait que le droit dont le demandeur réclamait la restitution devant le tribunal civil de Rouen avait été exigé et perçu sur des houilles introduites par lui dans les limites de l'octroi, conformément au tarif de l'octroi de cette ville approuvé par ordonnance royale;

Attendu que le demandeur ne contestait pas que les houilles ne dussent être consommées dans la ville de Rouen, mais que, déclarant vouloir les employer dans son usine, non pour des usages domestiques, mais pour la fabrication de produits destinés au commerce général, il soutenait qu'elles n'avaient pu être légalement considérées comme assujetties à l'impôt municipal de l'octroi, et qu'il y avait lieu de lui accorder pour ces matières le bénéfice de l'entrepôt fictif;

Attendu, en droit, que les lois des 11 frimaire an VII, 27 frimaire et 5 ventôse an VIII, aussi bien que le décret du 17 mai 1809, qui ont créé et réglementé l'impôt de l'octroi, s'accordent à autoriser les taxes sur tous les objets destinés à la consommation locale, sans distinction de leur emploi, exceptant seulement certaines denrées nécessaires à la nourriture de l'homme, et qu'au nombre des objets imposables, les états annexés auxdites lois comprennent les combustibles, tels que les bois et charbons de terre;

Attendu que l'on n'y trouve aucune exemption exprimée pour les consommations industrielles, mais que seulement les articles 56 de la loi du 11 frimaire an VII, et le décret du 17 mai 1809, laissent aux conseils municipaux la faculté de prendre en considération, s'il y a lieu, dans la réduction des tarifs, les nécessités du commerce de la commune, dispositions qui seraient sans objet si la franchise avait été admise en principe;

Attendu que l'ordonnance du 9 décembre 1814, rendue pour réunir et coordonner les lois et règlements divers sur la matière, ne doit pas être entendue autrement dans son article 11, invoqué par le demandeur, et que ces mots *consommation des habitants du lieu sujet* qu'on y lit, se réfèrent purement et simplement aux dispositions antérieures;

Attendu qu'il en est de même de la loi du 28 avril 1816, article 148, qui porte que les droits d'octroi *continueront* à n'être imposés que sur des objets destinés à la *consommation locale*, expressions qui sont précisément celles des lois précédentes;

Attendu d'ailleurs qu'aux termes desdites lois, le bénéfice de l'entrepôt, que le demandeur réclamait, n'est établi que pour les matières ou marchandises introduites dans une commune sous la condition d'être réexportées sans altération de leur nature et en même quantité, sauf les réductions que comportent les objets susceptibles de diminution; et que le principe de cette faculté, aussi bien que les mesures réglementaires destinées à prévenir la fraude, sont exclusives de toute application à des matières telles que la houille, que l'on veut employer dans les usines et dont l'emploi entraîne l'entière destruction.

Attendu que c'est par une faveur spéciale que la loi du 25 mars 1817, article 104, a admis à l'entrepôt les huiles qui entrent dans la fabrication des savons et de certains autres produits, mais que rien n'autorise à en tirer argument pour étendre l'exception à d'autres objets déclarés imposables par les lois précitées;

Attendu que de ce qui précède il résulte que le tarif de l'octroi de la ville de Rouen, approuvé par ordonnance royale, ayant imposé d'une manière générale les houilles qui seraient introduites dans la commune, c'est en vertu d'une disposition légale que le receveur de l'octroi de Rouen a exigé le droit sur les matières de cette nature, déclarées par le demandeur; d'où il suit qu'en rejetant la demande en restitution formée par ce dernier, le jugement attaqué n'a fait qu'une juste application dudit tarif, ainsi que des lois précitées;

La cour rejette.

A. C. DU 16 MARS 1847, AFF. VION.

Sont nuls les jugements qui ne contiennent pas de motifs sur tous les chefs des conclusions des parties; mais la nullité ne s'applique qu'aux chefs de conclusions, pour lesquels il y a eu omission de motifs.

Vu l'art. 141 du Code de procédure civile, et l'art. 7 de la loi du 20 avril 1810;

Attendu que la loi impose aux juges, à peine de nullité, l'obligation de motiver leurs jugements ou arrêts sur chaque chef de conclusions, et que cette obligation s'étend aux conclusions prises, pour la première fois, en cause d'appel, lorsqu'elles constituent un nouveau chef de demande;

Attendu que les qualités de l'arrêt attaqué constatent, 1° que le jugement de première instance n'a statué explicitement que sur le chef de demande tendant au rejet du compte de loyers rendu par la dame Vion et contesté par Gentil; 2° que, en cause d'appel, Gentil, en reproduisant ce chef de demande, a conclu en même temps, sur plusieurs autres chefs, que l'arrêt énonce en ces termes dans la question qu'il pose à juger:

« La cour devait-elle infirmer le jugement dont était fait appel, ce faisant, renvoyer les parties devant qui de droit pour le règlement du compte de la dame « Vion, et ordonner que les sommes dont elle serait reliquataire produiraient intérêt à partir du 1er avril 1834? — Ordonner, en outre, que les intérêts du prix de la dame Vion seraient capitalisés pour être compris dans les sommes à distribuer? — Dire, aussi, que les intérêts de la somme de 8,243 fr. pour frais seront compris dans la somme à distribuer? »

Attendu qu'il est reconnu, par le demandeur lui-même, que les motifs du jugement de première instance, adoptés par l'arrêt attaqué, répondent explicitement au chef de demande relatif au compte de loyers rendu par la dame Vion;

Attendu, en ce qui touche les autres chefs, que ces mêmes motifs s'expliquent suffisamment sur le second chef de demande, ayant pour objet les intérêts de ce même compte de loyers, par cela qu'ils mentionnent que lesdits loyers avaient été perçus par un administrateur judiciairement nommé, et que la loi n'assujétissait pas à tenir compte des intérêts des sommes qui seraient versées dans ses mains;

La cour rejette le pourvoi, quant à ces premiers chefs de demande;

Mais, attendu qu'aucun des motifs adoptés par l'arrêt attaqué ne se réfère et ne s'applique, soit au troisième chef des conclusions, tendant à la capitalisation des intérêts du prix de l'adjudication tranchée en faveur du sieur Vion, soit au quatrième chef desdites conclusions, ayant pour objet le payement des intérêts d'une somme de 8,243 fr. affectés à l'acquit des frais, ce qui constitue une contravention formelle aux textes de lois précités;

Par ces motifs, la cour casse et annule l'arrêt rendu par la cour royale de Paris, le 12 décembre 1839, mais seulement quant aux chefs des conclusions qui ont pour objet la capitalisation des intérêts du prix d'adjudication et les intérêts de la somme de 8,243 fr. affectés au paiement des frais, etc. — Ch. civ.

LETT. COMM. N° 962, DU 7 MAI 1847.

4e Div. 1er Bur. Monnaies et Médailles.

Nouveaux poinçons pour la marque des médailles.

La lettre commune n° 1811, du 20 août 1845, vous a désigné le poinçon adopté à cette époque, par suite de la nomination d'un nouveau directeur de la fabrication près la monnaie de Paris.

Ce poinçon ne pouvant pas être empreint sur la tranche des médailles de petite dimension que l'on se proposait de faire fabriquer, il en a été fait trois nouveaux, représentant, comme celui actuellement en usage, une *main indicative*, et portant de plus, sur la partie la plus apparente de la main:

Le premier, la lettre O, initiale du mot *or*;

Le deuxième, la lettre A, initiale du mot *argent*;

Le troisième, la lettre C, initiale du mot *cuivre*.

Les empreintes desdits poinçons, au lieu d'être apposées sur la tranche de ces médailles, ainsi que cela se pratique ordinairement, seront placées, soit sur le sommet de l'un des côtés, soit sur la bélière.

Vous aurez soin de signaler ces nouveaux poinçons, ainsi que leur mode d'application, à ceux des agents de la régie qui sont chargés d'exercer les fonctions de contrôleur de la garantie.

A. C. DU 10 AOUT 1847, AFF. CONNINEK.

En matière fiscale, les ordonnances rendues en vertu de la délégation résultant de lois antérieures ont le caractère et l'autorité de lois provisoires.

Elles doivent être exécutées, jusqu'à ce que le pouvoir législatif en ait autrement ordonné.

Vu les art. 34 de la loi du 17 décembre 1814, et 1er de l'ordonnance du 2 septembre 1838;

Attendu que, aux termes de l'art. 34 de la loi de 1814, des ordonnances peuvent provisoirement et en cas d'urgence, prohiber l'entrée des marchandises de fabrication, ou augmenter, à leur importation, les droits de douane, à la charge d'être présentées, en forme de projet de loi, aux deux chambres, avant la fin de la session, si elles sont assemblées, ou à la session la plus prochaine, si elles ne le sont pas; que cette disposition constitue une délégation du pouvoir législatif au pouvoir exécutif, avec réserve, de la part du pouvoir déléguant, de statuer sur l'usage qui aura été fait de sa délégation;

Attendu que, à la vérité, les droits de douane sont de véritables impôts, et que, à ce titre, ils ne peuvent, aux termes de l'art. 40 de la Charte constitutionnelle, être établis ni perçus s'ils n'ont été consentis par les deux chambres et sanctionnés par la loi; mais que, en matière de douanes, les ordonnances rendues en vertu de la délégation de l'art. 34 de la loi du 17 décembre 1814 ont le caractère et l'autorité de lois provisoires auxquels l'obéissance est due, jusqu'à ce que le pouvoir législatif en ait autrement disposé; que l'ordonnance du 2 septembre 1838 qui a restreint aux navires postérieurement expédiés pour les pays au delà des îles de la sonde, et qui en rapporteraient des produits naturels, le bénéfice de la remise du cinquième, que la loi du 2 juillet 1836 avait d'abord accordé aux navires expédiés pour ces îles mêmes, a été rendue en vertu de la délégation générale de l'art. 34 de la loi de 1814, et qu'elle avait provisoirement droit à l'obéissance des tribunaux au moment où on leur en a demandé l'application, indépendamment de la ratification ultérieure qu'elle a reçue de la loi du 6 mai 1841; que le tribunal du Havre, en ordonnant la restitution d'un droit perçu en vertu de cette ordonnance, sous le prétexte qu'elle n'aurait pas été rendue dans les limites de la délégation, a usé d'une faculté que s'était réservée le législateur, commis un excès de pouvoir, faussement appliqué l'art. 43 de la charte, et violé l'art. 31 de la loi du 17 décembre 1814, ainsi que l'ordonnance du 2 septembre 1838 ;

La cour casse. — Ch. civ.

ARR. DU CONS. D'ÉT. (ORD.), DU 30 AOUT 1847, AFF. SEINE.

C'est à l'autorité administrative qu'il appartient de prononcer sur une action en dommages-intérêts dirigée contre l'État, par une compagnie concessionnaire de travaux, à fin de réparation du prétendu préjudice résultant, pour cette compagnie, des dispositions d'une ordonnance qui réduit les tarifs de la perception.

Lorsque, sur le déclinatoire proposé en première instance, un tribunal s'est déclaré incompétent, le préfet peut, en cause d'appel, élever directement le conflit sans nouveau déclinatoire, tant que l'appel ne lui a pas été signifié.

Vu la loi du 14 août 1822, relative à la construction et à l'achèvement de divers canaux ; vu notre ordonnance du 23 mars 1845, portant prorogation des tarifs des droits de navigation alors perçus sur les canaux y dénommés ; vu les lois des 16-24 août 1790, et 16 fructidor an III ; vu les ordonnances royales des 1er juin 1828 et 12 mars 1831 ;

Sur la régularité du conflit : — Considérant, d'une part, que le déclinatoire a été présenté par le préfet de la Seine devant le tribunal de première instance, qui y a fait droit par son jugement du 22 avril 1816 ; qu'appel ayant été interjeté de ce jugement, ledit préfet n'était pas tenu de présenter un nouveau déclinatoire devant la cour royale ;

Considérant, d'autre part, qu'il n'est ni établi, ni même allégué que l'appel du jugement précité ait été signifié au préfet de la Seine ; qu'ainsi, le conflit a été élevé en temps utile ;

Sur la compétence : — Considérant que l'action portée par la compagnie des Quatre-Canaux devant l'autorité judiciaire a pour objet de faire condamner le Trésor public et l'administration des contributions indirectes à lui payer les dommages-intérêts auxquels elle prétend avoir droit, pour le préjudice que lui causerait la perception, réduite, contre sa volonté, par notre ordonnance du 23 mars 1845, des droits de navigation sur les canaux de Bretagne, latéral à la Loire, du Berry et du Nivernais ; que, pour statuer sur cette action, il est nécessaire d'apprécier le caractère et les effets de notre ordonnance précitée du 23 mars 1845, et que, aux termes des lois susvisées, l'autorité administrative est seule compétente pour en connaître ;

Art. 1er. L'arrêté de conflit pris par le préfet du département de la Seine, le 26 mars 1847, est confirmé. — Art. 2. Sont considérés comme non avenus les exploits introductifs d'instance des 26, 28 janvier et 6 février 1846, les conclusions de la Compagnie des Quatre-Canaux du 24 mars 1846, et les actes d'appel des 20 et 21 janvier 1847.

A. C. DU 19 NOV. 1847, AFF. ABBEVILLE.

Les débris provenant de déblais, employés aux remblais des chemins de fer dans leur état d'extraction, ne sont pas soumis au droit d'octroi établi sur les moellons.

Attendu que si, conformément aux articles 11, 22, 21 et 36 de l'ordonnance réglementaire du 9 décembre 1814, sur les octrois, et aux articles 4, 12, et 14 du règlement approuvé par le roi, le 13 juin 1840, pour l'octroi de la ville d'Abbeville, le tarif annexé audit règlement a également assujéti au droit d'octroi de quinze centimes par mètre cube les moellons de toute espèce au-dessous de quinze centimètres introduits de l'extérieur ou recueillis et employés dans le rayon de l'octroi, l'ordonnance générale et le règlement spécial susmentionnés ne les y ont assujétis que comme matériaux destinés à la consommation ;

Attendu qu'il est déclaré par l'arrêt attaqué (ce qui n'est pas contredit par le procès-verbal) que les moellons chargés sur les wagons saisis, quoique non mélangés de terre, étaient le résultat brut des déblais opérés sur le mont Caubert, par suite d'un traité du 20 février 1846 entre la compagnie du chemin de fer et la ville d'Abbeville ; que simplement déplacés et transportés sur le sol qu'il y avait lieu d'affermir et de remblayer, ces moellons devaient être et étaient employés sans aucun triage et absolument dans le même état où ils avaient été extraits ;

Attendu que, dans cet état des faits ainsi légalement déclarés, en renvoyant les défendeurs des poursuites dirigées contre eux, l'arrêt attaqué n'a violé ni les articles 4, 12 et 14 du règlement de l'octroi de la ville d'Abbeville, ni les articles 24 et 36 de l'ordonnance du 9 décembre 1814, ni aucune autre disposition législative ;

La cour rejette.

LETT. COMM. N° 2391, DU 23 NOV. 1847 (BOISSONS).

4e Div. 1er Bur. Boissons.

Méthylène ou esprit de bois.

La question s'étant présentée de savoir si le méthylène ou esprit de bois devait continuer ou non de jouir de l'exemption de tous droits, le conseil d'administration a décidé, le 23 octobre dernier, que ce produit doit être frappé du droit général de consommation et, le cas échéant, du droit d'entrée.

Cette décision est motivée sur ce que le méthylène, en raison de sa nature alcoolique, doit incontestablement être rangé dans la catégorie des esprits, et sur ce que, d'après la législation et la jurisprudence, les eaux-de-vie et esprits, quels qu'en soient d'ailleurs l'origine et l'emploi, sont soumis au droit de consommation, sauf les seules exceptions déterminées par la législation elle-même.

Vous remarquerez que la décision du conseil a un caractère de généralité qui la rend applicable à tous les produits analogues au méthylène, c'est-à-dire dont l'alcool forme également l'essence, malgré les différences que la fabrication et la dénomination de ces produits pourraient présenter, car la perception des droits ne saurait dépendre de ces nuances.

Vous voudrez bien veiller à ce que cette décision et les dispositions qui doivent en assurer l'exécution, soient portées sans délai à la connaissance du service.

ARRÊT DE LA COUR ROYALE DE PARIS, DU 27 NOV. 1847, AFF. RINGAL.

La fabrication de cigarettes avec des tabacs fournis par des tiers est prohibée.

Le tribunal correctionnel de la Seine avait prononcé le jugement suivant :

« Attendu qu'il résulte des aveux de Ringal lui-même qu'il fabrique des cigarettes avec du tabac à lui fourni par des tiers ; que cette dernière circonstance, qui n'est pas d'ailleurs régulièrement justifiée, fût-elle constante, il est certain qu'il tire un lucre de cette préparation ; que ce fait lui rend applicable la disposition de l'article 172 de la loi du 28 avril 1816 ;

« Attendu, en effet, que tout mode de préparation ou mise en œuvre destiné à donner une valeur supérieure au tabac provenant de l'administration des contributions indirectes rentre dans la disposition précitée, qui investit l'administration, non-seulement du droit exclusif de vendre, mais d'exercer tout mode de préparation ou de mise en œuvre du tabac ;

« Faisant l'application de l'article 172 de la loi du 28 avril 1816 ;

« Condamne Ringal à 300 francs d'amende, ordonne la confiscation des tabacs et ustensiles saisis.

La cour d'appel, saisie de cette affaire a confirmé le jugement en ces termes :

La cour, adoptant les motifs des premiers juges, confirme, etc.

ARRÊT DE LA COUR DE BORDEAUX DU 1er DÉC. 1847, AFF. TAILLARD.

Les employés des contributions indirectes ont le droit de demander la feuille de route aux conducteurs de voitures et d'en contrôler l'exactitude.

Attendu que l'article 121 ordonne l'exécution des *règlements relatifs aux droits sur les voitures publiques*, et que cette qualification s'applique à celui du 14 fructidor de l'an XII ; que Crahemer distingue vainement entre le droit qui est maintenu et la formalité de l'exhibition de la feuille de route qui n'est prescrite ni par le décret de l'an XII, ni par la loi de 1817 ; que cette distinction n'est pas acceptable, parce que l'exercice *du droit* tenant à la vérification de la feuille de route et cette vérification elle-même à la remise qu'en doit toujours faire l'entrepreneur à son conducteur, le défaut de cette remise empêche la perception des droits qui reviennent à l'administration ; qu'il faut vouloir les moyens lorsqu'on veut la fin, et que la loi du 25 mars 1817 serait par trop inconséquente si, par ces mots *règlements* en vigueur relatifs aux droits sur les voitures publiques, elle n'avait entendu parler du droit que d'une manière abstraite sans s'occuper du mode de constater la contravention prévue par l'article 5 du décret du 14 fructidor an XII ; qu'ainsi la pénalité réclamée contre Crahemer ressort suffisamment de la combinaison des articles 121, 122 de la loi du 25 mars 1817, avec les dispositions des articles 5 et 6 du décret du 14 fructidor an XII.

Par ces motifs, la cour faisant droit de l'appel interjeté par l'administration des contributions indirectes du jugement rendu par le tribunal correctionnel de Bordeaux le 26 avril 1817 dans le chef qui a relaxé Paul Crahemer dit *Taillard* ; émendant et faisant ce qu'auraient dû faire les premiers juges, déclare ledit Crahemer, entrepreneur de voitures publiques, contrevenant aux dispositions des articles 5 et 6 du décret du 14 fructidor an XII pour non-représentation de la feuille de route dont son conducteur devait être porteur ; pour réparation de quoi, le condamne envers l'administration poursuivante à 100 francs d'amende et aux frais avec la contrainte par corps pendant 6 mois.

A. C. DU 21 AVR. 1848, AFF. SAUGNET.

Les pénalités encourues pour détention illicite d'une grande quantité de poudre de chasse, ne sont pas prononcées si ce n'était pas sciemment et volontairement que le prévenu avait cette poudre dans son habitation.

Attendu qu'il était établi par un procès-verbal dressé le 2 décembre dernier par les employés des contributions indirectes, que Jean-Pierre Saugnet détenait sans autorisation la quantité de 184 kilog. de poudre de chasse ; que ce fait aurait constitué le délit prévu par l'art. 3 de la loi du 24 mai 1534 et aurait été passible, aux termes de cet article, d'une peine d'emprisonnement et d'amende ; mais qu'il résulte du jugement du tribunal de police correctionnelle, confirmé par l'arrêt de la cour de Nancy, du 26 janvier dernier, qui en a adopté les motifs, que ce n'était pas sciemment et volontairement que le prévenu avait dans son habitation la poudre qui fait l'objet du procès-verbal précité, et qu'en prononçant le renvoi des poursuites dans cet état des faits ainsi constatés, l'arrêt attaqué n'a violé ni la loi du 21 mai 1831, ni aucune autre loi ;

La cour rejette.

ARR. DU CONS. D'ÉT. (DÉCRET), DU 6 MAI 1848, AFF. BOUDET.

Lorsqu'un employé du département des finances, âgé de plus de soixante ans et comptant plus de trente années de service, est décédé dans l'exercice de ses fonctions, sans que sa destitution ait été prononcée, le ministre des finances ne peut refuser à sa veuve la réversion d'une partie de la pension qu'il aurait pu obtenir, sous le prétexte qu'il existait à sa charge des faits de nature, s'il eût vécu plus longtemps, à amener sa destitution et à lui faire perdre par suite tous ses droits à pension.

Vu l'ordonnance du 12 janvier 1825, portant règlement général sur les pensions de retraite des fonctionnaires et employés du département des finances ;

Considérant que le sieur Boudet est décédé dans l'exercice de ses fonctions et sans que sa destitution ait été prononcée ; qu'il était âgé de plus de soixante ans et comptait plus de trente années de service ; qu'ainsi sa veuve a droit à la réversion du quart de la pension qu'il aurait pu obtenir, sauf à elle à faire les justifications exigées par le règlement ci-dessus visé ;

Art. 1er. La décision du ministre des finances, du 5 juillet 1847, est annulée.

Art. 2. La dame veuve Boudet est renvoyée devant ledit ministre, pour y être procédé à la liquidation de sa pension de retraite.

ARR. DU CONS. D'ÉT. (DÉCRET), DU 15 MAI 1848, AFF. CUBZAC.

L'indemnité due aux fermiers d'un bac, par suite de sa suppression avant l'expiration du bail, ne doit point être basée sur la perception effectuée pen-

dant la dernière année de la jouissance, mais bien sur une moyenne de plusieurs, fixée par le conseil de préfecture, lequel n'est pas tenu de prendre en considération la progression présumée des recettes pendant les années du bail qui restaient à courir.

Un projet de liquidation, dressé par le directeur des contributions indirectes, de l'indemnité qui pourrait être due au fermier, en exécution d'un arrêté du conseil de préfecture fixant la base de cette liquidation, ne constitue pas un acquiescement audit arrêté. Le préfet et le directeur des contributions indirectes sont sans qualité pour acquiescer à de semblables décisions.

Vu la loi du 28 pluviôse an VIII et le règlement du 22 juillet 1806 :

Considérant que les deux pourvois sont connexes, et qu'il y a lieu de les joindre pour statuer par un seul décret;

Sur le pourvoi formé par la compagnie : — Considérant qu'il résulte de l'instruction que, pendant les quinze années d'exploitation du passage de la Dordogne à Cubzac par la compagnie requérante, la proportion entre les recettes et les dépenses a constamment varié et a été alternativement, soit en augmentant, soit en diminuant ;

Considérant que l'appréciation du dommage qui est résulté pour la compagnie de la suppression du passage ne peut être déterminée d'après la perception de droits effectuée pendant le cours de la dernière année d'exploitation, sur laquelle plusieurs causes peuvent avoir influé, mais d'après une perception moyenne de plusieurs années ;

Considérant qu'il résulte de l'instruction que le conseil de préfecture, en décidant que l'indemnité due à la compagnie serait déterminée d'après une perception moyenne établie sur les recettes effectuées pendant les années 1836, 1837, 1838 et 1839, et les quatre premiers mois de 1840, sans tenir compte d'une progression dans les recettes pour les années restant à courir sur le bail, a fait une juste évaluation des droits de passage dont la compagnie a été privée par la résiliation de son bail ;

Sur le pourvoi formé par le ministre des travaux publics et relatif aux avant-ponts :

En ce qui touche la fin de non-recevoir tirée de ce que le recours aurait été introduit après l'expiration du délai de trois mois fixé par le règlement du 22 juillet 1806 : — Considérant qu'il résulte de l'instruction que la lettre, en date, à Bordeaux, du 18 mars 1845, par laquelle le préfet de la Gironde a transmis au ministre des travaux publics une expédition de l'arrêté du conseil de préfecture, n'est parvenue et n'a été reçue dans les bureaux du ministre que le 1er avril 1845 ;

Considérant que le recours du ministre des travaux publics a été enregistré au secrétariat général du conseil d'État le 30 juin suivant ; que, dès lors, il a été formé dans les délais du règlement ;

En ce qui touche la fin de non-recevoir tirée de ce qu'il y aurait eu acquiescement à l'arrêt attaqué de la part de l'administration :

Considérant que la compagnie fait résulter cet acquiescement de ce que le directeur des contributions indirectes aurait dressé, d'après les dispositions de l'arrêté du conseil de préfecture et conformément à l'invitation qui lui aurait été faite par le préfet de la Gironde, la liquidation définitive à intervenir entre l'État et la compagnie, et de ce que ce travail lui aurait été communiqué ;

Considérant que le projet de liquidation préparé par le directeur des contributions indirectes ne peut être considéré comme un acte d'exécution ou d'acquiescement à l'arrêté du conseil de préfecture que, d'ailleurs, le directeur des contributions et le préfet de la Gironde étaient sans qualité pour acquiescer audit arrêté;

Au fond, et sans qu'il soit besoin d'examiner si la compagnie est recevable dans ses conclusions additionnelles : — Considérant qu'après la suppression du passage par les bateaux à manège, les avant-ponts établis pour l'embarquement ont été repris, conformément à la décision du 13 février 1827, par l'État, qui en a payé la valeur à la compagnie après une estimation dont le chiffre est définitivement fixé; que, dès lors, la compagnie n'est pas fondée à réclamer une indemnité pour la privation de jouissance desdits avant-ponts résultant de la résiliation de son bail ;

Art. 1er. La requête de la compagnie des bateaux à manège de Cubzac est rejetée.

Art. 2. L'arrêté du conseil de préfecture de la Gironde, en date du 15 mars 1845, est annulé dans celle de ses dispositions par laquelle il est alloué à la compagnie des bateaux à manège une indemnité fixée à 8 francs par jour, à partir du 1er mai 1840 jusqu'au 1er octobre 1842.

ARR. DU CONS. D'ÉT. (DÉCRET), DU 20 MAI 1848, AFF. BODIN.

Le traité en vertu duquel un particulier est devenu adjudicataire de la perception du péage établi sur un pont est un acte administratif, et la fixation de l'indemnité due par suite de la suppression du péage et de la résiliation de ce traité, prononcée par le ministre des finances, est du ressort de l'autorité administrative.

Vu l'arrêté de conflit pris, le 20 janvier 1848, par le préfet de la Drôme, dans une instance engagée devant le tribunal civil de l'arrondissement de Valence entre le sieur Eugène Bodin, d'une part, ledit préfet et le directeur des contributions indirectes du département, comme représentant l'État, d'autre part ;

Vu les lois des 16-21 août 1790, 16 fructidor an III, 6 frimaire an VII et 28 pluviôse an VIII ;

Vu les ordonnances royales des 1er juin 1828 et 12 mars 1831 :

Considérant que l'action intentée contre l'État par le sieur Bodin, adjudicataire du péage sur le pont de la Roche-de-Glun, a pour objet d'obtenir une indemnité à raison de la suppression dudit péage en cours de jouissance de son marché;

Considérant que le traité en vertu duquel le sieur Bodin est devenu adjudicataire du péage sur le pont de la Roche-de-Glun, moyennant un prix annuel et certaines charges relatives au service dudit pont, est un acte administratif; que la résiliation de ce traité a été prononcée par une décision du ministre des finances; que, dès lors, aux termes des lois susvisées, c'est à l'autorité administrative qu'il appartient de statuer sur la demande d'indemnité formée par le sieur Bodin :

Art. 1er. L'arrêté de conflit pris, le 20 janvier 1848, par le préfet de la Drôme est confirmé.

Art. 2. Sont considérés comme non avenus l'exploit introductif d'instance du 2 novembre 1847 et le jugement du 10 janvier 1848.

ARR. DU CONS. D'ÉT. (DÉCRET), DU 27 MAI 1848, AFF. DES ANGLES.

C'est au préfet dans le département duquel l'affaire a été jugée en première instance, qu'il appartient de proposer le déclinatoire devant la cour d'appel et

d'élever le conflit : celui dans le département duquel siège la cour est sans qualité pour l'une et l'autre de ces mesures.

Vu l'arrêté de conflit pris, le 22 février 1848, par le préfet du département de l'Hérault, dans une instance pendante devant la cour d'appel de Montpellier entre l'État, représenté par le préfet des Pyrénées-Orientales, d'une part, et la commune des Angles, d'une autre part :

Vu les ordonnances royales des 1er juin 1828 et 12 mars 1831 :

Considérant que le préfet, compétent pour proposer le déclinatoire et élever le conflit devant les tribunaux compris dans la circonscription de son département, l'est seul aussi pour faire des actes devant la cour où les affaires qu'il veut revendiquer sont portées par la voie d'appel; qu'ainsi, dans l'espèce, le préfet de l'Hérault n'avait pas qualité pour proposer le déclinatoire et élever le conflit dans l'instance portée devant la cour de Montpellier par appel du jugement rendu par le tribunal de Prades, le 19 avril 1847, entre la commune des Angles et le préfet des Pyrénées-Orientales, représentant l'État :

Art. 1er. L'arrêté de conflit pris par le préfet du département de l'Hérault, le 22 février 1848, est annulé.

ARR. DU CONS. D'ÉT. (DÉCRET), DU 27 MAI 1848, AFF. TROBRIAND.

Est recevable l'opposition à un arrêté du conseil de préfecture, rendu par défaut, tant que cet arrêté n'a pas reçu d'exécution, et elle ne peut résulter de la simple signification.

Vu l'art. 11 du décret du 22 juillet 1806 ;

Considérant que la signification faite par huissier de l'arrêté par défaut du conseil de préfecture d'Indre-et-Loire, du 21 avril 1841, n'a été suivie d'aucune exécution ; que, dès lors, l'opposition formée par le sieur de Trobriant contre cet arrêté était recevable ;

Art. 1er. L'arrêté du conseil de préfecture d'Indre-et-Loire, du 14 juin 1844, est annulé.

Art. 2. Le sieur de Trobriant est renvoyé devant ledit conseil de préfecture, pour y faire statuer sur son opposition.

ARR. DU CONS. D'ÉT. (DÉCRET), DU 31 MAI 1848, AFF. ESPANET.

C'est au préfet, en conseil de préfecture, qu'il appartient de statuer sur la demande de résiliation d'un bail d'octroi formée par un conseil municipal pour exercice, par le fermier d'un octroi, d'un commerce d'objets compris au tarif : le ministre des finances est incompétent pour prononcer sur ces sortes de demandes.

Vu le décret de règlement du 17 mai 1809, relatif aux octrois municipaux ;

Considérant qu'aux termes de l'article 145 du décret du 17 mai 1809 et de l'article 63 de l'ordonnance du 9 décembre 1814, il est défendu aux fermiers, régisseurs ou préposés, de faire commerce des objets compris au tarif; que le cahier des charges de l'octroi de la commune de Cuges, dans ses dispositions préliminaires, se réfère formellement auxdits articles ;

Considérant qu'aux termes de l'article 136 du décret précité, toutes les contestations entre les communes et les fermiers des octrois sur le sens et les effets des clauses de baux doivent être déférées au préfet en conseil de préfecture, sauf recours au conseil d'État; que les contestations élevées entre la commune de Cuges et le sieur Espanet sont relatives, soit à l'interdiction faite aux fermiers de faire commerce des objets compris au tarif, soit aux conséquences de cette interdiction; que, dès lors, il appartenait au préfet, en conseil de préfecture, des Bouches-du-Rhône, les parties préalablement entendues, de statuer, sans recours au conseil d'État sur cette contestation, et qu'ainsi le ministre des finances était incompétent pour la résoudre :

Art. 1er. La décision du ministre des finances, du 6 janvier 1844, est annulée.

Art. 2. Le sieur Espanet est renvoyé à se pourvoir devant le préfet, en conseil de préfecture, pour être statué sur ce qu'il appartiendra, dépens réservés.

ARR. DU CONS. D'ÉT. (DÉCRET), DU 5 JUIN 1848, AFF. D'AUCH.

Est admissible le pourvoi formé par la voie contentieuse, devant le conseil d'État, par une commune, contre une ordonnance qui, en autorisant l'établissement de taxes additionnelles au tarif de l'octroi, aurait décidé que le produit de ces taxes serait soumis au prélèvement du dixième au profit du Trésor.

Les ordonnances qui autorisent la perception de taxes votées comme additionnelles, non soumises au prélèvement du dixième de leur produit, ne peuvent changer le caractère desdites taxes en les ajoutant, en totalité ou en partie, aux taxes principales.

Vu l'article 16 de la loi du 17 août 1822 ;

Vu la loi du 18 juillet 1837, articles 19 et 31 ; la loi du 28 avril 1816, article 147 ; l'ordonnance du 9 décembre 1814, articles 5, 6 et 7 ; la loi de finances du 11 juin 1812, article 10.

Considérant qu'aux termes de l'article 16 de la loi du 17 août 1822, le produit des centimes additionnels que les villes ont été autorisées à ajouter temporairement aux tarifs de leur octroi pour subvenir à des dépenses d'établissements d'utilité publique, ou pour se libérer d'emprunts, cesse d'être soumis au prélèvement du dixième auquel sont assujétis les produits ordinaires des octrois, et que les recours formés par les communes relativement à l'exemption du prélèvement du dixième sont de nature à être soumis au conseil d'État par la voie contentieuse ;

Au fond : — Considérant qu'aux termes de l'article 147 de la loi du 28 avril 1816 et des articles 6 et 7 de l'ordonnance du 9 décembre 1814, les conseils municipaux doivent délibérer sur les règlements et tarifs pour la perception des droits d'octroi ; que ces dispositions ont été confirmées par l'article 19 de la loi du 18 juillet 1817, qui appelle les conseils municipaux à délibérer sur les recettes ordinaires et extraordinaires des communes, et par l'article 31 de cette même loi, qui met au nombre des recettes ordinaires le produit des octrois municipaux ;

Considérant qu'il résulte de l'instruction que, par plusieurs délibérations, dont la dernière est du 10 mars 1844, le conseil municipal de la ville d'Auch avait proposé pour son octroi une taxe principale et une taxe additionnelle, dont les proportions étaient déterminées par ledit vote ; que l'ordonnance attaquée a modifié la proportion de ces deux taxes, en transportant aux taxes principales une partie des taxes votées par le conseil municipal comme taxes additionnelles;

Considérant que s'il appartient au Gouvernement de refuser son approbation à l'établissement de ces taxes comme taxes additionnelles,et d'en empêcher ainsi la perception il ne pouvait en changer le caractère et priver ainsi la commune d'Auch du droit de jouir, sur les perceptions opérées de l'exemption du prélèvement du dixième au profit du Trésor accordée par l'article 16 de la loi du 17 août 1822, si ces taxes réunissent d'ailleurs à leur qualité de taxes additionnelles les autres conditions prévues par le même article :

Art. 1er. Le tarif d'octroi de la ville d'Auch sera rétabli tel qu'il a été voté par le conseil municipal de ladite ville, et, parmi les taxes votées par ledit conseil comme additionnelles, il sera fait distinction de celles susceptibles d'être exemptées du prélèvement du dixième au profit du Trésor, tous droits et moyens réservés.

Art. 2. L'ordonnance du 17 décembre 1844, approbative des règlements et tarif pour la perception des droits d'octroi de la ville d'Auch,est réformée en ce qu'elle a de contraire au présent décret.

ARR. DU CONS. D'ÉT. (DÉCRET) DU 5 JUIN 1848 AFF. DU GARD.

Lorsque le cahier des charges d'une adjudication porte que les contestations qui s'élèveront entre l'Etat et l'adjudicataire, relativement à son interprétation et à son exécution, seront portées devant le conseil de préfecture, la décision ministérielle qui intervient, sur la demande de l'adjudicataire, ne fait pas obstacle à ce que ce conseil soit saisi de la contestation, le ministre n'ayant pu statuer par voie contentieuse.

Vu la loi du 7 juillet 1844 et le cahier des charges annexé à ladite loi ;

Considérant qu'aux termes de l'article 36 du cahier des charges annexé à la loi du 7 juillet 1844, les contestations entre la compagnie fermière du chemin de fer de Montpellier à Nimes et l'Administration, relativement à l'interprétation et à l'exécution dudit cahier des charges, doivent être jugées par le conseil de préfecture du Gard ; que la décision attaquée ne fait pas obstacle à ce que la compagnie fasse valoir, devant ledit conseil de préfecture, les droits qu'elle se croirait fondée à exercer contre l'Etat :

Art. 1er. La requête de la compagnie fermière du chemin de fer de Montpellier à Nimes est rejetée.

ARR. DU CONS. D'ÉT. (DÉCRET) DU 17 JUIN 1848 AFF. LARRIEU.

Ne sont point susceptibles d'être attaquées par la voie contentieuse, devant le conseil d'Etat, les décisions ministérielles qui en révoquent de précédentes, accordant une tolérance, et spécialement celle qui autorisait un raffineur à faire enlever d'une fabrique, à la destination de sa raffinerie, des sucres imparfaits, sirops et mélasses.

Vu la loi du 11 juin 1842 et l'ordonnance du 16 août suivant :

Considérant que l'autorisation accordée au sieur Larrieu, par dérogation à l'article 39 de l'ordonnance du 16 août 1842, n'était qu'une mesure de tolérance prise par le ministre sous sa responsabilité, et qui était de sa nature essentiellement révocable ; que la décision qui en a prononcé la révocation ne peut être l'objet d'un recours par la voie contentieuse :

La requête du sieur Larrieu est rejetée.

ARR. DU CONS. D'ÉT. (DÉCRET) DU 23 JUIN 1848, AFF. FLEUROT.

La citation en justice qui, d'après l'art. 2246 du Code civil, interrompt la prescription, lors même qu'elle a été donnée devant un juge incompétent, ne produit pas cet effet lorsqu'il s'agit de dettes de l'Etat, lesquelles sont régies par la loi du 29 janvier 1831.

Les réclamations administratives qui ne constituent pas une demande régulière d'ordonnancement ou de réordonnancement d'une créance sur l'Etat n'interrompent pas le cours de la prescription quinquennale établie par la loi précitée.

Vu la loi du 29 janvier 1831 ;

Considérant qu'aux termes de l'article 9 de la loi du 29 janvier 1831, sont prescrites et définitivement éteintes au profit de l'Etat toutes créances qui, n'ayant pas été acquittées avant la clôture de l'exercice auquel elles appartiennent, n'auraient pu, à défaut de justifications suffisantes, être liquidées, ordonnancées et payées dans un délai de cinq ans à partir de l'ouverture dudit exercice ;

Considérant qu'il résulte de l'instruction que la réclamation du requérant, tendant à obtenir la restitution d'une somme de 4,000 francs pour intérêt du cautionnement du journal le *Figaro* pendant l'année 1837, n'a été formée régulièrement devant le ministre des finances que le 5 novembre 1843 ; que, dès lors, elle a été présentée hors du délai prescrit par ladite loi du 29 janvier 1831, et se trouve frappée de déchéance :

Art. 1er. La requête du sieur Fleurot est rejetée.

ARR. DU CONS. D'ÉT. (DÉCRET) DU 22 JUILL. 1848, AFF. HALM.

Lorsqu'il s'agit de fixer l'abonnement d'un débitant de boissons, le préfet, statuant en conseil de préfecture, doit prendre pour base de cette fixation les circonstances particulières qui peuvent influer sur la consommation pendant l'année pour laquelle l'abonnement est demandé ; il ne peut baser cette fixation sur les abonnements consentis pour les années précédentes.

Vu le rapport du ministre des finances, tendant à l'annulation d'un arrêté pris en conseil de préfecture par le préfet du département du Bas-Rhin le 27 février 1846, et qui a fixé à la somme de 250 francs l'abonnement à payer par le sieur Halm, aubergiste à Rantzwiller, pour la vente des vins en détail dans son établissement, pour l'année 1846;

Vu l'article 70 de la loi du 28 avril 1816;

Considérant qu'aux termes de l'article 70 de la loi du 28 avril 1816, le préfet, pour fixer le montant de l'abonnement consenti par la Régie aux débitants de boissons, doit prendre en considération la consommation des années antérieures, et les circonstances particulières qui peuvent influer sur le débit de l'année pour laquelle l'abonnement est requis ; que, dès lors, le préfet du Bas-Rhin, en fixant l'abonnement du sieur Halm pour 1846 d'après le montant des abonnements qui lui avaient été consentis pour les années précédentes, a fait une fausse application de la loi de 1816;

Considérant qu'il résulte de l'instruction que l'abonnement du sieur Halm pour 1846, en prenant pour base la consommation de son établissement pendant l'année 1845, doit être fixé à la somme de 403 francs, et qu'il n'a pas été allégué

qu'aucune circonstance particulière ait pu influer sur le débit de ladite année 1846;

Art. 1er. L'arrêté du préfet du département du Bas-Rhin, du 27 février 1846, est annulé.

Art. 2. L'abonnement requis par le sieur Halm, pour l'année 1846, est fixé à la somme de 403 francs.

ARR. DU CONS. D'ÉT. (DÉCRET) DU 24 JUILL. 1848, AFF. IMBERT.

Aucun recours n'est ouvert contre les rôles arrêtés par les syndics des débitants de boissons, sous la présidence du maire ou de son délégué, pour la répartition du montant de l'abonnement par corporation. Les préfets en conseil de préfecture, ne peuvent connaître des contestations qui s'élèvent à l'occasion de cette répartition.

Vu la loi du 28 avril 1816.

Considérant que l'article 78 de la loi du 28 avril 1816 ne renvoie au préfet en conseil de préfecture, sauf recours au conseil d'Etat, que la connaissance des contestations qui s'élèvent entre la Régie et les débitants ou leurs syndics pour fixer l'équivalent du droit qui doit être réparti sur la totalité des redevables, en remplacement de la perception du droit de détail par exercice; qu'aux termes des art. 79 et 80 de ladite loi, lorsque ce remplacement a été adopté, les syndics nommés par les débitants sous la présidence du maire ou de son délégué, procèdent, en présence de ce magistrat, à la répartition de la somme à imposer entre tous les débitants alors existant dans la commune, qui sont tenus solidairement du paiement des sommes portées aux rôles; que les rôles, arrêtés par les syndics et rendus exécutoires par le maire, sont remis au receveur de la Régie, pour en poursuivre le recouvrement;

Considérant qu'aucune disposition de loi ne renvoie au préfet en conseil de préfecture ou au conseil de préfecture le jugement des contestations qui s'élèveraient entre les syndics et les débitants à l'occasion de ladite répartition; que, dès lors, le conseil de préfecture du Rhône a excédé les limites de sa compétence en statuant sur la réclamation du sieur Imbert-Prost :

Art. 1er. L'arrêté du conseil de préfecture du Rhône, du 6 février 1846, est annulé pour incompétence.

Art. 2. Le sieur Imbert-Prost est condamné aux dépens.

ARR. DU CONS. D'ÉT. (DÉCRET) DU 28 AOÛT 1848, AFF. MIEULLE.

Les comptables du Trésor ne peuvent être déchargés de la responsabilité par eux encourue, faute d'avoir exercé des poursuites en temps utile, et spécialement d'avoir pris inscription hypothécaire sur les biens des débiteurs et de leurs cautions, qu'autant qu'il est établi, par l'emploi définitif de la distribution du prix de la vente desdits biens, que l'inscription qu'ils auraient dû prendre serait restée sans effet.

Considérant que, par une décision du 30 mai 1846, le ministre des finances a refusé de décharger le sieur de Mieulle, receveur général des finances pour le département de la Nièvre, de la responsabilité des deux traites dont il s'agit, et s'est borné à lui réserver tous ses droits pour réclamer et obtenir ultérieurement la remise de ses avances, s'il parvient à établir, par la justification de l'emploi définitif du prix des biens du sieur René Pingot, que l'inscription qu'il aurait dû prendre n'aurait point eu d'effet; qu'il est reconnu par le requérant lui-même que cette décision, non attaquée par lui, est aujourd'hui inattaquable;

Considérant que le jugement du 12 octobre 1846 n'a fait que régler définitivement les droits et collocations des créanciers du sieur Pingot, tels qu'ils avaient été déjà arrêtés par le jugement du 29 décembre 1845; que ledit jugement du 12 octobre maintient les collocations éventuelles des sieurs Tartarin et Nollet, et celle de la femme Pingot pour son préciput, et que, par conséquent, il ne suffit pas pour justifier quel sera ultérieurement l'emploi définitif du prix des biens dont il s'agit; que, dès lors, c'est avec raison que, par la décision attaquée, le ministre des finances a refusé, en l'état, de décharger le requérant de la responsabilité qu'il avait maintenue par sa décision antérieure du 30 mai 1846 :

Art. 1er. La requête du sieur de Mieulle est rejetée.

ARR. DU CONS. D'ÉT. (DÉCRET) DU 18 DÉC. 1848, AFF. DES ANGLES.

Lorsque le conflit élevé par le préfet du département où siége une cour d'appel est annulé comme étant émané d'un magistrat incompétent, le préfet, ayant qualité pour l'élever, ne peut prendre cette mesure qu'après avoir proposé un nouveau déclinatoire.

Les tribunaux et même les cours d'appel ne peuvent statuer sur la validité d'un conflit élevé devant eux; ils doivent surseoir à toute procédure.

Vu l'arrêté de conflit pris, le 12 juillet 1848, par le préfet du département des Pyrénées-Orientales, dans une instance pendante devant la Cour d'appel de Montpellier entre l'Etat représenté par ledit préfet, d'une part, et la commune des Angles, d'autre part;

Vu les lois des 16-24 août 1790, 16 fructidor an III et 21 fructidor an III;

Vu les ordonnances royales des 1er juin 1828, 12 mars 1831 et 19 juin 1840, article 35;

En ce qui touche l'arrêté de conflit : — Considérant qu'aux termes de l'article 6 de l'ordonnance du 1er juin 1828, le préfet doit, avant d'élever le conflit, adresser un mémoire en déclinatoire au tribunal saisi du litige ; que, dans l'espèce, le préfet de l'Hérault n'avait pas qualité pour remplir cette formalité devant la Cour d'appel de Montpellier, ainsi que l'a déclaré le décret susvisé du 27 mai 1848; qu'ainsi le déclinatoire présenté par ledit préfet le 20 août 1817, ne pouvait dispenser le préfet des Pyrénées-Orientales de proposer lui-même un nouveau déclinatoire, préalablement au conflit;

En ce qui touche l'arrêt de la cour d'appel de Montpellier du 18 juin 1848 : — Considérant qu'il n'appartient qu'au Gouvernement en conseil d'Etat de statuer sur la validité d'un arrêté de conflit, et que la cour d'appel de Montpellier, en décidant qu'il n'y avait lieu de surseoir à toute procédure ultérieure, parce que le préfet des Pyrénées-Orientales n'avait pas proposé un nouveau déclinatoire, a excédé ses pouvoirs et a méconnu les dispositions de l'article 27 de la loi du 21 fructidor an III:

Art. 1er. L'arrêté de conflit pris, le 12 juillet 1848, par le préfet du département des Pyrénées-Orientales, est annulé.

Art. 2. L'arrêt de la cour d'appel de Montpellier, du 18 juillet 1848, sera considéré comme non avenu.

LETT. COMM. N° 4043, DU 23 DÉC. 1848.

Remplacement de l'état mensuel n° 154 B (Extrait du bordereau des recettes, etc.) par un état sommaire des produits.

Le cadre n° 154 B (Extrait du bordereau n° 91 B des recettes, etc.) avait pour but de faire connaître promptement à l'administration centrale le chiffre des recouvrements pour chaque mois de l'année; mais la comptabilité des finances recevant les mêmes renseignements et en formant des relevés généraux dont je reçois communication, il est préférable que les Directeurs me mettent en position d'apprécier l'importance des produits plutôt que celle des rentrées. Ce résultat sera obtenu au moyen d'un nouveau cadre qui, dès le mois de janvier prochain, remplacera l'extrait du bordereau n° 91, et sur lequel, ainsi que le titre l'indique, seront inscrits :

1° *En réalité*, les droits perçus au comptant;

2° *Par approximation*, les produits qui auraient été constatés pendant le mois, si les arrêtés de comptes de certains contribuables pouvaient toujours coïncider avec les arrêtés mensuels des registres tenus par les comptables.

Pour que ce nouvel état puisse être facilement rempli dans les bureaux de la direction, tous les Receveurs particuliers remettront au chef de service de l'arrondissement, lors des versements de fin de mois, un relevé présentant les mêmes divisions que le cadre n° 154 B. Les arrêtés des registres de perception au comptant fourniront une partie des sommes à y inscrire. Quant aux produits qui résulteraient d'un arrêté de compte différé, comme il n'est possible de les connaître que par supputation pendant les deux premiers mois de chaque trimestre, les Receveurs les évalueront au moyen d'un arrêté fictif des comptes ouverts et les confondront avec les droits payés au comptant; mais, à la fin de chaque trimestre, l'arrêté réel des comptes individuels ayant eu lieu, le nouveau cadre 154 B devra présenter la situation exacte et positive des produits de toute nature acquis au Trésor, telle qu'on l'inscrit aux relevés généraux n° 102 et 104.

Toutes ces feuilles, accompagnées, s'il y a lieu, d'explications très-sommaires, seront immédiatement envoyées à la direction et y resteront classées après la formation de l'état.

Pour qu'on ne fasse point de recherches ou de compulsations inutiles, je désire que les Directeurs comprennent bien que, quand l'époque ordinaire des arrêtés des comptes ouverts n'est pas arrivée, une évaluation des droits afférents à la période mensuelle est tout ce que je demande. Il est d'ailleurs possible de faire une évaluation avec une certaine exactitude, car les employés intelligents sauront mesurer l'importance des produits qu'ils ont à recueillir, et peuvent toujours en apprécier, sans écarts considérables, la marche croissante ou décroissante.

Relativement aux causes des variations en plus ou en moins, elles seront succinctement indiquées par le Directeur, ainsi qu'elles l'étaient sur la 2e page de l'extrait du bordereau n° 91, et je ne vois aucune difficulté à ce que tous les états me soient parvenus dans les cinq premiers jours de chaque mois.

Comme les termes de comparaison manqueraient pour l'année 1849, si ce n'est aux périodes trimestrielles, il va sans dire qu'on n'aura pas à remplir, pendant cette première année, la 5e colonne du nouvel état.

ARR. DU CONS. D'ET. DU 9 JANV. 1849, AFF. GIBERT.

Les comptables, spécialement un receveur général, peuvent, en raison des circonstances, être rendus responsables du montant de diverses traites dont le recouvrement n'a pu être opéré faute de poursuites en temps utile.

Vu l'instruction générale publiée par le ministre des finances à la date du 17 juin 1840, sur le service et la comptabilité des receveurs généraux et particuliers des finances;

Considérant que le sieur Gibert n'a pas accompli les obligations qui lui étaient imposées par les articles 259 et suivants de l'instruction générale sur la comptabilité des finances, en date du 15 décembre 1826; que notamment il a, contrairement aux dispositions de ladite instruction, fait successivement protester les traites non acquittées à leur échéance, et négligé de procéder à la contrainte par corps; qu'ainsi c'est avec raison que le ministre des finances a repoussé la demande du sieur Gibert en remboursement des sommes par lui versées au Trésor :

Art. 1er. La requête du sieur Gibert est rejetée.

ARR. DU CONS. D'ET. (DÉCRET) DU 17 JANV. 1849, AFF. DE SAHUNE.

Un agent du ministère des finances qui, après avoir quitté l'administration de laquelle il dépendait, sans avoir accompli toutes les conditions nécessaires pour avoir droit à la pension, rentre dans cette même administration et y complète la durée de service et l'âge exigés, peut être admis à la pension.

Vu la requête présentée par le sieur Alexandre-Louis Pourcet de Sahune, ancien conservateur des eaux et forêts, ladite requête tendant à l'annulation de trois décisions du ministre des finances, en date des 12 septembre 1835, 25 mars et 27 juillet 1848, qui ont refusé de lui accorder une pension de retraite à raison de ses services comme conservateur des forêts de l'État;

Vu le règlement du 12 janvier 1825; — vu les articles 86 et suivants du Code forestier :

Considérant qu'il résulte de l'instruction que le sieur de Sahune exerçait les fonctions de conservateur du 5e arrondissement des forêts de l'État et comptait plus de 30 ans de service, admissibles à la liquidation d'une pension de retraite, lorsque, en 1832, il a été détaché de l'administration forestière pour remplir, sur la désignation du ministre des finances, les mêmes fonctions près l'administration des forêts affectées à la dotation de la Couronne;

Considérant qu'il a exercé ces fonctions jusqu'au 25 février dernier, époque à laquelle les forêts faisant partie du domaine de la Couronne ont fait retour à l'État, et qu'il les a continuées jusqu'au 7 mars suivant, date de l'arrêté qui l'a admis à faire valoir ses droits à la retraite;

Considérant qu'audit jour il avait accompli 60 ans d'âge et réunissait plus de 30 ans de service; que, dès lors, il y a lieu de lui liquider sa pension de retraite, sauf à ne pas lui compter, dans la liquidation de cette pension, les services par lui rendus depuis 1832 et pour lesquels il n'a pas été rétribué sur les fonds de l'État.

Art. 1er. Les décisions du ministre des finances, en date des 12 septembre 1835, 25 mars et 27 juillet dernier, sont annulées.

Art. 2. Le sieur Pourcet de Sahune est renvoyé devant ledit ministre, pour faire procéder à la liquidation de la pension à laquelle il a droit.

ARR. DU CONS. D'ET. (DÉCRET) DU 24 JANV. 1849, AFF. DE COLMONT.

Les pensions accordées par le décret du 2 mai 1848, aux employés réformés par suite de suppressions d'emploi ou de réorganisation, doivent être liquidées à raison d'un soixantième du traitement moyen pour chaque année de service, et non à raison d'un trentième du maximum de la pension.

Les actes du Pouvoir exécutif qui fixent la pension des employés ne peuvent être déférés au ministre des finances.

Vu les articles 13 du règlement général du 12 janvier 1825 et l'art. 1er du décret du 2 mai 1848:

En ce qui concerne la décision ministérielle du 17 juillet 1848 :

Considérant que les actes du pouvoir exécutif qui fixent les pensions des employés des administrations financières ne peuvent être soumis à la révision du ministre des finances; que dès lors, en statuant au fond sur la réclamation du sieur de Colmont, par sa décision du 17 juillet 1848, le ministre a commis un excès de pouvoirs;

En ce qui concerne l'arrêté de la Commission exécutive en date du 11 juin 1848 : — Considérant qu'il résulte de l'instruction que le sieur de Colmont a été admis à la retraite, non pour infirmités prévues par l'ordonnance du 12 janvier 1825, mais par suite de réorganisation, et qu'aux termes de l'art. 1er, § 2, du décret en date du 2 mai 1848, les pensions des employés des divers ministères, mis à la retraite par suite de réorganisation, doivent être calculées par soixantièmes du traitement moyen des quatre dernières années, sans qu'elles puissent excéder le maximum de la retraite affectée à chaque emploi; que, dès lors, c'est à tort que l'arrêté attaqué a liquidé la pension du sieur de Colmont, en conformité de l'article 13 du règlement de 1825, par trentièmes du maximum de la retraite :

Art. 1er. L'arrêté de la Commission exécutive, en date du 11 juin 1848, ensemble la décision ministérielle du 17 juillet suivant, sont annulés.

Art. 2. Le sieur de Colmont est renvoyé devant le ministre des finances, pour faire liquider sa pension d'après les bases fixées par le § 2 de l'article 1er du décret du 2 mai 1848.

ARR. DU CONS. D'ET. (DÉCRET) DU 1er JUIN 1849, AFF. DE TOULON.

L'article 46 de la loi du 15 mai 1818, qui impose aux communes l'obligation de supporter les frais de casernement, reçoit son application, qu'il s'agisse de troupes de l'armée de terre ou de troupes de la marine.

Vu la loi du 15 mai 1818;

Vu le décret du 23 avril 1810; l'avis du Conseil d'État du 29 mars 1811;

Vu l'ordonnance royale du 5 août 1818 :

Considérant qu'aux termes de l'article 46 de la loi du 15 mai 1818, dans aucun cas et sous aucun prétexte, il ne pourra être fait au profit du Trésor aucun prélèvement sur les centimes ordinaires, extraordinaires ou facultatifs des communes, ni sur les autres revenus, à l'exception: 1°.......... 2° des dépenses du casernement et des lits militaires, qui ne pourront dans aucun cas s'élever, chaque année, au-dessus de 7 francs par homme et 3 francs par cheval, pendant la durée de l'occupation, au moyen de quoi les réparations et loyers des casernes et de tous autres bâtiments ou établissements militaires, ainsi que l'entretien de la literie et l'occupation des lits militaires, seront à la charge du Gouvernement;

Considérant qu'aux termes de l'article 1er de l'ordonnance du 5-27 août 1818, dans les villes qui perçoivent des octrois, les fonds nécessaires au paiement de l'abonnement stipulé par l'art. 46 de la loi du 15 mai dernier, pour le casernement et l'occupation des lits militaires, seront compris chaque année au budget des communes, sur le pied des fonds alloués pour cet objet dans le budget de l'exercice précédent: que'aux termes de l'article 3 de ladite ordonnance, au commencement de chaque trimestre, l'intendant militaire fera dresser par les sous-intendants, pour chacune des villes soumises au prélèvement dans sa division, d'après les états de revue, le décompte du nombre effectif des journées d'occupation des hommes et des chevaux qui, pendant le trimestre précédent, auront été logés dans les bâtiments ou établissements militaires; que ces articles ne distinguent point, parmi les troupes logées dans les bâtiments ou établissements militaires, les troupes qui appartiennent à l'armée de terre et celles qui appartiennent à la marine; que les consommations de ces troupes augmentent également les revenus de la commune, et doivent dès lors donner lieu aux mêmes prélèvements; qu'il résulte de l'instruction, et n'est pas contesté, que le 3e régiment d'infanterie de marine est logé dans les bâtiments militaires u Toulon, et qu'il y a résidence fixe; que dès lors c'est avec raison que, par sa décision du 11 mars 1846, le ministre des finances a compris l'effectif du 3e régiment d'infanterie de marine dans le chiffre qui devait servir à établir le total des prélèvements que l'État était autorisé à percevoir, par exécution de l'article 46 de la loi du 15 mai 1818;

En ce qui touche les conclusions subsidiaires : considérant que le chiffre fixé par la décision attaqué n'excède pas les prélèvements autorisés par l'article 46 de la loi du 15 mai 1818; qu'alors même qu'il serait constaté que l'établissement de tout ou partie des lieux aurait eu lieu par le département de la marine, la ville de Toulon n'en serait pas moins obligée d'acquitter, sur le produit de ses octrois, les prélèvements mis à sa charge;

Art. 1er. La requête de la ville de Toulon, poursuite et diligence du sieur Beurmann, son maire, est rejetée.

ARR. DU CONS. D'ET. (DÉCRET) DU 9 JUIN 1849, AFF. CHAIGNEAU.

Doivent être, à peine de déchéance, formés dans les trois mois, à partir de la mise à exécution, les pourvois contre les actes du pouvoir exécutif qui approuvent les règlements d'octroi.

Vu la requête présentée par les sieurs Chaigneau, Ourilhac et autres propriétaires y dénommés, demeurant dans les communes de Talence, Cauderan et le Bouscat (Gironde), ladite requête tendant à ce qu'il plaise au conseil d'État rapporter l'ordonnance royale du 9 juin 1819, dans les dispositions qui approuvent le règlement d'octroi de la ville de Bordeaux et l'étendent aux communes du Bouscat, de Talence et de Cauderan, qui sont en dehors des limites de cette ville et ne sauraient y être comprises; dire que les maisons appartenant aux requérants seront affranchies de toute contribution aux droits d'octroi de ladite ville, et condamner tous contestants aux dépens;

Vu le décret du 17 mai 1809 et la loi du 28 avril 1816; — Vu le décret du 22 juillet 1806;

Sans qu'il soit besoin d'examiner si les sieurs Chaigneau et consorts ont qualité pour déférer au Conseil d'État, par la voie contentieuse l'ordonnance susvisée du 9 juin 1819; — Considérant qu'il résulte de l'instruction que le règlement approuvé par ladite ordonnance, qui a compris dans le rayon de l'octroi de Bordeaux les parties des communes de Talence, Cauderan et le Bouscat qu'habitent les requérants, n'a pas cessé d'être exécuté dans ces parties desdites communes depuis 1819 ; qu'ainsi le recours formé par les sieurs Chaigneau et consorts, le 31 août 1846, contre l'ordonnance précitée a été introduit hors des délais déterminés par le décret susvisé du 22 juillet 1806 :

Art. 1er. La requête des sieurs Chaigneau, Ourlhac et consorts est rejetée.

ARR. DU CONS. D'ÉT. (DÉCRET) DU 29 JUIN. 1849. AFF. MOREL.

Sont inadmissibles comme services donnant droit à la pension et entrant dans la liquidation ceux rendus dans les administrations financières à la suite des armées, sans commission de l'État, et qui n'étaient pas rétribués directement sur les fonds du Trésor.

Le conseil d'État, section du contentieux, vu la requête présentée par le sieur Morel, ancien sous-caissier à la caisse centrale du Trésor public, ladite requête tendant à l'annulation d'une décision du ministre des finances, du 21 juin 1848, qui a refusé de compter au requérant, dans la liquidation de sa pension de retraite, le temps qu'il a passé aux armées, du 22 février 1797 au 16 mai 1815, en qualité de payeur de la trésorerie et de payeur principal :

Vu la loi du 3-22 août 1790 et le décret du 13 septembre 1806 ;

Vu les arrêtés du Gouvernement du 1er pluviôse an VIII, du 28 floréal an XI et du 18 frimaire an XII :

Considérant qu'il résulte de l'instruction que le sieur Morel n'était pas, dans la qualité en laquelle il réclame, commissionné par l'État ; que son traitement n'était pas directement payé sur les fonds du Trésor, et qu'il n'était que le préposé du payeur de l'armée de Hanovre, et plus tard du payeur général :

Art. 1er. La requête du sieur Morel est rejetée.

ARR. DU CONS. D'ÉT. (DÉCRET) DU 29 JUIN 1849. AFF. JOUBERT.

Les indemnités temporaires allouées, par le décret du 2 mai 1848, aux employés réformés par l'effet de la suppression de leur emploi, ou de réorganisation, doivent être liquidées à raison d'un soixantième du traitement moyen pour chaque année de service, et non à raison d'un trentième du maximum de la pension.

Vu les requêtes sommaire et ampliative présentées au nom du sieur Joubert, ancien directeur de l'octroi de Paris, lesdites requêtes tendant à l'annulation d'une décision du ministre des finances, en date du 17 juillet 1848, laquelle lui refuse l'indemnité temporaire prévue par l'article 2 du décret du 2 mai 1848; vu le décret du 2 mai 1848 :

Considérant qu'il résulte de l'instruction, et qu'il n'est pas d'ailleurs contesté par le ministre des finances, que le sieur Joubert a été réformé, le 27 février 1848, par une mesure administrative qui n'avait pas le caractère de révocation ou de destitution ;

Considérant qu'aux termes des articles 1 et 2 du décret du 2 mai 1848 susvisé, les fonctionnaires et employés, qui, du 25 février au 25 juillet 1848, ont été réformés par une mesure administrative de ce genre, peuvent obtenir, suivant les cas, soit une pension, soit une indemnité temporaire, et, que le décret n'a pas subordonné leur droit à la condition qu'il y aura des économies réalisées par suite de la réorganisation des services ; que, dès lors, c'est à tort que le ministre des finances, par la décision attaquée, a refusé au sieur Joubert, soit une pension, soit une indemnité temporaire :

Art. 1er. La décision du ministre des finances, en date du 17 juillet 1848, est annulée.

Art. 2. Le sieur Joubert est renvoyé devant le ministre des finances, pour être procédé à la liquidation, soit de la pension, soit de l'indemnité à laquelle il peut avoir droit.

ARR. DU CONS. D'ÉT. (DÉCRET) DU 25 AOUT 1849, AFF. GUILGOT, VEUVE BERGÉ.

Le décret du 2 mai 1848 ne peut être appliqué à la veuve d'un employé mis à la retraite pour cause d'infirmités, et remplissant les conditions d'âge et de durée de services exigés par le règlement du 12 janvier 1825; dès lors cette veuve n'a pas droit à la reversibilité d'une partie de la pension à laquelle son mari eût pu prétendre, s'il ne comptait pas trente années de services civils.

Vu la requête présentée par la dame Charlotte Guilgot, veuve du sieur Pierre-Charles Bergé, ancien inspecteur des forêts, ladite requête tendant à ce qu'il plaise au conseil annuler une décision du ministre des finances, qui a refusé à la requérante la réversion de la pension accordée à son mari; ce faisant, ordonner qu'elle sera admise à jouir du bénéfice du décret du 2 mai 1848;

Vu le règlement du 12 janvier 1825 ;

Vu le décret du 2 mai 1848 :

Considérant qu'il résulte de l'instruction que le sieur Bergé a été mis à la retraite pour cause d'infirmités, et remplissant les conditions d'âge et de service exigées par le règlement général du 12 janvier 1825 pour avoir droit à pension ; qu'il n'y avait pas lieu, dès lors, de lui appliquer le décret du 2 mai 1848, et qu'ainsi c'est avec raison que le ministre des finances, par sa décision du 23 septembre 1848, a refusé d'accorder à la veuve du sieur Bergé le bénéfice des dispositions dudit décret:

Article 1er. La requête de la dame Guilgot, veuve du sieur Bergé, est rejetée.

ARR. DE LA COUR DE TOULOUSE, DU 16 NOV. 1849, AFF. MAYSSONNIÉ.

La confiscation des poudres provenant de fabrication illicite doit être prononcée même alors que le détenteur serait exonéré de toute peine par le motif que la quantité trouvée en sa possession est inférieure à 2 kilogrammes.

La cour, etc.;

Attendu que le procès-verbal du 11 septembre 1849 et la perquisition faite le même jour au domicile du prévenu établissent, de la manière la plus formelle, qu'il fut trouvé possesseur de 2 kilogrammes environ de poudre, provenant de la fabrication illicite à laquelle le sieur Poisson s'était livré;

Qu'indépendamment de ce que Mayssonnié n'a point méconnu que l'origine lui en avait été indiquée par le fabricant lui-même, le fait seul de la constatation

qu'elle avait été fabriquée en fraude et sans autorisation en rendait la saisie indispensable;

Que ce même motif aurait dû faire prononcer par les premiers juges la confiscation, comme conséquence nécessaire;

Qu'il importe peu que le prévenu n'ait été détenteur que d'une quantité inférieure à 2 kilogrammes.

Que, si cette circonstance a pour effet de l'exonérer de toute peine, elle ne saurait justifier la disposition du jugement qui ordonne que les quatre paquets de poudre découverts au domicile de Mayssonnié lui seront restitués.

Qu'en effet, il s'agit d'un objet de fraude, d'une poudre illicitement fabriquée, qui doit être confisquée, quoi qu'il arrive;

Qu'en décidant le contraire, le tribunal a ouvertement violé les dispositions des articles 34 et 38 de la loi du 1er germinal an XIII;

D'où suit que l'appel de l'Administration des contributions indirectes est bien fondé;

Par ces motifs, réformant, déclare confisquée la poudre saisie au domicile et au préjudice de Mayssonnié, etc.

ARR. DU CONS. D'ÉT. (DÉCRET) DU 19 JANV. 1850, AFF. BÉRARD.

Les comptables ne peuvent être affranchis de la responsabilité qui est attachée au non-recouvrement des traites ou obligations souscrites par les débiteurs du Trésor, qu'autant qu'ils peuvent établir que les cautions et certificateurs de caution étaient solvables au moment de la souscription desdits effets, et qu'ils ont exercé immédiatement les poursuites.

Vu l'article 369 du règlement du 17 juin 1840:

Considérant qu'aux termes de l'article 369 du règlement du 17 juin 1840, les receveurs généraux ne peuvent être dégagés de la responsabilité des traites impayées que s'ils prouvent que les souscripteurs des effets en souffrance, ainsi que les cautions et certificateurs de caution, étaient solvables au moment de l'adjudication, que les circonstances qui ont altéré ou détruit cette solvabilité ne pouvaient pas être prévues par le receveur général, et qu'il a employé, en temps utile, tous les moyens de poursuite qui étaient à sa disposition;

Considérant qu'il résulte de l'instruction que les certificateurs de caution ne présentaient pas, au moment de l'adjudication, une solvabilité réelle, et que ce fait est reconnu, notamment à l'égard de l'un d'eux, par le sieur Bérard lui-même, dans sa lettre au ministre des finances du 15 juillet 1847 :

Considérant qu'il résulte également de l'instruction et des pièces jointes au dossier, que le sieur Bérard a commencé les poursuites deux mois seulement après l'échéance des traites; qu'à l'expiration de ce premier délai, il a consenti, sur la demande des autres créanciers, à ne pas faire déclarer la faillite du débiteur principal et celle de la caution; d'où il suit qu'il n'a pas employé en temps utile tous les moyens qui étaient à sa disposition :

Art. 1er. La requête du sieur Bérard est rejetée.

ARR. DU CONS. D'ÉT. (DÉCRET) DU 26 JANV. 1850, AFF. CARTIER ET AUTRES.

Les conseils de préfecture sont seuls compétents pour statuer sur les contestations qui s'élèvent à l'occasion des poursuites exercées contre les fermiers de bacs et passages d'eau, pour le recouvrement de la moins-value du matériel servant à l'exploitation.

Vu le rapport présenté par le ministre des travaux publics, ledit rapport tendant à ce qu'il plaise décider que c'est à tort que, par son arrêté du 28 octobre 1845, le conseil de préfecture du département de l'Eure s'est déclaré incompétent pour statuer sur les répétitions que l'Administration prétendait exercer contre le sieur Cartier et autres fermiers de bacs, tous dénommés dans un arrêté du préfet du département de l'Eure en date du 31 juillet 1844, à raison de la moins-value du matériel des passages d'eau, dont lesdits fermiers étaient comptables à l'époque du 31 décembre 1843, jour de l'expiration des baux qui leur avaient été consentis; ce faisant, renvoyer lesdits fermiers devant le conseil de préfecture pour y faire statuer au fond sur les contestations par eux élevées contre la moins-value de 7,905 fr. 33 cent. mise à leur charge par l'arrêté préfectoral ci-dessus cité ;

Vu les lois des 6 frimaire an VII, 16 septembre 1807, 12 vendémiaire, 13 frimaire et 28 pluviôse an VIII, 14 floréal an X et 17 avril 1832;

Vu les arrêtés des 18 ventôse an VIII et 5 germinal an XII :

Considérant que la réclamation dirigée par le préfet du département de l'Eure, contre le sieur Cartier et autres fermiers de passages d'eau, tendait à faire décider qu'ils seraient tenus de payer la moins-value, en fin de bail, du matériel à eux remis pour le service desdits passages ; que l'entretien et la réparation de ce matériel, qui étaient mis à leur charge par les baux, avaient pour objet un service public de grande voirie, et qu'aux termes des dispositions combinées de l'article 4 de la loi du 28 pluviôse an VIII et des articles 31 et 35 de celle du 6 frimaire an VII, il appartient aux conseils de préfecture de statuer sur les contestations relatives à ce matériel :

Art. 1er. Est annulé l'arrêté en date du 28 octobre 1845, par lequel le conseil de préfecture du département de l'Eure s'est déclaré incompétent pour statuer sur la question qui lui était soumise de moins-value, en fin de bail, du matériel de passages d'eau.

Art. 2. Les parties sont renvoyées devant le même conseil de préfecture pour y faire statuer ce qu'il appartiendra sur leurs prétentions respectives.

A. C. DU 31 JANV. 1850, AFF. DELBERT.

L'action en réparation de la diffamation et des injures verbales envers les fonctionnaires publics continue d'être de la compétence des tribunaux correctionnels.

Vu les articles 1er de la loi du 17 mai 1819 et 14 de celle du 26 mai de la même année;

Vu également le décret du 22 mars 1848 et l'article 83 de la Constitution;

Attendu que l'article 14 précité de la loi du 26 mai 1819 a excepté, en termes exprès, de la juridiction exclusive du jury *l'injure et la diffamation verbales contre toutes personnes*;

Que ces mots : *toutes personnes*, comprennent nécessairement les fonctionnaires publics, assimilés dans ce cas, et quant à la compétence, aux simples particuliers diffamés ou injuriés par un mode quelconque de publication;

Attendu que la loi du 8 octobre 1830 s'est référée, dans son article 2, à cette disposition modificative du principe posé par son article premier, qu'elle a, dès lors, conservé force et effet à la double exception que ladite disposition avait établie et consacrée;

Attendu qu'il ne ressort d'aucun document législatif postérieurement intervenu qu'il y ait été dérogé, soit taxativement, soit d'une manière implicite;

Qu'en ce qui concerne le décret du 22 mars 1848, ses motifs, interprétés par son dispositif, n'ont eu d'autre objet que d'interdire à la juridiction civile de connaître des diffamations, injures ou autres attaques dirigées contre tout fonctionnaire ou tout citoyen revêtu d'un caractère public, à raison de leurs fonctions ou de leur qualité, et d'exiger qu'en aucun cas l'action civile résultant de ces délits ne puisse être poursuivie séparément de l'action publique;

Mais que ledit décret n'a apporté aucun changement aux divers modes d'exercice de cette dernière action, tels que les avait réglés la législation en vigueur au moment de sa promulgation;

Attendu, quant à l'article 83 de la Constitution, qu'en attribuant au jury la connaissance de tous les délits commis par la voie de la presse, sans y ajouter ceux qui seraient commis par toute autre voie de publication, et en réservant à une loi organique, à intervenir, la détermination définitive de la juridiction appelée à statuer sur les faits quelconques de diffamation ou d'injures contre les simples particuliers, cet article a virtuellement maintenu les fonctionnaires publics, diffamés ou injuriés d'une manière verbale sous l'empire du principe de compétence déclaré applicable à ce cas par les textes antérieurs;

Attendu, enfin, que cette distinction, toujours subsistante en fait, se fonde sur une considération qui, en droit, n'a rien perdu de sa puissance, à savoir la différence essentielle admise par le législateur entre les diffamations et injures qui, nées d'une irritation souvent irréfléchie, ne laissent après elles qu'un souvenir plus ou moins prompt à s'effacer, et celles auxquelles l'emploi de la presse imprime un caractère plus grave de préméditation, de permanence et de durée.

Qu'ainsi le jugement attaqué, portant attribution à la juridiction correctionnelle de faits d'injures et de diffamation purement verbales envers des fonctionnaires de l'ordre administratif, loin d'avoir violé les dispositions de la loi susmentionnée, en a fait une juste application;

Et attendu la régularité de la procédure;

La Cour rejette. — Ch. crim.

ARR. DU CONS. D'ÉT. (DÉCRET) DU 2 FÉV. 1850, AFF. LEMAIRE-GODIN.

La fixation du taux de l'abonnement d'un débitant de boissons doit, aux termes de l'article 70 de la loi du 28 avril 1816, être établie eu égard à la quantité et à la qualité des boissons consommées dans l'établissement dudit débitant.

Vu la requête présentée par le sieur Lemaire-Godin, aubergiste à Beauvais, ladite requête tendant à ce qu'il plaise au Conseil : 1° annuler deux arrêtés rendus par le préfet de l'Oise en conseil de préfecture, les 21 août et 19 octobre 1849, le premier, qui a fixé à 550 francs le prix de l'abonnement que le sieur Lemaire-Godin aurait à payer en 1847, comme débitant de boissons; le second, qui a rejeté pour incompétence et comme non recevable l'opposition formée par ledit sieur Lemaire-Godin à l'arrêté du 21 août 1847; 2° fixer le prix dudit abonnement d'après les bases établies par deux arrêtés du préfet de l'Oise, en date des 29 mars 1845 et 21 mars 1846;

Vu la loi du 28 avril 1816;

Sans qu'il soit besoin de statuer sur le moyen tiré de ce que l'arrêté du 21 août 1847 n'aurait pas été rendu contradictoirement;

Au fond, considérant qu'aux termes de l'article 70 de la loi du 28 avril 1816, l'abonnement des débitants de boissons doit être fixé d'après la consommation des années précédentes et d'après les circonstances particulières qui peuvent influer sur le débit de l'année pour laquelle l'abonnement est requis;

Considérant qu'il y a lieu, en tenant compte de ces diverses circonstances, et eu égard aux quantités et à la qualité des boissons consommées dans l'établissement du sieur Lemaire-Godin, de fixer à 503 francs le montant de l'abonnement dudit sieur Lemaire-Godin, pour l'année 1847;

Art. 1er. L'arrêté pris par le préfet de l'Oise en conseil de préfecture, le 21 août 1847, est annulé.

Art. 2. L'abonnement du sieur Lemaire-Godin, pour l'année 1847, est fixé à la somme de 503 francs.

Art. 3. Le surplus des conclusions du sieur Lemaire-Godin est rejeté.

A. C. DU 8 FÉV. 1850, AFF. AUTIER.

N'est pas recevable le pourvoi en cassation formé sans consignation d'amende, lorsque l'indigence du demandeur n'est pas appuyée sur les justifications indiquées par l'article 420 du Code d'instruction criminelle.

Vu l'article 420 du Code d'instruction criminelle;

Attendu que le demandeur en cassation, condamné à une peine correctionnelle, en matière correctionnelle, n'a pas consigné l'amende prescrite par l'article 420 du Code d'instruction criminelle;

Que, s'il a suppléé à cette consignation par la production de deux certificats émanés du maire de sa commune et visés par le préfet pour légalisation, et constatant que le demandeur, 1° n'est point imposé dans cette commune, 2° est dans un état d'indigence, cette production est insuffisante pour le dispenser de l'amende, puisqu'aux termes de l'article 420 du Code d'instruction criminelle, cette dispense ne peut résulter que de la production, 1° d'un extrait du rôle des contributions constatant que le demandeur paie moins de 6 francs, ou un certificat du percepteur de la commune portant qu'il n'est point imposé; 2° d'un certificat d'indigence délivré par le maire de sa commune, visé par le sous-préfet et approuvé par le préfet;

Déclare Joseph Autier non recevable dans son pourvoi et le condamne à l'amende. — Ch. crim.

ARR. DU CONS. D'ÉT. (DÉCRET) DU 9 FÉV. 1850, AFF. DE L'AD. DES CONT. IND.

L'apport en nature d'un terrain consacré par une commune à l'établissement d'un entrepôt public de boissons constitue une mise de fonds faisant partie des frais de premier établissement, et dont le prélèvement est autorisé sur le produit brut de l'octroi, avant celui des 10 pour 0/0 attribués au Trésor.

Les condamnations prononcées contre le Trésor ou en sa faveur, pour restitution ou perception de droits, ne peuvent être accompagnées de condamnation au paiement des intérêts.

Vu la requête présentée au nom de la ville de Lyon, et tendant à ce qu'il plaise au Conseil annuler une décision du ministre des finances, du 29 décembre 1845, qui a refusé de comprendre dans la somme à déduire du produit de l'octroi, à ti-

tre de frais de premier établissement, avant le prélèvement des 10 p. 0/0 du Trésor, 1° la valeur du terrain affecté à l'entrepôt; 2° les intérêts de la somme due à la ville par le Trésor; ce faisant, déclarer que l'Administration des contributions indirectes est tenue de lui rembourser le dixième de la valeur du sol de l'entrepôt et les intérêts de cette somme depuis l'ordonnance du 10 janvier 1845;

Vu l'ordonnance rendue au contentieux le 10 janvier 1845;

Vu les lois des 5 ventôse an VIII, 24 avril 1806, 8 décembre 1814, 28 avril 1816, 25 mars 1817 et 15 mai 1818, le décret du 17 mai 1809 et l'ordonnance du 9 décembre 1814;

En ce qui touche le prix du terrain sur lequel a été construit l'entrepôt: considérant que l'apport du terrain en nature constitue une mise de fonds qui fait partie des frais de premier établissement; qu'à ce titre, le prélèvement du prix de ce terrain devait être opéré au profit de la ville de Lyon sur le produit brut de l'octroi, avant celui des 10 p. 0/0 attribués au Trésor;

En ce qui touche les intérêts: considérant que les condamnations prononcées contre le Trésor ou en sa faveur, pour restitution ou perception de droits ou contributions, ne peuvent être accompagnées de condamnation au paiement des intérêts:

Art. 1er. La décision du ministre des finances, du 29 décembre 1845, est réformée en la disposition par laquelle il a refusé de comprendre dans la somme à déduire du produit de l'octroi, à titre de frais de premier établissement, avant le prélèvement des 10 p. 0/0 du Trésor, la valeur du terrain affecté à l'entrepôt.

Art. 2. Il sera tenu compte à la ville Lyon, sur le produit brut de son octroi, avant le prélèvement des 10 p. 0/0 du Trésor, de la valeur, au moment de la construction, du terrain sur lequel a été établi l'entrepôt.

Art. 3. Le surplus des conclusions de la ville de Lyon est rejeté.

A. C. DU 9 FÉV. 1850, AFF. CARTON.

Est nul, pour défaut de motifs, le jugement qui ne s'est expliqué ni sur les faits de la prévention ni sur leur caractère légal.

Vu l'article 7 de la loi du 20 avril 1810;

Attendu qu'aux termes des dispositions de cet article, les jugements qui ne contiennent pas de motifs sont déclarés nuls;

Attendu qu'il avait été reconnu et constaté, par le jugement du tribunal correctionnel de Lorient, en date du 14 décembre dernier, que le 31 octobre précédent et jours suivants le nommé Emile Carton était descendu chez le sieur Leteuff, à l'hôtel de la Croix-Verte, rue du Marché, à Lorient, qu'il y avait fait une dépense d'environ 50 francs en comestibles; que, pour se faire remettre ces comestibles, il avait employé des manœuvres frauduleuses ayant le caractère déterminé par l'article 405 du Code pénal, et qu'il s'était ainsi rendu coupable du délit d'escroquerie;

Attendu que, sur l'appel de cette décision, le tribunal supérieur de Vannes, après avoir admis hypothétiquement que les manœuvres imputées au prévenu présentaient le caractère de fraude déterminé par ledit article 405, a infirmé le jugement du tribunal correctionnel de Lorient, par le motif que ces manœuvres ne pouvaient donner lieu à l'application de la peine édictée par cet article, qu'autant qu'à l'aide de ce moyen on s'était fait remettre ou délivrer des fonds, meubles ou des obligations, dispositions, billets, promesses, quittances ou décharges, circonstance qui ne se rencontre pas dans l'espèce;

Attendu que le tribunal de Vannes, en prononçant ainsi, ne s'est expliqué ni sur les faits de la prévention ni sur leur caractère légal; qu'en effet, il avait à rechercher et à décider, comme l'avaient fait les premiers juges, 1° en fait, si le prévenu s'était fait remettre des comestibles par le sieur Leteuff à l'aide desdites manœuvres frauduleuses; 2° en droit, si ce fait établi constituait le délit d'escroquerie prévu et puni par l'article 405 précité;

Attendu que l'ambiguïté des motifs de sa décision ne permet pas d'en saisir le véritable sens; qu'il est impossible de reconnaître si l'acquittement du prévenu est fondé sur ce qu'il ne s'est pas fait remettre des comestibles par le sieur Leteuff, ou sur ce que, dans la pensée du tribunal, le mot *meubles,* employé dans l'article 405 du Code pénal, n'est point applicable à des comestibles;

Attendu qu'il en résulte, par cela même, une absence de motifs en fait et en droit, et par suite la violation de l'article 7 de la loi du 20 avril 1810;

La cour casse. — Ch. crim.

ARR. DU CONS. D'ÉT. (DÉCRET) DU 9 FÉV. 1850, AFF. DE NOULLY.

L'arrêté par lequel le ministre des finances a prononcé l'admission d'un employé à la retraite, dans l'ignorance de la suspension de cet employé pour malversations par lui commises dans l'exercice de ses fonctions, ne fait point obstacle à ce que le ministre prononce ultérieurement la destitution de l'employé, à raison de ces malversations, et le prive ainsi de tout droit à pension.

Vu la requête présentée par le sieur N..., ex-receveur principal entreposeur de tabacs, demeurant actuellement à Paris, ladite requête tendant à ce qu'il plaise annuler une décision du ministre des finances, en date du 29 août 1848, qui a rapporté un précédent arrêté du même ministre, du 31 août 1845, qui avait admis l'exposant à faire valoir ses droits à la retraite; ce faisant, déclarer qu'il y a lieu à procéder à la liquidation de la pension de retraite à laquelle il tend avoir droit;

Vu l'ordonnance réglementaire du 12 janvier 1825;

Considérant qu'il résulte de l'instruction que le sieur N..... a été suspendu de ses fonctions, le 23 août 1845, par le directeur des contributions indirectes de son département, à la suite d'un procès-verbal dressé le même jour, et qui avait constaté des faits de soustraction commis sur des matières confiées à sa garde; que cette mesure a été prise avant la proposition qui a été faite le 25 août suivant, dans l'ignorance des faits, par le conseil d'administration des contributions, de mettre le sieur N..... à la retraite, et avant l'arrêté du ministre des finances du 31 août, qui a approuvé cette proposition;

Considérant que, traduit devant la cour d'assises, le sieur N..... a été reconnu coupable des faits qui avaient donné lieu au procès-verbal du 23 août, et condamné, par arrêt du 15 janvier 1846, à deux mois de prison et à des dommages-intérêts envers le Trésor; que, dans ces circonstances, l'arrêté du 31 août 1845 ne faisait pas obstacle à ce que le ministre des finances prononçât la destitution de cet employé, par application de l'arrêté du 9 novembre 1820;

Considérant qu'aux termes de l'article 29 de l'ordonnance du 12 janvier 1825, tout employé destitué perd ses droits à la retraite; que, dès lors, c'est avec raison que le ministre des finances a déclaré le sieur N..... déchu de tout droit à pension;

Art. 1er. La requête du sieur N..... est rejetée.

A. C. DU 12 FÉV. 1850, AFF. MARCHAND, L'HOMME ET DAVIDSON.

Doit être annulé, comme violant l'article 7 de la loi du 20 avril 1810, l'arrêt qui, sur des conclusions en fin de non-recevoir et au fond, statue uniquement sur le fond sans faire connaître les motifs du rejet de la fin de non-recevoir.

Vu l'article 141 du Code de procédure civile, et l'article 7 de la loi du 20 avril 1810;

Attendu que, aux termes de ces articles, les arrêts doivent, à peine de nullité, contenir les motifs des décisions qu'ils prononcent;

Attendu que, d'après les qualités de l'arrêt attaqué, le demandeur en cassation, sur l'assignation en requête civile, en date du 27 novembre 1845, à lui donnée par les défenseurs, contre un arrêt de le cour d'appel de Paris du 5 juillet précédent, signifié à leur domicile le 12 août, a conclu, à l'audience de la même cour du 16 janvier 1846, à ce que cette requête civile *fût déclarée non recevable comme e non formée dans le délai prescrit par l'article 483 du Code de procédure civile*, et ensuite à ce que les demandeurs en requête civile *fussent déclarés mal fondés dans leurs demandes et conclusions* ;

Attendu que les questions de droit à résoudre ont été posées dans les mêmes qualités, en ces termes : « La requête civile est-elle non recevable? est-elle bien ou mal fondée? »

Attendu que l'arrêt attaqué, qui *admet la requête civile*, et qui, par là même, a rejeté la fin de non-recevoir proposée, et, par suite, rétracté l'arrêt du 5 juillet 1845, ne contient de motifs que sur le second chef, au fond, des conclusions du demandeur en cassation, et, sur la seconde question, au fond, posée dans le point de droit des qualités, et qu'il n'en contient aucun sur le premier chef, tendant à ce que la requête civile fût déclarée non recevable, comme non formée dans le délai prescrit par l'article 483 du Code de procédure, et sur cette question de fin de non-recevoir posée dans les qualités;

Attendu que ce défaut absolu de motifs sur ce chef de conclusions et sur cette question, qui devaient être examinés préalablement et en premier ordre, constitue une violation formelle de l'article 141 du Code de procédure civile, et de l'article 7 de la loi du 20 avril 1810 ;

La cour casse. — Ch. civ.

A. C. DU 14 FÉV. 1850, AFF. MOUSSOURS.

Est nul l'arrêt qui n'a point déterminé la durée de la contrainte par corps, lorsque les dépens prononcés à la charge d'un accusé dépassent 300 francs.

Attendu que par l'arrêt attaqué, la cour d'assises a condamné Françoise Ferrière, femme Moussours, aux frais de la procédure, liquidés à une somme supérieure à 300 francs, mais qu'elle a négligé de fixer la durée de la contrainte par corps;

Attendu que, par cette omission, la cour d'assises a violé, en ne les appliquant pas, les articles 7 et 40 de la loi du 17 avril 1832;

La Cour casse et annule, mais en cette partie seulement, l'arrêt dont il s'agit, et, pour être statué conformément à la loi sur l'application des articles précités, renvoie la femme Moussours, en l'état où elle se trouve, et les pièces de la cause, devant la cour d'assises du département de la Haute-Vienne. — Ch. crim.

ARRÊT DU CONS. D'ÉT. (DÉCRET) DU 23 FÉV. 1850, AFF. DE LA ROCHEFOUCAULD.

Le Ministre des finances peut refuser d'inscrire sur les livres du Trésor une pension sur la liquidation de laquelle il n'a pas été appelé à donner préalablement son avis. Il ne lui appartient pas d'inscrire de son chef une pension autre que celle qui a été accordée.

Vu la requête présentée au nom du sieur Polydore de la Rochefoucauld, ancien ministre plénipotentiaire, la dite requête tendant à ce qu'il plaise au conseil 1° annuler une décision du ministre des finances en date du 27 décembre 1848, portant que la pension viagère accordée au requérant par le chef du pouvoir exécutif ne serait inscrite sur les registres du Trésor qu'à titre d'indemnité temporaire; 2° ordonner que le requérant sera inscrit au registre matricule pour une pension viagère de 4,729 fr.; avec jouissance à partir du 8 mars 1848;

Vu la loi du 25 mars 1817, les ordonnances du 20 juin 1817 et 19 novembre 1823, et le décret du 2 mai 1848.

En ce qui touche l'excès de pouvoirs :

Considérant qu'aux termes de l'art. 25 de la loi du 25 mars 1817 et de l'art. 3 de l'ordonnance du 20 juin suivant, aucune pension ne peut être inscrite au Trésor sans avoir été soumise à la révision du ministre des finances; que, dès lors, en refusant d'inscrire une pension sur la liquidation de laquelle il n'avait pas été préalablement appelé à donner son avis, le ministre des finances n'a commis aucun excès de pouvoirs;

Considérant, toutefois, qu'il ne lui appartenait d'inscrire de son chef sur les registres du Trésor, au nom du sieur Polydore de la Rochefoucauld, une indemnité temporaire, au lieu de la pension viagère qui lui avait été irrégulièrement accordée, qu'en y substituant ainsi sa décision personnelle à un arrêté du chef du pouvoir exécutif, il a excédé les limites de ses pouvoirs ;

Au fond :

Considérant que la disposition de l'article 1er du décret du 2 mai 1848, portant que les fonctionnaires réformés du 25 février au 25 juillet pourront obtenir pension s'ils réunissent vingt ans de services, dont 15 ans au moins accomplis dans la partie active, ou vingt-cinq ans indistinctement accomplis dans la partie active ou sédentaire, n'a eu d'autre but que de réduire de cinq ans la durée des services donnant droit à pension, et d'accorder ainsi une pension après vingt ans aux employés du service actif, lesquels, antérieurement, et d'après les règlements spéciaux, ne pouvaient en obtenir qu'après vingt-cinq ans, mais qu'elle n'a point créé une distinction entre le service actif et le service sédentaire dans les administrations où cette classification n'existait pas;

Considérant que les règlements spéciaux du ministre des affaires étrangères ne divisent point les fonctionnaires et employés de ce département en partie active et partie sédentaire, et exigent de tous, sans exception, trente années de service pour leur conférer un droit à pension;

Art. 1er. La décision du ministre des finances est annulée dans celle de ses dispositions qui a ordonné l'inscription du sieur Polydore de la Rochefoucauld sur les registres du Trésor pour une pension autre que celle qui lui avait été accordée.

Art. 2. Le sieur Polydore de la Rochefoucauld est renvoyé devant le ministre des affaires étrangères, pour faire procéder à la liquidation de l'indemnité temporaire à laquelle il peut avoir droit.

Art. 3. Le surplus des conclusions du sieur Polydore de la Rochefoucauld est rejeté.

Art. 4. Les dépens sont compensés.

ARR. DU CONS. DÉ'T. (DÉCRET) DU 7 MARS 1850, AFF. CHANTELOUP.

Un jugement qui, sans statuer sur le fond, règle une question de compétence entre les parties seulement, ne fait point obstacle à ce qu'il soit statué sur le déclinatoire proposé ultérieurement par le préfet. Dans ce cas, le procureur de la République doit en saisir le tribunal, sans que le préfet, qui de son côté doit provoquer une décision sur ce déclinatoire, soit tenu de prendre un arrêté de conflit.

Le Tribunal des conflits, vu l'arrêté en date du 9 août 1849, par lequel le préfet du département de Seine-et-Oise a élevé le conflit d'attributions dans une instance pendante devant le tribunal de Versailles, entre le sieur Petit, entrepreneur, et la commune de Chanteloup, à l'occasion de la reconstruction du clocher de l'église de ladite commune, effectuée par cet entrepreneur par suite d'adjudication publique;

Vu les articles 89 et 90 de la Constitution du 4 novembre 1848; vu les articles 47 et 64 de la loi du 3 mars 1849, organique du conseil d'État; vu le règlement d'administration publique du 26 octobre 1849; vu la loi du 4 février 1850, sur l'organisation du tribunal des conflits; vu l'ordonnance du 1er juin 1828 et celle du 12 mars 1831;

Considérant, en fait, que le jugement du tribunal de Versailles, rendu le 17 juillet 1849, prononçait seulement entre les parties sur la question de compétence et ne statuait pas sur le fond;

Considérant qu'aux termes des articles 6 et 7 de l'ordonnance du 1er juin 1828, ce jugement ne faisait pas obstacle à ce qu'il fût statué sur le déclinatoire proposé ultérieurement par le préfet, que c'est à tort que le procureur de la République n'en a pas saisi le tribunal, et que le préfet aurait dû provoquer une décision sur ce déclinatoire, au lieu de prendre prématurément un arrêté de conflit:

Art. 1er. L'arrêté de conflit du 9 août 1849, ci-dessus visé, est annulé.

ARR. DU CONS. D'ÉT. (DÉCRET) DU 7 MARS 1850, AFF. BOULIER.

Les arrêtés de conflit pris par le préfet doivent, à peine de nullité, être pris et déposés au greffe du tribunal dans la quinzaine de l'envoi que le procureur de la République fait à ce magistrat du jugement qui prononce le rejet du déclinatoire.

Le Tribunal des conflits, vu l'arrêté de conflit pris le 9 avril 1849, par le préfet de la Moselle, dans une instance engagée devant le tribunal civil de l'arrondissement de Briey entre le sieur Boulier, entrepreneur de travaux publics, et le sieur Victor Louis, propriétaire à Labry;

Vu l'article 89 de la Constitution; vu les lois des 3 mars 1849 et 4 février 1850; vu le règlement du 26 octobre 1849; vu la loi du 28 pluviôse an VIII; vu les ordonnances des 1er juin 1828 et 12 mars 1831;

Considérant que, d'après les articles 8 et 11 de l'ordonnance du 1er juin 1828, lorsque le préfet croit devoir élever le conflit, son arrêté doit être pris et déposé au greffe du tribunal dans la quinzaine de l'envoi qui lui a été fait, par le procureur de la République, du jugement prononçant le rejet du déclinatoire ;

Considérant qu'il résulte de l'instruction que le jugement du 21 mars 1849, rendu sur le déclinatoire proposé au préfet de la Moselle, a été transmis le 23 du même mois audit préfet par le procureur de la République de l'arrondissement de Briey ; que c'est seulement le 9 avril que l'arrêté de conflit a été pris, et le 12 qu'il a été déposé au greffe du tribunal; qu'ainsi il n'a pas été satisfait aux dispositions des articles 8 et 11 ci-dessus rappelés de l'ordonnance du 1er juin 1828:

Art. 1er. L'arrêté de conflit pris, le 9 avril 1849, par le préfet de la Moselle, est annulé.

A. C. DU 8 MARS 1850. AFF. GRIMALDI.

Il n'y a lieu d'autoriser l'inscription de faux contre un procès-verbal du tirage des jurés que lorsque les faits se produisent avec un caractère de vraisemblance suffisant pour ébranler la foi due à un acte authentique.

Sur le moyen fondé sur ce que l'un des trente jurés, le sieur Ledent, aurait été absent au moment du tirage du jury de jugement ;

Attendu que le procès-verbal du tirage des jurés constate formellement que le sieur Ledent a répondu à l'appel et a été récusé par le ministère public;

Et, en ce qui touche la demande en autorisation de s'inscrire en faux contre cette partie du procès-verbal;

Attendu, en droit, qu'il n'y a lieu d'accorder l'autorisation dont il s'agit que lorsque les faits se produisent avec un caractère de vraisemblance suffisant pour ébranler la foi due à un acte authentique;

Attendu, en fait, que le demandeur se borne à la simple dénégation d'un fait constaté par le procès-verbal, sans rapporter aucun commencement de preuve à l'appui ;

La cour rejette. — Ch. crim.

ARR. DU CONS. D'ÉT. (DÉCRET) DU 9 MARS 1850, AFF. MARHEM.

La pension d'un employé réformé par suite de suppression d'emploi ou de réorganisation, en exécution du décret du 2 mai 1848, doit être liquidée d'après les bases fixées par le règlement du 12 janvier 1825, si, d'ailleurs, il réunit, au moment de sa mise à la réforme, les conditions d'âge et de service exigées par ledit règlement.
Dans cette même hypothèse, la pension est réversible sur la tête de sa veuve et de ses enfants.

Le Conseil d'État, section du contentieux, vu le décret du 2 mai 1848.

Considérant qu'il résulte de l'instruction que le sieur Marhem a été réformé le 25 juillet 1848, par suite de la réorganisation des services publics faite postérieurement au 25 février 1848;

Considérant qu'à l'époque où il a été réformé il n'avait pas 60 ans d'âge, et que ce n'est pas pour cause d'infirmités ou comme ayant été reconnu hors d'état de continuer ses fonctions qu'il a été admis à la retraite ; que, dès lors, il n'avait pas droit à pension, en vertu de l'ordonnance du 12 janvier 1825 ;

Considérant qu'aux termes du décret du 2 mai 1848, les employés réformés du 25 février au 25 juillet 1848, par suite de suppression d'emploi ou de réorganisation, ont droit, s'ils réunissent une certaine durée de services, à une pension calculée pour chaque année de services civils à raison d'un soixantième du traitement moyen des quatre dernières années ;

Considérant que le sieur Marhem justifie de la durée de services exigée par le décret du 2 mai.

Considérant qu'aux termes de l'article 3 dudit décret, les pensions concédées aux employés réformés sont réversibles sur la tête des veuves et des enfants ; que, dès lors, c'est à tort que l'arrêté attaqué a liquidé la pension du sieur Marhem, en faisant application du règlement du 12 janvier 1825 ;

Art. 1er. L'arrêté du Président de la République, en date du 11 janvier 1849, est annulé.

Art. 2. Le sieur Marhem est renvoyé devant le ministre des finances pour faire liquider sa pension d'après les bases fixées par le décret du 2 mai 1848.

ARR. DU CONS. D'ÉT. (DÉCRET) DU 14 MARS 1850, AFF. WILLAY.

Le conflit ne peut être élevé sans qu'au préalable le tribunal saisi ait été mis à portée, par la présentation d'un déclinatoire, de statuer lui-même sur sa compétence.

Le Tribunal des conflits, vu l'arrêté en date du 25 janvier 1849, par lequel le préfet du Pas-de-Calais a élevé le conflit d'attributions dans une instance pendante devant le tribunal civil de Boulogne entre le sieur Willay et l'Administration des postes, à l'occasion de la réclamation d'une somme d'argent due au sieur Willay pour transport des dépêches ;

Vu les art. 89 et 90 de la Constitution du 4 novembre 1848 ; vu les art. 47 et 64 de la loi du 3 mars 1849, organique du conseil d'État ; vu le règlement d'administration publique du 26 octobre 1849, rendu en exécution de ladite loi organique ; vu la loi du 4 février 1850 sur l'organisation du tribunal des conflits ; vu l'ordonnance du 1er juin 1828, notamment les art. 5 et suivants ; vu l'ordonnance du 12 mars 1831 ;

Considérant qu'aux termes des art. 5 et suivants de l'ordonnance du 1er juin 1828, le conflit ne peut être élevé sans qu'au préalable le tribunal saisi ait été mis à portée, par la présentation d'un déclinatoire, de statuer lui-même sur sa compétence ; que, dans l'espèce, le Préfet du Pas-de-Calais a élevé le conflit sans avoir préalablement proposé le déclinatoire :

Art. 1er. L'arrêté pris par le préfet du Pas-de-Calais, le 25 janvier 1849, est annulé.

ARR. DU CONS. D'ÉT. (DÉCRET) DU 16 MARS 1850, AFF. TROUIN.

Le recours incident est recevable en tout état de cause, et tant qu'il n'a pas été statué sur le désistement donné par la partie qui a formé le pourvoi principal ou que ce désistement n'a pas été accepté par la partie adverse.

Le Conseil d'État, section du contentieux, vu le rapport présenté par le ministre de la guerre, ledit rapport tendant à ce qu'il plaise au Conseil d'État annuler une décision, en date du 22 août 1848, de la commission instituée par arrêté du 5 mai 1848 pour la liquidation des indemnités dues à raison des expropriations faites en Algérie antérieurement au 1er janvier 1845, qui a alloué au sieur Louis-Honoré Trouin une indemnité fixée à 23 francs de rente annuelle et perpétuelle, avec arrérages à partir du 1er juillet 1831 ;

Vu la lettre, en date du 20 novembre 1849, par laquelle le ministre de la guerre a déclaré se désister du pourvoi par lui formé ;

Vu le mémoire présenté par le sieur Trouin, entrepreneur de bâtiments à Alger, demeurant rue de la Charte, n° 47, ledit mémoire tendant à ce qu'il plaise rejeter le pourvoi du ministre de la guerre et recevoir l'exposant incidemment appelant de la décision de la commission de liquidation ci-dessus visée ; statuant sur ce recours incident, dire que le chiffre de l'indemnité sera et demeurera définitivement fixé à la somme de 1,200 francs de rente annuelle et perpétuelle, valeur effective de l'immeuble ; que tout ce qui a été perçu par le domaine, par suite de la possession de la boutique, soit 1,200 francs par an, depuis le jour de la dépossession, 1er juillet 1831, jusqu'au paiement effectif, sera remboursé à l'exposant ;

Vu le décret du 22 juillet 1806 ;

Considérant que le recours incident est recevable en tout état de cause, et tant qu'il n'a pas été statué sur le désistement donné par la partie qui a formé le pourvoi principal, ou que ce désistement n'a pas été accepté par la partie adverse ;

Considérant que, sur la signification qui lui a été faite du pourvoi formé par le ministre de la guerre, le sieur Trouin a déposé au secrétariat du contentieux son recours incident avant qu'il eût été statué sur le désistement dudit ministre ;

Considérant, au fond, que l'affaire n'est pas en état :

Art. 1er. Il sera donné communication au ministre de la guerre de la requête présentée par le sieur Trouin, pour être ensuite statué ce qu'il appartiendra.

A. C. DU 23 MARS 1850, AFF. PERCHERON.

La voie extraordinaire de recours en cassation n'est ouverte que contre les jugements rendus en dernier ressort. Spécialement : le prévenu qui a été condamné en 1re instance par le tribunal correctionnel, et qui a laissé écouler le délai de l'appel, n'est pas recevable dans son pourvoi en cassation contre l'arrêt définitif.

Vu l'article 407 du Code d'instruction criminelle ;

Attendu que, saisi, par une ordonnance de la chambre du conseil, d'un délit et d'une contravention connexes, le tribunal dont le jugement est attaqué a condamné le demandeur à diverses peines correctionnelles et de police ; que ce jugement est à la date du 11 décembre dernier ;

Attendu que le demandeur a laissé écouler le délai de dix jours sans avoir recours à la voie de l'appel, et qu'il a formé son pourvoi en cassation le 24 du même mois, après l'expiration desdits délais ;

Attendu, en droit, que la voie extraordinaire du recours en cassation n'est ouverte que contre les jugements rendus en *dernier ressort* ; que le jugement attaqué n'avait pas ce caractère, et qu'il n'a pu l'acquérir en devenant *définitif* par la faute du demandeur ; que, dès lors, le pourvoi en cassation contre le jugement rendu en *premier* ressort, le 11 décembre dernier, contre Louis-Isidore Percheron, n'est pas recevable ;

Par ces motifs, la Cour rejette. — Ch. crim.

ARR. DU CONS. D'ÉT. (DÉCRET) DU 26 MARS 1850, AFF. BRIFFAUT.

C'est devant le même conseil de préfecture, par voie d'opposition, et non directement devant le Conseil d'État, que doit être attaqué un arrêté du conseil de préfecture rendu par défaut.

Le Conseil d'État, section du contentieux, vu la requête présentée par le sieur de la Jonquière, sous-préfet de l'arrondissement de La Châtre, ladite requête tendant à l'annulation d'un arrêté du conseil de préfecture de l'Indre du 19 septembre 1849, par lequel ledit conseil, statuant sur la demande formée par le sieur Briffaut, son prédécesseur, en décharge de la cote mobilière de 1849, à laquelle il avait été imposé, et s'appliquant à l'hôtel de la sous-préfecture, a décidé que ladite cote serait divisée entre les susnommés au prorata du temps pendant lequel, en 1849, chacun d'eux a exercé les fonctions de sous-préfet de l'arrondissement de La Châtre ;

Vu le règlement du 22 juillet 1806 ; vu l'art. 475 du Code de procédure civile (1) ;

Considérant que l'arrêté du conseil de préfecture de l'Indre, en date du 19 septembre 1849, a été rendu par défaut à l'égard du sieur de la Jonquière ; que, dès lors, c'était devant le même conseil de préfecture, par voie d'opposition, et non directement devant le Conseil d'État, qu'il devait attaquer ledit arrêté, comme lui faisant grief :

Art. 1er. La requête du sieur de la Jonquière est rejetée.

ARR. DU CONS. D'ÉT. (DÉCRET) DU 26 MARS 1850, AFF. TRICQUEVILLE.

Doit être annulé l'arrêté par lequel un conseil de préfecture refuse de statuer sur l'opposition formée contre un arrêté rendu par défaut, sous prétexte que la partie opposante a formé antérieurement un pourvoi devant le Conseil d'État contre cet arrêté.

Au nom du Peuple français,

Le Conseil d'État, section du contentieux, vu la requête présentée par le sieur de Burgault, au nom et comme maire de la commune de Neuville-sur-Touques, ladite requête tendant à ce qu'il plaise au Conseil d'État annuler un arrêté du conseil de préfecture du département de l'Orne, en date du 17 décembre 1847, qui a refusé de statuer sur une opposition formée par ladite commune contre un arrêté du conseil de préfecture du même département, en date du 7 juillet 1843, rendu dans une instance entre ladite commune et le sieur de Tricqueville, avec dépens contre ledit sieur de Tricqueville ;

Vu l'arrêté rendu au contentieux, le 10 mars 1848 ;

Considérant que, par l'arrêté susvisé en date du 10 mars 1848, il a été souverainement décidé que l'arrêté du conseil de préfecture de l'Orne du 7 juillet 1843 constituait une décision par défaut, contre laquelle la voie d'opposition était ouverte à la commune ; que c'est à tort que, par l'arrêté du 17 décembre 1847, le conseil de préfecture de l'Orne a refusé de statuer sur l'opposition formée par la commune de Neuville-sur-Touques contre l'arrêté du 7 juillet 1843 :

Art. 1er. L'arrêté du conseil de préfecture du département de l'Orne, en date du 17 décembre 1847, est annulé.

Art. 2. Le surplus des conclusions de la commune de Neuville-sur-Touques est rejeté.

A. C. DU 2 AVR. 1850, AFF. HAMON ET RENOULT.

L'expiration du délai fixé pour interjeter appel emporte déchéance, et cette déchéance est tellement absolue qu'elle peut être opposée en tout état de cause, suppléée même par le juge, et qu'elle ne peut être considérée comme couverte par la défense au fond devant le tribunal supérieur.

Vu les articles 444 du Code de procédure civile et 582 du Code de commerce ;

Attendu que le jugement du tribunal d'Évreux, rendu contre le syndic de la faillite Larcher et Hamon, le 10 février 1848, avait été rendu sur la demande formée par Hamon pour être admis au passif de cette faillite, et sur la contestation qui s'était élevée relativement à la nature des conventions intervenues entre les parties, et au montant de la créance ; que cette contestation avait été renvoyée, par le juge commissaire de la faillite, devant le tribunal de commerce, et qu'elle y fut jugée, sur son rapport, comme affaire intéressant la masse des créanciers ; que le jugement, en déclarant Hamon mal fondé dans sa demande en revendication du prix qu'il prétendait lui être dû par Larcher, le renvoie, pour la fixation de sa créance, à la vérification qui en sera faite dans le cours des opérations de la faillite ;

Qu'il suit de là que ce jugement, rendu dans le cours de la faillite et par suite des demandes et débats qu'elle avait provoqués, avec le concours du syndic et du juge commissaire, était un jugement en matière de faillite, et qu'ainsi l'appel devait être interjeté dans le délai de quinze jours déterminé par l'article 582 du Code de commerce ;

Attendu qu'aux termes de l'article 444 du Code de procédure civile, l'expiration des délais fixés pour interjeter appel emporte déchéance ;

Qu'elle n'établit pas seulement une nullité d'acte de procédure ou d'exploit pour vice de forme, laquelle serait couverte par la défense au fond ;

Qu'il ne s'agit pas même d'une prescription à laquelle on peut renoncer ;

Qu'il s'agit d'une déchéance absolue prononcée par la loi dans un intérêt d'ordre public et pour mettre fin aux procès, en consacrant, après un laps de temps écoulé, l'autorité de la chose jugée ;

Que les lois qui déterminent l'ordre des juridictions tiennent essentiellement à l'ordre public, et qu'elles forment une partie constitutive de notre droit public ;

Que l'institution des deux degrés de juridiction ne donne à chacune des juridictions instituées que des pouvoirs renfermés dans les bornes tracées par la loi ;

Que la juridiction des cours supérieures est limitée, non seulement par le territoire et par la nature des affaires qui leur sont attribuées, mais aussi par la durée de temps accordée pour interjeter appel, et que, ce délai expiré, elles restent sans pouvoir ;

Qu'elles deviennent dès lors incompétentes comme ayant été saisies hors du délai de la loi ;

Qu'il est d'ordre public que l'autorité des jugements soit respectée, et que cette autorité serait méconnue si la chose jugée pouvait être remise en question après l'expiration du délai légal ;

---

(1) C'est sans doute par erreur que la décision vise cet article 475, qui est relatif à la tierce opposition et non à l'opposition.

Qu'il n'en est pas des déchéances comme des prescriptions;

Que les déchéances sont des injonctions de la loi pour régler le mode d'exercer les actions et le temps dans lequel elles doivent être exercées;

Qu'elles sont établies d'une manière absolue, parce qu'elles n'enlèvent aucun droit acquis et que les facultés qu'elles retirent sont une concession de la loi dont on perd l'avantage au profit de l'intérêt public, si on ne les a pas fait valoir dans le délai légal;

D'où il suit que la déchéance de l'appel peut être opposée en tout état de cause, qu'elle peut même être suppléée par le juge, et qu'en décidant dans la cause que, par la communication de deux lettres qui toutes deux touchaient à la discussion du fond, l'intimé avait engagé le litige et, par cela même, renoncé à son exception contre l'appel, la cour de Rouen a faussement appliqué l'art. 173 du Code de procédure civile et violé les articles précités;

La cour casse. — Ch. civ.

ARR. DU CONS. D'ÉT. (DÉCRET) DU 13 AVR. 1850, AFF. LÉTRANGE.

Les services militaires sont admissibles, de même que les services civils, pour règlement soit des pensions, soit des indemnités temporaires accordées aux fonctionnaires ou employés, en vertu du décret du 2 mai 1848.

Le Conseil d'État, section du contentieux, vu les ordonnances des 12 janvier 1825 et 16 février 1831; vu le décret du 2 mai 1848; vu l'article 42 de la loi du 3 mars 1849;

Considérant qu'aux termes de l'article 1er du décret du 2 mai 1848, les fonctionnaires ou employés qui, du 25 février au 25 juillet 1848, ont été réformés pour cause de suppression d'emploi, de réorganisation, ou par toute autre mesure administrative, n'ayant pas le caractère de révocation ou de destitution, peuvent obtenir pension, s'ils réunissent 20 ans de service, dont 15 ans, au moins, entièrement accomplis dans la partie active, ou 25 ans indistinctement accomplis dans la partie active ou sédentaire;

Considérant, que le sieur Létrange a été réformé, le 25 juillet 1848, par une mesure administrative qui n'a pas eu le caractère de révocation ou de destitution; qu'il comptait alors plus de 20 ans de services, savoir: 15 ans 8 mois 24 jours de services dans la partie active de l'administration des douanes, et 6 ans de services militaires; qu'ainsi c'est à tort que l'arrêté attaqué n'a pas tenu compte de ces derniers services et n'a alloué au sieur Létrange qu'une indemnité temporaire, au lieu de la pension qui devait lui être accordée, en exécution de l'art. 1er de l'article susvisé:

Art. 1er. L'arrêté ci-dessus visé du Président de la République, en date du 28 décembre 1848, est annulé.

Art. 2. Le sieur Létrange est renvoyé devant le ministre des finances, pour être procédé à la liquidation de la pension à laquelle il a droit, en vertu de l'article 1er du décret du 2 mai 1848.

Art. 3. L'État est condamné aux dépens.

ARR. DU CONS. D'ÉT. (DÉCRET) DU 20 AVR. 1850, AFF. KOESSELER.

Une lettre écrite par un sous-secrétaire d'État à un préfet, sur une difficulté pendante, est un acte d'instruction administrative, et ne saurait, conséquemment, être l'objet d'un recours devant le Conseil d'État.

Le Conseil d'État, section du contentieux, vu le décret du 22 juillet 1806;

Considérant que la lettre écrite, le 23 août 1847, par le sous-secrétaire d'État des travaux publics au préfet du Bas-Rhin ne constitue pas une décision susceptible d'être déférée au Conseil d'État, par la voie contentieuse :

Art. 1er. Les requêtes du sieur Knoderer sont rejetées.

Art. 2. Le sieur Knoderer est condamné aux dépens.

A. C. DU 3 MAI 1850, AFF. ROGLIANO.

Est nul, pour défaut de motifs, l'arrêt d'une Cour d'appel qui, sans s'arrêter aux conclusions du ministère public, tendant à substituer une loi à une autre pour l'application de la peine, se borne à adopter les motifs des premiers juges, alors que ceux-ci ne se sont point expliqués sur la question.

Sur le moyen pris d'un défaut de motifs et par suite d'une violation de l'article 7 de la loi du 20 avril 1810 :

Vu cet article;

Attendu que si, en première instance, le tribunal correctionnel de Bastia, avait pu faire aux prévenus l'application de l'article 6 de la loi du 25 mars 1822, sans en donner de motif spécial, lorsque ni le ministère public ni les défendeurs ne contestaient son applicabilité, la question changea de face devant les juges supérieurs; qu'appel fut alors interjeté par le procureur général, qui requit que l'article 16 ou l'article 19 de la loi du 18 mai 1819 fussent substitués, dans l'application de la peine, à l'article 6 de la loi du 25 mars, en se fondant sur ce que les gardes-champêtres insultés n'étaient pas des fonctionnaires publics; que cette prétention ne pouvait être légalement écartée que par suite de motifs exprimés dans la décision;

D'où il suit qu'en rejetant l'appel du ministère public, par une simple adoption des motifs des premiers juges, qui ne s'étaient point expliqués sur la question, l'arrêt attaqué a violé l'article 7 de la loi du 20 avril 1810;

Par ces motifs la Cour casse. — Ch. crim.

A. C. DU 3 MAI 1850, AFF. BURIDAN ET SALIGNY.

Toute personne étrangère à l'administration des postes qui s'immisce dans le transport des lettres, papiers, etc. est punissable, lors même que ce transport s'effectuerait pour le compte d'un agent de la perception adressant des avertissements aux contribuables.

Vu les articles 1, 2 et 5 de l'arrêté des consuls du 27 prairial an IX;

Attendu que l'art. 1er de l'arrêté ci-dessus visé défend à toute personne étrangère au service des postes de s'immiscer dans le transport des lettres, papiers, etc., dont le transport est exclusivement confié à l'administration de la poste aux lettres, et qu'il n'est admis d'autres exceptions à cette défense que celles qui sont déterminées par l'article 2 du même arrêté;

Attendu qu'il résulte du procès-verbal régulièrement dressé le 30 septembre 1849, comme aussi du jugement attaqué, que Buridan a été trouvé porteur de cinq lettres cachetées qui lui auraient été confiées par de Saligny, percepteur, pour les faire remettre à leurs adresses dans une commune voisine;

Attendu que, lors même qu'il serait établi par suite d'une vérification légale, ce qui n'a point eu lieu dans l'espèce, que les lettres saisies sur Buridan contenaient des bulletins de garnison collective adressés à des contribuables, il n'en résulterait point que lesdites lettres rentrassent dans les exceptions prévues par l'article 2 de l'arrêté du 27 prairial an IX;

Qu'ainsi, en affranchissant les prévenus, à raison du caractère attribué auxdites lettres, des peines portées par l'article 5 de l'arrêté du 27 prairial an IX contre ceux qui enfreignent la prohibition contenue en l'article 1er du même arrêté, le jugement attaqué a formellement violé lesdits articles;

La cour casse. — Ch.

A. C. DU 8 MAI 1850, AFF. THOMAS FRÈRES.

Le moyen tiré de ce que la contrainte par corps a été prononcée hors des cas déterminés par la loi peut être proposé en tout état de cause, même pour la première fois, devant la Cour de cassation.

Vu l'article 2063 du Code civil;

Attendu que le moyen tiré de ce que la contrainte par corps a été prononcée hors des cas déterminés par la loi est d'ordre public et peut être proposé en tout état de cause, même pour la première fois, devant la Cour de cassation ;

Attendu qu'il résulte de l'arrêt attaqué que la condamnation a été prononcée en vertu d'un titre autre que les lettres de change, titre qui, par sa nature, n'emportait pas la contrainte par corps;

La cour casse. — Ch. civ.

A. C. DU 11 MAI 1850, AFF. PENASSE.

La mise en circulation d'une voiture publique en service régulier avant la délivrance de l'autorisation du préfet constitue une contravention.

L'excuse tirée soit de ce que cette voiture a été substituée à une autre et ne doit faire qu'un service momentané, soit de ce qu'un laissez-passer a été délivré par l'administration des contributions indirectes, ne peut être admise.

Les entrepreneurs doivent, sous peine d'encourir les dispositions de l'article 475 du Code pénal, indiquer, dans l'intérieur de leurs voitures, le nombre des places et leur prix.

Sur le premier moyen, fondé sur la violation des articles 1, 2 et 5 de l'ordonnance du 16 juillet 1828, et de l'article 475, n° 4, du Code pénal:

Vu lesdits articles 1 et 2 de ladite ordonnance du 16 juillet 1828, et le n° 4 de l'article 475 du Code pénal;

Attendu qu'aux termes des articles ci-dessus visés de ladite ordonnance du 16 juillet 1828, aucune voiture ne peut être mise en circulation par un entrepreneur de voitures publiques, pour la première fois, avant la délivrance de l'autorisation du préfet, rendue sur le rapport d'experts, à la vue de laquelle l'estampillage est autorisé par l'Administration des contributions indirectes;

Que ces prescriptions, conçues en termes généraux, ne comportent aucune exception; que l'obligation de la visite et de l'autorisation concerne dès lors, et nécessairement, les voitures du *service ordinaire* d'une entreprise de messageries, comme celles qui pourraient leur être substituées pendant le temps nécessaire à leurs réparations;

Attendu que la mise en circulation de ces voitures de *supplément* reproduirait tous les dangers auxquels la législation a voulu remédier; que c'est par ce motif que la loi du 14 fructidor an XII voulait que les entrepreneurs, lorsqu'ils suspendaient le service d'une voiture pour la mettre en réparation, ne pussent y substituer que des voitures *déclarées et estampillées*;

Attendu, en fait, qu'il était constaté par un procès-verbal régulier, et qu'il n'a pas été méconnu par le jugement attaqué, que le défendeur au pourvoi, Penasse, avait mis en circulation une voiture pour son service de Montmédy à Charleville, sans que cette voiture ait été auparavant visitée et admise dans les termes de l'article 2 de l'ordonnance du 16 juillet 1828 ;

Que l'infraction aux prescriptions de ce règlement constituait une contravention qui devait être réprimée par l'application des peines prononcées par le n° 4 de l'article 475 du Code pénal ;

Que, néanmoins, le jugement attaqué a renvoyé ledit Penasse de la poursuite, sous le prétexte que ladite voiture n'avait été mise en route que pour un *service extraordinaire*, et qu'un permis de circuler ou *laissez-passer* avait été délivré par l'Administration des contributions indirectes ;

Attendu que ce *permis de circuler* n'avait été délivré que pour la perception de l'impôt, et ne pouvait justifier l'inobservation d'une mesure de police ;

Qu'il suit de là qu'en admettant des excuses que la loi n'admettait pas, et en refusant la répression de la contravention justifiée, ledit jugement attaqué a commis un excès de pouvoir, et manifestement violé les dispositions de la loi du 16 juillet 1828, ci-dessus visées, ainsi que les articles 65 et 475, n° 4, du Code pénal.

Sur le deuxième moyen, puisé dans la violation de l'article 5 de l'ordonnance du 16 juillet 1828, et du n° 4 de l'article 475 du Code pénal :

Attendu que l'article 5 de l'ordonnance dudit jour 16 juillet 1828 veut que les voitures publiques portent, dans l'intérieur, l'indication du nombre des places qu'elles contiennent, du numéro et du prix de ces places, du lieu du départ à celui de l'arrivée;

Que ces prescriptions ont pour objet, non-seulement de rappeler aux entrepreneurs une obligation commandée dans l'intérêt des voyageurs, mais encore de faire connaître à ceux-ci les mêmes obligations, afin qu'ils soient à portée d'en surveiller l'exécution;

Que cette mesure de police trouve sa sanction dans le § 4 de l'article 475 du Code pénal ;

Attendu que, néanmoins, lorsqu'un procès-verbal régulier établissait que l'entrepreneur Penasse ne s'était pas conformé aux dispositions de l'article 5 de l'ordonnance du 16 juillet, le jugement attaqué a refusé d'appliquer la pénalité encourue, en quoi ledit jugement a violé encore, tant ledit article 5 de l'ordonnance précitée, que ledit article 475 du Code pénal dans son quatrième paragraphe ;

Par ces motifs, la Cour casse. — Ch. crim.

A. C. DU 11 MAI 1850, AFF. LACOMBE.

Est suffisamment motivé le jugement rendu sur appel en matière correctionnelle, lorsqu'il constate que, des débats qui ont eu lieu en première instance, il résulte que le prévenu a commis le délit qui lui était imputé.

La décision des juges d'appel peut, sans qu'il y ait nullité, ne point contenir la transcription littérale des textes de la loi appliquée au prévenu, lorsque ces textes ont été transcrits dans le jugement de première instance confirmé en appel.

Attendu, sur le premier moyen, que le jugement attaqué constate qu'après le rapport de l'affaire à l'audience, le greffier a donné lecture des pièces;

Que le même jugement, après avoir régulièrement statué sur la fin de non-recevoir, déclare, au fond, que, des débats qui ont eu lieu devant les premiers juges, il résulte que Lacombe a commis le délit d'abus de blanc-seing qui lui était imputé;

Que le tribunal supérieur de Rodez a donc apprécié par lui-même les charges produites contre le prévenu par l'instruction faite à l'audience, et en a fait ressortir la culpabilité qui a servi de base à la condamnation;

Qu'on ne peut, dans ces circonstances, lui reprocher d'avoir, par défaut de motifs, violé l'article 7 de la loi du 20 avril 1810;

Attendu, sur le second moyen, que le jugement du tribunal de Villefranche constate la lecture, à l'audience, par le président, des articles de la loi pénale dont il a été fait application, et que ces articles y ont été régulièrement transcrits;

Que, dès lors, le tribunal supérieur de Rodez, en confirmant purement et simplement cette décision, qu'il s'est appropriée, n'a pas eu besoin de citer de nouveau les mêmes articles, et d'en ordonner une nouvelle transcription dans son jugement;

Qu'ainsi, il n'a pas contrevenu aux dispositions des articles 195 et 211 du Code d'instruction criminelle;

Attendu, d'ailleurs, que la procédure est régulière et que la peine a été légalement appliquée aux faits déclarés constants.

La Cour rejette. — Ch. crim.

A. C. DU 15 MAI 1850, AFF. ALÉPÉE FILS.

Doit être annulé comme rendu sans motifs, l'arrêt qui, en rejetant des conclusions prises pour la première fois en appel sur l'opposition formée à un arrêt rendu par défaut, déclare purement et simplement adopter les motifs des premiers juges sans en donner aucun qui soit de nature à justifier le rejet de ces conclusions.

Vu l'article 7 de la loi du 20 avril 1810;

Attendu qu'aux termes de cet article tout jugement ou arrêt qui ne contient pas de motifs, doit être annulé;

Attendu qu'il résulte des qualités de l'arrêt attaqué que, sur l'opposition rendue par eux à l'arrêt par défaut rendu contre eux le 27 août 1846, les époux Alépée avaient conclu, par un chef précis et formel, à ce que, tout en maintenant la disposition dudit arrêt qui annulait, pour défaut d'autorisation, le jugement du « 9 juin 1846, la constitution d'avoué, les actes de conclusions et tous les autres « actes d'instruction signifiés par la dame Alépée, avant le jugement du 9 juin « 1846, fussent également déclarés nuls pour défaut d'autorisation, et à ce qu'en « conséquence, l'arrêt par défaut fût notamment rapporté dans le chef qui évo-« quait le fond ; »

Attendu que l'arrêt par défaut, dont l'arrêt attaqué déclare purement et simplement adopter les motifs, n'en contient aucun qui soit de nature à justifier le rejet de ces conclusions qui, d'ailleurs, étaient prises pour la première fois devant la Cour, postérieurement à l'arrêt par défaut, et sur lesquelles, par conséquent, il n'avait pu statuer;

Que, dès lors, en rejetant lesdites conclusions, sans en donner de motifs, l'arrêt attaqué a formellement violé l'article de loi précité:

Par ces motifs, la cour casse. — Ch. civ.

ARR. DU CONS. D'ÉT. (DÉCRET) DU 17 MAI 1850, AFF. GERMAIN.

Les comptables ne peuvent être affranchis de la responsabilité attachée au non-recouvrement des traites ou obligations souscrites par les débiteurs du Trésor, qu'autant qu'ils justifient avoir employé, en temps utile, tous les moyens de poursuite qui étaient à leur disposition.

Le Conseil d'État, section du contentieux, vu les requête sommaire et mémoire ampliatif présentés pour le sieur Germain, Receveur général des finances du département du Jura, lesdits requête et mémoire tendant à l'annulation d'une décision du ministre des finances, en date du 5 juillet 1847, qui a rejeté sa demande en remboursement, tant en principal qu'intérêts et frais, des sommes dont il était resté en avance sur le prix de trois adjudications de coupes de bois de l'État et des communes, faites les 15 octobre 1843, 15 juillet et 26 septembre 1844, au sieur Bonjour, (François-Joseph), sous la garantie du sieur Prost (Jean-Claude), caution, et des sieurs Courbet père, Courbet fils et Gabet (Léandre), certificateurs de caution;

Vu l'instruction générale du 17 juin 1840, sur le service et la comptabilité des Receveurs généraux et particuliers des finances, art. 365, 366 et 369;

Vu la circulaire du ministre des finances, du 5 décembre 1848;

Sans qu'il soit besoin de statuer sur les autres moyens du pourvoi: Considérant qu'aux termes de l'article 369 de l'instruction générale du 17 juin 1840, les Receveurs généraux ne peuvent obtenir le remboursement des traites non recouvrées, du montant desquelles ils ont tenu compte au Trésor, qu'en établissant qu'ils ont employé, en temps utile, contre les souscripteurs des traites, les cautions et les certificateurs de cautions, tous les moyens de poursuite qui étaient à leur disposition;

Considérant qu'il résulte de l'instruction et des pièces produites que le sieur Germain, au lieu d'user immédiatement des droits que lui donnait l'art. 28 du Code forestier contre la caution et les certificateurs de caution du sieur Bonjour, alors décédé, n'a commencé contre eux les poursuites tendant à la contrainte par corps que plus de deux mois après l'échéance des traites en souffrance, et dans les circonstances où ces poursuites ne pouvaient plus avoir de résultat; qu'ainsi c'est avec raison que le ministre des finances a rejeté la demande du sieur Germain tendant au remboursement, en capital, intérêts et frais, des sommes dont il est resté en avance sur le prix des coupes de bois de l'État et des communes adjugées au sieur Bonjour, les 15 octobre 1843, 15 juillet et 26 septembre 1844, sous la garantie du sieur Prost, caution, et des sieurs Courbet père, Courbet fils et Gabet, certificateurs de caution:

Art. 1er. La requête du sieur Germain est rejetée.

ARR. DU CONS. D'ÉT. (DÉCRET) DU 30 MAI 1850, AFF. MOREAU.

Toute prétention d'un redevable, qui constitue une question de légalité de perception, ou de fond de droit, est soumise à la juridiction des tribunaux civils par application de l'article 88 de la loi du 5 ventôse an XII. Spécialement : le fabricant

de sel qui soutient que les sels sortis de son établissement, du 1er au 4 janvier 1849, n'étaient pas passibles du droit de 30 francs par 100 kilogrammes qu'il a été contraint de payer, doit former sa demande en remboursement devant le tribunal civil, et non devant le ministre des finances, sauf recours au conseil d'État.

Vu l'arrêté de conflit pris par le préfet des Basses-Pyrénées, le 10 janvier 1850, dans une instance pendante devant le tribunal civil d'Orthez, entre les sieurs Moreau et compagnie et l'Administration des contributions indirectes;

Vu l'article 88 de la loi du 5 ventôse an XII;

Vu la loi du 28 décembre 1848, articles 2 et 6;

Vu l'arrêté du Président de la République, du 31 mars 1849;

Vu l'article 89 de la Constitution de 1848, la loi du 3 mars 1849, le règlement du 26 octobre 1849, la loi du 4 février 1850, les ordonnances du 1er juin 1828 et du 12 mars 1831;

Considérant que les sieurs Moreau et compagnie soutiennent que les sels sortis de leur établissement les 1er, 2, 3 et 4 janvier 1849 n'étaient pas passibles du droit de perception de 30 francs par 100 kilogrammes, et invoquent le bénéfice de l'article 2 de la loi du 28 décembre 1848;

Considérant que cette prétention constitue une question de légalité de perception, ou de fond de droit, soumise à la juridiction des tribunaux civils par l'article 88 de la loi du 5 ventôse an XII;

Considérant que l'article 6 de la loi du 28 décembre 1848 s'applique uniquement au remboursement partiel du droit *régulièrement* perçu sur des sels *qui se trouvaient dans le commerce au 1er janvier 1849*, et ne peut, dès lors, régir la demande des sieurs Moreau et compagnie.

Art. 1er. L'arrêté de conflit élevé, le 10 janvier 1850, par le préfet des Basses-Pyrénées, est annulé.

A. C. DU 30 MAI 1850. AFF. ADER LOUIS.

L'omission, dans la copie de l'exploit de notification d'un arrêt par défaut, de l'indication de la personne à laquelle l'huissier à parlé, n'est pas une cause de nullité, si d'ailleurs cette omission se trouve suppléée par la double mention que l'original dudit exploit énonce que la copie a été donnée parlant à la personne du procureur-général, et que cette énonciation est confirmée par le visa apposé par ce magistrat sur ce même exploit.

Vu les articles 61 et 68 du Code de procédure civile, et 408 du Code d'instruction criminelle ;

Attendu que l'unique irrégularité invoquée par l'arrêt attaqué, pour débouter le demandeur de son opposition, consiste en ce que la copie de l'exploit de notification de cette opposition ne constate pas à quelle personne elle a été remise;

Attendu qu'aucune formule sacramentelle n'a été prescrite par la loi pour constater la remise des exploits ; que l'original de la notification énonce que la copie a été donnée parlant à la personne du procureur général ; que cette énonciation est confirmée par le visa apposé par ce magistrat sur ledit exploit; qu'elle l'est encore par la déclaration qu'il a faite à la suite de ce visa, et par laquelle il reconnaît avoir reçu la copie ; qu'il est évident que l'omission dans cette copie de l'indication de la personne à laquelle l'huissier a parlé, se trouve suppléée par cette double mention reçue dans un acte authentique, et mention que, dès lors, en prononçant la nullité de l'exploit, et, par suite, celle de l'opposition, l'arrêt attaqué a faussement appliqué les articles 61 et 68 du Code de procédure civile, commis, un excès de pouvoir, et violé la disposition de l'article 408 du Code d'instruction criminelle ;

Attendu que, par suite de l'annulation de l'arrêt attaqué, l'arrêt par défaut du 30 avril se trouve actuellement frappé d'opposition, et ne peut, dès lors, quant à présent, être attaquée par la voie de la cessation ;

La cour casse. — Ch. crim.

ARR. DU CONS. D'ÉT. (DÉCRET) DU 15 JUIN 1850, AFF. GUILLAUME, VEUVE.

La requête qui ne présente pas l'exposé des faits et des moyens, et à l'insuffisance de laquelle il n'a pas été suppléé par un mémoire ampliatif, doit être rejetée.

Vu la requête présentée au nom de la veuve Guillaume, demeurant à Ville-Mouzaïa, ladite requête tendant à l'annulation d'une décision, en date du 21 août 1849, de la commission de liquidation des indemnités dues par suite d'expropriation en Algérie, laquelle a rejeté, pour cause de déchéance, sa demande en indemnité pour un emplacement de maison sis à Blidah ;

Vu le décret du 22 juillet 1806;

Considérant que la requête ci-dessus visée ne présente pas l'exposé des faits et des moyens de ladite dame veuve Guillaume, et qu'il n'a point été suppléé par un mémoire ampliatif à l'insuffisance de ladite requête :

Art. 1er. La requête de la veuve Guillaume est rejetée.

ARR. DU CONS. D'ÉT. (DÉCRET) DU 15 JUIN 1850. AFF. BURDETT ET CONSORTS.

Un entrepreneur ne peut, sous prétexte qu'il a mal apprécié les dispositions d'un cahier des charges, réclamer contre leur exécution lorsqu'il s'est volontairement soumis à exécuter les clauses et conditions qu'il contient.

Considérant qu'aux termes de l'article 72 du cahier des charges ci-dessus visé, le prix du transport des poudres à feu, qui avait été provisoirement fixé à 4 centimes 5 millièmes de centime par quintal métrique et par kilomètre, devait être réduit en proportion du rabais que subirait, dans l'adjudication du transport des tabacs, le taux moyen de 1 centime 906 millièmes de centime d'après lequel avait été faite la précédente adjudication.

Considérant qu'aux termes de l'article 24 dudit cahier des charges, le taux moyen du transport des tabacs doit être établi en calculant le prix de la voie de terre dans la proportion de 47 pour 100, et celui de la voie d'eau dans la proportion de 53 pour 100 ;

Considérant que c'est en procédant conformément à ces bases et en tenant compte du rabais consenti par les sieurs Burdett, Vaghi et Barbedette, que le ministre des finances a fixé le taux moyen du transport des tabacs à 1 centime 738 millièmes de centime, au lieu de 1 centime 906 millièmes qui était celui de la précédente adjudication, et a réduit proportionnellement le prix du transport des poudres de 4 centimes 5 millièmes à 3 centimes 652 millièmes ; que, dès lors, il a fait une juste application des dispositions du cahier des charges ;

Considérant que les sieurs Burdett, Vaghi et Barbedette, en se rendant adjudicataires des transports dont il s'agit, se sont soumis aux clauses et conditions dudit cahier des charges et qu'ils ne peuvent être admis à réclamer contre les proportions fixées pour déterminer le prix du transport des poudres :

Art. 1er. La requête des sieurs Burdett, Vaghi et Barbedette est rejetée.

ARR. DU CONS. D'ÉT. (DÉCRET) DU 20 JUIN 1850, AFF. LÉVY.

Ne sont point recevables devant le Conseil d'Etat les conclusions qui n'ont point été préalablement soumises au conseil de préfecture.

Vu le cahier des clauses et conditions générales ;

En ce qui touche les conclusions tendant à ce que les conséquences de la régie soient mises à la charge de l'Etat par application de l'article 39 des clauses et conditions générales :

Considérant qu'aux termes de cet article 39, l'augmentation notable que subissent les prix pendant le cours d'une entreprise ne peut donner lieu, sur la demande de l'entrepreneur, qu'à la résiliation de son marché ;

Considérant que cette demande en résiliation et les conclusions qui précèdent n'ont pas été soumises au conseil de préfecture :

Art. 1er. La requête du sieur Lévy est rejetée.

ARR. DU CONS. D'ÉT. (DÉCRET) DU 22 JUIN 1850, AFF. ESCARRAGUEL.

Ce n'est point devant les conseils de préfecture, mais bien devant l'autorité judiciaire, que doivent être déférées les difficultés qui peuvent résulter des traités particuliers passés entre les entrepreneurs de travaux publics et leurs soustraitants.

Il en est de même si des contestations s'élèvent entre lesdits entrepreneurs et l'Administration sur le sens et l'exécution des clauses de ces traités.

Doit être assimilée à un sous-traitant une commune qui a fait, avec le soumissionnaire d'un pont à établir, un traité par lequel elle se charge des travaux à effectuer.

Le conseil d'Etat, section du contentieux,

Vu la loi du 28 pluviôse an VIII ;

Considérant qu'aux termes de l'article 4 de la loi du 28 pluviôse an VIII, les conseils de préfecture sont compétents pour statuer sur les contestations qui s'élèvent entre les entrepreneurs de travaux publics et l'Administration, concernant le sens et l'exécution des clauses de leurs marchés, mais qu'il n'appartient pas auxdits conseils de prononcer sur les difficultés résultant de traités particuliers passés entre lesdits entrepreneurs et leurs sous-traitants ; que la soumission présentée par le sieur Isnel Escarraguel pour la construction du pont suspendu sur l'Ain, à Châtillon, ayant été acceptée par l'ordonnance royale du 2 juin 1846, il est demeuré, à l'égard de l'Administration, le seul entrepreneur de ladite construction ; que l'acte intervenu entre le sieur Isnel Escarraguel et la commune de Châtillon, le 2 décembre 1845, constitue un sous-traité ; que, dès lors, le conseil de préfecture était incompétent pour connaître des difficultés survenues à l'occasion dudit acte entre ledit soumissionnaire et ladite commune :

Art. 1er. L'arrêté du conseil de préfecture du département du Jura, du 29 septembre 1847, est annulé pour cause d'incompétence.

Art. 2. Le sieur Isnel Escarraguel et la commune de Châtillon sont renvoyés à se pourvoir ainsi qu'ils aviseront, à l'effet de faire statuer sur leurs prétentions respectives.

Art. 3. Les dépens sont compensés entre les parties.

ARR. DU CONS. D'ÉT. (DÉCRET) DU 6 JUILL. 1850, AFF. MURIAN ET HAUTREUX.

L'ordonnance de soit communiqué doit, aux termes de l'article 12 du décret du 22 juillet 1806, être signifiée au défendeur dans le délai de trois mois, à peine de déchéance.

Vu la requête présentée au nom des sieurs Murian et Hautreux, entrepreneurs de travaux publics, domiciliés à Angers (Maine-et-Loire), route des Ponts-de-Cé, 10, ladite requête tendant à ce qu'il plaise annuler, avec dépens, un arrêté du conseil de préfecture de Maine-et-Loire, en date du 5 novembre 1849, qui rejette la réclamation formée par les requérants et tendant 1° à ce que l'on fasse tourner à leur profit les frais de la régie qui a exécuté une partie des travaux de construction de la route départementale n° 14, dont ils étaient adjudicataires, et 2° à ce que l'usure de leur matériel et la perte de leurs outils leurs soient payées par l'Administration ;

Vu l'ordonnance de soit communiqué au département de Maine-et-Loire, en la personne du préfet, ladite ordonnance rendue, le 10 février 1850, par le président de la section du contentieux ;

Vu l'article 12 du décret réglementaire du 22 juillet 1806 ;

Considérant que les sieurs Murian et Hautreux ne justifient pas que l'ordonnance de soit communiqué ci-dessus visée ait été signifiée par eux au département de Maine-et-Loire dans le délai de trois mois fixé par l'article 12 du décret du 22 juillet 1806 :

Art. 1er. La requête des sieurs Murian et Hautreux est rejetée.

A. C. DU 10 JUILL. 1850, AFF. FINOT.

Lorsque l'Etat est devenu acquéreur par suite d'une expropriation pour cause d'utilité publique et qu'il a payé l'indemnité fixée en remplissant les formalités imposées par la loi, il ne peut, après l'expiration des délais déterminés par elle, être atteint par l'exercice d'une action résolutoire intentée, faute par un précédent acquéreur d'avoir payé son prix.

Vu les articles 11 de la loi du 30 mars 1831 et 21 de la loi du 7 juillet 1833 ;

Attendu que, si l'article 18 de la loi précitée du 7 juillet 1833 (reproduit dans la loi du 3 mai 1841), en décidant que les actions en résolution, en revendication et toutes autres actions réelles ne pourront arrêter l'expropriation ni en empêcher l'effet, maintient néanmoins le droit des réclamants, qu'il déclare seulement transporté sur le prix, la loi a dû en même temps adopter des dispositions particulières à l'effet de hâter l'affranchissement, dans les mains de l'Etat, des immeubles acquis dans un intérêt public, et, par suite, pourvoir à ce que l'indemnité due aux ayants droit soit acquittée par lui, sans qu'il soit exposé à des réclamations ultérieures ;

Que ces dispositions sont l'objet de l'article 11 précité de la loi du 30 mars 1831, des articles 17, 21 et suivants de la loi du 7 juillet 1833 (reproduits également par la loi de 1841) ;

Attendu qu'il résulte desdits articles 21 et suivants qu'après l'accomplissement par l'Etat des formalités prescrites, tous les intéressés, sans exception, doivent se faire connaître dans un délai déterminé, passé lequel ils sont déchus ;

Attendu que, d'après les qualités de l'arrêt attaqué, les époux Thory, auxquels

SUP. GÉN.

appartenait l'action en résolution dont était question au procès, ne s'étaient pas fait connaître dans les délais déterminés par la loi après les formalités accomplies ; qu'il suit de là qu'ils étaient déchus de tous droits et actions envers l'Etat, et, par suite, qu'il en était de même des défendeurs qui agissaient comme subrogés desdits époux Thory ;

Attendu, en conséquence, qu'en admettant lesdits défendeurs à exercer par subrogation ladite action en résolution contre l'Etat, demandeur, l'arrêt attaqué a expressément violé les articles précités ;

Par ces motifs, et sans qu'il soit besoin de statuer sur les autres moyens du pourvoi ;

La cour casse. — Ch. civ.

A. C. DU 12 JUILL. 1850, AFF. NUMA LAFORE.

Est réputé complice de détournement d'objets saisis et passible des peines prévues par l'article 62 du Code pénal, l'individu qui, sachant que ces objets sont chez lui, répond, à la sommation qui lui est faite par huissier, qu'il n'en est pas détenteur.

Vu les articles 62 du Code pénal et 413 du Code d'instruction criminelle ;

Attendu qu'aux termes de l'article 62 du Code pénal, celui qui, sciemment, a recélé des choses enlevées ou détournées à l'aide d'un crime ou d'un délit, est puni comme complice de ce crime ou de ce délit ;

Qu'il est reconnu, en fait, par l'arrêt attaqué, que Numa Lafore a recélé dans sa maison des effets saisis sur Baboulène, et que celui-ci avait détournés au préjudice de ses créanciers, et que ce recélé a continué après que ces effets lui ont été réclamés par les saisissants ;

Que, néanmoins, le jugement attaqué a renvoyé le prévenu des fins de la poursuite, en se fondant sur ce qu'il était absent au moment où les effets saisis avaient été déposés chez lui, et qu'il avait ignoré, dans l'origine, que ces effets provenaient d'un détournement frauduleux ; mais qu'il est en même temps constaté par le même jugement que le prévenu, ultérieurement sommé par huissier de restituer les effets déposés chez lui, a reconnu ce dépôt et a formellement refusé d'obtempérer à la sommation ; que par ce refus, et en admettant même que jusqu'à ce moment le prévenu n'eût pas eu connaissance du fait de détournement, il est devenu recéleur des objets détournés, puisqu'il a continué de les garder, sachant quelle était leur origine et à l'aide de quel délit ils avaient été remis entre ses mains ; que par là il s'est rendu complice de ce délit, et que, par conséquent, le tribunal de Montauban, en prononçant le renvoi du prévenu, a commis une violation de l'article 62 du Code pénal ;

La cour casse. — Ch. crim.

ARR. DU CONS. D'ÉT. (DÉCRET) DU 20 JUILL. 1850, AFF. MARIAUD.

C'est au ministre des travaux publics, chargé d'assurer le service des bacs et de pourvoir aux dépenses afférentes à ce service, qu'il appartient de déférer au Conseil d'Etat un arrêté du conseil de préfecture qui alloue une indemnité au fermier d'un bac.

A moins d'une clause spéciale insérée dans le cahier des charges, il n'est dû au fermier d'un bac aucune indemnité à raison de l'état de détérioration des voies de communication donnant accès audit bac.

Le Conseil d'Etat, section du contentieux, vu la loi du 6 frimaire an VII, la loi du 14 floréal an X et les arrêtés des 5 germinal et 8 floréal an XII ; vu les lois de finances ;

En ce qui touche le pourvoi principal ;

Sur le moyen tiré du défaut de qualité du ministre des travaux publics : considérant que si, aux termes des lois et arrêtés ci-dessus visés, il appartient au ministre des finances d'opérer la perception des prix de ferme des bacs et d'opérer le recouvrement de toutes les sommes dues en cette matière à l'Etat, c'est le ministre des travaux publics qui est chargé d'assurer le service des bacs et de pourvoir aux dépenses afférentes à ce service, au moyen d'un crédit spécial qui est inscrit chaque année au budget de l'Etat ; que, dès lors, le ministre des travaux publics a qualité pour déférer au Conseil d'Etat, un arrêté du conseil de préfecture qui a alloué au sieur Mariaud une indemnité qui serait payable sur les fonds de son département ;

Sur le moyen tiré de ce que le droit du sieur Mariaud à une indemnité aurait été reconnu par un arrêté en date du 18 janvier 1816, qui n'est pas attaqué ; considérant que cet arrêté du 18 janvier 1846 n'est qu'un arrêté préparatoire, par lequel le conseil de préfecture s'est borné à prescrire un dépôt et une communication de pièces, pour être ensuite statué contradictoirement ce qu'il appartiendra ;

Au fond : considérant que l'Administration ne s'est engagée par aucune clause du cahier des charges de l'adjudication dont il s'agit à réparer et à entretenir les diverses voies de communication donnant accès au bac de Taillebourg ; que, dès lors, c'est à tort que le conseil de préfecture a accordé au sieur Mariaud une indemnité pour réparation du préjudice que lui aurait fait éprouver le mauvais état de la chaussée de Saint-James :

En ce qui touche le pourvoi incident dont les conclusions tendent à ce que l'indemnité allouée par le conseil de préfecture soit portée à la somme de 3,872 fr. 90 cent. : considérant que le refus de tout droit à indemnité entraîne le rejet des conclusions de ce recours :

Art. 1er. L'arrêté du conseil de préfecture de la Charente-Inférieure en date du 5 juillet 1847 est annulé dans celle de ses dispositions par laquelle il a été alloué au sieur Mariaud une somme de 1,101 fr. 36 cent.

Art. 2. Les conclusions du recours incident du sieur Mariaud sont rejetées.

A. C. DU 31 JUILL. 1850, AFF. SINSON.

Est nul, pour défaut de motifs, l'arrêt qui, statuant uniquement au fond, rejette implicitement une fin de non-recevoir précise, tirée de ce qu'un receveur de l'enregistrement a été assigné personnellement, alors qu'il n'aurait dû l'être que comme préposé de l'Administration.

Vu l'art. 7 de la loi du 20 avril 1810 :

Attendu qu'il résulte des qualités de l'arrêt attaqué que Boyer a pris devant la Cour les conclusions de l'exploit d'appel ; que, dans l'exploit d'appel, Boyer avait déclaré qu'il protestait contre l'action personnelle que Sinson avait intentée contre lui, lorsqu'il ne pouvait l'actionner qu'en qualité de préposé de l'Administration ; qu'il avait, en conséquence, demandé que, par suite de son appel, le jugement fût réformé et que Sinson fût déclaré doublement non redevable dans sa demande.

20

Qu'il suit de là qu'il existait une fin de non-recevoir précise et déterminée, sur laquelle les juges saisis de la contestation étaient tenus de statuer ; qu'en accueillant au fond la demande de Sinson, l'arrêt attaqué a implicitement rejeté la fin de non-recevoir opposée par Boyer.

Attendu qu'il n'a donné aucun motif à l'appui du rejet de cette fin de non-recevoir ; qu'ainsi il a formellement violé l'art. 7 de la loi du 20 avril 1810 ;

Sans qu'il soit besoin de statuer sur les autres moyens du pourvoi :

La cour casse. Ch. civ.

A. C. DU 7 SEPT. 1850, AFF. CHABOUD (DOUANES).

Les injures adressées et les coups portés aux préposés des douanes, même après qu'ils ont terminé une visite ou qu'ils ont procédé à une saisie, doivent être réputés outrages adressés à l'occasion de l'exercice de leurs fonctions, et un tribunal ne peut se dispenser de prononcer contre les délinquants les peines édictées par la législation des douanes.

Vu le mémoire produit par l'Administration des douanes à l'appui de son pourvoi contre l'arrêt rendu par la cour d'appel de Grenoble, chambre correctionnelle, le 16 mai 1850 ;

Vu l'article 14 du titre XIII de la loi du 22 août 1791, lequel est ainsi conçu : « Les préposés de la Régie sont sous la sauvegarde spéciale de la loi. Il est défendu à toutes personnes de les injurier ou maltraiter, et même de les troubler dans l'exercice de leurs fonctions, à peine de 500 livres d'amende, et sous telle autre peine qu'il appartiendra, suivant la nature du délit. »

Vu aussi l'article 2 du titre IV de la loi du 4 germinal an II.

Attendu que la protection spéciale qui est accordée par la loi aux préposés des douanes doit les couvrir dans toutes les circonstances où les place l'exercice de leurs fonctions ; que leurs devoirs ne se bornent pas à procéder à certains actes de leur ministère, tels qu'une visite ou une saisie ; que la garde et la surveillance, soit sur la frontière, soit sur les côtes, constituent l'exercice de leurs fonctions, et qu'ils sont encore dans cet exercice lorsqu'ils conduisent les délinquants au bureau des douanes le plus voisin pour assister à la rédaction des procès-verbaux dressés contre eux ; et attendu que d'un procès verbal en date du 6 février 1850, dressé par les préposés des douanes Bonnet et Rignon, il résulte qu'ils étaient de service en surveillance, sur la route qui conduit de Saint-Didier à Aoste à la distance d'environ 1,500 mètres de la frontière, et qu'ils procédaient à la visite d'un sac porté par une personne restée inconnue, lorsque le sieur Chevalier, passant à cheval, les a injuriés, en les traitant de vaurions et de canaille, et a ajouté qu'il fallait les juter dans le fossé, et que tout serait fini ;

Qu'il résulte également du même procès-verbal que lesdits préposés étaient encore de service lorsque conduisant ledit Chevalier au bureau des douanes le plus voisin, aux Champagnes, pour assister à la rédaction d'un rapport qui allait être dirigé contre lui, en entendre lecture, le signer et en recevoir copie, ils ont été injuriés, assaillis et maltraités par les sieurs Chaboud, père, Claude Chaboud et Joseph Chaboud, ses fils, qui avaient été attirés par les cris du sieur Chevalier.

Que dans cet état des faits, régulièrement constatés, en refusant d'appliquer aux prévenus les articles 14, titre XIII, de la loi du 22 août 1791 et 2, titre IV, de la loi du 4 germinal an II, par le motif que les injures proférées par Chevalier et les violences commises par Chaboud père et fils n'auraient pas eu lieu pendant que les douaniers se livraient à l'exercice de leurs fonctions, mais après qu'il était achevé, la cour d'appel de Grenoble a violé l'article 14, titre XIII, de la loi du 22 août 1791 et l'article 2, titre IV, de celle du 4 germinal an II ;

Par ces motifs, la Cour casse. — Ch. crim.

ARR. DU CONS. D'ÉT. (DÉCRET) DU 7 NOV. 1850, AFF. LAHONTAN.

Les contestations qui s'agitent entre l'État et les fermiers d'un bac, relativement à la fourniture et au remplacement du matériel affecté au service public des passages d'eau, sont du ressort exclusif de l'autorité administrative, comme intéressant à la fois la grande voirie et la police de la navigation.

En ce qui touche la validité du conflit :

Considérant que, par son assignation en date du 3 janvier 1850, le sieur Perriat concluait à ce que l'État fût condamné à lui remettre deux barques pour le service du bac du port de Lahontan, et, à défaut de cette remise, à lui payer pour chaque jour de retard une indemnité à apprécier par experts, et aux dépens ; que les contestations qui s'agitent entre l'État et les fermiers d'un bac, relativement à la fourniture ou au remplacement du matériel affecté au service public des passages d'eau, intéressent à la fois la grande voirie et la police de la navigation, et doivent, sous ce double rapport, être soumises, aux termes des lois susvisées, à la juridiction administrative ;

Art. 1er. L'arrêté de conflit, en date du 24 juin 1850, pris par le préfet des Basses-Pyrénées, est confirmé.

A. C. DU 23 NOV. 1850, AFF. ANGER.

Lorsqu'il est constaté par un procès-verbal régulier que, contrairement à un arrêté municipal qui ordonnait la fermeture des lieux publics à dix heures précises du soir, un cabaretier donnait encore à boire chez lui à dix heures vingt minutes, le tribunal ne peut sans méconnaître la foi due au procès-verbal, relaxer le contrevenant sous le prétexte que le fait de la contravention dépendait du plus ou moins d'exactitude d'une horloge ou d'une montre, et que, d'ailleurs, il est dans l'esprit de la loi de laisser quelques minutes aux cabaretiers pour faire sortir les personnes qui se trouvent chez eux.

Attendu qu'un arrêté légalement pris, le 8 avril 1845, par le maire d'Indre, 6e canton et arrondissement de Nantes, dans le cercle de ses attributions, dûment approuvé par le préfet de la Loire-Inférieure le 21 du même mois, prescrivait que les cabaretiers, cafés, cafés-billards, etc., fussent fermés, du 1er octobre au 1er avril à dix heures précises du soir ; qu'il défendait à tous cabaretiers et débitants de garder chez eux, après cette heure, et sous quelque prétexte que ce fût, aucune personne étrangère à leur habitation, et qu'il engageait expressément celles-ci à se retirer aux heures indiquées sans qu'il soit besoin de les y contraindre ni même de les avertir ;

Et attendu, en fait, qu'un procès-verbal régulier et non débattu par la preuve contraire, dressé par le maire d'Indre le 2 octobre dernier, constate que, contrairement à cet arrêté, il aurait trouvé ledit jour, à dix heures et vingt minutes du soir, dans le cabaret du nommé Anger, les nommés Leray et Jarnay, tous deux habitants de la même commune d'Indre, occupés à boire et à chanter ;

Attendu que le tribunal de simple police de Nantes, saisi de cette contravention, avait renvoyé les trois prévenus de la plainte, sans dépens, par le motif *que le*

temps qui s'était écoulé depuis dix heures est si court, que le fait de la contravention dépend du plus ou moins d'exactitude d'une horloge ou d'une montre, le procès-verbal n'indiquant pas de quelle manière l'heure avait été constatée ; que d'ailleurs il est dans l'esprit de la loi de laisser quelques minutes aux cabaretiers pour faire sortir les personnes qui se trouvent chez eux ;

Attendu qu'en refusant, par de pareils motifs, d'appliquer aux trois prévenus les peines portées par l'article 475, § 15 du Code pénal, le jugement attaqué a violé la foi due au procès-verbal du maire d'Indre du 2 octobre, admis des excuses qui ne sont nullement prévues par l'article 65 du Code pénal, et, par suite, violé les art. 154 du Code d'instruction criminelle, et l'art. 471, § 15, du Code pénal.

La Cour casse. — Ch. crim.

ARR. DU CONS. D'ÉT. (DÉCRET) DU 30 NOV. 1850, AFF. CUSON.

Quand les services militaires ont duré au moins vingt ans, les fonctionnaires civils, admis à compter ces services pour la liquidation de leur pension peuvent compter en sus les années de campagne.

Vu la loi du 3-22 août 1790.

Vu le décret du 13 septembre 1806 ;

Vu la loi du 11 avril 1831 ;

Sur les conclusions principales tendant à ce que la pension de retraite du sieur Cuson soit liquidée comme pension militaire :

Considérant que le sieur Cuson était fonctionnaire civil à l'époque où il a été admis à faire valoir ses droits à la retraite ; que, dès lors, c'est à ce titre qu'il a droit de réclamer et d'obtenir la liquidation de sa pension.

Sur les conclusions subsidiaires tendant à ce que, dans le règlement de ladite pension, il soit tenu compte au requérant du bénéfice des campagnes de guerre.

Considérant que les pensions de retraite accordées aux fonctionnaires civils en vertu du décret du 13 septembre 1806 doivent être liquidées eu égard à la nature et à la durée de leurs services tant civils que militaires ; que, dans ce cas, les services militaires doivent être comptés d'après les règles relatives à ces services, telles qu'elles résultent des lois et règlements sur les pensions militaires ;

Considérant qu'aux termes des art. 1, 4 et 7 combinés de la loi du 11 avril 1831, les militaires sont admis, après trente années de services effectifs, dont vingt ans au moins de services militaires, à compter, pour la liquidation de leur pension, les années de campagne, en sus desdits services ;

Considérant que le sieur Cuson justifie de trente ans de services effectifs, dont plus de vingt ans en services militaires ; que, dès lors, c'est à tort que le décret attaqué ne lui a pas alloué le bénéfice des années de campagne dans le règlement de sa pension ;

Art. 1er. Le décret du Président de la République, du 12 janv. 1849, est annulé.

Art. 2. Le sieur Cuson est renvoyé devant le ministre de l'intérieur pour être procédé à une nouvelle liquidation de sa pension, dans laquelle il lui sera tenu compte du bénéfice des années de campagne.

Art. 3. L'État est condamné aux dépens.

A. C. DU 4 JANV. 1851, AFF. CHARIGNON.

Les condamnations encourues pour un délit (dans l'espèce, délit politique), et dont les conséquences ont été anéanties par une amnistie, ne peuvent servir à constituer l'état de récidive ni justifier l'application de l'article 58 du Code pénal.

Attendu, en droit, que l'amnistie emporte généralement abolition des crimes et délits qui en sont l'objet ; qu'elle en efface jusqu'au souvenir, et ne laisse rien subsister des condamnations qui auraient été prononcées, sauf les restrictions formellement exprimées dans cet acte de clémence ;

Qu'il suit de là, qu'un délit, couvert par l'amnistie et les condamnations qui en ont été la suite, ne peuvent servir à constituer l'état de récidive, ni justifier l'application de l'article 58 du code pénal ;

D'où il suit que l'arrêt attaqué, en s'appuyant sur une première condamnation éteinte par l'amnistie, pour constituer l'état de récidive du demandeur, a violé l'article 58 précité et le décret d'amnistie :

Par ces motifs, vidant le délibéré en chambre du conseil,

La cour rejette le pourvoi de Charignon etc. — Ch. crim.

ARR. DU CONS. D'ÉT. (DÉCRET) DU 8 FÉV. 1851, AFF. DE NARBONNE.

Les pourvois devant le Conseil d'État, autorisés en matière d'abonnement pour les boissons, doivent, à peine d'être déclarés non recevables, être formés par une requête signée d'un avocat au Conseil.

Le Conseil d'État,

Vu la loi du 28 avril 1816 et le décret du 22 juillet 1806 :

Considérant qu'aux termes de l'article 1er du décret du 22 juillet 1806, le recours des parties au Conseil d'État, en matière contentieuse, doit être formé par requête signée d'un avocat au Conseil ; qu'aucune disposition de loi ou de règlement ne dispense de ces formes les pouvoirs autorisés par la loi du 28 avril 1816, en matière d'abonnement pour les boissons ;

Considérant que le recours de la ville de Narbonne n'a pas été introduit par requête signée d'un avocat au Conseil ; que dès lors ledit recours n'est pas recevable :

Le recours de la ville de Narbonne est rejeté.

A. C. DU 10 MARS 1851, AFF. DE VÉDENCHEL.

Lorsqu'un pourvoi en cassation a été formé devant la chambre des requêtes contre une personne décédée, il suffit, pour que l'instance soit régulièrement introduite contre ses héritiers, que l'arrêt d'admission du pourvoi leur ait été signifié et que, par l'exploit constatant cette signification, il leur ait donné assignation à comparaître devant la chambre civile. Ch. civ. (1)

A. C. DU 21 MARS 1851, AFF. BIZOLLON.

Lorsque des marchandises prohibées sont trouvées dans un bâtiment fermant à clef, mais laissé ouvert le jour de l'introduction, le propriétaire du bâtiment doit être considéré comme légalement détenteur responsable dudit dépôt. Il n'appar-

---

(1) Au Tome XVIII du Mémorial du Contentieux, des arrêts puisés dans le droit commun ou d'un intérêt secondaire ne sont insérés qu'en analyse. Nous reproduisons ces analyses.

tient qu'à l'Administration poursuivante d'apprécier le plus ou à moins de bonne foi du prévenu pour la remise, en tout ou en partie, de l'amende encourue.

Vu les articles 37, 38 et 39, titre XIII, de la loi de douanes du 22 août 1791, 38 et 59 de la loi de finances du 28 avril 1816 et 43 de la loi de douanes du 21 avril 1818 :

Attendu qu'il résulte des dispositions combinées desdits articles de loi que, lorsque des marchandises de la classe de celles qui y sont désignées ont été trouvées en dépôt dans le rayon des frontières, le détenteur desdites marchandises est passible d'une amende égale à la valeur des objets saisis, indépendamment de leur confiscation ;

Attendu que le propriétaire du bâtiment dans lequel ont été trouvées les marchandises prohibées est réputé légalement détenteur responsable dudit dépôt, sauf à l'Administration des douanes à apprécier le plus ou moins de bonne foi du prévenu pour la remise de l'amende en tout ou en partie ;

Attendu que les tribunaux, auxquels l'article 16 de la loi du 9 floréal an VII interdit, en cette matière, d'excuser les contrevenants sur l'intention, ne peuvent, sans violer cette loi, admettre la bonne foi du détenteur et son ignorance de la fraude comme des motifs suffisants pour faire prononcer son acquittement ;

Attendu que la preuve de non-contravention, qui est à la charge du détenteur saisi, d'après l'article 7, titre VI, de la loi du 4 germinal an II, ne saurait résulter que de la justification d'un fait de force majeure auquel n'a pu résister ou que n'a pu prévoir celui qui l'invoque, et qu'aucun fait de cette nature n'a été établi dans la cause ;

Attendu, en effet, que le procès-verbal des préposés des douanes, en date du 15 janvier 1847, mettait à la charge de Bizollon le fait d'avoir en dépôt cinq ballots de cotons filés, d'origine étrangère, dans un bâtiment à lui appartenant, à un kilomètre et demi à l'étranger, ledit bâtiment fermant à clef et au verrou, mais étant ouvert le jour de l'introduction desdites marchandises;

Attendu, d'autre part, qu'il n'a point été établi que l'introduction desdites marchandises dans ledit bâtiment ait été le résultat d'un fait de force majeure de nature à décharger le propriétaire du bâtiment de la responsabilité dudit dépôt; qu'en décidant, dans ces circonstances, sur de simples présomptions de l'ignorance et de la bonne foi de Bizollon, qu'il ne pouvait être considéré comme détenteur, et qu'il devait être renvoyé de l'action intentée contre lui par l'Administration des douanes, la cour d'appel de Grenoble, chambre des appels de police correctionnelle, a violé les dispositions combinées des articles 37, 38 et 39, titre XIII, de la loi des douanes du 22 août 1791, 38 et 59 de la loi du 28 avril 1816, 43 de la loi des douanes du 21 avril 1818, et l'article 16 de la loi du 9 floréal an VII:

La Cour casse. — Ch. crim.

ARR. DU CONS. D'ÉT. (DÉCRET) DU 5 AVR. 1851.

Le concessionnaire d'un bac appartenant à l'État, n'est pas tenu d'en payer la contribution foncière, si le cahier des charges ne lui en fait pas obligation.

Vu les lois des 2 messidor an VII et 18 juillet 1836 ;

Considérant qu'aux termes de l'article 2 de la loi du 18 juillet 1836, les lois qui régissent la contribution foncière sont applicables aux bacs;

Considérant que la contribution foncière est due par le propriétaire, et que le cahier des charges (ci-dessus visé) ne contient aucune disposition aux termes de laquelle le sieur Dumontet soit tenu de payer, au lieu et place de l'État, la contribution foncière assise sur le bac de Courcoury;

Art. 1er. L'arrêté (ci-dessus visé) du conseil de préfecture de la Charente-Inférieure, en date du 25 juillet 1849, est annulé.

Art. 2. Il est accordé décharge au sieur Dumontet de la somme de 46 fr. 50 c., montant de la contribution foncière à laquelle il a été imposé sur le rôle de la commune de Courcoury, pour l'année 1849, comme touchant les revenus du bac de ladite commune.

ARRÊT DU CONS. D'ET. (DÉCRET) DU 6 AVR. 1851.

Le concessionnaire d'un bac appartenant à l'État peut-il, en l'absence dans son cahier des charges d'une disposition spéciale qui l'y oblige, être tenu du paiement de la contribution foncière assise sur le bac dont il s'agit ? Rés. nég.

Ladite contribution, dans ce cas, est-elle due par l'État ? Rés. aff.

LETT. COMM. N° 26, DU 28 AVR. 1851.

Transport, sans expédition, de petites quantités de boissons dans les villes rédimées.

Tout en maintenant le principe en vertu duquel une expédition doit être prise pour l'enlèvement et pour le transport d'une quantité quelconque de boisson, la régie a voulu donner aux débitants établis dans les villes rédimées toutes les facilités compatibles avec la conservation de l'impôt; à cet effet, elle a autorisé les Directeurs à fixer, sans risquer de compromettre les perceptions, et en ayant égard aux habitudes de chaque localité, le *maximum* des quantités qui, sortant des débits d'achat ou de cru, peuvent être enlevées et transportées sans expédition.

ARR. DU CONS. D'ET. (DÉCRET) DU 3 MAI 1851, AFF. HUBERT.

Lorsque la cote foncière établie sur un bac de passage se trouve portée au rôle sous le nom du Gouvernement, et non sous celui du fermier, celui-ci, bien que chargé par son bail du paiement de la contribution, est personnellement sans qualité pour en réclamer la réduction.

Dans l'espèce, la cotisation foncière assise sur le bac était inscrite au rôle sous cette désignation: « Le gouvernement (pour le bac), par Hubert, veuve. »

Le Conseil d'État, section du contentieux, vu la requête présentée par la dame veuve Hubert, demeurant à Maizy (Aisne), ladite requête tendant à ce qu'il plaise au Conseil d'État annuler un arrêté du conseil de préfecture de l'Aisne, du 13 septembre 1850, qui a déclaré n'y avoir lieu à statuer sur la demande présentée par ladite dame en réduction de la contribution foncière assise pour 1850 sur le bac de Maizy, dont elle est fermière;

Vu les articles 1 et 3 de la loi du 2 messidor an VII; vu l'article 2 de la loi du 18 juillet 1836 :

Considérant que, conformément à la loi du 2 messidor an VII, le droit de réclamer, en matière de contribution foncière, n'appartient qu'aux contribuables inscrits au rôle;

Considérant que, dans l'espèce, la dame Hubert, fermière du bac de Maizy, n'était pas inscrite au rôle comme contribuable; qu'ainsi c'est avec raison que le

conseil de préfecture de l'Aisne a rejeté, pour défaut de qualité, la réclamation présentée par cette dame en réduction de la cote foncière établie sur ledit bac:

Art. 1er. La requête de la dame veuve Hubert est rejetée.

ARR. DU CONS. D'ÉT. (DÉCRET) DU 9 MAI 1851, AFF. SAUTIRON.

C'est aux tribunaux, à l'exclusion de l'autorité administrative, qu'il appartient de prononcer entre les fermiers ou concessionnaires et les passagers, sur les contestations qui peuvent s'élever sur le sens des tarifs de péage des ponts, et qui doivent, en vertu de la loi spéciale qui régit la concession, être jugées comme en matière d'octroi.

Le tribunal des conflits, vu les articles 89 et 90 de la Constitution de 1848, la loi du 3 mars 1849, le règlement du 26 octobre 1849 et la loi du 4 février 1850; vu les ordonnances des 1er juin 1828 et 12 mars 1831 ; vu la loi des 6-11 septembre 1790, celle du 27 frimaire an VIII et celle du 5 août 1821;

Considérant qu'il s'agit, entre les parties, de savoir si le sieur Sautiron, en sa qualité d'entrepreneur des travaux publics, a droit de jouir sur le pont de Montrejeu de l'exemption de péage établie par l'article 6 du cahier des charges;

Considérant que le péage d'un pont a le caractère d'un impôt indirect;

Considérant, au reste, qu'aux termes de la loi spéciale du 5 août 1821, l'application du tarif contesté entre l'entrepreneur et un particulier devait être jugée comme en matière d'octroi;

Considérant qu'aux termes des lois 6-11 septembre 1790 et 27 frimaire an VIII, ces contestations sont exclusivement de la compétence de l'autorité judiciaire; que le tribunal civil de Saint Gaudens s'est donc mal à propos dessaisi par son jugement du 6 février 1817 :

Art. 1er. Sont annulés les jugements du tribunal civil de Saint-Gaudens des 6 février 1847 et 31 décembre 1849.

Art. 2. Les parties sont renvoyées devant ledit tribunal pour y faire statuer tant sur le fond de la demande du sieur Astugue que sur les exceptions opposées par le sieur Sautiron.

Art. 3. Les dépens faits devant le tribunal des conflits sont réservés, pour qu'il soit statué en même temps que sur le fond du procès.

ARR. DU CONS. D'ET. (DÉCRET) DU 24 MAI 1851, AFF. ESCARRAGUEL.

Le cahier des charges qui, en matière d'adjudication des travaux d'un pont, stipule que le pont sera constamment entretenu en bon état dans toutes ses parties, met nécessairement à la charge de l'adjudicataire l'entretien des abords de ce pont.

Le Conseil d'État, section du contentieux, vu la loi du 28 pluviôse an VIII;

Considérant que l'article 4 du cahier des charges ci-dessus visé porte que le pont doit être constamment entretenu en bon état dans toutes ses parties, et que les frais de toute nature relatifs à cet objet, comme ceux de construction première et, le cas échéant, de reconstruction, sont à la charge du concessionnaire, que le même article ajoute que, pour assurer l'exécution de cette clause, il pourra être fait, toutes les fois que le préfet du département le jugera convenable, une visite détaillée du pont et de ses abords; qu'il résulte nécessairement de cette dernière disposition que l'entretien des abords est compris dans la clause dont il s'agissait d'assurer l'exécution;

Art. 1er. La requête du sieur Isnel Escarraguel est rejetée.

ARR. DU CONS. D'ET (DÉCRET) DU 24 MAI 1851, AFF. DADANT.

Le demandeur qui, à l'appui de la requête en pourvoi devant le Conseil d'État, ne produit pas la décision attaquée doit être déclaré non recevable dans son pourvoi.

Le Conseil d'État, section du contentieux, vu la requête présentée par le sieur Charles Dadant, demeurant à Langres, ladite requête tendant à ce qu'il plaise au conseil annuler un arrêté du conseil de préfecture de la Haute-Marne, en date du 2 mars 1850, qui aurait rejeté sa demande en dégrèvement des droits de patente auxquels il a été imposé à Langres;

Vu le décret du 22 juillet 1806;

Considérant que le sieur Dadant ne produit pas l'arrêté du conseil de préfecture qu'il attaque :

Art. 1er. La requête du sieur Dadant est rejetée.

A. C. DU 23 JUIN 1851, AFF. GAVELLE.

Le délai de quinzaine dans lequel doit être interjeté l'appel pour tout jugement rendu en matière de faillite, et spécialement pour un jugement déclaratif de faillite prononcé d'office, ne prend cours qu'à compter de la signification de ce jugement. (Code de commerce, articles 580 et 582.) Ch. civ.

ARR. DU CONS. D'ET. (DÉCRET) DU 28 JUIN 1851, AFF. GAUSSERAND.

Est non recevable le pourvoi déclaré par le ministre des travaux publics contre un arrêté du conseil de préfecture rendu au profit d'un entrepreneur, lorsque ce pourvoi a été formé hors du délai de trois mois à partir de la notification, par le préfet, dudit arrêté à l'entrepreneur.

Le Conseil d'État, section du contentieux; vu le pourvoi du ministre des travaux publics tendant à l'annulation d'un arrêté du conseil de préfecture de Tarn-et-Garonne, en date du 13 avril 1849, lequel rejette la demande formée par le sieur Gausserand, entrepreneur du pont-canal de Moissac sur le canal latéral à la Garonne, d'une indemnité de 22,051 fr. 48 cent., et accorde à cet entrepreneur une somme de 6,500 francs, à titre de dédommagement des pertes éprouvées dans son entreprise;

Vu le décret du 22 juillet 1806 :

Considérant qu'il est reconnu par le ministre des travaux publics que le préfet du département de Tarn-et-Garonne, agissant au nom de l'État, a fait notifier le 14 octobre 1849 au sieur Gausserand l'arrêté rendu le 13 avril précédent par le conseil de préfecture dudit département ;

Considérant que le ministre des travaux publics ne s'est pourvu contre ledit arrêté que le 1er mai 1850; que, dès lors, ledit pourvoi a été formé hors du délai de trois mois fixé par l'article 1er du décret réglementaire du 22 juillet 1806 :

Art. 1er. Le pourvoi du ministre des travaux publics est rejeté.

Art. 2. L'État, en la personne du ministre des travaux publics, est condamné aux dépens.

ARR. DU CONS. D'ÉT. (DÉCRET) DU 28 JUIN 1851, AFF. SAPIA.

Lorsqu'une pension a été régulièrement liquidée et concédée par un décret, rendu sur le rapport du ministre duquel relevait le fonctionnaire admis à la retraite, le ministre des finances, chargé par la loi de faire inscrire la pension au trésor, ne peut pas se refuser à provoquer le décret spécial destiné à opérer cette inscription, par le motif que les faits qui ont servi de base à la concession auraient été mal appréciés au moment de la liquidation.

ARR. DU CONS. D'ÉT. (DÉCRET) DU 26 JUILL. 1851.

Le recours formé par une commune contre la disposition d'une ordonnance qui, en autorisant l'établissement de taxes additionnelles au tarif de l'octroi de ladite commune, aurait décidé que le produit de ces taxes serait soumis au prélèvement du dixième au profit du Trésor, *de même que les produits ordinaires de l'octroi*, est-il de nature à être soumis au Conseil d'État par la voie contentieuse ?

Rés. aff. — Jurisprudence constante.

A. C. DU 29 JUILL. 1851, AFF. D'AIX.

Les honoraires de l'avoué de la partie civile ne doivent pas être compris dans la taxe des frais mis à la charge de la partie condamnée.

Il y a lieu d'annuler pour excès de pouvoir, en vertu de l'article 80 de la loi du 27 ventôse an VIII, la décision contraire prise par un tribunal sous forme de règlement, en dehors des cas déterminés par les articles 16 de ladite loi, 106 du décret du 30 mars 1808 et 7 de la loi du 11 avril 1838.

A. C. DU 3 OCT. 1851, AFF. SAINT-ROMAN.

Lorsqu'une expertise a été ordonnée, le dispositif du jugement définitif doit constater, à peine de nullité, que les parties ont été légalement mises en demeure d'assister à cette expertise. — Ch. crim.

ARR. DU CONS. D'ÉT. (DÉCRET) DU 8 NOV. 1851, AFF. LOMBARD.

La clause, insérée dans un cahier des charges de bail d'octroi, par laquelle l'adjudicataire déclare se soumettre à la juridiction du préfet et renoncer à exercer ses actions devant les tribunaux, ne fait pas obstacle à ce que les tribunaux, saisis par le fermier, retiennent la connaissance des questions qui, aux termes de la loi, appartiendraient à la compétence judiciaire.

C'est à l'autorité judiciaire, à l'exclusion de l'autorité administrative, qu'il appartient de connaître d'une demande en indemnité formée contre une commune par le fermier de son octroi à raison d'une modification des tarifs, lorsque le droit à une indemnité n'est pas contesté et que le litige porte seulement sur la quotité de cette indemnité.

Considérant que les compétences sont d'ordre public, et que les stipulations contenues dans un cahier des charges ne peuvent avoir pour effet d'enlever à la juridiction des tribunaux civils les questions dont, aux termes des lois, il leur appartient de connaître ;

Considérant qu'aux termes de l'article 136 du décret du 17 mai 1809, toutes les contestations qui peuvent s'élever entre les communes et les fermiers des octrois doivent être portées devant les tribunaux, à l'exception de celles qui s'élèvent sur le sens des clauses des baux ;

Considérant que, dans l'instance pendante devant le tribunal d'Alais entre le sieur Lombard, fermier de l'octroi de la commune d'Alais, et ladite commune, aucune difficulté ne s'élevait sur le sens des clauses du bail de l'adjudication :

Est annulé l'arrêté de conflit pris par le préfet du Gard le 21 juin 1851.

A. C. DU 20 NOV. 1851, AFF. BERTHOLLET.

L'article 195 du Code d'instruction criminelle, qui prescrit l'insertion dans un jugement de condamnation du texte de la loi sur lequel il repose, n'attache aucune nullité au défaut d'accomplissement de cette formalité. — Ch. crim.

A. C. DU 27 DÉC. 1851, AFF. DELEUTRE.

Est nul, pour défaut de motifs, le jugement qui, sans s'expliquer sur les conclusions prises par le ministère public, et tendantes à faire appliquer au prévenu les peines de la récidive, mentionnées dans l'article 474 du Code pénal, a omis de statuer sur ce chef de réquisition. Ch. crim.

A. C. DU 4 FÉV. 1852, AFF. CARAYRE.

La péremption relative aux jugements par défaut non exécutés dans les six mois est une véritable prescription, qu'interrompt, à l'égard de tous les codébiteurs solidaires, l'exécution du jugement vis-à-vis de l'un deux. (Cod. civ. art. 1206 et 2249 ; Cod. de proc. art. 156.) Ch. civ.

A. C. DU 9 FÉV. 1852, AFF. DE ROTHIACOLE.

Le même nombre de magistrats qui a contribué, dans une cour d'appel, à rendre un arrêt de partage doit, à peine de nullité, être réuni pour statuer sur le partage en y ajoutant trois conseillers. (Code de proc. art. 486 ; loi du 20 avril 1810, art. 7.) Ch. civ.

A. C. DU 26 FÉV. 1852, AFF. LABURTHE.

La juridiction correctionnelle est incompétente pour statuer sur des contestations relatives au refus de payer les droits d'octroi, fait par un individu à qui les employés ont permis d'introduire les marchandises dans son domicile et qui prétend ne pas devoir ces droits.

Attendu qu'il est constaté par l'arrêt attaqué, et qu'il résulte d'ailleurs du procès-verbal qui a servi de base aux poursuites, que le sieur Laburthe a, par son

préposé, fait déclarer au bureau de St-Genès, à la sortie de Bordeaux, qu'il entendait faire transporter à son domicile, à Talence, vingt deux mètres de pierres dallotes qui avaient traversé la ville en passe-debout ;

Que le domicile du sieur Laburthe est situé dans la partie de la commune de Talence assujétie à l'octroi ;

Que la déclaration dont la sincérité n'a pas été contestée, a mis l'Administration à même de déterminer le montant des droits qui lui étaient dus et d'en réclamer le paiement ;

Que, si le sieur Laburthe se refusait à acquitter les droits, sur le motif que l'octroi n'avait pas été légalement établi dans la commune de Talence, l'Administration était autorisée, par l'article 81 de l'ordonnance du 9 décembre 1814, à exiger la consignation du montant de ces droits, sauf au redevable à se pourvoir, pour en obtenir la restitution, s'il y avait lieu ;

Qu'enfin, à défaut de consignation, elle pouvait s'opposer à ce que les objets soumis aux droits fussent conduits au lieu de leur destination, et exiger qu'ils fussent transportés en dehors du rayon de l'octroi ;

Attendu que les préposés de l'octroi de Bordeaux, au lieu d'user des droits que leur donnait l'article 81 de l'ordonnance précitée, sur la déclaration régulière faite par le conducteur des dallotes, ont permis qu'elles fussent conduites au domicile du sieur Laburthe, et que là, sur le refus de ce dernier d'acquitter les droits qu'il prétendait n'être pas dus, ils ont opéré la saisie et dressé le procès-verbal ;

Attendu qu'en cet état des faits, la cour de Bordeaux, en déclarant que Laburthe ne s'était pas rendu coupable de la contravention prévue et punie par les articles 27 et 46 de la loi du 28 avril 1816, rendus applicables, par les lois des 29 mars 1832 et 24 mai 1834, à la fraude en matière d'octroi, et que, par suite, la juridiction correctionnelle n'était pas compétente pour statuer sur le litige élevé entre l'Administration de l'octroi et Laburthe, n'a ni violé les dits articles, ni l'article 81 de l'ordonnance du 9 décembre 1814 ;

La Cour rejette. — Ch. crim.

A. C. DU 12 MARS 1852, AFF. CAMMAS.

En matière correctionnelle comme en matière civile, la partie qui succombe doit supporter les frais de l'instance, dans lesquels sont compris les droits et honoraires de l'avoué dont le ministère a été employé.

Attendu que, devant la juridiction correctionnelle, les parties ne sont point obligées de recourir au ministère des avoués, mais que l'assistance de ces officiers ministériels peut, dans certains cas, être exigée par l'intérêt de la défense ;

Qu'elle est spécialement autorisée par les articles 185, 204, 295 et 417 du code d'instruction criminelle ;

Qu'il est de principe que la partie qui succombe doit supporter les frais par elle occasionnés, et qu'aucun texte de loi n'excepte les droits et honoraires des avoués lorsque leur ministère a été employé ;

Que, si une exception est admise à cette règle de droit et d'équité en faveur de l'État et des Administrations qui agissent en son nom, cette exception, fondée sur de graves motifs d'ordre public, et sur ce que l'action publique s'exerce dans l'intérêt du maintien de la paix publique, n'a pas été étendue aux débats d'intérêt privé sur lesquels les tribunaux de répression ont à statuer ;

Attendu que le décret du 18 juin 1811, après avoir posé le principe que l'Administration de l'enregistrement doit faire l'avance des frais de justice criminelle, distingue dans les articles 2 et 3 ceux qui sont compris sous cette dénomination et ceux qu'elle en exclut ;

Que l'article 3, § 1er, range dans cette dernière classe les honoraires des conseils ou défenseurs des accusés même de ceux nommés d'office, ainsi que les droits et honoraires des avoués lorsqu'ils ont été appelés à prêter leur ministère ; d'où il faut induire que ces frais ne doivent pas être avancés par la régie de l'enregistrement, et que, dans aucun cas, ils ne peuvent être mis à la charge de l'État ; mais que cette disposition est étrangère au règlement des frais entre la partie civile et le prévenu ;

Attendu que les articles 157 et 158 du dit décret sont conçus dans le même esprit, et se bornent à énumérer les frais dont les parties civiles doivent le remboursement à l'État ;

Attendu que, si la jurisprudence admet que les administrations publiques ne doivent pas supporter les droits et honoraires des avoués dont le ministère a été employé, c'est par suite du principe qui veut que ces frais ne retombent point à la charge de l'État, mais qu'il en est autrement entre la partie civile et le prévenu, qui doivent supporter les conséquences d'un débat purement civil que la loi autorise exceptionnellement à porter devant la juridiction correctionnelle ;

Qu'ainsi, en décidant que la partie qui a cru devoir recourir au ministère d'un avoué est en droit de répéter de son adversaire qui succombe les droits et honoraires attribués par les règlements à cet officier ministériel, et en condamnant le demandeur à supporter les droits tels qu'ils sont réglés en matière sommaire, l'arrêt attaqué n'a point violé l'article 3, § 1er, du décret du 18 juin 1811, et a fait une juste application des dispositions du décret du 16 février 1807 ;

La Cour rejette. — Ch. crim.

A. C. DU 12 MARS 1852, AFF. VIVET.

L'erreur dans la citation d'un texte de la loi ne vicie pas un jugement lorsque la peine qui a été prononcée est celle qui était applicable.

Attendu que le même jugement, tout en refusant de faire application de l'arrêté, a condamné le nommé Vivet, prévenu de contravention à cet arrêté, à l'amende de 2 francs, en vertu d'un arrêté antérieur du 11 juillet 1838 ;

Que, s'il a commis une erreur en appliquant un règlement qui avait formellement été abrogé par l'arrêté du 25 août 1849, cette application erronée d'une disposition qui n'existait plus ne peut donner lieu à l'annulation, puisque, aux termes de l'article 411 du code d'instruction criminelle, l'erreur dans la citation du texte de la loi ne vicie pas le jugement, lorsque la peine qu'il a prononcée est la même ;

La cour rejette. — Ch. crim.

A. C. DU 12 MARS 1852.

Dans le cas de saisie d'un immeuble, le saisi qui se rend coupable de détournement de meubles saisis dont la garde aurait été confiée à un tiers est passible des peines portées par l'article 400 du Code pénal, encore bien que la notification du procès-verbal de saisie lui ait été faite après la saisie, contrairement aux prescriptions de l'article 602 du Code de procédure civile. — Ch. civ.

A. C. DU 3 AVR. 1852, AFF. PÈLIGRI.

La condamnation aux frais ne peut être solidaire qu'à l'égard des individus condamnés pour les mêmes crimes ou délits.

.... Attendu que, si plusieurs des condamnés ont été déclarés par le jury coupable de ce crime, Etienne Pelîgri et Joseph Arteil n'en ont été ni déclarés convaincus, ni même accusés ; qu'à leur égard l'accusation et la déclaration de culpabilité n'ont porté que sur le seul crime d'usage fait, en mai 1850, de faux billets de banque.... que la cour d'assises, en énonçant que tous les accusés avaient été reconnus avoir fait partie d'une même association de malfaiteurs, a excédé les limites de sa compétence et commis un excès de pouvoir, et qu'elle a, par suite, violé les articles ci-dessus visés, lorsqu'elle a prononcé, hors des cas prévus par la loi, la condamnation solidaire d'Etienne Pelîgri et d'Arteil aux frais de procédure portant sur des crimes auxquels ils étaient étrangers ;

La cour casse. — Ch. crim.

LETT. LITH. DU 5 AVR. 1852.

3ᵉ Div. 3ᵉ Bur.

Raffineries de sel et salpêtreries. Solution de questions relatives à l'application du décret du 19 mars 1852.

Vous me référez, monsieur, par votre lettre du 30 du mois dernier, de quelques réclamations auxquelles a donné lieu, de la part des raffineurs de sel du département de la Seine, l'application du décret du 19 mars 1852, et vous m'entretenez en même temps des observations que vous a suggérées l'examen des dispositions de ce décret.

Je vais analyser ci-après ces réclamations et observations, et indiquer successivement la suite dont elles ont été jugées susceptibles.

Petites quantités de sel libéré d'impôt extraites des raffineries.

1° L'obligation imposée aux raffineurs par l'article 7 du décret précité de se munir d'expéditions régulières pour assurer la circulation des sels extraits de leurs usines, leur est, paraît-il, onéreuse en ce sens que la plupart d'entre eux sont marchands en gros et demi-gros ; qu'ils livrent des sels par petites quantités aux épiciers et autres détaillants, et que les nombreuses déclarations qu'ils ont à faire à la recette buraliste (souvent éloignée des raffineries), pour lever ces expéditions, entraînent forcément une perte de temps préjudiciable à leurs intérêts.

Un moyen de remédier en grande partie à cet inconvénient a été indiqué. Il consisterait à autoriser les raffineurs, par analogie, dites-vous, avec ce qui se pratique déjà en matière de voitures publiques, à se délivrer eux-mêmes des passavants pour toute quantité de 100 kilogrammes et au-dessous de sel *libéré d'impôt* qui serait extraite de leurs établissements. Des registres n° 3 A leur seraient à cet effet confiés, et ils seraient tenus de verser chaque mois, à la recette particulière, le prix des timbres employés.

J'approuve, comme vous le proposez, qu'on fasse l'essai du moyen exceptionnel dont il vient d'être parlé, sauf à revenir à la règle générale, s'il était reconnu de nature à faire naître des abus. Les employés chargés de la surveillance des raffineries devront, par suite, avoir soin de contrôler fréquemment le registre mis entre les mains du raffineur, et d'y puiser les indications nécessaires pour la tenue du portatif spécial dont son établissement sera l'objet.

Sels non libérés d'impôt livrés à la consommation après raffinage.

2° En ce qui a rapport aux sels *non libérés d'impôt* qui, après raffinage, seront livrés à la consommation, on a élevé la question de savoir si le droit sera exigé lors des sorties, ou si le service pourra se borner à constater, par un décompte établi au portatif, le montant du droit dû, lequel serait, dans ce cas, recouvré par le receveur.

C'est évidemment au premier parti qu'il convient de s'arrêter, conformément aux dispositions des articles 48 et 52 de la loi du 24 avril 1806, et je dois vous faire remarquer qu'en matière de perception sur les sels, il ne saurait être question de suivre une marche analogue à celle en usage dans le service des contributions indirectes pour le recouvrement d'autres impôts.

Il doit être entendu, au surplus, que, pour les paiements qui s'effectueront au comptant, l'escompte sera dû, et que les raffineurs auront, d'un autre côté, la faculté d'acquitter en traites ou obligations, dûment cautionnées, à terme, les sommes qui leur seront réclamées.

Ce sont les règlements actuellement en vigueur, et spéciaux à la perception de la taxe générale de consommation sur les sels, qui devront, en pareil cas, recevoir leur exécution. Mais, comme les employés des contributions indirectes, dans beaucoup de localités, peuvent ne pas connaître suffisamment ces règlements, il me paraît utile de les leur en donner ici le résumé.

Paiement du droit. — Obligations. — Escompte.

Pour qu'il y ait lieu à escompte, il suffit que les sommes payées au *comptant* s'élèvent au moins à 300 francs. Celles dont le montant excède 600 francs peuvent être acquittées en traites ou obligations cautionnées, moitié à 3 mois, moitié à 6 mois de date.

Il suit de là que l'escompte, lorsqu'il est dû, doit être calculé sur le terme moyen de 4 mois 1/2.

Le chiffre de l'escompte n'est point à déduire, dans les écritures des comptables, de celui des perceptions, lesquelles doivent toujours être portées intégralement en recette. L'escompte est classé parmi les dépenses, et donne lieu à la délivrance d'un bordereau de liquidation spécial qui, revêtu de la quittance de la partie prenante, est produit à l'appui des comptes du receveur. Ce bordereau figure sous le n° 43 dans la nomenclature des impressions.

Quant aux traites ou obligations à trois et six mois de date qu'il pourra y avoir lieu de recevoir des raffineurs, en paiement de la taxe de consommation sur les produits de leur industrie, c'est le modèle n° 147 A qui devra être employé.

Les receveurs ne perdront pas de vue que la garantie consiste surtout ici dans la solvabilité des principaux obligés et de leurs cautions. Ils devront, dès lors, n'admettre au crédit que les industriels et les négociants ou autres personnes qui leur paraîtraient offrir à cet égard toute la sécurité désirable.

Il arrivera peut-être que le règlement des perceptions par suite desquelles on réclamera l'escompte ou le crédit ne soit pas opéré *immédiatement*, c'est-à-dire le jour même où le chiffre des droits dus aura été constaté par les employés chargés de la surveillance des raffineurs, et que ce règlement soit, au contraire,

pour une cause quelconque, remis à plusieurs jours. Dans ce cas, il y aura lieu de réduire soit le taux de l'escompte, soit la durée du crédit, dans la proportion du temps qui se sera écoulé entre la date de l'arrêté de comptes mentionné ci-dessus et celle du paiement ou de la perception. Par exemple, si un délai de 15 jours existe entre ces deux époques, l'escompte ne sera plus accordé que pour 4 mois (au lieu de 4 mois 1/2) ; et, s'il s'agit de crédit, les traites ou obligations seront délivrées moitié à 2 mois 1/2, moitié à 5 mois 1/2, et ainsi de suite, d'où la conséquence que, si le règlement des perceptions ou le paiement des droits éprouvait un retard de plus de 4 mois 1/2, il ne serait accordé ni escompte ni crédit.

Dans tous les cas, il est recommandé aux employés de faire en sorte que ce règlement soit différé le moins longtemps possible.

Introduction des sels neufs dans les raffineries.

3° Quant aux difficultés qui, d'après quelques raffineurs de Paris, existeraient pour l'exécution de l'article 5 du décret, lequel exige que les sels neufs, destinés à entrer dans leurs établissements, y soient présentés en sacs plombés et accompagnés d'expéditions constatant que les droits ont été payés, elles ne sont point réelles. Les industriels qui prennent en entrepôts les sels dont ils ont besoin peuvent, incontestablement, les y faire plomber et lever les acquits de paiement nécessaires ; et nul obstacle ne s'oppose à ce qu'il en soit de même lorsque les sels proviennent des salines ou marais salans, ou de l'étranger. Si ces industriels achètent les sels de seconde main, ils se concerteront avec leurs vendeurs pour remplir ces formalités, qui doivent être rigoureusement maintenues.

4° Par suite, les raffineurs ne peuvent être admis à faire rentrer dans leurs magasins des sels dont leurs clients auraient refusé de prendre livraison ; et, contrairement à votre opinion, il ne saurait être question de leur accorder aucune autorisation exceptionnelle sur ce point.

Sels impurs non destinés au raffinage.

5° À l'égard des sels de poisson placés par eux dans des locaux entièrement séparés de leurs raffineries, ils ont, sans aucun doute, la faculté d'en disposer librement. La nouvelle législation n'a apporté aucune modification aux règlements préexistants relativement à l'emploi des sels impurs pour toute destination autre que le raffinage ; et la circulation de ces sels dans les quinze kilomètres des raffineries, des salpêtreries et des fabriques de produits chimiques, a été seulement subordonnée, par cette nouvelle législation, à l'accomplissement de conditions déterminées....

Il est une autre question sur laquelle l'attention de l'Administration s'est pareillement portée.

Déficits reconnus dans les raffineries.

L'article 6 du décret dispose que les déficits qui seront reconnus dans les raffineries, lors des recensements et inventaires, seront immédiatement soumis au paiement de la taxe. Cette disposition a paru nécessaire pour prévenir toute possibilité de fraude dans les usines où il serait encore procédé au raffinage des sels impurs. Mais on s'est demandé s'il n'y aurait pas, dans certain cas, rigueur à l'appliquer lorsque des sels neufs seulement seront entrés dans les raffineries. Afin de rester sur le terrain de l'équité la plus parfaite, l'Administration a décidé qu'avant de soumettre à la taxe les déficits constatés dans ces établissements, il lui en serait rendu compte, pour qu'elle pût apprécier, sur la proposition du Directeur et des chefs locaux, s'il n'y aurait pas lieu de les admettre à la réfaction des droits.

En terminant votre lettre du 30 mars, vous avez fait des observations au sujet de celles des dispositions du décret qui concerne les salpêtreries, d'une part, et relativement à l'emploi des sels impurs dans la fabrication des engrais salés, ainsi qu'à l'expédition des produits de cette fabrication, d'autre part.

Sels marins obtenus dans les salpêtreries.

Les sels marins obtenus par les salpêtriers ne pouvant aujourd'hui être livrés à la consommation, même sous le paiement de la taxe, que sur la représentation d'un certificat constatant qu'ils ne contiennent aucune substance nuisible à la santé publique, vous faites observer que cette disposition pourrait être préjudiciable aux intéressés, attendu que les sels dont il s'agit renferment presque tous une certaine quantité d'oxyde de cuivre, et qu'ils ne sauraient, dès lors, être livrés sans condition au commerce. Mais, comme ces sels, en raison de leurs propriétés frigorifiques, sont très recherchés par les nombreux glaciers et limonadiers qui existent dans la capitale, vous pensez qu'il serait possible d'en autoriser l'expédition pour cette destination, après paiement de la taxe, bien entendu, et sous la double condition du plombage et de l'acquit-à-caution.

La question de salubrité est ici prédominante, et il importe de tenir la main à ce que les sels de salpêtre à l'égard desquels les industriels seraient dans l'impossibilité de produire le certificat d'innocuité exigé, ne puissent pas être livrés à la consommation alimentaire. Toutefois, je reconnais qu'il y a lieu d'accorder aux salpêtriers, pour l'emploi de ces sels, certaines facilités compatibles avec les exigences des intérêts généraux, dont la sauvegarde est confiée à l'Administration.

Sels marins expédiés par les salpêtriers aux glaciers et limonadiers.

On pourra, en conséquence, en permettre l'expédition, après le paiement de la taxe, soit pour les besoins des glaciers et limonadiers, soit à destination des fabriques de produits chimiques, de tous établissements manufacturiers, ou des exploitations agricoles. Ces expéditions auront lieu sous la garantie de l'acquit-à-caution, et, si cela est jugé indispensable, pareillement sous celle du plombage.

Lorsque les eaux salées provenant de l'emploi des sels de salpêtre ou autres, chez les limonadiers et glaciers, seront destinées à entrer dans une raffinerie, elles devront être l'objet d'une expédition régulière nouvelle, vous l'avez pensé avec raison, et cette expédition sera un simple passavant. Mais les sels raffinés en provenant seront, comme ceux produits par l'emploi de tous les sels impurs sans exception, soumis à la taxe. Il ne saurait en être autrement sans donner de nouveau ouverture à des abus.

Sels impurs destinés à la fabrication des engrais. — Circulation des engrais salés.

En ce qui concerne les fabricants d'engrais, vous avez demandé si l'on doit continuer à dénaturer de la même manière que par le passé les sels impurs qu'ils sont autorisés à recevoir et à utiliser en franchise dans leur fabrication, et s'ils seront tenus de lever, pour la circulation de leurs engrais salés, des expéditions indiquant la proportion de sel qui y sera contenue.

La réponse à cette double question ne peut être qu'affirmative.

Jusqu'à ce que les formules de mélange pour la dénaturation des sels impurs livrés en franchise pour les besoins de l'agriculture aient été modifiées, s'il y a lieu, le service devra se conformer ponctuellement aux instructions qui lui ont été données à ce sujet. D'un autre côté, les engrais salés étant de véritables matières salifères, la circulation ne peut nullement être affranchie des formalités prescrites par le nouveau décret.

A. C. DU 10 AVR. 1852, AFF. BOURGEOIS.

L'accusé acquitté peut, sans qu'il y ait violation de la chose jugée, être poursuivi civilement.

Deux individus poursuivis conjointement pour un crime, réduit par le résultat des débats, aux proportions d'un quasi-délit, peuvent être condamnés solidairement aux mêmes dommages et intérêts.

Sur le premier moyen, pris d'un défaut de motifs, de la violation de la chose jugée et de principes sur la responsabilité.

Attendu qu'il résulte de l'ensemble des motifs de l'arrêt attaqué, lesquels se réfèrent aux conclusions prises par la partie civile devant la cour d'assises, que la condamnation prononcée au profit de ladite partie civile, a pour base les faits mêmes qui avaient été l'objet de l'accusation portée contre Levadoux et Bourgeois.

Que, nonobstant la déclaration négative du jury, qui n'avait apprécié ces faits qu'au point de vue de la culpabilité des accusés, la cour d'assises avait conservé le droit de les apprécier au point de vue de leurs conséquences civiles, et d'y trouver le principe d'un dommage dont Levadoux et Bourgeois étaient responsables envers la fille Thorel;

Qu'il suit de là qu'on ne peut reprocher à l'arrêt attaqué ni défaut de motifs, ni violation des principes sur la chose jugée et sur la responsabilité civile.

Sur le deuxième moyen, pris de la violation des principes sur la solidarité.

Attendu que Levadoux et Bourgeois avaient été renvoyés devant la cour d'assises comme accusés d'un même crime, savoir la subordination des mêmes témoins, et que, si le crime dont ils étaient accusés a été réduit par le résultat des débats aux proportions d'un quasi-délit, ce quasi-délit a conservé aux yeux des juges le même caractère d'indivisibilité.

D'où il suit qu'en condamnant Levadoux et Bourgeois solidairement aux mêmes dommages-intérêts, la cour d'assises n'a fait qu'une juste application du principe posé dans l'article 55 du code pénal, et des règles du droit civil sur la matière;

Sur le troisième moyen, pris de la violation de la chose jugée, en ce que l'arrêt attaqué aurait condamné les demandeurs aux frais de la procédure devant la cour d'assises de la Seine, dont l'arrêt a été cassé le 29 novembre 1851;

Attendu qu'il résulte des documents soumis à la cour qu'on n'a compris dans la taxe des dépens faits par l'arrêt attaqué que les frais de la procédure jusque et y compris la signification de l'arrêt de mise en accusation, et que les frais d'assignation et de taxe des témoins devant ladite cour d'assises ont été exclus de la liquidation;

La cour rejette. — Ch. crim.

A. C. DU 28 AVR. 1852, AFF. COUASNON.

Lorsqu'un arrêt a prononcé une condamnation sans y attacher, par son dispositif, la sanction de la contrainte par corps, il ne peut être suppléé à ce silence par voie d'interprétation, soit que la contrainte par corps ait été l'objet d'un chef spécial de demande, soit qu'elle n'ait pas été demandée. — Ch. crim.

ARR. DU CONS. D'ÉTAT (DÉCRET) DU 30 AVR. 1852.

Est déclaré non recevable un pourvoi qui avait été formé plus de trois mois après la notification de la décision attaquée.

C. LITH. DU SECRÉT. GÉN. DU M. DES FIN. N° 458, DU 4 MAI 1852.

Centralisation au ministère des finances du service des impressions

Par décision de M. le Ministre des finances, en date du 8 mars dernier, le service des impressions de diverses régies financières a été rattaché au bureau du matériel de l'Administration centrale du Ministère; et cette décision, qui doit recevoir son exécution à partir du 1er janv. 1852, a pour effet de déclasser des dépenses qui, jusqu'à présent, avaient pris place dans la comptabilité administrative des ordonnateurs secondaires, mais qui devront désormais cesser d'y figurer. Ces dépenses embrassent non-seulement les *frais d'impression proprement dits*, achat et fourniture de papier compris, mais encore les *frais de transport* et autres qui se rattachent à ce service; elles disparaissent entièrement des budgets des régies financières à partir de 1852, suivant la nomenclature que vous en trouverez ci-jointe.

Extrait de cette nomenclature.

1° Contributions indirectes.

Fournitures de papiers et impressions, frais de reliure et frais du service intérieur du magasin du matériel.

Frais d'emballage et de transport.

Loyer, entretien, chauffage et éclairage du magasin du matériel.

Cartes à jouer. Achat de papier filigrané, frais de moulage, d'emballage et de transport.

Octrois. Frais d'impressions, d'emballage et de transport pour le compte des communes.

2° Tabacs.

Fournitures diverses (vignettes).

Impressions, registres, emballage et transport.

ARR. DU CONS. D'ÉT. (DÉCRET) DU 7 MAI 1852, AFF. PATUROT.

C'est aux conseils de préfecture qu'il appartient, aux termes des dispositions combinées de l'article 4 de la loi du 25 pluviôse an VIII et des articles 31 et 35 de celle du 6 frimaire an VII, de statuer sur les contestations qui s'élèvent entre l'Administration et les fermiers des bacs et batelets, relativement à l'évaluation du matériel affecté au service public des passages d'eau.

L'arrêté du préfet qui déclare, à l'expiration du bail, le fermier de bacs et batelets débiteur d'une somme envers l'État pour moins-value du matériel qui lui avait été remis lors de son entrée en jouissance, et qui porte que le recouvrement de cette somme sera poursuivi à la diligence de l'Administration des contributions indirectes, constitue un simple acte d'instruction administrative, qui ne fait pas

obstacle à ce que le fermier réclame devant le conseil de préfecture contre le paiement de ladite somme? Rés. aff.

Vu les lois des 6 frimaire an VII, 12 vendémiaire, 13 frimaire et 28 pluviôse an VIII, 14 floréal an X et 17 avril 1832;

Vu les arrêtés des 18 ventôse an VIII et 5 germinal an XII;

Sur le pourvoi du sieur Paturot, en ce qui touche la compétence :

Considérant qu'aux termes des dispositions combinées de l'article 4 de la loi du 28 pluviôse an VIII et des articles 31 et 35 de celle du 6 frimaire an VII, il appartient aux conseils de préfecture de statuer sur les contestations qui s'élèvent entre l'Administration et les fermiers des bacs et batelets relativement à l'évaluation du matériel affecté au service public des passages d'eau;

En ce qui touche l'excès de pouvoir qu'aurait commis le préfet de la Haute-Saône en mettant à la charge du sieur Paturot une somme de 14,416 fr. 61 cent.

Considérant que la déclaration du préfet, qui avait pour objet de faire poursuivre par l'Administration des contributions indirectes le recouvrement de la somme ci-dessus indiquée, comme étant due par le sieur Paturot, constituait un simple acte d'instruction administrative qui ne faisait pas obstacle à ce que ledit sieur Paturot réclamât devant le conseil de préfecture contre le paiement de ladite somme:

Sur les conclusions à fin de dépens prises par le ministre des travaux publics:

Considérant que la loi du 3 mars 1849, dont l'article 42 rendait applicable à la section du contentieux du Conseil d'État l'article 130 du *Code de procédure civile*, relatif aux dépens, a été abrogée par le décret du 25 janvier 1852, et qu'aucune autre disposition de loi ou de règlement n'autorise à prononcer de dépens, soit à la charge, soit au profit des administrations publiques, dans les affaires portées devant le Conseil d'État :

Art. 1er. La requête du sieur Paturot est rejetée.

Art. 2. Les conclusions du ministre des travaux publics à fin de dépens sont rejetées.

A. C. DU 12 MAI 1852, AFF. BUNAU.

Est nul l'arrêt auquel a participé un magistrat qui n'avait pas assisté aux audiences où les conclusions avaient été prises et où les plaidoieries avaient eu lieu. (Loi du 20 avril 1810, art. 7.) Ch. civ.

INST. DU SECRÉT. GÉN. DU M. DES FIN. DU 15 MAI 1852.

Service central du matériel. Impressions.

J'ai l'honneur de soumettre au ministre l'adoption des mesures suivantes, qui ont été concertées avec MM. les Directeurs généraux des administrations financières ;

1° Les administrations demeurent chargées de la préparation des modèles des formules à imprimer...

8° Les demandes de fournitures d'impressions faites par les chefs de service dans les départements parviennent au service central du matériel par l'intermédiaire des administrations. Ces demandes doivent être en rapport avec les besoins *réels du service, et calculées de manière à éviter la multiplicité des expéditions*, de telle sorte qu'il ne soit fait, autant que possible, qu'un ou deux envois par an, pour chaque chef de service, et à des époques périodiques.

9° Les envois dans les départements sont faits par le service central du matériel. Chaque envoi est accompagné d'un bulletin d'expédition, lequel sera renvoyé au service central du matériel, revêtu de l'accusé de réception, après que le destinataire se sera assuré, par une vérification faite avec soin, que les quantités détaillées dans ce bulletin sont réellement parvenues.

10° Les observations auxquelles les fournitures pourraient donner lieu sont remises, par l'intermédiaire de l'Administration à laquelle appartient le réclamant, au service central du matériel.

11° On ne devra faire figurer dans les demandes que ce qui est relatif aux imprimés; la délivrance des instruments et ustensiles de vérification reste dans les attributions des Administrations; des demandes spéciales leur seront adressées pour les objets de cette nature destinés aux agents extérieurs des forêts, des douanes et contributions indirectes.

Les Directeurs généraux d'Administration auront à tracer à leurs agents, dans les départements, la marche à suivre pour obtenir l'envoi de ces objets.

12° Toutes les circulaires et instructions administratives de l'enregistrement, des forêts, des douanes et contributions indirectes, y compris les circulaires d'abonnement, sont transmises dans les départements par les Directeurs d'administration, qui restent également chargés de faire recueillir les demandes d'abonnement aux circulaires, de l'envoi de ces circulaires, de la perception des prix des abonnements, et du versement des sommes en provenant entre les mains de l'agent comptable de l'imprimerie nationale.

13° Toutes les circulaires et instructions ayant trait à la création de modèles nouveaux, ou à des modifications à introduire dans les formules en usage, sont notifiées par les Administrations au service central du matériel.

14° Les frais d'emballage et de transport des impressions envoyées directement de Paris dans les départements aux chefs de service sont à la charge du budget de l'Administration centrale des finances.

15° Les frais de transport d'imprimés envoyés des directions de département aux agents subordonnés de l'enregistrement, des forêts et des douanes, ainsi que les frais de transport d'impressions adressées d'urgence et pour satisfaire à des besoins accidentels, de direction à direction, ou de chef de service à chef de service, dans les départements, sont à la charge des Administrations qui se sont réservé, par un prélèvement sur le chiffre des crédits généraux affectés aux dépenses de cette nature, les moyens d'y satisfaire.

16° En ce qui concerne le service des contributions indirectes, les imprimés sont, comme par le passé, adressés directement à tous les agents chefs de service.

17° Les frais de transport sont acquittés, autant que possible, à Paris, au profit des entrepreneurs et sur la présentation des pièces justificatives exigées par la comptabilité.

Les ordonnateurs secondaires et les comptables dans les départements recevront, soit de la sous-Direction de l'ordonnancement, soit de la Direction de la comptabilité générale, des instructions pour la régularisation des *frais de transport* qui, conformément aux cahiers des charges, doivent être acquittés à l'arrivée.

18° Le service central du matériel, en ce qui concerne plus spécialement l'Administration des contributions indirectes, est chargé du contrôle de la comptabilité des timbres, de la fourniture des impressions, papiers filigranés et bandes de contrôle, pour le service des cartes à jouer.

L'agent comptable du magasin, détenteur de ces matières, est placé sous la surveillance du secrétariat général et justiciable de la cour des comptes.

19° Dans le cas où des manquants seraient reconnus sur les timbres spéciaux au service des contributions indirectes, sur les papiers filigranés et les bandes de contrôle, la décharge continuera à en être accordée par le Directeur général, sur la proposition que lui en feront les Directeurs des départements. Une copie de la décision prise à cet égard sera remise au service central du matériel, pour être jointe à l'état n° 151 C destiné à la cour des comptes.....

22° Le bureau du matériel prend le titre de service central du matériel.

Approuvé :
Le ministre des finances,
Signé : BINEAU.

C. LITH. DU 8 JUIN 1852.

2e Div. 4e Bur. Impressions et instruments de vérification.

Centralisation du service des impressions au ministère des finances. Rappel des règles à suivre pour la distribution et l'emploi des instruments de vérification.

Conformément aux intentions du ministre, je transmets avec la présente une ampliation des instructions relatives à la centralisation, au ministère des finances, du service des impressions de toutes les administrations qui en dépendent. (V. cette instruction à la date du 15 mai 1852.)

Les Directeurs remarqueront que ces instructions ont plus particulièrement pour objet de régler les rapports qui doivent s'établir à cette occasion entre les Administrations centrales et le secrétariat général des finances.

Les paragraphes 8, 9, 10 et 11 sont relatifs à l'envoi et à la distribution dans les départements des impressions et des instruments de perception.

Il n'est rien changé au mode suivi jusqu'à présent par les Administrations des douanes, des contributions indirectes et des tabacs, dont les instructions spéciales, en ce qui concerne le service des impressions, doivent toujours être ponctuellement exécutées ; la correspondance qui s'y rapporte continuera de me parvenir, comme par le passé, sous le timbre de la présente.

Il en sera de même pour les instruments et ustensiles de vérification qui seront expédiés de Paris par les soins du 3e bureau de la deuxième division...

Dans le service des contributions indirectes les Directeurs auront à faire établir, pour les immeubles appartenant à l'État ou tenus à bail *au nom de l'Administration*, et, pour les embarcations, des feuilles mobilières semblables à celles qui sont tenues dans les bureaux de douane et dont un exemplaire est joint à la présente. Les Directeurs en demanderont à l'Administration le nombre d'exemplaires qui sera nécessaire pour qu'il en soit fait trois expéditions, l'une pour les employés chargés de la conservation des immeubles et des embarcations, l'autre pour les bureaux de la direction, et la 3e pour l'Administration.

Cette disposition ne change rien au mode adopté pour la comptabilité en matière des instruments sujets ou non sujets à consignation. Seulement les états de situation n°s 151 A et 151 C vont être modifiés de manière à présenter séparément les instruments, que l'Administration doit continuer de fournir, et les impressions, qui sont adressées par le Ministre de finances. Les nouvelles formules tiendront lieu de l'inventaire n° 152 A et de l'état des recettes et dépenses n° 154 A...

Les règlements des contributions indirectes prescrivent de renvoyer à Paris tous les instruments hors de service dont l'échange ou la décharge sont réclamés par les comptables. Cette mesure avait le double inconvénient de multiplier les écritures au magasin central et de l'encombrer d'objets la plupart du temps sans valeur, et dont les frais de transport ont été jusqu'à présent, une perte réelle pour le Trésor. J'ai décidé qu'à l'avenir on n'adresserait plus à l'Administration que ceux de ces instruments qui doivent être réparés à Paris (rouanes, cachets, échelles, poinçons, instruments de plombage, etc.) ; les Directeurs pourront autoriser d'urgence la réparation des autres lorsqu'il y aura avantage à le faire sur les lieux.

Des propositions collectives pour l'admission en dépense définitive de ces divers frais me seront adressées chaque trimestre.

Les instruments complètement hors d'usage devront être réunis à la direction, ou des procès-verbaux d'annulation seront dressés pour la décharge des comptables. Un état détaillé en sera ensuite adressé aux 1er janvier et juillet de chaque année à l'Administration, qui fera connaître alors la destination à donner à ces différents objets.

Aucune modification ne doit être apportée, du moins quant à présent, aux instructions de l'Administration des tabacs et poudres en ce qui concerne les immeubles et le matériel des magasins et manufactures.

C. LITH. DU 25 JUIN 1852.

2e Div. 2e Bur. Instruments de perception.

Les états de situation ne seront plus fournis à l'Administration que par année.

La circulaire du 8 de ce mois, relative à la centralisation au ministère des finances du service des impressions des Administrations des douanes et des contributions indirectes a expliqué, Monsieur, qu'il n'était rien changé au mode de comptabilité en matière, des instruments de vérification, dont la fourniture continuera d'être faite par la direction générale, et que jusqu'à ce que des formules spéciales pour les instruments aient pu être imprimées, les états de situation n°s 151 A et C devraient être fournis séparément.

L'état n° 151 A qui sert à contrôler la situation du magasin central, dont le préposé est justiciable de la cour des comptes est adressé à l'Administration à l'expiration de chaque semestre.

Le compte-matière des instruments devant être désormais tenu à l'Administration centrale, j'ai dû faire rechercher les moyens de simplifier en les modifiant les écritures qui s'y rapportent : On a été ainsi amené à reconnaître que le contrôle semestriel n'était réellement indispensable à Paris que pour le récolement de fin d'année, et la formation du compte que l'Administration aura à rendre à la cour et que, dans les départements les vérifications approfondies que les chefs doivent faire de la comptabilité en matière était une garantie suffisante d'ordre et de régularité dans ce service ; j'ai en conséquence, décidé que l'état de situation n° 151 A ne serait plus fourni à l'Administration que dans les premiers jours de janvier.

La production de cet état en ce qui concerne la comptabilité des impressions et des matières de cartes est également inutile pour le premier semestre. Les nouveaux modèles qui seront prochainement adressés expliqueront d'ailleurs comment devra s'établir à l'avenir cette comptabilité...

A. C. DU 25 JUIN 1852, AFF. BOCHER.

En matière correctionnelle, un arrêt n'est pas nul pour défaut de lecture à l'audience de la disposition pénale appliquée. Ch. crim.

A. C. DU 8 JUILL. 1852, AFF. DESPIERRES.

Le fait d'avoir traversé la rivière sur un bateau dans le but de se soustraire au paiement du droit de péage établi pour le passage sur un pont, constitue une infraction de la compétence des tribunaux de police, punissable des peines édictées par l'article 58 de la loi du 6 frimaire an VII sur la police des bacs et bateaux.

Attendu, en fait, que Despierres, traduit devant le tribunal de Vic-sur-Aisne, sous la prévention d'avoir, à différentes reprises, traversé la rivière sur un bateau, dans le but de se soustraire au paiement du péage établi pour le passage sur un pont existant au même lieu, s'est défendu en disant qu'il s'était servi de la nacelle de son maître, et en prétendant qu'il n'avait en cela commis aucune contravention ;

Attendu, en droit, que la loi du 6 frimaire an VII, sur la police des bacs et bateaux à péage comprend, par analogie, la police des ponts placés dans les mêmes conditions, lesquels sont rangés dans une même catégorie par le titre IV de la loi sur les contributions indirectes du 14 floréal an X.

Attendu que l'article 58 de la première de ces lois prononce une amende de police contre celui qui se soustrait au paiement des amendes portées aux tarifs en cette matière, et rend ainsi le contrevenant justiciable du tribunal de police ; que cette compétence résulte également de la dernière partie de l'article 31 de la même loi ;

Attendu que le juge de l'action devenant juge de l'exception, le tribunal saisi de la contravention doit statuer lui-même sur les moyens de défense invoqués par le prévenu, lorsqu'une disposition particulière de la loi n'en a autrement ordonné ;

D'où il suit que le tribunal de police de Vic-sur-Aisne, en se déclarant incompétent à raison de l'exception que faisait valoir le prévenu, a illégalement restreint l'étendue de sa juridiction, et violé les articles 31 et 58 précités ;

La cour casse. — Ch. crim.

A. C. DU 22 JUILL. 1852, AFF. DESCHAMPS.

L'article 365 du code d'instruction criminelle, qui prohibe le cumul des peines en cas de conviction de plusieurs crimes ou délits, ne s'applique pas aux contraventions.

Attendu en droit, 1° que l'article 365 du code d'instruction criminelle ne régit exclusivement que les crimes et les délits, et ne peut s'appliquer aux contraventions, ni par conséquent empêcher les tribunaux de simple police d'infliger à chacune d'elles la peine dont elle entraîne la confiscation.

La cour casse. — Ch. crim.

A. C. DU 27 JUILL. 1852, AFF. BAUDON.

La procédure de faillite se trouve définitivement close lorsqu'un concordat a été accordé au failli et homologué par le tribunal. En conséquence, le délai d'appel pour toute action formée ultérieurement contre le débiteur est le délai ordinaire de trois mois, et non celui de quinze jours, fixé, en matière de faillite, par l'article 582 du Code de commerce.

Peu importe, dans ce cas, que les commissaires liquidateurs aient été adjoints à l'administration du failli concordataire. (Code de commerce, art. 519 et 582 ; Code de proc. civ. art. 443.) Ch. civ.

LETT. LITH. DU 11 AOUT 1852.

3e Div. 3e Bur.

Sels immondes et saumures pour l'agriculture.

Il résulte de la circulaire lithographiée du 11 septembre 1840, que les résidus de la salaison ou de la préparation des poissons de mer, c'est-à-dire les saumures, sels de coussins et autres sels immondes, peuvent être affectés en franchise aux usages agricoles, après avoir été dénaturés, au moyen de l'un des trois mélanges indiqués ci-après, savoir :

1° Sels impurs ou saumures.	2 parties.	
Matières fécales..........	2	—
Et une quantité indéterminée de terre ou de fumier.		
2° Sels impurs ou saumures.	4 parties.	
Fumier humide..........	3	—
Terres....................	5	—
3° Sels impurs ou saumures.	4	—
Poudrette ou noir animal provenant des raffineries de sucre...............	8 parties.	

Sur la demande d'un des principaux intéressés, le comité consultatif des arts et manufactures vient d'émettre l'avis que les sels de coussins destinés pour l'alimentation du bétail pouvaient être livrés, pareillement en franchise, sous les conditions de mélange ci-après indiquées, savoir :

Sels impurs........	100 kilogrammes.
Son...............	id.

Ou bien :

Sels impurs................	65 kilogrammes.
Tourteaux de graines oléagineuses en poudre.........	35 id.

pourvu que, dans l'un ou l'autre cas, dit le comité, le sel soit réduit *en poudre fine*, et que le mélange soit effectué d'une manière intime devant les employés de l'Administration, qui auront soin que le son ou les tourteaux se trouvent à un certain degré d'humidité, afin que le sel y adhère suffisamment et ne puisse plus être enlevé par le tamisage.

Ce nouveau moyen de dénaturation des sels de coussins pourra désormais être appliqué.

En conséquence, les agriculteurs, fabricants d'engrais ou éleveurs, qui voudraient faire emploi de sels de l'espèce ou de tous autres provenant de la salaison des poissons de mer, auront l'option entre les quatre formules de mélange mentionnées ci-dessus.

Ainsi que cela a été prescrit précédemment, c'est aux lieux d'extraction et avant l'expédition des sels, que la dénaturation doit en avoir lieu en présence des agents du service des douanes. Telle est, en principe, la règle qui ne peut qu'être maintenue.

Toutefois, afin d'épargner aux intéressés des frais de transport trop considérables, il a paru qu'on pourrait exceptionnellement permettre, sur leur demande, et après appréciation, par les chefs, soit du service des douanes, soit de celui des contributions indirectes, de la nécessité réelle des quantités *de sels impurs ou des saumures réclamées*, que ces sels impurs ou saumures fussent expédiés *avant dénaturation.*

Dans ce cas, les sels devront être renfermés dans des sacs ou dans des futailles plombées, et des acquits-à-caution, délivrés pour en assurer l'arrivée à destination, rappelleront l'obligation, imposée aux intéressés, de les représenter intégralement aux employés de l'un ou de l'autre service, selon que les établissements où il devra en être fait emploi seront situés dans le rayon des douanes ou dans l'intérieur. Ces employés devront alors, après reconnaissance des sels, assister à la dénaturation qui en sera faite au moyen d'un des mélanges prescrits; et les acquits-à-caution, déchargés ensuite, quand il y aura lieu, par leurs soins, seront renvoyés, conformément aux réglements généraux, aux bureaux de départ.

Quant aux saumures pour le transport desquelles le plombage ne saurait être exigé, elles ne pourront être expédiées sans avoir été préalablement mélangées avec des matières hétérogènes et dans les proportions déterminées, que lorsqu'il sera constaté qu'elles ne contiennent pas plus de 15 p. 0/0 de sel en dissolution. Ces saumures étant toujours infectées par les détritus animaux, notamment le sang, l'huile et les écailles, dont elles n'ont pas pu être dégagées à l'arrivée de la mer ou à la sortie des ateliers de salaison, il a été reconnu que leur circulation dans cette condition n'était pas de nature à donner naissance à des abus. Leur transport aux destinations agricoles déclarées devra, au surplus, être garanti par la délivrance d'acquits-à-caution indiquant le degré qu'elles présenteront au *pèse-saumure* ou au *pèse-sel.*

En invitant ici les Directeurs des *deux* services des douanes et des contributions indirectes à donner des instructions dans ce sens, pour ce qui les concerne, aux agents placés sous leurs ordres, je ne crois pas inutile d'appeler tout particulièrement leur attention sur l'intérêt qui s'attache à ce que les facilités ainsi accordées spécialement à l'agriculture ne puissent pas tourner au préjudice du Trésor, de l'industrie manufacturière en général et du commerce des sels. Ils remarqueront que, *depuis le retrait de la franchise dont les fabriques de soude jouissaient antérieurement au 1er mai dernier, il ne peut plus être toléré que des sels ou matières salifères quelconques soient affectés, en exemption des droits, aux usages industriels,* et qu'il n'est fait exception qu'en faveur de l'agriculture. Par suite, j'ai la confiance que rien ne sera négligé par eux pour que si, contre mon attente, des sels impurs, destinés à être employés dans des établissements agronomiques, étaient détournés de leur destination, même après avoir été convenablement dénaturés, et entraient indûment, par exemple, dans des *fabriques de soude* ou dans des *verreries,* il me serait immédiatement rendu compte de cet abus, afin que des mesures ayant pour but d'y remédier fussent prises sans retard. Il s'agit donc principalement de veiller, d'abord à ce que les employés s'assurent de la régularité des mélanges dont les sels en question seront toujours l'objet avant de pouvoir être laissés à la libre disposition des agriculteurs ou fabricants d'engrais, ensuite à ce qu'on en surveille autant que possible la circulation.

Les dispositions contenues dans la présente circulaire devront être portées à la connaissance des agriculteurs dans chaque localité.

A. C. DU 12 AOUT 1852, AFF. FOUGA.

L'exception tirée de l'irrégularité d'une citation ne peut être proposée en appel, lorsqu'elle n'a pas été préalablement proposée en première instance. Ch. crim.

A. C. DU 20 AOUT 1852, AFF. DUFFIÉ.

Le prévenu qui s'est laissé condamner par défaut doit, même en cas d'acquittement sur son opposition, supporter les frais de la levée du jugement *par défaut* et de l'opposition à ce jugement. Ch. crim.

DÉCRET DU 17 NOV. 1852.

Costume.

Ordre dans lequel sont énumérées les Administrations:

1° Administration centrale des finances et caisse des dépôts et consignations.
2° Inspection générale des finances.
3° Receveurs généraux et particuliers.
4° Payeurs.
5° Contributions directes.
6° Douanes.
7° Contributions indirectes.
8° Enregistrement et domaines.
9° Forêts.
10° Postes.
11° Monnaies.

Nota. Cet ordre indique le rang que les agents doivent occuper entr'eux dans les cérémonies publiques. D. M. F. du 14 mai 1853.

A. C. DU 1er DÉC. 1852. AFF. FAURIES.

Le créancier qui consent mainlevée de son inscription ne perd pas son droit hypothécaire, s'il ne résulte pas des circonstances qu'il a voulu à la fois renoncer au droit hypothécaire et à l'inscription.

En conséquence, lorsque, par suite de la révocation régulière de la mainlevée, la radiation de l'hypothèque n'a pas été opérée, les créanciers inscrits postérieurement à cette révocation ne peuvent se prévaloir de la mainlevée.

Il y a lieu d'annuler l'arrêt qui a étendu l'hypothèque résultant d'un acte authentique à des conventions antérieures qui n'avaient été réglées que par un acte sous seing privé. (Code Napol. art. 2127.) Ch. civ.

ARR. DU CONS. D'ÉT. (DÉCRET) DU 1er DÉC. 1852, AFF. MULHOUSE.

Une commune peut valablement stipuler, dans le bail de son octroi, que la moitié du produit net des amendes et confiscations lui appartiendra et sera versée dans la caisse municipale.

Le délai dans lequel une commune peut se pourvoir contre un arrêté préfectoral commence à courir seulement du jour de la notification qui lui est faite de cette décision par la partie adverse.

Considérant que la demande ne saurait être appréciée équitablement qu'au moyen de l'interprétation du contrat intervenu entre la ville et les réclamants;

qu'en matière d'interprétation, on doit rechercher quelle a été la commune intention des parties contractantes plutôt que de s'arrêter au sens littéral des termes (Code Napoléon, article 1156); que ce qui est ambigu s'interprète par ce qui est d'usage dans le pays où le contrat est passé (Code Napoléon, article 1159); et qu'enfin les conventions légalement formées tiennent lieu de lois à ceux qui les ont faites, et doivent être exécutées de bonne foi (Code Napoléon, article 1134);

Considérant que, depuis la mise en ferme de l'octroi de Mulhouse, le produit des amendes et saisies a toujours été attribué moitié aux employés saisissants, un quart à la ville et un quart aux fermiers; que ce mode d'attribution a été librement consenti par les deux parties, à titre d'interprétation du contrat; que ce consentement résulte de la part de la ville de ce qu'elle n'a point réclamé le paiement de la moitié intégrale lors des versements successifs du quart effectués par les fermiers, et de la part de ceux-ci, de leur déclaration même contenue dans leur mémoire et du fait des versements du quart qu'ils ont effectués sans protestation aucune;

Considérant que ces circonstances marquantes démontrent que la commune intention des parties, en contractant, a été de suivre le mode usité précédemment et consistant à attribuer le produit des saisies et amendes par moitié aux employés saisissants, et pour l'autre moitié, par quart à la ville et aux fermiers; que dès lors c'est à tort et indûment que lors du dernier règlement de compte, en date du 16 avril 1847, la ville a retenu ce dernier quart, et qu'elle doit être tenue à le restituer:

Art. 1er. La ville de Mulhouse restituera aux sieurs Marquiset et consorts, anciens fermiers de son octroi, la somme de 1.402 francs 16 centimes qu'elle leur a indûment retenue, le 16 avril 1847, lors du règlement du compte, plus les intérêts échus depuis cette époque jusqu'au jour du remboursement.

Art. 2. Le surplus de la réclamation des sieurs Marquiset et consorts est rejeté.

A. C. DU 4 DÉC. 1852, AFF. GAUTHIER.

Le passage à gué d'une rivière sur une charrette par plusieurs personnes constitue une contravention à la loi du 6 frimaire an VII, relative à la police et à l'administration des bacs et bateaux sur les fleuves et rivières navigables, et est passible, aux termes de l'article 56 de cette loi, d'une amende qui ne peut être moindre de la valeur d'une journée de travail, ni excéder trois jours.

Attendu qu'il résulte d'un procès-verbal dressé par le préposé à la perception du péage du pont de Sérignan que Baptiste Garrigues a transporté douze à quinze personnes de la rive gauche à la rive droite de la rivière d'Orb, un peu en aval du pont, sur une charrette attelée de deux bêtes;

Que le jugement déclare que les faits contenus au procès-verbal ne sont point contestés;

Qu'aux termes des articles 56 et 58 de la loi du 6 frimaire an VII, toute personne qui se soustrait au paiement des sommes portées au tarif du péage, ou qui concourt à des contraventions à la police du passage sur des ponts, doit être condamnée, outre la restitution des droits, à une amende qui ne peut être moindre de la valeur d'une journée de travail ni excéder trois jours;

Qu'en déclarant que, par les faits qui lui sont imputés, Garrigues s'est rendu coupable de la contravention prévue par ces articles, le jugement attaqué n'a fait que se conformer à la loi;

Qu'à la vérité, Guillaume Gauthier, cité comme civilement responsable du fait de son domestique, a soutenu que les douze ou quinze personnes transportées par celui-ci étaient des ouvriers qu'il employait à l'exploitation de ses propriétés situées sur l'une et l'autre rive de l'Orb, et que le fait incriminé rentrait dès-lors dans l'exception prévue par l'article 8 de la loi du 6 frimaire an VII;

Mais que cet article, qui permet seulement aux particuliers d'établir des bacs ou bateaux pour l'exploitation d'une propriété circonscrite par les eaux, soumet formellement l'exercice de cette faculté à l'autorisation de l'autorité administrative;

Que, dans l'espèce, Guillaume Gauthier a été autorisé, par un arrêté du préfet de l'Hérault, du 26 avril 1852, à conserver une nacelle sur la rivière d'Orb pour l'exploitation des propriétés qu'il possède sur les deux rives, et que cet arrêté stipule expressément que cette nacelle ne pourra servir qu'au passage, *pendant la journée,* des ouvriers employés à l'exploitation, et qu'elle ne pourra être employée au passage *de ceux de ces ouvriers qui partiront le matin de Sérignan pour aller travailler sur la rive gauche, ni de ceux qui, ayant fait leur journée sur cette rive, auront à revenir à Sérignan;*

Qu'ainsi l'exception invoquée par le demandeur ne peut s'appliquer au fait qui fait l'objet de la poursuite, puisque le procès-verbal constate que le passage frauduleux a eu lieu à huit heures du soir, et que ce n'est point d'ailleurs à l'aide de la nacelle autorisée par l'arrêté qu'il a eu lieu;

La cour rejette. — Ch. crim.

LETT. COMM. N° 6838, DU 8 DÉC. 1852.

1re Div. 1er Bur. Suite des acq.-à-caut.

Les acquits-à-caution, destinés à assurer la présentation aux bureaux de garantie des ouvrages d'or et d'argent ne seront plus transmis à l'Administration.

Pour assurer la vérification du titre et le poinçonnage des ouvrages d'or et d'argent importés de l'étranger, la douane délivre des acquits-à-caution destinés à en assurer la présentation aux bureaux de garantie.

Jusqu'à ces derniers temps, les expéditions de l'espèce, après avoir été revêtues du certificat des agents de la garantie, étaient adressées à l'Administration des contributions indirectes qui les transmettait à l'Administration des douanes. Celle-ci, de son côté, les renvoyait aux bureaux qui les avaient délivrées.

Il résultait de cette marche, des retards auxquels permet aujourd'hui d'obvier, la réunion des deux administrations des douanes et des contributions indirectes.

Ainsi à l'avenir, les acquits-à-caution dont il s'agit, seront transmis directement par les Directeurs auxquels ressortissent les bureaux de garantie, à leurs collègues des directions dans lesquelles ces acquits auront été délivrés. Ces derniers autoriseront l'annulation des engagements des soumissionnaires. Toutefois, si la vérification avait donné lieu de constater des différences notables, soit dans les dénominations, soit dans les quantités des objets représentés, il devrait m'en être référé.

Veuillez donner des ordres dans le sens de cette disposition.

C. LITM. DU 11 DÉC. 1852.

2ᵉ Div. 4ᵉ Bur. Matériel.

Compte-matière. Instruments de vérification et impressions.

De nouveaux états de situation, nᵒ 151, viennent d'être imprimés pour la reddition du compte-matière du 31 décembre prochain. Il porte les lettres A et C pour les impressions et AA et CC pour les instruments. Ces états sont libellés de telle sorte, qu'il n'y a aucune instruction à donner pour leur formation ; ils tiendront lieu de l'inventaire nᵒ 152 A et de l'état des recettes et dépenses nᵒ 154 A, qui cesseront d'être établis à l'avenir.

Je recommande seulement aux inspecteurs ou sous-inspecteurs de s'assurer personnellement des restes effectifs dans tous les bureaux et d'avoir soin d'en contrôler les quantités avec les chiffres du compte ouvert nᵒ 106, tenu à la recette principale, afin d'établir d'une manière positive le point de départ pour les nouvelles recettes principales, dont les reprises au 1ᵉʳ janvier 1853 devront représenter, pour chaque direction, des quantités égales aux restes portés au compte ouvert de la recette principale actuelle.

Les comptables dont les circonscriptions auront été changées devront produire à l'appui du compte nᵒ 151 un relevé général des reprises de chaque nouvelle recette principale au 1ᵉʳ janvier prochain. Ce relevé pourra être établi sur les anciennes formules nᵒ 151, dont il doit rester des exemplaires en magasin.

Les envois d'instruments et d'impressions seront dirigés directement de Paris sur toutes les recettes principales des contributions indirectes, qui demeurent chargées de fournir aux besoins des comptables subordonnés. En conséquence, les demandes devront être formées exclusivement par les Receveurs principaux dans la limite des besoins réels, et de manière à ne pas former d'approvisionnements trop considérables ; elles seront visées par les chefs de service de l'arrondissement et transmises au Directeur, qui les fera parvenir à l'Administration.

Je rappellerai, à cette occasion, que les frais de transport (messageries et roulage) devant être acquittés et liquidés à Paris, les Receveurs principaux n'ont à payer que ceux des envois de bureau à bureau ou de direction à direction...

A. C. DU 6 JANV. 1853, AFF. BESSE.

Un prévenu sans domicile connu doit être assigné conformément aux dispositions de l'article 69, nᵒ 8, du Code de procédure civile (1). Ch. crim.

A. C. DU 8 JANV. 1853, AFF. PADOVONI.

L'art. 45 du décret du 14 juin 1813, qui exige que les huissiers remettent eux-mêmes à personne ou domicile les exploits qu'ils sont chargés de signifier, n'admet aucune excuse pour cause de bonne foi, qui puisse, en cas de contravention, les faire échapper aux peines édictées par l'article du décret précité. Ch. crim.

LETT. DE L'ADM. AU DIRECT. DU PAS-DE-CALAIS DU 13 JANV. 1853.

Magasins annexes pour les sucres achevés.

Conditions auxquelles l'Administration autorise l'ouverture de ces magasins :

1ᵒ Les locaux destinés à cet usage devront être situés dans l'intérieur de la fabrique ; on pourra toutefois en cas de nécessité absolue et sur une autorisation spéciale de notre part, accepter des locaux compris dans les dépendances de la fabrique. Les fenêtres seront solidement fermées à l'intérieur, mais sans qu'il y ait lieu d'en exiger le grillage et les portes seront garnies de deux serrures ; la clef de l'une de ces serrures sera remise au chef de service.

2ᵒ Les magasins annexes seront considérés comme faisant partie intégrante du magasin principal. Il ne sera pas nécessaire de tenir un compte particulier pour les quantités qui y seront déposées. On aura seulement à prendre note, pour ordre, de ces quantités.

3ᵒ Les sucres ne pourront être introduits dans les magasins annexes qu'en sacs du poids net de 100 kil. Au moment de la sortie, le poids de ces sacs sera de nouveau reconnu et ajouté à 100 kil. et le plombage aura lieu alors.

4ᵒ Les manquants ou les excédants reconnus sur les sucres déposés dans les magasins annexes, seront réglés conformément aux dispositions applicables aux sucres déposés dans le magasin principal.

5ᵒ Dès qu'il existera un emplacement vacant dans le magasin principal, les sucres seront retirés des magasins annexes et transportés dans ce magasin.

Il est entendu que la présente autorisation purement temporaire sera retirée en cas d'abus.

A. C. DU 28 JANV. 1853, AFF. VECHIONI.

Un individu relaxé des poursuites dirigées contre lui pour faits constituant une contravention peut encore être poursuivi devant les tribunaux correctionnels, sans qu'y ait violation de la maxime non bis in idem, pour un délit ayant accompagné cette contravention.

... Attendu que le fait imputé à Vechioni, susceptible d'une double qualification comme contravention et comme délit, pouvait être l'objet d'une poursuite distincte et séparée, sans que les dispositions de l'article 360 du code d'instruction criminelle fussent méconnues et violées.

La cour casse. Ch. crim.

A. C. DU 3 FÉV. 1853, AFF. ANCES.

Le tribunal d'appel, à qui un jugement est déféré pour omission de formes prescrites par la loi, ne peut, sans violer l'article 215 du code d'instruction criminelle, au lieu de statuer sur le fond, renvoyer l'affaire devant le tribunal qui en aurait été primitivement saisi, pour réparer le vice dont sa décision était entachée. Ch. crim.

---

(1) Dans le 18ᵉ volume du Mémorial du contentieux, publié par l'Administration, il n'a été inséré que l'analyse de nombreux arrêts puisés dans le droit commun ou d'un intérêt secondaire. Nous reproduisons ces analyses.

LETT. COMM. LITH. Nᵒ 73, DU 5 FÉV. 1853.

6ᵉ Div. 4ᵉ Bur. Vieux colis et vieux plombs.

Formation des états nᵒ 65 A et B et des relevés nᵒ 70. — Comptes de clerc à maître.

La circulaire nᵒ 37, du 1ᵉʳ mai 1852, dispose qu'il sera mis à l'appui du nouvel « état de situation, modèle D, fourni par les entreposeurs, un extrait certifié du « registre de recette du Receveur de la régie, constatant qu'il a encaissé le pro- « duit des colis vendus aux débitants et à divers, avec le concours des employés « de l'Administration de l'Enregistrement et des Domaines, ainsi que les sommes « dues par l'entreposeur, soit pour manquants constatés, soit pour les vieux cercles laissés au comptable. »

Le produit des ventes faites avec le concours des agents des Domaines étant toujours encaissé par le Receveur de cette Administration, l'extrait dont il s'agit ne concernera que la valeur des colis vendus aux débitants et les sommes dues par l'entreposeur, soit pour manquants constatés, soit pour les vieux cercles laissés au comptable ; il mentionnera, pour mémoire seulement, le montant des sommes perçues par l'Administration des Domaines, lors des ventes opérées avec le concours de ses agents, et fera ressortir le nombre et la nature des colis vendus, de manière que la Régie puisse apprécier le taux du prix de vente de chaque espèce de colis.

Indépendamment de cet extrait et des autres pièces indiquées par la circulaire nᵒ 37 précitée, l'état, modèle D, devra être accompagné d'une expédition authentique du procès-verbal d'inventaire dressé pour les colis, parties de colis et pour les plombs existant dans les entrepôts à la fin de l'année.

Ce procès-verbal présentera la valeur des colis ou parties de colis, ainsi que celle des plombs, calculée d'après les bases fixées par l'Administration, savoir :

2 f. par tonneau ;
» 75 par caisse ;
» 50 par cinquante gros plombs ;
» 50 par deux cent vingt petits plombs.

Il devra présenter, en outre, les ustensiles de toute nature, tables, bureaux, caisses et autres meubles appartenant à la Régie, ainsi que la valeur estimative de ces divers objets.

Quant aux justifications à produire en ce qui concerne les fournitures affectées au service des poudres à feu, il n'est apporté aucune modification au mode établi par les instructions.

Il est bon, toutefois, d'observer à cet égard que les sommes portées aux états nᵒ 61, comme représentant la valeur des immeubles servant au dépôt des poudres à feu et appartenant à l'État, sont, en général, sans nul rapport avec cette valeur. Il importe cependant que ce renseignement soit donné avec exactitude, puisqu'il figure dans le compte des ventes de tabacs et de poudres à feu rendu chaque année par la Régie.

A cet effet, il devra être dressé à la fin de chaque année, par les soins de l'Inspecteur ou du Sous-Inspecteur et de l'Entreposeur, un procès-verbal d'inventaire de l'immeuble, dans lequel on tiendra compte des changements survenus dans sa valeur, par augmentation, si, outre les dépenses d'entretien, il y a des constructions nouvelles qui aient réellement accru cette valeur, ou par diminution, si le bâtiment a subi quelque détérioration.

Il sera établi deux expéditions de ce procès-verbal ; l'une sera mise à l'appui de l'état nᵒ 61, relatif aux poudres à feu ; l'autre sera transmise immédiatement à l'Administration, sous le timbre de la 6ᵉ Division, 3ᵉ Bureau.

Les productions de fin d'année qui sont déjà parvenues à l'Administration devront être complétées par un envoi supplémentaire des pièces ci-dessus relatées.

Par suite de la réorganisation du service des Douanes et des Contributions indirectes (circulaire du 22 novembre 1852, nᵒ 76), les états nᵒ 65 A et B, ainsi que les relevés nᵒ 70, tabacs et poudres, qui résumaient les opérations des entrepôts par trimestre et par département (circulaire du 18 décembre 1850, nᵒ 474), et qui étaient établis par les Receveurs principaux de département, se trouvent supprimés à partir du 1ᵉʳ janvier 1853.

A dater de la même époque, tous les entreposeurs, sans exception, fourniront des états nᵒ 65 A et B, récapitulant, par trois mois, les opérations de leurs entrepôts. Ces états seront adressés à l'Administration à la fin de chaque trimestre. La production desdits états nᵒ 65 A et B dressés par mois, ainsi que celle des relevés nᵒ 70, tabacs et poudres, continuera comme par le passé.

Les entreposeurs étant replacés sous la juridiction de la cour des comptes (circulaire du 22 novembre 1852, nᵒ 76), les comptes en matières nᵒ 73, tabacs et poudres, qui seront rendus de clerc à maître pendant la gestion de l'année 1853, porteront la mention qu'ils sont présentés à la cour des comptes par les comptables ; ces comptes seront dressés conformément aux instructions qui étaient en vigueur avant l'arrêté ministériel du 8 mai 1848. Chaque expédition sera appuyée des pièces justificatives.

A. C. DU 15 FÉV. 1853. AFF. POIFFAUX.

La femme commune est fondée, après la dissolution de la communauté, à prélever ses reprises matrimoniales sur les valeurs mobilières.

Elle ne peut être tenue d'exercer ce droit d'abord sur les immeubles du mari soumis à une hypothèque légale, et, en cas d'insuffisance, sur le mobilier, au marc le franc avec les créanciers. (Code civ. art. 1470, 1471, 1483, 1493.) Ch. civ.

ARRÊT DU CONS. D'ET. (DÉCRET) DU 17 FÉV. 1853, AFF. HOUPIART.

Quand même l'employé aurait occupé un emploi mieux rétribué, la pension est liquidée d'après la moyenne du traitement des dernières années d'exercice. *Arrêt conforme.*

A. C. DU 28 FÉV. 1853, AFF. FRANÇOIS.

Lorsque la nullité d'un commandement préalable à l'exercice de la contrainte par corps a été demandée en première instance, en termes généraux et sans qu'il ait été énoncé en quoi consistait cette nullité, et que le jugement a prononcé que la procédure était régulière, cette demande en nullité, reproduite sur l'appel de ce jugement, avec l'indication des moyens sur lesquels elle repose, ne peut être écartée par la cour d'appel par le motif que la nullité a été couverte par le silence de l'appelant devant les premiers juges. La Cour d'appel doit l'examiner et la juger. (*Code de procéd. civ. art. 173.*) Ch. civ.

21

A. C. DU 3 MARS 1853, AFF. MAURON.

Aux termes de l'article 8 de la loi du 13 décembre 1848, lorsque les condamnés justifient de leur insolvabilité, suivant le mode prescrit par l'article 240 du Code d'instruction criminelle, la durée de la contrainte par corps ne peut excéder trois mois. *Ch. crim.*

A. C. DU 12 MARS 1853, AFF. MANGIN.

Lorsque les frais liquidés par un jugement ou arrêt de condamnation excèdent 300 francs, la durée de la contrainte par corps doit être déterminée (1).

Attendu que la cour d'assises, après avoir prononcé la condamnation de l'accusé déclaré coupable de quinze ans de travaux forcés et aux frais liquidés à 863 francs, a omis de fixer la durée de la contrainte par corps; qu'elle a violé en cela la loi du 17 avril 1832;
La cour casse. — Ch. crim.

ARRÊT DU CONS. D'ÉT. (DÉCRET) DU 29 MARS 1853, AFF. PEYCHAUD.

Un employé mis hors de service par une chute faite en se rendant sur le théâtre d'un incendie, pour y porter secours, n'est pas réputé mis hors de service par suite d'un acte de dévouement dans un intérêt public.

Vu un procès-verbal du 6 février 1850, dressé par le maire de la ville de Bourg et constatant que le sieur Peychaud a fait une chute en se rendant, pour y porter des secours, sur le théâtre d'un incendie, à Bourg, le 13 février 1845;
Considérant que le fait sur lequel le sieur Peychaud se fonde pour demander que sa pension soit liquidée conformément aux dispositions du § 1er de l'art. 8 et du § 1er de l'art. 12 de l'ordonnance du 12 janvier 1825 ne peut être considéré comme un acte de dévouement dans le sens de la disposition ci-dessus visée de la décision du 24 février 1816, ni, par conséquent, donner lieu à l'application de la décision; que, dès lors, c'est avec raison que le décret attaqué a liquidé la pension du requérant conformément au § 2 de l'art. 8 et à l'art. 13 de l'ordonnance du 12 février 1825;
Art. 1er. La requête du sieur Peychaud est rejetée.

D. M. F. DU 14 MAI 1853 (2).

Cérémonies publiques.

Des réclamations ayant été adressées de quelques départements à M. le Ministre des finances, au sujet du rang secondaire assigné dans les cérémonies et les solennités publiques aux comptables supérieurs, S. E. vient, par décision, en date du 14 mai, de déterminer ainsi qu'il suit celui que chacun d'eux devra occuper dans l'ordre des préséances.

MM. les receveurs-généraux et les payeurs seront placés avant tous les agents financiers.
Quant à la classification de ces derniers entr'eux, il y aura lieu de suivre celle établie par le décret du 17 nov. 1852 qui a réglé le costume de ces fonctionnaires.

LETT. DU 23 MAI 1853, AU DIRECTEUR DE STRASBOURG.

4e Div. 1er Bur. Brasseries.

Procédés spéciaux de fabrication. — Système bavarois. — Conclusions.

Il résulte des rapports de vos prédécesseurs qu'avant 1816 les brasseurs du département du Bas Rhin suivaient tous à une faible variante près la même méthode de fabrication.
Ils jetaient pour chaque brassin deux trempes distinctes.
Sauf une quantité égale à 5 % de la capacité de la chaudière de fabrication, la 2me trempe était réunie à la première, dans un assez bref délai et souvent avant la mise en ébullition des métiers.
Cette quantité de 5 %, dite *réserve*, était placée soit dans le réverdoir, soit dans des cuves ou tonneaux, et servait à alimenter la chaudière pendant un temps égal au tiers de la durée de l'ébullition.
L'ébullition se prolongeait durant 6 à 10 heures, mais elle était plutôt calme que tumultueuse, de telle sorte que les déchets causés par l'évaporation étaient peu considérables.
Enfin les métiers n'étaient généralement houblonnés qu'après la réunion des trempes et parfois après quelques heures de réunion.
Beaucoup de brasseurs suivent encore cette méthode de fabrication.
Vous recevrez en ce qui les concerne les instructions nécessaires pour l'application de l'article 23 du décret du 17 mars 1852 qui a élevé de 5 à 20 % la quotité de l'excédent de métiers dont il peut être fait emploi pour la fabrication; il n'y a donc pas lieu de s'en occuper ici. Je ne me suis arrêté à leur méthode de fabrication que pour faire ressortir plus clairement en quoi diffère de cette méthode, le *système dit Bavarois*, qui, en 1818, avait été adopté déjà par un certain nombre de brasseurs et qui a reçu depuis une nouvelle extension.
Ce système tel qu'il était appliqué en 1848 peut se résumer ainsi :
Deux trempes sont jetées.
Le produit de la première trempe retiré à *Malt-Clair* est immédiatement houblonné et mis en ébullition.
On jette sans retard la 2e trempe.
Le produit de cette trempe, qui ne reste qu'une demi-heure en infusion, est également extrait de la cuve matière à *Malt-Clair*.
On commence aussitôt à réunir la 2me trempe à la 1re.
Cette réunion est opérée de telle sorte que l'ébullition ne s'arrête point : en d'autres termes les métiers sont versés peu à peu dans la chaudière ; toutefois la rentrée intégrale a lieu dans le délai d'une heure.
Aucune quantité n'est mise en réserve pour alimenter ultérieurement la chaudière.
Après la réunion, on complète le houblonnage.

(1) C'est une jurisprudence constante. V. au Bull. crim. les arrêts des 4 juill. et 19 sept. 1850, 4 et 29 janv. 1851, 1er avr. 1853, 31 août et 14 sept. 1854.
(2) Nous puisons cette décision dans une lettre du Préf. de la Haute-Garonne du 24 mai 1853.

L'ébullition est alors depuis une heure déjà très-violente, très-tumultueuse.
Elle se prolonge ainsi, la chaudière découverte, durant deux à trois heures.
On couvre ensuite la chaudière sur les deux tiers de la surface et l'ébullition continue pendant une heure encore.
À ce moment la chaudière est couverte complètement et l'ébullition n'est plus entretenue que par les braises réunies au milieu du foyer.
Ce n'est pas, à ce qu'il paraît, sans un motif sérieux que dans ce système les brasseurs renoncent à alimenter la chaudière après la réunion de la 2e trempe à la 1re. D'après leurs explications la mise en ébullition *simultanée et non successive de l'intégralité des métiers* serait la condition première d'une bonne fabrication. La préférence accordée à la bière dite de Bavière n'aurait pas d'autre cause.
Quoi qu'il en soit, si au moment de la réunion, il n'existait qu'une quantité de métiers égale à la capacité de la chaudière de fabrication, cette quantité ramenée à l'état de bière par une ébullition violente de 3 à 4 heures serait évidemment bien inférieure à celle que l'article 110 de la loi du 28 avril 1816 déclare imposable (4/5 de la capacité de la chaudière de fabrication.)
Plusieurs expériences ont été faites à cet égard en présence du service, il en est résulté que les déchets occasionnés par l'ébullition *à partir de la réunion* jusqu'au moment de la mise aux bacs s'élèvent à 35 % de la contenance de la chaudière et qu'au moment de l'entonnement le volume de la bière a subi une nouvelle réduction de près de 20 %.
L'art. 110 de la loi de 1816 tient compte de cette dernière déperdition.
Pour répondre aux exigences de certains modes particuliers de fabrication, l'Administration avait depuis longtemps autorisé certains brasseurs des départements du Nord à faire emploi d'un excédant de métier supérieur aux allocations de l'art. 109 de la loi de 1816 (5 %) et même à celles de l'art. 23 du décret du 17 mars 1852 (20 %).
On n'aurait pu équitablement refuser aux brasseurs du Bas-Rhin les mêmes facilités. Le 23 octobre 1848, l'Administration a sanctionné les concessions qui leur avaient été faites par le service local.
Ainsi les brasseurs conservèrent alors la faculté de porter le produit des trempes à 35 % au-dessus de la capacité de la chaudière, sous les conditions:
1o Qu'au moment de la réunion des trempes, cet excédant serait intégralement rentré dans la chaudière surmontée à cet effet de hausses.
2o Que la dimension de ces hausses serait limitée de telle sorte, qu'après la rentrée de l'excédant, il ne restât plus pour le jeu de la dilatation ou de l'ébullition que l'espace de 10 centimètres déterminé par l'art. 121 de la loi de 1816.
Il demeurait bien entendu d'ailleurs que tout excédant à la contenance brute de la chaudière, reconnu soit aux bacs, soit dans la cuve guilloire, soit à l'entonnement, serait constaté par procès-verbal conformément aux dispositions de l'art. 111 de ladite loi de 1816.
Il n'est pas démontré que ces concessions aient entraîné des abus de la part des brasseurs qui suivent encore la méthode bavaroise telle qu'elle a été adoptée il y a quelques années. Cependant votre prédécesseur tout en faisant pressentir qu'une modification quelconque à l'état actuel des choses provoquerait des réclamations vives et nombreuses a proposé de ramener l'excédant du produit des trempes aux limites fixées par l'article 23 du décret du 17 mars 1852.
L'Administration n'a pu se dispenser de maintenir, quant au produit des trempes, les tolérances qu'ont motivées les procédés particuliers de fabrication suivis dans d'autres départements où la bière est la boisson d'usage général. Il lui paraît convenable et juste de conserver également aux brasseurs du Bas-Rhin les avantages, qui actuellement leur sont assurés à cet égard. Il ne faut pas d'ailleurs restreindre le bénéfice des concessions aux seuls brasseurs qui en profitent déjà: tous les brasseurs qui suivent exactement la même méthode de fabrication ont droit à la même tolérance.
Vous statuerez à ce sujet sur les propositions des inspecteurs et sous-inspecteurs divisionnaires.
J'ai fait ressortir que la concession relative à l'excédant du produit des trempes (35 %) n'est *pleinement* maintenue qu'à l'égard des brasseurs qui persistent à suivre la méthode de fabrication pour laquelle cette concession a été spécialement accordée. Les brasseurs ne sont pas tous dans cette situation; un certain nombre d'entre eux ont au contraire modifié sensiblement leurs procédés de fabrication. Ces brasseurs fabriquent à Malt-Trouble et portent communément à trois le nombre des trempes proprement dites.
Le produit des trempes retiré de la cuve matière avec une portion de grains subit en cet état une ébullition préparatoire. À diverses reprises il est repassé sur les drèches et remis en ébullition; c'est seulement après une dernière et complète réunion dans la cuve matière, qu'il est rentré à Malt-Clair dans la chaudière.
Dans ce système l'ébullition, qui *a lieu après la réunion*, a d'autant moins de durée que la cuisson préparatoire a été plus prolongée. Cette ébullition est aussi moins violente, et, conséquemment, elle n'entraîne qu'une plus faible déperdition.
Tolérer même dans ce cas que l'excédant de métiers placé et retenu dans la chaudière au moyen de hausses s'élève à 35 %, ce serait aller au delà des nécessités de la fabrication; ce serait faciliter les abus et spécialement les décharges partielles.
L'Administration, adoptant ici en partie les conclusions des rapports fournis par votre prédécesseur et par vos collègues des départements où le même mode de fabrication est en usage, décide que dans les brasseries où la fabrication a lieu d'après ce procédé, l'excédant des trempes devra, au moment de la réunion définitive dans la chaudière (réunion à Malt-Clair), être ramené à 25 % au maximum.
Les brasseurs du département du Nord n'ont obtenu ou conservé la faculté de porter le produit des trempes au delà du taux de 20 % qu'à la condition:
1o De déclarer l'heure de la réunion des trempes dans la chaudière de fabrication.
2o De ne houblonner le brassin qu'après la réunion et même après l'épuisement de toute réserve ou excédant de métiers.
Les garanties qui résultent pour la Régie de cette dernière restriction sont essentielles; il serait superflu de s'appesantir sur ce point.
Peut-être les brasseurs du Bas-Rhin ne pourraient-ils sans inconvénient les fournir également; mais ne leur serait-il pas possible au moins de relater dans les déclarations de mise de feu le moment où l'on commence à réunir la 2e trempe à la 1re?
Cette seconde question semble devoir être résolue affirmativement.
L'Administration n'entend cependant pas subordonner les concessions à l'accomplissement de l'une ou de l'autre des conditions dont il s'agit; mais les brasseurs comprendront sans doute que le meilleur moyen de s'assurer définitivement le bénéfice des tolérances dont ils jouissent c'est de faciliter autant qu'ils le peuvent l'action du service.

ARR. DU CONS. D'ÉT. (DÉCRET) DU 26 MAI 1853, AFF. QUATRE-CANAUX.

Lorsque la concession d'un pont suspendu a été faite sous la condition que, pendant toute la durée de la concession, il ne serait établi aucun pont ou bac à une distance déterminée dudit pont, si l'État, au mépris de cette condition, vient à autoriser à une distance moindre l'établissement d'un pont-viaduc pour le passage d'un chemin de fer, est-il dû une indemnité au concessionnaire du pont suspendu, à raison du préjudice que l'établissement du pont-viaduc a pu lui causer? Rés. aff.

Ledit concessionnaire est-il également fondé à réclamer une indemnité à raison de l'établissement du pont de service qui a été construit pour servir à l'exécution du viaduc, si ce pont n'a pas été livré au passage public? Rés. nég. (Cons. d'État.)

A. C. DU 1er JUILL. 1853, AFF. MARSOL.

Le désistement de la partie civile, après le délai de vingt-quatre heures fixé par l'article 66 du Code d'instruction criminelle, la rend responsable des frais de la procédure, sans qu'il y ait lieu de distinguer entre les frais du procès faits jusqu'au jour du désistement et les frais postérieurs. — Ch. crim.

A. C. DU 14 JUILL. 1853, AFF. DUCHÊNE.

La contrainte par corps doit être prononcée d'office par les tribunaux de répression, s'il est dû des dommages-intérêts résultant de condamnation pour crimes ou délits. — Ch. crim.

ARR. DU CONS. D'ÉT. (DÉCRET) DU 27 JUILL. 1853, AFF. ROUX.

Les employés du Gouvernement qui sont obligés, d'après les règlements de leur Administration, d'entretenir un cheval pour l'exercice de leurs fonctions ne sont pas assujétis à la prestation en nature à raison de ce cheval.

Vu la loi du 31 mai 1836:

Considérant qu'il résulte de l'instruction que, d'après les règlements de l'Administration des forêts, le sieur Roux, garde général à Quillan, est obligé d'entretenir un cheval pour l'exercice de ses fonctions; que, dès lors, c'est à tort qu'il a été assujéti et maintenu à la prestation en nature à raison de ce cheval.

L'arrêté rendu le 26 juillet 1852 par le Conseil de préfecture de l'Aude est annulé. Il est accordé au sieur Roux décharge des prestations, pour trois journées de cheval, auxquelles il a été imposé, pour l'année 1852, sur le rôle de la commune de Quillan.

LETT. COMM. No 9420, DU 1er AOUT 1853.

4e Div. 1er Bur. Brasseries.

Exécution de l'art. 17 du décret du 17 mars 1852.

L'art. 109 de la loi du 28 avril 1816 était ainsi conçu :

« Le produit des trempes données pour un brassin ne pourra excéder de plus du 20e la contenance de la chaudière déclarée pour la fabrication. La Régie des contributions indirectes est autorisée à régler, suivant les circonstances, l'emploi de cet excédant de manière qu'il ne puisse en résulter aucun abus. »

A cet article le décret du 17 mars 1852 a substitué les dispositions suivantes :

Article 17.

« Le produit des trempes données pour un brassin pourra excéder de 20 p. 0/0 la contenance de la chaudière déclarée pour la fabrication du brassin. La Régie est autorisée à régler en raison des procédés de fabrication et de la durée ou de la violence de l'ébullition, le moment auquel le produit des trempes devra être rentré dans la chaudière. »

Sous l'empire de l'article 109 de la loi du 28 avril 1816, l'excédant du 20e (5 0/0) n'était réglé qu'au moment de la rentrée de la dernière trempe donnée pour un brassin. En d'autres termes, le service, sans se préoccuper des quantités extraites de la cuve matière placées successivement dans la chaudière de décoction, devait seulement exiger qu'au moment où le brasseur commençait à rentrer la dernière trempe, il ne restât en dehors, pour alimenter ensuite successivement la chaudière de décoction, qu'une quantité égale au 20e de la contenance de cette chaudière. Ainsi par le fait, dans les brasseries où l'ébullition commence peu après la rentrée de la première trempe, le produit réel de l'ensemble des trempes dépassait la capacité de la chaudière de 10, 15, 20 p. 0/0 et au-delà, selon la durée de l'ébullition qui précédait la rentrée de la dernière trempe et qui absorbait une partie de l'excédant.

Assurément cela n'était pas conforme à la loi de 1816; mais il est constant que partout où la bière, subit une cuisson de plusieurs heures, on n'aurait pu, sans léser les intérêts du redevable, appliquer à la quantité totale de métiers *mise en ébullition*, la limite fixée par l'article 109 précité (5 p. 0/0 seulement).

La circulaire no 25 du 3 avril 1852 a déjà expliqué que l'excédant de 20 p. 0/0 autorisé par l'article 17 du décret du 17 mars 1852, doit maintenant être calculé d'après les quantités obtenues à la cuve matière. Ainsi il y aurait lieu de verbaliser, 1o dans le cas où l'on reconnaîtrait, à un moment quelconque, une quantité de métiers dépassante plus de 20 p. 0/0 la capacité de la chaudière de fabrication; 2o dans le cas où le produit des trempes vérifiées séparément et successivement au moment de leur extraction de la cuve matière, formerait un total supérieur de plus de 20 0/0 à la contenance de la chaudière déclarée.

Les employés s'assureront toujours que les quantités de métiers existant dans les brasseries, lors de leur visites, ne dépassent pas les allocations légales (20 p. 0/0). Négliger ce contrôle ou ne l'opérer qu'à de rares intervalles, ce serait donner pour les allongements de brassin, pour les décharges partielles, des facilités dont quelques brasseurs ne manqueraient certainement pas de profiter au détriment de l'impôt.

Par le même motif, on doit procéder aux vérifications partielles et successives du produit des trempes, mais spécialement lorsque l'heure de la jetée des trempes n'est pas déclarée. Ces vérifications entraîneront une permanence assez prolongée. Elles ne pourront donc être très fréquentes. L'Administration ne déterminera pas ici les divers cas dans lesquels il conviendra plus particulièrement d'y avoir recours. Elle compte à cet égard sur le discernement des employés. Toutefois, j'insisterai sur l'utilité de ce mode de constatation du produit des trempes dans les brasseries où la mise en ébullition et surtout le houblonnage précèdent la rentrée de la dernière trempe.

Il arrive fréquemment que, lors de la visite des employés, des métiers sont encore contenus dans la cuve matière. A ce sujet quelques explications sont nécessaires.

Limiter la durée de l'infusion, ce serait peut-être entraver la fabrication, car l'infusion doit être plus ou moins longue suivant l'état des drèches et suivant la quantité d'eau employée aux trempes. En l'absence de toute disposition législative claire et précise, l'Administration croit devoir renoncer à toute règlementation à cet égard. Elle admet que le brasseur est seul juge de la question de savoir si une trempe est ou n'est pas assez infusée. Mais toute extraction partielle, tout prélèvement sur le produit d'une trempe, implique ce fait que l'infusion est suffisante.

Ainsi, dès ce moment, le service est fondé à considérer comme *métiers* ou *produit des trempes* dans le sens que le législateur a attaché à ces mots, toute la quantité de liquide contenue dans la cuve matière.

Cette quantité sera déterminée par évaluation.

Les employés doivent savoir déjà à très peu de chose près, quelle quantité de grain chaque brasseur emploie habituellement à la fabrication d'un brassin. Ils doivent connaître aussi quel est l'accroissement de volume ou le gonflement que le grain subit par suite des trempes successives. Enfin, à la simple inspection des drèches, ils peuvent et doivent se faire une idée assez exacte de la quantité réelle de métiers qui pourra être extraite de la cuve. C'est là un point sur lequel l'attention du service devra se porter tout particulièrement à l'avenir. Je me plais d'ailleurs à penser que bientôt la plupart des employés auront acquis l'expérience pratique nécessaire.

En cas de désaccord relativement à l'évaluation des quantités de métiers contenues dans la cuve matière, les brasseurs pourront toujours faire l'extraction totale du produit des trempes. Il ne s'agit pas d'ailleurs d'une extraction définitive. Tout aussitôt après la vérification, les métiers pourront, au gré des brasseurs, être replacés dans les drèches ou conservés dans les cuves.

Si un procès-verbal était rapporté pour excédant de métiers et si cet excédant résultait dans une proportion plus ou moins forte d'une simple évaluation à la cuve, les employés auraient toujours le soin d'expliquer dans le procès-verbal que déjà un prélèvement avait été opéré sur le produit de la trempe reconnue dans la cuve et que le brasseur s'est refusé à en opérer *momentanément* l'extraction intégrale.

Du reste, dans cette hypothèse, on ne devrait verbaliser qu'autant que l'excédant aurait une certaine importance.

Les brasseurs ont la faculté de repasser sur les drèches des métiers ayant déjà subi une ébullition plus ou moins prolongée. Ce repassage, lorsqu'il y a fabrication de petite bière, doit être déclaré comme les trempes ordinaires. Mais il n'est sans doute pas nécessaire de dire que, dans le cas de vérifications partielles et successives des trempes, le produit du repassage ne doit pas être ajouté à celui des autres trempes.

Les explications qui précèdent se rapportent toutes à la disposition faisant l'objet du 1er paragraphe de l'article 17 du décret du 17 mars. Il me paraît utile d'entrer aussi dans quelques développements ralativement au 2e § ainsi conçu :

« La Régie des contributions indirectes est autorisée à régler, en raison des procédés de fabrication et de la durée ou de la violence de l'ébullition, le moment auquel le produit des trempes devra être rentré dans la chaudière. »

Comme je l'ai rappelé ci-dessus, l'excédant de 5 p. 0/0 autorisé par l'article 109 de la loi de 1816, n'était réglé qu'au moment de la rentrée de la dernière trempe. On donnait à cet excédant la dénomination de *réserves*. En thèse générale, ces réserves devaient être versées complètement dans la chaudière à l'expiration du premier tiers de la durée de l'ébullition, qui était censée commencer 2 heures après la rentrée d'une portion quelconque de la dernière trempe. Dans la pratique, on ne tolérait pas que les réserves fussent conservées dans la cuve matière. Sur beaucoup de points, le service, les faisait, au contraire, verser dans des cuves ou tonneaux d'une capacité déterminée, et il exigeait de plus, que ces vaisseaux fussent placés sur la chaudière de décoction.

Plusieurs Directeurs ont proposé de maintenir complètement, à cet égard, l'ancien état de choses. Quelques-uns ont même exprimé l'opinion qu'il conviendrait de ne pas autoriser l'emploi d'un excédant de métiers supérieur à l'ancienne fixation de 5 0/0.

Ces employés supérieurs ne se sont pas rendu compte de la véritable portée des dispositions nouvelles du décret du 17 mars.

De même que sous l'empire de l'article 109 de la loi de 1816, on ne pouvait empêcher que le produit des trempes ne dépassât de 5 p. 0/0 la capacité de la chaudière de fabrication, de même aujourd'hui l'on ne peut s'opposer à ce qu'il le dépasse de 20 p. 0/0. Dans ces limites, le brasseur jette d'ailleurs autant de trempes distinctes qu'il le juge convenable, *sauf à déclarer l'heure de chacune d'elles* lorsqu'il y a fabrication de petite bière.

D'un autre côté, la Régie ne serait pas fondée à vouloir que l'excédant de métiers fût, à telle ou telle période de la fabrication, réduit à moins de 20 p. 0/0 et qu'à un moment plus avancé de la fabrication il dût être ramené à une quotité plus faible encore.

Enfin le brasseur peut maintenant, à son gré, laisser séjourner, dans la cuve matière, les métiers destinés à alimenter la chaudière ou placer ces métiers dans d'autres vaisseaux.

La Régie est seulement autorisée à déterminer le moment auquel tous les métiers doivent être rentrés dans la chaudière; mais ce moment peut être rapproché, autant qu'elle le croit nécessaire de celui où une première quantité prise sur la dernière trempe est extraite de la cuve matière.

La faculté dont il s'agit est essentielle. — Si le service veille à ce que le produit général des trempes ne dépasse pas les allocations légales (20 p. 0/0) et si d'autre part, l'instant où les chaudières ne pourront plus être alimentées est, convenablement réglé, tout abus grave sera prévenu.

Dans le passé, tous les métiers devaient, en thèse générale, être rentrés dans la chaudière à l'expiration du premier tiers de la durée de l'ébullition, calculée en prenant pour point de départ l'instant où commence la rentrée de la dernière trempe.

Parmi les brasseurs *qui ne mettent les métiers en ébullition qu'après la réunion des trempes*, ceux qui ne donnent à leurs produits qu'une très-faible cuisson, pourraient réellement régulièrement une quantité de bière égale à la quantité frappée du droit; mais la plupart des autres brasseurs de cette catégorie n'atteignent ce but que par des allongements illicites, soit avec des métiers destinés à un autre brassin, soit avec de l'eau.

Il résulte des rapports des Directeurs que presque tous les brasseurs désirent employer la plus grande partie de l'excédant de 20 p. 0/0 autorisé maintenant, et améliorer ainsi la qualité de leurs bières.

L'Administration considère comme un devoir de faciliter ces améliorations autant qu'il est possible de le faire sans dommage pour les perceptions. Or, ce serait entraver les améliorations et même les empêcher que de maintenir, pour les brasseurs dont il s'agit, l'ancienne fixation relativement à l'instant de la rentrée totale des métiers dans la chaudière. Il est juste, il est possible d'étendre le délai pendant lequel la chaudière peut être alimentée.

J'ai déjà dit que les brasseurs qui font bouillir les métiers dès la rentrée de la 1re trempe s'étaient rarement renfermés, quant au produit des trempes, dans les limites fixées par l'article 109 de la loi de 1816, et qu'au contraire la plupart d'entr'eux portaient ce produit au taux des allocations actuelles. Par le fait, leur situation restera exactement la même. Ils ne pourraient raisonnablement se prévaloir des dispositions du décret du 17 mars pour obtenir des facilités nouvelles.

A l'égard de ces brasseurs, l'Administration pourrait donc équitablement maintenir l'ancienne fixation quant à la rentrée intégrale des métiers. Cependant il lui paraît à propos de prolonger un peu le temps pendant lequel des métiers pourront exister en dehors de la chaudière, mais seulement pour le cas où la durée de l'ébullition qui a lieu, à partir de la rentrée d'une portion quelconque de la dernière trempe, est de plus de 12 heures.

Voici les règles générales que l'Administration croit devoir indiquer.

DURÉE DE L'ÉBULLITION	MOMENT A FIXER POUR LA RENTRÉE INTÉGRALE DES MÉTIERS.
Brasseries dans lesquelles les métiers ne sont mis en ébullition qu'après la rentrée d'une portion de la dernière trempe. Ebullition de 12 heures et au-dessous, en comptant que l'ébullition commence 2 heures après la jetée de la dernière trempe.	A la moitié de la durée de l'ébullition.
Ebullition de plus de 12 heures.	Quand l'ébullition est aux 3/5 terminée.
Brasseries dans lesquelles les métiers sont mis en ébullition dès avant la rentrée d'une portion quelconque de la dernière trempe. Ebullition de 12 heures et au-dessous, calculée comme il est ci-dessus indiqué.	A l'expiration du 1er tiers de la durée de l'ébullition.
Ebullition de plus de 12 heures.	A la moitié de la durée de l'ébullition.

Que l'heure des trempes soit (*fabrication de petite bière*) ou ne soit pas déclarée, les employés doivent connaître exactement le moment où dans chaque brasserie, les trempes sont jetées. Ils doivent savoir aussi à quel instant la bière cesse ordinairement d'être en ébullition, ou, en d'autres termes, à quel moment le feu est éteint.

Les chefs de service donneront, à cet égard, aux buralistes toutes les indications nécessaires pour que ces agents puissent déterminer régulièrement, dans les ampliations de mise de feu, l'heure à laquelle les métiers devront être intégralement rentrés dans la chaudière de décoction. Je pourrais sans doute me dispenser d'ajouter que si un brasseur suivait tantôt un des modes de fabrication ci-dessus indiqués et tantôt un autre, les mêmes variations devraient se produire dans la fixation de l'heure de la complète rentrée des métiers.

L'attention de tous les vérificateurs devra se porter d'une manière particulière sur ce point.

Lorsque cela paraîtra absolument nécessaire, comme par exemple dans le cas où un brasseur procéderait à l'opération du houblonnage dès la rentrée de la 1re trempe, le Directeur pourra sur le rapport des Inspecteurs et Sous-Inspecteurs, chefs de service, restreindre, dans une certaine mesure, le délai indiqué pour la rentrée intégrale des trempes. Mais ce délai ne pourra être étendu que par l'Administration elle-même.

Ainsi que je l'ai fait observer déjà, les brasseurs sont autorisés à repasser sur les drèches des métiers retirés de la chaudière, sauf à déclarer ce repassage, comme les trempes ordinaires (*quand il y a fabrication de petite bière*). Les produits destinés à alimenter la chaudière après une réunion plus ou moins complète, peuvent donc se composer de métiers ayant déjà subi un certain degré de cuisson.

Il y a lieu de s'opposer à ce que des métiers extraits de la chaudière, après la mise en ébullition, soient placés ailleurs que dans la cuve matière. Ces extractions partielles, lorsqu'il ne s'agit pas d'un repassage sur les drèches, sont interdites par l'article 113 de la loi de 1816.

S'il y avait lieu d'user de tolérance, ce ne pourrait être, dans aucune hypothèse, pour des métiers déjà houblonnés et constituant dès lors de la véritable bière; mais une défense générale est nécessaire. Permettre que des métiers plus ou moins concentrés et n'exigeant plus, pour former de la bière, qu'une addition de houblon ou une simple mise en fermentation soient déposés dans des tonneaux, ce serait faciliter les manœuvres de fraude.

Les règles ci-dessus posées concernent aussi bien les brassins de petite bière que les brassins de bière forte.

Elles ne sont point applicables aux brasseurs qui, en raison de leurs systèmes spéciaux de fabrication, ont été autorisés par l'Administration elle-même à s'écarter, sous quelques rapports, des dispositions générales de la loi de 1816. Des instructions particulières sont données relativement à ces brasseurs.

LETT. COMM. DU 3 AOUT 1853.

Div. du personnel. Surnumérariat.

Ouverture du concours général pour l'année 1853.

Je viens de décider qu'un concours général pour le surnumérariat, dans les trois branches de service composant la Direction générale qui m'est confiée, serait ouvert le 1er septembre prochain.

Le rapprochement du programme d'examen déterminé pour les douanes de celui qui a été arrêté pour les contributions indirectes et les tabacs n'ayant fait ressortir, entre eux, que des différences insensibles et de nulle importance au fond, j'ai reconnu que l'on pouvait, sans inconvénient, adopter un programme unique.

Les matières en sont renfermées dans un paquet ci-joint, dont le cachet ne devra être rompu par vous qu'à l'ouverture de la séance d'examen et en présence de la commission assemblée.

Cette commission sera formée :

Du Directeur ;

De l'inspecteur et du Receveur principal du chef-lieu ;

D'un Contrôleur de ville ou du Premier commis de la direction là où il n'existe pas de Contrôleur de ville ;

Et de l'agent supérieur des tabacs, dans les départements où ce service est établi.

Le programme d'examen est restreint, sans complications, et les questions posées sont courtes et de facile solution. Les épreuves peuvent, par suite, se faire séance tenante, sans interruption, et n'être pas renvoyées au lendemain.

A cet effet, la séance sera ouverte à huit heures du matin et close à quatre heures du soir. Seulement, le lendemain, les postulants pourront être examinés, en dehors des indications du programme, sur les autres matières à l'étude desquelles ils auront déclaré s'être livrés, notamment les langues mortes ou étrangères, le droit, la chimie, l'histoire naturelle, le dessin linéaire, etc.

Il sera dressé, par la commission d'examen, un procès-verbal distinct et séparé pour chacune des trois branches de service.

Les postulants y seront classés par ordre de mérite.

Il est inutile sans doute de recommander à MM. les membres des commissions d'apporter une soigneuse et scrupuleuse attention dans l'appréciation des éléments qu'ils auront à vérifier. Ils sont trop pénétrés de l'importance de la mission qu'ils remplissent ici, pour perdre de vue, d'une part, qu'il importe de renfermer la liste des candidats dans d'étroites limites, afin de ne pas prolonger outre mesure, pour ces jeunes gens, le temps qui sépare l'admission à la candidature de l'admission dans le cadre du surnumérariat; et, d'autre part, qu'il est plus essentiel encore de n'ouvrir l'accès de ce cadre qu'aux aspirants qui auront subi l'épreuve avec assez de succès pour ne laisser aucune incertitude à l'égard de leur aptitude. L'Administration regretterait que le contrôle supérieur, auquel elle se réserve de soumettre le travail des commissions, la conduisît à prononcer de nombreuses éliminations touchant des postulants qui ne justifieraient pas suffisamment à ses yeux les conclusions favorables dont ils auraient été l'objet.

ARR. DE LA COUR DE BORDEAUX, DU 4 AOUT 1853.

Les employés des contributions indirectes sont des fonctionnaires publics dans le sens de l'article 6 de la loi du 25 mars 1822, qui punit l'outrage fait publiquement à un fonctionnaire, à raison de ses fonctions ou de sa qualité.

Attendu que la loi du 25 mars 1822, article 6, punit l'outrage fait publiquement d'une manière quelconque, à raison de ses fonctions ou de sa qualité, à un fonctionnaire public ; que, par ses termes généraux et absolus, cette loi révèle la volonté de protéger tous les fonctionnaires publics sans distinction ; qu'ainsi, laissant à l'écart les diverses catégories de fonctionnaires indiquées soit dans les articles 222 et suivants (Code pénal), soit dans la loi du 17 mai 1819, elle les a désignés par une qualification applicable à tous ceux qui remplissent des fonctions publiques ;

Attendu que les employés des contributions indirectes ne peuvent pas être considérés autrement que comme fonctionnaires publics, puisque dans la sphère de leurs attributions, ils ont des pouvoirs délégués par l'autorité publique ;

Attendu, au fond, en ce qui touche l'existence du délit reproché aux prévenus et la participation de chacun d'eux à ce même délit, que la prévention est justifiée par les motifs sur lesquels se sont fondés les premiers juges ;

La cour, faisant droit quant à la pénalité seulement, confirme, etc.

LETT. DU 16 AOUT 1853, AU DIRECTEUR DE STRASBOURG.

4e Div. — 1er Bur. — Brasseries.

Procédés bavarois. — Instructions complémentaires.

Vous m'avez exposé que si les brasseurs du département du Bas-Rhin n'ont pas tous adopté *complètement* les procédés de fabrication connus sous la dénomination de *procédés bavarois*, tous ont apporté à l'ancienne méthode dite de Strasbourg des modifications telles que l'on ne pourrait équitablement refuser à aucun d'eux le bénéfice des concessions que les procédés Bavarois ont motivées.

Ainsi il n'y aurait plus de brasseurs qui lors de la rentrée de la 2e trempe missent des métiers en réserve pour servir à alimenter la chaudière durant l'ébullition. Dans toutes les usines au contraire la réunion de la 2e trempe à la première serait opérée en une seule fois et d'une manière générale.

D'un autre côté la bière, au lieu d'être soumise à une ébullition calme de 8 à 10 heures, subirait partout une cuisson violente et tumultueuse qui, bien que moins prolongée, occasionnerait une évaporation plus considérable.

En résumé l'ancienne méthode de fabrication dite de Strasbourg serait par le fait entièrement abandonnée ; et les divers modes suivis aujourd'hui se rapprocheraient tellement des procédés Bavarois que toute distinction à cet égard serait à vrai dire impossible.

Vous ajoutez que tous les brasseurs sans exception jouissent depuis plusieurs années des concessions spéciales accordées aux procédés Bavarois.

L'Administration n'a point entendu restreindre le bénéfice de ces concessions aux seuls brasseurs qui auraient adopté ou qui adopteraient dans toutes ses parties l'un ou l'autre des procédés *Bavarois* tels qu'ils ont été définis dans ma lettre du 23 mai dernier, n° 5706. Elle vous a au contraire autorisé à l'étendre à tous les brasseurs qui, en raison du système de fabrication qu'ils suivent, vous paraîtraient y avoir droit.

D'après vos explications, je considère comme fondée l'assimilation qui a été établie entre les divers brasseurs. Mais le maintien de cette assimilation est, bien entendu, subordonné au maintien des procédés actuels de fabrication. Si par exemple quelques brasseurs revenaient à l'application pure et simple de l'ancienne méthode dite de Strasbourg, l'on ne devrait pas tolérer que ces brasseurs portassent le produit des trempes au-delà des limites posées par l'article 23 du décret du 17 mars 1852.

Veuillez donner des instructions dans ce sens.

A. C. DU 18 AOUT 1853. AFF. BOUCHE.

En matière criminelle, le pourvoi en cassation est non recevable, aux termes des articles 177 et 373 du Code d'instruction criminelle, lorsqu'il s'est écoulé plus de trois jours entre celui de la prononciation de l'arrêt et celui de la déclaration du pourvoi, alors même que le dernier jour serait un jour férié, s'il n'est justifié d'aucune diligence faite par le demandeur en cassation, à cette date, pour réaliser sa déclaration de pourvoi. Ch. crim.

ARR. DU CONS. D'ÉT. DU 22 AOUT 1853, AFF. COSNE.

Les arrêtés des préfets ne peuvent être déférés directement au Conseil d'État que pour cause d'incompétence ou d'excès de pouvoir.

Lorsque le règlement d'octroi d'une ville, dûment approuvé, confère au préfet le droit de statuer sur les contestations qui s'élèvent relativement à l'admission au bénéfice de l'entrepôt des objets soumis à l'octroi, les arrêtés pris par lui à cet égard ne sont entachés ni d'incompétence, ni d'excès de pouvoir (1).

Lesdits arrêtés ne font pas obstacle à ce que la ville porte devant l'autorité compétente les questions d'application de tarifs et de quotité de droits d'octroi concernant les objets admis par eux au bénéfice de l'entrepôt.

Considérant que l'arrêté du préfet de la Nièvre ne pouvait nous être déféré que pour cause d'incompétence ou d'excès de pouvoirs ;

Considérant que le préfet, en annulant l'arrêté du maire de Cosne et en admettant au bénéfice de l'entrepôt les charbons destinés aux forges de Cosne, a usé du pouvoir qui lui est attribué par l'article 38 du règlement de l'octroi, approuvé par ordonnance royale du 8 avril 1838 ; que, dès lors, l'arrêté attaqué n'est entaché ni d'incompétence ni d'excès de pouvoirs ;

Considérant, d'ailleurs, que ledit arrêté ne fait pas obstacle à ce que la ville de Cosne porte devant l'autorité compétente les questions d'application de tarifs et de quotité de quotité des droits d'entrée :

Art. 1er. La requête de la ville de Cosne est rejetée.

(1) Dans l'espèce, il s'agissait de savoir si les charbons employés dans les forges nationales pouvaient être admis au bénéfice de l'entrepôt, aussi bien que les charbons dont on se sert dans les établissements industriels proprement dits. Or, c'était là une question de règlement, et non pas, comme le soutenait la ville de Cosne, une question d'application de tarif, de perception ou d'affranchissement des droits. Le préfet était donc compétent pour en connaître.

C. LITH. DU 10 NOV. 1853.

2e Div. 4e Bur. Matériel.

Impressions pour le service des octrois. Tarif des prix à payer par les communes.

L'ordonnance du 9 décembre 1814 (art. 68) a donné à l'Administration mission de faire confectionner et de fournir aux communes les impressions nécessaires au service des octrois ; le prix en est ensuite remboursé d'après un tarif uniforme représentant le prix de revient et transmis en dernier lieu par la circulaire du 17 août 1837, n° 154.

Depuis cette époque, de nombreuses modifications ont été apportées dans la contexture des modèles du service ; les formats de papiers ont été changés, en sorte que les prix ne sont plus en rapport avec les dépenses.

Le tarif a été en conséquence revisé par les soins du bureau central du matériel des finances qui, par décision ministérielle en date du 15 mai 1852, a été chargé de tout le service des impressions, et l'état n° 79 B, tirage de 1852, présente le résultat de ce travail.

J'invite les Directeurs à donner des ordres afin que les sommes à réclamer aux communes pour les impressions qui leur ont été fournies soient établies, à l'avenir, d'après les prix fixés par l'état n° 79 B qui présentera, chaque année, les modifications soit en plus, soit en moins, qu'il pourrait être nécessaire de faire subir au tarif des impressions d'octroi...

NOTE DE L'ADM. DU 13 DÉC. 1853.

4e Div. 4e Bur. Contentieux.

Porteurs ou conducteurs.

L'Administration a souvent remarqué que, dans le cas où les boissons circulent sans expéditions ou avec des expéditions inapplicables, les employés, se fondent sur ce qu'ils ont vu sortir le porteur ou conducteur de ces boissons du domicile ou des magasins de l'expéditeur, ou sur ce que ces porteur et conducteur sont, dans leur opinion, des agents ou domestiques des expéditeurs, ces employés, disons-nous, sans se mettre préalablement en rapport avec ces expéditeurs, sans chercher à savoir si, en effet, ceux-ci ont livré les boissons transportées en fraude, se bornent à verbaliser contre ces expéditeurs, laissant à l'écart les véritables contrevenants, c'est-à-dire le porteur ou conducteur.

Un tel mode de procéder n'est pas régulier : dans le cas dont il vient d'être question, c'est toujours contre ces porteur ou conducteur qu'il faut verbaliser, et, s'il arrive que les personnes pour le compte desquelles le transport s'opère, soient présentes à la saisie, et si, sur l'interpellation qui leur en est faite antérieurement à la déclaration du procès-verbal, elles reconnaissent que c'est dans leur intérêt que le transport a lieu, on doit verbaliser subsidiairement contre elles, et remplir à leur égard, comme à l'égard de leurs agents ou domestiques, les formalités prescrites par le décret du 1er germinal an XIII.

Il importe que M. le Directeur fasse parvenir au service des instructions dans ce sens.

A. C. DU 24 DÉC. 1853, AFF. VIADER.

La pertinence et la précision des articulations proposées pour être admises à l'inscription de faux contre un procès-verbal dressé par l'Administration des douanes sont laissées à l'appréciation souveraine des tribunaux, et ne peuvent faire l'objet d'aucun recours en cassation.

C. N° 170, DU 29 DÉC. 1853.

4e Div. 1er Bur.

Boissons.

Dans le cas d'envois de vins à l'étranger, les sextuples droits à consigner ou à cautionner, quelle que soit la quantité, sont réglés d'après le tarif applicable à la classe du département où est situé, soit le point de sortie par terre, soit le port d'embarquement mentionné sur l'acquit-à-caution.

Ces dispositions, que l'instruction pratique du registre d'acquits-à-caution n° 2 A à 4 (dernier tirage), a déjà consacrées, abrogent les dispositions contraires de la circulaire n° 17, du 17 mars 1817, suivant laquelle les droits dont il s'agit, étaient toujours exigés d'après le taux le plus élevé du tarif.

LETT. DE L'ADM. AU DIR. DE DUNKERQUE, DU 11 FÉV. 1854.

6e Div. 3e Bur.

Fixation de l'indemnité à allouer aux entreposeurs pour le classement et la manutention des tabacs saisis.

Vous avez proposé, par votre lettre du 16 janvier dernier, d'accorder une indemnité aux entreposeurs de Dunkerque et d'Hazebrouck pour le classement et la manutention des tabacs saisis en 1853.

Des deux états que vous m'avez transmis à ce sujet et qui doivent servir de base à la fixation de l'indemnité réclamée, celui relatif à l'entrepôt de Dunkerque n'est pas conforme aux relevés 70 fournis en 1854 pour ce même entrepôt : les quantités de tabac qu'on y a fait figurer sont assez sensiblement inférieures à celles que présentent les relevés dont il s'agit.

Veuillez, après avoir recherché les causes de cette discordance, faire établir un nouvel état sur lequel vous comprendrez les deux entrepôts et que vous m'adresserez en double expédition, ainsi qu'il est d'usage pour toutes les procédures de cette nature.

Je dois vous rappeler que d'après les règles adoptées par l'Administration l'indemnité de 1 centime par kilogramme de tabac saisi n'est calculée que sur les quantités reconnues propres à être utilisées dans la fabrication soit du tabac ordinaire, soit du tabac à prix réduits, et qu'il n'est rien alloué pour les quantités détruites.

A. C. DU 14 FÉV. 1854. AFF. FOURNEL.

On doit considérer comme lettre de voiture un papier, en partie imprimé et en partie écrit à la main, qualifié bulletin de chargement, dont est porteur le voiturier, et qu'il exhibe, sur la demande qui lui est faite par un préposé de l'octroi de sa lettre de voiture, encore que ce papier ne contienne pas toutes les énonciations prescrites par l'article 102 du Code de commerce. Dès lors, ce papier doit être timbré. (Loi du 18 brumaire an VII, art. 12; décret du 3 janvier 1809, art. 1er; loi du 11 juin 1842, art. 6 et 7.) Ch. civ.

ARR. DU CONS. D'ÉT. (DÉCRET) DU 16 FÉV. 1854, AFF. D'ORLÉANS.

Antérieurement à la loi du 3 juillet 1846, il y avait lieu de considérer comme étant destinés à subvenir à des dépenses d'établissements d'utilité publique, dans le sens de la loi du 17 août 1822, et, par suite, d'affranchir du prélèvement du dixième au profit du Trésor, par application de l'article 16 de la même loi, les centimes additionnels ajoutés temporairement au tarif de l'octroi d'une ville, et dont le montant était employé au remboursement d'emprunts et à l'acquittement des dépenses qui avaient eu pour cause : 1° l'établissement d'une école primaire de filles et d'une salle d'asile ; 2° l'établissement d'une école communale et d'une salle d'asile ; 3° la reconstruction d'une salle d'asile ; 4° l'établissement d'un collège provisoire ; 5° la construction d'un débarcadère provisoire pour le chemin de fer ; 5° l'élargissement d'un pont ; 7° la construction d'une voûte sur un canal.

Mais il a été décidé que, dans les circonstances de l'espèce, il n'y avait pas lieu de reconnaître le même caractère ni d'accorder la même exemption à des taxes additionnelles destinées à acquitter des dépenses qui avaient eu pour objet : 1° l'agrandissement de la salle de spectacle ; 2° un dépôt de pompes à incendie et l'appropriation d'un nouveau local pour les sapeurs-pompiers ; 3° l'établissement d'une place publique ; 4° la construction d'aqueducs ; 5° l'agrandissement du cimetière et l'érection d'un calvaire dans ledit cimetière ; 6° la construction d'une fontaine publique.

LETT. DU 16 FÉV. 1854, AU DIRECTEUR DE STRASBOURG.

4e Div. 1er Bur. — Brasseries.

Procédé particulier de fabrication dit bavarois. — Concessions et restrictions.

Les mesures adoptées par l'Administration relativement aux procédés spéciaux de fabrication qui sont suivis dans les brasseries du département du Bas-Rhin se résument ainsi :

Lors de la réunion définitive et générale des trempes, faculté, pour le brasseur, de faire entrer dans la chaudière de fabrication (surmontée de hausses à cet effet,) une quantité de métiers dépassant la contenance brute,

De 35 p. 0/0 lorsque la fabrication a lieu à Malt-Clair.

De 25 p. 0/0 d° à Malt-Trouble.

Autorisation de donner à la hausse une dimension suffisante, pour qu'en sus de l'élévation représentant 35 p. 0/0 de la capacité de la chaudière, il reste un espace de 10 centimètres.

Obligation de réunir la totalité des métiers dans la chaudière de fabrication et cela dans le délai strictement nécessaire.

Si la fabrication a } au moment de la rentrée d'une portion quelconque de la lieu à Malt-Clair, } 2e et dernière trempe.

Si la fabrication a } au moment de la rentrée d'une portion quelconque de la lieu à Malt-Trouble, } trempe de repassage ou de clarification.

Défense dès lors de mettre en réserve des métiers destinés à alimenter ultérieurement la chaudière.

Obligation de faire connaître, dans les déclarations de mise de feu, l'heure à laquelle commencera la réunion des trempes. Toutefois, en cas d'anticipation ou de retard nécessité par des circonstances imprévues, il suffit que le brasseur indique ces circonstances sur l'ampliation des déclarations.

Défense de procéder au houblonnage, tant qu'il reste au dehors de la chaudière de fabrication une quantité de métiers supérieure à l'excédant dont l'emploi est autorisé.

A l'égard de ces diverses stipulations, un seul point est encore soumis à la discussion.

Les brasseurs demandent, et vous demandez aussi avec instance, que l'excédant de métiers qui, lors de la réunion des trempes, peut être rentré dans la chaudière de fabrication, soit porté à 35 p. 0/0, dans la fabrication à *Malt-Trouble* comme dans celle à *Malt-Clair*.

Si, pour le procédé dit Bavarois, à *Malt-Trouble*, l'Administration a limité à 25 0/0 la quotité de cet excédant, c'est qu'il résulte des documents produits par votre prédécesseur (10 mai 1852), qu'au moment de la trempe de clarification, les métiers ont déjà subi une partie de la cuisson.

Vous faites connaître qu'en réalité, dans ce système, la réunion totale des métiers n'est pas exceptionnellement précédée d'une ébullition préparatoire, que, loin de là, les diverses opérations antérieures à la réunion des trempes ne sont que de simples infusions qui amènent plus complètement l'extraction de la dissolution des parties amilacées de la farine, ainsi que du gluten, et donnent au liquide des facultés de dilatation, telles qu'à ébullition égale l'évaporation est plus considérable que lorsqu'il s'agit de métiers obtenus par les autres procédés.

Ces explications nouvelles sont plausibles ; il paraît juste d'y avoir égard; ainsi donc, lors de la réunion des trempes, l'excédant de métiers pourra s'élever uniformément à 35 p. 0/0, soit que les brasseurs emploient le procédé Bavarois, dit à *Malt-Trouble*, soit qu'ils suivent le système Bavarois, dit à *Malt-Clair*.

Cela est, du reste, d'autant plus convenable que, par le fait, les brasseurs jouissent de cette concession depuis quelques années.

Toutefois la tolérance doit être subordonnée au maintien de l'état actuel des choses : il faut que les simples infusions ne puissent pas être transformées en une *véritable cuisson préparatoire* ; autrement, une notable portion de l'excédant de 35 p. 0/0, qui existerait encore après cette première ébullition, serait sans doute fréquemment déchargée de la chaudière à l'état de bière, et soustraite à l'impôt.

En conséquence, et quant au système Bavarois à *Malt-Trouble*, les concessions ne demeureront applicables qu'autant que les métiers ne subiront aucune ébullition ou cuisson proprement dite avant le moment où commencera la réunion générale des métiers dans la chaudière de fabrication.

Une stipulation analogue doit être faite en ce qui concerne le système Bavarois à *Malt-Clair*.

Aujourd'hui, dans ce système, il ne s'écoule que deux heures entre la rentrée de la 1re trempe et la rentrée totale de la 2e et dernière trempe. L'ébullition qui précède la rentrée générale est donc de moins de deux heures. Si le brasseur pouvait prolonger à volonté cette ébullition, en conservant d'ailleurs, après la réunion ultérieure de la 2e trempe, la faculté de faire emploi d'un excédant de 35 0/0, des abus seraient évidemment à craindre. Il paraît essentiel de disposer que, pour les brasseurs qui suivent le procédé Bavarois à *Malt-Clair*, cette faculté sera subordonnée à la condition que la mise en ébullition des métiers ne précédera pas de plus de 2 heures la réunion définitive des trempes.

Ainsi que cela est ci-dessus rappelé, l'Administration a permis l'emploi de hausses d'une dimension suffisante pour qu'après la rentrée d'un excédant de 35 p. 0/0, il existe encore un vide de 10 centimètres.

Depuis, M. Stviedbeck, agissant au nom du syndicat des brasseurs, a fait l'offre :

1° De réduire les hausses de telle sorte qu'au delà de l'espace nécessaire pour retenir un excédant de 35 p. 0/0, il ne reste pour le jeu de la dilatation ou de l'ébullition qu'une hauteur de 5 centimètres.

2° De ramener à la dimension des hausses le couronnement ou la maçonnerie, qui, de chaque côté des chaudières sert de point d'appui à ces hausses.

Tout en recommandant d'assurer l'exécution de ces dispositions, l'Administration vous a fait connaître qu'elle ne croyait pas devoir y subordonner absolument les tolérances.

Après nouvel examen, il ne semble pas indispensable de vouloir soumettre les brasseurs à l'obligation de détruire les constructions, ou de remplacer les hausses, qui, aujourd'hui, ne se trouvent pas absolument dans les conditions déterminées ; mais le service devra veiller à ce que les brasseurs n'aggravent pas l'état actuel des choses.

Quant aux hausses et aux constructions nouvellement établies, l'élévation ou la dimension devra nécessairement être renfermée dans les limites proposées par le représentant des brasseurs lui-même.

Un dernier rapport, que vous m'avez adressé le 5 janvier, tend à faire adopter à l'égard des brasseurs de votre direction diverses autres mesures de précaution. Mais, les questions que vous avez soulevées ne sont pas spéciales aux systèmes de fabrication dont il s'agit ici. Il n'est donc pas nécessaire de les rattacher aux dispositions qui précèdent. Les questions seront traitées séparément.

Je me bornerai à faire connaître ici la forme dans laquelle devront être définitivement réglées les concessions et restrictions quant aux systèmes particuliers de fabrication suivis dans les brasseries de votre direction.

Il importe assurément que la situation respective des brasseurs et de la Régie soit déterminée avec précision ; mais, on ne concevrait qu'elle fût l'objet d'un véritable contrat, qu'autant que les deux parties se trouveraient placées dans des conditions identiques : tel n'est pas l'état réel des choses.

L'Administration peut subordonner les tolérances aux diverses restrictions qui lui paraissent indispensables ; les brasseurs n'ont à imposer à la Régie aucune condition.

Une convention écrite, qui deviendrait en quelque sorte la loi écrite des parties, pourrait amener de sérieux inconvénients que l'on ne prévoit pas aujourd'hui. En toute hypothèse, l'Administration n'aurait pas pu se dispenser d'y insérer un article qui eut réservé pleinement son droit de revenir à la stricte application de la loi.

Les concessions admises, les restrictions posées sont résumées au tableau ci-joint.

Une copie de ce tableau sera remise à chacun des vérificateurs supérieurs et des chefs locaux de service ; les chefs locaux en donneront purement et simplement connaissance aux brasseurs.

J'ai lieu de croire que vous pourrez me donner promptement l'assurance que les mesures diverses qui forment l'objet de la présente lettre sont exécutées dans votre direction.

Cela est d'autant plus désirable qu'on devra nécessairement différer jusques-là l'envoi des instructions réclamées par vos collègues des autres départements, dans lesquelles les procédés Bavarois sont appliqués.

Il est bien entendu que si certains brasseurs revenaient à l'application pure et simple de l'ancienne méthode dite de *Strasbourg*, les concessions cesseraient de leur être applicables. Je maintiens complètement, à cet égard, les dispositions de ma lettre du 16 août 1853.

NOTE ANNEXÉE A LA LETT. DU 16 FÉV. 1854, AU DIRECTEUR DE STRASBOURG.

Brasseries. — Procédé de fabrication connu sous la dénomination de procédé bavarois. — Résumé des concessions.

Faculté pour le brasseur, lors de la réunion générale et définitive des trempes, de faire entrer dans la chaudière de fabrication, surmontée à cet effet de hausses, non comprises dans l'épalement, une quantité de métiers supérieure de 35 p. 0/0 à la contenance brute de la chaudière, sous la condition toutefois que l'excédant de métiers sera toujours absorbé à la fin de l'ébullition.

Autorisation de donner aux hausses une dimension suffisante pour qu'au delà de la hauteur représentant 35 p. 0/0 de la capacité des chaudières, il reste, pour le jeu de l'ébullition un espace de 5 centimètres.

Obligation de ramener à la dimension des hausses le couronnement ou la maçonnerie qui, de chaque côté de la chaudière, sert de point d'appui à ces hausses.

Néanmoins les brasseurs, chez lesquels les hausses en bois ou en maçonnerie présentent maintenant pour le jeu de l'ébullition un espace de 5 centimètres, ne seront astreints à rentrer dans ces limites que s'ils font des réparations aux constructions actuelles ou s'ils remplacent les hausses placées aujourd'hui sur les chaudières.

Obligation pour le brasseur de réunir la totalité des métiers dans la chaudière de fabrication et *cela dans le délai strictement nécessaire.*

Si la fabrication a lieu à *Malt-Clair*. { Au moment de la rentrée d'une portion quelconque de la 2e et dernière trempe.

Si elle a lieu à *Malt-Trouble*. { Au moment de la rentrée d'une portion quelconque de la trempe de repassage ou de clarification.

Défense par conséquent de mettre alors en réserve des métiers destinés à alimenter ultérieurement la chaudière.

Obligation de faire connaître dans les déclarations de mise de feu l'heure à laquelle commencera la réunion des trempes, sous la réserve toutefois qu'en cas d'anticipation ou de retard nécessité par des circonstances imprévues, il suffira que ces circonstances soient relatées sur l'ampliation des déclarations.

Défense, en cas de fabrication d'après le procédé à malt-trouble, de faire subir aux métiers, une ébullition véritable, une cuisson proprement dite, avant le commencement de la réunion générale et définitive dans la chaudière de fabrication.

Défense, en cas de fabrication d'après le procédé à malt-clair, de mettre les métiers en ébullition plus de deux heures avant le moment déclaré pour la réunion générale et définitive dans la chaudière de fabrication.

Défense de procéder au houblonnage avant le commencement de la réunion des trempes et tant qu'il reste au dehors de la chaudière de fabrication une quantité de métiers supérieure à l'excédant de 35 p. 0/0 dont l'emploi est autorisé.

LETT. COMM. DU 24 FÉV. 1854.

6e Div. 3e Bur. Tabacs.

Tabac de cantine.

Je vous ai fait connaître par ma lettre du 5 février courant, relative à la distribution du tabac de cantine à l'armée, que l'administration avait renoncé à l'emploi des griffes, en raison de l'élévation de leur prix et qu'elles seraient remplacées par des estampilles.

L'usage de ces estampilles paraît, d'après les nombreuses observations qui me sont soumises par les directeurs, devoir exiger autant de temps qu'en nécessiteraient les inscriptions à la main : le but de l'administration ne serait donc pas atteint, puisqu'il ne tendait qu'à diminuer le travail des employés dans les directions.

En conséquence, j'ai décidé que, dans chaque département, il sera donné un numéro d'ordre, dont la série ne sera point interrompue, à chacun des bureaux de tabac ; que ce numéro sera inscrit d'une manière apparente sur l'enseigne et que les débits qui seraient chargés de la vente du tabac de cantine pour la troupe, présenteraient sur leurs enseignes les mots ; *Tabacs de cantine pour l'armée.*

Ce numéro sera la seule indication à mettre sur le bon de livraison, et l'inscription en sera faite à la main.

D'un autre côté, les directeurs remettront à l'autorité militaire un état présentant le numéro de chaque débitant désigné pour la vente du tabac pour l'armée, et, en regard de ce numéro, le nom et la demeure du débitant ; les chefs de corps ou chefs de service pourront, chacun en ce qui le concerne, porter ces renseignements à la connaissance des sous-officiers et soldats, afin que ceux-ci ne puissent jamais s'adresser à d'autres débitants que ceux dont le numéro se trouvera inscrit au dos des bons de livraison.

Il est bien entendu que les inscriptions à mettre sur l'enseigne des débitants seront à la charge et aux frais de ces derniers.

En ce qui concerne l'approvisionnement de la gendarmerie, j'ai arrêté que les entreposeurs, placés dans les arrondissements où il n'existe pas de garnison, devront néanmoins avoir du tabac de cantine destiné aux troupes ; ce tabac sera livré au débitant qui aura été désigné dans chaque localité où se trouvera un poste de gendarmerie, et, dans le cas où il n'existerait pas de débit dans cette localité, au débitant placé dans la commune la plus voisine.

Si la quantité de tabac nécessaire à l'entrepôt pour un approvisionnement de trois mois est égale ou supérieure à 50 kilogrammes, la demande en sera faite par l'entreposeur directement à la manufacture chargée d'approvisionner le département en tabac de l'espèce ; si cette quantité est au contraire inférieure à ce poids, la demande sera adressée à celui des entrepôts du département qui sera le plus rapproché et qui fera l'expédition de la quantité demandée, en employant une caisse ayant contenu des cigares ou autres tabacs étrangers.

Les bons de livraison seront remis chaque mois à l'officier de gendarmerie qui commandera dans l'arrondissement.

Quelques directeurs ont demandé si l'approvisionnement des troupes était individuel ou s'il serait permis à un militaire de se présenter chez le débitant avec plusieurs bons et recevoir un nombre correspondant de paquets de tabac. Dans aucun cas, il ne doit être délivré à un homme plus d'un paquet de tabac à la fois.

Il doit être apporté à l'exécution des dispositions qui précèdent et, en général, de toutes celles qui concernent ce nouveau service, la plus grande célérité.

ARR. DE LA COUR DE ROUEN, DU 9 MARS 1854, AFF. AUBERT.

Les dispositions du décret du 1er germinal an XIII relatives à l'inscription de faux contre les procès-verbaux dressés par les employés des contributions indirectes, n'étant point applicables en matière d'octroi, il faut recourir aux règles générales, c'est-à-dire à la procédure tracée par les codes d'instruction criminelle et de procédure civile.

En conséquence, est nulle l'inscription de faux formée contre un procès-verbal des préposés d'octroi, lorsqu'elle n'a pas été précédée de la sommation de déclarer si la partie veut ou non se servir de la pièce, avec déclaration du demandeur que, dans le cas où elle s'en servirait, il s'inscrira en faux.

Celui qui a formé une inscription de faux annulée comme irrégulière n'est point passible de l'amende prononcée par l'article 216 du code de procédure civile, cette amende n'étant pas encourue, aux termes de l'article 248 du même code, lorsque la demande à fin de s'inscrire en faux n'a pas été admise. (Annales.)

La cour, adoptant les motifs des premiers juges, a sanctionné le jugement ci-après rendu par le tribunal correctionnel du Havre le 27 déc. 1853.

Attendu que, tout en déclarant que les procès-verbaux des employés de l'octroi font foi jusqu'à inscription de faux, l'article 8 de la loi du 27 frimaire an VIII n'a pas réglé les formes auxquelles l'inscription de faux doit être assujétie ;

Attendu que la procédure prescrite par le décret du 1er germinal an XIII est spéciale aux procès-verbaux dressés par les employés des contributions indirectes ; qu'il ne résulte d'aucun texte que cette procédure puisse être suivie en matière d'octroi ;

Qu'on doit conclure du silence de la loi qu'il faut nécessairement recourir aux règles générales, c'est-à-dire à la procédure tracée par le code d'instruction criminelle et par le code de procédure civile;

Attendu que ces principes sont conformes aux opinions des auteurs; qu'ils sont, en outre, confirmés par la jurisprudence;

Qu'il résulte, en effet, d'un arrêt de la cour de cassation du 8 février 1845, que, même en matière de contributions indirectes, le décret du 1er germinal an XIII ne contenant aucune règle pour la procédure à suivre postérieurement à l'admission de l'inscription de faux et au sursis qui peut en être la suite, il y a lieu de se référer au droit commun pour la procédure ultérieure ;

Attendu que, si, même pour des matières spéciales, réglés par des règles spéciales, il y a lieu d'emprunter au code de procédure civile toutes celles de ses dispositions qui ne sont pas inconciliables avec les mêmes règles, il est vrai de dire à plus forte raison que le droit commun doit être appliqué toutes les fois que la loi n'a prescrit aucune forme particulière;

Attendu que l'article 458 du code d'instruction criminelle et l'article 215 du code de procédure civile imposent l'un et l'autre à celui qui veut s'inscrire en faux contre une pièce signifiée, produite et communiquée, l'obligation de sommer l'autre partie de déclarer si elle veut ou non se servir de la pièce, avec déclaration que, dans le cas où elle s'en servirait, il s'inscrirait en faux ;

Attendu qu'aux termes de l'article 218 du code de procédure civile, c'est seulement après cette sommation que le demandeur en faux incident peut déclarer qu'il s'inscrit en faux;

Que, d'après le même article, cette déclaration doit être faite au greffe, signée du demandeur ou de son fondé de pouvoir spécial et authentique;

Attendu que c'est le 27 août dernier qu'à l'appel de l'action par lui intenté contre le maire du Havre, Aubert a déclaré à l'audience qu'il s'inscrivait en faux contre le procès-verbal du 1er août 1853;

Attendu que non-seulement cette déclaration n'était pas faite conformément à la loi, mais encore n'avait été précédée d'aucune sommation ;

Que c'est également le 6 septembre qu'Aubert a signifié au maire du Havre un procès-verbal de dépôt des moyens de faux, et lui a fait en même temps sommation de déclarer s'il entendait ou non se servir du procès-verbal ;

Attendu que, dans ces circonstances, la procédure suivie par Aubert est évidemment utile et ne peut avoir pour effet d'arrêter le débat ;

Attendu que les considérations ci-dessus s'appliquent également à Gaudo n ;

Attendu que, si le code de procédure civile prononce une amende contre les demandeurs en faux qui succombent, cette amende n'est cependant pas encourue tant que la demande n'a pas été admise ;

Par ces motifs, juge qu'il n'y a lieu d'admettre la demande, ordonne qu'il sera passé outre aux débats sur le fond.

D. M. F. DU 17 MARS 1854.

Bacs. Franchises.

Les élèves allant, soit à l'école communale, soit à l'instruction religieuse, ou en revenant, sont exempts du péage à la condition que le maire remette au fermier du bac un état nominatif des enfants ayant droit à l'exemption.

A. C. DU 28 MARS 1854, AFF. CAMPROGER.

La prescription dispense de toute preuve celui qui l'invoque, et n'admet aucune preuve contraire non expressément réservée par la loi.

En conséquence, l'avoué auquel elle est opposée à l'occasion d'une demande en paiement de frais ne peut la combattre au moyen de la présomption résultant de ce que les pièces de la procédure sont encore entre ses mains. (Code Nap. art. 1350, 1352, 2273 et 2275.) — Ch. civ.

ARR. DU CONS. D'ÉTAT (DÉCRET) DU 6 AVR. 1854, AFF. BÉZIERS.

Est établie conformément à la loi la taxe unique à percevoir sur les vins, lorsque, en fait, cette taxe ne comprend que les droits d'entrée et de détail, quand bien même il est dit par erreur, dans l'arrêté préfectoral, qu'elle comprend les droits de circulation et de licence.

Lorsqu'il est reconnu que, dans quelques parties d'une commune, certaines circonstances ont pu être une cause de diminution des produits de la vigne, le préfet qui réduit l'évaluation des vendanges aux neuf dixièmes d'une récolte complète est réputé avoir fait une juste appréciation de ces circonstances. Son évaluation doit, dès lors, être maintenue.

A. C. DU 13 AVR. 1854, AFF. DUCLOUX.

La partie civile qui se désiste de son pourvoi en cassation ne succombe pas dans son pourvoi, et dès lors ne doit pas être condamnée à l'indemnité de 150 francs envers le prévenu ; elle doit seulement être condamnée aux frais que son pourvoi a occasionnés, et que son désistement emporte virtuellement avec lui soumission de payer. — Ch. crim.

A. C. DU 25 AVR. 1854, AFF. CANTALOUBE.

Le privilège des frais de justice doit primer tous les autres privilèges généraux ou spéciaux, non-seulement sur les meubles, mais encore sur les immeubles, a défaut de mobilier. (Code Nap. art. 2101 et 2105).

Une créance reconnue légitime et déclarée privilégiée pour frais de récolte et conservation de la chose commune peut être primée par les frais de justice proprement dits, mais non par les dépens qu'a exposés l'héritier bénéficiaire pour la faire écarter de la distribution.

A. C. DU 29 AVR. 1854, AFF. WALLET.

Le demandeur en cassation est non recevable à proposer devant la Cour, aussi bien en matière de police qu'en matière correctionnelle, une nullité commise en première instance, lorsqu'elle n'a pas été formellement relevée devant le juge d'appel.

Ainsi, il ne peut proposer devant la Cour, comme moyen de cassation, une exception tirée de ce qu'il aurait été irrégulièrement mis en cause dans une poursuite dirigée contre un prévenu de débit de boissons falsifiées, lorsque cette exception n'a pas été relevée devant le juge d'appel.

Le jugement qui ordonne, aux termes de l'article 477 du Code pénal, l'effusion de liquides saisis n'ajoute aucune disposition pénale à la disposition de la loi en déterminant le lieu de cette effusion, et notamment en décidant qu'elle aurait lieu en face de l'établissement du contrevenant. — Ch. crim.

ARR. DU CONS. D'ÉT. (DÉCRET) DU 11 MAI 1854.

C'est aux tribunaux civils, à l'exclusion de l'autorité administrative, qu'il appartient, aux termes de l'art. 88 de la loi du 5 ventôse an XII, de connaître des contestations qui s'élèvent entre l'Administration et les fabricants de sucre indigène, au sujet de dégrèvements de droits que l'Administration peut accorder à ces derniers, en cas de perte matérielle de jus, de sirops ou de sucres.

La lettre par laquelle le ministre des finances aurait refusé d'accorder à un fabricant le dégrèvement dont il s'agit ne peut faire obstacle à ce que ledit fabricant se pourvoie, s'il s'y croit fondé, devant l'autorité compétente.

Par suite, en cas de pourvoi contre ladite lettre devant le Conseil d'État, il y a lieu de rejeter la requête.

Vu la requête sommaire et le mémoire ampliatif produits au nom du sieur Caullet, fabricant de sucre à Iwuy (Nord), lesdits requête et mémoire enregistrés le 19 mai et le 10 septembre 1852 au secrétariat de la section du contentieux, et tendant à ce qu'il nous plaise annuler une décision, en date du 17 février 1852, par laquelle notre ministre des finances aurait rejeté sa demande en décharge des droits assis sur un manquant de 11,650 kilogrammes constaté dans le décompte général de fabrication de 1850 à 1851, par comparaison avec le minimum de rendement des jus fixé par l'article 7 de la loi du 31 mai 1846; ce faisant, dire que décharge desdits droits doit être accordée au sieur Caullet, par application de l'article 18 de l'ordonnance du 29 août 1846, à raison des accidents qui ont rendu impropre à la cristallisation les jus par lui employés; condamner l'État, en la personne de notre ministre des finances, aux dépens;

Vu la lettre du ministre des finances en date du 17 février 1852, qualifiée décision dans les requête et mémoire ci-dessus visés ; vu les observations de notre ministre des finances en réponse à la communication du pourvoi, lesdites observations enregistrées comme dessus le 10 février 1853, et dans lesquelles notre ministre, se référant au rapport du directeur général de l'Administration des douanes et des contributions indirectes, conclut à ce qu'il plaise déclarer que la réclamation du sieur Caullet est de la compétence des tribunaux civils, et n'est pas de nature à être portée devant nous par la voie contentieuse, et, pour le cas où il nous appartiendrait d'y statuer, la déclarer mal fondée; vu toutes les pièces produites et jointes au dossier;

Vu la loi du 18 juillet 1837 et celle du 2 juillet 1843; vu la loi du 5 ventôse an XII; vu la loi du 31 mai 1846 et le règlement d'administration publique du 29 août suivant;

Considérant que le sieur Caullet soutient que pour le calcul du droit de fabrication des sucres indigènes auquel il a été soumis en 1851, une quantité de 11,650 kilogrammes de sucre doit être déduite du minimum de prise en charge fixé par l'art. 7 de la loi du 31 mai 1846; que notre ministre des finances, par la lettre en date du 17 février 1852, a refusé d'accueillir ladite demande; qu'il s'agit, dans l'espèce, d'une question relative au fond des droits à acquitter par un redevable, à raison d'un impôt perçu par l'Administration des contributions indirectes; que les contestations de cette nature doivent, aux termes de l'article 88 de la loi du 5 ventôse an XII, être portées devant les tribunaux civils; que la lettre de notre ministre des finances du 17 février 1852 ne fait pas obstacle à ce que le sieur Caullet se pourvoie, s'il s'y croit fondé, devant l'autorité compétente:

Art. 1er. La requête du sieur Caullet est rejetée.

ARR. DU CONS. D'ÉT. (DÉCRET), DU 18 MAI 1854, AFF. LAFFARGUE.

N'est pas susceptible d'être déféré au conseil d'État par la voie contentieuse la décision du ministre des finances qui refuse de proposer au chef de l'État la demande de divers bouchers tendant à modifier une ordonnance royale portant conversion en taxe au poids des droits par tête perçus, sur les bestiaux à l'octroi d'une ville, un tel refus ne constituant qu'un acte de pure Administration.

Le pourvoi contre une ordonnance royale portant règlement des tarifs d'octroi d'une ville doit être formé dans les trois mois du jour où ladite ordonnance a été mise à exécution.

Vu la lettre du ministre des finances, en date du 18 octobre 1851, qualifiée décision par la requête ci-dessus visée ;

Vu l'ordonnance royale en date du 18 décembre 1846, rendue en exécution de la loi du 10 mai précédent, et portant conversion en taxe au poids des droits par tête perçus sur les bestiaux à l'octroi de la ville de Bayonne ;

Vu le mémoire en défense produit au nom de la ville de Bayonne, ledit mémoire enregistré au secrétariat de la section du contentieux le 29 mai 1852 et tendant au rejet de la requête; vu les observations du ministre des finances en réponse à la communication qui lui a été donnée de la requête susvisée, lesdites observations enregistrées comme ci-dessus le 28 juillet 1852; ensemble, un rapport du Directeur général des douanes et des contributions indirectes, auquel le ministre se réfère; vu les observations du ministre de l'intérieur en réponse à la communication qui lui a été également donnée du pourvoi, lesdites observations enregistrées comme dessus le 20 décembre 1852; vu toutes les pièces produites et jointes au dossier;

Vu le décret du 17 mai 1809 et la loi du 28 avril 1816 ; vu la loi du 11 juin 1842 et celle du 10 mai 1846 ; vu l'article 11 du décret du 22 juillet 1806 ;

En ce qui touche le pourvoi contre la décision de notre ministre des finances en date du 18 octobre 1851 ; considérant que par la lettre du 18 octobre 1851, qualifiée décision dans la requête ci-dessus visée, notre ministre des finances s'est borné à exprimer le refus de proposer à notre approbation des dispositions destinées à modifier l'ordonnance royale du 18 décembre 1846; que, dans l'espèce, ce refus ne constitue qu'un acte de pure Administration, qui n'est pas susceptible de nous être déféré par la voie contentieuse ;

En ce qui touche le pourvoi contre l'ordonnance royale du 18 décembre 1846 ;

Sans qu'il soit besoin d'examiner si les sieurs Laffargue, et autres, ès noms qu'ils agissent, auraient qualité pour nous déférer cette ordonnance par la voie contentieuse ;

Considérant qu'il résulte de l'instruction que le tarif établi par cette ordonnance a été mis à exécution dans la ville de Bayonne le 25 février 1847; qu'ainsi, le recours formé par les sieurs Laffargue et autres le 17 janvier 1852 a été introduit hors des délais déterminés par le décret susvisé du 22 juillet 1806 ;

Art. 1er. La requête des sieurs Laffargue et autres est rejetée.

A. C. DU 18 MAI 1854, AFF. DESCHAMPS.

Le demandeur en cassation n'est pas fondé à proposer devant la cour une nullité de procédure résultant du défaut de prestation de serment des experts entendus dans l'instruction, lorsque cette nullité n'a été relevée ni en première instance ni en appel.

D. M. F. DU 19 MAI 1854.

Bacs. Franchises.

... Les habitants ne peuvent prétendre au passage gratuit pour se rendre à l'église; mais ils peuvent sous-traiter avec le fermier.

LETT. COMM. DU 2 JUIN 1854.

6e Div. 4e Bur. Tabacs.

Instruction pour les approvisionnements des troupes de passage en tabacs de cantine.

Les instructions concertées avec le département des finances et celui de la guerre pour l'exécution du décret du 29 juin 1853, ne renferment aucune disposition qui soit particulière à l'approvisionnement des troupes de passage parce que l'on avait pensé que le chef de corps et l'agent supérieur de l'Administration, au lieu de départ, se seraient entendus pour assurer cet approvisionnement.

Il n'en a pas été ainsi et M. le ministre de la guerre vient de demander qu'il soit donné des instructions spéciales afin que les militaires en marche ne soient plus exposés à manquer de tabac pendant leur route.

En conséquence, il a été convenu ce qui suit:

Lorsque des troupes seront déplacées, chaque sous-officier, caporal ou soldat recevra, par les soins du chef militaire chargé de la distribution des bons de livraison aux troupes, le nombre de ces bons nécessaire pour compléter l'approvisionnement de la route et les débitants seront autorisés, *par exception*, à livrer en une seule fois, à chaque partie prenante la quantité de tabac que ces bons représenteront.

Les hommes ainsi approvisionnés au départ, seront formellement avertis que les bons qui leur auront été remis n'ont de valeur que dans la ville qu'ils sont sur le point de quitter et que le tabac qu'ils auront reçu forme l'approvisionnement de toute la route, sans qu'ils puissent réclamer aucune livraison supplémentaire jusqu'à leur arrivée au lieu de destination.

D'un autre côté, comme le tabac de cantine pour les troupes est renfermé dans des paquets contenant 100 grammes, et que ces paquets doivent toujours être livrés cachetés et vignetés ; que, par suite, la quantité reçue par chaque sous-officier ou soldat pourrait composer un approvisionnement d'une durée plus longue que celle de la route à parcourir, l'autorité militaire fera connaître au Directeur local le nombre d'hommes appelés à quitter la résidence, la durée de l'approvisionnement que chacun d'eux aura reçu, le jour de leur départ et le lieu de destination. Ces mêmes renseignements seront transmis immédiatement par le Directeur précité à son collègue au lieu d'arrivée afin que les sous-officiers et soldats ainsi approvisionnés à l'avance ne puissent recevoir une nouvelle distribution que lorsque cette distribution leur sera réellement due.

Vous voudrez bien, en ce qui vous concerne, vous entendre à l'avance avec l'autorité militaire de votre résidence pour que, le cas échéant, l'application des dispositions qui précèdent ne puisse éprouver aucune difficulté.

ARR. DU CONS. D'ÉT. (DÉCRET) DU 6 JUILLET 1854, AFF. NIZEROLLES.

Un fournisseur de bois pour la manutention militaire ne peut prétendre à aucune augmentation du prix soumissionné, sous prétexte de l'élévation du droit d'octroi, quand cette élévation résulte d'un nouveau mode d'interprétation ou d'application du tarif existant et non d'un changement de tarif.

Considérant qu'aux termes de l'article 7 du marché du 18 juin 1849 susvisé, les prix alloués par l'Administration de la guerre au sieur Nizerolles, pour la fourniture des cotrets de bouleau, ne pouvaient être augmentés ou diminués que si de nouveaux droits d'octroi étaient établis postérieurement à l'adjudication ;

Considérant qu'il résulte de l'instruction qu'au moment où le sieur Nizerolles a présenté sa réclamation au ministre de la guerre, le tarif des droits d'octroi, établis sur les bois à brûler par les ordonnances royales susvisées des 17 août 1832 et 26 mai 1830 n'avait subi aucune modification, et que si l'Administration municipale de Paris a cru devoir donner, depuis 1851, une interprétation nouvelle audit tarif et a perçu sur les cotrets de bouleau une somme supérieure à celle précédemment exigée, cette circonstance ne suffit pas pour que le sieur Nizerolles soit en droit de réclamer une augmentation sur le prix fixé par son adjudication:

Art. 1er. La requête du sieur Nizerolles est rejetée.

LETT. DE L'ADM. AU DIRECT. DE MACON, DU 12 JUILL. 1854.

4e Div. 2e Bur. Boissons.

Déclarations restrictives. Rappel des règles à observer pour l'admission de ces déclarations.

Monsieur, un certain nombre de débitants de boissons de votre département et notamment les cafetiers, qui ne vendent habituellement que des vins fins, sont admis à faire des déclarations restrictives pour les vins de qualité inférieure destinés à leur consommation. Des renseignements vous avaient été demandés au sujet de cet état de choses.

Par lettre du 27 juin dernier, vous avez fait connaître que la tolérance dont il s'agit existait d'ancienne date, et vous avez émis l'opinion qu'il convenait de la maintenir, sous la réserve de la prise en charge, pour mémoire, des quantités de vins qui n'étaient pas frappées du droit de détail. Du reste, vous n'avez fourni aucune indication relativement au chiffre qu'atteignent ordinairement les quantités de vins ordinaires reçues par les débitants, admis à faire des déclarations restrictives. Il n'est pas possible, dès-lors, d'apprécier si, dans quelque cas, la concession ne donnerait pas naissance à des abus. Dans cette situation l'Administration ne peut que rappeler les règles à observer pour l'admission des déclarations restrictives.

En thèse générale, lorsqu'un débitant ne vend que des vins mousseux de cham-

pagne, ou des vins de liqueurs, lorsqu'aucune quantité d'autre vin n'est livrée par lui aux consommateurs, l'Administration veut bien consentir à ce que par exception une déclaration restrictive soit reçue; mais, même dans ce cas, les employés ne doivent pas admettre la déclaration de leur propre initiative; il faut qu'ils demandent l'autorisation nécessaire au chef de service divisionnaire, qui, de son côté, doit soumettre la question au Directeur.

Hormis cette exception, laquelle ne dispense pas les employés de prendre en charge et de suivre les boissons pour mémoire, il y a lieu de se conformer exactement aux instructions. Décision n° 676 du 14 août 1822, note finale du 2e trimestre 1822, arrêt du 11 avril 1821) d'après lesquelles les déclarations restrictives ne peuvent s'appliquer qu'à des boissons d'espèces autres que celles dont les débitants font le commerce. Il n'est dû aux débitants de boissons d'autre déduction que celle de 3 p. 0/0 qui est accordée *pour tous déchets et pour consommation de famille* (art. 66 de la loi du 28 avril 1816). Les employés doivent se borner à exécuter cette disposition de la loi; il ne leur appartient ni de l'étendre ni de la restreindre.

Ces règles devront être rappelées à tous vos subordonnés; vous inviterez en même temps les chefs de service à porter leur attention sur les établissements qui sont l'objet de la tolérance dont il s'agit, et à examiner, pour chacun d'eux, s'il ne serait pas à craindre que les quantités de vins, affranchies du droit de détail, en vertu des déclarations restrictives, ne servissent pas toujours, et uniquement, à alimenter la consommation de famille, et ne fussent parfois livrées clandestinement à la vente soit dans l'intérieur des débits, soit au dehors.

ARR. DU CONS. D'ÉT. (DÉCRET) DU 26 JUILL. 1854, AFF. MALHOS.

Lorsqu'aucune clause du cahier des charges n'impose à l'État l'obligation de supprimer le bac existant non loin du pont concédé, le concessionnaire ne peut demander, à raison du maintien de ce bac, ni la résiliation du contrat ni des dommages-intérêts.

LETT. COMM. DU 31 JUILL. 1854.

6e Div. 4e Bur. Tabacs.

Renseignements relatifs aux manquants constatés à divers titres sur les tabacs de cantine destinés aux troupes.

La circulaire du 21 janv. dernier, n° 179, relative aux tabacs de cantine destinés à l'armée, dispose que « si les bons remis aux employés et les quantités de tabac restant dans les débits ne représentent pas le total des charges du débitant, celui-ci devra tenir compte à la Régie de la valeur des tabacs manquants à raison de 7 fr. 25 c. le kilogramme, prix du tabac à fumer ordinaire.»

Ces dispositions sommaires n'ayant pas été appliquées dans toutes les directions d'une manière uniforme, il a paru nécessaire d'y ajouter les développements qui suivent.

Les manquants reconnus chez les débitants, sur les tabacs de cantine à l'usage de l'armée, seront constatés par des procès-verbaux administratifs. Ces procès-verbaux, approuvés par le chef divisionnaire, présenteront le décompte des sommes à recouvrer, déduction faite de la valeur déjà payée par les débitants, soit 1 fr. 80 c. pour les rôles et 1 fr. 30 c. pour le scaferlati.

Le produit de ces manquants sera versé, suivant les localités, chez les Receveurs principaux ou chez les Receveurs particuliers, qui en inscriront le montant à leurs livres de caisse, ainsi qu'à leurs bordereaux 80 ou 91 A, sur la ligne intitulée prix de colis et autres recettes accessoires. Ces comptables délivreront des quittances détachées du registre à souche n° 74, dont les 10 centimes pour timbre seront payés par les débitants.

Les réclamations auxquelles pourront donner lieu les manquants constatés vous seront adressées avec les observations du chef divisionnaire. Lorsque les manquants ne seront pas de nature à faire suspecter la fidélité des débitants, leurs réclamations, appuyées de votre avis, me seront transmises sous le timbre du 3e bureau de la 6e division, et le recouvrement de la somme due sera suspendu jusqu'à ce que l'Administration ait statué. Mais si les manquants étaient le résultat d'abus ou de négligences sérieuses, vous en feriez verser immédiatement la valeur, et vous ne donneriez aucune suite aux réclamations.

S'il arrivait que la constatation de ces manquants fit découvrir des infractions prévues et punies par la législation sur les tabacs, vous vous conformeriez aux prescriptions de la circulaire du 14 novembre 1853, n° 163.

Les manquants sur les tabacs à l'usage de l'armée, laissés à la charge des entreposeurs, seront payés par ces derniers, à raison de 7 fr. 25 c. le kilogramme, prix de vente du tabac ordinaire aux débitants. Les dispositions de la circulaire du 6 septembre 1830, n° 43/6 (Tabacs et poudres), en ce qui concerne la manière de constater les manquants, d'en passer écriture, et, quand il y a lieu, d'en solliciter la décharge, sont applicables aux tabacs destinés aux troupes.

Les tabacs de cette espèce soustraits ou perdus en cours de transport, et dont il n'aura pu être fait usage, seront payés par l'adjudicataire des transports à raison de 8 fr. le kilogramme, prix de la vente du tabac ordinaire aux consommateurs. Quant aux quantités perdues, mais dont il n'aura pu être fait usage, il en paiera la valeur au prix de revient fixé par le cahier des charges, savoir : pour les rôles, à raison de 1 fr. 40 c. par kilogramme et pour le scaferlati à raison de 1 franc.

Les tabacs fournis à l'armée figureront dans les écritures de l'année sous le titre de tabacs pour la troupe.

A cet effet, et en attendant que les modèles actuels soient réimprimés, on y ouvrira des colonnes à la main, ou l'on se servira des colonnes qui y seront restées sans emploi.

LETT. DE L'ADM. AU DIRECT. DE L'AISNE DU 30 AOUT 1854.

Questions relatives aux conditions auxquelles les nouvelles fabriques doivent être établies.

Vous me référez, Monsieur, par lettre du 23 de ce mois, de diverses questions auxquelles a donné lieu l'application du dernier paragraphe de l'art. 2 du règlement d'Administration publique, en date de 1er septembre 1852, aux nouvelles fabriques de sucre en construction dans votre direction.

Le service est dans le doute de savoir si la séparation des usines de tout autre bâtiment exclut de leur enceinte les logements des contre-maîtres, ainsi que les bureaux nécessaires à l'exploitation. Vous désirez aussi être fixé sur le point de savoir si l'isolement des fabriques peut être établi au moyen de palissades au lieu de murailles; si le grillage des ouvertures doit être mobile ou fixe, enfin si les usines peuvent avoir d'autres issues que celles qui doivent rester habituellement ouvertes pour les besoins de l'exploitation.

Il n'est pas une seule de ces questions qui ne soit résolue par les dispositions textuelles du règlement précité. Le dernier § de l'art. 2 en déterminant les conditions dans lesquelles doivent être construites les fabriques établies postérieurement à la promulgation de ce règlement, exige d'abord, à titre absolu, qu'elles soient séparées de tout autre bâtiment qui n'est pas une dépendance nécessaire de l'exploitation. Il faut donc que cette séparation soit effective et toute construction soit en palissade, soit au moyen de murs ne remplirait pas ce but, si elle permettait un accès dans l'établissement autrement que par la porte habituellement ouverte. D'un autre côté: Cette expression de porte habituellement ouverte, admet l'existence d'autres portes; mais c'est à condition que celles-ci soient fermées à deux serrures et que la clef de l'une de ces serrures soit remise aux employés, de telle sorte que ces portes ne puissent être ouvertes qu'en leur présence.

Les jours et fenêtres, qui doivent être garnis d'un treillis en fer, sont ceux par lesquels des sacs pourraient être enlevés de l'intérieur de l'usine et lancés au delà du mur de l'enceinte; le treillis doit nécessairement être établi à demeure. Ici encore, la seule inspection des locaux indique dans quelle mesure, les garanties contre la fraude exigent l'application de la disposition réglementaire.

Le logement et les bureaux des agents de l'exploitation doivent être soumis à cette disposition s'ils sont en communication directe avec les bâtiments de la fabrique et les locaux affectés à cet objet; s'ils sont compris dans le mur d'enceinte, ils ne peuvent avoir d'issue sur la voie publique autrement que par la porte principale de l'établissement.

Ces explications vous mettront à même, je l'espère, de répondre sur les points qui vous ont été soumis par l'inspecteur du service des sucres, de même que vous y trouverez la solution des questions de détail qui sont de la compétence des chefs locaux.

A. C. DU 14 SEPT. 1854, AFF. KOLB.

En principe, et sauf les exceptions écrites dans les articles 59, 60, 62 et 63 du code pénal, les complices d'un crime soit par aide ou assistance, soit par recélé, doivent être punis de la même peine que l'auteur principal. Ainsi les tribunaux ne peuvent, après avoir reconnu, à la charge de l'auteur principal, des faits de détournement de deniers publics, montant à une somme supérieure à 3,000 fr., crime prévu par l'art. 169 du code pénal, changer la nature de ce crime à l'égard du complice, et le réduire à un simple délit punissable des peines de l'article 171 en déclarant, qu'à son égard, le détournement de ces sommes est inférieur à 3,000 francs (1).

ARR. DE LA COUR D'ORLÉANS, DU 13 NOV. 1854, AFF. DES FRÈRES VINCENT.

Les marchands en gros peuvent, hors la présence des employés, mélanger et couper les boissons avec des boissons de même nature et d'espèces identiques existant dans le même magasin.

Attendu qu'aux termes de l'article 100 de la loi du 28 avril 1816 les négociants et marchands en gros peuvent mélanger et couper leurs boissons hors la présence des employés de la Régie;

Attendu qu'en disposant ainsi, le législateur n'a pas voulu conférer auxdits négociants et marchands en gros un droit absolu et sans limites;

Que, loin de là, son intention a été que l'exercice de la faculté concédée se conciliât avec les droits de l'Administration et de manière à ne nuire en rien au contrôle et vérifications qu'elle est autorisée à faire pour assurer et recouvrer l'impôt;

Que ces principes, protecteurs à la fois de la Régie et des marchands en gros, ressortent de l'ensemble de la loi de 1816;

Que la doctrine admise par le tribunal de Pithiviers aurait pour résultat inévitable de rendre impossible l'assiette de l'impôt établi sur les boissons et d'exposer la Régie à des tromperies de chaque jour, réduite qu'elle serait à suivre la foi des imposés dans leurs déclarations.

Attendu que, pour concilier les intérêts divers engagés dans la question, il faut donc subordonner la permission accordée à la condition découlant évidemment de l'esprit de la loi dont il s'agit, savoir : de mélanger ou couper avec des boissons de même nature et d'espèces identiques existant dans le même magasin puisque ces mélanges et coupages n'amènent jamais un excédant de quantités sur telle boisson et un manquant sur telle autre, la Régie peut toujours suivre les quantités imposées et prises en charge;

Attendu que ce qui démontre l'exactitude de cette interprétation, c'est que toutes les fois que la loi permet le mélange de boissons différentes, elle s'en explique en termes clairs et prescrit même alors une précaution importante : la présence des employés au mélange afin de suivre l'emploi des boissons mélangées et l'excédant qui pourrait en résulter (loi du 21 juin 1824);

Attendu qu'un procès-verbal du 20 mai dernier, régulier en la forme, constate que la quantité de vin trouvée, par les agents de l'Administration des contributions indirectes, dans les magasins des frères Vincent, négociants à Estouy, était de 252 hectolitres 30 litres, tandis qu'après la reconnaissance des charges, desdits frères, elle devait être seulement de 235 hectolitres 73 litres, qu'ils prétendent expliquer cet excédant par un mélange de cidre, allégation non justifiée et ne pouvant, sous aucun rapport, équivaloir au compte d'entrée, tel que le prescrit l'article 100 de la loi du 28 avril 1816;

Par ces motifs, statuant sur l'appel relevé du jugement rendu correctionnellement à Pithiviers le 23 août 1854, met l'appellation et le jugement à néant; — émendant et faisant ce que les premiers juges auraient dû faire; vu les articles 100 et 106 de la loi du 28 avril 1816 et l'article 194 du Code d'instruction criminelle; condamne les frères Vincent à 300 francs d'amende, etc.

A. C. DU 27 NOV. 1854, AFF. CORVAJA.

Les arrêts d'admission rendus par la chambre des requêtes doivent être signifiés au plus tard dans les trois mois de leur date; mais il suffit, pour la régularité de cette signification, qu'il soit légalement constaté que l'arrêt d'admission a été notifié dans le délai prescrit. (Règl. de 1738, 1re partie, titre IV, article 30.)

Les juges ne peuvent, sous le prétexte d'interpréter les dispositions des jugements par eux rendus qui seraient obscures ou ambiguës, modifier la chose jugée par des additions, retranchements ou changements. (Code Napoléon, article 1351.) Ch. civ.

(1) Dans le 18e volume du Mémorial du Contentieux publié par l'Administration, il n'a été inséré que l'analyse de nombreux arrêts puisés dans le droit commun ou d'un intérêt secondaire. Nous reproduisons ces analyses.

SUP. GÉN.

A. C. DU 29 NOV. 1854, AFF. HENRION.

Est nul le jugement rendu en matière d'enregistrement, lorsque les parties ont été entendues en leurs explications. (Loi du 22 frimaire an VII, article 65, n° 2; loi du 27 ventôse an IX, art. 17.)

Vu l'art. 65, n° 2, de la loi du 22 frimaire an VII et l'article 17 de la loi du 27 ventôse an IX:

Attendu que ces articles exigent que, dans les instances que l'Administration de l'enregistrement a à suivre pour toutes les perceptions qui lui sont confiées, l'instruction soit restreinte à la signification respective de simples mémoires: que l'art. 17 défend expressément les plaidoiries;

Attendu que le jugement attaqué porte : « Dans les simples observations fournies par eux au tribunal, les époux Henrion ont expliqué qu'en effet, au décès « de la veuve Boursanet, il restait encore dû des sommes sur le prix de la « vente, mais qu'elles n'étaient pas dues à ladite veuve, qui, par suite d'arrange-« ments avec sa sœur, avait été payée sur les premiers fonds versés par les ac-« quéreurs.»

Attendu qu'il résulte de ces énonciations qu'il y a eu discussion orale ou plaidoirie, ce qui constitue une infraction formelle à la prohibition des textes ci-dessus visés, qui posent une règle d'ordre public, en ce qu'ils garantissent à toutes les parties en cause, aux citoyens et à l'Administration, une parfaite égalité de condition dans leur défense.

La cour casse. — Ch. civ.

A. C. DU 2 DÉC. 1854, AFF. DELATTRE.

Devant le tribunal d'appel, la présence, dans la délibération, du magistrat qui a fait le rapport à l'audience est substantielle ; il y a nullité lorsqu'il n'est pas constaté qu'il a participé à l'arrêt. — Ch. crim.

ARR. DU CONS. D'ÉT. (DÉCRET), DU 28 DÉC. 1854. AFF. ROUSSET.

Si le décret autorisant l'extension et la perception de l'octroi d'une grande ville sur une commune comprise dans la banlieue de cette grande ville avait été rendu sans que le conseil municipal de la commune ainsi atteinte par l'octroi de la ville eût été appelé à délibérer sur l'assujétissement de la commune au droit d'octroi, les habitants de ladite commune auraient qualité pour déférer le décret au Conseil d'État par la voie contentieuse.

Sur la question de savoir si les sieurs Rousset et consorts, propriétaires ou locataires dans la commune de Talence, sont recevables à nous déférer le décret du 30 janvier 1852 par la voie contentieuse :

Considérant que les sieurs Rousset et consorts, fondent leur demande en réformation dudit décret sur ce que le conseil municipal de la commune de Talence, dans laquelle ils sont propriétaires ou locataires, n'aurait pas été appelé, conformément aux articles 10 et 11 du décret du 17 mai 1809, à délibérer sur l'assujétissement d'une partie de cette commune, à la perception des droits d'octroi établis dans la ville de Bordeaux ; que, dès lors, ils ont qualité pour nous déférer le décret du 30 janvier 1852, en notre Conseil d'État, par la voie du contentieux;

Au fond : considérant qu'aux termes de l'article 10 du décret du 17 mai 1809, lorsqu'une commune comprise dans la banlieue d'une ville se trouve dans le cas d'être assujétie à la perception des droits d'octroi établis ou à établir dans cette ville, le conseil municipal de ladite commune doit être appelé à délibérer sur la réunion ou sur tout autre moyen de garantir la perception des droits d'octroi ;

Considérant que si cette disposition a cessé de recevoir son application sous le régime de l'ordonnance du 9 décembre 1814, qui ne permettait plus d'établir dans les banlieues la perception des droits d'octroi des villes, elle a dû être appliquée de nouveau lorsque l'article 152 de la loi du 28 avril 1816 a rétabli la faculté d'étendre les perceptions de droits d'octroi aux banlieues des grandes villes;

Considérant, d'ailleurs, que l'article 147 de la loi du 28 avril 1816 dispose, d'une manière générale, que les droits d'octroi ne peuvent être établis dans une commune sans une délibération préalable du conseil municipal;

Considérant, en fait, que dans l'instruction qui a précédé le décret du 30 janvier 1852, et qui a eu lieu en exécution de l'ordonnance du 24 décembre 1846, portant que le tarif et le règlement de l'octroi de Bordeaux alors en vigueur cesseraient d'être exécutoires le 30 juin 1848, le conseil municipal de la commune de Talence n'a pas donné son avis sur l'assujétissement d'une partie de cette commune à la perception des droits d'octroi à établir dans la ville de Bordeaux; que, dès lors, il y a lieu d'annuler ledit décret dans la disposition par laquelle il approuve la partie du règlement de l'octroi de Bordeaux relative à l'établissement de perceptions sur le territoire de la commune de Talence:

Art. 1er. Notre décret ci-dessus visé du 30 janvier 1852 est rapporté, pour inaccomplissement des formalités légales, dans la disposition par laquelle il a approuvé la fixation des limites de la perception des droits d'octroi de la ville de Bordeaux sur le territoire de la commune de Talence.

Art. 2. Le surplus de la requête des sieurs Rousset et consorts est rejeté.

Art. 3. La ville de Bordeaux est condamnée aux dépens.

C. LITH. DU SECRÉT. GÉN. DU M. DES F. N° 56, DU 31 JANV. 1855.

Serv. cent. du matériel. Impressions.

L'état n° 151 B devra parvenir, à l'avenir, dans les dix premiers jours du mois de juin.

... On pouvait s'expliquer, jusqu'à un certain point, la formation de demandes supplémentaires sous le régime des envois d'office ; mais avec le système actuellement suivi, si les besoins étaient convenablement prévus, les demandes partielles ne devraient plus être qu'accidentelles et fort rares, tandis qu'au contraire, nonobstant les instructions de l'Administration, les comptables les ont multipliées. Ce fâcheux état de choses augmente les frais d'emballage et de transports et fait que le service des envois, qui ne devrait occuper les employés du magasin que quelques semaines par an, se prolonge pendant presque toute l'année.

Il est indispensable de mettre un terme à ces abus, et je vous prie, en conséquence, de donner aux agents placés sous vos ordres des instructions dans le sens des observations qui précèdent. Vous voudrez bien leur rappeler que, s'il est essentiel que les demandes d'impressions soient en rapport avec les besoins et ne se trouvent point insuffisantes, il importe aussi beaucoup qu'elles n'excèdent pas ces besoins. Les comptables ne doivent pas perdre de vue que toute l'économie compatible avec le bien du service doit être apportée dans l'emploi des formules ; que les impressions ne doivent pas ainsi que cela arrive souvent, être détournées de l'usage auquel elles sont destinées, non plus que les cartons et les papiers de couleur, fournis *seulement* pour couvrir les registres de perception expédiés en feuilles libres.

A partir de la présente année, et pour faciliter l'envoi général, l'état n° 151 B devra être parvenu à l'Administration dans les *dix premiers jours du mois de juin*, au lieu du commencement du mois de juillet, époque à laquelle il était fourni précédemment : Ce terme est de rigueur.

Le secrétariat général ayant eu plusieurs fois l'occasion de renvoyer aux agents de qui elles émanaient, pour être examinées de nouveau, des demandes supplémentaires qui ne paraissaient pas suffisamment exactes, toute formule n° 150 devra être dorénavant accompagnée d'observations sommaires faisant connaître, pour chaque espèce d'impressions, les motifs de la demande, afin de mettre la direction générale des douanes et des contributions indirectes, à qui elles seront soumises, à même de les approuver ou de les rejeter, si elles ne paraissaient pas fondées.

A. C. DU 2 MARS 1855, AFF. LEDORMEUR.

En principe, le pourvoi en cassation doit, aux termes de l'article 417 du Code d'instruction criminelle, être formé par déclaration au greffe, signée de la partie et du greffier ; il est néanmoins recevable lorsqu'il résulte d'une notification faite au greffier dans le délai, notification au bas de laquelle le greffier a constaté, à la *même date, le reçu de cette pièce en double expédition.* — Ch. crim.

A. C. DU 24 MARS 1855, AFF. AGREN.

Le pourvoi en cassation contre un jugement par défaut non signifié est prématuré et, par conséquent, non recevable. — Ch. crim.

A. C. DU 5 AVR. 1855, AFF. GORDIOM.

La cour de cassation peut rapporter un arrêt de rejet, lorsqu'il lui est authentiquement justifié qu'antérieurement à son arrêt, un désistement *régulier* du pourvoi a été dressé au greffe du tribunal qui a rendu la décision attaquée. — Ch. crim.

A. C. DU 14 AVR. 1855, AFF. LEMOINE.

Le moyen de nullité tiré de ce qu'un expert entendu devant le juge de première instance n'aurait pas prêté le serment prescrit par l'article 44 du Code d'instruction criminelle n'est pas recevable devant la cour de cassation, lorsqu'il n'a pas été relevé devant le tribunal d'appel. — Ch. crim.

ARR. DU CONS. D'ÉT. (DÉCRET) DU 25 AVR. 1855, AFF. PAQUELIN.

Les locaux où sont établis les bureaux et les magasins d'un Receveur principal entreposeur des contributions indirectes, dans le cas où ils sont loués non pour le compte personnel du Receveur, mais pour celui de l'Administration, qui supporte les frais de loyer, doivent être considérés comme affectés à un service public, dans le sens de l'article 5 de la loi du 4 frimaire an vii, et, à ce titre, jouir de l'exemption de contribution prononcée par ledit article.

ARR. DU CONS. D'ÉT. (DÉCRET) DU 17 MAI 1855, AFF. MABÉ.

Ce n'est pas au Conseil d'État, c'est exclusivement à l'autorité judiciaire qu'il appartient de statuer sur les contestations relatives à l'application de tarifs de péage ; spécialement, le Conseil d'État ne peut, sous prétexte d'interprétation, être saisi d'un débat sur l'application de tel ou tel cas d'exemption.

A. C. DU 8 JUIN 1855, AFF. VADAM.

Est non recevable le pourvoi en cassation qui, au lieu d'être formé par une déclaration faite au greffier, signée de lui et de la partie, et inscrite sur un registre à ce destiné, l'a été par acte *extrajudiciaire signifié au greffier, et dans lequel la partie demanderesse se borne à déclarer* qu'elle entend se pourvoir en cassation ; cet acte, en effet, alors même que l'original de la signification serait visé par le greffier, ne saurait couvrir l'irrégularité du pourvoi et remplacer la signature de la partie, qui seule peut constater légalement la volonté de se pourvoir. — Ch. crim.

ARRÊT DU CONS. D'ÉT. (DÉCRET) DU 21 JUIN 1855, AFF. MAUSSION DE CANDÉ.

Si la pension du père ou de la veuve n'avait pas été liquidée, les secours à accorder aux orphelins, secours qui participent de la nature de la pension quant au caractère du droit, doivent être réglés conformément aux dispositions de la loi de 1853, bien que le père eût accompli au 1er janv. 1854 la durée de services exigée par les règlements.

A. C. DU 19 JUILL. 1855, AFF. THERRIN.

La solidarité impérativement ordonnée par l'article 55 du Code pénal ne doit pas être considérée comme une peine ou aggravation de peine, mais uniquement comme un mode d'exécution que les tribunaux ne peuvent se dispenser de prononcer ; dès lors le tribunal d'appel peut, sur l'appel seul des prévenus, prononcer la condamnation solidaire à l'amende et aux frais, quoique les premiers juges ne l'aient pas prononcée.

JUG. DU TRIB. CORRECT. DE PARIS, DU 25 JUILL. 1855 AFF. DUREL.

La petite bière n'est affranchie de l'impôt que lorsqu'elle a été fabriquée dans les conditions prévues par l'art. 114 de la loi du 28 avril 1816.
Les brasseurs ne peuvent sous aucun prétexte, et par quelque procédé que ce soit,

faire subir clandestinement à la bière fabriquée suivant le mode ordinaire une modification quelconque tendant à en augmenter le volume.
Le simple mélange d'eau avec la bière forte constitue une contravention.

Attendu que les employés de l'Administration des contributions indirectes sont autorisés par l'article 125 de la loi du 28 avril 1816, à visiter les maisons, brasseries, ateliers, magasins, caves et celliers des brasseurs, afin de constater toutes les contraventions aux lois concernant la perception des impôts établis au profit du trésor public et des communes ;

Attendu qu'il résulte du procès-verbal rédigé, le 18 février 1855, par lesdits employés, que, le 14 du même mois, à deux heures du soir, il avait été entonné 38 hectolitres 25 litres de bière forte dans la brasserie de Durel, et que, ledit jour, 18 février, à dix heures du matin, ils ont trouvé dans l'entonnerie 55 hectolitres 50 litres de bière forte en état de fermentation ; que Durel, pour expliquer cet excédant, a dit que ne vendant que de la petite bière, il était dans l'obligation de couper la bière forte dans la proportion de quatre parties d'eau contre une de bière ;

Attendu que, même en admettant que les employés aient commis une erreur en qualifiant bière forte les liquides trouvés chez Durel le 18 février, il serait encore établi par leur procès-verbal qu'il a contrevenu aux dispositions des lois fiscales qui régissent la matière ;

Attendu, en effet, que l'ensemble de ces dispositions démontre que l'impôt sur la bière est un impôt de consommation, et que toutes celles qui sont destinées à être consommées dans l'intérieur sont soumises aux droits établis, soit au profit de l'État, soit au profit des communes ;

Que, dans le but d'assurer la perception de l'impôt, le législateur a déterminé les conditions auxquelles serait assujétie la fabrication ; qu'il a établi, en termes précis, la distinction entre les deux espèces de bières ; qu'il a voulu que les employés fussent avertis à l'avance, aussi bien quand il s'agit de la fabrication de la petite bière que lorsqu'il s'agit de bière forte ;

Attendu que la petite bière n'est affranchie de l'impôt que lorsqu'elle a été faite dans les circonstances énumérées en l'article 114 ; qu'à défaut de l'une de ces conditions prévues par ledit article, elle est soumise aux droits ;

Attendu qu'il suit de là, en premier lieu, que les brasseurs ne peuvent, sous aucun prétexte et par quelque procédé que ce soit, autre que celui énoncé en l'article 114, fabriquer de la petite bière sans remplir les formalités prescrites, notamment en ce qui concerne l'avertissement à donner aux employés, et sans payer les droits ; en second lieu, que celui qui fait subir clandestinement à la bière fabriquée suivant le mode ordinaire une modification quelconque tendant à en augmenter le volume avant de la livrer à la consommation commet une fraude à la loi ; qu'ainsi le simple mélange d'eau avec la bière forte constitue une contravention ;

Attendu que vainement Durel objectera que ce mélange ne peut avoir lieu que dans une proportion telle que le droit étant acquitté sur la bière, le mélange par lui pratiqué contient quatre pièces d'eau et une seule de bière forte ;

Qu'il est même certain que l'on peut obtenir facilement un liquide tellement chargé de substances provenant des céréales employées dans la fabrication, qu'en le mélangeant avec quatre pièces d'eau, même dans une proportion moindre, on produirait de la bière de la qualité de celle qui est livrée habituellement à la consommation ;

Attendu, d'ailleurs, que Durel ne s'est pas borné à mélanger de l'eau avec de la bière forte ;

Que l'état de fermentation dans lequel les employés ont trouvé la liqueur démontre que Durel, pour avoir un plus grand volume, a fait usage de procédés secrets ;

Que, lui-même, interrogé à l'audience du 4 mai, a acquiescé sans réserve aux explications que venait de donner un autre brasseur, qui déclarait qu'après avoir dédoublé la bière, il ajoutait du levain pour renouveler la fermentation ou la raviver ;

Qu'ainsi, il a opéré une nouvelle fabrication en dehors des règles et de la surveillance prescrites avec tant de soin par la loi ;

Attendu que, de tout ce qui précède, il résulte que Durel a contrevenu aux dispositions de l'article 120 et encouru la peine portée par l'article 120 de la loi du 28 avril 1816 ;

Qu'il a de même contrevenu à l'article 36 du règlement de l'octroi de Paris ;

Condamne Durel à 200 francs d'amende pour contravention à l'article 120 ;

A 100 francs d'amende pour contravention au règlement de l'octroi ;

Prononce la confiscation des 55 hectolitres 50 litres de bière ;

Et le condamne aux dépens ;

Fixe la contrainte par corps à dix mois.

A. C. DU 22 NOV. 1855, AFF. GOVILLE.

Le désistement, par le prévenu condamné à l'emprisonnement, de l'appel qu'il a interjeté du jugement de première instance n'a pas pour effet de faire remonter le point de départ de la peine au jour de ce jugement ; en effet, aux termes de l'article 24 du Code pénal, la durée de la peine ne comptant que du jour où la condamnation est devenue irrévocable, cette peine ne commence que le jour où acte de son désistement a été donné au prévenu. — *Ch. crim.*

LETT. COMM. DU 24 NOV. 1855.

4e Div. 1er Bur.

Les droits constatés à titre de supplément de droit de consommation doivent entrer dans le calcul des primes d'apurement.

La circulaire du 10 juillet 1855, n° 301, a prescrit de porter dans la comptabilité comme *recette extraordinaire*, les sommes qui, chez les débitants rédimés et chez les débitants des villes à taxe unique, ont été constatés à titre de supplément de droit de consommation sur l'alcool. (Art. 1er de la loi du 14 juillet 1855.)

Par exception à la règle qui n'admet pas les *recettes extraordinaires* parmi les produits passibles de primes (circulaires nos 17/6, du 10 décembre 1828, et 97, du 31 décembre 1831), les droits supplémentaires dont il s'agit, et qui sont recouvrables par voie d'avertissement et de contrainte, entreront dans le calcul pour la fixation des primes d'apurement ; mais, bien entendu, les primes ne seront payées qu'autant que les comptables solderont intégralement et les suppléments de taxes dont il est question, et les autres droits constatés dans leur circonscription.

A. C. DU 30 NOV. 1855 AFF. VALLÉE.

Le certificat d'indigence produit en conformité des articles 419 et suivants du Code d'instruction criminelle doit, à peine de déchéance du pourvoi, contenir l'attestation personnelle du maire sur l'état d'indigence du demandeur en cassation, et, en outre être approuvé par le préfet du département. Il est insuffisant s'il n'atteste que la déclaration d'indigence faite par le demandeur lui-même, et s'il n'est visé pour légalisation que par le sous-préfet.— Ch. crim.

A. C. DU 1er DÉC. 1855, AFF. GEISTDOERFER.

Doit être annulé le jugement à l'égard duquel n'est pas fournie la preuve légale et juridique qu'il a été rendu en présence du greffier. — Ch. crim.

A. C. DU 1er DÉC. 1855, AFF. LECLAIRE.

Lorsque l'accusé est acquitté, la partie civile doit être condamnée aux frais du procès envers le Trésor public, alors même que cet accusé serait condamné à des dommages-intérêts envers elle ; dans ce cas, la partie civile peut demander récursoirement le remboursement de ces frais, mais la Cour d'assises n'est pas tenue de l'accorder.

L'article 52 du Code pénal n'établit la contrainte par corps, pour le recouvrement des dommages-intérêts accordés à la partie civile, qu'au cas de condamnation pour crime ou délit. Si l'accusé est acquitté, la contrainte par corps ne peut être prononcée au profit de la partie civile qu'en vertu d'autres textes de loi. Ch. crim.

A. C. DU 20 DÉC. 1855, AFF. RUTY.

La partie civile qui se désiste de son pourvoi en cassation ne succombe pas dans son pourvoi, et ne doit pas, dès lors, être condamnée à l'indemnité de 150 fr. envers le prévenu ; elle doit, toutefois,être condamnée aux frais que son pourvoi a occasionnés, et que son désistement emporte virtuellement avec lui soumission de payer. — Ch. crim.

A. C. DU 21 DÉC. 1855, AFF. RÉPOND.

Lorsque la citation introductive d'instance a été notifiée à une personne autre que le prévenu, dans un domicile autre que le sien, et a été laissée à un tiers qui s'est dit au service de cette personne, aucune condamnation ne peut intervenir contre ce prévenu, et l'opposition qu'il forme à l'exécution du jugement par défaut qui, à tort, a prononcé une condamnation dans les circonstances ci-dessus ne peut être rejetée. Ch. crim.

A. C. DU 5 JANV. 1856, AFF. LEFRANC.

Les blessures faites à un garde forestier, agent de la force publique, dans l'exercice de ses fonctions, avec intention de lui donner la mort, constituent le crime prévu par les articles 230 et 233, du Code pénal, alors même que ce garde, d'abord commissionné par un arrondissement devant le tribunal duquel il aurait rempli les formalités prescrites par l'article 5 du Code forestier, aurait été changé et commissionné pour un arrondissement autre, sans y avoir rempli ces mêmes formalités, lorsqu'il exerce sa fonction ostensiblement et sous l'autorité du gouvernement, si, d'ailleurs, il est notoirement connu comme remplissant les fonctions de garde dans le lieu où le crime ci-dessus aurait été commis sur sa personne. — Ch. crim.

ARRÊT DU CONS. D'ÉT. (DÉCRET) DU 10 JANV. 1856, AFF. NOIROT.

Les services non assujétis à la retenue ne peuvent être comptés, pour établir le droit à pension, qu'aux employés qui ne subissaient pas de retenue avant la mise à exécution de la loi du 9 juin 1853, et qui y ont été soumis depuis cette époque.

Ainsi décidé par un avis de la section des finances, à l'occasion d'un fonctionnaire qui, après avoir exercé l'emploi de percepteur, pour lequel il n'avait pas été sujet à retenue, avait été appelé, avant 1854, aux fonctions de payeur, pour lesquelles il avait supporté la retenue.

La question n'a pas été résolue par l'arrêt précité; mais le ministre a rappelé, dans cette affaire, l'avis ci-dessus de la section des finances.

A. C. DU 4 FÉV. 1856, AFF. AUGER.

Un tribunal ne peut se dispenser d'énoncer les motifs de son jugement, en se référant à des jugements antérieurs rendus par lui et qui seraient motivés. (Loi du 25 avril 1810, article 7.) — Ch. civ.

ARRÊT DU CONS. D'ÉT. (DÉCRET) DU 7 FÉV. 1856, AFF. DESGRANGES.

La pension de la veuve d'un fonctionnaire ayant accompli, au 1er janvier 1854, la durée de services exigée par les anciens règlements spéciaux, doit être réglée conformément à la loi de 1853.

Considérant que, d'après l'art. 13 de la loi du 9 juin 1853, a droit à pension la veuve du fonctionnaire qui a accompli la durée de services exigée par l'art. 5 de ladite loi, pourvu que le mariage ait été contracté six ans avant la cessation des fonctions du mari, et que la pension de la veuve est du tiers de celle à laquelle le mari aurait eu droit;

Considérant que c'est à l'époque du décès du fonctionnaire que le droit à pension est ouvert au profit de la veuve; que ce droit, quant à son existence, n'est subordonné qu'aux conditions déterminées par la loi en vigueur à l'époque où il s'ouvre;

Considérant que le sieur Desgranges, premier secrétaire interprète du gouvernement pour les langues orientales à Paris, est décédé le 28 février 1854, ayant accompli la durée de service exigée par l'art. 5 de la loi du 9 juin 1853; qu'ainsi la pension de la veuve du sieur Desgranges est du tiers de celle à laquelle aurait eu droit son mari, sous les seules conditions fixées par l'art. 13 de la loi précitée; qu'il résulte de l'instruction que la dite veuve satisfait à toutes les conditions prescrites par cet article; que, dès lors, c'est à-tort que sa pension n'a pas

été liquidée par notre ministre des affaires étrangères conformément aux bases sus énoncées;

Art. 1er. La décision de notre ministre des affaires étrangères, en date du 7 juillet 1855, est annulée;

Art. 2. La dame Picault, veuve du sieur Desgranges est renvoyée devant notre ministre des affaires étrangères pour être procédé à la liquidation de la pension qui lui est due, d'après les bases déterminées par l'art. 13 de la loi du 9 juin 1853.

A. C. DU 12 FÉV. 1856, AFF. JACQUELINE.

Le principe de la compétence des chambres réunies de la Cour de cassation étant dans la résistance même que la cour de renvoi, saisie par le premier arrêt de cassation, oppose, sur une thèse de droit, à l'autorité de cet arrêt, il en résulte que les chambres réunies ne sont appelées à prononcer sur un pourvoi ou sur divers chefs distincts d'un même pourvoi que lorsque, après la cassation d'un premier arrêt, le deuxième arrêt rendu dans la même affaire, entre les mêmes parties, agissant en la même qualité, est attaqué par les mêmes moyens. — Ch. crim.

ARR. DU CONS. D'ÉT. (DÉCRET) DU 13 FÉV. 1856.

Un employé du Gouvernement qui est tenu d'entretenir un cheval pour son service, et qui, par suite, ne doit pas pour ce cheval la prestation en nature, ne doit pas davantage être imposé à raison de la voiture à laquelle il attèle quelquefois ce cheval (et dont ce cheval forme le seul attelage).

Vu la loi du 21 mai 1836, notamment l'article 3;

Considérant que le sieur Lebrun, garde-général des forêts de l'État, est tenu d'avoir et d'entretenir un cheval pour son service; que le sieur Lebrun ne pouvait être tenu de fournir la prestation pour un cheval qui est employé à un service public, et que la voiture à laquelle ce cheval est quelquefois attelé ne peut être considérée comme une voiture attelée, dans le sens de la loi du 21 mai 1836; que, dès lors, c'est à tort que le sieur Lebrun a été porté et maintenu sur le rôle des prestations de la commune de Saint-Sever pour un cheval et une voiture attelée, en 1855;

L'arrêté du conseil de préfecture des Landes du 19 septembre 1855 est annulé. (Cons. d'État.)

A. C. DU 21 FÉV. 1856, AFF. VERSCHOORRE.

Les nullités des procès-verbaux dressés en matière de garantie des matières d'or et d'argent ne peuvent être invoquées dans le cas où il s'agit de faits qualifiés crimes; alors l'action publique est régie par les lois du droit commun pour la poursuite des crimes, puisque ces procès-verbaux n'ont d'autre valeur devant le jury que celle de simples renseignements.

D'ailleurs, ces nullités seraient tardivement produites devant la Cour de cassation, et même devant la Cour d'assises; elles sont couvertes, en effet, par le défaut de pourvoi contre l'arrêt de renvoi. — Ch. crim.

ARR. DU CONS. D'ÉT. (DÉCRET) DU 21 FÉV. 1856, AFF. GAILLAC.

Lorsqu'un bail à ferme d'octroi contient la clause suivante : « la commune garantissant la jouissance pleine et entière des droits et des moyens de perception résultant du tarif et du règlement qui sont la base de la présente adjudication, l'adjudicataire ne pourra être reçu, sous aucun prétexte, à demander le résiliement du bail ou des indemnités, ni à compter de clerc à maître, hors les cas prévus par l'article 9 ci-dessus et par l'article ci-après,» cette clause peut être considérée dans un débat entre la commune et le fermier d'octroi qui réclame une indemnité pour diminution de revenu par suite de force majeure, comme présentant une difficulté d'interprétation; par conséquent, l'autorité judiciaire, saisie de la demande du fermier, doit surseoir à statuer jusqu'à ce que le préfet, en conseil de préfecture, se soit prononcé sur le sens de la clause dont il s'agit. En ce cas, l'interprétation du bail est réservée à l'autorité administrative, mais seulement à titre de question préjudicielle.

Vu les lois des 16-24 août 1790 et 21 fructidor an III ;

Vu le décret du 17 mai 1809, art. 136 ;

Vu les ordonnances des 1er juin 1828 et 12 mai 1831 ;

Considérant que la demande des fermiers de l'octroi de la ville de Gaillac avait pour objet d'obtenir, soit une indemnité, soit la résiliation de leur bail, à raison des pertes que leur ont fait éprouver, pendant les années 1854 et 1855, l'oïdium et la gelée des vignobles ; que, pour repousser cette demande et l'application des règles de droit commun en matière de baux, la ville de Gaillac se fonde sur l'article 31 du cahier des charges de l'adjudication, et soutient qu'aux termes de cet article les fermiers ne peuvent, hors des cas qui y sont prévus, être, sous aucun prétexte, admis à demander, soit une indemnité, soit la résiliation de leur bail ; qu'il est nécessaire, pour la solution du litige, de déterminer le sens et l'étendue de la clause du bail invoquée par la ville;

Considérant que l'article 36 du décret du 17 mai 1809 renvoie au préfet, en conseil de préfecture, les contestations qui peuvent s'élever entre les fermiers des octrois et les villes, lorsqu'il s'agit d'interpréter le sens des clauses des baux qu'ainsi la demande des sieurs Cusset et Jalibert soulève une question préjudicielle, qui est de la compétence de l'autorité administrative ;

Art. 1er. L'arrêté de conflit est confirmé en tant qu'il revendique pour l'autorité administrative l'interprétation de la clause du bail invoquée par la ville.

Art. 2. Est considéré comme non avenu le jugement du tribunal civil de l'arrondissement de Gaillac en date du 10 décembre 1855.

A. C. DU 22 FÉV. 1856, AFF. ROUSSEL.

La Cour de cassation ne peut prononcer l'annulation d'un arrêt, lorsque les motifs seuls sont erronés et que le dispositif est conforme à la loi. — Ch. crim.

A. C. DU 27 FÉV. 1856, AFF. BORDIER.

Est nul, pour défaut de motifs, l'arrêt dans lequel une cour d'appel s'est bornée à adopter purement et simplement les motifs des premiers juges, lorsque des conclusions ont été produites pour la première fois en appel. (Loi du 20 avril 1810, article 7.) — Ch. civ.

C. LITH. DU SECRÉT. GÉN. DU M. DES F. N° 111, DU 7 MARS 1856.

Serv. cent. du matériel. Impressions.

Mesures d'ordre.

M. le Directeur de la Comptabilité générale vous a annoncé par la circulaire n° 61-586, du 20 déc. 1855, que c'est au Secrétariat général des finances, service central du matériel, que devront, à l'avenir, être adressées les demandes générales et supplémentaires d'impressions. Il résulte de cette mesure que les modèles de comptabilité au lieu de faire l'objet de demandes particulières, pourront dorénavant être compris, *bien que classés à part*, dans les demandes accidentelles que les Receveurs principaux se trouveront dans le cas de former pendant le courant de l'année. Quant à la demande générale, elle sera réunie à l'état n° 151 B lors du prochain tirage qui sera fait de ce modèle : la nomenclature des impressions du service des contributions indirectes se trouvera ainsi complétée.

Je vais maintenant vous entretenir de plusieurs parties du service sur lesquelles j'appelle votre attention.

1° *Demandes d'impressions.*

Les travaux d'inventaire de fin d'année du magasin central ne permettant pas de faire des envois, *surtout en timbres et en matière de cartes*, pendant le cours de cette opération, les Receveurs principaux sont invités à s'abstenir désormais, à moins de circonstances tout-à-fait exceptionnelles et dûment justifiées, de faire parvenir des demandes au secrétariat général depuis le 20 décembre jusqu'au 10 janvier.

2° *Cartons et papiers de couleur.*

Il arrive journellement au secrétariat général des demandes de cartons et de papiers de couleur qui, le plus souvent, ne sont pas suffisamment motivées. On ne doit pas perdre de vue cependant que ces matières, destinées seulement à couvrir les registres expédiés en feuilles libres, ainsi que les impressions d'octroi, ne doivent, sous aucun prétexte, être détournées de leur destination. Le service central du matériel, prenant pour base le nombre de *titres libres* expédiés, réduira dorénavant dans cette proportion les demandes de cartons et de papiers de couleur qui l'excéderont, à moins qu'il ne soit fourni de justifications complètes.

3° *Renvois d'impressions.*

Je rappelle que, conformément aux instructions, les renvois au magasin central d'impressions, de toute nature ou de matières de cartes ne peuvent avoir lieu que sur l'autorisation donnée et suivant le mode de transport indiqué par le service central du matériel. Quant aux renvois faits spécialement par la poste, tous, sans exception, doivent être adressés au *ministre des finances, (secrétariat général, service central du matériel.)* Aucun paquet ne peut être adressé directement au garde-magasin central, qui ne jouit pas de la franchise...

ARR. DU CONS. D'ET. (DÉCRET) DU 27 MARS 1856, AFF. DEJEAN.

La veuve d'un sous-inspecteur des forêts mort d'une maladie contractée dans une course forcée, faite pour se rendre dans une forêt de sa circonscription, où un incendie avait éclaté, a droit à pension bien que son mari ne soit mort que neuf ans après l'événement.

Vu la loi du 9 juin 1853, art. 11 et 14 ;

Considérant qu'aux termes de l'art. 14 susvisé de la loi du 9 juin 1853, a droit à pension la veuve du fonctionnaire qui aura perdu la vie par suite d'un accident grave résultant notoirement de l'exercice de ses fonctions ;

Considérant qu'il résulte de l'instruction qu'en se rendant pendant la nuit du 4 mars 1846 sur le théâtre d'un incendie qui avait éclaté dans une des forêts de sa circonscription, le sieur Dejean a été subitement frappé, dans l'exercice de ses fonctions, d'une maladie grave et accidentelle des suites de laquelle il est mort ; qu'ainsi la dame Dejean, sa veuve, était fondée à réclamer une pension à titre exceptionnel par application du § 2 de l'art. 14 de la loi susvisée ;

Art. 1er. La décision de notre ministre des finances, du 14 octobre 1855, est annulée ;

Art. 2. La dame veuve Dejean est renvoyée devant notre dit ministre pour y être procédé à la liquidation de la pension à titre exceptionnel à laquelle elle a droit conformément à l'art. 14 de la loi du 9 juin 1853.

A. C. DU 28 MARS 1856, AFF. COURSAULT.

Il y a détournement, dans le sens des articles 169 et 171 du Code pénal, par le dépositaire public (un huissier, dans l'espèce) qui, mis en demeure de restituer des sommes reçues en vertu de ses fonctions, résiste opiniâtrément à la restitution de ces sommes, dans l'intention de se les approprier, et en fait ainsi une rétention illégitime et frauduleuse. — Ch. crim.

A. C. DU 29 MARS 1856, AFF. COUSTE.

Un pourvoi en cassation ne peut être formé contre un jugement par défaut à l'exécution duquel il a été formé opposition, et qui, par suite *de cette opposition*, a été annulé, conformément à l'article 187 du Code d'instruction criminelle. — Ch. crim.

A. C. DU 4 AVR. 1856, AFF. TUR.

Le mot *jugé* présentant un sens générique qui s'applique aux débats qui ont précédé le prononcé de l'arrêt, cette mention finale d'un arrêt : « Ainsi jugé et « prononcé le..... en l'audience publique de.... » suffit pour constater la publicité de toutes les audiences consacrées à l'affaire. — Ch. crim.

A. C. DU 16 AVR. 1856, AFF. LIEUTAUD.

Un jugement rendu en matière d'enregistrement est nul lorsqu'il n'énonce pas que le ministère public a été entendu en ses conclusions. (Loi du 22 frimaire an VII, art. 65 ; Code de proc. civ. art. 112.) — Ch. civ.

A. C. DU 26 AVR. 1856, AFF. MILLET.

Le ministère de l'avoué n'étant pas exigé en matière correctionnelle, les frais

auxquels donne lieu l'assistance de cet officier ministériel doivent être mis à la charge de la partie qui l'a requise, et non à la charge de son adversaire.

A. C. DU 21 MAI 1856, AFF. LEMARCHAND.

Est nul un arrêt de Cour impériale rendu par moins de sept conseillers, ou par des conseillers qui n'ont pas assisté à toutes les audiences de la cause. (Lois du 27 ventôse an VIII, art. 27, et du 20 avril 1810, art. 7.) — Ch. civ.

A. C. DU 22 MAI 1856, AFF. PEYREMENT.

Le *certificat du maire* de la commune de la résidence du prévenu, appuyé du certificat de non-imposition du percepteur de sa circonscription, approuvé par le préfet, constatant qu'il ne possède aucune propriété mobilière ou immobilière dans la commune, est insuffisant et ne peut équivaloir au certificat d'indigence prescrit par l'article 420 du Code d'instruction criminelle. — Ch. crim.

A. C. DU 22 MAI 1856, AFF. GEFFROUAIS.

Devant le tribunal d'appel, il doit être procédé, à peine de nullité, au rapport de l'affaire par l'un des juges ; c'est une formalité substantielle, qui intéresse tout à la fois et les droits de la défense et la bonne administration de la justice. — Ch. crim.

ARR. DU CONS. D'ÉT. (DÉCRET), DU 28 MAI 1856.

Les préposés du service *actif* des douanes, qui ont une habitation particulière dans une commune, doivent la contribution personnelle et mobilière.

A. C. DU 12 JUIN 1856, AFF. LAMBERT.

Le prévenu n'est pas fondé à relever devant la cour de cassation un moyen de nullité qui s'est produit devant les premiers juges, et qui n'a pas été relevé devant les juges d'appel.

Une demande en inscription de faux ne peut être accueillie par la Cour de cassation qu'autant que les faits articulés présenteraient le caractère de vraisemblance et de gravité qui en justifierait l'admission. — Ch. crim.

A. C. DU 18 JUIN 1856, AFF. BEDIN.

Une instance, dès qu'elle est engagée, forme un tout indivisible à l'égard des parties en cause ; en conséquence, tout acte interruptif de péremption, fait par l'une des parties, profite à toutes les autres et peut être invoqué par elles. (Code de procéd. civ. art. 377 et 399.) — Ch. civ.

C. DU M. DE L'INT. AUX PRÉFETS, N° 22, DU 24 JUIN 1856.

Div. comm. et hosp. 1er Bur. Octrois.

Prorogation ou révision des tarifs d'octroi.

Les autorités locales proposent fréquemment d'établir des taxes principales ou permanentes d'octroi pour subvenir à des dépenses extraordinaires, telles que des acquisitions d'immeubles, des constructions d'édifices, le remboursement de dettes, etc. Or, c'est là une destination contraire à l'esprit de la loi du 18 juillet 1837, qui, vous le savez, ayant rangé le produit des octrois parmi les recettes ordinaires des communes, a voulu qu'il servit aux besoins de la même nature. Quant aux dépenses accidentelles et transitoires, il est plus conforme aux principes d'une bonne Administration d'y pourvoir soit au moyen de centimes additionnels *au principal des quatre contributions directes*, soit, *lorsque les centimes sont insuffisants*, au moyen de taxes *additionnelles* à l'octroi, lesquelles se distinguent essentiellement des taxes principales, en ce qu'elles sont *temporaires*, et non pas *permanentes*, et qu'elles ne doivent pas excéder une durée de plus de cinq ou six ans.

Je vous prie de m'accuser réception de la présente circulaire et d'adresser immédiatement des instructions aux Administrations municipales des communes auxquelles peuvent s'appliquer les observations ci-dessus.

LETT. DE L'ADM. AU DIRECT. DE L'AISNE DU 8 JUILL. 1856.

1re Div. 2e Bur. Sucres.

Escompte sur les sucres.

Par lettre du 25 juin dernier, vous avez, M., exposé que dans votre direction, les débiteurs de droits sur les sucres indigènes obtiennent l'escompte alors même que les paiements en numéraire sont effectués après le délai de dix jours qui leur est accordé à partir de l'enlèvement des sucres, mais que dans ce cas on n'accorde l'escompte que pour le nombre de jours qui reste à courir afin de compter les quatre mois.

En ce qui concerne les droits payés à la Douane de Paris, sur le sucre indigène, vous êtes porté à croire que l'escompte est alloué intégralement pour quatre mois, même dans le cas où le paiement n'est effectué qu'après le délai de dix jours, vous demandez que des instructions soient données par l'Administration afin que les deux services opèrent uniformément.

Ces instructions existent et l'Administration ne peut que les rappeler aux deux services.

En principe le droit sur les sucres est dû à la sortie des fabriques ou des entrepôts. Toutefois, l'art. 36 du règlement du 1er septembre 1852, a accordé pour le paiement un délai de cinq jours, porté à dix par la décision ministérielle du 1er novembre de la même année. Ces règles ont été reproduites dans l'instruction du 15 décembre 1853 dont l'art. 135 porte que la Régie est autorisée à n'accorder l'escompte que sur les acquittements faits dans les conditions et aux époques déterminées par les règlements. En conséquence et nonobstant la remise d'une soumission provisoire, tout paiement effectué, après les délais fixés, ne peut donner ouverture à la bonification de l'escompte qu'autant que le retard proviendrait du service lui-même, circonstance qui ne peut se présenter que fort rarement et que les chefs doivent s'attacher à prévenir.

Il ne saurait en aucun cas, être question de scinder l'escompte.

Par ces motifs, je vous invite à donner des ordres pour que l'escompte soit refusé d'une manière absolue, quand le retard dans le paiement est du fait du redevable.

Votre collègue du service des douanes à Paris reçoit des instructions dans le même sens.

A. C. DU 2 AOUT 1856, AFF. DREVELLE.

Le tribunal de répression qui repousse l'application de la peine de la récidive doit donner des motifs explicites de sa décision; il ne doit pas se borner à déclarer qu'il n'apparaît pas qu'on eût établi l'état de récidive du prévenu, et que le jugement d'où il résulterait fût définitif.

L'état de récidive ne peut résulter que d'un jugement définitif, ayant acquis l'autorité de la chose jugée; dès lors, il ne peut en être fait état lorsque la seconde contravention a été commise avant l'expiration du délai accordé au prévenu pour se pourvoir en cassation contre le jugement, base de cet état de récidive. — Ch. crim.

A. C. DU 8 AOUT 1856, AFF. CAZENEUVE.

Les prescriptions de l'article 184 du Code d'instruction criminelle, sur les délais de l'assignation devant la juridiction correctionnelle, sont inapplicables lorsqu'il s'agit d'opposition à un jugement par défaut; c'est l'article 188 qui est seul applicable, et, dès lors, le prévenu opposant doit comparaître à la première audience après son opposition. Par suite, le ministère public n'est pas tenu de donner une assignation nouvelle, et, s'il la donne, le délai entre cette assignation et la comparution importe peu. — Ch. crim.

A. C. DU 13 AOUT 1856, AFF. DE MONTIFAUT.

L'opposition à un règlement définitif d'ordre est recevable jusqu'à sa ratification ou exécution. (Code de proc. civ. art. 156, 157, 158, 159, 413 et 763.)

LETT. DE L'ADM. DU 3 SEPT. 1856.

4e Div. 4e Bur. Contentieux.

Tribunaux compétents.

L'art. 90 de la loi du 5 ventôse an XII se borne à dire que les contraventions en matière de contributions indirectes seront poursuivies par devant les tribunaux correctionnels, sans énoncer si le tribunal compétent sera celui de l'arrondissement où la contravention a été commise, ou celui où réside le prévenu. Mais l'Administration a toujours entendu que le tribunal du lieu de la saisie était celui qui était le plus à portée d'en apprécier les circonstances. Elle n'a jamais douté, en effet, que cette question d'attribution ne dût être résolue d'après les principes qui ont prévalu devant la cour de cassation en matière d'affirmation des procès-verbaux des préposés de la Régie; aux termes de l'art. 25 du décret du 1er germinal an XIII, ces procès-verbaux doivent être affirmés devant le juge de paix ou devant l'un des suppléants. Il s'agissait de savoir quel était le juge de paix qui devait recevoir l'affirmation. Or, la cour a décidé, par plusieurs arrêts, que c'était le juge de paix du lieu de la saisie. Il semble qu'il y a parité de motifs pour décider que les poursuites des contraventions doivent être déférées au tribunal dans l'arrondissement où ces contraventions ont été commises.

ARR. DU CONS. D'ÉT. (DÉCRET) DU 10 SEPT. 1856, AFF. AMIOT.

La vente du plomb de chasse (tableau A, 6e classe), lorsqu'elle a été faite accessoirement à un débit de poudre, et qu'elle est sans importance, doit être considérée comme ne faisant pas l'objet d'un commerce spécial. (Dans l'espèce, le contribuable alléguait qu'il vendrait au plus par an 75 kilogrammes de plomb).

Considérant que la vente de plomb de chasse que le sieur Amiot a faite pendant l'année 1855 ne peut être considérée comme faisant l'objet d'un commerce spécial, mais qu'elle était seulement l'accessoire de son débit de poudre; que, dans ces circonstances, c'est à tort que le conseil de préfecture de la Manche a rejeté sa demande en décharge de la contribution des patentes à laquelle le requérant avait été imposé, pour 1855, sur le rôle de la commune de Briquebec, en qualité de marchand de plomb de chasse:

L'arrêté du conseil de préfecture de la Manche est annulé.

A. C. DU 18 SEPT. 1856, AFF. BRUNI.

La partie civile qui se désiste de son pourvoi en cassation ne succombe pas, et, dès lors, elle ne doit pas être condamnée à l'indemnité, mais seulement aux frais.

A. C. DU 26 SEPT. 1856, AFF. DENOBILE.

L'arrêt qui reconnaît, en fait, qu'un prévenu absent habite une ville, et que la notification d'un jugement rendu par défaut contre lui a été faite dans les termes des articles 187 du Code d'instruction criminelle, 68 et 69 du Code de procédure civile, ne peut déclarer cette notification nulle, en se fondant sur ce que ce prévenu n'a pas résidé dans cette ville d'une manière permanente, et qu'il n'aurait pas manifesté l'intention de s'y fixer définitivement.

A. C. DU 14 OCT. 1856.

Est recevable le pourvoi en cassation formé le quatrième jour, la loi ayant accordé trois jours francs.

A. C. DU 10 NOV. 1856, AFF. VERDON.

Le tribunal devant lequel est formé l'appel d'un jugement ne peut connaître que des points sur lesquels porte l'appel principal ou l'appel incident des parties; il est sans pouvoir relativement aux autres dispositions du même jugement, lesquelles acquièrent, à défaut d'appel, l'autorité de la chose jugée. (Code Napoléon, articles 1351 et 101; Code de procédure civile, article 857.)

ARR. DU CONS. D'ÉT. DU 20 NOV. 1856.

Un individu employé dans les bureaux d'une recette générale comme aspirant surnuméraire percepteur, et ayant une habitation distincte de celle de ses père et mère, doit être imposé à la contribution personnelle. Il prétendrait vainement qu'il n'a pas de ressources propres et que ses parents subviennent seuls à ses besoins.

Vu la loi du 26 mars 1831 et celle du 21 avril 1832, article 12 :

Considérant qu'il résulte de l'instruction que le sieur Joseph Blondel, employé dans les bureaux du Receveur général comme aspirant surnuméraire percepteur, a cessé d'habiter avec ses père et mère; qu'il a dans la ville de Lons-le-Saunier une habitation séparée et qui lui est propre; que, dans ces circonstances, c'est avec raison que, par application de l'article 12 de la loi du 21 avril 1832, il a été imposé et maintenu pour l'année 1856, à la contribution personnelle, sur le rôle de la ville de Lons-le-Saunier.

La requête du sieur Joseph Blondel est rejetée.

LETT. COMM. N° 14,709, DU 29 NOV. 1856.

4e Div. 1er Bur. Distilleries.

Rectifications. Recommandations relatives à la tenue des écritures.

Monsieur, les résultats des rectifications opérées après une prise en charge définitive, doivent être consignés au carnet d'exercices, comme éléments d'appréciation ; quant aux propositions de décharge que ces résultats peuvent motiver, ils ne doivent être établis qu'à ce carnet. Les faire ressortir au portatif, soit dans les actes généraux de recensement, soit dans des actes spéciaux, c'est porter atteinte au droit que la Régie se réserve, pour refuser, le cas échéant, la décharge des manquants constatés à la suite de ces rectifications, faites dans des conditions exceptionnelles. C'est créer un titre au redevable et gêner l'action de l'Administration. On ne doit inscrire au portatif que l'analyse des déclarations de rectification. Lors des recensements généraux, les déchets de rectification ressortent parmi ces manquants ordinaires cumulativement et sans indication aucune des causes et de l'origine des manquants. L'Administration consultée ensuite, statue.

On procède ainsi, quelle que soit la nature des produits soumis à des rectifications après une prise en charge régulière.

Veuillez donner des instructions dans ce sens.

A. C. DU 3 DÉC. 1856, AFF. ROQUES.

Est nul un exploit d'ajournement qui ne contient ni la date du jour où il a été signifié, ni aucune énonciation suffisante pour suppléer à l'indication précise de cette date. (Code de procédure civile, articles 61 et 415.) — Ch. civ.

LETT. DE L'ADM. AU DIRECT. DE MACON. DU 9 DÉC. 1856.

4e Div. 1er Bur.

Esprits de betteraves et de mélasses. — Acquits-à-caution dont la décharge fait ressortir des différences en moins.

Des déficits supérieurs aux déductions allouées suivant les usages du commerce, et à titre de creux de route. (Art. 16 de la loi de 1816), ont été fréquemment constatés à l'arrivée sur les esprits de betteraves ou de mélasses expédiés soit directement par les distillateurs, soit de deuxième ou de troisième main, par les marchands en gros, les commissionnaires, etc.

Jusqu'à présent le service en dressant l'acte de décharge des acquits-à-caution délivrés pour le transport de ces esprits, a fait ressortir comme manquants imposables, tout ce qui apparaissait en moins, après allocation du creux de route. Les soumissionnaires des acquits-à-caution ont donc été mis ainsi en demeure de payer les droits sur des différences parfois tellement minimes qu'elles pouvaient provenir exclusivement d'une imperfection dans les moyens de jaugeage et dans les moyens du pesage du degré, ou dans l'emploi de ces moyens. Il est même arrivé que de faibles différences ont été constatées par procès-verbal, comme établissant un défaut d'identité entre le chargement déclaré et le chargement représenté (contravention à l'article 10 de la loi de 1816 précitée).

A ce sujet l'Administration a reçu de nombreuses réclamations qui ne se seraient point produites si les employés du lieu de destination avaient toujours procédé selon l'esprit des instructions générales qui sont l'objet des circulaires nos 450 et 480 (ancienne série).

Désormais, lorsque la vérification des chargements d'esprits de betteraves ou de mélasses fera reconnaître des différences en moins après allocation du creux de route, le service devra se conformer exactement aux règles ci-après rappelées.

Si les différences semblent tenir à une combinaison de fraude, les employés les constateront par procès-verbal et l'affaire contentieuse sera suivie dans les conditions générales et selon les règles ordinaires.

Si les différences sont trop faibles pour qu'on puisse garantir d'une manière absolue qu'elles existent, le chargement sera considéré comme entier sauf la déduction ordinaire pour creux de route, et la décharge des acquits-à-caution, ainsi que la prise en charge des spiritueux au compte des destinataires seront opérées en conséquence ; on ne fera ressortir aucun manquant au cadre de décharge des acquits-à-caution.

Si les différences que le jaugeage et le pesage des esprits feront apparaître sont jugées exister réellement, mais si en même temps, il y a des raisons pour admettre que ces différences au lieu de tenir à une manœuvre de fraude, ont uniquement pour cause des déperditions, des coulages en cours de route les employés sans rapporter procès-verbal feront ressortir au cadre de décharge des acquits-à-caution; 1° la quantité reconnue et prise en charge au compte du destinataire; 2° l'allocation pour creux de route; 3° la différence pour laquelle la question sera posée de savoir si l'impôt doit ou ne doit pas être exigé.

Ils joindront aux acquits un rapport exprimant succinctement leur opinion sur les causes véritables des différences, soumettront ce rapport au chef local de service qui le visera et le complètera au besoin.

Chaque mois les Receveurs principaux des lieux d'arrivée remettront à l'Inspecteur de leur ressort, les acquits ainsi appuyés du rapport des employés locaux. L'Inspecteur visera le rapport et y consignera ses observations, s'il y a lieu. Il transmettra ensuite les pièces au Directeur qui, après les avoir examinées et apostillées, les transmettra immédiatement à son collègue du lieu du départ. Celui-ci, réservant son opinion définitive, adressera les pièces au Receveur principal chargé de l'apurement des acquits-à-caution.

Les Receveurs principaux, à qui les Directeurs transmettront ainsi des acquits-à-caution dont la décharge sera incomplète, prendront immédiatement au lieu d'origine les informations nécessaires pour qu'ils puissent se former une opinion parfaitement éclairée sur les conditions à régler pour l'apurement de ces acquits-à-caution ; ils provoqueront d'ailleurs des explications de la part des expéditeurs.

S'il paraît aux Receveurs principaux que les droits exigibles doivent être intégralement perçus sur la différence reconnue, et si les expéditeurs n'ont point manifesté l'intention de se mettre en instance pour obtenir la remise des droits, les acquits-à-caution seront inscrits aux registres n° 166 et 167, et des diligences seront faites pour le recouvrement des droits. En cas de réclamation de la part des intéressés, la réclamation, soit qu'elle se produise avant l'inscription des acquits-à-caution aux registres 166 et 167, soit qu'elle se produise après cette inscription, sera soumise à l'Administration dans la forme indiquée par la circulaire n° 310. Provisoirement les droits ne seront ni exigés ni même constatés.

Si les Receveurs principaux jugent qu'il n'y a pas lieu de libérer purement et simplement les soumissionnaires des acquits-à-caution ou qu'il convient de faire remise d'une partie du droit exigible à titre d'amende ils prendront l'initiative des propositions d'apurement.

Il n'est rien changé d'ailleurs aux instructions qui, relativement à l'apurement des acquits-à-caution, permettent aux voituriers et destinataires de se substituer aux soumissionnaires des acquits-à-caution.

ARR. DU CONS. D'ÉT. (DÉCRET) DU 11 DÉC. 1856, AFF. RÉPÉCAUD.

La loi du 9 juin 1853 ne peut pas être invoquée par les orphelins d'un fonctionnaire mort postérieurement au 1er janvier 1854, si la pension de ce fonctionnaire avait été liquidée antérieurement à cette date.

... Vu la loi du 9 juin 1853 sur les pensions civiles, notamment les art. 16 et 18;

Considérant que la pension dont jouissait le sieur Répécaud père, décédé le 3 février 1855, avait été liquidée le 16 fév. 1849, avant la loi du 9 juin 1853.

Considérant que d'après l'art. 16 de cette loi, l'orphelin mineur d'un fonctionnaire ou employé qui a obtenu pension depuis qu'elle est en vigueur, a droit, lorsque la mère est décédée, à un secours annuel égal à la pension qui aurait été concédée à la mère, c'est-à-dire au tiers de celle dont le père jouissait; mais que ni cette disposition ni aucune autre de la même loi ne sont applicables aux orphelins d'un fonctionnaire dont la pension avait été liquidée avant le 1er janvier 1854, jour où elle a été mise à exécution; qu'il suit de là que le mineur Répécaud demeure placé sous l'empire des anciens règlements en vigueur au moment où la pension de son père a été liquidée, lesquels n'avaient créé en faveur de l'orphelin d'un fonctionnaire de l'instruction publique aucun droit à obtenir un secours annuel; qu'ainsi c'est avec raison que notre ministre de l'instruction publique et des cultes a rejeté la demande faite en son nom par le sieur Duchapt, son tuteur;

Art. 1er. La requête présentée par le sieur Duchapt, au nom et comme tuteur du mineur Répécaud, est rejetée.

ARR. DU CONS. D'ÉT. (DÉCRET) DU 11 DÉC. 1856, AFF. BIZOT.

La loi du 9 juin 1853 ne peut pas être invoquée par la veuve d'un fonctionnaire mort postérieurement au 1er janvier 1854, si la pension du mari avait été liquidée antérieurement à cette date.

... Vu la loi du 9 juin 1853 sur les pensions civiles, notamment les art. 13 et 18;

Considérant que la pension dont jouissait le sieur Bizot, décédé le 3 septembre 1854, avait été liquidée le 2 sept. 1844, avant la loi du 9 juin 1853, pour 30 ans 8 mois et 20 jours de service, dont 29 ans 11 mois et 1 jour de services civils;

Considérant que l'art. 13 de cette loi reconnaît et régie le droit à pension de la veuve d'un fonctionnaire qui a obtenu pension en vertu de ladite loi, mais que ni cette disposition ni aucune autre de la même loi, ne sont applicables à la veuve d'un fonctionnaire dont la pension avait été liquidée avant le 1er janvier 1854, jour où elle a été mise à exécution; qu'il suit de là que la dame veuve Bizot demeure placée sous le régime de l'ordonnance royale du 12 janv. 1825, en vigueur au moment où la pension de son mari a été liquidée, et aux termes de laquelle la veuve d'un fonctionnaire ou employé de l'une des administrations ressortissant au ministère des finances, n'avait droit à pension que dans le cas où son mari comptait 30 ans de services civils; qu'ainsi c'est avec raison que notre ministre des finances a rejeté sa demande;

Art. 1er. La requête de la dame veuve Bizot est rejetée.

ARR. DE LA COUR DE PARIS, DU 12 DÉC. 1856, AFF. MARELLE.

Le privilège conféré à la régie n'est primé que par celui du propriétaire pour six mois de loyer et par les frais de justice avancés pour mettre le gage commun sous la main de la justice, en réaliser et en attribuer le prix. On ne doit pas comprendre dans ces frais ceux qui ont été exposés par le propriétaire pour faire reconnaître et conserver son droit.

NOTE DU SECRÉT. GÉN. DU M. DES FIN. DU 9 JANV. 1857.

Serv. cent. du matériel. Impressions.

Transport des impressions. Acquits-à-caution.

... L'art. 82 du traité en date du 27 décembre dernier passé par l'administration des finances avec les compagnies de chemin de fer, pour les transports de tous les objets du matériel des différents services financiers stipule, 1° que les envois d'impressions faits par l'administration des finances seront accompagnés d'acquits-à-caution, 2° que ces acquits-à-caution resteront entre les mains des destinataires, qui, après avoir rempli le coupon portant certificat d'arrivée, détacheront cette pièce et la remettront au préposé des compagnies pour sa décharge.

En vertu de l'art. 85 du même traité, le paiement des frais de transport aura lieu à Paris et les compagnies de chemin de fer remettront à l'administration des finances leur mémoire, à la fin de chaque trimestre.

Comme il importe au prompt règlement des mémoires que la rentrée des acquits-à-caution, qui en sont les pièces justificatives, ne souffre aucun retard, les

agents des services financiers, dès qu'ils auront reconnu le bon état des ballots qui leur auront été adressés, devront après avoir rempli le certificat d'arrivée placé au bas des formules, renvoyer immédiatement les acquits au secrétariat général des finances.

Sous aucun prétexte les préposés des compagnies ne pourront retenir les acquits-à-caution.

La remise à ces préposés du *coupon* sur lequel le certificat d'arrivée aura été également rempli par le destinataire, les mettra à même de justifier auprès de qui de droit de l'accomplissement de leurs obligations et, par conséquent, de se faire payer s'il y a lieu...

CIRC. LITH. DU 4 FÉV. 1857.

2e Div. 4e Bur. Matériel

Transports.

... Chaque envoi sera accompagné d'un acquit-à-caution tenant lieu de lettre de voiture. Lorsque les envois ne seront pas parvenus dans le délai fixé, il y aura lieu de faire les retenues prescrites par le traité (art. 22) sauf justification légale des retards pour cause de force majeure. Comme par le passé, ces retenues, pour les envois qui ne sont pas payables à destination, seront exercées à Paris sur les mémoires au vu des récépissés que, *pour tous les envois indistinctement*, les destinataires devront détacher de l'acquit-à-caution et transmettre dûment remplis à l'Administration (2e Division 4e Bureau).

NOTE CIRCULAIRE DU SECRÉT. G. DU M. DES FIN. N° 49, DU 10 FÉV. 1857.

Serv. cent. du matériel. Impressions.

Transport des impressions. Acquits-à-caution.

Aux termes de l'art. 82 (titre IV) du traité du 27 décembre 1856, passé par le ministre des finances avec les compagnies de chemin de fer, *chaque expédition d'impressions et de matières de cartes* adressées par le service central du matériel des finances, aux agents extérieurs doit être accompagné d'un acquit-à-caution qui reste entre les mains des destinataires et dont le coupon est remis au préposé des compagnies de chemin de fer pour sa décharge.

La note circulaire du 9 janvier dernier, spéciale aux transports des *impressions et matières de cartes* a eu pour objet de tracer la marche à suivre pour l'exécution des dispositions de l'art. 82 du traité précité. C'est donc à tort que dans plusieurs circonstances, on a cru devoir en appliquer les prescriptions à des envois d'instruments ustensiles, etc., auxquels ces dispositions ne pouvaient, en aucun cas, se rapporter, puisque les envois de cette nature ne sont pas faits par le service central du matériel des finances.

C'est dans le but d'éviter toute confusion avec d'autres services que les acquits-à-caution, émanant des divers magasins du ministère des finances ont été imprimés sur des papiers de couleur. La couleur *chamois* a été attribuée aux acquits du magasin central ; la couleur bleue, à ceux du magasin établi à l'imprimerie impériale ; la couleur *verte* à ceux du magasin de la manufacture de papier filigrané d'Arches (Vosges.)

L'acquit-à-caution, extrait d'un registre à souche, présente deux parties distinctes, 1° l'acquit indiquant la nature des objets expédiés, la destination, le délai etc. et au bas duquel se trouve un certificat *qui ne peut pas en être séparé*, et qui doit servir au règlement des frais de transport. Cette partie de l'acquit est renvoyée au ministère des finances.) 2° Le *coupon* présentant également un certificat d'arrivée, et qui, détaché de l'acquit après la vérification des ballots doit être remis au voiturier...

ARR. DU CONS. D'ÉT. (DÉCRET), DU 12 FÉV. 1857, AFF. GUESNEY.

Un employé des contributions indirectes, blessé en combattant comme garde national en 1848, et pour lequel cette blessure a été le point de départ d'une affection cérébrale ayant produit, *sept ans après*, une incapacité absolue de fonctions peut obtenir une pension à titre exceptionnel en vertu de l'article 11 de la loi du 9 juin 1853.

ARR. DU CONS. D'ÉT. (DÉCRET) DU 26 FÉV. 1857, AFF. COHEN.

L'État n'est pas responsable des préjudices particuliers qui peuvent être la conséquence d'une mesure de gouvernement prise dans un intérêt général et de sûreté publique.

Considérant que les sieurs Cohen et consorts fondent leur demande sur ce que l'interdiction de distiller les céréales, prononcée par le décret susvisé du 26 octobre 1854, constituait une expropriation de leur industrie pour cause d'utilité publique. qui ne pouvait avoir lieu sans indemnité, et qu'ils invoquent, en outre, l'article 1382 du Code Napoléon, en soutenant que l'État leur doit la réparation du préjudice qui serait résulté pour eux de ladite interdiction;

Considérant que cette interdiction ne rentre pas dans les cas d'expropriation pour cause d'utilité publique prévus par la loi susvisée du 3 mai 1841;

Considérant, d'autre part, que le décret susvisé du 26 octobre 1854 est une mesure de gouvernement prise dans un intérêt général de sûreté publique ; que l'État n'est pas responsable, en vertu de l'article 1382 du Code Napoléon, des préjudices particuliers qui ont pu être la conséquence d'une semblable mesure ; que ledit décret, en interdisant la distillation des céréales, n'a réservé à ceux qui exerçaient cette industrie aucun droit à indemnité, et que, d'ailleurs, il ne résulte d'aucune disposition de loi qu'une indemnité puisse être accordée à raison des interdictions de cette nature ; que, dès lors, c'est avec raison que notre ministre de l'agriculture, du commerce et des travaux publics a rejeté la demande des sieurs Cohen et consorts ;

Art. 1er. La requête des sieurs Cohen et consorts est rejetée.

A. C. DU 17 AVR. 1857, AFF. BOURDIN.

La quittance émanée d'un percepteur des contributions et ayant pour objet de constater le paiement des impôts ne saurait être considérée comme un simple certificat; dès lors, les altérations commises sur cette quittance constituent le crime de faux. — Ch. crim.

LETT. DU 27 AVR. 1857, AU DIRECTEUR DE STRASBOURG.

4e Div. 1er Bur. — Brasseries.

Procédé bavarois ou de Strasbourg. — Conditions spéciales à remplir par les brasseurs qui déclarent vouloir fabriquer de la petite bière.

Dans le passé, les brasseurs du département du Bas-Rhin ne fabriquaient aucune quantité de petite bière; ils ne faisaient avec les mêmes drêches qu'un seul brassin.

Depuis deux à trois ans, quelques uns de ces brasseurs utilisent parfois les résidus des brassins de bière forte à la fabrication d'un autre brassin pour lequel ils réclament la modification de taxe que la loi prononce, quant à la petite bière.

Dans cette nouvelle situation, les concessions générales que l'application des procédés de fabrication connus sous les dénominations de procédés *Bavarois* et de *méthode de Strasbourg* a motivées doivent être l'objet d'une restriction. Si les brasseurs qui déclarent un brassin de petite bière avaient la faculté de commencer la fabrication de ce brassin immédiatement après les métiers de bière forte ont été rentrés dans la chaudière de décoction, c'est-à-dire alors que ces métiers présentent encore un excédant de 35 p. 0/0, des abus seraient à craindre.

En effet, les brasseurs auraient des facilités particulières, d'une part pour opérer en ce qui concerne le brassin de bière forte, des décharges partielles suivies de remplissages clandestins au moyen de métiers du brassin de petite bière ou d'autre part, pour faire entrer dans le brassin de petite bière des métiers provenant du premier brassin.

L'Administration ne croit pas devoir s'opposer à ce que les chaudières surmontées de hausses dans les conditions réglées, quant à la fabrication de la bière forte (hausses non comprises dans l'épalement), soient employées pour la fabrication de la petite bière; mais alors il y a pour le brasseur obligation absolue de rentrer tous les métiers de petite bière dans la chaudière, au plus tard quatre heures après la jetée de la trempe du brassin de petite bière. A l'égard des brassins de petite bière, le produit des trempes ne doit d'ailleurs jamais excéder de plus de 20 p. 0/0 (quotité fixée par la loi) la contenance de la chaudière proprement dite. D'un autre côté l'Administration a jugé indispensable de disposer que dans les brasseries où les concessions relatives aux procédés dits Bavarois ou de Strasbourg sont mises à profit, la trempe du brassin de petite bière ne pourra être jetée avant que l'excédant de métiers autorisé, quant au brassin de la bière forte (35 p. 0/0, soit ramené à 10 p. 0/0).

Il est bien entendu aussi que les brasseurs doivent alors déclarer l'heure de la jetée de toutes les trempes, y compris les trempes de repassage.

Veuillez donner des instructions dans ce sens.

LETT. COMM. DU 1er MAI 1857.

1re Div. 1er Bur. Sucre indigène.

Sucres déclarés pour l'exportation. — Règles à suivre pour la décharge au compte de fabrication.

La question s'est élevée de savoir si des sucres de *qualité inférieure* pouvaient être déclarés et sortir des fabriques pour l'exportation à l'étranger, et, dans le cas de l'affirmative, si ces sucres devaient être portés en décharge au compte général de la fabrication pour leur poids intégral, comme s'il s'agissait de sucres au 1er type. On a fait remarquer qu'en pareil cas la décharge accordée sans réfaction pourrait couvrir des manquants.

D'après les règlements, des magasins sont établis pour recevoir *des sucres achevés*; les sucres *achevés seuls* peuvent y être introduits à l'exclusion de tout autre produit, *de tout sucre imparfait.* Les sucres reconnus achevés sont reçus dans les magasins et admis à acquitter les droits, alors même que leur nuance est inférieure à celle du 1er type, et ils ne subissent aucune réfaction ni réduction à raison de cette infériorité de nuance. Dans ce cas, le Trésor est désintéressé, si même il ne trouve bénéfice; car en s'abstenant de perfectionner la fabrication jusqu'au point d'obtenir des sucres de la nuance du 1er type, en d'autres termes, en ne s'attachant pas à obtenir *la richesse* du produit, le fabricant obtient *une plus grande quantité.* Or si cette plus grande quantité peut servir à couvrir des manquants qui se fussent produits dans le compte général en cas de fabrication de matières plus riches, elle contribue, d'un autre côté, à augmenter la somme du droit à percevoir; car c'est *sur la quantité* déterminée par le poids intégral et *non sur la richesse* des sucres que l'impôt se perçoit.

Applicables aux sucres destinés à la consommation, les règles et les principes qui précèdent ne peuvent pas, en raison comme en équité, ne pas l'être également aux mêmes sucres quand les fabricants veulent profiter du bénéfice de la décision ministérielle qui a autorisé, à titre général, l'exportation des sucres indigènes. Ainsi, dès le moment que des sucres ont été jugés et reconnus *achevés*; dès le moment qu'à ce titre le service a permis de les introduire dans les magasins spéciaux *ouverts exclusivement aux sucres achevés* et qui n'en doivent pas recevoir d'autres, ces sucres peuvent être déclarés pour l'exportation et doivent être admis en décharge pour leur poids effectif, sans réfaction, comme s'ils étaient livrés à la consommation, même quand ils ne sont pas de nuance égale au 1er type. Il pourra sans doute arriver que des expéditions de sucres *achevés*, mais de nuance inférieure au 1er type, ainsi faites à destination de l'étranger contribuent à couvrir des manquants dans le compte général de la fabrication, et dans ce cas la compensation, pour le Trésor dont j'ai parlé plus haut n'existera pas, puisque la plus grande quantité, obtenue au détriment de la richesse, ne sera pas livrée à la consommation, ni par conséquent soumise à l'impôt. Mais, d'une part, c'est une conséquence juste et forcée de l'application du principe; d'un autre côté, le dommage éventuel pouvant résulter de cette application ne saurait être que modique; car, en définitive la latitude dont les fabricants pourraient profiter pour couvrir les manquants serait toujours circonscrite dans les seules différences de nuance qui existent entre diverses qualités *de sucres achevés*; en d'autres termes, elle sera forcément limitée entre les sucres *achevés* de la nuance la moins riche et les sucres achevés de la nuance du 1er type.

Il faut enfin ne pas perdre de vue que le fait ne peut se produire que dans les fabriques où le minimum de prise en charge n'aurait pas été atteint.

D'après ces considérations, le service ne doit pas faire difficulté de recevoir les déclarations qui lui sont présentées pour l'exportation à l'égard des sucres de nuance inférieure à celle du 1er type, *pourvu que ces sucres soient achevés*; par conséquent à l'égard de tous les sucres dont, par ce motif qu'ils sont achevés, le service a permis l'introduction dans les magasins exclusivement destinés au dépôt des sucres de cette espèce. Dans ce cas, bien entendu, la décharge au compte général de fabrication devra s'effectuer aux mêmes conditions que si les sucres étaient livrés à la consommation.

Aucune difficulté ne peut se présenter pour l'application de ces règles simples et faciles: seulement le service doit veiller à ce qu'on n'introduise dans les magasins spéciaux que des sucres *réellement achevés*, à l'exclusion de toute autre matière à l'état de sucre imparfait, sous quelque nom qu'elle soit présentée. Le règlement donne à cet égard au service toute autorité; et dans le cas où des contestations s'élèveraient entre les fabricants et les employés sur la qualité des sucres que les premiers prétendraient être achevés et qui ne le seraient pas dans le sens de la loi, le moyen de faire justice de telles prétentions est dans l'expertise légale, à laquelle il ne faudrait pas hésiter de recourir: des échantillons devraient être prélevés en exécution de l'article 20 du règlement du 1er septembre 1852 pour être adressés à l'Administration et soumis aux commissaires experts institués près le département du commerce.

J'invite les Directeurs qui ont des fabriques de sucre dans leur circonscription à donner des ordres pour assurer l'effet de ces dispositions.

ARR. DU CONS. D'ÉT. (DÉCRET) DU 6 MAI 1857, AFF. KULLMANN.

Des bâtiments pris à loyer par l'Administration des contributions indirectes et employés par elle à la manutention des tabacs ont droit à l'exemption de la contribution (portes et fenêtres) que la loi du 4 frimaire an VII accorde aux bâtiments affectés à un service public.

ARRÊT DU CONS. D'ÉT. (DÉCRET) DU 7 MAI 1857, AFF. GILLON.

Une veuve dont le mari avait invoqué des infirmités graves attribuées à l'exercice de ses fonctions et demandé la liquidation de la pension, mais n'avait pas même été admis à faire valoir ses droits à la retraite, ne peut pas se fonder sur cette simple demande pour établir ses droits à pension.

Considérant que l'article 13 de la loi du 9 juin 1853 n'accorde droit à pension qu'à la veuve du fonctionnaire qui a obtenu une pension de retraite ou qui a accompli la durée de services exigés par l'art. 5 de ladite loi;

Considérant que le sieur Gillon n'avait accompli, à l'époque de son décès, que 25 ans et 7 mois de services, et qu'à la dite époque, non-seulement la pension de retraite à laquelle il pouvait avoir droit, en vertu du § 3 de l'article 11 de la loi ci-dessus visée, n'avait été liquidée ni inscrite, mais qu'il n'avait pas même été admis à faire valoir ses droits à la retraite; qu'ainsi c'est à tort que la requérante soutient qu'elle a droit à pension en vertu des dispositions de l'art. 13 de la loi du 9 juin 1853.

Art. 1er. La requête de la dame veuve Gillon est rejetée.

A. C. DU 26 MAI 1857, AFF. DUVILLIER.

Un tarif d'octroi qui, tout en imposant les diverses espèces de fer comme métaux, établit une exception en faveur des métaux qui entrent dans la construction des machines à tisser et à filer pour la fabrication des tissus peut, sans qu'il en résulte aucune violation de loi, être entendu en ce sens que les machines à vapeur confectionnées au moment de leur introduction sont comprises dans cette exception, et qu'elles en jouissent également lorsqu'elles sont introduites par pièces détachées.

A. C. DU 3 JUIN 1857.

Si les employés n'ont pas vu opérer le déchargement des boissons et n'ont pas constaté à ce moment qu'il y avait péremption de délai, ils ne sont pas fondés à soutenir, quand elles ont été déchargées en leur absence devant la porte, qu'elles n'ont pas été transportées dans le délai de l'expédition par cela seul qu'elles n'ont pas été introduites dans la maison avant l'expiration du délai.

Attendu qu'il résulte du procès-verbal dressé par les employés de la Régie, que le déchargement des boissons était opéré devant la porte du destinataire, où l'on était occupé à les rentrer dans la cave, avant qu'ils aient commencé à procéder, que rien n'indique dès lors que lesdites boissons ne fussent pas parvenues à leur destination dans le délai porté sur l'expédition, qu'elles n'étaient plus en cours de circulation au moment où elles ont été saisies, et qu'en les jugeant ainsi, d'après les termes mêmes du procès-verbal, l'arrêt attaqué n'a violé aucune loi; La cour rejette, etc.

A. C. DU 18 JUIN 1857, AFF. JACQUET.

La juridiction correctionnelle qui, liquidant à une somme supérieure à 300 fr. les frais et l'amende qu'elle prononce contre le prévenu, omet néanmoins de déterminer la durée de la contrainte par corps, n'a pas épuisé ses pouvoirs, et elle peut, par un arrêt postérieur, réparer cette omission.

La cour d'appel, qui s'est bornée à repousser l'appel par une fin de non-recevoir et n'a jamais connu du fond, est incompétente pour déterminer la durée de la contrainte par corps omise par un jugement de défaut antérieur; elle doit renvoyer devant les premiers juges qui ont statué au fond. — Ch. crim.

A. C. DU 12 JUIN 1857, AFF. SCHENCK.

La déclaration du jury qui, dans une accusation de coups portés et de blessures faites sans intention de donner la mort, mais qui l'ont pourtant occasionnée, accusation dirigée contre un agent de l'autorité, après avoir reconnu cet agent coupable, décide, 1° que cet agent a agi dans l'exercice ou à l'occasion de l'exercice de ses fonctions; 2° avec motif légitime; 3° après avoir été provoqué par des coups et violences graves sur sa personne, et 4° avec circonstances atténuantes, ne peut être annulée pour vice de contradiction : il y a donc une juste application de la loi par l'arrêt qui a prononcé l'absolution de l'accusé. — Ch. crim.

A. C. DU 13 JUIN 1857.

L'état de récidive ne peut résulter d'un fait antérieur à la condamnation qui sert de base à l'application de la peine de la récidive. — Ch. crim.

A. C. DU 18 JUILL. 1857, AFF. BOURGEOIS.

L'exception de l'article 8 de la loi du 6 frimaire an VII, qui affranchit du droit de péage sur les ponts les bateaux non employés à un passage commun, et établis pour le seul usage d'un particulier, n'existe qu'autant que ce particulier aura fait vérifier la destination de son bateau et aura reçu de l'Administration l'autorisation d'en conserver l'usage; dès lors, est nul le jugement qui a admis cette exception, sans déclarer que le contrevenant se fût conformé à ces dispositions·

ARRÊT DU CONS. D'ÉT. (DÉCRET) DU 22 JUILL. 1857, AFF. GAUTHIER.

Un fonctionnaire qui, après avoir exercé des fonctions dans lesquelles il subissait des retenues au profit des caisses de retraite, a exercé ensuite des fonctions non-sujettes à retenue et non admissibles pour la retraite, sous l'empire de la législation antérieure à la loi du 9 juin 1853, et qui a continué l'exercice de ces fonctions sous l'empire de cette loi, est fondé, non-seulement à faire valoir la totalité de ses services pour la constitution du droit à pension, mais encore à faire compter pour la liquidation le temps pendant lequel il a subi la retenue à raison de ses premières fonctions.

Vu la loi du 9 juin 1853, art. 18;

Considérant qu'avant la promulgation de la loi du 9 juin 1853, les fonctionnaires et employés assujétis à retenues avaient le droit de faire compter pour la liquidation de leurs pensions, tous les services admissibles à raison desquels ils avaient subi la retenue;

Considérant que le § 5 de l'art. 18 de cette loi a eu pour but de faire jouir les fonctionnaires et employés, appelés à titre nouveau au bénéfice de la retraite et auxquels elle imposait des retenues, de l'avantage de faire valoir pour constituer leur droit à pension les services antérieurs pour lesquels ils n'avaient pas subi la retenue; mais que, ni ce paragraphe ni aucune autre disposition de la loi du 9 juin 1853 n'ont exclu de la liquidation les services antérieurs qui avaient donné lieu à la perception d'une retenue ; que, loin de prononcer cette exclusion, le § 5 de l'article 18 porte que les pensions des fonctionnaires auxquels il s'applique, seront liquidées pour le temps pendant lequel ils auront subi la retenue, et qu'il ne distingue pas si la retenue a été subie avant ou après le 1er janvier 1854; qu'il suit de là que le sieur Gauthier est fondé à demander que sa pension soit liquidée pour tout le temps pendant lequel il a été assujeti à retenue, soit antérieurement, soit postérieurement au 1er janvier 1854;

Art. 1er. Notre décret du 31 janvier 1857 est rapporté dans celle de ses dispositions qui a fixé à 152 fr la pension concédée au sieur Gauthier.

Art. 2. Le sieur Gauthier est renvoyé devant notre Ministre des finances pour être sa pension liquidée pour tout le temps pendant lequel il a subi la retenue tant avant que depuis le 1er janvier 1854.

LETT. COMM. DU 29 AOUT 1857.

2e Div. 4e Bur. Ord. et matériel.

Dépenses publiques: les comptables des douanes et ceux des contributions indirectes doivent concourir à leur acquittement.

Aux termes de l'article 308 de l'ordonnance du 31 mai 1838, les Receveurs des douanes et ceux des contributions indirectes peuvent être appelés à concourir au paiement des dépenses pour le compte du payeur du *département*. L'article 309 ajoute que ces paiements ne sont valablement effectués que sur la présentation, soit des lettres d'avis ou des mandats délivrés au nom des créanciers, soit de toute autre pièce en tenant lieu, et revêtus du *vu bon à payer* apposé par le payeur.

La circulaire du 24 juin 1811, n° 253 du service des contributions indirectes, et celle du 30 mars 1843, n° 1965 du service des douanes, ont tracé les règles à suivre pour l'application de cette disposition.

En général, c'est le percepteur ou le Receveur des finances de la localité qui est désigné par les payeurs pour solder les créanciers de l'État et recevoir leur quittance, et il n'est dérogé à cet usage que dans les circonstances où leur encaisse n'est pas suffisant. Mais il est arrivé assez souvent que les autres comptables se sont cru fondés à refuser de faire ces paiements, soit à défaut d'instructions de leur directeur, soit par le motif que le mandat n'était pas assigné spécialement sur leur caisse par le payeur. Dans ces divers cas les parties prenantes ont été forcées de subir des retards très-préjudiciables à leurs intérêts et nuisibles, en outre, au crédit du trésor.

Pour prévenir ces inconvénients qui n'auraient pas dû se produire en présence des instructions que je viens de rappeler, il a été arrêté, de concert avec les directions de la comptabilité générale et du mouvement général des fonds, 1° que le visa des payeurs serait désormais libellé : *Vu bon à payer par le percepteur de....... ou à son défaut par l'un des Receveurs des revenus indirects de la même localité*; 2° que les comptables qui acquitteront ainsi une dépense pour le compte d'un payeur (après toutefois s'être assurés de l'identité de la partie prenante) seraient tenus s'en rendre, par une mention sur le mandat ou titre, que le paiement a été fait par eux et qu'ils rappelleraient dans cette mention leur qualité et leur résidence.

Je prie les Directeurs de porter ces dispositions à la connaissance des comptables.

A. C. DU 18 DÉC. 1857, AFF. BONNEAU.

En matière de péage sur les ponts, le juge de police est souverain pour décider que la charrette, objet de la contravention, étant une charrette ordinaire de campagne, attelée de deux bœufs, doit payer tel tarif au lieu de tel autre applicable aux charrettes de roulage attelées de deux chevaux. On exciperait vainement, pour faire rentrer dans ce dernier tarif une charrette de campagne attelée de deux bœufs, de la nature du chargement de la voiture.

A. C. DU 26 DÉC. 1857, AFF. PÉZERON.

La généralité des termes de l'article 58 de la loi du 6 frimaire an VII, qui punit toute personne qui aura aidé ou favorisé la fraude ou concouru à des contraventions aux lois sur la police des bacs, comprend nécessairement le batelier qui, organisant une concurrence illicite, a transporté des personnes que le fermier du bac avait seul le droit de passer. Ce batelier ne saurait être exempté des peines de la contravention: 1° parce que les personnes transportées n'auraient pas été mises en cause; 2° parce que le fermier du bac aurait négligé de faire poser des poteaux pour déterminer la limite de son monopole, et 3° parce que le fermier n'aurait pas rempli exactement les charges de son bail. — Ch. crim.

A. C. DU 2 JANV. 1858, AFF. MURTINEDDU.

La loi du 13 fructidor an V, qui attribue au gouvernement le privilège exclusif de la vente et de la fabrication de la poudre, s'applique à toute agrégation de matières susceptibles d'explosion par l'action du feu et produisant des effets analogues.

Attendu que la loi du 13 fructidor de l'an V attribue au Gouvernement le privilège exclusif de la fabrication et de la vente des poudres à feu;

Que ses dispositions sont générales et qu'elles embrassent tout à la fois la poudre de guerre, la poudre de chasse et la poudre de mine;

Attendu que si, à raison des modifications que peuvent incessamment apporter les progrès de la science, soit dans les éléments, soit dans les procédés de fabrication, la loi n'a pas défini d'une manière nette et précise ce qu'il faut entendre par le mot poudre, il y a lieu de rechercher, dans les considérants qui précèdent la loi elle-même et dans la combinaison de ces divers articles, qu'elle a été l'intention du législateur, ainsi que le sens et la portée de ses prohibitions;

Qu'une pareille appréciation rentre évidemment dans les attributions de la cour de cassation, puisqu'il s'agit, non pas de contrôler et de vérifier l'existence des faits dont la constatation appartient souverainement aux tribunaux répressifs, mais d'examiner si ces faits ont reçu leur qualification légale;

Attendu que, soit que l'on se reporte au préambule de la loi qui considère la *préparation et la distribution des poudres comme une partie essentielle de la puissance publique*, au double point de vue de la sûreté générale et de l'intérêt du trésor, soit que l'on interroge la loi dans son ensemble, et notamment les articles 16, 17, 24, 33, 34 et 35, qui concentrent dans les mains du pouvoir exécutif, sous la direction et la surveillance d'une Administration spéciale, le droit de prescrire le dosage des matières et les procédés de fabrication, de déterminer, au commencement de chaque année, la quantité et l'espèce de poudre nécessaire aux approvisionnements des arsenaux de terre et de mer, et de régler le mode de vente des produits fabriqués pour le compte du Gouvernement, on ne peut méconnaître que les prohibitions de la loi ne s'appliquent pas seulement aux poudres fabriquées dans les mêmes conditions et par les mêmes procédés que celles de l'État; mais qu'elles s'étendent à toute agrégation de matières susceptibles d'explosion par l'action du feu, produisant, d'ailleurs, des effets identiques ou au moins analogues, quels que soient les éléments dont elle est formée, qui serait destinée à remplacer, d'une manière générale, les poudres de guerre, de chasse et de mine, ou l'une d'elles spécialement, comme, par exemple, dans l'espèce, la poudre de mine proprement dite;

Attendu qu'interpréter autrement l'esprit et le texte de la loi de l'an V, ce serait rendre complètement inefficace le privilège concédé à l'Administration, et consacrer au profit de la spéculation et quelquefois même de la malveillance les abus que la loi avait pour objet de prévenir et de réprimer;

Attendu que, si l'arrêt attaqué et le jugement dont il a adopté les motifs constatent, en fait, que la combinaison Murtineddu est impropre au service des armes, et qu'elle ne peut, dès lors, être considérée comme la poudre de guerre ou de chasse, dont la fabrication et la vente intéressent à un haut degré la sûreté générale, ils reconnaissent en même temps que le soufre et le salpêtre, base principale des poudres de l'État, se rencontrent, quoique dans des proportions inégales, dans la substance saisie;

Que, si cette substance ne s'enflamme pas d'une manière instantanée, elle n'en produit pas moins, par une combustion lente et successive, des effets utiles pour l'exploitation des mines et la destruction des roches; qu'elle ne brise pas violemment, mais qu'elle fend et sépare, par une action continue et uniforme due à la production moins rapide du gaz, sans projection des parties détachées, et, par suite, sans péril pour les ouvriers qui chargent la mine et en préparent l'explosion;

Qu'elle réunit donc les conditions principales et toutes les propriétés de la poudre de mine;

Qu'en effet les différences signalées par l'arrêt entre la poudre de mine et la combinaison Murtineddu, en consistant dans le dosage des matières employées, dans la substitution de la sciure de bois au charbon pilé et l'addition de quelques éléments secondaires, dont le but est de ralentir l'explosion en en diminuant les dangers et de réduire le prix de la fabrication, ne sauraient enlever à cette substance le caractère qu'elle puise dans l'analogie du mélange, l'identité des moyens d'action et la similitude des résultats;

Que les considérations d'économie et de sécurité personnelle qu'elle présente à ceux qui en font usage tendent encore à compromettre davantage une branche de revenu que la loi a voulu assurer au Trésor public;

Qu'il suit de là que les faits imputés à Murtineddu, et constatés judiciairement à sa charge, constituent une infraction prévue et punie par la loi du 13 fructidor de l'an 5;

Que, néanmoins, l'arrêt attaqué a renvoyé Murtineddu des poursuites dirigées contre lui, par le motif que les matières mélangées saisies chez lui ne constituaient pas de la poudre dans le sens des lois invoquées à l'appui de la prévention;

Qu'en statuant ainsi, il a faussement interprété et formellement violé, en ne les appliquant pas, les dispositions précitées de ladite loi du 13 fructidor de l'an V;

Vidant le délibéré par elle ordonné en la chambre du conseil, et faisant droit aux pourvois du procureur général près la cour impériale d'Aix et de la Régie des contributions indirectes;

La Cour casse, etc. — Ch. crim.

NOTA. — Voir un autre arrêt semblable, rendu toutes chambres réunies, le 22 déc. 1859.

ARR. DU CONS. D'ÉTAT (DÉCRET) DU 6 JANV. 1858, AFF. RIVOT.

Les employés à cheval sont exempts de la taxe des prestations en nature pour le cheval et pour la voiture.

Considérant que le sieur Rivot, Receveur à cheval des contributions indirectes, est obligé d'avoir, pour le service dont il est chargé, un cheval à raison duquel il n'est pas tenu de fournir les prestations; que, dès lors, la voiture à laquelle ce cheval est attelé ne peut être considérée comme une voiture attelée, dans le sens de la loi du 21 mai 1836; qu'ainsi c'est à tort que le sieur Rivot a été porté et maintenu sur le rôle des prestations de la commune de Lamballe à raison d'une voiture attelée;

Art. 1er. L'arrêté du conseil de préfecture du département des Côtes-du-Nord en date du 1er juin 1857, est annulé.

Art. 2. Il est accordé au sieur Rivot décharge de la taxe à laquelle il a été imposé, pour l'année 1857, sur le rôle des prestations en nature de la commune de Lamballe, à raison d'une voiture attelée.

ARR. DU CONS. D'ÉT. (DÉCRET) DU 28 JANV. 1858, AFF. GAVAND.

Les maximums fixés par la loi du 9 juin 1853 sont seuls applicables aux pensions concédées depuis que cette loi est en vigueur, alors même qu'elles seraient réglées d'après le mode de double liquidation prévu par son article 18 pour les employés en exercice avant 1854. Ils doivent être appliqués au résultat final de la liquidation complexe qui embrasse la rémunération des services antérieurs et des services postérieurs au 1er janvier 1854.

Vu la loi du 9 juin 1853 (art. 18) et le tableau n° 3 y annexé;

Considérant que l'article 18 de la loi ci-dessus visée dispose que les pensions des fonctionnaires en exercice au 1er janvier 1854 seront liquidées dans les proportions et aux conditions réglées par ladite loi pour leurs services postérieurs à cette époque, et, pour leurs services antérieurs, conformément aux règlements spéciaux qui régissaient leur situation; mais qu'il porte que les maximums déterminés par cette loi ne pourront être dépassés; qu'il suit de là que c'est au total général obtenu par l'addition des sommes distinctes résultant de la double liquidation prévue par cet article, qu'il y a lieu de faire application du maximum unique auquel la pension doit être ramenée; qu'ainsi c'est avec raison que la pension concédée au sieur Gavand, qui jouissait d'un traitement supérieur à 3,200 fr. et inférieur à 8,000 fr., bien qu'ayant donné lieu à une double liquidation conformément à l'article 18 précité, a été, aux termes du même article, fixée à la moitié du traitement moyen des six dernières années d'exercice, maximum déterminé par le tableau n° 3 annexé à la loi du 9 juin 1853;

Art. 1er. La requête du sieur Gavand est rejetée.

LETT. DE L'ADM. AU DIRECT. DE DUNKERQUE DU 11 FÉV. 1858.

6e Div. 3e Bur.

Règlement de l'indemnité due aux entreposeurs pour le classement et la manutention des tabacs saisis.

Monsieur, l'état que vous avez adressé à l'Administration le 8 janvier dernier, sous le n° 42, fixe à 23 fr. 97 c. pour l'entreposeur de Dunkerque et à 93 fr. 05 c. pour celui d'Hazebrouck l'indemnité que vous proposez d'accorder à ces agents pour la manutention des tabacs saisis et classés dans le cours de l'exercice 1857.

Lorsque les classements n'ont pas eu assez d'importance pour que la somme à allouer dans l'objet puisse s'élever au minimum à 25 fr., l'Administration n'accorde aucune indemnité.

Je vous prie en conséquence de faire établir pour me transmettre à l'Administration un nouvel état de proposition, sur lequel on ne devra faire figurer que le seul entreposeur d'Hazebrouck.

Cet état devra être accompagné d'une lettre d'envoi, formalité qu'il convient de ne pas négliger pour toutes les productions de cette nature.

ARR. DU CONS. D'ÉT. (DÉCRET), DU 25 MARS 1858, AFF. BRESSON.

Il y a exemption de la contribution des portes et fenêtres pour les locaux où sont établis les bureaux et les magasins d'un Receveur-entreposeur des tabacs, lorsqu'ils sont loués par cet agent pour le compte de l'Administration et affectés dès lors à un service public dans le sens de la loi du 4 frimaire an VII.

ARR. DU CONS. D'ÉT. (DÉCRET) DU 22 AVR. 1858, AFF. ISAMBERT.

La mort par apoplexie ne peut être considérée comme un accident dans le sens du § 2 de l'art. 11 de la loi du 9 juin 1853 et donner droit à pension à la veuve que dans certaines circonstances déterminées.

Vu la requête... tendant à ce qu'il nous plaise annuler une décision à elle notifiée le 9 juin 1857, par laquelle notre garde des sceaux, ministre de la justice, a rejeté la demande par elle formée à l'effet d'obtenir la liquidation de la pension à titre exceptionnel, à laquelle elle prétendait avoir droit en vertu de la disposition du § 2 de l'art. 14 de la loi du 9 juin 1853, comme veuve d'un magistrat mort d'une apoplexie foudroyante dans l'exercice de ses fonctions, à l'âge de 64 ans, après 66 ans 7 mois et 11 jours de service;

Ce faisant, dire que l'attaque d'apoplexie à laquelle a succombé le sieur Isambert est un accident grave et que cet accident a été le résultat notoire de l'excès de travail auquel ce magistrat s'était livré; qu'ainsi c'est à tort que notre ministre a refusé d'accorder à sa veuve le bénéfice de la disposition précitée de l'art. 14 de la loi du 9 juin 1853;

Vu les observations de notre Ministre de la justice tendant au *rejet* de la requête;

Vu la loi du 9 juin 1853;

Considérant qu'il n'est pas justifié que le sieur Isambert ait perdu la vie par un accident grave résultant notoirement de l'exercice de ses fonctions;

Art. 1er. La requête de la dame Isambert est rejetée.

A. C. DU 24 AVR. 1858, AFF. D'AUBENAS.

Les droits d'octroi sont dus pour les bois façonnés et travaillés dans l'intérieur du rayon de l'octroi, alors même que des droits autres auraient été déjà perçus sur ces mêmes bois lors de leur introduction sous une autre forme.

Attendu qu'il résulte des dispositions invoquées que les objets destinés à la consommation locale, et qui sont soumis aux droits d'octroi lors de leur introduction, le sont pareillement lorsqu'ils sont récoltés, préparés ou fabriqués à l'intérieur;

Attendu que l'article 11 du règlement local s'applique, sans exception, aux diverses classes d'objets tarifés, et, par conséquent, à ceux qui sont rangés dans la classe des matériaux;

Attendu qu'il résulte de cette dernière partie du tarif que les bois confectionnés ou travaillés, propres aux charpentes, constructions ou menuiseries, tels que parquets, croisées, fermetures de portes et d'appartements, persiennes et volets, chambranles et aisseliers de portes, sont soumis au droit de 2 fr. par 100 kilogrammes, et que les quantités inférieures sont imposées proportionnellement;

Que, si le tarif établit une différence dans la quotité du droit relativement à

certains matériaux, selon qu'ils viennent de l'extérieur ou qu'ils sont fabriqués à l'intérieur, la perception et l'égalité des droits sont maintenues pour l'un et l'autre cas relativement aux bois;

Attendu que la perception doit se faire eu égard à l'état des bois et eu égard aux usages auxquels ils sont provisoirement ou définitivement destinés, comme planches ou comme bois confectionnés ou travaillés, ou comme meubles;

Qu'aucune disposition ne les affranchit du droit dû à raison de la préparation ou de la fabrication qu'ils subissent à l'intérieur du rayon de l'octroi, lors même que, dans des conditions non identiques et sous une autre forme, ils auraient payé un autre droit à leur introduction;

Qu'un tel affranchissement est d'autant moins admissible, dans les termes du règlement et du tarif de l'octroi de la ville d'Aubenas, que le droit est plus ou moins élevé, selon la nature du travail et de la transformation que subissent les bois;

Attendu que, s'il pouvait résulter de ces dispositions quelque préjudice pour l'industrie locale, ce serait à l'autorité administrative supérieure à y remédier; mais que les tribunaux ne peuvent se permettre ni de modifier les règlements de l'octroi, ni d'en éluder l'application;

Attendu, en fait, qu'il résulte du procès-verbal du 17 octobre 1857, qui a servi de base à la poursuite, que le nommé Emile Laville, menuisier à Aubenas, avait travaillé et achevé dans son atelier deux battants de porte cochère pour lesquels il a refusé de faire aucune déclaration et de payer aucun droit, ce qui le constituait en contravention à l'article 11 du règlement local;

Attendu, néanmoins, que la cour impériale de Nîmes a confirmé le jugement du tribunal de police correctionnelle de Privas, du 15 janvier 1858, qui, sur la plainte des sieurs Bouchard et Dumas, fermiers de l'octroi de la ville d'Aubenas, parties civiles, avait renvoyé le prévenu de la poursuite, en se fondant sur ce que le tarif de l'octroi n'était pas applicable aux bois dont s'agit, fabriqués dans l'intérieur du rayon de l'octroi, qui avaient déjà payé des droits supérieurs aux bois à brûler (rangés dans la classe des combustibles), et sur ce que la perception du droit serait nuisible à l'industrie locale;

Attendu qu'en décidant ainsi, l'arrêt attaqué a expressément violé l'article 11 du règlement de l'octroi de la ville d'Aubenas, légalement approuvé par décret impérial du 24 août 1854, et les dispositions des lois et ordonnances susvisées, et a commis un excès de pouvoir;

La cour casse, etc.

LETT. COMM. LITHOG. N° 2255, DU 24 AVR. 1858.

6e Div. 4e Bur. Tabacs et poudres à feu.

Demande d'états récapitulatifs 65 A et B par département.

Afin de mettre l'Administration à même de dresser plus promptement les relevés dont elle a besoin chaque mois pour suivre le service des ventes de tabacs et de poudres à feu, j'ai décidé qu'il serait établi mensuellement dans les directions à partir de la fin du mois d'avril courant, un état récapitulatif 65 A (tabacs) et un état récapitulatif 65 B (poudres à feu) présentant les ventes des entrepôts par département.

Ces états, formés au moyen de ceux que fournissent les entreposeurs et, provisoirement, sur le même modèle, récapituleront seulement les ventes qui figurent au cadre n° 1 et, en ce qui concerne les tabacs, les développements consignés au cadre n° 4; les autres parties resteront en blanc. Quant à l'intitulé, il sera modifié ainsi à la main : *État récapitulatif des ventes faites par les entreposeurs (de tabacs ou de poudres à feu) dans le département de   pendant le mois de   .*

Ces états récapitulatifs seront adressés à l'Administration sous le timbre du 4e bureau de la 6e division, en même temps que les états 85 mensuels.

Par suite de ces nouvelles dispositions, les 65 A et B trimestriels, dressés par les entreposeurs, sont supprimés.

Vous recevrez prochainement les modèles qui vous seront nécessaires pour l'exécution des mesures qui précèdent.

ARR. DU CONS. D'ÉT. (DÉCRET) DU 6 MAI 1858, AFF. GRISEL.

Le conseil municipal est fondé à passer à l'ordre du jour, sans s'adjoindre le nombre voulu de marchands en gros ou débitants pour délibérer sur l'établissement de la taxe unique, s'il est saisi d'une pétition demandant le rétablissement de cette taxe, sans avoir été appelé à délibérer par le Ministre ou le Préfet.

Considérant que la pétition dans laquelle les sieurs Grisel, Fromentin et autres demandaient le rétablissement de la taxe unique destinée à remplacer les droits d'entrée et de détail perçus au profit de l'État sur les vins, cidres, poirés et hydromels, n'avait été renvoyée à l'examen du conseil municipal de la ville de Rouen ni par le préfet du département de la Seine-Inférieure, ni par notre ministre des finances; que, dans ces circonstances, le conseil n'a pas excédé ses pouvoirs en passant à l'ordre du jour sur cette pétition, sans s'être adjoint le nombre de marchands en gros et débitants de boissons fixé par l'article 37 de la loi du 21 avril 1832 et l'article 20 de la loi du 25 juin 1841;

Art. 1er. La requête des sieurs Grisel, Fromentin et autres est rejetée.

A. C. DU 11 MAI 1858.

Les fonctionnaires publics et les ministres des cultes peuvent être inscrits sur les listes électorales sans avoir besoin de justifier d'une résidence de six mois dans la commune. — Ch. des req.

LETT. DU 1er JUILL. 1858, AU DIRECTEUR DE STRASBOURG.

4e Div. 1er Bur. Brasseries.

Systèmes de Bavière et de Strasbourg. — Hausses.

Dans la fabrication d'après les systèmes dits de Bavière et de Strasbourg, les brasseurs sont autorisés à établir sur les chaudières un exhaussement suffisant pour qu'on puisse faire entrer dans ces chaudières une quantité de métiers supérieure de 35 p. 0/0 à la capacité des chaudières proprement dites et pour qu'en outre il reste un espace de 5 à 10 centimètres pour le jeu de l'ébullition.

Dès le principe, l'Administration avait entendu que cet exhaussement pourrait être établi, soit exclusivement en bois, en fer ou en cuivre, soit partie en maçonnerie et partie en bois, en fer ou en cuivre. Elle avait entendu également qu'il pouvait être fixé à demeure et consolidé de manière à retenir parfaitement le liquide.

La tolérance n'a pas été partout maintenue dans ces limites. Sur plusieurs points, au contraire, l'exhaussement, au lieu de former une annexe de la chaudière proprement dite, n'en est qu'une simple prolongation qui se distingue, il est vrai, par son évasure, mais qui ne présente ni coupure, ni séparation. Il y a même quelques brasseries où l'exhaussement est une pure fiction, en ce sens qu'il consiste uniquement dans la partie supérieure des chaudières dont les parois sont droites.

C'est là une situation irrégulière, une situation abusive que le service aurait dû prévenir. Aujourd'hui, on ne pourrait, sans doute, prescrire, d'une manière générale et absolue, le retour à la règle sans que cette prescription devint une source de dépenses considérables pour certains brasseurs. Par ce motif l'Administration consent à ce que la situation actuelle soit admise en fait; mais les brasseurs devront être bien avertis que la concession est restreinte aux seules chaudières installées dans leurs usines et que dès lors ils ne pourraient s'en prévaloir relativement à des chaudières de nouvelle construction. Il ne peut être question d'ailleurs de l'étendre à des établissements où elle n'a pas encore été faite. L'Administration pourrait seule autoriser de nouvelles exceptions et elle ne le ferait que par des considérations tout-à-fait particulières.

Soit que l'exhaussement forme une véritable annexe, soit qu'il ne constitue qu'une simple prolongation de la chaudière, la limite entre l'exhaussement et la chaudière proprement dite doit être déterminée d'une manière parfaitement apparente à l'intérieur et à l'extérieur. A cet égard il paraît à propos de faire observer que l'espace nécessaire pour l'excédant de métiers de 35 p. 0/0 représente 35/135, et non 35/100 de la capacité totale de la chaudière, abstraction faite de l'espace nécessaire pour le jeu de l'ébullition.

Soit supposé une chaudière sans exhaussement distinct.

Si la contenance brute totale est de...................................	60 hl. »
On déduira d'abord de ces 60 hectol. la contenance afférente aux 5 ou aux 10 centimètres laissés pour le jeu de l'ébullition, par exemple..	6 »
La différence............	54 hl. »

formera la contenance de la chaudière proprement dite, représentée par le nombre 100 plus 35 p. 0/0 de cette contenance.

Prenons les 35/135 de...............................	54 »
C'est-à-dire...................................	14 »
On trouvera que la contenance de la chaudière proprement dite, la contenance servant de base à la constatation des droits est de......	40 »

Preuve.

Contenance de la chaudière proprement dite......................	40 »
35 p. 0/0 de cette contenance.............................	14 »
Contenance afférente à l'espace réservé pour le jeu de l'ébullition..	6 »
Total égal à la capacité brute de la chaudière, exhaussement compris..	60 »

Veuillez donner des instructions dans ce sens.

ARR. DU CONS. D'ÉT. (DÉCRET), DU 14 JUILL. 1858, AFF. CUSSET.

L'oïdium et la gelée des vignes ne peuvent pas être invoqués par les fermiers des octrois, pour obtenir une indemnité.

Vu l'article 136 du décret du 25 mai 1809 ; Vu les articles 1319, 1322, 1772, 1773 du Code Napoléon ;

Considérant qu'aux termes de l'article 31 du cahier des charges ci-dessus visé et moyennant l'engagement pris par la ville de garantir au fermier la jouissance pleine et entière des droits et moyens de perception résultant du tarif et du règlement qui avaient servi de base à l'adjudication, le fermier de l'octroi ne pouvait, sous aucun prétexte, être admis à réclamer soit la résiliation de son bail, soit des indemnités : que cette clause avait pour objet de laisser à la charge du fermier d'une manière générale et absolue toutes les causes qui pourraient, en affectant la consommation des objets soumis à la taxe, influer sur les produits de l'octroi ; qu'ainsi, la décision attaquée a fait une saine interprétation du cahier des charges;

Art. 1er. La requête des sieurs Cusset et Jalibert est rejetée.

NOTA. — Il s'agissait d'une demande en résiliation motivée par l'oïdium et la gelée des vignes.

ARR. DE LA COUR D'AMIENS, DU 30 JUILL. 1858, AFF. LEFEBVRE.

En matière de contributions indirectes, les moyens de faux ne peuvent être admis qu'autant que les faits argués de faux sont tels que, si la preuve en était rapportée, les faits de fraude seraient par là même démontrés n'avoir pas existé.

Sur la recevabilité de la procédure à fin d'inscription de faux :

Attendu qu'en matière de droits réunis, les moyens de faux ne peuvent être admis qu'autant que les faits articulés de faux sont tels que, si la preuve en était rapportée, les faits de fraude seraient par là même démontrés n'avoir pas existé;

Attendu que les moyens de faux articulés par Lefebvre, bien que proposés dans le délai réglé par la loi, ne contiennent que des dénégations sèches, et sont loin de présenter le caractère ci-dessus déterminé; qu'ils portent sur des circonstances accessoires au fait principal de fraude qui leur est reproché, de telle sorte qu'ils ne sauraient justifier le prévenu de la fraude ou de la contravention qui lui est imputée;

D'où il suit que Lefebvre doit être déclaré non recevable dans la procédure d'inscription de faux;

Sur l'amende de 300 francs prononcée contre Lefebvre pour avoir échoué sur son inscription de faux :

Attendu, en droit, que la condamnation à l'amende prescrite par l'article 246 du Code de procédure civile contre le demandeur en faux qui succombe ne peut être prononcée, aux termes de l'article 248, toutes les fois que la demande en inscription de faux n'a pas été admise;

Que, pour que cette amende soit encourue, il faut que la demande ait été rejetée ou suivie de désistement volontaire après admission de l'inscription de faux;

Attendu que, dans l'espèce, l'inscription de faux n'a pas été admise, mais déclarée non recevable, ainsi qu'il a été ci-dessus expliqué; d'où il résulte qu'il n'y avait pas lieu de prononcer l'amende de 300 francs contre Lefebvre;

Et vu l'article 215 du Code d'instruction criminelle :

Attendu qu'il résulte des dispositions combinées du Code d'instruction criminelle que lorsque, sur l'appel d'un jugement du tribunal de police correctionnelle, l'infirmation a eu lieu par la cour pour autre cause que celle d'incompétence, les juges d'appel doivent retenir l'affaire;

Attendu que, dans l'espèce, la cour n'a pas infirmé le jugement pour cause d'incompétence, mais pour mal jugé; qu'ainsi, il y a lieu par elle de retenir l'affaire et de statuer au fond;

Et attendu que Meilhan, cité devant les premiers juges en même temps que Lefebvre, comme ayant concouru à un fait commun, indivisible, à savoir la fraude commise par celui-ci, et comme devant être condamné solidairement, n'a pas été appelé devant la cour;

Par ces motifs, au premier chef, confirme le jugement dont il s'agit;

Au deuxième chef, infirme ledit jugement en ce que Lefebvre a été condamné à tort en une amende de 300 francs; réformant, quant à ce, décharge Lefebvre de ladite amende;

Et dit que, pour être procédé contre Lefebvre et Meilhan, lequel sera régulièrement cité, l'affaire est continuée au 10 août prochain, dépens réservés.

ARR. DU CONS. D'ET. (DÉCRET) DU 26 AOUT 1858, AFF. LAVIT.

S'il ne s'agit pas de déterminer le sens et la portée des clauses des baux, les préfets ne sont pas compétents pour statuer sur les contestations qui s'élèvent entre les villes et les fermiers. Toutes les autres contestations doivent être portées devant les tribunaux civils.

Considérant qu'aux termes de l'article 136 du décret du 17 mai 1809, les préfets en conseil de préfecture n'ont le pouvoir de statuer sur les contestations qui s'élèvent entre les fermiers des octrois et les villes que lorsqu'il s'agit de déterminer le sens et la portée des clauses des baux; que toutes les autres contestations entre les fermiers et les communes doivent être portées devant les tribunaux civils;

Considérant que, pour faire prononcer la résiliation du bail de l'octroi dont le sieur de Lavit était adjudicataire, le maire de la ville de Saint-Gervais se fondait sur ce que le fermier aurait manqué à exécuter les clauses des articles 11 et 13 du cahier des charges de son bail; mais que le sens d'aucune des clauses dudit cahier des charges n'était contesté ni par le fermier ni par la commune; que, dès lors, le préfet ne pouvait prononcer sur la demande en résiliation du bail formée par le maire de la ville de Saint-Gervais, ni autoriser le maire à provoquer la réadjudication de la ferme des droits d'octroi à la folle enchère du sieur de Lavit ;

Considérant, d'ailleurs, que l'inexécution des clauses du cahier des charges ne rentre pas dans les cas pour lesquels l'art. 32 du cahier des charges et l'article 130 du décret du 17 mai 1809 réservent exceptionnellement au gouvernement le droit de résilier le bail; et que si le préfet croyait avoir à sauvegarder les intérêts de la commune, il devait se borner à prendre à cet effet des mesures provisoires;

Art. 1er. L'arrêté du préfet du département de l'Hérault, en date du 18 décembre 1856, est annulé pour excès de pouvoirs.

Art. 2. La commune de Saint-Gervais est condamnée aux dépens.

LETT. DE L'ADM. DU 30 NOV. 1858.

4e Div. 2e Bur.

Liquoristes marchands en gros. Tenue des comptes. Règlements des manquants.

Deux comptes sont tenus simultanément : l'un pour les alcools en nature, (ce compte comprend les alcools dans les infusions; dans les préparations etc); l'autre pour les liqueurs et les fruits à l'eau-de-vie. Lors des inventaires, tout manquant reconnu au compte des alcools est converti *brut* intégralement en liqueurs, dans la proportion de 35 litres d'alcool pour 100 litres de liqueurs (art. 7 de la loi du 24 juin 1824, art. 23 de celle du 25 juin 1841 et ord. du 21 août suivant).

Le produit de cette conversion est immédiatement inscrit en charge au compte des liqueurs, dont on établit alors la balance. La quantité de 35 litres d'alcool pour 100 litres de liqueurs, d'après laquelle la conversion dont il s'agit est opérée, est une moyenne de laquelle le produit effectif de la fabrication peut différer (arrêt du 24 mai 1830). Ainsi, lorsque la situation du compte ne donne pas une balance exacte, elle peut faire ressortir soit un excédant, soit un manquant. Les excédants en liqueurs sont simplement pris en charge (art. 8 de la loi du 21 juin 1824). Ils ne motivent pas la rédaction d'un procès-verbal. Quant aux manquants, ils doivent être compensés par les excédants dont il vient d'être question (art. précité du 24 mai 1830). En conséquence, et dans tout le cours de l'année, les règlements successifs d'un compte de liquoriste marchand en gros ne sont que provisoires. A chacun de ces règlements successifs, les manquants, actuellement ou antérieurement constatés, sont additionnés et compensés par les excédants actuels ou antérieurs, lesquels sont également additionnés de telle sorte qu'à chaque recensement et suivant un décompte dressé au portatif, la compensation s'établit entre les manquants bruts reconnus depuis l'ouverture du compte et les excédants ainsi reconnus depuis l'ouverture du même compte :

Sur le chiffre des manquants qui subsiste, après soustraction des excédants, on fait imputation :

1° De la déduction acquise au compte des liqueurs;

2° De la déduction acquise au compte des alcools, après conversion en liqueurs de la quantité que représente cette déduction.

Au résumé, aucun manquant ne doit être définitivement constaté dans le cours de l'année, sauf le cas de clôture du compte par suite de cessation de commerce.

Il pourrait toutefois arriver que des manquants constatés au compte des liqueurs fussent immédiatement et définitivement imposables. Ce cas se présenterait s'il était démontré, par les faits du compte, qu'un manquant au moment où il serait reconnu, ne serait pas imputable à un déficit de fabrication et qu'il s'appliquerait à des quantités de liqueurs dont l'existence effective en magasin aurait été antérieurement reconnue (arrêts de la cour de cassation du 24 avril 1814 et du 25 novembre 1846). En pareille occasion, et tout en gardant le silence vis-à-vis du contribuable, les employés rendent compte à l'Inspecteur qui rend compte à son tour au directeur, lequel en réfère à l'Administration. Mais ces cas, où il peut être question de mettre des manquants en dehors de la compensation, sont nécessairement très-rares, et, en thèse générale, c'est en fin d'année seulement, ou en cas de cessation de commerce, que le décompte des manquants devient définitif. Si, à cette époque, et après la compensation des excédants et l'allocation des déductions, il ressort un manquant net, les droits sont définitivement exigibles sur ce manquant (arrêt précité du 24 mai 1830).

Quelles que soient, d'ailleurs, la date et l'époque de l'ouverture d'un compte par déclaration nouvelle ou par reprise de l'année précédente, l'arrêté annuel de clôture est fait au mois de décembre.

ARR. DU CONS. D'ÉT. (DÉCRET) DU 30 DÉC. 1858, AFF. VAISSIÉ.

Une décision ministérielle portant révocation ne peut pas être attaquée devant le conseil d'Etat, bien qu'elle ne soit intervenue qu'après le remplacement du fonctionnaire et à la suite de la demande en liquidation de pension.

Considérant que les décisions par lesquelles nos ministres révoquent les fonctionnaires dépendant de leurs départements ministériels sont des actes d'administration, et que si l'article 27 de la loi du 9 juin 1853 a disposé qu'elle entraînerait pour le fonctionnaire révoqué la perte de son droit à pension, aucun recours contre ces décisions n'a été ouvert devant nous par la voie contentieuse; qu'il suit de là que le recours du sieur Vaissié contre la décision du 12 mai 1858, qui a prononcé sa révocation, n'est pas recevable;

Art. 1er. La requête du sieur Vaissié est rejetée.

A. C. DU 5 FÉV. 1859, AFF. LEFEBVRE.

Un aubergiste ou débitant de boissons peut être condamné pour recel de boissons ailleurs que dans son domicile (art. 61 de la loi du 28 avril 1816), lorsque les boissons ont été saisies dans une maison lui appartenant, voisine de son habitation, encore qu'il n'y ait pas communication intérieure. S'il résulte, soit comme conséquence du procès-verbal, soit même des débats, qu'en louant ladite maison, il s'y était réservé la jouissance d'une cave, les boissons trouvées dans cette cave sont réputées lui appartenir.

Lorsqu'il est reconnu que la visite et la saisie ont eu lieu dans un local dont le propriétaire s'est réservé la jouissance, et que le procès-verbal de saisie des boissons n'a pas été rédigé contre le locataire, ce dernier est sans intérêt à exciper de ce qu'à son égard l'administration n'a pas rempli les formalités prescrites par les articles 237 de la loi du 28 avril 1816 et 24 du décret du 1er germinal an XIII, qui prescrivent, d'une part, que la visite n'aura lieu qu'en vertu d'un ordre donné par un employé supérieur, et, d'autre part, que le procès-verbal sera lu et notifié au contrevenant.

L'article 61 de la loi du 28 avril 1816, qui défend aux débitants de recéler des boissons dans leur maison ou ailleurs, et qui interdit aux propriétaires ou principaux locataires de laisser entrer chez eux des boissons appartenant aux débitants, sans qu'il y ait bail authentique pour les caves ou autres lieux où sont placées ces boissons, renferme deux dispositions, respectivement applicables à divers individus, selon leur qualité, et qui, ayant d'ailleurs pour objet de réprimer des contraventions, sont exclusives des règles générales de la complicité.

En ce qui touche le pourvoi de Lefebvre;

Sur le moyen unique tiré de la fausse application et de la violation de l'article 61 de la loi du 28 avril 1816 :

Attendu qu'il résulte des articles 50, 53, 61 de la loi du 28 avril 1816, que tout aubergiste ou débitant qui recèle dans son domicile ou ailleurs des boissons non déclarées en son nom, est en état de contravention;

Attendu que, par un procès-verbal régulier, des employés des contributions indirectes, en date du 20 février 1858, contre lequel l'inscription de faux n'a pas été admise, il est constaté que Lefebvre tient un hôtel à Soissons, rue Saint-Christophe, n° 27, qu'il est propriétaire de la maison attenante, n° 25; que, le 14 du même mois au soir, on avait fait entrer dans cette dernière maison deux pièces de vin au nom du sieur Bertrand, et six au nom du sieur Meilhan, avec des congés n° 95 et 96, en même temps que quatre autres pièces étaient arrivées chez Lefebvre (au n° 27) avec un acquit-à-caution n° 144, le tout conduit par la voiture du sieur Moreau, beau-frère de Lefebvre; que, les employés s'étant d'abord présentés dans l'hôtel tenu par Lefebvre, et ayant annoncé l'intention de visiter sa maison attenante, Lefebvre fils, pendant les pourparlers, s'est précipité à la course dans ladite maison; qu'ils s'y sont rendus; que Lefebvre fils est venu de l'intérieur de cette maison où il était resté, et est descendu après le sieur Meilhan à la cave, en est sorti pour aller chez son tonnelier et à la Croix-d'Or; qu'il est rentré, puis redescendu à la cave; que les employés ont trouvé et saisi trois pièces de vin restées dans le corridor, sept dans la grande cave et une dans une petite cave, qu'il est énoncé, en outre, audit procès-verbal, que la dame Bertaud, désignée comme destinataire dans le premier congé, avait déclaré n'avoir pas reçu de vin; que le sieur Meilhan a déclaré en avoir reçu six pièces, dont trois dans sa cave et trois restées dans le corridor, qu'il a revendiqué les onze pièces trouvées dans la maison;

Attendu que l'arrêt attaqué a reconnu que Lefebvre avait conservé la jouissance de la grande cave et du corridor qui y donne accès ;

Attendu que cette reconnaissance n'était qu'une juste conséquence des contestations du procès-verbal, et que la cour impériale a pu la faire résulter, en outre, des autres éléments des débats;

Attendu que, par suite, les pièces de vin saisies, tant dans la grande cave que dans le corridor, ont dû être réputées appartenir à l'aubergiste Lefebvre, nonobstant toute revendication, et que l'absence de déclaration en son nom, comme la représentation de congé délivré sous le nom de tiers, le constituaient également en contravention pour cause de recel;

Attendu, dès lors, qu'en déclarant Lefebvre coupable de la contravention prévue par l'article 61 de la loi du 28 avril 1816, et réprimée par l'article 79 de la même loi, l'arrêt attaqué, loin d'avoir violé lesdits articles, n'en a fait qu'une juste application:

La cour rejette, etc.

En ce qui touche le pourvoi de Meilhan.

Sur le premier moyen, tiré de la violation des articles 237 de la loi du 28 avril 1816, 24, 26 du décret du 1er germinal an XIII :

Attendu 1° que la visite des employés et la saisie des pièces de vin dans la grande cave et le corridor qui y donne accès ayant été reconnu avoir conservé la jouissance, il suivait nécessairement de là que Meilhan était sans qualité et sans droit pour invoquer, quant à ce, les garanties de l'article 237 de la loi du 28 avril 1816;

Attendu 2° que, le procès-verbal n'ayant pas été rédigé à la charge de Meilhan quoiqu'il y ait été interpellé, il n'y avait pas lieu de remplir à son égard les formalités prescrites par l'article 24 du décret du 1er germinal an XIII;

Que, le procès-verbal ne pouvant être opposé au demandeur avec sa force probante, il n'échet d'y statuer par voie de nullité;

Rejette le premier moyen;

Mais sur le deuxième moyen, tiré de la fausse application et de la violation de l'article 61 de la loi du 28 avril 1816 :

Vu lesdits articles, les articles 34, 36, 38 du décret du 1er germinal an XIII;

Attendu que la première partie de l'article 61 de la loi du 28 avril 1816 est spéciale aux individus qui vendent des boissons en détail; que la seconde partie est spéciale aux propriétaires et principaux locataires de maisons; qu'il y a donc dans ces articles, deux dispositions distinctes, respectivement applicables à divers individus selon leur qualité;

Que ces dispositions, qui ont d'ailleurs pour objet de réprimer des contraventions, sont exclusives des règles générales de la complicité;

Attendu que Meilhan n'a été ni prévenu, ni condamné à raison d'une contravention distincte de celle qui aurait été commise par Lefebvre; que, sous ce premier rapport, il ne pouvait y avoir lieu de prononcer contre lui une amende particulière et séparée; qu'il a seulement été déclaré coupable d'avoir, par ses déclarations et démarches, participé à la fraude de Lefebvre et coopéré, par sa conduite, au recel de boissons;

Que si ce fait, ainsi établi, eût constitué une contravention commune avec Lefebvre, il n'y aurait eu lieu de prononcer contre Meilhan que la solidarité de l'amende encourue, dans le cas où un procès-verbal régulier eût été rédigé à sa charge, et qu'en l'absence d'un procès-verbal, il n'aurait pu y avoir lieu qu'à la confiscation, aux termes de l'article 34 de la loi du 1er germinal an XIII ;

Que, dans l'espèce, la revendication faite par Meilhan rentrait uniquement dans les termes de l'article 38 du même décret, et que les faits tels qu'ils sont déclarés à sa charge ne constituaient pas une contravention, et ne pouvaient donner lieu à l'application d'aucune peine;

D'où il suit que l'arrêt attaqué, en condamnant Meilhan à une amende de 200 francs, a faussement appliqué et, par suite, violé les articles 61, 96 de la loi du 28 avril 1816,

La cour casse, etc.

ARR. DU CONS. D'ÉT. (DÉCRET) DU 10 MARS 1859, AFF. LEFOL.

La veuve d'un fonctionnaire peut demander l'application de la loi en vigueur au moment du décès du mari, quand même la pension du mari aurait dû être liquidée d'après les anciens règlements.

Considérant que, d'après l'article 13 de la loi du 9 juin 1853, a droit à pension la veuve du fonctionnaire qui a accompli la durée de services exigée par l'article 5 de ladite loi, et que la pension de la veuve est du tiers de celle à laquelle le mari aurait eu droit;

Considérant que c'est à l'époque du décès du fonctionnaire que le droit est ouvert au profit de la veuve;

Considérant qu'il résulte de l'instruction que le sieur Lefol est décédé dans l'exercice de son emploi, le 4 août 1857, ayant accompli la durée de services exigée par l'article 5 de ladite loi du 9 juin 1853 ; que, dès lors, c'est avec raison que la pension de sa veuve a été réglée au tiers de celle qu'il aurait obtenue :

Art. 1er. La requête de la dame veuve Lefol est rejetée.

NOTE DU 24 MARS 1859.

2e Div. 4e Bur. Matériel.

Comptabilité en matières et en deniers des nouveaux thermomètres à mercure.

Les états 151 AA et CC portent la valeur des thermomètres, à consigner par les employés, à 2 fr. 75 c. ou 3 fr. 25 c., selon que ces instruments sont à l'esprit de vin ou à mercure. L'intention de l'administration étant de généraliser l'emploi de ces derniers, qui présentent plus de garantie d'exactitude, il y aura, lors des remplacements ou substitutions, un supplément de consignation de 50 centimes à percevoir.

Afin de régulariser les écritures en deniers, il suffira d'en faire recette à la ligne 44 du bordereau 91. Quant au compte en matières 151 CC, il sera fait recette, colonne 5, des instruments retirés et dépense, colonne 7, des nouvelles livraisons. Lorsque les thermomètres à esprit de vin seront admis en décharge, renvoyés à l'administration ou annulés dans les directions et remis au domaine, on devra les inscrire en dépense aux colonnes 8, 9 ou 10. Une note indiquera le nombre des instruments échangés ayant donné lieu au paiement du complément de 50 centimes.

La même marche sera suivie pour la formation du cadre du chapitre III, page 22 du compte 108 A, IIe partie.

ARR. DU CONS. D'ÉT. (DÉCRET), DU 12 MAI 1859, AFF. BELLE.

Les accidents éprouvés en service peuvent donner droit à pension en faveur de la veuve quand même ils n'auraient occasionné la mort que 15 ans après.

Considérant qu'il résulte de l'instruction qu'en 1842, le sieur Belle, alors brigadier des douanes aux Angles, a eu les membres inférieurs congelés pendant les tournées d'hiver qu'il a faites dans les montagnes de sa circonscription ; que cette congélation a amené, d'abord, la paralysie du pied droit, et a nécessité, en 1843, l'amputation de deux doigts ; que cet accident et cette paralysie ont été la cause première des attaques d'apoplexie successives auxquelles il a succombé en 1857 ;

Que, dès lors, la dame veuve Belle se trouve dans le cas de l'article 14, § 2, de la loi précitée et qu'elle est fondée à réclamer une pension par application de cet article :

Art. 1er. La décision de notre ministre des finances, en date du 16 juin 1858, est annulée.

Art. 2. La dame Labeyre, veuve du sieur Belle, est renvoyée devant notre dit ministre pour y être procédé à la liquidation de la pension à laquelle elle a droit.

A. C. DU 14 MAI 1859, AFF. CARASSET.

Quand des bestiaux sont soumis à la déclaration, à la taxe et à l'exercice dans le périmètre soumis à l'octroi, ceux que les préposés trouvent dans l'intérieur, loin d'être présumés libérés du droit, doivent être, au contraire, considérés comme introduits en fraude par le détenteur actuel, à moins qu'il ne justifie de la déclaration, s'il les a achetés à l'extérieur, ou de la quittance du paiement de la taxe, s'il les a achetés à l'intérieur.

Attendu, en fait, qu'il est constaté par un procès-verbal régulier du 20 novembre 1858 que Pierre Carasset, boucher à Cadillac, avait dans son étable quatorze moutons qui y sont rentrés à cinq heures et demie du soir, revenant du pâturage ; que, ledit Carasset n'ayant pu justifier d'aucune déclaration desdits moutons avant de les avoir remisés dans son étable, il a prétendu que, les ayant achetés, il y avait peu de jours d'un marchand de route, et son marchand ayant fait sa déclaration lors de son passage, il se croyait dispensé de cette formalité ;

Que, du reste, ledit Carasset n'a justifié d'aucune déclaration qu'il aurait faite de ces moutons comme entretenus à l'intérieur ;

Attendu, en droit, qu'aux termes des règlements de l'octroi de Cadillac, les moutons sont soumis à la déclaration, soit qu'ils viennent de l'extérieur, soit qu'ils proviennent de l'intérieur, et qu'ils sont soumis au paiement des droits aux époques et de la manière déterminées, suivant les cas, à moins qu'ils ne soient pas destinés ou livrés à la consommation locale ;

Attendu que la déclaration, avant de déposer ou de remiser à domicile les bestiaux tarifés, est de règle absolue et sans exception, et que c'est au redevable à en justifier ;

Attendu que si, aux termes des articles 1er et 4 du règlement supplémentaire de 1851, les bestiaux amenés aux foires et marchés pour y être mis en vente sont, à ce moment, exempts de tous droits, les bouchers, charcutiers et particuliers qui en auraient acheté sont néanmoins tenus d'en faire la déclaration avant de les introduire dans les écuries, granges et autres lieux fermés ;

Que l'obligation de déclarer n'est pas créée pour ce cas spécial ; mais, qu'au contraire, elle n'est rappelée que comme ne cessant pas d'y être applicable, à raison de sa généralité ;

Attendu qu'aux termes des articles 10, 11 du règlement de 1838 et du paragraphe final de l'article 2 du règlement de 1849 (que le règlement de 1851 n'a pas modifiés en cette partie), les bestiaux entretenus dans les limites de la perception sont soumis non-seulement à la déclaration, mais aussi à des inventaires et recensements, avec obligation, à la charge des propriétaires, de payer ces droits pour les manquants ; qu'à cet effet, les préposés sont expressément autorisés à faire des visites et exercices dans les étables et bergeries desdits propriétaires ;

Qu'il suit de là nécessairement que tous bestiaux compris au tarif et trouvés par les préposés de l'octroi dans l'intérieur et dans les lieux où ils ne peuvent être introduits ou entretenus sans déclaration, loin d'être présumés libérés des droits, doivent être, au contraire, considérés comme introduits en fraude par le détenteur actuel, à moins qu'il ne justifie d'une déclaration faite conformément soit à l'article 4, soit à l'article 10 du règlement de 1838, soit à l'article 4 du règlement de 1851 ;

Qu'il ne suffirait pas qu'il alléguât que les droits ont été ou ont dû être payés par son prétendu vendeur, s'il ne produisait par la représentation de la quittance, la preuve de ce paiement ; qu'aucune autre preuve, et encore moins une obligation quelconque, n'est opposable à l'Administration de l'octroi ;

Qu'autrement ceux qui ne feraient pas de déclaration pour des bestiaux entretenus à l'intérieur seraient dispensés d'acquitter les droits, tandis que ceux qui l'auraient faite y seraient tenus ;

Qu'une telle fraude serait contraire aux dispositions formelles des règlements et les rendrait complètement illusoires ;

Attendu, d'ailleurs, qu'en admettant comme légalement reconnu le fait que Carasset aurait acheté les moutons d'un marchand de passage, ce fait n'impliquerait nullement le paiement des droits par ce marchand, puisque l'article 4 du règlement de 1838 impose l'obligation de la déclaration, non au moment de l'introduction des objets dans le rayon de l'octroi, mais avant de les déposer ou remiser à domicile ; que ce dernier fait, qui donne lieu à la perception des droits, impliquant le concours de l'acheteur détenteur actuel, celui-ci n'aurait pu le consommer qu'en remplissant les formalités préalables qui le rendent licite, ou en s'assurant qu'elles avaient été remplies ;

Attendu, dès lors, qu'en se fondant, pour renvoyer le prévenu de l'action intentée contre lui pour défaut de déclaration, sur ce que le droit d'octroi n'est dû qu'au moment où l'introduction a lieu de l'extérieur, et sur ce que celui qui achète dans l'intérieur des objets compris au tarif doit présumer que les formalités ont été remplies, et n'est tenu d'aucune justification, la cour impériale de Bordeaux a refusé de tirer les conséquences légales des constatations du procès-verbal, faussement interprété et expressément violé les articles 4, 10, 11, 12, 23 du règlement de l'octroi de Cadillac de 1838, 2 du règlement de 1849 et les lois susvisées.

La cour casse, etc.

LETT. DE L'ADM. AU DIR. DE L'AISNE DU 15 JUIN 1859.

1re Div. 1er Bur. Sucre indigène.

Tolérance pour le poids des sacs.

Par une lettre que vous m'avez transmise, Monsieur, le 3 mai dernier, M. Prévoté expose que les sucres expédiés des fabriques du département de l'Aisne, présentent à l'arrivée à destination des différences en moins sur le poids porté aux acquits-à-caution. Il attribue ces manquants à la manière dont on procède aux pesées dans les fabriques. Selon lui, les mêmes différences n'existent pas sur les sucres expédiés des fabriques de l'arrondissement de Valenciennes, Nord. attendu que là on est dans l'usage d'accorder un boni de 20 décagrammes par sac à titre de bon poids.

D'après les renseignements que vous avez recueillis, le service de votre direction tient rigoureusement à ce que, conformément aux prescriptions du § 93 de l'instruction du 15 décembre 1853, la tare des sacs soit toujours d'un kilogramme. Il en résulte que les fabricants ont cessé de bénéficier de la tolérance de 20 décagrammes par sac qui avait été autorisée par la circulaire lithographiée du 26 juin 1845.

La règle relative à la tare des sacs est appliquée dans la Direction de Valenciennes comme partout ailleurs, seulement quand le poids du sac empli s'élève à 101 kil. plus une fraction qui ne dépasse pas 20 décagrammes, on néglige cette

fraction. Renfermée dans cette limite, la tolérance n'a rien d'inconciliable avec les dispositions mêmes du § 93 précité, et elle s'accorde d'ailleurs avec les termes du § 24 de ladite instruction, d'après lesquelles, dans toutes les opérations qui ont pour objet la pesée des produits, on ne doit pas tenir compte des fractions de 20 décagrammes.

Vous pouvez donner des ordres pour que le service de votre direction opèr dans le sens de ces dispositions.

C. LITS. N° 7560, DU 24 NOV. 1859.

5e Div. 4e Bur. Tabacs et poudres.

Suppression d'une expédition des pièces justificatives à l'appui des comptes en matière de tabacs et poudres à feu.

Par suite des modifications qui vont être apportées dans les écritures du bureau de la comptabilité en matières (tabacs et poudres à feu), j'ai décidé que, des deux expéditions des comptes n° 38 A et B (magasins), n° 46 (manufactures) et n° 73 (entrepôts), transmises annuellement à l'Administration, une seule, à l'avenir, sera appuyée de toutes les pièces justificatives exigées par les instructions et la notice du 18 décembre 1850.

Il en sera de même, pour les deux expéditions des comptes précités n° 38 A et B et n° 46 qui seront rendus de clerc à maître à partir du premier janvier prochain.

Quant aux expéditions des comptes n° 73 d'entrepôts qui seront également rendus de clerc à maître à partir du 1er janvier prochain, l'une sera, comme il est dit ci-dessus, accompagnée de toutes les pièces justificatives signalées par la notice du 18 décembre 1850, et l'autre le sera, seulement, d'une expédition des procès-verbaux d'inventaire n° 72 A et B.

En diminuant le travail de fin d'année des comptables, les dispositions qui précèdent contribueront, j'aime à le croire, à l'exécution ponctuelle des prescriptions de la circulaire n° 449, du 31 mai 1850 et de ma lettre commune manuscrite du 5 février 1855, n° 576, relatives aux délais dans lesquels doivent parvenir à l'Administration les comptes annuels, les bordereaux récapitulatifs n° 77 B et C, et la première expédition des procès-verbaux d'inventaire n° 72 A et B.

Je vous rappelle, à cette occasion, qu'aux termes de ma lettre commune ci-dessus relatée, les délais de transmission des productions périodiques doivent être abrégés plutôt que dépassés, notamment pour les états n° 65 A, B, et C (Situation mensuelle des entrepôts.)

En ce qui concerne ces derniers états de situation (n° 65 C), établis dans les directions et récapitulant par espèce et par prix, les ventes (tabacs et poudres à feu) des entrepôts de chaque département, vous voudrez bien prendre les mesures nécessaires pour qu'ils soient scrupuleusement vérifiés avant d'être adressés à l'Administration ; les nombreuses erreurs qu'ils présentent généralement, nuisent aux intérêts du service, en retardant les travaux auxquels ils donnent lieu dans mes bureaux.

A. C. DU 22 DÉC. 1859. AFF. MURTINEDDU.

Les dispositions de la loi du 13 fructidor an V, qui réserve à l'État le privilège exclusif de la fabrication et de la vente des poudres à feu, s'appliquent non-seulement aux poudres fabriquées dans les mêmes conditions et par les mêmes procédés que celles de l'État, mais encore à toute agrégation de matières susceptibles d'explosion par l'action du feu, produisant des effets identiques ou analogues, et destinées à remplacer soit les poudres de guerre, de chasse ou de mine, soit l'une d'elles seulement.

La cour, procédant conformément à l'art. 1er de la loi du 1er avril 1837;

Ouï M. le conseiller d'Esparbès, en son rapport; Me Jager-Schmidt, en ses observations pour le Directeur des Contributions indirectes du département des Bouches-du-Rhône: Me de la Chère, en ses observations pour les réprésentants Murtineddu, et M. le procureur général impérial Dupin, en ces conclusions,

Joint les pourvois formés par le procureur général impérial près la cour impériale de Nîmes et le Directeur des contributions indirectes du département des Bouches-du-Rhône; et statuant sur le tout

Vu les articles 16, 24, 27, 33, 34 et 36, de la loi du 13 fructidor an V, ensemble l'article 25 de la loi du 25 juin 1841:

Attendu que la loi du 13 fructidor en réservant à l'État le droit exclusif de fabriquer et vendre la poudre, a eu en vue de prévenir les dangers résultant pour la vie des citoyens, pour les propriétés publiques et privées, de la libre fabrication et du libre commerce des poudres à feu;

Attendu que la dénomination de poudre à feu comprend toute composition contenant les éléments générateurs de l'explosion par l'action du feu et l'expansion du gaz.

Attendu que l'arrêt attaqué constate que le mélange fabriqué par Murtineddu sert à l'usage des mines; qu'il s'enflamme au contact du feu, et que la délagration des matières qui le composent produit l'expansion de gaz d'où résulte l'explosion ;

Attendu que, s'il diffère de la poudre de mine fabriquée par l'État quant à quelques-uns de ces éléments, quant à la proportion de quelques autres, et aux effets de l'explosion, il n'en conserve pas moins les propriétés essentielles de la poudre à feu, propriétés auxquelles sont attachés les dangers que la loi a pour but de prévenir ;

Attendu qu'en refusant de reconnaître à ce mélange les caractères constitutifs de la poudre, la qualification qui lui appartenait légalement, de prononcer, par suite, la confiscation des matières saisies chez Murtineddu, et de condamner ses représentants aux dépens, la cour de Nîmes ne s'est point livrée à une appréciation de faits, mais a résolu une question de droit, et, par la solution qu'elle lui a donnée, a faussement interprété et violé les articles précités de la loi du 13 fructidor an V.

Casse et annule l'arrêt rendu par la cour de Nîmes, chambre des appels de police correctionnelle le 3 février 1859; et, pour être procédé conformément à l'article 2 de la loi du 1er avril 1837; sur l'appel interjeté par le procureur impérial près le tribunal correctionnel de Marseille et le Directeur des Contributions indirectes des Bouches-du-Rhône, du jugement de ce tribunal, en date du 2 avril 1857, renvoie la cause et les parties devant la cour de Montpellier ;

Ordonne, etc.

NOTA. — Cet arrêt a été rendu toutes chambres réunies. Voir à la date du 2 janv. 1858 le premier arrêt intervenu.

LETT. COMM. MANUSC., N° 15,200, DU 27 DÉC. 1859.

4° Div. — 1er Bur. — Boissons.

Approvisionnements chez les assujétis, chez les récoltants et en cours de transport.

La circulaire du 8 janv. 1855, n° 254, a prescrit la formation d'un état présentant : 1° les quantités de boissons qui, lors de la clôture de l'exercice 1854, restait aux charges des assujétis ; 2° les quantités qui se trouvaient en cours de transport, le 25 janvier 1855 ; 3° les quantités dont les propriétaires récoltants pouvaient être détenteurs. Depuis, les mêmes renseignements ont été fournis annuellement. Je vous invite à donner aux employés de votre direction les instructions nécessaires pour qu'en suivant de point en point les dispositions de la circulaire précitée, ils fassent au commencement de l'année prochaine, et ultérieurement d'année en année, un travail analogue à celui qu'ils ont fait jusqu'ici. Les quantités en cours de transport, y compris les quantités en transit, devront être relevées à la date du 25 janvier.

Prenez des mesures pour que le tableau général destiné à récapituler l'ensemble des faits constatés et des renseignements recueillis par le service de votre direction me parvienne toujours le 20 février, sous le timbre de la présente lettre.

LETT. COMM. N° 3,700, DU 2 AVRIL 1860.

4° Div. 1er Bur.

Alcools employés dans l'industrie et dans les arts.

L'Administration désire recevoir des renseignements aussi précis que possible relativement à l'importance des quantités d'alcool qui, pendant l'année 1859, ont été employées dans l'industrie et dans les arts.

Ces renseignements devront être fournis au moyen d'un tableau conforme au modèle ci-joint.

En 1843, des instructions de même nature ont été demandées (Lettre commune, n° 2159, du 14 septembre). En vous reportant aux tableaux qui ont été dressés alors dans votre direction, vous serez probablement en mesure de donner aux chefs locaux de service des explications propres à faciliter leurs informations. Du reste, voici quelles sont les principales industries qui font emploi d'alcool :

1° Fabrication de vernis pour meubles, etc. ;
2° — de chapeaux ;
3° — de vinaigre-boisson ;
4° — d'hydrogène liquide ;
5° — de produits chimiques ;
6° — de quinine, d'éther, de chloroforme, etc. ;
7° — de tissus, de caoutchouc ;
8° — de parfumerie, eau de Cologne, vinaigre de toilette, etc. ;
9° — de fulminate pour capsules et amorces ;
10° — de sucres (substitution de l'alcool au noir animal) ;
11° Préparations pharmaceutiques ;
12° Chauffage à l'esprit-de-vin, etc. ;
13° Etc. ;
14° Etc.

A l'égard des quantités d'alcool employées par des industriels soumis à l'exercice, les indications demandées pourront, d'après les portatifs, être fournies avec une entière exactitude. A l'égard des quantités d'alcool qui sont employées en dehors de toute intervention du service de la Régie, des informations devront être prises auprès des industriels eux-mêmes. Dans beaucoup de localités, et spécialement dans les villes sujettes à des droits d'entrée ou d'octroi. on pourra aussi consulter utilement les registres de perception (4 B, 9, 10, A, etc.).

Il est de toute nécessité que le travail relatif à votre direction parvienne à l'Administration le 15 avril au plus tard.

Nota. — Le tableau de renseignements doit présenter les colonnes suivantes :
1. Désignation des industries qui emploient de l'alcool comme élément de fabrication.
2. Nombre des industries dans chaque catégorie.
3 à 6. Quantités d'alcool employées par chaque industrie.
  { Avec paiement des droits généraux de consommation.
  Avec paiement des droits de dénaturation.
  En franchise de tous droits { Produits exportés. Simples flegmes convertis en vinaigre.
7. Principaux produits de chaque industrie.
8 et 9. Valeur vénale des produits fabriqués { Unité de mesure. (Prix en gros) { Prix.
10. Quantité d'alcool qui entre ordinairement dans la fabrication des produits, soit par hectolitre, soit par 100 kilog. soit par toute autre unité de mesure.
11. Observations. (Faire connaître dans cette colonne où sont situés les principaux établissements et quelle est l'importance de leur fabrication.)

ARR. DU CONS. D'ÉTAT (DÉCRET) DU 4 JUILL. 1860, AFF. LEFÈVRE.

Le Conseil d'État n'a pas reconnu le caractère des accidents graves, résultant notoirement de l'exercice des fonctions, à une maladie dont un employé de la Régie a été frappé, durant une tournée d'exercice, par l'effet de refroidissements successifs qu'il a éprouvés en passant alternativement d'une atmosphère brûlante dans des caves froides et humides et dont il est mort dix jours après.

Vu les requêtes,.... pour la veuve du sieur Pierre-Orphila Lefèvre, Receveur à cheval des Contributions indirectes à Etrepagny, décédé le 26 juillet 1859, à l'âge de 39 ans, après 19 ans 9 mois et 6 jours de services, tendant à ce qu'il nous plaise annuler une décision du 23 décembre 1859, par laquelle notre ministre des finances a déclaré qu'elle n'était pas fondée à réclamer une pension à titre exceptionnel, par application des art. 11 et 14 § 2, de la loi du 9 juin 1853 ; Ce faisant, attendu que la maladie dont le sieur Lefèvre a été frappé le 15 juillet 1859, durant une tournée d'exercice, par l'effet des refroidissements successifs qu'il a éprouvés en passant alternativement d'une atmosphère brûlante dans des caves froides et humides et dont il est mort dix jours après, devrait être considérée comme un accident grave résultant notoirement de l'exercice de ses fonctions, la renvoyer devant notre dit ministre pour être procédé à la liquidation de la pension à laquelle elle a droit ;

Vu les observations par lesquelles notre ministre des finances déclare s'en rapporter à notre justice ;

Vu les certificats délivrés le 3 et le 8 septembre 1859, par le docteur Molinié, demeurant à Etrepagny et par le docteur Molte, médecin délégué par l'Administration ;

Vu la loi du 9 juin 1853, art. 11 et 14, § 2.

Considérant qu'aux termes des articles ci-dessus visés de la loi du 9 juin 1853, la veuve d'un employé qui ne remplissait pas la condition d'âge et qui ne comptait pas le temps de service exigé pour avoir droit à une pension d'ancienneté, ne peut obtenir pension que si son mari a perdu la vie par un accident grave résultant notoirement de l'exercice de ses fonctions ou par suite de cet accident ;

Considérant que si la maladie à laquelle le sieur Lefèvre a succombé a été contractée dans l'exercice de ses fonctions, elle ne présente pas le caractère d'un accident grave dans le sens des articles précités ; qu'ainsi c'est avec raison que notre ministre des finances a décidé qu'il n'y avait pas lieu d'accorder à sa veuve la pension qu'elle réclame ;

Art. 1er. La requête de la dame Cousin, veuve du sieur Lefèvre, est rejetée.

Nota. Il est probable que les certificats laissaient à désirer.

LETT. COMM. N° 7700, DU 7 JUILL. 1860.

4° Div. 1er Bur. Expositions industrielles.

Boissons envoyées aux concours d'agriculture, aux expositions industrielles. Affranchissement des droits. Conditions et limites de cet affranchissement.

Une décision que M. le ministre des finances a prise le 9 juin dernier, conformément aux conclusions de la Régie, contient au sujet des vins, cidres, eaux-de-vie, esprits et liqueurs envoyés aux concours régionaux d'agriculture, ou aux expositions industrielles, les dispositions suivantes :

1° Les boissons (*vins, cidres, eaux-de-vie, esprits et liqueurs*) envoyées aux concours, aux expositions, seront accompagnées d'un acquit-à-caution désignant comme destinataire de ces boissons le commissaire général du concours ou de l'exposition. Dans le cas où le lieu de destination serait une commune sujette aux taxes d'entrée et d'octroi, le montant de ces taxes devra être consigné ou cautionné au moment de l'introduction des boissons dans la commune ;

2° L'exposition terminée, le commissaire général délivrera à chaque déposant un certificat constatant que les quantités manquantes ont été absorbées en dégustations. Aucun droit ne sera payé sur ces quantités ;

3° Si les quantités restantes doivent être réintégrées dans les caves, dans les magasins d'origine, un nouvel acquit-à-caution sera délivré pour régulariser le transport, et, à la suite de la décharge de cet acquit-à-caution, lesdites quantités se trouveront replacées dans les conditions et sous le régime où elles étaient primitivement ;

4° Si, au contraire, les quantités restantes reçoivent une autre destination, s'il y a vente, abandon ou donation, les droits généraux devront être payés ou garantis.

Pour l'application de ces dispositions, le service se conformera aux instructions ci-après énoncées :

Dans toutes les recettes buralistes indistinctement, les chefs locaux de service inscriront au tableau des expéditions à délivrer une note ainsi conçue :

« Quel que soit l'expéditeur, les quantités envoyées aux concours régionaux « d'agriculture, aux expositions industrielles, seront accompagnées d'un acquit-« à-caution énonçant comme destinataire le commissaire général du concours de « l'exposition.

« Les quantités qui, après avoir figuré aux concours d'agriculture, aux exposi-« tions industrielles, rentreront dans les caves ou magasins des exposants, seront « accompagnées d'un acquit-à-caution, quel que soit le destinataire. Cet acquit « sera déchargé après reconnaissance des boissons à l'arrivée, et les boissons « seront replacées dans les conditions où elles étaient primitivement. » (*Décision ministérielle du 9 juin 1860.*)

Quand le lieu du concours et de l'exposition sera une commune sujette au droit d'entrée, un passe-debout sera délivré pour constater la consignation ou le cautionnement de ce droit. L'acquit-à-caution sera retenu par les employés des bureaux d'entrée, et les boissons seront escortées gratuitement jusqu'au local même de l'exposition.

Aucune déclaration de transit ne sera faite.

Quand le lieu du concours ou de l'exposition sera une commune non sujette au droit d'entrée, les employés, et avec eux le chef local de service, se présenteront, avant l'ouverture de l'exposition, pour vérifier les boissons et retirer les acquits-à-caution.

Aucune vérification ne sera faite pendant la durée du concours ou de l'exposition.

Après le concours ou l'exposition (si la commune soit ou ne soit pas sujette au droit d'entrée) les employés se présenteront immédiatement pour retirer les certificats qui seront délivrés par le commissaire général.

Si la totalité des quantités afférentes à un même acquit a été absorbée en dégustations, l'acquit sera déchargé simplement en vertu du certificat.

Si une partie seulement des quantités exposées a été absorbée, une nouvelle expédition (congé ou acquit, selon le cas) sera délivrée pour la quantité restante, et l'acquit primitif sera déchargé :

1° En vertu du certificat du commissaire général ;
2° En vertu de la nouvelle expédition.

Les certificats du commissaire général resteront annexés aux acquits.

Lorsqu'il y aura eu consignation ou cautionnement de droits locaux, le service devra intervenir avec empressement, en ce qui concerne les quantités manquantes, soit le prompt remboursement des droits consignés, soit la libération de l'engagement relatif au cautionnement des droits. Quant aux quantités restantes, le remboursement des droits locaux consignés ou la libération de l'engagement relatif au cautionnement des droits, n'aura lieu qu'après que la sortie du lieu sujet aura été dûment justifiée.

La décision dont il s'agit ne concerne pas les droits d'octroi ; mais les communes ne feront sans doute aucune difficulté pour accorder, dans les mêmes conditions, l'immunité sur les quantités absorbées en dégustations. A cet égard, le Directeur et les chefs de service d'arrondissement, Inspecteurs et Sous-Inspecteurs s'entendront à l'avance avec les maires des communes où devront avoir lieu les concours ou expositions.

ARR. DE LA COUR DE ROUEN, DU 15 NOV. 1860, AFF. ROUMY.

Il y a contravention aux articles 6 et 8 du décret du 14 fructidor an XII et aux art. 121 et 122 de la loi du 25 mars 1817, quand un conducteur de diligence, sommé de s'arrêter pour se soumettre aux vérifications réglementaires, continue sa course.

Considérant qu'un procès-verbal régulier, dressé le 16 janvier 1860 par les employés des contributions indirectes, à la résidence de la ville de Rouen, constate que la veille, vers six heures du soir, étant en surveillance au bureau de l'octroi de la barrière Saint-Paul, après avoir fait connaître leurs qualités et sommé Auguste Roumy, conducteur de la diligence qui transporte les voyageurs de Rouen à Charleval, de s'arrêter pour se soumettre aux vérifications réglementaires ; ce dernier, loin d'obtempérer à cette sommation, fouetta ses chevaux, malgré la rapidité de la montée, fit descendre trois voyageurs de sa voiture à quelque distance, et parvint une seconde fois, et par la même accélération de sa course, à la soustraire à la visite des employés ;

Considérant que, par suite de ce procès-verbal, l'Administration des Contributions indirectes, ayant cité devant le tribunal correctionnel de Rouen, Roumy, conducteur de la voiture, et Gibouin, entrepreneur du service, comme civilement responsable, pour s'entendre condamner aux amendes, saisie et autres peines résultant de la contravention ainsi constatée, le tribunal a bien retenu et puni, sur la poursuite du ministère public, le même fait que n'infirme d'ailleurs ni inscription de faux, ni aucune preuve contraire, mais a relaxé les prévenus des poursuites de l'Administration des Contributions indirectes, sur l'unique motif qu'aucune loi ne confère à cette Administration le droit de faire prononcer à son profit une amende et une confiscation contre un conducteur de voitures publiques, pour n'avoir pas déféré à la sommation de s'arrêter et de souffrir la visite ; en quoi le tribunal a méconnu les lois de la matière ;

Considérant, en effet, que, pour garantir au trésor les perceptions fiscales établies sur les voitures publiques, les articles 6 et 8 du décret impérial du 11 fructidor an XII autorisent les préposés de la Régie à assister au chargement et au déchargement des voitures, tant aux lieux de départ et d'arrivée que dans le cours de la route, à viser les registres et feuilles, à en vérifier l'exactitude, à en prendre copie et à dresser procès-verbal de toutes contraventions, enjoignant aux conducteurs d'être toujours porteurs des laissez-passer et de les représenter à toute réquisition et à tout préposé ;

Considérant qu'en remaniant les dispositions antérieures, la loi sur les finances, du 25 mars 1817, maintient les lois et règlements en vigueur dans tout ce qui n'est pas modifié, et porte, article 122, que toute contravention sera punie de la confiscation des objets saisis et d'une amende de cent à mille francs ;

Que si cette pénalité constamment appliquée au conducteur de voitures publiques qui se refuse aux vérifications réglementaires, peut paraître rigoureuse, elle n'est pas moins nécessaire pour garantir les perceptions fiscales, puisque autrement toute constatation de la fraude faite au trésor deviendrait impossible et illusoire ;

Considérant que, ni avant ni depuis la loi du 25 mars 1817, l'Administration des Contributions indirectes n'a été déchargée du devoir ni perdu le droit de constater les contraventions ou les fraudes commises dans le service des voitures publiques, non plus que d'en poursuivre la répression devant les tribunaux compétents ;

Que la loi du 30 mai 1851, quoiqu'elle fasse aussi une contravention, en la punissant dans son article 10 d'une amende de 16 francs, du refus par le conducteur d'arrêter sa voiture pour faciliter les vérifications prescrites, n'ayant pour objet que la police des routes et opérant dans un tout autre ordre d'idées, n'a ni explicitement ni implicitement abrogé les lois de finances et d'impôts relatives au service des voitures publiques ;

Qu'en ce dernier cas, le refus de se soumettre aux vérifications fait présumer des fraudes préjudiciables au trésor public, et que la loi du 30 mai 1851 n'a pu vouloir détruire cette source de produits en dépouillant l'Administration des Contributions indirectes de son droit à des amendes et à des confiscations qui ne sont, pour l'intérêt qu'elle représente spécialement, que la légitime indemnité des perceptions fiscales que la contravention lui dérobe ;

Par ces motifs,

La cour, vidant son délibéré, dit qu'il a été mal jugé ; et, réformant, déclare les prévenus coupables de la contravention constatée au procès-verbal du 16 juin dernier, en ce que Roumy aurait refusé, malgré la sommation qui lui en avait été faite par les employés, de soumettre sa voiture aux vérifications réglementaires ; et par application des articles 6 et 8 du décret du 14 fructidor an XII, 120 et 122 de la loi du 25 mars 1817, 194 du Code d'instruction criminelle, condamne solidairement et par corps Roumy et Gibouin, ce dernier comme civilement responsable, à une amende de cent francs et aux dépens, tant de première instance que d'appel taxés à...

Ordonne, en outre, la confiscation des objets saisis.

LETT. COMM. N° 14600, DU 12 DÉC. 1860.

4ᵉ Div. 1ᵉʳ Bur. Comptabilité.

Les droits constatés à titre de supplément de droit de consommation doivent entrer dans le calcul des primes d'apurement.

La circulaire n° 654, du 6 juillet dernier, a prescrit d'inscrire dans la comptabilité, à titre de *recettes extraordinaires*, les sommes qui, chez les débitants rédimés et chez les débitants établis dans les villes à taxe unique, ont été constatées comme supplément du droit de consommation sur l'alcool (art. 18 de la loi du 26 juillet 1860).

Les *recettes extraordinaires* ne sont pas comprises parmi les perceptions qui peuvent donner lieu à l'allocation de primes (circulaires nos 17-16 du 10 décembre 1828, et n° 97 du 31 décembre 1831). Mais ici il y a des motifs d'exception ; les suppléments de taxe dont il est question sont recouvrables par voie d'avertissement et de contrainte ; comme les autres droits constatés, ils peuvent se traduire en non-valeurs ; il est donc naturel et juste de les faire entrer dans le calcul pour la fixation des primes d'apurement (exercice 1860). Bien entendu, les primes ne seront payées aux comptables qu'autant qu'ils solderont intégralement et les sommes représentant le supplément de taxe et les autres droits constatés dans leur circonscription.

ARR. DU CONS. D'ÉT. (DÉCRET) DU 17 JANV. 1861, AFF. D'ARMENGAUD.

Pour liquider la pension suivant les anciens règlements, il suffit que le fonctionnaire ait accompli au 1ᵉʳ janvier 1854 la durée de service exigée. Il n'est pas nécessaire qu'il remplisse la condition d'âge.

...Considérant qu'aux termes du § 3 de l'art. 18 de la loi du 9 juin 1853, les pensions des fonctionnaires et employés qui, au 1ᵉʳ janvier 1854, auront accompli la durée de service exigée, soit par les règlements spéciaux, soit par les lois et décret des 22 août 1790 et 13 septembre 1806, sont liquidées conformément à ces règlements, loi et décret ;

Considérant que le sieur d'Armengaud avait accompli, au 1ᵉʳ janvier 1854, les 30 ans de services exigés par l'ordonnance royale du 12 janvier 1825, susvisée, pour

avoir droit à pension ; que, dès lors, c'est avec raison que la pension du sieur d'Armengaud a été liquidée conformément aux dispositions de ladite ordonnance du 12 janvier 1825 et que notre décret du 11 avril 1860 lui a accordé le maximum de 2.000 fr. fixé par ladite ordonnance ;

Art. 1ᵉʳ. La requête du sieur d'Armengaud est rejetée.

AVIS DU CONS. D'ÉT. DU 24 JANV. 1861 (1).

Avis sur l'interprétation des décrets des 17 et 25 mars 1852, en ce qui touche l'institution des préposés en chef d'octroi et le règlement des frais de perception.

Le conseil d'État, sur le renvoi qui lui a été fait par M. le ministre des finances du dossier relatif à une question d'interprétation des décrets des 17 et 25 mars 1852, en ce qui concerne les effets de la suppression du dixième perçu au profit du trésor et la délégation aux préfets de la nomination aux emplois de préposés en chef des octrois,

Vu les lois des 9 germinal an V, 27 vendémiaire an VII, 13 frimaire an VIII, 5 ventôse an VIII, l'arrêté du gouvernement du 24 frimaire an XI, la loi du 5 ventôse an XII, les arrêtés des 28 ventôse et 25 germinal an XII, le décret du 26 vendémiaire an XIII, les lois des 24 avril 1806 et 25 novembre 1808, les décrets du 17 mai 1809 et du 8 février 1812, la loi du 8 décembre 1814, l'ordonnance du 9 décembre 1814, la loi du 28 avril 1816, l'ordonnance au contentieux du 14 juillet 1819, les décrets des 17 et 25 mars 1852, etc.

Considérant qu'aucune taxe, même lorsque les produits en doivent être affectés à des objets d'utilité locale, ne peut être perçue que par une délégation expresse du pouvoir souverain et dans les conditions qu'il a prescrites ;

Considérant que toutes les lois concernant les octrois des villes ont réservé au gouvernement le droit de rendre les décrets portant création, modification, suppression des tarifs, d'approuver les règlements et d'exercer le suprême contrôle sur la perception ;

Que le décret du 17 mai 1809 a attribué, par son article 165, la surveillance de tous les octrois de l'empire à l'Administration des droits réunis, sous l'autorité du ministre des finances ; qu'il a soumis à l'approbation du ministre, par son article 103, la fixation des frais de perception et de premier établissement, par son article 141, la nomination de préposé en chef ;

Que l'ordonnance du 9 décembre 1814 a, par son article 10, soumis à l'approbation du ministre des finances la fixation des frais de premier établissement de régie et de perception des octrois des villes sujettes au droit d'entrée ; que, par son article 55, elle a donné au Directeur général des impositions indirectes le droit d'établir et de commissionner les préposés en chef ;

Que la loi du 28 avril 1816 dispose, en son article 155, qu'il pourra être établi un préposé en chef lorsque les produits de l'octroi s'élèveront à 20.000 francs et plus ; que ce préposé sera nommé et son traitement fixé par le ministre des finances ;

Qu'ainsi sont toujours maintenues, comme des attributs distincts, l'institution, la nomination des préposés en chef et la fixation de leur traitement ;

Considérant que le décret du 25 mars 1852 n'a transféré aux préfets que la nomination des préposés en chef ;

Considérant que le décret du 17 mars 1852, en faisant cesser le prélèvement du dixième, n'a pu enlever au gouvernement le droit d'instituer les préposés en chef et de fixer les frais de perception, attendu que ce droit dérive non-seulement d'un intérêt fiscal, mais surtout de nécessités d'ordre public ; qu'il a été réservé pour les villes soumises au droit d'entrée, et non à celles assujéties au prélèvement du dixième ; que si, par l'effet de la loi du 12 décembre 1830, le droit d'entrée a été restreint aux villes de 4.000 âmes, qui sont les mêmes que celles où est perçu le dixième, le droit de surveillance a conservé sa condition primitive, il n'est pas attaché au dixième perçu par le trésor, il ne cesse pas avec lui ;

Par ces motifs :

Est d'avis que le droit de créer l'emploi de préposé en chef des octrois, de fixer leur traitement, les frais de premier établissement et ceux de perception des octrois, appartiennent à l'Administration des finances, n'a pas été modifié par les décrets des 17 et 25 mars 1852.

Cet avis a été délibéré et adopté par le conseil d'État, dans sa séance du 24 janvier 1861.

Le Ministre, président du Conseil d'État.
J. BAROCHE.

Le Conseiller d'État, rapporteur,
LESTIBOUDOIS.
Approuvé le 31 janvier 1861.
Le ministre des finances,
DE FORCADE.

LETT. COMM. DU 4 MARS 1861.

1ʳᵉ Div. 1ᵉʳ Bur. Sucre indigène.

Les sucres en poudre livrés directement à la consommation peuvent sortir des fabriques dans des sacs d'un poids net uniforme de 50 kil.

Aux termes, Monsieur, de l'article 27 du règlement d'administration publique du 1ᵉʳ septembre 1852, les sucres ne peuvent sortir des fabriques en quantités inférieures à 100 kilogrammes. Il n'y a d'exception à cette règle que pour les sucres candis qui peuvent être transportés en caisses de 25 kilogrammes. Lorsque les sucres sont expédiés en sacs, comme c'est le cas pour les sucres en poudre, les colis doivent toujours être d'un poids net uniforme de cent kilogrammes.

Cette dernière disposition avait répondu jusqu'ici à tous les besoins du commerce. Mais depuis quelque temps le progrès de la fabrication ayant permis d'obtenir des sucres bruts assez purs pour être livrés directement à la consommation, des fabricants se sont plaints de ne pouvoir vendre les sucres de l'espèce en quantités inférieures à cent kilogrammes.

Les réclamations qui sont parvenues à cet égard à l'Administration m'ont paru devoir être prises en considération. En conséquence, j'ai décidé, à titre de mesure provisoire, que pour les sucres en poudre, expédiés directement à la consommation, il serait facultatif au commerce d'extraire le sucre des fabriques en sacs du poids net de 100 k. ou de 50 kilogrammes à son choix. Mais il demeure entendu que les sacs devront être seulement de l'un et de l'autre des deux poids sus-mentionnés et à l'exclusion de poids intermédiaires ou inférieurs de manière à ce que l'uniformité soit maintenue dans ces limites nouvelles.

Veuillez donner des ordres dans ce sens.

(1) Voir la circ. du M. des Fin. aux Préfets, en date du 7 mars 1861.

CIRC. DU M. DES FIN. AUX PRÉFETS DU 7 MARS 1861.

Octrois. — Préposés en chef. — Interprétation des circulaires des 17 et 25 mars 1852.

Monsieur le Préfet, le conseil d'État a été appelé à donner son avis sur la question de savoir si le décret du 25 mars 1852, en attribuant au préfet le droit de nommer les préposés en chef des octrois, lui avait attribué par cela même le droit d'en instituer la fonction. On soutenait, contrairement à l'opinion du département des finances, que ce décret, combiné avec celui du 17 mars 1852, qui a supprimé le dixième perçu au profit du Trésor, a eu pour conséquence d'enlever à l'Administration le droit de fixer le traitement des préposés en chef et de régler les frais de perception des octrois, attendu que l'État n'y avait plus d'intérêt.

Dans sa séance du 24 janvier dernier, (1) le conseil d'État a exprimé l'avis que « le droit de créer l'emploi de préposé en chef, etc. »

Ainsi se trouve confirmée la doctrine soutenue par le département des finances, et à laquelle je vous prie de vouloir bien vous conformer lorsqu'il y aura lieu.

Je crois inutile d'ajouter que la présente circulaire ne modifie en rien les dispositions de l'instruction de mon prédécesseur, du 8 octobre 1859, relative à la révocation des préposés en chef.

LETT. COMM. N° 3000, DU 20 MARS 1861.

4e Div. 1er Bur.

Poudres à feu. Approvisionnements.

Monsieur, l'examen des états n° 65 B a donné lieu de remarquer que, dans un certain nombre d'entrepôts, les approvisionnements en poudres à feu sont hors de proportion avec les ventes. Les poudres séjournent ainsi trop longtemps dans les entrepôts, et elles sont exposées sinon à se détériorer complètement, du moins à s'altérer au point de susciter des plaintes de la part des consommateurs.

Il importe essentiellement que les approvisionnements de tous les entrepôts soient constamment entretenus dans un rapport convenable avec les besoins de la consommation ; mais ces approvisionnements ne doivent jamais dépasser de justes limites. Ainsi que le prescrit la circulaire n° 471 du 18 décembre 1850 dont les dispositions ont été rappelées par la circulaire n° 310 du 1er août 1855, lorsque des demandes vous sont adressées par les entreposeurs, vous devez réduire celles qui sont exagérées, et augmenter celles qui sont insuffisantes.

Afin de maintenir une situation à peu près identique dans tous les entrepôts, l'on devra prendre à l'avenir pour base des approvisionnements de poudres à feu la consommation présumée d'une période de six mois.

Veuillez donner des instructions dans ce sens.

ARRÊT DE LA COUR D'AIX, DU 21 MARS 1861.

Quand un entrepositaire de bestiaux dans le rayon de l'octroi a des accrus, il doit les déclarer au moment de la naissance. Il est impossible cependant de ne pas admettre qu'un délai moral doit lui être accordé ; mais l'appréciation de ce délai doit être laissée à l'Administration.

Attendu qu'il résulte d'un procès-verbal, dressé le 25 janvier dernier, que les employés de l'octroi de la ville de Toulon se sont présentés ledit jour, à dix heures et demie du matin, au domicile de Dahon, berger entrepositaire d'un troupeau de chèvres, et qu'ils y ont trouvé deux chevreaux en sus du nombre de bêtes dont Dahon était chargé ;

Attendu qu'aux termes de l'article 37 du règlement de l'octroi de Toulon, les entrepositaires doivent déclarer toute augmentation dans le nombre de leurs bestiaux ;

Que Dahon soutient que l'article 37 ne fixant pas le délai dans lequel cette déclaration doit être faite, on doit accorder à l'entrepositaire un délai moral suffisant pour lui permettre d'accomplir cette formalité ;

Attendu qu'il s'agit d'une contravention, et qu'en matière de contravention, le fait seul doit être pris en considération par les tribunaux, qui ne peuvent excuser le contrevenant par le motif qu'il a été de bonne foi ;

Que le système plaidé par le contrevenant amènerait la violation de ce principe ;

Qu'en effet, dès qu'une augmentation dans le troupeau est constatée, sans que la déclaration en ait été faite, la contravention matérielle existe, et l'examen des causes qui ont amené le défaut de déclaration ne constitue pas autre chose que l'appréciation de la bonne foi du contrevenant ;

Qu'il est impossible cependant de ne pas admettre que l'entrepositaire doit avoir un délai moral pour pouvoir faire la déclaration dont il s'agit, mais que l'appréciation de ce délai doit être laissée à l'Administration, qui, seule, a le droit de transiger, est seule appelée à juger les causes du retard, ou le plus ou moins de bonne foi du contrevenant ;

Attendu que, fallût-il admettre que la contravention n'existe réellement qu'après l'expiration d'un délai suffisant pour permettre à l'entrepositaire d'aller au bureau pour faire sa déclaration, et que les tribunaux sont compétents pour apprécier la longueur de ce délai et la fixer suivant les circonstances, Dahon devrait encore être condamné, car il résulte des faits de la cause qu'il n'avait pas fait la déclaration alors qu'il s'était écoulé un temps plus que suffisant pour lui permettre d'accomplir cette formalité ;

Qu'en effet, la visite des employés de l'octroi a eu lieu à dix heures et demie du matin, et, d'après Dahon, les deux chevreaux trouvés en plus étaient nés à cinq heures du matin, plus de cinq heures se sont donc écoulées entre la naissance de ces bêtes et la visite des employés ; ce délai était plus que suffisant pour que Dahon pût se présenter au bureau, qui est situé à quelques mètres de distance de son domicile, et qui est toujours ouvert dès six heures du matin, y faire la déclaration voulue par le règlement ;

Qu'en vain soutient-il qu'il est sorti dès cinq heures et demie pour aller vendre le lait en ville, et qu'il se proposait de faire sa déclaration après sa rentrée, qui n'a eu lieu qu'après dix heures et demie ;

Qu'il devait avant tout remplir ses obligations vis-à-vis de l'octroi, et que les convenances de sa profession ne devaient passer qu'après ces devoirs :

Qu'il résulte de ces diverses considérations que la contravention reprochée à Dahon existe, soit qu'on s'arrête aux principes de droit, soit qu'on ait égard aux circonstances de fait établies dans la cause ;

(1) Voir cet avis à sa date (24 janv. 1861.)

Par ces motifs,

Vu les articles 81 du règlement de l'octroi de Toulon, du 11 novembre 1851, 45 de la loi du 28 avril 1816, 8 de celle du 29 mars 1832, et 9 de celle du 24 mai 1834, et 191 du Code d'instruction criminelle,

La Cour,

Faisant droit à l'appel de l'Administration de l'octroi de la ville de Toulon, réforme le jugement dont est appel,

Déclare Dahon coupable d'avoir, le 26 janvier dernier, été trouvé, dans l'intérieur des limites dudit octroi, en possession d'une augmentation du troupeau dont il était dépositaire sans en avoir fait la déclaration prescrite par l'article 37 du règlement de l'octroi ,

En réparation de cette contravention, condamne Dahon à payer à l'Administration de l'octroi de Toulon, une amende de 100 francs, ordonne la confiscation des deux chevreaux dont il s'agit, ou condamne Dahon à en payer la valeur fixée à 6 francs ;

Le condamne également aux frais, tant de première instance que d'appel,

Dit que toutes ces condamnations pécuniaires pourront être exécutées par la voie de la contrainte par corps.

LETT. COMM. N° 3300, DU 25 MARS 1861.

4e Div. 1er Bur. Tabacs.

Situation des ventes mensuelles.

L'Administration désire connaître exactement, pour chaque entrepôt, et mois par mois, les causes des variations qui se produisent relativement à la vente des tabacs. A cet effet, des états conformes aux modèles ci-joints, sous les n°s 1 et 2 , seront fournis à l'Administration.

Ces états devront me parvenir, au plus tard, dans les dix jours qui suivront l'expiration de chaque mois.

L'état modèle n° 1 sera dressé par les entreposeurs ; ils y annoteront leurs propres observations en faisant ressortir à quelles parties de l'arrondissement et à quels débits s'appliquent les variations les plus importantes.

Les Inspecteurs inscriront leurs explications sur le même tableau. Afin d'être en mesure d'exprimer une opinion éclairée, ils devront se faire adresser, chaque mois, par les chefs locaux de service, un rapport signalant les circonstances diverses qui paraîtront de nature à exercer de l'influence sur le produit du monopole.

L'état modèle n° 2 sera dressé dans vos bureaux. Il présentera les résultats comparatifs pour chaque entrepôt et pour l'ensemble de la direction. Vous y résumerez les explications données par les entreposeurs et par les Inspecteurs, et vous ajouterez vos appréciations personnelles.

Les états modèle n° 1 seront d'ailleurs mis à l'appui de l'état modèle n° 2. (Voir ces modèles aux n°s 118 et 119 du Formulaire.)

LETT. COMM. IMPR., DU 10 AVR. 1861.

1re Div. 3e Bur. Archives commerciales.

Renseignements à fournir par le service des contributions indirectes.

Les bulletins de commerce que les Directeurs des douanes adressent, par trimestre, à l'Administration, contiennent, en général, d'utiles renseignements sur les industries locales. Mais ces renseignements, restreints à une partie de la France seulement, ne sauraient être suffisants pour donner une idée exacte de la situation générale et complète de nos industries.

Il importe, cependant, de connaître cette situation dans son ensemble comme dans ses détails les plus intéressants, et le moment est d'autant plus opportun pour recueillir à cet égard toutes les informations possibles, que l'Administration est appelée à constater les effets des réformes économiques déjà opérées ou des conventions internationales récemment conclues.

J'ai pensé que le service des Contributions indirectes, dont l'action s'étend sur tout le pays, pourrait utilement concourir au but que l'Administration se propose d'atteindre ; les chefs de ce service, à tous les degrés, doivent être en mesure, soit par les relations particulières qu'ils ont pu se créer, soit au moyen d'informations officieuses, soit en se rapprochant des comités de statistique dont plusieurs d'entre eux font sans doute partie, d'obtenir des indications exactes et précises sur des faits qui, en définitive, n'ont rien de secret.

En conséquence, j'invite les Directeurs mixtes et les Directeurs spéciaux des contributions indirectes à prendre les dispositions les plus propres à établir, dans le plus bref délai possible, la statistique complète des établissements industriels actuellement existants dans leur circonscription. Il s'agit principalement de savoir quels sont le nombre, la nature, l'affectation de ces établissements ; quelle est leur importance, en ce qui concerne : 1° la production ; 2° le mode de fabrication (machines à vapeur ou autres ; cours d'eau, etc.) ; le nombre d'ouvriers employés, etc. ; 3° l'espèce et la provenance des matières premières mises en œuvre ; 4° l'espèce et la destination des produits fabriqués, etc. etc.

Le tableau que ces chefs sont ainsi appelés à m'adresser dans l'objet, sera formé sur le modèle ci-joint.

J'annexe pareillement à la présente circulaire le modèle d'un bulletin modificatif par lequel les Directeurs me signaleront, à la fin de chaque mois, et spécialement par nature d'industrie, les changements survenus depuis le dernier envoi des documents dont il s'agit. Ces bulletins, qui, d'ailleurs, lorsqu'il y aura lieu, feront mention du chômage, de la clôture ou de la remise en activité des établissements, contiendront, comme les tableaux primitifs, tous les renseignements propres à bien déterminer la situation réelle des différentes industries.

En cas de *statu quo*, ils seront remplacés par un certificat négatif, partiel ou collectif.

A. C. DU 10 JUILL. 1861, AFF. LEGAVRIAU.

L'exemption de droits, accordée par un règlement d'octroi au charbon de terre employé à la préparation de produits destinés au commerce général, s'applique à tout le charbon de terre ou coke consumé dans un établissement industriel pour la fabrication d'appareils à vapeur devant être transportés hors des limites du lieu de fabrication, alors même que quelques-uns de ces appareils seraient employés dans les limites de ce lieu.

Attendu que l'article 44 du règlement d'octroi de la commune de Lille, approuvé par décret impérial du 30 avril 1859, porte : « Que le charbon employé dans les établissements industriels à la préparation de produits destinés au commerce général, sera admis à l'entrepôt à domicile; »

Attendu que le jugement en dernier ressort attaqué, en déclarant que les appareils à vapeur fabriqués par Legavriau et fils sont destinés au commerce général, et par conséquent exempts du paiement d'octroi sur la consommation de la houille employée à leur fabrication, loin d'avoir violé le susdit article 44, en a fait au contraire une juste application, puisqu'il est d'ailleurs constaté que les 9/10 de ces appareils sont destinés à être transportés hors des limites du lieu de la fabrication, soit en France, soit à l'étranger, et qu'ils rentraient dès lors dans le cas prévu d'exemption pour les produits du commerce général ;

Attendu qu'il n'y avait pas lieu également de distinguer entre la houille crue et le coke, qui n'est autre que la houille dégagée par la distillation des substances fluides et gazeuses qu'elle contient; qu'il ne s'agit pas dans la cause de la différence de tarif dont les combustibles sont l'objet, mais de leur emploi à la fabrication d'objets de commerce général, avec exemption complète des droits d'octroi ;

D'où il suit qu'en jugeant comme il l'a fait, le jugement attaqué n'a ni violé, ni faussement appliqué l'article 44 du règlement d'octroi précité,

La cour rejette, etc.

ARR. DE LA COUR DE GRENOBLE, DU 18 JUILL. 1861, AFF. BOUVIER.

Un marchand épicier qui achète des cigares à la Régie et les revend enfreint le monopole exercé par l'État pour la vente et encourt des poursuites, par application des articles 172 et 222 de la loi de 1816.

Attendu qu'aux termes des articles 172 et 222 de la loi du 28 avril 1816, la vente des tabacs est un monopole uniquement réservé au profit de l'État; d'où il suit que cette vente ne peut jamais avoir lieu que par les agents qui sont préposés à cet effet par l'Administration des Contributions indirectes ;

Que toute revente, même des tabacs achetés de l'Administration, surtout lorsque cette vente est l'objet d'un commerce, doit être interdite, regardée comme faite en fraude de la loi de 1816, et, par conséquent, tombe sous le coup des dispositions de cette loi ;

Que, si l'Administration des Contributions indirectes peut quelquefois tolérer, soit dans les cafés, cercles ou autres lieux publics, la revente des cigares pour faciliter encore l'écoulement de ces produits, cette tolérance ne crée pas un droit contre elle et peut être retirée par elle lorsqu'elle le juge convenable ;

Attendu, en fait, qu'il est établi par les documents de la cause que Bouvier, marchand épicier, s'est rendu coupable de la revente d'une quantité plus ou moins considérable de tabacs (en cigares) provenant de l'Administration des Contributions indirectes, ce qui constitue le délit prévu par les articles 172 et 222 de la loi du 28 avril 1816;

Par ces motifs, la cour déclare Bouvier coupable du délit de vente des tabacs de l'Administration, n'ayant pas le droit de procéder à cette vente, et le condamne à une amende de 300 francs et à la confiscation des tabacs saisis.

LETT. DU 23 SEPT. 1861 AU DIRECTEUR DE L'AISNE.

1re Div. 1er Bur. Sucre indigène.

Capacité imposable des matières à déféquer. Déduction supplémentaire.

Vous m'avez soumis, sous la date du 13 de ce mois, les demandes au nombre de 27 formées par les débitants de sucre de votre direction qui doivent faire usage de procédés particuliers pour la défécation des jus de betteraves.

Aux termes de l'art. 7 de la loi du 31 mai 1846, le volume des jus soumis à la défécation doit être évalué d'après la contenance des chaudières, déduction faite de 10 p. 0/0; cette déduction est acquise à titre général.

Dans le cas prévu par le règlement du 1er septembre 1852, où le procédé ordinaire serait remplacé par un procédé différent entraînant l'emploi d'un volume de lait de chaux supérieur à 2 1/2 p. 0/0. L'Administration a la faculté d'accorder une déduction supplémentaire calculée sur l'excès du lait de chaux réellement versé dans les chaudières.

Dans l'espèce, les déductions supplémentaires applicables à chaque usine ont été établies régulièrement après constatation des faits par le service.

Vous annoncez d'ailleurs que les agents des fabriques suivront attentivement les défécations pour reconnaître exactement les quantités de lait de chaux employées et qu'il ne sera accordé de déduction qu'autant que les chaudières ne seront pas emplies aux 9/10.

Sous ces réserves, je consens à accueillir les demandes dont il s'agit. Veuillez en informer les pétitionnaires en mon nom et donner au service les instructions que l'objet comporte.

LETT. COMM. MANUSC., N° 12644, DU 12 OCT. 1861.

4e Div. 1er Bur. Concours.

Concours pour le surnumérariat des contributions indirectes. Honoraires du médecin qui a examiné les candidats.

Des honoraires sont dus au médecin assermenté qui, lors du dernier concours pour le surnumérariat des Contributions indirectes, a constaté, par une visite corporelle l'état physique des candidats.

Le taux de ces honoraires a paru devoir être fixé à 5 francs par candidat.

L'Administration entend prendre la dépense à sa charge. Veuillez donc lui soumettre à cet égard, en double expédition, des états de proposition présentant les indications suivantes :

Nom du médecin.
Résidence.
Nombre de candidats soumis à la visite corporelle.
Taux des honoraires.
Somme à payer au médecin.

LETT. DE L'ADM. AU DIRECT. DE LILLE, DU 13 NOV. 1861.

1re Div. 1er Bur. Sucre indigène.

Exécution du décret du 3 octobre 1861.

Sous le régime du règlement du 1er septembre 1852, les sucres indigènes étaient frappés de la taxe au moment de leur sortie des fabriques ou des entrepôts; cette règle était absolue de même que les sucres blancs de 1er jet livrés directe-

ment à la consommation, les sucres bruts de toute nuance s'y trouvaient assujétis, lors même qu'ils devaient subir l'opération du raffinage dans les établissements où un exercice permanent était organisé.

Par dérogation à ce principe, le décret du 3 octobre dernier a conféré à l'Administration, ainsi que l'a expliqué la circulaire du 10 du même mois, la faculté d'autoriser les acquittements en cours de transport, non-seulement des sucres extraits des fabriques pour être dirigés sur les entrepôts réels, mais encore des sucres expédiés à toute autre destination. La seule condition à laquelle la facilité soit subordonnée, c'est qu'il existe un service organisé sur les points où se produisent les déclarations d'acquittement. Cette condition est remplie dans les raffineries dont vous trouverez d'autre part le tableau et qui sont soumises à l'exercice en vertu de l'art. 3 du décret du 27 mars 1852, et dans les fabriques où l'industrie du raffinage peut aux termes de l'art. 2 du décret du 17 avril 1858 être exercée simultanément avec celle de la fabrication. Il n'existe dès lors, aucun inconvénient, à ce que le service des fabriques ou des entrepôts permette l'expédition de sucre brut avec suspension des droits sur les établissements de l'une ou de l'autre catégorie. Les expéditions se feront au même titre et dans les mêmes conditions que celles qui ont pour destination, les entrepôts régulièrement autorisés et il en sera établi un relevé n° 38 distinct qui me sera adressé mensuellement avec la feuille d'avis n° 43.

Toutes les règles relatives au paiement des droits, ainsi qu'aux crédits et à l'escompte, demeureront applicables aux nouvelles opérations. La durée des crédits devra être calculée à partir du jour de la déclaration d'acquittement.

Veuillez donner au service les instructions en conséquence et informer les raffineries et fabricants que l'objet intéresse plus particulièrement des dispositions de la présente.

ARR. DU CONS. D'ÉT. (DÉCRET) DU 28 NOV. 1861, AFF. LISKENNE.

Si un agent dont l'emploi a été supprimé n'avait pas fait valoir ses droits à la retraite, il ne serait pas admissible à se fonder sur cette suppression pour demander la liquidation de sa pension, après avoir accepté d'autres fonctions dans le même service.

Vu l'ordonnance royale du 12 avril 1831 sur les pensions de retraite des employés de la préfecture de police;

Considérant que si, par arrêté du préfet de police, du 27 avril 1849, le sieur Liskenne a été réformé par suite de la suppression de son emploi d'inspecteur général du service de la salubrité et de l'éclairage de la ville de Paris est admis à faire valoir ses droits à la retraite à raison de cette suppression, il résulte de l'instruction qu'au lieu de faire procéder à la liquidation de sa pension, il a accepté, le 11 juillet suivant, des fonctions plus élevées, créées sous le même titre d'inspecteur général dans le même service;

Considérant que, par arrêté du 18 mai 1850, il a été remplacé dans ces dernières fonctions qui n'ont point été supprimées ; que, dans ces circonstances, le sieur Liskenne n'est pas fondé à réclamer une pension de retraite pour cause de suppression d'emploi, par application de l'art. 8 de l'ordonnance royale du 12 avril 1831 ;

Art. 1er. — La requête du sieur Liskenne est rejetée.

LETT. COMM. N° 15,650, DU 10 DÉC. 1861.

4e Div. 1er Bur.

Boissons envoyées à l'Exposition universelle de Londres. — Affranchissement des droits intérieurs. Conditions et limites de cet affranchissement.

Les boissons (vins, cidres, poirés, hydromels, eaux-de-vie, esprits, liqueurs et fruits à l'eau-de-vie) qui, après avoir été amenées aux concours régionaux d'agriculture, aux expositions industrielles, etc., sont ensuite retransportées dans les caves, dans les magasins d'origine, doivent être remises exactement dans les conditions et sous le régime où elles étaient primitivement. Les déplacements que subissent ces boissons doivent être déclarés, mais ils n'entraînent la perception d'aucun impôt. *Telle est la règle consacrée par une décision de M. le ministre des finances, en date du 9 juin 1860.*

Les mêmes dispositions sont applicables en ce qui concerne les boissons qui seront envoyées à la prochaine exposition universelle de Londres.

De même que, pour le cas d'exportation ordinaire, les boissons destinées à l'exposition de Londres seront conduites jusqu'au port d'embarquement, en vertu d'un acquit-à-caution. Cet acquit sera délivré gratuitement. On biffera, tant à la souche du registre qu'à l'ampliation, l'annotation relative au paiement du droit de 15 centimes par expédition et du timbre. Après vérification des boissons au port d'embarquement, l'acquit-à-caution sera déchargé. Le timbre du certificat de décharge sera annulé.

Les exposants n'auront à rendre à la Régie aucun compte relativement aux boissons qui resteront en Angleterre.

Les boissons qui reviendront en France, devront au port de débarquement, être déclarées et présentées à la vérification du service des douanes. Si elles retournent chez l'expéditeur primitif, elles ne seront soumises à aucun droit intérieur. Bien entendu, l'identité des boissons devra être justifiée. A cet effet, les exposants devront produire un certificat, une attestation de l'agence française près l'exposition. Sur le vu de cette pièce, un acquit-à-caution sera délivré gratuitement, et régularisera le transport jusqu'au lieu d'où les boissons étaient originairement parties. Le certificat de l'agence française restera joint à l'acquit-à-caution, lequel sera déchargé après vérification des boissons à l'arrivée et après la prise en charge de ces boissons si l'exposant est un assujéti.

Si les boissons ramenées en France n'étaient pas renvoyées au lieu d'origine et chez l'expéditeur primitif, s'il y avait vente ou donation, les droits généraux devraient, dans la forme ordinaire, d'après la législation commune, être ou payés, ou garantis, selon la qualité du destinataire et le lieu de destination.

Veuillez donner promptement des instructions au service pour l'application des dispositions qui précèdent.

JUG. DU TRIB. CORR. DE BELFORT DU 13 DÉC. 1861, AFF. SAULNIER.

L'omission des mesures de précautions prescrites pour le transport des poudres rend les chefs de gare et les employés sous leurs ordres pénalement responsables des conséquences qu'aurait pu avoir leur incurie.

En ce qui touche les employés de la gare de Besançon :

Attendu que le libellé de l'article 8 du Règlement ministériel du 15 février 1861 laisse tout au moins un doute sur le point de savoir si les compagnies du chemin de fer sont tenues de prévenir les commissaires de surveillance administrative du transport de poudre en quantité moindre de 500 kilogrammes, bien que supérieure à 200 kilogrammes.

Mais attendu qu'il est constant, d'après les débats, que 2,646 kilogrammes de poudre de guerre ont été expédiés, le 6 septembre dernier, de la gare de Besançon à celle de Belfort, sans que le commissaire de surveillance administrative de cette dernière gare en ait été prévenu, non plus que le chef de la même gare, à qui, selon l'usage suivi, aurait dû être donné, de Besançon, l'avis à transmettre à ce fonctionnaire public ; que l'obligation d'adresser cet avis incombait, d'après le texte et l'esprit de l'article 8 susvisé, à Romain Martin, en sa qualité de chef de gare; que d'ailleurs, en fait, ce prévenu avait connaissance du chargement de poudre dont s'agit, sur lequel son attention a été appelée par le sous-chef de gare Auffroy ; qu'il ne saurait dès lors se décharger de la responsabilité attachée à ses fonctions sur des subordonnés auxquels il lui appartenait de donner les ordres nécessaires pour éviter toute infraction;

En ce qui touche Saulnier :

Attendu qu'il ne rentrait pas dans les fonctions de cet employé de prévenir le commissaire de surveillance administrative de l'envoi des poudres à Belfort ; que ce soin appartenait au chef de gare, qui n'avait au surplus pas été mis à même de s'en acquitter faute d'information de la part de son collègue de Besançon ; que Saulnier a pu et a dû penser que son chef avait rempli les formalités prescrites, et que, par conséquent, aucune responsabilité ne peut exister à sa charge, quant à ce défaut d'avis donné au commissaire de surveillance administrative;

Mais attendu que ce prévenu a conservé dans la gare, de sa seule autorité et sans qu'il allègue même en avoir avisé ses supérieurs, 287 kilogrammes de poudre de chasse en destination de Colmar, pendant plus de deux jours:

Attendu que l'article 12 du règlement du 15 février 1861 édicte que chaque livraison de poudre doit être expédiée de gare en gare, et jusqu'à destination par le plus prochain train susceptible de recevoir cette nature de chargement; que les prescriptions de cet article sont générales et indépendantes de la quantité de poudre expédiée, sauf ce qui est dit à l'article 15 du même règlement;

Attendu que, durant le temps que la poudre est restée dans la gare de Belfort, il est parti de cette gare plusieurs trains susceptibles de recevoir ce chargement; que Saulnier a donc personnellement commis une infraction à la disposition réglementaire ci-dessus rappelée, et doit en encourir la responsabilité pénale;

Par ces motifs,

Le tribunal condamne Romain Martin à 50 francs d'amende pour avoir, le 6 septembre 1861, omis de prévenir ou faire prévenir le commissaire de surveillance administrative à la gare de Belfort d'un envoi de poudre de guerre, de 2,646 kilogrammes en destination de Belfort;

Condamne Saulnier à 16 francs d'amende, pour avoir conservé et fait séjourner en gare à Belfort, pendant 56 heures, un chargement de 287 kilogrammes de poudre en destination de Colmar, par lui reçu le 28 août 1861, en sa qualité de chef de manutention, alors que pendant ce laps de temps ont été expédiés plusieurs trains susceptibles de recevoir ce chargement;

Relaxe tous les prévenus des autres chefs de prévention dirigés respectivement contre chacun d'eux.

<hr>

ARRÊT DE LA COUR IMP. DE BORDEAUX DU 19 DÉC. 1861, AFF. DUPORGE.

Les bateaux plats, à fausse quille, ne jouissent pas de l'immunité de droits accordée par le décret du 22 mars 1860 aux bateaux à quille servant au cabotage sur la Gironde, la Garonne et la Dordogne.

Attendu qu'en régle générale les procès-verbaux des employés des contributions indirectes font foi jusqu'à inscription de faux et qu'aux termes de l'article 21 de la loi du 9 juillet 1836, les contraventions en matière de droits de navigation sont constatées et poursuivies dans les formes propres à l'administration des contributions indirectes;

Attendu que, par une conséquence forcée de ces dispositions de la loi, les employés de ladite Administration ont capacité pour reconnaître les circonstances constitutives des contraventions qu'ils ont mission de constater; que leurs procès-verbaux, relativement à toutes ces circonstances sans distinction, ont la même autorité légale et font nécessairement foi jusqu'à inscription de faux; que, s'il en était autrement, la perception de l'impôt et l'application des dispositions pénales qui ont pour but de l'assurer, manqueraient des garanties que la loi a voulu leur attribuer;

Attendu que, par procès-verbal régulier du 22 septembre 1861, il est établi que le bateau de Nicolas Duporge a été trouvé naviguant sans laissez-passer de la navigation; que, pour expliquer le défaut de cette pièce, Duporge a prétendu que son bateau étant à quille, il était dispensé de s'en munir depuis le décret du 22 mars 1860 qui supprime les droits dits de navigation maritime précédemment perçus sur certaines rivières et spécialement la taxe proportionnelle et annuelle dont étaient frappés aux termes du décret du 4 mars 1808, les bâtiments à quille servant au cabotage sur la Gironde, la Garonne et la Dordogne ; mais que les employés rédacteurs du procès-verbal constatent *qu'ils ont reconnu que le bateau de Duporge était un courau sans quille véritable;*

Attendu que ces énonciations, qu'il faut prendre telles qu'elles sont et avec leur sens naturel, puisqu'elles n'ont pas été attaquées par la voie de l'inscription de faux, donnent suffisamment à comprendre que le bateau dont il s'agit n'était pas réellement à quille ; que, dès lors, Duporge ne peut pas se servir de l'immunité accordée par le décret du 22 mars 1860 seulement aux bateaux à quille parmi ceux qui servent au cabotage sur la Gironde, la Garonne et la Dordogne ; d'où il suit qu'il se trouve en contravention aux articles 15 et 16 de la loi du 9 juillet 1836 et qu'il est passible de l'amende édictée par l'art. 20 de la même loi;

Par ces motifs, la cour, faisant droit à l'appel de l'Administration des contributions indirectes, infirme le jugement du tribunal correctionnel de Libourne du 7 février 1861; déclare Nicolas Duporge coupable d'avoir, le 22 septembre 1861, fait naviguer sans déclaration, son bateau, le Jeune Bourricaud, pour réparation de quoi le condamne à 50 fr. d'amende, etc.

<hr>

ARRÊT DE LA COUR IMP. DE RENNES DU 2 JANV. 1862, AFF. DURAND.

L'obligation d'inscrire sur la feuille tout chargement fait en route s'applique aux voyageurs aussi bien qu'aux marchandises.
La non-inscription de voyageurs pris en route entraîne aussi bien l'amende encourue au point de vue fiscal que celle qui est applicable pour contravention aux lois de police.

Considérant que les entrepreneurs de voitures publiques sont soumis à deux

SUP. GÉN.

législations ayant pour but, l'une la perception de l'impôt, l'autre la police des routes et la sûreté des voyageurs ; que la loi du 30 mai 1851, en punissant les contraventions de police, n'a pas abrogé l'article 122 de la loi du 25 mars 1817 qui punit, en cette matière, les contraventions fiscales; qu'ainsi le même fait peut être passible de deux amendes cumulées s'il constitue tout à la fois une contravention de police et une contravention fiscale, les amendes fiscales ayant plutôt le caractère de réparations civiles que le caractère de peines proprement dites.

Considérant que ce principe est applicable au fait dont s'est rendu coupable Louis Durand, fait consistant à n'avoir pas inscrit sur sa feuille des voyageurs pris en route ; que ce fait est prévu et réprimé au point de vue fiscal par les articles 5 du décret du 14 fructidor an 12 et 122 de la loi du 15 mars 1817, de même qu'il l'est, au point de vue de la police, par la loi du 30 mai 1851 et le décret du 10 août 1852;

Qu'il suit de là que les premiers juges ne devaient pas se borner à prononcer la peine édictée par ces dernières lois; qu'ils devaient en outre, conformément aux réquisitions de l'administration des contributions indirectes, prononcer l'amende édictée par la loi de 1817;

Considérant que c'est à tort qu'ils ont interprété dans un sens restrictif le mot chargement dont se sert l'article 5 du décret du 14 fructidor an 12 ; que ce mot s'entend aussi bien des voyageurs que des objets transportés;

Considérant que l'administration des contributions indirectes a intérêt à connaître d'une manière précise tous les transports qui s'effectuent, soit de voyageurs, soit de marchandises, afin de vérifier l'exactitude des déclarations qui lui sont faites par les entrepreneurs de voitures publiques ou de régler le chiffre des abonnements qui peuvent être demandés ;

Par ces motifs, la cour infirme, etc.

<hr>

LETT. DE L'ADM. AU DIRECT. DE L'AISNE, DU 3 JANV. 1862.

1re Div. 1er Bur. Sucre indigène.

Tableau des fabriques-raffineries existant au mois de novembre 1861.

Les seules raffineries simples sur lesquelles l'expédition des sucres bruts de betterave, avec suspension des droits, peut avoir lieu, en exécution du décret du 3 octobre 1861, sont celles qui se trouvent soumises à l'exercice en vertu de l'article 3 du décret du 27 mars 1852; le tableau de ces raffineries accompagnait ma lettre du 13 novembre dernier.

Quant aux établissements mixtes, où le raffinage s'opère simultanément avec la fabrication et auxquels s'appliquent les mêmes facilités d'acquittement, ils sont tous, sans exception, assujétis à la surveillance permanente du service et remplissent ainsi toutes les conditions prescrites pour l'obtention du bénéfice de la mesure. Le nombre en est essentiellement variable puisqu'aux termes de l'article 2 du décret du 17 avril 1858, tout fabricant de sucre peut, à un moment quelconque de la campagne, convertir, sur une simple déclaration, son usine en fabrique-raffinerie. L'Administration s'était abstenue par ces motifs de la nomenclature des établissements dont il s'agit. Elle avait pensé que le service pourrait, à cet égard, puiser auprès des expéditeurs, les renseignements nécessaires. Mais l'absence d'indications officielles ayant donné lieu à des hésitations dans quelques localités, j'ai fait dresser un état des fabriques-raffineries actuellement en activité.

<hr>

ARRÊT DE LA COUR IMP. DE BORDEAUX DU 15 JANV. 1862, AFF. BERGERAC.

En matière d'octroi, la procédure à suivre pour l'inscription de faux est celle qui est tracée par les articles 216 et suivants du code de procédure civile. Il y a lieu de recourir au droit commun à défaut de législation spéciale.

<hr>

ARRÊT DU CONS. D'ÉT. (DÉCRET) DU 16 JANV. 1862, AFF. GUYNET.

Si un fonctionnaire admis à une retraite exceptionnelle, par suite d'accident éprouvé dans l'exercice de ses fonctions, rentre en activité, il peut obtenir une nouvelle liquidation embrassant la durée totale de ses services quand il est de nouveau mis dans l'impossibilité de continuer à remplir ses fonctions par suite de cet accident.

Considérant que l'article 28 de la loi du 9 juin 1853 dispose que, lorsqu'un pensionnaire est remis en activité dans le même service, le paiement de sa pension est suspendu, et qu'après la cessation de ses fonctions il peut rentrer en jouissance de son ancienne pension ou obtenir, s'il y a lieu, une nouvelle liquidation basée sur la généralité de ses services ;

Considérant que le sieur Guynet a obtenu, en qualité de receveur de navigation, par décret du 8 octobre 1856, et par application du § 2 de l'article 11 de la loi du 9 juin 1853, une pension de 803 francs, liquidée après vingt ans un mois et huit jours de services, pour cause d'aliénation mentale survenue à la suite d'un accident grave résultant de l'exercice de ses fonctions; qu'il est rentré en activité le 9 avril 1858, comme receveur particulier des contributions indirectes, et qu'il est reconnu par notre ministre des finances qu'il a été réformé le 2 novembre 1860, à cause de l'affaiblissement de ses facultés intellectuelles;

Considérant qu'il résulte de l'instruction que l'exercice des fonctions conférées au sieur Guynet après sa mise à la retraite a déterminé chez lui le retour des infirmités qui avaient motivé cette mise à la retraite, et que c'est à raison de cette nouvelle atteinte que son remplacement a été prononcé; qu'il suit de là que le sieur Guynet a acquis dans ses derniers services des droits à une nouvelle pension à titre exceptionnel, et qu'il était fondé, aux termes de l'article 28, à réclamer une nouvelle liquidation établie sur la généralité de ses services :

Art. 1er. La décision de notre ministre des finances, du 22 septembre 1861, est annulée.

Art. 2. Le sieur Guynet est renvoyé devant notredit ministre pour être procédé à une nouvelle liquidation de la pension exceptionnelle à laquelle il a droit, laquelle sera établie sur la généralité des services par lui rendus dans l'administration des contributions indirectes jusqu'au 2 novembre 1860, jour à partir duquel il a été réformé.

<hr>

ARRÊT DU CONS. D'ÉT. (DÉCRET) DU 20 MARS 1862, AFF. NAVARRE.

Après trois mois, une commune ne peut pas se pourvoir contre un arrêté du préfet portant liquidation de la pension accordée sur la caisse municipale à un préposé en chef de l'octroi.

...Vu notre décret, en date du 27 mai 1860, qui accorde au sieur Navarre, ancien préposé en chef de l'octroi de la ville de Châlons, une pension de 1,400 fr. sur les fonds du trésor public;

Vu le décret du 22 juillet 1806;

En ce qui touche l'arrêté du préfet, en date du 30 mai 1855, qui a fixé la pension due au sieur Navarre par la commune de Châlons-sur-Marne :

Considérant que l'arrêté du préfet du département de la Marne, en date du 30 mai 1855, qui liquidait la pension de retraite due au sieur Navarre, préposé en chef de l'octroi de cette ville, à dater du jour où il cesserait ses fonctions, et payable, soit sur les fonds de la caisse des préposés de l'octroi, soit sur les fonds de la commune, a été notifié par le préfet au maire de la ville de Châlons, qui en a donné lecture au conseil municipal dans la séance du 15 juin 1855; que, dans la séance du 21 novembre 1859, en délibérant sur le projet du budget présenté par le maire pour l'exercice 1860, le conseil municipal a rejeté la proposition d'inscrire au budget une somme de 1,333 francs 33 c. pour acquitter, en 1860, la pension du sieur Navarre, liquidée par arrêté précité du préfet du département de la Marne;

Considérant que le recours de la ville de Châlons contre cet arrêté n'a été enregistré au secrétariat de la section du contentieux de notre conseil d'État que le 27 octobre 1860; que, dès lors, ce recours n'a pas été formé dans le délai fixé par l'article 11 du décret du 22 juill. 1806, et qu'il n'est pas recevable;

En ce qui touche l'arrêté du préfet, en date du 27 juillet 1860, qui aurait prescrit l'exécution du précédent arrêté :

Considérant que la ville de Châlons fonde son recours contre cet arrêté sur ce que le préfet aurait à tort autorisé le cumul de la pension fixée par son arrêté du 30 mai 1855 avec celle qui a été accordée au sieur Navarre par notre décret en date du 26 mai 1860;

Considérant que le préfet n'a pas statué sur une question de cumul dont il ne lui appartenait pas de connaître; qu'il s'est borné, par sa lettre en date du 27 juillet 1860, à faire savoir au maire que rien ne s'opposait plus à ce que son arrêté en date du 30 mai 1855 reçut son exécution en même temps que notre décret en date du 26 mai 1860; qu'ainsi le préfet n'a pas pris une décision qui soit de nature à être attaquée par la voie contentieuse;

Art. 1er. La requête de la ville de Châlons-sur-Marne est rejetée.

Art. 2. La ville de Châlons-sur-Marne est condamnée aux dépens.

ARRÊT DU CONS. D'ÉT. (DÉCRET) DU 13 JUIN 1862, AFF. UERBIN.

Un fermier d'octroi ne peut pas être élu conseiller municipal. L'article 9 § 2 de la loi du 5 mai 1855 s'y oppose.

LETT. COMM. DU 12 JUILL. 1862.

2e Div. 4e Bur. Transports.

Explications relatives au minimum de prix des camionnages, pour le service des poudres.

Aux termes d'un traité passé, en 1859, avec les compagnies de chemins de fer, pour le transport des barils et sacs vides renvoyés aux poudreries, les frais de refonçage payés par les entreposeurs leur étaient remboursés par les voituriers, qui en recevaient le montant à destination, en même temps que le prix du transport.

Ces dispositions n'ont pas été reproduites dans le traité du 21 avril dernier. Néanmoins les compagnies, sur le désir exprimé par la Direction générale des poudres et salpêtres, ont consenti à les maintenir; mais elles ont fait observer à ce sujet que les sacs renfermés dans les barils ne leur sont pas remis en compte, et, comme ces derniers ne sont pas toujours plombés ou refoncés avec tout le soin désirable, il en est résulté, en cours de transport, des pertes ou soustractions qui ont donné lieu, de la part des établissements destinataires, à des réclamations auxquelles on n'a pas toujours cru devoir accéder.

Afin de prévenir les difficultés qui se sont produites dans ces circonstances, il a été entendu que les agents des compagnies useraient rigoureusement du droit que leur donne l'article 11 du traité, de refuser tout baril renfermant des sacs dont le conditionnement laisserait à désirer et qui ne serait pas plombé.

De nouveaux acquits-à-caution n° 81 B, pour les renvois à faire aux poudreries, dans les conditions du traité, viennent d'être imprimés et adressés au service pour être immédiatement employés; ils ne diffèrent des anciens qu'en ce qu'ils ne présentent plus le nombre des sacs renvoyés, mais seulement le poids partiel des barils où ils sont renfermés. La différence dans le poids reconnu à l'arrivée étant, indépendamment de l'état matériel du baril, suffisante pour motiver la rédaction d'un procès-verbal de vérification et, au besoin, l'application des articles 27 et suivants du traité.

Dans ces conditions, le service comprendra la nécessité d'apporter le plus grand soin dans le pesage des barils et dans le libellé des acquits-à-caution, dont toutes les indications doivent être remplies avec exactitude. J'en fais ici la recommandation expresse.

J'ai eu lieu de remarquer que, depuis la mise en vigueur du nouveau traité, la liquidation des frais de transport n'avait donné lieu à redressement qu'en ce qui concerne l'établissement du minimum de 0 fr. 25 cent. fixé par l'article 66 pour chaque camionnage. Ce minimum doit être appliqué :

Pour la petite vitesse aux expéditions,

De 21 à 60 kilo, le prix du camionnage étant à 4 fr. 00 c.

De 21 à 90 kilo, — 2 50

De 21 à 120 kilo, — 2 00

Et pour la grande vitesse aux expéditions,

De 0 à 20 kilo, lorsque le prix du camionnage est à 5, 8 ou 10 francs.

Les anciennes formules d'acquits-à-caution n° 21 A n'étant plus aujourd'hui en harmonie avec les dispositions du nouveau traité, les comptables devront cesser immédiatement d'en faire usage, et se servir de la nouvelle formule qui sera également employée pour le renvoi des colis vides aux manufactures de tabacs, en remplacement de la formule n° 84 supprimée.

ARRÊT DU CONS. D'ÉTAT (DÉCRET) DU 17 JUILL. 1862, AFF. TROTROT.

L'autorité judiciaire compétente pour connaître de toutes les contestations qui peuvent s'élever entre l'Administration de l'octroi et les redevables sur l'application du tarif et la quotité des droits, est également compétente pour décider si un redevable qui a obtenu, à Paris, l'entrepôt à domicile, depuis l'extension de cette

ville jusqu'aux fortifications, est fondé à réclamer une déduction, conformément à l'ordonnance de 1814, pour déchet naturel des denrées ou marchandises qu'il a entreposées.

Vu la loi du 27 frim. an VIII ;

Vu l'ordonnance du 9 déc. 1814 ;

Vu la loi du 16 juin 1859 sur l'extension des limites de la ville de Paris et notre décret du 19 déc. 1859, rendu pour l'exécution de cette loi ;

Vu l'ordonnance du 1er juin 1828 et celle du 12 mars 1831 ;

Considérant que la demande du sieur Trotrot a pour objet d'obtenir la restitution des droits d'octroi qu'il a été contraint d'acquitter sur les marchandises admises à l'entrepôt dans ses magasins, sans qu'aucune déduction lui fût accordée à raison du déchet que ces marchandises auraient subi ;

Que l'Administration soutient que le sieur Trotrot ne pourrait obtenir une déduction qu'autant que des arrêtés du préfet auraient, conformément à l'art. 20 de notre décret du 19 déc. 1859, déterminé pour la ville de Paris les marchandises pour lesquelles des déductions seront accordées, et les quotités de ces déductions ;

Que le sieur Trotrot prétend au contraire que, même en l'absence d'arrêtés du préfet et par application de l'art 45. de l'ordonnance du 9 déc. 1814, il a droit d'obtenir des déductions en raison du déchet des marchandises entreposées dans ses magasins ;

Considérant que l'autorité judiciaire, compétente pour connaître de toutes les contestations qui peuvent s'élever entre l'Administration de l'octroi et les redevables sur l'application du tarif et la quotité des droits exigés, est, par là même, compétente pour prononcer sur les questions que soulève la demande du sieur Trotrot :

Art. 1er. L'arrêté de conflit ci-dessus visé est annulé.

ARRÊT DU CONS. D'ÉT. (DÉCRET) DU 31 JUILL. 1862, AFF. NÉGREL.

A défaut de disposition contraire dans les règlements spéciaux, les années de service remplies dans les emplois civils hors d'Europe, antérieurement au 1er janvier 1854, sont comptées pour deux années, dans les cas où l'ancienne législation l'avait réglé ainsi.

Considérant que le titre 8 du décret du 7 fructidor an XII, qui, jusqu'au 1er janvier 1854, a régi les pensions des conducteurs des ponts et chaussées, n'a point dérogé à l'art. 5 ci-dessus visé de la loi des 3-22 août 1790, aux termes duquel les années de service remplies dans les emplois civils hors d'Europe devaient être comptées pour deux années, lorsque les 30 ans de services effectifs étaient d'ailleurs complets, et qu'il ne résulte aucune disposition qui porte ou de laquelle on puisse induire que cet article n'était pas applicable à ces agents ;

Considérant que le sieur Négrel comptait, lorsqu'il a été admis à la retraite plus de 30 ans de services complets, sur lesquels 6 ans 9 mois 10 jours de services rendus tant au Sénégal qu'en Algérie, avant le 1er janvier 1854 ; qu'ainsi il est fondé à demander que, dans la liquidation distincte à laquelle les services antérieurs au 1er janvier 1854 doivent donner lieu, conformément à l'art. 18 de la loi du 9 juin 1853, lesdits 6 ans 9 mois 10 jours soient comptés pour le double de leur durée effective ;

Art. 1er. Notre décret, en date du 7 novembre 1861, qui a fixé à 1,041 fr. la pension concédée au sieur Négrel, est rapporté.

Art. 2. Le sieur Négrel est renvoyé devant notre ministre des travaux publics pour y être procédé à une nouvelle liquidation de sa pension, dans laquelle les 6 ans 9 mois et 10 jours de services qu'il a rendus hors d'Europe seront comptés pour le double de leur durée effective.

JUG. DU TRIB. DE COMM. DE STRASBOURG DU 8 OCT. 1862, AFF. D. L.

Le privilège spécial sur les meubles et effets mobiliers des redevables accordé à l'Administration des contributions indirectes par le décret du 1er germinal an XIII n'est pas applicable en matière d'octroi. Ce n'est qu'à titre de créancier chirographaire que l'octroi peut s'inscrire au passif des redevables, lorsqu'ils font faillite.

Attendu que les privilèges sont de droit étroit ; que ce principe rigoureux doit peut-être recevoir une application plus sévère encore en matière de faillite, alors surtout qu'il s'agit de prélever une somme importante au préjudice d'une masse très-obérée ;

Qu'il importe, dès lors, d'examiner avec attention quelle est la portée du privilège spécial établi par l'article 47 de la loi du 1er germinal an XIII ;

Attendu que cette loi s'exprime ainsi : « La Régie aura privilège, etc. » qu'il échet dès lors de considérer ce qu'il faut entendre par Régie et s'il est possible d'admettre que les droits d'octroi constituent des contributions indirectes ;

Attendu que l'octroi n'est qu'une taxe locale établie au profit d'une commune sur certains objets de consommation pour subvenir aux dépenses de cette commune ;

Que le caractère des droits d'octroi étant ainsi déterminé, il devient évident que l'intérêt général, c'est-à-dire celui de l'État, n'est pas intéressé à cette sorte de perception ;

Que le privilège de l'article 47 n'a pu être proclamé que dans l'intérêt de l'État : que tel est l'esprit de la loi de germinal an XIII ; et que cette raison n'est pas à invoquer lorsqu'il s'agit de l'intérêt restreint d'une commune ou d'un particulier ;

Attendu qu'en matière de privilèges, des analogies ne sauraient être prises en considération ;

Que s'il est vrai de dire que plusieurs dispositions législatives établissent un lien entre l'Administration des contributions indirectes et celle de l'octroi, notamment l'article 153 de la loi du 28 avril 1816 qui décide que le produit net des octrois sera soumis, au fond du Trésor, à un prélèvement de 10 p. 0/0 à titre de subvention, ce lien a disparu par suite de la promulgation du décret du 17 mars 1852 qui a supprimé ce prélèvement ;

Attendu que les dépens doivent rester à la charge de la partie qui succombe ;

Par ces motifs, le tribunal, jugeant en premier ressort, dit et ordonne que l'Administration de l'octroi de la ville de Strasbourg sera admise au passif de la faillite du sieur D... L..., comme créancier chirographaire, pour la somme de 3,485 fr. 11 c. pour droits d'octroi dus, et condamne la demanderesse aux dépens.

ARRÊT DE LA COUR IMP. DE PARIS DU 3 DÉC. 1862, AFF. BELTÊTE.

La tolérance de trois millièmes dans le titre des matières d'or ne saurait être abaissée sous prétexte d'usage ou de nécessités commerciales.
Les tolérances pratiques de la garantie, en ce qui concerne les objets soudés présentés à la marque, ne règlent pas les rapports des marchands d'or avec les acheteurs auxquels, sous aucun prétexte, ils ne peuvent vendre au-dessous de 747 millièmes l'or qu'ils déclarent vendre au titre légal.

Statuant sur l'appel de Ferré et Bourret et y faisant droit ;
Considérant que l'article 4 de la loi de brumaire an VI a fixé le titre des matières d'or au minimum de 750 millièmes, et que l'article suivant admet une tolérance de 3 millièmes ;
Considérant qu'en présence des dispositions de lois précitées, la tolérance de 3 millièmes ne saurait être abaissée, sous prétexte d'usage ou de nécessité commerciale, que ce serait, en effet substituer l'intérêt particulier à l'intérêt général, et préjudicier ainsi au droit des acheteurs, sauvegardé par la garantie légale ;
Que ces tolérances pratiques de la garantie, en ce qui concerne les objets d'or soudés et soumis à son contrôle, ne sauraient régler les rapports des marchands d'or avec leurs acheteurs, auxquels, sous aucun prétexte, ils ne peuvent vendre au-dessous de 747 millièmes lorsqu'ils déclarent vendre au titre légal ;
En fait,
Considérant qu'en 1861 et 1862, les sieurs Ferré et Bouret ont fait acheter chez Beltête, Mathieu et Decaux, fabricants d'objets d'or, des bijoux d'or que ceux-ci ont déclaré, par facture, être au titre légal ;
Considérant qu'il résulte d'un rapport d'expert que les dits bijoux étaient au-dessous du titre légal, même réduit à la tolérance de 747 millièmes ;
Que ceux vendus par Beltête étaient à 744 millièmes 4 dixièmes et ceux vendus par Decaux à 741 millièmes ;
Considérant que l'identité de ces bijoux d'or vendus par Beltête, Mathieu et Decaux à Ferré et Bouret est, dès à présent, établie ; que la preuve en résulte de l'instruction et des débats, et que cette preuve trouverait, au besoin, une confirmation dans les habitudes commerciales desdits vendeurs entre les mains desquels on a saisi des bijoux d'or de même nature, et dont le titre était également inférieur au titre légal de 747 millièmes ;
Considérant que ces faits, à raison des circonstances dans lesquelles ils ont eu lieu, révèlent une intention coupable, dont le but a été de rechercher dans l'infraction de la loi un bénéfice illégitime, et constituent, dès lors, le délit de tromperie sur le titre des matières d'or vendues, délit prévu et puni par l'article 423 du code pénal ;
Considérant, toutefois, que les prévenus ont été relaxés de la plainte, et qu'il n'y a pas d'appel de la partie publique ; qu'ainsi aucune peine ne peut être prononcée contre eux ;
Mais, considérant que pour les ventes sus-relatées, les nommés Beltête, Mathieu et Decaux, ont causé à Ferré et Bouret un préjudice pour lequel il leur est dû réparation, et que la cour a les éléments nécessaires pour en fixer le chiffre ;
Par ces motifs,
Met la sentence dont est appel au néant ; et, statuant par décision nouvelle, dit qu'il n'y a lieu à application de peine ; mais condamne à fins civiles Beltête, Mathieu et Decaux, à payer à Ferré et Bouret la somme de 25 francs à titre de dommages-intérêts ; les condamne, en outre, personnellement et à chacun, à un tiers des frais de première instance d'appel.

ARRÊT DE LA COUR IMP. DE MONTPELLIER DU 29 DÉC. 1862, AFF. LAFFON.

Le vernis au tampon, formé d'alcool à 86 degrés et de gomme laque dans la proportion de 8 p. 0/0, est composé de substances faciles à isoler par la distillation. Il doit être rangé dans la catégorie des alcools altérés et non des alcools dénaturés.

Attendu qu'il faut d'abord examiner si le liquide transporté par Laffon et saisi par les employés des contributions indirectes est soumis aux droits établis par la loi du 28 avril 1816 ;
Attendu que, suivant le rapport des experts qui en ont fait l'analyse, ce liquide est formé d'alcool à 86 degrés et de laque blonde en écaille, cette dernière substance dans la proportion de 8 p. 0/0 ;
Que les experts tout en considérant le produit analysé comme constituant un vernis, dit vernis au tampon, déclarent que les deux substances qui le composent, l'une volatile, l'alcool, l'autre fixe, la gomme laque en écaille, sont faciles à isoler ;
Attendu que l'isolement pouvant être opéré, en effet, par la distillation et à peu de frais, on doit en conclure que l'alcool ne reçoit du mélange avec la gomme laque dans les proportions indiquées qu'une simple altération, et peut, la séparation faite, être rendu à la consommation, soit comme boisson, soit comme base ou auxiliaire à la fabrication de certains produits ;
Qu'on ne saurait, ainsi que l'ont pensé les premiers juges, ranger l'alcool trouvé en la possession de Laffon dans la catégorie des alcools dénaturés, définis par l'ordonnance du 14 juin 1844, tenant en dissolution, dans la proportion d'au moins 2 dixièmes du volume du mélange, des essences ou des huiles essentielles quelconques formant un tout homogène et difficile si ce n'est peut-être impossible, à restituer, par des procédés chimiques dispendieux, à leur nature première ; alcools frappés d'ailleurs de droits que la loi détermine ;
Attendu qu'il suit des considérations qui précèdent que le liquide saisi n'est autre chose, quelque nom qu'on lui donne, que de l'eau-de-vie ou de l'esprit altéré par le mélange d'une substance étrangère et qu'il demeure soumis aux mêmes droits que les eaux-de-vie ou esprits purs, en vertu de l'article 28 de la loi de 1816 précitée ;
Attendu, au surplus, que Laffon n'est point marchand de vernis, mais bien débitant de boissons, tenant à Toulouse une buvette ;
Que le procès-verbal des employés de la Régie constate que après une première vérification, qui révélait au plus haut degré la présence d'une notable quantité d'esprit de vin, Laffon aurait remué fortement le liquide avec un bâton pour faire prédominer en apparence la gomme laque reposant au fond des futailles et donner le change aux employés ;
Qu'interpellé de s'expliquer sur la provenance du prétendu vernis qu'il transportait, il a déclaré, tantôt l'avoir acheté à Pézénas, tantôt l'avoir fabriqué lui-même ;
Que toutes ces circonstances démontrent que le prévenu a agi dans un but de fraude et pour se soustraire à l'acquittement des droits qui frappent les alcools ;

Attendu que la contravention imputée à Laffon est prévue et punie par les articles 19 et 40 de la loi du 28 avril 1816 et qu'il y a lieu de lui faire l'application de ces articles ;
Par ces motifs, la cour déclare bonne et valable la saisie faite par les employés, etc.

DÉCRET DU 30 DÉC. 1862.

Publicité des audiences des conseils de préfecture statuant sur les affaires contentieuses.

Art. 1er. A l'avenir les audiences des conseils de préfecture statuant sur les affaires contentieuses, seront publiques.
Art. 2. Après le rapport qui sera fait sur chaque affaire par un des conseillers, les parties pourront présenter leurs observations, soit en personne, soit par mandataire.
La décision motivée sera prononcée en audience après délibéré hors la présence des parties.
Art. 3. Le secrétaire général de la préfecture remplira les fonctions de commissaire du gouvernement. Il donnera ses conclusions dans les affaires contentieuses.
Les auditeurs au conseil d'État attachés à une préfecture pourront y être chargés des fonctions du ministère public.
Art. 4. En cas d'insuffisance du nombre des membres nécessaires pour délibérer, il y sera pourvu conformément à l'arrêté du 19 fructidor an IX et au décret du 16 juin 1808.
Art. 5. Il y aura auprès de chaque conseil un secrétaire-greffier, nommé par le préfet et choisi parmi les employés de la préfecture.
Art. 6. Les comptes des receveurs des communes et des établissements de bienfaisance ne seront pas jugés en séance publique.

ARRÊT DE LA COUR IMP. D'AIX DU 7 JANV. 1863, AFF. FAURE.

Aucune loi n'admet les artificiers à fabriquer de la poudre à feu. Ils peuvent préparer des compositions propres aux artifices et dans lesquelles il entre de la poudre à feu fabriquée par l'État; mais ces compositions doivent être exclusivement propres aux artifices, sans pouvoir jamais servir à aucun des usages de la poudre de l'État.

Attendu que, suivant procès-verbal du 31 mai dernier, la police a saisi dans l'atelier de Faure, artificier à Marseille, 1° cinq kilogrammes de poudre séchant au soleil et composée, d'après l'aveu même de Faure, de soixante pour cent de salpêtre, de vingt pour cent de charbon et de vingt pour cent de soufre; 2° deux kilogrammes de la même matière, placée dans une bouteille de fer blanc.
Que ce composé renferme tous les éléments de la poudre réglementaire, avec ces deux modifications seulement, savoir : 1° que le salpêtre employé par Faure est dix fois moins pur que celui employé dans les poudreries de l'État; 2° que le dosage du salpêtre est de soixante pour cent au lieu de soixante-deux, et le dosage du soufre de dix-huit pour cent au lieu de vingt;
Attendu qu'il est encore constant que la matière saisie est inflammable et explosible;
Qu'ainsi l'identité des substances employées presque à la même dose, l'identité des effets ne permettent pas de voir dans la matière saisie autre chose que de la poudre à feu ;
Attendu qu'il est établi et avoué que cette poudre a été fabriquée par Faure;
En droit :
Attendu que, d'après l'esprit et la lettre de la loi du 13 fructidor an V, la fabrication des poudres est justement considérée comme étant une partie essentielle de la puissance publique et que ce monopole est fondé sur le double intérêt de la sûreté générale et du trésor national;
Attendu que ce droit a toujours été maintenu dans son intégrité et qu'il existe toujours, puisque l'exercice en est confié aux mains d'une Administration spéciale ;
Attendu que la loi de fructidor an V, et toutes les lois rendues sur le même objet depuis lors, emploient le mot générique de *poudre* et que même la loi du 25 juin 1841, précisant mieux la pensée du législateur, emploie celui de *poudre à feu* ;
Attendu que, dans l'espèce, la poudre fabriquée par Faure est une poudre à feu ;
Sur l'exception que le prévenu tire de sa profession d'artificier :
Attendu qu'aucune loi n'admet les artificiers à fabriquer de la poudre à feu ; que, sans doute, ils peuvent préparer des compositions propres aux artifices et dans lesquelles il entre de la poudre à feu fabriquée par l'État ; mais que leurs compositions doivent être exclusivement propres aux artifices, sans pouvoir jamais servir à aucun des usages de la poudre de l'État ; que si, au moyen de la moindre modification dans le dosage ou par une combinaison quelconque changeant légèrement les proportions réglementaires de la poudre de l'État, les artificiers pouvaient fabriquer des compositions propres aux mêmes usages que la poudre de l'État, le monopole légal serait atteint ; or, qui dit monopole dit prohibition similaire ;
Attendu que, loin d'être justifiée par aucun texte de loi, l'exception tirée de la profession d'artificier est implicitement repoussée par l'article 5 de la loi du 23 pluviose an XIII qui autorise l'Administration des poudres à délivrer directement aux artificiers patentés la poudre qui leur est nécessaire ; d'où la conséquence qui leur interdit de fabriquer de la poudre servant à leur industrie, puisqu'ils doivent la prendre dans les magasins de l'Administration ;
Attendu que, dans l'espèce, la matière saisie chez Faure n'était pas exclusivement propre aux artificiers, mais qu'elle pouvait servir aux mêmes usages que la poudre de mine fabriquée par l'État ;
Qu'en l'état des faits constatés, Faure a commis le délit qui lui est imputé ;
Attendu qu'il existe en faveur de Faure des circonstances atténuantes ;
La cour, faisant droit à l'appel de M. le procureur impérial de Marseille et à l'appel du Directeur général des contributions indirectes, réforme le jugement dont est appel, déclare le prévenu Faure coupable d'avoir, en 1862, à Marseille, fabriqué de la poudre à feu en contravention aux lois précitées ; — et, pour la répression, le condamne à trois cents francs d'amende, prononce la confiscation des sept kilogrammes de poudre saisie et de la bouteille en fer-blanc qui renfermait une partie de cette poudre saisie ; condamne Faure aux dépens de première instance et d'appel.

ARRÊT DE LA COUR IMP. DE BESANÇON DU 7 JANV. 1863, AFF. PRINCE.

En général, le droit de visite et de perquisition de la part des employés de la Régie n'existe qu'à l'égard des personnes se livrant à la fabrication ou au commerce des liquides soumis aux droits.
Mais l'article 237 de la loi du 28 avril 1816 permet, moyennant certaines formalités, que ces visites aient lieu chez les particuliers contre lesquels s'élèvent des soupçons de fraude et si la vérification ainsi opérée donne la preuve de ces fraudes, elle doit entraîner les condamnations encourues.

Attendu que si, en général, le droit de visite et de perquisition de la part des employés de la Régie n'existe qu'à l'égard des personnes se livrant à la fabrication ou au commerce des liquides soumis aux droits, cependant l'article 237 de la loi sus-énoncée du 28 avril 1816 permet, moyennant certaines formalités, que ces visites aient lieu chez les particuliers contre lesquels s'élèvent des soupçons de fraude, et que si la vérification ainsi opérée donne la preuve de ces fraudes, elle doit entraîner, contre l'individu même non commerçant d'habitude ou d'apparence, la même responsabilité que s'il se livrait ordinairement ou ostensiblement à l'une des industries soumises à la surveillance et à l'exercice ;

Attendu, en fait, que, suivant procès-verbal du 2 mars 1862, les agens des contributions indirectes, assistés du commissaire de police du canton de Mouthe, et en observant les formalités de l'article 237 de la loi du 28 avril 1816, ont opéré une perquisition dans le domicile de François-Victor Prince père, ancien négociant en vins et en eaux-de-vie, aujourd'hui propriétaire, demeurant à Chantegrue, commune de Vaux, arrondissement de Pontarlier, et que cette perquisition a fait constater la possession par le dit sieur Prince d'un fût d'eau-de vie jaugeant 651 litres à 52 degrés centésimaux pour 329 litres d'alcool : que ce fût a été trouvé dans une grange et caché sous des planches ; que le sieur Prince, interpellé sur l'origine de cette pièce et sur le paiement des droits auxquels le transport chez lui avait pu donner lieu, n'a pu faire aucune réponse satisfaisante ; qu'il n'a pu exhiber aucun acquit à-caution, passavant, congé ou déclaration, ni même aucune facture indiquant où, quand, à qui et à quel prix il avait fait l'acquisition d'une quantité d'eau-de-vie si importante et excédant d'une manière si manifeste les besoins d'un simple particulier : qu'il résulte même des énonciations du procès-verbal, qui font foi jusqu'à inscription de faux, que Prince déclara aux employés l'avoir achetée d'un voyageur qu'il ne connaissait pas et auquel il n'aurait demandé ni déclaration ni congé, ayant, dit-il, payé la marchandise comptant, sans toutefois dire quelle somme ; que le fût contenant le liquide a été reconnu par les employés de la Régie comme ayant été vérifié par eux, dans le cours du mois précédent, chez le sieur Emile Cordier, marchand en gros a Vaux, et qu'on y voyait encore, malgré quelques tentatives pour l'effacer, la marque de la Régie faite à la rouanne ;

Attendu que l'ensemble de ces circonstances démontre la fraude faite à la Régie par le sieur Prince père ; que si l'absence de la déclaration de congé ou des autres expéditions imposées à l'acheteur, à l'expéditeur ou au conducteur des liquides par l'article 6 de la loi du 28 avril 1816 ne suffit pas à elle seule pour constituer en délit le détenteur non commerçant, cependant cette circonstance, jointe à d'autres présomptions graves et précises comme celles qui viennent d'être énumérées, est un élément de plus qui vient achever la conviction du juge ;

Attendu qu'il importe peu, quant à la culpabilité de Prince père, que Prince fils, marchand en gros de boissons à Vaux, qui avait été compris dans les poursuites comme complice de son père, ait été renvoyé faute de preuves ; qu'il n'en est pas moins acquis que le principal prévenu contre qui la détention irrégulière des liquides a été matériellement établie, fait circuler, soit pour son propre compte, soit pour le compte de certains négociants de la localité, des liquides qui n'ont pas payées les droits et qu'il pratique ainsi une fraude dommageable au Trésor.

Attendu que les faits dont Prince père demande subsidiairement à faire la preuve ne sont pas pertinents ; que quelques-unes de ces allégations sont démenties d'avance par les premières réponses consignées au procès-verbal ; que les autres, fussent-elles établies, ne détruiraient pas les charges qui pèsent sur lui et qui ont justement motivé sa condamnation.

Par ces motifs, et vu les articles 1,10,237 de la loi du 28 avril 1816, lesquels sont transcrits dans la minute et l'expédition d'un jugement dont appel, la Cour, prononçant sur l'appel du sieur Prince père, confirme le jugement prononcé contre lui par le tribunal de Pontarlier, à la date du 9 mai dernier, et le condamne aux frais d'appel, etc.

LETT. COMM. Nº 724, DU 18 JANV. 1863.

4e Div. 1er Bur. Tabacs.

Bazars des chemins de fer. Vente de tabac dans les gares.

Par une décision du ministre des finances, en date du 6 octobre dernier, l'entreprise générale des bazars des chemins de fer a été autorisée à organiser, dans les gares, la vente des tabacs de toute espèce (sauf les tabacs de cantine).

La même décision a déterminé les conditions dans lesquelles la vente des tabacs aura lieu.

Les titulaires des débits créés près des gares seront nommés suivant les règles ordinaires ; mais ils seront tenus de confier la gestion de leurs débits aux agens de l'entreprise des bazars.

La rémunération de ces derniers agens a été fixée aux 3/5 de la remise, les 2/5 restant formant le bénéfice du titulaire.

Dans les gares à proximité desquelles il existe un débit ordinaire, il ne sera créé qu'un sous-débit dépendant de ce débit voisin.

Les gérants des sous-débits pourront s'approvisionner directement à l'entrepôt de la circonscription. S'ils usent de cette faculté, le partage s'effectuera comme il est dit ci-dessus pour les débits spéciaux (3/5 pour le gérant 2/5 pour le titulaire du débit). Au contraire si les gérants des bazars s'approvisionnent au débit voisin, le partage de la remise aura lieu par moitié suivant la règle généralement suivie.

L'entreprise des bazars devra se prononcer sur le mode d'approvisionnement qu'elle entend adopter : il ne lui sera pas loisible de s'adresser alternativement à l'entrepôt ou au débit duquel le sous débit relèvera.

Les débits et sous-débits pourront être installés de telle sorte que dans leur unité, ils soient accessibles et aux voyageurs stationnant *à l'intérieur* des gares et au public stationnant dans les *salles extérieures*. Si à cet égard des exceptions devaient être faites, l'Administration donnerait des instructions particulières.

La vente des *tabacs de cantine* est absolument interdite dans les débits ou sous-débits institués près des gares.

Les agens de l'entreprise des bazars devront se faire accréditer auprès du préfet et auprès du chef de service des contributions indirectes de l'arrondissement. Ils seront soumis aux mêmes obligations que les débitants ordinaires. Spécialement ils ne pourront vendre les tabacs qu'aux prix fixés par le tarif général.

Tous les trois mois les employés chargés de l'exercice et de la surveillance des débits ou des sous-débits dresseront pour chaque débit et pour chaque sous-débit s'approvisionnant directement à l'entrepôt, le décompte des sommes revenant aux titulaires. Ce décompte sera établi en forme de tableau ; il présentera dans des colonnes distinctes :

1º La désignation des espèces de tabac qui auront été vendues ;
2º La quantité vendue par espèce ;
3º Le bénéfice brut par kilog., c'est-à-dire la différence entre le prix d'achat à l'entrepôt et le prix fixé pour la vente aux consommateurs ;
4º Le montant des bénéfices par espèce de tabac ;
5º La part revenant aux titulaires (2/5 du produit brut).

Le tableau dûment arrêté et certifié, sera dressé en triple expédition :
Une expédition pour l'agent des bazars,
Une expédition pour le titulaire du débit,
Une expédition destinée à être classée dans les bureaux de la recette principale
Dans leurs tournées les inspecteurs et les sous-inspecteurs devront s'assurer de l'exactitude des décomptes.

Il incombera aux titulaires de faire les démarches nécessaires pour assurer le paiement des sommes qui leur reviendront. Cependant le cas advenant où il s'élèverait à ce sujet, des difficultés, l'Administration devrait être consultée.

Si les sous-débits faisaient leurs approvisionnements dans le débit duquel ils relèveront, ce qui devrait être constaté chaque fois par une déclaration en forme de facture délivrée par le titulaire à ce gérant du débit, la remise réservée à celui-ci (5/10es) serait prélevée.

En vertu de la décision ministérielle du 6 octobre et d'après la demande présentée par l'entreprise des bazars, j'autorise la création de débits dans les gares ci-après désignées.

GARES.	PRODUIT PRÉSUMÉ.	OBSERVATIONS.

Je décide en outre que des sous-débits seront institués dans les gares suivantes.

GARES.	NOM du titulaire du débit duquel dépend le sous-débit.	OBSERVATIONS.

Il appartient au préfet de nommer les titulaires des débits dont le produit n'est pas évalué au-dessus de 1000 fr. Vous aurez d'ailleurs à faire connaître successivement à ce magistrat les créations de débits ou de sous-débits qui auront été autorisés.

ARRÊT DE LA COUR IMP. DE PARIS, DU 25 JANV. 1863, AFF. N.

La fabrication des cachets et l'adhérence de la pierre peuvent avoir lieu au moyen du sertissage employé pour le montage des pierres fines. Il y a fraude en employant à leur fabrication du ciment ou de la gomme laque.

Attendu qu'aux termes de l'article 65 de la loi du 19 brumaire an VI, s'il est présenté à l'essai des objets *fourrés*, ils seront détruits et confisqués ;
Que N... prétend que cette disposition n'est applicable qu'aux objets d'or, et qu'il doit être fait exception dans le cas ou un objet étranger apparent (dans l'espèce, une pierre) est joint au bijou ; que, dans ce cas, l'acheteur est nécessairement prévenu que l'objet qui lui est soumis a une valeur de convention qu'il peut discuter ;
Qu'en vain l'on prétend que la fabrication des cachets et le besoin d'adhérence de la pierre nécessitent l'emploi du ciment ou de la gomme laque ;
Attendu qu'il résulte des documents produits que la fabrication des cachets et l'adhérence de la pierre peuvent avoir lieu au moyen du sertissage employé pour le montage des pierres fines ; que si N... a cédé à un usage introduit dans la fabrication des cachets, cet usage est de nature à masquer une fraude condamnable, et qu'il ne saurait en être toléré ;
Attendu qu'aux termes de l'article 65 de la loi du 19 brumaire an VI, l'amende encourue est de vingt fois la valeur de l'objet ;
Faisant application de cet article, condamne N... à 4,240 francs ;
Ordonne la confiscation des objets saisis, etc.

JUG. DU TRIB. CORR. DE TOURS DU 14 FÉV. 1863, AFF. NOVION.

Les entrepositaires qui obtiennent décharge des droits au moyen de faux certificats sur des acquits-à-caution levés pour l'extérieur sont complices des employés et peuvent être poursuivis pour délit d'escroquerie, en vertu de l'article 405 du code pénal.

Attendu qu'il résulte de l'information, des débats et des aveux des prévenus, que tous les deux et séparément, débitants et entrepositaires de liquides, à la résidence de Tours, se sont fait délivrer par l'Administration des contributions indirectes des acquits-à-caution, sous le prétexte de faire transporter hors de la ville des boissons à destination du Mans, Laval et autres villes, et de se faire ainsi décharger des droits dont ils avaient été constitués débiteurs par les employés qui avaient constaté la présence de ces liquides à leur domicile ; que ces acquits-à-caution, obtenus ainsi à l'aide d'une manœuvre frauduleuse, étaient par eux remis à de Nully, qui de son côté obtenait, à l'aide de manœuvres de tel employé de la destination nouvelle, la signature destinée à constater l'arrivée et la remise au nouveau destinataire, à la charge de qui incombaient les liquides et les droits dont les prévenus se trouvaient dès lors déchargés ;

Attendu que, dans la plupart des cas, de Nully remplissait lui-même, au dos des acquits, les formalités écrites, et portait même les fausses signatures nécessaires pour compléter les certificats de décharge; que de Nully, profitant de sa facile entrée dans les bureaux de l'Administration, insinuait ensuite au dossier des acquits-à-caution les pièces par lui falsifiées et obtenues à l'aide des moyens frauduleux ci-dessus relevés, de façon à ce que ces acquits, ainsi arrivés aux mains de l'Administration, confrontés par les employés de l'exercice avec les doubles qui se trouvaient en la possession des prévenus, assuraient à ces débitants la décharge des droits dont ils avaient été constitués débiteurs ;

Attendu que si Novion et Bongard ne sont auteurs des actes frauduleux qu'en ce qui concerne les remises obtenues par eux des acquits-à-caution, ils sont évidemment complices des manœuvres employées par de Nully pour compléter la fraude; qu'ils en sont complices parce qu'ils avaient connaissance, sinon des faux commis, du moins de la fraude des moyens employés par de Nully pour consommer la tromperie qui devait assurer leur libération; qu'ils sont complices surtout par ce fait résultant de leurs propres aveux, qu'ils achetaient de Nully par des dons en nature et en argent, ou par la remise de ce que leur devait l'employé prévaricateur, la coopération coupable de cet agent ;

Attendu que les manœuvres frauduleuses, établies à la charge des prévenus, ont rencontré encore dans la cause les autres conditions que la loi exige pour caractériser le délit d'escroquerie; qu'ainsi, ces manœuvres ont eu pour résultat évident de faire croire à l'Administration des contributions indirectes à l'évènement chimérique du transport des liquides en charge de chez les prévenus chez un autre destinataire qui en devait payer le droit ;

Attendu enfin qu'à l'aide de ces manœuvres, Novion et Bongard ont obtenu de la Régie quittance et décharge des droits par eux dus, et qu'ainsi ils ont escroqué partie de la fortune publique et par conséquent d'autrui ;

Attendu quant à la fin de non-recevoir invoquée, résultant des dispositions de l'ordonnance du 11 juin 1816, que si cette ordonnance, prévoyant le cas de faux pratiqué dans les certificats de décharge, dit que le soumissionnaire et la caution ne seront passibles que des condamnations civiles, en conformité de leur soumission, cette disposition, d'une simple ordonnance d'ailleurs, ne peut être une dérogation au droit criminel commun, qui veut que les crimes ou délits qui se rattachent aux contraventions fiscales ou font corps avec ces contraventions, soient poursuivis et punis, indépendamment des peines encourues pour la contravention;

Par ces motifs,

Condamne Novion en un mois, et Bongard en quinze jours d'emprisonnement.

ARRÊT DU CONS. D'ÉT. (DÉCRET) DU 14 MARS 1863, AFF. SAUPHAR.

Un étranger, admis en qualité d'employé dans une administration publique et qui a servi le temps voulu, a droit à pension.

Vu la loi du 9 juin 1853, art. 29 ;

Considérant que le sieur Sauphar, né en 1807 d'un père hollandais de naissance, qui est devenu Français par la réunion de la Hollande à la France, a été nommé expéditionaire dans les bureaux de la Direction générale des ponts-et-chaussées le 1er janvier 1833, et qu'il a servi sans interruption dans la même administration, en subissant la retenue légale sur ses appointements, jusqu'au 23 septembre 1858, date d'un arrêté de notre ministre de l'agriculture, du commerce et des travaux publics, qui l'a admis à faire valoir ses droits à la retraite pour cause d'infirmités ;

Considérant qu'en admettant que le sieur Sauphar ait perdu en 1814 et qu'il n'ait pas recouvré depuis cette époque la qualité de Français, aucune disposition de loi ne faisait obstacle à ce qu'il fût admis en qualité d'employé dans le service intérieur de l'Administration des ponts-et-chaussées, à ce qu'il pût, après son admission à la retraite, obtenir une pension aux conditions fixées pour les employés de cette Administration ;

Que, dans ces circonstances, notre ministre de l'agriculture, du commerce et des travaux publics n'était pas fondé à refuser au sieur Sauphar de faire procéder à la liquidation de sa pension de retraite par le motif que ledit sieur Sauphar ne justifiait pas de sa qualité de Français ;

Art. 1er. La décision de notre ministre de l'agriculture du commerce et des travaux publics, en date du 5 février 1862, est annulée.

ARRÊT DE LA COUR D'ASSISES DE L'AIN DU 28 AVR. 1863 AFF. CHRISTIN.

Un conducteur de boissons transportées en fraude, ayant blessé un employé qui voulait en opérer la saisie, le maître a été déclaré civilement responsable. Il a été reconnu en outre que l'action civile pouvait être exercée en même temps que l'action publique et devant les mêmes juges.

Attendu, en la forme, qu'aux termes de l'article 9 du code d'instruction criminelle, l'action civile peut-être poursuivie en même temps et devant les mêmes juges que l'action publique ;

Que sous ce rapport, la compétence de la cour ne saurait être douteuse ;

Attendu que l'article 74 du Code pénal, en décidant que les cas de responsabilité civile qui pourront se présenter dans les affaires criminelles seront jugés conformément aux dispositions du Code Napoléon, autorise positivement la cour d'assises à statuer sur une demande de cette nature ;

Que, sous ce rapport, la cour serait encore compétente ;

Attendu, au fond, que l'article 1352 oblige celui qui a causé le dommage à le réparer ;

Que Christin a évidemment causé un dommage à Paulin, et que la cour a des éléments suffisants pour l'apprécier ;

Attendu que le maître ou commettant est responsable du fait de son domestique ou préposé, lorsque, aux termes de l'article 1384, le dommage a été causé par ce domestique ou préposé dans les fonctions auxquelles il était employé par le maître ou commettant ; qu'il est établi, en fait, par la cour, que lorsque Christin a commis le crime dont il est reconnu coupable, il l'a commis dans l'exercice même des fonctions auxquelles il était employé par Quinson, qui lui faisait conduire une voiture de liquides voyageant en fraude, et que, s'il a frappé Paulin, Receveur des contributions indirectes, c'était pour empêcher la saisie des marchandises qui lui avaient été confiées par Quinson.

Vu la déclaration du jury ;

Vu les dispositions des articles 225, 230, 231, 401 et 403 du code pénal;

La cour condamne Christin à cinq années d'emprisonnement, le condamne, en outre, à 5,000 francs de dommages-intérêts au profit de Paulin ; le condamne enfin à tous les dépens ;

Déclare Quinson civilement responsable ;

Fixe à un an la durée de la contrainte par corps.

A. C. DU 16 MAI 1863, AFF. ROQUETAILLADE

Les Receveurs principaux entreposeurs appartiennent au service sédentaire. Leurs fonctions ne sont pas incompatibles avec celles de Juré.

Sur le moyen tiré de la violation de l'article 3 de la loi du 4 juin 1853 et fondé sur ce que le jury de jugement n'aurait pas été régulièrement composé, le sieur Roquetaillade, Receveur principal des contributions indirectes et entreposeur de tabacs à Nice, en ayant fait partie :

Attendu que l'article 3 de la loi du 4 juin 1853 ne déclare incompatible avec les fonctions de juré que celles des fonctionnaires ou préposés du service actif des contributions indirectes, et qu'il résulte des lois et règlements de la matière que les Receveurs principaux entreposeurs de tabacs appartiennent au service sédentaire de cette Administration ; que, dès lors, la coopération du sieur Roquetaillade au jury du jugement n'a pu en vicier les opérations ;

La cour rejette, etc.

LETT. COMM. N° 7,002, DU 20 MAI 1863.

4e Div. 1er Bur. Tabacs.

Bazars de chemin de fer. Débits de tabacs dans les gares.

L'établissement de débits de tabacs dans les gares de chemins de fer étant récent, la vente n'a pas encore, dans ces bureaux, toute l'importance qu'elle est appelée à prendre. Dès lors, il paraît convenable de régler que les agents de l'entreprise des bazars pourront, jusqu'à nouvel ordre, réduire leurs levées à une quantité totale de 5 kilogrammes.

Relativement aux tabacs ordinaires, y compris le scaferlati en paquets de 50 grammes, les levées doivent comprendre un nombre exact de kilog. (1 k. 2. k. 3 k. etc). sans fraction.

Quant aux cigares, les livraisons pourront ne comprendre qu'un seul caisson de 50, de 100 ou de 250 cigares.

Veuillez donner des instructions dans ce sens.

ARRÊT DU CONS. D'ÉT. (DÉCRET) DU 30 JUILL. 1863, AFF. LEGUAY.

Quand une ville a affermé un abattoir sans se réserver l'espace nécessaire pour y placer un bureau de perception des droits d'octroi et une bascule destinée au pesage des bestiaux, le concessionnaire est fondé à exiger un loyer annuel pour cet espace.

En ce qui touche le recours accidentel de la ville de Saint-Germain-en-Laye :

Considérant que, en accordant aux sieurs Leguay et Rapin pour toute la durée de leur concession la jouissance de l'abattoir qu'ils s'étaient engagés à construire, la ville ne s'est réservé aucune partie de cet établissement à l'effet d'y placer un bureau pour la perception des droits de son octroi et une bascule destinée au pesage des bestiaux ; que, dès lors, c'est avec raison que, par l'arrêté attaqué, le conseil de préfecture a condamné la dite ville à payer aux concessionnaires un loyer annuel à raison de l'emplacement qu'elle occupe dans l'intérieur de l'abattoir et a prescrit une expertise, à l'effet de procéder à la fixation du prix de ce loyer.

Art. 1er. Le recours incident de la ville de Saint-Germain-en-Laye est rejeté.

NOTE LITH. DU 12 AOUT 1863.

4e Div. 1er Bur. Tabacs.

Bazars des chemins de fer. Débits de tabacs.

Sur plusieurs points les instructions relatives aux débits et sous débits de tabacs institués dans les gares des chemins de fer ont été mal interprétées. La présente note a pour but de prévenir, à cet égard, toute erreur, tout mal entendu :

1° En réglant que les levées pourraient être faites par quantités totales de 5 kilogrammes l'Administration a entendu faciliter les approvisionnements. C'est là un minimum que les agents de l'entreprise des bazars ont toujours la faculté de dépasser. Il convient de les laisser juges de la vente.

2° Les livraisons doivent être effectuées au moment même où les demandes sont présentées, de telle sorte que les débitants ou gérants puissent emporter eux-mêmes les tabacs. Les Inspecteurs devront tenir la main à ce que ces agents ne soient contraints ni directement, ni indirectement, à employer pour le transport des tabacs, soit le garçon de magasin de l'entrepôt, soit un commissionnaire attaché à l'entrepôt.

3° Le partage des bénéfices entre les gérants et les titulaires doit, dans tous les cas, avoir lieu d'après les règles tracées par l'Administration ; il n'y a pas d'exception relativement au scaferlati ordinaire en paquets de 50 grammes. Pour ce tabac la remise n'est que de 90 c. au lieu de 1 franc. Cette remise de 90 c. doit être partagée dans les mêmes proportions que la remise ordinaire soit 3/5 aux gérants et 2/5 aux titulaires, si les gérants ou sous débitants s'approvisionnent directement à l'entrepôt.

4° La lettre commune du 26 juin dernier a prescrit d'adresser à la Direction générale des douanes et des contributions indirectes les demandes d'approvisionnement en ce qui concerne les paquets de scaferlati de 50 grammes. C'est donc à tort que certains entreposeurs continuent à envoyer des formules n° 31 A au Directeur de la manufacture du Gros-Caillou.

LETT. COMM. N° 13,880, DU 26 SEPT. 1863.

4e Div. 3e Bur. Seine.

Alcools expédiés par la pharmacie centrale militaire de Paris aux infirmeries, aux corps de troupes, aux établissements de remonte. Les transports doivent s'effectuer en franchise.

La pharmacie centrale militaire de Paris expédie aux corps de troupe à cheval, aux infirmeries vétérinaires, aux établissements de remonte, les alcools, les substances qui sont nécessaires aux besoins de ces infirmeries etc.

Les spiritueux ainsi expédiés à l'extérieur de Paris, sont tirés originairement de l'entrepôt général et au moment de la sortie de cet entrepôt, ils sont frappés :

1° De la taxe de remplacement comprenant le droit de consommation et le droit d'entrée ;

2° De la taxe d'octroi.

Ces alcools ont dès lors satisfait complètement à l'impôt. D'un autre côté, les envois qui sont effectués par la pharmacie centrale de Paris (lieu sujet) à destination des infirmeries, etc., relevant de cet établissement principal, rentrent dans le cas prévu par l'article 84 de la loi du 15 mai 1818 ; ce sont des expéditions de spiritueux entre des établissements appartenant à une même Administration et qui doivent jouir des mêmes privilèges que les transports de l'une à l'autre des caves d'un particulier.

Cependant, sur plusieurs points, la décharge des acquits délivrés, pour régulariser le transport des quantités d'alcool déplacées, a été subordonnée au paiement du droit de consommation et, le cas échéant, des taxes locales.

A l'égard des envois dont il s'agit, l'Administration se considère comme désintéressée non-seulement quant au droit de consommation, mais encore relativement au droit d'entrée, si les spiritueux sont dirigés sur un lieu sujet.

En conséquence, j'ai décidé qu'à l'avenir les buralistes qui délivreront des acquits-à-caution pour des alcools expédiés par la pharmacie centrale, à des établissements particuliers placés sous sa dépendance, ajouteront sur les titres de mouvement une mention spéciale portant que « l'acquit est délivré en franchise du droit de consommation et des taxes locales au profit du Trésor. » Cette mention ne préjuge rien, ne décide rien relativement à la question du paiement du droit d'octroi (si ce droit existe au lieu d'arrivée); c'est aux communes, qu'il appartient de statuer à ce sujet ; mais attendu qu'il s'agit de minimes quantités uniquement destinées à la préparation des médicaments, il est désirable que l'autorité locale prenne, quant au droit d'octroi, une décision conforme à celle de l'Administration, pour les droits du Trésor. M. le Ministre de l'Intérieur vient de donner des instructions dans ce sens à MM. les Préfets. Vous vous concerterez au besoin avec ces magistrats et avec les Maires des communes pour en assurer l'exécution.

LETT. COMM. DU 23 OCT. 1863.

Personnel. 2e Bur. Débits.

Présentation des candidats pour les débits de 1re classe.

Monsieur, la plupart des Directeurs, comprennent dans les propositions qu'ils m'adressent en vue de pourvoir aux débits vacants, des candidats étrangers au service de l'Administration ; quelques-uns présentent pour un meilleur emploi des personnes déjà pourvues ; d'autres enfin s'abstiennent de me soumettre les demandes de survivance qui leur parviennent directement, lorsqu'elles ne leur paraissent pas susceptibles d'être accueillies.

En dehors des questions de survivance, je ne suis admis à présenter au Ministre, et en bien petit nombre, que les veuves ou orphelines des agents de l'Administration. Ces candidatures doivent donc seules figurer dans les propositions des Directeurs. J'ajoute que les limites fort étroites, dans lesquelles je dois me renfermer, m'obligent à présenter de préférence les veuves chargées de famille, sans ressource et privées de pension.

Les orphelines, les veuves dont la position est moins précaire, qui jouissent d'une pension et n'ont pas d'enfants, sont plus naturellement appelées à concourir pour des débits de 2e classe.

Quant aux anciens employés de l'Administration ils peuvent être inscrits pour des recettes-buralistes avec débit de tabac, lorsqu'ils ont encore l'aptitude physique nécessaire pour en remplir convenablement les fonctions.

Les Directeurs doivent s'abstenir de proposer des mutations concernant des titulaires de débits, à moins qu'il ne s'agisse de bureaux d'un produit à peu près identique. Il est bien entendu, d'ailleurs, que la considération de compétence interdit de faire passer un titulaire de la seconde à la 1re classe, quelque faible que soit la différence des deux emplois.

En ce qui concerne les demandes de survivance, il y a lieu de les déférer, dans tous les cas, à l'examen du Ministre qui, seul, a pouvoir de statuer.

A cet effet, les renseignements les plus précis doivent être donnés à l'Administration sur la position de fortune et sur les charges de famille des pétitionnaires. Si les indications fournies aux Directeurs pour le service, ne paraissent pas avoir toute l'authenticité voulue, il convient de réclamer le concours de la Préfecture.

Il est nécessaire de compléter ces informations par la mention des titres qui ont, dans le principe, déterminé la concession du débit à la famille.

En appelant sur ces divers points l'attention des Directeurs, je les invite à recueillir avec un grand soin tous les renseignements propres à éclairer l'Administration, soit sur les demandes de survivance, soit sur les candidatures qui s'appuient de services rendus dans l'Administration. Les demandes sont l'objet d'un examen spécial de la part du Ministre qui les soumet parfois à une enquête directe. C'est un motif de plus pour que les Directeurs s'appliquent à s'entourer de renseignements puisés aux meilleures sources.

J'ajoute, enfin, qu'en raison du nombre restreint des propositions qu'il m'est donné de faire, les chefs doivent user d'une extrême réserve à l'égard des candidats et ne pas trop facilement encourager des espérances dont la réalisation est parfois très-éloignée, sinon impossible.

ARRÊT DE LA COUR IMP. DE GRENOBLE DU 18 NOV. 1863, AFF. GARNIER.

La question de propriété des objets saisis se confond avec la question de culpabilité des prévenus et est de la compétence du tribunal correctionnel, lorsque ce tribunal est appelé à statuer sur le délit.

On ne peut admettre que la question de propriété, une fois résolue devant cette juridiction, puisse être de nouveau portée devant la juridiction civile par tous ceux qui se diraient successivement propriétaires des objets confisqués.

L'Administration n'est pas obligée de comprendre dans ses poursuites tous ceux qui élèvent des prétentions sur les objets saisis contre les prévenus.

Attendu que, suivant un procès-verbal de trois employés des contributions indirectes, dressé à Bourgoin, le 18 janvier 1863, il a été découvert dans une cave dépendante de la maison Garnier une certaine quantité de vin et de vermouth, dont ces employés ont opéré la saisie comme appartenant à l'un des locataires de cette maison nommé Bouillet, débitant, qui, avec l'aide et l'assistance de Marguerite Jouffrey, avait placé ces liquides en cet endroit pour les soustraire aux droits du trésor;

Attendu que, le 10 février 1863, Garnier, propriétaire de la cave a fait assigner le Directeur général des contributions indirectes devant le tribunal civil de Bourgoin, en restitution de ces liquides, prétendant qu'ils étaient sa propriété, que le 3 mars suivant, Bouillet et Marguerite Jouffroy ont été assignés par l'Administration des contributions indirectes devant le tribunal correctionnel, qui, par jugement du 23 du même mois, faisant droit aux conclusions de cette Administration et à celles du ministère public, a condamné chacun des prévenus solidairement à une amende de 50 francs, et a prononcé la confiscation des objets saisis ; et que Bouillet a exécuté cette condamnation, le 11 mai, en payant l'amende et les frais.

Attendu que, nonobstant ce jugement exécuté, Garnier qui n'y avait pas été partie, a donné suite à son action devant le tribunal civil, et que, par le jugement dont est appel, en date du 12 mai dernier, fondé sur les mêmes motifs que ceux du jugement correctionnel, ce tribunal a débouté Garnier de sa demande en restitution des objets dont la confiscation avait été prononcée ;

En droit et sur l'exception de chose jugée proposée devant la cour :

Attendu que la question de la validité de la saisie et de la culpabilité du prévenu, jugée par le tribunal correctionnel, embrassait nécessairement la question de propriété des objets saisis ; qu'en effet, toute la défense des prévenus a consisté à soutenir que le vin et la liqueur dont il s'agit appartenaient à Garnier, et que tous les motifs de ce jugement ont eu pour objet d'établir qu'il n'y avait pas lieu de s'arrêter à la revendication de celui-ci, en sorte que le tribunal, en condamnant les prévenus et en prononçant la confiscation des objets saisis, a textuellement jugé que ces objets étaient la propriété de Bouillet et non celle de Garnier; d'où il résulte qu'une décision qui ferait droit, à la revendication formée par Garnier, serait pleinement en contradiction avec ce jugement, qui a acquis l'autorité de la chose jugée;

Attendu que ce jugement est opposable à Garnier quoiqu'il n'y ait pas été partie, parce que la question de propriété des objets saisis, se confondant avec la question de culpabilité des prévenus, était de la compétence exclusive du tribunal de police correctionnelle, et qu'on ne peut admettre que cette question ayant été une fois décidée devant cette juridiction, puisse être de nouveau portée devant la juridiction civile par tous ceux qui se diraient successivement propriétaires des objets confisqués'; qu'on ne peut admettre non plus que l'Administration des contributions indirectes soit obligée de comprendre dans sa poursuite tous ceux qui élèveraient ou pourraient élever des prétentions sur les objets saisis contre les prévenus; qu'il y a donc lieu d'appliquer à la cause ce principe généralement admis que la chose jugée au criminel est opposable devant la juridiction civile, même aux tiers, toutes les fois que leur demande est explicitement contraire à la décision rendue ;

Attendu qu'il importe peu que la revendication formée par Garnier soit antérieure à l'assignation donnée aux prévenus devant le tribunal correctionnel, par la raison qu'avant le jugement rendu par ce dernier tribunal, la juridiction civile ne pouvait que se déclarer incompétente ou surseoir jusqu'à l'expiration du délai donné à l'Administration des contributions indirectes pour former son action ou renvoyer le demandeur à intervenir; mais que dans aucun cas, tant que l'action correctionnelle était encore ouverte, le tribunal civil ne pouvait prononcer sur une question qui, ainsi qu'il est dit plus haut, se rattachait à cette question et en était inséparable ; que si telle était la situation avant le jugement correctionnel, la Cour ne peut, à plus forte raison après ce jugement, statuer sur la revendication dont il s'agit; que c'était à Garnier à intervenir dans l'instance correctionnelle, aucune loi n'obligeant l'Administration des contributions indirectes à le mettre en cause et ne la soumettant à une responsabilité quelconque pour ne l'avoir pas fait;

Attendu que, par des motifs qui rentrent dans ces deux exposés ci-dessus, la jurisprudence rejette la tierce opposition contre les jugements qui prononcent la confiscation, dans des hypothèses analogues à celle de la cause actuelle;

Attendu, d'ailleurs, sur le fond, en supposant que l'exception de la chose jugée pût être écartée, que les employés ayant trouvé des traces de fraude, dans des lieux soumis à leur exercice, ont eu le droit d'étendre leurs investigations dans la cave de Garnier, et que, relativement à la propriété des objets saisis, il y a lieu d'adopter les motifs et de confirmer la décision des premiers juges;

La Cour confirme, etc.

A. C. DU 4 DÉC. 1863, AFF. CHRISTIN.

Les amendes fiscales sont moins une peine que la réparation civile du préjudice causé à l'État par la fraude. Elles frappent le fait matériel de la contravention, abstraction faite du nombre des personnes qui ont pu y coopérer.

Lorsque plusieurs personnes sont poursuivies pour un fait unique constituant une seule contravention, il n'y a dès lors à requérir qu'une seule amende contre tous, sauf à garantir par la solidarité le recouvrement de cette amende.

Vu les articles 2, 6, 17, 19, 232 de la loi du 28 avril 1816, et l'article 37 de celle du 1er germinal an XIII,

Sur le premier moyen :

Attendu, en droit, que les amendes fiscales sont, d'après leur nature, moins une peine que la réparation civile du préjudice causé à l'État par la fraude ; qu'elles sont donc plutôt réelles que personnelles, et qu'elles frappent le fait matériel de la contravention, abstraction faite du nombre des personnes qui ont pu y coopérer;

Attendu qu'il suit de là que, lorsque plusieurs personnes sont poursuivies pour un fait unique constituant une seule contravention, une seule amende doit être prononcée contre tous, sauf à garantir par la solidarité le recouvrement de cette amende, conformément à l'article 37 de la loi du 1er germinal an XIII;

Et attendu, en fait, que les nommés Christin et Quinson, cités l'un et l'autre devant le tribunal de police correctionnelle de Belley, comme prévenus de la contravention prévue par les articles 3, 6 et 19 de la loi du 28 avril 1816, pour avoir enlevé et transporté des boissons sujettes aux droits sans déclaration préalable et sans congé ni acquit-à-caution, ont été condamnés l'un et l'autre, savoir: Christin à 100 francs et Quinson à 600 francs d'amende, et que, sur l'appel de Quinson, ce jugement a été confirmé purement et simplement par la cour de Lyon, qui en adopte les motifs;

Attendu qu'en prononçant contre ces deux prévenus, pour une seule contravention, punie par l'article 19 de la loi du 28 avril 1816 d'une amende de 600 francs au maximun, deux amendes dont le taux cumulé s'élève à 700 francs, la cour Impériale de Lyon a manifestement violé ledit article ;

Sur le deuxième moyen :

Attendu que l'Administration des contributions indirectes avait formellement conclu, devant la cour Impériale de Lyon, à ce que l'amende de 100 francs, prononcée contre Christin, fût confondue dans celle de 600 francs, dont elle demandait l'application contre Quinson, et que ce dernier lui-même avait pris des conclusions pour combattre, sur ce point, celles de l'Administration ;

Attendu que la cour Impériale de Lyon a complètement omis de statuer sur ces conclusions, se bornant à adopter purement et simplement les motifs des premiers juges, et qu'elle a ainsi expressément violé les articles 408 et 413 du code d'instruction criminelle, aussi bien que l'article 7 de la loi du 20 avril 1810 ;

Casse et annule l'arrêt de la cour Impériale de Lyon, du 6 juillet 1863 ;

Renvoie la cause et les parties devant la cour Impériale de Dijon, qui statuera de nouveau sur l'appel interjeté par Quinson du jugement du tribunal de Belley, en date du 16 mai.

ARRÊT DU CONS. D'ÉT. (DÉCRET) DU 16 DÉC. 1863, AFF. RENAULD.

La veuve d'un fonctionnaire, qui a perdu la vie par suite d'un accident grave résultant notoirement de l'exercice de ses fonctions, a droit à pension.

Vu la requête présentée par la dame Elisa-Adélaïde Finot, veuve du sieur Alexandre-Antoine-Eugène Renault, sous-inspecteur des contributions indirectes au Hâvre (Seine-Inférieure), décédé dans l'exercice de ses fonctions, le 27 mai 1862, à l'âge de 45 ans, et après 26 ans 3 mois 12 jours de services ;

La dite requête tendant à ce qu'il nous plaise : annuler une décision du 26 mars 1863 par laquelle notre Ministre des finances, statuant sur la demande formée par la requérante d'une pension de retraite par application de l'art. 14 § 2 de la loi du 9 juin 1853, a décidé qu'il n'y avait lieu de procéder à la liquidation de cette pension *par le motif* que, si la maladie à laquelle a succombé le sieur Renault peut être attribuée d'une façon générale au froid et à l'humidité auxquels il était habituellement exposé dans l'exercice de ses fonctions, on ne peut en faire remonter l'origine à aucun fait spécial présentant le caractère d'*accident grave* tel qu'il est déterminé par l'art. 11 de la loi du 9 juin 1853 ; *ce faisant, renvoyer* la requérante devant notre dit ministre pour être, conformément à l'article précité, procédé à la liquidation de la pension à laquelle elle aurait droit ;

Vu les *observations* de notre ministre des finances par lesquelles ledit ministre *s'en rapporte à l'appréciation* qui sera faite par nous en notre Conseil d'État ;

Vu... *notamment* le rapport présenté au conseil d'Administration des douanes et des contributions indirectes le 21 novembre 1862, et les certificats en date des 15 décembre 1861, 9 mars, 9 et 10 octobre 1862, délivrés par les sieurs Le Mercier et Lecadre, docteurs en médecine au Havre,

Vu la loi du 9 juin 1853, art. 11 et 14 ;

Considérant qu'il résulte de l'instruction que le sieur Renault, sous-inspecteur des contributions indirectes au Havre, est mort des suites d'un accident grave résultant notoirement de l'exercice de ses fonctions ; que, dès lors, sa veuve était fondée à réclamer une pension par application du § 2 de l'art. 14 de la loi du 9 juin 1853, ci-dessus visée ;

Art. 1er. La décision de notre ministre des finances du 16 mars 1862, ci-dessus visée, est annulée.

Art. 2. La dame Renault est renvoyée devant notre dit ministre pour y être procédé à la liquidation de la pension à titre exceptionnel à laquelle elle a droit, conformément à l'art. 14 de la loi du 9 juin 1853.

LETTRE DE L'ADM. AU DIRECT. DE BORDEAUX, DU 11 JANV. 1864.

Transport des boissons par les chemins de fer.

Monsieur, le 10 novembre dernier, un procès-verbal, constatant que 194 litres d'alcool étaient transportés sans expédition, par la voie du chemin de fer, a été déclaré au chef de gare de Coutras, par les employés de la recette ambulante établie sur ce point, employés qui étaient dirigés par l'Inspecteur. Le chef de gare avait fait connaître que les expéditions, qu'il ne pouvait représenter au moment de la vérification des employés, avaient été directement envoyées à la gare de destination. Il parait, du reste, que les choses se passent habituellement ainsi, et c'est dans le but de rappeler la Compagnie à l'exécution des règlements que l'Inspecteur aurait dressé le procès-verbal dont il s'agit. Cet acte a motivé une réclamation de la part du Directeur de la Compagnie.

Sans doute la loi qui veut qu'aucun enlèvement, ni transport de boissons, ne soit effectué sans déclaration préalable, et sans que le conducteur soit muni d'un congé, d'un acquit-à-caution ou d'un passavant, pris au bureau de la Régie ; la loi qui dispose qu'il y a contravention lorsque des boissons circulent sans expédition, ou avec une expédition non applicable au chargement, est d'exécution générale. Toutefois, il faut considérer que, dans l'exploitation des lignes de chemin de fer, dans le mouvement très-considérable de marchandises qui a lieu sur ces lignes, des irrégularités de détail peuvent se présenter ; qu'il peut notamment se rencontrer que les expéditions n'accompagnent pas toujours les chargements, et cela, sans qu'il y ait intention d'éluder la loi. D'un autre côté, la composition des trains subit, dans les différentes gares du parcours, des modifications, des remaniements, par suite desquels un chargement peut se trouver divisé, scindé, et cesser de se rapporter aux expéditions délivrées au lieu d'enlèvement.

Il peut arriver aussi, et c'est le cas qui a particulièrement excité l'attention de l'Inspecteur, que la compagnie ait intérêt à faire venir d'avance, à la gare destinataire, les expéditions et les lettres de voitures, afin qu'à avant l'arrivée des trains le chef de gare prenne les dispositions nécessaires pour la reconnaissance, le déchargement et la livraison des marchandises. Il ne parait pas que les mesures, qui sont ainsi prises par les compagnies, afin de faciliter leur propre service, puissent entrainer des abus. En fait, tant que les trains sont en circulation, la vérification des chargements est matériellement impossible. Quand ces trains s'arrêtent sur un point intermédiaire de leur parcours, soit pour déposer ou prendre des marchandises, soit pour donner passage aux trains de la grande vitesse, la vérification rencontre encore des difficultés ; la plupart du temps, on ne pourrait y procéder, d'une manière régulière, sans entraver le service des Compagnies.

L'intervention des employés n'est alors véritablement opportune que s'ils sont requis à l'effet de constater un accident, une perte, et, dans ce cas, ils doivent procéder à une vérification et en consigner les résultats dans un procès-verbal administratif, même quand les expéditions ne leur sont point représentées.

En définitive, ce n'est qu'après l'arrivée des boissons à la gare de destination, après le déchargement des trains, que le service de la Régie peut intervenir utilement, en vue d'une vérification effective, complète et précise des quantités transportées. Jusque là, et pendant tout le temps que les boissons demeurent en circulation sur la ligne, il convient de ne pas se montrer rigoureux, si les formalités réglementaires ne sont pas toujours observées. Liées elles-mêmes par

leur propre règlement, les compagnies sont tenues de livrer les marchandises dans un délai déterminé ; cette obligation est une garantie de la régularité définitive du transport. Ainsi, à un jour donné, et dans un espace de temps qui n'est jamais bien long, les diverses parties d'un même chargement sont nécessairement réunies à la gare de destination. Mais alors, soit que le transport ait atteint son terme et qu'il n'y ait plus qu'à conduire les boissons au domicile du destinataire, soit que le transport doive se continuer au delà, toutes les fois que des boissons quittant le chemin de fer, sortent des gares, il faut tenir absolument la main à ce qu'elles soient accompagnées d'expéditions entièrement applicables.

Lorsqu'il s'agit de livraisons à faire à proximité de la gare de destination, les exigences du service de camionnage ne permettent pas toujours d'opérer, en une seule fois, la livraison de tel ou tel chargement, mentionné à telle ou telle expédition. Au lieu d'être transportées simultanément, les quantités sont parfois divisées, et donnent lieu à plusieurs transports partiels. Dans ce cas, il n'y a pas nécessité d'échanger les expéditions primitives contre des expéditions nouvelles, qui soient en harmonie avec chaque transport partiel. On peut faire usage de bulletins de subdivision, nos 20 et 60, bulletins qui sont délivrés gratuitement et extraits de registres que les Directeurs font déposer dans les bureaux où il y a utilité à faire ce dépôt.

Les dispositions contenues dans la présente dépêche seront portées à la connaissance de tous les employés qui sont appelés à exercer leur action dans les gares de chemin de fer.

Quant au procès-verbal déclaré, le 10 novembre, au chef de la gare de Coutras, il y a lieu de l'abandonner. Vous présenterez, sous le timbre du Contentieux, un état n° 98, pour l'admission des frais en dépense.

LOI DU 25 MAI 1864.

Pièces d'argent de 50 centimes et de 20 centimes.

Art. 1er. A partir de la promulgation de la présente loi, les pièces d'argent de cinquante centimes et de vingt centimes cesseront d'être fabriquées conformément aux dispositions de la loi du 7 germinal an XI et du décret du 3 mai 1848.

Les pièces de cinquante centimes et de vingt centimes actuellement en circulation en seront retirées et cesseront d'avoir cours légal à l'époque qui sera déterminée par un décret.

2. Il sera fabriqué de nouvelles pièces d'argent de cinquante centimes et de vingt centimes, dont le titre sera de huit cent trente-cinq millièmes d'argent.

La tolérance du titre de ces pièces sera de trois millièmes en dessus et de trois millièmes en dessous pour toutes les coupures.

Le diamètre, le poids et la tolérance du poids des nouvelles pièces seront les mêmes que ceux fixés par la loi du 7 germinal an XI et par le décret du 3 mai 1848.

3. Les nouvelles pièces de cinquante centimes et de vingt centimes porteront sur la face la tête laurée de *Napoléon III*, et, au revers, la couronne impériale avec l'indication de la valeur et de l'année de la fabrication.

LETT. COMM. DU 2 JUIN 1864.

4e Div. 1er Bur.

Magasins généraux. Régime sous lequel doivent être placés ces établissements quant au service des contributions indirectes.

Le transit a uniquement pour objet de régulariser les interruptions de transport, lorsque, par suite de circonstances fortuites, des boissons expédiées à une destination déclarée, doivent stationner en route. Pendant la durée du séjour en transit, les boissons doivent rester dans l'état où elles étaient lors de leur arrivée. Sont seules autorisées, sous la condition qu'elles auront lieu en présence des employés de la Régie, les opérations nécessaires à la conservation des boissons (art. 14 et 15 de la loi du 28 avril 1816). Donc, en thèse générale, le régime du transit n'est pas applicable aux boissons déposées dans les magasins généraux.

Au point de vue des contributions indirectes, c'est-à-dire relativement aux boissons (vins, cidres, alcools), les magasins généraux institués en vertu de la loi du 28 mai 1858 et du décret du 12 mars 1859, constituent de véritables magasins de gros, tels que ceux qui sont exploités par de simples commerçants. Dès lors, pour recevoir des boissons, les concessionnaires des magasins généraux sont soumis à toutes les obligations imposées aux marchands en gros ; ils doivent payer la licence ; ils doivent payer les droits sur les manquants non couverts par la déduction réglementaire (lois du 24 juin 1824, du 20 juillet 1837, ordonnance du 21 décembre 1838).

Enfin, dans les villes sujettes aux droits d'entrée, ils sont tenus de présenter une caution solvable qui s'engage solidairement avec eux relativement aux droits sur les manquants (Art. 38 de la loi du 21 avril 1832).

Toutefois cette dernière condition peut n'être point imposée aux concessionnaires qui, par application de l'art. 2 de la loi du 28 mai 1858, ont versé au Trésor un cautionnement en rapport avec l'importance présumée des opérations de toute nature dans lesquelles ils doivent exercer leur action, et qui acceptent pleinement la responsabilité quant aux droits revenant au Trésor et à la commune.

Dans le cas où la Compagnie des magasins généraux prendrait une licence en son nom et se rendrait garante de tous les droits à l'égard de la Régie et de l'octroi, les mutations qui s'opéreraient à l'intérieur du magasin général n'entraineraient, vis-à-vis du service des contributions indirectes, aucune déclaration, aucune formalité ; il n'y aurait qu'un seul compte ouvert pour toutes les boissons introduites.

Si la Compagnie ne voulait pas engager sa responsabilité, une licence de marchand en gros devrait nécessairement être exigée de chacun des commerçants qui auraient des boissons en dépôt dans le magasin général.

Cette licence serait prise, soit au nom du déposant, soit au nom du commissionnaire que le déposant chargerait de ses intérêts. Un compte distinct serait ouvert à chaque déposant ou commissionnaire. Les boissons prises en charge à chaque compte devraient être placées, dans le magasin général, de manière à ce qu'elles fussent séparées des boissons appartenant à un autre compte, et de manière aussi à ce que les inventaires puissent être opérés sans difficulté. Toute vente, toute cession qui serait faite par un déposant ou commissionnaire à un autre déposant ou commissionnaire, donnerait lieu à une déclaration, à la délivrance d'une expédition, alors même que les boissons ne sortiraient pas de l'enceinte du magasin général. Le compte de chaque déposant ou commissionnaire muni d'une licence serait réglé séparément.

LETT. DE L'ADM. AU DIRECT. DE PARIS, DU 14 JUILL. 1864.

1re Div. 2e Bur.

Sucres. Admissions temporaires. Application de la loi du 7 mai 1864.

M., votre lettre du 7 juillet contient les éclaircissements qui vous ont été demandés sur une obligation d'admission temporaire souscrite le 25 juin et fixant au 21 octobre la date d'échéance. Vous expliquez que les sucres auxquels se rapporte cette obligation ayant été livrés au Commerce le 21 juin, on avait cru devoir calculer, à partir de ce jour, le délai accordé par la loi du 7 mai.

Il y avait lieu, en effet, de procéder ainsi puisque, dans aucun cas, le délai de 4 mois ne peut être augmenté. Seulement, lorsqu'une obligation est souscrite à une date postérieure à celle de l'enlèvement, il convient, pour fixer l'Administration, d'indiquer cette circonstance, par une note marginale au bulletin d'avis n° 3.

En rappelant, à cette occasion, qu'il est d'usage à Paris de ne régler le compte des raffineurs que tous les dix jours, vous avez élevé la question de savoir si, par analogie, on ne pourrait pas fixer l'émission des obligations aux 5, 15 et 25 de chaque mois. On établirait de la sorte une compensation entre les résultats afférents à la 1re et à la 2e partie de la même dizaine.

Ce mode d'opérer ne saurait se concilier avec le principe qui interdit, pour les admissions temporaires de sucres, toute espèce de prolongation.

Le timbre des obligations se trouvant réduit à 75 c. il ne saurait être bien onéreux pour les redevables de les souscrire habituellement au fur et à mesure des enlèvements. Si, cependant, il entrait dans les convenances des raffineurs de suivre les anciens errements, on pourrait le leur permettre, mais à la condition expresse de calculer l'échéance de l'obligation collective sur la date du premier enlèvement.

Je vous prie de donner des ordres dans ce sens.

LETT. COMM. DU 18 JUILL. 1864.

1re Div. 2e Bur.

Sucre indigène. Relevé de la production et de la consommation mensuelle.

Le Commerce ayant signalé à plusieurs reprises, Monsieur, le retard qu'éprouve la publication au Moniteur du tableau de la production et de la consommation du sucre de betterave, l'Administration a dû rechercher si elle ne pourrait pas réunir plus-tôt les éléments qui servent à la rédaction de ce document; après examen, elle a arrêté les mesures suivantes :

Le relevé n° 42 devra, à l'avenir, parvenir à l'Administration avec la lettre d'avis n° 43, le 8 de chaque mois au plus tard.

À cet effet, les chefs de service des fabriques adresseront directement le 1er du mois, une expédition de l'état n° 41 aux Directeurs, qui en feront faire le dépouillement sur le relevé n° 42.

Cet envoi ne dispensera pas les Contrôleurs de vérifier. du 1er au 8, les arrêtés de compte. Si leur vérification révélait des erreurs, ils s'empresseraient de les signaler au Directeur qui, de son côté, en référerait à l'Administration.

Des dispositions analogues devront être prises pour que l'état de situation des entrepôts, ainsi que les relevés des perceptions opérées en vertu du décret du 3 octobre 1861, parviennent également à l'Administration le 8 de chaque mois.

J'invite les Directeurs à donner des ordres dans ce sens à recommander aux chefs de service dans les fabriques d'établir l'état mensuel de situation avec le plus grand soin.

A. C. DU 23 JUILL. 1864, AFF. LEROY.

Un prévenu acquitté pour refus d'exercice, contre qui il est dressé plus tard un second procès-verbal pour un fait semblable ne peut pas invoquer l'autorité de la chose jugée.

Quand il est obligatoire de déclarer les objets compris au tarif, récoltés, préparés ou fabriqués dans l'intérieur d'un lieu sujet à l'octroi, l'oléine fabriquée avec des produits provenant de l'abattoir doit être déclarée, bien que ces produits aient déjà acquitté les droits lors de leur introduction dans le rayon de l'octroi.

Sur le premier moyen, pris de la violation de l'article 1351 du code Napoléon et de l'autorité de la chose jugée en ce que le demandeur en cassation a été condamné pour refus d'exercice, bien qu'il eût déjà été acquitté pour un même fait par jugement du 26 août 1863, passé en force de chose jugée :

Attendu qu'aux termes de l'art. 1351 du code Napoléon, l'autorité de la chose jugée n'a lieu qu'à l'égard de ce qui a fait l'objet du premier jugement ;

Attendu que, si la première et la seconde poursuite dirigée contre Leroy avaient, l'une et l'autre, pour objet un refus d'exercice, il s'agissait de deux faits distincts constatés par deux procès-verbaux séparés, l'un à la date du 19 février, l'autre à celle du 11 septembre suivant ;

Attendu, dès lors, que le jugement du 26 août 1863 ne pouvait, à défaut de l'identité d'objet, créer au profit du demandeur une exception de chose jugée à l'égard de l'action nouvelle dirigée contre lui pour un refus d'exercice ;

Sur le deuxième moyen, pris de la violation de l'article 18 et de la fausse application de l'article 79 du règlement de l'octroi de Nantes, en ce que l'arrêt attaqué a déclaré assujétie au droit l'oléine fabriquée par le demandeur avec des produits provenant de l'abattoir, bien que ces produits eussent déjà acquitté les droits lors de leur introduction dans le rayon de l'octroi :

Attendu que l'article 18 du règlement de la ville de Nantes, qui n'est, à cet égard, que la reproduction de l'article 36 de l'ordonnance du 9 décembre 1814, porte ce qui suit :

« Toute personne qui récolte, prépare ou fabrique, dans l'intérieur d'un lieu « sujet à l'octroi, des objets compris au tarif est tenue, sous peine d'amende, « d'en faire la déclaration et d'acquitter immédiatement les droits ; »

Attendu qu'il n'est pas contesté que l'oléine par lui fabriquée, provenant de l'intérieur, avait déjà payé les droits à l'octroi ;

Mais attendu que l'article 36 de l'ordonnance de 1814, et l'article 18 du règlement de Nantes ne distinguent pas entre le cas où les matières transformées proviennent de l'intérieur et celui où elles viennent du dehors ; que les unes et les autres sont frappées du droit, à la seule condition d'être comprises au tarif;

Attendu, dès lors, qu'aux termes de l'article 36 de l'ordonnance de 1814, les préposés de l'octroi étaient autorisés à constater la fraude dans les magasins de Leroy, et que c'est sans aucun droit que ce dernier s'est refusé à leur exercice ;

La cour par ces motifs, rejette le pourvoi, etc. — Ch. crim.

LETT. COMM. DU 10 OCT. 1864.

1re Div. 2e Bur.

Service des sucres. Classement des sucres bruts expédiés des fabriques avec suspension des droits.

Aux termes de la loi du 7 mai dernier, les sucres bruts peuvent être l'objet d'un classement différent suivant qu'il s'agit de les soumettre aux droits ou de les recevoir en admission temporaire. Dans le cas où des sucres classés en vue du dernier régime ne sont pas exportés, le classement primitif permet d'établir, sans difficulté et au simple vu des obligations souscrites, le classement qui leur devient applicable. Mais il n'en est pas de même lorsque des sucres expédiés sur les entrepôts ou sur les raffineries (Décret du 3 octobre 1861) et classés simplement en prévision de l'acquittement des droits, sont déclarés, à l'arrivée, pour l'admission temporaire. Il y a alors nécessité d'opérer un classement nouveau.

On obviera à cet inconvénient, pour les expéditions effectuées avec suspension des droits, en complétant, quand il y aura lieu, les indications du classement relatif à la perception par celles du classement qui s'applique à l'admission temporaire. En d'autres termes, on mentionnera si les sucres sont au-dessous du n° 10, du n° 10 au n° 13 exclusivement, du n° 13 au n° 16 inclusivement, au-dessus du n° 16 jusqu'au n° 20 inclusivement enfin au-dessus du n° 20.

Je vous prie de donner au service des instructions en conséquence.

LETT. DE L'ADM. AU DIRECT. DE NANTES, DU 11 OCT. 1864.

1re Div. 2e Bur.

Admissions temporaires. Sucres. Régularisation des obligations.

Le moment approchant où le fonctionnement du régime des admissions temporaires de sucres créé par la loi du 7 mai va se compléter par l'apurement successif des obligations cautionnées, le Receveur principal à votre résidence a élevé la question de savoir de quelle nature sera le titre à délivrer au Commerce comme preuve de l'exécution de ses engagements. M. P... a exprimé l'opinion que, par analogie avec ce qui se pratique pour les traites, il y aurait lieu de remettre aux soumissionnaires les obligations apurées, sauf à leur délivrer, en outre, une quittance dans le cas où leur libération s'opérerait par le paiement des droits.

Comme vous l'avez aperçu, les obligations ont le caractère d'acquits-à-caution. On ne saurait donc les laisser, après régularisation, entre les mains des soumissionnaires. Lorsque les sucres entreront dans la consommation, la quittance des droits acquittés sera pour les soumissionnaires le titre authentique de leur libération. Dans l'autre hypothèse, les comptables délivreront aux intéressés qui en feront la demande un certificat constatant l'apurement des soumissions.

DÉCRET DU 2 NOV. 1864.

Conseil d'Etat.

Art. 1er. Seront jugés sans autres frais que les droits de timbre et d'enregistrement :

Les recours portés devant le conseil d'Etat, en vertu de la loi des 7-14 octobre 1790, contre les actes des autorités administratives, pour incompétence ou excès de pouvoirs ;

Les recours contre les décisions portant refus de liquidation ou contre les liquidations de pension.

Le pourvoi peut être formé sans l'intervention d'un avocat au conseil d'Etat, en se conformant, d'ailleurs, aux prescriptions de l'article 1er du décret du 22 juillet 1806.

Art. 2. Les articles 130 et 131 du code de procédure civile sont applicables dans les contestations où l'administration agit comme représentant le domaine de l'Etat et dans celles qui sont relatives, soit aux marchés de fournitures, soit à l'exécution de travaux publics, aux cas prévus par l'article 4 de la loi du 28 pluviôse an VIII.

Art. 3. Les ordonnances de *soit communiqué* rendues sur des pourvois au conseil d'Etat doivent être notifiées dans le délai de deux mois, sous peine de déchéance.

Art. 4. Doivent être formés dans le même délai :

L'opposition aux décisions rendues par défaut, autorisée par l'article 29 du décret du 22 juillet 1806 ;

Les recours autorisés par l'article 32 du même décret et par l'article 20 du décret du 30 janvier 1852.

Art. 5. Les ministres font délivrer aux parties intéressées qui le demandent un récépissé constatant la date de la réception et de l'enregistrement au ministère de leur réclamation.

Art. 6. Les ministres statuent par des décisions spéciales sur les affaires qui peuvent être l'objet d'un recours par la voie contentieuse.

Ces décisions sont notifiées administrativement aux parties intéressées.

Art. 7. Lorsque les ministres statuent sur des recours contre les décisions d'autorités qui leur sont subordonnées, leur décision doit intervenir dans le délai de quatre mois à dater de la réception de la réclamation au ministère. Si des pièces sont produites ultérieurement par le réclamant, le délai ne court qu'à dater de la réception de ces pièces.

Après l'expiration de ce délai, s'il n'est intervenu aucune décision, les parties peuvent considérer leur réclamation comme rejetée et se pourvoir devant le conseil d'Etat.

Art. 8. Lorsque les ministres sont appelés à produire des défenses ou à présenter des observations sur des pourvois introduits devant le conseil d'Etat, la section du contentieux fixe, eu égard aux circonstances de l'affaire, les délais dans lesquels les réponses et observations doivent être produites.

BIBLIOTHÈQUE DES EMPLOYÉS DES CONTRIBUTIONS INDIRECTES,
adoptée pour les bureaux de l'Administration centrale.

1° Journal mensuel des Contributions indirectes, publié depuis 1873 et subdivisé dans chaque livraison en deux parties :

1re Partie, **Cours d'Administration**, inauguré par un **Cours de Comptabilité**, après lequel a commencé à paraître une **Collection** des instructions du Secrétariat général et de la Direction générale de la Comptabilité publique, dont la publication sera combinée avec celle du **Livre de poche des verbalisants** et du **Cours du Contentieux**, qui précédera celui des autres branches de service ;

2e Partie, **Instructions de l'année**, avec Table, faisant suite au Recueil et à toutes les Collections

Prix de l'abonnement à l'année courante, 9 francs,

Payables en souscrivant ou en recevant la première livraison. Dans le cours de l'année les deux parties sont indivisibles.

Années écoulées, 6 fr. par an pour les deux parties, et 4 fr. pour une seule.

2° Cours de comptabilité, qui a paru dans le *Journal mensuel.*
PRIX : **12** fr.

3° Dictionnaire général, embrassant toutes les matières et servant de Table au **Recueil Chronologique**, suivi des **Tableaux des délits et contraventions** et de **Modèles d'actes**, avec le Supplément publié en 1874.
Prix, 17 fr. 50 c. payables en souscrivant ou en recevant l'ouvrage.

4° Nouveau Recueil chronologique de 1789 au 1er janvier 1876, avec **Tableaux synoptiques** (édition de 1876) et **Supplément général,**
6 tomes grand in-4°, de 1789 à 1872 et la suite in-8°.
PRIX : 60 FR.

Payables en quatre termes de 15 fr.
Le premier en recevant l'ouvrage, les autres de trois en trois mois, à dater de la demande.

On peut demander séparément :			On peut aussi demander à part :		
1789 à 1830	16 fr.	50 c.	1864 (1er Suppl. annuel)	2 fr.	»
1831 à 1863	18	50	1865 (2e Suppl. annuel)	2	«
1864 à 1872	14	50	1866 (3e Suppl. annuel et 1er cah. du Suppl. gén.)	3	«
Suite du Recueil, (2e partie du journal) 1873 à 1875	9	»	1867 (4e Suppl. annuel et 2e cah. du Suppl. gén.)		»
Supplément général, avec index	7	•	1868 à 1872 (5e Suppl. et 3e cah. du Suppl. gén.)	8 fr. 50 c.	
Tableaux synoptiques (nouvelle édition)	7	50	4e cahier du Suppl. gén.	3	»

PRIX DE FAVEUR.

Tout souscripteur qui demande en même temps
- 1° **Recueil de 1789 au 1er janvier 1876** avec Tableaux synoptiques (nouvelle édition) et Supplément général ;
- 2° **Dictionnaire général,** avec supplément, remplaçant les Codes, les Manuels, et servant de Table au *Recueil;*
- 3° **Cours de comptabilité ;**

n'a à payer, au lieu de 89 fr. 50, que 80 fr. (*), en quatre termes de 20 fr.

Le premier en recevant les ouvrages, les autres de trois mois en trois mois, à dater de la demande.

La remise offerte réduit de 9 fr. 50 le prix des ouvrages.

Il est accordé en outre un escompte de 5 fr. à ceux qui joignent à leur demande ou paient dans le mois le prix total, ramené ainsi à 75 fr.

(*) Les abonnés qui, ayant le journal depuis 1873, ne demandent ni les instructions ni le cours, ont à verser 18 francs de moins.

Sans le Cours de comptabilité, tout souscripteur qui demande en même temps le Dictionnaire général et le Recueil de 1789 au 1er janv. 1876, avec *Tableaux synoptiques* (nouvelle édition) et *Supplément général,* n'a à payer que 70 fr. en quatre termes de 17 fr. 50 et au comptant que 66 fr.

Ce Catalogue, publié en février 1876, annule les précédents.

On souscrit par listes ou par simples lettres indiquant le nom, les prénoms, le grade, la résidence, la sous-direction et le département.

Toute lettre non affranchie est refusée.

A défaut de correspondant, les souscripteurs font les versements directement en mandats sur la poste.

La correspondance et les mandats sont adressés à M. TRESCAZE, Directeur du Nouveau Recueil des Contributions ind., à Charleville (Ardennes)

Imprimerie Victor Damelet à Lons-le-Saunier (Jura).

www.ingramcontent.com/pod-product-compliance
Lightning Source LLC
LaVergne TN
LVHW020204030726
842520LV00003B/880